LES

GRANDS ÉCRIVAINS

DE LA FRANCE

NOUVELLES ÉDITIONS

PUBLIÉES SOUS LA DIRECTION

DE M. AD. REGNIER

Membre de l'Institut

OEUVRES

DE MALHERBE

TOME V

PARIS. — IMPRIMERIE GÉNÉRALE DE CH. LAHURE
Rue de Fleurus, 9

OEUVRES
DE MALHERBE

RECUEILLIES ET ANNOTÉES

PAR M. L. LALANNE

ANCIEN ÉLÈVE DE L'ÉCOLE DES CHARTES

NOUVELLE ÉDITION

REVUE SUR LES AUTOGRAPHES, LES COPIES LES PLUS AUTHENTIQUES
ET LES PLUS ANCIENNES IMPRESSIONS

ET AUGMENTÉE

de notices, de variantes, de notes, d'un lexique des mots
et locutions remarquables, d'un portrait, de fac-simile, etc.

TOME CINQUIÈME

PARIS

LIBRAIRIE DE L. HACHETTE ET Cie

BOULEVARD SAINT-GERMAIN, N° 77

1869

LEXIQUE

DE LA LANGUE

DE

MALHERBE

AVEC

UNE INTRODUCTION GRAMMATICALE

PAR AD. REGNIER FILS

PARIS
LIBRAIRIE DE L. HACHETTE ET Cie
BOULEVARD SAINT-GERMAIN, N° 77

1869

PRÉFACE

Quand Malherbe naquit (1555), Marot était mort depuis onze ans, Calvin avait quarante-six ans, Ronsard et du Bellay chacun trente et un, Montaigne vingt-deux, des Portes neuf. Calvin devait vivre encore neuf ans, Ronsard trente, du Bellay cinq, Montaigne trente-sept, des Portes cinquante et un. C'est du vivant de Malherbe que naquirent successivement, dans l'ordre où nous les nommons, d'Urfé (l'auteur de *l'Astrée*), Regnier, Balzac, Descartes, Voiture, Corneille, Mlle de Scudéry, la Fontaine, Molière, Pascal, Bossuet. Il avait dix-huit ans à la naissance de Regnier, mort quinze ans avant lui, quarante et un à celle de Descartes, cinquante et un, soixante-six, soixante-sept, soixante-huit, soixante-douze, quand vinrent au monde, se suivant de près, Corneille, la Fontaine, Molière, Pascal, Bossuet. Boileau naquit huit ans après sa mort, Racine onze, la Bruyère seize, Fénelon vingt-trois. Il venait seulement de quitter ce monde quand Corneille fit jouer sa *Mélite*, entre laquelle et *le Cid*, date immortelle, il ne s'est écoulé que sept ans, et *le Cid* fut suivi presque immédiatement, à moins d'une année de distance, de ce ferme et imposant modèle donné par Descartes à la prose française dans son *Discours de la Méthode*, que vingt ans à peine séparent des *Provinciales*.

Pour entreprendre la réforme qui fut la tâche et l'honneur de Malherbe, il était impossible de venir plus à propos, à plus juste et plus opportune distance entre la fleur et la moisson, entre les promesses du seizième siècle et leur accomplissement par les grands génies du dix-septième.

Parmi les écrivains célèbres de notre langue, il en est peu dont on ait dit plus de bien à la fois et plus de mal que de Malherbe, soit de son vivant, soit depuis; et il faut convenir que peu prêtent autant, selon la nature des esprits qui les jugent et le point de vue où ils se placent, soit à la critique, soit à l'éloge. Ajoutons que bien plus nombreux sont aujourd'hui les esprits sensibles aux défauts de notre auteur et insensibles à ses mérites, que ceux que touchent ses bonnes qualités et ses services. Dans les lettres, comme dans bien d'autres parties de l'activité humaine, arrêter, contenir, se contenir soi-même, rend bien moins populaire que stimuler, entraîner par le précepte et par l'exemple. Par le rôle de censeur, de prôneur de la discipline, usant du frein beaucoup, de l'éperon fort peu ou pas du tout, on est sûr, tant qu'on est là jouant ce rôle, d'exciter, dans l'*irritabile genus*, bien des haines, ou tout au moins force blâmes, contradictions, et répugnances; puis on laisse après soi et l'on garde à la longue une renommée terne et moyenne, sans éclat comme sans attrait, et qui, excepté chez quelques sages, amis avant tout de la tempérance et de la prudence, ne se compose que de raisonnable et assez froide estime. Telle est la part que presque tous font maintenant à Malherbe, aussi bien ceux qui vraiment le connaissent, que ceux, et c'est le très-grand nombre, qui ne savent de lui que quelques vers, quelques strophes, et du reste le jugent par ouï-dire.

Au temps même où le réformateur exerçait sa sévère influence, et immédiatement après sa mort, plus d'un, parmi ses adversaires et ses partisans, était loin, comme bien l'on pense, de cette calme appréciation. Regnier, le libre et mordant satirique, que le Normand grondeur avait blessé, ne le trouvait propre, lui et les siens,

> Qu'à regratter un mot douteux au jugement...,
> Qu'à proser de la rime et rimer de la prose.

A l'en croire,

> Nul aiguillon divin n'*élevoit* leur courage,
> Ils *rampoient* bassement[1]....

Les amis, en revanche, allaient jusqu'à l'adoration. L'un des beaux esprits du temps, Godeau, qui fut plus tard évêque de Grasse et de Vence, ne se contente pas, dans le *Discours* qu'il a placé en tête de l'édition de 1630, de nommer Malherbe « l'honneur de son siècle, les délices des rois, l'amour des Muses et l'un de leurs plus accomplis chefs-d'œuvre; » dans un transport lyrique, il s'écrie : « Retirez-vous, profanes : chaque ligne est sacrée; vous n'y pouvez porter la main sans commettre un sacrilége.... Si vous ne l'honorez pas assez pour consacrer des temples à sa mémoire, au moins respectez ceux que les autres entreprennent de lui bâtir[2]. » Quand Godeau parlait ainsi, il avait vingt-quatre ans, c'est-à-dire un âge où d'ordinaire on est peu tenté de s'enthousiasmer à ce point pour des vertus sages et austères, telles que « la raison sévère, comme dit M. Sainte-Beuve, la netteté scrupuleuse et la froide chasteté du

---

1. Voyez la *satire* IX de Regnier, vers 56, 62, 63, 66.
2. Voyez notre tome I, p. 367.

réformateur[1]; » mais aussi où l'on aime à prendre vivement parti dans les luttes du jour, où volontiers l'on s'échauffe et passe les bornes. Sans pousser l'éloge jusqu'à l'apothéose, Balzac, qui, on le sait, nommait Malherbe son père, va bien loin aussi dans son admiration. Tout ce qui a précédé respire, dit-il dans une lettre latine, une rudesse plus que gothique. Nous n'avions que des bardes, que des Faunes gaulois. C'est lui qui le premier a satisfait les oreilles les plus délicates. Il n'a pas souffert que, le blé une fois trouvé et les hommes pouvant se nourrir de pain, ils continuassent à manger du gland (il emploie le mot grec : βαλανηφαγεῖν). Lorsqu'après ce pompeux éloge, il s'agit de nous dire, sans hyperbole ni métaphore, en quoi consiste ce progrès qui a fait sortir de la barbarie la poésie française, Balzac baisse le ton, et définit ainsi, très-modérément, le mérite du grand maître et modèle, en termes fort expressifs sans doute, mais simplement précis et judicieux, et auxquels, en tant qu'appréciation de Malherbe, aucun esprit impartial ne peut, je crois, refuser de souscrire : « Il nous a appris ce que c'était qu'écrire purement et avec un soin scrupuleux. Il nous a appris que, dans les expressions et les pensées, le choix était le principe de l'éloquence, et que même la propre et juste disposition des mots et des choses avait d'ordinaire plus d'importance que les choses mêmes et les mots[2]. »

Mais ce n'est pas ici le lieu de caractériser longuement et dans son ensemble la réforme exaltée par les uns, dépréciée par les autres. Le sujet a été traité souvent, et d'éminents critiques y ont consacré des pages remarquables, bien connues et dignes de l'être. Qu'il nous suffise de nommer MM. Sainte-Beuve et Nisard, qui tous deux, l'un peut-être plus volontiers que l'autre, rendent justice à Malherbe et montrent bien le grand rôle qu'il a joué : M. Sainte-Beuve dans son *Tableau de la poésie française au seizième siècle*, M. Nisard dans son *Histoire de la littérature française*. C'est qu'en effet, qu'on le goûte ou non, on ne peut méconnaître ni contester sa puissante et durable influence. Bayle dit vrai quand il l'estime « un des premiers et des plus grands maîtres qui aient formé le goût et le jugement de notre nation en matière d'ouvrages d'esprit[3]. » Il n'y a

---

1. *Tableau.... de la poésie française.... au seizième siècle*, p. 140 (Paris, 1848).

2. *Primus Franciscus Malherba.... superbissimo aurium judicio satisfecit. Non tulit nostros homines, inventis frugibus, amplius* βαλανηφαγεῖν. *Docuit quid esset pure et cum religione scribere. Docuit in vocibus et sententiis delectum eloquentiæ esse originem, atque adeo rerum verborumque collocationem aptam ipsis rebus et verbis potiorem plerumque esse.* (Œuvres de Balzac, 1665, in-folio, tome II, p. 64 et 65 des œuvres latines.)

3. *Dictionnaire*, article DES LOGES, note D.

peut-être pas d'exemple qui montre mieux que le sien combien venir à propos, voir nettement la pente et le besoin du moment, bien savoir ce qu'on veut, ce qu'il est opportun de vouloir, et y tendre opiniâtrément, armé d'une grande fermeté de caractère autant que d'esprit, combien tout cela, quand on s'est fait sa place et qu'on la garde longtemps, assure d'autorité et d'action efficace.

C'est sur la langue principalement, sur l'instrument de la pensée et du style, que s'est exercé l'impérieux et inflexible bon sens de Malherbe. Le nommer, comme on l'a fait, le père de la langue à la fois et de la poésie française[1], c'est assurément aller au delà, bien au delà des bornes. Pour ne citer que les plus récents prédécesseurs et les meilleurs d'entre eux, après les vers de Marot, de Ronsard et de la Pléiade, ajoutons de des Portes, chez qui Balzac lui-même reconnaît d'heureux efforts et comme les premiers linéaments de l'art de Malherbe[2]; après la prose d'Amyot, de Montaigne[3], la langue n'était plus à naître. Il ne s'agissait que de mettre la dernière main à son éducation, fort avancée déjà, on peut le dire. Belles et copieuses étaient ses ressources; très-riche, trop plutôt que pas assez, son trésor de mots et de tours[4]. La force et la grâce, la finesse et le brillant y abondaient. Mais le caprice et le hasard y étaient trop souvent les maîtres; on changeait, on innovait audacieusement : la rè-

1. Voyez l'*Extrait des mémoires de littérature* placé en tête du *Malherbe* de Ménage (tome I, p. 6, édition de 1723).

2. *Primas quasi lineas artis Malherbianæ*. (Balzac, lettre citée plus haut, p. 65.)

3. D'Amyot, dans ses traductions; car, dans ses ouvrages originaux, « il me semble, dit son biographe Rouillard, étrangement pesant et traînassier. » Voyez la restriction que M. Nisard apporte avec raison à ce jugement dans son *Histoire de la littérature française*, tome I, p. 380. — Pour la langue de Montaigne nous ne pouvons mieux faire que de renvoyer au très-juste éloge qu'en fait, avec autant de précision que de goût, M. Prevost-Paradol, dans la belle *Étude* placée en tête de l'édition de Montaigne de 1865 (p. XVII).

4. Ronsard, on le sait, conseillait encore de puiser à toute source. Il voulait qu'on ne fît conscience « de remettre en usage les antiques vocables, principalement ceux du langage wallon et picard, » ni même, ajoutait-il, de « choisir les mots les plus pregnants et significatifs.... de toutes les provinces de France *. » Et ailleurs : « Ne se faut soucier, disait-il, si les vocables sont Gascons, Poiteuins, Normans, Manceaux, Lionnois ou d'autres païs, pourueu qu'ils soient bons **. » Voyez, dans le livre de *l'Hellénisme en France*, que M. Egger est à la veille de publier, l'intéressante leçon où il est traité *de la Langue française au seizième siècle*.

* *Préface sur la Franciade*, OEuvres de Ronsard (édition Blanchemain, tome III, p. 32 et 33.)

** *Abrégé de l'Art poëtique françois, ibidem*, tome VII, p. 321.

gle, la discipline, le goût manquaient. A voir le commun usage, de grands et nécessaires progrès restaient à faire tant pour le choix et l'emploi des mots que pour leur disposition, pour la structure des phrases. On avait, dans le style, trop peu de souci de l'ordre, de la logique, de l'économie du discours, de la propriété, de la netteté du sens, de l'harmonie de la construction, de son aisance et souplesse; trop peu aussi de la dignité, de la gravité, de la noblesse, dans les genres et sujets qui veulent ces qualités; trop peu, presque partout, de la bienséance, et enfin de l'unité et de l'accord dans le ton. C'est à corriger et perfectionner la langue sous ces divers rapports que Malherbe s'est courageusement et patiemment attaché. Telle qu'on l'écrivait généralement avant lui, elle lui paraissait, comme Fénelon disait de Ronsard, « crue et informe[1], » ou, pour employer les termes que Balzac appliquait au même poëte. « une grande source, » sans doute, « mais une source trouble et boueuse, où l'ordure empêchait l'eau de couler[2]. »

Pour mesurer, au point de vue de la langue, le chemin parcouru par Malherbe, pour apprécier et sa théorie et sa pratique, il n'est pas besoin de chercher ailleurs que chez lui des documents ni des termes de comparaison.

Pour sa théorie, ses règles de grammaire, de style, de critique, sa manière assurée et impitoyable de les appliquer, nous avons son *Commentaire sur des Portes*. Par sa méthode et son ton de correcteur, qui justifie bien le titre que lui donne Balzac de « premier grammairien de France, prétendant que tout ce qui parle et écrit

1. *Lettre sur les occupations de l'Académie françoise*, *OEuvres de Fénelon*, tome XXI, p. 191. — On sait ce que Fénelon pensait de notre vieux langage : il « se fait regretter, disait-il en 1714 (*ibidem*, p. 159)...; il avoit (*dans certains auteurs*) je ne sais quoi de court (*bien qu'il le trouve en même temps* « *un peu trop verbeux* »), de naïf, de hardi, de vif et de passionné. » Il lui « semble qu'on a gêné et appauvri *notre langue* (*ailleurs*, p. 191, *il ajoute* « *desséché* »), depuis environ cent ans, en voulant la purifier. » Quant à Ronsard en particulier, il le goûte fort peu. Il trouve qu' « il avoit trop entrepris tout à coup; » et s'en prend à lui de la réaction exagérée qui suivit : « L'excès choquant de Ronsard nous a un peu jetés dans l'extrémité opposée » (p. 191). Je croirais volontiers qu'il l'avait peu étudié, mais sa double remarque n'en demeure pas moins fort juste. La Bruyère, grand admirateur de Malherbe (voyez tome I, p. 129, de l'édition de M. Servois), confirme en ces termes la seconde : « Ronsard et les auteurs ses contemporains ont plus nui au style qu'ils ne lui ont servi : ils l'ont retardé dans le chemin de la perfection; ils l'ont exposé à la manquer pour toujours et à n'y plus revenir. » Puis il s'étonne que « notre langue, à peine corrompue, se soit vue si promptement réparée, » quand vinrent Racan et Malherbe (*ibidem*, p. 130).

2. *OEuvres de Balzac*, *Dissertations critiques*, n° XXIV, tome II, p. 670.

soit de sa jurisdiction[1], » il rappelle vraiment l'apologue de l'ours et de son petit : c'est à rudes coups de langue qu'il donne aux vers du pauvre poëte qu'il tient sous sa griffe, « forme et façon de membres, » comme dit du Bellay, qui emploie quelque part, dans un tout autre sens, cette comparaison[2].

Pour voir sa pratique, le passage de la règle à l'action, l'empreinte que la langue a reçue et gardée de lui, l'état où il l'a trouvée et celui où il l'a laissée, il suffit d'étudier ses poésies dans l'ordre chronologique où les a disposées M. Lalanne. Que, par exemple, l'on compare ses *Larmes de saint Pierre*[3], œuvre de sa jeunesse, publiée en 1587 et dédiée à Henri III, à telle ou telle de ses plus belles *odes* à ou sur Henri IV ou Marie de Médicis, ou à ces *Stances spirituelles*[4] qui parurent un an avant sa mort, en 1627, et sont peut-être, dit Bouhours[5], ce qu'il a fait de plus beau :

N'espérons plus, mon âme, aux promesses du monde;

on a peine à croire, si l'on va, d'un bond, du point de départ au but atteint, sans suivre entre les deux la lente et laborieuse marche du poëte, que ces deux écrits soient du même auteur, qu'une vie d'homme ait pu suffire à modifier à ce point le vocabulaire et la syntaxe, le choix des mots et leur structure. Les vingt-quatre vers (quatre strophes de six vers chacune) dont se composent les *Stances spirituelles*, paraphrase des trois premiers versets du *psaume* CXLV, ne contiennent rien qui puisse étonner, arrêter un lecteur nourri de la meilleure langue du dix-septième siècle, tout au plus peut-être, aux derniers vers, une inversion que Racine, je ne dis pas Corneille, eût évitée, et que Fénelon agréait, car il va jusqu'à dire que « toute notre nation l'a approuvée[6] : »

Et tombent avec eux d'une chute commune
Tous ceux que, etc.

De ce petit chef-d'œuvre où la langue est si noble, si ferme, si dégagée et si limpide, si bien appropriée à « l'esprit français entrant

---

1. OEuvres de Balzac, *Dissertations chrétiennes et morales*, n° XIV, tome II, p. 368.

2. *Illustration de la langue françoise*, chapitre XI, tome I, p. 54, de l'édition de M. Marty-Laveaux.

3. Tome I, p. 4-18.

4. *Ibidem*, p. 273 et 274.

5. *Manière de bien penser dans les ouvrages d'esprit*, p. 45, seconde édition (Paris, 1691).

6. Tome XXI, p. 191, dans l'ouvrage déjà cité.

enfin dans sa virilité, » comme dit M. Nisard[1], rapprochons un même nombre de strophes et de vers (on peut le prendre presque au hasard) de la longue imitation du Tansille dont nous avons parlé, *les Larmes de saint Pierre* : eh bien! abstraction faite, autant qu'il est possible, du mauvais goût et des vices de la pensée, à ne regarder qu'à la forme et à la valeur des termes, à leurs relations d'accord et de régime, et à la construction des phrases, on est choqué, arrêté tout au moins, à chaque pas, soit par des usages qui ont vieilli, soit par le défaut de façon et d'aisance : d'une part, des sens qui ont changé et par suite des emplois de mots qui nous paraissent ou étranges ou impropres; de l'autre, des tours gênés, raboteux, enchevêtrés. « On ne peut nier, dit Ménage, qu'il n'y ait » dans cet essai « beaucoup de belles choses, » beaucoup de promesses, dirons-nous; mais, quand on le compare aux fruits mûrs des dernières années, on comprend sans peine que son auteur le désavouât[2].

Comme exemple accepté de tous les bons esprits et à jamais durable, Malherbe n'a légué à la postérité qu'un très-petit nombre de poésies qui soient vraiment des modèles à peu près de tout point, puis çà et là des strophes, des vers, dignes de rester dans la mémoire; mais pour l'histoire de la langue française, rien de lui n'est à négliger. Aussi importait-il, à ce point de vue, de réunir enfin, dans une même édition, d'un texte exact et pur dans tous les détails et accompagné de ses variantes, non pas seulement toutes ses œuvres poétiques, les bonnes, les médiocres, les mauvaises; mais encore ses écrits en prose, c'est-à-dire ses traductions et ses lettres : ses traductions, où il ne se pique pas moins de style original et de beau et sûr langage que de fidélité, mais où pourtant son devoir d'interprète, quelque largement qu'il l'entende, et le modèle qu'il a sous les yeux ne laissent pas de gêner un peu son allure; ses lettres, où rien ne l'embarrasse ni ne lui trace sa voie, qu'il écrit rapidement, au courant de la plume, de manière à nous bien montrer sa langue naturelle, de premier jet, et en quelque sorte instinctive; mais qu'ensuite, plus respectueux pour la langue que pour ses correspondants, il charge de ratures et polit soigneusement, nous apprenant par ses retouches (que M. Lalanne a indiquées dans ses notes) ses scrupules de justesse, de propriété, de correction et perfection grammaticales.

On a dit souvent que la confiance, le juste contentement de soi-même, passât-il même quelque peu les bornes, étaient moyen de

---

1. *Histoire de la littérature française*, livre II, chapitre v (tome I, p. 372, 3ᵉ édition).
2. Voyez au tome I, p. 4, la *Notice* des *Larmes de saint Pierre*.

succès. Ce moyen-là, on le sait, ne manquait point à Malherbe. Il avait et voulait que l'on eût, de sa prose comme de ses vers, la plus haute idée. Il considérait, et ses admirateurs avec lui, son style et sa langue, rimés ou non, comme la règle du bien dire. On connaît cette anecdote. Des amis l'ayant prié un jour de faire une grammaire, il leur répondit « que, sans qu'il prît cette peine, on n'avoit qu'à lire sa traduction du XXXIIIe livre de Tite-Live, et que c'étoit d̄ tte sorte qu'il falloit écrire¹. » Quant à l'opinion de ses discip˙ ₁partisans contemporains, nous avons vu comment Godeau parlait de ses *OEuvres*, de *chaque ligne* de ses œuvres, sans distinction. Tout en appelant ses poésies son vrai *trésor*², il ne tarit pas en éloges sur les traductions et les lettres. Celles-là sont des ouvrages non pas seulement agréables, mais excellents de tout point, faisant parler Tite-Live et Sénèque comme « s'ils n'avoient jamais respiré un autre air que celui du Louvre³. » Celles-ci sont des *diamants*, parmi lesquels on veut bien reconnaître qu'il « s'en rencontre qui ont des pailles⁴, » mais enfin des diamants. Moins d'un demi-siècle plus tard, nous voyons cette admiration de sa prose singulièrement refroidie, surtout au point de vue de la phrase et de sa construction, « des nombres de l'oraison, » comme on disait alors. On place à cet égard Balzac, non sans raison, bien au-dessus de lui. Cassagnes, dans la *Préface* qu'il a mise en tête de l'édition in-folio de ce dernier, publiée en 1665, s'exprime ainsi : « M. de Malherbe..., qui a formé ou du moins perfectionné les nombres de notre poésie, n'en reconnoissoit point dans la prose. Il sembloit qu'en cessant de parler la langue des Muses, il oubliât les règles qu'il avoit trouvées pour la situation et la structure, pour l'ordre et la liaison des paroles. On s'étonne que celui qui, dans ses odes admirables, a une versification si belle et si harmonieuse, n'ait rien que de discordant et de dissipé dans ses traductions.... La même obligation que nous avons à M. de Malherbe pour la poésie, nous l'avons à M. de Balzac pour la prose.... Il n'est point de plus délicieux concert que celui de ses paroles. » Malherbe lui-même, nous dit Racan⁵, « se moquoit de ceux qui disoient qu'il y avoit du nombre en la prose, » et de lui à Balzac il y a, pour l'harmonie, un incontestable progrès ; mais la critique : « rien que de discordant et de dissipé, » est une partiale hyperbole. Bien souvent, en prose, notre traducteur et épistolaire construit la période très-habilement, de même qu'il fait en vers. Toutefois il demeure vrai que pour la prose il a laissé

---

1. Sorel, *la Bibliothèque françoise*, p. 234, édition de 1664.
2. Voyez au tome I, p. 376.
3. *Ibidem*, p. 369. — 4. *Ibidem*, p. 375.
5. Voyez notre tome I, p. LXXXVI.

beaucoup plus à faire à ceux qui vinrent après lui. Il paraît, dans la sienne, sinon toujours, au moins fort souvent, plus semé d'archaïsmes de tours et aussi de mots que dans ses poésies, surtout dans celles de sa dernière et meilleure manière. N'exagérons pourtant pas le sens de ce terme d'*archaïsmes*. Je prends, sans choix, un chapitre de sa version de Tite-Live, le second[1], pour y relever ce que nous ne dirions plus aujourd'hui. Débarrassé, comme il l'est dans l'édition de M. Lalanne, de sa rugueuse enveloppe d'orthographe vieillie, qui, à la lecture, fait illusion, il ne nous offre, comparé à notre usage, que de légères et assez rares différences. Pour les mots : *baillé*, au lieu de *donné*; *magnifier*, dans le sens *d'exalter*; au commencement de la cinquième phrase, *comme*, où peut-être nous dirions plutôt *lorsque*; vers la fin, les locutions *pour cet effet*, *pour ce coup*; comme tours, deux omissions d'*il*, sujet : « et le fallut emporter », « fut arrêté, » pour *il fallut*, *il fut*; une inversion : « et fut son avis d'autant mieux reçu que, etc.; » un emploi latin du relatif *à quoi*, en tête d'une phrase; un infinitif avec *à*, régime de *tourner :* « tourna toutes ses pensées à terminer; » enfin, pour ne rien omettre, même de douteux, un *que* après *proposa*, dans le sens de *dit*, *ouvrit l'avis*, aux lignes 15 et 16; un *en* après *décret*, trois lignes plus loin. Il n'y a rien là, on le voit, et de semblables pages abondent, c'est le plus grand nombre, il n'y a rien de grave, d'étrange, rien qui distingue notablement, profondément la langue d'alors de celle d'aujourd'hui.

De Malherbe à nous, il y a, si nous remontons à sa naissance, plus de trois siècles; il y en a deux et demi, à partir du temps de son énergique activité et autorité. De Montaigne à lui, nous l'avons dit, la distance est, en comparaison, bien petite, presque nulle. C'est en 1580 que parurent les deux premiers livres des *Essais*; en 1588, le troisième et dernier : notre auteur put les lire, les uns à vingt-cinq ans, l'autre à trente-trois. Eh bien! si nous comparons leurs deux proses, aussi grande, pour le moins, plus grande même ordinairement, est la différence entre Malherbe et Montaigne, que celle qui distingue Malherbe, je ne dis pas du premier venu des écrivains de notre temps, mais de ceux d'entre eux qui ont gardé les bonnes et saines traditions du langage. Disons au reste, en passant, que, dans Montaigne aussi, nous trouvons des pages (on peut prendre, si l'on veut, pour exemple son avis *Au lecteur*) qui, une fois ramenées pour l'orthographe à notre usage, n'ont presque rien qui étonne ou dépayse un lecteur d'à présent. Mais, chez Montaigne, on peut dire, je crois, que c'est l'exception; chez Malherbe le peu de distance de lui à nous est chose constante. Ce que nous disons de la prose

---

1. Voyez notre tome I, p. 399 et 400.

s'applique bien mieux encore à la poésie. De Ronsard, de du Bellay, de des Portes même, au poëte de Henri IV, de Marie de Médicis, de Louis XIII, l'intervalle est immense : ce sont eux bien plutôt que nous, eux ses contemporains plus ou moins, qui, pour la langue, sembleraient placés, si nous ignorions les vraies dates, à deux ou trois siècles de lui[1], à ne prendre toujours, bien entendu, que ses œuvres à son gré parfaites et le plus haut point où il est parvenu.

Rien, si je ne me trompe, n'est plus propre que cette mesure si différente de la distance qui le sépare soit de ses prédécesseurs immédiats soit de ses lointains successeurs, à montrer d'un côté combien fut décisif pour notre idiome le temps où il vécut et agit, de l'autre à confirmer et mettre dans tout son jour la durable puissance de la réforme à laquelle il eut une si grande part, la part principale. Pour durer ainsi, adoptée rapidement de tous et faisant loi, pour pénétrer si profondément la langue et les lettres françaises, il fallait, on en conviendra, qu'elle fût bien, à ce moment, dans le vœu de cette langue et de ces lettres, qu'elle fût une simple impulsion sur la pente où elles étaient placées, où elles ne demandaient qu'à glisser. Il n'y a point de génie assez fort pour faire violence, avec une permanente efficacité, à la nature des choses; et d'ailleurs Malherbe n'était pas de taille assurément à faire remonter le fleuve contre son cours.

Nous avons dit que, dans la prose de Malherbe, il y avait plus d'archaïsmes, c'est-à-dire de mots et de tours vieillis, que dans les vers qu'il a écrits la réforme une fois faite et arrêtée dans son esprit et passée de là dans sa pratique. Pour les mots pris isolément, ce qui, dans cette prose, distingue, de la manière la plus frappante, mais non point à chaque pas, de loin en loin seulement, sa langue de la nôtre, c'est un très-petit nombre de termes primitifs, un nombre plus grand de dérivés et de composés qui sont sortis d'usage : pour ne citer que quelques exemples, des primitifs, tels que *ahaner*, *bube*, *caute*, *chaloir*, *chevir*, *cuider*, *ord*, *souloir*, *suader*, etc., etc.; des dérivés, comme *affranchement*, *arrêtement*, *brillement*, *brûlement*, *coulement*, *languissement*, *arrêteur*, *bouffonneur*, *amoureaux*, *parlerie*, *enragerie*, *oisonnerie*, *parvité*, *oubliance*, *coustange*, *cruchée*, *plébé*, *querelleux*, *contumélieux*, *vergogneux*, *célébrable*, *contemptible*, *brigander*, *brigandeur*, etc., etc.; des composés comme *apoltronnir*, *concréer*, *défouir*, *détrancher*, *dévouloir*,

---

1. C'est ce qu'on sentait bien dès le milieu du dix-septième siècle. Racine, en 1656, applique à Ronsard et à du Bartas ce que Quintilien (livre X, chapitre 1) dit du viel Ennius, qu'il compare à ces bois sacrés dont les chênes antiques sont religieusement respectables plutôt que beaux. Voyez le *Racine* de M. Mesnard, tome VI, p. 337.

désenivrer, enaigrir, grandifier, magnifier, biendisance, bénéficence, conserviteurs, entresuite, incomplaisant, ineffrayable, inétonnable, insusceptible, etc., etc. On trouvera tous ces mots et d'autres semblables à leur place alphabétique : par leur présence dans les écrits de Malherbe, les uns nous montrent qu'au moment où il s'en servait, le triage du vieux vocabulaire, poussé plus tard trop loin, je le crains, n'était pas encore entièrement achevé; et les autres, une grande partie de ceux des deux dernières catégories, que la faculté de dériver et de composer était plus grande encore et plus libre qu'elle ne l'est devenue depuis, quoique déjà l'état de la langue, demeurée si vivante et si féconde pour le style, ne se prêtât plus qu'imparfaitement, en bien des cas, à tirer d'elle-même des formes nouvelles au moyen de la fusion des mots avec des suffixes et des préfixes ou entre eux. Si la rencontre de ces termes ou surannés ou forgés par notre auteur, et aujourd'hui hors d'usage, était très-fréquente, elle donnerait certainement à sa langue un caractère très-marqué d'archaïsme; mais, je le répète, cette rencontre est rare : ils sont, pour la plupart, des exceptions, des ἅπαξ εἰρημένα (dits une seule fois).

Fort clair-semé aussi est un autre signe de vieillesse, qui affecte les substantifs et leurs dépendances, et qui, multiplié, serait également très-frappant : je veux dire les genres tombés en désuétude. L'*Introduction grammaticale* (p. xx) donne la liste des noms qui, pour nous, sont, à cet égard, irréguliers dans les vers ou dans la prose de Malherbe. Elle donne en outre (p. xxi et xxii) les exemples les plus remarquables de ce qui peut nous étonner dans l'emploi des nombres; et de même, autre ordre de faits, dans les formes verbales (p. xlvi).

Ce qui abonde et par suite tranche et différencie davantage, ce sont, d'une part, certaines locutions et certaines alliances de mots, des régimes, par exemple, joints par d'autres prépositions qu'aujourd'hui au mot régissant; de l'autre, des emplois, dont nous nous sommes déshabitués, de quelques petits mots, pronoms et particules adverbiales, prépositives, conjonctives; d'un autre encore, des constructions dont particulièrement ces mêmes petits mots sont l'objet. Enfin nous pourrions indiquer en outre, comme caractères d'un autre âge, des façons de parler métaphoriques et proverbiales que nous avons désapprises (voyez les articles Boutique, Bureau, Confitures, Sucre, etc.); des changements et des nuances très-marqués de signification (voyez Caresser, Carrossier, etc.); des emplois, dans le style soutenu, d'expressions familières ou triviales (voyez Cajoler, Carcasse, etc.); dans les traductions, la substitution, pour nous fort étrange, des termes modernes aux termes antiques (voyez Conciergerie, Coronel, Écu, etc.). Dans le présent *Lexique*, comme dans ceux de Sévigné et de Corneille, qui ont dû lui servir de modèles, on a placé aux articles où ils se rapportent les faits dignes d'être notés en ces divers genres, et de plus, à l'*Introduction*, on a rapproché les uns des autres, en ajoutant soit des citations de texte, soit des renvois aux articles, les faits de nature semblable ou analogue ou affectant une même partie du discours, une même espèce de mots.

A la fin de l'*Introduction*, on a réuni, dans les sections de l'*Accord*, du *Régime*, de l'*Ellipse*, de la *Syllepse*, etc., un bon nombre d'exemples, intéressants ou curieux, quelques-uns même étranges, dont une très-grande partie ne doit pas être considérée comme nous montrant les habitudes de Malherbe ou de ses contemporains et comme distinguant de notre usage le sien ou celui d'alors, mais plutôt comme nous offrant des hardiesses, des négligences, des fantaisies du moment, dont plus d'une était aussi peu légitime de son temps que du nôtre.

Notre *Lexique* forme un bien gros volume. On en excusera, je pense, la longueur, en songeant à l'importance, que nous venons d'établir, de cette époque de transition dont Malherbe est, quant à la langue, le principal et plus sûr témoin. Ceux qui sérieusement s'intéressent à l'histoire de notre idiome (nos *Lexiques* ne sont pas faits pour d'autres) nous reprocheront plutôt, je le crains, le trop peu que le trop, et remarqueront peut-être, en lisant les quatre volumes des *OEuvres*, plus d'un mot et plus d'un tour qu'on eût pu joindre à ceux qui ont été relevés. Chez les écrivains vraiment originaux, ou d'un caractère très-personnel, ayant bien leur manière à eux, rien n'est indifférent, ni les sens et les nuances diverses des mots, ni leurs alliances, ni leur place dans les phrases : ils marquent tout de leur cachet; pour les caractériser, il faudrait tout prendre. Mais les bornes qui nous étaient imposées nous obligeaient à choisir, à omettre. Par suite de la disposition typographique adoptée pour les *Lexiques* de la collection, et de l'habitude prise de ne pas renvoyer simplement par des chiffres, comme on a fait pour plus d'un *index* des auteurs grecs et latins, aux divers endroits où les mots se trouvent, mais d'accompagner les mots cités de la partie du contexte nécessaire pour en déterminer la valeur et l'emploi, ces recueils sont devenus lisibles pour eux-mêmes, et autre chose et mieux que des répertoires de renvois; mais, d'un autre côté, on se trouve à l'étroit et obligé de renoncer à être aussi complet que les plus exigeants le voudraient. Par compensation, il est vrai, il pourra paraître à d'autres qu'on l'a été déjà plus qu'il ne faut. L'auteur voudrait bien pouvoir se rendre le témoignage qu'il a su garder le juste et vrai milieu.

Fauriel avait eu l'idée de publier les *Poésies* de Malherbe. Il s'était servi, pour préparer son édition, d'un double exemplaire de celle de 1800, in-12[1], collé sur des feuillets de papier blanc in-4°, qui formaient de grandes marges pour écrire ses notes. Les seules qu'il ait rédigées sont celles qui se rapportent aux treize premiers poëmes du recueil de 1800. M. Cousin, qui prenait grand intérêt à notre collection, avait bien voulu nous communiquer les feuillets qui portent ces notes. Comme elles s'appliquent, pour la plupart, aux mots et aux tours employés par notre poëte, elles auraient pu trouver place dans notre *Lexique*, si elles eussent été originales. Mais nous avons bientôt reconnu qu'elles étaient extraites presque toutes du commentaire de Ménage, et que, par conséquent, les reproduire ne pouvait ni honorer la mémoire de l'illustre philologue et critique, ni ajouter, puisqu'il était facile de les lire ailleurs, aucun prix à notre édition.

Ad. Regnier.

Le *Lexique* est, comme le dit le titre, l'œuvre de mon fils aîné. Pour la *Préface*, je l'ai remplacé, parce que, au moment de l'écrire, il est tombé sérieusement malade, et que nous n'avons cru pouvoir, pour achever le volume depuis longtemps promis, attendre sa guérison. Depuis ces pages écrites, dont l'impression a tardé plus qu'on ne devait s'y attendre, Dieu l'a heureusement accordée à nos vœux.

1. Cette édition in-12 de 1800 (an VIII), publiée à Paris par Didot l'ainé et Firmin Didot, est stéréotype. C'est le n° 39 de notre *Notice bibliographique*. Elle reproduit la magnifique édition in-4° de 1797, notre n° 38. Voyez tome I, p. civ et cv.

ADDITIONS ET CORRECTIONS

(A AJOUTER A CELLES DU TOME IV, P. V-XI).

TOME I.

Page xxxi. — Le regrettable M. Corrard, maître de conférences à l'École normale supérieure, nous avait écrit, peu de temps avant sa mort, qu'il entendrait autrement que nous ce vers de Malherbe :

> Et voilà le bien qui m'abonde.

« Je crois, nous disait-il, que Malherbe, jusqu'au bout, se trouve pauvre, et qu'il veut dire ici : Être estimé, quoique vieux et sans vigueur, voilà le seul bien qui ait abondé et abonde chez moi. » Ce sens, qui s'accorde avec l'épitaphe, composée par Gombauld, que nous avons citée en note, nous paraît, tout bien pesé, préférable au nôtre.

Page LXVII, ligne 24, « placer, » lisez : « placet. »

Page cxxIII. — Aux pièces attribuées à Malherbe on peut ajouter la suivante, sur laquelle M. Guillaume Guizot a obligeamment appelé notre attention : *Quatrain inscrit au bas du portrait de Montaigne.*

> Voici du grand Montaigne une entière figure.
> Le peintre a peint le corps, et lui son bel esprit :
> Le premier par son art égale la nature ;
> Mais l'autre la surpasse en tout ce qu'il écrit.

Cette inscription se lit au bas du portrait de Montaigne, gravé par Thomas de Leu, qui se trouve en tête des éditions de Paris de 1608 et de 1611. M. Payen, dans ses *Documents inédits ou peu connus sur Montaigne* (Paris, Techener, 1847, p. 2 et 3, note 2), nous apprend que Jamet[1] parle, dans une note manuscrite, d'un quatrain que Malherbe a ajouté au portrait de Montaigne. Or nous ne connaissons, dit M. Payen, que le portrait de Thomas de Leu qui soit accompagné d'un quatrain ; c'est donc, selon toute vraisemblance, de ce quatrain-là que veut parler Jamet. — Sur quoi Jamet se fondait-il pour l'attribuer à Malherbe ? Nous l'ignorons, et par conséquent ne répondons en aucune manière de l'authenticité.

Page 56. — Au sujet de la *Prosopopée d'Ostende*, on lit dans le *Scaligerana secunda* (*Coloniæ agrippinæ*, 1667, in-12), p. 147 : « Malherbe a tourné en français, Casaubon en grec, les vers latins de Grotius. » Mais l'éditeur, Daillé, dit en note qu'au lieu de *Malherbe*, il faut lire *Rapin*. Cette rectification est une erreur, comme a soin d'en avertir Pierre Colomiès, dans

---

[1]. M. Payen ne nous dit pas si c'est Jamet jeune, le bibliographe qui a couvert de notes un grand nombre de livres de sa bibliothèque, ou Jamet aîné, qui a donné, en 1725, une édition de Montaigne. C'est probablement du premier qu'il s'agit.

une édition postérieure du *Scaligerana* (Cologne, 1695, p. 252) : « Il ne falloit point, dit-il, corriger Scaliger; Malherbe a aussi tourné les vers de Grotius, que Matthieu, dans l'*Histoire d'Henri IV*, attribue à Scaliger. »

Page 213, vers 102, « Lassée, » *lisez :* « Lasse. »

Page 331. — Nous avons eu occasion, en passant à Carpentras, de revoir l'original de l'*Instruction* de Malherbe à son fils, et d'en faire une nouvelle collation, qui nous met à même de corriger quelques fautes échappées à une première lecture :

Page 332, ligne 31, « alors, » *lisez :* « lors. »
— ligne 35 (et partout où le mot se trouve dans les pages suivantes de l'*Instruction*), « demoiselle, » *lisez :* « damoiselle. »

Page 335, ligne 25, « de mon père, » *lisez :* « de mondit père. »

Page 336, ligne dernière, « de dot, » *lisez :* « du dot. »

Page 337, ligne 7, « par celui Loup, » *lisez :* « par icelui Loup » (et par suite, au *Lexique*, transportez à l'article Icelui, p. 313, le dernier exemple de l'article Celui, p. 87).
— ligne avant-dernière, « et la réduction, » *lisez :* « et réduction. »

Page 338, ligne 3, « comparoître, » *lisez :* « comparoir. »
— lignes 7 et 8, « du 10ᵉ de juillet de la même année, » *lisez :* « du 10ᵉ de juillet même année. »

Page 339, lignes 4 et 5, « comparoître, » *lisez :* « comparoir. »
— ligne 15, « jusques à, » *lisez :* « jusqu'à. »
— ligne 22, « de la dot de leur mère, » *lisez :* « du dot de leur mère. »

Page 340, ligne 24, « il leur déduit toutes les sommes, » *lisez :* « il leur déduit, à toutes, les sommes. »

Page 341, ligne 25, « Il ne sert rien, » *lisez :* « Il ne sert de rien. »

Page 342, ligne 29, « pris, » *lisez :* « prins. »

Page 343, ligne 9, « devant Mᵉ Bruys, » *lisez :* « par-devant Mᵉ Bruys. »

Page 345, ligne 5 et ligne 8, « marraine, » *lisez :* « marrine. »

Page 346, ligne 32, « qu'à sa mère, » *lisez :* « qu'à sa prière. »

Page 347, ligne 5 et ligne 33, les mots « m'avoit » et « me, » placés entre crochets, sont au manuscrit.
— ligne 28, « que quelqu'un voulût impugner, » *lisez :* « que quelqu'un la voulût impugner. »

Page 348, ligne 2, « au cas, » *lisez :* « en cas. »

TOME II.

Page 725, ligne 8 de l'*épître* xci, au lieu de « mortifié » (texte de 1645), *lisez :* « fortifié » (leçon préférable de 1648).

TOME III.

Page 66. — M. Regnier a vu en Angleterre, chez Mgr le duc d'Aumale, qui lui a permis de le collationner, l'original de la *lettre* 32 de Malherbe à Peiresc. Le prince, qui avait acheté cet original à Londres en avril 1869, a donné le bon exemple de le renvoyer à la Bibliothèque impériale, dès qu'il a su qu'il y avait été autrefois soustrait. Voici les différences de texte qu'a fournies la collation du manuscrit :

Page 66, ligne 5 de la lettre 32, « jusqu'ici, » *lisez :* « jusques ici. »

Page 67, ligne 4, « de monnoies, » *lisez :* « des monnoies. »
— ligne 5, « et lui disant, » *lisez :* « et lui dit-on. »
— ligne 19, « prochaine occasion, » *lisez :* « première occasion. »
— ligne avant-dernière, « caisse, » *lisez :* « casse » (forme archaïque).
— ligne dernière, « laquelle il n'a pas reçue, » *lisez :* « laquelle il n'a point reçue. »

TOME IV.

Pages 59-62; 181 et 182; 188. — On nous a communiqué, depuis l'impression de notre tome IV, les originaux de trois lettres contenues dans ce tome (n°s 27, 96 et 103), et nous y avons relevé les différences suivantes :

Page 60, ligne avant-dernière, « et il vit, » *lisez :* « et y vit. »
Page 61, ligne 5, « demoiselle, » *lisez :* « damoiselle. »
— ligne 8, « lui a fait bon visage, » *lisez :* « lui a fait fort bon visage. »
— ligne 10, « étoit l'excuse du prince de Galles, » *lisez :* « étoit l'excuse du passage du prince de Galles. »
— ligne 14, « d'un voyage de Picardie, » *lisez :* « d'un voyage en Picardie. »
— ligne 21, « que ce soit une œuvre, » *lisez :* « que ce sera une œuvre. »
— ligne 23, « pour faire lâcher, » *lisez :* « pour faire relâcher. »
Page 62, après la ligne 3, ajoutez la signature : MALHERBE.
Cette lettre porte la suscription suivante, écrite de la main de Malherbe : « A Monsieur, Monsieur du Bouillon, conseiller du Roi et trésorier de France au bureau de Caen. »
Page 181, ligne 10 de la lettre 96, « de tant de périls, » *lisez :* « de tant de péril. »
Cette lettre n'est ni datée ni signée; elle ne porte pas de suscription, et est chargée de corrections: ce qui pourrait faire penser que l'autographe que nous avons vu est un brouillon.
Page 188, ligne 4, le mot *Madame* n'est pas dans l'original.
— ligne 20, « que je suis dans le pays, *lisez*, comme dans le manuscrit Baluze : « que je sois dans le pays. »
La lettre se termine par ces mots, non imprimés dans notre texte : « Adieu, M. Je vous, etc. » (*sic*). Elle porte deux cachets de cire rouge, sans adresse, et est chargée de corrections.
Page 340, note 1, « et plus loin, p. 296, » *lisez :* « et plus loin, p. 396. »

TOME V.

Page 87, lignes 33-35, tansportez à l'article ICELUI, p. 313, l'exemple tiré du tome I, p. 337. — Voyez ci-dessus, p. xv, lignes 14-16.
Page 108, après la ligne 11, ajoutez: « COMPAROIR, terme de pratique. (I, 338, et I, 339.) » — Voyez ci-dessus, p. xv, lignes 18 et 21.
Page 191, après la ligne 44, ajoutez : DOT, masculin. (I, 336, et I, 339.) » — Voyez ci-dessus, p. xv, lignes 13 et 23.
Page 379, ligne 46, avant « III, 264, » ajoutez : « I, 345, lignes 5 et 8. » — Voyez ci-dessus, p. xv, ligne 30.
Page 414, ligne 15, « voy. I, 135, v. 43, » *lisez :* « voy. I, 154, v. 43. »
Page 420, ligne 34, ajoutez à l'exemple cité cette indication : (II, 238.)

INTRODUCTION GRAMMATICALE.

I. — Article et mots partitifs.

Voyez ci-après, Le, la, les, p. 353-355; Un, p. 654-657.

1º Emploi d'un seul article défini devant plusieurs substantifs :

La justice, probité, prudence, valeur et tempérance sont toutes qualités qui se peuvent trouver en une seule âme. (II, 98.)

L'*ingratitude et peu* de soin
Que montrent les grands au besoin
De douleur accablent ma vie. (I, 286, vers 22.)

2º Emploi de l'article défini où nous mettrions l'indéfini :

Qu'il soit le premier de sa race et n'ait pas *le* liard en sa bourse, etc. (II, 588; *var.* de 1648 : « un liard. »)

3º Emploi de l'article défini devant un nom propre :

Le Canope (*ville d'Égypte*). (II, 447.)
Les Thèbes de Phtie. (I, 413, 461.)
Il avoit eu cette place *du* Gast (*de Michel de Gast*). (III, 417.)

4º Emploi de l'article défini ou indéfini dans des tours où nous les omettrions aujourd'hui ou emploierions un article partitif :

Allez, fléaux de la France, et *les* pestes du monde. (I, 219, vers 4.)

Grandeurs, richesses et *l'*amour
Sont fleurs périssables et vaines. (I, 287, vers 35.)

Elle.... ne se fâcha point de devoir la vie à ceux sur qui elle avoit eu puissance de *la* vie et de *la* mort. (II, 73.)

D'*une* part et d'autre (*de part et d'autre*). (II, 30.)

[Apollon] Laisse indifféremment cueillir
Les belles feuilles toujours vertes
Qui gardent les noms de vieillir;
Mais l'art d'en faire *les* couronnes
N'est pas su de toutes personnes. (I, 188, vers 145; *var.* de 1611 et de 1626 : « des couronnes. »)

5º Emploi de l'article défini où nous mettrions plutôt un adjectif possessif (ou l'article avec *se*) :

Peuples, qu'on mette sur *la* tête
Tout ce que la terre a de fleurs. (I, 44, vers 1.)

.... Toutes les fois que j'arrête *les* yeux
A voir les ornements dont tu pares les cieux, etc. (I, 62, vers 13.)

Mon âme *du* corps partira
Sans contrainte ni violence. (I, 288, vers 80.)

6° Omission de l'article défini ou indéfini et des partitifs *du, de la, des, de* (voyez ci-après, p. 355, LE, LA, 8°; et p. 657, UN *omis*) :

En aspirant au ciel être frappé de *foudre*. (I, 22, vers 32.)
.... Toutes les faveurs humaines
Sont *hémérocalles* d'un jour;
Grandeurs, richesses et l'amour
Sont *fleurs* périssables et vaines. (I, 287, vers 34-36.)

Jamais *siècle* passé n'a vu monter *empire*
Où le siècle présent verra monter le tien. (I, 253, vers 5.)

Pleure mon infortune, et pour ta récompense,
Jamais *autre douleur* ne te fasse pleurer. (I, 224, vers 14.)

Il a couru *bruit*.... qu'un catholique.... avoit voulu tuer M. du Bouillon. (III, 511.)

De ces jeunes guerriers la flotte vagabonde
Alloit courre *fortune* aux orages du monde. (I, 11, v. 194; voy. II, 63.)

A-t-il jamais défait *armée*,
Pris *ville*, ni forcé *rempart*,
Où ta valeur, etc.? (I, 115, vers 207 et 208.)

Un grand cœur méprise tout ce qu'on appelle grand : il fuit *choses* excessives, et s'arrête aux médiocres. (II, 404.)

Je fus hier ouïr *messe* aux Jacopins. (III, 546; voyez III, 167.)

Il ne se passe presque *audience* où il ne se publie quelque divorce. (II, 66.)

Ils seroient marris qu'un plaisir qu'ils ont reçu portât *profit* à celui qui le leur a fait. (II, 625.)

Cettui-ci (*le crime d'ingratitude*) ne reçoit *punition* en lieu du monde. (II, 56.)

.... Nommer en son parentage
Une longue suite d'aïeux
Que la gloire a mis dans les cieux
Est réputé *grand avantage*. (I, 110, vers 64.)

Voyez ci-après, DEMANDER, p. 163; DONNER, p. 189 (et de plus, II, 8, 399, 717; IV, 252); FAIRE, p. 252-257 (et de plus, I, 15, vers 302; II, 54, 161); RECEVOIR (7° exemple); RENDRE, p. 558; etc.

L'omission de l'article est très-fréquente avec les verbes *être* et *avoir* :

Le temps *est médecin* d'heureuse expérience. I, 2, vers 3.
.... Si l'enfer *est fable* au centre de la terre,
Il est vrai dans mon sein. (I, 159, vers 23.)

Ces vieux contes d'honneur, invisibles chimères...,
Étoient-ce *impressions* qui pussent aveugler
Un jugement si clair? (I, 30, vers 35.)

.... Ceci *n'est pas matière*
Qu'avecque tant de doute il faille décider. (I, 57, vers 13.)

Voyez tome I, 91, v. 127; 108, v. 17; 122, v. 210; 132, v. 5; 153, v. 35; 155, v. 75; 157, v. 18; 215, v. 148; 216, v. 173; 222, v. 19; 232, v. 68 et 69; 236, v. 15; 253, v. 11; 264, v. 11; 282, v. 131; 287, v. 36; 300, v. 11; 301, v. 40; 307, v. 29; 319, v. 5; tome II, 5, l. 23; 8, l. 10 et 13; 11, l. 7, 12 et 30; 24, l. 29; 26, l. 26; 42, l. 5; 60, l. 18; 98, l. 14; 201, l. 19; 327, l. 25; 428, l. 3; 457, l. 4; 480, l. 3; 506, l. 3; 580, l. 9; tome IV, 252, l. 4; etc.

Pour *avoir*, voyez ci-après l'article AVOIR, p. 57 et 58; et en outre I, 217, v. 209; 231, v. 54; 279, v. 51; 282, v. 125; II, 56, l. 8; 229, l. 8; 515, l. 5; IV, 15, l. 25; 52, l. 20 et 21; 253, l. 15; 269, l. 6 et 7.

INTRODUCTION GRAMMATICALE. XIX

L'omission est fréquente aussi après l'adjectif *tout, toute :* voyez ci-après, p. 642, l'article Tout *devant un nom sans article;* et en outre I, 147, v. 38; 232, v. 64, 67 et 69; 308, v. 6; II, 173, l. 8.

Enfin après des prépositions et après la conjonction *comme :*

Puisqu'*à si beau dessein* mon desir me convie, etc. (I, 176, vers 52.)

Voyez I, 227, v. 36; 259, v. 4; II, 117, l. 14.

.... Les dames *avecque vœux*
Soupiroient après son visage. (I, 113, vers 143.)
En aspirant au ciel être frappé *de foudre*. (I, 22, vers 32.)

Voyez I, 50, v. 108; 58, v. 17; 62, v. 8; 88, v. 26 et 28; 103, v. 9 et 11; 111, v. 91; 124, v. 283; 156, v. 9; 169, v. 64; 271, v. 56; 282, v. 131; 300, v. 4; 304, v. 11; IV, 49, l. 8 et 9; 137, l. 11.

.... Pour avoir part *en* si belle *aventure*. (I, 282, vers 117.)
.... *En âge* si bas.... (I, 259, vers 13.)
En datif. (IV, 278.) *En futur.* (IV, 327.) *En plurier.* (IV, 254.)

Voyez ci-après, EN, p. 211-213; et en outre I, 160, v. 38; II, 39, 567; etc.

[Vous le verrez] De la terre entière le maître
Ou *par armes* ou *par amour*. (I, 49, vers 104.)

Voyez I, 114, v. 185; 115, v. 217; 288, v. 77; II, 1, 35, 456, 595.

[Il] les reconnoît siennes (*les richesses*) plutôt par ouï-dire que *pour sentiment* qu'il en ait. (II, 340; voyez III, 397; IV, 91.)

[Leur courage] Tous les forts orgueilleux brisera *comme verre*. (I, 102, v. 6.)

Voyez I, 58, v. 4; 89, v. 47; 156, v. 10; 159, v. 14; 184, v. 48; 196, v. 31; 209, v. 8; 301, v. 36; 304, v. 7; II, 6, 487.

Noms propres de lieux, de fleuves, etc., sans article :

Belle merveille d'*Étrurie*. (I, 46, vers 26.)
.... Les chênes d'*Épire*. (I, 232, vers 59.)
En *Inde* il se trouve du miel aux feuilles des cannes. (II, 651.)
Il m'en faut pour cette ville et pour *Provence*. (IV, 67.)
Banni des rives de *Caïstre*. (I, 209, vers 9.)
Permesse me soit un Cocyte. (I, 210, vers 38.)
Il (*le soleil*) s'en va suivre, en si belle journée,
Encore un coup la fille de *Pénée*. (I, 226, vers 12.)
Le dieu de *Seine* étoit dehors. (I, 79, v. 92; voy. I, 161, v. 73; 233.
.... Dans *Seine* et *Marne* luira   v. 72 var.; 239, au titre.)
Même sablon que dans *Pactole*. (I, 200, vers 59 et 60.)
.... Près de *Seine* et de *Loire*. (I, 115, vers 211.)

Voyez I, 283, vers 159, *la Seine*, avec l'article.

Voyons depuis où *Loire* entre au sein de Nérée, etc. (I, 229, v. 13 var.)
.... Des bords de *Loire* et des bords de *Garonne*. (I, 229, vers 13.)
.... Aux bords de *Charente*, en son habit de gloire. (I, 279, vers 63.)
Les puissantes faveurs dont *Parnasse* m'honore. (I, 283, vers 141.)
Vous êtes en Sicile, où vous avez près de vous *Etna*. (II, 446; voyez II, 613.)

Phlègre qui les reçut (*les géants terrassés*) pût (*pue*) encore la foudre. (I,
.... Si les pâles Euménides....   281, vers 87.)
Toutes trois ne sortent d'*Enfer*. (I, 214, v. 127; voy. I, 77, v. 52.)

7° Emplois remarquables des partitifs *du, des, de* :

.... Si pour leur auteur j'endurois *de* l'outrage, etc. (I, 11, vers 178.)
C'est de la vertu seule que viennent les joies perpétuelles.... S'il y a *de* l'obstacle, il passe au-dessous d'elle, comme, etc. (II, 369.)

.... De tout mon pouvoir [j']essayai de lui plaire,
Tant que ma servitude espéra *du* salaire. (I, 265, vers 16.)
Je ne ressemble point à ces foibles esprits,
Qui bientôt délivrés, comme ils sont bientôt pris,
En leur fidélité n'ont rien que *du* langage. (I, 136, vers 45.)

J'ai été.... si intriqué de l'affaire de ma pension.... que je n'avois *du* sens ni *du* temps que ce qu'il m'en falloit en cette occasion. (III, 300.)

Je n'aurai pas *du* temps assez pour, etc. (II, 100.)

.... Ils n'ont jamais que *des* tièdes hivers. (I, 68, v. 10 ; *var.* de 1631 : *de*.)

Il est aisé de se passer de confitures ; mais *de* pain, il en faut avoir, ou mourir. (IV, 15.)

Mars est comme l'Amour : ses travaux et ses peines
Veulent *de* jeunes gens. (I, 282, vers 136.)

Voyez Besoin, p. 66.

8° Critiques diverses de Malherbe sur des passages de des Portes, au sujet de l'article et des partitifs employés ou omis :

« .... En dépit du ciel, de Fortune et d'Envie. »

En dépit d'Envie n'est pas bien dit. Il faut dire : *de l'Envie*; pour *Fortune*, passe. (IV, 317.)

« Me voyant *favori* de si belle princesse. »

Il faut dire *favorisé*, car autrement il faut dire *le favori*, et lui bailler un article comme à un substantif. (IV, 362.)

« [Ce tyran sans merci] Qui pour moi *n'eut jamais des ailes*. »

Malherbe veut que l'on dise : *n'a jamais eu d'ailes*. (IV, 426.)

« Ne semez point *des fleurs* sur la tombe sacrée. »

Ne sème point de fleurs, mieux dit ; je ne blâme pas : *des fleurs*. (IV, 465.)

« .... [Ils] vous délaisseront
Et par mêmes appas *autres* pourchasseront. »

Quel langage!... On ne peut pas dire : « pourchasser *autres*; » il devoit dire : « en pourchasseront *d'autres*. » (IV, 364.)

« O rigoureux Amour, *que* les feux que tu verses
Font dedans nos esprits *de brûlures diverses!* »

Note que ce *que* veut dire « combien de brûlures, » *quot incendia*; s'il se rapportoit à *diverses*, et qu'il voulût dire *quam diversa*, il eût fallu dire : *des brûlures*. (IV, 369 et 370.)

Ce n'est pas bien dit : *Je suis en fièvre qui me trouble*, etc. Il devoit dire : *en une fièvre*. (IV, 288.)

« Lors comme un qui choisit *lieu* propre à sa vengeance. »

Un lieu propre. (IV, 388.)

On dit bien : « Si l'envie m'en prend, » mais il faut dire : « S'il m'en prend *envie*, » et non : « *l'envie*. » (IV, 359, note.)

II. — Nom ou substantif.

A. Noms communs.

1° Genre.

Pour les archaïsmes et les incertitudes de genres, voyez ci-après au *Lexique* : Abîme, Absinthe, Âge, Aide, Aigle, Aise, Amour, Apostume, Archevêché, Automne, Carrosse (en outre, tome III, p. 11, 45, 69, 219, 268, 272), Carrousselle, Comté, Couple (en outre, tome III, p. 486), Court (Le), Dialecte, Dot (ci-dessus, p. xv, l. 13 et 23), Doute, Duché, Échange, Éclipse, Énigme, Épithète, Erres, Erreur, Étude, Foudre, Fourmi, Gens, Guide, Idole, Jaque de Maille, Mensonge, Navire, Offre, Ovale, Poison, Porche, Reproche, Risque, Salve.

INTRODUCTION GRAMMATICALE. XXI

Voyez aussi au *Lexique* le féminin, aujourd'hui inusité, Gouverneuse, et le féminin rare et poétique Courrière.

Pour l'emploi au neutre, à la manière latine, de mots pris substantivement, voyez ci-après, p. xxiv, 4°, et p. xxvii, 3°.

2° *Nombre.*

Emplois remarquables du singulier soit de substantifs soit d'adjectifs pris substantivement :

Il erre vagabond où *le pied* le conduit. (I, 14, vers 276.)
  Quand tu passas en Italie...,
  Téthys ne suivit-elle pas
  Ta bonne grâce et tes appas,
  Comme *un objet* émerveillable? (I, 112, vers 116.)
Différer sa mort de *quelque moment*. (II, 635.)
.... Perdre ce que l'âge a de *fleur* et de *fruit*
  Pour éviter un bruit. (I, 30, vers 43.)
  Il faut mêler pour un guerrier
  A peu de *myrte* et peu de roses   119, vers 70.)
Force *palme* et force *laurier?* (I, 113, vers 139 et 140; voyez I,
Une populace qui.... l'enlevoit tout couvert de *crachat*, etc. (II, 315.)
Le devant (*de sa robe*).... étoit tout couvert de grandes enseignes de *pierrerie*. (III, 92.)
Cette maison est un bâtiment de *pierre carrée* (*en latin :* villam structam lapide quadrato). (II, 668.)
Vous n'aurez que ces quatre ou cinq lignes de moi : ce n'est pas ce que mériteroit votre dernière lettre, aussi longue que pleine de toutes sortes de *courtoisie*. (III, 69.)
Voyez au *Lexique :* Ébat, Mathématique, Obsèque, Œil (p. 423).
Malherbe veut que *poumon* ne s'emploie qu'au singulier, et blâme, comme une faute grossière, le pluriel *poumons*. (IV, 267, 359, 422.)
L'un et l'autre est rimé ci-devant, *ligne* quatrième et sixième. (IV, 280.)
L'*Anglois* s'attaquant au Roi est un petit gentilhomme de cinq cents livres de rente qui s'attaque à un qui en a trente mille. (IV, 71.)
Quand c'est chose qui se baille, non à ceux qui sont gens de bien, mais à ceux qui sont habitants, *le bon* et *le mauvais* la partagent également. (II, 119.)

Emplois remarquables du pluriel, particulièrement des noms abstraits :

  .... Ces vaines fumées
N'ajoutent que de l'ombre à *nos obscurités*. (I, 71, vers 45.)
De moi, que *les respects* obligent au silence, etc. (I, 157, vers 24.)
.... Comme notre père il excuse nos crimes,
Et même *ses courroux*, tant soient-ils légitimes,
  Sont des marques de son amour. (I, 246, vers 23.)
Je n'ôte rien.... aux profusions excessives qu'il fait de son bien pour votre service, ni *aux assiduités* infatigables qu'il y rend. (I, 353.)
Ma dernière saison.... ressent aussi *mes enthousiasmes* grandement refroidis. (I, 356.)
Ayant toujours mis l'acquisition de vos bonnes grâces au nombre des choses qui se doivent rechercher avec des efforts et *des patiences* extraordinaires, je suis content de m'opiniâtrer contre le mauvais succès. (IV, 172.)
Nous passons près des rois tout le temps de *nos vies*. (I, 274, vers 8.)
  J'ai beau me plaindre, et vous conter mes peines,

Avec *prières* d'y compatir, etc. (I, 247, vers 14.)
Aux ombres (à *l'ombre, aux mânes*) de Damon. (I, 58, titre.)
.... Un François à qui un Écossois a donné force coups de *bâtons* (III, 95; *bâtons* est ainsi au pluriel dans l'autographe.)
Voyez ci-après, au *Lexique* : Aulx, Butins, Calmes, Clinquants, Commerces, Contentements (ci-après, p. 119, et tome II, p. 150), Cupidités, Douceurs, États, Fanges, Fers, Flegmes, Fuites, Gouttes (maladie de la goutte), Grotesques, Herbes, Histoires, Jeunesses, Langages, Pavements, Témérités, Tumultes, Vanités, Vergognes, Vieillesses. — Voyez aussi ce que Ménage, au sujet du mot *Butins*, dit de l'emploi du pluriel en poésie (*Observations sur Malherbe*, tome II, p. 142 et 143, édition de 1723).

Noms soit au pluriel soit au singulier avec l'adjectif *tout* :
A toutes *heures*. (II, 52.) Ni en tout *lieu* ni à toutes *heures*. (II, 99.) De toutes *parts*. (II, 18.) Toute *sorte*, toutes *sortes* de (voyez Sorte, p. 608; et tome III, p. 69).

Forme du pluriel.
Malherbe veut qu'on évite le pluriel des mots en *euil* (IV, 463). — Voyez, au *Lexique*, les articles Aïeuls, Épouvantaux, Escurieux (pour *écureuils*), Poumons.

3° *Mots employés substantivement.*
Voyez ci-après aux articles Adjectif, Verbe et Adverbe.

4° *Emploi de noms abstraits pour des mots concrets.*
Voyez ci-après, XVII, p. lxxii et lxxiii.

B. Noms propres.

Formes remarquables (archaïques, francisées, etc.) :
Le mont *Alban* (le mont Albain). (I, 428.) — *Arger* (Alger). (IV, 202.) — L'*Arne* (l'Arno). (I, 112, v. 114; 198, v. 10). Ailleurs (I, 124, v. 288), il écrit l'*Arno*. — L'*Arsenac* (l'Arsenal). (III, 106.) — La *Béoce* (la Béotie). (I, 398, 435, 461.) — Les *Boïes* (les Boïens). (I, 427.) — *Boulogne* (Bologne). (I, 445.) — *Briare* (Briarée). (I, 280, v. 76.) — Les *Busires* (les Busiris). (I, 183, v. 29.) — *Calis* (Cadix). (I, 182, v. 7; 311, v. 5.) — La *Campagne* (la Campanie). (II, 220, 438, 447, 595.) — Les *Cares* (les Cariens). (II, 140.) — L'île de *Cio* (l'île de Chio). (II, 704.) — Les *Déciens* (les Décius). (II, 207.) — *Dorie* (Doria). (I, 27, v. 30.) — L'*Inde* (l'Indus). (I, 25, v. 56.) — L'*Istre* (l'Ister). (I, 470.) — *Jaffe* (Jaffa). (I, 50, v. 115 *var.*) — *Monde* (Munda). (II, 166.) — Le *Montgibel* (l'Etna). (II, 206.) — *Nouel* (Noël). (III, 126.) — Le *Pau* (le Pô). (I, 427, note 1.) — La *Pentecouste*. (III, 230.) — *Pompées* (la ville de Pompéies). (II, 536.) — *Poussol* (Pouzzoles). (II, 455.) — *Saphon* (Sapho). (II, 698.) — *Sardis* (Sardes). (II, 201.) — *Titie* (Tityus). (II, 360.) — La *Toussaints*. (III, 336.)
Voyez ci-après, à l'article Orthographe, p. lxxxi.

Adjectifs employés comme noms propres ou tirés de noms propres :
Les *péripatétiques* (les péripatéticiens). (II, 150.) — Les *académiques* (les académiciens). (II, 551.) — Les *stoïques* (les stoïciens). (II, 34, 44, 116, 142.) — Un philosophe *pythagorique*. (II, 239.) — .... Quel *indique* (indien) séjour, etc. (I, 24, vers 17.) — L'*Adriatique* (la mer Adriatique). (II, 707.) — L'*Égée* (la mer Égée). (II, 707.) — L'*Ionique* (la mer ionique). (II, 707.) — *Rhodiot* (Rhodien). (II, 538.) — *Thraciens* (Thraces). (I, 401.)

Noms propres sans article.
Voyez ci-dessus, à l'Article, p. xix.

Genre de noms de ville :

On dit : *Paris est fort peuplé*, et non *peuplée*. (IV, 408, critique adressée à des Portes.)

> *Dreux* sait bien avec quelle audace
> Il vit au haut de ses remparts
> Ton glaive.... (I, 122, vers 191 et 192.)

Je suis allé visiter vos *Pompées* (*votre ville de Pompéies*), qu'il y avoit longtemps que je n'avois *vus*. (II, 536.)

Rhinbergue prise, Rhinbergue rendue. (III, 8 et 11.)

Nous n'avons point à parler ici de l'emploi figuré des noms propres, comme « nos *Géryons* » (I, 230, v. 20), pour dire « nos rebelles, nos ennemis cruels, mais impuissants; » « plus *Mars* que Mars de la Thrace » (I, 189, v. 1), en parlant de Henri IV (à qui est appliqué ailleurs le nom d'*Hercule*, I, 90, v. 99 et 100); « notre *Mars* » (I, 236, v. 11), en parlant de Louis XIII; dans un tout autre ton, *Robinette* (IV, 350), pour désigner une servante en général, etc. : ces figures concernent le style et non la grammaire.

III. — ADJECTIF.

1° *Accord.*

Voyez ci-après, XI, p. XLIX et suivantes.

Voici comment Malherbe explique le défaut d'accord de l'adjectif *nu* : « Quand nous oyons prononcer *nu tête*, ce n'est pas de *nud tête*; car quelle construction seroit-ce de dire *nud tête*? Quoiqu'on le pût dire en latin, il ne se peut dire en françois; mais on dit *nue tête*, et par une élision *nu tête*; *nues jambes*, et par élision, *nu jambes*, et *nus pieds*, non *nud pieds*. » (IV, 384.)

Pour l'emploi de l'adjectif *grand*, sans *e*, au féminin, voyez le *Lexique*, p. 297; et tome III, p. 60 (où dans l'autographe il y a *grand chose*, sans apostrophe).

2° *Régime.*

Voyez au *Lexique*, et particulièrement à l'article A, p. 6, 10°; et à l'article DE, p. 141, 2°.

3° *Adjectifs et participes avec ellipse d'un substantif, ou pris substantivement :*

.... Soissons, fatal aux *superbes*. (I, 55, vers 228.)

Qui est le *stupide* que la beauté d'un tel spectacle n'élève à la contemplation? (II, 114.)

L'*épousée*. (III, 94.)

Elle fut fuie de tous, sinon de ses *fugitifs* (*de deux esclaves à elle qui s'étaient échappés*). (II, 73.)

Ces *pointilleux* si déliés, qui, etc. (II, 426.)

C'est à cet *ivre* qu'on se gardera bien de dire des choses secrètes.... Vous m'avouerez que d'un *ivre* à un ivrogne il y a bien de la différence. (II, 644.)

.... Un *oppressé*. (I, 240, vers 10.)

La tête de Pompéius reçut jugement d'un pupille et d'un *châtré*. (II, 273.)

C'est le trait d'un *corrompu*.... de faire bonne mine, etc. (II, 14.)

Les *capables* de porter les armes sont avec l'épée à la main derrière la porte. (II, 440.)

Ayant mis à la main droite ceux de sa cavalerie et des *armés à la légère* qui avoient déjà été au combat, etc. (I, 407; voy. I, 401, l. 23.)

Les *privés* (*les lieux d'aisances*). (II, 542.)

.... La *Cythérée* (*Vénus*). (I, 46, vers 31.)

L'*Ionique* (*la mer ionique*). (II, 707; voyez ci-dessus, p. XXII.)

Voyez encore au *Lexique* : ATTENDANT, CHÉTIF, FENDANT, GRAND (*Monsieur le Grand, Madame la Grand*), INTERROGANT, REDEVABLE, SACRIFIANT, UN (au sens de *quelqu'un*, p. 655) ; et ci-après, p. xxv, 7°.

4° *Adjectifs et participes pris substantivement au sens neutre, à la manière latine.*

Voyez au *Lexique* : MÊME, p. 383 (6ᵉ exemple) ; TOUT, p. 643 ; UN, TOUT UN, L'UN L'AUTRE, p. 656 et 657 (et tome II, p. 47, l. 4; p. 514, l. 3 et 4) ; PREMIER, p. 491 (et tome I, p. 464 ; tome II, p. 713) ; SECOND, p. 588 (de même *troisième*, tome II, p. 476) ; DERNIER, p. 168 (et tome II, p. 68, 292 ; tome IV, p. 269) ; MIEN, p. 393 ; TIEN, p. 636 ; NÔTRE, p. 416 ; VÔTRE, p. 674 (et tome IV, p. 23) ; SIEN, LEUR, p. 600 et 601 ; AUTRUI (L'), p. 51 ; CHAUD, p. 94 ; COMMUN, p. 106 ; FUTUR, p. 286 ; GROS, p. 300 ; HAUT, p. 304 ; MEILLEUR, p. 382 (exemples 5 et 6) ; MENU, p. 387 ; MORTELLES, p. 402 ; PARTICULIER, p. 446 ; PENDANT, substantivement, p. 455 ; PETIT (UN), p. 461 ; PLEIN (TOUT) DE, p. 470 ; PRIVÉ, p. 499 ; PUBLIC, p. 506 ; RECLUS, p. 540 ; RELENT, p. 550 ; SEMBLABLE, p. 590 (dernier exemple ; et tome III, p. 299, 350 ; tome IV, p. 445) ; SOÛL (*manger son soûl*), p. 610 ; VRAI, p. 676. — Voyez aussi *le sec*, tome I, p. 164, vers 34 var. ; et ci-après, p. xxxix, à l'article VERBE, 9°, *a*; p. xlvii, à l'article ADVERBE, 4°; p. xlix et l, à l'article ACCORD, 1°; et, pour le sens neutre, p. xxvii, à l'article PRONOM, 3°.

5° *Construction :*

L'*infaillible* refuge et l'*assuré* secours. (I, 73, v. 99 ; voy. I, 91, v. 102.)
[Un torrent] Ravageant et noyant les *voisines* campagnes. (I, 15, v. 305.)
Ce *public* ennemi, cette peste du monde. (I, 149, vers 5.)

Vous vous émerveillerez qu'ayant autrefois si peu estimé la *longue* robe (*la magistrature*), je sois à cette heure, etc. (IV, 102.)
Je lui ai fait voir un *malotru* manifeste fait au nom d'un prince. (III, 202.)
Foi et *beauté* sont tous deux de *féminin* genre. (IV, 292.)
Par *certaines* mesures (*par des mesures certaines*). (II, 319.)
Que me sert d'être un *suffisant* homme à prendre (*un homme capable de prendre*) les pieds d'un arpent ? (II, 689.)

Voyez ce que Ménage (tome II, p. 70-72) dit, à l'occasion de notre premier exemple, sur la place de l'adjectif avant ou après le substantif.

Le *même* jour qu'il arriva, il fut voir M. le maréchal d'Ancre. (III, 458 ; voyez le *Lexique*, à l'article MÊME.)

.... Son Dauphin d'une vitesse *prompte*
Des ans de sa jeunesse accomplira le compte. (I, 74, vers 115.)
L'or de cet *âge vieil* où régnoit l'innocence
N'est pas moins en leurs mœurs qu'en leurs accoutrements. (I, 300, v. 13 ;
Campagne rase. (II, 149.) voyez II, 495, l. 31.)
Vous ne trouverez pas un homme *seul* qui pût vivre à porte ouverte. (II, 418 ; voyez le *Lexique*, à l'article SEUL.)
[L'adversité,] Que tu sais bien qui n'a remède
Autre que d'obéir à la nécessité. (I, 271, vers 71 et 72.)
Les voluptés rendent par l'accoutumance les choses *nécessaires*, qui étoient auparavant superflues. (II, 403.)
.... Un péril nous menace,
Plus grand que l'art des matelots. (I, 313, vers 14.)
Si les tigres les plus sauvages
Enfin apprivoisent leurs rages,
Flattés par un doux traitement, etc. (I, 176, vers 57.)

6° *Adjectifs à sens adverbial ou pouvant se remplacer par des adverbes :*

Vous le verrez (*le soleil*).... luire aussi *clair* et *net* qu'il étoit auparavant. (II, 140.)

INTRODUCTION GRAMMATICALE.

Il n'y a rien qui fasse aller un vaisseau si *roide* que le haut de la voile. (II, 595.)

Il n'y a point de doute que.... la pelote (*la balle*).... ne demeure *haute*, tant que d'une part et d'autre elle sera jetée et reçue comme il faut. (II, 30.)

Vous trouverez encore à vous couvrir sous un arbre
Qui réserve *tardif* son ombrage aux neveux. (II, 671.)

Ce ne sont point esprits qu'une vague licence
Porte *inconsidérés* à leurs contentements. (I, 300, vers 12.)

Malherbe blâme l'emploi de l'adjectif pour l'adverbe dans ces vers de des Portes :
Sans relâche il me presse, et me suit *obstiné*. (IV, 256; voyez IV, 277.)
Me fasse plus *constant* les tourments endurer. (IV, 358.)
La mère du sommeil *coye* se retiroit. (IV, 393.)
Victoire.... trop *chère* achetée. (IV, 394.)

En revanche, il blâme l'adverbe employé au lieu de l'adjectif dans les passages suivants :
Ils demeurent toujours *inséparablement*. (IV, 360.)
Qui m'a coûté si *chèrement*. (IV, 324.)

7° *Autres emplois remarquables de l'adjectif et de locutions adjectives :*

Ces ouvrages des mains célestes (*les murs de Troie*),
[Que] La flamme *grecque* a dévorés. (I, 217, vers 220.)
Qui seroit si mauvais censeur contre ses enfants qu'il aimât mieux le sain que le malade, *le grand et de belle taille* que le court et le petit. (II, 517.)
La seconde (*faute*).... se devoit imputer à je ne sais quels mercenaires et *mal armés*. (I, 401.)

8° *Comparatif*. Locutions et tournures remarquables :

Plus que nul autre *aventureux*. (I, 114, vers 176.)
Plus morts que s'ils étoient morts. (I, 27, vers 34.)
.... Soit que l'audace   48, v. 66.)
Au meilleur avis (à *l'avis*, à *un avis meilleur*) ait fait place, etc. (I,
Je le préfère à de bien *plus honnêtes* gens *qu'à ses compétiteurs*. (III, 72.)
Il n'est rien de *si beau* comme Caliste est belle. (I, 132, vers 1.)
Malherbe blâme chez des Portes le comparatif *plus bienheureux que*. (IV, 375.)

Emploi du comparatif, au lieu du superlatif :

Je ne prends pas tout ce que l'on m'apporte, pource qu'il y a force sottises; je choisis seulement ce que je crois être *moins mauvais*. (III, 484.)
Malherbe avait écrit d'abord : « mais je choisis ce que je crois qu'il y a de moins mauvais. »

C'est.... la matière qui mérite *mieux* de vous entretenir? (II, 115.)

Voyez au *Lexique*, p. 472, Plus (et en outre, tome IV, p. 2, l. 24, etc.).
Malherbe cependant a blâmé chez des Portes l'emploi du comparatif pour le superlatif dans les vers suivants :
Et le cœur *plus dévot* qui fut oncq en servage. (IV, 286.)
Si ce qui m'est *plus cher* se sépare de moi. (IV, 393.)
Et les derniers enfants sont toujours *mieux aimés*. (IV, 467.)

9° *Superlatif*. Tournures et formes remarquables :

Je l'ai fait employer (*mon père*) en des occasions *les plus importantes* qui se soient offertes. (II, 80.)
Ce ne seroit pas un bienfait, quand l'intention seroit *la meilleure* qu'on la sauroit desirer, s'il n'étoit accompagné de la fortune. (II, 178.)
Les choses sont *les plus calmes* qu'on le sauroit desirer. (III, 187.)

Les plus gens de bien. (II, 487.)
Grand et grand prince de l'Eglise, Richelieu, etc. (I, 313, vers 1.)
Cette répétition de l'adjectif équivaut à l'emploi du superlatif.
Voyez, au *Lexique*, Chevillissime, Excellentissime, Grandissime.

IV. — Noms de nombre.

Malherbe, d'après un usage qui a duré longtemps après lui, se sert du nombre ordinal pour indiquer le quantième du mois : voyez aux tomes III et IV les dates de ses lettres. — Parfois il le marque en chiffres romains. Ainsi les originaux portent :

Votre lettre du xxvie. (III, 222, l. 1 de la lettre 89.)
Au xxe de ce mois. (III, 319, l. 7 de la lettre 126.)

Nous trouvons souvent dans ses autographes et dans les vieilles éditions *cents* ou *cens* et *vingts* (avec le signe du pluriel), même devant un autre nom de nombre. Notre texte ne reproduit pas d'ordinaire cette orthographe.

Deux *cents* treize écus un tiers. (I, 341 ; voyez en outre I, 431, l. 31 et 33.)

Nous rencontrons quantité d'autres exemples semblables ou analogues dans les autographes. Ainsi : *quatre cents quatre-vingts livres*, dans la lettre 78 du tome III; *cents* ou *cens*, devant *mille*, dans les lettres 3, 60, 161; *quatre-vingts mille*, dans la 133e; *quatre-vingts et sept*, dans la 134e du même tome; etc. Il lui arrive en revanche, par mégarde, d'omettre une *s* nécessaire : dans la lettre 15 du tome III, il a écrit *quatre-vingt ans*. — Voyez au *Lexique*, p. 603, l'ancien composé Six vingts.

Il écrit tantôt *mille* et tantôt *mil*; ordinairement *mil* devant un autre nom de nombre :

Quatre cens *mille* livres. (*Lettre* 3 du tome III.)
Trois *mil* deux cens hommes. (*Lettre* 6 du tome III.)

A ces remarques relatives à la forme nous ne joindrons, pour l'emploi des noms de nombre, que cet exemple, plus bizarre que poétique, de périphrase numérale :

De douze *deux fois cinq* (c'est-à-dire dix sur douze).... (I, 16, vers 331.)

V. — Pronom.

1. PRONOMS PERSONNELS.

Voyez au *Lexique*, Je, To, Il.

1° Moi, me, nous, te, vous, se, lui, leur (*comme compléments indirects*).

Voyez au *Lexique*, p. 341 et 342, 653, 587, 322 et 323; et en outre, pour *me*, tome I, 21, v. 24; 192, v. 3; 210, v. 38; 244, v. 11; 286, v. 30; tome IV, 20, l. 15, etc.; pour *nous*, tome I, 58, v. 6; 71, v. 42; 73, v. 90; tome II, 487, l. 10; 647, l. 21 et 22; etc.; pour *lui*, tome I, 52, v. 156; 176, v. 66; 179, v. 37; tome II, 559, l. 23; tome III, 323, l. 21; tome IV, 257, l. 4; pour *leur*, tome I, 79, v. 105, etc.

Malherbe emploie d'ordinaire les régimes indirects *lui*, *leur* devant un infinitif précédé d'un autre verbe, particulièrement devant *souvenir* (qui prend dans ce tour son sens primitif et étymologique de *subvenire alicui*) :

[Le Rhin] *Lui* vit *faire éclater* sa gloire. (I, 115, vers 214.)
Oh! que je voudrois bien *lui avoir vu rencontrer* quelqu'un de nos piaffeurs, etc.! (II, 676; comparez p. xxxii, vi, 1°, dernier exemple.)
Ses soupirs *lui font souvenir* des vents. (IV, 257; voy. II, 167, l. 31.)

On le voit cependant aussi employer dans cette tournure le régime direct :

Si l'honneur de la royauté
Ne *l'eût fait celer* son martyre, etc. (I, 47, vers 58 *var.*)

INTRODUCTION GRAMMATICALE. xxvi

2° De lui, d'elle, à elle, à eux, à vous.

Voyez, *au Lexique*, p. 323, 11°; et en outre, tome I, p. 40, v. 32; p. 218, v. 10. L'ancien usage donnait pour complément au verbe *parler* un pronom régi par *à* :

Je parle *à vous* comme à mon ami. (III, 578.)

Voyez, au *Lexique*, l'article Parler. — Il y a de nombreux exemples de ce tour dans le *Lexique de Corneille*, tome II, p. 153 et 154.

3° Il, ils, le, *au sens neutre, à la manière latine*.

Voyez, au *Lexique*, Il, etc., 3°, p. 317-320.

Cela n'étant pas possible, *il* n'est pas aussi à desirer. (IV, 25.)

Il y a quelquefois plus de peine à prendre qu'à donner; car pour ne rien donner à l'un au préjudice de l'autre, puisqu'*ils* (*le prendre et le donner*) sont pareils étant faits avec la vertu, s'il y a de la grandeur de courage à faire un plaisir, il n'y en a pas moins à le devoir. (II, 212.)

Nous nous gâterions si nous voulions ou toujours écrire, ou toujours lire.... La meilleure (*méthode*) est de *les* échanger par vicissitudes. (II, 650.)

4° Il, le, la, etc., se rapportant à des noms employés d'une manière indéterminée :

Faire plaisir et *le* rendre sont choses qui de soi-même doivent être desirées. (II, 90.)

Voulez-vous avoir grâce? faites-*la*. (II, 246; voyez II, 374, l. 3.)

Voyez au *Lexique*, Il, etc., 2°, p. 316 et 317; et en outre, 3°, p. 317-320, ces mêmes pronoms employés avec un rapport vague ou avec rapport à l'idée plutôt qu'aux mots.

5° Omission du pronom sujet, ou pronom sujet commun à plusieurs verbes.

Voyez au *Lexique*, p. 343; p. 653 (fin de l'article Tu); p. 321, 8°.

N'ai-je jamais vu personne qui se soit tué soi-même? Si *ai*. (II, 383.)

Voyez ci-après, p. 599 et 600, Si, *particule affirmative*.

On pensera peut-être que je craigne les antagonistes. Non *fais*. (IV, 93; voyez II, 236; III, 55.)

Il ne peut ne le faire point, parce que, *veuille* ou non, il est contraint de le faire. (II, 188; voyez II, 455, l. 26.)

Aussi en est-il qui à reconnoître un bien qu'on leur a fait ont bien assez de foi, mais il y a de la rouille à leur ressort, et n'*ont* pas le mouvement si prompt comme il seroit besoin. (II, 165.)

Nous n'avons pas de noms assez pour en donner à toutes choses, mais en *empruntons* quand nous en avons besoin. (II, 48.)

La revanche m'en est impossible, mais au moins en confesserai-je la dette, et en *publierai* le ressentiment. (II, 38; voyez I, 112, vers 218; 218, vers 6.)

Je lui dois la vie (*à la philosophie*).... Mes amis y contribuèrent aussi beaucoup par leurs visites et par la peine qu'ils prenoient de me réjouir, et *veilloient* avec moi pour me faire passer le temps. (II, 602; voyez I, 115, vers 199; 124, vers 275; 139, vers 3; 288, vers 70; 298, vers 19; 308, vers 4; 315, vers 7.)

Je fonds en larmes en vous écrivant ces paroles, mais il faut que je les écrive, et *faut*, mon cœur, que vous ayez l'amertume de les lire. (IV, 2.)

Tout du long des prés coule un ruisseau..., et *semble* que ce soit un canal fait à la main. (II, 463; voyez I, 134, vers 5; 166, vers 10.)

C'est un ordre qui durera éternellement, et ne *sera* jamais siècle qui n'ait des jours limités. (II, 141; voyez II, 16, l. 24; IV, 2, l. 5.)

A quel propos le Soleil *chasse* (*chasse-t-il*) la Nuit ? (IV, 287.)

Dans les derniers de ces exemples, le pronom supprimé est celui que, par pléonasme, nous exprimons, outre le vrai sujet, soit avant soit après le verbe.

Malherbe blâme deux fois des Portes (IV, 364) d'avoir mal à propos omis de répéter le pronom sujet; et deux autres fois (IV, 361 et 371) de l'avoir mal à propos répété.

6° Omission du pronom *le*.

Voyez au *Lexique*, p. 322, 8°, les deux derniers exemples.

Le sage est celui qui.... est aussi content de sa condition comme les Dieux sont de la leur. (II, 488.)

Je vous supplie de.... m'envoyer la résolution du billet que je laissai hier au soir à votre homme pour vous bailler. (III, 582.)

S'il s'en peut tirer quelque chose avec des paroles, je prendrai. (II, 163; *var*. de 1631 : « je *le* prendrai. »)

7° Omission du pronom devant un infinitif de verbe réfléchi dépendant d'un autre verbe :

Cela m'a *fait ébahir*. (III, 115.)

Tu connois mal la condition de ce qui te fait *enorgueillir*. (II, 26.)

.... La force de leurs esprits
Fait encore *accroître* leur prix. (I, 147, vers 30.)

Un laboureur prend plaisir de voir fructifier ses arbres,... un nourricier de *voir* bien *porter* son nourrisson. (II, 393.)

[Une onde] Que toujours quelque vent *empêche* de *calmer*. (I, 273, v. 3.)

Voyez au *Lexique*, p. 587 (SE, omis), p. 258, 4°; et les articles CONSUMER, DÉBAUCHER, DÉPLAIRE, ÉMERVEILLER, ÉMOUVOIR, OBLIGER, PLAIRE, REBOUCHER, RENDRE, RENFERMER, REPENTIR, RÉSOUDRE, RETIRER.

8° Omission du pronom devant un relatif :

Comme supporterois-je d'un homme, *qui* (*moi qui*) ne puis pas supporter le vin ? (II, 645.)

Comme seriez-vous âpre à exiger, *qui* (*vous qui*) avez si peu de patience à rendre ? (II, 210.)

9° Pronom employé par pléonasme.

Voyez ci-après, p. LX, XIV, 1°; et au *Lexique*, p. 321, 7°.

10° SE, SOI, pronom réfléchi.

Voyez ci-après, p. XXXIII, 3°.

SE, formant des verbes pronominaux à sens passif.

Voyez au *Lexique*, p. 587, et p. 259, fin de 5°.

Le ballet de Monsieur le Dauphin *s'attend* au premier jour. (III, 143.)

[Ces beautés] de qui le cerveau léger,...
Ne *se* peut jamais obliger. (I, 108, vers 20.)

Tous ces arbres de qui la racine est grande *se* veulent arroser d'eau de citerne. (II, 673.)

Qu'aux deux bouts du monde *se* voie
Luire le feu de notre joie. (I, 45, vers 7.)

.... Il *se* connoît bien, à la voir si parée,
Que tu vas triompher. (I, 280, vers 71.)

Il *s'est* demandé trois ou quatre combats, mais tout a été appointé. (III, 95.)

Quoi que l'on vous ait dit, il ne *s'est* jamais parlé de composition, et.... il ne *s'en* parlera jamais. (IV, 12.)

INTRODUCTION GRAMMATICALE.

Il *s'*en bruit autant de Madame la Princesse. (III, 104.)

Lui, ou nous mettrions soi :
Ce qui est honnête se fait suivre pour l'amour de *lui*-même. (II, 99.)

11° Mélange de pronoms de personne diverse :
Il y a toujours de quoi *se* réjouir quand *nous* voyons notre ami joyeux. (II, 37.)
Le moyen de *s'*en apercevoir, c'est de regarder derrière *nous*. (II, 439.)
Demandez-vous quelle est cette liberté? N'être sujet à nécessité quelconque, ne s'émouvoir de chose qui puisse arriver, et faire descendre la fortune à la mesure de *ma* hauteur. (II, 448.)
Prenons donc garde si *nous nous habillons* point d'une façon et *gouvernons* notre maison de l'autre;... si *vous n'êtes* point frugal en dépense de table et trop somptueux en magnificence de bâtiments. *Choisissons* pour une fois une forme de vivre, et la *suivons* éternellement. (II, 338.)
Tournez-vous de quelque côté que *vous voudrez*, *vous* le *verrez* (*Dieu*) se présenter à *vous*. Il est partout. Toute sa besogne est pleine de lui. *Tu n'avances* donc rien de dire que *tu* ne *dois* rien à Dieu, puisque *tu te confesses* obligé à la Nature. (II, 98.)

Voyez au *Lexique*, p. 653, Vous, pour *on*, après *nous;* et Tu et Vous successivement.

12° Construction des pronoms compléments, différente de l'usage actuel :

Plus en vous adorant je *me* pense avancer, etc. (I, 140, vers 5.)
Tout ce que d'elle on *me* peut dire, etc. (I, 131, v. 25; voy. I, 126, v. 2 *var.*; 135, v. 26; 141, v. 3 et 12; 265, v. 18.)
.... Celle qu'en sa place il *nous* doit envoyer? (I, 231, vers 48; voyez I, 236, vers 4.)
On ne *t'*auroit su vaincre en un juste duel. (I, 309, v. 14; voy. I, 303, v. 29.)
Tous *vous* savent louer.... (I, 262, vers 12.)
Je *le vous* ai voulu dire. (III, 254.)
On *la* veut égorger. (I, 160, vers 45.)
Je *les* y veux laisser. (I, 180, vers 57.)

Voyez ci-après, au *Lexique*, p. 323, 12°.

Quittez votre bonté, moquez-vous de ses larmes,
Et *lui* faites sentir la rigueur de vos lois. (I, 150, vers 12.)
Il *se* faut affranchir des lois de votre empire. (I, 140, v. 2; voy. I, 126, v. 3; 157, v. 27; 180, v. 101; 209, v. 10.)
Quelque spacieuse caverne, *se* venant à lâcher, les engloutira. (II, 550; voyez II, 52, l. 8; 452, l. 13; 558, l. 17; 673, l. 13.)
Rendons grâces à Dieu que nul qui *s'en* veuille aller du monde n'y peut être retenu. (II, 305.)

Cette construction donne lieu à un changement d'auxiliaire :
Il ne *s'en étoit* pu taire. (II, 202; pour « il *n'avoit* pu s'en taire. »)

Malherbe relève cette tournure de des Portes :
« Leur sœur, pour tout trésor, *se les est retenus.* » (IV, 465.)

Dans les exemples qui précèdent, il y a deux verbes dont l'un est à l'infinitif et régi par l'autre. En voici où des pronoms, dans d'autres tours, se placent, soit avant le verbe, soit avant le pronom après lesquels nous les plaçons :

Achève ton ouvrage au bien de cet empire,
Et *nous* rends l'embonpoint comme la guérison. (I, 69, vers 6.)

Attachez bien ce monstre ou *le* privez de vie. (I, 150, vers 35 ; voyez I, 271, vers 77.)

Si beaucoup de choses vous sont communes avec un autre à qui la seule humanité vous oblige, toutes *le* vous seront avec un ami. (II, 434.)

Si vous voulez assurer votre dette, faites un héritier et *la* lui donnez. (IV, 35.)

Je *les vous* renvoie. (IV, 41 ; voyez I, 149, vers 9.)

Use de sa bienveillance,
Et *lui* donne ce plaisir, etc. (I, 91, vers 122.)

Voyez un lion que le commerce des hommes ait réduit à se laisser dorer le crin...; et *en* voyez un autre qui.... n'a pour ornement que cette hideur effroyable, etc. (II, 413.)

Connoissez le péril et *vous en* retirez. (I, 295, vers 18.)

Rarement, pour le besoin du vers, Malherbe emploie la même construction que nous :

.... Notre affection pour autre que pour elle
Ne peut mieux *s'*employer. (I, 231, vers 45.)

Voyez I, 283, vers 245, un autre exemple où la mesure du vers n'est pour rien.

Au sujet de la construction du pronom *en*, joint à des verbes avec lesquels il forme des sortes de composés, Malherbe donne la règle suivante : « On ne dit pas : *il s'est en allé*, ni *il s'est envolé*, mais : *il s'en est allé, il s'en est envolé*. » (IV, 259.)

Voyez au *Lexique*, p. 284, S'EN FUIR, en deux mots.

13° Constructions diverses de *on, l'on*.

Voyez ci-après, à l'article ORTHOGRAPHE, p. LXXVI ; au *Lexique*, p. 425 ; et tome III, p. 90, l. 1.

14° Emplois remarquables du pronom EN.

Voyez ci-après, au *Lexique*, p. 213-217.

S'il n'est du pays où l'on appelle le pain « pain, » et les figues « figues, » il *en* est de l'humeur. (III, 485.)

Ce pauvre homme.... étoit avare et mesquin s'il *en* fut jamais. (II, 40.)

15° Emplois remarquables du pronom Y.

Voyez au *Lexique*, p. 677-680.

II. PRONOMS DÉMONSTRATIFS.

Voyez au *Lexique*, CE, CET, CECI, CELA, CELUI ; les formes anciennes CETTUI-CI, CETTE-CI ; et (p. 314) ICI, employé pour *ci*, après un nom précédé de *ce*.

III. PRONOMS RELATIFS.

Voyez ci-après, au *Lexique*, QUI, QUE, QUOI, relatif, p. 521-526 (et ajoutez à 1°, tome II, p. 304, l. 11 ; à 2°, tome II, p. 320, l. 13 ; p. 403, l. 8 ; tome III, p. 100, l. 21) ; DONT, p. 191 (et tome IV, p. 72, l. 9, *dont* pour *ce dont*) ; LEQUEL, LAQUELLE, p. 356 et 357 (et tome IV, p. 12, *lequel qu'il vous plaira*) ; QUICONQUE, p. 528 et 529 ; OÙ (adverbe relatif), p. 432.

Parmi les exemples cités dans ces articles auxquels nous renvoyons, remarquez particulièrement les latinismes tirés du tome II, p. 170, l. 27 ; p. 485, l. 3 ; du tome III, p. 503, l. 5 ; et voyez en outre tome I, p. 68, v. 5 ; tome II, p. 148, l. 26 et 27 ; p. 187, l. 17 et 18 ; tome III, p. 582, l. 15 ; tome IV, p. 7, l. 12 et 13 ; p. 43, l. 5 et 6.

Quoique Malherbe se soit permis de temps en temps de séparer plus ou moins le relatif de son antécédent (voyez QUI, QUE, p. 521, 1° ; CELUI, 1er exemple, p. 87 ; et, pour *cela.... qui*, tome II, p. 11, l. 21) il critique plusieurs fois ce tour chez des Portes : voyez IV, 468 (passage cité ci-après, p. 521), et IV, 348, 387, 469.

Pour l'emploi des relatifs par pléonasme, voyez ci-après, p. LX, 2° ; et avec anacoluthe, p. LXX, 3°, *a*).

INTRODUCTION GRAMMATICALE.

IV. PRONOMS INTERROGATIFS.

Quel entre deux verbes :

Julius Grécinus..., interrogé *quel* jugement il en faisoit : « Je ne puis, dit-il, que vous en dire. » (II, 376.)

Vous vous émerveillerez.... de *quelle* nature peut être ce crime. (IV, 151.)

Ce que, dans le sens interrogatif :

Ne m'avoûrez-vous pas que vous êtes en doute
*Ce qu'*elle a plus parfait, ou l'esprit, ou le corps? (I, 175, vers 42.)

Voyez au *Lexique*, Quel, p. 518; Lequel, p. 357; Qui, que, quoi, p. 526-528.

Malherbe blâme, comme un latinisme, *que* entre deux verbes, suivi du subjonctif, dans ce passage de des Portes : « ne sait *qu'*il *doive* faire. » (IV, 408.)

V. PRONOMS DIVERS.

Sur l'emploi de *chacun, chacune*, comme adjectif, au sens de *chaque*, voyez au *Lexique*, p. 90. — Voyez aussi les articles Quelque.... que, Quelqu'un, Quelque chose, Rien.

VI. ADJECTIFS PRONOMINAUX POSSESSIFS.

Emplois remarquables.

Voyez au *Lexique*, Mon, p. 398; Mien, le mien, p. 393; Notre, le nôtre, p. 415 et 416 (et tome I, p. 212, v. 83); Ton, p. 639; Tien, le tien, p. 636; Votre, vôtre, le vôtre, p. 674; Son, leur, p. 606 et 607; Sien, le sien, le leur, p. 600 et 601.

Le sage.... avouera qu'il a beaucoup d'obligation à ceux qui, par *leur* administration et sage conduite, lui font avoir ce profond repos. (II, 565.)

Thémis, capitale ennemie
Des ennemis de *leur* devoir. (I, 214, vers 132.)

Jamais *ses* passions (*les passions de l'amour*), par qui chacun soupire.
Ne nous ont fait d'ennui. (I, 150, vers 17.)

Il n'a point *son* espoir au nombre des armées. (I, 71 vers 43.)

Tout ce qui la travaille (*la France*) aura *sa* guérison. (I, 261, vers 4.

Je n'aurois jamais fait si je voulois vous raconter ceux qui ont cherché *leur* péril pour le salut de leurs pères. (II, 88.)

J'avois mis *ma* plume à la main. etc. (I, 289, vers 91.)

Si parmi tant d'ennuis j'aime encore *ma* vie.

Je suis mon ennemi. (I, 454, vers 5.

Cependant Malherbe veut l'article, au lieu du pronom possessif, dans ces vers de des Portes :

Elle la contraindroit de lui rendre *sa* vie. (IV, 409.)
Tournant toujours *mes* yeux vers le lieu désiré. (IV, 425.)

Ailleurs, au sujet d'un emploi de l'article, au lieu de *son*, il fait observer qu'il faut ajouter *se* pour déterminer le rapport, comme il fait lui-même dans cette phrase :

On ne sauroit mieux faire connoître le peu de volonté que l'on a de *se* ressentir de quelque obligation, que de *s'en détourner* les yeux. (II, 53.)

Ce qui rend les exemples suivants dignes de remarque, c'est la nature du rapport, marqué par le pronom possessif, au nom du possesseur :

Son mépris (*le mépris éprouvé par lui*). (I, 39, vers 12.)
Son obéissance (*l'obéissance envers lui*). (I, 77, vers 48.)
Ton amour et *ta* crainte..., *ton* obéissance (*c'est-à-dire l'amour, etc., dont tu es l'objet*). (I, 72, vers 73 et 77.)

Ton respect (*le respect qu'on a pour toi*). (I, 199, vers 35.)
Bien que tout réconfort lui soit une amertume,...
Elle prendra *le tien* (*celui qui vient de toi*).... (I, 180, vers 39.)
Bois, fontaines canaux,... parmi *vos* plaisirs (*les plaisirs que vous donnez*)
Mon humeur est chagrine, et mon visage triste. (I, 138, vers 10.)
        Que saurois-je espérer
A quoi *votre* espérance (*l'espérance dont vous êtes l'objet*), ô merveille du
        Ne soit à préférer. (I, 255, vers 23 *var*.)   monde,
La terreur de *son* nom rendra nos villes fortes. (I, 72, vers 61.)

On peut rapprocher de ces exemples des emplois analogues de la préposition *de* (contenue dans tout pronom possessif : *mon*, de moi; *son*, de lui, etc.) :

La terreur *des* choses passées. (I, 79, vers 101.)
L'obéissance *de* vos commandements. (IV, 154.)
Elle ne doute point de sa bonne cause, mais elle craint la faveur *de* ses parties (*la faveur dont elles sont l'objet*). (III, 80.)
Ce sont bien souvent mêmes choses que les plaisirs *des* amis (*faits par les amis*) et les vœux des ennemis. (II, 28.)

Malherbe blâme en ces termes un tel rapport marqué par *de* dans un vers de des Portes : « *L'ennui de son fils* se devoit mieux expliquer; car proprement, *l'ennui de son fils* est *l'ennui que son fils ressent*, et non *l'ennui qu'elle ressent pour son fils*. » (IV, 466.)

LEUR, pronom possessif, sans *s* au pluriel.

A la fin de l'article SON (p. 607), nous avons renvoyé à l'*Introduction grammaticale*, au sujet de *leur*, pour *leurs*. Nous croyions nous rappeler que cet archaïsme se rencontrait chez Malherbe (comme il se trouve fréquemment chez d'autres écrivains, même postérieurs à son temps, par exemple dans les *Mémoires* autographes du cardinal de Retz, dans les écrits de la jeunesse de Racine: voyez le tome V de ses *OEuvres*, p. 538, note 2). Mais une nouvelle inspection des autographes nous a fait voir que l'usage de Malherbe est bien conforme au nôtre. Seulement, çà et là, surtout dans les originaux des lettres imprimées au tome IV, il abrège ce possessif de telle façon qu'on ne pourrait, si l'on ne connaissait d'ailleurs son constant usage, distinguer s'il a voulu mettre *leurs* ou *leur*.

VI. — VERBE.

1. VOIX.

1° Infinitif actif où le sens paraît demander plutôt un tour passif :

Vous aurez le grand Roman des Chevaliers de la gloire, mais qu'il soit achevé d'*imprimer*. (III, 263.)
Quelque chose digne de vous *écrire*. (IV, 70, note 2.)
Il s'est vu des armées réduites à la nécessité de toutes choses, qui ont.... mangé des ordures qui feroient mal au cœur à *réciter*. (II, 326.)
Si ce que je vous écris vaut la peine de le lui *communiquer*, vous le ferez, s'il vous plaît. (III, 318.)

Dans l'exemple suivant, le régime indirect : « à ces âmes, » rappelle l'emploi du datif en latin avec le participe en *dus, da, dum* :

Verras-tu *concerter* à ces âmes tragiques   p. xxvi, v, 1°.)
    Leurs funestes pratiques? (I, 218, v. 4; comparez ci-dessus,

2° Verbes aujourd'hui neutres ou neutres par nature, employés activement :

A des cœurs bien touchés *tarder* la jouissance,
C'est infailliblement leur *croître* le desir. (I, 237, vers 27 et 28.)

INTRODUCTION GRAMMATICALE.

Ce que nous *vivons* n'est autre chose qu'un point. (II, 439; voyez II, 349, l. avant-dernière.)

Fortune ne nous baille rien à *jouir* en propriété. (II, 560.)

Sortir, actif, est blâmé par Malherbe dans des Portes. (IV, 252.)

Voyez ci-après, p. XLV, *d*), *Participes passés de verbes neutres, employés sans auxiliaires*.

3° Verbes réfléchis, verbes pronominaux (voyez ci-après, 5°).

Malherbe blâme des Portes d'avoir dit : « Tu siez (*sieds*), » pour « tu te siez. » (IV, 263.)

Voyez au *Lexique* les articles : SE COMMENCER (au sens de *commencer*), SE CROULER, SE GUETTER, SE DÉDAIGNER (de), SE DÉPARTIR (au sens de *se séparer*), SE DISPAROÎTRE, SE DIVAGUER, S'ÉCLORE, S'ÉJOUIR, S'EN ENFUIR, SE TOURBILLONNER.

Verbes réfléchis avec un sens passif :

« Adieu captivité » *se doit dire* par un homme qui est content de partir. (IV, 262.)

Voyez ci-dessus, p. XXVIII, 10°.

Verbes réfléchis avec ellipse de se.

Voyez ci-dessus, p. XXVIII, 7°, et, au *Lexique*, les divers articles de verbes réfléchis auxquels nous renvoyons en cet endroit. — Voyez aussi (p. 466) PLAINDRE, employé, comme verbe neutre et sans ellipse de *se*, au sens de *se plaindre*. Ménage (tome II, p. 258 et 259) cite divers exemples de cette façon de parler, et dit : « Je ne la tiens pas mauvaise. »

4° Divers emplois remarquables du passif (voyez ci-après, 5°) :

Une âme tendre et qui n'*est* pas bien *imprimée* du caractère de la vertu n'est pas bien parmi la multitude. (II, 283.)

Vous me pouvez obliger de me guérir si je suis blessé, mais non pas de me blesser pour *être guéri* (*pour me donner l'occasion d'être guéri*). (II, 194.)

Il faut.... prendre conseil d'une chose plus tôt que le jour qu'on la veut faire; encore ai-je opinion qu'il seroit trop tard, et qu'il seroit meilleur d'*être pris* (*que le conseil fût pris*) sur le point même de l'exécution. (II, 546.)

Je vous avois mandé.... qu'un Frontin, banni d'Espagne..., *avoit été fait mourir* incontinent après son retour en Espagne. (III, 301.)

Le Roi ne vit point M. le comte d'Auvergne...: comme il *fut fait venir*, on fit trouver bon au Roi de s'aller promener. (III, 512.)

Malherbe blâme *être vu*, pris dans le sens du latin *videri*, sembler. (IV, 313.)

5° Verbes impersonnels (pronominaux ou non) :

Il fut oublié (*on oublia*) d'y employer, etc. (IV, 128.)

[Il] pense être guéri, pource qu'*il lui est bien amendé* (*parce qu'un grand amendement est survenu dans son état*). (II, 560.)

Avez-vous quelque autre chose qu'*il vous fâche* de perdre?... *Il vous fâche* de laisser la rôtisserie, où vous n'avez rien laissé. (II, 600.)

Je m'en réjouis de tout mon cœur (*de cette guérison*); mais *il me déplaît* fort de tant de rechutes. (III, 251; voyez au *Lexique*, p. 167.)

II. TEMPS ET MODES.

1° Indicatif où nous mettrions le subjonctif :

Vouloir ce que Dieu veut est la seule science
    Qui nous *met* en repos. (I, 43, vers 84.)

Ainsi faut-il que celui qui veut que ses bienfaits soient aimables conduise à les distribuer si dextrement, que tous ceux qui les reçoivent étant obligés l'un comme l'autre, chacun néanmoins se *fait* croire qu'on a fait quelque chose pour lui plus que pour son compagnon. (II, 23.)

Il se peut faire qu'il *est* déjà *venu*. (IV, 68; voyez II, 427, 612; IV, 212.)

Je loue Dieu que votre beau jugement *a vu* clair au travers de ces nuées. (IV, 138.)

L'ambassadeur d'Espagne.... à tous propos regrettoit que tout cela ne se *faisoit* en la présence du prince d'Espagne. (III, 489.)

Mon roi, s'il est ainsi que des choses futures
L'école d'Apollon *apprend* la vérité, etc. (I, 104, vers 2.)

Il n'y a pas un de ces accidents qui soit appelé salutaire, encore qu'il puisse quelquefois arriver que la fortune en *fait* naître les causes de notre salut. (II, 176.)

C'est grand cas que tant de palais.... se *sont évanouis* en une nuit. (II, 725 et 726.)

Voyez tome I, p. 472, le même tour avec le subjonctif; et tome II, ., 2, l. 12, et p. 3, l. 30, des tours analogues avec l'indicatif, comme ici.

Il suffit que ta cause *est* la cause de Dieu. (I, 279, vers 38.)

Qu'il lui suffise que l'Espagne....
A mis l'ire et les armes bas. (I, 51, vers 144.)

Il me suffit que vous *voyez* que, etc. (III, 383.)

N'étaient les autres exemples de l'indicatif après il *suffit que*, on pourrait supposer que Malherbe a écrit ici, comme on le faisait souvent, *voyez* pour *voyiez*, de même qu'au tome III, p. 233, l. 7 et note 1.

Je suis ébahi que cet invisible amoureux.... ne s'*avisa* d'aimer cette femme devant qu'elle fût mariée. (IV, 7.)

[Je soupire] Que ce qui s'est passé n'*est* à recommencer. (I, 140, vers 4.)

Je rougis de honte qu'en l'âge où nous sommes, nous nous *jouons* d'une chose de telle importance. (II, 435; voyez I, 124, v. 290; II, 28, l. 10.)

Passants, vous trouvez à redire
Qu'on ne *voit* ici rien gravé
De l'acte le plus relevé
Que jamais l'histoire ait fait lire. (I, 206, vers 2.)

Je suis bien aise que vous *fûtes* bien accommodé à la carrousselle. (III, 2.)

Je suis très-marri qu'en m'écrivant que vous me desiriez employer, us ne m'avez pas *écrit* en quoi. (IV, 144.)

Je suis marri que je ne *puis* satisfaire au desir que vous avez. (IV, 178; voyez III, 16, 69.)

.... Sans atteindre au but où l'on ne peut atteindre,
Ce m'est assez d'honneur que j'y *voulois* monter. (I, 21, vers 24.)

Dans ces deux derniers exemples et dans le second de *marri que*, ainsi que dans les deux auxquels nous renvoyons (III, 16 et 69), nous tournerions par l'infinitif.

Si la fortune t'a fait capable de donner des villes, encore que tu *pouvois* acquérir plus de gloire à ne les prendre point...., ce n'est pas à dire, etc. (II, 29.)

Que fais-tu, que d'une armée....
Tu ne *mets* dans le tombeau
Ces voisins, etc.? (I, 92, vers 147; voyez I, 108, vers 10.)

Il n'y a point de doute qu'il n'y *a* personne qu'un serviteur ne puisse obliger. (II, 69.)

Cela a empêché que le siége de Meurs ne *s'est* pas encore fait. (III, 11; voyez III, 499; et ci-après, p. xlviii, 7°, *Négations, a).*)

Cette condition.... le garde que jamais il ne *peut* choir que sur ses pieds. (II, 127.)

Voyez au tome I, p. 305, vers 27 et 28, et au tome II, p. 164, l. 12 et 13, des exemples d'autres tours, où c'est le subjonctif qui est employé, dans l'un avec *empêcher*, dans l'autre avec *garder*.

Malherbe blâme l'emploi de l'indicatif et veut le subjonctif dans les trois passages suivants de des Portes :

Suis-je si tendre que je n'y *puis* durer? (IV, 312.)
Soit que son jeune cœur ne puisse être adouci....
Ou soit que, comme femme, elle *hait* qui l'adore. (IV, 337.)
Quelque herbe ou quelque fleur qui les cœurs *peut* contraindre. (IV, 451.)

2° Subjonctif où nous mettrions l'indicatif :

Je crois que ce *soit* une demeure bonne pour toutes les saisons. (II, 464.)
Je crois qu'il *fût* fou. (III, 428.)
Je crois qu'il ne *soit* pas ici. (III, 107.)

Voyez tome I, p. 350, l. 14; tome II, p. 224, l. 15; tome III, p. 87, l. 14; 231, l. 24; 397, l. 30.

Vous pensez peut-être que je *veuille* dire que, etc. (II, 151.)
Qui se dépêche de rendre pense qu'on lui *ait prêté* quelque chose, et non pas qu'on lui *ait fait* plaisir. (II, 133.)
On pensera peut-être que je *craigne* les antagonistes. Non fais. (IV, 93.)

Voyez tome I, p. 308, vers 4; p. 411, l. 2; tome II, p. 88, l. 10 et 11; p. 125, l. 31; tome IV, p. 61, l. 19.

Je vous écris cette lettre de la maison qui fut à Scipion l'Africain. Ce n'est pas sans avoir adoré son ombre, et un autel sous lequel je me doute que ce grand personnage *soit enterré*. Pour son âme, je crois certainement que comme céleste elle s'en *soit retournée* au ciel. (II, 667.)

Je pensois vous donner quelque chose, pour l'opinion que j'avois que vous *eussiez* du mérite. (II, 127.)

Je vous ai dit que je vous regarderois toujours au visage, et me conduirois par la mine que je vous verrois faire. Il me semble que vous vous *ridiez*, comme si je me laissois emporter trop loin. (II, 174.)

Vous aurez bientôt M. Vaquette en Provence, pour vous rendre raison de ce que vous estimez qu'il *ait acheté* du Gascon. (III, 32.)

J'estime si peu le monde, que je n'estime pas en quel habit nous *fassions* le peu de chemin que nous avons à y faire. (IV, 45.)

S'il est vrai que la raison soit divine, et qu'il n'y ait rien de bon s'il n'y a de la raison, il s'ensuit que tout ce qui est bon *soit* divin. (II, 513.)

Vous n'ignorez pas que.... son affection n'*aille* devant la vôtre. (IV, 217.)

Qui est celui qui *meure* sans quelque regret? (II, 157.)

Rendons grâce à Dieu que nul qui s'en *veuille* aller du monde n'y peut être retenu. (II, 305.)

Avec cette fragilité des femmes, laquelle est-ce de toutes celles qui s'attachent à leurs maris morts, et qui se *veuillent* jeter dans la fosse, de qui les larmes aient continué jusqu'au bout du premier mois? (II, 497.)

Comme quelques-uns.... le *priassent* de se retirer..., il leur répondit en riant qu'ils ne s'en *missent* point en peine. (IV, 208.)

Vous souvenez-vous que.... comme il vous *eût pris* envie de vous reposer, etc. (II, 166; voyez II, 36, 40, etc.)

J'ai reçu votre livre.... Quelle vivacité d'esprit.... n'y ai-je point reconnue! Je dirois, quelle saillie! si en quelque endroit il y *eût* des reprises d'haleine et des rehaussements par intervalles. (II, 427.)

On voit que ces divers emplois du subjonctif, aujourd'hui irréguliers, ont lieu, soit après certains verbes suivis de *que* (surtout après les mots *croire, penser,* et d'autres de sens analogue), soit après des pronoms relatifs, soit encore après les conjonctions *comme, si* (mais à l'imparfait seulement ou au plus-que-parfait).

Dans la phrase suivante, nous tournerions par l'infinitif :

Quand elle (*l'espérance*) m'a failli, on n'a point été en peine de me dire deux fois que je me *sois retiré.* (IV, 32.)

Malherbe blâme plusieurs fois, dans son *Commentaire sur des Portes,* l'emploi du subjonctif au lieu de l'indicatif : voyez tome IV, p. 256, 307, 319, 368, 373, 402, 438; et ci-dessus, p. xxxi, iv, le dernier alinéa des Pronoms interrogatifs.

3° Indicatif ou subjonctif où nous mettrions le conditionnel :

Je l'accorde, il est véritable : 281, v. 90.)
Je *devois* (*j'aurais dû*) bien moins desirer. (I, 131, v. 32; voy. I,
Combien qu'il y ait beaucoup de choses qui.....ne se peuvent trouver ensemble, comme l'extrême vitesse et l'extrême force, il leur semble que nous *devions* avoir été (*que nous aurions dû être*) composés de qualités incompatibles. (II, 42.)

Je *pouvois* (*j'aurais pu*) vous répondre ce que dit Épicure. (II, 515.)

Les femmes n'*avoient* (*n'auraient*) pas encore bien *mené* leurs maris par le nez, s'ils ne leur eussent pendu aux oreilles le revenu de deux ou trois bonnes maisons. (II, 225 et 226.)

Ceux qui *dussent* (*devraient*) rougir d'entrer en triomphe en la ville, etc. (II, 153; voyez II, 54.)

On ôte la vie à ceux pour qui on la *dût* (*devrait*) perdre. (II, 153; voyez II, 225, l. 23.)

C'est la plus grossière ignorance du monde, de penser que les étoiles tombent... : d'autant que s'il étoit ainsi, c'est chose certaine qu'elles ne *fussent* plus (*ne seraient plus*) il y a longtemps. (I, 476.)

Mais s'il n'eût rien eu de plus beau,
Son nom, qui vole par le monde,
Fût-il pas (*ne serait-il pas*) clos dans le tombeau? (I, 119, v. 80.)

Si je n'eusse empêché leur confiscation, il y a longtemps qu'elle *fût* (*qu'elle serait, qu'elle aurait été*) donnée. (III, 578.)

Dans les exemples suivants, nous emploierions maintenant encore le subjonctif au sens du conditionnel :

.... Ce que je supporte avecque patience,
Ai-je quelque ennemi, s'il n'est sans conscience,
Qui le *vît* sans pleurer? (I, 159, vers 18.)
Est-il courage si brave
Qui *pût* avecque raison
Fuir d'être son esclave? (I, 306, vers 10.)

Nous n'avons pas à citer les fréquents emplois de *j'eusse* pour *j'aurais,* aussi usité aujourd'hui qu'autrefois : voyez I, 88, vers 23; II, 155, l. 6; etc.

4° Conditionnel, emplois divers :

Je pensois que votre indisposition *seroit* (*était*) augmentée. (IV, 12 et 13.)

Je ne vous écrivis point de nouvelles, attendant que ce messager *partiroit* et vous *porteroit* ce qui seroit depuis survenu. (III, 26.)

Je meure si je *saurois* vous dire qui a le moins de jugement! (II, 634.)

Sylla.... inventa la proscription, qui est une promesse d'argent et d'impunité à celui qui *apporteroit* la tête d'un citoyen. (II, 154.)

Vous ne vous étonneriez pas que la diversité de tant de lieux.... ne vous *auroit* de rien *servi*. (II, 372.)

Voyez tome II, p. 497, l. 4; p. 618, l. 23; tome IV, p. 23, fin.

5° Subjonctif, surtout de souhait, sans *que* :

Dieu nous *garde* la paix, comme je crois qu'il fera! (IV, 45.)

Je *meure* si je saurois vous dire qui a le moins de jugement! (II, 634; voyez II, 465.)

Dieu *veuille* que vous puissiez lire mon écriture, et vous *ait* en sa très-sainte garde! (III, 5.)

Voyez I, 298, vers 38; II, 211, l. 19; IV, 212, l. 25.

La Reine.... lui dit : « Monsieur de Sully, vous *soyez* le bienvenu ; je suis bien aise de vous voir. » (III, 466 ; voyez III, 474, 475.)

Dans les vers qui suivent, il y a un seul *que* pour un double subjonctif (voyez encore I, 30, vers 45 et 46) :

Qu'aux deux bouts du monde se *voie*
Luire le feu de notre joie;
Et *soient* dans les coupes *noyés*
Les soucis de tous ces orages. (I, 45, vers 5 et 7.)

Voyez ci-après, au *Lexique*, p. 516 et 517, 13°; p. 675 (les exemples 10-12 de l'article Vouloir); et tome I, p. 125, vers 322, 323 et 330; p. 129, vers 13 ; p. 298, vers 38.

Dans la phrase suivante, *que* est exprimé, contrairement à notre usage, dans un subjonctif de souhait :

Que *puisses-tu*, grand soleil de nos jours,
Faire sans fin le même cours! (I, 196, vers 33.)

6° Impératif :

Attachez bien ce monstre, ou le *privez* de vie,
Vous n'aurez jamais rien qui vous puisse troubler. (I, 150, vers 35.)

Si vous êtes vertueux, *ayez* tous vos membres ou *soyez* estropié, vous êtes d'autant de mérite d'une façon que de l'autre. (II, 516.)

Je mourrai dans vos feux, *éteignez*-les ou non. (I, 21, vers 15 ; voyez I, 144, xxxviii, vers 2; 165, vers 58.)

7° Emplois diversement remarquables des temps personnels; libertés et (par comparaison avec l'usage actuel) irrégularités diverses :

Hier je reçus votre lettre du 27° du passé, et tout aussitôt je fis tenir à Mme de Termes celle que vous lui *écrivez*. (IV, 6.)

Les pilotes du fils d'Eson,
Dont le nom jamais ne s'*efface*, etc. (I, 212, vers 78.)

Donnez-moi cette joie
Que je les revoie,
Je *suis* (serai) Dieu comme vous. (I, 165, vers 60.)

[Belle âme,] Qui *fus* de mon espoir l'infaillible recours,
Quelle nuit *fut* pareille aux funestes ombrages
Où tu laisses mes jours? (I, 178, vers 11.)

Il disparut comme flots courroucés
Que Neptune *a tancés*. (I, 196, vers 32.)

Monsieur le premier président..., comme si j'étois quelque archétype de poltronnerie..., croit que par une transpiration imperceptible je la vous aye communiquée en cinq ou six mois que j'ai eu le bien que nous *ayons vécu* ensemble. (III, 87.)

Vous voyez que les pères même, distribuant leurs richesses entre leurs enfants, en *feront* quelque grâce particulière à celui de qui le mauvais état *méritera* qu'on en ait compassion. (II, 517.)

Ce ne sera pas sans vous aller baiser les mains, en quelque part que vous *serez*. (IV, 5.)

Ce ne sont pas choses qui arrivent tous les jours; et quand cela *sera*, il n'y a point de ma faute. (II, 125; voyez II, 100, l. 8; 437, l. 21.)

Il doutoit que.... la maison d'Autriche ne s'en voulût emparer, ce qu'il étoit résolu d'empêcher, tant qu'il lui *sera* possible. (III, 133.)

Quelle peine ordonnerons-nous aux ingrats? Leur en donnerons-nous à tous une semblable, bien qu'il se *trouvera* tant de dissimilitude aux plaisirs qu'ils auront reçus? (II, 60.)

Prenez la liste des philosophes.... Quand vous verrez combien d'honnêtes hommes *auront travaillé* pour vous, vous voudrez être de la partie. (II, 403.)

Scipion sauva son père en une bataille.... Si cela vous semble peu de chose..., ajoutez-y qu'il *défende* (*qu'il ait* ou *a défendu*) son père accusé de crime. (II, 83.)

8° Concordance irrégulière des temps ou des modes; défaut de concordance :

On m'*a dit* qu'il *impute* son mal à la demeure du Palais. (III, 251.)

M'ayant écrit que vous *partirez*.... pour venir ici, et ne vous y voyant point, je pensois, etc. (IV, 12.)

Il ne faut point douter qu'elle (*la nature*) n'eût volontiers fait venir les esprits tout nus au monde, si c'*est* chose qu'elle *eût pu* faire. (II, 510.)

Vous êtes grand.... et relevé, comme j'ai toujours *désiré* que vous *soyez*. (II, 427.)

J'*honore* trop ses belles qualités pour *souffrir* qu'une si frivole calomnie lui *donnât* quelque mauvaise impression de moi. (III, 78.)

Encore que je ne vous écrive point que je suis très-humble serviteur de Monsieur le premier président, je *présuppose* que vous le vous *teniez* toujours pour écrit, et que vous l'en *assuriez*. (III, 416.)

Voyez II, 52, l. 28; 162, l. 13 et 14; 399, l. 13 et 14.

Il *a fallu* qu'il.... *se soit obligé* à eux comme d'un plaisir singulier qu'ils lui ont fait. (II, 58; voyez II, 77, l. 32; p. 633, l. 14 et 15.)

[Ainsi] Alcippe *soupiroit*, prêt à s'évanouir.
On l'auroit consolé; mais il *ferme* l'oreille,
      De peur de rien ouïr. (I, 181, vers 63.)

.... Si leur courage à leur fortune joint
Avoit assujetti l'un et l'autre hémisphère,
Votre gloire est si grande en la bouche de tous,
Que toujours on *dira* qu'ils ne pouvoient moins faire,
Puisqu'ils avoient l'honneur d'être sortis de vous. (I, 104, vers 11 et 13.)

Quand vous *mourrez*, vous *avez eu* le temps que vous deviez avoir. (II, 536.)

.... De quoi nous *avons* d'autant plus de besoin que nous *aurons* été plus noyés dans les délices. (II, 341.)

Il n'y a point de doute que par notre silence les ingrats *s'endurciront* en leur vice, et que ceux qui.... pourroient encore se faire gens de bien *s'achèvent* de perdre. (II, 164; var. de 1631 : « s'achèveront. »)

J'ai peur que cette grande furie ne *durera* pas. (III, 79.)

Il n'y a moyen que les fils fassent pour leurs pères plus que les pères ont fait pour eux. Pourquoi? Pource qu'ils en ont reçu la vie, sans laquelle ils ne leur *pourroient* faire (*ils n'auraient vu leur faire*) le bien qu'ils leur *ont fait.* (II, 85.)

Vous *penseriez* vous *faire* tort si vous les *aviez comptés* pour un bienfait. (II, 95.)

S'il est en peine, je tâcherai de l'en tirer; mais je me *garderai* de m'y mettre, sinon que l'affaire ou l'homme *fussent* de quelque mérite extraordinaire, qui valût de me résoudre à courre fortune. (II, 28.)

Qui est celui qui ne *prenne* plaisir qu'on l'estime libéral?... qui, s'il a fait quelque injure, ne la *fît* volontiers passer pour obligation? (II, 107.)

Vous ne *trouverez* pas un homme seul qui *pût* vivre à porte ouverte. (II, 418.)

Quant à l'intention de l'ouvrier, que vous dites être une cause, encore que c'en *fût* une, ce *n'est* pas une cause efficiente, mais survenante. (II, 506.)

J'*allois bâtir* un temple éternel en durée,
Si la déloyauté ne l'*avoit abattu.* (I, 60, vers 56 et 57.)

9° Infinitif.

a) Infinitif employé substantivement, avec des articles, des pronoms possessifs, des adjectifs qualificatifs :

Le *pleurer* excessif.... est marque de vanité. (II, 494.)
[Les Muses] Tiennent le *flatter* odieux. (I, 108, vers 12.)
Ce qui est le plus assuré en un bienfait, c'est l'*avoir été.* L'usage s'en peut perdre, mais il ne laisse pas de demeurer. (II, 170.)
Il blâme le *parler* vite, et appreuve le lent en un philosophe. (II, 405.)
La béatitude n'est pas au *savoir*, elle est au *faire.* (II, 581.)
Votre *manger* et votre *dormir.* (II, 418.)
La faim et la soif sont la mesure de leur *manger* et de leur *boire.* (II, 488.)

Voyez au *Lexique :* Bienfaire, Craindre, Dire, Donner, Dormir, Être, Habiller, Jouer, Manger, Marcher, Mourir, Parler, Partir, Penser, Perdre, Prendre, Profiter, Recevoir, Refuser, Rendre, Rougir, Seoir, Souffrir, Vieillir, Vivre. On peut voir plus haut, p. xxvii, 3°, des exemples des pronoms neutres *ils, les*, se rapportant à des infinitifs qui précèdent; et au *Lexique*, p. 168, à l'article Dernier, un emploi analogue des adjectifs *dernier* et *premier*.

Les exemples d'infinitifs employés, sans article, comme sujets de verbes à un mode personnel, sont aussi fréquents, plus fréquents peut-être, que dans l'usage actuel:

.... *Faire* les choses sans art,   v. 23; II, 392, l. 15-17.)
Est l'art dont ils font plus d'estime. (I, 301, v. 19; voy. I, 208,
Jamais les prospérités n'ont mis un homme en lieu si sûr, que n'*avoir faute* de rien ne lui fasse avoir faute d'un ami. (II, 198.)
Boire et *suer* sont la vie d'un cardiaque. (II, 318.)
          Loin les vulgaires fortunes,
Où ce n'est qu'un *jouir* et *desirer.* (I, 248, vers 34.)

Voyez ci-après, p. xl, *d*), *Autres emplois remarquables du présent de l'infinitif.*

b) Infinitif employé d'une manière plus ou moins absolue dans des phrases où nous tournerions par l'indicatif ou par le subjonctif.

Voyez ci-après, p. lxviii, Propositions absolues, *b*) Infinitifs.

c) Infinitif construit avec un sujet soit indépendant soit qui sert déjà de sujet ou de régime au verbe d'où l'infinitif dépend :

Sept ou huit princes..., avec tant d'autres seigneurs couverts et découverts, *avoir fait* une partie, et l'*avoir* si mal *jouée*, cela nous apprend bien qu'il y a d'autres mains que celles des hommes qui font mouvoir les ressorts du monde. (IV, 54; voyez II, 676, l. 19-22.)

   Qu'aux deux bouts du monde se voie
   Luire le feu de notre joie. (I, 45, vers 6.)

Il se trouve assez de vaillants hommes *être* prêts à toutes occasions d'épandre leur sang. (II, 472.)

Ils se pouvoient dire *être logés* comme la nature veut qu'on le soit. (II, 724.)

Se croyant *être* aussi grands comme on leur dit qu'ils sont, ils s'attirent des guerres périlleuses sur les bras. (II, 199.)

Voyez ci-après, au *Lexique*, p. 587, SE, *employé à la manière latine, comme une sorte de sujet de l'infinitif.*

Les Mages.... lui sacrifièrent (à *Platon*), comme l'estimant *avoir eu* quelque chose au-dessus de la condition ordinaire de l'humanité. (II, 481.)

Qui trouvez-vous *avoir été* plus le sage, ou de Dédalus, qui fut inventeur de la scie, ou de ce Diogène, etc.? (II, 713.)

J'espère que vous ne me trouverez pas *mentir* en ce que je vous ai témoigné. (IV, 149, note 6.)

Ce tour est encore fort usité aujourd'hui avec certains verbes, tels que *voir*, *entendre*. Malherbe l'emploie avec *regarder*, *remarquer*, etc. :

   L'aigle même leur a fait place;
   Et les regardant *approcher*
   Comme lions.... (I, 184, vers 47.)
   Que dis-tu lorsque tu remarques
   Après ses pas ton héritier
   De la sagesse des monarques
   Monter le pénible sentier?
   Et pour étendre sa couronne,
   Croître comme un faon de lionne? (I, 217, vers 204 et 206.)

Voyez, au tome I, p. 123, vers 225-228; p. 350, l. 9-11; et au tome II, p. 141, l. 21 et 22, quelques constructions remarquables de l'infinitif après *voir*.

d) Autres emplois remarquables et constructions diverses du présent de l'infinitif :

 .... Toutes les vertus propres à *commander*. (I, 70, vers 9.)
   Les affligés ont en leurs peines
   Recours à *pleurer*. (I, 222, vers 18.)

Il s'est vu des armées réduites à la nécessité de toutes choses...; et tout sans autre sujet que pour *régner*. (II, 326.)

La seule grandeur est cause suffisante de *ruiner* ce qu'on estime le plus assuré. (II, 201.)

La sagesse est la félicité parfaite de l'esprit de l'homme; la philosophie est l'amour et l'affection de l'*acquérir*. (II, 702.)

Je.... ne remplirai ce reste de papier que de vous *prier* de baiser les mains pour moi à Monsieur le premier président. (III, 78.)

   Je suis plus rocher que vous n'*êtes*, 74, l. 20-24.)
   De le *voir*, et n'*être* pas mort. (I, 153, v. 24; voy. II, 15, l. 11-14;

C'est une vie de lion ou de loup, que *manger* sans un ami. (II, 336.)

.... Ce qu'ils promirent *faire*. (III, 388; voyez I, 344, l. 11.)

   .... Qu'il te plaise m'*assurer*
   Que mon offrande te contente. (I, 125, vers 313.)

Voyez au *Lexique*, DE, p. 150, 19°.

   .... [Il] vaut mieux se résoudre

En aspirant au ciel *être frappé* de foudre
Qu'aux desseins de la terre assuré se ranger. (I, 22, vers 32.)

Je les tenois là en vue, afin que *me souvenir* toujours de les vous envoyer. (IV, 22.)

Voyez, au *Lexique*, des exemples de l'infinitif après les locutions conjonctives *avant que* (p. 51), *devant que* (p. 175); et après les prépositions *par* (p. 440), *depuis* (p. 168).

Voyez ci-dessus, p. xxxii, 1°, des exemples de l'infinitif actif au lieu du passif.

e) Emplois divers du passé de l'infinitif :

Avez-vous jamais vu ces chiens qui recevant à gueule ouverte ce qu'on leur jette, n'ont pas loisir d'*avoir avalé* le premier morceau, pour ouvrir la gorge à recevoir l'autre? (II, 561.)

La mathématique est superficielle; le fonds où elle bâtit n'est pas à elle; sans les principes qu'elle emprunte, elle ne sauroit *avoir fait* un pas. (II, 695.)

.... Quand ainsi seroit, que selon ta prière
    Elle auroit obtenu
D'*avoir* en cheveux blancs *terminé* sa carrière,
    Qu'en fût-il advenu? (I, 40, vers 19.)

Il ne voulut pas prendre une bonne somme de deniers que Fabius Persicus lui envoyoit; et comme quelques-uns.... lui remontrassent qu'il avoit eu tort de l'*avoir refusé*, etc. (II, 36.)

10° Participes.

A. Participe présent.

a) Participe présent pris substantivement :

Cette multitude infinie d'*attendants*. (II, 570.)
A l'un et l'autre nous donnons le nom d'*épargnant*. (II, 48.)

[Tu] parus sur les *poursuivants*....
Comme dessus des arbrisseaux
Un de ces pins de Silésie
Qui font les mâts de nos vaisseaux. (I, 124, vers 275.)

b) Accord du participe présent, même suivi de compléments soit directs, soit indirects, soit circonstanciels :

.... Tant de beaux objets tous les jours *s'augmentants*. (I, 259, vers 12.)
Ainsi tes honneurs *florissants*
De jour en jour aillent *croissants*. (I, 116, vers 245 et 246.)
[Tu] parus sur les poursuivants
Dont les vœux trop haut *s'élevants*
Te donnoient de la jalousie, etc. (I, 124, vers 276.)

Il n'est.... pas vraisemblable que *venants* en terre ferme, ils fassent mieux leurs affaires. (IV, 71.)

Que voyons-nous que des Titans
De bras et de jambes *luttans*
Contre les pouvoirs légitimes? (I, 270, vers 56.)

Elle étoit jusqu'au nombril
Sur les ondes *paroissante*. (I, 316, vers 2.)

Il faut avoir une stupidité fort *approchante* de celle des bêtes, pour, etc. (I, 391.)

Il avoit force lettres dans ses poches.... *adressantes* à plusieurs personnes de cette ville. (III, 428.)

Dans l'exemple suivant, que nous donnons ici tel qu'il est dans le manuscrit autographe, c'est un participe auxiliaire qui est mis au pluriel·

S'*étants* tous deux rencontrés. (III, 245.)

Malherbe distingue du participe présent, variable, le gérondif, invariable : voici des remarques faites par lui au sujet de quelques passages de des Portes :

« Non pour mille vertus *honorants* ta jeunesse, »

Mal; car il faut un participe féminin à *vertus*. Or le participe féminin ne vaudroit rien ici : il devoit donc user d'une autre façon de parler. On dit bien : *la Reine allant ce matin à la messe;* mais *allant* n'est pas participe, il est gérondif et représente le latin *eundo* (IV, 378);

« Cette huile est de la lampe incessamment *ardant*, »

Ardant ne peut être ici gérondif. Il faut donc qu'il soit participe, et par conséquent qu'il convienne en genre avec le substantif *lampe;* et faut dire : *lampe ardante, chandelle éclairante* (IV, 384 et 385);

« Les ombres vont, et font maint et maint tour
Aimants encor leur dépouille laissée, »

Il faut user du gérondif *aimant*, car, usant du participe, il faudroit le décliner et dire *aimantes*, qui ne seroit pas bien (IV, 315);

« Après tant de douces merveilles,
Ravissants l'esprit bienheureux, »

Pour *ravissantes* (IV, 324).

Voyez encore IV, 326 et 328.

Pour le participe présent employé comme gérondif, voyez ci-après, *d*).

c) Participe présent avec *aller* :

[L'Anglois] Notre amitié va *recherchant*. (I, 195, vers 18.)

Voyez au *Lexique*, p. 25. — Cependant Malherbe blâme plusieurs fois ce tour dans des Portes, par exemple au sujet des passages suivants :

« M'offusque les esprits et les aille *bandant*. »

Il devoit dire : « et les bande, » comme il a dit : « les offusque » (IV, 336 et 337);

« Ne te va *surpassant*.... »

Mal pour *surpasse*. (IV, 352.)

Malherbe critique aussi chez des Portes la locution analogue, formée avec *être: Je suis périssant,* pour *je peris.* (IV, 305.)

d) Emplois diversement remarquables du participe présent, construit comme adjectif, ou avec un régime verbal, ou comme gérondif (avec ou sans *en*) :

Un malade ne cherche point un médecin bien *parlant*, mais bien *guérissant*. (II, 680.)

.... Pouvoit-il être *ignorant*
Qu'une fleur de tant de mérite
Auroit terni le demeurant? (I, 258, vers 12.)

Elle est encore à cette heure *ignorante* de l'inconvénient qui lui est arrivé. (III, 145.)

Je ne veux point *en me flattant*
Croire que le sort inconstant
De ces tempêtes me délivre. (I, 168, vers 37.)

Ressouviens-toi qu'une action
Ne peut avoir peu de mérite,
Ayant beaucoup d'affection. (I, 116, vers 240.)

Certes il a privé mes yeux
De l'objet qu'ils aiment le mieux,
N'y *mettant* point de marguerite. (I, 258, vers 11.)

Dieux, dont la providence et les mains souveraines,

Terminant sa langueur, ont mis fin à mes peines, etc. (I, 298, vers 22.)
Vous m'avez tout donné, *redonnant* à mes yeux
  Ce chef-d'œuvre des cieux. (I, 298, vers 27.)
 Il faut craindre que pource que les Grâces sont filles de Jupiter, l'ingratitude ne soit un sacrilége, et qu'on ne fasse outrage à de si belles filles, ne *reconnoissant* pas dignement un plaisir qu'on a reçu. (II, 10.
 Si me *faisant* paroître son affection il a reconnu la mienne, il a ce qu'il a demandé. (II, 45.)
 Voyez I, 118, vers 32; 135, vers 20 et 23; 283, vers 154; II, 4, l. 27; 30, . 17; 37, l. 28; 63, l. 10 et 12; 535, l. 20; etc.
 Tant de fleurs.... *Faisant* paroître (*vu que tant de fleurs font paraître*). (I, 109, vers 46.)
 .... *Arrivant* l'heure prescrite (*quand arrivera l'heure prescrite*). (I, 81, vers 155.)
 Rencontrant dans des Portes ce tour analogue, mais que l'addition de *en* et la coupe du vers rendent barbare et impossible :
  Afin que plus dévot il puisse, *en arrivant*
  La nouvelle Diane, adorer sa lumière,
Malherbe s'écrie : « Faute de langage excellente ! » (IV, 290.)
 .... Quel plaisir encore à leur courage tendre,   vers. 239.)
Voyant (*quand ils voient*) Dieu devant eux en ses bras les attendre. (I, 13,
L'ennui renouvelé plus rudement l'outrage
En *voyant* (*quand il en voit*) le sujet à ses yeux revenu. (I, 15, vers 288.)
 Les sages ayant vu couler quelques veines de métaux fondus en la superficie de la terre,... ont jugé que *fouillant* (*si l'on fouillait*) plus avant il s'en trouveroit davantage. (II, 713.)
  Vous m'étiez présent en l'esprit,
 En *voulant* (*quand j'ai voulu*) tracer cet écrit. (I, 289, vers 98.)
 Dans ces derniers exemples, le participe est construit d'une manière absolue, sans rapport au sujet du verbe personnel : voyez ci-après, p. LXVIII, PROPOSITIONS ABSOLUES, *a*); et au tome III, p. 200, note 7, un exemple curieux de *différant*, invariable, tiré d'une ancienne copie d'une lettre de notre auteur.
 Sur la manière d'employer le participe présent variable et le participe présent invariable, ou, comme il appelle ce dernier, le gérondif, on peut voir encore diverses remarques critiques de Malherbe, au tome IV, p. 270, 336, 384 et 385.

 B. Participe passé.

 a) Participe passé pris substantivement.

Voyez ci-dessus, p. XXIII, 3°.

 b) Accord du participe passé.

 Dans la plupart des cas, Malherbe suit exactement notre usage actuel. Voici deux accords irréguliers, tirés de lettres autographes :
 Je vous eusse dès à cette heure envoyé votre médaille, mais je ne sais qui sera le porteur de ce paquet; voilà pourquoi je ne l'ai pas *voulue* hasarder mal à propos. (III, 224.)
 La marquise lui a fait des demandes qu'il n'a pas *jugées* être à propos de lui accorder. (III, 582.)
 Cependant, il corrige le féminin en masculin, dans cet accord, tout semblable, qu'il trouve chez des Portes :
 « Et n'avez *estimée* être chose vilaine. » (IV, 363.)
 Il substitue au contraire, dans le vers suivant, le féminin au masculin :
 « Égale obéissance à tous deux j'ai *juré*. » (IV, 297.)
 Il relève sévèrement d'autres fautes d'accord chez le même poëte :
  « .... Se sont *elus* des rois, »

Pour bien parler, il falloit dire : *se sont élu des rois.* Si l'action fût retournée à l'élisant, il eût fallu dire : *ils se sont élus....* Mais puisque l'action va hors de l'élisant, il falloit dire : *se sont élu* (IV, 265);

« Car sa faveur ne leur avoit *donnée*
Tant de clairtés, etc., »

Voilà pas qui est galant : « Cette femme-là m'a *donnée* des chemises; cette lingère m'a *faite* des coiffes ! » (IV, 342.)

L'accord est de règle, et Malherbe l'observe constamment, dans l'inversion poétique qui consiste soit à insérer le régime direct entre l'auxiliaire et le participe, soit à placer ce régime devant l'auxiliaire et le participe réunis :

Enfin cette beauté m'a la place *rendue.* (I, 28, vers 1.)
[Les orages cessés] Ont des calmes si doux en leur place *laissés,*
Qu'aujourd'hui ma fortune a l'empire de l'onde. (I, 241, vers 20.)
Quel astre malheureux ma fortune *a bâtie?* (I, 129, vers 1.)

Nous trouvons d'autres exemples de cette inversion chez Malherbe au tome I, 10, v. 163 et 170; 13, v. 230; 17, v. 350; 25, v. 52; 26, v. 13; 30, v. 38 *var.*; 42, v. 61; 69, v. 2; 74, v. 130 *var.*; 82, v. 184; 88, v. 29 et 30; 90, v. 94; 95, v. 219; 129, v. 2; 154, v. 56; 179, v. 22; 191, v. 12; 207, v. 3; 223, v. 1 et 4; 260, v. 5 et 12; 278, v. 13; 280, v. 81; 286, v. 21; 309, v. 8. — Ménage, au sujet de notre dernier exemple : « Quel astre, etc., » nomme ce tour une transposition vicieuse. (*Observations sur Malherbe,* tome II, p. 281.)

Voyez, dans les exemples auxquels nous renvoyons ci-après, p. XLVI, *Verbes composés,* des accords remarquables du participe des verbes *courir* et *regarder* accompagnés de l'adverbe *par-dessus.*

c) Participe passé sans accord, contrairement à notre usage actuel.

Les anciennes éditions de Malherbe ne font point accorder les participes passés (particulièrement *fait, laissé, vu, allé, venu*) quand ils sont suivis, soit de noms ou d'adjectifs, soit (auquel cas c'est encore notre usage pour *fait*) d'infinitifs qui dépendent du temps composé que ces participes servent à former.

La vertu qui les avoit *fait* gens de bien tiendra leur place. (II, 576.)
.... Pourquoi on dit qu'il y a trois Grâces, pourquoi on les a *estimé* sœurs. (II, 7.)
La nature nous a *fait* capables d'instruction. (II, 442.)

Le renom que chacun admire
Du prince qui tient cet empire
Nous avoit *fait* ambitieux
De mériter sa bienveillance. (I, 84, vers 9.)

Regardez M. Caton.... agrandissant la plaie, que le coup n'avoit pas *fait* assez profonde. (II, 529.)

Faites-leur connoître les choses que la nature a *fait* nécessaires. (II, 436.)

Il n'y a point de doute que la philosophie n'ait.... bien diminué de sa splendeur depuis qu'on l'a *fait* si publique comme elle est aujourd'hui. (II, 454.)

Madame,... le mauvais état où je vous ai *vu* partir.... me fait craindre, etc. (IV, 195.)

Le Roi et la Reine, que j'ai *vu* en votre chambre le pleurer avec vous, etc. (IV, 199.)

Quelque.... mauvaise disposition de l'air ne nous a *laissé* cueillir pour des fruits que des feuilles. (IV, 202.)

Que.... votre bonté se soit *laissé* aller à, etc. (IV, 236.)

Ceux qu'une bonace continuelle a *laissé* languir en oisiveté. (II, 524.)

Combien avons-nous aujourd'hui de noms illustres que la fortune n'a point mis entre les mains du peuple, mais qu'elle-même est *allé* quérir sous terre ! (II, 615.)

Je n'ai pas eu sitôt le dessein de vous écrire, que toutes sortes de pensées ne se soient *venu* offrir à moi. (IV, 117, note 2.)

Ce défaut d'accord est conforme à l'ancien usage (voyez au *Lexique de Corneille*, tome I, p. LIX, la règle de Bouhours); et nous trouvons la preuve, dans le *Commentaire sur des Portes*, que telle était bien la pratique de Malherbe. Dans le vers suivant de ce poëte :

« Ceux qu'un si cher trésor a *rendus* desireux, »

il a de sa main effacé l'*s*. (IV, 440.)

Au sujet de cet autre accord, qui serait fautif pour nous encore :

« Qui ma flamme a nourrie et l'a *faite* ainsi croître, »

il fait cette remarque : « Il faut dire : *fait*, et non *faite*; on ne dit pas : *je l'ai faite venir*. » (IV, 278.)

Voici un exemple, tiré d'un manuscrit autographe, où *fait* est invariable, quoique non suivi d'un mot qui dépende du temps composé :

Ladite déclaration que mon frère m'a *fait* est volante. (I, 340.)

d) Participes passés de verbes neutres, employés sans auxiliaires :

Mais ores à moi revenu,
Comme d'un doux songe *advenu*
Qui tous nos sentiments cajole, etc. (I, 289, vers 104; voyez au *Lexique*, p. 53.)

[Jupiter] Vit selon son desir la tempête *cessée*. (I, 280, vers 83; voyez I, 241, vers 19; et au *Lexique*, CESSÉ.)

C'est trop *demeuré* sur un si maigre sujet. (IV, 94; *var*. : « demeurer. »)

La rétention des intérêts desdits deux mois *expirés*, etc. (I, 340.)

Nous.... sommes portés aussi naturellement à l'indulgence d'un bienfait mal *réussi*, que d'un enfant qui nous déplait. (II, 106; voyez au *Lexique*, RÉUSSIR, fin.)

.... Les prophéties
De tous ces visages *pâlis*. (I, 45, vers 17.)

Un jour qui n'est pas loin, elle verra *tombée*
La troupe qui l'assaut, et la veut mettre bas. (I, 5, vers 29.)

e) Emplois diversement remarquables du participe passé :

Bien aimer soit votre vrai bien;
Et, bien *aimés*, n'estimez rien
Si doux qu'une si douce vie. (I, 301, vers 29.)

Pensers où mon inquiétude
Trouve son repos *desiré* (*qu'elle désire, que je désire*). (I, 174, v. 3.)

Malherbe blâme chez des Portes ce tour analogue :

Ni pour pitié qu'il eût *de ma peine soufferte*,

et il veut que l'on dise : « *de la peine que je souffrois*. » (IV, 432.)

Après nos malheurs *abattus*
D'une si parfaite victoire,
Quel marbre, etc. (I, 202, vers 38; voyez I, 4, vers 3.)

La flamme de nos yeux, dont la cour *éclairée*
A vos rares vertus ne peut rien préférer, etc. (I, 68, vers 5.)

La plupart de ces tours sont à remarquer comme latinismes; les suivants pour l'ellipse de l'auxiliaire :

Tous ceux que la fortune produit à la vue du monde.... sont honorés et leurs maisons *fréquentées* tandis qu'ils vivent. (II, 343.)

Pour avoir plus tôt fait, et *retranché* toutes ces sinuosités qui sont en la côte, je pris le large vers Nesidia. (II, 455.)

Dans le *Commentaire sur des Portes*, nous trouvons l'observation suivante, relative à la construction :

« Les participes ont mauvaise grâce étant transposés, comme : *troublé courage, détruites murailles, refusée grâce.* » (IV, 365.)

Malherbe blâme *yeux seches*, pour *yeux secs*. (IV, 371.)

Pour l'emploi de *vu*, avec ou sans accord, voyez le *Lexique*, p. 676.

Participe passé avec *ayant* (dans le sens d'*après avoir*) :

.... Chanter d'autre chose,
Ayant chanté de sa grandeur,
Seroit-ce pas après la rose
Aux pavots chercher de l'odeur? (I, 210, vers 42.)

III. FORMES VERBALES.

Voyez, au *Lexique*, les formes, soit de désinence, soit de radical, aujourd'hui passées d'usage : *affermer* pour *affirmer* (p. 19); *chommer* pour *chômer* (p. 97); *courre* pour *courir* (p. 129); *dependre*, au sens de *dépenser* (p. 166); *die* pour *dise* (p. 180, article Dire); il *echet*, ils *écheent* (p. 197, article Échoir); *j'envoyerai* (p. 228); *ouïr* (p. 433 et 434); *je prins, il prinst, vous prinssiez*, pour *je pris, il prit, vous prissiez* (p. 491, et en outre, *qu'il prinst*, au subjonctif, pour *qu'il prît*, III, 345; *reprindrent*[1], pour *reprirent*, III, 247; *appris*, pour *appris*, IV, 3, note 4); *pût* pour *pue*, de l'ancien *puir* pour *puer* (p. 507); *recouvert* pour *recouvré* (p. 543); *souloir* (p. 611); *sourdre* (p. 612); *il véquit* (p. 671), et *survéquit* (p. 621); *succer* pour *sucer* (p. 615); *vois* pour *vais* (p. 27); la substitution de la diphthongue *eu* à *ou* dans *treuver, treuve*, etc. (p. 652), *retreuver* (p. 571), *appreuve* (p. 35), *épreuver* (p. 230), etc.; *resine* (p. 564); *rétraindre* (p. 571).

Malherbe blâme chez des Portes *lairra*, pour *laissera* (IV, 393, note 1); *maine*, pour *mène* (IV, 450), et *ramaine*, pour *ramène* (IV, 451).

Il veut qu'on écrive : *tu te siez, il se sied, je me sié* (IV, 263). A *vueillez*, orthographe de des Portes, il substitue *veuilliez* (IV, 339).

Selon l'usage de son temps, il écrit d'ordinaire sans *s* finale la première personne du présent de l'indicatif, dans les verbes de la troisième et de la quatrième conjugaison : *je voy, je croy, je sçay*, etc. Il est assez remarquable qu'il n'ait jamais employé à la fin d'un vers aucun de ces présents qui, chez d'autres poëtes, se trouvent si fréquemment à la rime : voyez par exemple le *Lexique de Corneille*, tome I, p. LXII et LXIII.

Mais nous trouvons chez lui à la rime deux passés définis tronqués : *couvri* (pour *couvris*), rimant avec *Ivri* (I, 167, vers 28 et 30); et *ravi* (pour *ravit*), rimant avec *suivi* (I, 291, vers 9 et 10).

Deux autres rimes nous offrent des formes de participes curieuses pour la prononciation : *veu* (de *voir*), rimant avec *aveu* (I, 289, vers 109 et 110), et *déceus* (de *décevoir*), rimant avec *ceux* (I, 288, v. 73 et 74).

Voyez ce qui est dit ci-après, p. LXXXI, à l'article Orthographe, des passés définis de la première conjugaison terminés par *é*, au lieu d'*ai*.

Nous voyons Malherbe condamner diverses formes archaïques que son contemporain des Portes se permet encore, comme *hayant*, pour *haïssant*. (IV, 313), etc.

Verbes composés.

Pour les verbes composés, nous nous bornerons à citer ici le défectif Reva (p. 572); Bienfaire, en un seul mot (p. 68); Décroire (p. 157); Dévouloir (p. 177); et les locutions *courir par-dessus* (p. 129, 5ᵉ exemple), *regarder par-dessus* (p. 547, 9ᵉ exemple), *mettre sus* (p. 621), jouant le rôle de mots uniques (à savoir de verbes composés, les deux premières à sens actif, la troisième à sens neutre), et, comme tels, gouvernant des pronoms, régimes directs ou indirects, placés devant elles; ceux-là (c'est-à-dire les pronoms régimes directs) entraînent naturellement l'accord du participe, aux temps composés.

---

1. On a imprimé *prit* et *reprirent* dans notre tome III; mais il y a dans les originaux *prinst* et *reprindrent*.

INTRODUCTION GRAMMATICALE.

VII. — Adverbe.

1° Noms et adjectifs employés adverbialement :

C'est en ce détroit qu'est assise la ville de Leucade, *partie* attachée contre le pendant d'une petite montagne,... *partie* étendue en une plaine, (I, 419.)

Voyez au *Lexique* : Bas (Être, Mettre), Clair, Droit, Ferme, Fort, Haut, Menu, Petit (Un), Possible, Roide (2° exemple), Soudain, Tout.

2° Prépositions employées adverbialement.

Voyez au *Lexique*, p. 37, Après ; p. 51, Avant ; p. 175, Devant (4° exemple), Faire le pas devant.

3° Mots qui ne sont plus qu'adverbes, employés autrefois comme prépositions.

Voyez, au *Lexique*, Dedans, Dehors, Dessus, Dessous.

4° Adverbes employés substantivement.

Voyez au *Lexique*, p. 68, Bien (*aller le bien*) ; p. 356, Lendemain, L'endemain ; p. 393, le Mieux ; p. 397, le Moins ; p. 461, Peu, un peu ; p. 651, le Trop ; et ci-après, 5°, c), *locutions adverbiales*.

5° Adverbes et locutions adverbiales, paraissant remarquables, si on les compare à l'usage actuel, soit pour leur forme ou composition, soit pour la manière dont ils s'emploient ou se construisent.

a) Voyez, au *Lexique*, certains emplois et certaines constructions des adverbes simples : Assez, Aussi (sens de *non plus*, p. 48), Autant, Bien, Cependant, Ci, Davantage (dans les locutions prépositives et conjonctives *davantage de, davantage que*, p. 138), Ensemble, Guère, Ici (après un nom, p. 3:4), Joignant, Même, Mi (en composition), Onc et Oncques, Or et Ores, Outre, Plus, Si (p. 599 et 600), Sus (dans *mettre sus*, p. 621), Tandis, Tant, Tantôt, Volontiers, de l'adverbe relatif Où, des adverbes pronominaux En (p. 213-217), Y (p. 677-680), du latin *SCILICET* (avec signification ironique) ;

b) Les adverbes suivants en *ment* : Coyement (à l'article Coye, p. 132), Poltronnement, Profanement, Propriétairement, Stablement, Superficiairement, Traîtrement, Voirement, que l'Académie n'a jamais admis dans son *Dictionnaire* ; Considérément, qu'elle a retranché en 1718 ; Avarement, Ingratement, Tiercement, en 1762 ; Aucunement (au sens d'un peu, en quelque façon), Bellement, Couvertement, Désespérément, Dextrement, Excellemment, Ignoramment, Mêmement, Moyennement, Superbement (au sens d'*orgueilleusement*), qu'elle note, dans sa dernière édition (1835), comme inusités maintenant, ou vieux, ou vieillissants ;

c) Bon nombre de locutions adverbiales, formées de mots divers, et, pour la plupart, des prépositions *à, de, en, par, pour*, etc., ayant pour compléments soit des noms, soit des adjectifs ou d'autres adverbes pris substantivement, par exemple : À bas (p. 62), Au long (p. 363), À plat (p. 469, À poste (p. 480), À remises (p. 554), À la vallée (p. 659) ; D'arrivée (p. 39), D'avantage (p. 138), De léger (p. 356), De long, De longue, De long et de travers (p. 364), Du depuis (p. 168), Du pair (p. 437), Du tout (p. 644 et 645) ; Par-deçà (p. 155), Par-delà (p. 161), Par-ci-devant (p. 440), Par-dedans (p. 158), Par-dessous (p. 172), Par-dessus (p. 173) ; En présence (p. 495), En perfection (p. 458), Pour certain (p. 89) ; etc., etc. ; et, sans préposition, *Devant-hier* (p. 175, 3° exemple de l'article Devant), Cejourd'hui (p. 87), Tout ainsi (p. 12), Tout soudain (p. 609), Long temps (en deux mots, p. 364), etc., etc. ;

d) Des locutions corrélatives, à la fois adverbiales et conjonctives, telles qu'il s'en trouve aux articles Autant (p. 49 ; voyez aussi p. 153), Comme (p. 104), Plus (p. 427 et 473), Tant (p. 623 et 624).

6° *Ellipse d'adverbe.*

Malherbe blâme chez des Portes : *Si constante et forte,* pour « Si constante et si forte. » (IV, 360.)

7° Négations.

a) Emploi remarquable de *ne*, *point*, ou *ne pas*, *ne point*, après des verbes accompagnés d'une négation ou exprimant une idée d'éloignement ou une action de craindre, d'empêcher, d'éviter ; et de même de *ne.... pas* après la locution négative (*à*) *faute que* :

Je ne crois pas que la mort *ne* lui fût plus douce que de vivre comme il fait. (IV, 11.)

Voyez aussi tome I, p. 88, vers 21-30, et note 23.

Il ne refusera pas que par quelque bienfait Sa Majesté *ne* lui témoigne la satisfaction qu'elle a de son service. (IV, 109.)

Prenons donc garde si nous nous habillons *point* d'une façon, et gouvernons notre maison de l'autre, etc. (II, 338.)

Il s'en faut beaucoup que je *n*'en parle comme je faisois en ce temps-là. (IV, 102.)

A regarder les choses, non selon ce qu'elles semblent en apparence, mais selon ce qu'elles sont en effet, combien s'en faut-il que nous *ne* soyons si mal qu'on nous le veut persuader ? (IV, 212 ; voy. I, 448, l. 16.)

Sur ces mots de des Portes : « Et craint toujours qu'on ait, » Malherbe fait la critique suivante : « Dis : *qu'on n'ait.* » (IV, 282.)

Quoi qu'on lui donne, il se corrompt tout aussitôt, à faute qu'il *n*'en sait *pas* bien user. (II, 150.)

Faute que nous *ne* nous représentons *pas* d'où nous sommes partis, etc. (II, 41.)

Après *empêcher,* nous trouvons *que* et *que.... ne point* :

Pour empêcher que ceux d'Autriche empiètent cet État. (III, 96.)

Ce qui empêche qu'on *ne* les voit *point* encore. (III, 499.)

Cela a empêché que le siége de Meurs *ne* s'est *pas* encore fait. (III, 11.)

Après *dispense, dispenser,* dans l'ancien sens de « permission, permettre » (voyez au *Lexique,* p. 189), l'emploi de la négation est naturel :

De cette façon [nous] colorons la malice des ingrats, qui semblent alors avoir dispense de *ne* rien rendre. (II, 4.)

J'ai quasi envie de me dispenser de *ne* vous *point* écrire, etc. (III, 188.)

Dans ce dernier exemple, tiré d'un manuscrit autographe, Malherbe avait mis d'abord : « dispenser de vous écrire, » puis il s'est ravisé et a ajouté : *ne.... point.*

Voyez au *Lexique,* p. 407 fin et 408, d'autres emplois remarquables de *ne*, particulièrement dans des cas où nous l'omettrions.

b) *Ne* sans *pas* ni *point*, *pas* ou *point* sans *ne*. Voyez au *Lexique,* p. 407, p. 475 ; et tome I, p. 62, vers 12 ; p. 231, vers 53 ; p. 469, l. 3. — Au tome IV, p. 339, Malherbe critique l'omission de *pas* dans un vers de des Portes.

Ellipse de *ne.... pas.* Voyez ci-après, à l'article ELLIPSE, p. LVI fin et LVII.

Pas avec *jamais* : voyez au *Lexique,* p. 341. — *Pas* avec *guère,* voyez p. 500, exemples 2 et 3 de l'article GUÈRE.

Ne formant avec *que* des tours qui expriment les idées « autre, autrement que, sans, sans que, avant que. » Voyez, au *Lexique,* l'article QUE, 8°, 9°, 10°, p. 515 et 516 ; et tome I, p. 2, vers 12 ; tome IV, p. 386, l. 8.

c) Pour la construction de *pas, point,* voyez au *Lexique,* p. 474 et 475, PAS ou POINT après un infinitif ; p. 475, DU TOUT POINT ; et tome I, p. 41, vers 44 ; p. 91, vers 120 ; tome II, p. 33, l. 7, 17 et 21 ; p. 188, l. 18 et 19, 24, 27, 30 et 31, 32, 33 et 34 ; p. 307, l. 8, etc., etc.

d) Pour divers emplois de *non,* voyez au *Lexique,* p. 414 et 415. Ménage (tome II,

INTRODUCTION GRAMMATICALE.

p. 101) fait observer que « Malherbe aime fort le redoublement de cette négative, » et il cite les divers exemples qu'il a trouvés dans les poésies (I, 40, v. 25; 135, v. 37; 154, v. 43; 161, v. 67; 202, v 43; 256, v. 37; 296, v. 31; 304, v. 9). — On peut y joindre I, 210, v. 31, où les deux négations ne se suivent pas immédiatement :

Non, vierges, non; je me retire.

e) Pour la conjonction négative *ni*, voyez au *Lexique*, p. 410-412; et tome I, p. 46, vers 37 et 38 *var.*; p. 54, vers 183 et 184; tome II, p. 484, l. 20; tome IV, p. 12, l. 5. — Voyez en outre ci-après, à l'article SYLLEPSE, 4°, p. LXIV.

f) Voyez, dans le *Commentaire sur des Portes* (tome IV, p. 397, et p. 437), deux critiques de Malherbe sur un emploi fautif et amphibologique de la négation avec l'adjectif *tout*.

g) Pour l'emploi redondant de tours négatifs, voyez les exemples auxquels nous renvoyons ci-après, p. LXII, l. 18.

VIII. — PRÉPOSITION.

Voyez, au *Lexique*, les diverses prépositions, et particulièrement À, DE, EN, PAR, POUR, SUR, VERS, APRÈS, DÈS, DEPUIS, ENVIRON, etc.; les formes vieillies AVECQUE, EMMI, ÈS; les anciennes prépositions, aujourd'hui adverbes, DEDANS, DEHORS, DESSOUS, DESSUS; les locutions prépositives PAR DEÇÀ (p. 155), PAR DELÀ (p. 161), PAR DEDANS (p. 158), PAR ENTRE (p. 224), PAR-SUS (p. 621), DAVANTAGE DE (p. 138), DE DEVANT (p. 176), DU LONG DE (p. 363), DU TRAVERS DE (p. 649), AU DEÇÀ DE (p. 155), À FAUTE DE (p. 265), À PEINE DE (p. 454), À L'ENDROIT DE (p. 218 et 219), POUR LE REGARD DE, AU REGARD DE (p. 546), HORS DE, HORS D'AVEC (p. 310 et 311), etc.

IX. — CONJONCTION.

Pour les formes ou emplois remarquables de certaines conjonctions, voyez le *Lexique*, par exemple aux mots COMBIEN, COMME, ET, MAIS, OU, QUE (p. 510-518), QUAND, SI, etc. — Voyez aussi les locutions conjonctives : AFIN QUE, AINSI (QUE), AVANT QUE, CEPENDANT QUE, COMBIEN QUE, DEPUIS QUE, DEVANT QUE, EN DÉPIT QUE (p. 167), ENCORE QUE, (À) FAUTE QUE, PAR FAUTE QUE (p. 265), INCONTINENT QUE, MAIS QUE, PREMIER QUE, QUANTES FOIS QUE, TANDIS QUE, TANT QUE, PAR AINSI, etc.; les formes vieillies AINS, MAUGRÉ QUE, POURCE QUE; et les locutions corrélatives, adverbiales ou conjonctives, auxquelles nous avons renvoyé plus haut, dans l'article ADVERBE, p. XLVII, *d*).

X. — INTERJECTION.

Voyez, au *Lexique*, les interjections Ô ! ET (pour *eh!*), LAS ! la locution interjective PLÛT À DIEU ! (p. 467 fin); et les mots, employés au sens d'interjection : ARRIÈRE (p. 39; et tome I, p. 168, v. 43; 198, v. 19), BEAU (TOUT), ÇÀ, ÇÀ-BAS, SUS, etc.

XI. — ACCORD.

1° *Genre*.

Voyez ci-dessus, p. XXIV, 4°, et p. XXVII, 3°, l'emploi au neutre d'adjectifs et de pronoms; et ci-après, à l'article SYLLEPSE, p. LXII et LXIII, 1° et 3°.

Malherbe blâme chez des Portes *un autre* employé, comme une sorte de neutre, pour le féminin *une autre*. (IV, 364.) — Voyez le *Lexique de Corneille*, tome I, p. LXVI-LXVIII.

La locution *quelque chose* n'est pas considérée, quant à l'accord, comme étant du genre neutre. Les adjectifs, les participes, les pronoms qui s'y rapportent s'accordent avec le mot *chose* et se mettent au féminin :

Si quelque chose vous accroche que vous ne puissiez démêler, coupez-*la*. (II, 324.)

Avec cette même locution, et quelquefois avec *rien* et *personne*, l'adjectif et le participe se construisent sans le secours de la préposition *de*, c'est-à-dire s'accordent et ne jouent pas le rôle de compléments :

Il faut trouver.... *quelque chose* plus *générale*. (II, 475.)
Vous tenez qu'il n'y a *personne ingrat*. (II, 152.)
Il n'y a *rien* assez *attrayant* pour le convier au désordre. (II, 329.)

Voyez au *Lexique*, à l'article Quelque chose, p. 519, fin; et à l'article Rien, p. 574, les exemples 11, 12 et 13 (et en outre, tome I, p. 111, vers 83 et 84).

Voici un accord du même genre avec *ce que* :

Ne m'avoûrez-vous pas que vous êtes en doute
Ce qu'elle a *plus parfait*, ou l'esprit, ou le corps? (I, 175, vers 42.)

L'exemple que plus haut nous avons cité pour le mot *rien* se continue d'une manière conforme à notre usage et nous offre par conséquent les deux constructions :

Il n'y a *rien assez attrayant* pour le convier au désordre, ni *rien d'assez fort* pour l'y traîner. (II, 329.)

Dans la phrase suivante, c'est la tournure par *de* qui s'écarte de la coutume actuelle :

De nous, c'est notre plaisir de ne trouver *rien de laborieux qui puisse* soulager le labeur de ceux que nous voulons obliger. (II, 103.)

Nous dirions, en faisant accorder l'adjectif avec *rien* : « de ne trouver laborieux rien qui puisse, » ou « rien de ce qui peut. »

2° *Nombre*.

Voyez ci-après, à l'article Syllepse, p. LXII, 2°, et p. LXIII.

a) Verbe ayant plusieurs sujets et demeurant au singulier, comme s'il ne s'accordait qu'avec l'un d'eux et était sous-entendu auprès de l'autre ou des autres :

Un cœur où l'ire juste et la gloire *commande*. (I, 26, vers 2.)
Tenez un roi pour voleur et pour corsaire, quand il fait ce qu'un voleur et un corsaire *fait*. (II, 33.)
L'acte de génération que *fait* l'homme et la femme est peu de chose pour ceux qui en sortent. (II, 81.)
Sans jamais écouter ni pitié ni clémence
Qui te *parle* pour eux. (I, 278, vers 32.)
L'édit des habillements, et tout plein d'autres, *est réservé* à cette Saint-Martin. (III, 115.)

Malherbe avait d'abord mis *sont*, qu'il a ensuite remplacé par *est*.

Les délices et la paresse lui *ôte* le mouvement. (II, 168.)

Voyez tome I, p. 53, vers 167 var.; p. 123, vers 259; p. 167, vers 22; tome II, p. 198, l. 23 et 24; p. 413, l. 24; p. 729, l. 21.

[Le] plaisir que le jeu donne quand l'un et l'autre [joueur] *apporte* du consentement à le faire durer. (II, 31.)

Voyez le *Lexique de Corneille*, tome I, p. LXIX, fin.

Accord analogue d'un participe ou d'un pronom :

Quelque ingratitude et dissimulation qu'il y ait *eue* aux plaisirs qu'on a reçus de vous, etc. (II, 135.)

Dans cet exemple, le participe, précédé de deux régimes directs, ne s'accorde qu'avec le dernier. Dans les deux suivants, nous avons un pronom singulier représentant deux noms, qui, à la vérité, sont, dans l'un, à peu près synonymes, et, dans l'autre, séparés par *ou* :

A qui voudrons-nous devoir l'âme et la vie, si nous n'avouons pas de *la* tenir de ceux à qui nous *la* demandons tous les jours? (II, 44.)

Si nous voyons venir un consul ou un préteur, nous *lui* ferons toutes les démonstrations qu'on fait aux personnes de *leur* mérite; nous mettrons vitement pied à terre; nous nous découvrirons et *leur* quitterons le chemin. (II, 501.)

Après le pronom singulier *lui*, il revient au pluriel par *leur*, pris d'abord comme adjectif pronominal, puis comme pronom.

Ces libertés que notre auteur s'est permises ne l'empêchent pas de blâmer l'emploi du singulier pour le pluriel, dans les exemples suivants de des Portes :

« Puisque ma servitude et ma foi vous *offense*. »

A la suite, il écrit *offensent*.

« .... La faute première,
Et l'ennui que par vous *je sois* serf devenu,
Rend votre ardent desir.... »

Vois ici, dit-il, deux nominatifs à un seul verbe. (IV, 314 et 315.)

« Quel martyre et quelle gêne *est* égale ? »

Est-ce bien dit ? (IV, 350.)

« Avec un seul Belleau tu peux voir *enterré*
Phébus, Amour, Mercure, et la plus chère Grâce. »

Enterré devoit être plurier. (IV, 466.)

« Que m'*a servi* la peine que j'ai prise
A gouverner un mari mal plaisant,
Et tant de jours avec lui m'amusant
Perdre à l'ouïr le peu de ma franchise? »

Que m'*a servi la peine et perdre?* mal parlé. (IV, 428 et 429.)

Ici la critique s'applique à la fois à l'accord irrégulier et à la réunion des deux sujets de nature diverse (*la peine* et *perdre*).

Dans l'exemple suivant, Malherbe a répété l'adjectif commun à deux noms, au lieu de l'exprimer une seule fois avec rapport aux deux :

Il rougit de lui-même, et combien qu'il ne sente
Rien que *le ciel présent et la terre présente*, etc. (I, 18, vers 395.)

b) Verbe au pluriel après deux sujets singuliers séparés par *ni* :

Qui n'a reconnu le premier plaisir reconnoîtra le second. Si ni l'un ni l'autre n'*ont* réussi, le troisième fera quelque chose. (II, 6.)

Il n'y a ni feu ni chute qui *puissent* abaisser la vertu. (II, 614.)

c) Verbe au pluriel avec des sujets de sens collectif :

.... Un tas de médisants....
De frivoles soupçons nos courages *étonnent*. (I, 241, vers 27.)

Une bande de femmes équipées et armées en amazones lui *firent*, de braverie, un salve de mousquetades. (I, 357.)

Une infinité se *vantoient*. (III, 397.)

La plupart du monde, voire même de ceux qui font profession de sagesse, n'*estiment* pas comme ils doivent les biens que les Dieux nous ont faits. (II, 42.)

Toute cette manière de gens se *laissent* tromper à l'apparence de leurs passe-temps fugitifs. (II, 489.)

Tout le reste ne *sont* que fleurs. (II, 603.)

Tout cela *sont* bienfaits, car ils se font pour notre commodité. (II, 103.)

Ce qui nous vient de la libéralité de nos amis, or, argent et toute autre chose, ne *sont* pas proprement bienfaits. (II, 11.)

.... Tous les pensers dont les âmes bien nées
Excitent leur valeur, et flattent leur devoir
Que *sont*-ce que regrets quand le nombre d'années
Leur ôte le pouvoir? (I, 282, vers 131.)

J'en retrancherai (*de ma lettre*) ce que vous pourrez apprendre de lui, qui *sont* les nouvelles. (III, 141.)

Je lui en veux demander six cents (*écus*), avec les intérêts depuis ce temps-là, qui *sont* vingt ou vingt-deux ans. (I, 334.)

Dans ces six derniers exemples, on peut considérer le verbe comme s'accordant avec l'attribut, au lieu de s'accorder avec le sujet. Voyez encore tome II, p. 506, l. 2 et 3; p. 686, l. 28; p. 718, l. 12. — Dans les quatre phrases suivantes, la locution collective a pour régime un nom pluriel qui détermine l'accord. On verra ci-après, 4°, d'autres exemples où le verbe s'accorde, non comme dans ceux-là, avec le sujet logique et l'idée, mais avec le vrai sujet grammatical.

Quand tout ce qu'il y avoit de mains en son armée *tireroient* une flèche, l'air auroit trop peu d'espace pour les recevoir. (II, 200.)

Tout ce que vous voyez ici d'affligés *jettent* les yeux sur vous. (II, 436.)

Tout ce qu'il est de serviteurs se *ferment* la bouche et *suspendent* les pas. (II, 467.)

Tout ce qu'il y a de beaux esprits au monde *savent*, etc. (IV, 4.)

3° *Personne.*

Verbe à la troisième personne après un pronom relatif représentant un sujet de la seconde personne :

Demandez-la-vous à vous-même (*la liberté*); il n'y a que vous qui la vous *puisse* donner. (II, 619; voy. t. II, p. 420, l. 29; p. 648, l. 16.)

4° *Accords diversement remarquables, soit pour le genre, soit pour le nombre :*

Quelle sorte d'ennuis fut jamais *ressentie*
Égale au déplaisir dont j'ai l'esprit touché? (I, 129, vers 5.)
Toute sorte d'objets les *touche* également. (I, 136, vers 46.)
    La défense victorieuse
    D'un petit nombre de maisons,
    Qu'à peine avoit *clos* de gazons
    Une hâte peu curieuse, etc. (I, 122, vers 203.)

Dans ces trois exemples, le verbe, comme nous l'avons dit d'avance un peu plus haut, ne s'accorde pas avec l'idée, mais avec le vrai sujet grammatical. On peut voir d'autres accords semblables au *Lexique*, à l'article PLUPART (LA) DE.

Dans les exemples suivants, c'est au contraire avec l'idée que le verbe s'accorde :

Le succès de Dédale et d'Icare, en même dessein, *furent* différents. (IV, 254.)

Comme s'il y avait : « Le succès de Dédale et le succès d'Icare. »

Son visage bouffi et mal coloré ne.... *pouvoient*, etc. (IV, 75.)

Comme s'il y avait : « La bouffissure et la mauvaise couleur de son visage, etc. »

.... Ces lois, dont la rigueur
Tiennent mes souhaits en langueur, etc. (I, 167, vers 32.)

Comme s'il y avait : « Ces lois qui par leur rigueur, etc. »

Dans le dernier de ces exemples, le pluriel est garanti par la mesure du vers; dans le précédent, les anciennes éditions s'accordent à le donner ; quant au premier des trois, nous en avons le texte écrit de la main de Malherbe.

Ce qui est louable et ce qui est desirable ne *sont* pas mieux joints ensemble que le bien public et le bien particulier. (II, 512.)

Pluriel remarquable après les deux neutres *ce qui*.

.... L'affection du Roi que l'on croit *portée* à aimer ce jeune prince. (III, 488, d'après le manuscrit autographe.)

On s'attendrait plutôt à voir *porté* au masculin, comme s'accordant avec le mot *Roi*.

Du côté droit de l'effigie *étoit* de longs bancs couverts de drap d'or. (III, 180, d'après le manuscrit autographe.)

Sorte de *lapsus* qui s'explique par la place du verbe devant le sujet.

Voyez ci-dessus, p. xliii-xlv, ce qui concerne l'accord des participes passés avec leurs régimes directs.

Voyez aussi, aux articles Il, En (p. 213-217), Y, des exemples d'accords libres et hardis; et (p. 643) Tout, *pris dans un sens adverbial, mais néanmoins variable.*

XII. — Régime.

1° Même verbe ayant des régimes de nature différente :

Le pleurer excessif est.... marque *de vanité*, et *de vouloir* être estimé affligé. (II, 494.)

Une remontrance.... a quelquefois servi au père *à* corriger le fils.... et à l'ami *de* provoquer la froideur et la paresse de son ami. (II, 165.)

Le temps à mes douleurs promet *une allégeance,*
Et *de voir* vos beautés se passer quelque jour. (I, 2, vers 5 et 6.)

.... Tant d'ennemis à tes pieds abattus....
Ont connu *ta fortune*, et *que* l'art de la guerre
A moins d'enseignements que tu n'as de vertus. (I, 5, vers 23.)

Ce prêtre,... pour obtenir sa demande, comme il fit, leur allègue (*aux Dieux*) *sa dévotion*, et *que* toute sa vie il les a religieusement servis et adorés. (II, 167.)

Ajoutez-y *sa continuation* aux gouvernements et autres charges extraordinaires, et *qu'*après avoir ruiné les premières villes du monde..., il mette lui seul en sa maison plus de noblesse que n'avoient jamais fait tous ses prédécesseurs. (II, 84.)

L'exemple suivant nous offre un tour analogue; seulement ce sont les sujets du verbe, et non ses régimes, qui sont de nature différente :

De là viennent *les fausses impressions* qu'ils prennent de leurs forces, et *que* se croyant être aussi grands comme on leur dit qu'ils sont, ils s'attirent des guerres périlleuses sur les bras. (II, 199.)

Je me dispenserai (*me permettrai*) de croire que ma prière ne lui sera point inutile. Je vous *la* fais donc très-affectueuse, Monsieur, et *de* me tenir éternellement pour votre très-affectionné serviteur. (III, 26.)

Vous *m'*estimerez bien grossier, et *qu'*il n'est rien si aisé que de l'interpréter, etc. (II, 474 et 475.)

Vous le verrez (*le soleil*) *désembarrassé* de ce nuage, et *luire* aussi clair et net qu'il étoit auparavant. (II, 141.)

Il faut donc *que*, quoi qui lui arrive, il le supporte patiemment, et *considérer* que les lois sous lesquelles tout l'univers marche l'ont ordonné de cette façon. (II, 591; *var.* de 1645 : « et considère. »)

C'est un témoignage *de* quelque suffisance plus grande, et *qu'*en votre âme il n'y a rien de superflu ni de bouffi. (II, 484.)

Il vous a donné une maison, mais moi je vous ai averti *de* sortir de la vôtre, et *qu'*elle vous alloit tomber sur les épaules. (II, 60.)

Souhaitez *d'*avoir moyen de me rendre ce que j'ai fait pour vous quand j'en aurai besoin, et non pas *que* j'en aie besoin afin que vous ayez moyen de me le rendre. (II, 197.)

De quoi nous fâchons-nous tous les jours, que *de* la prospérité de ceux qui ne valent rien, et *qu'*à toute heure la grêle laisse les champs de tout ce qu'il y a de mauvais garçons en une contrée, etc.? (II, 42.)

Mais aux quittances que je leur fais, j'y fais toujours mettre *que* c'est sans approbation de leurs départements, et *de* pouvoir exécuter mes arrêts pour retirer mon principal quand bon me semblera. (I, 339.)

Voyez au *Lexique*, Que, p. 512, 2°.

J'aime mieux *que vous ne me blessiez point que de me guérir*. (II, 194.)

Le sens est fort clair, mais le tour grammaticalement très-hardi : « J'aime mieux (*de vous cette action qui est*) que vous ne me blessiez point, que (*celle*) de me guérir. »

Ces sectaires qui.... regardent, non *ce qui* est dit, mais *par qui*. (II, 305.)

La sagesse.... recherche *la nature* de l'âme, *d'où* elle est venue, *où* est son siége, *pour* combien de temps et en combien de membres elle est éparse. (II, 719.)

Nous avons à cette heure à discourir *des plaisirs* que nous devons faire, et *de quelle façon* il y faut procéder. (II, 17.)

Ne pensez pas que je ne me souvienne *de l'honneur* que vous m'avez fait, et *combien* vous m'avez obligé. (II, 164.)

Considère *combien* tu as d'avantage sur le reste des animaux, *combien* tu en assujettis de plus forts que toi, *combien* tu en atteins de plus vites, et enfin *qu'il* n'y a rien de mortel que tu ne sois capable de faire mourir. (II, 43.)

Voyez, tout à la fin de l'article ELLIPSE (p. LX), la seconde citation de des Portes, où Malherbe critique un double régime donné à un seul verbe au préjudice de la clarté.

2° Exemples diversement remarquables de régimes verbaux :

Je ne trouve pas.... cette question si subtile comme il la fait : *qui a été* le premier en l'usage des tenailles ou du marteau. (II, 713.)
Ne m'avouêrez-vous pas que vous êtes en doute
Ce qu'elle a plus parfait, ou l'esprit, ou le corps? (I, 175, vers 41 et 42.)
Il est temps.... de traiter *de quelle façon* il faut recevoir. (II, 31.)
A cette heure je n'ai jamais autre méditation en l'âme que la nécessité de quitter le monde et l'incertitude *à quelle heure* et *par quelle porte* il en faudra sortir. (II, 498.)

Malherbe blâme ce tour analogue, d'interrogation indirecte, qu'il rencontre chez des Portes :

>Pluton, tu le sais bien, la mémoire est récente
>*Combien* par ma valeur d'esprits ont fait descente. (IV, 410.)

Voyez ci-après, au *Lexique*, p. 525 et 526, 13°, et p. 527 et 528, 2°, d'autres compléments relatifs ou interrogatifs s'écartant plus ou moins de l'usage actuel.

La Reine.... envoya quérir les capitaines des gardes, à qui elle défendit de *obéir* ni *reconnoître autre* que le Roi. (III, 190.)

Cet exemple choque notre usage, parce qu'aujourd'hui *obéir* ne peut se construire qu'avec *à*; mais voyez au *Lexique*, p. 418, ce verbe suivi d'un régime direct.

Dans les deux phrases suivantes, dont la seconde est tirée d'un autographe, le pronom, une seule fois exprimé dans chacune, joue à la fois le rôle de régime indirect et de régime direct.

Celui qui m'a pu tuer et ne l'a pas fait ne *m'a* ni sauvé la vie ni obligé. (II, 35.)

Se faire pendre ou couper le cou. (III, 147.)

Cette condition, qu'il n'oublie en rien qu'il fasse ou qu'il propose, *le* garde *que* jamais il ne peut choir que sur ses pieds. (II, 127.)

A plus forte raison dois-je garder *mon ami qu*'il ne faille, et surtout qu'il ne faille en mon endroit. (II, 164.)

.... Qui *m*'empêchera *qu*'en dépit des jaloux,
Avecque le penser mon âme ne la voie? (I, 305, vers 27 et 28.)

Dans ces trois derniers passages, le verbe a pour régimes, outre le complément direct, une proposition jointe par *que*. Dans les deux premiers, le pronom, complément direct du verbe régissant, représente la même personne que le pronom sujet du verbe régi.

Je *les* ai vus (*ces mémoires*) et *courus par-dessus*. (IV, 41, manuscrit autographe.)

Nous ne croyons pas à bon escient aux préceptes..., mais.... pensons avoir assez fait quand nous *les avons regardés par-dessus*. (II, 486.)

Voyez, au *Lexique* (p. 450), Passer, construit avec diverses locutions adverbiales et prépositionnelles, second exemple. — Ces exemples sont curieux ; ils rappellent des tours analogues allemands et anglais. Les locutions *regarder par-dessus, courir par-dessus* y jouent, par rapport au pronom régime direct qui les précède, le rôle de verbes composés, actifs l'un et l'autre, bien que le simple qui entre dans l'un des deux (*courir*) soit un verbe neutre.

Voyez ci-dessus, 1° (p. xxvi et xxvii, 1° et 2°) les pronoms employés comme régimes indirects ; 2° (p. xxxii, 1°, dernier exemple) un régime remarquable de l'infinitif ; 3° (p. xxxiii-xxxix) les libertés et irrégularités relatives aux modes et aux temps des verbes qui se trouvent dans des propositions complétives ; 4° (p. xliii-xlv) ce qui concerne, au point de vue de l'accord, les régimes directs des participes passés ; 5° (p. xli) les renvois à des exemples d'infinitifs régis par les prépositions *par* et *depuis*.

Nous avons donné plus haut, et au *Lexique*, à l'article De, 19° (p. 150), et à divers articles de verbes, des exemples de régimes qui s'écartent de l'usage actuel : voyez ci-dessus, p. xl, *d*), liii et liv, et ci-après, les articles Approprier (S') de, Changer à, Chercher de, Confier (Se) de, Croître (activement), Feindre, Obéir (activement), Oublier à, Vivre (activement), etc.

XIII. — Ellipse.

1° Ellipse d'un article défini, indéfini ou partitif.

Voyez ci-dessus, p. xvii-xix, 1° et 6°, des exemples d'articles communs à plusieurs noms et d'omission de l'article.

Malherbe blâme l'omission du partitif *de* dans ce tour de des Portes :

« Ah ! qu'Amour m'a fait tort ! »

Il faut dire : *qu'Amour m'a fait de tort !* On diroit bien : *qu'Amour m'a fait grand tort !* mais *que* se rapporteroit à *grand*, comme qui diroit : *combien grand !* On dit : *que vous avez de tort !* et non : *que vous avez tort !* (IV, 309.)

2° Ellipse d'un substantif précédemment exprimé (ou du pronom démonstratif qui devrait le remplacer) :

Les baleines ont la peau plus solide, les daims *plus belle*, les ours *plus épaisse*, et les lièvres *plus délicate*. (II, 42.)

Quelle inhumanité seroit-ce de vouloir qu'il n'y ait point de différence entre la fin d'une tragédie *et* d'un bienfait ! (II, 61.)

Je n'ai autre sentiment *que d'*un crocheteur. (IV, 15.)

Toute la question n'est *que d'*un cimetière,
Prononcez librement qui le doit posséder. (I, 57, vers 15.)

.... Le goût [de cette eau] est tel *que d'*encre. (IV, 49.)

.... Les éclairs de ses yeux
Étoient *comme d'*un tonnerre. (I, 89, vers 58.)

Quelle condition sauroit être plus misérable *que de* ceux qui perdent les bienfaits ? (II, 628.)

Voyez tome II, p. 77, l. 30 ; p. 561, l. 18.

Ici je renonce à la gloire,
Et ne veux point d'autre victoire
Que de céder à ma douleur. (I, 153, vers 30.)

Voyez au *Lexique*, à l'article De, 20°, p. 150.

3° Ellipse d'un pronom.

Voyez 1° (p. xxvii, 5°) omission du pronom sujet d'un verbe ; 2° (p. xxviii, 7°)

omission du pronom *se* qui entre dans la formation d'un verbe réfléchi ; 3° (p. xxviii, 8°) d'un pronom personnel devant un relatif ; 4° (au *Lexique*, p. 523, 5°, et 527, 2°, et en outre, tome III, p. 3, l. 21 et 22 ; p. 360, l. 15) d'un pronom démonstratif devant un relatif.

Au sujet d'une ellipse de cette dernière espèce qu'il rencontre chez des Portes, dans une phrase déjà citée plus haut (p. xxxi, iv) :

Ne sait *qu'il* doive faire afin de résister,

« Cette phrase est latine, dit Malherbe ; il faut dire, pour parler françois : *Ne sait ce qu'il doit faire*. On ne dit point : *Je ne sais que je fasse*, ni : *Je ne sais que je doive faire*, mais : *Je ne sais que je ferai*, et : *Je ne sais ce que je dois faire*. » (IV, 408.) — On voit que, dans le premier des tours qu'il propose, il omet *ce*, et qu'il l'exprime dans le second.

Il blâme encore des Portes d'avoir, dans le passage suivant, exprimé une seule fois le démonstratif devant deux *qui* se rapportant à des personnes différentes :

On doute de ces deux la meilleure aventure,
De *cil qui* pour les voir (*les yeux de sa maîtresse*) à la mort s'aventure,
Ou *qui*, ne les voyant, évite son trépas.

« Phrase extravagante, dit-il. Il devoit répéter *cil* ou *celui*... ; car qui diroit : *autant fait celui qui fait et qui fait faire*, ce seroit mal parlé. » (IV, 329.)

Voyez ci-après, En (p. 217, 9°, et en outre, tome III, p. 304, l. 19) ; Que, pour *tel que* (p. 515, 7°, et tome II, p. 270, l. 8).

4° Ellipse d'un verbe :

La raison veut, *et la nature*,
Qu'après le mal vienne le bien. (I, 302, vers 5.)
Ils ont beau vers le ciel leurs murailles accroître,
Beau d'un soin assidu travailler à leurs forts. (I, 278, vers 34.)
J'ai beau me contrefaire *et beau* dissimuler. (I, 157, vers 25.)

Dans ces deux derniers exemples, il y a ellipse à la fois du verbe et du pronom sujet.

Les Reines sont ici depuis hier, *et Monsieur deux jours auparavant*. (IV, 9.)

Le tour est très-hardi : le membre elliptique veut un autre verbe que celui (*être*) qui est exprimé dans le premier membre, par exemple : « est arrivé, y est venu. » Malherbe blâme l'ellipse dans ces vers de des Portes :

L'un meurt dedans son lit, l'autre prédestiné
Pour mourir au combat.

« Il faut lire, dit-il, *est prédestiné*, autrement il y aura faute. » (IV, 431.)

5° Ellipses des mots invariables.

Adverbe.

Voyez Que, pour *si* ou *tellement que* (p. 515) ; et Non pas que, p. 414.

Adverbe relatif :

En ce malheureux siècle où chacun vous méprise,
Et quiconque vous sert n'en a que de l'ennui, etc. (I, 259, vers 6.)

Antécédent d'un adverbe relatif :

.... Mon humeur est d'aspirer
Où la gloire est indubitable. (I, 131, vers 34.)
.... Jusqu'au ponant,
Depuis *où* le soleil vient dessus l'hémisphère, etc. (I, 63, vers 29.)
.... Jamais vos prospérités
N'iront *jusques où* je desire,   v. 167.)
Ni *jusques où* vous méritez. (I, 117, v. 259 et 260 ; voy. I, 93,

Négation :

Téthys ne suivit-elle pas

Ta bonne grâce et tes appas...,
Et *jura (et ne jura-t-elle* pas) qu'avecque Jason, etc.? (I, 112, v. 118.)

Voyez ce qui est dit ci-dessus, p. xlviii, *b*), de l'omission soit de *ne*, soit de *pas* ou *point*.

Préposition :

Sa gloire à danser *et chanter*,
Tirer de l'arc, *sauter, lutter*,
A nulle autre n'étoit seconde. (I, 113, vers 145 et 146.)

Voyez I, 91, vers 118; 274, vers 9; 281, vers 96.

Ce fut alors aux Insubriens à pourvoir à leurs affaires, *et s'enfuir* sans regarder derrière soi. (I, 444.)

.... Crois-tu qu'il soit possible
D'avoir du jugement, *et ne l'adorer* pas? (I, 133, vers 14.)

Je viens de voir toute la terre,
Et publier en ses deux bouts, etc. (I, 146, vers 4.)

Voyez ci-après, p. 150, 19°; et tome I, p. 165, vers 54; p. 289, vers 102.

Voyez aussi plus haut, p. xl, *d*), l'omission (non elliptique en ce temps-là) de la préposition après certains verbes régissant l'infinitif.

Conjonction.

Voyez ci-après, Anacoluthe, p. lxxi, *b*).

Le tribun, qui pensoit que ce jeune homme d'un côté voulût mal à son père, et de l'autre *lui dût* savoir bon gré (*à lui tribun*), etc. (II, 88.)

Qui n'eût cru que....
Les champs se fussent vêtus
Deux fois de robe nouvelle,
Et le fer eût en javelle
Deux fois les blés abattus? (I, 88, vers 29.)

Voyez tome I, p. 137, vers 4; p. 304, vers 3; p. 438, l. 19-21.

.... Quelle injustice des cieux
*Qu'*un moment ait fermé les yeux
D'une si belle créature! (I, 171, vers 7.)

« Quelle injustice que celle-ci, à savoir qu'un moment, etc.! » — Voyez p. 301, vers 33 et 34.

Malherbe blâme des Portes de n'avoir pas omis *que* et *je* dans le second des vers suivants :

D'où vient qu'en le sachant, je n'y fais résistance,
Mais *que* de mon bon gré *je* le vais procurant? (IV, 336.)

6° Ellipses complexes.

Les ellipses suivantes, plus ou moins considérables, par exemple de deux pronoms, d'une préposition et de son complément, d'un verbe et de ses dépendances, etc., sont en général très-faciles à suppléer en répétant des mots exprimés dans le contexte.

[N'ai-je pas] Un aussi grand desir de gloire
Que (celui que) j'avois lorsque, etc.? (I, 167, vers 28.)

Elle nous éclaircit de ce qui est mal en effet, *et qui (et de ce qui)* ne l'est que par opinion. (II, 719.)

L'événement d'une bonne cause est toujours plus sûr entre les mains d'un juge.... *que (entre les mains) d'un arbitre*. (II, 57.)

Je vous ai écrit la réception de l'ambassadeur d'Espagne; celle d'Angleterre s'est faite aujourd'hui. (III, 206.)
Celle de l'ambassadeur d'Angleterre.

Il en est *que s'ils ont fait* quelque plaisir, *ils* ne se trouveront, etc. (II, 240.)

C'est-à-dire : « Il en est *de tels* que si, etc. » Voyez un tour semblable au tome II, p. 55, l. 3.

Il faut aller tout nus où le Destin *commande* (*d'aller*). (I, 58, vers 16.)

Aussi ne faut-il pas penser que ce que Mercure est peint en leur compagnie (*en la compagnie des Grâces*), ce soit pour signifier que la grâce d'un bienfait doit venir du langage qui l'accompagne, *mais pource que* ç'a été le caprice du peintre de les représenter de cette façon. (II, 8.)

« Mais c'est pource que, etc. »

Combien de fois ai-je été pleuré de mes amis, combien (*de fois ai-je été*) abandonné des médecins ! (II, 606.)

Vous devez oublier ce qu'il y a *de mal plus que de bien*. (II, 622.)

« Plus que ce qu'il y a de bien. »

Son front avoit une audace
Telle que Mars en la Thrace. (I, 89, vers 56.)

« Telle que celle que Mars avait, etc. »

Il.... vint tout bellement à défaillir, non, à ce qu'il disoit, sans quelque sentiment de plaisir, comme il advient quand il se fait une douce dissolution, *telles que peuvent avoir éprouvé* ceux qui se sont quelquefois évanouis. (II, 597.)

« Une de ces dissolutions telles qu'en peuvent, etc. »

.... Ce qu'ils souffrent tous,
Le souffré-je pas seul en la moindre des peines
D'être éloigné de vous ? (I, 256, vers 30.)

« Des peines que je ressens, qui naissent pour moi du fait d'être éloigné de vous. »

.... Chanter d'autre chose,
Ayant chanté de sa grandeur,
Seroit-ce pas *après la rose*
Aux pavots chercher de l'odeur ? (I, 210, vers 43.)

« Après avoir cherché de l'odeur à la rose, senti l'odeur de la rose. »

Nous.... ne pensons jamais combien l'esprit a de repos, qui ne desire rien ; *et de générosité*, celui qui pense, etc. (II, 320.)

« Et combien a de générosité, etc. »

Je ne le regarde jamais qu'avec admiration. Mais comme seroit-il possible *autrement ?* Je vois qu'il ne lui manque rien. (II, 493.)

« Que je le regardasse autrement. »

Ceux qui sont du monde et de la cour regardent toujours ceux qui sont *plus*, et jamais ceux qui sont *moins*. (II, 563.)

« Et jamais ils ne regardent ceux qui, etc. »

Quelle gloire plus grande peut avoir un jeune homme, que s'il se peut dire à soi-même (car *à un autre* il n'est pas permis) : « J'ai vaincu mon père de bienfaits ? » (II, 89.)

« Car il n'est pas permis de le dire à un autre. »

Il y en a plus qui demandent la bourse *que la vie*. (II, 314.)

« Qu'il n'y en a qui demandent la vie. »

Arcésilaüs.... refusa de l'argent que lui offroit un fils de famille, de peur que son père, qui étoit un homme avare, n'en fût offensé. Que peut-on louer en cette action ? Est-ce *qu'il n'a pas voulu* prendre une chose dérobée ? ou bien *qu'il a mieux aimé* ne prendre point que d'être en peine de rendre ? (II, 36.)

« Est-ce ceci qu'on peut louer, à savoir qu'il n'a pas voulu, etc. »

INTRODUCTION GRAMMATICALE.

Comme il ne faut exhorter personne à se vouloir du bien..., *aussi ne faut-il à rechercher* les choses qui sont honnêtes de soi-même. (II, 107.)
« Aussi ne faut-il exhorter personne à rechercher, etc. »

Combien prend un homme plus de plaisir quand on lui donne ce qu'il n'a point, *que ce qu'il a en* abondance; ce qu'il cherche il y a longtemps, *que ce que* la plus chétive boutique de la ville lui peut fournir! (II, 20.)
« Que quand on lui donne ce qu'il a, etc. » — Voyez au *Lexique*, p. 514, 6°, Que, *après des mots comparatifs*.
Voyez aussi De, p. 150, 20°.

Vous n'eussiez guère moins donné que votre vie, *et qu'il eût* perdu la sienne dans le berceau. (IV, 205.)
Le sens est le même que s'il y avait *pour qu'il eût*. La conjonction *et*, dans ce tour fort elliptique, marque la connexion du sacrifice à faire et du fruit à en attendre : « et vous eussiez voulu, en récompense de votre sacrifice, qu'il eût perdu, etc. »

7° Ellipses diverses de mots non exprimés dans ce qui précède ou dans ce qui suit, mais qui, la plupart, sont faciles à suppléer.

Voyez ci-dessus, p. xxiii et xxiv, 3° et 4°, *Adjectif pris substantivement*.
Voyez aussi au *Lexique*, p. 514-516, 6°, 7°, 8°, des emplois elliptiques de la conjonction *que*.

On fit marché, dans le conseil, avec *quatre (hommes, fournisseurs)* qui ont entrepris la fourniture de la cavalerie. (III, 152 ; voy. I, 16, v. 331.)

Claudius Quadrigarius, *au dix-huitième (livre)* de ses Annales, raconte, etc. (II, 72.)

Stilpon, de qui j'ai fait mention *en ma précédente (lettre)*. (II, 296.)

Je venois alors du dîner de la Reine, et l'avois laissée *au second (service)*. (III, 269.)

Je vous envoie les vers de M. Critton.... J'en envoie *un (exemplaire)* à Monsieur le premier président. (III, 4; voyez III, 484, l. 10 et 11; 486, l. 4.)

M. de Frontenac.... reçut dans un billet *l'avis de l'abbaye* de Charronne (*l'avis de la vacance de l'abbaye de Charronne*). (III, 456.)

Ne m'avoûrez-vous pas que vous êtes en doute
Ce qu'elle a plus parfait, ou l'esprit, ou le corps? (I, 175, vers 41 et 42.)
« En doute sur ce qu'elle a » ou « de savoir ce qu'elle a. »

Afin que obliquement le discours ne m'emporte à une autre dispute, *Dieu fait* une infinité de grandes grâces à l'homme. (II, 98.)
« Je dirai que Dieu fait, etc. »

Amour a cela de Neptune,
Que toujours à quelque infortune   v. 67-69.)

Il se faut tenir préparé (*sous-entendu :* quand on aime). (I, 176,
La religion *prétendue (réformée)*. (III, 511.)

Elle (*la Reine*) s'approchoit de lui pour le faire obéir, suivant les articles (*convenus, rédigés*) à Sainte-Menehould. (III, 440, manuscrit autographe.)

M. (*le prince*) et Mme la princesse de Conty. (III, 296.)

Nous nous gâterions, si nous voulions ou toujours écrire, ou toujours lire. L'un nous importuneroit et nous épuiseroit de matière, l'autre nous affoibliroit l'esprit et le dissoudroit. *La meilleure* est de les échanger par vicissitudes, etc. (II, 650.)
« La meilleure chose, la meilleure manière ou méthode. »

Je crois que la dernière lettre que vous avez eue de moi *l'a été* par un nommé Étienne, que vous aviez envoyé par deçà. (III, 156.)
« L'a été, » c'est-à-dire a été portée.

M. Gilles.... l'a écrite et signée (*la déclaration*) devant Loup et d'autres témoins, *et signée* dudit sieur président, le 6⁰ juillet 1602. (I, 340.)
« Et elle a été signée dudit sieur, etc. »

Quelques-unes de ces ellipses, et tout particulièrement les quatre, peut-être cinq, dernières, paraissent être de simples oublis, des effets d'inattention ou d'excessive rapidité. — Comparez les exemples cités plus bas, p. LXIII, 3°, et ceux du tome II, p. 480 et p. 595, et du tome III, p. 359 et 360, auxquels nous renvoyons dans l'article SYLLEPSE (p. LXIV, 3°, fin).

Il ne faut pas supposer d'ellipse inutilement. Ainsi, dans le vers suivant, où l'on pourrait suppléer le participe *réduites*, il y a plutôt hardiesse de tour qu'omission de mot :

[Cet assaut] Pousse et jette d'un coup ses défenses en poudre. (I, 6, v. 56.)

Malherbe trouve des ellipses fautives dans les tours suivants de des Portes :

« Et que son cœur *tout mien* s'est ailleurs diverti. »

[Il fallait dire :] *Qui fut* (*tout mien*). (IV, 348.)

« Or je sais reconnoître Amour pour mon vainqueur,
Comme on vit en aimant sans esprit et sans cœur. »

Ces phrases différentes sont mal jointes. Il devoit répéter : *je sais*, et dire : Je sais comme en aimant on peut vivre sans cœur. (IV, 309.)

« Si rien me fait pâlir, c'est, hélas ! seulement
Que mon feu soit connu par mon embrasement. »

Il devoit dire : *la peur* ou *la crainte* [*que mon feu*, etc.] ou quelque chose de semblable ; autrement la construction ne vaut guère. (IV, 298.)

« Au creux de l'estomac jusqu'aux gardes le plante. »

Il devoit dire : *se le plante*; car il n'a pas dit *son estomac*, mais *de l'estomac*, sans dire de qui. (IV, 419.)

XIV. — PLÉONASME.

1° Double sujet (un nom et un pronom, ou deux pronoms) :

Le fils, s'il a donné la vie à son père, *il* lui a donné une vie, etc. (II, 86.)
Annibal, après qu'il eut exactement appris, etc., *il* fit voir, etc. (I, 456.)
Voyez I, 18, vers 391-394 ; II, 116, l. 5.

Celui qui en donnant a trouvé une volonté semblable à la sienne...., *il* a fait ce qu'il s'étoit proposé. (II, 46.) 29 et 35.)
Qui me croit absent, *il* a tort. (I, 293 et 294, vers 5, 11, 17, 23,
Voyez I, 21, v. 22 ; 123, v. 221 et 225 ; 161, v. 59 ; II, 37, l. 7 et 8 ; etc.
Quiconque se hâta le plus, *il* tarda trop. (II, 242 ; voy. II, 44, l. 17 et 18.)

Nous n'avons pas à parler ici, car ils sont demeurés très-ordinaires, de ces pléonasmes, soit de sujets, soit de régimes, qui sont occasionnés par l'inversion ou qui servent à donner du mouvement ou de la force à la tournure, comme par exemple :

Que sont-*ce ces* contrats? (II, 227.)
.... *Ce* qui s'offre à moi, s'il n'a de l'amertume,
Je ne puis *l'*endurer. (I, 159, v. 29 et 30.)

Voyez I, p. 152, vers 16 et 17 ; p. 156, vers 5 ; p. 159, vers 16 et 18.

.... *Moi je* ne vois rien quand je ne la vois pas. (I, 138, v. 14 ; voy. I, 106, v. 12 et 13.)

On peut voir ci-après, à l'article *Propositions absolues*, p. LXIX, c), d'autres pléonasmes où c'est, non un sujet, mais un complément, qui est représenté à la fois par un nom et par un pronom.

2° Double relatif ; relatif substitut d'un nom qui est remplacé en outre par un autre pronom :

[Une adversité] *Que* tu sais bien *qui* n'a remède, etc. (I, 271, v. 71.)
Voyez au *Lexique*, p. 524, 8° ; et tome II, p. 27, l. 23 et 24.

INTRODUCTION GRAMMATICALE. LXI

Il aura dent pour dent, ou œil pour œil, *lequel qu'*il voudra, c'est-à-dire rien pour rien. (III, 55.)

Il avoit tenu quelques langages mal à propos, *lesquels* il desiroit qu'*ils* retombassent sur lui. (II, 75.)

Voyez au *Lexique*, p. 524, 9°; et tome II, p. 168, l. 19; p. 298, fin.

3° Pléonasme des pronoms *en*, *y* :

.... *De cette prison* de cent chaines fermée,
Vous n'*en* sortirez point que par l'huis du tombeau. (I, 2, vers 12.)

.... Mais *de cela*, chacun *en* parle diversement. (III, 582.)

Comme il y a de la faute en ceux qui ne veulent pas même avouer qu'on leur ait fait plaisir, il *y en* a aussi *de la nôtre*. (II, 2.)

Elle demandoit cinq villes, *dont* Metz *en* étoit l'une. (III, 582.)

Il faut qu'*en la sobriété* tout *y* soit honnête. (II, 277.)

Dans l'exemple suivant, il y a à la fois pléonasme d'*en* et d'*y* :

De celles-là (des choses) où nous *y* sommes tous appelés sans différence, je n'*en* dispute point. (II, 120.)

Voyez au *Lexique*, p. 217, 8°; p. 680; et tome III, p. 425, l. dernière; tome IV, p. 22, l. 6; p. 23, l. 18, etc. — C'est souvent l'inversion qui donne lieu aux pléonasmes de ce genre. — Malherbe blâme l'irrégularité du suivant, qu'il rencontre chez des Portes :

A ce que l'un contraint (pour : *ce à quoi l'un contraint*), l'autre nous *en* dispense.

« *Contraindre* et *dispenser*, dit-il, n'ont pas même construction; si on dit : *contraindre à quelque chose*, on ne dit pas : *dispenser à quelque chose*.... Il pouvoit dire : *Si l'un nous y contraint, l'autre nous en dispense.* » (IV, 436.)

4° Pléonasme d'une préposition.

Voyez au *Lexique*, p. 8, 17°; et tome II, p. 79, l. 20 et 21.

5° Pléonasme de la conjonction *que*.

Voyez au *Lexique*, p. 512, 3°; et tome IV, p. 18, l. 17-20.

6° Surabondance de mots, rédondances et tautologies :

.... *Prodige merveilleux*. (I, 195, vers 19.)
.... D'une *vitesse prompte*. (I, 74, vers 115.)
.... Toutes les faveurs humaines
Sont *hémérocalles d'un jour*. (I, 286, vers 34.)

On doute en quelle part est le funeste lieu
Que réserve aux damnés la justice de Dieu,
Et de *beaucoup* d'avis la dispute en est *pleine*. (I, 129, vers 11.)

[Mes années] Vers leur *fin* s'en vont *terminées*. (I, 210, vers 26.)

[Prisé] Des gens *de bien et de vertu*. (I, 286, vers 29.)

J'ai vu maintes beautés à la cour adorées,
Qui *des vœux* des amants à l'envi *desirées*,
Aux plus audacieux ôtoient la liberté. (I, 60, vers 50.)

Vous étiez bien sans cette félicité précipitée, qui vous a fait avoir des gouvernements et des commissions, et prétendre aux charges *de qui* celles-ci ne sont que *les degrés pour y monter*. (II, 334.)

L'intention de faire plaisir.... nous fait oublier nos intérêts, et la main au collet nous traine au dommage tout évident, étant *assez satisfaite* du contentement qu'elle a de faire plaisir. (II, 105.)

Je ne crois pas que je ne doive en quelque façon *être tiré hors du commun*. (IV, 17.)

Ce premier ingrat.... *n*'est ingrat *sinon qu'*en tant qu'il est mauvais. (II, 117.)

Pour le pléonasme, souvent irréprochable et parfois expressif, de *seul* ou *seulement* ou *un* (dans le sens d'*un seul*) avec *ne.... que*, voyez au *Lexique*, p. 597; et en outre, tome I, p. 211, vers 49 et 50; tome II, p. 115, l. 7 et 8, 146 fin.

Malherbe relève en divers endroits, chez des Portes, des pléonasmes et de choquantes rédondances : « le reblessoit *encore* » (IV, 351); *derechef* avec *encore* (IV, 348); *plus* avec *désormais* (IV, 424); « redouter craintif » (IV, 463); « plaindre de pitié » (IV, 417). — « Un *querelleux discord*, dit-il ailleurs (IV, 335), me plaît aussi peu qu'une *discordante querelle*. »

Un luxe de style qu'il blâme aussi, ce sont, comme il s'exprime, « les comparaisons l'une sur l'autre, » dans les vers suivants, par exemple :

  Une toison subtile au menton lui naissoit,
  Qui *comme un blond duvet* mollement paroissoit,
  Prime, douce et frisée, et nouvellement creuë
  Comme petits flocons de soye bien menue. (IV, 415.)

On peut voir encore d'autres exemples de surabondance d'idées ou de mots répétés, au tome I, p. 14, v. 268; p. 22, v. 27; p. 27, v. 34; p. 71, v. 40 et 41; p. 80, v. 125 et 127; p. 90, v. 99 et 100; p. 122, v. 191 et 195; p. 132, v. 1; p. 160, v. 31 et 32; p. 168, v. 51 et 52; p. 189, v. 1; p. 200, v. 53 et 54; p. 301, v. 30; et au même tome I, p. 41, v. 44, et p. 232, v. 66, des additions négatives rédondantes.

Pour l'emploi, par pléonasme, des négations après des verbes négatifs, voyez ci-dessus, p. XLVIII, 7°, Négations *a*).

XV. — Syllepse ou accord avec la pensée plutôt qu'avec les mots.

1° Genre.

L'emploi du masculin avec des mots tels que *personne*, *partie*, était d'un fréquent usage :

  .... A quoi faire sont *appelés* ces *personnes* de qualité? A quelle fin apposent-*ils* leurs cachets? (II, 65.)

Voyez au *Lexique*, p. 459; et tome II, p. 466, l. 11 et 12; tome IV, p. 4, l. 11 et 12; p. 149, l. 19 et 20.

  De quelques artifices qu'aient usé mes *parties*..., je n'ai rien voulu dire que je n'eusse de quoi dissiper les ténèbres dont *ils* obscurcissent la vérité. (IV, 245; voyez IV, 10, l. 18 et 19.)

On rencontre encore à la fin du dix-septième siècle de semblables emplois du masculin. On en trouvera deux exemples remarquables au tome XI de notre édition de *Sevigné* dans un *factum* de Dacier, de 1698 : l'un, à la page 301, l. 24 et 25, après le mot *partie*; l'autre, à la page 323, l. 12-19, après le mot *gens*, précédé de l'adjectif féminin *certaines*. Voyez aussi au tome X de cette même édition la note 2 de la page 85.

Dans la phrase suivante de Malherbe, il y a, au lieu d'accord avec le sujet, accord avec un terme accessoire qui détermine le sens de ce sujet :

  La plupart de ces *choses* qu'on appelle *biens* ne sont pas si *parfaits* en nous comme *ils* sont en beaucoup d'animaux. (II, 572.)

2° Nombre.

Pluriel avec des mots de sens collectif.

Voyez ci-dessus, à l'article Accord, p. LI, *c*).

  Cela et d'autres choses font croire qu'il (*M. de Vendôme*) se veut retirer du parti dont il sembloit qu'il fût. Toutefois *ils* (*les gens du parti des princes*) disent que s'ils le perdent, ils en gagneront d'autres. (III, 285.)

Voyez au *Lexique*, l'article IL, p. 320 et 321, 5° (et en outre, tome II, p. 595, l. 11).

Voici quelques exemples où le pluriel est appelé, non pas précisément par un terme collectif, mais par des mots de signification compréhensive, qu'on peut considérer comme impliquant pluralité :

  Je n'ose vous prier avec *cérémonie*, et veux croire qu'*elles* vous déplairoient. (III, 373.)

  Avec cérémonie, c'est-à-dire avec des mots et tours cérémonieux, des cérémonies.

Au bienfait nous y pouvons tout. Voilà pourquoi je *les* juge (*les bienfaits*) sans séparer ni diviser. (II, 174.)

Qui est-ce qui voudroit.... bailler *un dépôt* à un qui fait coutume de *les* nier? (II, 117.)

Bienfait, dépôt sont pris comme termes génériques, embrassant les divers actes ou objets auxquels ces mots s'appliquent.

D'où vient que *personne* ne confesse ses vices? Pource qu'il (*le sommeil*) est encore parmi *eux*. (II, 457.)

Personne est un collectif de signification négative : « Nul homme, aucun des hommes. »

La sagesse.... fait tout d'un coup un homme riche, en lui apprenant à ne se soucier point de l'être : *ce sont choses* qui ne vous touchent point. Je fais plus de cas de vous que des riches. En un bon siècle, vous *en* auriez trop. (II, 327.)

L'accord a lieu avec l'idée de *richesses*, éveillée par le mot *riche*, qui précède. — *En* est une autre syllepse : « vous auriez trop de bien. »

Dans les exemples suivants, l'accord se fait de même avec des mots pluriels, non exprimés, mais dont l'idée est éveillée par le contexte :

A quoi tendent vos interrogations captieuses, sinon à surprendre *un homme* pour lui faire faire quelque faute en la forme de procéder? Mais comme le préteur relève *ceux-ci*, la philosophie tout de même relève les autres. (II, 437.)

Ceux-ci, ceux à qui des interrogations captieuses ont fait faire quelque faute.

C'est mal vivre que de commencer toujours à vivre. Demandez-vous pourquoi? pource que *leur* vie est toujours imparfaite. (II, 353.)

Leur vie, la vie de ceux qui commencent toujours à vivre.

Je fus hier au soir au Louvre, où l'on avoit opinion de *la guerre*; toutefois on attendoit M. du Bouillon.... J'appris que s'il n'apporte nouvelles qui contentent la Reine, on s'en va *à eux*, avec dix-huit mille hommes de pied et deux mille cinq cents chevaux. (III, 413.)

A eux, aux ennemis, idée éveillée par celle de guerre.

3° Syllepses diversement remarquables.

Les hardiesses peu légitimes qui suivent ont beaucoup de rapport avec les dernières syllepses de nombre que nous venons de citer. Dans les unes comme dans les autres, l'accord s'établit avec des mots dont l'idée est éveillée par ce qui précède ou y est implicitement contenue :

On m'a dit qu'il *impute son mal* à la demeure du Palais; pour moi, je crois qu'il *la* faut chercher aux humeurs mélancoliques, etc. (III, 251.)

« Impute son mal à » équivaut à « regarde comme la cause de son mal. »

Soit qu'il eût en horreur le *nom de roi*, *qui* est une domination.... préférable à toute autre sorte de gouvernement, etc. (II, 34.)

La phrase se continue à partir du relatif *qui*, comme si « nom de roi » équivalait à *royauté*.

L'introduction des vices et le changement des royautés en tyrannies rendirent les lois nécessaires ; et les sages mêmes en furent les premiers auteurs. Solon fut *celui* des Athéniens. (II, 710 et 711.)

Celui, c'est-à-dire « le législateur, » idée qui se déduit des mots : « en furent les premiers auteurs, les premiers auteurs des lois. »

Il (*Scipion*) se vint retirer à Literne (*ville de Campanie*).... *Cette maison* est un bâtiment de pierre carrée. (II, 668.)

« Cette maison, » c'est-à-dire la maison où il se retira, à Literne.

Le querelleux [dit] qu'il n'aime rien tant que la paix, mais que c'est son malheur, et les sujets qu'on lui *en* donne, plutôt que son inclination. (II, 443.)

Il y a, comme souvent, à la fois ellipse et syllepse : *en* tient la place des mots *de querelle* ou *de quereller*, contenus dans *querelleux*, et la phrase, pour être intelligible, veut une fin, celle-ci par exemple : « C'est son malheur, et ce sont les sujets qu'on lui donne de quereller, *qui le font querelleux*. »

Voyez ci-dessus, Accord, p. LII, 4°, exemples 4 et 5.

Voyez aussi, au tome II, p. 480, l. 1 et 6; p. 595, l. 10 à 16; au tome III, p. 329, l. 11-13; p. 359 et 360, des accords qui flottent, avec une confusion peu correcte, entre des mots différents exprimant la même idée : *objets* et *choses* (sous-entendu), *vaisseaux* et *barques*, *fusées* et *pétards*, le masculin *bracelet* et le féminin *ovale*.

Enfin on trouvera dans le *Lexique*, aux articles IL, ILS (p. 315-320), EN (p. 213-217), Y (p. 677-680), des exemples de très-grandes libertés de rapport et d'accord.

4° Négation employée par syllepse.

Voyez au *Lexique*, p. 410 et 411, de nombreux exemples de *ni* employé dans des tours (surtout des tours interrogatifs) où nous y substituerions aujourd'hui *et* ou bien *ou*. On voit, en analysant les idées que contiennent les passages cités, qu'elles impliquent négation. Ainsi cette phrase :

Il fut.... arrêté que devant que les préteurs allassent à leurs charges, *ni* les consuls aux leurs, il seroit fait des sacrifices (I, 431),

revient à dire que « les préteurs *ni* les consuls *ne* devaient *point* aller à leurs charges avant d'avoir fait des sacrifices. »

Cette autre :

Je suis trop pressé pour en faire plus d'une copie, *ni* pour vous écrire davantage (III, 67),

équivaut à : « Je *ne* puis, tant je suis pressé, faire plus d'une copie (*du sonnet*), *ni* vous écrire davantage. »

Voyez encore ci-dessus, p. XLVIII, 7°, Négations *a*). Nous avons fait le même renvoi, un peu plus haut, à la fin de l'article Pléonasme : il y a dans cet emploi de la négation après un mot négatif surabondance à la fois et syllepse.

XVI. — Construction.

On trouvera dans le *Lexique* beaucoup d'exemples de constructions remarquables que nous n'avons pas reproduits ici; voyez particulièrement les articles consacrés aux relatifs, aux prépositions, aux conjonctions. — Voyez aussi plus haut, à l'article Adjectif, p. XXIV, 5°.

1° Inversion.

a) Sujet après le verbe ou entre l'auxiliaire et le verbe principal.

Ce genre d'inversion a souvent lieu, soit en prose, soit en vers, dans les membres de phrase qui commencent par un autre mot que le sujet; même, ce qui est tout à fait contraire à l'usage actuel, quand cet autre mot est la conjonction *et* :

Bien *semble être la mer* une barre assez forte
Pour nous ôter l'espoir qu'il puisse être battu. (I, 281, vers 101.)
Seulement *avoit-il* force lettres dans ses poches. (III, 428.)

Voyez I, 141, v. 40; 186, v. 97-99; 244, v. 3; 305, v. 25; II, 32, l. 4; etc.

Et ne *pouvoit Rosette* être mieux que les roses. (I, 39, vers 15 *var*.)

Apollon n'a point de mystère,
Et *sont profanes ses chansons*. (I, 55, vers 212.)

[A ce coup] Nos doutes seront éclaircies,
Et *mentiront les prophéties*
De tous ces visages pâlis, etc. (I, 45, vers 16.)

Comme ils n'ont plus de sceptre, ils n'ont plus de flatteurs;

INTRODUCTION GRAMMATICALE.

Et tombent avec eux d'une chute commune
  Tous ceux que leur fortune   p. vi.)
   Faisoit leurs serviteurs. (I, 274, vers 22 et 23; voyez ci-dessus,
Voyez tome I, p. 50, vers 105; p. 91, vers 103; p. 267, vers 8.

  Placin fut mis en prison..., et *tient-on* que l'un et l'autre courent fortune de la vie. (III, 39.)

  Ce mot d'« aleine » a déjà été commenté, et *a-t-on dit* que, etc. (III, 428.)

  Les étuves, en ce temps-là, n'avoient garde d'être fréquentes comme elles sont, et ne les *faisoit-on* pas si magnifiques. (II, 669.)

  La résolution fut que Corinthe seroit rendue aux Achaïens, mais qu'on laisseroit une garnison dans la forteresse, et *retiendroit-on* Chalcis et Démétriade, etc. (I, 438.)

Voyez au *Lexique*, ON, L'ON, p. 425; et tome II, p. 5, l. 23 et 24; p. 119, l. avant-dernière; tome IV, p. 308, l. 14; p. 356, l. 18.

Les voici de retour ces astres adorables,
Où *prend mon Océan* son flux et son reflux. (I, 156, vers 6.)
C'est chose à mon esprit impossible à comprendre....
Comme *a pu ta bonté* nos outrages souffrir.
Et qu'*attend* plus de nous *ta longue patience?* (I, 16, vers 339 et 340.)
   Nous savons quelle obéissance
   Nous *oblige notre naissance*
   De porter à sa royauté. (I, 85, vers 32.)
A quel front orgueilleux n'*a* l'audace *ravie*
Le *nombre* des lauriers qu'il a déjà plantés? (I, 260, vers 5 et 6.)
  Combien *prend un homme* plus de plaisir quand on lui donne ce qu'il n'a point, que ce qu'il a en abondance! (II, 20.)

  Pourquoi *se plaindroit un homme* d'être compris en une loi qui comprend tout le monde? (II, 381.)

    Qui doute que....
   Ne *fussent* encore *honorés*
   Ces ouvrages des mains célestes? (I, 217, vers 217 et 218.)

Voyez, au tome I, p. 102, vers 2; p. 112, vers 133; p. 129, vers 10; p. 159, vers 15; p. 167, vers 16 et 17; p. 204, vers 11; p. 255, vers 17; tome II, p. 143, l. 22 et 23; p. 578, l. 25, d'autres exemples de cette sorte d'inversion dans des tours relatifs, ou conjonctifs, ou dans des tours d'interrogation, soit directe, soit indirecte.

Soient toujours de nectar *nos rivières comblées*. (I, 298, v. 38; voy. I, 31,
  Donne celui qui a déjà donné. (II, 211.)   v. 57.)
Dans l'extrait suivant :
  Assaille-nous qui voudra (IV, 212),
le subjonctif est de même en tête; mais ce n'est pas seulement le sujet, comme dans les deux exemples précédents, c'est encore le pronom régime direct, *nous*, qui, contrairement à notre usage dans une telle tournure, est rejeté après le verbe.

  Celle qu'*avoit Hymen* à mon cœur *attachée*, etc. (I, 223, vers 1.)
  A quelles dures lois m'*a le ciel attaché?* (I, 129, vers 2.)
   .... Vengeant de succès prospères
   Les infortunes de nos pères,
  Que *tient l'Égypte ensevelis*, etc. (I, 216, vers 167.)

  Nous verrons ci-après, p. LXVI, *b*) d'autres inversions qui consistent à séparer du participe, par l'insertion non du sujet, mais du régime direct, l'auxiliaire ou un verbe qui en joue le rôle.

  Les lieutenances de Roi.... ont enfin été accordées à, etc., *n'ayant point voulu la Reine* les bailler à, etc. (III, 358.)

Voyez de semblables inversions après des gérondifs, tome I, p. 135, vers 31; tome II, p. 56, l. 11; et ci-après, *Propositions absolues*, p. LXVIII, *a*).

Les deux exemples qui suivent nous offrent chacun un nom servant de sujet à un double infinitif : ce nom est rejeté par inversion *après* le premier des deux et sous-entendu *devant* le second :

Voyez *courre le peuple*, et *border* les remparts. (II, 440.)
Vois-tu, passant, *couler cette onde*....
Et *s'écouler* incontinent ? (I, 225, vers 1 et 2.)

Malherbe, dans son *Commentaire sur des Portes*, dit au sujet de l'inversion : *Toi, quiconque sois-tu :* « Il faut dire : *Quiconque tu sois.* » (IV, 352.)

b) Régime direct placé (soit seul, soit avec d'autres régimes, indirects ou circonstanciels) avant le verbe, ou entre l'auxiliaire et le participe, ou entre le verbe et l'infinitif qui en dépend :

Que cette âme de roche *une grâce m'octroie ?* (I, 135, vers 27.)
L'ennemi *tous droits violant*, etc. (I, 205, vers 1.)
Louis, dont ce beau jour *la présence m'octroie*, etc. (I, 252, vers 3.)
L'esprit du Tout-Puissant, qui *ses grâces inspire*, etc. (I, 204, vers 5.)
Dieux, qui *les destinées
Les plus obstinées
Tournez* de mal en bien, etc. (I, 164, vers 37 et 39.)
Leur courage, aussi grand que leur prospérité,
Tous les forts orgueilleux brisera comme verre. (I, 102, vers 6.)
[Pluton,] Sans égard du passé, *les mérites égale
D'Archémore* et de lui. (I, 40, vers 31.)
Que de toutes ces peurs *nos âmes il délivre*. (I, 74, vers 110.)
Ses flots par moyens inconnus....
Aucun mélange ne reçoivent. (I, 114, vers 187.)
Tout le soin qui me demeure
N'est que d'obtenir du sort
Que *ce qu'elle est* à cette heure
Elle soit jusqu'à la mort. (I, 307, vers 27 et 28.)

Dans ce dernier exemple, l'inversion tombe sur l'attribut, qui joue, dans la phrase, quant à la construction, le même rôle qu'un régime direct. Voyez ci-après, p. LXIX, à l'article *Propositions absolues*, *c*), une critique de Malherbe sur l'omission du pronom dans les inversions de ce genre, extraite du tome IV, p. 451.

Quel astre malheureux *ma fortune a bâtie ?* (I, 129, vers 1.)
[Ta main] De tes peuples mutins *la malice a détruite*. (I, 26, vers 13.)
Leur camp, qui la *Durance avoit* presque *tarie
De bataillons épais*, etc. (I, 42, vers 61.)
.... Ce miracle *a mes sens éblouis*. (I, 260, vers 12.)
Mais *ayant* de vos fils *les grands cœurs découverts*, etc. (I, 191, vers 12.)
Leurs pieds qui n'ont jamais *les ordures pressées*,
Un superbe plancher *des étoiles se font ;*
Leur salaire payé *les services précède*. (I, 13, vers 230-232.)
.... Toi dont la piété vient *sa tombe honorer*,
Pleure mon infortune.... (I, 223, vers 12.)

Voici, avec *faire*, suivi d'un infinitif, trois constructions diverses :

Monsieur le Prince *fait deviner tout le monde* en quelle part il peut être. (III, 51.)
.... Quel Indique séjour
Une perle *fera naître ?* (I, 24, vers 18.)
L'ombre de vos lauriers admirés de l'envie
Fait l'Europe trembler. (I, 150, vers 34.)

Voyez ci-dessus, à l'article VERBES, *Accord du participe passé*, p. XLIV, *b*), l'indication des divers passages où Malherbe a placé le régime direct soit entre l'auxiliaire et le participe, soit devant les deux.

INTRODUCTION GRAMMATICALE. LXVII

Pour les autres inversions affectant des noms régimes directs, voyez I, 16, vers 339; 82, vers 184; 145, vers 8; 159, vers 19; 179, vers 22; 189, vers 8; 223, vers 4; 247, vers 16; 263, vers 4; 289, vers 105; 315, vers 3 et 4.

Pour les inversions qui tombent sur des pronoms personnels employés comme régimes directs, voyez ci-dessus, à l'article PRONOMS, p. XXIX et XXX, 12°.

c) Inversion tombant sur le régime indirect ou circonstanciel d'un verbe ou d'un participe passé, ou sur le complément d'un adjectif ou d'un nom :

Que *de toutes ces peurs* nos âmes *il délivre.* (I, 74, vers 110.)
Vos reproches ne pourroient *de rien servir* qu'à l'empirer. (II, 246.)
Délices des sujets *à ta garde commis.* (I, 252, vers 4.)
O Dieu, dont les bontés, *de nos larmes touchées,* etc. (I, 69, vers 1.)
C'est bien *à tout le monde* une commune plaie. (I, 179, vers 13.)
S'il n'a *de jugement* son esprit *dépourvu,* etc. (I, 18, vers 393.)
.... *De beaucoup d'avis* la dispute *en* est pleine. (I, 129, vers 11.)
C'est chose *à mon esprit* impossible *à comprendre.* (I, 16, vers 337.)
  De l'enfer les tentations....
Ne forceront point ma constance. (I, 288, vers 82.)
Telle autrefois *de vous* la merveille *(l'admiration)* me prit. (I, 16, v. 321.)
.... Ayant *de vos fils* les grands cœurs découverts. (I, 191, vers 12.)

Voyez I, 16, v. 314; 17, v. 350; 49, v. 91-94; 311, v. 13 et 14; 63, v. 28-30; 230, v. 37; II, 82, l. 9; 165, l. 5 et 6; etc. — Nous n'avons pas besoin de faire remarquer que certaines inversions de ce genre sont demeurées d'un fréquent usage en poésie.

d) Inversions diverses :

Il n'y a chose.... qui *tant restaure* un malade que cette assistance, etc. (II, 602.)
.... C'est la mettre en colère *(la fortune)*
Que de *ne* l'employer *pas.* (I, 91, vers 120.)

Voyez au *Lexique,* p. 474, PAS ou POINT après un infinitif; et p. 475, DU TOUT POINT.

Soit qu'il *(Brutus)* espérât que la liberté se pût remettre en une ville où *le prix étoit si grand de commander* et de servir, etc. (II, 34.)
  Le succès de leurs entreprises....
Changera *la fable en histoire*
De Phaéton en l'Éridan. (I, 55, vers 219 et 220.)
Qui voudra *se vanter* avec eux se compare,
D'avoir reçu la mort par un glaive barbare. (I, 12, vers 223 et 224.)
  Il n'est orgueil endurci
  Que *brisé* comme du verre
  A tes pieds elle n'atterre. (I, 91, vers 128.)
Mais *vivantes* sans fin ses angoisses demeurent. (I, 17, vers 356.)
J'accorde bien qu'on en ait *du soin tout ce qu'on en peut avoir.* (II, 312.)
Je n'aurois pas *du temps* assez, s'il me falloit, etc. (II, 156.)
Quand vous aurez à vivre beaucoup d'années, ménagez-les si bien que vous voudrez, vous n'avez *du temps que ce qu'il vous en faut* pour les choses nécessaires. (II, 437.)
Le soleil fait cette égalité par sa vitesse réglée, qui jamais ne fait *du chemin une fois plus* que l'autre. (II, 304.)

On peut remarquer, dans ces quatre derniers exemples, la substitution, par suite de l'inversion, du partitif *du* au partitif *de.*

Mais mon âme *qu'à vous* ne peut être asservie. (I, 21, vers 10.)

Outre l'inversion du régime indirect, il y en a, dans ce vers, une autre, qu'on peut regarder comme fautive, qui tombe sur la locution *ne... que.*

.... *J'y deviens plus sec, plus j'y* vois de verdure. (I, 139, vers 11.)
J'ai *moins* de repentir, *plus je pense* à ma faute. (I, 22, vers 34.)
Que votre courage endurci,
Plus je le supplie, moins ait de merci? (I, 247, vers 6.)

Pour l'espèce d'inversion et de renvoi qui consiste à séparer le relatif de son antécédent, voyez au *Lexique*, p. 521, 1° (en outre tome II, p. 472, l. 4-7; p. 617, l. 8 et 9), et ce que nous avons dit ci-dessus, p. xxx, à l'article Pronoms relatifs.

2° Propositions absolues, mots et membres de phrase détachés et indépendants.

a) Participes présents et gérondifs :

Donnant (*quand vous donnez*), si on s'en revanche, vous avez autant gagné. (II, 6.)

Les sages, ayant vu couler quelques veines de métaux fondus,... ont jugé que, *fouillant* plus avant, il s'en trouveroit davantage. (II, 713.)

Quand il dit « ivre, » je le prends comme il se prend ordinairement, et surtout *venant* de la bouche d'un homme qui, etc. (II, 644.)

Ayant donné une chose du nombre de celles que les ignorants appellent biens, on est obligé, quelque méchant qu'il soit, de lui faire une revanche. (II, 152.)

M'*ayant écrit* que vous partirez.... pour venir ici, et ne vous y *voyant* point, je pensois, etc. (IV, 12.)

Voyez I, 16, v. 322; 279, v. 59; II, 239, l. 17; III, 67, l. 5; IV, 22 et 23.

[Il] Pense qu'*en se voyant* (*que quand il se voit lui-même*) tout le monde l'a vu. (I, 18, vers 396.)

Voyez tome I, p. 10, vers 170; p. 15, vers 288; p. 289, vers 98.

Puis, *étant* son mérite infini comme il est,
Dois-je pas me résoudre à tout ce qui lui plaît? (I, 135, vers 31.)

Étant force qu'ils (*les actes en question*) se rapportent à leur règle, la raison veut aussi qu'ils se trouvent conformes entre eux. (II, 552.)

De huit mille fusées ou pétards qui devoient être mis en œuvre,... en *étant resté* trois mille qui ne purent pas être prêtes, la Reine a commandé de les porter à Fontainebleau. (III, 329.)

Sa force ne peut être plus forte, ni sa grandeur plus grande, n'*étant* pas possible d'accroître ce qui est en sa perfection. (II, 512.)

Fais qu'il te souvienne toujours....
.... Qu'*arrivant* l'heure prescrite (*l'heure prescrite arrivant*)...,
Nous n'avons jamais eu d'alarmes, etc. (I, 81, vers 155.)

Voyez ci-dessus, p. xlii et xliii, *d*); et tome I, 16, vers 323; 240, vers 7; 256, vers 46; II, 3, l. 25; 56, l. 11; 73, l. 11; 156, l. 8 et 9; 198, l. dernière; III, 358, l. 10; IV, 190, l. 17.

Quoique Malherbe ait pris lui-même d'assez grandes libertés en ce genre, soit en vers, soit en prose, il lui arrive de blâmer sévèrement chez des Portes des tours absolus, certains même qui nous paraîtraient bien peu hardis, comme par exemple le suivant :

Retenant ses soupirs, son recours est aux larmes.

« A qui se rapporte, dit-il, le participe *retenant*? Il est hors d'œuvre. » (IV, 389.)

b) Infinitifs :

C'est à *rendre l'esprit* (*quand il rend l'esprit*) qu'on voit ce qu'un homme a dans le cœur. (II, 367.)

Jugeant de tous ceux-là ce que je dois, je fais le même que ceux qui nous survivront feront de nous, après *avoir payé* (*après que nous aurons payé*) le nole à Caron. (I, 358.)

INTRODUCTION GRAMMATICALE. LXIX

Ce n'est rien que ce qu'on donne plaise à l'heure qu'on le reçoit, s'il ne plait encore après l'*avoir reçu* (*après qu'on l'a reçu*). (II, 27.)

Il y a trop longtemps qu'elle et moi sommes mal ensemble, pour me *soucier* (*pour que je me soucie*) d'y être bien à l'avenir. (IV, 15.)

Le porteur est trop bien informé de toutes nos nouvelles et est trop éloquent, pour *vouloir* (*pour que je veuille*) rien ajouter à sa suffisance. (III, 51.)

  Le soldat remis par son chef,
  Pour se *garantir* de méchef,
  En état de faire sa garde, etc. (I, 287, vers 50.)

Du temps que nous avons, une partie nous est.... dérobée; et l'autre s'écoule *sans s'en apercevoir*. (II, 265.)

Malherbe blâme ainsi cette tournure toute semblable, qu'il rencontre chez des Portes :

  Le temps léger s'enfuit *sans m'en apercevoir*,

« Je dirois : *sans que je m'en aperçoive*. Bien dirois-je : *je me suis blessé sans m'en apercevoir.* » (IV, 334.)

On serait tenté, dans la phrase suivante, de regarder également le tour comme absolu; mais le pronom *se* peut aussi se rapporter à *qualités* :

C'est un contentement extrême, que notre créancier ait des qualités capables *de se faire aimer.* (II, 32.)

Voyez au *Lexique*, À, 2°, 3°, 4°, p. 3 et 4; Après, p. 36; De, p. 149, 17° et 18°; Pour, p. 484, 5°, fin; la fin de l'article Sans, p. 583 et 584; et en outre, tome II, p. 106, fin; et tome III, p. 371, l. 17.

c) Exemples divers.

Voyez ci-dessus, à l'article *Pléonasme*, surtout 1° et 3°, p. LX et LXI.

Cimber..., avec ce qu'il prenoit du vin démesurément, *son* babil étoit insupportable. (II, 644.)

Voyez I, 216, vers 185 et 188.

Qui te porte amitié, c'est à *lui* que tu nuis. (I, 10, vers 147.)

Celui qui se revanche, *il* faut qu'*il lui coûte* quelque chose. (II, 147.)

Dans les exemples qui précèdent, la phrase commence par des noms ou des pronoms qui semblent devoir servir de sujets, puis le tour change, et l'idée exprimée par ces mots ainsi suspendus revient représentée par un pronom qui joue le rôle de complément.

Bon nombre de ces inversions et propositions absolues sont encore fort usitées. La représentation par un pronom est de rigueur dans la tournure suivante :

Et *ce que je* supporte avecque patience,
Ai-je quelque ennemi, s'il n'est sans conscience,
  Qui *le* vît sans pleurer? (I, 159, vers 16-18.)

Malherbe blâme l'omission du pronom dans les vers suivants de des Portes :

  Et *tout ce qui vous vient* d'amertume et de doux,
  Fidèle compagnon, *je porte comme vous*,

« *Tout ce qui vous vient d'amer ou de doux je porte comme vous*, c'est allemand; les François disent : *Tout ce que vous voulez, je le veux*...; et non : *Tout ce que vous voulez je veux.* » (IV, 451.)

Voyez ci-dessus, à l'article Inversion, *b*), p. LXVI, un exemple (le 10°) qui parait s'écarter de cette règle.

Les arcs qui de plus près sa poitrine joignirent,
Les traits qui plus avant dans le sein l'atteignirent,
Ce fut quand du Sauveur il se vit regardé. (I, 6, vers 49-51.)

Les sujets pluriels qui commencent les deux premiers de ces vers n'ont point de verbes; ils sont repris et résumés dans le troisième par *ce*, sujet de *fut*.

Ces reprises par *ce* se placent souvent entre un sujet et un attribut. Alors l'attribut doit précéder *ce*, et le sujet doit le suivre. Malherbe blâme le vers suivant de des Portes, où il trouve cet ordre interverti :

Mes yeux trop desireux, ce sont mes ennemis.

« Cette façon de parler ne me plaît pas. Il y auroit un grand discours à faire là-dessus, car il a confondu le sujet et l'attribut. » (IV, 344.)

Dans les exemples suivants, ce sont des propositions infinitives ou subjonctives qui sont placées d'une manière absolue en tête de la phrase, et ensuite représentées par un pronom, soit sujet, soit régime (*ce*, *le*, etc.) :

…, *De* chercher aux sépultures
Des témoignages de valeur,
C'est à ceux qui n'ont rien du leur
Estimable aux races futures. (I, 111, vers 81-83.)

Nous disons.... qu'une chose ne se peut appeler bienfait s'il n'en vient quelque profit à l'âme; toutefois, *qu'elle ne soit* commode et desirable, *nous ne le nions pas*. (II, 151.)

Voyez ci-après, DE, p. 149, 17° et 18°; et tome II, p. 622, l. 21; tome IV, p. 185, l. 2-5, etc.

Rien de plus fréquent, aujourd'hui comme autrefois, que la construction absolue de certains compléments circonstanciels :

Cela fait, il se mit à parler à tous ceux qui étoient là. (III, 509.)

Le tour suivant est plus hardi :

Trois ans déjà passés, théâtre de la guerre,
J'exerce de deux chefs les funestes combats. (I, 56, v. 1, *Prosopopée d'Ostende*.)

Comparez le vers 72 de l'*Athalie* de Racine.

Malherbe blâme comme latine cette tournure de des Portes :

Ce dit, en se levant de fureur transporté,
Se saisit du poignard qu'il portoit au côté (IV, 419);

et de même ce renvoi du participe passé, construit également d'une façon détachée :

Lui fit perdre la selle *étendu contre terre* (IV, 410).

Voici encore deux phrases qui nous offrent détachés, sous forme d'additions explicatives, des compléments circonstanciels que l'usage ordinaire serait de rattacher plus étroitement aux mots auxquels ils se rapportent logiquement :

Vous ne vous étonneriez pas que la diversité de tant de lieux, *où le dégoût vous a chassé, de l'un à l'autre*, ne vous auroit de rien servi. (II, 372.)

« De l'un à l'autre desquels le dégoût vous a chassé. »

Quant à celui.... qui de crainte, comme quelque bête lâche et timide, se cache *au fond, dans une tanière*, on se trompe de penser que ce soit pour vivre à soi. (II, 463.)

« Au fond d'une tanière. »

Nous n'avons pas à mentionner, comme membres détachés, les incises formant parenthèse; des tours comme le suivant n'ont rien qui s'écarte de l'usage d'aujourd'hui :

Les tiennes (*tes louanges*) par moi publiées,
Je le jure sur les autels,
En la mémoire des mortels
Ne seront jamais oubliées. (I, 108, vers 32.)

Nous ne parlons pas non plus des appositions; ce sont des annexes, mais non pas indépendantes : voyez un exemple au tome I, p. 131, vers 29; et un d'un tout autre genre au tome II, p. 81, l. 11 et 12.

3° CHANGEMENTS ET INTERRUPTIONS DE TOURNURE, ANACOLUTHES.

Voyez ci-dessus, *Propositions absolues, c*), p. LXIX.

a) Après des relatifs :

Il y en a encore une troisième sorte, de ceux *qui* ne tiennent pas la sagesse à pleine main, *mais ils y* vont toucher du bout du doigt. (II, 561.)

INTRODUCTION GRAMMATICALE. LXXI

Il est des hommes *qu'*il faut instruire, *et se contenter* quand.... ils font démonstration de leur volonté. (II, 31.)

Il n'y a ici personne *qui* ne soit bien aise de sa venue, et *qu'il* ne desire qu'il rentre au maniement des affaires. (III, 466 et 467.)

Après les choses de cette nature, il y en a d'autres sans *qui* nous pouvons bien vivre, *mais nous ne le devons pas faire*. (II, 18.)

Voyez ci-après, au *Lexique*, p. 524, 10°; et tome II, p. 32, l. 25-27; p. 69, l. 29-34; p. 226, l. 2-5; p. 485, l. 2-5; tome III, p. 265, l. 10-12.

b) Après des conjonctions.

Voyez p. 512, 2°.

C'est aux choses superflues *qu'on a de la peine et qu'il faut suer pour les acquérir*, qui nous font user nos habits, vieillir sous les tentes, et courir aux rivages étrangers. (II, 275.)

Moi de qui la fortune est si proche des cieux,
    Que je vois sous moi toutes choses,
Et tout ce que je vois *n'est* qu'un point à mes yeux, etc. (I, 296, v. 29 et 30.)
    Tel *que* d'un effort difficile
    [Un fleuve] Passe d'Élide en la Sicile;
    Ses flots, etc.;
    Tel entre ces esprits tragiques, etc. (I, 114, vers 181-196.)

Comme un homme a tous les sentiments, *mais ce n'est pas* à dire que tous les hommes aient des yeux de Lyncée, aussi celui qui est fol n'a pas tous les vices en son extrémité. (II, 118.)

Comme osez-vous appeler bienfait deux ou trois arpents..., *et quand* on vous a donné des campagnes..., *vous faites difficulté* d'avouer qu'on vous ait rien donné? (II, 95.)

Voyez tome II, p. 148 (l. 32, etc.) et 149.

Si quelqu'un pour se revancher en votre endroit a fait ce qui lui est possible, *mais votre bonne fortune* l'en a gardé, vous n'avez point eu de sujet d'éprouver un ami. (II, 230.)

Voyez tome II, p. 86, l. 8-10.

Il y a de ces changements de tournure qui s'expliquent par des ellipses, par exemple le dernier passage cité : « Si quelqu'un.... a fait, etc., mais *si* votre bonne fortune, etc. »

De même dans les anacoluthes après des relatifs, il n'y a parfois qu'un *qui* à suppléer : ainsi dans l'exemple du tome II, p. 69, auquel nous avons renvoyé plus haut.

c) Anacoluthes diverses.

Voyez ci-dessus, aux articles ELLIPSE et SYLLEPSE.

Il y a bien du plaisir *à* recevoir un bienfait, voire *de* lui tendre les mains, etc. (II, 24.)

Quel autre moyen avons-nous de nous conserver, *que par* la vicissitude des offices que nous nous rendons? (II, 108.)

.... N'étant pas le *nombre* des indignités qu'elle a faites moins grand que *celles* (*que le nombre de celles*) qu'elle a reçues. (II, 156.)

Quoi qu'il die et qu'il s'en réjouisse, je ne lui ai point fait de plaisir. (II, 161.)

Voyez l'explication de cette anacoluthe elliptique, ci-après, p. 525, 12°, fin.

    Téthys *ne suivit-elle pas*....
    Et jura que, etc. (I, 112, vers 115 et 118.)

Le tour s'explique par une ellipse : « Et ne jura-t-elle pas que, etc.? »

Voyez ce qui est dit plus haut, p. LXIV, 4°, des changements de tournure auxquels donne lieu l'emploi par syllepse de la négation *ni*.

C'est aussi une sorte d'anacoluthe que le défaut de concordance des temps et des modes : voyez ci-dessus, p. XXXVIII et XXXIX.

Nous n'avons pas à relever ici les anacoluthes qui sont de simples oublis, d'évidentes négligences, comme cette phrase, par exemple :

Un peu après, comme une princesse *qui mangeoit* des confitures *et en donnoit* à celles qui étoient présentes, *et qu'elle lui demanda* (à Mme de Nevers) si elle en vouloit, elle répondit qu'oui. (III, 509, *manuscrit autographe.*)

Est-ce, comme dit la note de la page indiquée, *qui* ou *et qui* est de trop ? Malherbe blâme chez des Portes l'anacoluthe suivante :

Celui qui n'a point vu par un temps furieux
La tourmente *cesser* et la mer *apaisée*.

« Il devoit y avoir deux infinitifs ou deux participes, et non un infinitif : *cesser*, et un participe : *apaisée*. » (IV, 299.)

Notre auteur cependant se permet lui-même un tour semblable, lorsqu'il dit :

Vous le verrez (*le soleil*) *désembarrassé* de ce nuage, et *luire* aussi clair et net qu'il étoit auparavant. (II, 141.)

Voyez au tome IV, p. 365, la critique d'une autre tournure irrégulière.

Nous pourrions, n'était la grosseur déjà excessive du volume, ajouter à cet article de la construction des remarques sur la manière dont Malherbe dispose ses périodes, soit en vers, soit en prose, tantôt avec une facile ampleur, tantôt avec embarras et non sans confusion. On peut voir, par exemple, d'une part, la comparaison développée en deux strophes, au tome I, p. 109 et 110, vers 41-60; et celle que nous avons déjà citée plus haut, qui se trouve au même tome, p. 114 et 115, vers 181-196; et, si l'on veut, d'autre part, comme échantillon de phrases pénibles, enchevêtrées, choquantes aujourd'hui pour des oreilles françaises, la longue période qui commence par « Toutefois, soit que, etc. » (au tome II, p. 461 et 462); ou encore ces tours alourdis par les incises : « Rien ne mit si bien Furnius, etc. » (tome II, p. 38, fin); « Si d'elle-même elle pouvoit, etc. » (tome II, p. 695, l. 2-7). — Il faut remarquer d'une manière générale qu'au temps où Malherbe écrivait, et longtemps encore après lui, on craignait beaucoup moins qu'on ne l'a fait plus tard l'emploi multiplié et le concours des mots conjonctifs, particulièrement de *que*. Pour ne citer qu'un exemple, qui suffira à expliquer ce que nous voulons dire, voyez au tome I le vers 192 de la page 216 :

Grand Henri, grand foudre de guerre,
Que, cependant *que* parmi nous
Ta valeur étonnoit la terre,
Les Destins firent son époux, etc.

En prose, on y regardait moins encore : il ne paraît pas, à voir combien peu il les évite, que Malherbe fût choqué beaucoup de cacophonies comme celle-ci : « .... Vu *que*, à *qui qu'*on donnât..., ce seroit toujours un bienfait. » (II, 99.) — Voyez ci-après, p. LXXIV, Cacophonie.

XVII. Observations diverses.

Emploi poétique de l'abstrait pour le concret et du concret pour l'abstrait :

L'*orgueil* à qui tu fis mordre
La poussière de Coutras. (I, 26, vers 19.)

.... Si la *fureur* des Titans
Par de semblables combattants
Eût présenté son escalade, etc. (I, 122, vers 215.)

O Dieu, dont les bontés, de nos larmes touchées,
Ont aux vaines *fureurs* les armes arrachées, etc. (I, 69, vers 2.)

[La vertu] dans la cour leur fait des lois
Que Diane auroit peine à suivre
Au plus grand *silence* des bois. (I, 148, vers 42.)

En quel *effroi* de solitude
Assez écarté
Mettrai-je mon inquiétude
En sa liberté ? (I, 222, vers 13.)

INTRODUCTION GRAMMATICALE. LXXIII

En quelle *nouveauté* d'orage
Ne fut éprouvé son courage?
[Et] quelles *malices* de flots
Par des murmures effroyables
A des vœux à peine payables
N'obligèrent les matelots? (I, 213, vers 95 et 97.)
.... Les *foudres* accoutumés
De tous les traits envenimés [que, etc.]. (I, 125, vers 325.)
Quelle *horreur* de monstres nouveaux
Et quelle *puissance* de charmes
Garderoit que jusqu'aux enfers   v. 61.)
Je n'allasse.... rompre vos chaînes...? (I, 167, v. 20; voy. I, 270,
L'*or* de cet âge vieil où régnoit l'innocence. (I, 300, vers 13.)
Lassez-vous d'abuser les *jeunesses* peu cautes. (I, 301, vers 23.)

Voyez au *Lexique*, l'article VIEILLESSES, pour *Vieillards*.

    Ainsi quand *la Grèce*, partie
    D'où le mol Anaure couloit,
    Traversa les mers de Scythie
    En la navire qui parloit, etc. (I, 212, vers 71.)
Alberstat (*l'évêque d'Alberstadt*) avoit été pris par *le pays*, qui....
l'avoit mené pieds et poings liés à l'Empereur. (IV, 63.)   v. 232.)
Leur salaire payé (*le payement de leur salaire*) les services précède. (I, 13,

Voyez I, 48, v. 80; 122, v. 204; 123, v. 226; 148, v. 60; 169, v. 63; 173, v. 10; 179, v. 26; 214, v. 121; 281, v. 91; 306, v. 9-11; tome II, p. 12, l. 12-15; p. 434 et 435, § 11; tome III, p. 81, l. 4-7.

Nous avons parlé plus haut, p. XXI et XXII, du pluriel des noms abstraits.

Voyez au tome IV, p. 357, l. 19-23, une juste critique de Malherbe sur l'emploi du nom d'instrument *voix* au lieu du nom d'action *plaintes*.

RAPPORTS DE MOTS ET RAPPROCHEMENTS SINGULIERS OU FAUTIFS :

Je ne prends pas *plaisir* de me donner de la *peine* aux choses dont je n'espère ni plaisir ni profit. (IV, 22.)
    La *main* de cet *esprit* farouche....
    A peine avoit laissé le fer, etc. (I, 77, vers 51.)
Les *fronts* trop élevés de ces *âmes* d'enfer. (I, 277, vers 6.)
    .... Sa *valeur*, maîtresse de l'orage,
A nous donner la paix a montré son *courage*. (I, 71, vers 40 et 41.)
    .... Que de mères.... diront la *vaillance*
    De son *courage* et de sa lance! (I, 50, vers 118 et 119.)

Voyez la critique de Balzac, tome II, p. 672 (édition in-folio). — Toutefois, pour ce dernier exemple, il ne faut pas oublier que *courage* se prenait autrefois dans le sens de *cœur*.

    Prends ta foudre, Louis, et va comme un *lion*
    Donner le dernier coup à la dernière tête
        De la rébellion. (I, 277, vers 2.)
Il faut que la *langue* s'accommode aux *oreilles*, sans les mettre hors d'haleine à courre après elle. (II, 408.)
Je n'ai point *l'honneur* de vous connoître, mais *celui* (*l'honneur, le respect*) que généralement je porte à tout votre sexe, et l'opinion particulière que [j'ai] de votre mérite..., me seront des solliciteurs assez diligents pour, etc. (IV, 145.)
Je.... vous supplie *à mains jointes* de me rendre la permission de baiser *les vôtres*. (IV, 175.)
Le premier de ces exemples peut paraître étrange par la manière dont sont rappro-

chés les deux mots de sens opposé *plaisir* et *peine*; le second et le troisième par l'alliance des termes tout physiques *main* et *front* et des expressions toutes morales *esprit* et *âmes*; le quatrième et le cinquième par les mots abstraits *valeur* ou *vaillance* et *courage*, formant des sortes de tautologie; le sixième par les métaphores incohérentes, *foudre* et *lion*; le septième par l'étrange figure d'*oreilles courant hors d'haleine*; le huitième par les deux significations du mot *honneur*; le dernier par le double emploi, d'abord dans une locution proverbiale, puis au sens propre, du mot *mains*.

Comme exemples de personnifications outrées dans leurs détails, on peut voir au tome I, p. 17 et 18, vers 361-378, la prosopopée du Soleil et de l'Aurore, où notre auteur ne parle pas seulement des *yeux*, comme Tansille, mais encore du *cœur* de l'astre du jour.

Au reste, ces sortes de remarques, que nous pourrions multiplier, sont plutôt du domaine de la rhétorique que de celui de la grammaire et du lexique; mais ces deux domaines sont limitrophes, et il est souvent difficile d'en marquer les frontières d'une manière nette et tranchée.

Les libertés qu'il a prises lui-même pour les rapprochements et alliances de mots n'empêchent pas Malherbe de se montrer en ce genre très-sévère pour des Portes. Nous pourrions donner diverses preuves de cette sévérité, qui parfois, croyons-nous, paraîtrait excessive, comme par exemple dans la critique qu'il fait de ce vers :

Recueillant la *moisson* par tant d'autres *semée*;

« Je ne sais, remarque-t-il, si c'est bien dit : *une moisson semée*; pour moi, je ne le dirois pas. » (IV, 414.)

CACOPHONIE.

Une des choses sur lesquelles Malherbe se montre impitoyable pour des Portes, c'est le concours des mauvais sons, et des sons et articulations identiques. Il les relève, à chaque instant, dans son *Commentaire*, et les marque d'une façon railleuse :

Laissant à ton départ. — *Ta, ton*. (IV, 257.)
Comme Amour m'affoloit. — *Ma, mour, ma*. (IV, 261.)
Soit éteinte. — *Té, tain, te*. (IV, 262.)
Trop ferme en mes malheurs. — *Men, mé, ma*. (IV, 263.)
Trouve en vous. — *Ven, vous*. (IV, 278.)
Viendra représenter. — *Dra, re, pré*. (IV, 339.)
Tu te tais. — *Tu, te, tais*. (*Ibidem*.) Etc., etc.

On sait l'anecdote rapportée par Ménage (tome II, p. 254) : « M. des Yveteaux se moquoit de ce vers :

Enfin cette beauté m'a la place rendue (I, 28, vers 1),

à cause de ce *m'alapla*, ce qui ayant été rapporté à Malherbe, Malherbe dit plaisamment que c'étoit bien à M. des Yveteaux à trouver ce *m'alapla* mauvais, lui qui avoit dit *parablamafla*. M. des Yveteaux avoit fait des vers où il avoit dit : *Comparable à ma flamme*. »

Voyez ce qui a été dit plus haut (p. LXXII) du concours des mots conjonctifs.

TERMES DE GRAMMAIRE.

Malherbe, selon l'usage de son temps, désigne par les noms latins des cas les divers rapports marqués par les substantifs et les pronoms. Ainsi *nominatif* (IV, 264, 293, 315, 334, 369); *vocatif* (IV, 298); *genitif* (IV, 293); *datif* (IV, 278, 347); *accusatif* (IV, 278, 425, 445). — *Décliner* un adjectif ou un participe, c'est le faire accorder avec le nom ou pronom auquel il se rapporte. (IV, 315.) — *Convenir* (en genre) *avec*, c'est s'accorder (en genre) avec. (IV, 385.) — *Gérondif* est le nom du participe présent invariable, qu'il soit, ou non, précédé de la préposition *en*. (IV, 315, 326, 328, 351, 384.) — *Élision* signifie un retranchement quelconque de voyelle finale, même devant une consonne. (IV, 384.) — Voyez au *Lexique*, p. 31 et p. 313, les termes ἀπὸ κοινοῦ, et *hysteron proteron* (ὕστερον πρότερον).

PROVINCIALISMES critiqués dans le *Commentaire sur des Portes* :

Façons de parler *gasconnes* (IV, 275, 353, 382, 390, 416); *normandes* (IV, 253, 469); *provençales* (IV, 382, 390, 401, 425). — Forme *vendomoise* (IV, 469). — Rime de *Chartres* (IV, 419, 462).

ORTHOGRAPHE[1].

*Remarques relatives surtout aux autographes de l'*Album.

Les quatre fac-simile d'autographes contenus dans notre *Album* nous offrent la plupart des formes, des manières d'écrire qui distinguent l'orthographe de Malherbe de la nôtre. Nous allons relever ces différences ; mais nous devons faire remarquer d'abord que la lecture peut çà et là laisser des doutes. Dans l'écriture de notre auteur, souvent très-cursive et pleine d'abréviations, il est des lettres qui peuvent se confondre avec d'autres. En maint endroit, on ne distingue pas nettement, sûrement, l'*u* du *v*, l'*i* du *j* : nous dirons tout à l'heure où ces deux confusions sont surtout possibles. On peut hésiter aussi quelquefois entre *s* et *z*, entre *y* et le groupe final *is*, entre *u* et *eu*, *ou* et *eu*, *ai* ou *ay* et *oi* ou *oy*, *q* et *cq*, entre *par* et *pour*, etc.

La lettre *i* (au commencement ou dans le corps des mots), la lettre *u* (dans le corps des mots) représentent à la fois, l'une la voyelle *i* et la consonne *j*, l'autre la voyelle *u* et la consonne *v*. Ainsi : *ie, iour, ieune, iustice, suisie* (suis-je), *desia* (70) ; *auoit, auis, aueugle, suiuant, mauuaise, treuueray, deuorer, viure* (voyez ce qui est dit ci-après du tréma). — Notre *u* initial est remplacé par *v* : *vn* ; dans le corps des mots, la forme est souvent flottante entre *u* et *v* (voyez dans le fac-simile de la pièce de vers : *aventure, merveille*). Souvent aussi, en tête des mots, on a plutôt un *j* qu'un *i* (voyez dans le fac-simile de la lettre 12 : *jour, j'auoys*).

Y où nous mettons l'*i*, soit formant à lui seul un son, soit dans une diphthongue, tantôt, et le plus souvent, à la fin, tantôt dans le corps du mot : *amy, ennemy, mercy, parmy, aussy, ny, cettecy, luy, celuy, vray, j'ay, je sçay, je treuueray, ie pourray, moy, soy, quoy, roy, moys, je deuroys, croyent, oyseaux*. — Nos trois spécimens ne nous offrent pas d'exemple de l'*y* initial ; mais nous trouvons dans d'autres originaux *yra* (4), *yssuë* (131), etc. Nous pouvons relever en outre comme dignes de remarque des infinitifs en *yr* : *jouyr* (7), *obeyr* (2) ; des noms et des présents de verbes en *ye* : *galanterye* (44), *ie supplye* (4) ; la diphthongue *oye*, dans *i'enuoye* (3), *ioye* (70), *desuoyement* (136) ; des présents comme *ie suys* (1), *ie puys* (3) ; la forme *Royne*, pour *Reine* (70) ; des noms propres comme *Louys* (86), *Louyze* (104), *Saint-Ouyn* (137), où l'*y* substitué à l'*e* marque la prononciation. — Il arrive aussi qu'il met l'*i* dans des mots où nous mettons l'*y* : *martir, paisant*, pour *paysan* (131) ; il écrit *Guienne* (90). — Enfin, pour certains mots, il varie : *ayant* et (138) *aiant*; dans une même lettre (137), *clystere* et *clistere*, etc.

Nous avons dit que dans l'écriture de Malherbe on ne distinguait pas toujours aisément l's du *z*. Aussi ne relèverons-nous que la seule permutation, sûre et constante, de ces deux lettres qui a lieu dans les finales de noms, d'adjectifs, de participes : *ez*, pour *és*. Voyez ce que nous disons ci-après de l'accent.

---

1. Dans cette section de l'orthographe, un grand nombre d'exemples sont suivis d'un seul chiffre arabe mis entre parenthèses. Ce chiffre unique renvoie au tome III ; il marque le numéro de la lettre à Peiresc au manuscrit de laquelle l'exemple est emprunté. Quand nous renvoyons aux tomes et aux pages, nous l'indiquons clairement.

Exemples de l'*s*, qu'on peut nommer, dans la plupart des cas, étymologique, insérée devant diverses consonnes : *empesché, escris, escrire, drosles, mesme, tesmoigner, espargne, espines, respondray, estes, estoit, esté, estre, cest* (cet), *vostre, interest, coustume, dist* (au passé défini), *vist* et *fust* (à l'imparfait du subjonctif).

Fréquemment il réunit, de manière à former des sortes de composés, les proclitiques et les enclitiques avec les mots sur lesquels ils s'appuient : *pourcela, pardeca, amoy* (à moi), *ladessus, treshumble* et *tresaffectioñé, suisie* (suis-je), etc. Voyez ce que nous disons ci-après du trait d'union. — Il coupe en deux, au contraire, certaines liaisons de mots dont nous faisons des composés : *long temps, puis que, quoy que*.

Il ne met pas d'accent, ni aigu, ni grave, ni circonflexe, dans le cœur des mots. Ainsi : *merite, ocean, priere, tresorier, hemisfere, present, interest, desirer, deuorer, interceder, resoudre, j'espere, pres, apres, grace, brule* (plus ordinairement *brusle*). Il accentue, à de rares exceptions près, qu'on peut appeler des oublis, l'*e* aigu final : *i'auoys esté, vous estes prié;* pas toujours la finale *ee* (*Phinee*); quelquefois l'*é* initial (*éternellement*); la désinence verbale *éz* (*vous m'aimez, imaginéz-vous*), qu'il paraît çà et là vouloir distinguer ainsi de la désinence de nom, d'adjectif, de participe (*prosperitez, qualitez*). Il laisse d'ordinaire sans accent la préposition *à*, l'adverbe relatif *où*, souvent l'adverbe démonstratif *là*, toujours l'interjection *ô*.

Il néglige fréquemment l'apostrophe. Ainsi dans nos fac-simile : *cest* (c'est), *dou* (d'où), *sil* (s'il[1]); ailleurs *lon* (6, 41)[2]. — Il n'est pas rare qu'il écrive la voyelle qui doit être élidée[3] : dans un de nos spécimens, *que auecque;* dans d'autres originaux, *que il* (17), *que on* (50), « ce 5ᵉ *de* aoust » (128) : voyez en outre tome III, p. 190, l. 8, 17 et 28. — En revanche, il élide des *e* que nous écrivons : *ell'est* (6), *ell'a, ell'auoit* (4), *comm'il* (90, 106, 161); de même l'*e* de l'article devant *oui*, où nous aspirons toujours la première voyelle : « l'oui et le non » (tome IV, p. 30); et devant *onzième*, où nous l'aspirons d'ordinaire : « l'onzième » (tome IV, p. 323). — Voyez encore un curieux emploi de l'apostrophe à l'article LENDEMAIN, p. 356, dans un exemple qui n'est point, il est vrai, écrit de la main de Malherbe.

Il lui arrive d'employer le trait d'union : *ay-ie;* mais le plus souvent il s'en passe : *suisie* ou *suis ie* (suis-je), *sens ie* (sens-je), *cettecy, imaginez vous, peut estre, ce chemin là, la dessus;* quelquefois, en revanche, il s'en sert, en le mettant un peu au-dessous de la ligne, pour joindre des mots que nous laissons séparés : par exemple, un article au nom, *un‿messager;* un auxiliaire au participe, *vous‿auriez‿voulu*. — Il ne se sert pas non plus de trait d'union soit avant soit après le *t* euphonique qui précède *on, il, elle :* tantôt il joint ce *t* au verbe, tantôt au pronom, plus rarement il le sépare et le met à égale distance des deux mots[4]. Voici comment il a écrit, dans le *Commentaire sur des Portes*, la phrase relative à ce *t* que nous avons donnée au tome IV, p. 256 : « Aux troisièmes personnes du futur singulier, on adiouste un *t* deuant ces mots *on, il* et *elle,* comme *que fera t on, que fera til, que ferat elle?* Voilà pourquoy il deuoit dire : *me paiera t on?* Ce t s'adiouste aussy après les troisièmes personnes de l'indicatif singulier, comme *que penset il, que penset elle, que pense ton?* etc. »

Comme l'*u*, dans le corps d'un mot, peut avoir la valeur soit d'une voyelle, soit d'une consonne, il indique sa nature de voyelle par un tréma placé sur la voyelle qui le suit : *ie louëray, superfluë;* dans d'autres originaux, *rouë* (123), *yssuë* (131), *ruës* (6), *tuër* (161), etc.

La cédille est d'ordinaire marquée par un petit crochet, en appendice, rattaché par-

---

1. Des Portes élide l'*i* de *si* devant *elle,* aussi bien que devant *il.* Malherbe, dans son *Commentaire*, a soin de corriger *s'elle* en *si elle* (IV, 295, 341, 389). Il ne lui passe pas non plus un autre usage de l'apostrophe, *ell'* pour *elles* devant une voyelle : *ell' ont* (IV, 275).

2. Voyez ce qui est dit ci-après, dans cette même page, au sujet du trait d'union.

3. Parfois, dans les anciennes éditions, l'imprimeur a de même négligé l'élision. Au tome I, p. 454, on trouvera à la ligne 31 : « *que* Antiochus; » et à la ligne 32 : « *qu'*Antiochus. »

4. Quelquefois, non sans doute en prononçant, mais en écrivant, on laissait l'hiatus. Voyez tome III, p. 130, l. 6, dans une phrase qui n'est pas de la main de Malherbe : « et leur a on dit. » — Voyez aussi ce que nous disons de *l'on*, pour *t-on*, à la fin de l'article PRONONCIATION, ci-après, p. LXXXIV.

dessous au *c* ; parfois aussi elle manque, surtout dans le groupe *sç*, où elle a son emploi le plus fréquent.

Les majuscules sont employées régulièrement pour les noms propres : *Paris, Prouence;* et en outre, assez ordinairement, pour des noms de valeur analogue, désignant des personnes ou des objets uniques, comme *Enfer, Soleil, Roy, Royne* (*Reine*).

La ponctuation est loin d'être minutieusement et uniformément correcte. Il y a des substitutions d'un signe à un autre, et surtout bien des inégalités : tantôt les divisions sont omises, tantôt, quoique bien plus rarement, elles sont prodiguées (voyez dans notre fac-simile de la lettre 220 à Peiresc, ligne 11, r°, *là dessus* entre deux virgules). Mais ces négligences et diversités n'empêchent pas de voir que, pour la coupe des phrases et de ses membres, il a de bonnes et justes règles ; s'il ne les suit pas exactement, la rapidité de l'écriture en est la seule cause. — Comme dans les autographes de Mme de Sévigné (voyez son *Lexique*, tome I, p. LXXX et LXXXI), la virgule parfois marque, non pas une coupe logique, mais une pause de la voix : il y a deux exemples de cette sorte de ponctuation dans le fac-simile que nous venons de citer (ligne 8, r°, et ligne 6, v°). — Il emploie rarement d'autres signes que la virgule et le point ; cependant çà et là nous trouvons les deux points (pas de point et virgule, autant qu'il m'en souvient) ; dans le fac-simile de la pièce de vers, deux points d'interrogation, un point d'exclamation. Il lui arrive de couper par un petit trait (-), de mettre un point après une virgule : ce qui rappelle le doublement des virgules de Mme de Sévigné (voyez son *Lexique*, tome I, p. LXXXI et note 2).

Il a de nombreuses abréviations et ligatures, pour des mots entiers, des syllabes, des groupes de consonnes : par exemple, pour *vous, vostre, que, quelque, par, pour* (il est par suite impossible bien souvent de distinguer s'il a écrit *parce que* ou *pource que*), *comme, faire;* pour la finale des mots en *ent*, le *que* ou *ques* de *auecque* ou *auecques*, les préfixes *com, con;* pour les doublements ou groupes de consonnes *nn, mm, st*, etc., etc.; sans parler de mots tels que *Monsieur, Maiesté, premier president* (quelque part même *premier jour*), *Mont^cy*, pour *Montmorency*, etc.

Les remarques qui précèdent indiquent à peu près toutes les différences qui, dans nos fac-simile, distinguent l'orthographe de Malherbe de la nôtre. Pour les compléter, il ne nous reste à y relever qu'un petit nombre de formes : *voulloir, solicitent, donq, suget, soings, auecques, reuencher* (revancher), *poure* (*povre* pour *pauvre*), *asseure* (*assure*), *maraux* (*marauds*), *hemisfere* : de même, dans d'autres originaux, *profete* (109), *filosofie* (35); dans le *Commentaire sur des Portes*, constamment *frase, cacofonie*.

Remarques sur les autographes de Malherbe en général.

L'examen des autres autographes, très-nombreux, de Malherbe, que nous avons eu tous à collationner pour établir le texte de notre édition, ne font guère que confirmer, comme déjà pour plusieurs points nous l'avons fait voir, les observations auxquelles ont donné lieu les quatre spécimens de l'*Album*. Pour achever de caractériser l'orthographe de notre auteur, il nous suffira d'ajouter quelques remarques : les unes relatives à certains faits dont fortuitement ces spécimens ne nous ont pas donné du tout ou nous ont donné à peine l'occasion de parler; les autres se rapportant à des points qui nous paraissent mériter qu'on y insiste.

1° *Permutation soit des voyelles et des diphthongues, soit des consonnes.*

Les permutations soit de voyelles ou diphthongues, soit de consonnes, sont très-fréquentes. Plus d'une intéresse la prononciation. Nous en avons relevé trois ou quatre dans nos fac-simile.

A, e, ai, i. — Rien de plus ordinaire, entre autres, que la permutation d'*a* et d'*e*, particulièrement devant *n*, et dans les diphthongues *ai, ei* (nous réservons pour l'article de la PRONONCIATION les permutations d'*a* et d'*e* qui modifient le son et que la voix fait sentir) : *louenge* (99), *dimenche* (118), *Orenge* (44, 99), *Normendie* (35, 86, 97, 99), *Romorentin* (65); *lamantablement* (76), *printans*[1] (118), *seigné* (131), *plaine,*

---

1. Il écrit, comme des Portes, *ardant, ardante,* en le rattachant au verbe *ardre*

pour *pleine* (82), *étainte* (121). Nous devons cependant faire remarquer à ce propos que dans l'écriture très-cursive de notre auteur, la distinction de l'*a* et de l'*e* n'est pas toujours très-sûre. Il arrive par suite aux anciens éditeurs de faire d'évidentes confusions. Ainsi au tome II, p. 327 : « Ce que la sagesse baille, vous l'avez *content* (comptant). » — Parfois *in* est substitué à *ain* : voyez au *Lexique*, PARRIN et MARRINE[1]. — Malherbe corrige la substitution d'*ai* à *e*, chez des Portes (tome IV, p. 450 et 451), dans *maine* et *ramaine*, pour *mene* (mène) et *ramene* (ramène).

Eu, ueu, œu, u, ueil, ui. — *Veu*, pour *vœu* (136), *euure*, pour *œuvre* (95), *cueur* (52, 78, 91), *Cueuures* (57) et ailleurs *Cœuures*, pour *Cœuvres* (60), *œuil* (132); les participes *creu* (101), *veu* (70), *receu* (5); *enfleure* (83, 140), *cheute* (133); *de Mercure*, pour *de Mercœur* (90, 133, 141). — Il fait précéder d'un *u* la finale *euil* : « Fuis tant que tu pourras, dit-il, les pluriers des mots en *euil* : *écueuil*, *recueuil*, *accueuil*, *cercueuil*, *orgueuil*; *œil* est excepté : aussi son plurier *yeux* est anomal » (tome IV, p. 463). — Il veut de même *u* devant *eil*, dans certaines formes de *vouloir*, et corrige, chez des Portes, *vueillez* en *veuillez* (tome IV, p. 339), bien qu'il lui arrive à lui-même d'écrire *vueilliez* (75). — L'*u* devant *i* était de règle, on le sait, dans *vuide*.

Eu, ou, u. — Nous avons eu à noter ailleurs *treuuer*, *appreuver*, *asseurer*, etc. : voyez ci-dessus, p. XLVI, l'article FORMES VERBALES; et p. LXXVII, l. 32 et 33.

Ajoutons, au sujet de la diphthongue *ou*, qu'il représente par l'orthographe la contraction de *aou*, dans le nom de mois *aoust*, *août*, qu'il écrit *oust* (51).

O, au. — Nous avons vu *poure* (*povre*), pour *pauvre :* il revient souvent (35, 60, 65, etc.); nous rencontrons ailleurs : *S. Mor*, pour *Saint-Maur* (122), *Polet*, pour *Paulet* (120), *Polette*, pour *Paulette* (120), etc.; et réciproquement, dans les anciennes impressions, *le Pau*, pour *le Pô*. Voyez aussi au *Lexique*, les doublets *nole* et *naulis*.

O, u, ou. — *Pourtrait* (tome IV, p. 211), *Nouël*, pour *Noël* (57), *Pentecouste* (91), *Bourdeaux*, pour *Bordeaux*, (60), *Poulongne*, pour *Pologne*, *Poulonhois*, pour *Polonnois* (tome IV, p. 446 et 447). Il transcrit *Buckingham* en *Bouquinghan* (220). — Pour les substitutions d'*ou* à *o*, *u*, et en général pour les permutations qui modifient le son, voyez ci-après l'article de la PRONONCIATION.

D, t, th. — Il écrit *fonds* (*baptismaux*), pour *fonts* (45), *quand à*, très-fréquemment, pour *quant à* (52, 54, 60, 90), *echaffaut*, pour *échafaud* (2), *ambassatrice* (138); dans une même lettre (92), *placards* et *placarts*. — Il ajoute une *h* dans *autheur* (104, 109, 136), *charthon*, pour *carton* (98); ailleurs, au contraire, il la retranche : *catoliques* (209).

C, s, ss, etc. — *M. de la Forse*, pour *Force* (71), *arsons* (34), *Anseny* (122), *cyrop*, pour *sirop* (137), *response* et *responce* (44, 5, 133), *dance* (130), *face*, pour *fasse* (45, 108), *facent* (43), *facions* (27), *brasselet* (141), *sausses* (134), *Beausse*, pour *Beauce* (72), *capussin* (117) : il lui arrive aussi d'écrire *capuchins* (125). — Nous ne parlons pas de *sç* initial, pour *s*, dans le verbe *savoir*. — *Cerchier*, pour *chercher* (tome I, p. 53, v. 169 *var.*), peut bien n'être que du fait de l'imprimeur.

C, q, cq, etc. — Nous avons vu *donq*, pour *donc;* nous rencontrons dans d'autres originaux, à la fin des mots, *seq*, pour *sec* (51), *Bouq*, pour *Bouc* (35), *baqs*, pour *bacs* (39), *publiq* (100); à la fois *Peiresc* (1) et *Peiresq* (105); au commencement, *carts*, pour *quarts* (19), *cartiers* (15), *charthon*, pour *carton* (98), en souvenir sans doute de l'étymologie grecque et latine; dans l'intérieur, *aquis*, pour *acquis* (3).

M, n. — Nous parlons ailleurs de *conte*, pour *compte; pronte*, pour *prompte; dannable*, pour *damnable ;* nous trouvons, dans les anciennes éditions, *dan*, à la rime, pour *dam ;* dans les originaux, *conte*, pour *comte* (2), *contesse*, pour *comtesse* (33).

2° *Oing, ongn, g* pour *j*.

Nos fac-simile nous ont offert un exemple du *g* servant à clore et arrêter un son nasal : *soings ;* nous voyons ailleurs (50) *coings*, bien que chez des Portes il réprouve cette addition et substitue *recoin* à *recoing* (tome IV, p. 465); nous trouvons même la trace de l'ancienne orthographe *ung autre* (54), indiquant qu'il ne faut pas prononcer comme s'il y avait *une autre*. — Un usage non moins remarquable, c'est l'insertion

(IV, 384 et 385); mais il n'oublie pas de corriger *violant* (au sens d'adjectif) en *violent* (IV, 275).

1. Pour *marrine*, voyez en outre ci-dessus les ADDITIONS ET CORRECTIONS, p. XV, l. 30.

INTRODUCTION GRAMMATICALE.

d'*n* entre *o* ou *oi* et *gn* : *besongne* (1, 35), *Bourgongne* (34), *Gascongne* (45), *Polongne* et *Poulongne* (tome IV, p. 446 et 447), *ongnons* (35), *congnée* (75), *songneusement* (75), *eslongner* (131), etc. Dans les premiers de ces mots, si l'on compare cette manière d'écrire à la nôtre, *ongne* tient la place d'*ogne*; dans les autres, d'*oigne*. — Au contraire, après *a* devant *gn*, nous trouvons d'ordinaire, non pas un *i* de moins, mais un *i* de plus que dans notre usage : ainsi *gaignerez* (118). Voyez cependant ce qui est dit ci-après (p. LXXXV) de *dedagne*, pour *dedaigne*, à la rime.

Nous pourrions aussi multiplier les exemples d'un autre emploi du *g*, de sa substitution au *j* dans l'intérieur d'un mot (*suget*) : elle a lieu de même dans *dongeon* (15), etc.

3° *Doublement et dédoublement des consonnes. — Insertion et suppression de consonnes étymologiques.*

Un des caractères principaux que l'œil remarque tout d'abord dans cette ancienne orthographe, comparée à la nôtre, c'est le *doublement des consonnes*, dont nos facsimile ne nous offrent qu'un seul exemple. Ainsi nous trouvons *rabbats* (21), *échaffaut* (2), *vallent* (33), *espaulles* (70), *fidelle* (3), *veullent* (90, 122), *gueulles* (3), *toille* (4, 46, 118), *toillette* (118), *voulles* (3), *Tuilleries* (39, 161), *voullut* (2), *rolle*, *rollet*, *chommer* (pour ces trois derniers mots, voyez au *Lexique*), *dommaine* (65), *Romme* (17, 35), *rommaine* (65), *rommant*, *rommans*, pour « roman, romans » (107, 110, 111), *coppie* (110), *couppé* (118), *soupper* (122), *trouppe* (122), *sarrabande* (130), *éclorront* (41), *empaquettez* (4), *souhaitter* (70). — Pour le doublement de l'*r* dans *croire*, *accroire*, voyez au *Lexique*, p. 134, la fin de l'article CROIRE. — Le *v* se double par *f*. Ainsi : *Geneviefve* (84), *chetifve* (73, 132), *veufve* (117). — Quelquefois le doublement d'une consonne naît d'une assimilation. Ainsi : *battizé* (107, 124), *battesme* (124), *dannables* (91).

Commun aussi est le fait contraire, à savoir le *dédoublement des consonnes*, dont nous n'avons de même qu'un exemple dans les spécimens de l'*Album*. Ainsi : *abaye* (3), *acroire* (43), malgré la règle donnée par Malherbe lui-même (IV, 445); *Alemans* (3, 70), *balets* (27), *intervales* (44), *sale*, pour *salle* (133), *Alemans* (66), *colation* (29), *Emanuel* (117), *sumissions* (95). La suppression de l'*m* est quelquefois marquée par un trait de plume au-dessus de la ligne : *Gram̄ont* (21), *recom̄ander* (2); de même celle de l'*n* : *affectioñé* (220).

L'insertion des consonnes étymologiques[1] est constante ou très-ordinaire dans certains mots, celle de l'*s*, par exemple : *ceste*, *cestui* (54), *desia*, pour *déjà* (221), *desdaigné* (4), *accoustumé* (3); et surtout dans les mots où nous en marquons l'omission par un accent circonflexe, comme *vostre*, *mesme*, *gastez* (3), *teste* (1), *oust* (51, pour août), *conqueste* (3), *qu'il eust*, *costé* (1), *couster* (2), *vous fustes* (2). — Il insère ou ajoute bien d'autres lettres rappelant l'origine des mots : *soubs* ou *soubz* (1, 49), *aduis* (136), *adiouster*, *à eulx* (54), *souls* (20, 54), *estomach* (109, 110). Mais, en somme, pour les consonnes intercalées, son orthographe est très-capricieuse. Il écrit *effect* (17) et *effet* (3); à deux lettres de distance, *esguillettes* (24) et *aiguillettes* (26); dans une même lettre (45), *nopces* et *noces*; dans une même lettre aussi (68), *compte* et *conte*; et remarquons à ce sujet que s'il écrit ordinairement *conte* dans le sens où nous écrivons *compte*, il lui arrive d'employer *compte* (110, 144) dans le sens de notre mot *conte*, récit. Voyez encore au *Lexique*, p. 53, les doubles formes AVENIR, ADVENIR, AVENU, ADVENU (p. 53); RÉTRAINDRE et RESTREINDRE (p. 569 et 571). — Dans les anciennes impressions de ses Œuvres, nous rencontrons des signes d'étymologie dont nous ne pouvons dire s'ils viennent de lui ou des imprimeurs. Ainsi : (tome IV, p. 214) « ce qui lui est *deub* (dû); » (tome II, p. 609) *ptisanne* (tisane). — Nous voyons dans son *Commentaire sur des Portes* que sa théorie, sinon toujours sa rapide pratique, est fort exacte. Rencontrant la forme *eust* pour le passé défini, il a soin de marquer qu'il faut *eut* (tome IV, p. 398).

---

1. Ronsard avait réclamé, dans l'orthographe, certains changements de détail, que le temps, après une longue résistance de l'usage, a fini par confirmer. Il voulait, entre autres choses, qu'on évitât « toute orthographe superflue, » qu'on supprimât les lettres étymologiques non prononcées, qu'on en usât du moins « le plus sobrement » que l'on pourrait, qu' « en attendant meilleure reformation » on écrivît, par exemple, *cieux*, et non *cieulx*, *écrire*, et non *escripre*. Voyez l'*Abrégé de l'art poétique françois*, Œuvres de Ronsard, tome VII, p. 334 (édition Blanchemain).

S'il alourdit souvent son orthographe par des doublements, des additions et insertions, il lui arrive aussi de l'alléger, soit, nous l'avons vu, par le dédoublement des consonnes, soit par la suppression de certaines consonnes étymologiques, non prononcées, que nous gardons encore dans la nôtre : du *p* par exemple : *pronte*, pour *prompte* (137), *conte*, pour *compte* (9, 17, 68), *conter*, pour *compter* (8) ; — du *d* : *pié* (110 ; même dans la rencontre avec une voyelle : *pié à pié*, 62), *muys*, pour *muids* (35), *ie pers* (143), *ie rens* (62) ; nous avons vu dans un de nos spécimens : *maraux*, pour *marauds*; — de l'*h* (d'ordinaire initiale) : *ermines* (3), *ypocrisie* (56), *l'orloge* (15), *rabillera* (141), etc. — Nous ne parlons pas du *t* dans les désinences *ents*, *ants*; tantôt il le met et tantôt il l'omet : *battans* (76), *gents* (55, 85).

4° *Lettres finales.*

Si nous considérons les lettres finales, certains mots, assez capricieusement, tantôt prennent et tantôt ne prennent pas *s* ou *es* à la fin. Nous trouvons, par exemple, en prose, *encores*, *encore* et *encor*, *mesmes* et *mesme* (voyez le tome II du *Lexique de Corneille*, p. 81 et 82, et les *Observations* de Ménage *sur Malherbe*, p. 3-6) ; *jusques à* et *jusqu'à* ; *auec*, *aueque*, *aueques* : pour ce dernier mot, il est souvent difficile de voir quelle en est la fin ; Malherbe le termine par un *q* avec une boucle, pouvant signifier *que* ou *ques*. Voyez encore, au *Lexique*, OR, ORE et ORES ; ONC et ONCQUES. — Il termine en général *gueres* par une *s*. — Il écrit *fonds* par une *s*, même dans le sens où nous employons *fond*.

Quelques mots prennent aussi à la fin un *t* que notre usage n'admet point : *la court* (27, 34), *paisant*, pour *paysan* (131), *rommant*, pour *roman* (107). — Il lui arrive d'écrire *que je soye*, pour *que je sois*, et il fait la faute de finir en *e* entre *sole* (87, au sens d'*entre-sol*) ; mais au sujet d'un autre *e* final supprimé à tort par des Portes, il rappelle à propos la règle qui veut qu'on écrive *fertile*, *inutile*, et non *fertil*, *inutil* (tome IV, p. 370) ; il ne tolère pas non plus *Proté*, *Prométhé*, pour *Protée*, *Prométhée* (IV, 384). — D'après un usage qui a duré assez généralement pendant tout le dix-septième siècle, il écrit constamment *et là* où nous mettrions l'interjection *eh!* et *o* non pas seulement dans les cas où nous employons cette voyelle seule, mais encore dans ceux où nous nous servons de *oh!*

5° *Composition et décomposition des mots.*

Nous avons montré, par quelques exemples tirés de nos spécimens, comment il compose parfois nos mots simples, et décompose au contraire nos composés. Les autres originaux donnent lieu à bien des remarques analogues : *parcydeuant* (70) ; *acestheure*[1] (17, 82 ; et dans la même lettre 82 : *pour ceste heure*) ; *habilhomme* (95), comme *gentilhomme*, mais avec suppression de l'*e* en outre. Les impressions anciennes nous offrent aussi des compositions plus ou moins curieuses, imputables soit aux éditeurs, soit à l'auteur : *chahuans*, pour *chats-huants* (tome IV, p. 92) ; *des fleurdelis* (tome IV, p. 202, note 39). — La composition n'empêche pas de laisser aux premiers termes certaines finales, que nous supprimons : *autresfois* (70), *toutesfois* (2), *tousiours* (70), *pluspart*, et *plustost* dans tous les sens, *jurisdiction*, *horsmis* (54), *fauxbourg* (110 ; *ailleurs*, *faubourg*, 127), *fauxbours* (27). Dans la *Toussaints* (tome III, p. 336), c'est le dernier terme qui garde l'*s*, bien que le mot soit un nom singulier. — Les exemples de mots que nous réunissons ensemble et qu'il laisse séparés abondent aussi : *quoy que*, *en fin* (137), *à Dieu*, pour *adieu* (71), *la plus part* (39 ; d'autres fois en un mot, nous l'avons dit, *la pluspart*), *hauts bois* (76), *chevaux legers* (65) ; nous avons plus haut cité *long temps*. Voyez au *Lexique*, p. 15, *à croire*, pour *accroire*.

6° *Diversités et inconséquences d'orthographe.*

Quand on lit les manuscrits autographes de Malherbe, ce qui frappe peut-être le plus, et ce qui peut étonner à bon droit d'un esprit aussi exact, aussi méthodique, que nous voyons, dans le *Commentaire sur des Portes*, pousser l'amour de la règle jusqu'à la pédanterie, c'est de voir combien son orthographe offre de diversité, et l'on peut dire d'inconséquences. Nous en avons déjà relevé un certain nombre et pour-

---

1. On allait plus loin anciennement. Dans les manuscrits de Brantôme : *ast'heure* : voyez, par exemple, au tome IV de l'édition de M. L. Lalanne, p. 337.

INTRODUCTION GRAMMATICALE.

rions en ajouter beaucoup. Il double ou ne double pas les consonnes : *voullez* et *voulez*, *soupper* et *souper*; met ou ne met pas les lettres étymologiques : *aduis* et *auis*, *compte* et *conte*, *nopce* et *noce*, *effect* et *effet*; insère ou n'insère pas l's : *desdaigne* et *depeint*, *brule* et *brusle*; emploie l'*i* ou l'*y* : *ie puis* et *ie puys*, *ie suis* et *ie suys*; termine ou non par *s* : *laquays* et *laquay*; marque ou non l'accent : *là* et *la*; le trait d'union : *sensie*, *ay-ie*; les majuscules *roy* et *Roy*, *Royne*; se sert lui-même de formes qu'il blâme chez des Portes : *voyez*, pour *voyiez*, à l'imparfait (tome IV, p. 367); *vueuilliez* (bien qu'il ait prescrit *veuilliez*, tome IV, p. 339); *coings* (ne voulant pas *recoing*, tome IV, p. 465).

L'inconstance est grande tout particulièrement dans les noms propres. Il écrit *Conchine* (14), et plus ordinairement *Conchin* (21, 29, etc.), pour *Concini*; *des Diguieres* (3) et *Desdiguieres* (122), pour la forme aujourd'hui adoptée de *Lesdiguières*[1]. *Brusselles* (68) et *Bruxelles* (131); *Poulogne* et *Poulongne* (tome IV, p. 446 et 447); *Suisse* (69), *Suysse* (121) et *Souysse* (46). Son ami et correspondant est *Peiresc* et *Peiresq*; son propre nom, à des époques différentes il est vrai, est, comme on peut le voir dans nos fac-simile, *Malerbe* et *Malherbe*. Sur la feuille de titre du volume de des Portes annoté par lui, il a mis deux signatures : une première, en bas, *Fr. de Malherbe*, 1606; une autre, au-dessus : *Fr. Malherbe*.

Très-flottante aussi est l'orthographe des verbes : des présents de l'indicatif avec et sans *s*, *ie croys* et *ie croy*; dans les mêmes lettres, *ie scay bien* et *ie ne scays où*; *ie dy* et *ie dys*; *ie voys*, *ie vois*[2] et *ie voy*, pour *ie vais*; à l'imparfait, nous l'avons dit, et au présent du subjonctif, *voyez* et *voyiez*, *croyez* et *croyiez*; au présent du subjonctif, *ie soys* et *ie soye* (16, 144); des passés définis en *ay* et en *é* : *ie laissay*, *ie regretté* (2), *ie cherché* (2), *ie baillé* (17, 91), *ie demandé* (96), etc.

Ces variations d'apparence capricieuse, dont nous pourrions multiplier les exemples, et qui ne sont pas moins nombreuses dans les anciennes éditions que dans les manuscrits autographes, s'expliquent aisément. L'orthographe n'était point fixée; l'Académie n'existait pas encore; Vaugelas n'avait pas écrit ses *Remarques*, son code grammatical; sur bien des points, les habitudes, les opinions étaient très-diverses : quand on compare les *Dictionnaires* de Richelet, de Furetière, de l'Académie, on voit qu'à la fin du siècle elles sont encore loin de s'accorder. « Comme l'*orthographe* est une chose qui n'a point encore de règle parmi nous, » dit le Nain de Tillemont, en 1699[3], « chacun a la liberté de choisir celle qui lui plaît. » Il était naturel que la manière de chacun en particulier participât plus ou moins de l'incertitude générale, surtout quand l'écriture était, comme celle de notre auteur, très-courante, très-hâtée; qu'on mêlât des formes différentes, contraires, ayant chacune pour elle de bonnes raisons, tout au moins de bonnes autorités.

Dans plusieurs endroits de l'*Introduction grammaticale* qui précède, et surtout aux FORMES VERBALES (p. XLVI), on trouvera diverses particularités archaïques qui pourraient également prendre place dans cette section de l'orthographe.

Parmi les manières d'écrire aujourd'hui passées d'usage, il en est un bon nombre qui intéressent à la fois l'orthographe et la prononciation : on a pu en remarquer plus d'une de ce genre dans les observations que nous venons de faire. Nous les rappellerons et en ajouterons beaucoup d'autres dans la section suivante.

---

1. Mme de Sévigné écrit *de diguere*, *de lediguere*, *de Lediguere*. Voyez le tome VII de ses *Lettres*, p. 155, note 4; p. 212, note 6; p. 225, note 3; p. 230, note 4, etc. — On disait de même « la famille *des Ceppèdes*, » plutôt que *des la Ceppède* : voyez Ménage, tome II, p. 229.
2. Il corrige *vais* en *vois* dans le *Commentaire sur des Portes* (IV, 432).
3. Préface de l'*Histoire des empereurs*, p. IX.

PRONONCIATION.

Une grande quantité des particularités d'orthographe que nous allons relever ici, comme affectant la prononciation, sont, les unes certainement, d'autres très-vraisemblablement du fait des imprimeurs plutôt que de Malherbe. Les seules qu'on puisse attribuer sûrement à notre auteur lui-même sont celles que nous tirons des autographes ou sur lesquelles nous savons son avis par le *Commentaire sur des Portes*. On distinguera, dans les listes qui suivent, les mots écrits de sa main, et venant des originaux de sa correspondance, par le chiffre de lettre (se rapportant aux lettres du tome III), ou le renvoi à la page et au volume, dont nous les accompagnons ; la forme des autres nous est donnée par les anciennes éditions : le *Lexique* marque dans quel endroit des *Œuvres* ils se trouvent. Nous avons cru qu'il valait la peine de mentionner les plus remarquables de ces mots moins autorisés, c'est-à-dire pouvant n'être que du fait des imprimeurs, parce que, en tout cas, ils constatent un des usages, sinon le meilleur, de l'époque.

Une autre observation que nous devons faire d'abord, c'est que l'orthographe ne représente pas toujours la prononciation. L'ancienne manière d'écrire, même à faire abstraction de celle qui indiquait simplement l'étymologie, et à ne parler que de celle qui figurait l'ancienne manière de prononcer, survit, on le sait, bien souvent à celle-ci, et, dans certains cas, il n'est pas facile de dire jusqu'à quel point la forme nous marque la véritable articulation et le son des mots.

Voyelles et diphthongues.

La plupart des différences archaïques portent sur les voyelles et les diphthongues. Nous avons relevé un bon nombre de formes de cet ordre dans la section de l'Orthographe.

Ou, o, u, eu. — *Arrouser*, *bourdeau* (*bordel*), *Bourdeaux* (60, ailleurs et d'ordinaire *Bordeaux*), *courvée* (134), *cousteau* (*côteau*), *mouëllon* (tome IV, p. 313, 373), *Nouël* (57), *Pentecouste* (91), *poultron*, *pourtrait* et *pourtraire* (nous trouvons dans les éditions *pourtrait* et *portrait*, mais il blâme chez des Portes, tome IV, p. 442, l'orthographe *portraire*), *scarpoulette* (*escarpolette*, tome IV, p. 304, note 2), *patourelle* (il substitue ce mot à *pastorelle*, employé par des Portes, tome IV, p. 402). — Au tome II, p. 606, les anciennes éditions nous ont donné le changement contraire d'*ou* en *o* : *coronne*, pour *couronne*. — Nous trouvons *ou* pour *u* dans *flouet* (167), dans *Souysses* (46, ailleurs *Suysses* et *Suisses*) ; et *u* pour notre *ou* dans *sumission* (94, altération de *submission*). — Devançant le précepte de Vaugelas, notre auteur ne veut pas que l'on confonde *consumer* et *consommer*, comme le fait encore Mme de Sévigné, et Corneille dans ses premières éditions : voyez leurs *Lexiques*, et ci-après, p. 117 et 118, les articles Consommer et Consumer ; on verra, dans le premier des deux, qu'il est arrivé aux imprimeurs de Malherbe de lui faire faire malgré lui cette confusion. — Pour la permutation d'*ou* et d'*eu*, d'*eu* et d'*u*, voyez ci-dessus, l'article de l'Orthographe, p. LXXVIII, et Formes verbales, p. XLVI. Pour le second de ces changements (*eu-u*), ce que nous avons de plus remarquable dans Malherbe, ce sont les rimes *deceus* (pour *deçus*) avec *ceux* ; *veu* (pour *vu*) avec *aveu* ; *meurs* (pour *mûrs*) avec *mœurs*. Voyez ci-après l'article Versification, p. LXXXV.

A, e, i, ai, oi. — *Damoiselle* (50), *madamoiselle* (97), *sarge* (73, 76, 77, etc., pour *serge*), *panon* (76, pour *pennon*), *gardian* (tome IV, p. 47, pour *gardien*) ; —

camerade (211), *Andelousie, condemnable, condemnation, stecade* (pour *estacade*), *rachet* (pour *rachat*); ses imprimeurs (tome II, p. 438) lui font écrire *refraîchir*, mais il veut (tome IV, p. 431) qu'on écrive *rafreschir*; — *cérimonie* (145), *dilayer* (formé de *délai*), *communité, affermer* (pour *affirmer*), *déformité* (pour *difformité*), *Saint-Ouyn* (137, pour *Saint-Ouen*); — *clairté* (tome IV, p. 313, 352), *gaigner* (118), *rejallir* (voyez le *Lexique de Corneille*); — *il échet, ils écheent, je baillé* (17, 91), *courtesie* (3). Voyez ci-après, p. 134, ce qu'il dit de l'orthographe et de la double prononciation de *croire* et d'*accroire*; et p. 228 et 559, la forme du futur des verbes *envoyer, renvoyer.*

Il nous reste peu de chose à dire ou à rappeler pour achever ce qui concerne la prononciation des mots quant aux voyelles et diphthongues. — Nous avons parlé (p. LXXVIII) des formes *parrin, marrine,* pour *parrain, marraine.* — L'addition d'*n* dans les finales *ongne,* pour *ogne,* que nous avons notée, p. LXXIX, 2°, marque peut-être qu'elles avaient un son plus nasal que celui d'à présent. — Voyez au *Lexique*, FLEURIR et FLORIR; GÉMEAUX, pour *jumeaux,* que nous employons encore aujourd'hui, mais seulement comme terme d'astronomie, tandis que Malherbe le prend au sens propre; PROTECOLE, pour *protocole;* CHICONNAUDE, pour *chiquenaude.* — Il faut encore remarquer certaines suppressions et additions de voyelles: pour les unes, voyez les articles CHAOUS (pour *chiaoux*), CHOURME (pour *chiourme*), FLEAU (en une syllabe, pour *fléau*), et les deux mots SCARPOULETTE et STECADE (pour *escarpolette* et *estacade*), qui n'ont pas notre *e* initial; pour les autres BRIEF, BRIÈVE (comparez l'adjectif GRIEF, en une seule syllabe). — Nous trouvons dans les autographes deux lapsus assez curieux, mais marquant bien comment la prononciation décompose certains groupes de consonnes: *deueroit* (52, pour *devroit*), *jassemin* (43, pour *jasmin*). Nous avons un fait tout contraire dans la licence *donrai* (98, pour *donnerai,* dans des vers que Malherbe envoie à Peiresc, mais dit n'être pas d'un bon maître). — Pour la permutation d'*au, eau,* et d'*al, el,* voyez MAUGRÉ et BOURDEAU; pour *ol, oul, ou,* voyez FOL, SOL, SOUL. — Voyez aussi dans l'article OUI l'incertitude de la mesure de ce mot, dont les uns faisaient une syllabe et les autres deux. — L'orthographe *chomme,* et *rolle, rollet* (pour *chôme, rôle, rôlet*) montre que ces mots n'avaient pas autrefois la même quantité qu'aujourd'hui. — Le *Commentaire sur des Portes* contient, au sujet des rimes, des observations portant sur certains mots dont il paraîtrait que la quantité a aussi varié: « *Glace* et *masse,* c'est une longue rimée avec une brieve » (tome IV, p. 251). — « *Distile* (pour *distille*) et *debile.* Mauvaise rime: *distile* a la pénultième longue, et *débile* l'a courte » (tome IV, p. 327). Il ne veut pas non plus qu'on fasse rimer *distille* avec *ville* (IV, 383). — « *Extreme* et *soi-mesme,* mal rimé; *mesme* est long et *extreme* bref » (tome IV, p. 396, note 2). — Nous noterons, pour finir, le changement de voyelle, avec interversion de consonne, des mots *fourmage* (pour *fromage*), *pourmener* (pour *promener*), *entrevenir* (pour *intervenir*): dans ces deux derniers mots, qui sont des verbes composés, l'ancien usage francise, on le voit, les prépositions *pour, entre;* le nôtre y substitue les formes latines *pro* et *inter:* comparez le substantif composé, moitié français et moitié latin, *bienfacteur* (tome II, p. 45 et 67).

Consonnes.

Les différences de prononciation qui tiennent aux consonnes sont moins nombreuses. Nous avons: 1° des consonnes ajoutées, dans quelques formes de *prendre: print* (124), *prinst* (137), *reprindrent* (98); dans la finale *ongne,* plusieurs fois mentionnée; dans *chartres* (203 et 206, pour *chartes*), *croirre* (tome IV, p. 445, pour *croire*), *succer* (tome IV, p. 268, pour *sucer*), *jurisdiction;* nous ne revenons pas sur les redoublements qui n'intéressent pas la prononciation et dont nous avons parlé ci-dessus, p. LXXIX, 3°.

2° Des consonnes retranchées: *mecredy* (8, 107, 161, etc.), *sumission* (94, altération de *submission*), *résiné* (rimant avec *obstiné,* tome I, p. 261, vers 6 et 7), *rétraindre* (pour *restreindre:* voyez au *Lexique,* p. 571); *patourelle,* déjà cité, mis à la place du *pastorelle* de des Portes.

3° Des consonnes changées: *segond* (109), *segondé* (53), *segret* (75), *segretaire* (73), *Jacopins* (41, pour *Jacobins*), *Capuchins* (125, pour *capucins;* nous avons vu plus haut *Capussin*), *béchée* (pour *becquée* ou *béquée*), *consseniille* (pour *cochenille*), *coronel* (75, pour *colonel;* Peiresc, dans la cote de la lettre 1, écrit *carrousere,* pour *carrouselle* ou *carrousel*); *Parabelle* (124, pour *Parabère*), *bizarrement* (nom, pour *bigarrement, bigarrure*). — Nous avons mentionné plus haut, p. LXXVIII, *cercher* (pour *chercher*). — Nous pouvons noter encore *hésiter* avec *h* aspirée; et dans une addition (mais qui n'est pas de la main de Malherbe) à la lettre 76 : *oriflambe* (pour *oriflamme*).

Finales.

Pour les finales, nous avons à remarquer des allongements, accourcissements, etc. : *coustange* (pour *coût, dépense*), *carrouselle* (2, pour *carrousel*), *que je soye* (16, 144, pour *que je sois*), *escurieux* (146, pour *écureuils*), *apprentif* (135; l'Académie, en 1694, donne le choix entre *apprentif, apprentive* et *apprenti, apprentisse*), *épic* (pour *épi*), *douaire* (170, pour *douairière*), *esse* (164, pour *essieu*), *arsenac* (52, pour *arsenal*), *brouillas* (au sens de *brouillard* : voyez le *Lexique*); les vieilles formes, encore usitées dans certains emplois, *courre* (pour *courir*), *grand* (pour *grande* : voyez le *Lexique*).

Au lieu de *pluriel*, Malherbe écrit constamment *plurier* (forme que l'Académie reconnaît encore).

Il nous apprend (tome IV, p. 469) que, dans quelques provinces, et particulièrement dans le Vendomois, on dit *nic*, au lieu de *nid*.

Nous avons mentionné ailleurs les finales *ongne* pour *ogne*, *ol* et *oul* pour *ou*; *an* et *yn*, pour *en*, dans *gardian* et *Saint-Ouyn*. — Voyez aussi au *Lexique*, p. 524, 11°, et tome II, p. 681, note 1, *qui* pour *qu'il* ; et enfin, ci-dessus, p. LXXXI, les désinences de certains noms propres.

Liaisons.

Nous lisons dans le *Commentaire sur des Portes* quelques critiques assez curieuses sur la manière de lier les mots entre eux par la prononciation. Malherbe interdit comme hiatus la rencontre d'une voyelle et d'un mot terminé par *d*. Voici par exemple sa remarque sur ce vers :

Fait son nid aux jeunes bocages,

« Il faut dire *ny*; car autrement il faudroit prononcer *ni taux jeunes bocages* » (tome IV, p. 456).

Faire sentir ce *d* final, en l'articulant comme *t*, est un gasconisme. C'est ce qu'il déclare par deux fois :

A cheval et à pied en bataille rangée,

« Cacophonie : *pié en bataille*; car de dire *piet*, comme les Gascons, il n'y a point d'apparence » (IV, 353).

Pieds nuds, estomach nud, ignorant qu'il étoit,

« Il faut dire *nu*; et disant *nu*, il y a de la cacophonie, sinon que vous prononciez en gascon *nut ignorant*, comme quand ils disent : *mettre pié ta terre* » (IV, 416).

Lui-même écrit, nous l'avons dit, *pié* sans *d*. Ainsi : *pié à pié* (62).

A l'occasion de ce vers de des Portes :

Me paiera-lon toujours d'une vaine mensonge?

Malherbe établit la règle du *t* euphonique que nous avons donnée plus haut, p. LXXVI, puis il ajoute : « Je crois qu'il a dit *lon*, et non *ton*, pour éviter la rudesse de *ton tou* » (IV, 256). — On peut voir au *Lexique*, à l'article ON, deux exemples, tirés d'autographes (27 et 41), où Malherbe viole lui-même la règle du *t* et emploie comme des Portes *lon* (*l'on*) au lieu de *ton* (*t-on*).

Notons, pour finir, certaines liaisons, que nous éviterions aujourd'hui, de *je* avec un verbe précédent : *sens-je* (I, 159, v. 15), *souffré-je* (I, 256, v. 29). Voyez à ce sujet Ménage (*Observations sur Malherbe*, tome II, p. 294 et 295).

Dans la section suivante, de la VERSIFICATION, sont relevés divers faits qui intéressent aussi la prononciation.

VERSIFICATION.

Voyez au tome I, la *Vie de Malherbe* par Racan, p. LXXXII et suivantes; et dans le *Tableau de la poésie française au XVIe siècle*, par M. Sainte-Beuve, p. 152-158 (Paris, 1843), un excellent exposé des réformes introduites dans la versification par Malherbe.

RIME. — Nous trouvons chez Malherbe un certain nombre de rimes qui, pour notre prononciation, sont choquantes, mais dont quelques-unes, pour celle de son temps, étaient encore légitimes (voyez le tome I du *Lexique de Corneille*, p. XCIII et XCIV).

Il fait rimer *lois* avec *appelois* (I, 60 et 61, v. 69 et 72); *dois* avec *voulois* (I, 289, v. 94 et 95); *sois* avec l'adjectif *françois* (I, 80, v. 132 et 134; 282, v. 114 et 116); *compagne* avec *dédagne*, pour *dedaigne*[1] (I, 9, v. 130 et 131); *fils*, non pas seulement avec *Memphis* (I, 50, v. 117 et 120; 92, v. 132 et 134; 196, v. 37 et 38), mais aussi avec *bouffis* (I, 286, v. 19 et 20), et *déconfits* (I, 74, v. 123 et 126); *Thémis* avec *mis* (I, 268, v. 1 et 2); *tous* avec *vous* (I, 104, v. 12 et 14, et quatre ou cinq autres fois); *mœurs* avec *meurs* pour *mûrs* (I, 39, v. 14 et 16, dans une strophe qu'il a plus tard retranchée); *aveu* avec *veu* pour *vu* (I, 289, v. 109 et 110); *ceux* avec *déceus* pour *déçus* (I, 288, v. 73 et 74) : ces deux dernières rimes sont tirées d'une poésie tellement pleine de négligences qu'on a vraiment peine à croire qu'elle puisse être de Malherbe; *obstinée* avec *resinée*, pour *résignée* (I, 261, v. 6 et 7).

Les rimes dites normandes reviennent assez souvent dans les premières poésies (voyez encore le *Lexique de Corneille*, tome I, p. XCIV). Ainsi *mer* avec *consumer* (I, 17, v. 357 et 360); *cher* avec *lâcher* (I, 28, v. 11 et 12), avec *chercher* (I, 43, v. 70 et 72); *Jupiter* avec *vanter* (I, 52, v. 157 et 160), avec *douter* (I, 122, v. 218 et 220), avec *quitter* (I, 147, v. 22 et 24); *enfer* avec *philosopher* (I, 129, v. 12 et 14); plus hardiment encore, *chair* avec *pécher* (I, 4 et 5, v. 9 et 12); et, comme chez Corneille, *clair* avec *aveugler* (I, 30, v. 35 et 36).

Nous voyons cependant notre auteur se montrer en théorie fort délicat et sévère sur l'identité de son et de quantité : nous avons cité plus haut (p. LXXXIII) ses critiques des rimes *glace* et *masse*, *extreme* et *mesme*, *distile* (pour *distille*) et *débile*, *distille* et *ville*. Dans la pratique toutefois il est moins rigoureux; sans parler de la rime du mot *grace*, dont il vient d'être question, avec *fasse*, rime qui revient plusieurs fois (I, 108, v. 17 et 19; 117, v. 17 et 19 *var.*), il fait rimer *trace* et *grâce* (I, 5, v. 34 et 35), *fasse* et *disgrâce* (I, 302, v. 9 et 11), *sache* et *fâche* (I, 17, v. 370 et 371), *entame* et *âme* (I, 15, v. 292 et 293), *rames* et *infâmes* (I, 281, v. 105 et 107), *trame* et *âme* (I, 288, v. 69 et 72), *colosse* et *fosse* (I, 24, v. 21 et 23), *rabaissent* et *confissent* (I, 62, v. 9 et 11), etc. — Nous devons au reste faire remarquer que l'on peut conclure des critiques mêmes que nous avons citées, de Malherbe sur les rimes, que la prononciation de plusieurs des rimes féminines qui précèdent s'est probablement modifiée de son temps au nôtre.

Il nous reste à relever la rime vicieuse du mot *êtes* avec lui-même, *êtes-n'êtes* (I, 153, v. 22 et 23); les deux licences d'orthographe : *je couvri*, pour *je couvris*, rimant avec *Ivri* (I, 167, v. 28 et 30); *ravi*, pour *ravit*, rimant avec *suivi* (291, v. 9 et 10). — A la page 170, v. 3 et 5, nous trouvons *passé* rimant avec *assez*; mais

---

1. Ronsard, comme le remarque Ménage (tome II, p. 37), a fait rimer de même *bagnen*, pour *baignent*, avec *accompagnent*.

n'est-ce point par mégarde que Malherbe, dans l'autographe de Carpentras, a écrit *temps passé*, au lieu de *temps passés* ou plutôt *passez?* — Nous ne notons pas comme licences la rime de *cour* (dont l'ancienne orthographe était *court*) avec *accourt* (112, v. 108 et 110); ni *même* écrit avec ou sans *s*, en vue soit de la rime, soit de la mesure : voyez p. 59, v. 22 et 23, *obsèques mêmes* rimant avec *visages blêmes*; p. 54, v. 198 et 199, *lui-même* avec *blême* (et comme variante, *ibidem*, *blêmes* et *lui-mêmes*); dans le corps du vers, p. 62, v. 11, *mêmes au berceau*; et p. 214, v. 141, *nos champs même*; p. 278, v. 26, *les Immortels eux-même*, à l'hémistiche.

Voici quelques remarques de Malherbe sur les rimes, tirées du *Commentaire sur des Portes*.

Plus sévère que nos prosodies (voyez le *Traité de Versification française* de M. Quicherat, 1838, p. 29, 7°), il condamne la rime de *lien* avec *bien*, au sujet de ces deux vers :

> Et moi, je montre mon lien,
> Heureuse marque de mon bien.

« Mal rimé, dit-il, une syllabe sur deux » (IV, 287).

Il blâme la rime du simple avec le composé, d'*armes* par exemple, avec *alarmes* (IV, 366, etc.).

Ces deux vers de des Portes :

> Et le cœur inhumain d'une bête cruelle.
> Or en vous connoissant si divine et si belle, etc.,

lui suggèrent l'observation suivante : « Quand on finit un sens, il le faut finir à la deuxième rime, et non pas faire que des deux rimes l'une achève un sens, et l'autre en commence un autre » (IV, 358).

Au sujet de ceux-ci :

> Car l'amour et la loi sont sans *comparaison*.
> Amour est un *démon* de divine nature,

il s'écrie : « Vous parlez en oison. C'est un vice quand après avoir rimé un vers, on finit le demi-vers suivant en la même rime » (IV, 358). — Il reprend également la rime à demi-vers, comme il l'appelle, dans un même vers; dans celui-ci, par exemple :

> Qui la fait *contenir* sans mouvoir ni *gémir* (IV, 389; voyez IV, 385, 392, 419, etc.).

Il condamne, en la nommant « rime de Chartres, » la rime d'*eu* avec *u*, d'*heure* avec *endure* (IV, 419).

MESURE ET COUPE. — Pour la mesure ou quantité des mots, Malherbe s'écarte, en fort peu d'endroits, de l'usage actuel, qui, en bien des points, remonte à lui.

Il fait *iez* d'une seule syllabe dans *livriez* (I, 34, v. 53), et deux fois dans *voudriez* (I, 13, v. 256, et 248, v. 23), quoique, dans ces deux mots, l'*i* soit précédé de deux consonnes dont la seconde est une liquide. — De même *ié* dans *quatrième* (I, 183, v. 33); et *ie* dans *grief*, adjectif (I, 43, v. 69). — Voyez les *Observations* de Ménage (tome II, p. 45-48).

Il fait *fuir* de deux syllabes (I, 281, v. 96, et 288, v. 64); conformément à notre usage, il blâme des Portes de n'avoir fait qu'une seule syllabe de *rui* dans le mot *ruine*.

Remarquant que des Portes fait la particule *oui* tantôt monosyllabe, tantôt dissyllabe, il trouverait, dit-il, « plus raisonnable » la seconde quantité, mais ajoute que « l'usage doit être le maître. » (IV, 269.)

Il ne tient pas compte de l'*e* (qu'aujourd'hui nous accentuons) du mot *fleau*, et traite ce nom comme un monosyllabe (I, 219, v. 4, et 74, v. 127 var.).

Deux fois seulement, il se donne une ancienne licence relative à l'*e* muet[1], en faisant une syllabe de l'*e* de *supplie* (I, 247, v. 6), et une autre fois de la finale *ent* de *soyent* (I, 44, v. 7 var.). Cette seconde licence, il l'a corrigée, mais en en prenant une autre, celle d'employer *soient* comme monosyllabe :

> Et *soient* dans les coupes noyées.

Plus tard, il condamna l'une et l'autre. A l'occasion d'un vers où des Portes fait de *voyent* deux syllabes : « *Voyent*, dit-il, se prononce en une syllabe; voilà pourquoi il ne faut pas le mettre dans le vers. » (IV, 291.)

Pour la coupe des vers, il critique les renvois soit d'un hémistiche entier, soit d'une partie d'hémistiche. Ainsi :

> J'ai mis du côté droit maint branchage assemblé

---

1. Il faut corriger, tome I, p. 213, v. 102, *lassée* en *lasse*.

> *D'olivier et de myrte....* (IV, 384; voyez aussi IV, 389);
> Ce cœur qui t'aima tant, et qui fut tant aimé
> *De toi*, chère Phyllis.... (IV, 469).

« Ce *de toi*, dit-il ironiquement au sujet de ce dernier exemple, est une suspension de sens admirable. Un sens imparfait au premier vers, et qui s'arrête à la seconde syllabe du vers suivant : jugez avec quelle grâce ce peut être. »

HIATUS. — On peut dire qu'il n'y a point d'hiatus dans les poésies de Malherbe, dans celles que nous pouvons justement nommer siennes et regarder comme nous donnant sa vraie manière. Nous en rencontrons sept dans notre tome I (3, v. 22 et 27; 9, v. 137; 285, v. 2; 287, v. 63; 289, v. 109; 296, v. 39); mais de ces six le dernier est probablement une faute typographique des anciennes éditions, facile à corriger en remplaçant, comme a fait Ménage, *d'où* par *dont ;* les trois précédents sont dans le poëme à la Garde, dont l'authenticité, nous l'avons dit, nous paraît fort douteuse; les deux premiers se trouvent dans les *poésies* II et III, c'est-à-dire dans deux essais qu'on ne peut certes donner pour des modèles et qui remontent à un temps où sa langue et son style étaient loin d'être formés.

On peut voir ci-dessus, p. LXXXIV, comme Malherbe blâme dans les vers, en le traitant de cacophonie, le concours d'une voyelle initiale avec une voyelle finale suivie d'une consonne qui ne doit pas se prononcer.

LEXIQUE

DE LA

LANGUE DE MALHERBE.

A

À, préposition.

1° Emplois divers, soit encore usités, soit passés d'usage :

Je suis de loisir, et en quelque part que je sois, je suis *à* moi. (II, 493.)

L'âme est *à* soi, et si bien *à* soi, que la prison même où elle est close n'est pas capable de la garder de suivre ses mouvements. (II, 70.)

Un homme se peut vraiment dire *à* soi, qui ne se gêne point de sollicitudes en l'attente du lendemain. (II, 304; voyez II, 40, l. 2; 584, l. 17.)

En me donnant *à* moi (*lorsqu'il m'engendra*), il (*mon père*) me donna lourd et grossier, et je lui ai donné un fils qu'il a de l'honneur et du plaisir d'avoir engendré. (II, 81.)

Une science ne se peut dire *à* soi, qui n'a son fondement que sur la permission d'autrui. (II, 694.)

Le bienfait est une chose, et ce qui vient *à* nous par le moyen du bienfait en est une autre. (II, 169.)

Qui est-ce qui est.... noble? Celui qui naturellement a la disposition *à* la vertu. (II, 420.)

Celui s'appelle proprement ingrat, qui penche plus *à* ce vice qu'*à* nul autre. (II, 118.)

Qui est celui.... qui ne cherche quelque beau masque *à* la laideur de ses méchancetés? (II, 107.)

L'âme de cette ingrate est une âme de cire,
Matière *à* toute forme, incapable d'élire. (I, 60, vers 62.)

Le temps.... avancera la mort,
Qui bornera ma peine *au* repos de la tombe. (I, 305, vers 32.)

Il n'y a simple soldat qui avec plus d'assiduité ait tenu pied *aux* armées romaines (*y soit demeuré constamment*) que lui et ses frères. (I, 462.)

Les Dieux.... ont l'œil *à* la protection de ce qui leur appartient. (II, 219.)

Pensez-vous que j'aie de l'obligation à un qui visant *à* moi a frappé mon ennemi? (II, 176.)

[Des chaînes] Qui le captivent *à* ses lois. (I, 237, vers 18.)

N'espérons plus.... *aux* promesses du monde. (I, 273, vers 1; voyez I, 115, vers 219.)

Assassiner sa patrie et conjurer *à* sa ruine sont les marques de grandeur et d'autorité. (II, 153.)

Prier *aux* Dieux (*prier les Dieux*). (II, 193 et 207.)

Un cynique demanda un talent à Antigonus; il lui répondit que c'étoit plus qu'un cynique ne devoit demander. Et là-dessus le cynique lui demandant un denier, il lui répliqua que c'étoit moins qu'un roi ne devoit donner.... *Au* denier, il regarda la magnificence d'un roi; *au* talent, la profession d'un cynique. (II, 30.)

Aux uns je suis long à payer; *aux* autres je baille par avance. (II, 124.)

Quelle gloire plus grande peut avoir un jeune homme, que s'il se peut dire *à* soi-même (car *à* un autre il n'est pas permis) : « J'ai vaincu mon père de bienfaits? » (II, 89.)

Il les faut épandre (*les paroles*) comme des graines, qui pour être petites ne laissent pas, quand elles tombent en terroir qui leur est propre, de déployer leur force, et se dilater *à* de merveilleuses grandeurs. (II, 402.)

Aux plus beaux jours de juin et de juillet, il s'élève des tempêtes *à* qui décembre et janvier n'en ont point de pareilles. (II, 727.)

Tel qu'*au* soir on voit le soleil
Se jeter aux bras du sommeil,
Tel *au* matin il sort de l'onde. (I, 269, vers 13, 15; voyez I, 36, vers 12; 46, vers 38.)

Cela, et un triste carrousel..., sera tout ce que nous aurons *à* ce carême-prenant. (III, 143.)

On le défia *au* dimanche prochain à rompre en lice, armé. (III, 29.)

Quand j'étois jeune, le goût de la jeunesse m'y eût ramené (*à Paris*); mais *à* d'autres saisons d'autres pensées. (IV, 17.)

.... *Au* passage des flots (*quand tu passeras les flots*). (I, 281, vers 106.)

Après cette nouvelle de paix, il n'y auroit point de goût *à* en lire d'autres. (III, 418.)

.... Nos sens corrompus n'ont goût qu'*à* des ordures. (I, 63, vers 21.)

Ces pièces de bois dont nous faisons nos chevrons et nos poutres s'étendent *au* sentiment de la chaleur. (II, 444.)

Je la vous dédie (*ma servitude*) avec la même dévotion et *aux* mêmes lois (*aux mêmes conditions*) que les choses qui sont dédiées aux temples. (IV, 5.)

Nous voyons les esprits nés *à* la tyrannie....

Tourner tous leurs conseils *à* notre affliction. (I, 73, vers 105.)

Nous ne voulons pas avouer que notre serviteur nous puisse obliger, et cependant nous réputons *à* beaucoup de faveur si celui d'un autre a seulement fait signe de nous voir quand nous l'avons salué. (II, 77.)

Que saurois-je espérer
A quoi votre présence....
Ne soit *à* préférer (*ne soit préférable*)? (I, 255, vers 24.)

Un cajoleur qui s'accorde *à* tout ce que dit un autre. (II, 143.)

A quoi pensez-vous d'épargner des choses *à* quoi vous n'avez rien (*sur qui vous n'avez nul droit*)? (II, 170.)

Ceux qui ont été gens de bien devant nous ne l'ont point été pour nous faire avoir de la réputation : nous n'avons rien *à* ce qui nous a précédés (*en latin* : nec quod ante nos fuit nostrum est). (II, 420.)

2° À, devant un infinitif, marquant le but, la tendance, la direction, etc. (voyez ci-après, p. 4, 7°, À, pour) :

[Toute la cour] *A* regarder tes exercices,
Comme à des théâtres accourt. (I, 112, vers 109.)

Comme (*comment*) le fit-il choir d'une main? Car il lui en falloit une *à* lui tenir le bras qu'il avoit saisi. (IV, 406.)

C'est peu d'expérience *à* conduire sa vie. (I, 30, vers 41.)

Troupeaux.... distribués *à* paître en toutes les provinces.... (II, 227.)

Vous n'avez point attendu mon conseil *à* vous résoudre. (II, 359.)

.... Arguments que nous mettons en avant, *à* prouver que pour être parfaitement heureux, il ne faut autre chose que la vertu. (II, 677.)

Fortune ne nous baille rien *à* jouir en propriété. (II, 560.)

[La paix] Faisoit la sourde *à* nous ouïr. (I, 123, vers 232.)

De peur de faire un livre plutôt qu'une lettre..., je me réserverai pour une autre fois *à* disputer contre ces pointilleux si déliés. (II, 426.)

Voyez des exemples semblables tome I, p. 10, vers 150; tome IV, p. 118, l. 3; et d'autres, tome II, p. 578, l. 26, et tome IV, p. 80, l. 20, où *réserver* a pour compléments des noms précédés de même de la préposition *à*.

.... Satisfaire à la curiosité de ceux qui n'ont rien de meilleur *à* s'entretenir. (IV, 92.)

.... La grande porte *à* venir (*par laquelle on vient*) sur l'échafaud. (III, 471.)

S'il a des dents et des ongles, c'est à tout autre usage plutôt qu'*à* le faire redouter. (II, 109.)

Ma femme.... lors étoit grosse, et n'avoit plus qu'un mois *à* s'accoucher (I, 345.)

.... *A* bien dispenser (*pour bien dispenser, si l'on veut bien dispenser*) les choses, Il faut, etc. (I, 113, vers 137.)

Un bienfait survit à la chose donnée; car, *à* parler comme il faut, cela se peut dire vraiment bienfait, qui est fait en sorte que rien ne le puisse ruiner. (II, 11.)

C'est, *à* n'en mentir point, un sujet sur lequel je serois bien aise de m'étendre. (I, 395.)

Voyez tome I, p. 16, vers 337; p. 62, vers 14; p. 105, vers 6 et 7; p. 134, vers 6; p. 306, vers 18; tome II, p. 35, l. 28; p. 105, l. avant-dernière; p. 181, l. avant-dernière; p. 449, l. 2; p. 481, l. 19; p. 499, l. 3 de l'*Argument*; p. 561, l. 2; p. 638, l. 28; tome III, p. 260, l. 7; tome IV, p. 136, l. 25.

3° Exemples rattachant ce premier sens (2°) au sens suivant (4°) :

Et comme sa valeur, maîtresse de l'orage,
A nous donner la paix a montré son courage,
Fais luire sa prudence *à* nous l'entretenir. (I, 71, vers 41 et 42.)

Sa gloire *à* danser et chanter....
A nulle autre n'étoit seconde. (I, 113, vers 145.)

Imitez son exemple *à* ne pardonner pas. (I, 150, vers 32.)

Il est temps.... de traiter de quelle façon il faut recevoir. L'arrogance y est évitable comme *à* donner. (II, 31.)

Un jour qu'il faisoit la dépense de quelques jeux, et qu'*à* ce faire étoit secouru par la contribution de ses amis.... (II, 36.)

Vous serez toujours.... dure et inexorable *à* me maltraiter. (IV, 173.)

L'importance n'est pas *à* donner ou peu ou beaucoup, mais *à* donner de bon cœur. (II, 12.)

A attendre il y va du temps.... *A* n'attendre point il y a du hasard. (II, 124.)

Il s'est vu des armées.... qui ont vécu de racines, et mangé des ordures qui feroient mal au cœur *à* réciter. (II, 326.)

Voyez tome I, p. 131, vers 27; p. 147, vers 25; tome II, p. 23, l. 16; p. 31, l. 20-23; p. 32, l. 12 et 13; p. 212, l. 10; p. 315, l. 2; p. 452, l. 14.

4° À, devant un infinitif, équivalant presque à *en* avec le participe présent :

.... Mes vers, *à* les ouïr lire,
Te font venir des crudités. (I, 308, vers 2.)

Qui lasse une personne *à* le remettre d'un jour à l'autre, et le gêne *à* le faire attendre, il se trompe s'il en espère ni revanche ni ressentiment. (II, 3.)

C'est *à* rendre l'esprit qu'on voit ce qu'un homme a dans le cœur. (II, 367; dans le sens absolu : « C'est quand un homme rend l'esprit. »)

Voyez tome I, p. 159, vers 22; p. 280, vers 71; tome II, p. 29, l. 10; p. 40, l. 3.

5° À, vers :

Comme Lucius Julius s'en alloit *aux* Sabins, lui et son cheval avoient été tués de la foudre. (I, 431; voyez I, 73, vers 105; 85, vers 37; 91, vers 124; III, 413, l. 23.)

6° À, envers, à l'égard de, avec, contre :

Qui reçoit de cette façon n'est obligé qu'*à* soi-même. (II, 3.)

Pensez-vous que j'aie de l'obligation *à* un qui visant à moi a frappé mon ennemi? (II, 176.)

.... Je ne sais quelle offrande
M'en peut acquitter *aux* cieux. (I, 307, vers 24.)

A cettui-ci je suis quitte quand je lui ai rendu ce qu'il m'a prêté. (II, 32.)

Je ne suis point tenu *à* un batelier qui m'aura passé l'eau et n'aura rien pris de moi. (II, 186.)

Mais *à* vous je suis libre, et n'ai rien de secret. (I, 174, vers 12.)

Il y en a tel *à* qui la première fois nous pouvions nous excuser. (II, 105.)

Antoine fut ingrat *à* son dictateur.... Il fut ingrat *à* sa patrie. (II, 155.)

Celui *à* qui vous desirez de vous revancher.... (II, 198.)

Est-il possible qu'il se soit trouvé des hommes si mal avisés de faire comparaison de nous *à* des animaux? (II, 43.)

Voyez I, 16, v. 335; 296, v. 27; II, 39, l. 15; IV, 25, l. 24; 183, l. 11.

Je.... vous supplie très-humblement de treuver bon que je quitte la complaisance pour me courroucer *à* votre douleur. (IV, 196.)

Voyez tome I, p. 82, vers 178; tome II, p. 35, l. 14; p. 102, l. 18; p. 173, l. 2; p. 183, l. 11 et 24; p. 198, l. 1; p. 468, l. 13; tome III, p. 69 et 70.

7° À, pour (voyez ci-dessus, p. 3, 2°) :

Quant à celui qui fuit les hommes et les affaires..., on se trompe de penser que ce soit pour vivre *à* soi : son intention n'est que de gourmander, dormir et paillarder. (II, 463.)

.... Les fureurs de la terre
Ne sont que paille et que verre
A la colère des cieux. (I, 23, vers 10.)

.... O loi rigoureuse *à* la race des hommes! (I, 58, vers 7.)

C'est chose *à* mon esprit impossible à comprendre. (I, 16, vers 137.)

Il faut que j'aie ou de l'occupation *à* ma valeur, ou de l'exercice *à* ma patience. (II, 500.)

Achève ton ouvrage *au* bien de cet empire. (I, 69, vers 5.)

La nuit est déjà proche *à* qui passe midi. (I, 237, vers 36.)

Soyez-*leur* (*aux vices*) irréconciliable. (II, 450.)

Un homme d'honneur ne prend pas de toute sorte de robes, ni ne porte de toutes couleurs indifféremment; non qu'il ait de la passion *aux* robes ni *aux* couleurs.... (II, 446.)

Voici je ne sais quelle voix qui sort.... de dessous une halle *à* la condemnation de la malice. (II, 153.)

.... Cette affaire, *à* laquelle.... je ne manquerai ni de soin ni de diligence. (III, 424.)

Comment est-il possible qu'*à* toi le donner soit honnête, et *à* lui déshonnête le recevoir ? (II, 29.)

Vous ne trouvez que des tricheries et des exceptions infâmes *à* ceux même qui sont au tableau du préteur. (II, 436.)

Qu'est-ce que je n'en dois appréhender *au* progrès de mon affection? (IV, 156.)

[Que] Le Ciel *à* tous ses traits fasse un but de ma tête. (I, 30, vers 46.)

Vous comptez ce témoin *à* rien. (II, 419.)

.... En bailler à M. Ycart.... et me garder le reste *à* mon arrivée à Paris. (III, 571.)

Qui donne beaucoup à l'espérance ne réserve guère *à* la mémoire. (II, 55.)

C'est *aux* choses superflues qu'on a de la peine et qu'il faut suer pour les acquérir. (II, 275; comparez ci-après, 13º, p. 7.)

Vous.... donnerez votre affection, non *à* l'espérance de quelque revanche, mais *à* la seule satisfaction de votre bonté. (IV, 60.)

On ne dit point que les trois cents Fabies furent vaincus, mais bien qu'ils furent tués.... Il en est de même *aux* bienfaits (*pour les bienfaits, en matière de bienfaits*). (II, 137.)

Voyez tome I, p. 13, vers 238; p. 16, vers 341; p. 17, vers 345; p. 42, vers 59; p. 210, vers 33; p. 237, vers 27 et 33; p. 246, vers 19; p. 264, vers 7; p. 269, vers 33; p. 277, vers 1; p. 294, vers 27; p. 305, vers 33; p. 309, vers 13; p. 335, l. 25; p. 395, l. 19; p. 454, l. 6; tome II, p. 22, l. 7 et 8; p. 32, l. 19; p. 95, l. 20; p. 108, l. dernière; p. 112, l. dernière; p. 468, l. 16; p. 553, l. 17 et 18; p. 610, l. 26; p. 627, l. 2; p. 686, l. 28; p. 726, l. avant-dernière; tome III, p. 28, l. 16; tome IV, p. 4, l. 4.

8º À, quant à, en ce qui concerne :

....*Aux* autres, il faut informer.... s'ils ont point été déjà payés. (II, 61.)

Ceux qui ne sont point venus au monde sont libres de n'y venir point, et demeurer cachés en l'obscurité ; mais *à* vous, le temps n'est plus de le faire. (II, 334.)

Je prendrai un homme de bien..., abstinent *au* bien d'autrui, non avare ni mesquin *au* sien. (II, 100.)

En ce que vous avez mis en avant nous ne pouvons rien ;... *au* bienfait, nous y pouvons tout. (II, 174.)

Bien à peine par le sacrifice propre de ma vie je serai satisfait *au* desir que j'ai de lui faire paroître combien je suis, etc. (IV, 144.)

Voyez tome II, p. 509, l. 5 de l'*Argument;* tome III, p. 55, l. 9.

9º À, par :

Si l'espoir qu'*aux* bouches des hommes
Nos beaux faits seront récités, etc. (I, 51, vers 131.)

S'ils connoissoient quelqu'un qui fût plus homme de bien que les autres, ils se laissoient conduire à lui. (II, 709.)

Entre celles que votre bienveillance a.... jamais obligées..., il n'y en a pas une *à* qui je ne me fasse avec raison céder la gloire d'être votre bien humble et affectionnée servante. (IV, 235.)

Les bêtes.... se laissent teter *aux* unes comme *aux* autres. (II, 517.)

Verras-tu concerter *à* ces âmes tragiques (*verras-tu ces âmes tragiques con-*
Leurs funestes pratiques, *certer*)
Et ne tonneras point (*sans tonner*) sur leur impiété? (I, 218, vers 4.)
Voyez tome I, p. 131, vers 23; tome II, p. 65, l. 16; p. 76, l. 28; p. 135, l. 20;
p. 200, l. 28; tome IV, p. 36, l. 7; p. 117, l. 12.

10° À, après des adjectifs à sens passif :

.... Il adore un visage
Adorable par force *à* quiconque a des yeux. (I, 21, v. 6; voy. I, 60, v. 45.)
.... Si de nos discords l'infâme vitupère
A pu la dérober (*l'Espagne*) aux victoires du père,
Nous la verrons captive *aux* triomphes du fils. (I, 74, vers 126.)
Estimable *aux* races futures. (I, 111, vers 84.)
Ainsi est-il des contrées évitables *au* sage et *à* celui qui le veut être. (II, 446 et 447.)
Toutes difficultés sont expugnables *à* l'assiduité du soin et *à* la pertinacité du labeur. (II, 444.)
Les Dieux.... en leur nature seule.... ont un magasin de toutes choses, qui les rend abondants, assurés, et inviolables *à* tout effort extérieur. (II, 92.)
Vos beaux yeux, *à* qui tout est pénétrable. (IV, 174.)

Voyez tome I, p. 361 et 362; tome II, p. 6, l. 31; p. 42, l. avant-dernière; p. 111, l. 19; p. 190, l. 4 et 5; p. 197, l. 20; p. 412, l. 10; p. 424, l. 20; p. 472, l. 3; p. 479, l. 15; p. 574, l. 15; p. 729, l. 18.

11° À, marquant le même rapport que *de* :

En disant cela vous ne faites que changer le nom *à* Dieu (*de Dieu*). (II, 97.)
.... Tout homme *à* qui la fortune n'a point abattu le courage. (II, 137.)
Quand je parle de la vertu, j'entends une vertu pleine de vigueur et de courage, *à* qui les mains démangent de se battre. (II, 552.)
[Faire de quelque chose] Une.... preuve *à* l'infidélité (*prouver, montrer par quelque chose l'infidélité de quelqu'un*). (I, 4, vers 6.)
.... Que n'ôte des cieux
La fatale ordonnance
A ma souvenance
Ce qu'elle ôte *à* mes yeux (*Pourquoi l'ordre des cieux n'ôte-t-il pas de mon souvenir ce qu'il ôte de devant mes yeux*)? (I, 163, v. 11 et 12.)
.... La violette,
Qu'un froid hors de saison,
Et le sec a flétrie,
A ma peau meurtrie   164, vers 35 *var*.)
Est la comparaison (*Ma peau ressemble à la violette, etc.*). (I,
Ces salles *à* festin, qu'on fait aujourd'hui si grandes que toute une ville y mangeroit, étoient alors inconnues. (II, 712.)
.... Pour retarder une heure seulement
La nuit déjà prochaine *à* ta courte journée. (I, 9, vers 136.)

Prochain *à* est blâmé par Malherbe dans ce vers de des Portes :

Comme la rose *à* l'épine est *prochaine*. (IV, 441.)

Les Dieux savent tout, et cependant nous ne laissons pas de leur faire des vœux et des prières,... pour les persuader *à* nous bienfaire. (II, 167.)
Le sage.... doit.... chercher son repos *à* bonne heure (*de bonne heure*). (II, 333.)
Il y a longtemps que nous sommes sales (*au moral*); il est malaisé de nous nettoyer : ce ne sont point taches ordinaires que les nôtres; elles sont *à* l'huile (*ce sont des taches d'huile*). (II, 486.)

.... Je suis.... votre très-humble serviteur et à M. de Valavez (*et celui de M. de Valavez*). (III, 156.)

« La femme à Tithon » est blâmé par Malherbe chez des Portes. (IV, 389, note 3.)

Craindre à trouver est une phrase dont je ferois scrupule ; je dirois : *de trouver*. Toutefois je ne condamne pas *craindre à*. (IV, 309.)

Voyez tome II, p. 299, l. 8 et 9 ; p. 325, l. 27 ; etc.

12° À, entre :

Aux deux fils de mon roi se partage la terre. (I, 102, vers 2.)

Voyez tome II, p. 23, l. 13.

13° À, où d'ordinaire nous employons *dans, en, sur, chez*, etc. :

Boire.... *au* creux de sa main.... (II, 713.)
En la paix naissent les plaisirs ;
Elle met les pompes *aux* villes. (I, 186, vers 105.)
Soit qu'*aux* bois la chasse l'invite (*l'invite à aller dans les bois*). (I, 82, v. 176.)
A droite ligne (*en ligne droite*).... (II, 141.)
Si je trouvois le diable *à* mon chemin..., je lui passerois sur le ventre. (III, 502.)
.... *Aux* flots de la peur sa navire qui tremble
Ne trouve point de port.... (I, 7, vers 70.)
Celle qu'avoit Hymen à mon cœur attachée....
Au marbre que tu vois sa dépouille a cachée. (I, 223, vers 4.)
Ma femme est *au* travail d'enfant. (II, 127.)
Deux hommes, amis, et compagnons *aux* charges publiques. (II, 170.)
.... Mars s'est mis lui-même *au* trône de la France,
Et s'est fait notre roi sous le nom de Louis. (I, 260, vers 13.)
La patience en quelque fâcheuse maladie, et la constance *aux* extrémités d'une douleur. (II, 523.)
Aux inconvénients qui arrivent par une violence extraordinaire, comme quelqu'un est accablé de malheur, les autres sont.... abattus de crainte. (II, 569.)
Je sais bien qu'*au* danger les autres de ma suite
Ont eu peur de la mort, et se sont mis en fuite. (I, 7, vers 85.)
Quintius.... laissa le reste de son armée en quelque lieu.... assez près pour lui servir *au* besoin qu'il en pourroit avoir. (I, 461.)
Elle a vu les affaires *aux* formes les plus extravagantes qu'elles puissent être. (IV, 212.)
Ces arrogants....
Impudemment se glorifient
Aux fables des siècles passés. (I, 67, vers 44.)
Quel marbre à la postérité
Fera paroître votre gloire
Au lustre qu'elle a mérité ? (I, 202, vers 42.)
Ce sera là-dessus, s'il vous plaît, que vous prendrez la mesure de la douleur que j'en ai eue, sans que je m'engage *à* un travail inutile de la vous représenter. (IV, 89.)
Antiochus n'attendoit qu'une bonne disposition *à* ses affaires pour passer en Europe. (I, 438.)
.... Celui qui se tourmente, pource qu'*à* mille ans d'ici il n'y sera point (*au monde*). (II, 598.)
Accumuler un bienfait *à* l'autre.... (II, 132.)
Nos convoitises.... nous font jeter les yeux, non sur ce que nous avons,

mais sur ce que nous desirons avoir, et non *à* ce qui est, mais *à* ce que nous voudrions qui fût. (II, 53.)

Allez à la malheure, allez, âmes tragiques,
Qui fondez votre gloire *aux* misères publiques. (I, 219, vers 2.)

Le rougir.... paroît davantage *aux* personnes jeunes. (II, 299.)

Aussi n'y a-t-il gens au monde *à* qui plus tôt le courage s'abaisse qu'*à* ceux *à* qui il s'élève sans occasion. (II, 77; voyez I, 282, vers 133.).

La chute des dents de lait *aux* enfants.... (II, 97.)

Les exemples de vertu sont rares *aux* personnes de cette condition. (II, 70.)

J'aurai bien plus tôt fait de mettre le plaisir et l'injure vis-à-vis l'un de l'autre, et faire *à* ma conscience le jugement de leur inégalité. (II, 174; dans l'édition de 1631 : *en ma conscience.*)

Accordons.... qu'il y ait quelque défaut *au* jeu (*dans le jeu*), et non pas *au* joueur (*chez le joueur*). (II, 46.)

Voyez tome I, p. 10, v. 162; p. 25, v. 44 et 53; p. 27, v. 23; p. 28, v. 9; p. 29, v. 34; p. 31, v. 55; p. 45, v. 14 *var.*; p. 54, v. 188; p. 58, v. 11; p. 71, v. 43 et 51; p. 72, v. 65; p. 79, v. 96; p. 81, v. 164; p. 83, v. 203; p. 92, v. 136; p. 100, v. 27; p. 111, v. 81; p. 122, v. 212; p. 124, v. 262; p. 145, v. 6; p. 148, v. 42; p. 150, v. 23 et 24; p. 154, v. 50; p. 168, v. 56; p. 176, v. 71; p. 195, v. 10 et 23; p. 210, v. 14 et 44; p. 211, v. 61; p. 217, v. 215; p. 227, v. 32; p. 229, v. 13 *var.*; p. 236, v. 11; p. 242, v. 4; p. 245, v. 13; p. 248, v. 26; p. 251, v. 4; p. 269, v. 14; p. 271, v. 63; p. 272, v. 10; p. 278, v. 20 et 27; p. 298, v. 35; tome II, p. 5 (*au premier vers*), p. 7 (*aux* mains), p. 10 (*au* commerce des hommes), p. 32 (*au* chemin), p. 42 (*aux* amitiés), p. 60 (*aux* plaisirs), p. 77 (*à* l'âme), p. 82 (*aux* siècles à venir), p. 83 (*aux* ténèbres), p. 88 (*au* théâtre de la gloire), p. 96 (*aux* choses), p. 97 (*à* toutes ses parties), p. 109 (*aux* solitudes), p. 116 (*aux* encensements), p. 119 (*aux* charges), p. 135 (*aux* choses), p. 141 (*au* gouvernement), p. 339 (*aux* biens), p. 447 (*aux* âmes), p. 469 (*aux* maladies), p. 485 (*au* chemin), p. 507 (*au* commerce), p. 570 (*à* qui), p. 632 (*aux* mêmes alarmes); tome III, p. 395 (*aux* provinces); tome IV, p. 2 (*à* la nouveauté), p. 149 (*au* nombre), p. 153 (*aux* effets, *aux* paroles), p. 155 (*au* scrupule), p. 159 (*aux* lois), p. 257 (*aux* choses).

14° À entre un nom déterminé et un nom déterminant :

La montagne *au* double sommet. (I, 108, vers 36.)
Cet absinthe *au* nez de barbet. (I, 250, vers 1.)

15° À ELLE, À EUX, au lieu de *lui, leur :*

Il parle *à elle*. (IV, 277; voyez III, 415, l. 16.)
Voici.... comme il faut parler *à eux*. (II, 87.)

16° À QUI :

Il faut un goût aussi délicat à choisir *à qui* devoir, comme *à qui* prêter. (II, 32.)

.... Par ton règlement l'air, la mer et la terre
   N'entretiennent-ils pas
Une secrète loi de se faire la guerre
A qui de plus de mets fournira ses repas? (I, 63, vers 36.)

17° A, employé par pléonasme :

C'est au sage seul *à qui* ces qualités se doivent attribuer. (II, 463.)
Je le préfère *à* de bien plus honnêtes gens qu'*à* ses compétiteurs. (III, 72.)

18° A, servant à former diverses locutions.

Voyez Deçà, Delà, Dessus (et les autres adverbes de cette espèce), Faute de, etc.

Encore qu'il se soit fait mourir, ç'a été si *à son aise* qu'il semble.... qu'il se soit.... dérobé de la vie sans y penser. (II, 598.)

N'est-ce pas nous rendre au naufrage
Après nous avoir mis *à bord?* (I, 53, vers 170.)

Il ne devoit point ici parler du ciel *à cause de ce qu'*il dit puis après (*parce qu'il dit ensuite*) : « Au ciel elle a sa résidence. » (IV, 281.)

Nous avons les pluies *à commandement.* (II, 673; voy. II, 339.)

.... Qu'elle s'en aille *à* son *contentement* (*à son gré, comme il lui plaira*). (I, 135, vers 37.)

Vivons mieux que le peuple, non pas *au contraire du* peuple. (II, 276.)

Voyez, dans le *Lexique*, Contraire (Au).

A ce coup iront en fumée
Les vœux que faisoient nos mutins. (I, 45, v. 11; voy. I, 261, v. 1.)

Alexandre..., se voyant mis du pair avec Hercule, se persuada qu'*à ce coup* il étoit *à l'effet* (*à l'accomplissement*) de la vaine et présomptueuse imagination qu'il avoit toujours eue d'aller au ciel. (II, 21.)

.... En ces rives je reste,
Où je souffre l'hiver froid *à l'extrémité* (*extrêmement froid*). (I, 56, vers 6.)

.... Un déplaisir extrême vers 144.)
Est toujours *à la fin d'*un extrême plaisir. (I, 134, vers 12; voyez I, 283,
A la fin (absolument et sans complément). (I, 107, v. 1; I, 149, v. 1.)
A quelle fin (*dans quelle vue*) prenez-vous la peine de l'honorer? (II, 110.)

Mon précepteur.... ne m'a point avarement dispensé ce qu'il savoit..., mais a desiré me le pouvoir verser *tout à une fois.* (II, 185.)

Il aime les femmes, mais il ne les prend pas *à force.* (II, 657.)

Avez-vous vu ces chiens qui recevant *à gueule ouverte* ce qu'on leur jette, n'ont pas loisir d'avoir avalé le premier morceau...? (II, 560 et 561.)

Quoi que d'Apelle on nous raconte,
Malherbe pouvoit *à sa honte* (*à sa confusion, mieux que lui*)
Achever la mère d'Amour. (I, 187, v. 139 *var.*; voy. I, 280, v. 74.)

Je vous jure qu'*à jamais* mon esprit ne pensera chose avec mon consentement que je ne croie pouvoir faire avec votre bonne grâce. (IV, 156 et note 6; voyez I, 302, vers 1.)

Bien que j'eusse déjà fait ces discours plus *au long* en ma précédente, je n'ai pas voulu laisser de repasser par-dessus. (II, 592.)

Tout du long des prés coule un ruisseau..., et semble que ce soit un canal fait *à la main.* (II, 463.)

Quelle route prends-tu si fort *à la main droite?* (II, 174.)

[L'homme] est *à la merci* du sort. (I, 313, vers 4.)

Comme, quand nous avons soupé, nous baillons nos restes à ceux qui nous ont servis..., la raison et l'humanité veulent qu'*au partir de* la vie nous donnions quelque chose à ceux qui en ont été les ministres. (II, 597.)

Philippe.... s'en va *au grand pas* vers les ennemis. (I, 407.)

Monsieur est à table, qui.... *à peine de* crever (*au risque de crever*), se met des viandes au ventre. (II, 428.)

Je suis si glorieux d'avoir pour maîtresse la première beauté du monde, que *bien à peine* par le sacrifice propre de ma vie je serai satisfait au desir que j'ai de lui faire paroître, etc. (IV, 144.)

Tout ce qui peut tomber en dispute est compris dans quelques bornes, et n'est pas permis au juge d'en faire la décision *à son plaisir.* (II, 57.)

Pour les arrérages, la Reine les leur refuse *tout à plat.* (III, 239.)

Au point qu'il (*au moment où il*) écuma sa rage,
Le Dieu de Seine étoit dehors.... (I, 79, vers 91.)

Toutes vos actions sont regardées.... Vous ne trouverez pas un homme seul qui pût vivre *à porte ouverte.* (II, 418.)

Chose faite *à poste* (*à dessein*). (IV, 45.)

Nous refusons.... à un amoureux tout ce que le dérèglement de son affection lui fait desirer *à son préjudice*. (II, 27.)

Au premier, dans le sens de *pour la première fois*, est blâmé par Malherbe chez des Portes. (IV, 314.)

J'ai touché les dernières actions de la vie de Caton, mais ses premières ne *venoient* pas plus *à propos* au désordre où déjà les affaires commençoient de s'embrouiller. (II, 315.)

A quoi (*pourquoi*) regardez-vous votre buffet? (II, 619.)

A quoi (*à quoi bon*) cette transposition? (IV, 354.)

A bonne raison, j'ai donné (*j'ai eu raison de donner*) le premier rang à ce genre. (II, 476.)

Je la ferai toujours fleurir (*la Reine*)
Au rang des choses éternelles. (I, 148, vers 51.)

Tout le monde fait ce que tout le monde blâme, et les choses vont.... *au rebours* de bien. (II, 51.)

Sous l'empereur Tibère, il ne se parloit que d'accuser.... Si quelqu'un après boire avoit laissé aller une parole un peu libre..., tout *étoit mis aux tablettes*. (II, 75.)

Au même temps qu'on les répare (*ces fontaines*),
L'eau s'enfuit d'un autre côté. (I, 214, v. 119; voy. II, 44, l. 30.)

Ceux de qui la condition est enviée auront toujours quelques nouvelles atteintes. Les uns seront froissés, les autres *donneront du nez à terre*. (II, 397.)

.... *A travers* des fougères. (I, 227, vers 25.)

Au travers de la mer. (I, 114, vers 182.)

Si un ami m'a fait un petit présent avec beaucoup d'affection..., je suis ingrat *à la vérité* (*véritablement*) si je ne m'estime plus son redevable que d'un roi.... (II, 13.)

Courir *à la vallée* (*courir en descendant*). (II, 408.)

.... *A pleines voiles*. (I, 117, vers 251.)

S'il est question de faire quelque plaisir, nous y allons *à yeux clos*, et jetons plutôt que nous ne donnons. (II, 2.)

Un nommé Blanc lui avoit dit qu'il ne donneroit pas cinq sous du droit de M. de Vins : je ne sais ce qui en sera. *A eux!* (*c'est leur affaire*). (III, 114.)

Voyez encore tome I, p. 111, vers 83.

Nous ne pouvions nous proposer d'épuiser ici les usages remarquables de la préposition *à*. On en trouvera dans beaucoup d'articles du *Lexique*; dans les suivants, par exemple : ABSTINENT; ASSEMBLER; CHANGER; ÉCHANGE; FAIRE; NÉ À; OBLIGER; OFFENSER (S'); OUBLIER; RANGER (SE); RECHERCHER; SATISFAIRE; etc.

Sur la diversité plus apparente que réelle des rapports marqués par *à*, voyez la fin de l'article consacré à ce mot dans le *Lexique de Mme de Sévigné* (tome I, p. 5 et 6).

ABAISSER.

.... Le plus grand orgueil de tout cet univers
Quelque jour à vos pieds doit *abaisser* la tête. (I, 173, vers 11.)

ABANDONNER À :

Tantôt je me la vois d'un pirate ravie,
Et tantôt la fortune *abandonne* sa vie
    A quelque autre danger. (I, 160, vers 47 et 48.)

ABATTRE, au propre et au figuré :

.... Le fer *eût* en javelle
Deux fois les blés *abattus*. (I, 88, vers 30.)

Plier les voiles, *abattre* le mât (*en latin :* armamenta demitti), et tenir toutes choses préparées pour l'inconvénient ou d'un coup de vague ou d'un tourbillon. (II, 183.)

Il lui fait *abattre* le poil avec le rasoir, ou arracher du tout. (II, 429.)

Le moyen de nous garantir, c'est de faire ferme. Ceux qui prennent la chasse ne faillent jamais d'*être abattus*. (II, 606.)

La magnanimité dédaigne ces épouvantements, les appelle en duel et les *abat* par terre. (II, 695.)

L'Espagne pleurera ses provinces désertes, 60, vers 57.)
Ses châteaux *abattus* et ses champs déconfits. (I, 74, vers 123 ; voyez I,
Tu passes comme un foudre en la terre flamande,
D'Espagnols *abattus* la campagne pavant. (I, 26, vers 4.)
Voyez tome I, p. 41, vers 49 ; p. 122, vers 206 ; p. 213, vers 92.

Après nos malheurs *abattus* vers 54.)
D'une (*par une*) si parfaite victoire.(I, 202, vers 38 ; voyez I, 180,

ABÎME, féminin :

C'est comme si vous disiez : ... que les Dieux mêmes, tombés au fond d'une *abîme*, soient compris en cette universelle calamité. (II, 189.)

Elles étoient embrouillées au fond d'une *abîme*. (II, 508.)

Tel est, dans les deux exemples, le texte de l'édition de 1630, qui donne ailleurs (II, 218) : *un abîme*; l'édition de 1645 fait partout ce mot masculin ; c'est déjà le genre qu'il a dans le *Dictionnaire* de Nicot (1606). — Voyez les *Observations* de Ménage, 2ᵉ édition, 1675, p. 135 et 136.

ABOLI, détruit, anéanti :

L'exemple de leur race à jamais *abolie*. (I, 281, vers 89.)

ABOLITION, grâce, pardon (accordé par le Prince) :

.... La promesse qu'Elle (*Votre Majesté*) m'a faite de ne donner jamais d'*abolition* à ceux qui ont assassiné mon fils. (I, 349.)

ABOMINABLE.

[Les aventures] De nos *abominables* jours. (I, 75, vers 4.)

ABOMINATION.

Je le fus (*je fus aise*) de voir tomber nos idoles d'un lieu où je ne les avois jamais regardés qu'avec *abomination*. (IV, 87.)

ABONDANCE.

Le vin fait les mêmes tumultes au cerveau... ; son *abondance* fait sortir les secrets du cœur. (II, 646.)

ABONDANT, qui a de tout en abondance, riche, copieux :

Les Dieux.... en leur nature seule.... ont un magasin de toutes choses, qui les rend *abondants*, assurés, et inviolables à tout effort extérieur. (II, 92.)

Les Latins appellent ordinairement cette faute *copia affectata*, faire l'*abondant* où il n'en est point de besoin. (IV, 278.)

ABONDER à quelqu'un, lui arriver, lui appartenir en abondance :

....Voilà le bien qui m'*abonde*. (I, 286, vers 30.)

.... Étant fils d'un père où (*à qui*) tant de gloire *abonde*. (I, 103, vers 12.)

Abonder de, en, avoir en abondance :

Les plus rares trésors, et les plus grands plaisirs
   Dont sa richesse *abonde*. (I, 255, vers 21 ; voyez I, 245, vers 44.)
Si quelqu'un.... en délices *abonde*.... (I, 9, vers 145.)

ABOUTIR de.... à :
Puisses-tu voir....
.... de Marseille *au* rivage de Tyr
Son empire *aboutir!* (I, 196, vers 40.)

ABSENCE.
.... Quand tu pourrois obtenir
Que la mort laissât revenir
Celle dont tu pleures l'*absence*. (I, 270, vers 51.)

Envoyez-nous vos pensées ; quelque *absence* qu'il y ait, vous serez avec vos amis. (II, 464.)

ABSENTER (S'), se rendre absent, s'éloigner :
Il *se* veut *absenter*.... (I, 8, vers 101.)

ABSINTHE (féminin et masculin), peine, amertume :
Que dis-tu de cette belle âme,
Quand tu la vois si dignement
Adoucir toutes nos *absinthes?* (I, 217, vers 198.)
Ce pluriel est un latinisme : voyez Lucrèce, livre I, vers 935.

Tout le fiel et tout l'*absinthe*
Dont un amant fut jamais abreuvé. (I, 248, vers 39.)

L'un est parmi du sucre, l'autre parmi de l'*absinthe*; l'un a conduit l'indulgence de la fortune, l'autre a dompté sa violence. (II, 521.)

Cet *absinthe* au nez de Barbet. (I, 250, vers 1; sur ce bizarre jeu de mots, se rapportant au connétable de Luynes, voyez la notice à la page indiquée.)

ABSOLU.
Vainqueur *absolu (complétement vainqueur)*. (II, 194; voy. I, 149, v. 7.)

Le jeudi absolu, le jeudi saint, jour où l'on absolvait les pénitents publics :
Je vous envoye un livre fait par M. de Boinville, dédié à la Reine, lequel il lui présenta *le jeudi absolu*, en l'église des Feuillants. (III, 302.)

ABSOLUMENT, sans restriction, sans opposition :
Depuis que dans la paix il règne *absolument*.... (I, 145, vers 7.)

ABSOLUTION.
Vous êtes quitte à moi du mal que vous m'avez fait, et moi quitte à vous du bien que j'en avois reçu. L'*absolution* est réciproque (*nous sommes dégagés réciproquement*). (II, 173.)

ABSTINENCE, sobriété, régime sévère :
Il se rangea sous une *abstinence* si étroite..., qu'avec toute son indisposition il ne laissa pas de bien envieillir. (II, 481; voyez II, 511.)

Abstinence, désintéressement :
Quelle *abstinence* y a-t-il à ne prendre point le bien d'autrui? (II, 36.)

ABSTINENT à :
Je prendrai un homme.... *abstinent au* bien d'autrui. (II, 100.)

ABUS, erreur, tort :
C'est un *abus* d'être plus joyeux en recevant un bienfait qu'en le rendant. (II, 625.)

ABUSER, séduire, tromper :
> Abuser (tromper) les vœux. (I, 68, vers 8.)
> [L'amour] abuse nos ans. (I, 241, vers 26.)
> .... Une amante abusée
> Des appas (séduite par les appas) enchanteurs d'un parjure Thésée. (I, 4, v. 1.)

ACADÉMIQUES, académiciens, philosophes platoniciens :
> Les Académiques tiennent que certainement un homme résolu parmi les douleurs est heureux. (II, 551.)

ACADÉMISTES, écoliers qu'on exerçait dans une académie :
> Cela, et un triste carrousel que préparent les académistes, sera tout ce que nous aurons à ce carême-prenant. (III, 143.)

ACCABLER à, vaincre par :
> Quand on ne se pique point trop tôt contre les vices, ils perdent cette véhémence que l'aigreur auroit irritée, et à la fin se laissent accabler à la vertu. (II, 135 ; voyez ci-dessus, p. 5 et 6, 9°.)

ACCIDENT, événement, hasard :
> Toi de qui les avis prudents
> En toute sorte d'accidents
> Sont loués même de l'envie. (I, 268, vers 8.)
> Le temps [est] fertile de toute sorte d'accidents. (IV, 115.)
> A la nouveauté de cet accident (la mort de sa fille), un de mes plus profonds ennuis..., c'étoit que vous n'étiez avec moi. (IV, 2.)

Voyez tome I, p. 43, vers 71 ; p. 79, vers 106 ; p. 184, vers 52 ; tome II, p. 569.

ACCOINTANCE, liaison intime :
> Embrassez-la (la philosophie) de tout votre cœur, et franchement renoncez à toute accointance, pour vous attacher à la sienne. (II, 457.)

ACCOMMODER à, approprier à, régler sur :
> Il en est ainsi des bienfaits. S'ils ne sont accommodés autant à celui qui les prend qu'à celui qui les donne.... (II, 30.)
> Quand.... Virgile dit : « les mauvaises joies de l'âme, » il s'accommode à la beauté des paroles plus qu'il n'en cherche la propriété, car il n'est point de mauvaise joie. (II, 484 ; voyez II, 213.)

ACCOMMODER, activement, arranger, convenir à, rendre service, faire plaisir à, etc. :
> Une libéralité qui accommode un homme ne l'oblige pas comme une qui lui sauve la vie. (II, 625.)
> Ils confessent qu'elles (les richesses) ne sont pas du tout inutiles, et les mettent même au nombre des choses qui accommodent notre vie. (II, 682.)
> Ce sont deux contrées d'Illyrie, dont Philippe s'étoit accommodé. (I, 442.)
> On ne peut dire du soleil et de la lune qu'ils nous fassent plaisir avec dessein de s'accommoder en quelque chose (de recueillir quelque avantage), car en quoi sommes-nous capables de les servir ? (II, 188.)

ACCOMMODÉ, pourvu de ce qui convient, satisfait :
> Je m'incommoderois beaucoup pour bailler une chose de quoi il ne seroit guère accommodé. (II, 133.)
> Qui est à cette heure le misérable qui voulût avoir des étuves de cette façon, et qui ne se pensât mal accommodé si les parois des siennes n'étoient diversifiées de croûtes de marbre...? (II, 668.)
> Si les îles qui furent les maisons de tant de grands capitaines ne vous sont de chétives cabanes, vous ne pensez pas être bien accommodés. (II, 707.)

A Fontainebleau, en la chambre que vous savez, où je suis *accommodé* comme un prince. (III, 5.)

ACCOMPAGNER, ACCOMPAGNER DE :
Tu vois quelle inconstance *accompagne* les hommes. (I, 17, vers 344.)
Il faut que ton labeur *accompagne* le sien. (I, 271, vers 84.)
M. d'Escures n'aura pas beaucoup de gens qui l'*accompagnent* en son déplaisir. (III, 417.)
Les vertus et les vices s'*accompagnent* en nos mœurs. (IV, 200.)
Que toujours la fortune également indulgente l'*accompagne d'*une félicité.... continuelle. (II, 197.)
La vérité.... s'*accompagne* toujours *de* la raison. (II, 590.)
Voyez I, 21, vers 18; 88, vers 35; 158, vers 1 ; 301, vers 32; II, p. 54, 91.

ACCOMPLIR, achever ; ACCOMPLI, complet :
Cependant son Dauphin d'une vitesse prompte
Des ans de sa jeunesse *accomplira* le compte. (I, 74, vers 116.)
Il reste, Madame, que pour faire la grâce *accomplie*, vous m'accordiez, etc. (IV, 142 ; voyez II, 25.)

ACCOMPLISSEMENT.
.... Quand ces deux grands hyménées....
Auront leur *accomplissement*. (I, 215, vers 154.)

ACCORD.
.... Tous mes sentiments sont d'*accord* avec elle (*avec ma douleur*). (I, 27, vers 8.)
La vertu va tout d'un branle et tout d'un *accord* (*en latin :* constanti animo) à l'effet de ses résolutions. (II, 638.)

ACCORDER.
L'Europe les demande (*ces grands hyménées*), accordez (*ô Dieux*) sa requête. (I, 233, vers 76.)
Je l'*accorde*, il est véritable. (I, 131, vers 31.)
ACCORDER, arrêter par une convention :
Le mariage de M. du Maine et de Mlle d'Aumale *fut* hier *accordé*. (III, 406.)
S'ACCORDER À, être d'accord avec, consentir à :
Tout s'*accorde à* notre bonace. (I, 214, vers 123.)
Selon les règles on peut dire : « je vain, tu vains, il vaint (*sic*) ; » mais l'usage ne s'*y accorde* pas. (IV, 260.)
Quelques grandeurs qu'on lui propose, il ne s'*accordera* jamais *à* rien faire qui soit mal à propos. (II, 589, voyez I, 120, vers 110; II, 143, 487, 492, 521.)
S'ACCORDER AVEC, s'arranger avec, de :
Je m'*accorde* bien *avec* Posidonius. (II, 711.)
Quiconque *se* peut *accorder avec* la pauvreté ne peut être que riche. (II, 268.)

ACCOUCHEMENT, au figuré :
Le monde, devant qu'il fût lassé de tant d'*accouchements* (*de productions*), pouvoit produire les choses en meilleur état qu'il n'a fait depuis. (II, 724.)

ACCOUCHER, avec l'auxiliaire *avoir :*
Son pavillon, pour la mettre quand elle *aura accouché*, est déjà pendu et dressé en sa ruelle. (III, 113.)

S'ACCOUCHER, accoucher :
Ma femme étoit grosse, et n'avoit plus qu'un mois à *s'accoucher*. (I, 345.)

ACCOUPLEMENT, union, mariage :
De ce fatal *accouplement* (*de cette union voulue par le destin*)
Célébrer l'heureuse journée. (I, 112, vers 123.)

ACCOURCIR, raccourcir, abréger, terminer :
Nous l'*accourcissons* (*notre vie*).... par notre inconstance. (II, 388.)
Ce sont tous gens qui.... sont aisés à induire en leur proposant quoi que ce soit pour *accourcir* leur pénitence. (III, 172.)
[Ils] Virent dès le matin leur beau jour *accourci*. (I, 11, vers 189.)

ACCOUTREMENTS, vêtements, parures :
L'or de cet âge vieil où régnoit l'innocence
N'est pas moins en leurs mœurs qu'en leurs *accoutrements*. (I, 300, vers 14.)

ACCOUTUMANCE, habitude :
Il se passe des choses que l'*accoutumance* a mises au rang de celles qu'on appelle secrètes. (II, 270.)
Pas adorés de moi, quand par *accoutumance*
Je n'aurois comme j'ai de vous la connoissance. (I, 16, vers 313.)
Voyez tome II, p. 198, 299, 399, 403, 405; tome III, p. 13; etc.

ACCOUTUMÉ, ordinaire; AVOIR ACCOUTUMÉ, avoir coutume :
.... Les foudres *accoutumés*. (I, 125, vers 325.)
Moi, qui *ai accoutumé* de nommer les choses par leur nom.(I, 353.)
Il n'a pas vécu depuis avec moi comme il *avoit accoutumé*. (II, 59.)
Voyez tome II, p. 4, 506, 584, etc.

ACCOUTUMÉ DE :
Étant de si longue main *accoutumé de* vivre parmi les épines. (IV, 4.)

ACCOUTUMÉE (À L'), comme d'habitude :
Tout ce nombre de personnes qui ne sauroient que faire beaucoup de bruit quand ils ne parleroient qu'*à l'accoutumée*. (II, 466; voyez III, 184; IV, 23.)

ACCROCHÉ À, au figuré :
Je suis ici *accroché* encore pour quelques jours *à* deux ou trois méchants procès. (IV, 5.)

ACCROIRE (FAIRE) QUE, persuader, faire croire que :
Pourquoi me voudroit-il *faire accroire que*.... je lui suis obligé? (II, 80.)
Il y a beaucoup de prétendants à sa succession (*du duc de Clèves*); il y en a qui se *font accroire que* le Roi achètera leurs droits. (III, 85; dans l'autographe, *à croire*, en deux mots : voyez CROIRE.)
Voyez encore tome II, p. 234; tome III, p. 133.
FAIRE ACCROIRE, sans régime, blâmé par Malherbe chez des Portes. (IV, 445.)

ACCROISSANCE, croissance, développement physique :
Toutes ces inventions que nous avons viennent aussi peu de nous que notre *accroissance* ou que la disposition réglée que tous nos membres ont à faire leur office. (II, 96.)

ACCROISSEMENT, crue :
Il se fait aux plus chauds jours de l'année de certains *accroissements* d'eaux. (II, 95.)

ACCROÎTRE, élever (au sens propre) :
Ils ont beau vers le ciel leurs murailles *accroître*. (I, 278, vers 33.)
ACCROÎTRE quelqu'un de quelque chose :
Par leur bénéficence, [ils] *les accroissoient de* commodités et de richesses. (II, 710.)

ACCUEIL.
Le Roi lui a fait bon visage et à l'*accueil* et au congé. (IV, 61; voyez I, 40, vers 22; 108, vers 28.)

ACCUEILLIR.
Il répare en la contemplation des choses divines ce qu'il *a accueilli* de vicieux et de sale au commerce de l'humanité. (II, 507.)

ACCUSABLE.
S'il y a du manquement, il en est *accusable*, et non pas moi. (II, 236.)

ACCUSATIF, fréquemment employé par Malherbe dans le sens de régime, de complément direct. (IV, 278, 425, 445, etc.)
Voyez Datif, Nominatif, au *Lexique*.
ACCUSER pour, blâmé par Malherbe chez des Portes. (IV, 466.)

ACHEMINER, amener, préparer :
De nous voir en notre navire
A si bon port *acheminés*. (I, 216, vers 177.)
Beaucoup de biens.... nous *acheminent* à de grands maux. (II, 278.)
[Nous] sommes surpris comme d'un accident inopiné quand il arrive des choses qu'il y a longtemps qu'ils (*les Dieux*) *acheminent*. (II, 123.)

S'ACHEMINER À, tendre, arriver, aboutir à :
Les humeurs.... *s'achemineront à* la cruauté. (II, 16.)

ACHEVÉ (ÊTRE) DE :
Vous aurez le grand Roman des Chevaliers de la gloire, mais qu'il *soit achevé d'*imprimer. (III, 263.)

ACIER DE COURAGE, courage éprouvé, invincible :
Cette roche de foi, cet *acier de courage*. (I, 7, vers 74.)

ACOQUINÉ EN, attaché à (par l'habitude) :
Locataires *acoquinés en* une maison. (II, 541.)

ACQUÉRIR.
La palme *acquise* en cette guerre. (I, 28, vers 5.)
[Que votre courage] Nous *ait acquis* la paix.... (I, 262, vers 4.)
Les meilleures actions de l'âme.... ont une certaine mesure hors laquelle il est impossible qu'elles *acquièrent* le titre de vertu. (II, 24.)
Voyez tome I, p. 11, vers 186; p. 67, vers 60; p. 93, vers 164; p. 140, vers 13; p. 148, vers 58; p. 202, vers 30; p. 300, vers 2.

ACQUÉRIR des ennemis, s'en faire. (II, 15 et 111.)

ACQUISITION (D'), par les qualités acquises :
Des âmes grandes, et *d'acquisition*, et de naturel.... (II, 355.)
.... Quelqu'un qui *d'acquisition* ou de nature ait un flux de bouche si grand que le bien dire ne lui coûte rien. (II, 580.)

ACQUIT (PAR), par manière d'acquit :
Les jeux furent faits, mais *par acquit*, et sans être regardés. (I, 440.)

ACQUITTER, payer ; rendre quitte, payer la dette de :

C'est chose possible que par la seule affection un homme *acquitte* le plaisir qu'il a reçu. (II, 45.)

Je vous ferai part de trois belles choses.... Il y en aura une pour *acquitter* cette lettre, et les deux autres que je vous baillerai par avance. (II, 284 ; voyez I, 307, vers 24.)

ACTE.

.... Qui met les bienfaits en dépense fait l'*acte* d'un usurier. (II, 6.)
[La vertu] Sur tous les *actes* vicieux
Leur fait haïr l'ingratitude. (I, 108, vers 23.)

ACTION.

Qu'appelez-vous.... bienfait ? une *action* de bienveillance, etc. (II, 12.)

Vous pensez, quand un homme résiste courageusement à la douleur, qu'il ne se serve que d'une vertu, pource que la patience est celle qui paroît le plus en cette *action*. (II, 528 ; voyez I, 78, vers 77 ; 116, vers 238 ; 159, vers 28.)

Tout ce que commandent les stoïques, c'est de mourir en *action* (*en latin :* in actu mori). (II, 285.)

S'il est vrai qu'un homme se puisse faire du bien (*à lui-même*), c'est une libéralité qui est en perpétuelle *action*. (II, 145.)

ACTUEL, terme de philosophie scolastique :

Je suis bien marri du trait que vous a joué le Gascon. Le nom de sa nation vous devoit faire peur, et surtout cette mine plus potentielle qu'*actuelle*. (III, 13 ; voyez la note 4, à la page indiquée.)

ADJURER, pour *conjurer*, blâmé par Malherbe chez des Portes. (IV, 359.)

ADMIRABLE DE, pour *admirable à*, blâmé par Malherbe chez des Portes. (IV, 346.)

ADMIRATION, étonnement :

Des inconvénients, ceux qui nous apportent de l'*admiration* nous donnent aussi plus de sentiment. (II, 726.)

ADMIRER, s'étonner de :   150, v. 133.)
Ceux-ci de qui vos yeux *admirent* la venue. (I, 300, v. 1 ; voy. I, 84, v. 7 ;

ADORABLE.

Que fais-tu, monarque *adorable ?* (I, 155, v. 67 ; voy. I, 76, v. 23.)

ADORER.

.... Ce miracle des rois....   . v. 34 ; 146, v. 12.)
Invite à l'*adorer* tous les yeux de la terre. (I, 145, v. 11 ; voy. I, 88,

ADRESSE, habileté, industrie :

De quelque *adresse* qu'au giron
Ou de Phénix ou de Chiron
Il (*Achille*) eût fait son apprentissage.... (I, 113, vers 155.)
[Les abeilles] ont une *adresse* de confire les tendrons des fleurs. (II, 651.)

ADRESSE, action d'adresser, d'envoyer :

Vous avez passé la grâce de Miramont ?... Je me plains de l'*adresse* qui en a été faite au prévôt de l'hôtel. (III, 387.)

ADRESSER (S') PAR, se diriger par, aller par :

Il lui dit que son passage *s'adressoit par* Luxembourg. (III, 151.)

Adressant à, s'adressant à :

Seulement avoit-il force lettres dans ses poches, qui lui avoient été baillées à Metz, *adressantes à* plusieurs personnes de cette ville. (III, 428.)

ADRIATIQUE (L'), la mer Adriatique. (II, 707.)

ADVENIR. Voyez Avenir.

ADVERSAIRES, ennemis :

Nous avons tant perdu d'amis,
Et de biens, par le sort transmis
Au pouvoir de nos *adversaires*. (I, 287, vers 39.)

ADVERSITÉ.

Sans t'irriter en vain contre une *adversité*,
    Que tu sais bien qui n'a remède
Autre que d'obéir à la nécessité. (I, 271, vers 70 ; voyez I, 142, vers 40.)

AFFAIRES.

Ce fut alors aux Insubriens à pourvoir à leurs *affaires* (*à leur salut*), et s'enfuir sans regarder derrière soi. (I, 444 ; voy. I, 263, v. 4 ; 269, v. 16.)

S'étant tiré à l'écart, comme pour aller à ses *affaires* (*en latin :* ad exonerandum ventrem).... (II, 635.)

Avoir affaire à (voyez Faire) :

C'est le trait d'un corrompu.... de tâcher de gratifier en paroles ceux qu'il ne peut contenter en effet. Mais encore aimerois-je mieux *avoir affaire à* lui qu'à une manière de présomptueux.... (II, 14 et 15.)

Avoir affaire de, avoir affaire à :

Quel besoin est-il de me tourmenter davantage, puisqu'Ulysse, qui *avoit* même *affaire des* Sirènes, eut si peu de peine à se garantir soi et les siens ? (II, 470 ; voyez la variante, à la page indiquée.)

Avoir affaire de, avoir besoin de :

Une chose *de* quoi les plus contentes fortunes *ont affaire*. (II, 198.)

Le sage pour vivre heureusement se peut passer de tout le monde ; mais pour vivre, non ; car en ce dernier il peut *avoir affaire de* beaucoup de choses. (II, 292.)

AFFAMÉ de, au figuré :

.... Leur âme encore *affamée*
De massacres et de butins. (I, 45, vers 13 et 14.)

AFFECTATION, recherche :

Les Latins appellent ordinairement cette faute *copia affectata*, faire l'abondant où il n'en est point de besoin ; mais ici elle est de nécessité plutôt que d'*affectation*. (IV, 278.)

AFFECTER (*affectare*), rechercher, prétendre à :

Si vous voulez avoir le plaisir d'être riche, pourquoi *affectez*-vous la gloire d'être pauvre ? (II, 30.)

Qui.... n'*affecte* le nom d'homme de bien ? (II, 107.)

Quand nous *affectons* quelque chose, et que la passion nous la fait poursuivre.... (II, 416.)

Il *affectoit* une science qui lui eût fait connoître le peu d'apparence qu'il y avoit au surnom qu'il s'étoit laissé donner. (II, 731.)

AFFECTION, sensation, sentiment, disposition de l'âme :

.... Tes actions
Captivent les *affections*
Des cœurs, des yeux et des oreilles. (I, 286, vers 8.)

Se vouloir du bien.... est une *affection* qui sort avec l'homme du ventre de la mère. (II, 107.)

Cela ne se doit pas appeler crainte : c'est une *affection* naturelle. (II, 472.)

La conscience d'un homme d'honneur.... ne se trouve qu'en un esprit bienheureux et vraiment divin, comme l'*affection* contraire ne loge jamais que là où il y a une extrême infortune. (II, 627.)

Je ne doute point qu'il ne soit toujours votre serviteur : c'est une *affection* qu'il ne sauroit nier à votre mérite. (IV, 141; voy. II, 224, 535, 627.)

AFFECTION, intention, désir, ardeur, attachement :

Autant aux bienfaits comme aux offenses, il faut prendre garde à l'*affection*. (II, 622.)

Il n'y a point de bienfait qu'on n'ait eu *affection* de le faire. (II, 175.)

Le refus irrite les *affections*. (IV, 235.)

La sagesse est la félicité parfaite de l'esprit de l'homme, la philosophie est l'amour et l'*affection* de l'acquérir. (II, 702.)

.... Ma très-fidèle *affection* à vous servir. (III, 60.)

.... [Le] témoignage qu'ils nous rendent de quelque particulière *affection* en notre endroit. (II, 184.)

Voyez I, 78, vers 80; 135, vers 34; III, 53, 170; IV, 117; et au *Lexique*, AMOUR.

AFFECTIONNÉ, ardent :

La prière si *affectionnée* que je vous fis.... (II, 395.)

Vous vous émerveillerez qu'ayant autrefois si peu estimé la longue robe, je sois à cette heure si *affectionné* à la rechercher. (IV, 102.)

AFFERMER, affirmer :

L'hyperbole.... *afferme* ce qui passe au delà de toute crédulité. (II, 241.)

AFFERMIR, rendre ferme :

Vous ayant appelé, vous *affermîtes* l'onde. (I, 16, vers 323.)

AFFERMISSEMENT, action d'affermir :

La souplesse des bras, la dilatation des épaules et l'*affermissement* des reins ne sont pas occupations d'une âme bien faite. (II, 317.)

AFFLIGER, troubler, gêner :

Laisse-moi, raison importune,
Cesse d'*affliger* mon repos. (I, 130, vers 2.)

AFFLUER.

La matière d'obliger les hommes lui *afflue* de toutes parts. (II, 197.)

AFFOURCHER (S') SUR, se mettre à cheval sur :

Après ma barque rompue, je m'*affourche* encore *sur* les éclats. (II, 688.)

AFFRANCHEMENT, affranchissement :

Pour amasser le prix de leur *affranchement*, ils se laissent mourir de faim. (II, 619; voyez la note 1, à la page indiquée.)

AFFRONTEUR, trompeur :

Je ne lui donnerai non plus qu'à un *affronteur*. (II, 117.)

AFIN DE, AFIN QUE (dans les anciennes éditions, *à fin*):

L'ennemi.... n'oublie rien *afin de* pouvoir entrer. (II, 440; voyez I, 148, vers 59.)

.... Rien, *afin que* tout dure,
Ne dure éternellement. (I, 25, vers 39.)

AFIN QUE, comme *afin de*, avec l'infinitif :

Je les tenois là en vue, *afin que* me souvenir toujours de les vous envoyer. (IV, 22.)

ÂGE, au sens propre :

La nature en a fait plusieurs parties (*de notre vie*). De l'enfance elle en a fait une, de l'*âge* puéril une autre, de l'adolescence une autre. (II, 439.) Tel que fut rajeuni le vieil *âge* d'Éson. (I, 261, vers 5.)

Pour avoir eu plus d'*âge* nous n'eussions pas acquis plus de vertu. (II, 610.)

ÂGE, vie, temps, époque, siècle :

Ainsi de tant d'or et de soie
Ton *âge* dévide son cours.... (I, 116, vers 242.)

Tout notre *âge* est un ouvrage à pièces, qui a comme des cercles les uns dans les autres. (II, 303.)

Quoi que l'*âge* passé raconte. (I, 46, vers 28.)
Je veux mon œuvre concevoir
Qui pour toi les *âges* surmonte. (I, 110, vers 54.)

Voyez I, 21, vers 14; 82, vers 188; 90, vers 93; 113, vers 158; 211, vers 51; 231, vers 46; 236, vers 1; 264, vers 1; 300, vers 13; II, p. 265, 365, 439, 699.

ÂGE, dans ses divers sens, au féminin :

.... Font un visage d'or à *cette âge* ferrée. (I, 5, vers 14.)

En quelque part que je regarde je vois des marques de mon *âge* (*de mon vieil âge*). Embrassons-la et faisons amitié avec *elle*. (II, 302; quelques lignes plus loin, p. 303, nous le retrouvons masculin.)

Voyez d'autres exemples du féminin tome I, p. 10, vers 157; tome II, p. 83 ; voyez aussi les *Observations* de Ménage, p. 136.

AGENOUILLOIR, prie-Dieu :

La Reine se leva de son *agenouilloir*. (III, 463.)

AGITATION (d'un volcan), éruption :

Le mont Etna ayant par une *agitation* extraordinaire embrasé les lieux voisins. (II, 87.)

AGITÉ DE, au figuré :

En toutes âmes l'amitié,
De mêmes ennuis *agitée*,
Fait les mêmes traits de pitié. (I, 33, vers 17.)

AGONIE.

Il y a trois jours qu'elle est en l'*agonie* de la mort. (III, 223.)

AGRÉABLE.

L'*agréable* tourment que ses flammes (*de l'amour*) nous donnent. (I, 241, v. 29.)

AVOIR AGRÉABLE :

Je les baillai à l'homme à qui ils étoient destinés, qui les *eut* extrêmement *agréables*. (III, 38 et 39.)

Ma foi, qu'en me voyant elle *avoit agréable*. (I, 176, vers 65.)

AGRÉER de, aimer à :

.... Comme notre esprit *agrée*
De s'entretenir près et loin. (I, 288, vers 87 et 88.)

AGUET, au singulier, embuscade, action de guetter :
Quand l'*aguet* d'un pirate arrêta leur voyage. (I, 11, vers 196.)

AHANER, se fatiguer, faire de pénibles efforts :
Quand les plus forts font leurs exercices..., quand ils *ahanent* ou font semblant d'*ahaner*, je les oy geindre. (II, 465.)

AHEURTER (S') à, être aheurté contre, s'opiniâtrer :
[Il] sentit que s'il *s'aheurtoit à* son affaire, il auroit tout le sénat à combattre. (I, 428.)
[Ils] ne sont pas bien aises, s'ils ne *sont* toujours *aheurtés contre* quelque difficulté. (II, 373.)

AIDE, secours :
Celui (*le bienfait*) du père (*engendrant un fils*), qu'est-ce autre chose qu'un bien simple, facile? Il appelle une femme à son *aide*, il se propose les lois du pays, et rien moins que celui qu'il va mettre au monde. (II, 84.)
La fidélité de vos conseils et l'assiduité de vos travaux sont les plus fortes *aides* qu'il ait eues. (I, 395.)

Aide, au singulier masculin, celui qui aide :
Il leur faut un *aide* (*en latin* : adjutor). (II, 451.)

AIDER à :
Qui se peut sauver quand on *lui aide* n'est pas malhabile homme. (II, 451.)
Il faut que la fortune.... *aide*.... *à* la vertu. (IV, 103.)
M. le marquis de Portes.... *lui a aidé* à faire cet exploit. (III, 527.)
Voyez tome I, p. 203, vers 46 ; p. 436 ; tome II, p. 27, 31, 155, 203, 234, 266, 451, 517, 651 ; tome III, p. 309, etc.

S'aider, se venir en aide à soi-même :
Ces impressions me donnèrent volonté de *m'aider* et de me résoudre à la patience de toutes douleurs. (II, 602.)

S'aider de, se servir de :
Que me sert que je *me* sache bien *aider* d'un cheval? (II, 692.)

AÏEULS, aïeux :
Comme ils (*ces compteurs de généalogies*) se trouvent au bout de leurs *aïeuls*..., ils mettent un dieu de la partie. (II, 76.)

AIGLE, emblème de l'empire d'Allemagne. (I, 184, vers 46.)

Aigle, au féminin :
En un des côtés (*d'une pièce d'argent*) il y a une *aigle* qui a les ailes et les jambes ouvertes. (III, 311 ; voyez III, 438 et note 21.)

AIGRE, au figuré :
Une subtilité trop *aigre* (*traduction de* : nimia subtilitas). (II, 699.)

Aigre de cèdre, (sorte de vin) fait avec du jus de cédrat, etc. :
Il y a une belle dame à qui on a fait fête de l'*aigre de cèdre* ; elle m'a prié que s'il y en avoit à Marseille, je lui en fisse venir. (III, 373.)
Je ne veux pas oublier à vous remercier du vin *aigre de cèdre*. (III, 407.)

AIGREUR, acidité :

La mémoire des amis nous est agréable, comme l'austérité du vin vieil, ou comme une douce *aigreur* en une pomme. (II, 495.)

AIGU, au figuré, fin, pénétrant :

Les chiens ont le sentiment du nez plus *aigu*. (II, 42.)

AIL. Voyez Aulx.

AILE, au propre et au figuré :

Tant que mon dos aura des *ailes* (*dit la Renommée*),
Son image aura des autels. (I, 148, vers 53.)
La sagesse vole bien d'une autre *aile*. (II, 718.)
.... Son âme étendant les *ailes*
Fut toute prête à s'envoler. (I, 155, vers 65.)
Couper les *ailes* à l'outrecuidance des richesses. (II, 685.)

AILLEURS.

Marc Antoine, voyant que la fortune prenoit parti *ailleurs*.... (II, 170.)

Ailleurs, à autre chose :

[Que] Nous employions notre vaillance   570.)
Ailleurs qu'à nous entre-tuer. (I, 185, v. 90 ; voy. II, 5, 163 et 164,
Allons *ailleurs* (*passons à un autre sujet*). (II, 157.)

AIMER, traiter amicalement, favoriser :

Que le rigoureux sort
Dont vous m'êtes ravie
Aimeroit ma vie
S'il m'envoyoit la mort ! (I, 163, vers 17.)

AINÇOIS, blâmé par Malherbe chez des Portes. (IV, 357 et 382.)

AINS, mais. (I, 40, vers 34 *var.*)

Ains que, pour *devant que*, blâmé par Malherbe chez des Portes. (IV, 354.)

AINSI.

Mon roi, s'il est *ainsi* (*s'il est vrai*) que des choses futures
L'école d'Apollon apprend la vérité.... (I, 104, vers 1.)
Si *ainsi* est qu'elle (*la fortune*) me veuille continuer les témoignages de sa haine. (IV, 156 ; voyez I, 40, vers 17.)
Je ne veux pas disputer qu'*ainsi* ne soit (*que ce ne soit vrai*). (II, 110.)
Voyez encore tome II, p. 651.

Ainsi, en tête d'un morceau, avec ellipse de l'autre terme de comparaison. (I, 32, vers 1 et 7.)

Ainsi, dans l'expression d'un vœu. (I, 116, vers 241 et 245.)

Par ainsi, conséquemment :

Celui qui les donne et celui qui les prend sont d'accord que ce sont bienfaits.... Et *par ainsi* celui qui trompe.... est.... ingrat. (II, 151.)
Voyez tome II, p. 101, 703 ; tome IV, p. 303, 448.

Ainsi.... comme ; comme.... ainsi. Voyez Comme.

Tout ainsi. Voyez Tout.

AIRAIN.
.... L'arrêt souverain
Est écrit en *airain*. (I, 43, vers 76.)

AIRE, surface, étendue de terre :
S'il étoit possible que les fourmis eussent l'entendement tel que les hommes, ne feroient-ils pas la même division d'une *aire* en plusieurs provinces? (I, 470.)

Aire, halo, cercle qui paraît entourer le soleil. (I, 478.)

AIS.
Par entre deux *ais* de qui la jointure s'étoit lâchée, [il] laissa tomber son argent dans sa boutique. (II, 240.)

AISE, bonheur, joie, plaisir (voyez Malaise) :
Quiconque de plaisir a son âme assouvie...,
Sans jamais en son *aise* un malaise éprouver.... (I, 10, vers 165.)
  L'*aise* et l'ennui de la vie
  Ont leur course entre-suivie. (I, 24, vers 35.)
Voyez tome I, p. 30, vers 42; p. 61, vers 70; p. 94, vers 198; p. 124, vers 272; p. 130, vers 12; p. 195, vers 22; p. 236, vers 10; p. 256, vers 32; p. 298, vers 24.

Aise, au masculin :   I, 252, v. 2.)
L'*aise* nouveau de cette vie. (I, 85, v. 25; voy. I, 73, v. 89 et 90;

Aise, locutions diverses :
Celui qui n'est pas né se passe et de la vie et de toute autre chose *fort à son aise*. (II, 85.)
[Il] *seroit à son aise* (il serait content), si.... (I, 15, vers 308.)
Pour deux liards vous aurez mangé *tout votre aise*. (II, 330; dans l'édition de 1645 : « tout à votre aise. »)

AISE, adjectif; être bien aise :
Je *serai bien aise* d'y faire ce qui me sera possible. (II, 17.)

AJOURNER, mettre en demeure, sommer :
Il faut.... lui en faire couler quelque ressouvenance, mais discrète, qui l'avertisse, et ne l'*ajourne* pas. (II, 241.)

AJOUTER, sans régime direct, blâmé par Malherbe chez des Portes. (IV, 358.)

ALAMBIQUER (S') à :
.... De qui le cerveau s'*alambique à* chercher, etc. (I, 45, vers 18 *var.*)

ALARME (En) :
Qui ne se peut passer de richesses est *en alarme* pour elles; qui est *en alarme* pour une chose n'en jouit point. (II, 316; voyez II, 383, 470, 499.)

Prendre l'alarme :
[Nous] *prenons l'alarme* aussitôt que nous pensons qu'elle (la mort) est près de nous. (II, 383.)
Elle (la folie).... *prend l'alarme* de ceux mêmes qui viennent à sa défense. (II, 485.)
Alarmes est féminin, et sans réplique (*dit Malherbe à des Portes, qui fait ce mot masculin*). (IV, 332; voyez en outre tome IV, p. 368, et deux fois à la page 370.)

ALBAN (Le mont), le mont Albain. (I, 428.)

ALCYON, au figuré, qui préserve de l'orage, du malheur :
>La France est hors de leur furie,
>Tant qu'elle aura pour *alcyons*
>L'heur et la vertu de Marie. (I, 197, vers 5.)

ALÈNE, poinçon :
>Vous attaquez un lion avec une *alêne* (*en latin :* subula). (II, 640.)

Voyez encore tome II, p. 655; et un jeu de mots au tome III, p. 428.

ALLÉGEANCE, soulagement :
>Le temps à mes douleurs promet une *allégeance*. (I, 2, vers 5.)

ALLÉGER (S') DE :
>Si (*pourtant*) faut-il qu'à la fin j'acquitte ma promesse,
>Et *m'allége du* faix dont je suis accablé. (I, 244, vers 4.)

ALLÉGUER.
>Son nom.... *est* ordinairement *allégué* pour exemple dans Rome. (II, 73.)
>.... Quelques vains respects qu'*allègue* mon devoir,
>Je ne céderai point.... (I, 304, vers 10.)

ALLEMAND, en parlant de la langue :
>Je ne sais pas si c'est anglois ou *allemand*, mais je sais bien que ce n'est pas françois. (IV, 312.)
>C'est parlé *allemand* de dire : « forcé de résoudre à faire cela. » (IV, 382.)

ALLER, S'EN ALLER :
>Un homme de bien et un méchant partant ensemble de même port, et *allant* à même voyage. (II, 119.)
>C'est une vilenie de n'*aller* point, mais se laisser porter. (II, 401.)
>Ses chevaux tantôt *vont*, et tantôt se retardent. (I, 18, vers 374.)
>Ceux qui *alloient* par pays avoient quelque trafic à faire. (I, 435.)
>*Allons* ailleurs (*passons à un autre sujet*). (II, 157.)
>Au train qu'ils *vont*, un terme de cinq ou six siècles ne leur fera point de mal. (IV, 18.)
>Tu *vas* à qui te fuit. (I, 10, v. 149; voy. I, 91, v. 125; 304, v. 13.)
>Les aventures du monde.
>*Vont* d'un ordre mutuel. (I, 24, vers 32; voyez II, 479.)
>Parce que c'est chose qui n'est pas bien aisée à trouver que la vérité, nous nous contentons de suivre ce qui nous en apparoît. Toutes les actions de la vie *vont* par ce chemin (*suivent cette règle*). (II, 124.)
>Si j'eusse voulu me faire valoir, je devois *aller* par degrés, et mener ma besogne d'un ordre que le plus friand fût servi le dernier. (II, 214.)
>Quand de deux hommes l'un vient et l'autre *va*, ils se trouvent en peu de temps bien éloignés. (II, 642.)
>En jouant c'est bien quelque chose d'*aller* bien à la pelote (*à la paume*) et la recevoir comme il faut. (II, 46.)
>La vaine et présomptueuse imagination qu'il (*Alexandre*) avoit toujours eue d'*aller* au ciel (*d'être déifié*). (II, 21.)
>Ce que ces gens ici promettent n'est pas argent pour *aller* au sel (*pour acheter des vivres*). (III, 222.)
>Ils (*les gladiateurs*) reçoivent des coups s'ils refusent d'*aller* aux plaies (*de se battre, de chercher des blessures*). (II, 282.)
>La vertu.... se plaît de passer ce qui *va* devant. (II, 86.)
>A ce coup *iront* en fumée
>Les vœux que faisoient nos mutins. (I, 45, vers 11.)

Je ne veux pas qu'elle (*la libéralité*) *aille* en désordre. (II, 22.)

Philippe, roi de Macédoine, avoit en son armée un soldat, vaillant homme..., et le reconnoissant d'une âme vénale, ne cessoit de lui laisser *aller* quelque petit présent. (II, 129.)

C'est la preuve d'un courage extrêmement brave, quand l'esprit a considéré cette abondance diversifiée d'animaux et de toutes choses, de pouvoir comme Dieu laisser *aller* cette voix : « Tout cela est à moi. » (II, 219.)

Les éléphants par le bon traitement se laissent *aller* jusques à la servitude. (II, 6.)

On se laisse facilement *aller* à ce qu'on voit faire à beaucoup de gens. (II, 283.)

Nous nous laissons *aller* à tous les rapports qu'on nous fait. (II, 310.)

En une distribution de viande et en telles autres choses qui se prennent avec la main, tout en *va* par morceaux. (II, 565.)

Tel, et plus épouvantable,
S'en alloit ce conquérant. (I, 89, vers 52.)

Qu'un homme de bien voie une chose louable, il *s'y en ira* sans marchander. (II, 515.)

Cela ne se peut faire.... que nous ne les regardions (*les richesses*) comme toujours prêtes à *s'en aller* d'avec nous. (II, 332; voyez II, 573.)

[Que] Mes serments *s'en aillent* au vent. (I, 141, vers 18.)

Il est des choses d'une certaine forme, que toute leur signification *s'en va* hors de nous. Je suis frère, mais c'est d'un autre. (II, 147.)

Si je me suis tiré une fois d'un bourbier où je suis, je *m'en vais* devenir un grand écolier. (II, 558.)

Je *m'en vas* fermer ma lettre. (III, 82.)

Quelqu'un a guéri mon père, qui *s'en alloit* mourir. (II, 79; voyez I, 235, vers 10.)

Use du simple; ce composé *s'en va* hors d'usage. (IV, 369.)

ALLER, avec un participe présent :

Les plaisirs nous *vont décevant*. (I, 286, vers 32.)

Voyez I, 54, vers 194; 116, vers 246; 195, vers 18; 247, vers 2.

ALLER, S'EN ALLER, avec un participe passé :

Je ne parlerai point en stoïque, pour n'*aller* pas si *bandé* avec vous. (II, 306; voyez II, 270.)

Mais aujourd'hui que mes années
Vers leur fin *s'en vont terminées*. (I, 210, vers 26.)

[Nos pâturages] *S'en alloient désolés*. (I, 229, vers 9.)

Tout *s'en va perdu*. (II, 16; voyez ci-après Y ALLER, agir.)

S'EN ALLER À QUELQU'UN :

Comme Lucius Julius.... *s'en alloit aux* Sabins, lui et son cheval avoient été tués de la foudre. (I, 431.)

S'il (*M. du Bouillon*) n'apporte nouvelles qui contentent la Reine, on *s'en va à* eux (*aux ennemis*) avec dix-huit mille hommes. (III, 413.)

ALLER, locutions diverses :

ALLER À LA MALHEURE :

Allez à la malheure, allez, âmes tragiques,
Qui fondez votre gloire aux misères publiques. (I, 219, vers 1.)

ALLER À SES AFFAIRES. Voyez AFFAIRES (2ᵉ exemple).

Aller le pas, aller la poste :

Ce seroit quelque consolation à notre imbécillité, si les réparations se faisoient aussitôt que les démolissements. Mais celles-là *vont le pas*, et ceux-ci *la poste*. (II, 727.)

Aller par terre, tomber, au propre comme au figuré :

Si je laboure votre champ, je vous ferai plaisir ; et si j'empêche votre maison d'être brûlée, ou si je la garde d'*aller par terre*, ne vous en ferai-je point ? (II, 158.)

Je ne vous dis rien de la paulette. Qui croit qu'elle *ira par terre*; qui ne le croit pas. (IV, 38.)

Y aller de, impersonnellement ; il y va, il y faut, il s'y emploie :

A attendre *il y va du* temps. (II, 124.)

Il y va du soin et *de* la diligence à garder ce qu'on vous donne, et n'y en a point à donner. (II, 212.)

Y aller, agir, y procéder, s'y prendre :

Il ne se faut rien proposer d'avare ni de sordide quand il est question de faire plaisir. Il *y* faut *aller* d'une humeur libérale. (II, 104.)

Voyez d'autres exemples vers la fin de l'article Y, au *Lexique*.

Il faut que cette persuasion nous sorte de l'esprit : autrement nous n'*y irons* point (nous n'agirons point) comme il *y* faut *aller*. (II, 638.)

A quoi tient-il donc que nous *y allions* si lentement (en latin : Quid ergo est quod nos facit pigros inertesque)? (II, 541.)

Antias.... dit que Philippe y perdit quarante mille hommes. Quant aux prisonniers, il *y va* plus retenu. (I, 409.)

Aller de, concerner ; comme va de, ce qu'il en est de :

J'attends que vous me mandiez ce que vous avez appris de toute cette île ; mais particulièrement *comme va de* Charybde. (II, 611.)

Il va de ; il y va du mien, du vôtre, il est de mon, de votre intérêt :

Aux choses où *il ne va que de* mon intérêt.... (IV, 188.)

La prière.... que je vous fis n'est pas toute pour votre profit ; *il y va du mien*. (II, 395.)

Quand ces choses vaudroient davantage, puisqu'*il n'y va* rien *du vôtre*, pourquoi les voulez-vous estimer? (II, 183 ; voyez IV, 235.)

Aller par écuelles :

Nous sommes au mois de décembre. C'est une saison où tout *va par écuelles* (où il se fait de grands repas, une grande débauche). (II, 328.)

Aller le bien, aller bien :

S'il se gouverne par ce conseil, il ne faut pas douter que tout n'*aille le bien*. (III, 192.)

Aller de long, continuer :

Je l'ai trouvé (votre livre) si bien à mon goût, qu'il a fallu que je *sois allé de long*. (II, 426 ; voyez II, 134.)

Aller de longue, avancer :

Puisque je me suis mis dans le chemin de l'impudence, il faut *aller de longue*. (III, 402.)

Vois, pour vais. (IV, 68, 151, 168, et *passim*.)

Malherbe corrige plusieurs fois *vais* ou *vay* en *vois* ou *voys* dans des Portes. (IV, 334, 429.)

Voyez Reva, au *Lexique*.

ALLUMER, au figuré :
Je ne dirai point qu'une femme soit femme de bien, qui fait la froide pour *allumer* d'autant celui qui la poursuit. (II, 104; voy. I, 92, v. 150.)

ALORS.
Il n'y a rien où les bonnes mœurs courent plus de fortune qu'aux théâtres; car *alors* les vices coulent par la porte qu'on a ouverte à la volupté. (II, 281.)

Alors.... quand :
[La passion] d'aimer est *alors* extrêmement louable, *quand* elle est extrêmement violente. (IV, 196; voyez II, p. 4, 24).

Alors que :
>*Alors que* de ton passage
>On leur fera le message.... (I, 92, vers 155.)

ALTÉRATION, trouble :
Je n'eus point de peur, mais seulement quelque *altération*. (II, 472; voyez II, 471.)

ALTÉRER, troubler :
Il y a des passions naturelles qui peuvent bien *altérer* le sage, mais non lui faire peur. (II, 470.)

ALTERNATIF.
La lumière, les ténèbres, et les vicissitudes *alternatives* du monde. (II, 304.)

AMARANTE, symbole d'immortalité. (I, 95, vers 218.)

AMASSER.
Que vos jeunes lions vont *amasser* de proie! (I, 104, vers 5.)

AMATEUR de :
Esprit.... *amateur de* la vertu. (II, 631.)

AMAZONE, en parlant de Jeanne Darc. (I, 205, vers 2.)

AMBASSADE (Faire une) :
Le président Richardot étoit venu ici *faire une ambassade*. (III, 106.)

AMBITIEUX de :
>[Le renom] Du prince qui tient cet empire
>Nous avoit fait *ambitieux*
>*De* mériter sa bienveillance. (I, 84, v. 9 et 10; voy. I, 272, v. 3.)

Ambitieux, glorieux :
>L'Orient, qui de leurs aïeux
>Sait les titres *ambitieux*. (I, 147, vers 20.)

AMBITION, vaine gloire :
Est-ce l'*ambition* [qui nous convie à reconnoître un bienfait]? quel sujet y a-t-il de se vanter d'avoir payé ce qu'on devoit? (II, 107.)

AMBRE, ambre gris :

On peut bien sentir le musc et l'*ambre*, et n'être ni moins galant, ni moins brave, que si on sentoit la poudre à canon. (II, 390.)

La mort n'a point de vilenie si puante qui ne me sente mieux que tout le musc et tout l'*ambre gris* que la servitude sauroit avoir. (II, 543.)

ÂME.

Le temps nous offusque la mémoire de nuages, qui nous font couler dans les *âmes*.... un dégoût des choses que nous avons adorées. (II, 51.)

Si elle (*la vieillesse*) m'ôte la vie et ne me laisse rien que l'*âme*, je me dépêcherai de sortir d'un bâtiment qui s'en va choir. (II, 482.)

Rebailler aux muets la parole perdue,
Et faire dans les corps les *âmes* revenir.... (I, 11, vers 174.)

.... Que les morts reviennent en vie,
Et qu'on leur rende l'*âme* à force de pleurer? (I, 269, vers 12.)

Caton fut brave certainement, de prendre son *âme* avec la main et la mettre dehors. (II, 542.)

.... Ne tiens point ocieuses
Ces *âmes* ambitieuses. (I, 93, vers 166.)

Une *âme* ne peut éviter
D'être sous ton obéissance,
Quand tu l'en veux solliciter. (I, 121, vers 168.)

Grande *âme*. (I, 179, vers 33; 261, vers 2.)
Belle *âme*. (I, 217, vers 196; 309, vers 1.)

Oh! qu'un jour mon *âme* auroit (*oh! que j'aurois*) de gloire
D'obtenir cette heureuse victoire! (I, 227, vers 33.)

.... Dans ces grands tombeaux, où leurs *âmes* hautaines
Font encore les vaines,
Ils sont mangés des vers. (I, 274, vers 16.)|

Il est temps, Madame, de vous faire connoître de quelle *âme* je veux religieusement obéir au commandement qu'il vous a plu me faire. (IV, 180.)

Voyez I, 148, vers 63; 190, vers 13; 207, vers 1; 219, vers 1; 220, vers 1; 265, vers 20; 277, vers 6; 301, vers 21; tome II, p. 69, 377.

AMENDE (Mettre, condamner en), mettre, condamner à l'amende :

Si quelqu'un lui donne un coup de poing, il *sera mis en amende* comme outrageux. (II, 49; voyez II, 132.)

Nous les *condamnerons* (*les ingrats*) *en une amende* pécuniaire. (II, 60.)

AMENDER, s'amender, devenir meilleur :

La sollicitude.... est un bien qui *amende* de vieillir (*en vieillissant; en latin : quod vetustate fit melius*). (II, 318.)

Emploi unipersonnel :

[Il] pense être guéri, pource qu'*il lui est bien amendé* (*parce qu'un grand amendement est survenu dans son état*). (II, 560.)

AMENER, alléguer, citer (comme exemple, raison, modèle, etc.) :

Tout ce que j'*ai amené* d'exemples.... (II, 83; voyez II, 178, 544.)
Les raisons que Chrysippus *amène* pour, etc. (II, 10; voy. II, 106, 722.)

AMER, au figuré, pénible, douloureux :

Soupçons de choses *amères*,
Éloignez-vous de nos cœurs. (I, 90, vers 83.)

AMERTUME, au figuré, peine, douleur :

Bien que tout réconfort lui soit une *amertume*.... (I, 179, vers 37.)

Amour, sans article, le Dieu d'amour :
Amour est en ses yeux, il y trempe ses dards. (I, 132, vers 10.)
Voyez tome I, p. 129, v. 13; p. 176, v. 67; p. 187, v. 140 *var.*; p. 227, v. 29.

AMOUREAUX, petits amours. (IV, 328.)

AMOURETTES, pour Amours, personnifiés, blâmé chez des Portes. (IV, 328.

AMOUREUX, tendre, en parlant de l'amour maternel :
De ces jeunes amours les mères *amoureuses*.... (I, 13, vers 242.)

Amoureux de :
.... La fortune *amoureuse*
De la vertu généreuse.... (I, 91, v. 115 et 116; voy. I, 109, v. 39.)

Amoureux, d'amour, de l'amour :
Qui ne sait point que la mer *amoureuse*
En sa bonace même est souvent dangereuse? (I, 29, vers 17.)

AMPLE.
La sagesse est *ample* et spacieuse, il ne lui faut point bailler une place occupée. (II, 696.)

AMPLITUDE.
Le monde entier est leur temple (*le temple des Dieux*), et.... il n'y en a point d'autre digne de leur *amplitude*. (II, 223.)

AMUSER (S') À ou APRÈS, perdre son temps à :
Je ne m'*amuse* point à vous consoler de la mort de M. de Calas. (III, 60.)
Le fortifier (*son cœur*) par une méditation assidue, sans s'*amuser après* des paroles. (II, 633.)

AN.
L'*an* n'aura plus d'hiver, le jour n'aura plus d'ombre. (I, 232, vers 70.)

Ans, âge, vie. (Voyez ci-après, Journées.)
En vos *ans* les plus tendres.... (I, 163, vers 22.)
Les soins profonds d'où les rides nous viennent
A d'autres *ans* qu'aux vôtres appartiennent. (I, 226, vers 16.)
.... Troublé par les *ans* (*la vieillesse*).... (I, 11, v. 181; voy. I, 243, v. 5.)
Imputant à l'amour qu'il abuse nos *ans*.... (I, 241, vers 26.)
Dévide aux *ans* de leur Dauphin....
Un bonheur qui n'ait point de fin. (I, 83, vers 202.)

ANAGNOSTE, lecteur, lectrice. (III, 412.)

ANCRE (Jeter l'), au figuré :
S'il (*le sage*) se voit pressé d'incommodités..., il s'ouvre la porte lui-même,... et considère si c'est point là qu'il faut *jeter l'ancre*. (II, 537.)

ANDELOUSIE, Andalousie. (I, 426, 430, 431 et 432, 452.)

ANÉANTISSEMENT, suppression, disparition :
Quelques-uns tiennent que cette montagne décroît.... Toutefois il se peut faire que ce n'est pas tant son abaissement, comme l'*anéantissement* du feu, qui ne sort plus ni si véhément, ni si large. (II, 612.)

ANGE, au figuré :
[Le Roi] Qui de notre salut est l'*ange* tutélaire. (I, 73, vers 98.)
.... Avecque le temps les beaux yeux de mon *ange*
Reviendront m'éclairer. (I, 161, vers 62.)

Je fonds en larmes en vous écrivant ces paroles, mais il faut.... que vous ayez l'*amertume* de les lire. (IV, 2 ; voyez I, 34, vers 33 ; 41, vers 39.)

AMI, adjectif, propice :
.... Les destins *amis* (I, 195, vers 15.)

Amis de fortune (qui vous aiment quand vous êtes fortuné). (II, 288.)

Amie, maîtresse :
Les salaires des philosophes, leurs *amies*, et leurs bonnes chères. (II, 375.)

AMIABLE, favorable, propice, agréable, aimable :
.... Le ciel *amiable*. (I, 10, vers 160.)
Son humeur est fort douce et fort *amiable*. (II, 641.)

AMIABLEMENT, à l'amiable :
Tout se partageoit *amiablement*. Le plus fort n'avoit point encore pris au collet le plus foible. (II, 723.)

AMITIÉ, amour :
Voudrois-tu que ma dame....
    .... Eût des rigueurs à qui mon *amitié*
        Ne sût faire pitié ? (I, 29, vers 31 ; voyez I, 33, vers 16.)

AMOLLIR, adoucir, rendre plus facile à supporter :
Les Dieux.... *amollissent* les hivers et les étés avec une plus douce respiration. (II, 249.)

AMORCE, au figuré :
Plus j'y vois de hasard, plus j'y trouve d'*amorce*. (I, 31, vers 49.)

AMORTIR, affaiblir, rendre moins vif :
Ayant de ses desirs *amorti* le flambeau.... (I, 2, vers 10.)

AMOUR.
La foi de ses aïeux, ton *amour* (*c'est-à-dire, l'amour qu'il a pour toi*) et ta crainte, Dont il porte dans l'âme une éternelle empreinte.... (I, 72, vers 73.)
La vertu ne veut point qu'une âme lâche présume de lui faire l'*amour* (*en latin :* non recipit sordidum amatorem). (II, 115 ; voy. I, 123, v. 240.)
La sagesse est la félicité parfaite de l'esprit de l'homme, la philosophie est l'*amour* et l'affection de l'acquérir. (II, 702.)

Amours, au pluriel, dans le sens du singulier :
Le ciel, en qui votre âme a borné ses *amours*.... (I, 191, vers 9.)
Pour élever notre âme aux célestes *amours*.... (I, 204, vers 7.)
    .... Des plus dignes *amours*
      Dont jamais âme fut blessée. (I, 296, v. 20 ; voy. I, 307, v. 32.)

Amours, en parlant de petits enfants. (I, 13, vers 242.)

Amour, au féminin, en vers et en prose.
Voyez I, 4, v. 11 ; 59, v. 19 ; 62, v. 17 ; 97, v. 10 ; 104, v. 8 var.; 166, v. 4 ; 210, v. 34 ; 301, v. 35 et 39 ; 304, v. 4 ; etc.; III, 225 ; IV, 192, 281, 353.

Pour l'amour de, à cause de, en considération de :
Un homme m'ayant fait un plaisir, et depuis une injure,... je dois être quitte du bienfait *pour l'amour de* l'injure, et lui de l'injure *pour l'amour du* bienfait. (II, 173.)

ANGLOIS, en parlant de la langue :
Je ne sais pas si c'est *anglois* ou allemand, mais je sais bien que ce n'est pas françois. (IV, 312.)

ANGOISSE.
Ses ennuis sont des jeux, son *angoisse* une feinte. (I, 15, vers 296.)

ANGOISSE, blâmé comme « mauvais mot » chez des Portes. (IV, 395, note 1.)

ANGOISSEUX, ANGOISSEUSE, blâmé chez des Portes. (IV, 392, note 1.)

ANIMÉ, ANIMÉ À :
.... Une rage *animée*. (I, 288, vers 78.)
[Une armée] *A* te venger *animée*.... (I, 92, vers 146.)

ANNÉE.
.... Louanges que les *années*
Ne mettent point dans le cercueil. (I, 108, vers 29.)
.... Jeunes *années* (*jeunesse*). (I, 207, vers 2.)
Scipion.... passa par-dessus le ventre d'une infinité de vieux soldats, et par-dessus ses *années* même, pour aller faire son premier essai. (II, 83.)
.... Vieilles *années*. (I, 237, v. 33; voy. I, 101, v. 41.)

ÊTRE HORS D'ANNÉE, avoir fini son année de service :
Il *est hors d'année* (*comme maître de la garde-robe*). (III, 272.)

ANOMAL, irrégulier :
OEuil est excepté ; aussi son plurier *yeux* est *anomal*. (IV, 463.)

ANOUART, officier du grenier à sel. (III, 199.)

AORISTE, passé défini :
Il devoit dire « je dis, » en *aoriste*, et non « j'ai dit, » en prétérit. (IV, 328.)

APAISER.
Afin d'*apaiser* leurs martyres (*amoureux*).... (I, 154, vers 41.)

APATHIE.
Nous équivoquerons, si pour exprimer l'*apathie* nous voulons user du mot d'impatience. (II, 288 et note 1.)

APERCEVOIR, pour s'apercevoir de :
Mais comme j'*aperçus* l'infaillible danger.
Où, si je poursuivois, je m'allois engager.... (I, 265, v. 17; voy. II, 37.)

APLANIR.
.... Ces deux grands hyménées,
Dont le fatal embrassement
Doit *aplanir* les Pyrénées.... (I, 215, v. 153; voy. I, 95, v. 160.)

APLATIR.
Elle (*la sagesse*) ôte la vanité des âmes, *aplatit* leurs bouffissures. (II, 719.)

ἈΠΟ ΚΟΙΝΟΥ, terme de grammaire, d'une manière commune, à la fois. (IV, 306; voyez IV, 311, 340, 396.)

APOLTRONNIR, rendre lâche, paresseux :
Les délices de la Floride vous *ont apoltronni*. (III, 328.)

APOSTUME, abcès, au masculin et au féminin :
Ce sont tristesses de qui l'*apostume* est crevé. (II, 619.)
Une *apostume* où les barbiers n'avoient osé mettre la main. (II, 33.)

APPAREIL, appareil de guerre :
Quelle vaine résistance
À son puissant *appareil*...? (I, 89, vers 62.)

APPAREIL, remède :
.... Souffrir sans murmure est le seul *appareil*
Qui peut guérir l'ennui dont vous êtes atteinte. (I, 191, vers 7.)

APPARENCE, raison plausible, vraisemblance :
.... Les Nymphes du lieu,
Non sans *apparence*, doutèrent
Qui de vous deux étoit le Dieu. (I, 112, vers 129.)
Quelque chose qu'il n'y a point d'*apparence* d'accorder. (II, 14.)
Voyez II, 24, 45, 75, 76, 80, 92, 106, 119, 206; III, 120, 131; IV, 104, etc.

APPARENT, visible, remarquable, considérable :
[Ils] font, à qui les voit, ouvertement connoître
De leur peine secrète un regret *apparent*. (I, 18, v. 384; voy. I, 76, v. 12.)
.... Comme.... il fut devenu.... le plus *apparent* de la ville. (II, 40.)

APPARIER.
Ce sont disparités qu'il n'est pas bien aisé d'*apparier*. (II, 60.)

APPAROÎTRE.
[Cette beauté] M'*apparoît* (*en rêve*) à l'autel.... (I, 160, vers 44.)

FAIRE APPAROÎTRE DE, terme de procédure, donner communication de. (III, 287.)

APPARTENIR.
Le consul, s'il ne l'est plus d'une fois, ne pense pas qu'on lui ait fait l'honneur qui lui *appartient*. (II, 41; voyez I, 113, vers 164.)

APPAS, dans les deux sens que nous donnons aujourd'hui à *appas* et à *appâts* :
.... Suivant de l'honneur les aimables *appas*. (I, 74, vers 117.)
Les dangers me sont des *appas*. (I, 131, vers 35.)
.... Par quelques *appas*
Qu'il demande merci de ses fautes passées. (I, 150, vers 30.)
Toute ma peur est que l'absence
Ne lui donne quelque licence
De tourner ailleurs ses *appas*. (I, 176, vers 63.)
Téthys ne suivit-elle pas voy. I, 4, v. 2.)
Ta bonne grâce et tes *appas* (*il parle à Bellegarde*)? (I, 112, v. 116;
Voyez I, 35, v. 62; 91, v. 117; 99, v. 15; 108, v. 16; 122, v. 184; 133, v. 12; 134, v. 3; 138, v. 12; 147, v. 16; 153, v. 33; 156, v. 10; 241, v. 33 (où on a imprimé à tort *appâts*); 302, v. 2.

APPELER, APPELER À :
La magnanimité.... dédaigne ces épouvantements..., les *appelle* en duel, et les abat par terre. (II, 695.)
La cupidité [sera] plus violente, quand l'espérance qui l'*appellera* sera plus importante. (II, 658.)
La tristesse m'*appelle à* ce dernier effort. (I, 254, vers 2; voyez II, 330.)

La Fortune t'*appelle au* rang de ses victimes. (I, 239, vers 10.)

Il n'y a rien.... *où* il ne la faille *appeler* (*la raison*). (II, 32.)

Appeler sa douleur *au* secours de la mienne (*provoquer sa douleur pour adoucir la mienne*). (I, 135, vers 35.)

Il *appelle* une femme *à* son aide (*pour être père; dans le latin de Sénèque:* consortem habet). (II, 84.)

[Les Destins] De ce monde l'*ont appelée* (*l'ont appelée hors de ce monde*). (I, 171, v. 11.)

S'APPELER, signifier :

Je l'ai remercié; cela *s'appelle* je l'ai payé. (II, 212 et 213.)

Cela *s'appelle* que vous avouez, etc. (II, 194; voyez III, 261; IV, 250.)

APPERT (IL), terme de procédure. (I, 337.)

APPÉTIT, gré :

Ayant à mourir, au bout de trois ou quatre jours, à l'*appétit* de son ennemi. (II, 539.)

APPLAUDISSEMENT.

Que d'*applaudissements*, de rumeur et de presses..., vers 235.)

Quand là-haut (*au ciel*).... on les vit arriver (*les saints Innocents*)! (I, 13,

APPLICATION.

Les richesses, etc., ne se peuvent dire ni bonnes ni mauvaises que par l'*application* du vice ou de la vertu. (II, 635.)

APPLIQUER.

Il ne s'est pas contenté de m'enseigner les remèdes, mais les *a* lui-même *appliqués*, et s'est assis auprès de moi pour en attendre l'opération. (II, 185.)

APPOINTEMENT, accord, réconciliation; règlement :

Il la prioit d'apaiser l'aigreur du Roi et moyenner son *appointement*. (III, 120.)

Il est tout exprès venu si matin pour trouver la Reine en lieu où il pût faire son *appointement*, car elle étoit un peu piquée. (III, 29.)

L'*appointement* des financiers n'est point encore arrêté. (III, 46.)

APPOINTER, accorder, mettre d'accord, arranger :

C'est à cette heure à vous de nous *appointer*. (II, 502.)

Monsieur le Prince et M. de Nevers eurent quelque brouillerie, mais ils *furent* aussitôt *appointés*. (III, 27.)

Il s'est demandé trois ou quatre combats, mais tout *a été appointé*. (III, 95.)

APPOINTER, terme de procédure. (III, 319.)

APPORTER.

Tout ce qu'il avoit de fortune, il le devoit à Auguste; car au commencement qu'il vint à lui, c'est chose assez connue qu'il n'y *apporta* qu'une pauvreté bien empêchée à conserver la qualité de noblesse. (II, 40.)

Ils (*les philosophes*) ont eu envie sur les grammairiens et sur les géomètres, et ont pris toutes les superfluités de leurs sciences pour les *apporter* en la leur. (II, 699.)

APPORTER, porter, produire, procurer :

Il étoit vraisemblable que la vertu de la souche passeroit au rejeton, et que par conséquent il ne pourroit *apporter* que de bon fruit. (I, 394.)

[Sa] conversation ne peut *apporter* que du mal. (II, 15.)

Nous ne devons jamais nous laisser aller à faire.... chose qui leur puisse *apporter* du déplaisir. (II, 27; voyez I, 31, vers 51; II, 80, 272, 291.)

Apporter, employer, user de :

Les moyens qui *furent apportés*.... (II, 86.)

Tout ce qu'on *apporte* à cultiver, ou un champ, ou quelque autre chose de qui le fruit n'est point en elle-même, ne peut avoir la gloire d'être fait de bonne foi. (II, 104; voyez II, 10, 64; IV, 145.)

Apporter, donner :

L'un et l'autre *apporte* du consentement à le faire durer (*le jeu*). (II, 31.)
Si les pères y *apportent* leur consentement.... (II, 86.)

APPOSER, mentionner :

Voulant que la rétention des intérêts.... *fût apposée* dans la transaction, le sieur de Malherbe le pria que, etc. (I, 340.)

APPRÉHENDER, avoir peur, craindre :

Bien souvent ils *appréhendent* sans occasion et sont plus assurés au chemin qui leur est le plus suspect. (II, 485.)

Appréhender, saisir, percevoir, comprendre :

Faute que nous ne nous représentons pas d'où nous sommes partis, mais où nous voudrions bien être, nous n'*appréhendons* jamais notre félicité. (II, 41; apréhender *rend le latin* intelligere.)

De la très-haute fortune à la très-basse il y a si peu de chemin, qu'il se trouve fait devant que d'*avoir été appréhendé*. (II, 203; *ici le sens du mot est douteux; il pourrait aussi signifier* craindre.)

APPRENDRE.

Si nous nous en rapportons à une ancienne copie (IV, 3, note 4), Malherbe, en 1599, employait encore au participe *apprins* pour *appris*. Voyez Prendre.

Apprendre que, apprendre à faire en sorte que :

Apprenons.... que l'obligation des plaisirs que nous avons reçus ne nous ôte point le repos d'esprit. (II, 210.)

Faire apprendre, faire voir, montrer :

.... Que tu me *fais* bien *apprendre*
Quel tyran c'est que le devoir! (I, 141, vers 5.)

Apprendre de l'instruction :

Cherchez la communication de ceux qui vous peuvent *apprendre* quelque *instruction*. (II, 283.)

Bien appris, mal appris :

La vertu ne se loge que dans un esprit *bien appris*. (II, 725.)
.... Que l'audace est *mal apprise*
De ceux qui font une entreprise
Sans douter de l'événement! (I, 84, v. 4; voy. I, 39, v. 12 *var*.)

APPRENTIF, apprenti :

[Ces vers] ne peuvent être pris que pour l'ouvrage d'un *apprentif*. (III, 339.)

APPRENTISSAGE, éducation :

Il se bailloit soi-même en payement de son *apprentissage*. (II, 14.)

Faire son apprentissage :
> De quelque adresse qu'au giron
> Ou de Phénix ou de Chiron
> Il *eût fait son apprentissage*.... (I, 113, vers 155-157.)

APPRÊTER, préparer, destiner; s'apprêter à :
> .... Le Destin m'*apprête*
> Un autre partement. (I, 157, vers 30.)
> [Le Pô] *S'apprête à* voir en son onde
> Choir un autre Phaéton. (I, 93, vers 179.)

Apprêté à, prêt à :
> .... Les oiseaux qui sommeillent
> *Apprêtés à* chanter dans les bois se réveillent. (I, 18, vers 380.)

APPREUVER, approuver :
> Il blâme le parler vite, et *appreuve* le lent en un philosophe. (II, 405.)

APPRIVOISER, adoucir :
> Si les tigres les plus sauvages
> Enfin *apprivoisent* leurs rages, etc. (I, 176, vers 56.)

APPROBATION.
> Qui peut ignorer que.... M. le président Janin [ne soit] un personnage à qui ses longs services.... ont fait avoir une *approbation* la plus générale que jusqu'ici notre siècle ait donnée à la vertu? (I, 394.)
> L'observation des circonstances fait l'*approbation* de nos actions. (II, 29.)
> .... Des propositions véritables tirer une conclusion fausse pour l'*approbation* d'un mensonge. (II, 435.)

APPROCHANT de :
> Il faut avoir une stupidité fort *approchante de* celle des bêtes, pour mépriser d'être en leurs bonnes grâces (*des rois*). (I, 391.)

APPROCHEMENT, approche :
> Ne vous imaginez pas que l'*approchement* de ma fin me fasse peur. (II, 460; voyez III, 446.)

Approchement, rapprochement :
> Je crois que cet *approchement* ne plaira guère à M. de Vendôme. (III, 441.)

APPROCHER, activement, rapprocher, comparer :
> J'ai vu maintes beautés à la cour adorées....
> Mais de les *approcher* d'une chose si rare,
> C'est vouloir que la rose au pavot se compare. (I, 60, vers 52.)

Approcher, neutralement, s'approcher :
> La vertu n'*approche* point d'une extrémité plus que de l'autre. L'excès est aussi bien vice que le défaut. (II, 29; voyez I, 117, vers 250; 147, vers 29; 303, vers 24.)
> La tempérance règne sur les voluptés..., et jamais ne *s'en approche*. (II, 695.)
> Si vous devenez amoureux de la vertu,... elle ne *s'approchera* de rien si triste,... qu'elle ne vous fasse trouver du repos et du plaisir. (II, 547.)

APPROCHES, travaux d'attaque, attaque des assaillants :
> Déjà de tous côtés s'avançoient les *approches*;

Ici couroit Minas; là Typhon se battoit. (I, 280, vers 77.)

APPROFONDIR, creuser :

Ils y trouveront votre image si saine et si entière, qu'ils la jugeront *avoir été* plutôt *approfondie* que effacée par mes violences. (IV, 174.)

APPROPRIER (S') DE, se rendre propriétaire de :

L'avarice..., *se* pensant *approprier de* quelque chose, a donné sujet aux autres de prendre leur part et lui faire la sienne. (II, 722.)

Approprié, appliqué avec propriété :

Si vous le voulez appeler Destin, vous le pouvez faire.... Il n'y a point de nom propre à signifier quelque effet ou quelque vertu céleste qui ne lui puisse être *approprié*. (II, 97.)

APPROUVER.

On n'*approuve* pas un cajoleur qui s'accorde à tout ce que dit un autre. (II, 143.)

Approuvé :

L'adultère est aujourd'hui la plus honnête et la plus *approuvée* façon qu'on ait de se marier. (II, 15.)

APRÈS.

 Aussi bien chanter d'autre chose,
 Ayant chanté de sa grandeur,
 Seroit-ce pas *après* la rose
 Aux pavots chercher de l'odeur? (I, 210, vers 43.)

D'où avez-vous eu.... toutes ces pointes qui vous rendent le goût du plaisir *après* en être lassés ? (II, 96.)

.... Boire du sang *après* être enivré de vin. (II, 648.)

S'il y a du tourment *après* être hors du monde (*après qu'on est hors du monde*), il faudroit qu'il y en eût devant que d'y venir. (II, 460.)

.... Les dames avecque vœux
Soupiroient *après* son visage. (I, 113, vers 144.)

.... Leurs appas ont un charme si fort,
Que les rois les plus grands du Ponant et du Nord
Brûlent d'impatience *après* leurs hyménées. (I, 172, vers 8.)

L'un enrage *après* les femmes, l'autre veut toujours avoir le ventre à table. (II, 244.)

Après, derrière :

Que dis-tu lorsque tu remarques
Après ses pas ton héritier? (I, 217, vers 202.)

Il (*le sage*) marche *après* le sort avec un pas suspendu, comme en un chemin glissant. (II, 126.)

Qu'il n'ait pas le liard en sa bourse, ni pas un valet *après* lui. (II, 588.)

Être après, être après à, être après de, être occupé à ou de, travailler à :

L'on *est* toujours *après* l'échange du gouvernement de Picardie à celui de Normandie. (III, 481; voyez III, 142.)

La nature *est* toujours *après* à produire. (II, 5; voyez I, 459; II, 507.)

Un qui est parfaitement sage et un qui *est après de* l'être. (II, 560.)

Je *suis après de* les achever. (IV, 176; voyez I, 448; II, 641; III, 320.)

Je ne veux pas examiner l'affaire.... Les livres n'en apprennent rien; et je m'assure que les Jésuites, que vous me dites *être après*, en savent aussi peu.... (IV, 7.)

Après, en conséquence :

Un homme d'honneur le vous rendra de lui-même.... *Après*, si vous avez fait plaisir à un homme d'honneur, ne vous précipitez point de le lui ramentevoir. (II, 162.)

APRÈS-DÎNÉE. (III, 45.)

AQUILONS, emploi figuré. (I, 83, vers 209.)

ARBITRE.

Il n'y a point de loi pour le bienfait; j'en suis l'*arbitre*. C'est à moi de faire l'estimation du bien et du mal que j'ai reçu. (II, 174.)

ARCHÉTYPE ou Architype.

Comme si j'étois quelque *archétype* de poltronnerie. (III, 87, et note 2.)

ARCHEVÊCHÉ, féminin :

Je lui demandai quelle *archevêché* c'étoit; il dit que c'étoit celle d'Aix. (III, 574.)

ARÇON.

Caton.... ne montoit jamais qu'un méchant quiledin, avec un bissac à l'*arçon* de la selle (*en latin* : hippoperis quidem impositis). (II, 676.)

ARDANTEMENT, blâmé par Malherbe chez des Portes. (IV, 277.)

ARDEUR.

.... De la même *ardeur* que je brûle pour elle
    Elle brûle pour moi. (I, 159, vers 11; voyez I, 248, vers 21.)

ARDOISE.

Je veux que vous ne puissiez aller en part où vous ne voyiez toujours luire l'*ardoise* de quelque pavillon qui soit à vous (*en latin* : tecta vestra resplendeant). (II, 707.)

ARDRE, blâmé par Malherbe chez des Portes. (IV, 275 et 302.)

ARGENT.

C'est *argent* prêté que le plaisir qu'il a fait (*c'est un prêt, et non un don*). (II, 6.)
[Cette manière de parler] ne vaut guère d'*argent* (*ne vaut rien*). (IV, 311.)
[Cette expression] ne vaut guère de bon *argent*. (IV, 289.)

ARGENTERIE, nom d'une certaine comptabilité dans la maison du Roi. (III, 148.)

ARGER, Alger. (IV, 202.)

ARGUMENT, preuve, marque probante :

Le premier *argument* qui nous fait juger que nous avons l'âme tranquille, c'est quand elle demeure ferme. (II, 267; voyez II, 206, 548.)

ARGUMENTER que, démontrer par argument que :

Bion *argumente* que tous les hommes sont sacriléges. (II, 222.)

ARMES.

.... Ce miracle d'*armes* (*Achille*). (I, 305, vers 21.)

DONNER DES ARMES À, au figuré, entretenir, exciter :
Contenter sa douleur et *lui donner des armes*,
    C'est tout ce qui lui plaît. (I, 256, vers 35.)

ARMES, armoiries :

.... Jusques au chariot d'*armes* (*il s'agit des funérailles de Henri IV*). Ce chariot, où étoit le corps du Roi, étoit traîné par six coursiers. (III, 198.)

ARMOIRE.

Armoires (*en latin* : scrinia, *coffres propres à contenir des livres*). (II, 370.)
Il faut résister aux occupations et les remettre aux *armoires*, plutôt que les étaler (*en latin* : nec explicandæ, sed summovendæ sunt). (II, 559.)

ARNE (*L'*), L'*ARNO*. (I, 112, vers 114; 124, vers 288.)

ARRACHER.

.... C'est m'*arracher* à moi-même
Que de me séparer de vous. (I, 143, vers 47.)
Que Bellone et Mars se détachent,
Et de leurs cavernes *arrachent*
Tous les vents des séditions. (I, 197, vers 2.)
.... La douleur, se rendant la plus forte,
Lui fait encore un coup une plainte *arracher*. (I, 15, vers 312.)

ARRÉRAGES, ce qui est dû pour le passé :

Les prêtres prétendent exemption des frais de la güerre. Ils en sont déboutés et condamnés aux *arrérages*. (I, 397.)
Il y a six semaines que je n'ai eu de vos lettres; ce sont beaucoup d'*arrérages*. (III, 249.)

ARRÊT, action de s'arrêter :

Une légèreté sans *arrêt* (*en latin* : semper alio transilientem). (II, 244.)

ARRÊT, décision, décret, jugement :

Quoi donc? c'est un *arrêt* qui n'épargne personne,
Que rien n'est ici-bas heureux parfaitement? (I, 145, v. 1; voy. I, 299, v. 6.)
Disputer des paroles, comme si l'*arrêt* des choses étoit déjà donné. (II, 685.)

ARRÊTEMENT, arrestation :

.... La nouvelle de l'*arrêtement* de M. de Vendôme. (III, 393.)

ARRÊTER, fixer, retenir, modérer :

.... Toutes les fois que j'*arrête* les yeux
A voir les ornements dont tu pares les cieux. (I, 62, vers 13.)
Soit que le Danube t'*arrête* (*que tu t'arrêtes à le conquérir*),
Soit que l'Euphrate à sa conquête
Te fasse tourner ton desir. (I, 200, vers 43; voyez I, 160, vers 53.)
Est-il possible d'*arrêter* (*en latin* : regere) un autre et ne s'*arrêter* point? (II, 407.)

ARRÊTER QUE, décider que :
Je le connois, Destins, vous *avez arrêté*

Qu'aux deux fils de mon roi se partage la terre. (I, 102, vers 1 et 2.)

S'arrêter à :
>.... Plus je m'*arrête à* penser
>Laquelle sera la première,
>Moins je sais par où commencer. (I, 110, v. 58; voy. I, 157, v. 28.)

S'arrêter avec soi :
> Le premier argument qui nous fait juger que nous avons l'âme tranquille, c'est quand elle demeure ferme et *s'arrête avec soi* (*en latin :* secum morari). (II, 267.)

ARRÊTEUR (Jupiter), traduisant *Jupiter stator*. (II, 97.)

ARRIÈRE, employé comme interjection :
Arrière ces pensers que la crainte m'envoie! (I, 157, vers 32.)

ARRIVÉE (D'), d'abord :
> Il n'y a point de doute qu'en beaucoup de lieux tout ne fuie devant vous, et que *d'arrivée* vous ne portiez de l'étonnement où vous passerez. (II, 200 et 201.)

ARRIVER à, survenir (de manière à succéder) à....
.... Voir à son beau temps un orage *arriver*. (I, 10, vers 168.)

Il arrive, impersonnellement :
S'*il arrive* autrement, ce sera votre faute. (I, 37, vers 19.)

ARROSER, au figuré :
>Sa providence libérale
>Est une source générale,
>Toujours prête à nous *arroser*. (I, 245, vers 9.)

S'arroser, être arrosé :
Tous ces arbres.... *se* veulent *arroser* d'eau de citerne. (II, 673.)

Arrouser, pour *arroser*. (II, 104, 119, 249, 419.)

ARSENAC (L'), l'Arsenal. (III, 106.)

ART (L') :
> Le patron (*le modèle*) est nécessaire à l'ouvrier comme une lime ou un ciseau. Sans lime et sans ciseau *l'art* ne peut travailler, et toutefois ce sont parties et non causes de *l'art*. (II, 506.)

Il s'agit de l'artiste plutôt que de l'artisan, au sens où l'on prend maintenant ces deux mots; *ouvrier* rend ici le latin *artifex*. — Voyez *l'art* dans un autre sens, I, 132, vers 8.

ARTIFICE, industrie, moyen ingénieux, art, en parlant soit des arts mécaniques, soit des arts libéraux :
> On lui apporta.... un grand tableau où étoit peint *l'artifice* de moulinet pour le battement de monnoies et médailles. (III, 67.)
> Tous les *artifices* d'escarrer les poutres et de conduire la scie dans une ligne.... sont venus au monde quand et le luxe. (II, 712.)
> En une statue il a fallu qu'il y ait eu de la matière qui reçût *l'artifice*, et un artisan (*un artiste*) qui donnât un visage à la matière. (II, 503.)

> Tant de fleurs de tant de côtés
> Faisant paroître en leurs beautés
> L'*artifice* de la nature.... (I, 109, vers 47.)

C'est un *artifice* que la nature fait (*un art qu'elle applique*) en nos corps. (II, 651.)

Mes lettres n'ont point beaucoup d'*artifice* (*en latin* : minus accuratas). (II, 579; voyez I, 147, vers 27; 150, vers 15; II, 184, 717; III, 287.)

ARTIFICIELLEMENT, avec art :

.... Les ingénieurs, qui par des ressorts font mouvoir des choses si *artificiellement*, qu'il semble qu'elles marchent d'elles-mêmes. (II, 693.)

ARTIFICIEUSEMENT, avec une industrie trompeuse :

Les parois.... diversifiées de croûtes de marbre coupées en rond, et.... *artificieusement* enduites en façon de peintures. (II, 669.)

ARTISAN, artiste :

En une statue il a fallu qu'il y ait eu de la matière qui reçût l'artifice, et un *artisan* qui donnât un visage à la matière. (II, 503.)

ASCENDANT, terme d'astrologie. (I, 66, v. 36; 247, v. 4; IV, 29.)

ASPECT, pour *spectacle*, blâmé chez des Portes. (IV, 383.)

ASPIRER.

> .... Mon humeur est d'*aspirer*
> Où la gloire est indubitable. (I, 131, v. 33; voy. I, 116, v. 232.)

ASSAILLIR, attaquer, s'attaquer à :

> .... Elle verra tombée
> La troupe qui l'*assaut* et la veut mettre bas. (I, 5, vers 30.)
> Toujours nous *assaillons* sa tête
> De quelque nouvelle tempête. (I, 77, vers 45.)
> Tant qu'ils veilleront pour nous, *assaille*-nous qui voudra. (IV, 212.)
> Quoi que tes armes *assaillent*. (I, 91, vers 126; voyez I, 28, vers 10.)

.... Sa juste colère *assaillant* nos Titans. (I, 260, vers 10.)

[Ils] tournèrent le dos quand tu *fus assailli*. (I, 16, vers 333.)

S'il *est assailli* de la fortune, il est assuré d'être secouru. (II, 109.)

On dit bien : *je fus assailli d'un regret extrême*, mais non : *cela m'a assailli d'un regret extrême*. (IV, 362.)

ASSASSINER, au figuré :

A cette heure.... *assassiner* sa patrie et conjurer à sa ruine sont les marques de grandeur et d'autorité. (II, 153.)

ASSAUT, au propre et au figuré :

> Quand demi-mort....
> Tu fus remporté de l'*assaut*.... (I, 122, vers 200.)
> La terreur que fait en Afrique
> Aux troupeaux l'*assaut* d'un lion. (I, 53, vers 174.)

.... Tous les *assauts* que la rage peut faire. (I, 4, v. 5; voy. I, 95, v. 215.)

ASSÉCHÉ, desséché :

Toutes les mares.... étoient.... *asséchées*. (III, 515.)

ASSEMBLAGE.

Un vieil édifice de qui l'*assemblage* se déjoint. (II, 378.)

ASSEMBLÉE.
Les amis de Roquelaure font quelque *assemblée* pour l'assister. (IV, 50.)

ASSEMBLEMENT.
C'est en l'*assemblement* de ces couples célestes, etc. (I, 231, vers 55; il s'agit de deux mariages royaux.)

L'*assemblement* que vous faites de l'intérêt du Roi et de la Reine avec le vôtre.... (IV, 211; voyez II, 504.)

ASSEMBLER, s'assembler, joindre, se joindre, unir, réunir :
  Tout ce qu'à façonner un corps
  Nature *assemble* de trésors.... (I, 147, vers 26.)
Tout ce dont la fortune afflige cette vie,
Pêle-mêle *assemblé* me presse tellement, etc. (I, 57, vers 10.)
 Quand.... à cela j'*assemblerois* l'honneur qu'il vous fait. (IV, 214.)
   Assemblons, Marie,
   Ses yeux à vos yeux. (I, 235, vers 13.)
 Un qui *assemble* à cette volonté tous les efforts, etc. (II, 232.)
 Assez de fois l'homme et la femme s'*assemblent* (*ont commerce ensemble*) qu'ils ne pensent pas à faire des enfants. (II, 191.)
Tu suis mes ennemis, *t'assembles* à leur bande. (I, 7, vers 89.)

Assembler, amasser (des richesses) :
Assemblerai-je? Pour quoi faire? (II, 321.)

ASSEOIR, placer, établir; Faire asseoir :
 En une grande tempête, il apparoit des étoiles qui semblent *assises* au haut des voiles. (I, 477.)
 Comme ils (*les Macédoniens*) furent au delà [des].... Cynocéphales, ils y *assirent* de bons corps de garde. (I, 404.)
 Ce n'est point son fait (*de la philosophie*) de jeter les paroles en désordre, mais de les *asseoir* tout bellement chacune en sa place. (II, 408.)
  [Ces aïeux] Que la voix commune des hommes
  A fait asseoir entre les Dieux. (I, 66, vers 24.)

ASSERVIR.
Et j'ai bien fait aussi d'*asservir* ma raison
  En si belle prison. (I, 30, vers 39.)
 Asservir ne signifie pas *tenir en servitude*, mais *réduire en servitude*. (IV, 435; *critique de ce vers* : Assez tu as sa franchise asservie.)

Tenir asservi. (I, 287, vers 60.)

ASSEZ de, avec l'article défini :
 Vous avez *du* cœur *assez* (*vous ne manquez pas de cœur*). (II, 305.)
 Quand la pauvreté ne vous serviroit qu'à vous faire connoître qui vous aime, n'est-ce pas *du* sujet *assez* de la vous faire aimer? (II, 339.)
 Je n'aurai pas *du* temps *assez* pour, etc. (II, 190; voyez II, 156, 542.)

Assez, suffisamment, assez longtemps :
Assez de leurs complots l'infidèle malice
A nourri le désordre et la sédition. (I, 277, vers 9.)

Être assez, suffire :
 Ces ambitions disproportionnées, à qui les royaumes entiers ne *sont* pas encore *assez*. (II, 341.)

C'est assez que :
> Ceux font les choses au rebours, qui.... attendent à juger d'une personne après qu'ils se sont embarqués à l'aimer; et comme ils l'ont reconnue, *c'est assez qu'*ils en retirent leur amitié. (II, 270; voy. I, 295, v. 1.)

ASSIDU, continu, constant :
> Ils ont beau vers le ciel leurs murailles accroître,
> Beau d'un soin *assidu* travailler à leurs forts. (I, 278, vers 34.)

ASSIDUITÉ, continuité, constance :
> Une défluxion, par *assiduité* faite incurable, ulcère le poumon. (II, 582.)
> Ces austérités fantastiques où par caprice les grands vont chercher de l'appétit, quand l'*assiduité* des délices leur en a fait perdre le goût. (II, 330.)
> Il n'y a simple soldat qui avec plus d'*assiduité* ait tenu pied aux armées romaines (*y soit demeuré constamment*). (I, 462.)

Assiduités, constants services et devoirs :
> Je n'ôte rien.... aux profusions excessives qu'il fait de son bien pour votre service, ni aux *assiduités* infatigables qu'il y rend. (I, 353.)

ASSIÉGER.
> La nuit (*l'ombre de la mort*) *assiégea* ses prunelles. (I, 154, vers 64.)
> Qu'il vous trouve en quelque part qu'il vous fuie; *assiégez*-le d'obligations. (II, 7.)

ASSIETTE.
> La tranquillité ne dépend point de l'*assiette* d'un lieu, mais de l'esprit. (II, 461; voyez II, 464.)
> Il n'y a pas moyen de limiter si un plaisir fait au fils s'étend au père, à la mère,... aux serviteurs et à la patrie. Il vaut donc mieux dire que celui est obligé chez qui le plaisir prend sa première *assiette*. (II, 160.)

ASSIGNATION, fixation de lieu ou de temps :
> Si elle a failli à une *assignation*, ç'a été pour se trouver à l'autre. (II, 66.)
> Il.... lui donna *assignation*.... au logis de Madame sa mère. (III, 153.)
> Ce partement a déjà eu tant de fausses *assignations*, que, etc. (IV, 40.)

Bailler une assignation sur :
> Il s'en va sans nous connoître, et ne faisant plus compte de nous voir jamais, nous *baille* notre *assignation sur* les Dieux, pour être payés de ce que nous avons fait pour lui. (II, 101.)

ASSIGNER, fixer, destiner :
> Leur assemblée.... *étoit assignée* au lendemain. (I, 399.)
> Souvenez-vous de quelle horloge son heure a été sonnée. N'a-ce pas été de celle qui.... d'une souveraineté absolue *assigne* le commencement et la fin à tout ce qui est d'un bout à l'autre de l'univers ? (IV, 200.)
> J'en ai une (*maladie*) entre les autres à qui il semble que je *sois* particulièrement *assigné*. (II, 459.)

S'assigner, se donner rendez-vous :
> *S'étant assignés* à la place Royale, Rouillac contre Desmarais, et Saint-Vincent contre Sainte-More.... (III, 380; voyez III, 379.)

Être assigné, avoir une assignation, avoir son recours pour un payement :
> Son grand-père.... *fut assigné* pour son partage de quarante-cinq mille écus par an, de quoi il n'a rien touché. (III, 96.)

Si le fils ne paye ce que doit le père, vous courez fortune d'en être très-mal *assigné*. (IV, 35.)

Assigner sur, au figuré, renvoyer à :

Je vous *assignerai*.... *sur* Épicure, qui m'acquittera. (II, 332.)

ASSISTER, aider :

Si de ce grand oracle il ne t'*eût assisté*.... (I, 279, vers 54.)

C'est une bonté bien cruelle que de se lâcher aux prières de ceux qui veulent que nous les *assistions* à se ruiner. (II, 27; voyez II, 62, 411.)

ASSOMMEUR.

Cet *assommeur* de monstres (*Hercule*). (IV, 95.)

ASSOUVIR, rassasier, en mauvaise et en bonne part :

[Les manies] D'un nombre infini de mutins
Ont *assouvi* leurs félonies. (I, 114, v. 174; voy. I, 154, v. 56.)
La foi de ses aïeux, ton amour et ta crainte....
D'actes de piété ne pourront l'*assouvir*. (I, 72, v. 75; voy. I, 10, v. 163.)
Celui que la fortune *assouvit* de toutes les prospérités. (II, 554.)

ASSUJETTIR, soumettre :

Considère combien tu as d'avantage sur le reste des animaux, combien tu en *assujettis* de plus forts que toi. (II, 43; voyez I, 104, vers 11.)

ASSURANCE, confiance, sécurité, courage, hardiesse :

Tant j'ai peu d'*assurance* en la foi de personne. (I, 174, vers 11.)
Scipion.... eut l'*assurance* de pousser son cheval au travers de l'armée des ennemis. (II, 83.)
Il n'est pas possible que celui passe la vie en *assurance*, qui prend trop de peine à la prolonger. (II, 273.)
Le printemps approche.... de l'été; mais au lieu de s'échauffer il se refroidit, et n'y a point encore d'*assurance*. (II, 525.)

Assurance, tutelle, protection :

Dévide aux ans de leur Dauphin....
Un bonheur qui n'ait point de fin....
Conduis-le sous leur *assurance*. (I, 83, vers 211.)

Assurance, sûreté, stabilité :

La gloire d'un bienfait ne peut être grande, quand on a si bien pourvu à son *assurance* qu'il n'est pas possible qu'il en arrive aucune incommodité. (II, 63.)
.... Ne lui étant pas défendu, depuis qu'il s'est mis en état d'*assurance* (*depuis qu'il vit dans la retraite*), de se laisser quelquefois échapper à des considérations qui n'ont.... rien de solide. (II, 216; voy. I, 186, v. 116.)

ASSURER, rendre sûr, rendre certain :

.... Vous affermîtes l'onde,
Et m'*assurant* les pieds m'étonnâtes l'esprit. (I, 16, vers 324.)
[Un ange] Qui m'*assure* du port. (I, 241, vers 24.)
.... Que tu veuilles m'*assurer*
Que mon offrande te contente. (I, 116, vers 233.)

ASSURER, rassurer, donner ou rendre confiance ou sécurité :

Assurez vos âmes craintives. (I, 80, vers 113.)

Rendez-vous à vous-même, *assurez* votre crainte. (I, 191, vers 5.)
Si ma conscience ne m'*assuroit*, je douterois de quelque tache à mon innocence. (IV, 155; voyez II, 436, 599, 639; IV, 95.)
Le calme jusqu'ici vous *a* trop *assurés*. (I, 295, vers 16.)

S'ASSURER DE OU QUE, S'ASSURER SUR :

.... Vous m'aimez, et.... vous *vous assurez de* mon affection. (III, 43.)
Quand même l'entreprise seroit telle qu'il *se* faudroit *assurer de* mourir en l'exécution.... (II, 593; voyez II, 24.)
On *se* peut *assurer*
Qu'il est maître équitable.... (I, 241, vers 34 et 35.)
Il se trompoit manifestement s'il croyoit que les Romains *se* pussent *assurer de* la paix,... que Philippe ne fût hors du monde. (I, 411.)
Prenez.... garde à ce que je vous dis, et je *m'assure que* vous m'accorderez qu'il est véritable. (II, 48; voyez I, 201 et 202, vers 16 et 17; II, 325; III, 25; IV, 7, 30, 111.)
Notre mémoire est plus certaine, quand elle ne *s'assure* que *de* soi (*ne compte que sur elle-même*). (II, 696; voyez III, 187.)
[Ce] n'étoit pas une fortification *sur* laquelle on *se* pût bien *assurer*. (I, 402.)

ASSURÉ, sûr, sur quoi l'on peut compter :

.... Son front, témoin *assuré*
Qu'au vice elle est inaccessible. (I, 47, v. 47; voy. I, 91, v. 102.)
Une chose qui plaît n'est jamais *assurée*. (I, 29, v. 14; voy. I, 73, v. 99.)

ASSURÉ, qui est ou se croit ou se sait en sûreté; ASSURÉ DE, à l'abri de :
Mais il.... vaut mieux se résoudre
En aspirant au ciel être frappé de foudre,
Qu'aux desseins de la terre *assuré* se ranger. (I, 22, vers 33.)
.... Même dans le port on est mal *assuré*. (I, 176, vers 72; voyez II, 471.)
Les Dieux en leur nature ont un magasin de toutes choses, qui les rend abondants, *assurés* et inviolables à tout effort extérieur. (II, 92; voy. II, 113.)
Me voilà bien *assuré de* toutes surprises. (II, 691; voyez I, 70, vers 11.)

ASSURÉ, sûr, certain, ne doutant pas :
Il (*Pierre*) est bien *assuré* que, etc. (I, 8, vers 97; voyez I, 71, vers 44.)

ASTRE.

Quel *astre* malheureux ma fortune a bâtie? (I, 129, v. 1; voy. I, 287, v. 45.)
.... Quelle erreur me transporte,
De vouloir en géant aux *astres* commander? (I, 304, vers 14.)
Bel *astre* (*beau ou belle comme un astre*). (I, 66, vers 35; 185, vers 72.)
O Roi, l'*astre* des rois (*le plus grand des rois*). (I, 150, vers 10.)

ASTRES, au figuré, yeux :
Les voici de retour ces *astres* adorables. (I, 156, vers 5.)

'ΑΣΥΝΔΕΤΟΝ, en grammaire, défaut de liaison. (IV, 289.)

ATTACHER, S'ATTACHER, au propre et au figuré :
Attachez bien ce monstre (*l'Envie*), ou le privez de vie. (I, 150, v. 35.)
.... On *attache*
A celui qui l'a fait (*le soleil*) des épines au front. (I, 18, vers 377.)
A quelles dures lois m'*a* le ciel *attaché*? (I, 129, vers 2.)

S'attacher avec (*s'attacher à*). (I, 15, vers 309.)

[J'ai] fait ce discours, pour rabattre l'insolence de quelques-uns qui *s'attachent* à la fortune (*en latin :* ex fortuna pendentium). (II, 77.)

Les esprits de la cour, *s'attachant* par les yeux
A voir en cet objet un chef-d'œuvre des cieux,
Disent tous que la France est moins qu'il ne mérite. (I, 106, vers 9.)

Bas attaché. Voyez Bas.

ATTEINDRE à, égaler :

.... Ce beau teint
Où l'Aurore même n'*atteint*. (I, 126, vers 7.)

Atteint, atteint par la douleur, malheureux :

Jamais l'âme n'est bien *atteinte*
Quand on parle avecque raison. (I, 152, vers 11.)

ATTEINTE, atteintes de la douleur :

.... Que la cause de leurs plaintes
Porte de si vives *atteintes*,
Cela ne se peut nullement. (I, 98, vers 23.)

Tous les jours la douleur quelque *atteinte* lui donne. (I, 145, vers 8.)

Ainsi d'une mourante voix
Alcandre au silence des bois
Témoignoit ses vives *atteintes*. (I, 168, v. 57 ; voy. I, 47, v. 56.)

Ceux de qui la condition est enviée auront toujours quelques nouvelles *atteintes*. (II, 397.)

Atteinte mortelle, coup mortel :

Comme tu demeuras sous *l'atteinte mortelle*
Qui te perça le flanc. (I, 180, vers 43.)

Atteinte sur, prise sur, moyen d'atteindre :

Si les Romains avoient eu quelque *atteinte sur* eux.... (I, 401.)

Atteinte, attaque en paroles, réprimande :

Ceux qui pour peu d'*atteinte* qu'on leur donnât pourroient encore se faire gens de bien, s'achèvent de perdre à faute d'une remontrance. (II, 164.)

ATTENDANT, substantivement :

Cette multitude infinie d'*attendants* (de gens qui attendent les faveurs du sort). (II, 570.)

ATTENDRE, ne pas fuir, attendre de pied ferme :

.... Qui de leurs combats *attendra* le tonnerre,
Aura le châtiment de sa témérité. (I, 102, vers 7.)

Attendre, s'attendre à :

Autant près comme loin je n'*attends* que la mort. (I, 139, vers 14.)

Je dors devant que de vous écrire : regardez quelle lettre vous pouvez *attendre* de moi. (IV, 49 ; voyez II, 156.)

Le vieillard, qui n'*attend* une telle rencontre.... (I, 15, vers 289.)

N'*attends*, passant, que de ma gloire
Je te fasse une longue histoire. (I, 275, vers 1 ; voyez II, 76.)

Attendre de, suivi d'un infinitif :

Que fait-il, ignorant, qu'*attendre* de pied ferme
De voir à son beau temps un orage arriver ? (I, 10, vers 167 et 168.)

S'attendre à, attendre :

.... Celui qui pense être pourvu de toutes choses et ne *s'attend* point *à* ce que la fortune lui voudra donner. (II, 320.)

Au sujet de ces mots de des Portes : « Et que chacun *s'attend à* prendre son repas, » Malherbe fait cette critique : « Je n'approuve pas ce langage, car *attendere* des Latins ne signifie pas *attendre*; et *attendre* en françois ne signifie autre chose qu'*exspectare*. » (IV, 390.)

S'attendre, passivement, être attendu :

Le ballet de Monsieur le Dauphin *s'attend* au premier jour. (III, 143.)

ATTENTE, ambition, désir :

L'unique but où mon *attente*
Croit avoir raison d'aspirer. (I, 116, vers 231.)

ATTENTER sur :

La chasteté.... qui nous garde d'*attenter sur* le corps d'autrui. (II, 442.)

ATTÉNUÉ, usé, fatigué :

Il a l'esprit vert et vigoureux, et qui donne encore de l'exercice à son corps *atténué*. (II, 510.)

ATTERRER, dompter :

Il n'est orgueil endurci
Que, brisé comme du verre,
A tes pieds elle (*la Fortune*) n'*atterre*. (I, 91, vers 129.)

ATTIRER, entraîner :

Tes soins laborieux....
Ont mis fin aux malheurs qu'*attiroit* après soi
De nos profusions l'effroyable manie. (I, 263, vers 7.)

ATTISER une flamme, blâmé par Malherbe chez des Portes. (IV, 351.)

ATTOUCHEMENT, toucher, sens du toucher :

Fourrures.... délicates à l'*attouchement*. (II, 714.)

ATTRAIRE, blâmé par Malherbe chez des Portes. (IV, 337, 375.)

AUBIFOIN, bleuet :

La récolte ne sera que d'*aubifoin* et de pavot. (II, 567.)

AUCUN.

Ce pauvre homme, qui avoit l'âme foible et l'esprit incapable d'*aucune* conception.... (II, 40.)

A se bienfaire à soi-même, il n'y a point de société, point d'acquisition d'amis, ni d'obligation d'*aucun*. (II, 148.)

Aucuns, au pluriel :

Sans que d'*aucuns* discours sa douleur se console. (I, 59, vers 34.)

AUCUNEMENT, jusqu'à un certain point, en quelque façon, un peu :

Les Romains, pour faire panser leurs blessés et rassurer leurs soldats, que cette première secousse avoit *aucunement* ébranlés.... (I, 444.)

Savez-vous ce que j'appelle.... homme de bien ? Celui qui l'est *aucunement*; car quant à l'autre qui l'est en perfection, il en est peut-être comme du phénix. (II, 414.)

Autre que le sage ne sait se revancher d'un bienfait. Les autres le savent *aucunement*. (II, 624.)

Ce bénéfice de paix.... semble toucher *aucunement* de plus près ceux qui s'en servent à des choses de plus de profit. (II, 564.)
Voyez tome II, p. 82, 226, 649, 680; tome III, p. 298, 364; tome IV, p. 4, 89.

Aucunement, avec *ne*, en aucune façon, pas du tout :
Les remueurs demandent quelques conditions que la Reine *ne* veut *aucunement* accorder. (III, 265.)

AUDACE.
A quel front orgueilleux n'a l'*audace* ravie
Le nombre des lauriers qu'il a déjà plantés? (I, 260, vers 5.)
    .... De quelle dextérité
    Se peut déguiser une *audace*,
    Qu'en l'âme aussitôt qu'en la face
    Tu n'en lises la vérité? (I, 81, vers 148.)

AU DEÇÀ, AU DELÀ, AU-DESSUS, AU-DEVANT. Voyez Deçà, Delà, Dessus, Devant.

AUDIENCE (Avoir), absolument :
Ceux qui.... ramenant une armée victorieuse, n'*auroient audience* (*n'auraient audience du sénat*) que hors des murailles.... (II, 153.)

AUGMENTER (S'), augmenter en nombre :
.... Tant de beaux objets tous les jours *s'augmentants*. (I, 259, vers 12.)

AUGURE.
    .... Oiseau d'*augure* sinistre. (I, 209, vers 8.)

AUGURER.
.... Quoi qu'on nous *augure* et qu'on nous fasse craindre. (I, 230, vers 34.)

AUJOURD'HUI.
Ledit an 1599.... je.... m'en revins en ce pays, où je suis encore *aujourd'hui* 1605, ce dixième de juillet. (I, 336; voyez I, 210, vers 25.)

AULX (Sentir les), sentir l'ail. (II, 466.)

AUMÔNER, donner en aumône. (I, 331.)

AUNE, au figuré :
Le profit est la mesure des choses nécessaires; mais les superflues, à quelle *aune* les réduisez-vous? (II, 405; voyez II, 553.)

AUPRÈS de :
Ces choses.... qu'on estime si relevées n'ont du tout point de hauteur qu'en les regardant *auprès de* celles qui sont les plus viles. (II, 654.)

AURORE (Sous l'), à l'orient. (I, 233, vers 70 *var*.)

AUSPICES.
    Qui verront-elles (*les Alpes*) venir,
    Envoyé sous tes *auspices*,
    Qu'aussitôt leurs précipices
    Ne se laissent aplanir? (I, 92, vers 158.)

AUSSI, par suite, à cause de cela :
Le mourir n'étant pas si fâcheux que l'appréhension de la mort, *aussi* nous estimons plus le bien de demeurer au monde quand nous y sommes, que d'y venir quand nous n'y sommes point. (II, 81.)

Aussi, encore :

[Je] ne puis ni veux l'éviter,
Moins *aussi* la précipiter. (I, 288, vers 71.)

Aussi, en effet :

Vous attendez que je vous die qu'il fut affranchi. *Aussi* fut-il. (II, 76.)
Hécaton en trouve la règle difficile. *Aussi* est-elle. (II, 32.)

Aussi, de même :

Si le plaisir me fuit, *aussi* fait le sommeil. (I, 139, vers 7.)
Il est beaucoup de sortes de larrons..., *aussi* est-il d'ingrats. (II, 51.)
Si vous êtes paresseux, *aussi* suis-je. (III, 80.)
Nous appelons beaucoup de gens fols à qui nous ne baillons pas de l'ellébore.... *Aussi* nous disons que qui a pris un bienfait de bonne affection l'a reconnu. (II, 49; voyez II, 84, 98; IV, 256.)

Aussi, non plus :

Que si de faire bien ils n'eurent pas l'espace,
Ils n'eurent pas le temps de faire mal *aussi*. (I, 11, vers 192.)
Comme la vérité ne croît point, *aussi* ne fait la vertu. (II, 551.)
Cet « avec le temps » n'est pas ce qu'il devoit dire, ni *aussi* : « contre ma volonté. » (IV, 262.)
Votre amitié.... n'aime point les cérémonies, ni moi *aussi*. (III, 76.)
De se mettre en un bateau, ce n'est pas se hausser en l'air; *aussi* n'est monter en carrosse. (IV, 305; voy. I, 78, v. 80; II, 22, 233; IV, 25, 325.)

Aussi..., que :

Pensons à l'adorer d'une *aussi* ferme foi
Que son empire est légitime. (I, 296, vers 32 et 33.)

Aussi.... comme; comme.... aussi. Voyez Comme.

Aussi bien, d'ailleurs (il est vrai que) :

Non, non, je veux mourir; la raison m'y convie;
Aussi bien le sujet qui m'en donne l'envie
Ne peut être plus beau. (I, 161, vers 68; voyez I, 131, vers 39.)

AUSSITÔT que, en même temps que, aussi vite que :

Je lui souhaite le remède *aussitôt que* le péril. (II, 194; voy. I, 81, v. 149.)
Ce seroit quelque consolation à notre imbécillité, si les réparations se faisoient *aussitôt que* les démolissements. (II, 727.)

Aussitôt comme. Voyez Comme.

Aussi tôt. Voyez Tôt.

Tout aussitôt, tout de suite :

Ce misérable corps.... se ruineroit *tout aussitôt* s'il n'étoit rempli d'une heure à l'autre. (I, 468.)
J'ai donné la vie à mon père pour s'en servir *tout aussitôt*; quand il me la donna je n'étois pas assuré de l'avoir. (II, 81.)

AUSTÉRITÉ.

L'*austérité* (*en latin* : amaritudo) du vin vieil. (II, 495.)

AUTANT.

Les [voluptés] passées font de mal *autant* que les futures. (II, 368.)

Autant, aussi :

Un misérable.... *autant* ruineux à ses amis qu'à ses ennemis. (II, 22.)

Autant que..., autant :

Autant qu'il y a d'écrivains, *autant* chaque chose peut avoir de noms, si bon leur semble. (II, 9.)

Autant que cette considération me rend honteux, *autant* me donne de hardiesse la connoissance que j'ai de votre courtoisie. (III, 567.)

Autant de temps *qu*'une chose nous est agréable, *autant* nous aimons celui qui nous l'a donnée. (II, 53 ; voyez II, 66, 97.)

Autant de fois que, chaque fois que :

Autant de fois qu'il eût jeté les yeux sur soi-même, il eût eu de la peine à croire qu'un si grand homme fût parti de sa maison. (II, 83 ; voyez II, 674.)

Autant plus, d'autant plus, plus :

Montrant qu'elle n'avoit pas condamné les voluptés, mais seulement s'en étoit ennuyée, elle les redemande, et s'y replonge *autant plus* hardiment que jamais. (II, 468.)

Autant que, d'autant que :

S'ensuivroit-il donc qu'*autant que* le bien vivre est chose plus précieuse que vivre, nous soyons plus obligés à la philosophie que nous ne sommes aux Dieux ? (II, 709.)

Autant comme. Voyez Comme.

Autant, emplois divers :

Donnant, si on s'en revanche, vous avez *autant* gagné. (II, 6.)

Pensez-vous que ce soient *autant* de vos amis que ceux qui sont aux rôles que votre nomenclateur porte ? (II, 204.)

D'autant que. Voyez D'autant que, à la fin de l'article De, p. 153.

AUTELS.

.... Les peuples du Nil qui les auront ouïs (*tes beaux faits*)
Donneront de l'encens, comme ceux de la Seine,
    Aux *autels* de Louis. (I, 283, vers 160 ; voyez I, 263, vers 3.)

AUTEUR, principe, origine, source :

    .... Pensers mélancoliques,
Auteurs d'aventures tragiques. (I, 177, vers 80 ; voyez I, 149, vers 3.)

Bon auteur, véridique :

Quelqu'un m'a dit avoir ouï de M. de Guise que, etc. Ce prince est un peu suspect de n'être pas trop *bon auteur*. (III, 37.)

AUTOMNE, féminin :

Si après cela il me reste encore quelques jours de cette *automne*, je les vous donnerai de très-bon cœur. (IV, 17.)

AUTORITÉ.

Nous avons en nous les semences de tout âge et de toute science, et Dieu comme souverain ouvrier s'est réservé l'*autorité* de les faire sortir comme il lui plaît. (II, 97.)

Le sage ne provoquera jamais le mauvais gré de ceux qui sont en *autorité*. (II, 313.)

AUTRE, autres, où nous mettrions *un autre*, *d'autres* :

    Qu'*autres* que vous soient desirées,

Qu'*autres* que vous soient adorées....
Qu'*autres* que moi soient misérables....
Cela se peut facilement. (I, 97, vers 1, 2 et 19.)

La plupart des hommes ne se veut presque pas imaginer qu'il soit *autre* temps que celui qui passe à l'heure même. (II, 54.)

Si nous en faisons *autre* jugement.... (II, 86; voyez I, 136, vers 42; 266, vers 2.)

.... Notre affection pour *autre* que pour elle. (I, 231, vers 44.)

Autre avec une négation, pour *aucun autre* :

Autre sorte de réconfort
Ne me satisfait le courage,
Que de me résoudre à la mort. (I, 168, vers 46 et 47.)
.... Une adversité,
Que tu sais bien qui *n*'a remède
Autre que d'obéir à la nécessité. (I, 271, vers 71 et 72.)

Voyez I, 224, vers 14; II, p. 10, l. 23; p. 22, l. 1; p. 23, l. avant-dernière.

Autre que, suivi d'un adjectif :

La Justice le glaive en main
Est un pouvoir *autre qu*'humain
Contre les révoltes civiles. (I, 271, vers 86.)

Autre, locutions et constructions diverses :

La piété, la foi, la justice, et généralement toute *autre* vertu a sa perfection en soi-même. (II, 45.)

Quelle apparence y a-t-il de l'associer (*la volupté*) avec une qui la méprise,... et qui n'est pas moins en son naturel dans les incommodités de quelque action magnanime, que l'*autre* parmi les délices? (II, 92.)

Vous en voyez peu de qui la félicité cesse doucement; les *autres* (*les autres hommes*) tombent au milieu de leur grandeur. (II, 574; voy. II, 37, l. 3.)

La tempérance règne sur les voluptés; elle en hait les unes...; elle dispense les *autres*,... et jamais ne s'en approche que pour quelque *autre* considération. (II, 695.)

« Attiser par richesse un homme » est un langage de l'*autre* monde. (IV, 255.)

Voyez tome I, p. 157, vers 13.

L'un..., l'autre. Voyez L'un.... l'autre, à l'article Un.

L'autre.... l'autre, des deux autres l'un.... l'autre. (I, 16, vers 334 et 336.)

Autre fois, pour *une autre fois*, blâmé chez des Portes dans ce vers :
Et que quand il voudroit *autre fois* me reprendre. (IV, 353.)

D'autre fois, en une autre occasion :

Je dirai : « Autrefois cette femme fut belle,
Et je fus *d'autre fois* plus sot que je ne suis. » (I, 3, vers 28.)

Une autre fois. Voyez Fois.

AUTREMENT.

Le coche où je suis venu est assez grossier, et sent plutôt le village qu'*autrement*. (II, 674.)

Autrement, en d'autres termes, par exemple :

S'il (*le jugement*) y manque, il n'y a plus de bienfait. *Autrement* une grand'somme d'argent donnée mal à propos n'est pas.... bienfait. (II, 24.)

AUTRUI (L'), ce qui appartient à autrui :

.... Le monstre infâme d'envie,
A qui rien de *l'autrui* ne plaît. (I, 111, vers 92.)

Un homme de bien qui.... auroit perdu tout ce qu'il avoit, ou du sien ou de *l'autrui*. (II, 233.)

AVANCER, s'avancer, faire des progrès, gagner, réussir :

.... Ils n'*ont* rien *avancé*. (I, 207, vers 6.)

Vous vous êtes sauvé des vices de l'âme. Vous n'avez point de déguisement au visage.... vous n'*avez* rien *avancé* pour tout cela. (I, 469.)

Tu n'*avances*.... rien de dire que tu ne dois rien à Dieu. (II, 98.)

Ce que l'on *avança* fut que, etc. (IV, 204.)

Plus en vous adorant je *me* pense *avancer*,
Plus votre cruauté....
Me défend d'arriver au bonheur où j'aspire. (I, 140, vers 5.)

Se trop avancer de, suivi d'un infinitif :

Je crois que je *m'étois trop avancé de* me promettre que je pusse demeurer tout aujourd'hui sans bruit. (II, 617.)

Avancer, dans le sens de *dépasser, surpasser,* blâmé chez des Portes. (IV, 438.)

AVANT QUE, avec le subjonctif ou avec l'infinitif :

.... Je dispute *avant que* je m'engage,
Mais quand je l'ai promis, j'aime éternellement. (I, 136, vers 47.)

.... *Avant qu*'être (avant qu'on fût) à la fête
De si pénible conquête.... (I, 88, vers 25.)

Avant, profondément :

.... Le coutre aiguisé s'imprime sur la terre
Moins *avant* que leur guerre
N'espéroit imprimer ses outrages sur moi. (I, 207, vers 11.)

Aller avant, aller en avant, aller loin :

Je ne veux pas que ceci soit pris pour une bride que je baille à la libéralité. Je trouve bon qu'elle *aille* si *avant* qu'il lui plaira. (II, 22.)

Être avant dans, être avant de :

.... Ma barque vagabonde
Est dans les Syrtes bien *avant*. (I, 116, vers 222.)

Des gens qui *sont* bien *avant des* affaires ont cette même opinion. (III, 98.)

Faisons ce que nous pourrons pour y monter (*à la vertu*) : nous *en sommes* déjà bien *avant*. (II, 614 ; voyez II, 556.)

Mettre en avant. Voyez Mettre.

AVANTAGE, supériorité :

[L'Orient] Donne à leur sang un *avantage*
Qu'on ne leur peut faire quitter.... (I, 147, vers 21.)

D'avantage. Voyez p. 138, Davantage, 3ᵉ exemple.

AVANTAGER (S') :

Chacun a peur que son compagnon ne *s'avantage* à ses dépens. (IV, 71.)

AVAREMENT, avec avarice :

Prenons donc garde.... si nous ne baillons point trop *avarement* aux autres ce que nous prenons trop libéralement pour nous. (II, 338.)

AVARICE.

L'autre (*Judas*)..... fut gagné d'une sale *avarice*. (I, 16, vers 334.)

AVARICIEUX.

L'*avaricieux* [n'avoit point encore] mis en trésor ce qui ne lui servoit qu'à laisser le nécessiteux incommodé. (II, 723.)

AVEC, et souvent en poésie AVECQUE :

.... Leur souhaiter plus d'appas,
C'est vouloir *avec* injustice
Ce que les cieux ne peuvent pas. (I, 147, v. 17 ; voy. I, 152, v. 2.)
Avec quelle raison me puis-je figurer
Que cette âme de roche une grâce m'octroie? (I, 135, vers 26.)
       Nice payant *avecque* honte
Un siége autrefois repoussé..... (I, 55, v. 221 ; voy. I, 39, v. 15 *var*.)
Avecque sa beauté toutes beautés arrivent. (I, 157, vers 17.)

On n'a point fait de loi contre eux, *avec* cette opinion.... que la nature y avoit assez pourvu. (II, 107.)

Quiconque ne part point d'auprès d'un malade.... *avec* dessein d'avoir.... la succession,... je l'appelle ingrat. (II, 111.)

Le Roi est ici.... *avec* grand déplaisir des dames. (III, 68.)

Je me doute qu'*avec* tout mon soin (*quelque soin que j'y mette*).... le bâtiment ne sauroit pas être longtemps sans aller par terre. (III, 439.)

A Rome, nous l'appelons (*Dieu*) le père Liber..., pour l'invention des semences et réparation de la nature *avec* plaisir. (II, 97.)

Avec, à :

.... S'il peut un jour égaler
Sa force *avecque* sa furie. (I, 217, vers 208.)
La folie est.... attachée *avec* nous. (II, 486 ; voyez I, 15, vers 309.)

Avec, de, par, par le moyen de :

Il marche.... *avec* un pas suspendu. (II, 126.)

Il se faut.... attacher à certains esprits, et se nourrir *avec* eux. (II, 267.)

Dire *avec* une façon qui témoigne notre contentement..... (II, 304.)

Je vous prie.... de mettre en pratique ce que vous avez appris, non *avec* du langage, mais par assurance de courage. (II, 337; voyez II, 212, l. 23 ; 439, l. 8 ; 460, l. 17.)

Avec, contre :

Je ne me courroucerai jamais.... *avec* vous. (II, 76.)

Avec, outre ; AVEC CE QUE, outre que :

... *Avecque* ton bras elle (*ta cause*) a pour la défendre
     Les soins de Richelieu. (I, 279, vers 39.)
Avec ce qu'ils y employoient des arbres si gros..., la clôture qui s'en faisoit n'étoit pas une fortification sur laquelle on se pût bien assurer. (I, 402.)
*Avec ce qu'*ils en font le bout fort pointu, ils les entrelacent d'une façon qu'il n'y a moyen d'y passer la main. (I, 403 ; voyez II, 461, 644.)

Être avec soi, vivre :

La vieillesse vous mène à la mort..... Vous diriez à voir ce bonhomme qu'il est à ses obsèques : il s'inhume, survit à soi-même, et ne s'afflige point de n'*être* plus *avec* soi. (II, 379; voyez II, 481.)

Hors d'avec. Voyez Hors.

Malherbe emploie à peu près indifféremment en vers *avec* et *avecque*. Voyez, outre les exemples cités, I, 57, v. 14; 60, v. 64; 112, v. 118; 113, v. 143; 114, v. 165; 119, v. 70; 148, v. 66; 152, v. 12; 157, v. 17; 159, v. 16; 180, v. 55, etc., etc.

AVENIR, advenir, arriver :

Ce n'est pas à dire qu'il ne puisse *avenir* des choses non *avenues*. (II, 83.)
S'il *avenoit* à quelque effronté d'en prendre la hardiesse. (I, 353.)
.... S'il s'en rencontre une à qui cela n'*avienne*. (I, 61, vers 81.)
.... De peur que le semblable (*la même chose*) ne lui *avienne*. (III, 299.)
Mal *avienne*.... à ces efféminés. (II, 242.)
.... Quand il *advient* que la tombe sépare
Ce que nature a joint. (I, 41, vers 41; voyez I, 160, vers 37.)
.... Que leur *advint*-il en ce vite départ? (I, 13, v. 249; voy. I, 301, v. 35.)
.... Que t'ai-je promis qui ne *soit advenu*? (I, 7, vers 78.)
.... Quoiqu'il m'en *advienne*. (I, 135, v. 33; voy. I, 40, v. 20; 155, v. 73.)

Avenu, advenu :

Rayez cette histoire abominable du nombre des choses *avenues*. (IV, 175.)
.... Les regrets de ma faute *avenue*. (I, 17, vers 349.)
Plaignant deçà delà son malheur *advenu*.... (I, 14, vers 285.)
Comme d'un doux songe *advenu*
Qui tous nos sentiments cajole.... (I, 289, v. 104; voy. IV, 7.)

Les anciennes éditions donnent, sans aucune distinction de sens, tantôt *advenir*, *advenu*, tantôt *avenir*, *avenu*. L'exemple du tome III, p. 299 (*avienne*), est tiré d'une lettre autographe de Malherbe.

AVENTURE, événement :

Les *aventures* du monde
Vont d'un ordre mutuel. (I, 24, vers 31.)
.... Nous sommes ingrats d'une telle *aventure*,
Si nous ne confessons que jamais la nature
N'a rien fait de semblable prix. (I, 60, vers 46.)
.... Il n'est pire *aventure*
Que de ne la voir pas. (I, 157, vers 11.)
.... Cela m'arrivant,
Quelle seroit ma gloire? et pour quelle *aventure*
Voudrois-je être vivant? (I, 256, vers 47.)

Voyez tome I, p. 84, vers 2; p. 104, vers 3; p. 177, vers 80; p. 183, vers 15; p. 201, vers 3; p. 236, vers 5; p. 256, vers 47; p. 282, vers 117; tome IV, p. 200.

Aventure, destinée, sort, hasard :

Si vos yeux pénétrant jusqu'aux choses futures
Vous pouvoient enseigner leurs belles *aventures*.... (I, 13, vers 254.)
Soit un cas d'*aventure*, ou que Dieu l'ait permis.... (I, 14, vers 270.)
[Le] Destin, de qui le compas
Marque à chacun son *aventure*. (I, 142, vers 39.)
Il n'est pire *aventure*
Que de ne la voir pas. (I, 157, vers 11.)

Voyez tome I, p. 67, vers 51; p. 100, vers 25; p. 137, vers 4; p. 142, vers 39; p. 158, vers 10; p. 171, vers 4; p. 294, vers 32; p. 302, vers 7; p. 309, vers 11.

D'aventure, par hasard :

Si quelqu'un *d'aventure* en délices abonde,
Il se perd aussitôt et déloge du monde. (I, 9, vers 145.)
D'aventure il a vu passer Platon. (II, 179.)

Voyez tome I, p. 201, vers 15; tome II, p. 14, 91, 281.

AVENTUREUX, téméraire, hardi, brave :

> Par quels faits d'armes valeureux,
> Plus que nul autre *aventureux*,
> N'as-tu mis ta gloire en estime? (I, 114, vers 176.)
> .... [Les] succès heureux
> De ses combats *aventureux*. (I, 123, vers 246.)

AVENUE, chemin :

Toutes ces choses mondaines.... n'ont du tout point de hauteur...; et toutefois on n'y monte que par des *avenues* bien roides. (II, 654.)

AVÉRÉ, blâmé chez des Portes comme étant un terme de Palais. (IV, 466.)

AVERTIR, instruire (d'avance) :

.... Moi que du futur Apollon *avertit*. (I, 106, vers 12.)

AVERTIR, rappeler, faire souvenir :

Les méchants ont besoin d'être pressés de rendre, et les gens de bien d'en *être avertis*. (II, 241.)

AVERTISSEMENT, action de faire souvenir :

Depuis que nous avons donné une chose à quelqu'un, il ne lui en faut jamais plus parler.... L'*avertissement* que nous n'osons faire, le présent le fera. (II, 20.)

AVEUGLER.

Mes sens qu'elle (*cette femme aimée*) *aveugloit*.... (I, 61, vers 75.)

AVEUGLÉ, aveugle :

Et furent eux aussi que la rage *aveuglée*
Du contraire parti les premiers offensa. (I, 12, v. 221; voy. I, 121, v. 163.)

AVEUGLÉ DE, rendu aveugle par :

> .... Ces furieux
> *Aveuglés d'*appas et *de* charmes. (I, 122, vers 184.)

AVIS, opinion :

.... De beaucoup d'*avis* la dispute en est pleine. (I, 129, vers 11.)

Avis, nouvelle :

Ce même *avis* m'ayant été confirmé par une infinité de personnes d'honneur, qui se disoient y avoir été présents.... (IV, 4.)

Avis, parti à prendre :

> Le meilleur *avis* qui me reste,
> C'est de me séparer de toi. (I, 303, vers 27.)

IL M'EST AVIS QUE, M'EST AVIS QUE, il me semble que :

Il m'est avis que je l'ois qui tient ce langage. (II, 14.)
M'étoit avis, si j'étois une heure sans la voir, *qu'*il y avoit un siècle que je ne l'avois vue. (IV, 2.)

Voyez tome II, p. 10, 173, 439, 440, 582, 602; tome III, p. 172, 300.

AVISER.

Avisez (*voyez, examinez*) si vous n'apprenez plutôt à philosopher qu'à vivre. (II, 322; voyez III, 106.)

S'AVISER DE :

[Il] fit toutes les démonstrations *dont* il *se* put *aviser*. (II, 21; voy. IV, 10.)

AVOIR, emplois divers :

Ceux qui ont été gens de bien devant nous ne l'ont point été pour nous faire avoir de la réputation : nous n'*avons* rien à ce qui nous a précédés. (II, 420.)

La philosophie n'est pas une besogne vulgaire.... Qui ne l'*a* point n'est jamais sans appréhension. (II, 322.)

Du temps que nous *avons*, une partie nous est ôtée, l'autre dérobée, et l'autre s'écoule sans s'en apercevoir. (II, 265.)

Les faux [biens] *ont* plus de vide que de plein. (II, 518.)

Je ne saurois avouer que ce soit bien que l'indolence (*l'absence de douleur*) : une cigale et une puce l'*ont*. (II, 679.)

Ces signes que les hommes *ont* quand ils se troublent. (II, 578.)

La honte, un des bons signes que puisse *avoir* un jeune homme, ne lui pouvoit encore sortir du visage. (II, 298.)

Nous ne tombons pas d'une secousse et ne sommes pas renversés d'un seul effort. Nous *avons* tous les jours quelque coup d'ongle. (II, 366.)

Les meilleures actions de l'âme.... *ont* une certaine mesure hors laquelle il est impossible qu'elles acquièrent le titre de vertu. (II, 24.)

Entre autres maux qu'*a* la folie, elle a encore celui-ci.... (II, 310.)

La superfluité des festins aura son tour, et la friandise des cuisines, qui est la plus honteuse ruine que puisse *avoir* une bonne maison. (II, 16.)

La superfluité des dépenses, qui est la ruine la plus certaine que les grands États puissent *avoir*. (II, 550.)

Marcus Agrippa, remarqué, entre autres choses, pour *avoir eu* la couronne navale. (II, 82.)

Toutes ces inventions que nous *avons* viennent aussi peu de nous que notre accroissance. (II, 96.)

Combien pensez-vous que les philosophes mêmes *ont* (*dans leur doctrine*) de choses superflues, et qui ne se pratiquent point? (II, 699.)

La vertu.... se pourra dire *avoir* la cause précédente de l'envie, car il en est beaucoup qui sont enviés pour leur sagesse. (II, 683.)

Socrate *avoit* un grand nombre de jeunes gens qui le venoient voir. (II, 13.)

La vertu ne veut rien *avoir* d'inégal entre les choses qu'elle avoue à soi. (II, 522.)

Ne lui bouchez-vous pas les yeux et les oreilles (*à Dieu*), pour ne savoir rien de ce qui se passe au monde, et le négliger, comme assez empêché à prendre garde que les mondes qu'il *a* de tous côtés ne lui tombent sur le dos? (II, 110.)

Ayant Baies de l'autre côté de la muraille, elle (*la maison*) est par ce moyen hors de ses incommodités. (II, 463.)

La nature ne nous a pas voulu tant de mal, qu'ayant rendu la vie si aisée à tous les autres animaux, elle ait voulu que pour *avoir* la nôtre, il nous faille être savants. (II, 715.)

A quel propos me réserverai-je aux rigueurs d'une maladie qui n'*a* point d'espérance? (II, 540.)

Je voudrois qu'il me fût aussi aisé de reconnoître l'honneur que vous me faites, comme d'*avoir* ma raison de ce que vous m'écrivez. (IV, 141 et 142.)

Ceux qui les font (*les enfants*) n'y *ont* que leur souhait. (II, 61.)

Vous me déclarez que je n'*ai* plus d'ami, si je ne vous rends compte de ce que je fais journellement. (II, 584.)

Cette précipitation d'être quitte *a* de l'ingratitude. (II, 211.)

Qui n'aime point ceux qui l'ont mis au monde *a* de l'impiété. (II, 52.)

Vous *avez* une chose.... que je remarque fort souvent : partout où il est question de faire un office à votre ami, vous y êtes bouillant. (II, 211.)

La résolution qu'il prit.... *a* de la matière pour un autre discours. (II, 34.)

Quels langages ils *eurent* ensemble, il ne se dit point encore. (III, 119.)

Chrysippus.... n'*a* des paroles que pour se faire entendre (*en latin* : verbis non ultra quam ad intellectum satis est utitur). (II, 8.)

C'est un esprit vif, qui en sa philosophie *a* les paroles grecques et les fait romaines. (II, 485.)

C'est la plus infâme vergogne que sauroit *avoir* un médecin, que de chercher de la besogne. (II, 207.)

Il y a là.... un joueur de flûte grec et un trompette, qui *ont* une presse infinie (*une grande foule autour d'eux*). (II, 586.)

Comme un homme qui a mangé tout ce qu'il avoit.... n'est plus importuné de ses créanciers..., celui que je verrai manifestement et opiniâtrement ingrat *aura* les mêmes trêves avec moi. (II, 163.)

La mort n'*a* point de vilenie si puante qui ne me sente mieux que tout le musc et tout l'ambre gris que la servitude sauroit *avoir*. (II, 543.)

Que si quelqu'un *a* la fortune si bonne, que son éloquence.... lui acquière tant de gloire.... que son père y puisse avoir part.... (II, 82.)

Ayez le corps ferme, si vous voulez que l'esprit le soit. (II, 534.)

Ayant la grandeur de sa fortune occupée à ranger des armées, il n'étoit pas possible qu'il (*Jules César*) se pût souvenir de chaque soldat en particulier. (II, 166.)

Les Numantins [sont] braves, qui savent qu'ils ne sont point enfermés, puisqu'ils *ont* la porte de la mort ouverte. (II, 513.)

    Nous n'*avons* rien qui menace
    De troubler notre bonace. (I, 87, vers 5.)

    .... L'astre qui fait les jours
    Luira dans une autre voûte
    Quand j'*aurai* d'autres amours. (I, 307, vers 32.)

Voyez tome I, p. 2, vers 7; p. 5, vers 24; p. 8, vers 111 et *var.*; p. 35, vers 66; p. 50, vers 111; p. 71, vers 43; p. 89, vers 55; p. 94, vers 206; p. 113, vers 136 et 158; p. 114, vers 169; p. 116, vers 240; p. 117, vers 254; p. 123, vers 256; p. 145, vers 14; p. 148, vers 53, 54 et 62; p. 150, vers 15, 23 et 36; p. 159, vers 19; p. 179, vers 14; p. 214, vers 141; p. 260, vers 3; p. 261, vers 1; p. 271, vers 89; p. 294, vers 13.

Ne pouvant être ni bons ni libéraux, [ils] montrent toutefois qu'ils seroient bien aises qu'on les *eût* en cette opinion. (II, 107; voy. II, 270, 588.)

    Amour *a* cela de Neptune (*ressemble en cela à Neptune*),
    Que toujours à quelque infortune
    Il se faut tenir préparé. (I, 176, vers 67; voyez II, 406, l. 22.)

La gloire est l'ombre de la vertu : maugré que nous en *ayons*, elle nous accompagnera. (II, 614.)

Avoir, acquérir, obtenir, éprouver, recevoir :

    Oh! que la France eût fait d'efforts,
    Avant que d'*avoir* par les armes
    Tant de provinces.... (I, 202, vers 27.)

Il *avoit eu* cette place du Gast par le prix de cent mille écus. (III, 417.)

.... Personnage à qui ses longs services.... ont fait *avoir* une approbation.... (I, 394.)

    Elle *eût eu* plus d'accueil (*aurait été mieux accueillie*). (I, 40, V. 22.)

Vous me demanderez à quoi cela sera bon ; et je vous répondrai que si

je n'en remporte autre chose, pour le moins en *aurai*-je ce point que, etc....
(I, 473.)

.... Un méchant de qui les Dieux *auroient* tous les jours une hécatombe sur leur autel. (II, 12.)

Il m'a fait plaisir sans en penser jamais rien *avoir*. (II, 13.)

Elle (*la maison*) est droit au ponant, et le reçoit tellement, qu'il est cause que Baies ne l'*a* point. (II, 464.)

Tout ce qui la travaille (*la France*) *aura* sa guérison. (I, 261, vers 4.)

Voyez tome I, p. 23, vers 4; p. 31, vers 54; p. 102, vers 8; p. 103, vers 14; p. 134, vers 2; p. 135, vers 40; p. 144, vers 3 et 6 de la pièce XXXVIII, vers 4 de la pièce XXXIX; p. 154, vers 59; p. 155, vers 77; p. 164, vers 43; p. 196, vers 44; p. 215, vers 154; p. 227, vers 33; p. 237, vers 16 et 32; p. 261, vers 4; tome II, p. 44, l. 4 et 5; 45, l. 5; 80, l. avant-dernière; 81, l. 8; 82, l. 1, etc.

Faire avoir :

[Les méchants] *firent avoir* à nos villes
La face déserte des champs. (I, 312, vers 19; voyez II, 420.)

Avoir de, gagner par, être payé pour :

On sait.... combien les maçons.... doivent *avoir de* leur peine par chacun jour. (II, 184.)

Avoir, admettre, comporter :

Je ne donne que pour faire ce qu'il faut que je fasse. Non pas que cette nécessité n'*ait* de l'élection; mais je vous dirai quelle elle est. (II, 100.)

C'est un plaisir extrême que de trouver du plaisir en ce qui n'en *a* point. (II, 331.)

Avoir, suivi d'un substantif sans article :

Les uns ont perdu leurs biens sur la mer,... les autres *ont arrêt* de mort, et déjà le glaive est tiré pour leur frapper la tête. (II, 436.)

[Ce grand cardinal] Qui n'*a but* que la gloire.... (I, 272, vers 3.)

S'il est homme de bien, j'*ai* bonne *cause*. S'il est méchant, je ne dispute point avec lui. (II, 132.)

Astre par qui vont *avoir cesse*
Nos ténèbres et nos hivers. (I, 49, vers 83.)

M. le comte de la Rochefoucauld.... *a eu commandement* de s'en aller chez lui. (III, 272.)

.... On ne peut au monde *avoir contentement*. (I, 145, vers 3.)

.... La malice des ingrats, qui semblent.... *avoir dispense* de ne rien rendre. (II, 4; voyez I, 223, vers 11.)

Les choses que nous voyons.... ne sont pas au nombre de celles qui *ont être* (*qui existent*), parce qu'elles finissent à chaque moment. (II, 473.)

La Rochelle est en poudre, et ses champs désertés
N'*ont face* que de cimetières. (I, 284, vers 5.)

Quelle gêne pensez-vous qu'ait soufferte celui qui *a eu faute* (*qui a été dans le besoin*), encore qu'il ait trouvé du secours! (II, 196.)

Les étuves, en ce temps-là, n'*avoient garde* d'être fréquentes comme elles sont. (II, 669.)

J'*ai guerre* contre la fortune. (II, 448.)

N'*ayez* jamais *impression*
Que d'une seule passion. (I, 301, vers 25.)

Premier (*avant*) que d'*avoir mal* ils trouvent le remède. (I, 13, v. 233.)

[L'homme] *a mouvement* (*peut se mouvoir*) de lui-même. (II, 587.)

Tout ce qui *a passe-port* de la raison est solide. (II, 518.)

Ce que vous dites *a pointe* (*en latin :* acuta sunt quæ dicis). (II, 640.)

Ceux qui *ont tâche* (*qui sont occupés*) *n'ont* jamais *loisir* de faire les fols. (II, 468.)

Voyez tome I, p. 63, v. 21 (*ont goût*); p. 66, v. 40 (*vous avez part*); p. 91, v. 113 (*ont naissance*); p. 144, v. 3 (*vous aurez miséricorde*); p. 156, v. 4 (*ont eu grâce*); p. 161, v. 72 (*aura paix*); p. 256, v. 42 (*a pitié*); p. 272, v. 13 (*a place*); p. 281, v. 92 (*avoir loyer*); p. 301, v. 25 (*ayez impression*); p. 409 (*eut opinion*); p. 412 (*avoit jalousie*); tome II, p. 6 (*ont sentiment*), 26 (*a égard*), 45 (*j'ai volonté*), 47 (*vous avez patience*), 439 (*nous n'avons pas loisir*), 569 (*ont faute*), 651 (*ont opinion*), 699 (*ont eu envie*).

Avoir affaire à, avoir affaire de. Voyez Affaire.

Avoir lieu :

Ce n'est pas en ceci seulement que cette considération *a lieu*. (II, 12.)
Devoir est un mot qui ne peut *avoir lieu* qu'entre deux personnes. (II, 144.)
Combien de vers dans Publius qui pouvoient *avoir lieu* dans une tragédie ! (II, 287.)

Avoir beau. Voyez Beau.

Avoir cela que ; avoir quelque chose de :

Un esprit généreux *a cela que* l'exemple d'une chose louable le convie à l'imitation. (II, 404; voyez II, 445.)
Qui se peut sauver quand on lui aide.... *a* déjà *quelque chose de* vouloir être sauvé. (II, 451.)

Avoir de quoi, avoir à qui, avec un infinitif :

Quel rival assez vain prétendra que la sienne (*sa lyre*) v. 133.)
       Ait de quoi m'égaler ? (I, 283, v. 152; voy. I, 52, v. 157 ; 112,
Quand par notre industrie nous nous sommes fait quelque bien, nous n'en devons point de reconnoissance, parce que nous n'*avons à qui* la faire. (II, 144.)

N'avoir rien que, n'avoir que :

Les timides conseils *n'ont rien que* de la honte. (I, 31, vers 54.)
.... Quiconque vous sert *n'en a que* de l'ennui. (I, 259, vers 6.)
     .... Les sceptres des rois
N'ont que des pompes inutiles,
S'ils ne sont appuyés de la force des lois. (I, 271, vers 89.)

Avoir, avec un participe, un adjectif ou un nom pris adjectivement :

  .... Les endroits où la terre pressée
A des pieds du Sauveur les vestiges *écrits*. (I, 15, vers 300.)
     Ta louange dans mes vers....
     N'aura sa fin *terminée*
     Qu'en celle de l'univers. (I, 95, vers 219.)
Il *a* de tout conseil son âme *dépourvue*. (I, 8, vers 118.)
J'*avois* mille lauriers de ma gloire *témoins*. (I, 28, vers 7.)
     Un bien que j'*ai* si *cher*. (I, 28, v. 12; voy. I, 72, v. 77 ; IV, 158.)
Je les baillai à l'homme à qui ils étoient destinés, qui les *eut* extrêmement *agréables*. (III, 38 et 39; voyez I, 176, vers 65.)

(Y) avoir (voyez Y) :

Depuis qu'*il y a* du dessein de gagner, *il* n'*y a* plus de bienfait. (II, 104.)
J'ai trouvé votre père mort..., et l'ai inhumé. Je n'ai rien fait pour lui..., et n'ai rien fait aussi pour son fils.... Voulez-vous que je vous die ce qu'*il y a* de gagné? J'ai fait un office qu'il falloit qu'il fît. (II, 161.)

A cette condition, je serai hors de la colère où je suis contre vous *il y a* cinq ou six mois. (III, 80; voyez II, 509, 1. 25; IV, 35.)

N'*y aura-t-il* point quelque différence de nous à eux? Si *aura* certes, *il y* en *aura* beaucoup. (II, 277; voyez l'article SI.)

AVORTON.

Si quelque *avorton* de l'envie
Ose encore lever les yeux.... (I, 209, vers 1.)

AVOUER, reconnaître, accorder :

Quels doctes vers me feront *avouer*
Digne de te louer? (I, 194, vers 3.)

Je vous *avoue* que tout est à Jupiter, mais il en baille la jouissance aux autres. (II, 566; voyez II, 84, l. 8.)

La vertu ne veut rien avoir d'inégal entre les choses qu'elle *avoue* à soi. (II, 522.)

Il n'y a ici personne qui veuille *avouer* d'y avoir de l'intérêt. (IV, 143 et 144; voyez II, 44, 1. 16.)

AVRIL, printemps :

Le centième décembre a les plaines ternies,
Et le centième *avril* les a peintes de fleurs. (I, 278, v. 14; voy. DÉCEMBRE.)

B

BAGUENAUDER, s'amuser à (dire) des riens :

Cicéron dit que quand il auroit encore une vie au bout de la sienne, il n'en auroit pas assez pour lire les poëtes lyriques. J'en dis de même des dialecticiens. Encore ils ne *baguenaudent* pas de si bonne grâce. (II, 440.)

BAGUENAUDERIE, chose frivole :

Je m'amuse à vous compter ces *baguenauderies*. (III, 18.)

BAIE, BAYE, futilité :

Je vous prie, au lieu de toutes ces *baies*, dites-nous quelque chose qui nous rende capables de donner et de prendre. (II, 10.)

On ne s'amuse plus à des *bayes*. (II, 282.)

BAIGNER, absolument, baigner de larmes. (I, 15, vers 307.)

BAILLER, donner, livrer :

Un ami m'a fait un petit présent avec beaucoup d'affection,... il m'a *baillé* comme s'il eût pris. (II, 13.)

.... Un échange,
Où se prend et se *baille* un ange pour un ange. (I, 231, vers 50.)

Bailler mes jambes à frotter à quelque bardache déjà vieil. (II, 524.)

Voyez tome I, p. 244, vers 7; p. 255, vers 26; tome II, p. 3, 8, 61, 99, 134, 146, 497; tome III, p. 436, 448, etc.

BÂILLON. (II, 128; voyez la note de la page indiquée.)

BAISER.

Il y fiche ses yeux (*sur les vestiges du Sauveur*), il les baigne, il les *baise*.
(I, 15, vers 307; voyez I, 120, vers 110.)

BAISSER (Se), baisser :

Ma vue commence à *se baisser*. (III, 47.)

BAL, danse :

C'est pour lui (*pour le corps*) que se tiennent les écoles de *bal* et des musiques efféminées. (II, 716.)

BALAI, dans une locution proverbiale :

Qu'auroit-il gagné de s'être démêlé de ses vices, s'il lui falloit toute sa vie *avoir le balai en main* pour nettoyer les ordures de son voisin? (II, 373.)

BALEFINE, balle :

.... Une partie qui s'est faite à la *balefine*, où sont tous courus ceux de qui je pouvois être importuné. (II, 617.)

BALLETANTS, danseurs d'un ballet :

Nous vîmes jeudi au soir le ballet attendu si longtemps.... Ce fut un désordre le plus grand du monde, de quoi toutefois les *balletants* ont occasion de remercier Dieu. (III, 378.)

BALLOTTER, tirer au sort :

Si je vous eusse fait *ballotter*, et que votre nom se fût trouvé du nombre de ceux qu'il m'eût fallu racheter, ne me penseriez-vous rien devoir? (II, 181.)

BANC.

Ce grand flux de bouche a plus du charlatan qui veut arrêter le monde à son *banc*, que de l'homme d'honneur qui traite quelque chose de grave. (II, 406.)

BANDER, se bander, tendre ses forces, s'appliquer :

Elles (*ces choses*) donnent du plaisir, parce que leur difficulté tente la pointe du jugement, et l'excitent à *se bander*. (II, 149.)

[Il a] l'esprit continuellement *bandé* à s'acquitter. (II, 136.)

Que la nature *bande* tout ce qu'elle a de forces, elle ne peut retourner en arrière. (II, 170.)

Je ne parlerai point en stoïque..., pour n'aller pas si *bandé* avec vous. (II, 306.)

L'ambition des hommes *bandés* les uns contre les autres. (II, 217.)

Se bander contre les volontés du Prince. (IV, 87.)

Voyez tome I, p. 209, vers 3; tome II, p. 126, 244, 301, 315, 318, 502, 637.

BANNIÈRE.

.... Sous la *bannière* de Mars (*à la guerre*). (I, 113, vers 162.)

BANNIR.

Loin des mœurs de son siècle il *bannira* les vices. (I, 72, vers 67.)

Bannir, adjuger :

Choses qui *sont bannies* au rabais. (II, 90.)

BANQUE.

Je serai curieux de vous mander des nouvelles..., et je sais bien que je suis la meilleure *banque* d'où vous en sauriez avoir. (III, 82.)

Un des sens du mot *banque* était « le lieu public où se faisait le trafic d'argent, où s'assemblaient les banquiers, les marchands, » et où il se débitait, comme maintenant à la Bourse, force nouvelles.

BANQUEROUTE, au figuré :
De toutes les dettes, la plus aisée à payer, c'est le mépris. Nous ne ferons pour cela ni cession ni *banqueroute*. (IV, 93.)

BARBARE, cruel :
Avoir reçu la mort par un glaive *barbare*. (I, 12, v. 224; voy. I, 41, v. 43.)

BARBE, cheval barbe :
Il avoit fait de grandes traites sur des *barbes* qu'il avoit achetés. (III, 280.)

BARBIER, chirurgien :
Il est arrivé qu'un qui étoit allé pour tuer un tyran lui a percé une apostume où les *barbiers* n'avoient osé mettre la main. (II, 33.)

Barbier, locution proverbiale :
« Éclipse » est féminin.... *devant tous les barbiers de France*. (IV, 253.)

BARDACHE, mignon :
Pacuvius..., après que tous les soirs il s'étoit enseveli dans le vin..., étoit porté de sa table en sa chambre, entre les applaudissements de ses *bardaches*. (II, 304; voyez II, 524.)

BARQUE, navire :
Achille. . . . . ne put faire mieux
Que soupirer neuf ans dans le fond d'une *barque*. (I, 305, vers 20.)

La barque, la barque de Caron, la mort :
L'âge s'évanouit au deçà de *la barque*,   299, v. 2.)
        Et ne suit point les morts. (I, 40, v. 27; voy. I, 282, v. 127;

Barque, au figuré :
C'est elle (*la philosophie*) qui forme.... l'esprit, qui donne des règles à la vie..., et assise continuellement au timon de la *barque*, nous fait sans naufrage passer au milieu de tout ce que la mer a de périls. (II, 322.)

BARRE, barrière :
Bien semble être la mer une *barre* assez forte. (I, 281, vers 101.)

BARREAU, lieu où l'on plaide, au pluriel :
Zaleucus et Charondas.... n'avoient jamais vu ni *barreaux*, ni écoles. (II, 711.)

BARRIÈRE, fermeture faisant obstacle au départ :
[Le Soleil].... éloigne sa *barrière*. (I, 17, vers 368.)

Barrière, enceinte où se font les joutes, les tournois :
    Soit que l'honneur à la *barrière*
    L'appelle à débattre un cartel.... (I, 81, v. 173; voy. I, 111, v. 104.)

BAS, adjectif, au propre et au figuré :
Les compagnies des gardes.... prirent les armes et s'en vinrent aux barrières, la pique *basse*. (III, 397.)
    Il (*le dieu de Seine*) se resserra tout à l'heure
    Au plus *bas* lieu de sa demeure. (I, 79, vers 96.)
.... Que leur advint-il en ce vite départ,

Que laisser promptement une *basse* demeure,
Qui n'a rien que du mal...? (I, 13, vers 250.)
.... En âge si *bas*.... (I, 259, vers 13.)

BAS DE, pauvre de :

.... Je ne sais quels Scythes,
Bas de fortune et *de* mérites. (I, 66, vers 19.)

ÊTRE BAS, être à terre, renversé; METTRE BAS, déposer, détruire :

Il *est bas*, le parricide. (I, 24, vers 25.)
Vous voyez un gladiateur.... quand il *sera bas*, tendre lui-même sa gorge à son adversaire. (II, 380.)
Qui n'a vu dessous leurs combats
Le Pô *mettre* les cornes *bas* ? (I, 110, vers 76.)
Les armes *étant mises bas* par toute la terre, et ne se parlant de trouble ni remuement en lieu du monde.... (II, 726.)
Le plus fort homme qui soit au monde ne l'est pas tant, qu'un nombre d'autres, qui ne seront que médiocres, ne le *mette bas*. (II, 656.)
Voyez tome I, p. 5, vers 30; p. 51, vers 144; p. 104, vers 7; p. 284, vers 1.

METTRE À BAS, terrasser, renverser :

.... Le malheur ne m'ose *mettre à bas*. (I, 56, vers 4.)

ENVOYER EN BAS, jeter à terre, jeter :

Si la fortune.... nous jette quelque chose, nous l'*envoyons* aussitôt *en bas* (en *latin* : demittimus), sans la goûter. (II, 561.)

BAS, substantif, BAS ATTACHÉ, bas qu'on attachait au haut-de-chausses avec des aiguillettes :

Le Roi, extrêmement paré de pierreries et plus de bonne mine, avec une cape, un bonnet et un *bas attaché*, menoit la mariée. (III, 93.)

BASSEMENT, bas, tout bas, sourdement :

Quelque discord murmurant *bassement*,
Nous fit peur au commencement. (I, 195, vers 25.)

BASSEMENT, avec humilité :

Certes je ne puis faire, en ce ravissement,
Que rappeler mon âme, et dire *bassement* :
« O sagesse éternelle...! » (I, 63, vers 38.)

BASSE-COUR, cour des écuries, lieu où se tiennent les valets :

Ayant comme vous avez des avis de gens qui sont du conseil, ce n'est pas pour faire cas de celles (*des nouvelles*) qui ne viennent point de plus avant que la *basse-cour*. (III, 151; voyez III, 178, 326.)

BASSE-COUR, traduisant le latin *atrium :*

Toutes ces effigies avec leurs festons rangées aux portiques d'une *basse-cour*.... (II, 76; voyez II, 336, 348, 420, 463.)

BASTIDE, maison de campagne (en Provence) :

Mondit frère..., craignant qu'elle (*ma sœur*) ne lui fît saisir sa récolte de ses *bastides* du plan Péricard et du Puy.... (I, 339; voyez I, 347.)

BATAILLE (TENIR EN), au figuré :

Le sage doit *tenir* de tous côtés les vertus *en bataille*, afin qu'il ne lui puisse venir aucun effort sur les bras, qu'elles ne se trouvent prêtes à sa défense. (II, 485.)

BÂTIR, au figuré :
.... Ceux dont l'aveugle manie
Dresse des plans de tyrannie
Pour *bâtir* quand il sera mort. (I, 80, vers 130.)
Quel astre malheureux ma fortune *a bâtie?* (I, 129, vers 1 ; voyez II, 138.)

BATTANT, REMENER BATTANT :
Les gens de Philippe *furent* maltraités et *remenés battant* jusque dans leur retranchement. (I, 403.)

BATTEMENT.
Le *battement* du flot aplanit une grève. (II, 462.)

BATTERIE, terme de siége, au propre et au figuré :
L'ennemi qui.... par *batterie,* sapes et mines fait trembler la terre sous les pieds. (II, 440.)
[La philosophie] est un rempart inexpugnable, d'où toute la *batterie* que sauroit faire la fortune ne feroit pas tomber une pierre. (II, 632 ; voyez I, 422.)

BATTRE.
Qui ne sait de quelles tempêtes
Leur fatale main autrefois,
Portant la foudre de nos rois,
Des Alpes *a battu* les têtes? (I, 110, vers 74.)

SE BATTRE :
[Il] S'arrache les cheveux, *se bat* et se tourmente. (I, 14, vers 272.)

BATTRE (la terre) DU PIED :
Quand je disputerois même, je me garderois de *battre du pied.* (II, 579.)

BAUME, suave odeur :
Le *baume* est dans sa bouche, et les roses dehors. (I, 132, vers 6.)

BAYE. Voyez BAIE.

BÉATIFIER (SE), se rendre heureux :
C'est une absurdité de dire que par la vertu seule un homme *se* puisse *béatifier.* (II, 660.)

BÉATITUDE, bonheur :
La *béatitude* n'est pas au savoir, elle est au faire. (II, 581; voy. II, 661.)

BEAU, au figuré, noble, grand, glorieux :
En un si *beau* danger, moquons-nous de la mort. (I, 296, vers 36.)
.... La fatale journée,
Où ta *belle* vertu parut si clairement. (I, 309, vers 6.)
Voyez tome I, p. 31, vers 60; p. 113, vers 148; p. 217, vers 196.
Par eux *(par mes vers)* de tes *beaux* faits la terre sera pleine. (I, 283, v. 157.)
Voyez encore tome I, p. 51, vers 132; p. 262, vers 9.
La Garde, tes doctes écrits
Montrent le soin que tu as pris
A savoir toutes *belles* choses. (I, 285, vers 3.)

Beau, devant *sœur*, blâmé dans ce vers de des Portes :
>Trois *belles sœurs*, immortelles déesses. (IV, 459.)

Bel esprit, esprit noble, droit, grand, distingué ; beau cœur ; belle âme :
>.... Emporter le prix
>Des grands cœurs et des *beaux esprits*
>Dont aujourd'hui la France est pleine. (I, 111, vers 96.)
>.... Un *bel esprit*
>Est la cause d'un beau visage. (I, 127, vers 10.)

Voyez.... la dextérité d'un *bel esprit*, que la misère ne peut tellement abattre que.... il ne trouve de quoi fournir à sa libéralité. (II, 14.)

Votre *bel esprit*, qui vous a mis si avant au jour.... (II, 334.)

Un *bel esprit* ne doit ni contester contre Dieu, ni se vouloir excepter d'une loi générale. (II, 551.)

Marc Antoine, grand personnage.... et un *bel esprit*. (II, 648.)
>.... On te donne le prix
>Des *beaux cœurs* et des *beaux esprits*
>Dont aujourd'hui la France est pleine. (I, 121, vers 156.)

Belle âme, beau patron des célestes ouvrages. (I, 178, vers 9.)

Voyez tome I, p. 35, v. 58 ; p. 130, v. 8 ; p. 187, v. 132 ; p. 237, v. 25 ; p. 263, v. 10 ; p. 291, v. 2 ; p. 309, v. 1 et 9 ; tome II, p. 336 ; tome IV, p. 448, etc.

Beau fils, bel homme, homme faisant le beau :

Pource que vous me demandez mes livres, je ne m'en estime point plus habile homme ; non plus que je m'estimerois *beau fils* (en latin : formosum putarem), si vous m'aviez demandé mon portrait. (II, 422.)

Ces *beaux fils* qui ont leur fraise si bien dressée. (II, 449 ; voyez II, 516, 581.)

Avoir beau :

Ils *ont beau* vers le ciel leur murailles accroître,
Beau d'un soin assidu travailler à leurs forts.... (I, 278, vers 33 et 34.)
Voyez tome I, p. 139, vers 5 ; p. 148, vers 49 ; p. 157, vers 25.

Tout beau, tout doucement, modérez-vous :
>*Tout beau*, pensers mélancoliques...,
>De quoi m'osez-vous discourir ? (I, 177, v. 79 ; voy. II, 210 ; IV, 376.)

Comparez Bellement.

BEAUCOUP, en vers :
>.... Des sujets *beaucoup* meilleurs
>Me font tourner ma route ailleurs. (I, 119, vers 65.)

BEAUTÉS, charmes, attraits :
>.... Vos jeunes *beautés* floriront comme l'herbe
>Que l'on a trop foulée et qui ne fleurit plus. (I, 2, vers 15.)

Voyez encore tome I, p. 109, vers 46 ; p. 177, vers 77.

Beauté, belle femme :

Beauté, mon beau souci, de qui l'âme, etc. (I, 36, vers 1.)
>Ce sont douze rares *beautés*. (I, 147, vers 13.)
La première *beauté* du monde. (IV, 144.)

Voyez tome I, p. 8, vers 93 ; p. 28, vers 1 ; p. 60, vers 49 ; p. 123, vers 250 ;

p. 135, vers 19; p. 137, vers 1; p. 139, vers 13; p. 140, vers 9; p. 142, vers 26; p. 160, vers 43; p. 163, vers 13; p. 166, vers 13; p. 198, vers 11; p. 247, vers 1; p. 293, vers 2; p. 305, vers 26; p. 306, vers 2.

BÉCHÉE, becquée :
Les oiseaux partagent la *béchée* à leurs petits. (II, 517.)

BECQUER.
Être mordu d'un agneau ou *becqué* d'un pigeon. (IV, 49.)

BÉLÎTRE, gueux :
Je vous laisse à penser comme c'est chose supportable en un *bélître* d'être friand (*en latin* : quis ferat in egestate fastidium)? (II, 474; voyez II, 543.)

BELLEMENT, doucement, lentement :
Son serviteur.... lui tira tout *bellement* la bague du doigt. (II, 75.)
Si nous jouons avec un qui soit encore écolier, nous.... frapperons si *bellement*, que nous lui porterons la pelote jusque dans la main. (II, 30.)
Il se rencontra une charrette, qui obligea la carrosse du Roi.... d'aller un peu plus *bellement*, sans s'arrêter toutefois. (III, 168.)
Voyez tome II, p. 164, 247, 319, 333, 352, 365, 366, 537, 550, 597, 611; tome IV, p. 16.

BÉNÉFICENCE, bienfaisance, libéralité :
Par leur *bénéficence* [les rois] accroissoient [ceux qui étoient sous leur charge] de commodités et de richesses. (II, 710.)

BÉNINE, pour *bénigne*, blâmé chez des Portes. (IV, 313.)

BÉOCE (La), la Béotie. (I, 398, 435, 461.)

BERCEAU.
Les puissantes faveurs dont Parnasse m'honore
Non loin de mon *berceau* commencèrent leur cours. (I, 283, vers 142.)

BERGÈRE, allégoriquement :
Notre grande *bergère* (*notre reine*) a Pan qui la conseille. (I, 231, vers 52.)

BERGERIE, allégoriquement :
Houlette de Louis, houlette de Marie,
Dont le fatal appui met notre *bergerie*
    Hors du pouvoir des loups. (I, 229, v. 2; voy. I, 235, v. 15.)

BESOGNE, travail, tâche, ouvrage :
C'est la plus infâme vergogne que sauroit avoir un médecin que de chercher de la *besogne*. (II, 207.)
Phidias fait une statue. Ce n'est pas tout un que le fruit de l'art et le fruit de la *besogne*. (II, 47.)
Pource qu'il étoit expédient qu'on fît des enfants, on a voulu que la condition de ceux qui en engendreroient fût sacrée, et les inciter par l'espérance de quelques avantages à une *besogne* exposée à toute sorte d'inconvénients. (II, 61.)
Ils (*les Dieux*) savent toute la suite de leur *besogne*, du commencement jusques à la fin, et rien ne doit advenir qui ne leur soit présent. (II, 123.)
Il y a du péril à reculer, et de la *besogne* à tenir bon. (II, 448.)

L'homme n'est point une *besogne* tumultuaire et faite sans y penser : c'est la première pièce des ouvrages de Nature. (II, 191.)
Voyez tome II, p. 98, 168, 190, 214, 308, 322, 491, 502, 591, 666, 713.

Besognes de nuit, vêtements, toilette de nuit :
Caton.... ne montoit jamais qu'un méchant quiledin, avec un bissac .... où étoient ses chemises et ses *besognes de nuit*. (II, 676 ; voyez III, 75.)

BESOIN, avec *avoir* :
Tant plus nous *avons* de *besoin* d'une chose, tant plus nous avons d'obligation à celui qui nous la donne. (II, 85 ; voyez II, 310.)

Besoin, avec *être* :
C'est chose que nous avons si souvent prouvée, que je ne pense point qu'il *soit* plus de *besoin* d'y retourner. (II, 91 ; voyez I, 150, vers 25 ; 288, vers 89 ; II, 99 ; III, 390 ; IV, 20, 278.)

Besoin, besoin de manger, faim :
Sitôt que le *besoin* excite son desir.... (I, 63, vers 31.)

Au besoin, dans l'occasion :
Qu'est le feu de ton zèle *au besoin* devenu ? (I, 7, v. 75 ; voy. I, 18, v. 387.)

Faire besoin. Voyez Faire.

BESTIAIRE, traduisant le latin *bestiarius*. (II, 542.)

BESTIAL, stupide :
Imagination *bestiale*. (IV, 321.)

BÊTE de chemin. Voyez Chemin.

BIAIS.
Prenez les choses de mauvais *biais*, vous ne manquerez jamais de sujets de murmurer. (II, 42 ; voyez II, 685.)

BIEN, adverbe :
Un malade ne cherche point un médecin *bien* parlant, mais *bien* guérissant. (II, 580.)
Il déclara qu'il avoit été *bien* tué. (II, 155.)

Être bien :
Si vivre est la moindre partie de ce qui est requis pour bien vivre..., pourquoi me voudroit-il (*mon père*) faire accroire que pource qu'il m'a fait être, je lui suis obligé de ce que je *suis bien* ? (II, 80.)
Ils servent leurs voluptés, au lieu de les posséder, et.... ils ne pensent pas *être bien* s'ils ne sont mal. (II, 405.)
Une âme tendre, et qui n'est pas bien imprimée du caractère de la vertu, n'*est* pas *bien* parmi la multitude. (II, 283.)
J'aime bien mieux, quand vous partirez d'avec moi, que vous disiez : « .... Je le tenois pour homme bien suffisant..., mais il m'a trompé.... » Si vous vous en allez avec cette opinion de moi..., je *suis bien* : j'aime mieux que mon repos soit excusé qu'envié. (II, 533.)

Bien, devant un adverbe ou une locution adverbiale :
C'est un sujet que je me propose de traiter *bien* particulièrement. (II, 7.)
Cette invention lui sembla *bien* à propos de se donner à son maître, afin de convier son maître à se donner à lui. (II, 14.)
Vous me voyez *bien* de loisir dans une chaire mettre en avant ces plaisantes questions. (II, 440.)

L'homme.... à qui la fortune.... ne fait point de plaie, mais seulement quelque légère égratignure, *bien* à peine, et *bien* rarement. (II, 424.)
Voyez tome II, p. 17, 59, 708.

Il y a bien différence de :
*Il y a bien différence d'*une chose faite, ou seulement ébauchée. (II, 613.)
Voyez tome II, p. 180, 482, 631.

Bien, il est vrai; Bien, modifiant diversement l'affirmation, et surtout la fortifiant :
C'est *bien*, je le confesse, une juste coutume.... (I, 41, vers 37; voyez I, 147, vers 31; et ci-après Bien devant le verbe.)
.... Que tout à loisir
Je vais *bien* éprouver qu'un déplaisir extrême
Est toujours à la fin d'un extrême plaisir. (I, 134, vers 11.)
Cette défaite fut *bien* aussi vilaine que subtile. (II, 29.)
Voici *bien* une question plus difficile à résoudre. (II, 35.)
Voulez-vous *bien* voir que la gratitude est chose desirable? (II, 108.)
C'est *bien* un courage de glace,
Où la pitié n'a point de place. (I, 101, vers 43.)
C'est *bien* chose que je ne défends point à un homme sage que l'aisance de parler. (II, 409.)
Les choses que l'on manie.... ne sont point en danger de se couvrir.... de rouille..., mais *bien* celles que, etc. (II, 53.)
Voyez *bien* après *si*, tome II, p. 84.

Bien, devant le verbe :
Bien est-il malaisé que l'injuste licence, etc. (I, 208, vers 25.)
Bien semble être la mer une barre assez forte.... (I, 281, vers 101.)
Bien sera-ce à jamais renoncer à la joie,
D'être sans la beauté dont l'objet m'est si doux. (I, 305, vers 25.)
Bien crois-je que de lui ôter une opinion de si longtemps enracinée en son esprit, ce ne sera pas chose sans difficulté. (IV, 78.)
Bien vous dirai-je que vous n'avez jamais obligé personne qui avec plus de discrétion reçoive cette grâce. (IV, 177.)
Voyez tome I, p. 236, vers 13; tome II, p. 456; tome IV, p. 38.

BIEN, substantif, bonheur, fortune, intérêt, profit :
Le souverain *bien* trouve en la maison toute la provision qui lui fait besoin pour son service. (II, 293.)
Les Dieux, ennemis de mon *bien*,
Ne veulent plus que je la voie. (I, 166, vers 8.)
.... De quelque soin qu'incessamment il veille....
Et quelque excès d'amour qu'il porte à notre *bien*. (I, 70, vers 21.)
Bien aimer soit votre vrai *bien*. (I, 301, vers 28.)
.... Voilà le *bien* qui m'abonde. (I, 286, vers 30.)
Ce qu'ils voudroient vous voir posséder n'est pas *bien*. (II, 384.)
Nous estimons.... le *bien* de demeurer au monde. (II, 81.)
Où trouves-tu qu'il faille avoir semé son *bien*,
Et ne recueillir rien? (I, 29, vers 27.)
Le ciel, qui doit le *bien* selon qu'on le mérite.... (I, 279, vers 53.)
Quand elle (*la vertu*) nous envoie en quelque part, il y faut marcher, et sans considération ni du *bien* ni de la vie, nous résoudre à l'obéissance. (II, 90.)
Voyez tome I, p. 10, vers 155 et 164; p. 13, vers 255; p. 53, vers 168 *var.*; p. 91, vers 107; p. 131, vers 36; tome II, p. 385, 424; tome III, p. 72; tome IV, p. 72, 234.

Bien, bienfait :

Il y a moyen d'étendre les bienfaits du fils...; mais celui du père, qu'est-ce autre chose qu'un *bien* simple, facile ? (II, 84.)

Un homme ne fait-il pas en son testament une infinité de *biens* qu'il sait bien qui ne lui seront jamais reconnus ? (II, 101.)

Montrons que nous sommes gens de *bien* (*des gens qui font du bien*). (II, 6 ; voyez II, 105, etc.)

Dire bien de, dire du bien de :

Un homme qui ne juge du jour que par soupçon.... n'a pas grand sujet de *dire bien de* ses yeux. (II, 614.)

Faire bien. Voyez Faire ; et ci-après, Bienfaire :

Aller le bien, aller bien :

S'il se gouverne par ce conseil, il ne faut pas douter que tout n'*aille le bien*. (III, 192.)

BIEN-DIRE, substantivement :

Réservez votre *bien-dire* à quelque occasion où il vous sera plus nécessaire. (IV, 80.)

BIEN-DISANCE.

Ce fut certainement un bel esprit, et qui pouvoit mettre sa *bien-disance* entre les exemples. (II, 336.)

De quelles inventions et de quelle *bien-disance* combattrez-vous tous les peuples de la terre, qui d'un consentement universel croient le contraire de ce que vous leur voulez persuader ? (II, 640.)

BIENFACTEUR, bienfaiteur :

Il ne considérera point la qualité du *bienfacteur*, mais le mérite du bienfait. (II, 67 ; voyez II, 45.)

BIENFAIRE, bien faire, faire du bien, répandre des bienfaits :

Celui-là sait très-mal comme la libéralité doit être exercée, qui choisit un méchant pour lui *bienfaire*. (II, 118.)

Puisque je suis si curieux de savoir à qui j'*aurai bienfait*.... (II, 162.)

Nous avons l'exemple des Dieux, qui.... ne laissent pas de continuer d'aimer les hommes, et de leur verser du bien.... Leur inclination est de *bien faire*, ils la suivent. (II, 4.)

On se tromperoit de s'imaginer qu'en *bien faisant* il eût devant les yeux autre chose que la gloire. (IV, 107.)

Voyez II, 32, 63, 105, 147, 148, 150, 160, 167, 543 ; IV, 104, etc.

Le bienfaire, substantivement :

Vous ôtez ce qu'il y a de plus beau et plus spécieux *au bienfaire*, qui est de donner. (II, 56.)

Le bienfaire est de soi-même une chose desirable. (II, 100.)

BIENFAIT.

Bienfait est bailler quelque chose profitable. (II, 146 ; voyez II, 69.)

Nous avons tous une inclination naturelle d'aimer nos *bienfaits*. Depuis que nous avons obligé un homme, nous prenons plus de plaisir à le voir qu'auparavant. (II, 105.)

BIENHEURER, rendre bienheureux, blâmé chez des Portes. (IV, 331, 400.)

BIENHEUREUX (Plus) que, tournure blâmée chez des Portes. (IV, 375.)

BIENSÉANCE.
La *bienséance* des choses (*même sens que* bienséance *seul*). (I, 119, v. 67.)

BIENTÔT.
.... *Bientôt* délivrés comme ils sont *bientôt* pris. (I, 136, vers 44.)

BIGARRER (Se) :
Il n'y a point de valet qui ne soit de race de rois, ni de roi qui ne soit de race de valets : tout *se bigarre* de cette façon avec le temps. (II, 420.)

BISE.
Comme tombe une fleur que la *bise* a séchée. (I, 223, vers 5.)

BISQUES.
Sa Majesté lui donna samedi cinquante mille écus. Il dit qu'il veut que tout cela s'en aille en *bisques* incontinent après Pâques. (III, 580.)
S'agit-il de *festins*, ou de *jeu* (de l'italien *bisca*) ?

BISSAC.
Caton.... ne montoit jamais qu'un méchant quiledin, avec un *bissac* (*en latin :* hippoperis) à l'arçon de la selle. (II, 676.)

BIZARREMENT, substantif, bigarrure :
On vit tout à l'entour du soleil un cercle, avec le même *bizarrement* de couleurs que nous voyons ordinairement en l'arc-en-ciel. (I, 478.)

BLÂME, reproche, sujet de reproche :
Roi dont la mémoire est sans *blâme*.... (I, 216, vers 195.)

.... Cette belle âme
Ne hait rien tant que le *blâme*
D'aimer un autre que moi. (I, 306, vers 15 ; voyez I, 163, vers 4.

BLÂMER quelqu'un à quelqu'un :
Ne savez-vous pas bien que je brûle pour elle,
Et que *me* la *blâmer* c'est me faire mourir ? (I, 177, vers 84.)

BLANC, pâle :
.... Le sang en la bouche, et le visage *blanc*,
Comme tu demeuras sous l'atteinte mortelle
Qui te perça le flanc. (I, 180, vers 42.)

BLASPHÉMER contre, maudire :
Rochers, où mes inquiétudes
Viennent chercher les solitudes,
Pour *blasphémer contre* le sort.... (I, 153, vers 21.)

BLASPHÉMER, actif, blâmé par Malherbe chez des Portes. (IV, 355, 460.)

BLÊME, pâle :
.... Le destin....
Est jaloux qu'on passe deux fois
Au deçà du rivage *blême* (*du rivage des enfers*). (I, 33, vers 27.)

Voyez I, p. 54, vers 198 *var.* (*être blême*); p. 59, vers 22, et p. 142, vers 45 (*visage blême*); p. 54, vers 198, et p. 99, vers 1 (*teint blême*).

BLESSER, atteindre, toucher; Blessé de, atteint de :

Ames pleines de vent, que la rage *a blessées.* (I, 220, vers 1.)
Je *fus blessée de* deux pestes et *de* six charbons. (I, 361.)
.... Tant d'amants dont les âmes *blessées*
  Languissent nuit et jour. (I, 149, vers 1.)
.... [Les] plus dignes amours
Dont jamais âme fut *blessée.* (I, 296, vers 21.)

BLOND.

.... De *blondes* jeunesses. (I, 10, vers 151.)

BLUETTE, au propre, étincelle :

Maniant une mèche allumée, il lui en vola une *bluette* à l'œil. (III, 465.)

BOÏES (Les), les Boïens. (I, 427.)

BOIRE.

.... S'il *avoit bu* à moi (*à ma santé*). (II, 36.)
Ton camp *boira* le Gange avant qu'il se repose. (I, 253, vers 10; voyez I, 114, vers 189.)

BOITEUX (Le), expression proverbiale, le temps :

Il ne bouge, et attend *le boiteux.* (III, 300.)

BON, heureux :

.... Ces jeunes hommes, de qui l'audace étoit.... digne d'un *bon* événement (II, 87; voyez I, 11, vers 197; 279, vers 57; 287, vers 45.)

Bon, emplois divers :

Le fripier est *bon* pour les choses qui sont à vendre. (II, 103.)
Ajoutez-y.... quelque autre qui pensant avoir *bonne* voix, se plaira de la faire résonner. (II, 466.)
Le couronnement de la Reine est renoué à ce coup, et crois que ce sera tout à *bon* (*que ce sera pour tout de bon*). (III, 155; voyez I, 145, vers 5; 215, vers 148.)

Bon homme, vieillard :

Gardons-nous de donner des choses inutiles, comme un épieu à un *bon homme* de quatre-vingts ans. (II, 19; voyez II, 25, 82, 87.)

Bonhomme, en parlant d'un vieux philosophe. (II, 379, 382.)

Bon cœur, Bonne conscience, Bonne fortune, Bon garçon, Bon génie, Bon gré, Bonnes lettres, Bonne mine, Bonnes paroles, Avoir bon temps de..., Tenir bon, Bon usage, Bonne volonté. Voyez Cœur, Conscience, Fortune, etc.

BONACE, au propre et au figuré, beau temps, calme, bonheur :

.... La mer amoureuse
En sa *bonace* même est souvent dangereuse. (I, 29, vers 18.)
  Nous n'avons rien qui menace
  De troubler notre *bonace.* (I, 87, vers 6.)

Voyez I, 83, v. 208; 185, v. 76; 214, v. 123; 229, v. 16; 313, v. 11; II, 537, etc.

BONDE, au figuré :

.... Quand quelque passion sortie hors de ses bornes.... lui feroit ouvrir la *bonde* aux paroles. (II, 408.)

Puisqu'il est impossible qu'on n'ait de l'eau dans les yeux en la perte d'un ami, pour le moins il n'y faut pas avoir des rivières ; il faut qu'il sorte des larmes, mais non pas la *bonde*. (II, 494.)

BONJOUR.
Je ne dis pas qu'il ne les faille voir (*les dialecticiens*); mais il les faut voir seulement, et leur donner le *bonjour* de la porte. (II, 440.)

BONNET, barrette (de cardinal). (III, 11.)

BONTÉS, bonnes qualités :
 Cette reine dont les *bontés*
 De notre foiblesse mortelle
 Tous les défauts ont surmontés. (I, 82, v. 182 ; voy. I, 121, v. 165.)

BORD, rivage ; à BORD, sur le rivage :
Partis des *bords* lointains d'une terre inconnue. (I, 300, vers 3.)
 N'est-ce pas nous rendre au naufrage
 Après nous avoir mis *à bord*? (I, 53, vers 170.)
Les unes par un branlement languide sont jetées *à bord*, et les autres rapidement emportées jusques en la mer. (II, 353.)

BORDEAU, BOURDEAU, lieu de débauche. (II, 375, 487.)

BORDELIER, débauché, coureur de mauvais lieux. (II, 233.)

BORDER.
Voyez courre le peuple, et *border* les remparts. (II, 440.)

BORNE, BORNES, au propre et au figuré :
Oh! que les *bornes* des hommes (*les bornes qui séparent une nation d'une autre*) sont ridicules! (I, 470.)
Quand le serviteur, pour témoigner son affection envers son maître, ne s'est point tenu dans les *bornes* de sa fortune, mais a fait quelque chose que même un fils auroit eu de l'honneur d'entreprendre.... (II, 71.)

BORNER, limiter, porter, étendre les limites :
De quels jours assez longs peut-il *borner* sa vie,
Que notre affection ne les juge trop courts? (I, 73, vers 101.)
Le cercle imaginé, qui de même intervalle
Du nord et du midi les distances égale,
De pareille grandeur *bornera* leur pouvoir. (I, 103, vers 11.)
Richelieu, ce prélat de qui toute l'envie
Est de voir ta grandeur aux Indes se *borner*.... (I, 279, vers 42.)
 .... *Borner* de Tyr à Calis
 L'empire de la fleur de lis. (I, 311, vers 5.)
  .... La mort,
Qui *bornera* ma peine au repos de la tombe. (I, 305, vers 32.)
Le ciel, en qui votre âme *a borné* ses amours. (I, 191, vers 9.)
 .... Pour achever leurs journées,
 Que les oracles *ont bornées*
 Dedans le trône impérial. (I, 83, vers 216.)
 .... Vous êtes offensée
 Que mon ardeur insensée
En trop haut lieu *borne* sa guérison. (I, 248, vers 22.)
  .... *Bornez* vos pensées
  En un juste compas. (I, 220, vers 2.)

BORNER, terminer, mettre fin à :
La paix en apparence *a* nos guerres *bornées*. (I, 74, vers 130.)
.... Faute *bornée*
D'une chute infortunée. (I, 89, vers 65.)
Vous résoudrez-vous point à *borner* ce mépris,
Qui de ma patience indignement se joue? (I, 137, vers 10.)
Voyez tome I, p. 23, vers 3; p. 116, vers 229.

BORNER PAR, faire consister dans :
Il *borne* la félicité.... *par* le repos de l'esprit. (II, 509.)

BOUCHE.
Votre gloire est si grande en la *bouche* de tous, etc. (I, 104, vers 12.)
Il (*le sage*) trouvera ce qu'il lui faut pour sa *bouche* (*pour sa nourriture*) et pour ses habits. (II, 327.)

FAIRE VENIR L'EAU À LA BOUCHE, au figuré :
Etna vous *fait venir l'eau à la bouche* (*en latin :* tibi salivam movet). Vous avez envie d'en écrire quelque chose de grand. (II, 613.)

FLUX DE BOUCHE. Voyez FLUX.

BOUCHER.
Soit que les flegmes me *bouchassent* le gosier, soit que quelque autre cause m'empêchât de respirer à mon aise.... (II, 461.)
Soit que le fer soit plus selon son goût.... ou qu'il aime mieux quelque breuvage qui lui *bouche* les veines. (II, 540.)
.... Trois cents hommes, qui.... garderont le pas qu'ils auront en garde, et le *boucheront* de leurs propres corps. (II, 200.)

SE BOUCHER, se cacher :
L'archer, voyant cet homme de mauvaise mine, et qui *se bouchoit*, lui demanda ce qu'il demandoit. (III, 427.)

BOUE.
.... Le monde aujourd'hui ne m'étant plus que *boue*,
Je me tiens profané d'en parler seulement. (I, 192, vers 3.)

BOUFFI.
En votre âme il n'y a rien de superflu, ni de *bouffi*. (II, 484.)

BOUFFISSURE.
La sagesse ôte la vanité des âmes, aplatit leurs *bouffissures*. (II, 719.)

BOUFFONNER DE, rire de, plaisanter au sujet de :
Je n'ai du loisir pour-*bouffonner* avec vous *de* cet ambassadeur. (III, 69.)

BOUFFONNEUR, bouffon :
Je me suis aujourd'hui trouvé au spectacle du midi, pensant y voir quelque farce ou quelque *bouffonneur*. (II, 281 et 282.)

BOUGER.
Comme il y en a de qui le sang ne *bouge* jamais de sa place, aussi en est-il qui l'ont si remuant, qu'il ne leur peut rien arriver que tout aussitôt la couleur ne leur vienne au visage. (II, 299.)

BOUGER, neutre et actif dans la même phrase :
Elle (*la matière*) ne *bougera*, si personne ne la *bouge*. (II, 503.)

BOUGETTE, petit sac de cuir qu'on porte en voyage :

Il lui falloit garnir sa *bougette*, et lui bailler de quoi faire son chemin. 367.)

BOUILLIR.

Nous avons une infinité de choses.... au dedans, qui en la solitude même nous font *bouillir* le sang et nous empêchent le repos. (II, 632.)
Ceux à qui la chaleur ne *bout* plus dans les veines. (I, 282, vers 133.)

BOUQUET.

Jusques à ce rivage où Téthys se couronne
          De *bouquets* d'orangers. (I, 229, vers 15.)

BOURBIER, au figuré :

Je m'en vais.... travailler à bon escient : si je me suis tiré une fois d'un *bourbier* où je suis, je m'en vais devenir un grand écolier. (II, 558.)
C'est chose naturelle que de nous réjouir quand nous sommes sortis de quelque *bourbier*. (II, 606.)

BOURDEAU. Voyez Bordeau.

BOURGEOIS, citoyen :

Les Corinthiens envoyèrent vers lui (*Alexandre*), pour.... lui dire qu'ils le faisoient *bourgeois* de leur ville. (II, 21.)

BOURRE, lest :

.... Les autres, qui n'ont que je ne sais quelles friperies dans le vaisseau, plus propres pour sa *bourre* que pour autre chose. (II, 564.)

Bourre, remplissage (dans des vers). (IV, 251, 252, 265, etc.)

BOURRU, bizarre, fantasque, extravagant :

Ce sonnet est *bourru*, si jamais il en fut. (IV, 328.)
Imagination *bourrue*. (IV, 249.)

Voyez *passim*, au tome IV, dans le *Commentaire sur des Portes*.

BOURSE; NE FAIRE QU'UNE BOURSE, avoir ses biens en commun :

Nous *ne faisons qu'une bourse* tout ce que nous sommes (*de stoïques*); chaque sentence n'a point son auteur à part. (II, 390.)

BOURSET, voile du mât de hune :

Il n'y a qu'elles (*les barques d'Alexandrie*) qui entrent avec le *bourset*.... On ne laisse qu'une voile à toutes les autres; le *bourset* demeure à celles d'Alexandrie. (II, 595.)

BOUT, fin, extrémité :

.... Savoir discerner....
.... d'un bien qui s'envole un qui n'a point de *bout*. (I, 9, vers 144.)
Ce rien (*ce temps qui n'est rien*) est une bonne partie de notre âge : pensons que nous en serons bientôt au *bout*. (II, 439; voyez I, 91, vers 114.)
.... Victorieux des deux *bouts* de la terre. (I, 28, v. 6; voy. I, 146, v. 4.)

DE BOUT EN BOUT, D'UN BOUT À L'AUTRE, DE L'UN À L'AUTRE BOUT :

Votre livre.... ne m'est point parti des mains que je ne l'aie couru *de bout en bout*. (II, 426; voyez I, 153, vers 26; 157, vers 18.)

D'un beau bout, d'une belle pousse, d'une belle façon :
Quand ils (*les scions d'olivier*) sont repris une fois, ils jettent *du* plus *beau bout* qu'il est possible. (II, 673.)

Être au haut bout, avoir la prééminence :
C'est à elle (*à la vertu*) de faire le pas devant, de conduire, de commander, et d'*être au haut bout*. (II, 91.)

BOUTE-FEU, instigateur :
Impudents *boute-feux* de noise et de querelle.... (I, 177, vers 82.)

BOUTIQUE, ironiquement, école, doctrine :
Cela vient de la *boutique* d'Épicure. (II, 305.)

BOUTON (Serrer le), au figuré :
La seconde [lettre] me *serre le bouton* de trop près pour me dispenser (*me permettre*) de prendre un si long délai (*pour répondre*). (IV, 136.)

BRAISE, au figuré :
.... Vos yeux sont toute sa *braise*. (I, 54, vers 201.)

BRANLE, mouvement :
Il n'y a si poltron qui n'aime mieux tomber une fois que d'être en *branle* toute sa vie. (II, 346.)
La vertu va tout d'un *branle*.... à l'effet de ses résolutions. (II, 638.)

Branles, nom d'une danse :
M. de Longueville prit Madame pour danser les *branles*. (III, 295.)

BRANLEMENT, mouvement :
[Des choses que nous voyons flotter sur une rivière] les unes par un *branlement* languide (*en latin* : cursu languescente) sont jetées à bord (*sur le rivage*), et les autres rapidement emportées jusques en la mer. (II, 352.)

BRANLER, neutre et actif, remuer, chanceler, fléchir :
.... Nos destinées
Des Alpes et des Pyrénées
Les sommets auront fait *branler*. (I, 66, vers 17.)
Ils.... se promettent de la perpétuité en ce qui *branle* pour la seule extrémité de sa hauteur (II, 199.)
Quand il y aura quelque désordre en un quartier, ou que quelque chose y *branlera* par quelque effort qu'y feront les ennemis, vous ne pourrez pas y remédier à propos. (II, 201.)
Quelquefois, faute de vent, nous sommes si longtemps à *branler* sur l'eau, que la bonace nous importune. (II, 537.)
Leur.... charge ayant arrêté les ennemis, assura.... le gros des Romains, qui *branloit*. (I, 444.)
Il tenoit une pique, qu'il *branla* vers la compagnie. (III, 248.)
Planer.... se dit des oiseaux qui volent sans *branler* les ailes. (IV, 410.)

Branler au manche, au figuré :
La vertu me fait encore honte. Autant de fois que j'en rencontre quelques-uns bien équipés, il n'est pas possible que je me garde de rougir : c'est un témoignage que je *branle* encore *au manche*. (II, 675.)

BRAS.
Je vous dis que c'étoit un esprit volage, et que lui pensant tenir le

bras, vous ne lui teniez que la manche (*en latin* : te non pedem ejus tenere, sed pennam). (II, 415.)

Ce genre dont j'ai fait mention comme ayant les *bras* assez larges (*comme étant assez étendu*) pour tout comprendre. (II, 476.)

Les Numantins [sont] braves, qui savent qu'ils ne sont point enfermés, puisqu'ils ont la porte de la mort ouverte, et en cette résolution rendent l'âme entre les *bras* de leur liberté. (II, 513.)

Venir sur les bras à quelqu'un :

Au moindre bruit qu'il oit, il est en alarme : si quelqu'un parle, il pense que c'est l'ennemi qui *lui vienne sur les bras*. (II, 470.)

BRASSATS, pour *brassards*, blâmé par Malherbe chez des Portes. (IV, 403.)

BRAVADE.

Les *bravades* de votre partie vous font douter (*craindre*) que vous n'ayez quelque arrêt à votre préjudice. (II, 354.)

BRAVE, vaillant, fier, beau, généreux :

[Les] *braves* d'Ilion. (I, 53, vers 172.)
Ce fils qui fut si *brave*, et que j'aimai si fort. (I, 276, vers 2.)
Que sa façon est *brave* et sa mine assurée ! (I, 280, vers 69.)
  Les Muses hautaines et *braves*
  Tiennent le flatter odieux. (I, 108, vers 11.)
  .... Nos navires, *braves*
  De la dépouille d'Alger. (I, 315, vers 1.)
La vertu que nous recherchons est *brave* et magnifique. (I, 469.)
Nos prédécesseurs, de qui les déportements ont été si *braves*. (II, 56.)
Un homme n'est pas *brave* si tous ceux qui le viennent voir ne s'en retournent les mains.... pleines. (II, 212.)
Quand je vous verrai étendu sur quelque pauvre lit..., ce que vous me direz m'en semblera bien plus *brave*. (II, 340.)

Voyez I, 7, vers 73; 289, vers 100; 306, vers 9; II, 64, 219, 227, 542.

BRAVERIE (De), par bravade, en guise d'exploit :

Une bande de femmes équipées.... en amazones lui firent, *de braverie*, une salve de mousquetades. (I, 357.)

BRÈCHE (Faire), au figuré :

  .... Sa peau (*il s'agit d'Achille*)....
  Dans un fleuve si bien charmée,
  Que nulle sorte de péril
  Ne lui pût oncques *faire brèche*. (I, 53, vers 178 *var*.)

BRICOLER, au figuré, agiter, jeter çà et là :

Être impliqué dans le tumulte des affaires, et *bricolé* (*en latin* : volutari) de leur flux et reflux perpétuel.... (II, 632.)

Il n'y a école de dialectique où ce sophisme n'ait été *bricolé* (*en latin* : jactatum). (II, 684.)

BRIDE, au figuré :

Il faut doucement hocher la *bride* aux esprits, pour les faire tourner du côté qu'on veut. (II, 168.)

  .... Notre grand Alcide
  Perdra la fureur qui sans *bride*

L'emporte à chercher le trépas. (I, 50, vers 123.)

Je ne veux pas que ceci soit pris pour une *bride* que je baille à la libéralité. (II, 22.)

Voyez tome I, p. 73, vers 107; p. 186, vers 113; tome II, p. 710.

BRIDÉ DE, arrêté, borné par:

Si les mers ne sont *bridées de* vos possessions..., vous ne pensez pas être bien accommodés. (II, 707.)

BRIEF, BRIÈVE, bref, brève :

Je vous ai écrit assez au long par le passé pour me dispenser (*me permettre*) d'être *brief* à cette heure. (III, 62.)

Une longue rimée avec une *briève*. (IV, 251.)

BRIGANDER, ravir, conquérir violemment :

Qu'importe combien il (*Alexandre*) a *brigandé* de royaumes ? (II, 218.)

BRIGANDEUR, spoliateur :

Un père ne sera pas en son bon sens, qui par testament laissera pour tuteur à son fils un *brigandeur* ordinaire de pupilles. (II, 118.)

BRILLEMENT, éclat :

La vie où vous êtes, pource qu'elle est frappée d'un *brillement* extérieur, donne incontinent une ombre épaisse à ceux qui s'y arrêtent. (II, 342.)

BRIS (FAIRE), faire naufrage par suite du bris du navire :

Si quelqu'un *a fait bris*, nous lui équipons une autre barque. (II, 100.)

BROC.

Vous savez bien quel goût [a] le vin. Quelle différence faites-vous qu'il vous en passe cent ou mille *brocs* par la vessie ? (II, 600.)

BRODERIE (EN), brodé :

Ils ne portoient point d'habits *en broderie*. (II, 724.)

BROUILLAS, brouillard, au propre et au figuré :

Étant le *brouillas* si épais, qu'il n'étoit pas possible.... de voir le chemin..., ils ne faisoient que se fourvoyer. (I, 404; voyez I, 405.)

L'honnêteté.... nous ôte ces *brouillas* d'espérance, de crainte et de plaisir, qui nous avoient obscurci le jugement. (II, 101.)

BROUILLER, neutre et actif, troubler, exciter des troubles, confondre, se confondre avec :

Lorsqu'Antiochus se mit à *brouiller* en Syrie.... (I, 423.)

C'est belle chose de.... pouvoir, avec une âme non *brouillée* d'appréhension ni de sollicitude quelconque, achever en repos le reste de ses jours. (II, 388.)

Il est des bêtes qui, de peur qu'on ne les trouve, *brouillent* leurs voies à l'entour de leurs gîtes. (II, 531.)

Une loi ne *brouille* point l'autre (*ne se confond point avec l'autre*) ; chacune va par son chemin. (II, 174.)

Voyez tome II, p. 562; tome III, p. 233, etc.

BROUILLERIES, troubles :

En ce qui est des *brouilleries* du temps..., je n'ai point d'autre sentiment que celui d'un homme qui ne veut jamais sortir de son devoir. (I, 395.)

Brouillerie, brouille, fâcherie :

La nouvelle *brouillerie* arrivée depuis huit ou dix jours (*entre le Roi et la Reine*) pour jalousie d'amour est apaisée. (III, 21.)

Voyez tome III, p. 18, 35, 389, 482, etc.

BRUIRE.

.... Les ruisseaux qui font *bruire* leur trace. (I, 5, vers 34.)
Sa ville.... *bruit* de tout côté ou du fer ou de la flamme. (II, 469.)
L'on *bruit* (*l'on répand le bruit, l'on dit*) que M. de Bullion est destiné chancelier de la petite reine. (III, 490.)
Il s'en *bruit* autant de (*le même bruit court au sujet de*) Madame la Princesse. (III, 104.)

Bruire de, blâmé par Malherbe chez des Portes. (IV, 391.)

BRUIT, rumeur, renommée, réputation :

Par ce *bruit* (*en semant cette rumeur*) je vous ai donné
Un renom qui n'est terminé
Ni de fleuve, ni de montagne. (I, 146, vers 7.)

Ne savez-vous pas que le *bruit* (*en latin :* rumor) est un grand maître de nouvelles? (II, 417.)
Il avoit été un *bruit* qu'il seroit secrétaire d'État. (III, 146.)
Parmi tant de contentements qu'ils avoient eus ensemble, un des principaux avoit été le peu de *bruit* qu'ils avoient en la Grèce, qui.... ne les avoit point connus. (II, 615.)
Je ne suis pas si paresseux comme j'en ai le *bruit*. (III, 257.)

Voyez tome I, p. 25, vers 54; p. 30, vers 44; p. 107, vers 8; p. 145, vers 10; p. 150, vers 19; p. 283, vers 155; tome II, p. 683; tome III, p. 146; tome IV, p. 33.

BRÛLEMENT, incendie :

Le *brûlement* de la ville de Lyon. (II, 725.)

BRÛLER, au figuré :

.... De la même ardeur que je *brûle* pour elle
Elle *brûle* pour moi. (I, 159, vers 11 et 12.)
Où le danger est grand, c'est là que je m'efforce;
En un sujet aisé, moins de peine apportant,
Je ne *brûle* pas tant. (I, 31, vers 52.)
.... Leurs appas ont un charme si fort,
Que les rois les plus grands du Ponant et du Nord
Brûlent d'impatience après leurs hyménées. (I, 172, vers 8.)

BUBE, bouton :

Il n'est point d'homme si bien composé, ni si sain, à qui quelquefois il ne sorte quelque pustule ou quelque *bube*. (II, 560.)

BUFFET à mettre la vaisselle, la vaisselle même. (III, 294.)

Buffet, meuble à mettre l'argent, *arca*. (II, 58, 619, 625, etc.)

BUREAU, registre, note :

Je tiens le *bureau* de ma dépense. (II, 266.)

METTRE SUR LE BUREAU, mettre en avant, alléguer, traiter :

Quand il sera question de mépriser la mort, j'aurai l'exemple de Caton tout prêt à *mettre sur le bureau*. (II, 356 ; voyez II, 90, 704.)

ÊTRE SUR LE BUREAU, être l'objet d'un travail, d'apprêts :

J'écrivois ce matin.... qu'*il y avoit sur le bureau* un beau ballet. (III, 24.)

BUT.

Ma reine est un *but* à ma lyre,
Plus juste que nulles amours. (I, 210, vers 33.)

.... Ce grand cardinal....
Qui n'a *but* que la gloire.... (I, 272, vers 3.)

Le *but* de nos desirs fortifie entièrement les remèdes qui nous sont nécessaires contre la peur. Soyez exempt de souhait, et vous le serez de crainte. (II, 277.)

BUTIN.

C'est au *butin* que se fait la noise. (II, 570.)

BUTINS, au pluriel :

.... Leur âme encore affamée
De massacres et de *butins*. (I, 45, vers 14 ; voyez II, 83.)

C

ÇÀ, interjection pour exciter, encourager :

Peuples, *çà* de l'encens ; peuples, *çà* des victimes,
A ce grand cardinal.... (I, 272, vers 1.)

ÇÀ-BAS, dans le sens de *hé ! descends* ou *descendez*. (IV, 350.)

Malherbe le blâme dans le sens d'*ici-bas*, que lui donne des Portes. (*Ibidem*.)

CABALES.

Les changements de *cabales* (*de partis à la cour*) qu'apportera cette alliance. (III, 488.)

CABINET, au propre et au figuré :

Faire entrer les uns au *cabinet*, et les autres à la chambre, et laisser le reste se promener à la salle ou à la basse-cour. (II, 204.)

Quand les rois sont aux *cabinets*, les peuples croient qu'ils parlent de changer le pôle arctique à l'antarctique. (III, 74.)

Ce n'est pas qu'il ne faille qu'on la voie (*la philosophie*) ; mais il faut que ce soit au *cabinet*. (II, 454 ; voyez I, 469 ; II, 209 ; III, 65.)

CACHER (SE) :

Que ce misérable corbeau....
S'aille *cacher* dans le tombeau. (I, 209, vers 10.)

CACHÉ, éloigné, inconnu :

.... Ces perles de prix sous l'Aurore pêchées
Aux mers les plus *cachées*.... (I, 233, vers 71 *var*.)

CACHETTES.

Les fuites des méchants, tant soient-elles secrètes,

Quand il les poursuivra n'auront point de *cachettes*. (I, 71, vers 50.)
[Ils] se sont tellement retirés aux *cachettes* de la solitude, qu'ils estiment tout ce qui est au jour être en trouble et confusion. (II, 271.)

CACOPHONIE.

Cacophonie : « pié en bataille; » car de dire « piét, » comme les Gascons, il n'y a point d'apparence. (IV, 353.)

CADAVRE, blâmé par Malherbe chez des Portes. (IV, 413.)

CADUC, CADUQUE :
Notre mémoire se fait *caduque*. (II, 54; voyez II, 199, 479.)

CAJOLER, caresser :
    .... Un doux songe....
    Qui tous nos sentiments *cajole*. (I, 289, vers 105.)
Pourquoi me *cajolez*-vous de cette façon? (II, 159.)

CAJOLEUR.
Un *cajoleur* qui s'accorde à tout ce que dit un autre. (II, 143.)

CAL, soudure naturelle d'un os rompu ou de deux os :
L'os de sa cuisse est hors de la boîte, et s'y est fait un *cal*. (III, 437.)

CALAMITÉ.

Lorsque l'été revient il m'apporte la peste,
Et le glaive est le moins de ma *calamité*. (I, 56, vers 8.)

CALFEUTRER un navire. (II, 378.)

CALLIOPE (MA), ma muse, ma veine poétique. (I, 356.)

CALME, adjectif :
    S'il vous ressouvient du pouvoir
    Que ses traits (*les traits de l'Amour*) vous ont fait avoir
    Quand vos lumières (*vos yeux*) étoient *calmes* (*sans orage, ne pleu-*
    Permettez-lui de vous guérir. (I, 35, vers 69.)   *raient pas*),

CALMES, substantif, au pluriel :
    .... Les orages cessés
Ont des *calmes* si doux en leur place laissés.... (I, 241, vers 20.)

CALOMNIEUX, chicanier :
Un nombre infini de *calomnieuses* subtilités. (II, 221.)

CAMERADE, camarade :
Lundi furent amenés sept des *camerades* de Montchrestien. (III, 559.)

CAMP, armée :
    Un *camp* venant pour te forcer.... (I, 122, vers 205.)

CAMPAGNE, au propre et au figuré :
Tu passes comme un foudre en la terre flamande,
D'Espagnols abattus la *campagne* pavant. (I, 26, vers 4.)
Quand notre esprit, tiré des ténèbres où il est enveloppé, verra le jour, non au travers d'un châssis ou d'une vitre, mais à la *campagne* et en lieu tout découvert..., il aura alors de quoi se réjouir à bon escient. (II, 614.)
La philosophie est un rempart inexpugnable. Une âme qui se résout à

quitter la *campagne* (*le monde extérieur, en latin :* externa), et ne se soucie que de se garder en ce château, peut défier l'escale (*l'escalade*). (II, 632.)

Il n'y a point de vice qui veuille garder la chambre; tout sort à la *campagne* (*en latin :* omne vitium laxatur et prodit). (II, 647.)

CAMPAGNE OUVERTE, CAMPAGNE RASE, champ libre, au figuré :

En l'action d'ingratitude, le juge.... se fût trouvé en *campagne ouverte* (*eût eu le champ libre*) pour faire tout ce que sa passion lui auroit conseillé. (II, 57.)

Il faut mettre [les esprits] en une *campagne rase*, pour s'y donner carrière à leur aise. (II, 149.)

CAMPAGNE, Campanie. (II, 220, 438, 595.)

On trouve aussi dans Malherbe, peut-être du fait de ses éditeurs, la forme *Campanie* : voyez tome II, p. 645.

CANAL.

.... Le cœur affligé
Par le *canal* des yeux vidant son amertume. (I, 41, vers 39.)

CANCELLATION; CANCELLER, annuler, biffer une écriture :

M'ayant ledit sieur président.... déclaré qu'il étoit prêt de faire faire ladite *cancellation* de ladite rétrocession.... (I, 347.)

Je m'en allai trouver M. le président Carriolis, pour le prier de faire *canceller* l'acte.... de rétrocession de cinq cents écus. (I, 346.)

CANETTE, terme de tisserand. (II, 716.)

CANICULE. (I, 122, vers 211.)

CANIVET, canif, en latin *scalpellum* :

La pointe d'un *canivet* vous fera l'ouverture d'une liberté perpétuelle. (II, 541.)

CANON (POUDRE À). Voyez POUDRE.

CAPABLE DE, susceptible de, apte à, ayant la puissance, l'intelligence de :

.... Tu luis sur le coupable,
Comme tu fais sur l'innocent;
Ta nature n'est point *capable*
Du trouble qu'une âme ressent. (I, 78, vers 73 et 74.)

Mon roi, connois ta puissance;
Elle est *capable de* tout. (I, 91, vers 112.)

Si nous voulons semer, nous prenons garde que ce soit en terre *capable de* quelque rapport. (II, 2.)

Ma fortune ne sauroit jamais être *capable du* ressentiment que je vous en voudrois témoigner. (IV, 146.)

La fortune t'a fait *capable de* donner des villes. (II, 29.)

C'est un contentement extrême, que notre créancier ait des qualités *capables de* se faire aimer. (II, 32.)

En notre ville assiégée,... les *capables de* porter les armes sont avec l'épée à la main derrière la porte. (II, 440; voyez I, 348; II, 44, 81, 155, 284.)

CAPITAINE.

Amilcar, *capitaine* de Carthage. (I, 428; voyez *ibidem*, l. 20.)

Entre les éléphants, le plus haut est le *capitaine*. (II, 710.)

CAPITAINE GÉNÉRAL :
Les Béotiens, piqués du meurtre de Barcylas, leur *capitaine général* (*en latin :* Bœotarchen), assassinent les soldats romains. (I, 397.)

CAPITAL, mortel, étant cause de mort :
Thémis, *capitale* ennemie
Des ennemis de leur devoir. (I, 214, v. 131; voy. II, 92, 160.)
Sous Auguste les paroles n'étoient pas encore *capitales* (*punies de mort*). (II, 75.)

CAPOT, cape, vêtement :
Ce qui parut le plus furent dix ou douze pages, fort bien vêtus de *capots*, jupes, et chausses de drap jaune. (III, 463.)

CAPTIF, avec des noms de personnes ou de choses :
Ma dame est *captive*.... (I, 152, vers 16.)
Qui n'a vu....
.... les peuples de ses deux rives (*du Pô*)....
Laisser leurs dépouilles *captives*
A la merci des fleurs de lis? (I, 110, vers 79.)

CAPTION, sophisme, moyen de tromperie. (II, 424.)

CAPTIVER, rendre captif :
Que chacun sous telle puissance
Captive son obéissance,
Cela se peut facilement. (I, 97, vers 8.)
.... Il n'y voit que des chaînes
Qui le *captivent* à ses lois. (I, 237, vers 18.)

CAPUCHINS, capucins :
.... Allant à vêpres aux Feuillants ou aux *Capuchins*. (III, 381.)

CARABINS, soldats de cavalerie légère. (III, 162.)

CARACTÈRE, marque, impression :
Une âme tendre et qui n'est pas bien imprimée du *caractère* de la vertu n'est pas bien parmi la multitude. (II, 283.)
Les *caractères* du plaisir qu'on leur a fait ne laissent pas d'y être gravés (*dans leur conscience*). (II, 52.)

CARCASSE.
Un corps est aussi mort dans un lit parmi des roses qu'à la voirie entre des *carcasses*. (II, 632.)

CARDIAQUE, atteint de la maladie dite cardiaque :
Boire et suer sont la vie d'un *cardiaque*. (II, 318.)

CARÊME-PRENANT, carnaval :
Cela, et un triste carrousel..., sera tout ce que nous aurons à ce *carême-prenant*. (III, 143; voyez III, 491, etc.)

CARESSE.
Que de feux, que de jeux, que de traits de *caresses*,
Quand là-haut (*au ciel*).... on les vit arriver! (I, 13, vers 236.)

Puisque nous en avons la garde (*de notre corps*), il est raisonnable de lui faire quelque *caresse*. (II, 311.)

CARESSER.

Un maître est tenu de nourrir et d'habiller son serviteur. Quand il le fait, il ne l'oblige point; mais s'il le *caresse* (*en latin :* indulsit), s'il le traite favorablement..., il l'oblige. (II, 71.)

CARREFOUR, au figuré :

Les chemins par où elle (*la mort*) vient sont divers, mais ils se viennent tous rendre en un *carrefour*. (II, 521.)

CARRIÈRE, au propre et au figuré :

En la septième *carrière* (*il s'agit des jeux du cirque*) le contentement de ceux qui courent est plus visible. (II, 382.)
Tu penses que d'Ivri la fatale journée....
Avecque plus d'honneur et plus heureusement
Auroit de tes beaux jours la *carrière* bornée. (I, 309, vers 8.)

Se donner carrière :

Il faut mettre [les esprits] en une campagne rase, pour *s'y donner carrière* à leur aise. (II, 149.)

CARROSSE, masculin (III, 37, 276, etc.); féminin (III, 118, 168, etc.).

CARROSSIER, cocher de carrosse :

Il monta en carrosse, et dit à son *carrossier* qu'il allât au Louvre. (III, 389; voyez III, 276.)

CARROUSELLE, féminin :

Je suis bien aise que vous fûtes bien accommodé à la *carrouselle*. (III, 2; Peiresc écrit *carrousère*.)

CARTE blanche, effacement, oubli (d'un ancien compte) :

La *carte blanche* des bienfaits (*en latin :* novæ tabulæ). (II, 10.)

CARTEL, défi dans un tournoi :

Soit que l'honneur à la barrière
L'appelle à débattre un *cartel*.... (I, 81, vers 174.)

Cartel, sens douteux :

Je vous renvoye vos *cartels*, qui sont bons et beaux; il n'en vient point d'autres de ce pays-là. (III, 3.)

CAS, accident, circonstance, chose, affaire :

C'est un *cas* étrange (*une chose étrange*) que s'il est question de prêter de l'argent, nous ne sommes pas contents de nous informer du fonds de celui qui emprunte, mais fouillons jusque dans sa cuisine. (II, 2.)
Du côté des *Bergeries*, son *cas* (*son affaire, il s'agit de Racan*) va le mieux du monde. (IV, 94.)
M. de Vendôme, qui peut-être n'avoit pas encore son *cas* prêt (*qui peut-être n'avait pas encore achevé ses préparatifs*).... (III, 396.)

C'est grand cas, c'est chose considérable, étonnante :

C'est grand cas que tant de palais.... se sont évanouis en une nuit. (II, 725; voyez I, 472.)

Peu de cas, chose peu considérable, peu importante :

Il en faut considérer l'importance. Si c'est *peu de cas*, il faut avoir patience. (II, 128; voyez I, 14, vers 267.)

Faire cas de, estimer, aimer, attacher de l'importance à :

Votre curiosité vous fait *faire cas de* toutes choses. (III, 308.)
Nul autre plus que moi n'*a fait cas de* sa perte. (I, 39, vers 13 *var.*)
Voyez tome I, p. 68, vers 13; p. 139, vers 9; tome II, p. 409.

Faire cas, faire compte, compter :

J'*avois* toujours *fait cas*, aimant chose si haute,
De ne m'en départir jusques à mon trépas. (I, 37, vers 17 *var.*)

Prendre le cas que, supposer que :

Prenez le cas que quelqu'un ait eu la volonté de me donner et ne m'ait point donné, son affection est bien chez moi, mais non pas son bienfait. (II, 179.)

CASSE, caisse :

Je suis bien aise de savoir que dans votre *casse* il n'y ait rien d'importance. (III, 273.)

CASSER.

Mlle de la Haye est encore.... au Pressoir, qui est à deux ou trois lieues du château (*de Fontainebleau*). Le Roi lui *a cassé* (*supprimé*) son train, qui étoit demeuré en cette ville. (III, 68.)

CASSOLETTES.

.... Nous ferons, parmi les violettes,
Mépris de l'ambre et de ses *cassolettes*. (I, 227, vers 20.)

CASUEL, fortuit, qui tient au hasard :

Si d'aventure il vous en vient quelque commodité, recevez-la comme une partie *casuelle*. (II, 91; voyez II, 203, 215, 285, 287, 428.)

CASUELLEMENT, par hasard :

[Ils] estiment que cet univers.... soit porté *casuellement*. (I, 472; voyez II, 176, 323.)

CATHOLISATION, conversion au catholicisme :

On parle de sa *catholisation*. (III, 53.)

CAUSE efficiente, cause précédente. (II, 683.)

Être cause de, être la cause de :

Les semences qui *sont causes de* toutes choses. (II, 78.)
La seule grandeur *est cause* suffisante *de* ruiner, etc. (II, 201.)
.... Un bel esprit
Est la cause d'un beau visage. (I, 127, vers 11.)
Voyez tome III, p. 166; tome IV, p. 337.

Cause, procès :

Un vieux soldat, peu compatible avec ses voisins, avoit une *cause* qui se plaidoit devant Jules César, et étoit sur le point de la perdre. (II, 165.)

Avoir bonne cause :

S'il est homme de bien, j'*ai bonne cause*. S'il est méchant, je ne dispute point avec lui. (II, 132.)

CAUSER, être cause, occasionner :

.... Si c'est pour cela que vous *causez* nos pleurs.... (I, 68, vers 12.)
Ton pouvoir absolu, pour conserver notre aise,
Conservera celui qui nous l'*aura causé*. (I, 73, vers 90.)

CAUTE, prudent :

Lassez-vous d'abuser les jeunesses peu *cautes*. (I, 301, vers 23.)

CAUTION (Bailler) que, cautionner, garantir que :

Qui voudroit *bailler caution* à celui qui sème *que* sa récolte sera bonne? (II, 125.)

CAVALERIE (Une), une troupe de cavalerie. (I, 470.)

CAVE, caverne :

Neptune en ses *caves* profondes.... (I, 47, vers 53.)

CAVER, creuser :

.... La fosse
Que lui *cavoient* les destins. (I, 24, vers 24.)
Les chaleurs de l'été.... sont.... incommodes.... Mais n'avons-nous pas une infinité de lieux secrets que l'injure du temps.... semble *avoir* expressément *cavés*, pour être le remède de cette incommodité? (II, 714.)

CE, cet, cette, ces :

Quelle différence faites-vous d'être assommé de la chute d'une montagne, ou d'une tour? Il n'y en a point, et toutefois il s'en trouvera qui craindront *cette* ruine plus que l'autre. (II, 472.)
.... C'est avecque *ces* couleurs (*avec de telles couleurs*)
Que l'histoire de nos malheurs
Marquera si bien ta mémoire. (I, 114, v. 165; voy. I, 210, v. 32.)
Quelquefois nous.... avons tant de peur de démordre *ce* peu (*le peu*) que nous pensons avoir d'avantage sur un ami, que nous aimons mieux perdre le bien que nous lui avons fait, que de lui donner sujet de se penser décharger de l'obligation qu'il nous a. (II, 31.)
Parce qu'il n'y a personne qui ne prenne plaisir de voir que les effets de sa libéralité s'étendent bien loin, si *ces* paroles y peuvent trouver place, il n'y aura point de mal de les y ajouter : « Vous avez fait plaisir à plus de gens que vous ne pensez. » (II, 38.)

Ce, cet, cette, ces, emphatique, sans rapport à ce qui précède ou à ce qui suit :

Ne vous laissez pas abuser à *ces* compteurs de généalogies. (II, 76; voyez I, 94, vers 205; II, p. 87, l. 24.)
Appelez-vous vœu ce qui se peut diviser entre l'ami et l'ennemi, et qui, si vous n'eussiez dit *ces* dernières paroles (*les dernières paroles que vous avez dites, que vous avez dû dire*), vous auroit acquis un ennemi capital? (II, 195.)

Ce, cet, cette, ces, amenant et résumant d'avance un membre de phrase qui commence par *que*, *de*, *si* :

Il est des choses de *cette* nature, *que* qui les bailleroit à ceux qui les demandent, elles seroient occasion de leur ruine. (II, 26; voyez II, 3, l. 26.)

Je ne reconnois que je suis pauvre qu'en *cette* incommodité, *que* je n'ai rien à vous offrir qui soit digne de vous. (II, 13.)

Voyez tome I, p. 141, vers 13 et 14; p. 142, vers 43 et 44; p. 300, vers 8 et 9; et ci-après, Ce, dans le sens neutre.

Je vous prie de me faire *cet* honneur *d'*accepter mon présent. (II, 14.)

Voyez tome I, p. 65, vers 7 et 8; p. 135, vers 34 et 35; p. 141, vers 11 et 12; p. 304, vers 18; tome II, p. 108, l. 6.

Nous avons assez traité *cette* question, *s'*il y a de la honte à être vaincu de bienfaits.... (II, 142.)

Ce, dans le sens neutre, tournures et locutions diverses :

*C'*est un contentement extrême (*nous sommes extrêmement contents*) que notre créancier ait des qualités capables de se faire aimer. (II, 32.)

Voyez tome I, p. 145, vers 1 et 2; p. 150, vers 19.

Combien seroit-*ce* mieux fait de se retourner (*combien ne ferions-nous pas mieux de nous retourner*)...! (II, 43.)

Homère.... en a appelé une (*une des Grâces*) Pasithée, et lui a donné mari, afin que vous ne pensiez pas que *ce* soient religieuses. (II, 8.)

Ce n'est pas que Dieu ne soit doux. (I, 144, v. 4; voy. I, 138, v. 12.)

.... Qui s'est mis en peine de le rechercher, comme si *ç'*avoit été quelque chose de bien important. (II, 634.)

De le méconnoître (*un plaisir reçu*), il y a de la vilenie extrême, quand *ce* ne seroit (*quand il n'y auroit*) que cette considération, que.... la volonté seule suffit à nous acquitter. (II, 2.)

Son crime, *c'*est que je l'aime. (I, 152, vers 17.)

Où Caliste n'est point, *c'*est là qu'est mon enfer. (I, 129, vers 14.)

.... Lui donner des larmes,
*C'*est tout ce que je puis. (I, 160, vers 54.)

Voyez tome I, p. 111, vers 81-83, le même tour avec *de* devant l'infinitif.

Ils seront malheureux seulement en un point :
*C'*est que, etc. (I, 104, vers 10.) 300, v. 11.)

Ce ne furent qu'attraits, *ce* ne furent que charmes. (I, 264, v. 11; voy. I, Les traits qui plus avant dans le sein l'atteignirent,
Ce fut quand du Sauveur il se vit regardé. (I, 6, vers 51.)

Il est des choses si dures et si solides, que quelque feu que *ce* soit, elles ne le reçoivent pas. (II, 332.)

Que sont-*ce* ces contrats, ces papiers de compte..., sinon des maux volontaires partis de notre forge? (II, 227.)

Ce que l'on croyoit qu'il fît pour gratifier le Roi, *c'*étoit pour attendre les troupes.... (III, 119; voyez I, 142, vers 28 et 29.)

Elle (*la sagesse*) nous éclaircit de *ce* qui est mal en effet, et qui ne l'est que par opinion. (II, 718.)

.... Reconnoître qu'il n'est pas possible qu'un autre nous estime *ce* que nous-mêmes nous estimons. (II, 41.)

On nous a fait tort en *ce* que notre santé n'est pas inexpugnable à toutes sortes de débauches. (II, 42; voyez ci-après, p. 86, Ce que.)

Cassius ne but jamais que de l'eau. Cimber, au contraire, avec *ce* qu'il prenoit du vin démesurément, son babil étoit insupportable quand il avoit bu. (II, 644.)

Voyez tome I, p. 402, l. 19; p. 403, l. 3; tome II, p. 461, l. avant-dernière.

En *ce* de quoi principalement il est question, qui est la félicité de l'homme, ils sont tous aussi grands l'un que l'autre. (II, 613.)

Le plaisir est dû comme il est fait ; et pour *ce*, il ne faut pas faire le nonchalant quand on donne quelque chose. (II, 3.)
Voyez tome II, p. 43, l. 13 ; 46, l. 13 ; 48, l. 32 ; 112, l. 31 ; 160, l. 4 ; 442, l. 11 ; 461, l. 1 ; 532, l. 8 ; 644, l. 12 ; etc.

Il y a des choses qui valent plus que ce qu'on les vend, et pour *ce*, encore que vous les ayez achetées, vous m'en devez quelque chose qui n'est point au marché. (II, 183.)

Un jour qu'il faisoit la dépense de quelques jeux, et qu'à *ce* faire il étoit secouru par la contribution de ses amis.... (II, 36.)

« Soucieux hiver, » excellent épithète, *ce* disent ceux qui se moquent. (IV, 258.)

Quoi que *c*'en soit. (II, 133, etc.)

C'est fait (*c'en est fait*), belle Caliste, il n'y faut plus penser. (I, 140, vers 1.)

CE QUE, le fait que, la raison pour laquelle, si, que :

Rien ne mit si bien Furnius auprès d'Auguste, que *ce qu'*après (*que ce fait, qu'après*) que.... il eut pardonné à son père..., il lui dit : « Sire, voici, etc. » (II, 38.)

Ce que vous ne pouvez (*ceci, à savoir que vous ne pouvez, l'impossibilité où vous vous trouvez*) est une grâce de Dieu ; *ce que* vous desirez (*ceci, à savoir que vous desirez*) est une injure. (II, 196.)

Si je vous eusse fait ballotter, et que votre nom se fût trouvé du nombre de ceux qu'il m'eût fallu racheter, ne me penseriez-vous rien devoir?... *Ce que* mon nom a rencontré (*ce fait, à savoir que mon nom a rencontré : voyez* RENCONTRER), je le dois au sort ; *ce qu'*il a pu rencontrer, je le vous dois. Vous m'avez fait ouverture à recevoir votre bienfait. (II, 181.)

Ce que nous défendons de redemander, c'est pour faire la leçon à ceux qui exigent avec trop de rigueur. (II, 242.)

Faisant compte qu'il est au rôle d'une compagnie, il (*le sage*) pense que *ce qu'*il vit (*que ceci, à savoir qu'il vit*) est sa solde. (II, 507.)
Voyez tome I, p. 411, l. 1 ; 425, l. 9 ; tome III, p. 8, l. 15 et 16 ; 81, l. 23 ; 118, l. dernière ; 188, l. 6 ; 201, l. 15 ; 413, l. 3 ; 540, l. 29 ; 566, l. avant-dernière.

CE, omis :

Leur propre mérite les recommande ; et est une chose (*et c'est une chose*) si aimable que la vertu.... (II, 107 ; voyez I, 12, vers 221.)

Je sais que c'est (*ce que c'est*).... (I, 248, vers 19 ; voyez QUE.)

CECI.

Je suis d'avis que vous fassiez un essai d'être mal nourri et mal vêtu quelques jours, afin de pouvoir dire : « Est-ce *ceci* de quoi on m'avoit fait si grand'peur? » (II, 329.)
Voyez tome II, p. 12, l. 2 ; 22, l. 25 ; 86, l. 19 ; 234, l. 15, etc., d'autres exemples de *ceci*, se rapportant, non à ce qui suit, mais à ce qui précède.

CÉDER à, être surpassé, vaincu par, succomber à :

[Nos épées] Si fortes et si bien trempées
Qu'il faut *leur céder* ou mourir. (I, 67, vers 57.)

.... Le plus digne roi qui soit en l'univers
Aux miracles de l'art fait *céder* la nature. (I, 138, vers 4.)

Je suis vaincu du temps ; je *cède à* ses outrages. (I, 283, vers 137.)
Voyez tome I, p. 137, vers 2 ; p. 153, vers 30 ; tome II, p. 88 et 89, etc.

CÈDRE (AIGRE DE). Voyez AIGRE DE CÈDRE.

CÉDULE, reçu, reconnaissance. (II, 37.)

CEINDRE.
Tout notre âge est un ouvrage à pièces, qui a comme des cercles les uns dans les autres, les moindres enfermés dans les plus grands. Il y en a un qui *ceint* tous les autres : c'est celui qui comprend depuis la naissance jusqu'à la mort. (II, 303.)

CEJOURD'HUI, aujourd'hui :
M. d'Espernon est arrivé *cejourd'hui*. (III, 137 ; voyez I, 350.)

CELA.
    Amour a *cela* de Neptune,
    Que toujours à quelque infortune
    Il se faut tenir préparé. (I, 176, vers 67.)

Il est des choses de cette nature, que qui les bailleroit à ceux qui les demandent, elles seroient occasion de leur ruine. Quand *cela* s'offre, qui refuse oblige, et non qui donne. (II, 26 ; voy. II, p. 11, l. 21 ; p. 22, l. 18.)

CELA QUE, pour *ce que*, blâmé par Malherbe chez des Portes. (IV, 399.)

CÉLÉBRABLE.
Vœux plus *célébrables* par adoration que par applaudissement. (II, 529.)

CELER, cacher :
Ceux qui s'efforcent de *celer* un plaisir qu'on leur a fait.... (II, 37.)

Voyez tome I, p. 47, vers 58 ; p. 107, vers 3 ; p. 157, vers 27.

CÉLESTE, beau, parfait comme les Dieux :
Pour son âme, je crois certainement que comme *céleste* elle s'en soit retournée au ciel. (II, 667.)

Voyez tome I, p. 178, vers 9 ; p. 231, vers 55.

CELUI.
Celui vraiment les a perdus, qui les a estimés perdus incontinent après les avoir donnés. (II, 6 et 7.)

Voyez tome II, p. 47, 78, 118, 147, 158, 160, 189, 332, 493, etc.

Aimez-moi toujours, et me tenez pour *celui* qui sera éternellement votre plus humble et plus affectionné serviteur. (III, 47.)

Ce n'est pas.... vivre avec moi comme veut *celui* que je vous suis. (III, 579.)

Au bout de l'an, ils furent sommés par ledit [procureur, nommé] Loup, etc..., dont il appert par exploit..., au pied d'une requête présentée par *celui* Loup à Monsieur le lieutenant d'Aix. (I, 337.)

CELUI-CI, se rapportant à ce qui précède :
Après les choses de cette nature, il y en a d'autres... : comme la liberté, l'honneur, et la santé de l'esprit. A *celles-ci* succèdent les dernières du nombre des nécessaires. (II, 18.)

CELUI-CI, CEUX-CI, CELUI-LÀ, suivis d'un relatif :
Demandez à qui vous voudrez de *ceux-ci* qui (*de ceux qui*) vivent de brigandage.... s'ils ne seroient pas plus aises que l'argent leur vînt d'autre façon. (II, 108 ; voyez I, 97, vers 11 ; 300, vers 1.)

CELUI-LÀ, CELLE-LÀ, où nous emploierions aujourd'hui *celui-ci*, *celle-ci* :
Il (*le sage*) est composé de deux pièces, l'une irraisonnable..., l'autre raisonnable.... C'est en *celle-là* que consiste le souverain bien de l'homme. (II, 554.)

CENDRE, au figuré :

> Belle âme qui fus mon flambeau,
> Reçois l'honneur qu'en ce tombeau
> Je suis obligé de te rendre ;
> Ce que je fais te sert de peu ;
> Mais au moins tu vois en la *cendre*
> Comme 'en conserve le feu. (I, 224, vers 19.)

> .... Se mettre au visage

Sur le feu de sa honte une *cendre* d'ennui. (I, 6, vers 48.)

CENSEUR.

Qui seroit si mauvais *censeur* contre (*appréciateur à l'égard de*) ses enfants, qu'il aimât mieux le sain que le malade ? (II, 517.)
Voyez la fin de l'article Contre.

CENSURE, critique :

> [Thémis] va d'un pas et d'un ordre
> Où la *censure* n'a que mordre. (I, 214, vers 136.)

Voyez encore tome IV, p. 16.

CENTRE (Au) :

> .... Si l'enfer est fable *au centre* de la terre,
> Il est vrai dans mon sein. (I, 159, vers 23.)

Les esprits mélancoliques reçoivent *au centre* ce qui ne touche les autres qu'en l'extérieur. (IV, 180.)

CEPENDANT, pendant ce temps :

Faire la demande, et *cependant* laisser passer la nécessité. (II, 3 ; voyez II, 160, l. 3.)

Cependant que, pendant que :

> *Cependant qu*'il tente lui-même
> Ce qu'il peut faire par autrui ? (I, 54, vers 199.)

Voyez tome I, p. 18, vers 377 ; p. 216, vers 192.

CERCLE.

Tout notre âge est un ouvrage à pièces, qui a comme des *cercles* les uns dans les autres. (II, 303 ; voyez I, 103, vers 9.)

CERCUEIL (Mettre dans le), au figuré :

> .... Louanges que les années
> Ne *mettent* point *dans le cercueil*. (I, 108, vers 30.)

CÉRIMONIE, cérémonie. (III, 375.)

CERISE, dans une locution proverbiale :

Il fait ici deux morceaux d'une *cerise* : quelle subtile distinction peut-il alléguer entre le sort et le destin ? (IV, 385, *Commentaire sur des Portes*.)

CERTAIN, devant le substantif, avec le sens de *fixe, déterminé* :

Faire monter la voix de degré en degré par *certaines* mesures (*en latin :* certos modos). (II, 319.)

Voyez I, 415 ; II, 512 ; voyez aussi I, 14, vers 275, un exemple de la construction usitée aujourd'hui.

Certain.... que, avec ellipse de *tel* :

Il est des choses d'une *certaine* forme (*d'une certaine forme qui est telle*), *que* toute leur signification s'en va hors de nous. (II, 146.)

Pour certain, certainement :

C'est la coutume de la plupart des hommes d'être en une anxiété perpétuelle, encore qu'ils n'aient point de mal et que *pour certain* il ne leur en doive point arriver. (II, 310.)

CERTAINEMENT.

Je crois *certainement* que [son âme] s'en soit retournée au ciel. (II, 667.)

CERTES, certainement :

Certes l'autre soleil d'une erreur vagabonde
Court inutilement par ses douze maisons. (I, 157, vers 13.)

CERVEAU.

.... Ces beautés....
.... de qui le *cerveau* léger,
Quelque service qu'on lui fasse,
Ne se peut jamais obliger. (I, 108, vers 18.)
Qui ne voit encore à cette heure
Tous les infidèles *cerveaux*
Dont la fortune est la meilleure
Ne chercher que troubles nouveaux? (I, 213, vers 112.)

CERVELLE.

.... Si de mes jours l'importune durée
Ne m'eût en vieillissant la *cervelle* empirée. (I, 10, vers 170.)

Être en cervelle, être en éveil :

Un homme sage *est* toujours *en cervelle*. (II, 486.)

Tenir en cervelle, tenir en inquiétude, contenir :

L'autre consul lèveroit deux légions, qui lui suffiroient pour *tenir* les Boïes et les Insubriens *en cervelle*. (I, 452.)

CESSE (Avoir), finir :

Astre par qui vont *avoir cesse*
Nos ténèbres et nos hivers.... (I, 49, vers 83.)

CESSÉ, être cessé :

.... Les orages *cessés*
Ont des calmes si doux en leur place laissés. (I, 241, vers 19.)
Le lendemain que leur délibération *fut cessée*.... (I, 412.)

Voyez tome I, p. 157, vers 21 ; tome II, p. 73, 282 ; tome III, p. 155, 292.

CESSION (Faire), abandonner ses biens à ses créanciers, parce qu'on est insolvable :

Un pense mal à ses affaires, qui en baille la conduite à quelqu'un qui *a fait cession*. (II, 118 ; voyez II, 621 et 622 ; IV, 93.)

CETTUI-CI, cette-ci, celui-ci, celle-ci :

A *cettui-ci*, je suis quitte quand je lui ai rendu ce qu'il m'a prêté ; mais à l'autre, il faut que je lui rende davantage. (II, 32.)
Encore qu'en assez d'autres occasions il se soit montré grand personnage, si est-ce qu'en *cette-ci* je ne trouve pas qu'il y ait moyen de le

défendre. (II, 34; voyez I, 353; II, 56, 101, 106, 234; III, 25; IV, 7, 20, etc.)

CHACUN, tout le monde :

En ce malheureux siècle où *chacun* vous méprise. (I, 259, vers 5.)

CHACUN, CHACUNE, devant un substantif, pour *chaque* :

Depuis ils nous ont payé les intérêts *chacune* année. (I, 339.)
Deux cents livres de rente par *chacun* an. (I, 339.)

Voyez II, 184. Voyez aussi la même construction blâmée chez des Portes. (IV, 431.)

TOUT CHACUN, chacun :

.... Une histoire
Dont le discours parfait à *tout chacun* fait croire.... (I, 291, vers 7.)

CHAGRIN, CHAGRINE :

Mon humeur est *chagrine*, et mon visage triste. (I, 138, vers 11.)

CHAIRE, chaise, siége :

Pensez-vous que pour être chez moi je demeure en une *chaire* sans me remuer? (II, 285; voyez II, 440, 520.)

Il me montrera ce plaisant philosophe Ariston, qui se fait promener en une *chaire* (*dans une chaise à porteurs*) et discourt en cette belle posture. (II, 375; voyez II, 649.)

[Il] reconnoît combien il étoit bas quand il montoit en ces *chaires* éminentes, que les grands du monde ont élevées pour l'ostentation de leur vanité (*en latin :* quum sellam aut tribunal ascenderet). (II, 531.)

CHAIRE, où l'on enseigne :

Pensez-vous qu'un homme de jugement descende plus joyeux de sa *chaire*, pour les acclamations de je ne sais quels ignorants? (II, 453.)

CHALAND, au figuré. (II, 377.)

CHALEUR.

Ceux à qui la *chaleur* ne bout plus dans les veines. (I, 282, vers 133.)

CHALOIR, importer; IL CHAUT, IL CHAULT, il importe :

Que peut-il *chaloir* comment vous soyez? (II, 295.)
Nous ne regardons jamais derrière nous : *il ne nous chaut* du passé. (II, 641.)
Quand le souci l'aura quitté, que *chault* à des Portes de ce qu'il deviendra? (IV, 319; voyez II, 239, 372, 460, 533, 545, 548; III, 580.)

CHALOUREUX, pour *chaud*, blâmé par Malherbe chez des Portes. (IV, 431.)

CHAMBRE; GARDER LA CHAMBRE, au figuré :

Soit que dans la *chambre* il médite.... (I, 82, vers 175.)
Il n'y a point de vice qui veuille *garder la chambre*; tout sort à la campagne (*en latin :* omne vitium laxatur et prodit). (II, 647.)

CHAMBRIÈRE, femme de chambre. (II, 15.)

CHAMPS (LES), la campagne :

Pour la stupidité de son esprit ayant été relégué *aux champs*. (II, 88.)

CHANCELER.

Quel besoin est-il de voir des ivrognes *chanceler* en une grève? (II, 447.)

CHANCIR (Se), moisir, se corrompre :
C'est en l'âme qu'il faut loger le souverain bien. Il *se chancit* et se gâte, si.... nous le transportons aux sens. (II, 573.)

CHANCISSURE, moisissure. (II, 729.)

CHANGE, changement :
Le *change* des saisons. (I, 157, vers 16.)
Oh! que nos fortunes prospères
Ont un *change* bien apparent! (I, 76, vers 12.)
Voyez I, 78, vers 65; 241, vers 33; 300, vers 17; II, 387, 433; III, 248.

CHANGE, échange :
Le roi d'Espagne presse la Reine d'envoyer Madame, comme de son côté il veut envoyer la petite reine.... Cependant on remettra le *change* de nos princesses jusques à l'an qui vient. (III, 301; voyez II, 144, 625.)

RENDRE LE CHANGE à quelqu'un, prendre une revanche sur lui, se venger de lui :
J'ai vu chez Calliste celui qui avoit été son maître.... et l'avoit mis en vente parmi ses esclaves de rebut, recevoir cet affront à la porte, qu'on l'ouvroit aux autres et que lui seul étoit empêché d'entrer. Le serviteur.... *rendit le change* à son maître. (II, 430.)

LE CHANGE, le *forum*, où se tenaient les changeurs :
Il ne bouge *du Change* (*en latin* : forum conterit). (II, 317.)

CHANGEMENT.
Qui témoigna jamais une si juste oreille
A remarquer des tons le divers *changement?* (I, 105, vers 6.)

CHANGER (Se), changer, être changé :
.... Toute chose *se change*. (I, 161, vers 61.)
C'est une patience qui ne se trouve qu'en.... une âme vraiment généreuse, de supporter d'un ingrat si longtemps, qu'on lui donne occasion de *se changer*. (II, 135; voyez II, 641.)

CHANGER À, changer contre :
Allant *changer* la terre *à* de plus dignes lieux. (I, 223, vers 3.)
Voyez tome II, p. 648; tome III, p. 74.

CHANGER DE PLACE D'UN CÔTÉ À L'AUTRE :
C'est celui (*l'office*) du soleil de *changer de place d'un côté à l'autre* quand il se lève et quand il se couche. (II, 103.)

CHANSONS, chants poétiques :
.... Les agréables *chansons*
Par qui les doctes nourrissons
Savent charmer les destinées.... (I, 108, v. 25; voy. I, 187, v. 122.)

CHANSON, locutions diverses :
Je ne suis pas si malavisé d'apporter ici la *chanson* d'Épicure, que ce sont contes que les appréhensions qu'on nous donne des enfers. (II, 359.)
Quand quelques-uns vous demanderont si vous n'aurez jamais qu'une *chanson*, répondez-leur : « Tant que vous faillirez, je suis obligé de vous avertir. » (II, 706.)
Que voulez-vous dire avec vos plaisanteries? Il est question d'autre chose que de *chansons* (*en latin* : aliud agitur). (II, 581.)

CHANTER de :

> Aussi bien *chanter* d'autre chose,
> *Ayant chanté de* sa grandeur,
> Seroit-ce pas après la rose
> Aux pavots chercher de l'odeur ? (I, 210, vers 41 et 42.)

CHAOUS, chiaoux, envoyé du Sultan. (IV, 48.)

CHAPEAU, ce qui couvre ou orne la tête :

> Revenez, belles fugitives ;
> De quoi versez-vous tant de pleurs ?...
> Remettez vos *chapeaux* de fleurs ;
> Le Roi vit.... (I, 80, vers 114 ; voyez I, 226, vers 10 ; 272, vers 10.)

CHAPELET (Dire son) :

Vous autres jeunes gens, vous moquez des passions des pauvres quinquagénaires, et pensez qu'en cet âge-là on ne se doit plus mêler que de *dire son chapelet*. (III, 75.)

CHARDONS.

> Par qui sont aujourd'hui tant de villes désertes....,
> Et de tant de *chardons* les campagnes couvertes,
>   Que par ces enragés ? (I, 278, vers 23.)

CHARGE, peine :

La plupart ne les sentent (*leurs enfants*) que par la *charge* qu'ils en reçoivent. (II, 139.)

CHARGE, fonction, occupation, travail habituel :

Vous vous trompez, si vous pensez que je rejette un muletier pource que c'est un muletier.... Je n'aurai point d'égard à leurs *charges*, mais à leur vie. (II, 431.)

Les arts sont officiers, c'est à eux de faire ce qui dépend de leur *charge*. (II, 664.)

CHARGER (Se), se reconnaître débiteur, témoigner sa reconnaissance :

Qui *se charge* de cette façon fait.... paroître la volonté qu'il a de se décharger. (II, 38.)

Chargé, au figuré :

Ce dos *chargé* de pourpre et rayé de clinquants. (I, 27, vers 25.)

Le sage s'est toujours contenté de peu de chose, et.... il n'est jamais plus à son aise que quand il ne se trouve pas beaucoup *chargé* (*en latin*: quam expeditissimus). (II, 713.)

CHARIOT, char :

Qu'y a-t-il de beau en une prétexte, en des trousseaux de verges, en un tribunal, ni en un *chariot*? (II, 12.)

Ce *chariot* (*le char funèbre*), où étoit le corps du Roi, étoit traîné par six coursiers couverts de velours noir. (III, 198.)

CHARITÉ, amour, affection :

Vous avez satisfait à la mémoire du fils que vous avez perdu ; pensez à ceux qui vous sont demeurés.... Je vous en conjure par cette *charité* qui est la cause de votre ennui. (IV, 222.)

CHARME, charmes, au propre et au figuré :

O Reine, qui pleine de *charmes*
Pour toute sorte d'accidents,
As borné le flux de nos larmes.... (I, 184, vers 51.)

Voyez I, 90, v. 78; 121, v. 165; 122, v. 184; 147, v. 33; 306, v. 17; 319, v. 5.

CHARMER, exercer une influence magique sur :

En quelle école nonpareille
Auroit-elle appris la merveille
De si bien *charmer* ses appas,
Que je pusse la trouver belle...,
Et ne m'en apercevoir pas ? (I, 99, vers 15.)

Voyez tome I, p. 53, vers 176 *var.*; p. 108, vers 27.

CHARTRES, chartes :

Le même prieur m'a promis de me faire voir huit ou dix *chartres* qui leur sont demeurées du ravage qui, etc. (III, 538; voyez III, 546.)

ÊTRE, TOMBER EN CHARTRE, être souffrant, maigrir :

Tandis que j'étois jeune,... l'âge.... se rebelloit contre les maladies. Mais enfin il me fallut rendre et être distillé moi-même, me voyant comme *en chartre*. (II, 602.)

Il n'est point de si sobres qui ne deviennent malades, point de gras qui ne *tombent en chartre*. (II, 727.)

CHARTRES (RIME DE), par exemple de *j'endure* avec *d'heure*. (IV, 419,.462.)

CHASSE (PRENDRE LA), fuir :

Quand nous sommes suivis, le moyen de nous garantir, c'est de faire ferme. Ceux qui *prennent la chasse* ne faillent jamais d'être abattus. (II, 606.)

CHASSER.

La justice n'eut plus de poids; v. 224.)
L'impunité *chassa* les lois. (I, 311, v. 16; voy. I, 14, v. 26; 55,

La tempérance règne sur les voluptés; elle en hait les unes, qu'elle *chasse* du tout (*tout à fait*). (II, 695.)

Je parle de ceux que la fortune a fait venir au monde en les en *chassant* (*en latin* : quos illustravit fortuna, dum vexat). (II, 615.)

CHASSE-DERRIÈRE, homme qui pousse par derrière :

Il leur faut un aide, ou par manière de dire un *chasse-derrière* (*en latin* adjutore et, ut ita dicam, coactore). (II, 451.)

CHÂSSIS, au figuré :

Quand notre esprit, tiré des ténèbres où il est enveloppé, verra le jour, non au travers d'un *châssis* ou d'une vitre, mais à la campagne et en lieu tout découvert..., il aura alors de quoi se réjouir à bon escient. (II, 614.)

CHÂTEAU, forteresse, au figuré :

La philosophie.... est un rempart inexpugnable.... Une âme qui se résout à quitter la campagne, et ne se soucie que de se garder en ce *château*, peut défier l'escale (*l'escalade*). (II, 632.)

CHATOUILLEMENT, agrément, plaisir :

D'où nous viennent tant de *chatouillements* des yeux, des oreilles et des esprits ? (II, 94.)

CHATOUILLER, flatter, faire plaisir à :

[Je m'arrête] A *chatouiller* mon âme en ce contentement. (I, 157, v. 29.)

Il en est assez qui pour mettre un mot qui les *chatouille*, écriront des choses à quoi ils n'auront point pensé. (II, 484.)

CHATOUILLEUX, difficile, délicat :

Nous avons une vieille leçon de nos pères, qui nous enseigne de nous garder de trois choses : de la haine, de l'envie et du mépris. Le moyen de le faire, la sagesse nous l'apprendra; le tempérament en est bien *chatouilleux* (*en latin :* difficile). (II, 314.)

CHÂTRÉ (Un), pris substantivement :

La tête de Pompéius reçut jugement d'un pupille et d'*un châtré*. (II, 273.)

CHAUD, substantivement :

Le muletier est nu-pieds, et si ce n'est point qu'il ait trop de *chaud*. (II, 674.)

GORGE CHAUDE. Voyez GORGE.

CHEF, pour *tête*, blâmé par Malherbe chez des Portes. (IV, 390, note 2.)

CHEF-D'OEUVRE.

  Tous ces *chefs-d'œuvres* antiques
  Ont a peine leurs reliques. (I, 94, vers 205.)
  .... Quiconque fera l'histoire
  De ce grand *chef-d'œuvre* de gloire,
  L'incrédule postérité
  Rejettera son témoignage. (I, 216, vers 186.)

Voyez tome I, p. 106, vers 10; p. 252, vers 1; p. 272, vers 2.

CHEMIN, locutions et emplois divers :

Vous ne cessez de me faire des consultations, et ne prenez pas garde qu'il y a bien du *chemin* entre vous et moi (*en latin :* oblitus vasto nos mari dividi). (II, 545.)

Ne voyez-vous pas les jeunes gens de qui l'inclination est généreuse.... s'exposer librement aux périls et ne trouver point de mauvais *chemin*, quand il faut aller chercher de la réputation? (II, 552.)

On loue.... une bête de *chemin* (*une bête de trait ou de somme, en latin :* jumentum), pour avoir l'échine ferme. (II, 587.)

Quand un esprit vertueux n'a pas encore atteint sa perfection, mais est encore en *chemin* d'y arriver, il est des choses qu'il fait beaucoup pour lui de n'approcher point. (II, 373.)

Je n'approuve pas que vous changiez souvent de lieu..., sans faire autre chose que d'être toujours par le *chemin*. (II, 534.)

La fortune en tous lieux à l'homme est dangereuse;
Quelque *chemin* qu'il tienne, il trouve des combats. (I, 305, vers 34;
              voyez I, 313, vers 3.)

Passant, si tu n'as quelque soupir à me donner, fais ton *chemin*; je ne t'appelle point. (I, 361, *épitaphe*.)

Qui ne donne point coupé *chemin* à l'ingratitude. (II, 5.)

CHEMINER, marcher, avancer :

  .... Un criminel qui *chemine* au trépas. (I, 17, vers 369.)
  Toute nuit enfin se termine;
  La mienne seule a ce destin,

Que d'autant plus qu'elle *chemine*,
Moins elle approche du matin. (I, 303, v. 23; voy. I, 14, v. 274.)

CHEMISE.
Caton.... ne montoit jamais qu'un méchant quiledin, avec un bissac à l'arçon de la selle, où étoient ses *chemises* et besognes de nuit (*en latin :* ut secum utilia portaret). (II, 676.)
La vertu.... prend les hommes en *chemise* (*en latin :* nudo homine contenta est). (II, 68.)

CHÈNEVOTTE (Une), un rien, une chose sans valeur, sans force :
Une chènevote et cela c'est tout un. (IV, 54.)
Les monstres ne se tuent point avec *des chènevottes*. (II, 640.)

CHENU.
.... Les Alpes *chenues*. (I, 92, vers 151.)

CHER, précieux, à quoi on tient :
.... M'ôter le goût d'une si *chère* joie,
C'est me donner la mort. (I, 157, v. 35; voy. I, 255, v. 20 *var.*)

Avoir cher. Voyez ci-dessus, p. 58, Avoir, avec.... un adjectif.

CHERCHER de :
[Il] *Cherche* d'être allégé. (I, 41, vers 40.)

Chercher, s'exposer à :
Je n'aurois jamais fait si je voulois vous raconter ceux qui *ont cherché* leur péril pour le salut de leurs pères. (II, 88.)

CHÈRE (Bonne), bon accueil, belle réception :
Après qu'il eut fait son compliment au jeune prince et qu'il eut reçu de lui toutes sortes de *bonne chère*, il continua son voyage. (I, 459.)
Voyez tome I, p. 355; tome III, p. 127, 144.

CHÈREMENT, précieusement :
Sa vie, auparavant si *chèrement* gardée,
Lui semble trop longtemps ici-bas retardée. (I, 9, vers 121.)

CHÉRISSABLE.
Ces choses que.... vous avouez être *chérissables*.... sont estimées biens par Épicure. (II, 523.)

CHÉTIF, pauvre, faible, malheureux :
Pendant que le *chétif*.... se lamente.... (I, 14, v. 271 ; voy. I, 10, v. 154.)

Chétif, mesquin, de peu de valeur :
Si on vous a donné quelque méchant taudis où il y ait.... en la lambrissure quelque *chétif* coup de pinceau, etc. (II, 95.)

CHEVAL (Homme de), cavalier. (I, 428.)

CHEVAUX legers, chevau-légers. (II, 676; III, 162, 269, 277.)
Dans l'exemple du tome II, p. 676, les anciennes éditions ont imprimé chevau-légers, mais sans doute en s'écartant de l'orthographe de Malherbe.

CHEVALER, poursuivre, presser pour obtenir quelque chose :
Les autres demandent la fin de leurs meilleurs amis, et si celui qu'ils *chevalent* (*pour hériter de lui*) ne meurt bientôt, il les épuise. (II, 209.)

CHEVAUCHER, absolument, au figuré. (IV, 23.)

CHEVEUX.
>Peut-il pas languir à son aise
>En la prison de vos *cheveux ?* (I, 54, vers 204.)
>Un amoureux en *cheveux* gris. (I, 210, vers 30.)

Cheveux d'une racine :
>Quand on la déplante (*la vigne*), il faut, s'il est possible, cueillir aussi tout ce qu'elle a de *cheveux* en sa racine. (II, 673.)

CHEVILLE, remplissage :
>« Or, » pour « maintenant, » ne se dit point. Ce mot est la *cheville* ordinaire des vieux poëtes françois. (IV, 463.)
>*Cheville* mal fichée. (IV, 301 ; voyez IV, 260, 263, 264, 270, 417.)

CHEVILLER, mettre des chevilles dans des vers :
>Quelle subtile distinction peut-il alléguer entre le sort et le destin? Les poëtes n'y en font point, s'ils ne veulent *cheviller.* (IV, 385.)

CHEVILLISSIME, tout ce qu'il y a de plus cheville. (IV, 417.)

CHEVIR de, venir à bout de, être maître de :
>J'avois donné charge à quelques relieurs de me trouver quelque gentil garçon qui reliât bien. Hier Provence me fit parler à un qui me promit d'y aller.... Hormis le défaut d'âge, je crois qu'il vous contentera, et que vous *en chevirez* comme vous voudrez. (III, 115.)

CHÈVRE, sorte de météore igné, en latin *capra.* (I, 474.)

CHEVRON, sorte de météore igné, en latin *trabs.* (I, 475.)

CHEZ (Être), appartenir à, être en la possession de :
>Prenez le cas que quelqu'un ait eu la volonté de me donner, et ne m'ait point donné, son affection *est* bien *chez* moi, mais non pas son bienfait. (II, 179 ; voyez I, 9, vers 129.)

CHICANER quelqu'un, lui intenter un procès :
>Nous ne savons gré.... à cet ennemi qui nous a garantis, pource qu'il nous *a chicanés.* (II, 178.)

CHICANERIES.
>Il leur devoit suffire d'avoir vaincu Annibal l'épée à la main, sans le persécuter encore par des *chicaneries.* (I, 456.)

CHICONNAUDE, chiquenaude :
>Il en est qui.... pleurent pour une *chiconnaude.* (II, 307.)

CHIFFES, chiffons, vieux habits :
>Tant que le jeu dure, ils (*les comédiens*) ne paroissent que le sceptre à la main...; et puis comme c'est fait, ils reprennent leurs *chiffes.* (II, 593.)

CHIMÈRE.
>Que sont-ce ces contrats, sinon des maux volontaires partis de notre forge, et *chimères* d'une vaine convoitise? (II, 227 ; voyez I, 90, vers 81.)

CHOIR, au propre et au figuré :
>[Achille] Ne *chut*-il pas d'un coup de flèche

Dans les embûches de Paris? (I, 53, v. 179 *var.*; voy. I, 93, v. 180.)

Il (*l'esprit*) n'est point abattu, qu'il n'ait des secousses auparavant. Il les prévient par imagination, et se laisse *choir* devant qu'il en soit temps. (II, 578, voyez IV, 16.)

Fais *choir* en sacrifice au Démon de la France
Les fronts trop élevés de ces âmes d'enfer. (I, 277, vers 5.)

CHOISIR.

Il faut un goût aussi délicat à *choisir* à qui devoir, comme à qui prêter. (II, 32.)

CHOMMER, chômer; CHOMMER DE, manquer de :

Vous ne *chommerez* point *de* sujets pour donner de l'exercice à la volonté. (II, 205, où, dans notre texte, il faut doubler l'*m*.)

Souvent une bonne matière *chomme* (*n'est pas mise en œuvre*) à faute d'ouvrier. (II, 432.)

CHOPPER, faire un faux pas, se tromper, être arrêté par :

La pierre qui les fera *chopper* et choir. (IV, 120.)
J'ai dès le commencement *choppé* à ce qu'il dit. (III, 544; voy. II, 168.)

CHOQUER, attaquer, s'attaquer à, blesser :

On est brisé comme du verre
Quand on *choque* les fleurs de lis. (I, 66, vers 30.)

Vous retrancherez (*de mes lettres*).... ce que vous jugez qui peut *choquer* les personnages de question (*les personnages en question*). (IV, 97.)

Voyez tome I, p. 271, vers 80; tome IV, p. 105, 129.

CHOSE, CHOSES, locutions et emplois divers :

Rendre, c'est bailler *chose* pour *chose*. (II, 173.)

.... Revenir victorieux à Rome, pacifier les *choses* et les remettre en leur premier état. (II, 548.)

Ce discours.... est tellement hors de la *chose* (*hors du sujet*), qu'il n'en approche pas seulement. (II, 9.)

Les bêtes mêmes.... ont sentiment du bien qu'on leur fait.... Tant les *choses* mêmes qui ne savent que c'est d'obligation ne sont pas inexpugnables à la continuation de les obliger. (II, 6.)

Quelle assurance y auroit-il contre les *choses* fortuites (*en latin* : repentina), et qui pourroit espérer une belle âme, si de la fortune dépendoit la grandeur ou la petitesse de la vertu? (II, 68.)

Ne s'émouvoir de *chose* qui puisse arriver. (II, 448.)

C'est *chose* à mon esprit impossible à comprendre. (I, 36, vers 337.)

.... C'est *chose* sans doute (*une chose dont je ne doute pas*),
Que, etc. (I, 307, vers 29.)

Voyez tome I, p. 5, v. 38; p. 13, v. 253; p. 60, v. 52; p. 113, v. 137; p. 119, v. 67; p. 122, v. 210; p. 126, v. 4; p. 132, v. 5; p. 148, v. 51; p. 155, v. 75 et 76; p. 161, v. 61; p. 276, v. 4; p. 285, v. 3; tome II, p. 3, l. 29; p. 7, l. 19; p. 18, l. 29; p. 21, l. 15; p. 27, l. 8; p. 28, l. 5 et l. 11; p. 29, l. 12; p. 34, l. 2; p. 37, l. 33; p. 38, l. 11; p. 40, l. 17; p. 42, l. 6; p. 79, l. dernière; p. 82, l. 15; p. 161, l. 4; p. 580, l. 9; etc., etc.

QUELQUE CHOSE. Voyez QUELQUE.

CHOURME, chiourme. (I, 447; II, 467.)

CHOYER, soigner :

Il est temps de me *choyer*; encore je me doute qu'avec tout mon soin et toutes mes étaies, le bâtiment ne sauroit pas être longtemps sans aller par terre. (III, 439.)

CHRIE (χρεία), terme de rhétorique. (II, 391.)

CI.

Entre *ci* et ce temps-là (*entre le temps présent et celui-là*). (IV, 213.)

CIEL, CIEUX, au sens propre :

Ils voyoient marcher les astres, monter et descendre le *ciel*. (II, 723.)
.... Courage aussi haut que les *cieux*. (I, 304, v. 18; voy. I, 130, v. 17.)

LES CIEUX, pris pour les dieux qui les habitent :

C'est vouloir....
Ce que *les cieux* ne peuvent pas. (I, 147, vers 18.)

METTRE DANS LES CIEUX, déifier, immortaliser :

Une longue suite d'aïeux
Que la gloire *a mis dans les cieux*. (I, 110, vers 63.)

CIL, pour *celui*, blâmé par Malherbe chez des Portes. (IV, 375, 398.)

CILLER, cligner les yeux :

Ils osent bien hausser les yeux, pour regarder la fortune, mais ce n'est pas sans *ciller*. (II, 556; voyez IV, 383.)

CIRCUIT, employé comme participe :

De mépriser les galeries, etc., c'est chose qu'il ne sauroit faire que premièrement il n'ait *circuit* le monde (*en latin*: totum circumeat mundum), et que d'en haut il n'ait considéré la petitesse de la terre. (I, 470.)

CIRE.

L'âme de cette ingrate est une âme de *cire*,
Matière à toute forme.... (I, 60, vers 61.)

CITÉ, pour *ville*, blâmé par Malherbe chez des Portes. (IV, 430 et 431.)

CITOYENS, concitoyens :

Couverts du sang de leurs *citoyens*.... (II, 153.)

CIVIL, politique, se rapportant à la cité :

[On a] divisé la philosophie en trois *parties* : morale, naturelle et rationnelle. Quelques-uns y ont mis la *civile* pour une quatrième. (II, 703.)
L'hydre *civile* (*les troubles civils*). (I, 26, vers 6.)

CLAIR, adjectif, au propre et au figuré :

.... Quelle flamme luit aux cieux
Claire et nette comme ses yeux? (I, 130, vers 18.)
Le jour est déjà grand, et la honte plus *claire*
De l'apôtre ennuyé l'avertit de se taire. (I, 18, vers 385.)
Étoient-ce impressions qui pussent aveugler
Un jugement si *clair*? (I, 30, vers 36.)

CLAIR, adverbe, clairement :

.... Le sort, qui détruit tout ce que je consulte,
Me fait voir assez *clair* que jamais ce tumulte
N'aura paix qu'au tombeau. (I, 161, vers 71.)
... Quiconque voit *clair* ne connoît-il pas bien, etc.? (I, 271, vers 82;
voyez I, 142, vers 46.)

CLAIREMENT.

.... D'Ivri la fatale journée,
Où ta belle vertu parut si *clairement*. (I, 309, vers 6.)

CLARTÉ, Clairté :

La *clarté* de son teint n'est pas chose mortelle. (I, 132, vers 5 ; voyez I, 211, vers 46.)
Éclairer à quelqu'un, c'est lui fournir de la *clairté*. (IV, 352 ; voy. IV, 313.)

CLEF.

La Justice et la Paix ont les *clefs* de tes villes. (I, 253, vers 2.)
.... L'angoisse qu'il porte
Ne s'emprisonne pas sous les *clefs* d'une porte. (I, 8, vers 98.)
Si les âmes n'avoient la *clef* des champs, nous serions logés bien étroitement. (II, 465.)

CLIMATÉRIQUE (An), au figuré. (I, 45, vers 19.)

CLIN d'œil, clin des yeux :

Donne-m'en d'un *clin de* tes *yeux*
Un témoignage gracieux. (I, 116, v. 235 ; voy. I, 218, v. 1.)

CLINQUANT, clinquants :

Soyez vêtu d'habits où le *clinquant* cache la matière. (II, 323.)
Quelque nu qu'il soit, je quitte ceux qui sont couverts de *clinquants*, pour m'entretenir avec lui. (II, 493 ; voyez I, 27, vers 25.)

CLORE, fermer, enfermer, entourer, borner, finir, cacher :

S'il m'advient quelquefois de *clore* les paupières. (I, 160, vers 37.)
Clôt-elle pas la bouche à leur impiété ? (I, 62, vers 12.)
Qu'un indigne trépas ait *clos* ta destinée. (I, 309, vers 4.)
Quand j'*aurai clos* mon dernier jour. (I, 154, vers 57 ; voyez I, 122, vers 203.)

Clos, close :

.... Est-il rien de *clos* dont ne t'ouvre la porte
Ton heur et ta vertu ? (I, 281, vers 103.)
Ne vous faites-vous pas un Dieu sans armes ?... Ne le mettez-vous pas en un lieu séparé du monde, *clos* entre deux cieux d'un labyrinthe de hautes murailles ? (II, 109.)
Cette rive.... est *close* d'un lac d'un côté, et de l'autre de la mer. (II, 462.)
Il falloit.... que l'homme n'eût rien de *clos* à sa jurisdiction. (II, 119.)
Ces beaux yeux souverains....
.... qui n'ont rien de *clos* à leur juste courroux. (I, 6, vers 63.)
.... S'il n'eût rien eu de plus beau,
Son nom qui vole par le monde
Fût-il pas *clos* dans le tombeau ? (I, 119, vers 80.)
.... Déjà demi-*clos* sous la vague profonde. (I, 16, vers 322.)
Voyez tome I, p. 100, vers 28 ; p. 176, vers 50 ; p. 253, vers 1 ; p. 296, vers 42 ; tome II, p. 70.

CLÔTURE, au propre et au figuré :

Beau parc, et beaux jardins, qui dans votre *clôture*
Avez toujours des fleurs, et des ombrages verts. (I, 138, v. 5 ; voy. II, 523.)

CLOU (Un) à soufflet, un rien :

Il s'est fait un *Diogène françois*, mais ridicule et impertinent ; et hormis trois ou quatre mots..., je n'en donnerois pas *un clou à soufflet*. (III, 486.)

CLYSTÈRE. (III, 345.)

COCHE, voiture de voyage :

Il est des choses qui se peuvent écrire en *coche*, et d'autres qui veulent le lit, le repos et le cabinet. (II, 558.)

COCU.

Cocu de long et de travers,
Sot au delà de toutes bornes. (I, 308, vers 5.)

CŒUR.

Montrant que dans le *cœur* ce voyage le fâche. (I, 17, vers 370 ; il s'agit du Soleil.)

Courage, mes amis. Vous avez une dispute la plus louable du monde.... Ayez seulement la volonté bonne, et ne perdez point le *cœur*. (II, 87.)
C'est à ce coup, Troyen, qu'il faut avoir bon *cœur*. (II, 633.)
Grands *cœurs*. (I, 111, vers 96.)
Beaux *cœurs*. (I, 121, vers 156.)

Voyez tome I, p. 71, vers 56 ; p. 298, vers 18 ; tome II, p. 2, 3, 563, 587.

Avoir mal au cœur de, détester, trouver repoussant ; faire mal au cœur, répugner, déplaire, fâcher :

Qui est-ce qui n'*aura mal au cœur d*'un ingrat ? (II, 106.)
Il s'est vu des armées réduites à la nécessité de toutes choses, qui ont.... mangé des ordures qui *feroient mal au cœur* à réciter. (II, 326.)

Voyez tome II, p. 167, 246, 472.

COGITATIONS, pensées :

Tout ce que je vous desire, c'est que vous soyez.... délivré de toutes les *cogitations* vagues et fluctuantes. (II, 388 ; voyez II, 469, 641.)

COIN.

Tant de peuples réduits sous son empire depuis un *coin* de la Thrace jusques aux derniers bords de la mer du Levant. (II, 140 ; voyez II, 154.)

KOINOY ('Aπo). Voyez Aπo koinoy.

COITTE, lit de plumes :

Dans les *coittes* des lits il y avoit des pelotons de plume que les sorciers y avoient mis. (III, 73 ; voyez III, 74.)

COL, cou, gorge :

Un valet cacha son maître, de qui la vie étoit à la taille,... vint au-devant de ceux qui le cherchoient,... et leur présenta le *col*. (II, 74.)

COLÈRE.

.... C'est la mettre en *colère* (*la Fortune*)
Que de ne l'employer pas. (I, 91, vers 119.)

COLLATIONS, en latin *comessationes* :

Quel besoin est-il de voir des ivrognes.... fourmiller sur un étang de bateaux pleins de *collations* et de concerts? (II, 447.)

COLLEPORTEUR, colporteur. (IV, 93 ; voyez la note 12.)

COLLER, se coller, au figuré :
Ce sont choses (*les biens périssables*) qu'il faut avoir auprès de nous, mais non pas les y *coller*, afin que quand la fortune les voudra prendre..., elles s'en aillent sans emporter la pièce. (II, 573.)

.... Les femmes, les enfants, les lieux de notre naissance, et autres objets à qui notre esprit *se colle* et s'attache avec tant de passion. (II, 19.)

COLLET (Prendre au) :
Tout se partageoit amiablement. Le plus fort n'*avoit* point encore *pris au collet* le plus foible. (II, 723.)

La main au collet, de force, impérieusement :
Quand l'intention de faire plaisir est pure et nette,... elle nous fait oublier nos intérêts, et *la main au collet* nous traîne au dommage tout évident. (II, 105.)

Collet de buffle, justaucorps de peau de buffle, sans manches :
Je vois bien que si les Muses vous ont fait passer pour un rêveur, Mars ne vous donnera pas meilleur bruit. Vous n'en êtes encore qu'au *collet de buffle*, et déjà vous ne vous souvenez plus de vos amis. (IV, 34.)

COLORER, au propre ; Colorer, rendre excusable :
 J'ignorois que ce pouvoit être
 Qui lui *coloroit* ce beau teint. (I, 126, vers 6.)

Nous faisons connoître que nous avons donné pour recevoir, et de cette façon *colorons* la malice des ingrats, qui semblent alors avoir dispense de ne rien rendre. (II, 4.)

COMBAT, au propre ; Combat, lutte, contrainte :
.... Aux rives du Tage ils portent leurs *combats*. (I, 104, vers 6.)

Il n'y a point de meilleur expédient pour amener les enfants au *combat* de piété, que de leur proposer l'espérance de la victoire. (II, 86.)

Il part, et la douleur qui d'un morne silence
Entre les ennemis couvroit sa violence,
Comme il se voit dehors a si peu de *combats*.... (I, 8, vers 111.)

COMBATTRE.
Ses soupirs se font vents qui les chênes *combattent*. (I, 15, vers 302.)
Voyez tome I, p. 123, vers 258 (*combattre contre*).

 .... C'est aux foibles courages
 De succomber aux orages....
 De moi, plus je *suis combattu* (*plus on combat contre moi*),
Plus ma résistance montre sa vertu. (I, 248, vers 29.)

COMBIEN.
Combien nous seroit-ce plus de mérite de nous roidir en la volonté de faire plaisir ! (II, 4 ; voyez II, 41, 43.)

Combien de fois ai-je été pleuré de mes amis, *combien* abandonné des médecins ! (II, 606 ; voyez II, 105.)

Il m'a donné cela ; mais *combien* l'ai-je attendu ? (II, 39.)

De *combien* penses-tu qu'elle (*ma mère*) eût racheté la certitude de se perdre pour l'incertitude de me sauver ? (I, 362.)

Il n'y a si bon archer qui ne faille quelquefois le blanc. Mais il n'importe *combien* mettre de coups dehors, pourvu qu'on en mette un dedans. (II, 621.)

Combien que, quoique :
Il rougit de lui-même, et *combien* qu'il ne sente

Rien que le ciel présent et la terre présente,
Pense qu'en se voyant tout le monde l'a vu. (I, 18, vers 394.)

Il (*Dieu*) est tout raison ; *combien que* l'aveuglement est si grand ici-bas, que les hommes.... se le figurent.... je ne sais quoi de fortuit et de tumultueux. (I, 472.)

Il n'est pas servi en prince quand il mange à cette table, *combien qu*'il le fut avec de grands soins. (III, 301 ; voy. I, 298, v. 29 ; II, 21, 42, 46, 59, 295.)

COMBLE, au figuré :

.... Qu'en de si beaux faits vous m'ayez pour témoin,
Connoissez-le, mon Roi, c'est le *comble* du soin
Que de vous obliger ont eu les destinées. (I, 262, v. 10 ; voy. I, 142, v. 35.)

COMBLER, au figuré :

Quel ordre merveilleux de belles aventures
Va *combler* de lauriers votre postérité ! (I, 104, vers 4.)
Le bon sens de mon roi m'a toujours fait prédire
Que les fruits de la paix *combleroient* son empire. (I, 261, vers 10.)

Rivières comblées, remplies, qui débordent :

Soient toujours de nectar nos *rivières comblées*. (I, 298, vers 38.)

COMITE, officier de galère qui fait travailler la chiourme. (II, 467.)

COMMANDEMENT.

M. de Rambure, qui a un régiment de deux mille hommes, a mandé à la Reine que s'il lui plaît lui faire le *commandement*, il taillera en pièces tout ce qu'ont ces Messieurs. (III, 413.)

M. le comte de la Rochefoucauld.... a eu *commandement* de s'en aller chez lui. (III, 272.)

Vous avez tant de valets.... à votre *commandement*. (II, 370.)

Qu'il (*Dieu*) vous accorde cettui-ci (*ce vœu*), que votre contentement soit en vous-même.... Quelle félicité sauriez-vous voir plus à *commandement* ? (II, 339.)

Commandement, pouvoir :

La fortune a le même *commandement* sur nous qu'elle a sur eux. (II, 428.)

COMMANDER.

Ne pensez-vous rien faire, si vous vous savez bien *commander* en votre mal ? (II, 608.)

Vous n'*êtes commandé* ni de l'avarice.... ni de la luxure. (I, 469.)

C'est bien chose que je ne défends point à un homme sage, que l'aisance de parler : toutefois je ne le lui *commande* pas. (II, 410.)

Si vous vous laissez *commander* à elle (*à la raison*), beaucoup se laisseront *commander* à vous. (II, 401.)

COMME, locutions et emplois divers :

Ce qu'ils peuvent n'est rien ; ils sont *comme* nous sommes,
  Véritablement hommes,
  Et meurent comme nous. (I, 274, vers 10.)

Ainsi peuvent parler les heureux *comme* il est. (III, 110 ; voy. I, 135, v. 31.)

Ce n'est point à la richesse ou pauvreté des monuments qu'il nous faut mesurer : la cendre des uns est *comme* celle des autres. (II, 731.)

Voyez tome I, p. 17, vers 346 et 347 ; p. 89, vers 47 ; p. 136, vers 44 ; p. 140, vers 14 ; p. 271, vers 62 ; p. 301, vers 36 ; tome II, p. 56, l. 7.

Il (*ce souci*) ne me trouble point *comme* (*autant que*) le meilleur songe
    Que je fais quand je dors. (I, 160, vers 41.)

La souvenance prend fin... *comme* (*en même temps que*) l'usage. (II, 20.)

Il a fallu qu'il.... se soit obligé à eux *comme* d'un plaisir singulier qu'ils lui ont fait. (II, 58.)

    .... Les éclairs de ses yeux
Étoient *comme* d'un tonnerre. (I, 89, vers 58.)

Voulez-vous savoir comme alors son âme est disposée ? *Comme* d'un qui console son ami malade. (II, 664 ; voyez III, 306 et 307.)

Si j'ai du pain, les figues me servent de viande ; si je n'en ai point, j'en fais *comme* de pain. (II, 674.)

Il n'y a point d'occupation à qui je donne plus d'heures qu'à l'étude de la philosophie. Mais j'en suis *comme* du monde, que je regarde tous les jours avec autant d'ébahissement que si jamais je ne l'avois vu. (II, 500.)

Souvent pour le faire (*pour faire plaisir*) il se faut résoudre de perdre... ; *comme* (*remplaçant le latin* sic, *ainsi*) si quelqu'un est entre les mains des voleurs, je ferai ce que je pourrai pour l'en délivrer. (II, 102.)

Penseriez-vous bien que la philosophie eût inventé les clefs et les serrures ? Ne seroit-ce pas *comme* qui l'accuseroit d'avoir mis l'avarice au monde ? (II, 711.)

Comme, comment :

Notre dispute fut.... : *comme* les biens peuvent être égaux. (II, 511.)

Voulez-vous que je vous die le moyen *comme* (*par lequel*) ils (*ces biens*) seront vraiment à vous ? (II, 171.)

Voyez I, 16, vers 339 ; 70, vers 22 ; 259, vers 14 ; 308, vers 7 ; II, 54, l. 14 ; 210, l. 28 ; 409, l. 3 ; 417, l. 24 ; 486, l. 27 ; 640, l. 25 ; 664, l. 3 ; III, 397, l. 24 ; IV, 2, l. 10 ; 251, l. 2 ; 291, l. 20, etc.

Comme, en qualité de, en tant que, parce que (avec un mode personnel) :

.... *Comme* notre père, il excuse nos crimes. (I, 246, vers 22.)

Ceux qui ont du jugement s'accoutument de bonne heure à converser.... avec l'esprit, *comme* avec la partie qu'ils ont la meilleure. (II, 604.)

Il est si maigre que rien plus, *comme* venant de faire deux cents lieues. (III, 475.)

Voyez tome I, p. 108, vers 13 ; tome II, p. 6, l. 6 ; p. 30, l. 4 ; p. 35, l. 20 et 21 ; p. 85, l. 21 ; p. 109, l. 3 ; p. 480, l. 6.

Comme, vu que, et dans divers emplois où nous mettrions *car* ou *et* :

Il n'y a point de meilleur expédient pour amener les enfants au combat de piété, que de leur proposer l'espérance de la victoire. Que si les pères y apportent leur consentement, *comme* il n'est pas inconvénient que ce ne puisse quelquefois être notre bien d'avoir été vaincus, quelle contention plus desirable...? (II, 86.)

Ce témoignage de sa bonté fut grand, *comme* véritablement il n'y a rien de petit en lui. (IV, 99.)

Voyez tome II, p. 52, l. 10 ; 121, l. 17 et 21 ; 137, l. 15 ; tome III, p. 81, l. 21.

Comme, lorsque, quand, et dans des emplois où nous tournerions par le participe :

Les autres à la vérité furent plus sanguinaires, mais au moins *comme* ils furent soûls, ils mirent les armes bas. (II, 155.)

Au commencement que Tibère vint à l'empire, *comme* quelqu'un voulant parler à lui,... lui eut dit : « Il vous peut souvenir, » Tibère.... lui dit : « Il ne me souvient point de ce que j'ai été. » (II, 167.)

Voyez tome I, p. 8, vers 111; p. 160, vers 31 ; p. 281, vers 106; tome II, p. 60, l. 3; 166, l. 1; 569, l. 20; 593, l. 28; 635, l. 13; tome III, p. 433, l. 14; etc.

Comme, que, emplois corrélatifs.

Aussi.... comme ; aussi bien.... comme; aussitôt.... comme; si.... comme; tant.... comme; autant.... comme, etc. :

Ma foi seule, *aussi* pure et belle
Comme le sujet en est beau,
Sera ma compagne éternelle. (I, 168, vers 51 et 52.)

Comme on l'eut fait venir et qu'on lui eut dit qu'il tendît le col : « *Aussi bien*, dit-il, me fût-il permis de vivre *comme* je le tendrai. » (II, 635.)

[Il] rendra les desseins qu'ils feront pour lui nuire
Aussitôt confondus *comme* délibérés. (I, 71, vers 54.)

[Mars] N'a rien de *si* tragique aux horreurs de la guerre
Comme ce déloyal aux douceurs de la paix. (I, 150, vers 23 et 24.)

Les vents en l'Océan *tant* de vagues n'irritent,
Comme j'ai de pensers.... (I, 159, vers 19 et 20 *var*.)

Il y a *autant* de gloire à celui qui reçoit un bienfait de le publier, *comme* à celui qui le donne de n'en faire connoître que ce que celui qui l'a pris veut qu'on en sache. (II, 37.)

Je ne crois *non plus* que tous ces bâtiments.... soient de son invention, *comme* ces réservoirs où les poissons sont enclos par troupes. (II, 711.)

Voyez tome I, p. 7, vers 83 et 84; p. 132, vers 1 ; p. 139, vers 14 ; p. 179, vers 15 et 16; p. 243, vers 4; p. 349, l. 18; tome II, p. 19, l. 21 et 22; 31, l. 22 et 23; 32, l. 12 et 13; 43, l. dernière; 77, l. 26; 82, l. 3 et 4; 84, l. 11; 107, l. 2 et 3; 118, l. 5 et 7; 121, l. 13; 142, l. 8 et 9; 163, l. 26; 236, l. 27 et 28; 487, l. 12 et 13; tome III, p. 123, l. 8 et 9; etc.

Cet emploi de *comme* pour *que*, si fréquent chez Malherbe, est blâmé par lui chez des Portes, après *tant* et après *ainsi*. (IV, 419.)

Comme.... ainsi ; comme.... aussi ; comme.... tout de même :

Comme en cueillant une guirlande, etc.
Ainsi quand, etc. (I, 109 et 110, vers 41 et 51.)

Comme quelquefois un nomenclateur, etc., *aussi* les poëtes, etc. (II, 9.)

Comme un homme a tous les sentiments (*tous les sens*), mais ce n'est pas à dire que tous les hommes aient des yeux de Lyncée; *aussi* celui qui est fol n'a pas tous les vices en son extrémité, comme quelques vices se voient en quelques-uns. (II, 118.)

Comme il y a des choses que.... nous lions en sorte qu'il n'est pas bien aisé de les délier si vous n'en savez le secret..., cependant elles donnent du plaisir...; *tout de même* ces subtilités, etc. (II, 148 et 149.)

Voyez tome II, p. 11, l. 1 et 2; 23, l. 12 et 15; 27, l. 1 et 4; 33, l. 2 et 3; 53, l. 7 et 10; 55, l. 3 et 8; 103, l. 7 et 11; 118, l. 5 et 7; 143, l. 8 et 11; 551, l. 13 et 14; 732, l. 22 et 23.

Comme il faut :

.... En de si calmes provinces...,
Sauroit-on excuser le crime
De ne régner pas *comme il faut*? (I, 211, vers 60.)

Énée.... ne le porta pas seulement (*son père*); mais.... l'emporta *comme il faut*, et le mit au nombre de ceux que Rome a depuis adorés. (II, 87.)

Donner *comme il faut* (*donner à quelqu'un qui le mérite*). (II, 99.)

COMMENCEMENT.

Le *commencement* de s'amender, c'est de connoître qu'on a failli. (II, 373.)

Au commencement de ou que :
Le prévôt des marchands demanda à la Reine, *au commencement de* l'arrivée de Monsieur le Prince à Soissons, si, etc. (III, 415.)
Tout ce qu'il avoit de fortune, il le devoit à Auguste ; car *au commencement qu'*il vint à lui,... il n'y apporta qu'une pauvreté, etc. (II, 40.)
Voyez tome II, p. 167; tome III, p. 75.

COMMENCER.
Il est temps de finir cette lettre, et l'accompagner, comme *j'ai commencé* (*comme j'ai commencé à le faire, comme je l'ai fait déjà les autres fois; en latin :* ut institui), de quelque présent. (II, 287.)

Commencer de :
Quand elle (*l'Aurore*) *commence de* naître. (I, 126, vers 8.)
Voyez tome II, p. 36, 38, 101, 310, etc.

Se commencer :
Immédiatement après le couplet qui commence : « Je n'aurai plus l'esprit, » il devoit venir à celui qui *se commence :* « O mort.... » (IV, 343.)

COMMENSAL, qui avait le droit de prendre place aux tables du Roi :
Il étoit *commensal*.... Il n'étoit pas *commensal*. (III, 387.)

COMMENT, comme, de quelle manière :
Mais, la Garde, voyez *comment*
On se divague doucement. (I, 288, v. 85; voy. I, 135, v. 38.)

COMMERCE, trafic ; tomber au commerce, être à vendre :
Une bonne âme ne *tombe* point *au commerce;* et quand il s'en trouveroit à vendre, je ne pense pas qu'il se trouvât personne qui en voulût acheter. (II, 370.)

Commerce, emplois divers, au figuré :
Pour le bien commun il falloit que le *commerce* de la mer fût libre, et que l'homme n'eût rien de clos à sa jurisdiction. (II, 119.)
Il répare en la contemplation des choses divines ce qu'il a accueilli de vicieux et de sale au *commerce* de l'humanité. (II, 507.)
Destinez quelques jours où, séparé du monde..., vous entriez au *commerce* de la pauvreté. (II, 332.)
Il y a différence de payer un plaisir ou rendre de l'argent prêté. N'attendez pas que je vous fasse un payement visible. La chose est du *commerce* des esprits. (II, 47.)
Ceux qui ont du jugement s'accoutument de bonne heure à converser le plus souvent avec l'esprit..., et ne se mêler au *commerce* du corps que quand il leur est impossible de s'en passer. (II, 604.)
Comme il faut du choix et de la diligence quand il est question de faire des amis, aussi ne faut-il pas entrer indifféremment au *commerce* des bienfaits avec toute sorte de personnes. (II, 33.)

Commerces, au pluriel :
.... Toutes ces rivières.... qui.... donnent moyen de communiquer les *commerces* de la mer à la terre, et de la terre à la mer. (II, 94.)

COMMETTRE à, confier à :
Depuis qu'un esprit ne voit goutte, vous ne *lui* pouvez rien *commettre* où il ne trouve.... la cause de sa perdition. (II, 150; voy. I, 287, v. 63.)
[Louis,] Délices des sujets *à* ta garde *commis*. (I, 252, vers 4.)

Commettre à, employer, préposer à :

.... *Commettre aux* dures corvées (*aux travaux de la guerre*)
Toutes ces âmes relevées. (I, 54, vers 205.)

COMMISSION, emploi, charge :

Vous étiez bien, sans cette félicité précipitée, qui vous a fait avoir des gouvernements et des *commissions*. (II, 334; voyez II, 335, 386, 422.)

Avoir la commission de, être chargé de :

.... Les difficultés où fût tombé celui qui *eût eu la commission de* faire le procès à un criminel de cette qualité. (II, 58.)

COMMODITÉ, profit, avantage :

Que me servira d'avoir montré ma courtoisie?... Si d'aventure il vous en vient quelque *commodité*, recevez-la comme une partie casuelle. (II, 91.)
Voyez tome II, p. 45, 47, 92, 95, 114, 159, etc.

Commodité, occasion :

J'ai baillé votre diamant.... à M. de Vergons...; je n'eusse su choisir une plus sûre *commodité*. (III, 20; voyez III, 65, 66; IV, 7, 22, etc.)
L'homme par qui j'avois accoutumé de vous faire tenir mes lettres n'étant pas en vos quartiers,... je ne pouvois tenter une autre *commodité*. (IV, 188.)

COMMUN.

Le malheur de ta fille au tombeau descendue
   Par un *commun* trépas.... (I, 39, vers 6; voyez I, 150, vers 19.)
De ces faits non *communs* la merveille profonde.
     (I, 11, vers 175 ; voyez I, 262, vers 13.)
Bienfaits jetés en *commun* (*sans discernement*). (II, 5.)

Le commun, substantivement :

Il m'a mis au rang *du commun*. (II, 40 ; voyez II, 22; III, 448.)

COMMUNAUTÉ.

Le sage se contente de soi. C'est une parole.... que beaucoup de gens interprètent mal : ils le séparent de la *communauté* de toutes choses, et ne veulent point qu'il sorte hors de sa peau. (II, 292.)

Communauté, commune, république :

La *communauté* de Brignole. (I, 336 ; voyez I, 337, etc.)
Les *communautés* de la Grèce. (I, 432 ; voyez I, 437, 441.)

COMMUNICABLE.

Destinez quelques jours où séparé du monde, et rendu *communicable* aux plus petits, vous entriez au commerce de la pauvreté. (II, 331 et 332.)

COMMUNICATION.

.... La *communication* des bienfaits. (II, 108.)
Cherchez la *communication* de ceux qui vous peuvent apprendre quelque instruction. (II, 283 ; voyez II, 296, 461, 464, 493.)

COMMUNIQUER.

Il ne faut ni *communiquer* les bienfaits sans élection, ni les jeter sans mesure. (II, 5.)

Qui a lâché la course à toutes ces rivières.... qui.... donnent moyen de *communiquer* les commerces de la mer à la terre? (II, 94.)

Par l'avis de ceux à qui il en *avoit communiqué*.... (III, 66.)

COMMUNITÉ, communauté. (II, 228.)

COMPAGNE.

>Ma foi seule, aussi pure et belle
>Comme le sujet en est beau,
>Sera ma *compagne* éternelle,
>Et me suivra dans le tombeau.
>
>(I, 168, vers 53; voyez I, 9, vers 130; 117, vers 252.)

COMPAGNIE (Rompre) à :

Si la vieillesse me laisse l'usage de moi-même, c'est-à-dire de la partie que j'ai meilleure en moi, je ne *lui romprai* point *compagnie*. (II, 482.)

Les compagnies, les réunions de société :

Aussitôt qu'un homme se retire *des compagnies* et cherche le repos, le peuple croit qu'il ne se soucie de rien. (II, 462; voyez IV, 30.)

La compagnie des femmes :

Autrefois on a cru que les anges avoient desiré *la compagnie* des femmes. (IV, 7.)

Compagnie militaire, au propre et au figuré :

On distingue un peuple en lignées et une armée en *compagnies*. (II, 702.)

Le sage.... faisant compte qu'il est au rôle d'une *compagnie*, il pense que ce qu'il vit est sa solde (*en latin :* velut sacramento rogatus, hoc quod vivit stipendium putat). (II, 507.)

COMPAGNON, associé :

Tous ces biens.... pour qui deux hommes alliés, amis, et *compagnons* aux charges publiques.... ont mis tout cet univers en désordre. (II, 170.)

Quoiqu'on die que tout est commun entre les amis, ce n'est pas à dire qu'on ne puisse faire un présent à son ami; car cette communité n'y est pas telle qu'avec un *compagnon* qui peut dire : « Cette moitié est vôtre, et cette-ci mienne. » (II, 228.)

Petit compagnon, homme de peu :

S'il (*Marius*) n'eût fait mourir autant de Romains que de Cimbres..., il n'eût point reconnu de changement en sa fortune, et eût pensé être toujours aussi *petit compagnon* qu'il avoit été. (II, 154.)

COMPARAISON.

>.... La violette
>Qu'un froid hors de saison
>Ou le soc a touchée,
>De ma peau séchée
>Est la *comparaison*. (I, 164, vers 36.)

D'où s'est coulée en moi cette lâche poison,
D'oser impudemment faire *comparaison*
>De mes épines à mes roses? (I, 296, vers 26.)

Aussi ne peut-on nier que les biens qui ont fait la clôture d'une vie bien heureuse.... ne puissent faire *comparaison* avec les biens qu'on met au premier degré. (II, 523.)

Une fidélité à qui nulle autre ne puisse faire *comparaison*. (IV, 183.)
Voyez tome I, p. 88, vers 17; tome II, p. 39, 43; tome IV, p. 25.

COMPARENCE, apparition, présence :

La cour est à Saint-Germain.... Je m'en irai faire huit ou dix jours de *comparence*. (III, 433.)

Mettre en comparence, ajourner à comparaître :

Il vint trouver un tribun du peuple, qui *avoit mis* son père *en comparence* personnelle, et lui demanda le jour de l'assignation. (II, 88.)

COMPARER (pour assortir) :

Comparons.... les bienfaits et les personnes, de peur qu'il n'y ait rien de défectueux ou superflu. (II, 28.)

COMPAROÎTRE, paraître, arriver, être publié :

Combien avons-nous vu venir de choses non attendues, et combien d'attendues qui n'*ont* point *comparu*? (II, 308.)
Il se va imprimer un recueil de lettres, où l'on me presse d'en mettre.... M. de Valavez vous a aussi écrit le couronnement du Roi et les obsèques de feu Monsieur ; s'il vous plaisoit en faire faire des copies, nous les mettrions avec les autres, et les mettrions en équipage de *comparoître*. (III, 256.)

COMPAS, au figuré, règle, mesure :

.... Pourrois-je n'obéir pas
Au Destin, de qui le *compas*
Marque à chacun son aventure? (I, 142, vers 38.)
.... Bornez vos pensées
En un juste *compas*. (I, 220, vers 3.)
Voyez tome I, p. 30, vers 42; p. 295, vers 13; tome II, p. 484, 610.

COMPASSION.

Elle a *compassion* de s'éloigner de moi. (I, 135, vers 30.)
Quand vous verrez tous ces cajoleurs qui vous diront qu'il y a bien de la *compassion* en votre fait *(que vous êtes bien à plaindre)*, pensez plutôt à ce que vous sentez qu'à ce que vous oyez. (II, 307.)

COMPATIBLE, accommodant, propre à s'accorder :

Un vieux soldat, peu *compatible* avec ses voisins. (II, 165.)

COMPATIR avec, compatir ensemble, se faire à, s'accorder :

Que si nous sommes si malheureux qu'entre ci et ce temps-là nous ne puissions *compatir avec* le repos.... (IV, 213.)
Il est impossible que l'envie et la reconnoissance puissent *compatir ensemble*. (II, 54.)

COMPÈRE, terme d'amitié familière :

Vous la pourrez avoir de notre *compère* du Monstier, à qui j'en baillai une copie. (III, 549; voyez III, 322, 323, 341, 380, 416, 424, 425, 431.)

COMPÉTENCE (Entrer en) avec, disputer le prix à :

Il est si paresseux que....il pourroit *entrer en compétence avec* moi. (III, 32.)

COMPLAINDRE (Se), pour *se plaindre*, blâmé chez des Portes. (IV, 352.)

COMPLAINTES, plaintes :

En ces propos mourants ses *complaintes* se meurent. (I, 17, vers 355.)

Voyez tome I, p. 40, vers 33. — Le même mot, au même sens, blâmé chez des Portes. (IV, 369, 424.)

COMPLAIRE, pour *plaire*, blâmé par Malherbe chez des Portes. (IV, 417.)

COMPLAISANT.

Que, de si revêche qu'elle (*la mer*) est, elle soit devenue si *complaisante*.... (I, 353.)

COMPORTEMENTS, façons de se comporter, d'agir :

Le but du sage aux *comportements* de sa vie est bien de faire les choses comme il les faut faire. (II, 664.)

COMPOSER, arranger, faire :

Ils étoient là pour *composer* les différends de ceux de Carthage avec le roi des Numides. (I, 457.)

Vous avez fait un nœud sur lequel j'aurai continuellement les yeux, jusques à ce que j'en sois diverti par la belle main qui l'*a composé*. (IV, 142.)

.... Le monde *est* ainsi *composé*
Qu'une bonne fortune en craint une mauvaise. (I, 73, vers 87.)

Se composer, se régler :

Prenez Lélius,... montrez-le-vous à toute heure, ou pour être en sa garde, ou pour *vous composer* à son imitation. (II, 301 ; voy. I, 301, v. 21.)

Bien composé, bien constitué, sain, robuste :

Il n'est point de corps si *bien composés* qu'une demeure mal aérée n'apporte quelque altération à leur santé. (II, 373 ; voy. II, 516, 559 ; IV, 27.)

COMPOSITION, action de composer, d'apprêter, au pluriel :

On ne vit jamais supprimer les *compositions* des remèdes salutaires pour empêcher la guérison de ceux qui sont les plus indignes de vivre. (II, 119.)

Composition, arrangement :

Les financiers.... sont toujours persécutés et hors d'espérance de *composition*. (IV, 14.)

COMPRENDRE, prendre ensemble, réunir :

Je me remettrai sur le même discours, et en peu de paroles *comprendrai* ce que j'en ai dit. (II, 586 ; voyez II, 338.)

COMPTE.

Cependant son Dauphin d'une vitesse prompte
Des ans de sa jeunesse accomplira le *compte*. (I, 74, vers 116.)

Le tribun se plaint qu'on ne l'a fait préteur, le préteur qu'on ne l'a fait consul. Il nous manque toujours quelque chose de notre *compte*. (II, 41.)

Épicure parle de même ; je m'en vais vous dire que c'est, et combien que ce jour ici ne soit plus du *compte* (*quoique ma dette soit payée pour aujourd'hui*), vous ne laisserez pas de le prendre en bonne part. (II, 295.)

J'aurai donc nommé ces beaux yeux
Tant de fois mes rois et mes dieux,
Pour aujourd'hui n'en tenir *compte*? (I, 141, v. 9 ; voy. I, 318, v. 4.)
Nice payant avecque honte

Un siége autrefois repoussé,
Cessera de nous mettre en *compte*
Barberousse qu'elle a chassé. (I, 55, vers 223 ; voyez II, 22.)

Il est des hommes qui font une chose pour eux-mêmes, et dependant la veulent mettre sur le *compte* de leurs amis. (II, 179.)

Je vous laisse à penser.... comme Dieu peut trouver bon que nous le soumettions à notre censure.... Il n'est pas raisonnable de vouloir venir à *compte* avec lui. (IV, 214.)

Mettre en ligne de compte :

Les bienfaits, s'ils *sont mis en ligne de compte*, n'ont point de grâce ; s'ils sont montrés, ils sont reprochés. (II, 28; voyez II, 10.)

Faire compte de ou que :

Il n'en veut *faire compte (de sa vie)*, et ne la peut aimer. (I, 9, vers 126.)

Il ne s'en perd point (*des bienfaits*), parce que celui qui les perd *en avoit fait compte (savait qu'il les perdrait)*. (II, 6.)

Le roi d'Angleterre contribuera à cette armée douze mille hommes...; les états y en envoient quatre mille ; le Roi *fait compte de* vingt mille hommes. (III, 152.)

Si.... vous recherchez toutes sortes de voluptés, *faites compte que* vous avez aussi peu de sagesse que de joie (II, 488.)

J'*avois* toujours *fait compte*, aimant chose si haute,
De ne m'en séparer qu'avecque le trépas. (I, 37, vers 17 et 18.)

Voyez tome I, p. 61, vers 82; p. 85, vers 29 et 30; tome II, p. 5, 35, 45, 101, 106, 507; tome IV, p. 20.

Rendre compte :

Vous voulez savoir ce que je fais tous les jours, et desirez que je vous *rende compte* comme je les passe depuis le matin jusques au soir. (II, 640.)

COMTÉ, au féminin :

Avec une *comté* de Plume et un marquisat d'Ancre, il ne lui falloit plus qu'une duché de papier pour assortir tout l'équipage. (III, 207.)

CONCAVITÉ.

Leurs *concavités (de ces grottes)* ont chacune de l'espace autant qu'une basse-cour. (II, 463.)

CONCERT de musique :

Quel besoin est-il de voir des ivrognes.... fourmiller sur un étang de bateaux pleins de collations et de *concerts ?* (II, 447.)

CONCERTER, au figuré :

Verras-tu *concerter* à ces âmes tragiques
Leurs funestes pratiques? (I, 218, vers 4.)

Ils se résolurent donc les uns et les autres, comme s'ils *eussent concerté* ensemble, de s'ôter de là. (I, 403 et 404.)

CONCEVOIR, au figuré :

Je veux mon œuvre *concevoir*
Qui pour toi les âges surmonte. (I, 110, vers 53.)

C'est un nuage qui n'*est* pas sitôt *conçu* que dissipé. (II, 619.)

CONCIERGE, traduisant *domicilii custos*. (II, 344.)

CONCIERGERIE, traduisant *carcer*. (II, 331.)

CONCRÉER (Se), se former, se produire :

En Inde il se trouve du miel aux feuilles des cannes, soit qu'il vienne de la rosée, soit qu'il *se concrée* d'une humeur douce. (II, 651.)

CONDAMNER.

Celui seul en est digne qui sait mépriser les richesses : ce n'est pas que je les *condamne*, mais je veux qu'il les possède sans appréhension. (II, 332.)

Je répondrai pour un qui *a été condamné* à payer (en latin : spondeo pro judicato). (II, 102 ; voyez I, 34, vers 38 ; 263, vers 2.)

CONDEMNABLE.

Il est des choses répréhensibles, qui ne sont pas *condemnables*. (II, 209.)

CONDEMNATION.

Voici je ne sais quelle voix qui sort, non de l'école des philosophes, mais de dessous une halle, à la *condemnation* de la malice universelle du monde. (II, 153 ; voyez II, 208 ; IV, 166.)

CONDESCENDRE (Se), pour *condescendre*, blâmé chez des Portes. (IV, 391.)

CONDITION.

.... Des *conditions* où l'on vit ici-bas,
Certes celle d'aimer est la plus malheureuse. (I, 305, vers 35.)

O vanité...! Plus tu te hausses, plus tu demeures basse, et montres que tu connois mal la *condition* de ce qui te fait enorgueillir. (II, 26.)

Notre dispute fut le premier jour : comme les biens peuvent être égaux, vu qu'il en est de trois *conditions*. (II, 511 ; voyez II, 34, 77, 207.)

CONDOULOIR (Se) avec quelqu'un, prendre part à ses plaintes :

L'ambassadeur d'Espagne.... ne vient.... pas seulement pour *se condouloir* avec nous. (III, 206.)

CONDUIRE, au propre et au figuré :

L'art de *conduire* les vaisseaux (*de les gouverner*). (I, 211, vers 64.)

.... *Conduire* sa vie. (I, 30, v. 41 ; voy. I, 158, v. 2 var. ; II, 1.)

L'un *a conduit* l'indulgence de la fortune, l'autre a dompté sa violence. (II, 521.)

Les prospérités sont plus aisées à *conduire* que les adversités à passer. (II, 523.)

Nombre tous les succès où ta fatale main,
Sous l'appui du bon droit aux batailles *conduite*,
De tes peuples mutins la malice a détruite. (I, 26, vers 12.)

SE CONDUIRE :

Socrate n'avoit-il pas de quoi payer Archélaüs, en lui enseignant à *se conduire* au gouvernement de son État? (II, 141.)

.... Ainsi faut-il que celui qui veut que ses bienfaits soient aimables, *se conduise* à les distribuer si dextrement.... (II, 23.)

Faites-leur connoître.... combien ont d'anxiétés et d'amertumes ceux qui *se conduisent* par opinion. (II, 436.)

CONDUITE, direction :

Les jeunes gens sont en un âge qui a besoin de *conduite*. (II, 61.)
Voyez tome I, p. 123, vers 256 ; tome II, p. 364.

CONFESSER, avouer, reconnaître, rendre témoignage à :

Je sers, je le *confesse*, une jeune merveille. (I, 158, v. 7 ; voy. I, 41, v. 37.)

La revanche m'en est impossible, mais au moins en *confesserai*-je la dette. (II, 38.)

De ceux-ci les obligations demeurent pour toutes *confessées*. (II, 61.)

La voici, la belle Marie...,
Qui fait *confesser* au soleil....
Que du ciel, depuis qu'il y monte,
Ne vint jamais rien de pareil. (I, 46, vers 27.)

Voyez tome I, p. 60, vers 47 ; p. 67, vers 55 ; tome II, p. 24, 629, 638.

.... La naïveté
Dont mêmes au berceau les enfants te *confessent* (Dieu). (I, 62, vers 11.)

CONFESSION, aveu :

En Lacédémone le pancrace et le ceste étoient défendus, parce que ce sont combats où la victoire consiste en la *confession* du vaincu. (II, 136.)

L'un est diverti par une vilaine honte qu'il a que le rendre ne lui soit une *confession* d'avoir reçu. (II, 243.)

CONFIDENCE, confiance :

Après l'amitié contractée, il faut de la *confidence*. (II, 269.)

Les choses qui ne donnent à l'âme grandeur, *confidence* ni sécurité ne sont point biens. (II, 683 ; voyez II, 556, 684.)

CONFIER (Se) de, avoir confiance en :

Je n'ai rien de plus nécessaire que la lecture : premièrement, pour ne *me confier* trop *de* ma suffisance ; secondement, pour, etc. (II, 650.)

Voyez combien j'espère de vous, ou plutôt comme je *m'en confie*. (II, 297.)

CONFINÉ.

[Neptune] *Confiné* parmi ses tempêtes. (I, 86, vers 40.)

CONFIRE, au propre et au figuré :

Elles (*les abeilles*) ont une adresse de *confire* les tendrons des fleurs et des feuilles. (II, 651.)

Quand il a le corps sans douleur et l'esprit sans trouble, [l'homme] se peut dire au comble de ses desirs.... S'il y survient quelques délices extérieures,... elles le *confisent*, par manière de dire, et lui donnent de l'entretien (*en latin* : ut ita dicam, condiunt et oblectant). (II, 522.)

CONFITURES, locution proverbiale :

Nous mangeons du sucre et des *confitures* quand nous nous ramentevons nos amis qui se portent bien. (II, 496.)

CONFLIT, au figuré :

Veux-tu savoir que fit mon père au *conflit* de cette maladie (*quand cette maladie m'attaqua*) ? (I, 361.)

CONFORME.

Ils se trouvent *conformes* entre eux (*conformes l'un à l'autre*). (II, 552.)

CONFORMER (Se), absolument, être conforme, s'accorder :

Les jugements des hommes, qui en tant d'autres choses sont contraires l'un à l'autre, *se conforment* en cette-ci. (II, 630.)

CONFORT, blâmé chez des Portes par Malherbe, qui approuve les composés *Réconfort* et *Deconfort*. (IV, 324, 394.)

CONFUS, surpris, étonné :
.... Sa fugitive Aréthuse....
De ce miracle est si *confuse*, etc. (I, 120, vers 109 *var.*)

CONFUSION, honte, sujet de repentir :
De donner une chose qu'on sait bien qui sera la *confusion* de celui qui la demande (*en latin :* rogantibus pestifera largiri), qu'est-ce autre chose qu'une malveillance ? (II, 27.)

CONGÉ, permission :
Pour philosopher, vous n'avez que faire d'en demander *congé* à personne. (II, 457.)
Il ne la baisoit jamais sans lui demander son *congé*. (III, 253.)
Voyez tome I, p. 287, vers 53; tome II, p. 7, 453, 474, 523; tome III, p. 165, 365.

CONGÉ, action de congédier :
Le Roi lui a fait bon visage et à l'accueil et au *congé*. (IV, 61.)
Je donne *congé* à ce verbe « bien-heurer » (*employé par des Portes*). (IV, 331 ; voyez I, 441 ; IV, 322.)

CONGRU, exact, correct :
Cette phrase est un peu rude; elle est *congrue* pourtant. (IV, 368.)

CONJECTURE.
Quand on est en dispute de ce qui est raisonnable, on procède par la *conjecture* des volontés (*on cherche à deviner quelles ont été les intentions*). (II, 58.)

CONJOINDRE, CONJOINT :
J'ai *conjoint* ces deux actions, pour quelque similitude qu'elles ont ensemble. (III, 370.)
Comment donc séparons-nous des choses si *conjointes?* (II, 24.)

CONJONCTION, au propre et au figuré :
Parce qu'ils (*le soleil et la lune*) font toujours leur chemin d'une extrême vitesse, ils ne seront guère en cette *conjonction* (*d'éclipse*), et tout incontinent.... la terre sera éclaircie comme elle étoit. (II, 141.)
Quant à moi, qui.... ai eu du loisir assez de remarquer en vous un soin de père..., en lui une soumission de fils..., et en tous deux une *conjonction* de volonté.... (IV, 225.)

CONJONCTURE DE, accord relatif à :
Quand il se rencontre qu'une mutuelle volonté rend aussi mutuels les desirs, dans la *conjoncture* des choses honnêtes (*en latin :* quum animos in societatem honesta cupiendi par voluntas trahit). (II, 279.)

CONJUGATA, sous-entendu *verba*, mots de même famille, de même origine, tels que *émerveiller* et *merveille*. (IV, 267.)

CONJURATEUR.
Voyez tome II, p, 314, où c'est sans doute une faute typographique, pour *conjuration*.

CONJURER À OU DE :
Assassiner sa patrie et *conjurer à* sa ruine sont les marques de grandeur et d'autorité. (II, 153.)
Quand tout ce qu'il y a d'hommes au monde *auroient conjuré de* vous servir, il n'y en aura jamais un qui le fasse avec plus d'affection. (IV, 181.)

CONNOISSANCE.

Pourquoi sommes-nous si hors de la *connoissance* de nous-mêmes, de ne vouloir pas recevoir un plaisir d'un serviteur ? (II, 77.)

AVOIR LA CONNOISSANCE DE, connaître :

.... Quand par accoutumance
Je n'*aurois* comme j'*ai de* vous *la connoissance*,
Tant de perfections vous découvrent assez. (I, 16, vers 314.)

DONNER CONNOISSANCE QUE, faire voir que :

.... *Donnez connoissance*,
En l'excès de votre plaisir,
*Qu'*à des cœurs bien touchés tarder la jouissance,
C'est infailliblement leur croître le desir. (I, 237, vers 25 et 27.)

CONNOÎTRE, reconnoître, savoir :

Ames pleines de vent, que la rage a blessées,
Connoissez votre faute, et bornez vos pensées
    En un juste compas. (I, 220, vers 2.)

Vous avez raison.... de ne me *connoître* point. J'avois alors tous mes membres. (II, 166.)

Il y a si longtemps que je ne vous ai écrit, que je ne sais si vous *connoîtrez* ma lettre. (III, 572.)

Si mon utilité me doit faire libéral..., il faut donc.... que quand moi-même je me *connoîtrai* prêt à mourir, je me garde de rien donner. (II, 100.)

Je le *connois*, Destins, vous avez arrêté
Qu'aux deux fils de mon roi se partage la terre. (I, 102, vers 1.)

.... Tu sais tout, tu *connois* qui nous sommes. (I, 17, vers 343.)

    .... Toi, qui revêtu
De tous les dons que la vertu
Peut recevoir de la Fortune,
Connois que c'est que du vrai bien, etc. (I, 111, vers 88.)

    .... Son visage sans couleur
    Faisoit *connoître* que ses plaintes
    Étoient moindres que sa douleur. (I, 168, vers 59.)

.... Qu'il se *connoît* bien, à la voir si parée,
Que tu vas triompher ! (I, 280, vers 71.)

Voyez I, 21, v. 8; 43, v. 75 *var.*; 70, v. 17; 156, v. 8; 248, v. 37; 262, v. 10; 271, v. 82; 295, v. 8; 298, v. 34; II, 93, 99, 119, 464, 616.

N'Y CONNOÎTRE RIEN :

Bien que votre bonté leur soit propice à tous,
Ou je *n'y connois rien*, ou devant cet ouvrage
Vous n'en vîtes jamais qui fût digne de vous. (I, 204, vers 13.)

CONQUÊT, conquête :

Celui qui.... l'avoit couru (*le monde*) d'un bout à l'autre, non pour en desirer le *conquêt*, mais pour en procurer la délivrance.... (II, 22.)

CONQUÊTER, conquérir :

    .... *Conquêter* à la France
    La Propontide en ses deux bords. (I, 215, vers 163.)

CONSCIENCE, sentiment du bien et du mal :

Ai-je quelque ennemi, s'il n'est sans *conscience*,
    Qui le vît sans pleurer ? (I, 159, vers 17.)

Conscience, idée qu'on a d'avoir fait ou d'être quelque chose :

Si vous me demandez ce qui en revient (*ce qui nous revient des bienfaits*), je vous répondrai : une bonne *conscience*. (II, 102.)

Pour une chose vulgaire que nous lui rendons (*à notre débiteur*), nous en remportons une inestimable, qui est la *conscience* d'un homme d'honneur. (II, 627.)

CONSEIL.

Aidons l'un de nos moyens, répondons pour l'autre..., donnons du *conseil* (*des conseils*) à l'autre. (II, 6.)

Conseil, dessein, résolution, et autres sens du latin *consilium :*

Un courage élevé toute peine surmonte ;
Les timides *conseils* n'ont rien que de la honte. (I, 31, vers 54.)

Il a de tout *conseil* son âme dépourvue. (I, 8, vers 118.)

Si pour m'avoir donné une vie sans *conseil*, sans force..., il me pense avoir fait un si grand présent, qu'il se souvienne qu'il me reproche une chose que les vers et les mouches ont aussi bien que moi. (II, 81.)

Voulez-vous savoir ce que la philosophie promet aux hommes? *Conseil*. (II, 435.)

Voyez tome I, p. 14, vers 262; p. 54, vers 207; p. 73, vers 105; p. 89, vers 64; p. 153, vers 39; p. 207, vers 9; p. 218, vers 12; tome II, p. 26.

CONSEILLER, conseiller que :

Il faut qu'à l'avenir ma raison me *conseille*. (I, 140, vers 10.)

Je *conseille* à ces pauvres gens *que* s'ils prétendent à la monarchie universelle..., ou *qu*'ils aillent plus vite en besogne, ou *qu*'ils voient d'obtenir un sursoy de la fin du monde. (IV, 18.)

Se conseiller de :

Je loue bien ce qui est bon et *me conseille de* le faire. (II, 555.)

CONSENTEMENT.

S'il se présente quelque chose qu'il faille ou faire ou souffrir, ils y disposent aussitôt leur *consentement*. (II, 32.)

Les pères y apportent (*y donnent*) leur *consentement*. (II, 86.)

L'un et l'autre apporte du *consentement* à le faire durer. (II, 31.)

CONSENTIR à, être d'accord avec :

Tous *biens* ont un même but, qui est de *consentir à* nature. (II, 521.)

CONSÉQUENCE.

Des mêmes raisons que nous avons amenées.... nous tirerons la *conséquence* indubitable de ce que nous avons en cet endroit à leur prouver (*c'est-à-dire, nous tirerons comme conséquence ce que nous avons, etc.*). (II, 106.)

CONSÉQUENT (Par) :

S'il est vrai que rien ne nous doive inciter à faire plaisir que l'utilité, il est vrai *par conséquent* que les Dieux, qui ne peuvent rien espérer de nous, n'ont aucune occasion de nous rien donner. (II, 93.)

CONSERVATION, désir de conserver :

Nous y serons conviés par la *conservation* de notre honneur. (II, 312.)

CONSERVER, défendre, conserver sauf, pur :

Ceux qui te veulent mal sont ceux que tu *conserves*. (I, 10, vers 148.)

Ainsi *conservant* cet empire...,
Ma reine acquiert à ses mérites
Un nom qui n'a point de limites. (I, 212, vers 81.)

La chasteté.... nous rend soigneux de *conserver* [notre corps]. (II, 442.)

CONSERVER, garder :

Je suis obligé de *conserver* un plaisir que j'ai reçu ; si je l'ai rendu, mon obligation ne va point plus avant. (II, 235.)

SE CONSERVER, durer :

Nos affections passagères
Se font vieilles en un moment...;
La sienne, toujours ferme et toujours d'une sorte,
Se conserve éternellement. (I, 246, vers 30.)

CONSERVITEURS.

Vous vous comportez doucement avec vos serviteurs.... Si nous considérons que la fortune a le même commandement sur nous qu'elle a sur eux, ils peuvent dire : « Nous sommes tous *conserviteurs*. » (II, 428.)

CONSIDÉRABLE, important, qui doit être considéré, examiné, dont il faut tenir compte :

La fin du bienfait est plus *considérable* que le commencement. (II, 27.)

Si vous considérez les volontés, comme à la vérité c'est ce qui est *considérable*.... (II, 137 ; voyez II, 8, 29.)

CONSIDÉRATION, action de considérer, manière d'envisager ou d'être envisagé, vue :

L'expérience des fortunes passées me fait trembler en la *considération* de l'avenir. (IV, 157.)

Il est beaucoup de sortes.... d'ingrats ; mais chacun a sa *considération* particulière, qui le fait différer des autres. (II, 51.)

La tempérance règne sur les voluptés ; elle en hait les unes... ; elle dispense les autres..., et jamais ne s'en approche que pour quelque autre *considération (que celle du plaisir même).* (II, 695 ; voyez II, 31, 112, 113, 131, 507.)

CONSIDÉRATION, réflexion, attention, circonspection :

Quand nous faisons plaisir, nous avons la *considération* même que nous avons quand nous labourons et que nous semons. (II, 98.)

L'intention de ceux qui n'en ont point fait de loi a été de nous faire donner avec plus de *considération*, et avec plus de *considération* élire ceux que nous voudrions gratifier. (II, 63.)

Notre *considération* principale est de fuir tout ce qui provoque les vices. (II, 447.)

Depuis l'heure que vous êtes né, on vous mène continuellement à la mort. Ce sont les *considérations* qu'il nous faut avoir. (II, 274 ; voyez II, 167 ; IV, 2.)

PAR CONSIDÉRATION :

Nous parlerons des secondes noces de notre bon ami quand il sera ici. Vous me dites que s'il y passe, ce sera *par considération (par réflexion, par raison).* (IV, 52.)

CONSIDÉRÉ, attentif, prudent, le contraire d'*inconsidéré* :

Je vous crie merci de vous avoir écrit sans date :... une autre fois je serai plus *considéré*. (III, 551.)

Aux choses où il ne va que de mon intérêt, je me commets volontiers à la fortune ; en celles où il va de votre honneur, si la sûreté même ne m'est suspecte, je ne pense pas être assez *considéré*. (IV, 188.)

CONSIDÉRÉMENT, mûrement, avec réflexion :

Je vous écrirai la première fois plus à loisir et plus *considérément*. (III, 232.)

CONSIDÉRER QUE :

Considère qu'une action
Ne peut avoir peu de mérite
Ayant beaucoup d'affection. (1, 125, vers 318.)

CONSISTER EN et À :

Il n'y a point.... de volupté sans vertu. Mais pourquoi faites-vous marcher la volupté la première ?... *En* cet avantage *consiste* la décision de tout le fait. (II, 91.)

Le bien jouer à la paume ne *consiste* pas *en* l'esprit, mais *au* mouvement et *en* la disposition du corps. (II, 46.)

CONSOLATION, conseils pour apaiser :

Je vous parle de ces desirs qui n'écoutent point de *consolation*, et à qui par force il faut donner quelque chose pour les apaiser. (II, 344.)

CONSOLATION, lettre de consolation :

Je vous ai promis d'y vaquer aussitôt que je serai hors de ma *consolation* (*de la lettre de consolation que j'ai à écrire*). (III, 546.)

CONSOLER.

Quand elle (*la douleur*) est récente, il se trouve quelques gens qui la *consolent* ; mais quand elle est vieille, le monde s'en moque. (II, 497.)

Vous aurez ce déplaisir d'avoir obligé un homme incapable de toute revanche ; mais vous le *consolerez*, s'il vous plaît, du contentement (*c'est-à-dire, vous consolerez ce déplaisir par le contentement*) de vous être acquis un très-humble et très-affectionné serviteur. (IV, 101.)

CONSOMMATION, perfection :

Qu'est-ce que l'homme a qui lui soit propre? la raison, en la *consommation* de laquelle consiste aussi la *consommation* de sa félicité. (II, 587.)

CONSOMMÉ, accompli, parfait :

Ils (*les premiers hommes*) ne pouvoient pas avoir les esprits *consommés* comme ils sont aujourd'hui. (II, 724.)

CONSOMMER, consumer (voyez CONSUMER) :

Ce sont les raisons que j'allègue à Libéralis pour le consoler de la perte de sa patrie.... Mais qui sait si peut-être elle n'*a* point *été consommée* pour renaître plus belle? (II, 729 ; voyez IV, 175, note 7.)

Le même mot, au même sens, blâmé chez des Portes. (IV, 252, 267, 314, 374, 459.)

CONSPIRER À :

Toute chose *aux* délices *conspire*. (I, 226, vers 13.

CONSSENILLE, cochenille. (II, 564.)

CONSTANCE, fermeté. (I, 42, vers 63.)

CONSTITUER EN, faire consister dans :

Ce n'est pas *en* la chair qu'il faut *constituer* notre principale félicité. (II, 573.)

CONSULTATIONS (Faire des) à quelqu'un, lui demander des conseils :

Vous ne cessez de me *faire des consultations* (*en latin :* subinde me de rebus singulis consulis). (II, 545.)

CONSULTER, délibérer :

.... Le sort.... détruit tout ce que je *consulte*. (I, 161, vers 70.)

Combien perdons-nous de temps à *consulter* combien et à qui nous donnerons? (II, 101.)

Pensez plutôt à ce que vous sentez qu'à ce que vous oyez; *consultez* avec votre patience. (II, 307.)

.... Le Tessin tout morne
Consulte de se cacher. (I, 93, vers 172.)

CONSUMER, détruire, annuler; se consumer, passer, se détruire, brûler, s'épuiser (voyez Consommer) :

Après cette nouvelle de paix, il n'y auroit point de goût à en lire d'autres; et certainement je crois que celle-ci *a consumé* toutes les autres. (III, 418.)

Tout ce que nous *avons consumé* de notre âge est entre les mains de la mort. (II, 265.)

Que savez-vous.... si lorsqu'il est mort, les vertus et les joies de sa vie n'*étoient* point *consumées?* (IV, 200; voyez IV, 175.)

Si vous avez si grande envie de vivre, souvenez-vous que rien de ce que vous voyez partir de devant vos yeux ne *se consume*. (II, 399.)

L'un enrage après les femmes...; l'autre *se consume* d'une avarice qu'il est impossible d'assouvir. (II, 244; voyez I, 82, vers 188; II, 440.)

Rendre en si doux ébat les heures *consumées*,
Que les soleils nous seroient courts. (I, 58, vers 5.)

Consumer, après *faire*, pour *se consumer :*

.... Vivantes sans fin ses angoisses demeurent,
Pour le faire en langueur à jamais *consumer*. (I, 17, v. 357; voy. I, 9, v. 123.)

Consumer, pour *consommer*, blâmé par Malherbe chez des Portes. (IV, 384.)

CONTE, récit :

Il en est que s'ils ont fait quelque plaisir, ils ne se trouveront en compagnie où ils n'en fassent le *conte*. (II, 240; voyez II, 239, 598.)

CONTEMPLATIF, qui médite, cherche les raisons des choses :

Mesdames les Princesses sont de retour de leur voyage.... Elles ont passé.... à Moret, et n'ont point envoyé à Fontainebleau.... Les *contemplatifs* en discourent à leur fantaisie. (III, 359.)

CONTEMPLATION.

Quand tout ce nombre infini d'étoiles se lève au soir...., qui est le stupide que la beauté d'un tel spectacle n'élève à la *contemplation?* (II, 114.)

CONTEMPTEUR, qui méprise :

Nous devenons aussi contemptibles comme nous faisons les *contempteurs* en la maison. (II, 77.)

CONTEMPTIBLE, méprisable, vil :

Quoi que l'on donne, et à qui que l'on donne, rien n'est *contemptible* quand il est rare et recherché. (II, 20.)

Je suis vieil, et par conséquent *contemptible* aux Muses, qui sont femmes. (III, 572 ; voy. I, 176, v. 66 ; II, 65, 77, 94, 110, 152, 244, 519, 678 ; IV, 4.)

CONTENANCE (FAIRE) DE, faire mine de :

Ayant fait contenance de vouloir passer un certain passage.... (III, 418.)

SOUS UNE CONTENANCE DE, avec l'apparence de :

Voyez-les (*les étoiles*) couler doucement, sans faire bruit, et *sous une contenance de* ne bouger d'une place, faire une diligence incroyable. (II, 114.)

CONTENIR.

Le contrat.... *contient* quatre cents et quelques écus de principal. (I, 334.)

Beys.... vous envoyera les livres *contenus* en votre lettre (*que vous demandez dans votre lettre*). (III, 56.)

CONTENT, satisfait, bien aise, heureux :

L'épine suit la rose, et ceux qui sont *contents*
    Ne le sont pas longtemps. (I, 29, vers 15.)
Certes, ou je me trompe, ou déjà la victoire....
Est aux bords de Charente en son habit de gloire,
    Pour te rendre *content*. (I, 280, vers 64.)

Faisant généralement du bien à tout le monde, ils (*les Dieux*) sont *contents* d'y comprendre ceux mêmes qui disent mal de leur libéralité. (II, 4.)

Voyez encore tome I, p. 289, vers 119.

Je vous vais dire une chose de quoi les plus *contentes* fortunes ont affaire, et que n'ont point ceux qui ont tout. (II, 198.)

ÊTRE, RENDRE CONTENT DE, se contenter de, satisfaire sur :

Le sage *est content de* sa condition, et le fol au contraire. (II, 288.)

Chacun en fasse l'interprétation comme il lui plaira ; de moi, je *suis content de* croire simplement que, etc. (IJ, 8 ; voy. II, 289, 292, 327, etc.)

Ce sont des finesses de jurisconsultes.... *Rendez-*moi plutôt *content d'*une chose qui sera bien plus à propos : si un homme m'ayant fait un plaisir, et depuis une injure, je lui dois rendre la pareille de l'un et de l'autre. (II, 173.)

CONTENTEMENT, plaisir, bonheur, satisfaction, gré :

Le silence des nuits, l'horreur des cimetières,
De son *contentement* sont les seules matières. (I, 59, vers 38.)
Ton *contentement* est de changer les bienfaits en injures. (II, 26.)
    .... Qu'elle s'en aille à son *contentement*,
Ou dure ou pitoyable, il n'importe comment. (I, 135, vers 37.)
    .... Avoir *contentement*. (I, 145, vers 3.)
Ce ne sont point esprits qu'une vague licence
Porte inconsidérés à leurs *contentements*. (I, 300, vers 12.)

Vous me ferez une grâce qui mettra mes *contentements* au point où je les souhaite. (I, 396.)

Voyez tome I, p. 157, vers 29 (par erreur, pour 30) ; p. 176, vers 60 ; tome II, p. 5, 32, 40, 54, 108, 292, 351 ; tome IV, p. 192.

CONTENTER.

    L'unique but où mon attente

Croit avoir raison d'aspirer,
C'est que tu veuilles m'assurer
Que mon offrande te *contente*. (I, 116, vers 234.)

Contenter sa douleur et lui donner des armes,
C'est tout ce qui lui plaît. (I, 256, vers 35.)

Tout ce que je vous desire, c'est que.... vous cherchiez à vous *contenter* par l'intelligence du vrai bien. (II, 389.)

Il lui fut répondu.... que le Roi n'abandonneroit pas ses amis, si on ne les *contentoit* de ce qui justement leur seroit dû. (III, 106.)

Il passe.... la nuit.... à servir son maître.... et à le *contenter* au lit. (II, 429.)

SE CONTENTER, SE CONTENTER QUE :

Quelle plus claire marque peut donner un homme de sa disposition à la reconnoissance, que de ne *se* pouvoir *contenter* en façon quelconque, et renoncer à toute espérance de pouvoir jamais satisfaire au plaisir qu'il a reçu ? (II, 39.)

Je serai bien aise que vous gardiez ma lettre, afin qu'à votre retour nous voyons que c'est et que je *me contente* sur la doute où je suis. (IV, 8.)

Dieu n'a pas pensé que je méritasse davantage ; je *me contente*. (II, 157.)

Tout ce que veut la pauvreté, c'est de *se* pouvoir *contenter* aux choses qui lui sont nécessaires. (II, 325 ; voyez II, 80, 492, 533 ; III, 56.)

Nous *nous sommes contentés* que la haine en fût le supplice. (II, 56.)

Je n'ai plus que vous dire, et puis le papier me faut : *contentez-vous* donc, Monsieur, que je ne vous en die plus, sinon que, etc. (III, 295.)

CONTENTION, contestation, émulation :

Vous aurez appris les *contentions* qu'il y eut pour les rangs. (III, 455.)

.... Se proposer une *contention* généreuse de n'égaler pas seulement, mais, s'il est possible, vaincre en affection. (II, 10 ; voyez II, 86, 199 ; III, 189.)

CONTER, annoncer, raconter, publier :

Nymphe...,
Conte sur la terre et sur l'onde
Que l'honneur unique du monde,
C'est la reine des fleurs de lis. (I, 182, vers 8.)

CONTESTATION.

Pource que la chose est en controverse, et qu'il y a *contestation* de cause.... (II, 307.)

CONTESTER, lutter :

L'homme.... ne seroit pas capable de *contester* avec le plus petit [animal]. (II, 109 ; voyez II, 305, 529.)

CONTEXTURE, au propre et au figuré :

Lambrisser les salles d'une *contexture* si artificielle.... (II, 713.)

Le contentement du sage est d'une *contexture* si bien entrelacée et d'un assemblage si fort que, etc. (II, 559 ; voyez II, 189.)

CONTINUATION, continuité, durée continue, etc. :

Je ne sais pas si votre montagne de Sicile peut choir, ni si le feu par sa *continuation* lui mangera cette pointe qui la fait voir de si loin. (II, 614.)

Ajoutez-y sa *continuation* aux gouvernements et autres charges extraordinaires. (II, 83 et 84 ; il s'agit de Scipion l'Africain.)

Les choses mêmes qui ne savent que c'est d'obligation ne sont pas inexpugnables à la *continuation* de les obliger. (II, 6.)

Donnons des choses que la *continuation* de l'usage rende d'un jour à l'autre plus agréables. (II, 27; voyez II, 85, 192, 520, 549, 594.)

CONTINUER, actif, prolonger, maintenir, faire durer :

L'abondance du sujet m'a fait *continuer* ce discours plus que je ne devois. (II, 16.)

Le moyen de *continuer* la paix.... étoit de tuer le Roi. (III, 172.)

Leurs Majestés se portent bien, grâces à Dieu! je le prie qu'il les *continue* en cet état. (III, 414.)

Ils (*les animaux*) *continuent* plus le plaisir de la chair que nous ne faisons. (II, 572.)

Véhémence rapide, et *continuée* comme celle d'un torrent. (II, 406.)

CONTINUER, absolument, être continu, persister :

Ce ne sont point gouttes qui tombent l'une après l'autre; le coulement y est perpétuel : il *continue*. (II, 391.)

Ayant Monsieur le président répondu qu'il falloit qu'il le fît, et lui *continuant* en sa négation.... (III, 418.)

Je *continue* toujours en la volonté de faire venir mon fils. (IV, 60.)

Continuer d'aimer les hommes. (II, 4.)

CONTOURNER, blâmé par Malherbe chez des Portes. (IV, 404.)

CONTRADICTION.

D'où vient cette *contradiction* qui lutte contre notre âme? (II, 451.)

CONTRAINT, violent :

Soit la fin de mes jours *contrainte* ou naturelle.... (I, 31, vers 57.)

CONTRAINTE, nécessité, violence subie :

Dure *contrainte* de partir,
A quoi je ne puis consentir.... (I, 141, vers 1.)
Pour éviter la *contrainte*,
Il s'est mis à la raison. (I, 88, vers 19; voyez I, 255, vers 15.)

CONTRAIRE, ennemi :

.... Un homme dolent, que le glaive *contraire*
A privé de son fils.... (I, 14, vers 283; voyez I, 12, vers 222.)

CONTRAIRE, différent, opposé :

.... Ayant même naissance, ils ont leurs fortunes si *contraires*. (II, 215.)

Voyez I, 48, vers 63.

AU CONTRAIRE :

Tant s'en faut qu'il lui en revienne quelque chose, *au contraire* une partie de ce qu'il a déjà court fortune de se perdre. (II, 111.)

Le sage est content de sa condition, et le fol *au contraire*. (II, 288.)

Les serpents sont venimeux, mais c'est pour ceux qu'ils touchent, et non pas pour eux : le venin de la malice est *au contraire*. (II, 627.)

Quelle condition sauroit être plus misérable que de ceux qui perdent les bienfaits, et ne peuvent garder que les injures? La sagesse fait *au contraire*. (II, 628.)

Qui fait *au contraire* n'y entend rien. (IV, 345.)

Vivons mieux que le peuple, non pas *au contraire* du peuple. (II, 276.)

CONTRE, emplois divers :
Cette prédiction sembloit une aventure
   Contre le sens et le discours. (I, 236, vers 6.)
Je me souhaiterois la fortune d'Éson,
Qui, vieil comme je suis, revint *contre* nature
   En sa jeune saison. (I, 282, vers 119.)
 Il s'opiniâtra, *contre* l'avis de ses amis, à les lui prêter. (II, 131.)
 L'une *contre* l'honneur fait ce qui est profitable; l'autre ce qui est honnête *contre* le profit. (II, 116; il s'agit de l'ingratitude et de la gratitude.)
 Ces pièces de bois..., *contre* la force que nature leur a donnée, s'accommodent aux services où nous les voulons employer. (II, 444.)
 Cette maxime.... est un point qui demeure fixe, et *contre* lequel il n'y a plus d'apparence de disputer. (II, 106.)
   Je veux bander *contre* sa vie
  L'ire de la terre et des cieux. (I, 209, vers 3.)
 Fuyez ces façons de faire de ceux qui se laissent croître les cheveux..., couchent *contre* terre, et toute telle manière d'artifices. (II, 275.)
 Qui seroit si mauvais censeur *contre* ses enfants (*à l'égard de ses enfants*), qu'il aimât mieux le sain que le malade? (II, 517; peut-être faut-il lire *entre :* il y a *inter* en latin.)
Voyez I, 241, vers 19; 287, vers 48; 456; II, 35; III, 132.

CONTREDIRE, activement; CONTREDIRE À :
 C'est une maxime tenue pour indubitable.... Il n'y a ni bon ni mauvais qui la *contredise*. (II, 630.)
 Une passion *à* laquelle personne n'ose *contredire*. (II, 199; voyez I, 441; II, 637; IV, 110.)

CONTREDIT (SANS) :
  ....Puisque Malherbe le dit,
 Cela sera *sans contredit*. (I, 289, vers 113.)

CONTRÉE du ciel :
Vous placer dans les cieux en la même *contrée*
   Des balances d'Astrée,
Est-ce un prix de vertu qui soit digne de vous? (I, 229, vers 4.)

CONTREFAIRE (SE), tâcher de paraître autre qu'on n'est :
J'ai beau *me contrefaire*, et beau dissimuler,
Les douceurs où je nage ont une violence
   Qui ne se peut celer. (I, 157, vers 25.)

CONTRE-PLEIGE. Voyez PLEIGE.

CONTRE-POIL (À), en sens contraire :
 Il est des personnes de qui il faut prendre les paroles *à contre-poil*. (II, 397.)

CONTREPORTEUR, pour *colporteur*. (IV, 93, note 12.)

CONTRERÉPONDRE, pour *répondre*, blâmé chez des Portes. (IV, 470.)

CONTRIBUER, activement :
 Le roi d'Angleterre *contribuera* à cette armée douze mille hommes de pied et mille chevaux. (III, 152.)
 Si je la pouvois servir de ma vie, je la supplie très-humblement de

croire que je l'y *contribuerois* du même cœur que je fais ce malheureux petit ouvrage. (IV, 117.)

Voyez tome I, p. 353, 394; tome II, p. 61, 85, 199, 205, 216, 651, 695; tome IV, p. 134, 148, 158, 185, 193, etc.

CONTRIBUTION.

On parle bien.... de vous et de votre petit « Carnaval des honnêtes gens ».... Durant votre absence ma plume n'a pas été inutile. Recevez cependant ma *contribution* de si bon cœur que je la vous donne. (I, 356.)

CONTROVERSE (En) :

La chose est *en controverse*, et.... il y a contestation. (II, 307.)

CONTUMACE, opiniâtreté :

Une *contumace* bandée à mal faire. (II, 244.)

CONTUMÉLIEUX, outrageant :

Je ne veux pas.... disputer de l'usage des serviteurs, à qui nous sommes si superbes, si cruels, et si *contumélieux*. (II, 430.)

CONVAINCRE quelque chose, traduisant le latin *coarguere* :

Nous sommes faciles à recevoir des impressions : nous n'essayons point de *convaincre* ce qui nous veut faire peur, et ne nous donnons pas le loisir de l'éplucher, mais nous nous étonnons tout aussitôt. (II, 308.)

CONVENABLE À, conforme à :

.... N'étant pas *convenable aux* règles de nature,
Qu'un soleil se levât où se couchent les jours. (I, 236, vers 7; voy. II, 442.)

CONVERSATION, société :

La première chose que nous promet la philosophie, c'est.... l'humanité naturelle, et la *conversation* (en latin: congregatio), de laquelle nous nous bannissons si nous faisons des professions différentes. (II, 276.)

Il en prend de même à ceux qui ne prennent *conversation* particulière avec pas un esprit, mais passent en poste par-dessus toutes choses. (II, 267.)

Une bête sauvage nourrie parmi nous.... ne dépouille jamais toute la douceur qu'elle a prise en notre *conversation*. (II, 236; voyez II, 53, 463.)

CONVERSER avec :

Ceux qui ont du jugement s'accoutument de bonne heure à *converser* le plus souvent *avec* l'esprit. (II, 604.)

Converser parmi, vivre au milieu de :

Ce n'est pas peu de pouvoir *converser parmi* les richesses, et ne s'y laisser point corrompre. (II, 340.)

CONVERTIR À, convertir en :

Je.... ne lis rien de si éloigné de la philosophie, d'où je ne tâche de tirer quelque chose et le *convertir à* mon utilité. (II, 479.)

J'ai beau m'épuiser les veines
Et tout mon sang *en* larmes *convertir*. (I, 247, vers 16.)

CONVIER, inviter, exciter, porter, pousser :

L'utilité.... nous *convie* à faire plaisir. (II, 105.)

Ils *(ces beaux yeux)* auront donc ce déplaisir,
Que je meure après un desir

Où la vanité me *convie?* (I, 141, vers 15.)

Qu'appelez-vous le dessein? ce qui *a convié* l'ouvrier et l'a mis en besogne. (II, 504.)

Voyez I, 29, v. 30; 161, v. 67; 176, v. 52; 254, v. 3; 301, v. 27; II, 14, 92, 107, 439, 447.

CONVOITISE, désir, ambition :

La *convoitise* d'être plus que ce que nous sommes. (II, 39.)

COPIE, exemplaire (comparez l'anglais, *copy*) :

Je vous envoye demie douzaine de *copies* de mes vers. (III, 23; voyez III, 196, etc.)

CORBEAU, allégoriquement. (I, 209, vers 7.)

CORDON (de chapeau) :

.... Et n'a-t-on treuvé sur Montchrestien autre chose qu'un billet, qui étoit dans son *cordon.* (III, 557.)

CORNE, cornes, des dieux des fleuves :

[Le Tessin] Voulant garantir sa *corne,*
Que tu lui dois arracher.... (I, 93, vers 173.)
Qui n'a vu dessous leurs combats
Le Pô mettre les *cornes* bas? (I, 110, vers 76.)

Cornes, en parlant d'un mari cocu. (I, 308, vers 8.)

CORNER, sonner d'un cornet, d'une corne :

N'aurai-je plus personne qui.... *corne* après mon carrosse? (II, 348.)

CORNETTE de cavalerie, compagnie de cavalerie. (II, 219.)

La cornette blanche, la compagnie de mestre de camp général de la cavalerie. (III, 157.)

CORONEL, colonel :

Athénagoras, *coronel* de ses mercenaires. (I, 405; voyez III, 190, etc.)

CORONNE, couronne. (II, 606; voyez la note 3.)

CORPS, au figuré :

Qui nous a fait naître toutes ces espèces d'animaux..., afin qu'en tout le *corps* de la nature, il n'y eût membre qui ne payât à l'homme quelque tribut? (II, 94.)

À corps perdu :

Ceux qui *à corps perdu* se jettent au milieu des ondes. (II, 373.)

Corps de garde, traduisant le latin *statio.* (I, 404.)

En prise de corps. (III, 569.)

CORRECTION.

Quelle *correction* de mes vices trouverai-je dans les idées de Platon? (II, 479.)

CORROMPU, substantivement :

C'est le trait d'un *corrompu*.... de faire bonne mine, et tâcher de gratifier en paroles ceux qu'il ne peut contenter en effet. (II, 14.)

CORRUPTIBLE à, qui peut être corrompu par :
Il n'est point *corruptible à* l'utilité. (II, 111.)

CORRUPTION (de mots) :
Il y a quelques lieux en cette version où j'ai suppléé des choses qui défailloient au texte latin, et d'autres où j'ai changé des paroles dont la *corruption* étoit manifeste. (I, 460.)

CORSAGE, taille :
    Achille étoit haut de *corsage*. (I, 113, vers 141.)

CORSAIRES, au figuré. (I, 287, vers 42.)

CORVÉE (voyez Courvée) :
.... (Les) dures *corvées* (*les travaux de la guerre*). (I, 54, vers 205.)

COTEAU. Voyez Cousteau.

COTISATION, imposition par cote. (I, 456.)

COTISÉ (Être), être taxé (par cote) :
Il y auroit de quoi payer..., sans que personne *fût cotisé*. (I, 456.)
Il n'*est* point.... *cotisé* pour les impositions. (II, 565.)

COTON, duvet de barbe :
    .... Le premier *coton*
Qui de jeunesse est le message. (I, 50, vers 107.)

COUARD, poltron, lâche :
Pourquoi est-il si *couard* à s'enferrer ? (II, 282 ; voy. I, 6, v. 40 ; II, 117.)

COUCHANT (Faire son), se coucher, en parlant d'un astre :
Mercure *fera son couchant* à la vue de Saturne. (II, 690.)

COUCHER, se coucher, locutions diverses :
Ceux qui jouent malicieusement (*à la paume*) ne pensent pas un bon coup, s'ils ne le *couchent* en sorte qu'on ne le puisse relever. (II, 31.)
.... Qu'un soleil se levât où *se couchent* les jours. (I, 236, vers 8.)
Il semble que la terre.... eût retiré ces métaux au lieu le plus secret de ses entrailles, et *se fût couchée* dessus de tout son poids. (II, 226.)
La courtoisie *se couche* en dépense aussi bien que le reste. (II, 675.)

COUDE (Mettre l'oreille sous le) à quelqu'un, le rassurer :
Vous me mandez que les bravades de votre partie vous font douter que vous n'ayez quelque arrêt à votre préjudice : c'est peut-être afin que je *vous mette l'oreille sous le coude*. (II, 354.)

COUDÉES franches :
Je laisse les *coudées franches* aux bienfaits. Tant plus ils seront grands...., tant plus grande sera la louange de celui qui les fera. (II, 23.)
Les péripatétiques donnent les *coudées* assez *franches* à la félicité. (II, 150.)

COUDRE, dans une locution proverbiale :
Quiconque se passionne pour les choses fortuites, il se taille plus besogne qu'il n'en sauroit *coudre*. (II, 570.)

COUETTE. Voyez Coitte.

COULEMENT, action de couler :

Ce ne sont point gouttes qui tombent l'une après l'autre ; le *coulement* y est perpétuel. (II, 391.)

COULER, neutralement ; SE COULER, FAIRE COULER :

[Les années] Lui *coulent* comme des journées. (I, 52, vers 156.)
Voyez-les (*les étoiles*) *couler* doucement, et sous une contenance de ne bouger d'une place, faire une diligence incroyable. (II, 114.)
Il n'y a rien où les bonnes mœurs courent plus de fortune qu'aux théâtres ; car alors les vices *coulent* par la porte qu'on a ouverte à la volupté. (II, 281.)
Pour cette heure, j'obéirai à ma paresse ; de quoi vous ne me blâmerez pas, car je vois que vous vous y laissez *couler* tout bellement. (III, 290.)
D'où *s'est coulée* en moi cette lâche poison ? (I, 296, vers 25.)
Il *s'y coula* un bruit parmi le peuple, que.... (III, 73.)
Le temps nous offusque la mémoire de nuages, qui.... nous *font couler* dans les âmes, sinon un oubli, pour le moins un dégoût, etc. (II, 51.)
Si j'ai fait plaisir à quelqu'un, et qu'il se présente une occasion où il ait moyen de me le rendre, s'il ne la voit point, ferai-je difficulté de la lui montrer ?... Il faut quelquefois lui en *faire couler* quelque ressouvenance. (II, 241.)
Homère, en la description d'un orateur, lui donne une véhémence rapide.... Mais quand il est question d'un vieillard, il le *fait couler* tout bellement, et compare ses paroles à du miel. (II, 406 ; voy. I, 201, v. 9.)

COULER, activement, filtrer :

A quelle occasion me fussé-je réjoui d'avoir été mis au nombre des vivants ? Eût-ce été pour *couler* éternellement du pain et du vin, et farcir ce misérable corps ? (I, 468.)

COULEUR, au propre et au figuré :

.... Quelle tragique pensée
N'est point en ma pâle *couleur ?* (I, 294, v. 16 ; voy. I, 281, v. 93.)
Les monts fameux des vierges que je sers
Ont-ils des fleurs en leurs déserts
Qui s'efforçant d'embellir ta *couleur,*
Ne ternissent la leur ? (I, 195, vers 7.)
Il ne leur peut rien arriver que tout aussitôt la *couleur* (*le rouge*) ne leur vienne au visage. (II, 300.)
Si vous vous fâchez qu'il soit des ingrats, fâchez-vous qu'il soit des malades difformes, et des vieillards qui n'aient point de *couleur*. (II, 245.)
Quiconque approche d'elle a part à son martyre,
Et par contagion prend sa triste *couleur* (*son deuil*). (I, 179, vers 30.)
.... C'est avecque ces *couleurs*
Que l'histoire de nos malheurs
Marquera.... ta mémoire. (I, 114, vers 165.)
Qui devoit le fléchir (*Pluton*) avec plus de *couleur* (*d'apparence*)
Que ce fameux joueur de lyre...? (I, 270, vers 40.)

COULEUVRE (LA) DE MILAN, ses armes. (I, 94, vers 190.)

COUP, au propre et au figuré :

Un athlète qui n'a jamais eu *coup* ni atteinte. (II, 306.)
A la lutte et à *coups* de main je demeure maître de tous mes antagonistes. (II, 692.)

Nous.... ne sommes pas renversés d'un seul effort. Nous avons tous les jours quelque *coup* d'ongle. (II, 366.)

Plier les voiles,... et tenir toutes choses préparées pour l'inconvénient ou d'un *coup* de vague ou d'un tourbillon. (II, 183; voyez II, 459.)

L'humeur, l'air, et toutes choses à qui le *coup* peut donner forme, étant poussées, prennent la figure même de ce qui les pousse. (I, 478.)

Quand vous ne sauriez point.... pourquoi deux gémeaux séparés en la conception sont assemblés en l'enfantement; si un même *coup* s'est divisé en deux, ou s'ils ont eu chacun leur conception à part.... (II, 215.)

    Les Dieux longs à se résoudre
    Ont fait un *coup* de leur foudre
    Qui montre, etc. (I, 23, vers 6.)
    .... Le *coup* (*l'événement*) tragique
    Dont nous fûmes presque abattus.... (I, 213, v. 91; voy. I, 42, v. 55; 43, v. 73 *var.*)

ROMPRE LE COUP À. Voyez ROMPRE, locutions diverses.

À CE COUP, à cette fois; ENCORE UN COUP, encore une fois :

    A ce coup s'en vont les Destins
    Entre les jeux et les festins
    Nous faire couler nos années. (I, 201, vers 7.)

Voyez I, 45, vers 11; 203, vers 55; 261, vers 1; II, 21; III, 155.

    On diroit....
    Qu'il (*le soleil*) s'en va suivre en si belle journée
Encore un *coup* la fille de Pénée. (I, 226, vers 12; voyez I, 15, vers 312.)

TOUT D'UN COUP :

J'avois été quelque temps assez bien disposé, mais *tout d'un coup* (*en latin* : repente) ma maladie m'a repris. (II, 459; voyez II, 595.)

À COUP, en un instant, expression blâmée par Malherbe chez des Portes. (IV, 365.)

COUPABLE, qui est en cause :

La question est de savoir qui a reçu le plaisir. On ne s'informe point de ce qu'il en a fait, ni avec qui il l'a partagé; il faut aller à la source, c'est au *coupable* qu'on se doit adresser. (II, 159.)

COUPE dans laquelle on boit :

    .... Soient dans les *coupes* noyés
    Les soucis de tous ces orages. (I, 45, vers 7.)

COUPEAU, sommet :

Il faudroit traverser des rochers et des montagnes de qui le *coupeau* seroit dans les nues. (II, 113; voyez II, 335, 449, etc.)

COUPER, au figuré :

    Son invincible génie
    A coupé sa tyrannie
    D'un glaive de liberté. (I, 24, v. 29; voy. I, 10, v. 162; II, 702.)

COUPER CHEMIN À, prévenir, empêcher :

Qui ne donne point *coupe chemin* à l'ingratitude. (II, 5; voyez II, 233, 240; IV, 128.)

COUPER LA GORGE, au figuré :

Un autre m'avoit fait de la courtoisie...; mais depuis il m'a traité si outrageusement..., que je lui suis aussi peu obligé que si jamais il ne m'avoit fait plaisir. Il *a coupé la gorge* à ses bienfaits. (II, 172.)

Point coupé. Voyez Point.

COUPLE (Un), une couple :

Il y a une certaine dame à qui Mme la comtesse de Sault avoit promis de lui faire venir deux camisoles.... Je vous supplie, Monsieur, que j'en recouvre *un couple* par votre moyen. (III, 7.)

COURAGE, cœur; ardeur, force (de cœur) :

C'est bien un *courage* de glace,
Où la pitié n'a point de place. (I, 101, vers 43.)
Nous avons lu.... assez d'exemples de *courages* que leurs qualités éminentes ont élevés au-dessus du commun. (IV, 110.)
.... Sa valeur, maîtresse de l'orage,
A nous donner la paix a montré son *courage*. (I, 71, vers 41.)

Voyez tome I, p. 4, vers 8; p. 13, vers 238; p. 16, vers 331; p. 21, vers 4; p. 31, vers 53; p. 45, vers 9; p. 50, vers 119; p. 76, vers 16; p. 77, vers 4; p. 89, vers 71; p. 102, vers 5; p. 115, vers 219; p. 122, vers 189; p. 140, vers 3 *var.*; p. 155, vers 71; p. 163, vers 20; p. 168, vers 47; p. 241, vers 27; p. 247, vers 5; p. 248, vers 25; p. 262, vers 3; p. 269, vers 27; p. 304, vers 18; p. 306, vers 9; tome II, p. 14, 15, 77, 161, 219, 249, 553; tome III, p. 142, etc.

COURBER, au figuré :

Je ne crois pas que ni aux tourments, ni en tout ce qu'ordinairement on appelle adversités, il y ait autre mal, sinon que l'esprit se plie, qu'il se *courbe*, que les genoux lui faillent. (II, 554.)
[L'Église croit] Que ta main relevant son épaule *courbée*,
Un jour, qui n'est pas loin, elle verra tombée
La troupe qui l'assaut, et la veut mettre bas. (I, 5, vers 28.)

COUREUR, avant-coureur :

Il n'y a point de douleur qui n'ait.... des intervalles...; car elles ont toutes.... quelques progrès, comme *coureurs* qui nous avertissent que nous allons avoir le gros sur les bras. (II, 605.)

COURIR, neutre :

Ils ressemblent à ceux qui *courent* à la vallée (*en latin :* per proclive) : leur pesanteur les emporte. (II, 408.)
[Le soleil] *Court* inutilement par ses douze maisons. (I, 157, vers 14.)

Courir, dans le sens de *couler, circuler, s'écouler :*

Les lieux où [le Rhin] commence à *courir*. (II, 78; voy. I, 5, v. 36; II, 95.)
La pompe (*de la Samaritaine*) a déjà *couru* : elle commença dimanche. (III, 21.)
La plaie se refroidissoit, pource que le sang ne *couroit* plus. (II, 487.)
.... Le temps a beau *courir*. (I, 148, vers 49.)

Courir, avec l'auxiliaire *être :*

J'eusse montré mon impatience comme les autres, et *fusse couru*, pour savoir en quel état étoient mes affaires. (II, 596; voyez II, 617.)

S'en courir :

Les jeux finis, ils *s'en coururent* presque tous vers Quintius. (I, 440.)

Courir, activement, parcourir :

[Ceux-ci] S'en vont au gré d'amour tout le monde *courir*. (I, 300, v. 4.)
  [Quantes fois] Neptune après ses tresses blondes
  Attentif *a couru* les eaux! (I, 47, vers 54 *var*.)
Quand Caton *aura couru* de l'esprit les siècles passés et les futurs, il dira que toute la race des hommes.... est condamnée à la mort. (II, 550.)
Votre livre.... ne m'est point parti des mains que je ne l'*aie couru* de bout en bout. (II, 426.)
J'ai.... reçu votre paquet, dans lequel étoient les mémoires.... Je les *ai vus* et *courus* par-dessus. (IV, 41.)

Être couru, être poursuivi :

Vous *êtes couru*, piquez et vous sauvez. (II, 388.)

Courir, locutions diverses :

Je trouvai tant de fanges par le chemin, que presque je puis dire que je vins par eau. Je *courus* ce jour-là toute la fortune des athlètes. J'eus l'huile en la campagne et la poudre sous la grotte de Naples. (II, 471.)
Voyez II, p. 63, 111, 171, 210, 281, 481, 614; III, p. 39; IV, p. 21, 71.
Que ferons-nous, mon cœur...?
Courrons-nous le hasard comme désespérés? (I, 304, vers 7.)
Il vouloit aller voir une terre qu'il desiroit bien acheter, et il n'en vouloit rien dire à personne, afin que l'on ne *courût* sur son marché. (III, 118.)
Voyez Courre.

Courant, courante :

La mer a dans le sein moins de vagues *courantes*, etc. (I, 7, vers 67.)

COURONNE, domination, empire (voyez Sceptre) :

.... C'est un bonheur dont la juste raison
Promet à votre front la *couronne* du monde. (I, 262, v. 8; voy. I, 217, v. 205.)

Couronne du soleil, rayons qui le couronnent. (I, 18, vers 376.)

Couronne, halo (cercle qui paraît entourer le soleil). (I, 478.)

COURONNÉ (Être) :

.... Le front d'un guerrier aux combats étonné
  Jamais n'*est couronné*. (I, 31, vers 56.)

COURRE, courir (voyez Courir) :

Cette façon de *courre* appartient proprement aux fourmis. (I, 471.)
L'on faisoit *courre* ici un certain bruit, que.... (III, 301.)
Voyez tome II, p. 214, 244, 346; tome III, p. 95, 142.
De ces jeunes guerriers la flotte vagabonde
Alloit *courre* fortune aux orages du monde. (I, 11, vers 194.)
Voyez tome II, p. 17, 28, 35, 102, 126, 196, 238, 335, 728.

COURRIÈRE, féminin de *courrier* :

Des mois l'inégale *courrière* (*la lune*). (I, 46, vers 36.)

COURROUCER (Se) à, se courroucer contre :

Je quitte la complaisance pour *me courroucer à* votre douleur. (IV, 196.)
Courroucer, activement, pour *faire courroucer*, blâmé chez des Portes. (IV, 467.)

COURROUX, au pluriel :

.... Comme notre père, il (*Dieu*) excuse nos crimes,
Et même ses *courroux*, tant soient-ils légitimes,
    Sont des marques de son amour. (I, 246, vers 23.)

COURS, au propre et au figuré :

Le flux de sang a eu aussi quelque *cours*, toutefois avec peu de dommage. (III, 52 ; voyez I, 89, vers 44.)
  Avoit-il oublié le *cours* du monde? (II, 34.)
    Que puisses-tu, grand soleil de nos jours,   247 ; v. 11.)
    Faire sans fin le même *cours!* (I, 196, v. 34 ; voy. I, 54, v. 184 ;
Au gré de mes destins j'ai mon *cours* achevé. (II, 304.)
C'est-à-dire le cours de ma vie. — Voyez I, 116, vers 242.

COURSE, cours, courant, au propre et au figuré :

    L'astre dont la *course* ronde
    Tous les jours voit tout le monde.... (I, 94, vers 185 ; voyez II, 43.)
  .... Ces canaux ont leur *course* plus belle
    Depuis qu'elle est ici. (I, 157, v. 23 ; voy. I, 245, v. 10 ; II,
    L'aise et l'ennui de la vie   175, 723.)
    Ont leur *course* entre-suivie. (I, 25, vers 36.)

COURT, cour :

Il fut vu par les gardes un certain feu en forme d'oiseau, qui s'éleva du jardin des canaux, passa par-dessus le *court* du Cheval.... (III, 33.)

COURT, adjectif :

Cette chanson est *courte* (*est trop courte*) de quatre lignes. (IV, 324.)
Ma maladie m'a repris ;... c'est la *courte* haleine. (II, 459.)
Qui, s'il a été pris de *court*, n'a.... demandé terme? (II, 3.)
Pour le faire plus *court* (*pour parler plus brièvement*). (II, 520.)

COURTAUD, espèce de cheval. (II, 677.)

COURTIER. (II, 65.)

COURTISAN, reçu à la cour, usité à la cour.

Malherbe nomme le mot *fallace*, employé par des Portes, un mot peu *courtisan*. (IV, 380.)

COURTISER.

Pour chasser la faim et la soif, il n'est point question de *courtiser* les portes des grands. (II, 274.)

COURTOISIE.

Je ne me revancherai point, mais l'obligerai, parce que j'aurai commencé la *courtoisie*. (II, 179.)
Si je vous estimois capable de faire une notable *courtoisie*, je ne le pensois nullement être de la recevoir. (IV, 4.)
Un autre m'avoit fait de la *courtoisie*...; mais depuis il m'a traité si outrageusement.... (II, 172.)

COURVÉE, corvée :

Mon âge ne vaut plus rien pour les *courvées*. (III, 337.)

COUSTANGE, coût, dépense :

C'est chose contraire à la nature.... de mépriser les commodités qui sont de peu de *coustange*. (II, 276.)

COUSTEAU, coteau :
Le feu a dévoré des *cousteaux* de qui le bois l'avoit fait luire. (II, 729.)

COUTEAU, au figuré :
.... Qu'à l'homme ingrat la seule conscience
Doive être le *couteau* qui le fasse mourir. (I, 16, vers 342.)

COÛTER.
Ne trouvez-vous point de différence entre celui qui fait un plaisir bien à son aise et sans qu'il lui *coûte* rien, et un autre qui s'engage pour remédier à l'incommodité de son ami ? (II, 59 ; voyez II, 184.)
S'il s'en trouve quelqu'un qui.... ait un flux de bouche si grand que le bien dire ne lui *coûte* rien.... (II, 580.)
Nos nécessités ne nous *coûtent* que peu de chose ; c'est aux délices que nous sommes empêchés. (II, 714.)

  Oh ! qu'il nous *eût coûté* de morts...,
  Avant que d'avoir par les armes
  Tant de provinces qu'en un jour....
  Vous nous acquérez par amour ! (I, 202, vers 25.)
.... Ce que vous tentez leur *coûta* le trépas. (I, 220, vers 6.)
Voyez tome II, p. 115, l. 27 ; p. 147, l. 17.

COUTRE (de charrue) :
.... Le *coutre* aiguisé s'imprime sur la terre
  Moins avant que leur guerre
N'espéroit imprimer ses outrages sur moi. (I, 207, vers 10.)

COUTUME.
Des autres actions j'ai perdu la *coutume*. (I, 159, vers 28.)
La *coutume* de vivre, plus forte que loi du monde, nous fait bien passage à des choses qui n'ont point de loi. (II, 162.)
Ils font plus.... qu'ils n'ont de *coutume*. (II, 71.)
Qui est-ce qui voudroit.... bailler un dépôt à un qui fait *coutume* de les nier ? (II, 117.)

COUTUMIER, coutumière :
.... L'inconstance à nos ans *coutumière*. (I, 10, vers 158.)
.... Sa fugitive Aréthuse,
Coutumière à le mépriser (*le fleuve*). (I, 120, vers 108 ; voyez II, 646 ; III, 518.)
Il est *coutumier* de s'enivrer. (II, 644.)

COUVER, au figuré :
Nous voyons les esprits nés à la tyrannie,
Ennuyés de *couver* leur cruelle manie,
Tourner tous leurs conseils à notre affliction. (I, 73, vers 104.)
Cela a fait perdre l'envie de faire des ballets, et y en avoit tout plein de *couvés* qui n'écloront point. (III, 81.)

COUVERT, participe, abrité, caché (voyez Couvrir) :
Quelque lieu bien *couvert* du soleil. (II, 723.)
Terres *couvertes* sous les flots. (II, 729.)

Couvert, découvert, qui a ou n'a pas le droit de rester couvert à la cour :
Sept ou huit princes, et autant de ducs ou maréchaux de France, avec tant d'autres seigneurs *couverts* et *découverts*.... (IV, 54.)

COUVERT, substantif, abri :

.... Trouver un *couvert* quand il tombe une grosse pluie. (II, 183; voyez II, 711.)

COUVERTEMENT, d'une façon couverte, peu ouverte :

Si j'y vais ainsi *couvertement*, il pourra dissimuler. (II, 243.)

COUVERTURE, au figuré, moyen de cacher, fausse apparence :

Ceux qui se voudroient jeter de son parti (*du parti d'Épicure*), pensant y trouver la *couverture* de leurs intentions vicieuses.... (II, 344.)

De donner une chose qu'on sait bien qui sera la confusion de celui qui la demande, qu'est-ce autre chose qu'une malveillance qui.... est bien aise de pouvoir nuire sous la *couverture* d'un plaisir? (II, 27.)

COUVRIR (voyez Couvert) :

N'ai-je pas le cœur aussi haut....
Que j'avois lorsque je *couvri*
D'exploits d'éternelle mémoire
Les plaines d'Arques et d'Ivri? (I, 167, vers 28.)

Couvrir, défendre, servir de rempart :

.... Les Alpes chenues
Les *couvrent* de toutes parts (*les voisins de la France*). (I, 92, v. 152.)

Coye, féminin de *coi*, blâmé chez des Portes par Malherbe, qui voudrait y substituer *coyement*. (IV, 393.)

CRACHAT, au singulier :

De quoi lui servit jamais (*à Caton*) tout ce qu'il sut crier et tempêter, que d'irriter une populace, qui tantôt l'enlevoit tout couvert de *crachat* hors de la place, et tantôt du sénat le traînoit en la prison? (II, 315.)

CRACHER, activement, au figuré :

Le mépris effronté que ces bourreaux me *crachent*.... (I, 7, vers 80.)

Craindre (Le), substantivement :

On n'a point vu de fortunes publiques où *le craindre* n'ait précédé le souffrir. (II, 726.)

Craindre à, pour *craindre de*, blâmé chez des Portes par Malherbe, qui toutefois déclare ne pas condamner cette expression d'une manière générale. (IV, 309.)

CRAINTE.

La foi de ses aïeux, ton amour et ta *crainte* (*c'est-à-dire la crainte qu'il a de toi*), Dont il porte dans l'âme une éternelle empreinte.... (I, 72, vers 73.)

Crainte (Être en). (I, 174, vers 7.)

Craintes, au pluriel, dans le sens du singulier. (I, 255, vers 17.)

CRASSITUDE, épaisseur :

La *crassitude* des paupières. (II, 501.)

CRAYON, portrait (fait au crayon).

Un *crayon* du feu Roi, fait par le sieur du Monstier. (III, 184.)

CRÉANCE, foi, action de croire :

[Pour la nouvelle que l'on m'a dite] je suspends ma *créance* jusques à ce que j'aye de vos nouvelles. (III, 564.)

CRÉATURE, au figuré :
Je vous tiens pour mien : vous êtes ma *créature* (*en latin :* meum opus es). (II, 394.)

CRÉDIT, autorisation, faculté :
Si je n'avois eu le *crédit* d'entendre ces merveilles, ce ne m'eût pas été grand avantage de naître. (I, 468.)

PERDRE SON CRÉDIT :
Vos yeux, pauvre Caliste, *ont perdu leur crédit*. (I, 318, vers 2.)

CRÉDITEUR, créancier :
Le ventre ne veut point de remontrance.... Et toutefois ce n'est point un fâcheux *créditeur;* nous le renvoyons pour peu de chose. (II, 345.)

CRÉDULITÉ.
L'hyperbole.... afferme (*affirme*) ce qui passe au delà de toute *crédulité* (*au delà de tout ce qui se peut croire*). (II, 241.)

CRÊPE, étoffe fine :
S'il eût vu les gazes et les *crêpes* d'aujourd'hui, qu'auroit-il dit ? (II, 716.)

CRÈVE-CŒUR.
Il n'y a point de *crève-cœur* plus grand à un homme d'honneur, que s'il faut qu'il aime ce qu'il ne prend point plaisir d'aimer. (II, 32.)

CREVER, éclater (pour être trop plein), mourir :
Monsieur est à table, qui se remplit, et, à peine de *crever*, se met des viandes au ventre. (II, 428.)
Deux soldats.... *crevèrent* de chaud. (III, 515.)

CRIER, emplois divers :
Ce n'est pas la coutume que les cris échauffent ceux à qui l'on *crie*. (IV, 342.)
Vous oyez Mme de Termes *crier* les hauts cris, appeler le défunt, vous appeler. (IV, 225.)

CRIER MERCI, demander pardon. Voyez MERCI.

CRIME.
C'est faussement qu'on estime
Qu'il ne soit point de beautés
Où ne se trouve le *crime*
De se plaire aux nouveautés. (I, 306, vers 3.)
Fuyons [l'ingratitude] comme le plus grand *crime* qui se puisse commettre. (II, 17; voyez I, 119, vers 97; 160, vers 43; 254, vers 11.)

CRINS.
La Discorde aux *crins* de couleuvres. (I, 186, vers 91.)

CROCHETS de portefaix. (IV, 93.)

CROCHETEIN, diminutif de crochet, agrafe. (III, 345.)

CROCHETER.
Où pensez-vous que tendent.... tous ces autres qui font métier.... de

crocheter (en latin : captare) les testaments, sinon à cela même que se proposent les fossoyeurs? (II, 209.)

CROCHETEURS, portefaix :

Ne me demandez que ce que savent les *crocheteurs*. (IV, 27 et 65.)

CROIRE une chose, croire qu'elle se fera :

Le voyage de Provence fut résolu à Fontainebleau ; mais avec tout cela je ne *le crois* non plus qu'auparavant. (III, 65.)

Être cru, passer pour :

.... *Être cru* bon marinier. (I, 212, vers 70.)

Croire, suivi du subjonctif :

Je *crois* qu'il ne *soit* pas ici. (III, 107 ; voyez II, 464.)

Se faire croire, se faire à croire, se faire accroire, croire :

Il y a moyen de faire en sorte que donnant à beaucoup, il n'y en aura pas un qui ne *se fasse croire* que nous l'avons gratifié d'autre façon que le commun. (II, 22 ; voyez II, 23, 143, 468 ; III, 180.)

La mort du duc de Clèves est vieille ; il y a beaucoup de prétendants à sa succession ; il y en a qui *se font à croire* (*c'est le texte de l'autographe*) que le Roi achètera leurs droits. (III, 85.)

Croire, accroire, écrit *croirre, accroirre,* par deux *r* :

Tous ceux qui ont écrit en vers ont rimé *croire* et *accroire* sur *gloire, victoire,* et autres semblables ; mais on dit *croirre* et *accroirre* par deux *erres,* et prononce-t-on *accroirre* ou *accrerre*. (IV, 445.)

CROISÉ, qui porte une ou plusieurs croix :

Ce chariot, où étoit le corps du Roi, étoit traîné par six coursiers couverts de velours noir, avec de grandes croix de satin blanc ; le chariot, couvert d'un drap de même matière et *croisé* de même. (III, 198.)

CROISSANT (L'empire du), la Turquie :

.... C'est lui dont l'épée...,
Fera décroître *l'empire*
De l'infidèle *Croissant.* (I, 92, vers 139 et 140.)

CROÎTRE, s'élever, grandir :

Le dieu de Seine étoit dehors
A regarder *croître* l'ouvrage (*la grande galerie du Louvre.*)
Dont ce prince embellit ses bords. (I, 79, vers 93.)

Monsieur le Prince dit au Roi qu'il le trouvoit extrêmement *crû*. (III, 460.)

Croître, activement, augmenter, faire croître :

A des cœurs bien touchés tarder la jouissance,
C'est infailliblement leur *croître* le desir. (I, 237, vers 28.)

Votre patience.... *croîtra* leur audace. (II, 319 ; voyez II, 398.)

CROULER (Se), s'écrouler :

Les choses qui ne sont pas achevées ne sont jamais fermes : tantôt elles s'entr'ouvrent, tantôt elles penchent, tantôt elles *se croulent*. (II, 557.)

Crouler, activement, pour *faire écrouler,* blâmé par Malherbe chez des Portes. (IV, 399.)

CROÛTES, tranches, plaques :

[Les parois des étuves] diversifiées de *croûtes* de marbre. (II, 668.)

CROYABLE.

Rendre [quelqu'un] *croyable*. (I, 148, vers 59.)
[Il] leur étoit si peu *croyable*
[Que] Personne les pût secourir, etc. (I, 79, vers 105.)

CRUAUTÉ, dureté :

.... Je dois mon salut à votre *cruauté*. (I, 137, v. 14; voy. I, 135, v. 20; 140, v. 6.)

CRUAUTÉ, souffrance, douleur :

Il s'en est trouvé (*des médecins*) qui pour faire des cures de réputation,... ont mis les malades en tel état qu'il leur a fallu souffrir des gênes et des *cruautés* désespérées avant que de pouvoir être guéris. (II, 207.)
.... De tous les pensers qui travaillent son âme
L'extrême *cruauté* plus cruelle se fait. (I, 15, vers 294.)

CRUCHE.

Elle (*l'Aurore*) verse de l'autre (*main*) une *cruche* de pleurs. (I, 17, vers 363.)

CRUCHÉE.

Que vous souciez-vous qu'on vous ait pris une *cruchée* d'eau, puisque la source vous en est demeurée? (II, 576, et note 2.)

CRUDITÉ.

Après que le vin est corrompu par le dormir, en la place de l'ivresse il nous demeure une *crudité*. (II, 647.)
    [Tu dis] Que mes vers, à les ouïr lire,
    Te font venir des *crudités*. (I, 308, vers 3.)

CRUE, levée :

Quintius.... fut continué au gouvernement de la Grèce avec deux légions. S'il avoit besoin de quelque *crue*, les consuls eurent commandement de la faire, et la lui envoyer. (I, 452; voyez I, 429; III, 219, 404.)

CRUEL, dur, pénible, au figuré :

Transposition *cruelle*. (IV, 265; il s'agit d'une transposition de mots.)

CUEILLETTE, récolte :

Les terres les plus stériles récompensent par une bonne *cueillette* ceux qui prennent la peine de les cultiver. (IV, 136.)

CUEILLIR, recueillir :

Il y en a quelques-uns qui tiennent qu'elles (*les abeilles*) n'ont pas la dextérité de faire le miel, mais seulement de le *cueillir*. (II, 651.)
Si vous en *cueillez* quelque faveur, elle est toujours certaine. (IV, 259.)

CUIDER, penser, faillir :

M. de Bressieu en *a cuidé* mourir. (III, 52.)
Il *cuida* y avoir du bruit pour les séances. (III, 63.)

CUIR, peau :

C'est un Grec, de qui les pointes trop déliées ne font autre chose qu'égratigner bien le *cuir* en sa superficie, et ne passent point plus avant. (II, 9.)

CUIRE, au propre :

Démocritus inventa.... de convertir des cailloux de rivière en émeraudes, qui est une certaine façon de les *cuire*. (II, 720.)

Ils.... font de la pâte et lui donnent force de pain, qu'ils *cuisirent* au commencement dans les cendres chaudes. (II, 717.)

CUISINES.

La superfluité des festins.... et la friandise des *cuisines*. (II, 16.)

CUISSOT, cuissard, blâmé chez des Portes; Malherbe veut qu'on dise *tassète*. (IV, 403.)

CUPIDITÉS, au pluriel, désirs :

Un voisin riche irrite nos *cupidités*. (II, 283; voyez II, 217, 463.)

CURIEUSEMENT, avec soin :

Le temps que par ci-devant on vous a fait perdre..., ramassez-le, et le conservez *curieusement* à l'avenir. (II, 265; voyez II, 403.)

CURIEUX, soigneux, subtil :

  La défense victorieuse
  D'un petit nombre de maisons,
  Qu'à peine avoit clos de gazons
  Une hâte peu *curieuse*, etc. (I, 122, vers 204.)

Je vous alléguerai Fabianus, homme.... si *curieux* en l'élection des paroles que peut-être il en est moins agréable. (II, 474.)

Selon que je vous verrai diligent à m'écrire, je serai *curieux* de vous mander des nouvelles. (III, 82; voyez II, 53.)

[Les Pyrrhoniens] ont introduit une nouvelle science de ne rien savoir. Si vous me croyez, vous mettrez ces *curieux* (*ces hommes subtils*) et les professeurs des sciences libérales tout en un rang. (II, 700.)

CURIOSITÉ, désir de s'instruire :

La *curiosité* l'emporte plus avant qu'il ne s'étoit promis, et.... il a peur que vous n'ayez quelque avantage sur lui. (III, 100; voyez III, 308.)

CYGNES, allégoriquement, poëtes :

  .... La Seine
  Aura des *cygnes* alors (*Paris aura des poëtes*). (I, 317, vers 2.)

CYPRÈS, au figuré :

Seule terre où je prends mes *cyprès* et mes palmes. (I, 20, vers 2.)

CYTHERÉE (La), Vénus. (I, 46, vers 31.)

D

DAGUE.

Titus Manlius.... lui mit la *dague* à la gorge. (II, 88.)

DAIGNER (voyez Dédaigner) :

  .... Les oiseaux.... se réveillent;
Mais voyant ce matin des autres différent,
Remplis d'étonnement ils ne *daignent* paroître. (I, 18, vers 382.)

DAM, dan, dommage :

Si vous vous êtes mal expliqué, ce sera à votre *dam*. (IV, 56.)

  Le succès de leurs entreprises,

>   De qui deux provinces conquises
>   Ont déjà fait preuve à leur *dan*,...
>   Changera la fable en histoire
>   De Phaéton en l'Éridan. (I, 55, vers 217.)

DAME.
>   Achille étoit haut de corsage...;
>   Et les *dames* avecque vœux
>   Soupiroient après son visage. (I, 113, vers 143.)

DAME, amante, maîtresse :
Revenez, mes plaisirs, ma *dame* est revenue. (I, 156, v. 1; voy. I, 306, v. 5.)

DAMNABLE.
Il estime déjà ses oreilles coupables
D'entendre ce qui sort de leurs bouches *damnables*. (I, 8, vers 107.)

DAMOISELLE, MADAMOISELLE :
>   La *damoiselle* de Cosman. (III, 240; voyez III, 101.)
>   Nous avons ici Mme de Rohan et *Mesdamoiselles* ses filles. (III, 246.)

DAN. Voyez DAM.

DANGEREUX à :
La fortune en tous lieux *à* l'homme est *dangereuse*. (I, 305, vers 33.)

DANS, emplois divers :
>   La meilleure partie et la plus difficile est cachée *dans* terre. (II, 452.)
>   Il n'y avoit point de doute qu'un si grand nombre d'hommes ne fût suffisant à mettre toute la Grèce *dans* terre (*en latin* : obrui). (II, 199.)
>   Quand la faveur....
>   Vous feroit devant le trépas
>   Avoir le front *dans* les étoiles.... (I, 117, vers 254.)
>   .... L'astre qui fait les jours
>   Luira *dans* une autre voûte
>   Quand j'aurai d'autres amours. (I, 307, vers 31.)

Il lui demanda de pouvoir entrer dans Sardis,... porté *dans* un chariot. (II, 201.)
>   Celui qui.... de crainte.... se cache au fond *dans* une tanière.... (II, 463.)
>   .... *Dans* la cour (*à la cour*).... (I, 147, vers 40.)
>   [Tes conquêtes] *Dans* les oracles déjà prêtes. (I, 50, vers 106.)
>   Chercher la mort *dans* les épées des ennemis. (II, 528.)
>   Bornez-vous.... *dans* un juste compas. (I, 295, vers 13.)
>   Cet homme,... enveloppé *dans* le feu,... a treuvé moyen.... de s'en dégager. (II, 294.)
>   [Je ne désiste pas] D'être *dans* moi-même content
>   D'avoir bien vécu dans le monde. (I, 286, vers 26.)
>   .... Plein d'aise *dans* le cœur. (I, 124, v. 272; voy. I, 17, v. 370.)
>   Monstre qui *dans* la paix fais les maux de la guerre. (I, 239, vers 2; voyez I, 145, vers 7.)

Dites-moi *dans* combien de temps (*au bout de combien de temps*) l'on déclare un homme ingrat. (II, 60.)
>   Il arriva *dans* cinq ou six jours une infinité de lettres. (I, 351.)
>   Nous aurons *dans* la fin de ce mois le duc Bouquinghan, pour venir épouser Madame. (IV, 14.)
>   « Ayant l'arc *dans* le poing, » blâmé par Malherbe chez des Portes. (IV, 443.)

DARDS (Les) de l'Amour :
Amour est en ses yeux, il y trempe ses *dards*. (I, 132, vers 10.)

DATIF, employé fréquemment par Malherbe dans le sens de régime indirect marqué par *à*. (IV, 278, 347, etc.)

DAVANTAGE, plus, en outre, de plus, le plus :
Qui ne rend point un plaisir pèche *davantage*; qui n'en fait point pèche le premier. (II, 5.)
Je fis quand et quand extraire la copie de ce qui fut écrit.... On verra *davantage* que.... mondit beau-frère a toujours joui de sa bastide. (I, 347.)
En la levée des six mille, il s'en est trouvé en la montre.... plus de deux mille *davantage*. (III, 161 ; dans l'autographe, *d'avantaeg*, avec apostrophe.)
Si pour être juste elle est bien reçue de vous, elle le sera encore de quelque chose *davantage* pour la considération que, etc. (IV, 85 et 86.)
Ne voyez-vous pas des jésuites aussi près des rois que tous ceux de qui vous estimez *davantage* (*le plus*) la condition? (IV, 80.)
Voyez I, 453 ; II, 25, 57, 60, 75, 149, 152, 188; IV, 278, 337.

DAVANTAGE DE OU QUE :
Il demande à ses jours *davantage de* terme. (I, 10, vers 166.)
Voyez tome I, p. 10, vers 150 ; p. 52, vers 149; tome II, p. 4, 39; tome IV, p. 58.
Je n'en sais pas *davantage que* quand je suis sorti du lit. (III, 279.)
Vous trouverez que la colère des rois n'en a pas fait *davantage* mourir, *que* le dépit et l'indignation des propres serviteurs. (II, 274.)
Voyez tome II, p. 84, 267, 268; tome IV, p. 137, 281, 354.
.... Il ne peut *davantage*
Que soupirer tout bas.... (I, 6, vers 46 et 47.)

DE, préposition (voyez DONT, EN).

1° DE, construit après des noms, qu'il rattache, par des rapports divers, soit à d'autres noms ou à des pronoms, soit à des infinitifs.
Pour faciliter les recherches, nous rangeons dans l'ordre alphabétique ces noms suivis de *de*, ainsi qu'aux alinéas suivants les adjectifs, les verbes, etc.

La valeur est.... une *adresse de* repousser les dangers. (II, 48.)
Quelle *apparence* y a-t-il *de* nommer bienfait une chose de laquelle on a honte de confesser l'auteur? (II, 24.)
Il s'en est proposé aussi un autre (*avis*) par M. de Lorsac, *de* faire venir, etc. (III, 281.)
Nos palais, où nous mourons de peur pour le moindre *bruit* que nous oyons, ou *d'*un ais de qui la structure se lâche, ou *de* quelque tableau. (II, 723.)
Cela ne peut pas être *cause d'*y trouver (*que l'on y trouve*) toujours quelque beauté nouvelle. (IV, 337.)
La seule grandeur est *cause* suffisante *de* ruiner (*est une cause suffisante de ruine pour*) ce qu'on estime le plus assuré. (II, 201.)
Le plus court *chemin d'*avoir des biens, c'est de les mépriser. (II, 493.)
Je voudrois bien qu'on me dît quelle *comparaison* il pouvoit y avoir *d'*un jeune éventé.... et *de* celui qui ne cherchoit autre fruit de ses victoires que le repos du monde. (II, 21.)
Voyez plus loin *de* après *différence, distinction, rapport* ; voyez aussi l'article COMPARAISON.

Il s'en va sans nous connoître, et ne faisant plus *compte de* nous voir jamais. (II, 101 ; voyez I, 85, vers 29 et 30.)

En faisant son mariage (*le mariage de mon frère*), mon père lui a donné un état de conseiller au siége présidial de Caen...; mais il faut que mon frère m'en tienne *compte de* la moitié (*pour une moitié*). (I, 334.)

Ce bienfait, tout stérile qu'il est, ne laisse pas de.... nous donner du *contentement de* l'avoir fait. (II, 101.)

Il faut.... se proposer une *contention* généreuse *de* n'égaler pas seulement, mais s'il est possible vaincre en affection, etc. (II, 10.)

Les éléphants par le bon traitement se laissent aller jusques à la servitude. Tant les choses mêmes qui ne savent que c'est d'obligation ne sont pas inexpugnables à la *continuation de* les obliger. (II, 6.)

Ce qui nous doit donner plus de *courage de* nous réformer....(II, 445.)

.... Sinon que nous voulions introduire une *coutume de* ne faire plus de plaisir sans y appeler des témoins. (II, 60.)

Le *délai* que vous demandez *de* pourvoir à vos affaires. (II, 325.)

J'ai su faire la *délivrance*
Du malheur de toute la France (*j'ai su délivrer toute la France du malheur*). (I, 154, vers 46 et 47.)

*Demande d'*un bienfait (*demande de revanche, de reconnaissance pour ce bienfait*). (II, 56.)

Le *désespoir de* voir jamais rien de si beau. (III, 81.)

Ils les envoient à l'école, avec menaces s'ils ne font leur *devoir d'*étudier. (II, 192.)

Il y a la même *différence* entre un qui est parfaitement sage et un qui est après de l'être, que *d'*un homme sain, et *d'*un autre.... (II, 560.)

*Différence d'*entre celui qui est sage et celui qui est en voie de l'être. (II, 558.)

Il y a bien de la *différence de* choisir un homme ou *de* ne l'exclure point. (II, 120.)

Quelle *différence* faites-vous *d'*être assommé de la chute d'une montagne ou d'une tour? (II, 472; voyez II, 47, 289; III, 407 et 408.)

La *discrétion de* se commander (*la modération qui consiste à se commander*). (II, 705.)

Quand on est en *dispute de* ce qui est raisonnable, on procède par la conjecture des volontés. (II, 58; voyez II, 10.)

Il y en a.... qui.... veulent qu'on fasse *distinction de* bienfaits, *de* devoirs et *de* services. (II, 67.)

La philosophie est une *école de* bien faire. (II, 337; voyez II, 564.)

Sans *égard du* passé (*sans avoir égard au passé*).... (I, 40, vers 31.)

On m'a dit qu'il continue toujours ses premiers *erres* (*errements*) *de* parler contre un homme qu'il ne nomme point. (III, 147.)

L'*étonnement de* voir une éclipse de soleil lui fit fermer son palais. (II, 140.)

Elle ne doute point de sa bonne cause, mais elle craint la *faveur de* ses parties. (III, 80.)

.... Ma *gloire* est si grande
*D'*un trésor si précieux. (I, 307, vers 21 et 22.)

Oh! qu'un jour mon âme auroit de *gloire*
*D'*obtenir cette heureuse victoire. (I, 227, vers 33 et 34; voy. II, 5, 37.)

.... Leur piteux état aujourd'hui me fait *honte*
*D'*en avoir tenu compte. (I, 318, vers 3 et 4.)

Ce ne lui est point de *honte d'*être vaincu de bienfaits. (II, 139; voyez II, 360.)

Je vois des contrats.... qui ne servent qu'à piper les esprits foibles par une *imagination* ridicule *d'*avoir des choses qui ne sont point. (II, 226.)

Nous avons tous une *inclination* naturelle *d'*aimer nos bienfaits. (II, 105.)

Nous.... sommes portés aussi naturellement à l'*indulgence d'*un bienfait mal réussi, que *d'*un enfant qui nous déplaît. (II, 106.)

L'expérience qu'elle a des choses du monde lui a donné.... plus d'*instruction de* surmonter les adversités. (IV, 194.)

Je serai bien aise de lui bailler quelque chose qui l'apprivoise, et qui peut-être soit un *instrument de* l'adoucir. (II, 238.)

Il vous faudroit bien une longue lettre pour vous remplacer cette longue *intermission* que j'ai faite *de* vous écrire. (III, 488.)

Razilly.... a trouvé une *invention de* faire qu'un vaisseau percé à jour n'ira point à fond. (III, 195; voyez II, 669.)

La plus vilaine fin qu'un homme de jugement sauroit mettre à ses larmes, c'est la *lassitude de* pleurer. (II, 497.)

Ces premières *leçons* qu'on leur fait (*aux enfants) de* connoître leurs lettres.... ne leur enseignent pas les sciences libérales. (II, 693.)

Je ne suis pas de *loisir d'*écouter vos niaiseries. (II, 441.)

Depuis tant d'années que je suis continuellement à la cour..., [j']ai eu du *loisir* assez *de* remarquer, etc. (IV, 224.)

Il n'y a point de *mal de* ne rien rendre. (II, 4.)

Ils furent épousés à Valery.... Le *mariage* est *de* deux cent mille francs. (III, 15.)

Je lui desire si bonne fortune.... que la *matière d'*obliger les hommes lui afflue de toutes parts. (II, 197.)

Le plus grand *meurtre* se fit emmi les champs, *de* ceux qui étoient allés à la picorée. (I, 423.)

Tu veux savoir *de* qui est ce *monument (qui y est enseveli)*. (I, 364.)

Je défendis.... à mon cœur de rien imaginer que l'*obéissance de* vos commandements. (IV, 154.)

Il faut donner *ordre (faire en sorte) de* lui ressembler. (II, 377.)

Si vous avez *patience de* m'écouter et que vous considériez, etc. (II, 47.)

Si ce que je vous écris vaut la *peine de* le lui communiquer, vous le ferez, s'il vous plaît. (III, 318.)

Toutes les plus grandes [villes] qui soient aujourd'hui seront quelque jour si rasées, qu'on aura de la *peine d'*en reconnoître les traces. (II, 728.)

Si je veux passer mon temps de quelque fol, je ne suis point en *peine de* le chercher bien loin. (II, 443.)

Il épluche curieusement toutes ces choses..., et met *peine de* s'en informer. (I, 471.)

Oh! qu'un jour mon âme auroit de gloire...,
Si la *pitié de* mes peines passées
Vous disposoit à semblables pensées! (I, 227, vers 35.)

S'il étoit vrai que la *pitié*
De voir un excès d'amitié
Lui fît faire ce qu'on desire.... (I, 270, vers 37 et 38.)

Quelles *plaintes* fait-on plus ordinaires que *de* l'ingratitude? (II, 152.)

Ce sont bien souvent mêmes choses que les *plaisirs des* amis (*faits par les amis*) et les *vœux des* ennemis. (II, 28.)

Un homme.... a bien du *plaisir de* penser en soi-même : « Je mettrai, etc.... » (II, 101.)

.... Sans qui nous ne prendrions point de *plaisir de* vivre. (II, 18.)

Si je veux passer mon temps de quelque fol..., je me donne du *plaisir de* moi-même. (II, 443.)

Voyez tome II, p. 32, 38, 63, 82, 101, 268; tome III, p. 46.

D'où s'est coulée en moi cette lâche *poison*
*D'*oser, etc. (I, 296, vers 25 et 26.)

Quand le monstre infâme d'envie

.... te voit emporter le *prix*
 Des grands cœurs et des beaux esprits.... (I, 111, vers 95 et 96.)

La méchanceté ne plaît à personne, mais seulement le *profit d*'être méchant. (II, 108.)

Ne l'ayant point trouvé au *quartier de* Saint-Antoine, je m'en suis venu au Louvre.... Comme j'ai eu fait quelque chemin dans la *rue de* Saint-Honoré, je suis retourné sur mes pas.... comme pour aller vers la *porte de* Saint-Honoré. (III, 276.)

Toute la *question* n'est que *d'*un cimetière. (I, 57, vers 15.)

Quel *rapport* y a-t-il *d'*une colonne ou *d'*un arc en une ville, et *de* votre cœur dans vous (*quel rapport y a-t-il entre*, etc.)? (IV, 320.)

L'infamie du mal est plus que toute la *récompense* qui nous est proposée *de* le faire. (II, 105.)

Muses, quand finira cette longue *remise*
De contenter Gaston et *d'*écrire de lui? (I, 259, vers 1 et 2.)

Voyez plus haut, p. 139, *de* après *délai*.

Je sais bien la *réponse de* la question que vous me faites. (II, 558.)

Un plaisir m'est agréable..., quand celui qui me le fait.... n'a pas seulement égard à me secourir en ma nécessité, mais y ajoute encore le *respect de* considérer de quelle façon je veux être secouru. (II, 26.)

L'épargne est une *science de* ne rien dépendre mal à propos. (II, 48.)

Les bêtes mêmes qui n'ont point de raison ont *sentiment du* bien qu'on leur fait. (II, 6.)

Comptez la *séparation des* nuits, les occupations diverses..., vous trouverez que vous n'êtes guère plus souvent avec votre ami que s'il étoit dehors. (II, 464.)

.... Si ta faveur tutélaire
 Fait *signe de* les avouer (*les Muses*).... (I, 187, vers 127.)

.... La *tablature* que vous me donnez *de* faire le semblable (*la même chose*) en votre endroit. (III, 350.)

Je ne voulus pas différer de la lui faire bailler (*votre lettre*), afin qu'elle eût du *temps d'*y faire réponse. (IV, 7; voyez II, 2, p. 4.)

Si quelqu'un est sur les *termes d'*acheter une maison..., il ne dispute point en quelle saison il l'achètera. (II, 102; voyez IV, 165.)

Nous.... abusons des *termes de* remercier, pour donner du mérite à notre action. (II, 148.)

La *terreur des* choses passées. (I, 79, vers 101.)

.... Un *vainqueur*
 Ou *de* la course ou *de* la lutte. (I, 124, vers 273 et 274.)

.... S'il est ainsi que *des* choses futures
L'école d'Apollon apprend la *vérité*. (I, 104, vers 1 et 2.)

.... Le nombre des ans sera la seule *voie*
 *D'*arriver au trépas. (I, 232, vers 62 et 63.)

2° DE, construit après des adjectifs :

.... Nos navires, braves (*parés et fiers*)
 De la dépouille d'Alger. (I, 315, vers 1 et 2.)

Bien sain et *entier de* tous ses membres. (II, 517.)

.... Ce plaisir est *fertile de* peines. (I, 301, v. 31; voy. II, 147, l. 9; 205, l. 18; IV, 115, l. 10 et 11.)

Entre toutes ces rodomontades, et autres que chacun inventoit pour plaire à cet homme (*Xerxès*), déjà *furieux de* la bonne opinion qu'il avoit soi-même.... (II, 200.)

Un pilote bien suffisant et bien *habile de* son métier. (II, 580.)

Vaincu de fortune, mais *immuable de* courage. (II, 553.)

Caïus César, homme *insatiable de* l'effusion du sang humain. (II, 122.)
Une écriture faite sur les *mêmes* lignes *d*'une autre. (II, 174; voyez I, 6, vers 57 et 58; 229, vers 4 et 5.)
Je suis toujours *prêt de* partir. (II, 492; voyez III, 133.)
.... *Riches de* la perte
De Tunis et de Biserte. (I, 315, vers 5.)
Ne pouvoit-il pas.... être mis en quelque.... prison, d'où tout l'or du monde n'eût pas été *suffisant de* le racheter? (IV, 203.)
Beaux et grands bâtiments d'éternelle structure,
Superbes de matière.... (I, 138, vers 2.)
Voyez ci-après, 3°, DE *après des participes (passés)*, et p. 146, 9°, DE, *sens de* par.

3° DE, construit après des verbes, des périphrases verbales, ou des participes, et marquant des rapports divers :

Ils y employoient des arbres si gros et si branchus, que les soldats, déjà chargés de leurs armes, *étoient accablés de* les porter. (I, 402.)
La reconnoissance.... ne *s'accompagne* ordinairement que *d*'une belle humeur. (II, 54; voyez II, 91, 590 et 591.)
Étant de si longue main *accoutumé de* vivre parmi les épines. (IV, 4.)
Vous aurez le grand Roman des Chevaliers de la gloire, mais qu'il *soit achevé d*'imprimer. (III, 263.)
Aidons l'un *de* nos moyens...; donnons du conseil à l'autre. (II, 6.)
 [Voyez] comme notre esprit *agrée*
De s'entretenir près et loin....
 Avec l'objet qui le récrée. (I, 288, vers 87 et 88.)
[La folie] *prend l'alarme de* ceux mêmes qui viennent à sa défense. (II, 485.)
Vous.... avez pensé qu'il y *alloit* du vôtre *de* n'obtenir point ce que vous avez montré de desirer. (IV, 235.)
Il passe la nuit en garde..., et ne s'ose pas seulement *appuyer de* ses armes, de peur que le repos ne lui donnât occasion de s'endormir. (II, 399.)
Son grand-père.... *fut assigné* pour son partage *de* quarante-cinq mille écus par an. (III, 96.)
.... *Assurés* par lui *de* toute violence (*contre toute violence*). (I, 70, vers 11.)
Que fait-il, ignorant, qu'*attendre* de pied ferme
De voir à son beau temps un orage arriver? (I, 10, vers 167 et 168.)
Ils font plus.... qu'ils n'*ont de* coutume. (II, 71; voy. II, 203, 269; III, 383.)
Il n'y a ici personne qui veuille *avouer d*'y avoir de l'intérêt. (IV, 143 et 144; voyez II, 44.)
 [Il] *Cherche d*'être allégé. (I, 41, vers 40.)
Nous.... *commençons de* faire les choses avec religion. (II, 101; voyez I, 126, vers 8.)
La *comprendras*-tu *du* nombre de ceux que l'appréhension du danger fit retirer d'auprès de moi? (I, 362.)
Si nous avons d'autres amis, nous leur faisons tort de penser qu'il n'y ait pas en eux de quoi se *consoler de* celui que nous avons perdu. (II, 496.)
Nous avons l'exemple des Dieux, qui pour l'impiété d'un nombre infini de sacrilèges et de gens qui les méprisent, ne laissent pas de *continuer d*'aimer les hommes. (II, 4.)
Il se présente bien souvent des nécessités où nous *sommes conviés de* suivre cet exemple. (II, 598.)
Ces délicats..., ne dormant que des yeux, se *font croire d*'ouïr ce qu'ils n'ont point ouï. (II, 468.)
Quelques soldats qui se *débauchoient des* gardes pour aller trouver Monsieur le Prince furent découverts. (III, 422.)
Notre nation *est décriée de* vouloir trop faire la sage. (IV, 112.)

Ces arrogants, qui se *défient* (*qui craignent*)
De n'avoir pas de lustre assez, etc. (I, 67, vers 41 et 42.)
Le désespoir de voir jamais rien de si beau.... me *dégoûtera de* me travailler plus en semblables occasions. (III, 81.)
C'est la crainte que nous en avons (*de la mort*) qui nous fait *déplaire de* la vie. (II, 361.)
Ce grand Démon (*l'Amour*), qui se *déplaît*
D'être profane comme il est, etc. (I, 300, vers 5 et 6.)
De combien de pareilles marques,
Dont on ne me peut *démentir*, etc. (I, 112, vers 132.)
Se *dérobant de* sa garde.... (II, 507.)
Malade *désespéré de* guérison. (II, 100.)
Ceux qui *désirent de* guérir. (I, 303, vers 30; voyez II, 32, 206.)
Diminué de sang et *de* force. (II, 356; voyez IV, 236.)
Je ne *dispute de* mérite avec personne. (IV, 16; voyez I, 59, vers 26.)
Des masses.... de pierre, *distinguées de* matière et *de* couleur. (II, 95.)
La servitude même ne l'a pu *divertir* (*détourner*) *de* faire bien. (II, 70.)
Elle étoit assez bien auprès du Roi, mais l'on *doute de* (*l'on soupçonne*) quelque brouillerie. (III, 35.)
[La mort,] *de* laquelle personne n'*échappe*.... (IV, 260.)
Il *est échappé d*'être aveugle, mais il ne voit pas encore bien. (II, 614.)
Qu'ai-je à faire d'*endurer d*'elle (*de la fortune*)? (II, 448; voyez IV, 80.)
[La sagesse] nous *éclaircit de* ce qui est mal en effet, et qui ne l'est que par opinion. (II, 717.)
Ne nous *ennuyons* point *de* donner, faisons ce qui dépend de nous. (II, 6.)
Vous *enseignez d*'être cruel à un qui ne le peut apprendre. (II, 283.)
Étonnés de courage (*ayant le cœur étonné*). (I, 16, vers 331.)
L'appréhension *est des* choses douteuses (*est pour les choses douteuses; ce qui s'appréhende, ce sont les choses douteuses*). (II, 381.)
.... Pour me faire apporter en ce qui *sera de* votre contentement tout ce qui *sera de* mon pouvoir. (IV, 145.)
.... Ses vices
Sont de l'essence du sujet (*font partie intégrante de la personne*).
(I, 60, vers 66.)
Adressez-vous à ces premiers qui *sont de* loisir. (II, 452; voy. II, 441, 493.)
Si vous êtes vertueux, ayez tous vos membres ou soyez estropié, vous êtes *d*'autant de mérite d'une façon que de l'autre. (II, 516.)
Nous *sommes de* si mauvaise nature.... que nous aimons mieux perdre le bien, etc. (II, 31.)
Celui qui en donnant a trouvé une volonté semblable à la sienne, en ce qui *est de* son pouvoir il a fait ce qu'il s'étoit proposé. (II, 46.)
La vie des fols n'est que chagrin.... Mais quand nous disons la vie des fols, *de* quelle vie entendons-nous *être?* (II, 320.)
J'ai beau par la raison *exhorter* mon amour
De vouloir réserver à l'aise du retour
Quelque reste de larmes, etc. (I, 256, vers 31 et 32.)
Il *fait* lui-même *de* l'étonné. (II, 624.)
La vertu *fait de* ses ouvrages (*fait à l'égard de ses ouvrages*) comme un père *de* ses enfants. Elle les regarde tous de mêmes yeux. (II, 517.)
Il se fit deux effigies par commandement; il s'en fit une troisième par un Baudin, qui se voulut *faire de* fête sans en être prié. (III, 179; voy. III, 397.)
Une belle action ne lui sera non plus suspecte qu'un homme de bien. Il se *fiera d*'elle, comme il feroit de lui. (II, 516.)
Il la bailla (*la lettre*) à ce serviteur, comme à celui *dont* il croyoit que son maître se *fioit* le plus. (I, 434; voyez, ci-dessus, p. 112, CONFIER.)

[Vivez] d'une façon que vous ne fassiez rien *de* quoi vous craigniez de vous *fier*, même à votre ennemi. (II, 270; voyez II, 269; IV, 168.)

    Qu'un amant *flatté d*'espérance
    Obstine sa persévérance,
    Cela se peut facilement. (I, 98, vers 25 *var.*)

Quel besoin est-il de voir des ivrognes chanceler en une grève, *fourmiller* sur un étang *de* bateaux pleins de collations et de concerts? (II, 447.)

Vous *fuyez de* travailler. (II, 44; voyez I, 306, vers 11 et 12.)

Nous nous *impliquons de* toutes sortes de sollicitudes. (II, 416.)

    Sans les *importuner de* rien,
    J'ai su faire, etc. (I, 154, vers 45.)

N'*importunez* point les Dieux *de* vous accorder ce que vous leur aviez demandé par le passé. (II, 297.)

Une âme tendre et qui n'*est* pas bien *imprimée du* caractère de la vertu n'est pas bien parmi la multitude. (II, 283.)

Il faut.... *instruire* ceux qui reçoivent *de* le faire de bon cœur. (II, 10.)

Je vous ai promis de me trouver à vos fiançailles. Je ne *laisserai* pas *d*'y aller pour quelque indisposition. (II, 131.)

Voyez tome I, p. 449, 477; tome II, p. 4, 5, 17, 89, 110, 117, 167, 290, 402, 481, 495, 592; tome IV, p. 142, etc.

Qui est-ce qui n'*aura mal au cœur d*'un ingrat? (II, 106; voy. II, 472.)

Trouvez-vous à cette heure que je vous *aie menti de* ce que je vous avois dit? (II, 148.)

La philosophie et la gentillesse de l'esprit ne sont pas incompatibles; mais les paroles ne sont pas chose qui *mérite d*'y employer trop de temps. (II, 580.)

On n'*est* pas *mieux de* faire bonne chère en un festin, que *d*'être parmi les gênes, etc. (II, 515.)

Vous.... avez pensé qu'il y alloit du vôtre de n'obtenir point ce que vous *avez montré de* desirer. (IV, 235.)

Demandez-vous *de* quoi cela *nuit?* (II, 426.)

Vous me pouvez *obliger de* me guérir si je suis blessé, mais non pas *de* me blesser pour être guéri. (II, 194.)

Nous *pensons* déjà *de* nous rembarquer. (II, 4.)

Voyez tome I, p. 36, vers 3; tome II, p. 101, 317, 557; tome IV, p. 124.

En l'élection d'une demeure, il faut *penser de* l'esprit (*avoir égard à l'esprit*) aussi bien que *du* corps. (II, 447.)

La nature nous a certainement donné du sujet de nous *plaindre d*'elle, *de* n'avoir mis l'or et l'argent plus avant dans la terre. (II, 227.)

La vertu.... se *plaît de* passer ce qui va devant. (II, 86.)

Voyez tome IV, p. 304, note 2. Voyez aussi plus haut, 1°, p. 140 : *avoir du plaisir de*, *prendre plaisir de*.

Il *pleurera de* ses enfants qui seront morts. (II, 568.)

Si vous avez fait plaisir à un homme d'honneur, ne vous *précipitez* point *de* le lui ramentevoir. (II, 162.)

    .... Je ne sais quels Scythes....
    Présument *de* nous égaler. (I, 66, vers 20.)

Les tribuns du peuple *protestèrent de* n'y consentir jamais. (I, 430.)

Quittez-les (tenez les Dieux quittes) *de* vos vœux précédents. (II, 297.)

Nous les *refroidissons de* la reconnoissance (*nous refroidissons en eux la reconnoissance*) qu'ils doivent à leurs pères. (II, 86.)

Caton *fut* une fois *refusé de* la préture. (II, 156.)

En tout payement nous ne *regardons* pas *de* rendre les mêmes espèces. (II, 173.)

Il faut.... vous *résoudre de* vieillir en cette inquiétude. (II, 335.)
Voyez Résoudre (Se).

Entre ci et mardi nous *serons résolus de* la paix ou *de* la guerre. (III, 98; voyez IV, 93, l. dernière.)

.... Ne *restoit* plus que *d*'élire
Celui qui seroit le Jason, etc. (I, 124, vers 267.)

Ne considérons pas ce que nous avons acquis, mais ce qui nous *reste d*'acquérir. (II, 268.)

Celui qui a l'âme reconnoissante.... *est satisfait de* sa bonne intention, et fait une chose vertueuse pour le seul amour de la vertu. (II, 111.)

Le peuple [*fut*] *satisfait de* ce qu'il avoit desiré. (I, 352; voyez IV, 140.)

Ma maladie m'a repris... : c'est la courte haleine; quand cela me prend, il *semble d*'un coup de vague. (II, 459.)

De quoi *servent*-ils (*le casque et le bouclier*)..., sinon *de* dilayer la mort de quelque moment? (II, 282; voyez II, 11, 164 et 165, 246, 315.)

Tous [mes pensers] me *sollicitent d*'un funeste dessein. (I, 159, v. 21.)

Ce sont tous gens qui.... se *soumettent de* faire tout ce qui leur est commandé par un confesseur. (III, 172.)

C'est une patience qui ne se trouve qu'en un homme de bien..., de *supporter d*'un ingrat si longtemps. (II, 135; voyez II, 234, 247.)

Un maître *est tenu de* nourrir et *d*'habiller son serviteur. (II, 71.)

.... *Trompé de* mon attente,
Je me consume vainement. (I, 302, vers 17.)

Quelque pédant *trouvera* ici *d*'une figure ὕστερον πρότερον; pour moi, j'y trouve une sottise. (IV, 396.)

Ne *vaudroit*-il pas mieux *de* se laisser tromper? (II, 65.)

.... *De* quelques bons yeux qu'on *ait vanté* Lyncée,
Il en a de meilleurs. (I, 279, vers 47.)

Je *verrai*, si je puis, *de* ne donner point à un ingrat. (II, 120; voy. II, 19.)

4° De, avec des adverbes de quantité :

Les [voluptés] passées font *de* mal *autant* que les futures. (II, 368.)
Voyez tome II, p. 276, l. 24; 463, l. 19 et 20.

Nous avons aussi *peu de* sujet de nous reposer qu'avoit l'armée d'Annibal. (II, 448.)

Ce ne m'est *plus de* nouveauté,
Puisqu'elle est parfaitement sage,
Qu'elle soit parfaite en beauté. (I, 127, vers 12.)

Combien est-ce *plus de* honte de démentir ce qu'on a écrit! (II, 360; voyez 5°, dernier exemple; et II, 99, l. dernière; 310, l. 6.)

Soit qu'il ait estimé n'en avoir *plus de* besoin....(IV, 20; voy. II, 91, l. 10.)

Tant *plus* nous avons *de* besoin d'une chose, tant *plus* nous avons d'obligation à celui qui nous la donne. (II, 85; voy. 5°, *n'être pas de besoin*.)

Si je le connois de si fâcheuse desserre (*si mauvais payeur*) qu'il faille *plus d*'un (*plus qu'un*) simple avertissement pour en tirer quelque chose, j'aimerai mieux ne lui dire mot. (II, 163.)

Nous.... avons *tant de* peur de démordre, etc. (II, 31.)

Le muletier est nu-pieds, et si ce n'est point qu'il ait *trop de* chaud. (II, 674.)

5° De, après une négation :

Il *n'étoit point de* besoin de lui rien dire. (III, 390; voyez II, 99, l. 2; 310, l. 23; 381, l. 12 et 13; IV, 278, l. 15.)

Vous *ne* voulez *point* savoir *de* gré des choses que vous êtes si passionnés à posséder. (II, 95.)

Ce *ne* lui est *point de* honte d'être vaincu de bienfaits. (II, 139.)

6° DE, qualificatif, équivalant parfois, avec le nom qui le suit, à une sorte d'adjectif :

[Prisé] Des gens *de bien* et *de vertu*. (I, 286, vers 29.)

Il s'en est trouvé (*des médecins*) qui pour faire des cures *de réputation* (*des cures fameuses*), etc. (II, 207.)

.... Ces âmes *d'enfer* (*infernales*). (I, 277, vers 6.)

Qui seroit si mauvais censeur contre ses enfants, qu'il aimât mieux.... le grand et *de belle taille* que le court et le petit? (II, 517.)

.... Vêtus de capots, jupes, et chausses de drap jaune, en broderie *de blanc et noir*. (III, 463.)

Qu'appelez-vous donc bienfait? Une action *de bienveillance*, etc. (II, 12.)

Je m'en vais vous montrer qu'il n'est rien *de si peu de frais*, si vous craignez de dépendre, ni *de si peu de peine*, si vous fuyez de travailler. (II, 44.)

Si en notre ville assiégée..., vous me voyez bien *de loisir* dans une chaire mettre en avant ces plaisantes questions..., ne diriez-vous pas que j'aurois perdu le sens? (II, 440; voyez ci-dessus, 3°, p. 143, *être de loisir*.)

7° DE, pour *à*, blâmé par Malherbe dans ce vers de des Portes :

La faute n'est *de* moi, mais *de* l'âme transie. (IV, 353.)

8° DE, où nous emploierions plutôt *avec*, *au moyen de*, *dans*, etc. :

[Ces arrogants] *d*'une audace ridicule,
Nous content qu'ils sont fils d'Hercule. (I, 67, vers 45.)

Si vous desiriez de vous acquitter *du sien* (*au moyen du sien, en payant avec ce qui est à votre serviteur*), vous confesseriez que ce seroit un payement où il n'y auroit point d'apparence. (II, 206.)

Si je veux passer mon temps *de* quelque fol, je ne suis point en peine de le chercher bien loin : je me donne du plaisir *de* moi-même. (II, 443.)

De toutes les bouteilles vides qui sont au monde, il n'y a pas moyen d'en remplir une. (II, 685.)

Vous trouverez un concierge gracieux, qui vous traitera *de* bouillie, et vous donnera de l'eau tout ce que vous en voudrez. (II, 344.)

Voyez I, 16, v. 328; 24, v. 32; 70, v. 19; 74, v. 115; 77, v. 47 et 59; 81, v. 147; 82, v. 198; 92, v. 145; 105, v. 8; 116, v. 241; 214, v. 135; 237, v. 16 et 31; 270, v. 56; 278, v. 34; 281, vers 110; 305, v. 21; II, 27, l. 4; 45, l. 24; 49, l. 12; 59, l. 16; 214, l. 9; 577, l. 24; 584, l. avant-dernière; 648, l. 27, etc.

9° DE, sens de *par* :

Que d'hommes fortunés en leur âge première,
Trompés *de* l'inconstance à nos ans coutumière, etc.! (I, 10, vers 158.)

[Ses flots] Sont trouvés *de* ceux qui les boivent
Aussi peu salés que devant. (I, 114, vers 189.)

Après nos malheurs abattus
D'une si parfaite victoire, etc. (I, 202, vers 39.)

Les traits.... *desquels* elle débelle (*par lesquels la fortune dompte*).... le reste des hommes.... (II, 424.)

.... Leur sort fut si bon, que *d*'un même naufrage
Ils se virent sous l'onde, et se virent au port. (I, 11, vers 197.)

Enfin cette beauté m'a la place rendue
Que *d*'un siége si long elle avoit défendue. (I, 28, vers 2.)

Vous aurez ce déplaisir d'avoir obligé un homme incapable de toute revanche; mais vous le consolerez, s'il vous plaît, *du* contentement (*vous consolerez ce déplaisir par le contentement*) de vous être acquis un très-humble et très-affectionné serviteur. (IV, 101.)

J'ai vaincu mon père *de* bienfaits. (II, 89.)

Vaincu *de* fortune, mais immuable *de* courage. (II, 553.)

De ce peu que je dis, votre bel esprit s'imaginera.... ce que je ne dis point. (IV, 153.)

Vous voulez qu'on croie que vous lui portez honneur (*à Dieu*) comme à votre père? C'est, à mon avis, *de* bonne affection. (II, 110.)

Alexandre.... fit un jour présent d'une ville à quelqu'un, qui *de* peur de l'envie la refusa. (II, 29.)

Une bande de femmes équipées.... en amazones lui firent, *de* braverie (*par bravade*), un salve de mousquetades. (I, 357.)

Voyez, plus loin, p. 248, 15° De, *locutions détachées et adverbiales*.

Voyez I, 15, v. 292; 16, v. 334; 24, v. 30; 35, v. 73; 47, v. 49; 54, v. 207; 62, v. 9; 77, v. 38; 78, v. 65; 83, v. 208; 89, v. 66; 103, v. 9; 110, v. 51 et 56; 112, v. 131; 114, v. 173 et 181; 118, v. 48; 121, v. 161; 123, v. 223 et 239; 129, v. 8; 145, v. 10; 146, v. 9; 147, v. 14; 152, v. 6; 153, v. 39; 160, v. 46; 202, v. 39; 207, v. 3; 215, v. 165; 217, v. 216; 229, v. 8; 233, v. 73; 237, v. 31; 269, v. 9; 271, v. 64 et 90; 274, vers 18; 276, v. 6; 283, v. 137; 306, v. 8; 311, v. 1; II, 4, l. 19 et 20; 35, l. 3; 39, l. avant-dernière; 57, l. 28; 155, l. 29; 274, l. 1; 466, l. 30; 512, l. 30; 569, l. 20 et 21; 611, l. 19; etc.

10° De, par suite de, à cause de :

De son nom de rocher, comme d'un bon augure,
Un éternel état l'Église se figure. (I, 5, vers 25.)

Il demeure muet *du* respect qu'il leur porte. (I, 15, vers 310.)

Vous aurez *des* enfants des douleurs incroyables. (I, 3, vers 17.)

[C'est] *du* bienfait de nos précepteurs que nous savons quelque chose. (II, 84.)

Voyez I, 27, vers 24; 42, vers 55 et 62; 47, vers 54 *var.*; 158, vers 2; 311, vers 11; II, 154, l. 3; 570, l. 17.

11° De, marquant le point de départ, *depuis, dès, à partir de* :

.... Ceux qui..., *d*'un lieu bas où la fortune les avoit fait naître (*avait fait naître leurs pères*) parmi le peuple, leur ont donné les premières places. (II, 88.)

Il est des choses qui prennent leur commencement *d*'ailleurs. (II, 78.)

D'ici à cent ans (*dans cent ans d'ici*) mon neveu ne sera ni jésuite ni président. (IV, 80.)

Celui qui *de* ses premiers ans y est arrivé.... (II, 537.)

Nous sommes *de* longtemps accoutumés au vice. (II, 445; voy. IV, 79, l. 1.)

Voyez I, 15, vers 304; 171, vers 11; 311, vers 5; et ci-dessus, 3°, p. 142 et 143, *de* après *débaucher, se dérober, échapper*.

12° De, sens de *quant à, pour* :

De moi, que tout le monde à me nuire s'apprête. (I, 30, vers 45.)

De nous, c'est notre plaisir de.... (II, 103.)

On ne dit point qu'un vaisseau soit bon.... pour avoir une charge qui se compare *du* prix (*quant au prix*) aux richesses d'un roi. (II, 588.)

Voyez I, 42, v. 65; 62, v. 13; 152, v. 18; 157, v. 24; 248, v. 29; 307, v. 29; II, 8, l. 9; 44, l. dernière; 137, l. dernière; IV, 2, l. 12. — Voyez aussi, plus loin, 17°.

13° De, sens de *sur, au sujet de* :

Ce sont des finesses de jurisconsultes.... Rendez-moi plutôt content *d*'une chose (*satisfaites-moi au sujet d'une chose*) qui sera bien plus à propos. (II, 173.)

Nous n'avons voulu croire la raison *de* beaucoup de choses qu'elle nous disoit être superflues. (II, 533.)

C'est celui *de* qui Scaurus.... répondit : « Je sais bien qu'il n'est pas péripatéticien. » (II, 375.)

Leur répétant des langages qu'assez souvent il avoit accoutumé de leur tenir, tant *de* la vertu de ceux de sa maison, que *de* la valeur des Macédoniens. (I, 401.)

Voyez I, 131, v. 25; 177, v. 81; 210, v. 41 et 42; 259, v. 2; 270, v. 35; 296, v. 20.

14° DE, avec des noms de temps (voyez ci-après, 15°) :

Les dix-sept fontaines qui sont *du* vieux temps à Paris, toutes ensemble n'ont que deux pouces et demi d'eau. (III, 321.)

C'est à peu près ce qui *d'*un même temps se passoit en Thessalie, en Achaïe et en Asie. (I, 422.)

Il dit que *de* tout autre jour il ne pouvoit courir fortune qu'au vendredi (*aucun autre jour que le vendredi*). (III, 171.)

A quatre heures *de* matin. (III, 39.)

On fut mécredi, sur les cinq heures *de* soir, à la Bastille. (III, 508.)

15° DE, locutions détachées et adverbiales :

S'il s'en trouve quelqu'un qui *d'*acquisition ou *de* nature ait un flux de bouche si grand.... (II, 580; voyez I, 142, vers 41.)

J'avois cru *du* commencement que.... (I, 460.)

Voyez tome I, p. 338; tome II, p. 605, 711.

.... De tenir toujours le corps droit, car ils ne vouloient point qu'ils apprissent rien qu'il fallût faire *de* couché. (II, 692.)

L'édition de 1667 seule donne : « qu'il fallût faire couché. »

Qui, s'il a été pris *de* court, n'a.... demandé terme? (II, 3.)

Je veux vous dire franchement,
Et *de* ma façon librement,
Que votre histoire est une école. (I, 289, vers 107.)

Et *de* fait, demandez à qui vous voudrez.... (II, 108; voyez II, 117, l. 7.)

.... Autrefois cette femme fut belle,
Et je fus *d'*autre fois plus sot que je ne suis. (I, 3, vers 28.)

Figurez-vous un barbier qui.... fait ouïr *de* fois à autre je ne sais quelle voix grêle et bruyante. (II, 466; voyez II, 128.)

Donnons des choses que la continuation de l'usage rende *d'*un jour à l'autre plus agréables. (II, 27.)

Il y en a assez au monde qui en feroient *de* même, s'ils pensoient y avoir aussi bonne grâce que moi. (IV, 49; voyez I, 152, vers 18.)

On les traitoit tous *d'*une même sorte. (II, 75.)

Il étoit en cette ville, et y a séjourné..., y étant encore *de* présent 25° juillet. (I, 345.)

Vous retrancherez (*de mes lettres*).... ce que vous jugez qui peut choquer les personnages *de* question (*dont il y est question*). (IV, 97.)

Faire plaisir et le rendre sont choses qui *de* soi-même doivent être désirées. (II, 90.)

De braverie (*par bravade*). (I, 357.)
De léger (*à la légère*). (III, 395; IV, 70.)
De mesure (*avec mesure, modérément*). (II, 494.)

Voyez plus loin, p. 152, 25°, DE, *emplois divers*; et p. 153, D'ABORD, D'ACCORD, etc.

16° DE, devant un infinitif, équivalant presque à *en* avec le participe présent :

Tu perds temps *de* me *secourir*,
Puisque je ne veux point guérir. (I, 130, vers 5.)

Vous vous gâtez *de* vous *remuer* (*vous vous faites du mal en vous remuant*), vous donnez des heurts à un malade. (II, 372.)

La mort est le seul ennemi contre lequel je ne puis faillir *de me préparer* (*je ne puis avoir tort en me préparant contre elle*). (II, 542.)

La sollicitude.... est un bien qui amende *de vieillir* (*en latin* : quod vetustate fit melius). (II, 318.)

Voyez I, 17, v. 347; 235, v. 8; 249, v, 1; II, 4, l. 1; 5, l. 30; 12, l. 30; 25, l. 10; 31, l. 18; 40, l. 7; 53, l. 6; 70, l. 13; 85, l. 23 et 24; 99, l. 29; 104, l. 11; 125, l. 16; 206, l. 4; 317, l. avant-dernière; 428, l. 7; 444, l. 15; 463, l. 9; 496, l. 29; 617, l. dernière; 649, l. 3; etc.

17° DE, employé dans des inversions (voyez plus haut, p. 147, 12°, DE, *sens de* quant à, pour; et ci-après, 18°) :

Du temps que nous avons, une partie nous est ôtée, l'autre dérobée. (II, 265.)

*D'*un bienfait, le premier fruit c'est celui de la conscience. (II, 47.)

Il faut informer, non-seulement s'ils ont point été déjà payés, mais même s'il est vrai qu'ils aient fait plaisir : *de* ceux-ci les obligations demeurent pour toutes confessées. (II, 61.)

J'ai déjà répondu à votre lettre...; mais *de* celle de ce capitaine Tassi dont vous me parlez, je ne sais que c'est. (III, 59.)

C'est tout ce que je sais; car *du* supplice de Magnac, cela vous est vieil. (III, 308.)

Vous treuverez un concierge gracieux, qui vous traitera de bouillie, et vous donnera *de* l'eau tout ce que vous en voudrez. (II, 344.)

S'il étoit arrivé si souvent, il ne seroit pas possible que *de* tant de fois une il ne se fût fait à la vue du monde. (III, 73.)

J'accorde bien qu'on en ait *du* soin (*de son corps*) tout ce qu'on en peut avoir, mais je veux que ce soit en sorte que sans regret on le jette au feu, quand la raison ou la foi nous obligeront à le faire. (II, 312.)

Vos reproches ne pourroient *de* rien servir qu'à l'empirer. (II, 246.)

18° DE, précédant des propositions infinitives construites comme sujets ou comme compléments, et qui souvent servent à faciliter des inversions :

On se moquera de nous *de* nous lasser..., et quitter la guerre. (II, 448.)

Je.... ne remplirai ce reste de papier (*de ma lettre*) que *de* vous prier de baiser les mains pour moi à Monsieur le premier président. (III, 78.)

J'aime mieux que vous ne me blessiez point que *de* me guérir. (II, 194.)

Pensez comme nos beaux exercices d'aujourd'hui se rapportent à ceux que nos ancêtres faisoient faire à leurs enfants : *de* lancer le javelot, jeter la barre, etc. (II, 692.)

C'est notre faute *d'*exiger des écoliers ce qui n'appartient qu'aux maîtres. (II, 555.)

De se mettre en un bateau, ce n'est pas se hausser en l'air. (IV, 305.)

*D'*avoir les yeux tantôt doux et tantôt rigoureux, cela se peut. (IV, 254.)

L'acte est glorieux et magnanime *de* sauver la vie à un homme. (II, 27.)

La nature nous a certainement donné du sujet de nous plaindre d'elle, *de*.... ne les avoir couverts (*l'or et l'argent*) de quelque chose de si pesant, qu'il n'y eût moyen de jamais les faire sortir au jour. (II, 227.)

Voyez I, 30, v. 42; 37, v. 14 et 20; 41, v. 45; 43, v. 81; 60, v. 52 et 64; 111, v. 81; 143, v. 48; 153, v. 24; 157, v. 34; 242, v. 6; 304, v. 14 et 15; 305, v. 26; 352, l. 32; II, 2, l. 23; 26, l. 11; 27, l. 21; 35, l. 23; 44, l. 8; 135, l. 15; 136, l. 17; 155, l. 29; 235, l. 17; 493, l. avant-dernière; 542, l. 14; IV, 21, l. 17; 221, l. dernière.

19° De, omis où nous le mettrions aujourd'hui (soit seul soit avec un article) :

Par injustes moyens il avoit acquis le droit de la lui donner (*la vie*). (II, 35.)

Il ne se passe *guère jour* qu'il ne vienne quelque courrier de sa part. (III, 132.)

Homère.... en a appelé une (*une des Grâces*) Pasithée, et lui a donné mari, afin que vous ne pensiez pas que *ce soient religieuses*. (II, 8.)

Ce sont *si peu joies*, que souvent ce sont au contraire *commencements* d'ennuis. (II, 484.)

Voyez I, 42, vers 56 *var.*; 115, vers 217; 116, vers 244; 145, vers 3.

Un catholique, *feignant se convertir* à la religion prétendue.... (III, 511.)

Je vous *prie assurer* M. de Valavez que je suis son serviteur. (III, 166.)

C'est chose glorieuse *que mourir* valeureusement. (II, 634.)

Voyez tome I, p. 206, vers 8; p. 305, vers 20.

Y a-t-il *quelque chose plus honnête* que le ressentiment d'un plaisir qu'on nous a fait? (II, 110.)

Vous tenez qu'il n'y a *personne ingrat*. (II, 152.)

[La vertu] ne s'approchera de *rien si triste et si misérable* que, etc. (II, 547; voyez I, 72, vers 77; 206, vers 2.)

Il n'y avoit pieu si ferme qu'avec peu de peine ils n'arrachassent, et depuis qu'il y en avoit *un arraché*, il y demeuroit une ouverture aussi large qu'une porte. (I, 402.)

Le grand prévôt, habillé de sa robe *et chaperon* de deuil. (III, 177.)

.... En un temps où l'on ne voit que des exemples d'insolence *et dissolution* de tous côtés. (II, 329.)

Le meilleur est de donner sans se faire prier, *et ne redemander* jamais ce qu'on a donné; si on nous le rend, *s'en réjouir* comme d'une chose qu'on avoit du tout oubliée. (II, 31.)

Il y a différence de payer un plaisir *ou rendre* de l'argent prêté. (II, 47.)

Voyez I, 17, v. 348; 30, v. 48; 37, v. 14 et 20; 133, v. 14; 135, v. 36; 146, v. 4 et 12; 163, v. 4; 184, v. 50; 248, v. 28; 289, v. 102; II, 10, l. 6; 59, l. dernière; 77, l. 9; 152, l. 10; 193, l. 29; 402, l. 19; 448, l. 7; 542, l. 15; etc.

20° De, avec des ellipses plus ou moins fortes :

Je veux, si je puis, que mon présent ne soit point *de* chose qui se consume facilement. (II, 20.)

Il a trois payements de sa besogne. Le premier est la satisfaction de lui-même...; le second, *de* la réputation, et le troisième, *du* profit qu'il aura.... Ainsi d'un bienfait, le premier fruit c'est celui de la conscience...; le second est *de* la réputation; et le troisième, *des* choses que nous pouvons faire les uns pour les autres. (II, 47.)

Les hommes étoient épars..., sans autre couvert que *du* creux d'un rocher. (II, 711.)

Nous estimons plus le bien de demeurer au monde que *d'*y venir. (II, 81.)

Je suis ingrat à la vérité si je ne m'estime plus son redevable que *d'*un roi. (II, 13.)

Le jeudi.... naquit Marc-Antoine, mon fils et *de* demoiselle Madeleine de Carriolis. (I, 344.)

  Qui n'ouït la voix de Bellonne,
  Lasse d'un repos de douze ans,
  Telle que *d'*un foudre qui tonne,
  Appeler tous ses partisans? (I, 213, vers 103.)

Le sieur du Monstier est si content de vous, qu'il n'est pas possible *de* plus. (III, 53.)

Je vous dis une syllabe qu'il est impossible de traduire.... C'est τὸ ὄν. Vous.... estimerez.... qu'il n'est rien si aisé que de l'interpréter par « ce qui est; » mais je trouve bien à dire *de* l'un à l'autre. (II, 475.)

Dites-moi.... qui vous estimez le plus obligé, *de* lui à son père, ou *de* son père à lui. (II, 82.)

L'un la cherche (*la joie*) en la dissolution des festins..., l'autre en la vanité des états, et *d'*avoir tout le peuple d'une ville à sa queue. (II, 489.)

Il avoit marié sa fille au comte de Saint-Aignan, *de* la charge de maistre de camp de la cavalerie légère, qui lui avoit été donnée. (III, 502 et 503.)

Ce n'est point chose honteuse qu'un fils soit vaincu de bienfaits par son père. Mais pourquoi seroit-elle honteuse *du père*? (II, 139.)

Voyez I, 89, vers 58; II, 57, l. 27; 77, l. 30; 131, l. 9; 138, l. 24; 143, l. 20; 152, l. 31; 267, l. 9; 473, l. 21; 478, l. 19 et 22; 561, l. 18; 569, l. 23; 627, l. 6; 628, l. 3; etc.

21° DE, employé seul avec un mot devant lequel nous mettrions un article ou un autre déterminatif :

Le trésorier, qui étoit *de parti* contraire, se moqua de son commandement. (I, 455.)

La première partie *d'équité* (*de l'équité*), c'est l'égalité; mais il n'est point de besoin de plaider la cause *de nature* (*de la nature*). (II, 381.)

Croyez qu'il n'y a point de lieu au monde où il y ait *de divertissements* (*des distractions*) semblables à ceux de la cour. (III, 84.)

Il y a de l'honneur aussi à donner une chose que celui à qui nous la donnons ne pouvoit avoir *d'autre* que de nous. (II, 21.)

Si vous calculez la mise et la recette, il pourra y avoir quelque chose plus d'un côté que *d'autre*. (II, 137.)

.... Il.... vaut mieux se résoudre
En aspirant au ciel être frappé *de foudre*
Qu'aux desseins de la terre assuré se ranger. (I, 22, vers 32.)

Madeleine de Carriolis, fille *de feu sieur* président Carriolis. (I, 344.)

Une pièce de monnoie du prix *de demi-écu*. (III, 326.)

Voyez I, 103, vers 11; 138, vers 1; 265, vers 22; 304, vers 11; II, 28, l. 14; 95, l. avant-dernière; 119, l. 21; 448, l. 25; 561, l. 12.

22° Du, où nous emploierions *de*, ou le nom seul :

Comme je descends *du* carrosse, je me trouve aussi las que si j'avois autant cheminé comme je suis demeuré assis. (II, 461.)

Vous me demandez des livres, et non pas *du* conseil. (II, 422.)

Depuis qu'il y a *du* dessein de gagner, il n'y a plus de bienfait. (II, 104.)

23° DE, locutions corrélatives :

Est-il possible qu'il se soit trouvé des hommes *si* mal avisés *de* faire comparaison de nous à des animaux ? (II, 43.)

Pourquoi sommes-nous *si* hors de la connoissance de nous-mêmes, *de* ne vouloir pas recevoir un plaisir d'un serviteur ? (II, 77.)

Voyez I, 474, l. dernière; II, 71, l. 23; 130, l. 4; 599, l. 9; IV, 71, l. 12; 140, l. 5.

Après avoir *tellement* désestimé la vie d'un sénateur *que d'*en faire le jugement capital en pantoufles.... (II, 25.)

S'il en vient *là*, *que de* mendier quelque chose, il est à la discrétion de la fortune. (II, 293; voyez II, 298.)

24° DE, après *ce qui, ce que, qu'est-ce que, que c'est, que c'est que* :

Ce qui est *de* meilleur nous en demeure. (II, 17; voyez II, 24.)

Pourquoi ne vous permettrois-je de dire votre avis de *ce qui* vous semble *de* meilleur? (II, 453.)

C'est un accident assez étrange pour émouvoir toute personne. Je vous laisse à penser *ce que* peut être *d*'un homme affectionné comme il est à sa patrie. (II, 725.)

Prenez le cas que je ne sache me défaire de cette surprise : en quel inconvénient tomberai-je, ou *qu'est-ce qu*'il m'en sera *de* pis? (II, 435.)

Un homme qui ne sait *que c'est de* science. (II, 355.)

Voyez I, 353; II, 6, 15, 140, 415, 573, 577; III, 343; IV, 95, 133, 166.

Soit que pour être trop jeune, elle ne sache encore *que c'est que d*'amour. (IV, 337; voyez I, 111, vers 88; III, 345.)

25° DE, DU, DES, emplois divers :

Je.... me garderai que *d*'un ingrat je n'en fasse un ennemi (*que je ne fasse de lui, d'ingrat qu'il était, un ennemi*). (II, 164.)

Ne m'informerai-je point qui sont les principes des choses? qui est celui qui leur a donné leurs formes, et *d*'une masse lourde et confuse où elles étoient embrouillées au fond d'une abîme, les a mises en la disposition agréable où je les vois? (II, 508.)

Il est *de* beaucoup de choses qu'il n'y avoit moyen de donner à certaines gens sans les donner à tous. (II, 120.)

Quand je saurois exactement l'âge de Patrocle et d'Achille, *de* combien pensez-vous qu'il m'en fût mieux? (II, 688.)

Cette manière de gens qui ne sortent jamais *de* hors page suivent les premiers en des opinions que tout le monde réprouve. (II, 392.)

Traduire *de* mot à mot. (I, 465.)

.... Quel esprit que la raison conseille,
S'il est aimé, ne rend point *de* pareille? (I, 227, vers 40.)

Des mêmes raisons que nous avons amenées pour prouver que le bienfait est de soi chose desirable, nous tirerons la conséquence indubitable *de* ce que nous en avons en cet endroit à leur prouver (*nous tirerons comme conséquence ce que nous avons*, etc.). (II, 106.)

Desdits sept cents écus.... il s'en trouve six cents *de* payés. (I, 342.)

J'en ai vu (*des vignes*) *de* plantées de cette façon. (II, 673.)

Voulez-vous que je vous die ce qu'il (*cet homme*) y a *de* gagné (*a gagné à ce que j'ai fait*)? J'ai fait un office qu'il falloit qu'il fît. (II, 161.)

Qu'est-il *de* faire (*qu'y a-t-il à faire*)? (II, 243.)

C'est notre plaisir de ne trouver rien *de* laborieux qui puisse (*de ne trouver laborieux rien de ce qui peut*) soulager le labeur de ceux que nous voulons obliger, rien *de* dangereux qui les ôte de danger, ni rien *d*'incommode qui leur apporte de la commodité. (II, 103.)

Vivons mieux que le peuple, non pas au contraire *du* peuple. (II, 276.)

Y a-t-il homme *du* monde si misérable..., qui en quelque chose ne se ressente de leur libéralité (*de la libéralité des Dieux*)? (II, 93.)

Alexandre se voyant mis *du* pair avec Hercule, etc. (II, 21; voyez PAIR.)

Soit qu'entre nos pères il y en ait *des* affranchis, soit qu'il y en ait *des* esclaves, soit qu'il y en ait *d*'étrangers.... (II, 77.)

Je l'ai fait employer en *des* occasions les plus importantes qui se soient offertes. (II, 80.)

Les plus obligés à Neptune sont ceux qui ont chargé (*sur le navire*) *des* choses les plus précieuses. (II, 563.)

26° DE QUOI :

Il n'est guère de méchancetés si désespérées que celle *de quoi* nous parlons. (II, 238.)

Qu'on vous menace d'un supplice d'ici à cinquante ans ; vous n'avez *de quoi* vous mettre en peine, sinon que vous veuillez, etc. (II, 578.)

Il en est de même en ce *de quoi* nous disputons. (II, 46.)

Est-ce ceci *de quoi* on m'avoit fait si grand'peur? (II, 329.)

Je reviens aux oliviers, *de quoi* j'ai vu faire en deux façons. Quand ils veulent transplanter ces arbres, etc. (II, 672.)

Elle (*Mlle de Montpensier*) est de nouveau promise à Monseigneur qui est à cette heure. *De quoi* la Reine l'assure qu'elle ne seroit pas tant respectée qu'elle l'étoit de feu Monsieur. (III, 253.)

Vous demandez.... comme vous devez donner, *de quoi* il ne seroit point de besoin, si.... (II, 99.)

De quoi (*pourquoi*) donc avez-vous si grand'peur de mourir? (II, 599.)

Voyez tome I, p. 79, vers 112; p. 112, vers 133; p. 119, vers 86.

27° DE CE QUE :

La terre.... étoit plus fertile sans être labourée, comme si elle eût voulu gratifier les hommes *de ce qu'*ils ne la tourmentoient point. (II, 722.)

L'édit des habillements.... est réservé à cette Saint-Martin. Cela m'a fait ébahir *de ce que* vous m'écriviez que vous l'alliez publier. (III, 115.)

D'ABORD, au premier aspect :

Celui se peut-il être acquitté qui n'a rien fait?... Ceci *d'abord* est paradoxe; mais si vous avez patience de m'écouter.... (II, 47.)

D'ACCORD, ÊTRE D'ACCORD AVEC :

.... Ma douleur n'a point de réconfort,
Et tous mes sentiments *sont d'accord avec* elle. (I, 276, vers 8.)

D'ARRIVÉE. Voyez ARRIVÉE (D').

D'AUTANT QUE, d'autant plus que, par la raison que :

On le châtie *d'autant qu'*en ce qu'il a fait il a pensé s'adresser aux Dieux. (II, 223.)

La philosophie est utile à l'homme, soit qu'une providence éternelle gouverne le monde, ou que les choses arrivent fortuitement : *d'autant qu'*elle enseigne d'obéir à Dieu, et de souffrir les adversités.... (II, 321.)

La Reine l'assura qu'elle ne seroit pas tant respectée qu'elle l'étoit de feu Monsieur, *d'autant qu'*il ne la baisoit jamais sans lui demander son congé. (III, 253; voyez I, 73, vers 87; II, 304.)

D'AUTANT PLUS QUE..., MOINS... :

.... *D'autant plus qu'*elle chemine,
Moins elle approche du matin. (I, 303, vers 23 et 24.)

D'AVANTAGE. Voyez, ci-dessus, p. 138, DAVANTAGE, 3ᵉ exemple.

D'AVEC.

.... Et que nous ne les regardions (*les richesses*) comme toujours prêtes à s'en aller *d'avec* nous. (II, 332.)

Elles (*l'avarice et l'ambition*) ont pris tant de pouvoir sur un homme qu'elles semblent inséparables *d'avec* lui. (II, 582.)

HORS D'AVEC. Voyez HORS.

D'AVENTURE. Voyez, ci-dessus, p. 53, AVENTURE (D').

D'ENTRE.

Prendre une voie *d'entre* les extrémités. (II, 329.)

Différence *d'entre* celui qui est sage et celui qui est en voie de l'être. (II, 558.)

Qu'on vous menace d'un supplice d'ici à cinquante ans; vous n'avez de quoi vous mettre en peine, sinon que vous veuillez enjamber pardessus tout cet espace *d'entre* deux. (II, 579.)

D'où, dont :

Ceux que l'opinion fait plaire aux vanités
Font dessus leurs tombeaux graver des qualités
 D'où à peine un Dieu seroit digne. (I, 296, vers 39.)

Je ne sais point de gré à un.... qui donnant à manger à toute une ville, m'a mis en un rang *d'où* il n'a excepté personne. (II, 22.)

Je m'en vais en mon royaume de sagesse..., *d'où* je sais bien que je ne puis jamais être dépossédé. (II, 227.)

.... Dans des obscurités, *d'où* quand vous serez sorti, vous n'aurez non plus fait pour vous que de vous être tiré d'un bourbier. (II, 148; voyez II, 335, l. 24.)

Du depuis :

Que d'hommes fortunés en leur âge première....
Du depuis se sont vus en étrange langueur! (I, 10, vers 159.)

Tout du long de :

Tout du long des prés coule un ruisseau. (II, 463.)
Se promener *tout du long du* jour emmi les rues. (II, 15.)

Voyez encore tome II, p. 497.

Du tout. Voyez Tout (Du).

DÉBATTEMENT, vive agitation :

Le *débattement* d'une âme perplexe et travaillée (*en latin :* exagitatæ mentis concursatio). (II, 271.)

DÉBATTRE, disputer :

Est-il vrai que ce soit là le point de qui tant de nations *débattent* le partage par le feu et par le fer? (I, 470.)

 .... L'honneur à la barrière
 L'appelle à *débattre* un cartel. (I, 81, vers 174.)

Voyez tome I, p. 179, vers 19; p. 195, vers 11; tome III, p. 71.

DÉBAUCHER, séduire :

Cette bonace qui m'*avoit débauché*, ne se perdit que je ne fusse justement à la moitié du chemin. (II, 455.)

Se débaucher :

Quelques soldats qui *se débauchoient* des gardes pour aller trouver Monsieur le Prince furent découverts. (III, 422.)

 .... L'amitié que je vous dois,
 Par delà ce que je voulois
 A fait *débaucher* ma mémoire (*a fait ma mémoire se débaucher, a
  entraîné ma mémoire*). (I, 289, vers 96.)

DÉBELLER, dompter :

Pour les traits communs desquels elle (*la fortune*) *débelle* ordinairement le reste des hommes, ils bondissent sur lui (*sur l'homme vraiment homme*) comme la grêle. (II, 424.)

DÉBILE, pour *foible*, blâmé par Malherbe chez des Portes. (IV, 390, note 3.)

DÉBORDER, activement et au passif :
C'est la Seine en fureur qui *déborde* son onde
　　　　Sur les quais de Paris. (I, 179, vers 23.)
Yeux qui débordent *des pleurs*, expression blâmée chez des Portes par Malherbe, qui veut qu'on dise simplement *débordent*. (IV, 443.)
　　S'il y a du déréglement une fois plus que l'autre, c'est chose qui va et vient.... Tantôt l'impudicité gagnera le dessus.... Tantôt la dépense des habits *sera débordée*. (II, 16.)
　　Auguste relégua sa fille, *débordée* en impudicité. (II, 202.)

Se déborder, faire des excès :
　　Il n'est pas impossible de passer son temps sans *se déborder*. (II, 329.)

Deniers débordés, rognés, dont on a coupé le bord. (I, 337.)

DEBOUT (Se tenir), au figuré. (I, 9, vers 141.)

DÉBOUTER.
　　Les prêtres prétendent exemption des frais de la guerre. Ils en *sont déboutés*, et condamnés aux arrérages. (I, 397.)

DÉBRIS, action d'être brisé, naufrage :
　　　　....Nous voyons du port
　　D'autrui le *débris* et la mort. (I, 287, vers 41.)

DÉBROUILLER.
　　Si vous l'embrouilliez en quelque procès, et l'en *débrouilliez* tout aussitôt, qui douteroit que vous ne fussiez un méchant homme? (II, 196.)

DEÇÀ delà :
Comme un homme dolent que le glaive contraire
A privé de son fils et du titre de père,
Plaignant *deçà delà* son malheur advenu.... (I, 14, vers 285.)

Au deçà de, en deçà de :
　　　　Un mal *au deçà du* trépas,
Tant soit-il extrême, ne vous émeut pas. (I, 247, vers 17.)
　　Parlons des choses qui nous sont détestables, mais *au deçà de* l'horreur. (II, 239; voyez I, 33, v. 27; 40, v. 27; 216, v. 190; 391; II, 19, 41.)

Par deçà, ici (où je suis), par delà, là (où vous êtes) :
　　Je vous prie, quand vous desirerez quelque chose de *par deçà*, vous remettre à moi de le fournir, et vous le rendrez *par delà* à ma femme. (III, 46; voyez III, 175, 187; IV, 6, etc.)

DÉCÉDER, mourir :
　　Platon.... *décéda* le jour même qu'il étoit né. (II, 481.)

DÉCELER.
　　Un [esclave] à qui.... on ne puisse faire *déceler* les secrets de son maître.... (II, 69.)

DÉCEMBRE, hiver :
Le centième *décembre* a les plaines ternies,
Et le centième avril les a peintes de fleurs. (I, 278, vers 13.)

DÉCEVOIR.
　　　　....Ma barque vagabonde

Est dans les Syrtes bien avant;
Et le plaisir la *décevant*
Toujours l'emporte au gré de l'onde. (I, 116, vers 223.)
.... Malherbe n'est pas de ceux
Que l'esprit d'enfer *a déceus*
Pour acquérir la renommée
De s'être affranchis de prison
Par une lame ou par poison. (I, 288, vers 74.)

DÉCHARGER, se décharger :

Il y en a qui.... *déchargent*.... ce qui les démange en l'oreille du premier venu. (II, 270.)

« Vous ne savez pas combien vous m'avez obligé.... » Qui se charge de cette façon fait.... paroître la volonté qu'il a de *se décharger*. (II, 38.)

Elle *se déchargea* (*elle accoucha*) hier de deux enfants morts. (IV, 125.)

DÉCHIRER (Se) :

Le vieillard....
De nouvelles fureurs *se déchire* et s'entame.... (I, 15, vers 292.)

Conceptions déchirées, idées sans suite, décousues :

Je laisserois cela pour les orateurs, et me contenterois de vous faire voir mes *conceptions*, ni trop bien en point ni trop *déchirées*. (II, 579.)

DÉCIDER une cause, la juger :

Nous sommes tous juges favorables en notre cause, et ne la *décidons* jamais qu'à notre profit. (II, 39.)

DÉCISION.

Il n'y a point.... de volupté sans vertu. Mais pourquoi faites-vous marcher la volupté la première?... En cet avantage consiste la *décision* de tout le fait. (II, 91.)

DÉCLARATION.

Des courses publiques, où la palme fait la *déclaration* de la victoire. (II, 136.)

DÉCLARER.

Par quels faits d'armes valeureux....
[N'as-tu] *déclaré* ta passion
Contre l'espoir illégitime
De la rebelle ambition? (I, 114, vers 178.)

DÉCOCHER.

.... Tous les traits envenimés
Que par la fortune contraire
L'ire du ciel fait *décocher*. (I, 125, vers 328.)

DÉCONFIT, dévasté :

L'Espagne pleurera ses provinces désertes,
Ses châteaux abattus, et ses champs *déconfits*. (I, 74, vers 123.)

DÉCONFORT. Voyez, ci-dessus, p. 112, Confort.

DÉCOUPER, au figuré :

Lui-même la *découpe* et la démembre (*la société des hommes; c'est-à-dire il rompt les liens qui unissent les hommes entre eux*). (II, 237.)

DÉCOUSU, au figuré, en mauvais état :

Quand mes affaires seroient si *décousues* qu'il n'y auroit plus rien d'entier, je n'irai jamais chercher le remède vers, etc. (II, 163.)

DÉCOUVRIR.
Tant de perfections vous *découvrent* assez. (I, 16, vers 315.)
L'Aurore.... *découvre* en son visage
Tout ce qu'une âme sent de cruelles douleurs. (I, 17, vers 365.)
.... *Ayant* de vos fils les grands cœurs *découverts* (*c'est-à-dire ayant découvert combien étaient grands les cœurs de vos fils*). (I, 191, vers 12.)
Voyant.... une cavalerie tantôt s'avancer pour *découvrir*, et tantôt s'élargir sur les ailes. (I, 471.)
[Des pavillons] aux coupeaux des montagnes, qui *découvrent* à perte de vue sur la mer et sur la terre.... (II, 707.)

Découvert, qui n'a pas le droit de rester couvert à la cour. Voyez, ci-dessus, p. 131, Couvert.

DÉCRÉTER, terme d'administration et de pratique. (I, 337; II, 102.)

DÉCRI, action de proclamer la suppression ou la réduction (d'une monnaie) :
Hier on fit le *décri* des pièces d'argent étrangères. (III, 476.)

DÉCRIER.
Si quelque mari ne permet point à sa femme de se promener tout du long du jour..., tout le sexe le *décriera* pour un malhabile homme. (II, 15.)
Notre nation *est décriée* de vouloir trop faire la sage. (IV, 112.)
A cette heure que la chose *est décriée* comme elle est.... (I, 351.)

DÉCROIRE, ne pas croire, suspecter :
Bien souvent un témoin, pour se parjurer trop manifestement..., a fait *décroire* les dépositions véritables de tous ses compagnons. (II, 177.)

DÉCROÎTRE.
.... C'est lui dont l'épée....
Fera *décroître* l'empire
De l'infidèle Croissant. (I, 92, vers 139.)

DÉDAIGNER, ne vouloir pas, refuser :
Le soleil, qui *dédaigne* une telle carrière,
Puisqu'il faut qu'il déloge, éloigne sa barrière. (I, 17, vers 367.)
Voyez tome I, p. 9, vers 131; p. 270, vers 59; et l'article Daigner, p. 136.

Se dédaigner de, juger indigne de soi :
Il ne *s'est....* dédaigné d'aucun service. (II, 185.)

DÉDAIGNEUX.
Comme Caïus César un jour lui voulut donner deux cents talents, il fut si *dédaigneux* et si brave à ne les prendre point, que, etc. (II, 227; voyez II, 590.)
C'est chose contraire à la nature de.... se nourrir de viandes sales, grossières et *dédaigneuses* (*qui méritent, qui excitent le dédain.*) (II, 276.)

DÉDALE, au figuré :
Le malheur de ta fille au tombeau descendue...,

Est-ce quelque *dédale* où ta raison perdue
  Ne se retrouve pas? (I, 39, vers 7.)

DEDANS, adverbe :

Adrumetum, en Afrique, étant assiégé par les Romains, et ceux de *dedans* réduits à la dernière extrémité.... (II, 72.)

Le contrat de mariage de M. le marquis de Rosny et de Mlle de Créquy fut lu à l'Arsenac.... Je vous en dirois plus particulièrement des nouvelles, mais depuis la mort du pauvre comte de Sault, que j'aimois de tout mon cœur, je ne vais guère là *dedans* (*dans ce monde-là*). (III, 106.)

Dedans, préposition, sens de *dans* :

.... D'être inconsolable, et *dedans* sa mémoire
  Enfermer un ennui,
N'est-ce pas se haïr...? (I, 41, vers 45.)

.... Pour achever leurs journées,
Que les oracles ont bornées
Dedans le trône impérial.... (I, 83, vers 217.)

Voyez, ci-après, p. 160, Dehors, dernier exemple; et I, 3, vers 21; 71, vers 57; 73, vers 106; 74, vers 119; 86, vers 38; 185, vers 69.

Par dedans, à travers :

Un feu (*de volcan*) qui ne procède pas de soi-même, mais conçu dans quelque caverne profonde jette ses flammes *par dedans* cette montagne. (II, 612.)

DÉDIER, consacrer, offrir :

Pour mon affection, je la porterai où je vais, et la rapporterai telle que je la vous ai *dédiée*. (III, 249.)

Il m'en a promis un (*un exemplaire de son livre*), que je vous *dédie*. (III, 326.)

Je la vous *dédie* (*ma servitude*) avec la même dévotion.... que les choses qui *sont dédiées* aux temples. (IV, 5.)

Se dédier, se consacrer, se vouer :

Je *me dédie* entièrement à la suivre (*la volupté*). (II, 91; voyez II, 123, 458.)

DÉDIRE (Se) de, se refuser à :

Une.... princesse.... me dit que tant que le Roi s'en mêleroit (*de faire l'amour*), je ne *m'en* pouvois *dédire* (*me refuser à le faire*). (III, 75.)

DÉFAILLIR, manquer :

J'ai suppléé des choses qui *défailloient* au texte latin. (I, 460.)

Un homme n'est point pauvre au regard de ce qu'il a, mais au regard de ce qui lui *défaut*. (II, 685.)

Voyez tome I, p. 464; tome II, p. 331, 415, 708; tome III, p. 27, 489.

Défaillir, faiblir :

La présence de la mort ne lui change pas ni la couleur ni la parole, et quand il *défaut*, c'est alors qu'il a moins d'apparence de *défaillir*. (II, 379.)

DÉFAIRE, vaincre :

.... Son bras *défit* l'hérésie,
Et ton savoir l'impiété. (I, 267, vers 9.)

DÉFAUT, manque, insuffisance, imperfection, vice :

L'excès est aussi bien vice que le *défaut*. (II, 29.)

.... Demi-mort, par le *défaut*
Du sang versé d'une blessure,
Tu fus remporté de l'assaut. (I, 122, vers 198.)

Cet effet de votre bonté a fait rougir mon affection par la connoissance de son *défaut*. (IV, 150.)

Beauté, par qui les Dieux, las de notre dommage,
Ont voulu réparer les *défauts* de notre âge. (I, 21, vers 14.)

Voyez tome I, p. 35, vers 76; tome II, p. 19, 111, 339, 554; tome IV, p. 108.

DÉFENDRE, se défendre :

.... Votre cruauté....
Me *défend* d'arriver au bonheur où j'aspire. (I, 140, vers 7.)

.... Un émail dont la vive peinture
Défend à l'art d'imiter la nature. (I, 226, vers 4.)

[Nous] Lui *défendons* la jouissance
Du repos qu'il nous a donné. (I, 77, vers 49.)

.... La garde qui veille aux barrières du Louvre
N'en *défend* point nos rois (*ne les défend point de la mort*). (I, 43, v. 80.)

Je ne trouve pas qu'il y ait moyen de le *défendre*, sinon d'autre faute, pour le moins de n'avoir pas bien pratiqué ce que l'école des stoïques lui pouvoit avoir appris. (II, 34.)

Je vois des robes de soie, s'il faut appeler robes ce qui ne *défend* ni le corps ni la honte. (II, 226.)

Dure contrainte de partir,
A quoi je ne puis consentir,
Et dont je ne m'ose *défendre*. (I, 141, vers 3.)

DÉFÉRER, traduire en justice, accuser :

Il ne falloit point demander que deviendroient ceux qui *étoient déférés* (*en latin :* reorum); on les traitoit tous d'une même sorte. (II, 75.)

DÉFERMER, pour *ouvrir*, blâmé par Malherbe chez des Portes. (IV, 425.)

DÉFIER.

On le *défia* au dimanche prochain à rompre en lice, armé. (III, 29.)

Se défier de, craindre de :

Ces arrogants, qui *se défient*
De n'avoir pas de lustre assez,
Impudemment se glorifient
Aux fables des siècles passés. (I, 67, vers 41 et 42.)

DÉFLUXION, flux d'humeur, catarrhe, etc. :

L'un (*des médicaments*).... est bon pour le divertissement d'une *défluxion* subite (*en latin :* vis subita et humor). (II, 501.)

Une *défluxion* (*en latin :* distillatio) qui n'est pas encore ordinaire fait la toux au commencement, et à la fin.... ulcère le poumon. (II, 582.)

Voyez tome II, p. 601, 607. Voyez aussi l'article DISTILLÉ (ÊTRE).

DÉFORMITÉ, laideur :

La *déformité* des esprits se fera connoître par le soin qu'on aura de l'embellissement du corps. (II, 16.)

DÉFOUIR, le contraire d'*enfouir* :

Pourquoi lui voulons-nous *défouir* son trésor? (II, 213.)

DÉGAGER.

[Anne] Au sein de notre Mars satisfait à l'oracle,
Et *dégage* envers nous la promesse des cieux. (I, 236, vers 12.)
.... Pour en *être dégagées* (*de la terreur des choses passées*),
Le ciel les auroit obligées
S'il leur eût permis de mourir. (I, 79, vers 108.)

DÉGELER.

Mon âge a de la froideur assez sans en chercher ailleurs. A grand'peine puis-je *dégeler* au mois de juillet. (II, 525.)

DÉGOÛT, délicatesse dédaigneuse, disposition à faire le dégoûté :

Tant de fleuves où l'or et le sablon courent ensemble.... sont à votre *dégoût* si peu de chose, que vous penseriez vous faire tort si vous les aviez comptés pour un bienfait? (II, 95.)

Il s'est offert une infinité de choses qui avoient besoin de noms, et cependant n'en avoient point ; et d'autres qui aux autres siècles en avoient eu, et par le *dégoût* (*en latin* : fastidio) du nôtre les avoient perdus. (II, 474; voyez II, 517.)

DÉGOÛTER, rebuter :

Il se faut affranchir des lois de votre empire ;
Leur rigueur me *dégoûte*.... (I, 140, vers 3.)

Dégoûter quelqu'un de faire quelque chose :

Le désespoir de voir jamais rien de si beau.... me *dégoûtera* de me travailler plus en semblables occasions. (III, 81.)

DEGRÉ.

Un jour est un *degré* de notre vie. (II, 303.)
Je devois aller par *degrés*, et mener ma besogne d'un ordre que le plus friand fût servi le dernier. (II, 214.)
.... Le peuple adore les princes,
Et met au *degré* le plus haut
L'honneur du sceptre légitime. (I, 211, vers 57.)

DÉGUISE EN, qui feint d'être ce qu'il n'est pas réellement :

Ils repassèrent du parti victorieux vers une captive, *déguisés en* meurtriers (*en latin* : personam parricidarum ferentes). (II, 73.)

DÉGUISEMENT.

Le *déguisement* est la chose du monde la moins convenable aux mouvements d'une belle âme. (II, 442.)

DEHORS, adverbe :

Le dieu de Seine étoit *dehors* (*était sorti de son lit*). (I, 79, v. 92.)
Vous n'êtes guère plus souvent avec votre ami que s'il étoit *dehors* (*que s'il n'était pas près de vous*). (II, 464.)
Mon précepteur s'est efforcé de me faire apprendre quelque chose...;
il a fait sortir mon esprit *dehors*, en dépit qu'il en eût. (II, 185 ; voy. II, 542.)
Le baume est dans sa bouche, et les roses *dehors*. (I, 132, vers 6.)

Dehors, dehors de, préposition, sens de *hors, hors de* :

Les criminels qu'on met à la question n'endurent point ce que j'ai enduré. — Je veux que tout ce que vous dites soit vrai, n'en êtes-vous pas *dehors*? Que vous sert de remanier vos douleurs? (II, 606.)

Donner loisir aux intéressés dedans et *dehors* le royaume de ruiner l'affaire.... (IV, 107.)

DÉJÀ, avec une négation, pour *pas encore* :
> Que tarde ma paresse ingrate,
> Que *déjà* ton bruit nonpareil....
> *N*'a vu l'un et l'autre soleil ? (I, 107 et 108, vers 8 et 10.)

DÉJOINDRE (Se) :
Un vieil édifice de qui l'assemblage *se déjoint*, et qui, tandis qu'on l'étançonne d'une part, s'éclate de l'autre. (II, 378.)

DELÀ (Au) de :
Il n'y auroit point de raison de dire que je fusse plus obligé à des gens que je n'ai jamais connus, et que la longueur du temps a mis *au delà de* toute mémoire, qu'à mon père. (II, 79.)

Par delà (voyez, p. 155, Par deçà), au delà de :
> J'avois mis ma plume à la main
> Avec l'honorable dessein
> De louer votre sainte Histoire ;
> Mais l'amitié que je vous dois
> *Par delà* ce que je voulois
> A fait débaucher ma mémoire. (I, 289, vers 95.)

Deçà delà. Voyez, p. 155, Deçà.

DÉLAISSER un propos, locution blâmée par Malherbe chez des Portes. (IV, 400.)

DÉLIBÉRER, activement :
J'ai quelque chose à *délibérer*. (II, 346.)
[Il] rendra les desseins qu'ils feront pour lui nuire
Aussitôt confondus comme *délibérés*. (I, 71, v. 54 ; voy. II, 135, 322, 416.)

Délibérer, hésiter :
> .... Par la seule mort
> Se doit faire la pénitence
> D'avoir osé *délibérer*
> Si je la devois adorer. (I, 131, vers 41.)

DÉLICAT, mou, paresseux :
Plainte *délicate* (*exagérée*, *d'une âme trop délicate*). (IV, 207.)
Le *délicat* a pitié d'un homme actif. (II, 553 ; voyez II, 283, 551.)

DÉLICES, bonheur :
Si quelqu'un d'aventure en *délices* abonde,
Il se perd aussitôt et déloge du monde. (I, 9, vers 145 ; voyez I, 123, vers 238 ; 135, vers 15 ; 226, vers 13 ; 252, vers 4.)

DÉLICIEUX, extrêmement agréable :
Les lieux austères sont plus propres à méditer le bien de l'âme que les *délicieux*. (II, 446.)

Délicieux, adonné aux délices :
Nous sommes foibles, pource que nous sommes *délicieux*. (II, 461.)

DÉLIÉ, fin, au propre et au figuré :
Toutes pointes ne percent pas : il en est de si *déliées* qu'il est impossible de s'en servir. (II, 640.)

Vous possédez un palais spacieux, où vous ne voyez point je ne sais quelles enjolivures aussi *déliées* que le fer qui les a faites. (II, 95.)

Le rougir.... paroît davantage aux personnes jeunes, parce que leur sang est plus chaud et leur peau plus *déliée*. (II, 299.)

Ces pointilleux si *déliés*, qui oublient de faire, tant ils sont empêchés à parler. (II, 426.)

Ce qu'il y a de plus léger en la malice et de plus *délié* rejallit contre les autres. (II, 627; voyez II, 9, 506.)

DÉLIVRANCE.
 J'ai su faire la *délivrance*   302, v. 3.)
 Du malheur de toute la France. (I, 154, v. 46; voy. I, 260, v. 11;

DÉLIVRER quelqu'un d'un mal, l'en préserver :
 Aime ton prince, et le *délivre*
Du regret qu'il aura s'il est privé de toi. (I, 271, vers 77.)

Délivré.
Je ne ressemble point à ces foibles esprits,
Qui bientôt *délivrés*, comme ils sont bientôt pris (*qui cessant d'aimer aussi vite qu'ils ont commencé*),
En leur fidélité n'ont rien que du langage. (I, 136, vers 44.)

DÉLOGER, actif :
 Si nous ne *délogeons* cette peur de notre âme, il se faut résoudre de vivre en alarme perpétuelle. (II, 569.)

Déloger, neutre, partir :
Le soleil...,
Puisqu'il faut qu'il *déloge*, éloigne sa barrière. (I, 17, vers 368.)
Si quelqu'un d'aventure en délices abonde,
Il se perd aussitôt et *déloge* du monde. (I, 9, vers 146.)
  Le soldat remis par son chef....
  En état de faire sa garde
  N'oseroit pas en *déloger*
  Sans congé.... (I, 287, vers 52.)

DÉLOYAL.
 .... L'impure licence
De leurs *déloyales* humeurs. (I, 115, vers 198.)
[Mars] N'a rien de si tragique aux fureurs de la guerre
Comme ce *déloyal* (*Amour*) aux douceurs de la paix. (I, 150, vers 24.)

DEMANDE d'un bienfait, réclamation, demande de reconnaissance pour ce bienfait :
 Si vous permettez la *demande* d'un bienfait, comme d'une somme due...,
vous ôtez ce qu'il y a de plus beau au bienfaire. (II, 56; voyez Demander.)

DEMANDER.
 C'est à elle (*à la vertu*) de faire le pas devant..., et vous lui voulez faire *demander* le mot (*et vous voulez qu'elle demande le mot d'ordre; en latin :* signum petere). (II, 91.)
 Il s'est *demandé* trois ou quatre combats (*il y a eu trois ou quatre provocations en duel*), mais tout a été appointé. (III, 95.)

Demander un bienfait, réclamer, exiger de la reconnaissance pour ce bienfait. II, 64; voyez Demande.)

Demander, suivi d'un substantif sans article :

Pour philosopher, vous n'avez que faire d'en *demander congé* à personne. (II, 457.)

Demandez grâce, mais ne la vous donnez pas quand vous penserez mériter punition. (II, 374.)

Demander, en style de procédure. (II, 173.)

DÉMARCHE.

Une *démarche* (en latin : *incessus*), un geste.... vous feront connoître un impudique. (II, 453.)

DÉMÊLER de, délivrer de :

Tant plus grande notre affliction aura été, tant plus serons-nous redevables à celui qui nous *en aura démêlés*. (II, 18 ; voyez II, 326, 373.)

Démêler une fusée. Voyez Fusée.

DÉMEMBRER, au figuré :

Qu'est-ce que j'en puis attendre, sinon que toutes ces passions me *démembrent*, pour en avoir chacune sa pièce? (II, 448 ; voyez II, 237.)

DÉMENER, mener :

De la vie que nous *démenons*, nous vient l'occasion de vouloir mourir. (II, 361.)

DÉMENTIR, se démentir :

.... Ouïr *démentir* ses victoires,
Et nier ce que les histoires
Ont publié de sa valeur. (I, 65, vers 8.)

    Il sera malaisé
Que sa vaine éloquence ait assez d'artifice
Pour *démentir* les faits dont il est accusé. (I, 150, vers 16.)

Que je quitte ma dame, et *démente* la foi
Dont je lui promettois une amour éternelle. (I, 304, vers 3.)

    De combien de pareilles marques,
    Dont on ne me peut *démentir*,
    Ai-je de quoi te garantir
    Contre les menaces des Parques? (I, 112, vers 132.)

Ce qui est bien ne peut être possédé que du sage. Et pour ce il ne faut point qu'il y ait rien qui lui puisse *démentir* ce nom. (II, 684.)

Je vous avois dit que ma lettre seroit courte, faute de loisir; mais je *me démens* pour le plaisir que j'ai de parler avec vous. (III, 123.)

DÉMETTRE (Se) de :

Quelques particuliers sur qui le peuple *s'est démis de* sa puissance pour être gouverné par eux.... (II, 313.)

DEMEURANT (Le), au demeurant, le reste, au reste :

    Une fleur de tant de mérite
    Auroit terni *le demeurant*. (I, 258, vers 14; voyez II, 200.)

On le reconnoît assez, de lui pardonner le plaisir qu'il a fait. *Au demeurant*, il ne faut point que le grand nombre des ingrats nous ôte la volonté de bienfaire. (II, 4.)

DEMEURE, lieu où l'on est :

[Rochers,] Quittez la *demeure* où vous êtes. (I, 153, vers 22.)

DEMEURE, lieu d'habitation :

Acheter une maison au terroir de Tusculum..., pource que.... c'est une agréable *demeure* en été. (II, 102.)

Cet absinthe au nez de barbet
En ce tombeau fait sa *demeure*. (I, 250, vers 2.)

DEMEURER, habiter :

Les Daces *demeurent* au delà de l'Istre. (I, 470.)

DEMEURER, rester, s'arrêter, durer :

Nous ne donnons jamais avec une diligence plus rigoureuse que quand, l'utilité mise à part, l'honnêteté nous *demeure* devant les yeux. (II, 101.)

Vous saurez qu'on vous peut faire fuir, quand vous aurez su qu'on vous peut faire *demeurer*. (II, 200.)

Le premier est sage, qui parmi les flèches qui sifflent de toutes parts..., *demeure* sans s'effrayer. (II, 469.)

De ceux-ci les obligations *demeurent* pour toutes confessées. (II, 61.)

On leur menoit des haquenées et des chevaux de trousse, afin de ne *demeurer* point, si d'aventure la carrosse se venoit à rompre. (III, 118.)

Il y avoit envoyé deux vaisseaux, commandés par deux de leurs meilleurs corsaires; .... mais ils y *sont demeurés* pris. (IV, 14.)

Le bienfait *demeure*, encore qu'on ne le doive point. (II, 172.)

J'ai *demeuré* a autre signification que *je suis demeuré*. (IV, 397.)

Voyez tome I, p. 9, vers 137; p. 68, vers 3; p. 81, vers 163; p. 95, vers 210; p. 302, vers 20; p. 307, vers 25; tome II, p. 30, 112, 136, 314, 518; tome IV, p. 4.

DEMI, adjectif, s'accordant, quelle que soit la construction, avec le nom auquel il se rapporte :

Le Roi.... arriva *demie* heure après que le sermon fut commencé. (III, 153.)

Ma vengeance ne sera que *demie*. (III, 175.)

DEMI, en composition :

Quand *demi-mort*....
Tu fus remporté de l'assaut. (I, 122, vers 198.)

.... Déjà *demi-clos* sous la vague profonde,
Vous ayant appelés, vous affermites l'onde. (I, 16, vers 322.)

C'étoit avoir trop bonne opinion de ces marauds, qui n'étoient que *demi-hommes*. (I, 433.)

DEMI-DIEU, héros :

Le jeune *demi-dieu* qui pour elle soupire. (I, 230, vers 37.)

À DEMI :

Quelque épargne qu'ils en fassent (*du temps*), il n'y en pas *à demi* (*la moitié de ce qu'il faudrait*) pour les [choses] nécessaires. (II, 439.)

DEMOISELLE, en parlant d'une femme mariée. (IV, 9, 10.)

DÉMOLISSEMENT, démolition :

Ce seroit quelque consolation à notre imbécillité, si les réparations se faisoient aussitôt que les *démolissements*. (II, 727.)

DÉMON, mauvais génie, bon génie :

.... Ces esprits tragiques,

> Ou plutôt *démons* insensés,
> Qui de nos dommages passés
> Tramoient les funestes pratiques. (I, 115, vers 192.)
>
> Que l'honneur de mon prince est cher aux destinées!
> Que le *démon* est grand qui lui sert de support! (I, 172, vers 2.)

Voyez tome I, p. 48, vers 67; p. 81, vers 151; p. 138, vers 7; p. 155, vers 68; p. 185, vers 62; p. 277, vers 5; p. 300, vers 5.

DÉMONSTRATIONS, marques de considération :

Si nous voyons venir un consul ou un préteur, nous lui ferons toutes les *démonstrations* qu'on fait aux personnes de leur mérite. (II, 501.)

DÉMORDRE, activement :

La constance.... jamais ne *démord* ce qu'une fois elle a résolu. (II, 528.)

Je ne suis pas bien prompt à me promettre du bien; voilà pourquoi je *démords* fort aisément l'opinion des bons succès. (III, 526; voy. II, 31, 135.)

DÉNIER, refuser :

Voilà comme notre mémoire se fait caduque, pource que nous lui *dénions* les sujets qui la dussent exercer. (II, 54; voyez I, 52, vers 153.)

DENIERS.

Il est des *deniers* (*en latin* : pecuniæ) d'une nature que le créancier n'en peut faire de poursuite. Ils sont dus, mais on ne les exige pas. (II, 172.)

DENRÉE, objet :

L'argent, les états, et autres telles *denrées*. (II, 591.)

DENTS.

Il (*Caïus César*) n'eût pas pensé avoir bien foulé aux pieds la République..., si, après avoir tellement désestimé la vie d'un sénateur que d'en faire le jugement capital en pantoufles, il ne lui eût encore donné du pied par les *dents* (*au sens propre*). (II, 25.)

Ces beaux fils sont sur les *dents* au bout de la première traite. (II, 449.)

DÉNUÉ DE :

> Priam, qui vit ses fils abattus par Achille,
> *Dénué de* support, etc. (I, 41, vers 50.)
>
> Pluton est seul entre les Dieux
> *Dénué d*'oreilles et *d*'yeux. (I, 269, vers 32.)

DÉPARTEMENT, répartition :

Les commissaires, après avoir fait entre eux le *département* des lieux où ils devoient aller, s'acheminèrent chacun au sien. (I, 442; voy. I, 451.)

Département, congé :

Pourquoi, après avoir dit à ce souci qu'il le quitte, fait-il le maréchal des logis pour lui bailler son *département*? (IV, 319.)

Départements, en style de procédure, répartition, comptes. (I, 339.)

Département, dans le sens de départ, blâmé chez des Portes par Malherbe, qui veut que l'on dise *partement*. (IV, 339.)

DÉPARTIE, départ :

> A quelles dures lois m'a le ciel attaché,
> Que l'extrême regret ne m'ait point empêché

De me laisser résoudre à cette *départie?* (I, 129, vers 4.)

DÉPARTIR, pour *partir*, blâmé par Malherbe chez des Portes. (IV, 395.)

SE DÉPARTIR DE, se séparer de :

J'avois toujours fait cas, aimant chose si haute,
De ne *m'en départir* jusques à mon trépas. (I, 37, vers 18 *var.*)

DÉPÊCHER, expédier, faire promptement; tuer :

Après que les députés d'Antiochus eurent eu leur congé, on se mit à *dépêcher* les communautés. L'expédition n'en fut pas longue. (I, 441.)

Après la matière principale, *dépêchons* ce qui en approche. (II, 134.)

Je fus.... trouver Mme Choucart, à laquelle je baillai votre rabat pour vous en faire.... Sans la fête de sainte Anne..., ils *eussent été dépêchés* incontinent. (III, 43.)

Aussitôt qu'il y en a un (*un gladiateur*) qui a tué son homme, on le met aux mains avec un autre qui le tue ; et jamais on ne laisse le victorieux en repos, jusques à ce qu'un autre l'*ait dépêché*. (II, 282.)

DÉPEINDRE un sujet, le traiter :

Quand elles auront vu ce sujet qui ravi
Si doctement *dépeint,* si dignement suivi.... (I, 291, vers 10.)

DÉPENDRE DE :

.... Est-il ni crime ni blâme
Dont vous ne dispensiez une âme
Qui *dépend de* votre beauté (*qui est asservie par l'amour à votre beauté*)? (I, 85, v. 36.)

DÉPENDRE, dépenser :

Il ne *dépendoit* pas un soul à chaque repas. (II, 331.)

Ceux qui *dépendent* le temps en choses superflues. (II, 439 ; voyez II, 44, 48, 131, 491, 572 ; III, 146, 337.)

DÉPENS (AUX) DE :

.... Tant d'amants...
.... Seront consolés *aux dépens de* l'Amour. (I, 149, vers 4.)

.... S'il procédoit autrement,
Il seroit puni promptement,
Aux dépens de sa propre vie. (I, 287, vers 57.)

Il est content de s'acquitter *aux dépens de* quelque inconvénient qu'il en puisse recevoir. (II, 205.)

Tournez-vous toujours du côté du vrai bien, et vous réjouissez *à vos dépens*. — Comment *à mes dépens ?* — De vous, et de ce qui est meilleur en vous. (II, 352.)

DÉPENSE (METTRE EN) :

Qui *met* les bienfaits *en dépense*, et en dresse des parties, fait l'acte d'un usurier. (II, 6.)

DÉPÊTRER (SE) :

Vous n'avez pas envie de rendre le bien qu'on vous a fait, mais de *vous dépêtrer* (*de vous débarrasser de la reconnaissance*). (II, 206.)

DÉPIT.

Ses yeux (*du Soleil*) par un *dépit* en ce monde regardent (*à la mort du Sauveur*). (I, 18, vers 373.)

FAIRE DÉPIT À, causer du dépit à :

C'est chose qu'on voit ordinairement, qu'un grand, pour *faire dépit à* ses serviteurs présents, magnifie ceux qu'il a perdus. (II, 203.)

EN DÉPIT QUE :

Nous ne sommes pas toujours libres de ne recevoir pas, et.... quelquefois il faut prendre *en dépit que* nous en ayons. (II, 33 ; voyez II, 185.)

DÉPITER, irriter, braver :

.... La troupe maudite   sion de Jésus-Christ.)
Son Seigneur attaché par outrage *dépite*. (I, 8, vers 104 ; *il s'agit de la pas-*
.... Je *suis dépité* contre ma destinée. (I, 139, vers 4.)
Vous avez peur de la mort; et cependant au milieu de vos plaisirs vous faites merveille de la *dépiter (de la braver)*. (II, 600.)

DÉPLAIRE (SE) DE quelque chose ou de faire quelque chose :

C'est la crainte que nous en avons (*de la mort*) qui nous fait *déplaire de* la vie. (II, 361.)
    Ce grand démon (*l'Amour*) qui *se déplaît*
    D'être profane comme il est.... (I, 300, vers 5 et 6.)

IL ME DÉPLAÎT DE :

Je m'en réjouis de tout mon cœur (*de cette guérison*); mais *il me déplaît* fort *de* tant de rechutes. (III, 251.)

DÉPLAISIR, chagrin :

Quelle sorte d'ennuis fut jamais ressentie
Égale au *déplaisir* dont j'ai l'esprit touché? (I, 129, vers 6.)
Il ne le peut faire (*il ne peut me faire plaisir*) qu'il ne se fasse *déplaisir*.
    (II, 35 ; voyez PLAISIR ; et I, 134, vers 11 ; 141, vers 13.)

DÉPLIÉ, au figuré :

Ma mémoire.... a les feuillets collés, comme ces livres qui n'ont été maniés depuis longtemps. Notre esprit a besoin d'être souvent *déplié*, pour remuer ce qui est dedans et le reconnoître. (II, 558.)

DÉPLORABLE, malheureux, cause de malheurs :

    .... Ce misérable,
    Ce monstre vraiment *déplorable...,*
    A commencé le parricide,
    Mais il ne l'a pas achevé. (I, 80, vers 116.)

DÉPLORÉ, dont on désespère :

Les choses du monde sont *déplorées*. (II, 356 ; voyez I, 186, vers 117.)

DÉPLOYER.

Des graines qui pour être petites, ne laissent pas.... de *déployer* leur force, et se dilater à de merveilleuses grandeurs. (II, 402 ; voyez II, 627.)

DÉPORTEMENTS, actions, conduite :

Nos prédécesseurs, de qui les *déportements* ont été si braves. (II, 56.)

DÉPOUILLE, butin :

    .... Nos navires, braves
    De la *dépouille* d'Alger. (I, 315, vers 2.)

Dépouille, dépouille mortelle :

Afin qu'en autre part ma *dépouille* ne tombe,
Puisque ma fin est près, ne la recule pas. (I, 17, vers 353.)
Que mon fils ait perdu sa *dépouille mortelle*,
Je ne l'impute point à l'injure du sort. (I, 276, vers 1.)

DÉPOUILLER.

Prenons garde de n'avoir rien qu'il y ait beaucoup de profit à nous ôter. N'ayons à *dépouiller* sur nous que le moins que nous pourrons. (II, 314.)

DÉPOURVU (Au), à l'improviste, sans qu'on s'y attende :
Sitôt qu'*au dépourvu* sa fortune lui montre
Le lieu qui fut témoin d'un si lâche méfait.... (I, 15, vers 290.)

DEPUIS, suivi d'un infinitif :
Depuis vous avoir écrit..., j'ai reçu.... un paquet. (III, 96.)

Depuis où, depuis l'endroit où. (I, 63, vers 29.)

Depuis que :

L. Piso, *depuis qu'*une fois, pour bien boire, il fut fait gouverneur de la ville, il s'y affrianda.... (II, 645.) 159, v. 25.)
Voilà les seules paroles qu'il dit *depuis qu'*il fut blessé. (III, 169; voy. I,

Depuis que, du moment que, dès que, lorsque, puisque :

Il est de certaines choses que *depuis que* nous les avons une fois sues, nous les savons toute notre vie. (II, 55.)
Pourquoi.... refuserez-vous sa compagnie, *depuis que* les riches mêmes,... la prennent pour exemple ? (II, 325.)
*Depuis qu'*une fois on y a mis le pied, on peut dire qu'on a fait la principale partie du chemin. (IV, 103.)

Voyez tome I, p. 412 ; tome II, p. 20, 92, 104, 105, 150, 218, 328, 405, 528, 702, etc.

Du depuis, depuis :
Que d'hommes fortunés en leur âge première....
Du depuis se sont vus en étrange langueur ! (I, 10, vers 159.)

DÉPUTER à, destiner à :
Nous avons des herbes qui ont la même vertu (*de produire du miel*)..., seulement connue de ces petites bêtes (*les abeilles*) que la nature *a députées à* faire ce métier. (II, 651.)

DERNIER.

Et y a plus de quoi se fâcher de n'avoir pas donné comme il faut que de n'avoir pas été remercié. Le *dernier* vient de la faute d'autrui, le premier de la nôtre. (II, 99 ; voyez II, 68, 292.)
.... Les *derniers* traits de la mort
Sont peints en mon visage blême. (I, 142, vers 44.)
[Dieux,] Donnez un *dernier* terme à ces grands hyménées ;
C'est trop les différer. (I, 233, vers 74.)
[Il faut] près du naufrage *dernier* (*de l'extrémité, des extrêmes dangers du naufrage*)
S'être vu dessous les Pléiades
Éloigné de ports et de rades,
Pour être cru bon marinier. (I, 211, vers 67.)

DÉROBER.

Du temps que nous avons, une partie nous *est* ôtée, l'autre *dérobée*. (II, 265.)

Dérober, refuser, priver d'une chose due :

Il ne lui faut point *dérober* le témoignage qu'il mérite. (II, 228.)

Ne lui *dérobez* point ce que vous lui devez. (II, 233; voy. I, 74, v. 125.)

Se dérober de :

La pesanteur du corps est le supplice de l'âme.... Quelquefois, *se dérobant de* sa garde (*de la garde du corps*), il (*l'esprit*) répare en la contemplation des choses divines ce qu'il a accueilli de vicieux et de sale au commerce de l'humanité. (II, 507.)

DERRIÈRE (Laisser), passer sous silence :

En voici encore un (*un vers*) de vous que je ne veux pas *laisser derrière* (*en latin :* non praeteribo). (II, 288.)

DÈS.

Il ne faut pas que le tronc sorte plus de trois ou quatre pieds de terre, car de cette façon ils (*les oliviers*) jetteront incontinent *dès* le pied. (II, 672.)

Dès l'heure, dès à cette heure :

Je me ressouviens de quelque langage que je vous ai ouï tenir.... Je m'en réjouis *dès l'heure* (*sur-le-champ*). (II, 297.)

Qu'on vous menace d'un supplice d'ici à cinquante ans, vous n'avez de quoi vous mettre en peine, sinon que vous veuillez.... vous rendre présents *dès à cette heure* (*dès à présent*) des ennuis qui ne vous sont promis qu'en un siècle futur. (II, 579.)

DÉSASTRE, malheur :

Que vive et meure qui voudra !
La constance nous résoudra
Contre l'effort de tout *désastre*. (I, 287, vers 48.)

DÉSAVANTAGE.

Une grande âme, quoi qui arrive à son *désavantage* (*en latin :* inter superantia), ne voit jamais rien au-dessus de soi. (II, 137.)

DÉSAVOUER.

Je ne sais où il y a le plus de honte, à *désavouer* un plaisir quand nous l'avons reçu, ou à le redemander quand nous l'avons fait. (II, 2; voy. II, 99.)

DESCENDRE.

.... Ses pleurs.... *descendoient* mollement. (I, 15, vers 303.)

Tous les temps qui sont passés sont en un lieu. Vous les voyez tout à la fois; ils sont tous en un monceau; de là toutes choses *descendent* en abîme d'oubli. (II, 439.)

Le monde est notre père commun à tous; par quelques degrés que nous *descendions*, sans lustre ou avec lustre, nous ne venons d'autre que de lui. (II, 76.)

.... Des louanges de la lune
Descendre à la clarté commune, etc. (I, 211, vers 46.)

DESCRIPTION, allégorie, image. (II, 7.)

DÉSEMBARRASSÉ.

Attendez tant soit peu, vous le verrez (*le soleil*) *désembarrassé* de ce nuage, et luire aussi clair et net qu'il étoit auparavant. (II, 141.)

DÉSEMPARER, sortir de, cesser d'occuper :

On leur déclara qu'il falloit que leur maître *désemparât* les villes qu'il tenoit en Asie (*en latin :* excederet Asiæ urbibus). (I, 441.)

La vertu ne *désempare* jamais tellement une âme, qu'elle n'y laisse des caractères.... (II, 236.)

DÉSENGAGER (Se), se dégager, se détacher des choses extérieures, etc. :

Désengagez-vous, et rendez-vous à vous-même. (II, 265.)

DÉSENIVREMENT.

Alexandre.... entre les verres tua Clitus...; et puis se voulut tuer lui-même, quand le *désenivrement* lui eut fait connoître le vilain acte qu'il avoit commis. (II, 647.)

DÉSENIVRER, neutralement ; être désenivré :

Qu'un homme ivre soit quelques jours sans *désenivrer*, quelle opinion en aurez-vous, sinon qu'il a perdu l'entendement ? (II, 646.)

Étant ordinairement hors de soi par le moyen de l'ivresse, ils s'accoutument à des vices qu'ils ne peuvent quitter quand ils *sont désenivrés*. (II, 649.)

DÉSERT, déserte :

Par sa fatale main, qui vengera nos pertes,
L'Espagne pleurera ses provinces *désertes*. (I, 74, vers 122.)

DESERTER, dépeupler, dévaster :

Mars, qui met sa louange à *déserter* la terre
    Par des meurtres épais, etc. (I, 150, vers 21.)
La Rochelle est en poudre et ses champs *désertés*
    N'ont face que de cimetières. (I, 284, vers 4.)

DÉSESPÉRER (Se) :

Si j'ai fait comme un homme en faisant une offense,
Tu feras comme Dieu d'en laisser la vengeance,
Et m'ôter un sujet de *me désespérer*. (I, 17, vers 348.)

Désespéré, verbalement et adjectivement :

Malade *désespéré* de guérison. (II, 100.)

Il leur a fallu souffrir des gênes et des cruautés *désespérées* (*en latin :* cura magna miserorum vexatione) avant que de pouvoir être guéris. (II, 207.)

Il n'est guère de méchancetés si *désespérées* que celle de quoi nous parlons (*en latin :* hæc rara nequitia est). (II, 238.)

    .... Ces *désespérés*
Par ta gloire déshonorés. (I, 123, vers 225 ; voyez II, 314.)

DÉSESPÉRÉMENT, avec désespoir :

Ceux qui pleurent *désespérément* leurs amis. (II, 496.)

DÉSESPOIR, manque d'espoir :

Je suis extrêmement aise de l'avoir vu (*un ballet*), pource que le *déses-*

poir de voir jamais rien de si beau ni de si magnifique me dégoûtera de me travailler plus en semblables occasions. (III, 81.)

DESESTIMER, mépriser :

Il le hait et le *désestime*. (II, 627; voyez II, 25, 682.)

DÉSHONNEUR.

L'abondance du sujet m'a fait continuer ce discours plus que je ne devois. Finissons-le donc, et pour ne faire point *déshonneur* à notre siècle, concluons.... (II, 16.)

DÉSHONORER, ôter le prix à :

C'est l'affection qui relève les choses basses, qui fait luire les obscures, qui *déshonore* ce qu'on estime, et donne du prix à ce qui n'en a point. (II, 12.)

Déshonoré. Voyez le dernier exemple de l'article Désespéré.

DÉSIGNATEUR, *designator*, ordonnateur de funérailles. (II, 209.)

DESIR.

Sitôt que le besoin excite son *desir* (*son appétit, sa faim*),
Qu'est-ce qu'en ta largesse il ne trouve à choisir? (I, 63, vers 31.)
  Ils (*ces beaux yeux*) auront donc ce déplaisir,
  Que je meure après un *desir*
  Où la vanité me convie? (I, 141, vers 14.)
Si un ami m'a fait un petit présent avec beaucoup d'affection..., et y a apporté, non de la volonté, mais du *desir*.... (II, 13; voy. I, 109, v. 48.)

DESIRABLE.

  Oh! qu'il me seroit *desirable*
  Que je ne fusse misérable
  Que pour être dans sa prison! (I, 100, vers 19.)

DESIRER.

  Voyant ma Caliste si belle
  Que l'on n'y peut rien *desirer*, etc. (I, 126, vers 2.)
Celui qui.... l'avoit couru d'un bout à l'autre (*le monde*), non pour en *desirer* le conquêt, mais pour en procurer la délivrance. (II, 22.)
Mettez les hommes chacun à part soi, que sera-ce qu'une gorge chaude au reste des animaux, et un peu de sang, qu'ils *auront* plus tôt épandu que *desiré?* (II, 109.)
La flamme de vos yeux....
Ne se lasse donc point de nous désespérer,
Et d'abuser les vœux dont elle *est desirée?* (I, 68, vers 8.)

Desirer de :

Ceux-là.... qui *desirent de* vivre en gens d'honneur.... (II, 32; voyez I, 303, vers 30.)

Desirer à, blâmé par Malherbe chez des Portes. (IV, 323.)

DESIREUX de :

.... Je me trouve au milieu de tes pas,
Desireux de l'honneur d'une si belle tombe. (I, 17, vers 352.)

DÉSISTER, cesser :

Je ne *désiste* pas....

D'être dans moi-même content
D'avoir bien vécu dans le monde. (I, 286, vers 25.)

DÉSOLER.

Les nomades n'ont bergerie
Qu'il ne suffise à *désoler* (*il s'agit d'un lion*). (I, 217, vers 210.)

Ma dernière saison, oragée de tant d'afflictions qui *ont désolé* ma Calliope.... (I, 356.)

Désolé, malheureux :

.... Voyant tous les jours ses chaînes se rétraindre,
Désolé que je suis! que ne dois-je point craindre? (I, 161, vers 65.)

DÉSORDRE.

Le *désordre* précipite les richesses et n'en pense jamais voir le bout : il n'est point d'abondance qui ne s'épuise, quand les choses ne sont conduites par la raison. (II, 574.)

Être en désordre :

Je ne sais ce que je fais, Madame, et encore moins sais-je ce que je vous dois dire, tant mon âme *est en désordre* par ce malheureux éloignement. (IV, 184; voyez I, 26, vers 18.)

DESSEIN.

.... C'est aux foibles courages
De succomber aux orages,
Et se lasser d'un pénible *dessein*. (I, 248, v. 28; voy. I, 9, v. 133.)

Depuis qu'il y a du *dessein* de gagner (*du moment qu'on se propose de gagner*), il n'y a plus de bienfait. (II, 104.)

Faire dessein de, projeter de :

Avec quelle raison me puis-je figurer
.... qu'*ayant fait dessein de* ruiner ma foi,
Son humeur se dispose, etc.? (I, 135, vers 28.)

DESSERRE (Être de fâcheuse), être mauvais payeur, dur à la détente :

Si je le connois *de si fâcheuse desserre* qu'il faille plus d'un simple avertissement pour en tirer quelque chose, etc. (II, 163.)

DESSERVIR, dans le sens de *mériter*, blâmé par Malherbe chez des Portes. (IV, 358.)

DESSOUS, adverbe :

Ici *dessous* gît monsieur d'Is. (I, 19, vers 1.)

Par-dessous :

Ce soir il est venu nouvelles d'un duel fait en Poitou; je ne l'ai ouï conter que *par-dessous* (*secrètement*), pource que l'on fait ce que l'on peut pour le supprimer. (III, 298.)

Dessous, préposition, dans le sens de *sous :*

.... Ses nymphes *dessous* les eaux
Pour se cacher furent en peine
De trouver assez de roseaux. (I, 79, vers 97.)
[Diane] La nourrissoit *dessous* ses lois. (I, 124, vers 263.)
Qui n'a vu *dessous* leurs combats

Le Pô mettre les cornes bas? (I, 110, vers 75.)

Voyez tome I, p. 59, vers 32; p. 135, vers 21; p. 186, vers 111; p. 209, vers 13; p. 212, vers 68; p. 253, vers 11.

DESSUS, adverbe :

L'on n'a rien dit de tout ce que *dessus* (*de tout ce que je viens de vous écrire*) au Roi. (III, 428; voyez III, 180.)

Dessus, préposition, dans le sens de *sur* :

Depuis où le soleil vient *dessus* l'hémisphère, etc. (I, 63, vers 29.)

Voyez tome I, p. 16, vers 326; p. 36, vers 6; p. 46, vers 37; p. 70, vers 13; p. 111, vers 94; p. 119, vers 82; p. 124, vers 278; p. 134, vers 1 et 9; p. 159, vers 25; p. 210, vers 16; p. 238, vers 2; p. 256, vers 45; p. 296, vers 38.

De dessus :

Il me survint quelques amis qui m'ôtèrent *de dessus* la besogne. (II, 502.)

Au-dessus de :

.... Le sang étranger fera monter nos fleuves
  Au-dessus de leurs bords. (I, 282, vers 112.)

Pauvre créature, enflée *au-dessus de* ta condition! (II, 29.)

Vous le voulez voir.... si abattu par le changement de sa condition, qu'il ait le crève-cœur de voir ses bienfaits *au-dessus de* lui. (II, 195.)

Toute hauteur est basse qui n'est *au-dessus de* la République. (II, 153.)

Une grande âme, quoi qui arrive à son désavantage, ne voit jamais rien *au-dessus de* soi. (II, 137; voyez II, 170.)

Par-dessus, préposition et adverbe :

.... J'avois tort de me louer
Par-dessus le reste des hommes. (I, 142, vers 21.)

Une infinité d'animaux ont encore cet avantage *par-dessus* l'homme, qu'ils savent nager sans avoir appris. (II, 42.)

Déclarez laquelle de ces opinions vous trouvez la plus vraisemblable : je ne dis pas la plus vraie, parce que le vrai est autant *par-dessus* nous (*au-dessus de notre portée*) que la vérité même. (II, 505.)

Il n'est point d'homme de bien sans quelque Dieu qui l'assiste à monter *par-dessus* la fortune, et le rend capable des hautes et magnanimes résolutions. (II, 411.)

Pour aller chez Métronacte, il faut passer *par-dessus* le théâtre des Napolitains. (II, 585.)

Bien que j'eusse déjà fait ces discours plus au long en ma précédente (*lettre*), je n'ai pas voulu laisser de repasser *par-dessus*, et en dire quelque chose en cette-ci. (II, 592.)

Cette parole, à ne la prendre que *par-dessus* (*qu'à la surface*), semble généreuse et vraiment royale. (II, 29.)

J'ai.... reçu votre paquet, dans lequel étoient les mémoires que vous m'avez envoyés. Je les ai vus et courus *par-dessus* (*parcourus*). (IV, 41.)

DESTIN, destins :

Un éternel état l'Église se figure,
Et croit, par le *destin* de tes justes combats,
Que ta main relevant son épaule courbée,
Un jour, qui n'est pas loin, elle verra tombée
La troupe qui l'assaut, et la veut mettre bas. (I, 5, vers 27; voyez I, 260, vers 3; 269, vers 16; 303, vers 22.)

Je le connois, *Destins*, vous avez arrêté, etc. (I, 102, v. 1 ; voy. I, 103, v. 13 ;
S'il plaît à mes *destins* que je meure pour elle,   110, v. 69.)
Amour en soit loué, je ne veux un tombeau
        Plus heureux ni plus beau. (I, 31, vers 58.)

DESTINÉE, DESTINÉES :

[L'ennui] Qu'un indigne trépas ait clos ta *destinée*. (I, 309, vers 4.)
        [Les années] Pas à pas font avancer
        L'âge où de ses *destinées*
        La gloire doit commencer. (I, 92, v. 143 ; voy. I, 101, v. 40.)

DOUCE OU BONNE DESTINÉE, bonheur, prospérité :

        Jamais tu n'as vu journée
        De si *douce destinée*. (I, 26, vers 16 ; voyez I, 72, vers 79.)
Va, ne diffère plus tes *bonnes destinées*. (I, 279, vers 57.)

LES DESTINÉES, le Destin :

Que l'honneur de mon prince est cher *aux destinées !* (I, 172, vers 1 ;
                                   voyez I, 108, vers 27.)

DESTINER.

Destinez quelques jours où, séparé du monde..., vous entriez (*consacrez quelques jours à entrer*) au commerce de la pauvreté. (II, 331.)
    M. de Bullion *est destiné* chancelier de la petite reine. (III, 490.)

DESTITUÉ DE, dénué de :

    L'un leur reproche (*aux Dieux*) la nonchalance, l'autre l'injustice, l'autre les jette hors du monde, et se les représente en quelque coin *destitués de* toutes choses, sans pouvoir.... et sans occupation. (II, 248.)

DÉTACHER (SE), se déchaîner :

        Que Bellone et Mars *se détachent*,
        Et de leurs cavernes arrachent
        Tous les vents des séditions. (I, 197, vers 1.)

DÉTEINDRE (SE), pour *s'éteindre*, blâmé par Malherbe chez des Portes. (IV, 468.

DÉTOURS d'un discours, ambages, longueurs :

        .... Un si long discours
        A de trop pénibles *détours*. (I, 113, vers 136.)

DÉTOURNER.

    On ne sauroit mieux faire connoître le peu de volonté que l'on a de se ressentir de quelque obligation, que de s'en *détourner* les yeux. (II, 53.)

DÉTRANCHER, pour *trancher*, blâmé chez des Portes par Malherbe, qui n'admet en français le premier de ces deux mots qu'avec le sens de *couper en morceaux*. (IV, 440.)

DÉTRUIRE.

[Ta main] De tes peuples mutins la malice *a détruite*. (I, 26, vers 13.)
        Comme si *détruire* l'État
        Tenoit lieu de juste conquête. (I, 77, vers 57.)
        .... L'ire du ciel et sa fatale envie
Ont détruit ma fortune, et sans m'ôter la vie
        M'ont mis entre les morts. (I, 178, vers 3.)

Ceux qui nous *ont détruits* pour nous avoir gratifiés. (II, 26.)

DETTEUR, débiteur :
Vous qui êtes créancier serez condamné envers votre *detteur*. (II, 172.)

DEUIL.
Monsieur le grand écuyer, à cheval, vêtu de *deuil* en forme et sa queue portée. (III, 199.)

Ce vers de des Portes :
    Elle a *deuil* que je sois encore en ces bas lieux,
est traité par Malherbe de phrase normande. (IV, 469.)

FAIRE LE DEUIL, être en deuil, porter le deuil :
L'étonnement de voir une éclipse de soleil lui fit fermer son palais, et raser le poil à son fils, comme s'il *eût fait le deuil*. (II, 141.)

DEUX, deux personnes :
En tous les bienfaits d'importance, la preuve ne peut avoir de lieu, car il n'y a bien souvent que *deux* qui en sachent rien. (II, 60.)

LES DEUX, où nous mettrions *deux* :
Il fut ingrat de.... faire trois parts de la République, pour en retenir *les deux* en sa maison. (II, 155.)

DEVANT, DEVANT QUE, avant, auparavant, avant que :
Premier que d'avoir mal ils trouvent le remède,
Et *devant* le combat ont les palmes au front. (I, 13, vers 234.)
Seroit-il possible que *devant* moi tu n'eusses jamais vu d'autres exemples de mortalité? (I, 359.)
On donna des gardes aux ambassadeurs, et mêmement à celui d'Espagne..., les gardes lui furent levées *devant*-hier. (III, 170.)
    Ses flots (*les flots du fleuve qui passe d'Élide en Sicile*)....
    Sont trouvés de ceux qui les boivent
    Aussi peu salés que *devant*. (I, 114, vers 190.)
Les vieillards sont blâmables qui.... ne font mourir leur vice *devant qu'eux*. (II, 368.)
Devant que la philosophie vous eût fortifié, vous preniez déjà plaisir à contester avec la fortune. (II, 305.)
Devant que passer plus outre, vous me donnerez congé, s'il vous plaît, de dire ici quelque chose. (II, 7.)
Voyez tome I, p. 12, vers 202; p. 55, vers 213; p. 76, vers 15; p. 117, vers 253; p. 204, vers 13; tome II, p. 5, 16, 57, 96, 116, 478; tome IV, p. 7, 21, 66.

DEVANT, par-devant, au jugement de :
« Éclipse » est féminin.... *devant* tous les barbiers de France. (IV, 253.)
Voyez encore tome I, p. 278, vers 25.

FAIRE LE PAS DEVANT, marcher le premier :
C'est à elle (*à la vertu*) de *faire le pas devant*, de conduire, de commander. (II, 91.)

AU DEVANT DE, devant :
C'est ce qu'il faut que vous ayez *au devant des* yeux. (II, 273.)

Au devant de, au commencement, en tête de :

Pour mettre *au devant du* livre du sieur de Lortigues. (I, 238, au titre.) Voyez encore tome I, p. 266, au titre.

Fuir au-devant, pour *fuir devant*, blâmé par Malherbe chez des Portes. (IV, 409.)

De devant :

Il y en a (*il y a des plaisirs, des bienfaits*) qui peu à peu se sont disparus *de devant* nous. (II, 246.)

DÉVELOPPER de, dégager, tirer de :

Ne lui serions-nous pas injurieux si nous pensions qu'il y eût.... labyrinthe d'où sa prudence ne fût capable de nous *développer*? (I, 395 ; voyez I, 412 ; II, 584.)

DÉVIDER.

  Les Parques d'une même soie
  Ne *dévident* pas tous nos jours. (I, 53, vers 182.)
  Ainsi de tant d'or et de soie
  Ton âge *dévide* son cours,
  Que, etc.! (I, 116, vers 242 ; voyez I, 83, vers 202.)

DEVINER.

Monsieur le Prince fait *deviner* tout le monde en quelle part il peut être. (III, 151.)

DEVOIR, verbe :

  Je l'accorde, il est véritable :
  Je *devois* bien moins desirer. (I, 131, vers 32.)
  .... L'amitié que je vous *dois*
  Par delà ce que je voulois
  A fait débaucher (*a séduit et entraîné*) ma mémoire. (I, 289, vers 94.)

Il se fit en Bretagne un tour qui n'en *doit* rien à celui-là (*qui n'a rien à lui envier*). (III, 442.)

Voyez tome I, p. 203, vers 57 ; p. 255, vers 17 ; p. 263, vers 3.

Devoir, en parlant de dette, de reconnaissance :

Une chose mal donnée ne sauroit être bien *due*. (II, 2.)
Le plaisir *est dû* comme il est fait. (II, 3.)
L'un dit qu'il *doit* de l'argent, un autre un consulat.... Et toutefois ce ne sont pas bienfaits, ce n'en sont que les marques. (II, 11.)
Je ne *dois* point ce qu'on m'a fait *devoir* par force. Vous voulez que je vous *doive*? laissez en ma liberté le prendre et le refuser. (II, 34.)

Devoir, emplois remarquables du subjonctif :

Il leur semble que nous *devions* avoir été (*que nous aurions dû être*) composés de qualités incompatibles. (II, 42.)
Ceux qui *dussent* (*devraient*) rougir d'entrer en triomphe en la ville.... (II, 153.)
On ôte la vie à ceux pour qui on la *dût* (*devrait*) perdre. (II, 153 ; voyez II, 54, 225.)

DEVOIR, substantif :

La colère l'emporte au delà du *devoir*. (II, 28 ; voyez I, 110, vers 52.)
Ils les envoient à l'école, avec menaces s'ils ne font leur *devoir* d'étudier. (II, 192.)

Il y eut quelques escarmouches..., où.... par le *devoir* que rendirent les Étoliens, les gens de Philippe furent maltraités. (I, 403.)

DEVORER.

.... Une constance qui ne s'ébranle point aux tortures, et qui, sous les coups que les bourreaux lui donnent, sait *dévorer* les gémissements. (II, 518.)

DÉVOTION.

Je la vous dédie (*ma servitude*).... avec la même *dévotion* que les choses qui sont dédiées aux temples. (IV, 5.)

Jusqu'à la mort.... les obligations que j'ai à Monseigneur et à vous vivront en ma mémoire, et en mon cœur la *dévotion* qu'elles y ont produite de vous être, Monsieur, très-humble et très-fidèle serviteur. (IV, 83.)

DÉVOULOIR.

Seroit-il possible que celui voulût, qui peut *dévouloir* en un moment? (II, 189.)

DEXTÉRITÉ.

Nous devons des autels à la sincère foi
Dont ta *dextérité* nos affaires manie. (I, 263, vers 4.)

DEXTREMENT, adroitement :

.... Ainsi faut-il que celui qui veut que ses bienfaits soient aimables se conduise à les distribuer si *dextrement*, que, etc. (II, 23.)

DIALECTE, au féminin :

Cette phrase est provençale, gasconne, et d'autres telles *dialectes* éloignées. (IV, 390.)

DIAMANT.

[Elle] plus dure qu'un *diamant*,
S'apercevoit que cet amant
La faisoit devenir sensible. (I, 123, vers 252.)

DIEUX.

J'aurai donc nommé ces beaux yeux
Tant de fois mes rois et mes *dieux*. (I, 141, vers 8.)

DIFFÉRENCE.

Les choses qui sont les premières ne sont pas pourtant les plus grandes. Il y a bien de la *différence*. (II, 85 ; voyez De, p. 139, et Si.)

DIFFÉRENT, disant plus que *divers* :

« Soit » ne se doit mettre qu'en choses *différentes* (*par le genre*), ou pour le moins *diverses* (*par l'espèce*). (IV, 337.)

DIFFÉRER, retarder, faire attendre :

.... Ne *différez* point les palmes
Qu'il brûle de vous acquérir. (I, 35, vers 71.)

Puisqu'il en faut sortir, et que vous *différer* davantage cette lamentable histoire, c'est *différer* votre résolution, je vous dirai, etc. (IV, 3.)

DIFFICILE, pénible, qu'on fait avec difficulté :

Tel que d'un effort *difficile*

Un fleuve au travers de la mer....
Passe d'Élide en la Sicile. (I, 114, vers 181.)

DIFFICULTÉ.

Il n'y a point de *difficulté* que (*on ne contestera pas que, il va sans ire que*), etc. (IV, 280.)

Difficulté, critique, objection :

Je suis fort satisfait des raisons que vous m'avez apportées sur la *difficulté* que je vous avois faite. (III, 551 ; voyez III, 545.)

DIGNE.

.... Que d'un si *digne* servage
La remontrance me dégage, v. 20.)
Cela ne se peut nullement. (I, 98, v. 34 ; voy. I, 115, v. 217 ; 296,
.... Le plus *digne* roi qui soit en l'univers. (I, 138, vers 3.)
Ce sont douze rares beautés,
Qui de si *dignes* qualités
Tirent un cœur à leur service, etc. (I, 147, vers 14.)
Celle qu'avoit Hymen à mon cœur attachée,...
Allant changer la terre à de plus *dignes* lieux,
Au marbre que tu vois sa dépouille a cachée. (I, 223, vers 3.)

Digne de, en bonne et en mauvaise part :

.... Pour apprendre quelque chose *digne de* vous être écrite. (IV, 70.)
Étoit-il pas aussi peu *digne de* servir (*d'être esclave*) comme Maro de manger en compagnie? (II, 75.)

DIGNEMENT.

Quand elles auront vu ce sujet (*il est question d'une pastorale*)....
Si doctement dépeint, si *dignement* suivi.... (I, 291, vers 10 ; voyez I, 70, vers 8 ; 217, vers 198.)

DILATATION des épaules, action de les dilater, de les élargir :

La souplesse des bras, la *dilatation* des épaules et l'affermissement des reins ne sont pas occupations d'une âme bien faite. (II, 317.)

DILATER.

Il les faut épandre (*les paroles*) comme des graines, qui pour être petites, ne laissent pas, quand elles tombent en terroir qui leur est propre, de déployer leur force, et se *dilater* à de merveilleuses grandeurs. (II, 402.)
Si tout le bien de l'homme est en l'esprit, il ne faut point douter que ce qui le fortifie, qui le rehausse et qui le *dilate*, ne se puisse appeler bien. Or il n'y a rien qui fortifie, qui rehausse et qui *dilate* l'esprit, que la vertu. (II, 589.)

DILAYER, différer, retarder :

Il ne se parle ni de casque ni de bouclier ; aussi de quoi servent-ils, ni toute cette dextérité qu'on apprend à l'escrime, sinon de *dilayer* la mort de quelque moment ? (II, 282.)

DILECTION, affection, charité :

C'est d'elle (*de la sagesse*) que nous tenons la révérence envers les Dieux, et la *dilection* envers les hommes. (II, 709.)

DILIGENCE, rapidité :

La *diligence* du temps est infinie; le moyen de s'en apercevoir, c'est de regarder derrière nous. (II, 439.)

Diligence, soin, zèle :

  O bienheureuse intelligence,
  Puissance, quiconque tu sois,
  Dont la fatale *diligence*
  Préside à l'empire françois.... (I, 80, vers 133.)

Il faut du choix et de la *diligence* quand il est question de faire des amis. (II, 33.)

Toutes leurs rigueurs étoient des *diligences* nécessaires pour tenir en bride les mouvements inconsidérés de notre jeunese. (II, 139.)

J'ai trop reconnu votre humeur et votre *diligence* à la conservation des amitiés. (III, 28; voyez II, 101.)

DILIGENT.

Ce qu'on lui vouloit montrer étoit.... digne d'une attention plus *diligente*.... (II, 731.)

DIMENSIONS (Avoir toutes ses), être complet :

Afin que votre courtoisie *ait toutes ses dimensions*, vous ne voulez point être remercié. (III, 367.)

DIMINUER de, se diminuer de :

Ses voyages sur mer et les fortunes qu'il avoit courues *avoient* beaucoup *diminué de* sa vigueur. (II, 481.)

Diminué de sang et *de* force. (II, 356.)

Ce seroit me *diminuer de* la bonne opinion que vous me voulez donner de vous. (IV, 236.)

Tout ce que nous voyons se promener sur nos têtes, et ce que nous foulons sous nos pieds *se diminue* chaque jour *de* quelque chose. (II, 549.)

DÎNER.

Ils (*les Spartiates des Thermopyles*) *dînèrent* courageusement et soupèrent de même. (II, 639.)

DIRE, signifier :

« Ignorant » se peut prendre pour participe, et *dire* « ignorant que je suis. » (IV, 263, note 1.)

Dire, chanter :

  [Ma lyre] Faisant son dernier effort,
  Entreprendra de mieux *dire*
  Qu'un cygne près de sa mort. (I, 94, vers 193.)

Dire avec un chalumeau quelque vaudeville. (II, 96.)

Dire, emplois divers :

Voici où ils nous font une question.... Devant que de répondre, laissez-moi *dire* quelque chose, de peur que, etc. (II, 116.)

Un homme de bien n'est point sujet à cette vergogne que vous *dites*, d'être vaincu. (II, 136.)

Voyez, je vous prie, si nous *dirions* point encore mieux.... de lui conseiller, etc. (II, 5.)

La pauvreté ne se *dit* point par position, mais par privation (*point dans le sens positif, mais dans le sens négatif*). (II, 684.)

Vous n'écrivez rien qui ne soit bien joint.... Vous *dites* autant qu'il vous plaît, et toutefois votre discours a encore plus de substance que de paroles. (II, 484.)

Cela se peut *dire* vraiment bienfait, qui est fait en sorte que rien ne le puisse ruiner. (II, 11.)

Il se *dit* communément un propos qui est fort à votre goût : qu'il est vilain d'être vaincu de courtoisie. (II, 135.)

Que peut-on ajouter à ce qui est parfait? Aussi ne peut-on non plus ajouter à la vertu, laquelle il faut *dire* avoir été défectueuse, s'il y a eu moyen d'y ajouter. (II, 512.)

Voici venir le temps que je vous *avois dit* :
Vos yeux, pauvre Caliste, ont perdu leur crédit. (I, 318, vers 1.)

.... Que de mères à Memphis
En pleurant *diront* la vaillance
De son courage et de sa lance ! (I, 50, vers 118.)

Son Louis soupire
Après ses appas;
Que veut-elle *dire*
De ne venir pas ? (I, 235, vers 7.)

Qu'en *dis*-tu, ma raison? crois-tu que, etc. (I, 133, vers 13.)

Vous m'avez sauvé la vie, je le veux ; ce n'est pas à *dire* que je la vous doive. (II, 33 ; voyez II, 395.)

.... Voilà ce que j'endure
Pour une affection que je veux qui me dure
Au delà du trépas;
Tout ce qui m'en *dit* mal offense mon oreille. (I, 161, vers 58 *var.*)

Prêchez-moi ses vertus...;
Mais pour en *dire* mal n'approchez point de moi. (I, 177, v. 90 ; voy. II, 4.)

Le monde est mal *disant* et mal pensant. (III, 153.)

Un homme qui ne juge du jour que par soupçon.... n'a pas grand sujet de *dire* bien de ses yeux. (II, 614.)

Vous avez beau prêcher, s'il vous en *dit* (*si le cœur vous en dit*) : ce sont tromperies. (II, 423.)

Le nombre de ceux que l'on treuvoit à *dire* (*de ceux qui manquaient à l'appel, qui avaient disparu*), étant petit au commencement, fut à la fin si grand, etc. (I, 435.)

Die, dise :
Vous attendez que je vous *die* qu'il fut affranchi. (II, 76.)
Quoi que la Grèce *die*. (I, 229, v. 11 ; voy. II, 571 ; III, 295, etc.)

Le dire, substantivement :
Le bien *dire* ne lui coûte rien. (II, 580.)

DIRECTE, pris substantivement :
Il fut oublié d'y employer le droit de lods et ventes, qui est, à mon avis, ce que l'on appelle *directe*. (IV, 128, et note 5.)

DIRECTEMENT, absolument, en tout état de cause :
Ces premiers biens, nous les souhaitons *directement*, les seconds en cas de nécessité. (II, 511.)

DIRECTEUR.
Les choses que les hommes desirent sont d'une nature neutre; l'esprit de celui qui les possède en est le *directeur*, et leur donne la forme qu'il lui plaît. (II, 12.)

DISCERNÉ (Être), se distinguer, avoir un caractère distinctif :

.... Les centaures, les géants et telles autres choses qui, bien qu'elles n'ayent point de substance, *sont* toutefois *discernées* par une forme que notre imagination leur a fait avoir. (II, 476.)

DISCONTINUER de :

Il est de certaines choses.... qui s'oublient aussitôt qu'on *discontinue* d'y étudier. (II, 55.)

DISCORD, désaccord, discorde :

.... Après lui notre *discord*
N'aura plus qui dompte sa rage. (I, 53, vers 167.)
.... De nos *discords* l'infâme vitupère. (I, 74, v. 124; voy. I, 195, v. 25.)

Le Discord, la Discorde :

Le *Discord* sortant des enfers. (I, 311, vers 12.)

DISCORDANCE, désaccord :

Toute notre *discordance* est d'accord en cette opinion. (II, 630.)

DISCORDE, désaccord dans les idées, inconséquence :

Nous ne voulons pas avouer que notre serviteur nous puisse obliger, et cependant nous réputons à beaucoup de faveur si celui d'un autre a seulement fait signe de nous voir quand nous l'avons salué. D'où nous vient cette *discorde* à l'âme? (II, 77.)

DISCOURIR.

Je me mis à *discourir* en moi-même quelle folie c'étoit, etc. (II, 472.)

Discourir, activement, raconter, rapporter :

J'ai *discouru* tout ceci afin que, etc. (I, 356.)

Discourir de quelque chose à quelqu'un, l'en entretenir :

Tout beau, pensers mélancoliques,
De quoi m'osez-vous *discourir*? (I, 177, vers 81.)

DISCOURS, emplois divers :

Il a fallu que j'aie fait ce *discours* (*en latin :* dicenda hæc fuerunt). (II, 77; voyez I, 39, vers 2; 142, vers 25; II, 23, 34, 44, 92, 243, 592; III, 166; IV, 2, 251.)

Vous trouvant un soir au souper du Roi, sur un *discours* qui se présenta, vous prîtes occasion de me nommer à Sa Majesté. (IV, 3.)

Que direz-vous, races futures,
Si quelquefois un vrai *discours*
Vous récite les aventures
De nos abominables jours? (I, 75, vers 2.)

Afin que obliquement le *discours* (*la suite du discours*) ne m'emporte à une autre dispute.... (II, 98.)

Tu me ravis, du Maine, il faut que je l'avoue,
Et tes sacrés *discours* (*tes OEuvres spirituelles*) me charment tellement, etc.
(I, 192, vers 2; voyez I, 204, vers 3.)

Qui ne voit, s'il n'est aveuglé,
Que ton *discours* (*ton langage*) est admirable? (I, 121, vers 164.)

Il semble en les voyant (*tes vers*) que l'on lise une histoire
Dont le *discours* (*le style*) parfait à tout chacun fait croire
Que la prose n'est rien au prix de tes beaux vers. (I, 291, vers 7.)

Ce qu'un autre a fait en riant, pourquoi ne le ferez-vous par le *discours* de la raison (*pour obéir à ce que dit la raison*)? (II, 607.)
Cette prédiction sembloit une aventure (I, 236, vers 6.)
Contre le sens et le *discours* (*contraire au bon sens et au langage ordinaire*).

Pour ne prendre pas garde à nos actions, et les remettre plutôt à la fortune que de les conduire par *discours* (*en latin :* temere inconsulteque viventium), nous faisons une infinité de fautes. (II, 1.)

DISCRET, modéré :
Jeune homme fort *discret* (*en latin :* quietus), et qui fut vieil de bonne heure. (II, 596.)

DISCRÈTEMENT.
C'est assez, mes desirs, qu'un aveugle penser
Trop peu *discrètement* vous ait fait adresser
  Au plus haut objet de la terre. (I, 295, vers 2.)

DISCRÉTION, modération :
[J']ai toujours gardé cette *discrétion* de me taire de la conduite d'un vaisseau où je n'ai autre qualité que de simple passager. (I, 392.)
La fainéantise se fait appeler *discrétion* (*en latin :* moderatio). (II, 423.)
Celui qui parmi les prospérités se conduit avec *discrétion* (*en latin :* prospera honeste judicantis).... (II, 553.)
Que vous sert de vous enquérir si Pénélope a passé son temps avec ceux qui la recherchoient ; si par *discrétion* elle s'est parée (*gardée*) de scandale (*en latin :* an verba sæculo suo dederit)? (II, 689.)
La *discrétion* de se commander (*la modération qui consiste à se commander*).... (II, 705.)
Un qui n'aura qu'une passable *discrétion* (*en latin :* etiam tolerabilis homo) se gardera bien d'y tomber (*de tomber dans l'ivrognerie*). (II, 646.)
Il y a bien de la *discrétion* à user (*il faut user avec beaucoup de discrétion*) de ce mot de « serf. » (IV, 413.)

TOMBER À LA DISCRÉTION DE, tomber au pouvoir de :
.... De ne *tomber* point *à la discrétion du* victorieux. (II, 326.)

À SA DISCRÉTION, à sa guise :
Employer son temps *à sa discrétion*. (II, 565.)

PAR DISCRÉTION, par conjecture :
Je ne sais ce qu'il veut dire, mais je le devine *par discrétion*. (IV, 255 ; voyez IV, 373.)

DISPARITÉ, dissemblance :
Ce sont *disparités* qu'il n'est pas bien aisé d'apparier. (II, 60.)

DISPAROÎTRE (SE), disparaître :
Il y en a (*des plaisirs reçus, des bienfaits*) qui peu à peu *se sont disparus* de devant nous (*que nous avons peu à peu oubliés*). (II, 246.)

DISPENSE (AVOIR, DONNER) :
Celle qu'avoit Hymen à mon cœur attachée....
Au marbre que tu vois sa dépouille a cachée....
La rigueur de la mort se voulut assouvir,
Et mon affection n'en put *avoir dispense*. (I, 223, vers 11.)
Si nous en faisons autre jugement, nous *donnons dispense* aux enfants, et les refroidissons de la reconnoissance qu'ils doivent à leurs pères. (II, 86.)

[Les] ingrats.... semblent.... *avoir dispense* de ne rien rendre. (II, 4.)
Quelque *dispense* (*quelque privilége, quelque droit*) que me semble donner le lieu de ma naissance, je ne l'emploie jamais, etc. (IV, 164.)

DISPENSER, dans le sens où nous le prenons aujourd'hui :
Je lui écrivis dernièrement, cela et le peu de sujet que j'ai m'en *dispensera* (*me dispensera de lui écrire*) pour cette fois. (III, 141.)

Dispenser, permettre, autoriser :
Le sieur Cramoisy vous fait un ballot de livres pour vous envoyer; je me *suis dispensé* (*permis*) d'y mettre un Lexicon grec. (III, 355.)
Je ne pensois répondre à votre première lettre que, etc..., mais.... la seconde me serre le bouton de trop près pour me *dispenser* (*me permettre*) de prendre un si long délai. (IV, 136.)
Je me *dispense* (*je prends la liberté*) de vous dire que, etc. (IV, 160.)
J'ai quasi envie de me *dispenser* (*de me permettre*) de ne vous point écrire ce qui se passe par deçà (III, 188.)
Ne.... point a été ajouté après coup par Malherbe.
La tempérance règne sur les voluptés; elle en hait les unes, qu'elle chasse du tout; elle *dispense* (*permet, autorise*) les autres, et les règle sous une médiocrité convenable. (II, 695.)
Vous me permettrez, s'il vous plaît, de vous contredire, et me *dispenserez* que pour vous j'ose (*m'autoriserez à oser*) murmurer contre vous-même. (IV, 167; voyez III, 26, 62.)

Dispenser, absoudre :
.... Est-il ni crime ni blâme
Dont vous ne *dispensiez* une âme
Qui dépend de votre beauté? (I, 85, vers 35.)

Dispenser, régler, distribuer, ordonner :
.... A bien *dispenser* les choses,
Il faut, etc. (I, 113, vers 137.)
La vertu.... *dispense* les offices.... entre les pères et les enfants. (II, 577.)

DISPERSER (Se) :
Les victorieux *se dispersoient* par les maisons. (II, 72.)

DISPOSER, SE DISPOSER :
La magnanimité..., au lieu de parer les coups, s'ouvre l'estomac, et le *dispose* à les recevoir. (II, 527.)
S'il se présente quelque chose qu'il faille ou faire ou souffrir, ils y *disposent* aussitôt leur consentement. (II, 32; voyez I, 140, vers 11.)
Son humeur *se dispose* à vouloir que je croie
Qu'elle a compassion de s'éloigner de moi? (I, 135, vers 29.)
Chacun *se dispose* (*se porte, se forme*) à la discipline et aux exercices de sa nation. (II, 398; voyez II, 12, 111.)

Disposer, employé activement, pour *disposer de*, blâmé par Malherbe chez des Portes. (IV, 340.)

Bien disposé, mal disposé, bien portant, mal portant :
J'avois été quelque temps assez *bien disposé*, mais tout d'un coup ma maladie m'a repris. (II, 459.)
Prenons garde que, tandis que nous voulons donner des choses agréables, nous n'en donnions qui semblent reprocher quelque défaut, comme à un ivrogne du vin, ou à un homme *mal disposé* des médicaments. (II, 19.)

DISPOSITION.

Des biens qui sont en la *disposition* de la fortune.... (II, 398.)

Les uns (*il s'agit de certains météores ignés*) se font en temps d'orage, les autres au plus beau jour du monde, selon que la *disposition* de l'air est susceptible de feu. (I, 477.)

Vous.... irez plus doucement, selon que la voix et la force des flancs vous en donneront la *disposition*. (II, 319.)

Je vous disois, il n'y a guère, que je m'en allois arriver tout bellement à la vieillesse. Mais à cette heure je me doute que la vieillesse ne soit demeurée bien loin derrière moi. Ma *disposition* et mes ans se doivent désormais nommer d'autre façon. (II, 365.)

Les esprits les plus nets se brouillent de boire trop, et gâtent leur bonne *disposition*. (II, 649.)

Toujours je lui treuve la *disposition* meilleure (*je le trouve toujours en meilleure disposition*). (II, 382.)

Leur *disposition* (*la disposition, l'instinct des abeilles*).... (II, 651.)

Qui est-ce qui est.... noble? Celui qui naturellement a la *disposition* à la vertu. (II, 420.)

Antiochus n'attendoit qu'une bonne *disposition* à ses affaires pour passer en Europe. (I, 437 et 438.)

DISPOSITION, agilité, qualité de celui qui est *dispos :*

Disposition des danseurs.... (III, 488.)

L'esprit qui porte un si pesant corps est écorché de sa charge, et perd beaucoup de sa *disposition*. (II, 318.)

Comme ils avoient la *disposition* plus forte et plus gaillarde, ils ne pouvoient pas, etc. (II, 724; voyez II, 511.)

DISPUTE, discussion, rivalité, émulation :

On doute en quelle part est le funeste lieu
Que réserve aux damnés la justice de Dieu,
Et de beaucoup d'avis la *dispute* en est pleine. (I, 129, vers 11.)

Quand on est en *dispute* de ce qui est raisonnable, on procède par la conjecture des volontés. (II, 58.)

.... Ne restoit plus que d'élire
Celui qui seroit le Jason....
Tu vainquis en cette *dispute*. (I, 124, vers 271.)

M. de Candale s'en étoit aussi allé, par le commandement de Monsieur son père, vue la *dispute* qu'il prétendoit contre M. le duc de Montbazon pour le rang. (III, 456; voyez II, 10, 51, 87, 511.)

DISPUTER, discuter :

La chose a bien été trouvée d'assez d'importance pour *être disputée* devant un juge. (II, 58.)

On *dispute* ordinairement si Marcus Brutus, ayant dessein en son âme de faire mourir César, fit bien de recevoir la vie de lui. (II, 34; voy. II, 315.)

Je ne veux pas *disputer* qu'ainsi ne soit. (II, 110.)

Voyez tome I, p. 59, vers 26; p. 136, vers 47; tome II, p. 90, 655.

DISPUTER, emplois divers :

Un autre, qui sert au buffet, est paré comme une femme, et lui fait-on *disputer* sa jeunesse contre les années. (II, 429.)

Que le tintamarre du monde soit au dehors, pourvu qu'au dedans tout soit en paix; que le desir et la crainte ne *disputent* point; qu'il n'y ait point de noise entre l'avarice et la luxure. (II, 467.)

Un cartel qu'avoient baillé M. de Guise et M. de Termes, pour rompre en lice, ne *fut* point *disputé*. (III, 29.)

Je ne *dispute* de mérite avec personne. (IV, 16.)

DISSEMBLABLE à, qui diffère de :

[Ils] couroient fortune que la fréquentation de si grand nombre de personnes *dissemblables à* leur humeur ne leur mît l'âme en désordre. (II, 283.)

DISSIMILITUDE, dissemblance, différence :

Quelle peine ordonnerons-nous aux ingrats? Leur en donnerons-nous à tous une semblable, bien qu'il se trouvera tant de *dissimilitude* aux plaisirs qu'ils auront reçus? (II, 60.)

DISSIMULATION, action de cacher, de taire :

La *dissimulation* de ce qui s'est passé en un lieu si célèbre ne me peut être que malhonnête et mal assurée. (IV, 4.)

DISSOLUTION.

.... Quand il se fait une douce *dissolution*, telles que peuvent avoir éprouvé ceux qui se sont quelquefois évanouis. (II, 597.)

Je n'estime pas repos de ne pouvoir supporter le moindre mouvement du monde, mais bien une *dissolution* et languissement. (II, 271.)

Dissolution, débauche :

L'un la cherche (*la joie*) en la *dissolution* des festins. (II, 488.)

DISSOUDRE.

[Ces lois] Règnent avec un tel empire,
Que si le ciel ne les *dissout*,...
Pour pouvoir ce que je desire
Ce n'est rien que de pouvoir tout. (I, 167, vers 34.)

DISTANCES.

Le cercle imaginé, qui de même intervalle
Du nord et du midi les *distances* égale (*la distance qu'il y a entre le nord et le midi*).... (I, 103, vers 10.)

DISTILLER, au figuré :

ous avons beau nous *distiller* l'esprit là-dessus. (IV, 7.)

Être distillé, avoir un flux d'humeur, un catarrhe, etc. (*en latin :* distillare) :

L'âge.... se rebelloit contre les maladies ; mais enfin il me fallut rendre et *être distillé* moi-même. (II, 602 ; voyez Défluxion.)

DISTINGUER, distingué :

On *distingue* un peuple en lignées, et une armée en compagnies. (II, 702.)

Il faut.... que ceci *soit distingué*, pour être entendu. (II, 234 ; voyez II, 189, 220.)

Vous possédez un palais spacieux où vous.... voyez.... des masses entières de pierre, *distinguées* de matière et de couleur. (II, 95.)

DISTRACTION, séparation :

Distraction du corps et de l'âme. (II, 382.)

DISTRAIRE d'avec, détacher de :

Toutes confusions de voix vous bruiront aux oreilles sans que pour cela vous *soyez distrait d'avec* vous. (II, 470.)

Se distraire de :

.... Ne pouvant *se distraire*
Du plaisir de la regarder. (I, 48, vers 61 et 62.)

DISTRIBUÉ.

Troupeaux.... *distribués* à paître en toutes les provinces. (II, 227.)

DIVAGUER (Se), laisser aller sa pensée au hasard :

.... Voyez comment
On *se divague* doucement,
Et comme notre esprit agrée
De s'entretenir près et loin
Avec l'objet qui le récrée. (I, 288, vers 86.)

DIVERS.

Qui témoigna jamais une si juste oreille
A remarquer des tons le *divers* changement? (I, 105, vers 6.)

Que la fortune.... lui continue ses jours ou les lui retranche, comme bon lui semblera, l'âge pourra bien être *divers*, mais la vertu ne sera toujours qu'une. (II, 576; voyez I, 313, vers 7.)

Divers, dans un sens plus faible que *différent* :

« Soit » ne se doit mettre qu'en choses *différentes* (*par le genre*), ou pour le moins *diverses* (*par l'espèce*). (IV, 337.)

DIVERSIFIÉ.

Qui est à cette heure le misérable.... qui ne se pensât mal accommodé si les parois des siennes (*de ses étuves*) n'étoient *diversifiées* de croûtes de marbre? (II, 668.)

Cette abondance *diversifiée* d'animaux et de toutes choses que la nature produit si libéralement. (II, 219.)

DIVERSITÉ, choses diverses :

.... En cueillant une guirlande,
L'homme est d'autant plus travaillé,
Que le parterre est émaillé
D'une *diversité* plus grande. (I, 109, vers 44.)

.... Que tant de *diversités* ne soient plus qu'une chose. (II, 189.)

.... Que l'écriture fasse un corps de cette *diversité* que la lecture aura recueillie. (II, 650.)

DIVERTIR, détourner, distraire :

Quelle heure de repos *a diverti* mes craintes? (I, 297, vers 6.)

La servitude même ne l'a pu *divertir* de faire bien. (II, 70.)

L'un *est diverti* (*détourné, arrêté*) par une vilaine honte qu'il a que le rendre ne lui soit une confession d'avoir reçu. (II, 243.)

.... Les devoirs que vous rendez à Sa Majesté, si grands, si laborieux et si peu *divertis*. (I, 391.)

Comme ils n'ont personne qui *divertisse* leur dangereuse inclination, ils se proposent des choses pernicieuses. (II, 296.)

Voyez I, 115, vers 195; 129, vers 8; 134, vers 4; 337; II, 27, 90, 176, 182, 243, 323, 410, 466, 643; III, 166, 182; IV, 142.

DIVERTISSEMENT, détournement, distraction :

L'un (*des médicaments*) est bon pour la démangeaison des yeux..., l'autre pour le *divertissement* d'une défluxion subite. (II, 501.)

Je me.... suis plus étendu que je ne pensois; mais votre *divertissement* (*la diversion faite à votre douleur*) en sera plus long. (IV, 218.)

Sans *divertissement* aux occupations publiques, employer son temps à sa discrétion. (II, 565.)

Voyez I, 279, vers 46; II, 388; III, 84, 572; IV, 122.

DIVISER (SE) À, se partager entre :
Une courtisane *se divise*.... *à* ses poursuivants. (II, 23.)

DIX, rendu par *deux fois cinq* :
De douze, *deux fois cinq*, étonnés de courage,
Par une lâche fuite évitèrent l'orage. (I, 16, vers 331.)

DOCTE.
.... Les agréables chansons
Par qui les *doctes* nourrissons
Savent charmer les destinées. (I, 108, vers 26.)

DOCTE, savamment, habilement fait :
Quels *doctes* vers me feront avouer
Digne de te louer? (I, 194, vers 3.)

DOCTEMENT, habilement, bien :
[Ce sujet] Si *doctement* dépeint, si dignement suivi. (I, 291, vers 10.)

DOCTEUR.
L'un de nos *docteurs* (*l'un des philosophes de notre secte*).... (II, 466.)

DOCTRINE, science :
Vous êtes au comble de la *doctrine* et de la vertu. (IV, 88.)

DOIGT, dans une locution proverbiale :
Je ne vous dis rien que je ne vous mette le *doigt* dessus. (II, 156.)

DOIGTS, pour *mains*, blâmé par Malherbe chez des Portes. (IV, 394, note 1.)

DOIGT, mesure :
Que me sert d'être un suffisant homme à prendre les pieds d'un arpent, et savoir que c'est que quart, que *doigt* et que pouce? (II, 689.)

DOLENT, qui se plaint :
.... Un homme *dolent*, que le glaive contraire
A privé de son fils.... (I, 14, vers 283.)

DOMESTIQUE, qui est de la maison, intérieur :
Vous vous comportez doucement avec vos serviteurs.... Ce sont hommes, ce sont *domestiques* (*en latin :* contubernales), ce sont petits amis. (II, 428.)

La félicité lui est *domestique* : ... elle naît chez lui. (II, 559; v y. II, 236.)

Ces voisins dont les pratiques
De nos rages *domestiques*
Ont allumé le flambeau. (I, 92, vers 149.)

DOMESTIQUES, serviteurs, esclaves. (II, 597.)

DOMESTIQUER, apprivoiser, adoucir; SE DOMESTIQUER :
Il ne faut autre chose que.... savoir d'où l'esprit est venu.., quelle est cette raison.... qui *domestiquera* la rage de ses convoitises. (II, 633.)

La douleur, la pauvreté.... *se domestiquent* aussitôt qu'elles sont arrivées entre ses mains. (II, 667.)

DOMINATION.

Le nom de roi, qui est une *domination*, quand elle est juste, préférable à toute autre sorte de gouvernement.... II, 34.)

DOMMAGE, mal, malheur :

Beauté, par qui les Dieux, las de notre *dommage*,
Ont voulu réparer les défauts de notre âge.... (I, 21, vers 13.)

.... Démons insensés,
    Qui de nos *dommages* passés
    Tramoient les funestes pratiques. (I, 115, vers 193.)

Comme un homme dolent, que le glaive contraire
A privé de son fils et du titre de père...,
S'il arrive en la place où s'est fait le *dommage*.... (I, 15, vers 286.)

Devant que d'un hiver la tempête et l'orage
A leur teint délicat pussent faire *dommage*.... (I, 12, vers 203; voyez I, 12, vers 212; 53, vers 168 *var*.)

À LEUR DOMMAGE, à leurs dépens :

    Ces arrogants, *à leur dommage*,
    Apprendront un autre langage. (I, 66, vers 25.)

DOMPTER, pour *vaincre*, blâmé par Malherbe chez des Portes, dans ce vers

Me cachoit ce bel œil dont le jour *est dompté* (*par qui le jour est vaincu*). (IV, 382.)

DON, DONATION, différence entre ces deux mots :

On demande s'il est possible d'ôter un plaisir par force. Quelques-uns tiennent que non, parce que c'est une action et non pas une chose, et qu'il y a même différence qu'entre le *don* et la *donation* (*l'action de donner*), la navigation et la personne qui navigue. (II, 169.)

DON, traduisant le latin *congiarium*. (II, 565; l. 4.)

DONC.

Toutes les vertus sont raisons. Sont-elles raisons, elles sont *donc* droites; si elles sont droites, elles sont égales. (II, 519; voyez I, 141, vers 7 et 13.)

DONC, au commencement d'une pièce de vers :

Donc un nouveau labeur à tes armes s'apprête. (I, 277, vers 1.)
Quelque ennui *donc* qu'en cette absence....
Le destin me fasse endurer.... (I, 152, vers 1.)

Voyez I, 137, vers 2; 145, vers 1; 201, vers 1.

DONNER un bienfait, un plaisir, un présent, etc. :

La manière de *donner*, prendre et rendre un bienfait.... (II, 8; voyez II, 7, 24, 37.)

Qui n'a reconnu le premier plaisir reconnoîtra le second.... Celui vraiment les a perdus, qui les a estimés perdus incontinent après les *avoir donnés*. (II, 6 et 7.)

Je n'aurai pas moins de quoi faire un présent digne de l'homme à qui je le veux *donner*. (II, 14.)

Il est.... temps de finir, mais après vous *avoir donné* le parabien (*vous avoir félicité*) de votre bel arrêt. (III, 303.)

Donner, suivi d'un substantif sans article :

Il n'y a jamais eu nation que celle des Mèdes, qui *ait donné action* contre les ingrats. (II, 56.)

Ce n'est pas que nous lui *donnions arrêt* d'absolution. (II, 56.)

Il est des choses qui.... deviennent plus grandes que celles qui leur ont *donné commencement*. (II, 78.)

Il faut que vous me *donniez congé* de passer plus avant. (II, 523 ; voy. Congé.)

.... *Donnez connoissance*....
Qu'à des cœurs bien touchés tarder la jouissance,
C'est infailliblement leur croître le desir. (I, 237, vers 25.)

Si nous en faisons autre jugement, nous *donnons dispense* aux enfants, et les refroidissons de la reconnoissance qu'ils doivent à leurs pères. (II, 86.)

L'humeur, l'air, et toutes choses à qui le coup peut *donner forme*, étant poussées, prennent la figure même de ce qui les pousse. (I, 478.)

Il y faut apporter le tempérament de la raison, et par son règlement *donner grâce* (*donner du charme*) à des choses qui n'en ont point quand on les prend avec indiscrétion. (II, 560.)

Si la fortune.... me vouloit *donner moyen* de vous en rendre quelque preuve, ce seroit, etc. (IV, 5.)

Il faut *donner ordre* (*faire en sorte*) de lui ressembler. (II, 377 ; voy. II, 492.)

Quelle différence y a-t-il de tenter ces inconvénients par fraude ou de les procurer par vœu, sinon que vous lui *donnez* plus forte *vartie* (*en latin :* potentiores illi adversarios quæris) ? (II, 196.)

  S'il ne la possède,
  Il s'en va mourir ;
Donnons-y *remède*,
  Allons la querir. (I, 235, vers 11.)

L'injustice qu'on fit à Rutilius *donna réputation* à sa prud'homie. (II, 615 ; voyez II, 721.)

Cette raison éternelle qui, infuse à l'univers, *donne vie* et *figure* à toutes choses.... (II, 719.)

Donner, emplois divers :

  .... Une place au pillage *donnée*. (I, 7, vers 65.)
  .... Les herbes le plus vulgaires
  M'en *donneroient* la guérison. (I, 100, vers 24.)
Le fer qui les tua leur *donna* cette grâce,
Que si de faire bien ils n'eurent pas l'espace,
Ils n'eurent pas le temps de faire mal aussi. (I, 11, vers 190.)
  Notre âge auroit-il aujourd'hui
  Le mémorable témoignage
  Que la Grèce a *donné* de lui (*d'Achille*) ? (I, 113, vers 160.)
  .... Le nom que me *donne*
  Tout ce que ma lyre sonne. (I, 317, vers 5.)
.... Son destin m'arrête, et lui *donner* des larmes,
  C'est tout ce que je puis. (I, 160, vers 53.)
[Les peuples du Nil] *Donneront* de l'encens, comme ceux de la Seine,
  Aux autels de Louis. (I, 283, vers 159.)

.... Sa juste colère, assaillant nos Titans,
Nous *donna* de nos maux l'heureuse délivrance. (I, 260, vers 11.)

L'un ne *donne* point la loi à l'autre (*ne lui fait point la loi*). (II, 9.)

Aussi faut-il qu'un homme soit dépouillé de tout sentiment d'humanité, qui fait mal avec cette intention de se *donner* du contentement. (II, 108.)

  Soit que tu *donnes* ton loisir

A prendre quelque autre plaisir.... (I, 111, vers 105.)

Beaucoup de gens ont voulu *donner* (*consacrer*) quelques jours de chaque mois à vivre comme les pauvres. (II, 330.)

[Espérance,] A qui j'*ai* trop *donné* de foi.... (I, 303, vers 26.)

Il ne faisoit que *donner* à rire à tout le monde. (II, 40.)

Qui seroit.... le rendeur si volontaire qui devant que de rendre ne *donnât* la peine de plaider? (II, 57.)

Un serviteur ne peut rien refuser.... Aussi ne se peut-il *donner* de gloire d'avoir fait ce qu'il n'a pas été en sa puissance de ne faire point. (II, 69.)

Sous Auguste les paroles n'étoient pas encore capitales, mais elles *donnoient* déjà de la peine. (II, 75.)

C'est l'office du monde de *donner* les vicissitudes aux choses;... c'est celui du soleil de changer de place d'un côté à l'autre. (II, 103.)

L'espoir et la crainte *donnent* la gêne à notre âme. (II, 275.)

Demandez grâce, mais ne la vous *donnez* pas. (II, 374.)

La vertu *donne* la forme des objets où elle se veut travailler. Quoi qu'elle touche, elle lui *donne* sa ressemblance et sa teinture. (II, 512.)

Décius.... *donnant* des éperons à son cheval, alla chercher la mort dans les épées des ennemis. (II, 528.)

Les péripatétiques.... *donnent* les coudées assez franches à la félicité de l'homme. (II, 150.)

Je me plaindrai de vos remerciements.... Ne m'en faites plus, si vous ne voulez que je les prenne pour de la tablature que vous me *donnez* de faire le semblable en votre endroit. (III, 350.)

De deux objets il *donne* le premier et le meilleur à sa mémoire. (II, 628.)

Puisque je ne vous puis servir en autre chose, pour le moins le veux-je faire à vous *donner* de l'entretien. (III, 383.)

Si la fortune.... me vouloit donner moyen de vous en rendre quelque preuve, ce seroit une gratification à laquelle je *donnerois* très-volontiers tout ce que j'en ai jamais reçu d'injure par le passé. (IV, 5.)

Il n'eût pas pensé avoir bien foulé aux pieds la République, si, après avoir tellement désestimé la vie d'un sénateur que d'en faire le jugement capital en pantoufles, il ne lui *eût* encore *donné* du pied par les dents. (II, 25.)

Les uns seront froissés, les autres *donneront* du nez à terre (*en latin* : alii elidentur, alii cadent). (II, 397.)

Donne celui qui a déjà donné (*que celui-là donne qui a déjà donné*). (II, 211.)

Donnant, si on s'en revanche, vous avez autant gagné. (II, 6.)

DONNER, aller, se diriger, parvenir :

Une partie de ses vaisseaux *donna* à travers, les autres allèrent à fond. (I, 450.)

On ne regarde pas où le coup *a donné*, mais où vouloit *donner* celui qui l'a tiré. (II, 177.)

L'honnêteté est un point où il n'est pas bien aisé de *donner*; qui en approche fait beaucoup. (II, 32.)

Nous ne regardons qu'aux choses qui sont près de nous, et.... l'esprit.... ne peut pas *donner* jusques à celles qui sont plus éloignées. (II, 550.)

Il veut représenter le *tinctus viola pallor amantium*; mais il n'y *donne* ni près ni loin. (IV, 251.)

LE DONNER, substantivement :

Si *le donner* étoit chose desirable de soi. (II, 99; voyez II, 29.)

DONNEUR.

Les vieillards que vous aurez quittés referont leurs testaments; le *donneur* de bonjour ira chercher une autre porte. (II, 334.)

DONT, duquel, desquels, par lequel, avec lequel; de quoi, etc.

L'avis *dont* vous voulez que je participe.... (IV, 121.)
Les melons *dont* vous me faites fête ne valent pas ceux de l'Épargne. (IV, 15.)

.... Tu fus querir pour mon roi
Ce joyau d'honneur et de foi,
Dont l'Arne à la Seine s'allie (*il s'agit de Marie de Médicis*). (I, 112, v. 114.)

Cette lumière d'esprit *dont* vous êtes renommée. (IV, 196 et 197.)
Je vous écrirai.... mes actions et l'ordre *dont* j'y procède. (II, 641.)
La confusion *dont* (*avec laquelle*) je vous écris. (IV, 162.)

De combien de pareilles marques,
Dont on ne me peut démentir,
Ai-je de quoi te garantir
Contre les menaces des Parques? (I, 112, vers 132.)

Elle (*la Victoire*) sauva le ciel, et rua le tonnerre,
Dont Briare mourut. (I, 280, vers 76.)

.... C'est un bonheur *dont* la juste raison
Promet à votre front la couronne du monde. (I, 262, vers 7.)

La Reine lui a fait présent de la maison de Gondy, *dont* Monsieur le chancelier lui a porté parole. (III, 192.)

Voyez tome I, p. 62, vers 11; p. 68, vers 5 et 8; p. 110, vers 68; p. 122, vers 189; p. 134, vers 2; p. 163, vers 16; p. 174, vers 15; p. 213, vers 92; p. 240, vers 7; p. 246, vers 21; p. 255, vers 21; p. 263, vers 4; p. 269, vers 28; p. 270, vers 46; p. 282, vers 129; p. 304, vers 4 et 12; p. 306, vers 18; p. 340, l. 6.

DONT, pour *d'où*, *par lequel*, blâmé chez des Portes, par exemple dans ce vers :
Se remet au chemin *dont* il étoit venu. (IV, 413.)

DORÉ.

Jamais en son habit *doré* (*en l'habit du blond Hyménée*)
Tant de richesses n'éclatèrent. (I, 112, vers 126.)

LE SIÈCLE DORÉ, l'âge d'or :

.... Vivre au siècle de Marie
Sera vivre *au siècle doré*. (I, 187, vers 120; voyez I, 235, vers 18.)

DORIE, Doria. (I, 27, vers 30.)

DORMIR.

Malherbe adresse cette critique à des Portes : « On ne *sommeille* point à son aise, mais on peut *dormir* à son aise, » à propos de ce vers :
Et quand la nuit à son aise il sommeille. (IV, 449; voy. SOMMEILLER.)

DORMIR SUR, dormir en se reposant sur :

Je ne pense pas que nous soyons trompés quand nous *dormirons sur* leur vigilance et que nous nous reposerons sur leur travail. (I, 393.)

LE DORMIR, substantivement :

Une sécurité aussi profonde que *le dormir* même. (II, 103.

DOS.

Ce *dos* (*il s'agit du rebelle Casaux*) chargé de pourpre....
A dépouillé sa gloire au milieu de la fange. (I, 27, vers 25.)

DOUAIRE, douairière :

Mme de Guise la *douaire* y sera en qualité de pair de France. (III, 454.)

DOUAIRE, comptant en vers pour une syllabe, blâmé chez des Portes. (IV, 445.)

DOUAIRIÈRE.

Mme de Guise la *douairière*. (III, 475.)

DOUCEUR, au propre, le contraire d'amertume :

[Un fleuve,] Sans que son goût devienne amer,
Passe d'Élide en la Sicile....
[Ses flots,] En leur *douceur* entretenus,
Aucun mélange ne reçoivent. (I, 114, vers 186.)

Douceurs, au figuré, bonheur :

Les *douceurs* où je nage ont une violence
Qui ne se peut celer. (I, 157, vers 26, par erreur, pour vers 27.)
[Les] *douceurs* de la paix. (I, 150, vers 24.)

DOULEUR, ressentiment, sujet de plainte :

[Votre valeur,] Qui de son impudence a ressenti l'outrage,
Vous fournit-elle pas une juste *douleur?* (I, 150, v. 28; voy. I, 93, v. 182.)

DOULOIR, souffrir, causer de la douleur :

Cette occasion la fit *douloir* plus tard, mais non plus modérément. (I, 362.)
Comme la plaie se refroidissoit, elle commença à lui *douloir*. (II, 487; voyez II, 577.)

DOUTE, hésitation, incertitude, crainte :

.... Ceci n'est pas matière
Qu'avecque tant de *doute* il faille décider. (I, 57, vers 14.)
Les *doutes* que les femmes font
Et la conduite qu'elles ont
Plus discrète et plus retenue,
Contre sa flamme combattant,
Faisoit qu'elle étoit moins connue. (I, 123, vers 255.)
Elle (*la sagesse*) vient par arguments à la recherche de la vérité et aux résolutions des *doutes* de vivre ou de mourir. (II, 719.)

Doute, au féminin, dans le sens actuel et dans celui de *crainte* :

La question est si [l'âme] est immortelle. Cette *doute* vidée, tenez pour assuré qu'il n'est point de genre de mort qui la puisse faire mourir. (II, 473.)
D'un côté l'apparence du bien nous pousse, et de l'autre la *doute* du mal nous retient. (II, 514.)

Voyez tome I, p. 28, vers 10; p. 45, vers 15; p. 137, vers 7; p. 457; tome II, p. 625; tome III, p. 167, 330; tome IV, p. 8, 212.

Doute, emplois divers :

.... Vous êtes en *doute*
Ce qu'elle a plus parfait, ou l'esprit, ou le corps? (I, 175, vers 41.)
Il y a dix ou douze jours qu'il y eut *doute* de (*qu'on se douta de*) quelque brouillerie entre M. de Montmorency et M. de Raiz. (III, 511.)
.... C'est chose sans *doute*
Que l'astre qui fait les jours
Luira dans une autre voûte,
Quand j'aurai d'autres amours. (I, 307, vers 29.)
Puisqu'il a dit « la marine..., » il devoit dire « brûle l'enfer, » et cela est sans *doute* (*est incontestable*). (IV, 265.)
Que vous sert de vous consumer avec une question qu'il y a bien plus d'esprit à mépriser qu'à résoudre? C'est à faire à un homme qui n'a *doute* de rien..., de rassembler jusques aux plus petites choses. (II, 440.)

DOUTER, se douter :

.... Les Nymphes du lieu

>   Non sans apparence *doutèrent*
>   Qui de vous deux étoit le Dieu. (I, 112, vers 129.)
> On *doute* en quelle part est le funeste lieu
> Que réserve aux damnés la justice de Dieu. (I, 129, vers 9.)
> La Justice et la Paix ont les clefs de tes villes :
> Espère tout, Louis, et ne *doute* de rien. (I, 253, vers 3.)

Elle étoit assez bien auprès du Roi; mais l'on *doute* de quelque brouillerie. (III, 35.)

Claudon, le messager, me dit qu'il étoit prêt à partir; mais je me *doute* qu'il ne soit encore ici, car il y a été vu plus de huit jours après. (III, 17.)

En une armée, quand de toutes parts on *se doute* des ennemis (*quand on soupçonne qu'ils sont près*), on la fait marcher en forme carrée. (II, 485.)

Voyez tome I, p. 171, vers 9; p. 217, vers 211; tome II, p. 365; tome III, p. 188.

DOUTER, redouter, craindre :

Je vous prie me donner avis de la santé de Monsieur le premier président, car je *doute* ce voyage de mer, et m'étonne bien qu'il ait pris cette résolution. (III, 117.)

Un autre y procédera si nonchalamment, que celui qui lui fait plaisir *doutera* qu'il ne s'en soit pas aperçu. (II, 38.).

Ce que vous *doutez* qui vous advienne.... vous adviendra. (II, 354.)

Voyez I, 122, vers 218; II, 164, 240, 354, l. 12; III, 133, 217.

DOUX, DOUCE, au figuré :

>   Jamais tu n'as vu journée
>   De si *douce* destinée. (I, 26, vers 16.)
>   .... La beauté dont l'objet m'est si *doux*. (I, 305, vers 26.)
>   Tant que vous serez sans amour...,
>   Vous n'aurez point miséricorde :
>   Ce n'est pas que Dieu ne soit *doux;*
>   Mais pensez-vous qu'il vous accorde
>   Ce qu'on ne peut avoir de vous? (I, 144, vers 4.)

FEMME DOUCE, en amour, le contraire de *cruelle* :

Je vous souhaite *douce*, et toutefois j'avoue
Que je dois mon salut à votre cruauté. (I, 137, vers 13; voyez DUR.)

DOUZE HEURES du soir, minuit :

Sur les onze ou *douze* heures du soir. (III, 244.)

DRAP.

Il y avoit pour *drap* de pied un tapis étendu emmi la place. (III, 434.)

DRESSER, mettre droit, diriger, régler :

Ces beaux fils qui ont leur fraise si bien *dressée*, et qui sont si parfumés (*en latin* : ille unctus et nitidus). (II, 449.)

S'il n'y a moyen de la faire (*la vertu*) plus droite qu'elle est, il s'ensuit aussi qu'en tout ce qui sera *dressé* sur elle (*fait d'après elle*), il ne peut y avoir rien qui soit plus ou moins droit. (II, 552.)

Qui met les bienfaits en dépense, et en *dresse* des parties, fait l'acte d'un usurier. (II, 6.)

Il demande d'*être dressé* de quelques parties qu'il dit lui être dues (*il demande qu'on le règle, qu'on lui paye ce qui lui est dû*). (III, 281.)

La partie qui *est* aujourd'hui *dressée* contre eux (*contre les Espagnols*) leur va tailler de la besogne. (IV, 19.)

DROIT, substantif, droite :
Le côté de *droit* (*le côté de la droite, le côté droit*). (III, 468.)

Droit, substantif, au sens moral :
Qu'en tes prospérités à bon *droit* on soupire! (I, 158, vers 4.)

Le droit des hommes, traduisant le latin *jus humanum*. (II, 68.)

DROIT, adverbe :
Ne délibérons plus; allons *droit* à la mort. (I, 254, vers 1.)

DRÔLERIE.
Ce terme est employé fréquemment dans les critiques de Malherbe sur des Portes : voyez tome IV, p. 257, 263, 264, 349, etc.

DUCHÉ, au féminin :
Avec une comté de Plume et un marquisat d'Ancre, il ne lui falloit plus qu'une *duché* de papier pour assortir tout l'équipage. (III, 207.)

DUEL, sens propre :
On ne t'auroit su vaincre en un juste *duel*. (I, 309, vers 14.)

Duel, au figuré, lutte d'émulation entre deux personnes :
Il faut enseigner les uns à ne rien mettre en ligne de compte, les autres à penser devoir plus qu'ils ne doivent. Les belles raisons que Chrysippus amène pour nous mettre en cet honorable *duel*, c'est qu'il faut craindre que.... l'ingratitude ne soit un sacrilège (II, 10.)
La magnanimité.... dédaigne ces épouvantements..., les appelle en *duel* et les abat par terre. (II, 695.)

DUR, au figuré, pénible, cruel :
Il est bien *dur* à sa justice
De voir l'impudente malice
Dont nous l'offensons chaque jour. (I, 246, vers 19.)
Je ne tiens pas que ce qui est *dur* ne puisse avoir quelque remède. (II, 444.)
.... Parmi tout cet heur, ô *dure* Destinée!
Que de tragiques soins...! (I, 159, vers 13.)

Femme dure, en amour, cruelle, insensible (voyez **Doux**) :
Elle auparavant invincible,
Et plus *dure* qu'un diamant,
S'aperçevoit que cet amant
La faisoit devenir sensible. (I, 123, vers 252.)
Voyez tome I, p. 137, vers 8; p. 139, vers 13.

Dur, opiniâtre :
Nous sommes de ceux qui ont l'esprit *dur* et laborieux : pour ce, résolvons-nous au travail. (II, 452.)

DURABLE.
Voyant mon feu si grand et ma foi si *durable*.... (I, 30, vers 38.)

DURER.
.... Voilà ce que j'endure
Pour une affection que je veux qui me *dure*
Au delà du trépas. (I, 161, vers 56.)

Durer, pour *rester*, *demeurer*, blâmé par Malherbe chez des Portes. (IV, 307, 462.)

E

EAU, en parlant des pleurs, des larmes :

.... Depuis le trépas qui lui ferma les yeux,
L'*eau* que versent les miens n'est jamais étanchée. (I, 223, vers 8.)

Puisqu'il est impossible qu'on n'ait de l'*eau* dans les yeux en la perte d'un ami, pour le moins il n'y faut pas avoir des rivières. (II, 494.)

.... Les *eaux* de ses pleurs.... (I, 14, vers 278.)

Eau, locution proverbiale :

Ou je ne connois point votre humeur, ou Etna vous *fait venir l'eau à la bouche* (*en latin* : Ætna tibi salivam movet) : vous avez envie d'en écrire quelque chose de grand. (II, 613.)

Faire de l'eau, uriner. (II, 75.)

ÉBAHIR (S'), être ébahi :

Il s'*ébahissoit* comme on faisoit cas de son éloquence. (II, 409.)

Nous *sommes* tous *ébahis* que nous voyons la terre, et qu'il faut descendre du vaisseau. (II, 537.)

Cela m'a fait *ébahir* (m'*ébahir*) de ce que vous m'écriviez. (III, 115.)
Voyez tome II, p. 328, 417, 554.

ÉBAHISSEMENT.

Je regarde [le monde] tous les jours avec autant d'*ébahissement* que si jamais je ne l'avois vu. (II, 500.)

ÉBARBER.

Quand ils veulent transplanter ces arbres..., ils les déplacent et leur *ébarbent* les racines. (II, 672.)

ÉBAT, au singulier :

L'Orne comme autrefois nous reverroit encore,
.... couchés sur les fleurs....
Rendre en si doux *ébat* les heures consumées,
Que les soleils nous seroient courts. (I, 58, vers 5.)

ÉBATTEMENT, amusement, joie :

Tu suis mes ennemis, t'assembles à leur bande,
Et des maux qu'ils me font prends ton *ébattement*. (I, 7, vers 90.)

La pierre qui les fera chopper et choir, s'il plaît à Dieu, ce sera l'entérinement. Nous en verrons l'*ébattement* à cette Saint-Martin. (IV, 120.)

ÉBLOUIR, troubler la vue, le jugement :

Si de quelque haute falaise il regarde la mer en bas, il s'*éblouira*. (II, 472.)

Les passions.... *éblouissent* la partie raisonnable de l'âme. (II, 26.)

ÉBRANCHER.

Quand ils veulent transplanter ces arbres déjà grands, après qu'ils les ont *ébranchés* à un pied près du tronc, ils les déplacent. (II, 672.)

ÉCART (À L') :

Ce Brutus qui, sur le point qu'on lui alloit couper la gorge, s'étant tiré à *l'écart*, comme pour aller à ses affaires (*en latin* : ad exonerandum ventrem secessit).... (II, 635.)

ÉCARTER (S'):
>Jamais ne *t'écarte* si loin,
>Qu'aux embûches qu'on lui peut tendre
>Tu ne sois prêt à le défendre. (I, 82, vers 177.)

ÉCHAFAUD, théâtre :
Les édiles curules.... firent faire les jeux romains au cirque et sur l'*échafaud* (*en latin* : scena). (I, 429 ; voyez II, 620.)

ÉCHANGE, changement :
>Ce dos chargé de pourpre....
>A dépouillé sa gloire...,
>Les Dieux, qu'il ignoroit, ayant fait cet *échange*   v. 48.
>Pour venger en un jour ses crimes de cinq ans. (I, 27, v. 27; voy. I, 25,

ÉCHANGE, au féminin :
Il auroit pensé faire une *échange*, et non pas un plaisir. (II, 45.)

ÉCHANGE d'une chose à une autre, contre une autre :
>Quantes fois.... Neptune....
>Eut-il voulu de son empire
>Faire *échange à* cette beauté ! (I, 47, vers 60.)

L'*échange* du gouvernement de Picardie *à* celui de Normandie. (III, 481.)
Voyez, ci-dessus, p. 91, CHANGER À.

ÉCHANGER, changer :
Nous nous gâterions, si nous voulions ou toujours écrire, ou toujours lire.... La meilleure est de les *échanger* par vicissitudes. (II, 650.)

ÉCHAPPATOIRE.
On l'a mis à la Bastille, où il fait le fou, croyant que cette *échappatoire* le garantisse. (III, 231.)

ÉCHAPPER, s'échapper :
L'esprit enfermé dans ce logis obscur et mélancolique, autant de fois qu'il peut *échapper* se tire en lieu découvert. (II, 507 ; voyez I, 175, vers 36 ; II, 495.)

ÉCHAPPER, avec l'auxiliaire *être* :
Combien d'hommes *sont échappés* aux périls par la seule vitesse de leurs chevaux ! (II, 176 ; voyez II, 160, 614.)

ÉCHAPPER, emplois divers :
Tout le reste ne lui peut servir qu'à passer le temps quand il n'a point d'occupation, ne lui étant pas défendu.... de se laisser quelquefois *échapper* à des considérations qui n'ont.... rien de solide. (II, 216.)
A toute heure, la forme effroyable du mal *échappé* (*du mal auquel nous sommes échappé*) nous repasse par la mémoire. (II, 18.)
La mort, de laquelle personne n'*échappe*. (IV, 260.)

ÉCHAUFFER (S'), au figuré :
Otez-moi ce bien inestimable, le demeurant de la vie ne vaudra seulement qu'on *s'en échauffe*. (I, 469.)

Rendre échauffé :

Nous les refroidissons de la reconnoissance, au lieu que nous devrions faire tout ce qui dépend de nous pour les y *rendre* plus *échauffés*. (II, 87.)

ÉCHELLES.

Aller sur les pas d'Encelade
Porter des *échelles* aux cieux. (I, 55, vers 210.)

ÉCHOIR.

De ces présents, les uns sont mis en pièces..., les autres *échéent* (*échoient*) à ceux qui pensent ailleurs. (II, 570.)

Ils seroient marris qu'un plaisir qu'ils ont reçu portât profit à celui qui le leur a fait. Il y *échet* (*il y échoit, il s'y mêle*) aussi bien de l'intérêt comme en une somme d'argent prêté. (II, 625.)

ÉCLAIRS.

.... Les *éclairs* de ses yeux
Étoient comme d'un tonnerre. (I, 89, vers 57.)

ÉCLAIRCIR.

L'orage en est cessé, l'air en *est éclairci*. (I, 157, vers 21.)

Éclaircir, éclairer, au propre et au figuré :

Parce qu'ils (*le soleil et la lune*) font toujours leur chemin d'une extrême vitesse, ils ne seront guère en cette conjonction (*d'éclipse*)..., et la terre sera *éclaircie* comme elle étoit. (II, 141.)

La sagesse nous *éclaircit* de ce qui est mal. (II, 718.)

Je ne sais qui il est. Je vous prie.... de m'en *éclaircir*. (III, 252.)

Nuages éclaircis, qui se dissipent :

De toutes parts sont *éclaircis*
Les *nuages* de nos soucis. (I, 202, vers 19 et 20.)

ÉCLAIRER, au figuré :

.... Les beaux yeux de mon ange
Reviendront m'*éclairer*. (I, 161, vers 63.)

La flamme de vos yeux, dont la cour *éclairée*
A vos rares vertus ne peut rien préférer. (I, 68, vers 5.)

C'est avec ce langage qu'il faut témoigner son affection, rompre les nuages que la fortune lui oppose, et lui faire trouver passage pour *éclairer*. (II, 39.)

Éclairer à, au propre et au figuré :

Éclairer quelqu'un est proprement prendre garde à ses actions; *éclairer à quelqu'un*, c'est lui fournir de la clairté. (IV, 352.)

.... Les matelots
Jamais ne méprisent les flots,
Quelque phare qui *leur éclaire*. (I, 116, vers 227.)

La vertu nous fait passer dans l'âme quelque rayon de sa lumière; et si nous ne l'avons suivie, pour le moins nous ne pouvons pas nous excuser qu'elle ne *nous ait éclairé*. (II, 108; voyez II, 334, 342, 614.)

Éclairer, épier :

.... Tout le monde m'*éclaire*,
Et bientôt les jaloux....
Vont médire tout haut. (I, 29, vers 21; voyez II, 216, 300.)

ÉCLAIRER, découvrir :
Les fuites des méchants.... n'auront point de cachettes ;
Aux lieux les plus profonds ils *seront éclairés*. (I, 71, vers 51.)

ÉCLAIRER LE JOUR, en parlant du soleil, blâmé chez des Portes. (IV, 402.)

ÉCLATS.
Les funestes *éclats* des plus grandes tempêtes. (I, 70, vers 14.)

ÉCLATER, briller :
Jamais en son habit doré   115, v. 214.)
Tant de richesses n'*éclatèrent*. (I, 112, v. 127; voy. I, 113, v. 142;

S'ÉCLATER, éclater :
Ses cris en tonnerre *s'éclatent*. (I, 15, vers 301 ; voyez II, 729.)

S'ÉCLATER, pour *éclater*, blâmé par Malherbe chez des Portes. (IV, 459.)

ÉCLIPSE, au masculin, blâmé par Malherbe chez des Portes. (IV, 253.)

ÉCLIPTIQUE, adjectivement :
Il (*le cardinal de Richelieu*) s'y restreint (*dans l'intérêt public*) comme dans une ligne *écliptique* (*comme le soleil dans son orbite*), et ses pas ne savent point d'autre chemin. (IV, 105.)

ÉCLORE, au figuré :
Cela a fait perdre l'envie de faire des ballets, et y en avoit tout plein de couvés qui n'*écloront* point. (III, 81.)

ÉCLORE, employé activement :
Ce n'est pas à dire.... que la nature ne soit capable d'*éclore*, quand il lui plaira, quelque accident qui n'ait encore jamais été vu. (II, 83.)

S'ÉCLORE.
Enfin *s'écloront* des guerres civiles où toutes choses seront violées. (II, 16.)

ÉCLOS.
    .... Ta prestance et tes discours
    Étalent un heureux concours
    De toutes les grâces *écloses*. (I, 285, vers 6.)

ÉCOLE.
    En quelle *école* nonpareille
    Auroit-elle appris la merveille
    De si bien charmer ses appas? (I, 99, vers 13.)
    .... Des choses futures
L'*école* d'Apollon apprend la vérité. (I, 104, vers 2.)
    Thémis les vices détruira ;
    L'honneur ouvrira son *école*. (I, 200, vers 58.)
Votre histoire (*l'Histoire sainte de la Garde*) est une *école*. (I, 289, vers 108.)
C'est pour lui que se tiennent les *écoles* de bal. (II, 716.)
La philosophie est une *école* de bien faire. (II, 337.)
[Employer le repos de la paix] en la seule *école* de vivre bien. (II, 564.)

ÉCOLIER, ÉCOLIÈRE :
Si je me suis tiré une fois d'un bourbier où je suis, je m'en vais devenir un grand *écolier* (*dans le sens de l'anglais* scolar, *un grand savant*). (II, 558.)

La sagesse vole bien d'une autre aile. Les mains ne sont point ses *écolières*; c'est aux esprits qu'elle communique ce qu'elle sait. (II, 718.)

ÉCORCHÉ (ÊTRE) DE :

L'esprit qui porte un si pesant corps *est écorché de* sa charge. (II, 318.)

ÉCOULER, activement; s'ÉCOULER :

Que m'est-il demeuré pour conseil et pour armes,
Que d'*écouler* ma vie en un fleuve de larmes? (I, 14, vers 263.)
[Il] est [des bienfaits].... qui.... *s'écoulent* (*s'oublient*) facilement. (II, 55.)

ÉCOUTER.

Sans jamais *écouter* ni pitié ni clémence
  Qui te parle pour eux.... (I, 278, vers 31.)
  Certes où l'on peut *m'ecouter* (*m'entendre*),
  J'ai des respects qui me font taire. (I, 294, vers 19.)
Tout le bruit qui y est (*à la cour*), c'est l'attente de l'état des pensions. Je crois qu'après *avoir* bien *écouté*, nous en sortirons demain. (III, 219.)

Malherbe avait d'abord mis *attendu*.

ÉCRIRE.

  .... L'arrêt souverain
Qui veut que sa rigueur (*de la mort*) ne connoisse personne
  Est écrit en airain. (I, 43. vers 76 *var.*)
M. le maréchal d'Ancre arriva hier dans une litière.... M. de Valavez le vit passer, qui vous *écrira* (*décrira*) l'équipage. (III, 427.)
Je n'*ecris* autre chose que des compliments à mes amis, et quelques nouvelles, s'il y en a ; encore n'*écris*-je guère de choses qui puissent brouiller ni moi ni personne. (III, 112.)
Muses, quand finira cette longue remise
De contenter Gaston, et d'*écrire de* lui? (I, 259, vers 2.)
  .... Les endroits où la terre pressée
A des pieds du Sauveur les vestiges *écrits*. (I, 15, vers 300.)

ÉCRITURE.

Je serois d'avis de bannir ce mot de l'*écriture* (*du style écrit*); il l'est du langage. (IV, 313.)

ÉCRIVAIN d'un vaisseau, celui qui enregistre le nom des passagers ou des expéditeurs de marchandises. (I, 350.)

ÉCU, bouclier :

Après (*derrière le char où étoit le corps de Henri IV*) venoient les honneurs, à savoir les éperons, les gantelets, l'*écu*, etc. (III, 199.)

Écu, en parlant de monnaie grecque ou romaine :

Zénon ayant promis vingt-cinq ou trente *écus* à quelqu'un...., (II, 131.)
La première chose que fit Quintius, ce fut de demander trois cent mille *écus*. (I, 435 ; voyez I, 436, 437.)

QUART D'ÉCU :

S'il vous plaît lui fournir encore cinquante écus de *quarts d'écu* (*c'est-à-dire en pièces de quart d'écu*), qui seront cent soixante livres, vous me ferez un plaisir singulier. (III, 483.)
C'est un valet qui a un *quart d'écu* (*en latin* : quinque denarios) par mois, et sa vie (*sa nourriture*). (II, 620.)

ÉCUELLES. Voyez, ci dessus, p. 26, ALLER PAR ÉCUELLES :

ÉCUMER sa rage, s'y livrer, la manifester. (I, 79, vers 91.)

ÉCURIE :

Dînant à la grand *écurie*. (III, 275.)

Plus loin (p. 278), Malherbe a écrit par deux fois : *grande écurie*

EFFACER (S') :

> Les pilotes du fils d'Éson,
> Dont le nom jamais ne *s'efface*,
> Ont gagné la première place
> En la fable de la toison. (I, 212, vers 78.)

EFFÉMINÉ.

C'est pour lui que se tiennent les écoles de bal et des musiques *efféminées*. (II, 716.)

EFFET.

Quand je pense être au point que cela s'accomplisse,
Quelque excuse toujours en empêche l'*effet*. (I, 36, vers 10.)

Alexandre.... se voyant mis du pair avec Hercule, se persuada qu'à ce coup il étoit à l'*effet* (*à l'accomplissement*) de la vaine et présomptueuse imagination qu'il avoit toujours eue d'aller au ciel. (II, 21.)

Il partit pour cet *effet* (*pour aller faire cela*) de l'hôtel de Longueville. (III, 177.)

La naissance n'est pas de peu d'*effet* à produire en nous des qualités. (III, 260; voyez I, 122, vers 208; 299, vers 7.)

EFFETS, actions, actes :

Ce seroit une contestation bien inégale, que des paroles d'un pauvre gentilhomme comme je suis, avec les *effets* d'un prince tel que vous êtes. (IV, 134.)

Il y en a qui ne désavouent pas qu'on ne leur ait fait plaisir, mais ils ne savent comme le rendre.... Leurs *effets* (*les effets de leur reconnaissance*) sont longs à se produire. (II, 163.)

Voyez tome I, p. 229, vers 10; tome II, p. 394; tome IV, p. 153.

EN EFFET, réellement :

> Lieux qui donnez aux cœurs tant d'aimables desirs,
> .... si parmi vos plaisirs
> Mon humeur est chagrine, et mon visage triste,
> Ce n'est point qu'*en effet* vous n'ayez des appas,
> Mais quoi que vous ayez, vous n'avez point Caliste. (I, 138, vers 12.)

Il faut.... instruire ceux qui reçoivent, de.... vaincre en affection ceux qui les ont obligés *en effet*. (II, 10 ; voyez II, 14.)

EFFICACE, efficacité :

Les paroles entrent avec moins de peine; mais elles ne laissent pas de bien tenir. L'*efficace* en est plus considérable que le nombre. (II, 402.)

EFFICIENTE (CAUSE). (II, 683.)

EFFIGIE.

L'*effigie* du Roi (*de Henri IV, après son décès*) a été en vue durant onze jours. (III, 177.)

EFFORCER (S'), faire des efforts :

Si vous voulez guérir les âmes.... tenez-nous un autre langage et *vous efforcez* d'autre façon. (II, 10 ; voyez I, 31, vers 50.)

EFFORT.
.... Un bras homicide,
Dont rien ne repoussoit l'*effort*. (I, 113, vers 152.)
Tel que d'un *effort* difficile
[Un fleuve] Passe d'Élide en la Sicile. (I, 114, vers 181.)
Cela seul ici-bas surpassoit mon *effort*. (I, 21, vers 9.)
La constance nous résoudra
Contre l'*effort* de tout désastre. (I, 287, vers 48.)
Il n'est rien de si beau comme Caliste est belle,
C'est une œuvre où nature a fait tous ses *efforts*. (I, 132, vers 2.)
.... La seule raison qui m'empêche la mort,
C'est la doute que j'ai que ce dernier *effort*
Ne fût mal employé pour une âme si dure. (I, 137, vers 7.)
S'il m'advient quelquefois de clore les paupières,
Aussitôt ma douleur en nouvelles matières
Fait de nouveaux *efforts*. (I, 160, vers 39.)

Le sage doit tenir de tous côtés les vertus en bataille, afin qu'il ne lui puisse venir aucun *effort* sur les bras, qu'elles ne se trouvent prêtes. (II, 485.)

Pourquoi n'est comme la toison
Votre conquête abandonnée
A l'*effort* de quelque Jason ? (I, 167, vers 18 ; voyez I, 34, vers 37 ;
48, vers 63 ; 254, vers 2 ; 317, vers 4 ; II, 633.

EFFROI.
.... *Effroi* de solitude (*solitude effroyable*). (I, 222, vers 14.)

EFFRONTÉ.
.... Siècle *effronté*.... plein d'une extrême licence. (I, 270, vers 52.)

EFFROYABLE, terrible, menaçant :

Quoique les Alpes chenues
Les couvrent de toutes parts,
Et fassent monter aux nues
Leurs *effroyables* remparts.... (I, 92, vers 154.)
.... Destins, vous avez arrêté
.... qu'après le trépas ce miracle de guerre
Soit encore *effroyable* en sa postérité. (I, 102, vers 4 ; voyez I, 263, vers 8.)

ÉGALEMENT.

Tous vous savent louer, mais non *également*. (I, 262, vers 12.)

Quand nous ne voudrions point parler des choses qu'ils (*les Dieux*) nous donnent par une distribution inégale, est-ce chose contemptible que ce qu'ils donnent à tous ceux qui viennent au monde *également*? (II, 94.)

ÉGALER.
Le cercle imaginé, qui de même intervalle
Du nord et du midi les distances *égale*. (I, 103, vers 10.)
.... S'il (*ce faon de lionne*) peut un jour *égaler*
Sa force avecque sa furie,
Les Nomades n'ont bergerie
Qu'il ne suffise à désoler. (I, 217, vers 207 et 208.)

ÉGARD (Avoir) à, vouloir, avoir l'intention de :

Un plaisir m'est agréable,... quand celui qui me le fait.... n'a pas seulement *egard à* me secourir en ma nécessité, mais, etc. (II, 26.)

SANS ÉGARD À, pour *sans avoir égard à*, blâmé chez des Portes. (IV, 443.)

ÉGARER.

Les richesses.... nous font *égarer* (*nous font nous égarer*) du chemin de la vertu. (II, 629).

ÉGARÉ, écarté, difficile à trouver :

Les solitudes les plus *égarées*.... (II, 231.)
Si vous aviez gagé pour l'affirmative, vous tiendriez votre argent, sinon pour perdu, au moins pour bien *égaré*. (IV, 30.)

ÉGÉE (L'), la mer Égée. (II, 707.)

ÉJOUIR (S') :

Elle *s'éjouit* de ce qu'elle a, sans desirer ce qu'elle n'a point. (II, 572 ; voyez III, 280 et la note 6.)

ÉLARGIR (S'), au figuré, s'étendre :

Tout le soin du grammairien est en l'agencement des paroles. Il *s'élargit* bien quelquefois jusqu'à l'histoire. (II, 687 ; voyez II, 639.)

ÉLECTION, choix, discernement :

Quand je lui vouai mon service,
Faillis-je en mon *élection*? (I, 175, vers 21.)
Réduit de l'*élection* à la nécessité.... (IV, 172.)
Nous faisons plaisir sans *élection*. (II, 2.)

Voyez tome II, p. 5, 14, 19, 24, 33, 61, 224; tome IV, p. 52, 114, etc.

ÉLECTION, division territoriale. (III, 417.)

ÉLÉMENT, au propre :

[Un torrent qui] Ravageant et noyant les voisines campagnes,
Veut que tout l'univers ne soit qu'un *élément*.... (I, 15, vers 306.)

ÉLÉMENT, milieu nécessaire pour vivre :

.... Votre présence étant mon *élément*,
Je pense être aux enfers, et souffrir leurs supplices,
Lorsque je m'en sépare une heure seulement. (I, 135, vers 16.)
Il vivoit aux combats comme en son *element*. (I, 145, vers 6.)

ÉLÉPHANT, proverbialement :

Tant y a que cela n'est rien ; je le vous ai voulu dire afin qu'à l'accoutumée on ne vous fasse pas d'une mouche un *éléphant*. (III, 254.)

ÉLEVER.

.... Notre âge est ingrat...,
S'il n'*élève* à sa gloire une marque éternelle. (I, 132, vers 4.)
Qui est le stupide que la beauté d'un tel spectacle n'*élève* à la contemplation ? (II, 114.)

S'ÉLEVER, se soulever :

Alberstat avoit été pris par le pays, qui *s'étoit élevé* contre lui. (IV, 63.)

ÉLEVURES, boutons :

Il lui vint une ébullition de sang qui lui fit sortir quelques *élevures* par tout le corps. (III, 372.)

ÉLIRE, choisir, discerner :

L'âme de cette ingrate est une âme de cire,
Matière à toute forme, incapable d'*élire*. (I, 60, vers 62.)

Il ne faut pas..., quand j'ai besoin d'un plaisir, m'adresser au premier venu. Je le dois *élire*, comme j'*élirois* un à qui je voudrois emprunter de l'argent. (II, 32.)

Voyez tome I, p. 124, vers 267; p. 313, vers 3; tome II, p. 34, 63, etc.

ELLE, ELLES. Voyez IL, ILS, et l'*Introduction* du *Lexique*.

ÉLOIGNEMENT d'une personne morte :

[Grand Henri,] Que dis-tu de cette belle âme,
Quand tu la vois si dignement....
.... se tirer des labyrinthes
Où la met ton *éloignement* ? (I, 217, vers 200.)

ÉLOIGNER quelqu'un ou quelque chose, s'en éloigner :

Vous ne m'êtes jamais plus présent que quand je vous *éloigne*. (II, 438.)
Quelle route prends-tu...?
N'*éloigne* point le bord.... (II, 174.)

ÉLOIGNÉ.

On ne nous sauroit faire plaisir.... qu'il n'en revienne quelque commodité à nos parents, et quelquefois à ceux qui sont les plus *éloignés* (*qui nous sont le plus étrangers*). (II, 159.)

ÉLOIGNÉ DE :

Éloigné des molles délices.... (I, 112, vers 107.)
Nous disons beaucoup de choses *éloignées de* la coutume. (II, 49.)
.... Un heur *éloigné de* tout penser humain. (I, 26, v. 14; voy. I, 256, v. 30.)

ÉMAILLÉ.

.... Le parterre est *émaillé*
D'une diversité plus grande. (I, 109, vers 43.)

EMBARQUER (S') À, ÊTRE EMBARQUÉ À, commencer, entreprendre, être en train de :

Ceux font les choses au rebours, qui.... attendent à juger d'une personne après qu'ils *se sont embarqués à* l'aimer. (II, 270.)
Cette considération a je ne sais quoi de violent, qui nous contraint de faire plaisir.... pource que nous *y sommes embarqués*. (II, 105; voy. IV, 98.)

EMBESOGNÉ, occupé à une besogne, s'y donnant du mal :

Vous verrez bientôt près de quatre cents vers que j'ai faits sur le Roi. J'y suis fort *embesogné*, parce qu'il m'a dit que je lui montre que je l'aime et qu'il me fera du bien. (III, 12.)

EMBONPOINT, au figuré, prospérité (d'un État) :

[O Dieu,] Achève ton ouvrage au bien de cet empire,
Et nous rends l'*embonpoint* comme la guérison. (I, 69, vers 6.)

EMBRASEMENT, en parlant de météores. (I, 475.)

EMBRASSEMENT.

.... Ces deux grands hyménées,
Dont le fatal *embrassement*
Doit aplanir les Pyrénées. (I, 215, vers 152.)

EMBRASSER, emplois divers :

.... Je m'arrête
A l'ombre des lauriers qui t'*embrassent* la tête. (I, 5, vers 32.)
A peine cette Vierge (*la Victoire*) eut l'affaire *embrassée* (*eut envisagé l'état*
Qu'aussitôt Jupiter, en son trône remis, *des choses*),
Vit selon son desir la tempête cessée. (I, 280, vers 81.)

[Il] ne seroit pas croyable que tant de peuples.... eussent *embrassé* d'un consentement unanime cette rêverie, de parler à des Dieux incapables de les ouïr et de les assister. (II, 93.)

EMBROUILLER, s'EMBROUILLER :

Si vous l'*embrouilliez* en quelque procès, et l'en débrouilliez tout aussitôt, qui douteroit que vous ne fussiez un méchant homme? (II, 196; voyez II, 508.)

Au désordre où déjà les affaires commençoient de s'*embrouiller*. (II, 315.)

EMBÛCHES.

[Achille] Ne chut-il pas d'un coup de flèche
Dans les *embûches* de Paris? (I, 53, vers 180 *var.*)

ÉMERVEILLABLE, merveilleux :

Bizet.... promet d'accroître le revenu de la France de quatre millions d'or... : c'est à la vérité une promesse *émerveillable*. (III, 34.)

Voyez tome I, p. 78, vers 65 ; p. 112, vers 117; tome II, p. 184.

ÉMERVEILLER, s'ÉMERVEILLER :

J'exerce de deux chefs les funestes combats,
Et fais *émerveiller* (s'*émerveiller*) tous les yeux de la terre. (I, 56, vers 3.)

Vous *vous émerveillerez*.... de quelle nature peut être ce crime (*sur la question de savoir de quelle nature, etc.*). (IV, 151.)

ÉMIÉ, en miette, friable :

Il.... décrit les trois façons qu'on donne à la terre, afin que le grain, la trouvant plus *émiée* (*en latin:* solutior), s'enracine plus facilement. (II, 716.)

ÉMINENT, apparent :

Ayant au lieu le plus *éminent* de son visage les marques de son malheur et de l'avantage de son ennemi.... (IV, 203.)

C'est assez que votre repos paroisse, il n'est pas besoin qu'il soit *éminent* (*en latin :* non emineat, sed appareat). (II, 334.)

EMMI, par, au milieu de :

S'étant tout du long du jour promené *emmi* la place.... (I, 457.)
Se promener,... *emmi* les rues.... (II, 15.)

Voyez tome II, p. 87, 329, 469; tome III, p. 11, 434.

EMMINÉ (Mal), laid :

Il a les yeux gros et fort enfoncés en la tête, les narines fort ouvertes; et à le prendre tout ensemble, il est extrêmement *mal emminé*. (III, 165.)

ÉMOUVOIR, soulever, au propre et au figuré :

La poudre (*la poussière*).... retourne contre ceux qui la font *émouvoir* (*s'émouvoir*). (II, 471.)

Poussière *émue* par la course de quelque troupeau. (II, 308.)

... Ces harangues populaires,... où le but n'est que d'*émouvoir* un peuple et d'abuser de son imprudence. (II, 407.)

Voyez tome I, p. 89, vers 74; tome II, p. 676.

S'ÉMOUVOIR, au propre et au figuré :

Les vagues commençoient de *s'émouvoir*. (II, 455.)

.... Lorsque la blessure est en lieu si sensible, ..
L'homme cesse d'être homme....
   S'il ne *s'en émeut* point.(I, 41, vers 44 *var.*; voyez I, 41, vers 43.)

EMPÊCHEMENT, obstacle :

 Mon goût cherche l'*empêchement* :
Quand j'aime sans peine, j'aime lâchement. (I, 248, vers 35.)

EMPÊCHER, gêner, embarrasser :

Ce prince.... tout aussitôt changeoit la forme d'une chose qui l'*avoit empêché*. (II, 201.)

S'il attaque une place, il y va d'une façon qui fait croire que s'il l'avoit prise, il en *seroit* bien *empêché*. (IV, 94.)

.... Le bal *empêche* les rues. (I, 44, vers 6 *var.*)

Voyez tome I, p. 9, vers 120 ; p. 49, vers 88 *var.*; tome III, p. 273.

EMPÊCHANT, EMPÊCHANTE, gênant, gênante :

La longueur de leurs piques étoit *empêchante*. (I, 407.)

EMPÊCHER À quelqu'un, le gêner, lui créer des obstacles :

Il croyoit que l'archiduc étoit de ses amis, et qu'il ne *lui empêcheroit* pas. (III, 151.)

EMPÊCHER (quelque chose) à (quelqu'un) :

S'il (*le sage*) se voit pressé d'incommodités et de traverses qui *lui empêchent* le repos, il s'ouvre la porte lui-même (*il quitte la vie*). (II, 537.)

Voyez tome I, p. 137, vers 6; p. 166, vers 12 ; p. 302, vers 3 et 14; tome II, p. 369, 632 ; tome III, p. 53.

EMPÊCHÉ, occupé; EMPÊCHÉ À OU APRÈS, occupé à ou par, qui a de la peine à, embarrassé par :

Le peuple ne s'en va point que tout ne soit mort (*dans les spectacles de gladiateurs*) : tout passe par le fer et par le feu; c'est ce qui se fait tandis que le théâtre n'est point *empêché*. (II, 282.)

J'apprends.... s'il (*Dieu*) est *empêché* du tout à la considération de soi-même, ou si quelquefois il nous daigne regarder. (I, 468.)

C'est un homme.... d'une éloquence.... non *empêchée* à l'élection des paroles, mais qui suit où l'affection du sujet l'emporte. (II, 224.)

Nos nécessités ne nous coûtent que peu de chose; c'est *aux* délices que nous sommes *empêchés* (*en latin* : in delicias laboratur). (II, 714.)

Quelle risée ferez-vous de les voir.... *empêchés après* les nécessités d'un corps auquel ils n'ont pas sitôt baillé une chose qu'il leur en demande une autre. (IV, 216)

Voyez tome II, p. 40, 110, 426.

Empêché de :

Ils entrent en une confusion si grande, qu'ils sont quelquefois bien *empêchés de* se trouver. (II, 150; voyez II, 430.)

Empêcher que, suivi de *ne, ne pas, ne point* :

.... Qui m'*empêchera* qu'en dépit des jaloux,
Avecque le penser mon âme *ne* la voie ? (I, 305, vers 27 et 28.)
Cela *a empêché* que le siége de Meurs *ne* s'est *pas* encore fait. (III, 11.)
Ce qui *empêche* qu'on *ne* les voit *point* encore.... (III, 499.)

Empêcher que, sans *ne* :

Pour *empêcher* que ceux d'Autriche empiètent cet État. (III, 96.)

S'empêcher, s'abstenir :

Elle (*votre lettre*) a été sept semaines par les chemins. Je ne lui en dis rien (*au porteur*)..., mais je *me suis empêché* de lui bailler ma réponse, de peur qu'il n'en fît encore pis. (IV, 47.)

Empêcher à *courir*, pour *empêcher de courir*, blâmé chez des Portes. (IV, 382.)

EMPIÉTER, activement, pour *empiéter sur* :

Il lui coûtera une armée de cinquante mille hommes et quatre millions d'or, pour empêcher que ceux d'Autriche *empiètent* cet État. (III, 96.)
Voyez à la page indiquée, la note 19.

EMPIRE, pouvoir, puissance :

Jamais siècle passé n'a vu monter *empire*,
Où le siècle présent verra monter le tien. (I, 253, vers 5.)
Ces Messieurs mêmes, qui les premiers ôtèrent l'*empire* à la République et le mirent en leur maison, Marius, Pompée et César.... (II, 449.)
Deux beaux yeux sont l'*empire*
Pour qui je soupire. (I, 165, vers 55.)

Empire, État, royaume :

.... L'*empire* françois. (I, 80, vers 134.)
Le renom que chacun admire
Du prince qui tient cet *empire*.... (I, 84, vers 8.)
Les Dieux sans armes conservent la paix en leur *empire*. (II, 219.)
Voyez tome I, p. 124, vers 269; p. 150, vers 19; p. 261, vers 10; p. 271, vers 63.

EMPIREMENT, action d'empirer :

On ne peut nier que ce qui nous peut faire vivre heureusement ne soit bon; car il n'est point susceptible d'*empirement*. (II, 421.)

EMPIRER, activement :

Ce qui nous nuit nous *empire* : la douleur ni la pauvreté ne nous *empirent* point.... Les vents et les vagues nuisent au pilote, et toutefois ne l'*empirent* point.... Bien qu'il ne soit pas *empiré* quant à son art, il est toutefois *empiré* quant à son ouvrage. (II, 664.)
.... Si de mes jours l'importune durée
Ne m'eût en vieillissant la cervelle *empirée*.... (I, 10, vers 170.)

EMPLOYER, s'employer :

Les grands capitaines n'ont point de meilleur remède à la désobéissance des soldats que de les tenir continuellement *employés*. (II, 468.)
[La Fortune] Trouve de si doux appas

A te servir et te plaire,
Que c'est la mettre en colère
Que de ne l'*employer* pas (I, 91, vers 120; voyez II, 162.)

.... La seule raison qui m'empêche la mort,
C'est la doute que j'ai que ce dernier effort
Ne *fût* mal *employé* pour une âme si dure. (I, 137, vers 8.)

.... Qui veut que le gain d'un bienfait heureusement *employé* soit la consolation d'un grand nombre qui auront été perdus. (II, 5.)

Il falloit que la liberté fût offensée de Scipion, ou Scipion offensé de la liberté.... Il se vint retirer à Literne, afin d'*employer* au compte de ses services son bannissement aussi bien que celui d'Annibal. (II, 668.)

Il vous plut me faire expédier un don de quelque nombre de places de maisons à bâtir.... Il fut oublié d'y *employer* (*d'y appliquer*) le droit de lods et ventes. (IV, 128.)

.... Notre affection pour autre que pour elle
Ne peut mieux *s'employer*. (I, 231, vers 45; voyez I, 259, vers 4.)

.... La résolution qu'ils avoient prise de *s'employer* à la vertu (*de se livrer à la pratique de la vertu*). (II, 562.)

EMPOISONNER, au figuré :

.... On ne peut au monde avoir contentement
Qu'un funeste malheur aussitôt n'*empoisonne*. (I, 145, vers 4.)

EMPORTER, emplois divers :

.... Notre grand Alcide
Perdra la fureur qui sans bride....
L'*emporte* à chercher le trépas. (I, 51, vers 124.)

.... Le monstre infâme d'envie....
.... te voit *emporter* le prix
Des grands cœurs et des beaux esprits. (I, 111, vers 95.)

Ce sont choses qu'il faut avoir auprès de nous, mais non pas les y coller, afin que quand la fortune les voudra prendre, pour les porter en quelque autre part, elles s'en aillent sans *emporter* la pièce. (II, 573.)

Cossus, homme grave et modéré, mais qui se laissoit.... *emporter* au vin.... (II, 645.)

EMPREINT, EMPREINTE :

Le nombre est infini des paroles *empreintes*
Que regarde l'Apôtre en ces lumières saintes. (I, 7, vers 91.)

EMPREINTES, marques, traces :

Les herbes dont les feuilles peintes
Gardent les sanglantes *empreintes*
De la fin tragique des rois.... (I, 154, vers 53.)

EMPREINTE, au figuré :

La foi de ses aïeux, ton amour et ta crainte,
Dont il porte dans l'âme une éternelle *empreinte*.... (I, 72, vers 74.)

EMPRISONNER.

.... L'angoisse qu'il porte
Ne *s'emprisonne* pas sous les clefs d'une porte. (I, 8, vers 98.)

EMPRUNT.

Racines qui sont encore tendres et qui ne tiennent que par *emprunt* (*en parlant d'un arbre transplanté*).... (II, 672.)

EMPRUNTÉ.

Il y a une infinité de choses que par faute de noms propres il faut nommer de noms *empruntés*. (II, 47.)

S'il est logé en une maison sombre, et qui n'a que des vues *empruntées*, il sort en la rue, et se va pourmener par la ville..., où il prend de l'air et du jour tout à son aise. (II, 507.)

ÉMU. Voyez Émouvoir :

EN, préposition.

1° En, dans, au milieu de, entre, pendant :

Son front avoit une audace
Telle que Mars *en* la Thrace. (I, 89, v. 56; voy. I, 114, v. 184.)

Un des plus beaux esprits qui soit *en* l'univers. (I, 291, vers 2.)

.... Dieu seul commande *en* mon âme. (I, 288, vers 72.)

Chercher *en* quelque part un séjour écarté. (I, 305, vers 22.)

Sitôt qu'*en* l'âge mûr ils seront arrivés. (I, 104, vers 6 *var.*)

Ma bonne volonté.... me sert *en* la torture, et dans le feu même. (II, 112.)

Bien est-il malaisé que l'injuste licence
Qu'ils prennent chaque jour d'affliger l'innocence
En quelqu'un de leurs vœux ne puisse prospérer. (I, 208, vers 27.)

.... *En* mes vieux ans
Je passe en ce devoir mon temps. (I, 286, vers 16.)

En un si beau danger, moquons-nous de la mort. (I, 296, vers 36.)

[Il] n'est rien de si doux *en* la délivrance, que de se ramentevoir l'appréhension qu'on a eue de n'être jamais délivré. (II, 18.)

Je ne sais point de gré.... à un qui donnant à manger à toute une ville, m'a mis *en* un rang d'où il n'a excepté personne. (II, 22.)

Cette.... pauvreté de langage nous fait indifféremment appeler bienfait l'action de faire du bien, et la chose qui est donnée *en* cette action. (II, 48.)

Les deux plus belles actions qui soient *en* la vie humaine. (II, 57.)

.... Cette princesse *en* vos mains résignée
Vaincra de ses destins la rigueur obstinée. (I, 261, v. 6; voy. I, 202, v. 35.)

Combien les meilleurs conseils ont.... de traverses, qui se bandent à les faire condamner *en* l'événement. (II, 126.)

Que d'épines, Amour, accompagnent tes roses!
Qu'*en* tes prospérités à bon droit on soupire! (I, 158, vers 4.)

En l'établissement de sa tyrannie, une prud'homie comme la sienne lui étoit suspecte. (II, 36.)

La santé de mon prince *en* la guerre étoit bonne;
Il vivoit aux combats comme *en* son élément. (I, 145, vers 5 et 6.)

Voyez tome I, p. 10, vers 161; p. 29, vers 18; p. 39, vers 3; p. 55, vers 220; p. 81, vers 149; p. 102, vers 4; p. 104, vers 12; p. 109, vers 46; p. 123, vers 248; p. 158, vers 5; p. 185, vers 83; p. 186, vers 101 et 104; p. 193, vers 11; p. 213, vers 95; p. 230, vers 29; p. 245, vers 10; p. 256, vers 29; p. 263, vers 11; p. 269, vers 25 et 27; p. 302, vers 11; tome II, p. 2 (*en* ceux), 8 (*en* ce qu'il), 10 (*en* cet honorable, *en* une louable), 34 (*en* son âme, *en* ce fait), 40 et 41 (*en* une richesse, *en* une fortune), 46 (*en* ce de quoi), 94 (*en* ce que), 135 (*en* l'exécution), 199 (*en* une contention), 324 (*en* cela), 326 (*en* l'acquisition), 377 (*en* votre établissement), 409 (*en* la louange), 481 (*en* l'usage), 483 (*en* leurs troupes), 507 (*en* la contemplation), 591 (*en* une besogne), 669 (*en* leur séparation); tome III, p. 223 (*en* l'agonie); tome IV, p. 17 (*en* la cour), etc., etc.

Dans ces divers exemples, *en* est suivi de l'article féminin *la*, ou de l'article masculin *le*, élidé (*en l'établissement, en l'esprit*), ou de *un, une, des, quel, quelqu'un*, ou d'un adjectif possessif, *mon, ton, son*, etc., ou d'un démonstratif *ce, cet, celui*, etc. Devant *le* non élidé, Malherbe, comme nous aujourd'hui, emploie *dans*. — Voyez ci-après, p. 211 et 212, 5°, EN, *exemples relatifs à la construction de ses compléments.*

2° EN, suivi d'un nom de ville ou de contrée :

En Lacédémone le pancrace et le ceste étoient défendus. (II, 136.)

Ils disent qu'*en* Inde il se trouve du miel aux feuilles des cannes. (II, 651.)

Voyez tome I, p. 350, et tome IV, p. 111 (*en* Avignon); tome II, p. 481 (*en* Athènes); tome III, p. 182 (*en* Clèves).

Ailleurs nous trouvons précédés de l'article des noms de lieux devant lesquels nous l'omettons souvent : voyez ci-dessus, p. 208, 1°, le premier exemple.

3° EN, marquant des rapports que l'usage actuel remplace d'ordinaire par ceux qu'expriment d'autres prépositions.

a) À :

Je ne vous demande pas que vous fassiez plus que ce que vous avez entrepris.... Faites la besogne que vous avez *en* la main. (II, 384; voyez I, 6, vers 60; II, 69.)

.... Si nous étions *en* leur place. (II, 15; voyez I, 15, vers 286; 55, vers 230; 122, vers 220; II, 16, 84.)

Egratigner.... le cuir *en* sa superficie. (II, 9.)

En quels termes te réduis-tu? (I, 155, v. 69; voy. I, 14, v. 273.)

Nous disons que le sage ne peut recevoir d'injure, et cependant si quelqu'un lui donne un coup de poing, il sera mis *en* amende comme outrageux. (II, 49; voyez II, 60, 132.)

On le reconnoît *en* ce que toujours le bienfait est bon. (II, 12; voyez II, 13, 514.)

Laissez *en* ma liberté le prendre et le refuser. (II, 34.)

Nous faisons les contempteurs *en* la maison (*chez nous*). (II, 77; voy. II, 72.)

Les amis.... ne s'éprouvent point *en* une table (*à table*). (II, 336.)

.... Que vos effets répondent tellement à vos paroles, qu'ils semblent avoir été frappés *en* même coin. (II, 394.)

Vous demandez des fleurs *en* une plante qui ne produit que des épines. (II, 488.)

Veillons continuellement *en* une chose, et y tenons toujours l'esprit bandé. (II, 535.)

En datif (*au datif*). (IV, 278.)

En futur. (IV, 327.)

En segonde personne (*à la seconde personne*). (IV, 349.)

En tierce personne. (IV, 277.)

Cela ne vaut rien, même *en* plurier. (IV, 254.)

Voyez I, 14, v. 271; 59, v. 23; 146, v. 4; 180, v. 42; 183, v. 23; 264, v. 1; 282, v. 117; 286, v. 17; 289, v. 97; II, 8 (*en* ces niaiseries), 9 (*en* la bouche), 96 (*en* la fin), 101 (*en* l'article), 105 (*en* l'esprit), 188 (*en* ma considération); III, 420 (*en* une enêtre); IV, 13 (*en* elle), etc.

b) DE :

Il ne faut pas s'affliger démesurément *en* la mort d'un ami. (II, 494.)

Soldat qui.... aura été *en* garde hors de la tranchée. (II, 523.)

Voyez I, 180, vers 59; II, 62 (*en* beaucoup), 591 (*en* sa condition), etc.

c) PAR :

.... *En* sa dernière tête
L'Hydre civile t'arrête. (I, 26, vers 5.)

En ce miracle seul il peut assez connoître
Quelle force a la main qui nous a garantis. (I, 70, vers 17.)

.... Je m'arrête
A chatouiller mon âme *en* ce contentement. (I, 157, vers 29.)

.... Une jeune merveille
En rares qualités à nulle autre pareille. (I, 158, vers 8.)
Le siècle doré
En ce mariage
Nous est assuré. (I, 235, vers 19.)
Le bienfait ne se considère pas *en* la chose faite ou donnée, mais *en* l'affection de celui qui la donne ou qui la fait. (II, 12.)
Je vous vois tendre la main, pour avoir votre rente accoutumée; je vous la veux bailler *en* une pièce d'or. (II, 316.)
.... Il sait qu'*en* ses destinées 231, v. 39.)
Les nôtres seront terminées. (I, 52, vers 165; voy. I, 95, v. 220;
[La discorde] Ne finit ses tragiques œuvres
Qu'*en* la fin même des États. (I, 186, v. 94; voy. I, 98, v. 37; 231,
.... Bornez vos pensées v. 55.)
En un juste compas. (I, 220, v. 3; voy. I, 184, v. 54; 248, v. 22.)
Voyez tome I, p. 108, vers 33; p. 152, vers 1; p. 174, vers 14; p. 278, vers 12; tome II, p. 83 (*en* la guerre); tome III, p. 255 (*en* l'expectation); tome IV, p. 358 (*en* la même rime), etc.

d) POUR, AVEC :

Si vos yeux pénétrant jusqu'aux choses futures
Vous pouvoient enseigner leurs belles aventures,
Vous auriez tant de bien *en* si peu de malheurs.... (I, 13, vers 255.)

e) SUR :

Le sceptre que porte sa race....
Lui met le respect *en* la face. (I, 46, vers 43.)
Que le Bosphore *en* ses deux rives
Aura de sultanes captives! (I, 50, vers 115.)
Sur l'attentat commis *en* la personne de Henri le Grand. (I, 75, au titre.)
Les vents *en* l'Océan tant de vagues n'irritent
Comme j'ai de pensers.... (I, 159, vers 19 *var.*)
.... Conquêter à la France
La Propontide *en* ses deux bords. (I, 215, vers 164.)
.... Dans nos maisons, *en* nos places publiques
Ce ne sont que festins. (I, 230, vers 25.)
.... Que de deux marauds la surprise infidèle
Ait terminé ses jours (*les jours de mon fils*) d'une tragique mort,
En cela (*là-dessus*) ma douleur n'a point de réconfort. (I, 276, vers 7.)
.... Votre Histoire est une école.
Pour moi, *en* ce que j'en ai veu,
J'assure qu'elle aura l'aveu
De tout excellent personnage. (I, 289, vers 109.)
.... Les soleils d'avril peignant une prairie
En leurs tapis de fleurs n'ont jamais égalé
Son teint renouvelé. (I, 298, vers 15.)
En une chose de quoi nous avons moyen de nous passer, nous pouvons faire les dégoûtés. (II, 18.)
Ils ne sont pas encore *en* terre, mais ils sont déjà dans le port. (II, 561.)
Quelle absurdité seroit-ce, qu'aux jugements que font les cours souveraines de nos biens et de nos vies les avis fussent libres, et qu'ils ne le fussent pas *en* des ouvrages dont toute a recommandation est de s'exprimer avec quelque grâce! (IV, 91.)
Voyez I, 12, v. 228; 26, v. 3; 43, v. 76 *var.*; 56, v. 5; 59, v. 40; 68, v. 1; 81, 149; 89, v. 45; 93, v. 183; 109, v. 46; 112, v. 126; 124, v. 289; 160, v. 34 *var.*;

174, v. 13; 211, v. 65; 212, v. 74; 236, v. 4; 280, v. 82; 315, v. 8; II, 68 (*en* ce dernier), 109 (*en* la société), 415 (*en* ce que), 491 (*en* un marbre), etc.

4° En, autres exemples diversement remarquables :

Il n'est rien de si beau comme Caliste est belle....
En ce nombre infini de grâces et d'appas,
Qu'en dis-tu, ma raison? crois-tu qu'il soit possible
D'avoir du jugement, et ne l'adorer pas? (I, 132, vers 12.)
    [Quand] Elle auroit obtenu
D'avoir *en* cheveux blancs terminé sa carrière,
    Qu'en fût-il advenu? (I, 40, vers 19.)
    Qui ne sait combien de mortelles
    Les ont fait soupirer (*les Dieux*) pour elles,
    Et d'un conseil audacieux
    En bergers, bêtes et satyres
    Les ont fait descendre des cieux? (I, 153, vers 40.)
    Quoi que notre foible pouvoir
    En votre accueil ose entreprendre.... (I, 49, vers 88.)
Qu'est-ce qu'*en* ta largesse il ne trouve à choisir? (I, 63, vers 32.)

Ils ne portoient point d'habits *en* broderie. (II, 724.)

Vous aurez de moi ce que vous desirez; mais vous attendrez que je sois *en* humeur. (II, 403.)

Ce n'est pas à dire qu'il n'y ait quelque homme au monde si petit, qu'honnêtement tu ne lui puisses mettre une ville entière *en* la manche (*lui faire présent d'une ville entière*). (II, 29.)

Que veut dire qu'elles (*les Grâces*) dansent en rond et *en* la main l'une de l'autre? (II, 7.)

Je voudrois savoir d'où te vient ce jugement perverti, de te vouloir faire voir *en* masque plutôt qu'*en* ton visage naturel. (II, 26.)

Il est *en* vous de vouloir ou ne vouloir pas. (II, 33.)

On nous a fait tort *en* ce que notre santé n'est pas inexpugnable à toutes sortes de débauches. (II, 42.)

Il est des hommes à qui leurs voluptés font ce que leur plus cruel ennemi.... n'auroit pas le courage de leur faire. *En* quoi s'ils méritent quelque pardon, c'est que leur péché ne va jamais sans pénitence. (II, 404.)

Le sage pour vivre heureusement se peut passer de tout le monde; mais pour vivre, non; car *en* ce dernier il peut avoir affaire de beaucoup de choses. (II, 292.)

L'expérience des fortunes passées me fait trembler *en* la considération de l'avenir. (IV, 157.)

Vous les verrez.... pâmés de rire, et *en* moins de tourner la main, ils crieront. (II, 376.)

Voyez Amende, Autorité, Besogne, Cervelle, Commun, Consister, Effet, Endroit, Façon, Forme, Main, Ombrage, Opinion, Part, Peine, Point, Présence, Propos, Sorte, Termes, Tête, Usage, etc.

5° En, exemples relatifs à la construction de ses compléments (voyez ci-dessus, p. 208 et 209, 1°, fin).

a) En, suivi d'un nom qui n'a devant lui aucun déterminatif :

Toutes choses descendent *en* abîme d'oubli. (II, 439.)

Tout ce que commandent les stoïques, c'est de mourir *en* action. (II, 285.)

    .... L'arrêt souverain....
    Est écrit *en* airain. (I, 43, vers 76 *var*.)

Qui ne se peut passer de richesses est *en* alarmes pour elles. (II, 316.)
Il sera mis *en* amende comme outrageux. (II, 49.)
Si quelqu'un les a gratifiés *en* chose qui touche leur vie.... (II, 37.)
 Partout ailleurs je suis *en* crainte. (I, 174, vers 7.)
Prenons donc garde si nous nous habillons point d'une façon, et gouvernons notre maison de l'autre...; si vous n'êtes point frugal *en* dépense de table et trop somptueux *en* magnificence de bâtiments. (II, 338.)
 Laisser *en* doute si.... Mettre *en* dispute si.... (II, 84.)
Vous trouverez que vous n'aviez pas quinze ans, que tous les plaisirs qu'on vous avoit faits *en* enfance ne fussent évanouis. (II, 245.)
 Un printemps sacré.... est mis *en* exécution. (I, 397.)
Croûtes de marbre.... coupées *en* rond et.... enduites *en* façon de peintures.... (II, 669; voyez I, 271, vers 85.)
Nous-mêmes avons vu plus d'une fois paroître une flamme *en* forme d'une grande pile. (I, 474.)
En quoi seroit estimable celui qui fait plaisir, s'il ne le fait qu'*en* intention de le prêter? (II, 57; voyez II, 161.)
 .... Le fer eût *en* javelle
 Deux fois les blés abattus. (I, 88, vers 29.)
Quand nous voulons donner, il faut prendre garde que ce soit *en* lieu qui le mérite (*à quelqu'un qui le mérite*). (II, 98; voyez II, 56.)
Nous pensons de mettre notre bien *en* mains de personnes qui le méritent. (II, 101.)
Je voudrois savoir d'où te vient ce jugement perverti, de te vouloir faire voir *en* masque. (II, 26.)
Ce mot d'ingrat est le nom d'une chose qui n'est point *en* nature (*qui n'existe pas dans la nature*). (II, 149; voyez II, 236.)
.... Pour avoir qui.... l'assiste de moyens, s'il est *en* nécessité (*dans la peine*). (II, 290; voyez II, 28.)
Cettui-ci est *en* ombrage (*est en défiance, est alarmé*) pource qu'il voit que tout lui succède (*lui réussit*). (II, 435.)
 La cour *en* ovale (*à Fontainebleau*). (IV, 17.)
 S'il tombe *en* peine d'où je le puisse tirer.... (II, 35; voyez II, 63.)
Il n'est pas possible que celui qui a eu quelque trait de prud'homie puisse devenir méchant *en* perfection. (II, 236; voyez I, 264, vers 9.)
 [Les assiégés] *En* péril extrême rangés. (I, 122, vers 196 *var.*)
 Nous sommes tombés *en* propos de Platon. (II, 473.)
Me défendez-vous le commerce du ciel? Voulez-vous que j'aie toujours le nez *en* terre? (II, 508.)
Ils ne sont pas encore *en* terre, mais ils sont déjà dans le port. (II, 561.)
Il se faut résoudre..., comme ceux qui sont *en* terre d'ennemi, [de] ne faire autre chose que regarder à l'entour de nous. (II, 569.)
 .... Ses cris *en* tonnerre s'éclatent. (I, 15, vers 301.)
Une grand'somme d'argent donnée mal à propos n'est pas plus bienfait que si elle étoit mise *en* trésor. (II, 24.)
Que nous importe combien nous avons.... d'argent *en* usure (*placé à intérêt*)? (II, 268.)

Voyez Effet (En), Sorte (En).

b) En, suivi d'un nom qui a devant lui un adjectif sans aucun autre déterminatif :

 .... C'est trop de silence
 En si beau sujet de parler. (I, 107, vers 2.)
 .... Une jeune merveille,

En rares qualités à nulle autre pareille. (I, 158, v. 8 ; voy. I, 262, v. 9, un exemple où l'adjectif est précédé, dans un tour semblable, du déterminatif *de*.)

Que vos effets répondent tellement à vos paroles, qu'ils semblent avoir été frappés *en* même coin. (II, 394.)

Adressez-vous *en* autre lieu. (I, 266, v. 2 ; voy. I, 17, v. 353.)

Faisons-la paroître (*notre affection*).... *en* toutes compagnies où nous nous trouverons. (II, 37 ; voyez I, 33, vers 16 ; 247, vers 7.)

Voyez encore tome I, p. 30, vers 40 ; p. 58, vers 5 ; p. 85, vers 24 ; p. 160, vers 38 ; p. 179, vers 32 ; p. 226, vers 11 ; p. 428 (*en* semblable refus) ; etc.

6° EN CE PENDANT, pour *cependant*, blâmé par Malherbe chez des Portes. (IV, 379, 407.)

7° EN, omis devant le participe présent :

Ils.... montrent leur ingratitude, *pensant* (*en pensant*) cacher leur obligation. (II, 37.)

Il faut craindre.... qu'on ne fasse outrage à de si belles filles (*aux Grâces*) ne *reconnoissant* pas (*en ne reconnoissant pas*) dignement un plaisir qu'on a reçu. (II, 10 ; voyez I, 16, vers 324 ; II, 713, l. 4.)

EN, pronom.

1° EN, de lui, d'elle, d'eux, de cela, de moi, de vous, etc., se rapportant à un nom (de personne ou de chose) ou à un pronom précédent :

Qui vous donne mauvaise opinion de moi, devant que d'*en* avoir fait (*d'avoir fait de moi*) aucune épreuve ? (II, 165.)

Qu'est-ce que j'*en* puis attendre, sinon que toutes ces passions me démembrent, pour *en* avoir chacune sa pièce (*sa pièce de moi*) ? (II, 448.)

Voyez donc combien j'espère de vous, ou plutôt comme je m'*en* confie (*comme je me confie de vous, à vous*). (II, 297.)

Je ne serois pas sitôt chez vous qu'il m'*en* faudroit revenir (*de chez vous*). (IV, 26.)

Monsieur le garde des sceaux est mon refuge.... Tout le monde bénit l'élection que Votre Majesté *en* a faite (*a faite de lui*). (I, 352.)

Faites comparaison de leur vie, vous *en* trouverez l'un (*vous trouverez l'un d'eux*) chagrin et mélancolique.... L'autre sera toujours en belle humeur, etc. (II, 67.)

Cauvet,... beau-père de Piles et père de Bormes, qui sont les deux abominables assassins de mon pauvre fils,... parle de la poursuite que j'*en* fais (*des assassins*).... avec la présomption d'un qui se tient assuré de triompher. (I, 349.)

Voilà les louanges que j'*en* connois (*que je sais qu'elle mérite*). (II, 464.)

Il a fait cela pour moi, mais il a plus fait pour un autre. Tous ceux qui *en* ont eu autant (*qui ont eu autant de lui, pour qui il a fait autant que pour moi*) n'ont pas tant langui. (II, 41.)

Un bourreau fait la douleur du patient d'autant plus grande qu'il lui *en* montre plus d'instruments. (II, 312.)

La mort nous a si bien investis qu'il n'y a plus de moyen d'*en* échapper. (II, 101.)

Tout est sain en cette ville, hormis je ne sais quelle petite vérole. Il y *en* a eu tout plein de malades (*de la petite vérole*) ; mais tout est guéri. (III, 52.)

Son chant (*le chant d'Orphée*) n'a point forcé l'empire des esprits,
Puisqu'on sait que l'arrêt *en* est irrévocable. (I, 299, vers 6.)

Donne des fleurs à sa sépulture ; ses mérites *en* eussent rempli le monde. (I, 364.)

Si le plus offrant étoit préféré..., je croyois qu'il *en* bailleroit (*qu'il baillerait de la charge, pour la charge*) plus que nul autre, comme y étant le plus intéressé. (III, 71.)

Il est beaucoup de sortes de larrons, il *en* est beaucoup (*il est beaucoup de sortes*) de menteurs, aussi est-il d'ingrats. (II, 51.)

Ne devoit-il pas juger que pour un qu'il auroit fait mourir, il s'*en* trouveroit une douzaine d'autres qui auroient la même volonté? (II, 35.)

Je trouve qu'en cet exemple il y a de la différence entre la joie et la douleur. Si j'en avois choix, j'*en* desirerois l'un et tâcherois de me parer de l'autre. (II, 515.)

Voyez un lion que le commerce des hommes ait réduit à se laisser dorer le crin.... et *en* voyez un autre qui ferme, nerveux, etc. (II, 413.)

La tempérance règne sur les voluptés; elle *en* hait les unes;... elle dispense les autres et les règle, etc. (II, 695.)

La chose a.... été trouvée d'assez d'importance pour être disputée devant un juge, mais on n'a pas pensé qu'il fût de juge qui eût de la suffisance et du mérite assez pour *en* ordonner (*pour prononcer là-dessus*). (II, 58.)

Vous vous excusez que les affaires (*les affaires relatives aux biens*) de votre maison vous retardent, et dites que.... vous les voulez mettre en tel état, que vous *en* puissiez vivre sans rien faire. (II, 324.)

En ceux même qui font profession de sagesse, il y a bien de la différence. Les uns *en* sont déjà si avant (*si avancés dans la profession de la sagesse*) que, etc. (II, 556.)

La mort est la condition de la vie : quand on nous donne l'une, on nous promet l'autre; nous *en* sommes au chemin (*nous sommes au chemin de la mort*). (II, 381.)

Pour celui (*l'édit*) des duels, il est fort bien obéi, tellement qu'il n'a point encore été besoin d'*en* punir personne (*de punir personne en vertu de cet édit, pour cause de duel*). (III, 115.)

La continuation ne vous *en* fâchera (*la continuation de cela ne vous fâchera*) non plus que l'essai. (II, 330.)

Un malade qui s'est guéri par le soin qu'il a eu de se gouverner ne s'*en* demande point de salaire (*ne se demande pas de salaire de cela, c'est-à-dire de ce soin qu'il a eu de lui-même*). (II, 144.)

Voyez II, 36, l. 24; 84, l. 26; 98, l. 15; 173, l. 4; 331, l. 7; 439, l. 24; 448, l. 21; 463, l. 26; 517, l. 25; 614, l. 7; etc.

2° EN, tenant la place, et parfois avec une modification du sens, d'un nom indéterminé qui précède :

Qui ne rend point un plaisir pèche davantage; qui n'*en* fait point (*qui ne fait point de plaisir*) pèche le premier. (II, 5.)

Puisque nous avons parlé d'or, je vous veux apprendre comme l'usage vous *en* donnera (*l'usage de l'or vous donnera*) plus de plaisir. (II, 316.)

A qui saurons-nous gré, si nous n'*en* savons point (*si nous ne savons point de gré*) aux Dieux? (II, 44.)

.... Mener dans des solitudes scabreuses et pénibles, pour avoir l'exercice de se faire passage en des lieux qui n'*en* ont point (*qui n'ont point de passage*). (II, 149.)

L'effigie du Roi a été en vue durant onze jours : elle *en* fut ôtée lundi au soir. (III, 177.)

Pource qu'il ne se passe presque audience où il ne se publie quelque divorce, à force d'*en* ouïr parler (*à force d'ouïr parler de divorce*) elles ont appris à le faire. (II, 66.)

Il est des choses si dures et si solides, que quelque feu que ce soit, elles ne le reçoivent pas; et au contraire il en est qui *en* sont si susceptibles (*de feu*), qu'il suffit d'une seule étincelle pour les consumer tout incontinent. (II, 332.)

Voyez tome II, p. 37, l. 4; p. 117, l. 13; p. 197, l. 12; etc.

3° EN, se rapportant à un infinitif ou à une proposition précédente, et parfois, plus ou moins hardiment, à l'idée plutôt qu'aux mots :

Il n'y a ni espérance qui vous y convie (*qui vous convie à l'honorer*, mot exprimé plus haut), ni prétention de récompense qui vous *en* sollicite. (II, 110.)

L'homme du monde qui sait le moins sait bien qu'il lui faudra mourir quelque jour; mais quand il *en* est sur le point (*sur le point de mourir*), il recule, il tremble, etc. (II, 598.)

Un autre a vu mourir ses enfants et n'*en* a pas mouillé ses yeux. (II, 590.)

Ceux qui n'*en* ont point fait de loi (*qui n'ont point fait de loi à ce sujet*). (II, 63.)

  Une âme ne peut éviter
  D'être sous ton obéissance,   121, vers 170.)

Quand tu l'*en* veux solliciter (*solliciter d'être sous ton obéissance*). (I,

Un tel a eu autant que moi, mais je l'ai eu sans l'avoir recherché.... Il s'*en* revanchera (*il reconnaîtra le don qu'on lui a fait*) quand il fera son testament. (II, 23.)

Le meilleur est de donner sans se faire prier, et ne redemander jamais ce qu'on a donné; si on nous le rend, s'*en* réjouir (*se réjouir qu'on nous l'ait rendu*).... (II, 31.)

Vous avez déclaré la guerre aux biens du monde, vous *en* faites profession (*d'avoir déclaré la guerre*). (II, 30.)

Il y a cinq jours que je vais à l'école, et.... depuis huit jours j'écoute disputer un philosophe. Vous me direz que j'*en* suis d'âge (*que je suis d'âge d'aller à l'école, etc.*). (II, 585.)

Ayez-*en* pitié (*de l'état malheureux où je suis et que je viens de vous décrire*), Madame, et croyez, etc. (IV, 183.)

Je ne suis pas encore hors de peine, car je n'ai point de nouvelles de ma femme; mais vous m'*en* avez diminué l'alarme (*l'alarme que me causait ce manque de nouvelles*). (III, 415.)

Nos pères leur défendoient (*aux femmes*) de pleurer plus d'un an. Quant aux hommes, les lois ne leur *en* donnent point de terme (*n'assignent pas de terme à leurs larmes, à leur deuil*). (II, 497.)

Je vous ai promis un plaisir; mais c'est pourvu qu'il ne survienne rien qui m'*en* doive empêcher (*qui me doive empêcher de vous le faire*). (II, 127.)

C'est.... beaucoup de ne donner point à un qui en soit indigne. Toutefois il *en* faut considérer l'importance (*de ce qu'on donne*). (II, 128.)

Il y a beaucoup de choses qu'il faut recevoir, et toutefois ne penser pas *en* être obligé (*être obligé de les avoir reçues*). (II, 24.)

M'obligerai-je à un méchant? Si je m'y oblige, que ferai-je pour m'*en* acquitter (*pour m'acquitter de mon obligation*)? (II, 35.)

  On doute en quelle part est le funeste lieu
  Que réserve aux damnés la justice de Dieu,
  Et de beaucoup d'avis la dispute *en* est pleine (*la discussion au sujet du lieu
    réservé aux damnés*). (I, 129, vers 11.)

  Avecque sa beauté toutes beautés arrivent....
  Ces bois *en* ont repris (*ont repris par l'effet de sa beauté qui arrive*) leur verdure nouvelle;
  L'orage *en* est cessé, l'air *en* est éclairci.
    (I, 157, vers 20 et 21, par erreur, pour vers 21 et 22.)

Vos bonnes grâces et celles de Monsieur le premier président me sont toujours chères... : conservez-moi les unes et les autres. Quand j'aurai quelque sujet digne de le divertir, je lui écrirai, et l'*en* prierai moi-même (*de me conserver ses bonnes grâces*). (III, 354.)

Le fait de l'emprunteur n'est pas semblable, pource que s'il ne paye, ce n'est pas assez d'avoir cherché de l'argent. Il a toujours son créancier à dos, qui ne lui *en* quitteroit pas un jour (*ne lui feroit pas grâce de sa dette un seul jour, une fois l'échéance arrivée*). (II, 230.)

Qui se charge de cette façon (*se reconnaît obligé*) fait.... paroître la volonté qu'il a de se décharger (*de payer sa dette*). La revanche m'*en* est impossible (*la revanche de l'obligation contractée m'est impossible*), mais au moins *en* confesserai-je la dette. (II, 38.)

Qui se doit ressentir d'un bienfait se prépare à le reconnoître dès l'heure même qu'il le reçoit. Chrysippus *en* fait comparaison (*fait comparaison de cette manière d'être du débiteur*) aux coureurs, etc (II, 39.)

Il faut à cette heure voir ce qui fait les hommes ingrats. Il y *en* a trois occasions principales (*trois occasions qui font les hommes ingrats*). (II, 39.)

Les Dieux ne peuvent rien recevoir de nous. Il est vrai; mais si celui qui m'a fait plaisir *en* est de même (*ne peut non plus rien recevoir de moi*).... (II, 232.)

Celui.... à qui on a fait un plaisir, quelque affection qu'il ait témoignée en le recevant, n'a pas fait tout ce qu'il faut qu'il fasse. Il *en* reste encore une partie, qui est de le rendre (*il reste une partie de ce qu'il faut qu'il fasse, partie qui est de le rendre*). (II, 46.)

Je ne dirai pas qu'un homme ne soit bon joueur, qui ayant bien reçu la pelote (*la balle*) et fait ce qu'il devoit faire pour la renvoyer, *en* a été empêché par quelque inconvénient. Mais combien.... qu'il ne manque rien en ce qui touche la science, puisqu'il *en* a fait une bonne partie (*une bonne partie de ce que la science vouloit qu'il fît*) et est capable de faire celle qu'il n'a point faite, si est-ce que le jeu demeure toujours défectueux. (II, 46.)

Je trouve beaucoup de raison de n'*en* faire point de loi (*de ne pas faire de loi de la punition des ingrats, idée contenue d'une manière générale dans ce qui précède*). (II, 56.)

S'il *en* faut aller devant le juge (*s'il faut aller devant le juge pour n'avoir pas reconnu un bienfait*), ce n'est plus un bienfait, c'est argent prêté. (II, 56.)

Demandez à qui vous voudrez de ceux-ci qui vivent de brigandages.... s'ils ne seroient pas plus aises que l'argent leur vînt d'autre façon. Le plus enragé.... vous dira qu'il seroit bien content de n'*en* faire point la vie (*la vie de brigand*), pourvu qu'il *en* eût le revenu (*le revenu de brigand*). (II, 108.)

Voyez I, 135, v. 18; 278, v. 26; II, 484, l. 23; 561, l. 7; 578, l. 22; etc.

4° EN, se rapportant à l'idée d'*hommes* ou de *personnes*, non exprimée plus haut :

Il y *en* a (*il y a des gens*) qui s'éveillent pour peu qu'on les pousse.... Aussi *en* est-il qui, etc. (II, 165.)

Imaginez-vous-*en* quelqu'un qui ait ôté son père de la torture, etc. (II, 84.)

Voyez II, 2 (nous *en* trouvons), 6 (il ne s'*en* voit), 8 (qu'il y *en* ait), 35 (il s'*en* offre), 41 (il *en* avoit), 381 (vous *en* voyez), 484 (il *en* est), etc.

5° EN, par là :

Ma vue commence à se baisser, et m'*en* empêche (*par là m'empêche*) le jugement. (III, 47.)

Ne nous persuadons pas que si dès aujourd'hui nous pouvons sauver un homme, nous le devions laisser languir jusques à demain, pour *en* faire peser davantage l'obligation qu'il nous en aura. (II, 18.)

6° En, joint à des verbes avec lesquels il forme des sortes de composés :

Je m'*en* vais finir, après que j'aurai dit.... (I, 352.)
Qu'un homme de bien voie une chose louable, il s'y *en* ira sans marchander. (II, 515.)
Venez-*en* à l'essai. (II, 165.)
Vous *en* viendrez là, que vous aimeriez mieux, etc. (II, 517.)
A toute heure la grêle laisse les champs de tout ce qu'il y a de mauvais garçons en une contrée, pour s'*en* venir fondre sur le blé d'un homme de bien. (II, 42.)
Je m'*en* suis venu vers son logis, estimant bien qu'il ne faudroit pas de s'y *en* revenir. (III, 276.)
Les jeux finis, ils s'*en* coururent presque tous vers Quintius. (I, 440.)
.... Comme si c'étoit la coutume de nommer les filles premier que les mères, ou que les poëtes aient donné des noms qui pussent rendre la signification véritable par ce qui puis après *en* arriveroit. (II, 9.)
Comparez Enfuir (S'*en*), et Fuir (S'*en*), Ensuivre (S'), Envoler (S').
Vous *en* croyez à ce que les autres vous en disent. (II, 621.)
Les informations (*l'instruction judiciaire*) disent ce qui *en* est. (IV, 245.)
Il faut prendre en dépit que nous *en* ayons. (II, 33 ; voyez II, 185.)
Ce qu'il *en* a fait n'est qu'un commencement. (II, 41.)
.... Elle *en* fait de même de moi. (I, 152, vers 18.)
Jamais ils ne se repentent de leur premier avis. Aussi, pour n'*en* mentir point, il ne leur est pas permis de le rétracter. (II, 190.)
Il *en* prend de même (*la même chose arrive*) à ceux qui, etc. (II, 193.)
Voyez tome I, p. 352 (j'*en* fasse de même) ; tome II, p. 6 (*en* fait autrement), 141 (*en* venir plus avant), 227 (pour n'*en* mentir point), 298 (vous *en* êtes venu là), 329 (à n'*en* mentir point), 448 (que j'*en* fasse de même), 515 (si vous *en* venez), 561 (n'*en* fait point de même), 614 (*en* sommes avant), 632 (il *en* est mieux) ; tome IV, p. 4 (à n'*en* mentir point), 26 (je ne vous *en* mentirai point), etc.

7° En, dépendant d'un adverbe de quantité :

Vous avez fait plaisir à plus de gens que vous ne pensez ; vous ne savez pas combien vous m'avez obligé ; vous *en* croyez moins qu'il n'y en a. (II, 38.)
Je fais plus de cas de vous que des riches. En un bon siècle, vous *en* auriez trop. (II, 327.)

8° En, employé par pléonasme :

Je m'*en* soucie aussi peu, de tout ce frémissement, que si j'oyois le flot ou la tombée d'une eau. (II, 466.)
Le président Richardot étoit venu ici faire une ambassade, dont la mort lui a ôté le moyen d'*en* porter la réponse à son maître. (III, 106.)
Je me garderai que d'un ingrat je n'*en* fasse un ennemi. (II, 164.)
Ici le pléonasme n'est qu'apparent. La phrase signifie : je me garderai de faire de lui, d'ingrat qu'il était, un ennemi.
Voyez tome II, p. 18, l. 8 ; p. 120, l. 15 ; p. 150, l. 3 ; p. 463, l. 17 ; etc.

9° En, omis où nous le mettrions aujourd'hui :

Nous avons aussi peu de sujet de nous reposer *qu'avoit* l'armée d'Annibal. (II, 448.)
Cettui-ci a plus de réputation au Palais que *je n'ai*. (II, 533.)
N'y aura-t-il point quelque différence de nous à eux ? *Si aura* certes, il y en aura beaucoup. (II, 277.)

ENAIGRIR, aigrir :

Ta douleur, Cléophon, sera donc incurable,

Et les sages discours
Qu'apporte à l'adoucir un ami secourable
L'*enaigrissent* toujours. (I, 39, vers 4 *var.*)

ENCHANTER, charmer :

Soit que de ses douces merveilles
Sa parole *enchante* les sens,
Soit que, etc. (I, 131, vers 20.)
Tu me tiens les sens *enchantés*
De tant de rares qualités, etc. (I, 110, vers 55.)

ENCHÉRIR (L') par-dessus quelqu'un, renchérir sur lui :

Le Provençal a de quoi *l'enchérir par-dessus* le Grec. (IV, 131.)

ENCLINER (S'), s'incliner :

Je.... *m'encline* à vos pieds. (IV, 161.)

ENCLORE.

Ces réservoirs où les poissons *sont enclos* par troupes. (II, 711.)
Une lettre que vous trouverez *enclose* dans ce paquet. (III, 91.)

ENCLOS, enceinte :

Un homme est estimé sacrilége, qui dérobe quelque chose de sacré, combien qu'en quelque part qu'il la mette, ce ne puisse être que dans l'*enclos* du monde. (II, 223.)

ENCOMMENCER, pour *commencer*, blâmé par Malherbe chez des Portes. (IV, 379.)

ENCORE.

Vous me demandez ce qu'il me semble que vous devez principalement éviter : la multitude ; vous n'y serez pas *encore* bien sûrement. (II, 281.)
Ce n'est pas signe que nous avons *encore* l'esprit ni bien ferme ni bien réduit à soi quand nous dressons l'oreille au cri que nous oyons emmi la rue. (II, 469 ; voyez II, 440, l. 2.)

Encore que, quoique :

Si mon âge m'ôte quelque chose de ma vigueur, je la reprendrai du vôtre, *encore qu*'il n'y ait pas beaucoup à dire de l'un à l'autre (*en latin* : quanquam non multum abest). (II, 395.)
Je me serai fortifié de résolutions, *encore que* la fortune me fît perdre ma femme, mes enfants, ou mes amis. (II, 542.)
Mme la comtesse de Moret est toute à la dévotion, *encore qu*'elle ne peut persuader beaucoup de gens que ce soit à bon escient. (III, 153.)
C'étoit une grande princesse, *encore* même *qu*'elle fût prisonnière. (IV, 267.)
Voyez I, 288, vers 89 ; II, 23, 27, 29, 34, 36, 40, 56, 485 ; IV, 47, etc.

ENDORMISSEMENT, assoupissement :

Votre lettre m'a fait plaisir, parce qu'elle m'a réveillé d'un *endormissement* où j'étois et m'a donné sujet de faire travailler ma mémoire. (II, 568.)

ENDROIT (À L') DE, à l'égard de, envers, pour :

La sagesse a de l'amitié *à l'endroit de* tous les hommes. La folie n'a pas même de l'humanité *à l'endroit de* ses amis. (II, 434 et 435.)

En mon, en son, en votre, en leur, en cet endroit :

Vous prîtes occasion de me nommer à Sa Majesté.... avec des termes qui furent jugés.... ne pouvoir partir que d'une singulière.... affection *en mon endroit*. (IV, 3.)

Quel moyen aurai-je de me revancher *en son endroit?* (II, 138.)

Vous pouvez estimer.... ce que je dois faire *en votre endroit* et en cette occasion. (IV, 4.)

Il semble qu'il soit impossible de s'acquitter *en leur endroit*. (II, 44.)

Des mêmes raisons que nous avons amenées pour prouver que le bienfait est de soi chose desirable, nous tirerons la conséquence indubitable de ce que nous avons *en cet endroit* (*à ce sujet*) à leur prouver. (II, 106.)

Voyez tome II, p. 61, 132, 230, 414.

ENDURCIR, au figuré :

Votre patience donnera sujet à l'ingrat de s'amender, et quand cela ne seroit pas, vos reproches ne pourroient de rien servir qu'à l'empirer. Ne lui *endurcissez* point le front. (II, 246.)

    Que votre courage *endurci*,
Plus je le supplie, moins ait de merci. (I, 247, vers 5.)

S'ENDURCIR, au propre, se durcir :

Nous faisons plaisir aux arbres que nous arrousons de peur que la terre qui n'est point remuée, venant à *s'endurcir* par la sécheresse, ne soit occasion de les faire endurer. (II, 104.)

ENDURER, souffrir, sens actif, neutre et absolu :

    Quelque ennui donc qu'en cette absence....
    Le destin me fasse *endurer*,
    Ma peine lui semble petite. (I, 152, v. 3 ; voy. I, 160, v. 55 *var.*)

Qu'ai-je à faire d'*endurer* d'elle (*de la fortune*)? (II, 448.)

J'*endure* de vos belles paroles, parce qu'elles viennent de vous. (IV, 80.)

Tu vois quelle inconstance accompagne les hommes,
Faciles à fléchir quand il faut *endurer*. (I, 17, vers 345.)

Voyez le dernier exemple de l'article précédent.

ENFANCE.

Ce que nous vivons n'est autre chose qu'un point ; mais la nature.... en a fait plusieurs parties. De l'*enfance* elle en a fait une ; de l'âge puéril une autre ; de l'adolescence une autre.... (II, 439.)

ENFER.

    Qui ne pensoit que les Furies
    Viendroient des abîmes d'*enfer?* (I, 183, vers 22.)

Fais choir en sacrifice au démon de la France
Les fronts trop élevés de ces âmes d'*enfer* (*infernales*). (I, 277, vers 6 ;
                voyez I, 214, vers 127 ; 288, vers 74.)

ENFERMER.

    .... Dedans sa mémoire
    Enfermer un ennui. (I, 41, vers 46.)

ENFILER, faire suivre, rattacher, composer de choses qui se suivent et s'enchaînent :

Il se trouvera toujours quelque origine de l'origine, qui nous *enfilera* de sorte les uns aux autres que jamais il ne s'y trouvera de fin. (II, 79.)

La suite de nos cupidités est comme celle des causes, de qui les stoïques tiennent que les destins *sont enfilés*. (II, 335 ; voyez II, 160, 362.)

S'ENFILER :

Il ne peut ni prévoir les choses futures ni se ramentevoir les passées ; et partant il n'en peut savoir les conséquences : or c'est de cela que *s'enfile* l'ordre et l'entresuite des choses. (II, 519.)

ENFILURE, enchaînement, suite, conséquence :

Il seroit besoin de...., prescrire jusques où l'*enfilure* de ce parentage doit aller. (II, 158.)

Le Destin n'est qu'une *enfilure* de causes accrochées l'une à l'autre. (II, 97.)

ENFIN, à la fin ; faire une chose enfin, finir par la faire :

.... Les tigres les plus sauvages
Enfin apprivoisent leurs rages,
Flattés par un doux traitement. (I, 176, vers 56.)
On se peut assurer
Qu'il est maître équitable, et qu'*enfin* il console
Ceux qu'il a fait pleurer. (I, 241, vers 35.)

ENFLAMMÉ, ardent :

Sous la canicule *enflammée*
Les blés ne sont point aux sillons
Si nombreux que, etc. (I, 122, vers 211 *var.*)

ENFLAMMER, pour *s'enflammer*, blâmé par Malherbe chez des Portes. (IV, 415.)

ENFLER, au figuré :

Pauvre créature, *enflée* au-dessus de ta condition ! (II, 29.)
Tous ces biens qui vous *enflent* au-dessus de l'humanité.... ne sont pas à vous. (II, 170.)

ENFUIR (S'EN) :

Il *s'en est enfui*. (II, 415 ; voyez FUIR.)

ENGAGER (S'), absolument :

.... Je dispute avant que je *m'engage*,
Mais quand je l'ai promis, j'aime éternellement. (I, 136, vers 47.)

ENGENDRER.

Que si quelqu'un a la fortune si bonne que de sa lumière les ombres de son parentage puissent être éclairées, ne fait-il pas un bien inestimable à ceux qui l'*ont engendré* (*en latin* : in parentes suos)? (II, 82 ; voyez II, 86.)

ENGIN, machine, instrument :

Ils.... font de la pâte et lui donnent force de pain, qu'ils cuisirent au commencement dans les cendres chaudes, puis.... dans des fours et autres *engins*. (II, 717.)

ÉNIGME, au masculin :

Ce m'est un *énigme*. (III, 122.)

ENJAMBER, au figuré :

Qu'on vous menace d'un supplice d'ici à cinquante ans ; vous n'avez de quoi vous mettre en peine, sinon que vous veuillez *enjamber* par-dessus tout cet espace d'entre deux, et vous rendre présents dès à cette heure des ennuis qui ne vous sont promis qu'en un siècle futur. (II, 578.)

ENNOBLIR.

Toutes ces armoiries.... nous font plus connoître qu'elles ne nous *ennoblissent*. (II, 76.)

ENNUI, douleur, chagrin, malheur :

Ses *ennuis* sont des jeux, son angoisse une feinte. (I, 15, vers 296.)

  L'aise et l'*ennui* de la vie
  Ont leur course entre-suivie. (I, 24, vers 35.)

Une vertu pleine de vigueur..., à qui les mains démangent de se battre et qui prend le moindre *ennui* qu'on lui fasse pour un appel. (II, 552.)

Voyez tome I, p. 3, vers 26; p. 6, vers 48; p. 10, vers 150; p. 15, vers 287; p. 33, vers 17; p. 35, vers 64; p. 41, vers 46; p. 73, vers 85; p. 100, vers 38; p. 123, vers 235; p. 129, vers 5; p. 134, vers 2; p. 137, vers 5; p. 150, vers 18; p. 152, vers 1; p. 169, vers 64; p. 176, vers 59; p. 179, vers 19; p. 191, vers 8; p. 193, vers 13; p 223, vers 7; p. 254, vers 5; p. 271, vers 69; p. 309, vers 3; p. 313, vers 6; tome II, p. 27, 579; tome IV, p. 2, 89.

ENNUYER, causer de l'ennui à, dans le sens de *lasser, être à charge* :

  Siéroit-il bien à mes écrits
  D'*ennuyer* les races futures
  Des ridicules aventures
  D'un amoureux en cheveux gris? (I, 210, vers 28.)

Voyez tome I, p. 29, vers 22; p. 73, vers 104; tome IV, p. 202.

Ennuyer, rendre malheureux, affliger :

  Fais que jamais rien ne l'*ennuie*,
  Que toute infortune la fuie. (I, 82, vers 185.)

Nous *sommes* extrêmement *ennuyés* de la perte que nous avons faite. (II, 495.)

Le jour est déjà grand, et la honte plus claire
De l'apôtre *ennuyé* l'avertit de se taire. (I, 18, vers 386.)

Voyez tome III, p. 358.

S'ennuyer de, se lasser de :

Ne *nous ennuyons* point *de* donner. (II, 6.)

ENORGUEILLIR (S') :

O vanité,... plus tu te hausses, plus tu.... montres que tu connois mal la condition de ce qui te fait *enorgueillir* (*t'enorgueillir*). (II, 26.)

ENQUÉRIR, interroger ; ENQUIS, interrogé :

Il me dit qu'il avoit été *enquis* sur le même sujet de votre part. (III, 575 ; voyez III, 427.)

Enquis d'où lui étoit arrivée premièrement cette méchante pensée (*de tuer le Roi*), il dit que, etc. (III, 171.)

ENRAGER APRÈS :

L'un *enrage après* les femmes ; l'autre veut toujours avoir le ventre à table. (II, 244.)

Enragé.

Demandez à qui vous voudrez de ceux-ci qui vivent de brigandages.... s'ils ne seroient pas plus aises que l'argent leur vînt d'autre façon. Le plus *enragé* de tout ce qu'ils sont vous dira, etc. (II, 108.)

ENRAGERIE, extravagance :

Il s'est fait ici une penderie d'un prêtre sorcier qui avoit fait des *enrageries* plus que diaboliques. (III, 90.)

ENSEIGNE, indication, preuve :

Il a feint de ne me connoître pas, encore que je lui aye dit mon nom et donné des *enseignes* de l'avoir autrefois vu en Provence. (III, 165.)

ENSEIGNE, étendard :

Devant le chariot étoit M. de Rodes..., portant une bannière qui s'appelle panon, et dit-on que c'est l'*enseigne* de la maison du Roi. (III, 198.)

ENSEIGNE DE PIERRERIE, parure :

Sa robe étoit de toile d'argent, et n'en paroissoit que le devant, qui étoit tout couvert de grandes *enseignes de pierrerie*. (III, 92.)

ENSEIGNER.

Si vos yeux pénétrant jusqu'aux choses futures   13, vers 254.)
Vous pouvoient *enseigner* leurs belles aventures (*des saints Innocents*), etc. (I,

ENSEIGNER À, activement :

Il faut *enseigner* les uns *à* ne rien mettre en ligne de compte, les autres *à* penser devoir plus qu'ils ne doivent. (II, 10.)

ENSEIGNER DE, neutralement :

Vous avez de quoi remercier les Dieux de ce que vous *enseignez d'*être cruel à un qui ne le peut apprendre. (II, 283.)

ENSEIGNER, élever, instruire :

.... Qui ne tiendra compte ni de ceux qui l'ont mis au monde, ni de ceux de qui il a mangé le pain, ni de ceux qui l'*ont enseigné*. (II, 67.)

ENSEMBLE.

    Cette princesse, que la foi
    D'Amour *ensemble* et d'Hyménée
    Destine au lit de notre roi. (I, 45, vers 23.)
L'apparence de la chose et la chose ne sont pas *ensemble*. (II, 12.)
Vous remarquez assez combien la philosophie tout *ensemble* (*dans son ensemble*) est chose profitable ; mais en ce qui est de ses parties, etc. (II, 324.)

ENSEVELIR, ENSEVELI, au figuré :

    Loin, bien loin, tristes pensées,
    Où nos misères passées,
    Nous *avoient ensevelis*. (I, 90, vers 87.)
    Conserve-leur sa chère vie (*la vie du Dauphin*),
    Et tiens par elle *ensevelis*
    D'une bonace continue
    Les aquilons, dont sa venue
    A garanti les fleurs de lis. (I, 83, vers 207.)
Où trouvez-vous donc plus de crime : en une reconnoissance suspendue ou en une mémoire *ensevelie* (*ou en l'entier oubli du bienfait*)? (II, 52.)

Voyez tome I, p. 66, vers 27 ; p. 110, vers 78 ; p. 198, vers 14 ; p. 253, vers 9.

ENSUIVRE (S') :
Si ce qui est à mon ami est à moi, je dois avoir puissance de le vendre. Il ne *s'ensuit* pas (*ce n'est pas une conséquence nécessaire*) ; car, etc. (II, 229.)

Ensuivant, suivant :
Au mois de juillet *ensuivant*. (I, 335 ; voyez I, 340 ; III, 33, 238.)

ENTAMER (S') :
[Le vieillard] De nouvelles fureurs se déchire et *s'entame*. (I, 15, vers 292.)

ENTENDEMENT.
Comme échapperons-nous en des nuits si profondes,
Si ton *entendement* ne gouverne le sien ? (I, 70, vers 24.)
Parmi toute cette multitude de bruits..., il faut que je n'aie point d'oreilles.... de ne perdre point l'*entendement* (*en latin :* mens). (II, 466.)

ENTENDRE, apprendre, comprendre, s'entendre à :
[Leur camp,] *Entendant* sa constance, eut peur de sa furie. (I, 42, vers 63.)
Je suis bien aise d'*entendre* de ceux qui viennent de vos quartiers comme vous vous comportez doucement avec vos serviteurs. (II, 427.)
.... Toujours il lui semble
Que des yeux de son maître il *entend* ce propos. (I, 7, vers 72.)
Nous demandons qu'on nous trompe encore une fois : refaites, que j'*entende* comme cela se fait ; il ne m'en souvient plus. (II, 424.)
Si le dieu que je sers *entend* l'art de prédire.... (I, 253, vers 4.)
Voyez tome I, p. 25, vers 52 ; tome II, p. 598.

Entendre à, aviser à :
Minutius étoit allé ravager leurs terres, et.... les avoit contraints de s'en retourner chez eux, pour *entendre* à la défense de leurs maisons. (I, 427.)

ENTERRER, au figuré :
Ce repos où vous vous *enterrez* devant (*avant*) la mort.... (II, 96.)

ENTHOUSIASMES.
Ma dernière saison, oragée de tant d'afflictions qui ont désolé ma Calliope, ressent aussi mes *enthousiasmes* grandement refroidis. (I, 356.)

ENTIER.
La philosophie les rétablit (*ces hommes*) en leur *entier*. (II, 437.)
Il n'y a point de loi pour vous restituer en votre *entier* (*vous rétablir tout à fait dans votre ancien état*). (II, 64.)

ENTIÈREMENT.
Le but de nos desirs fortifie *entièrement* les remèdes qui nous sont nécessaires contre la peur. Soyez exempt de souhait, et vous le serez de crainte. (II, 277.)

ENTONNER.
C'est lui (*Dieu*) par qui je chante, et lui par qui j'*entonne*
Dessus mon chalumeau tous les vers que je sonne. (II, 96.)

ENTOUR (À L'), À L'ENTOUR DE :
Vous aurez des enfants des douleurs incroyables,
Qui seront près de vous et crieront *à l'entour*. (I, 3, vers 18.)

Nous avons une infinité de choses *à l'entour de* nous qui nous regardent, et ne font qu'attendre l'occasion d'entreprendre sur nous. (II, 632.)

ENTRE, au milieu de, parmi, chez, au nombre de, dans :

.... Vous ne voudriez pas pour l'empire du monde
N'avoir eu dans le sein la racine féconde
D'où naquit *entre* nous ce miracle de fleurs. (I, 14, vers 258.)

De combien de jeunes maris
En la querelle de Pâris
Tomba la vie *entre* les armes. (I, 33, vers 21.)

Alexandre de Macédoine.... *entre* les verres tua Clitus. (II, 646.)

.... A Saint-Denis *entre* nos cris de joie
Tu la fis couronner (*la Reine*). (I, 180, vers 47.)

Il.... a rétabli son autorité *entre* des peuples qui depuis cinquante ans.... ne l'avoient du tout point connue. (I, 395.)

Il y en a qui demandent.... s'il seroit point bon que cette loi.... fût mise *entre* les ordonnances politiques. (II, 56.)

C'est à ceux qui n'ont point de jugement... d'avoir le corps en une part et l'esprit en l'autre, et se faire tirer *entre* deux contraires mouvements. (II, 578.)

Voyez tome I, p. 8, vers 110; p. 14, vers 260; p. 63, vers 23; p. 66, vers 24; p. 73, vers 93; p. 114, vers 191; p. 178, vers 4; p. 201, vers 8; p. 202, vers 44; p. 211, vers 51; p. 236, vers 1; p. 269, vers 31; p. 278, vers 36; tome II, p. 77 (*entre* nos pères), 88 (*entre* les mains), 304 (*entre* les applaudissements), 336 (*entre* ceux), 513 (*entre* les bras), etc.

Par entre :

Par entre deux ais de qui la jointure s'étoit lâchée, [il] laissa tomber son argent dans sa boutique. (II, 239.)

Voyez ci-dessus, p. 153 et 154, D'entre.

Entre deux :

Qu'on vous menace d'un supplice d'ici à cinquante ans ; vous n'avez de quoi vous mettre en peine, sinon que vous veuillez enjamber par-dessus tout cet espace d'*entre deux*, etc. (II, 579.)

ENTRE-BÂILLEMENT, hiatus. (IV, 386, note 3 ; 393, note 1.)

ENTRÉE, au figuré :

Au lieu que vous devez mettre un bien que l'on vous a fait à l'*entrée* de votre âme, pour avoir sujet d'y penser à toutes heures, vous le serrez si mal, et le jetez si hors de vue, que, etc. (II, 52.)

Entrées, au figuré, commencements, initiation :

La sagesse.... ôte la vanité des âmes..., leur donne la connoissance de la nature de toutes choses.... Avec ces *entrées* (*en latin* : initiamenta), elle nous fait l'ouverture, non de quelque mystère commun, mais du monde, temple général de tous les Dieux. (II, 719.)

ENTREFAIRE (S') :

Les villes mêmes *s'entrefont* des reproches, et se demandent en un siècle la revanche d'un plaisir fait en un autre. (II, 56.)

ENTREFUIR (S') :

Les choses du monde sont enfilées d'une sorte qu'en *s'entrefuyant* elles suivent. (II, 362.)

ENTRELACER, au propre et au figuré :

Deux pieds fourchus soutenoient les deux côtés de leurs loges. Les couvertures en étoient de ramée, qu'ils *entrelaçoient* l'une l'autre. (II, 712.)

Dans l'édition de 1645 : « l'une dans l'autre. »

Le contentement du sage est d'une contexture si bien *entrelacée* et d'un assemblage si fort que la fortune n'a point de pouvoir assez pour le rompre. (II, 559.)

ENTREMETTRE (S') DE, s'entremettre dans, se mêler de :

Caton est blâmé de *s'être entremis des* affaires en la guerre civile. (II, 311.)

ENTREMISE (PAR L') DE :

La mort est honnête, par *l'entremise de* ce qui est honnête, c'est-à-dire de la vertu et d'une âme qui dédaigne tout ce que la fortune lui peut donner. (II, 636.)

ENTREPRENDRE, absolument, et activement :

Laisse-les espérer (*les rebelles*), laisse-les *entreprendre ;*
Il suffit que ta cause est la cause de Dieu. (I, 278, vers 37.)
Caliste, où pensez-vous ? qu'*avez-vous entrepris ?*
Vous résoudrez-vous point à borner ce mépris ? (I, 137, vers 9.)

ENTREPRENDRE SUR :

Comme il eut recueilli les restes de ce naufrage et fait la revue de son armée, ne se trouvant plus en état d'*entreprendre sur* Chypre..., il s'en revint à Séleucie. (I, 450 ; voyez II, 109, 632.)

ENTREPRISE.

.... Quand de mes souhaits je n'aurois jamais rien,
Le sort en est jeté, l'*entreprise* en est faite,
Je ne saurois brûler d'autre feu que du sien. (I, 135, vers 41.)
   .... Leur *entreprise*
  Étoit le parfum d'un collet. (I, 311, vers 7.)

ENTRER.

Destinez quelques jours où, séparé du monde..., vous *entriez* au commerce de la pauvreté. (II, 332 ; voyez II, 33.)

Entrez, je vous prie, en ce combat, et pour avoir été battus une fois, ne laissez point d'y retourner. (II, 89.)

Quelqu'un qui sera désespéré de n'avoir pu *entrer* en un état. (II, 568.)

Je ne vois point que les gens de bien ayent de quoi craindre ce dont les méchants semblent *entrer* en espérance. (III, 383.)

Il faut que je suive la vérité sur cette piste.... Il est vrai que je n'y *entrerai* pas que je ne l'aie bien considérée auparavant. (II, 125.)

Quand vous avez prêté, si on ne vous rend, vous avez moyen de vous pourvoir par justice. Si son bien est de mise (*est saisi*), vous y *entrez* pour votre part. (II, 131.)

L'un enrage après les femmes..., l'autre a l'envie qui le travaille ; et l'autre, qui ne s'imagine que la grandeur et la vanité, *entre* dans les épées nues des premiers (*est des premiers à entrer, etc.*). (II, 244.)

La félicité lui est domestique : elle sortiroit si elle *entroit ;* mais elle naît chez lui. (II, 559.)

La semaine qui *entrera* (*commencera*) lundi. (IV, 82.)

ENTREROMPU, pour *interrompu*, blâmé par Malherbe chez des Portes. (IV, 309.)

ENTRESUITE, suite, succession :
L'ordre et l'*entresuite* des choses. (II, 519; voyez II, 192, 599.)

ENTRESUIVI, qui se succède :
L'aise et l'ennui de la vie
Ont leur course *entresuivie*
Aussi naturellement
Que le chaud et la froidure. (I, 25, vers 36.)

ENTRETÈNEMENT, entretien :
[Le soleil et la lune] tournoyent au ciel.... pour le bien et pour l'*entretènement* de l'univers. (II, 188.)
Elle donne au Roi l'*entretènement* de six mille hommes. (IV, 19.)
.... Par l'*entretènement* d'un suffisant nombre de vaisseaux rendre les armes de Sa Majesté redoutables. (IV, 108.)

ENTRETENIR, s'ENTRETENIR, sens et emplois divers :
Monsieur le Prince est à Bruxelles ..; le marquis Spinola l'*entretient* fort, et lui a fait un festin très-magnifique. (III, 135.)
C'est.... la matière qui mérite mieux de vous *entretenir* (*de vous occuper*). (II, 115.)
Je suis allé ce soir au cabinet, exprès pour avoir quelque chose à vous *entretenir*. (III, 367.)
.... C'est m'arracher à moi-même
Que de me séparer de vous.
Un lâche espoir de revenir   *rage*). (I, 143, vers 50.)
Tâche en vain de m'*entretenir* (*de me faire prendre patience et cou-*
Soit que de tes lauriers ma lyre s'*entretienne* (*soit que je chante ta gloire*).
.... Notre esprit agrée   (I, 283, vers 149.)
De s'*entretenir* près et loin....
Avec l'objet qui le récrée. (I, 288, vers 88.)
Cette obscurité.... me donna du sujet de m'*entretenir* (*de m'entretenir avec moi-même*). (II, 471.)
Voyez de vous réjouir en ces méditations ; et cependant que vous *vous entretiendrez* de mes lettres, il se pourra présenter quelque occasion qui nous donnera moyen de nous voir. (II, 610.)
Vous n'êtes commandé ni de l'avarice, qui.... craint de s'*entretenir* (*de se conserver, de se donner le nécessaire*), ni de, etc. (I, 469.)
Il trouvera ce qu'il lui faut pour sa bouche et pour ses habits. Il s'*entretiendra* doucement (*soutiendra doucement sa vie*). (II, 327.)
Les Rhodiens à leur main droite mirent.... ce qu'ils avoient de gens du pays..., à la gauche leurs étrangers *entretenus*. (I, 421.)
Les remueurs demandent quelques conditions, que la Reine ne veut aucunement accorder, et dit qu'elle *entretiendra* (*qu'elle tiendra, qu'elle maintiendra*), sans faillir, ce qui a été promis par le feu Roi. (III, 265.)
.... L'air, la mer et la terre
N'*entretiennent*-ils pas (*ne maintiennent-ils pas entre eux*)
Une secrète loi de se faire la guerre
A qui de plus de mets fournira ses repas ? (I, 63, vers 34.)
Le sable n'a point d'humeur.... qui le fasse *entretenir* (*qui lui donne de la cohésion*) (II, 462.)
Voyez I, 52, vers 153 *var.*; 71, vers 42; II, 96; IV, 92, 207.

ENTRETIEN, occupation :
Je me donne partout de l'*entretien*, et toujours occupe mon esprit à quelque méditation. (II, 493.)

ENTREVENIR, intervenir, se mêler à :

La félicité lui est domestique.... Il ne se peut faire que quelquefois il n'*entrevienne* quelque chose, mais ce n'est qu'une égratignure. (II, 559.)

ENTR'IMITER, pour *imiter*, blâmé par Malherbe chez des Portes. (IV, 452.)

ENTR'OUVRIR (S') :

Les choses qui ne sont pas achevées ne sont jamais fermes : tantôt elles *s'entr'ouvrent*, tantôt elles penchent, tantôt elles se croulent. (II, 557.)

ENVENIMÉ.

.... Tous les traits *envenimés*
Que par la fortune contraire
L'ire du ciel fait décocher. (I, 125, vers 326.)

ENVERS, préposition :

Mon cousin.... m'a plégé *envers* ledit Fauconnier de ladite somme de trois cents livres. (I, 334.)

ENVIE.

Qu'il ne provoque point l'*envie*
Du mauvais sort contre sa vie. (I, 51, vers 145.)

Son extrême douceur (*du Roi*) ayant dompté l'*envie*.... (I, 73, vers 100.)

Les philosophes.... ont eu *envie* sur (*ont envié*) les grammairiens et sur les géomètres, et ont pris toutes les superfluités de leurs sciences. (II, 699.)

Voyez tome I, p. 111, vers 91 ; p. 178, vers 1.

Nos pères ont reconnu qu'il y avoit trop d'*envie* (*en latin :* invidia) au nom de maître, et trop d'injure au nom de serviteur. (II, 431.)

ENVIE, désir :

Est-il possible, Sire, que vous en ayez si grand *envie* que vous dites ? .... Oui, j'en ai si grand *envie*.... (III, 502 ; voyez I, 140, vers 14 ; 161, vers 68 ; 279, vers 41.)

.... Pour satisfaire à nos lâches *envies*,
Nous passons près des rois tout le temps de nos vies. (I, 274, vers 7.)

ENVIEILLIR, vieillir, devenir vieux :

La maladie n'*est* pas encore *envieillie* (*il n'y a pas longtemps qu'on en souffre*). (II, 444 ; voyez I, p. 71, vers 57 ; II, p. 7, 38, 481, 585.)

ENVIRON, vers, aux environs de :

A la rue Saint-Honoré, *environ* Saint-Innocent. (III, 60 ; voyez II, 611.)
Environ les quatre heures. (III, 81.)

ENVIRONNER.

.... On vouloit [lui] bailler autant de terre qu'en labourant il en pourroit *environner* en un jour. (II, 223 ; voyez I, 67, vers 59.)

ENVOLER (S') :

[Pourvu] qu'aux appâts du change une âme ne *s'envole*,
.... enfin il (*l'amour*) console,
Ceux qu'il a fait pleurer. (I, 241, vers 33.)

Malherbe ne veut pas qu'on dise *s'est envolé*, mais *s'en est envolé*. (IV, 259.)

S'ENVOLLER, pour *s'envoler*, corrigé par Malherbe chez des Portes. (IV, 469.)

ENVOYER.
Que m'est-il demeuré.... que d'écouler ma vie...,
Et la chassant de moi l'*envoyer* au tombeau? (I, 14, vers 264.)

D'où nous vient, quand nous sommes prêts à mourir, le soin.... d'*envoyer* notre mémoire à la recherche de notre vie passée? (II, 113.)

Cet étourdi, qui durant ses leçons *envoyoit* son esprit à la picorée au delà de l'Océan.... (II, 731; voyez II, 480.)

Envoyez vos yeux (*jetez les yeux*) où vous voudrez, vous rencontrerez toujours quelque trait qui vous semblera triable. (II, 390.)

Si la fortune nous jette quelque chose, nous l'*envoyons* aussitôt en bas (*nous la jetons à terre*) sans la goûter. (II, 561.)

J'*ai envoyé* à M. Beys savoir s'il vous vouloit écrire. (III, 27.)

ENVOYER, au futur :
J'*envoyerai*, il *envoyera*, ils *envoyeront*. (II, 280, 309, 549, etc.)

ÉPAIS, nombreux :
Leur camp, qui la Durance avoit presque tarie
De bataillons *épais*. (I, 42, vers 62; voyez I, 150, vers 22, etc.)

ÉPAISSEUR, au propre et au figuré :
.... Sous l'*épaisseur* des rameaux. (I, 215, v. 147; voy. I, 123, v. 221.)

L'une (*une partie de la philosophie*) règle nos erreurs; l'autre est bien haut par-dessus cette *épaisseur* (*en latin* : caliginem) où nous sommes. (I, 468.)

ÉPANDRE, répandre, épancher :
Les ondes que j'*épands* d'une éternelle veine
Dans un courage saint ont leur sainte fontaine. (I, 4, vers 7.)

Après avoir bien amassé, on *épand*; après *avoir épandu*, on ramasse avec la même avarice qu'auparavant. (II, 15.)

Voyez I, 22, v. 29; 88, v. 41; 185, v. 64; 458; II, 75, 87, 109, 314, 570.

ÉPARGNE, économie :
L'*épargne* est une science de ne rien dépendre mal à propos. (II, 48.)

ÉPARGNE, trésor, au propre et au figuré :
Je suis ingrat à la vérité, si je ne m'estime plus son redevable que d'un roi qui auroit vidé les coffres de son *épargne* pour m'enrichir. (II, 13.)

Cornélius.... mit à l'*épargne* trente-quatre mille cinq cent quatre-vingt-seize livres quinze sols. (I, 428.)

J'attendois à vous écrire que j'eusse quelque grande *épargne* de nouvelles. (III, 405.)

ÉPARGNER, économiser :
Nous disons d'un homme qui *épargne* beaucoup, que c'est une âme basse et resserrée. (II, 48.)

ÉPARGNER quelque chose à quelqu'un, l'en priver :
Ne m'*épargnez* pas vos lettres. (IV, 55.)

Vous n'obligez guère ceux qui vous désirent, de leur *épargner* la consolation de vous attendre. (IV, 136.)

ÉPARGNANT, économe. (II, 48.)

ÉPARS, répandu :
Quelle horreur de flamme et de fer

N'est *éparse* comme en enfer
Aux plus beaux lieux de cet empire? (I, 271, vers 62.)

ÉPAULE, au figuré :
[L'Église croit] Que ta main relevant son *épaule* courbée,
Un jour, qui n'est pas loin, elle verra tombée
La troupe qui l'assaut, et la veut mettre bas. (I, 5, vers 28.)

ÉPÉE.
Je fis dessein de lui faire mettre l'*épée* à la main (*de le forcer de se battre en duel avec moi*). (III, 275.)
[Il] lui a dit qu'il mît la main à l'*épée*. (III, 268; voyez III, 275.)

ÉPERON (Coups d'), au figuré :
Je ne faillis pas.... de vous donner courage, et avec quelques *coups d'éperon* vous faire aller plus vite que le train accoutumé. (II, 394.)

ÉPIC, épi :
Elle pourroit courir, quand la moisson est prête,
Sur le haut des *épics*, sans leur rompre la crête. (II, 656.)

ÉPINES, au figuré, chagrin, inquiétude :
Oser impudemment faire comparaison
De mes *épines* à mes roses. (I, 296, vers 27.)
Les roses de son âme n'ont point d'*épines* (*en latin* : magnis itaque curis exemptus et distorquentibus mentem). (II, 217; voyez I, 158, vers 1 ; IV, 4 ; et l'article Rose.)
.... Ces matières de pleurs
De leurs funestes *épines*
Ne gâteront plus nos fleurs. (I, 87, vers 9.)
Quintius, qui voyoit que les Béotiens ne se déclaroient encore ni d'un côté ni d'autre, ne voulut pas demeurer avec cette *épine* en l'esprit. (I, 398.)
On lit : « avec cette *peine*, » dans l'édition de 1631.

ÉPITHÈTE, au masculin. (IV, 255, 274 et note 1, 278, 282, 324, 347, etc.)

ÉPLUCHER, au figuré, examiner, étudier :
Il (*l'esprit*) prend garde où chaque étoile commence de luire..., quelle route elle tient.... Il *épluche* curieusement toutes ces choses l'une après l'autre, et met peine de s'en informer. (I, 471 ; voy. II, 58, 308, 322, 702.)

ÉPOUSÉS (Être), se marier :
Il y a douze ou quinze jours qu'ils *furent épousés*. (III, 15 ; voy. III, 336.)

L'ÉPOUSÉE, la mariée :
Au côté de la cheminée étoit *l'épousée*, le Roi, la Reine, etc. (III, 94.)

ÉPOUVANTAUX, pluriel d'*épouvantail*. (II, 662.)

ÉPOUVANTER.
Allons *épouvanter* les ombres de là-bas
De mon visage blême. (I, 256, vers 39.)

ÉPOUVANTEMENT, peur, épouvante :

Vous n'y trouverez rien d'épouvantable que le seul *épouvantement* que nous en prenons. (II, 358; voyez II, 695.)

ÉPREUVER, éprouver. (II, 597.)

ÉPUISER.

J'ai beau m'*épuiser* les veines,
Et tout mon sang en larmes convertir. (I, 247, vers 15.)

Il y a [dans ce ruisseau] du poisson en telle quantité, qu'il est impossible de l'en *épuiser*. (II, 463.)

Nous nous gâterions, si nous voulions ou toujours écrire, ou toujours lire. L'un nous importuneroit et nous *épuiseroit* de matière, l'autre nous affoibliroit l'esprit et le dissoudroit. (II, 650.)

Lieux où pour l'intempérance du ciel toutes humidités *sont épuisées*. (II, 95.)

ÉQUANIMITÉ, égalité d'âme :

La.... constance, *équanimité*, persévérance, sont égales entre elles. (II, 513.)

ÉQUIPAGE, appareil, bagage, toilette :

Tout ce que la grandeur a de vains *équipages*.... (I, 58, vers 13.)

Si je vois que le peuple vous applaudisse, que tout l'*équipage* des comédiens soit en rumeur à votre venue, pourquoi ne me ferez-vous pitié? (II, 377.)

Nous nous chargeons de tant d'*équipage*, que nous ne sommes pas assez forts pour le porter. (II, 421.)

Mademoiselle de Montpensier fut hier voir la Reine avec le grand deuil, c'est-à-dire voile, nages, et tout l'*équipage* que les veuves portent ordinairement. (III, 253.)

ÉQUIPER.

La vertu me fait encore honte. Autant de fois que j'en rencontre quelques-uns bien *équipés* (*des gens qui ont un bel équipage*), il n'est pas possible que je me garde de rougir. (II, 674.)

ÉRÈBE (L'), l'Enfer :

.... L'âme qui lui est commise (*au chrétien*)
Félonne ne doit pas fuir
Pour sa damnation n'encourir,
Et n'être en l'*Érèbe* remise. (I, 288, vers 66.)

ERRES, au masculin, errements :

Il y a ici un autre livre nouveau fait par Bandole.... On m'a dit qu'il continue toujours ses premières *erres* de parler contre un homme qu'il ne nomme point. (III, 147.)

ERREUR, au propre et au figuré :

.... L'autre soleil d'une *erreur* vagabonde
Court inutilement par ses douze maisons. (I, 157, vers 13.)

Ne serions-nous pas plus sages de voir mettre quelque fin à nos *erreurs*, que de nous informer de celles d'Ulysse? (II, 688.)

Je connois bien l'*erreur* que l'amour m'a fait faire. (I, 21, v. 8; voy. I, 137, v. 12.)
Que d'une aveugle *erreur* tu laisses toutes choses
    A la merci du sort! (I, 158, vers 2.)

Mais où va ma fureur? quelle *erreur* me transporte,
De vouloir en géant aux astres commander? (I, 304, vers 13.)

Erreur, au masculin :
Cet *erreur* n'a pas seulement saisi le menu peuple. (I, 472.)

Ès, dans les :
J'ai retiré mon ami de la main des corsaires; si après cela il tombe *ès* mains d'un autre ennemi, etc. (II, 11; voyez IV, 152 et note 3.)

Ès, blâmé par Malherbe chez des Portes. (IV, 462.)

ESCALADE.
.... Si la fureur des Titans
Par de semblables combattants
Eût présenté son *escalade*.... (I, 122, vers 217.)

ESCALE, escalade :
Défier l'*escale*, la sape, la mine, la surprise et les assauts. (II, 632.)

Les éditions de 1645 et de 1648 portent l'*escalade*.

ESCARRER, équarrir :
Escarrer les poutres. (II, 712; l'édition de 1645 porte *équarrer*.)

ESCIENT (À bon), en sachant bien ce qu'on fait, tout de bon, sans feinte, sincèrement, avec raison :
Le festin fut magnifique.... Il y fut bu *à bon escient*, et bien avant en la nuit. (I, 458.)

Nous ne croyons pas *à bon escient* aux préceptes que nous ont donnés les hommes sages. (II, 486.)

Lui cèlerai-je mes nécessités, afin.... qu'*à bon escient* il ait sujet de se plaindre que je ne lui ai fait connoître le moyen qu'il avoit de me secourir ? (II, 241; voyez II, 340, 487, 534, 586; III, 80; IV, 108.)

ESCLAVE.
Est-il courage si brave
Qui pût avecque raison
Fuir d'être son *esclave* (*l'esclave de ma dame*)
Et de vivre en sa prison ? (I, 306, vers 11.)

ESCRIMER (S') d'un mot, s'en servir à tort et à travers :
« Or, » pour « maintenant, » ne se dit point. Ce mot est la cheville ordinaire des vieux poëtes françois; surtout du Bellay *s'en est fort escrimé*. (IV, 463.)

ESCURIEUX, écureuils :
Les *escurieux* ne dansèrent point au Louvre (*dans le ballet*). (III, 379.)

ESPACE, étendue de temps :
.... Si de faire bien ils n'eurent pas l'*espace*,
Ils n'eurent pas le temps de faire mal aussi. (I, 11, vers 191.)

L'importance de la vie n'est pas en l'*espace*, mais en l'usage. (II, 441; voyez II, 726.)

Espace, au féminin, blâmé par Malherbe chez des Portes. (IV, 352.)

ESPANIR, pour *épanouir*, critiqué chez des Portes. (IV, 459.)

ESPÈCE.

C'est une *espèce* de l'intempérance, de vouloir savoir plus qu'il ne faut. (II, 697.)

Espèces, apparences, aspects, manières d'être :

L'âme.... a beaucoup d'*espèces* (*en latin :* species), qui se font paroître suivant la diversité des sujets. (II, 512.)

ESPÉRANCE.

A quel propos me réserverai-je aux rigueurs d'une maladie qui n'a point d'*espérance?* (II, 540.)

    Que saurois-je espérer   veille du monde,
A quoi votre *espérance* (*c'est-à-dire l'espérance dont vous êtes l'objet*), ô mer-
Ne soit à préférer? (I, 255, vers 23 *var.*)

L'hyperbole a toujours plus de hardiesse que d'*espérance* (*d'espérance de se faire croire*). (II, 241.)

    Conduis-le.... jusques au sommet
    De l'inévitable *espérance*
    Que son enfance leur promet. (I, 83, vers 213.)

J'ai plus eu que lui, encore qu'il ait eu autant que moi, parce qu'on me l'a donné sans *espérance* (*sans intention*) de le retirer. (II, 23.)

ESPÉRER.

Il se trompe s'il en *espère* (*attend*) ni revanche ni ressentiment (*reconnoissance*). (II, 3.)

Ce miracle d'amour, ce courage invincible,   *possible*)
Qui n'*espéroit* jamais une chose possible (*qui ne regardait pas comme une chose*
Que rien finît sa foi que le même trépas.... (I, 5, vers 38.)

ESPOIR.

Belle âme, beau patron des célestes ouvrages,
Qui fus de mon *espoir* l'infaillible recours.... (I, 178, vers 10.)
Mais quel *espoir* de bien en l'excès de ma peur
    N'estimois-je trompeur? (I, 297, vers 11.)

ESPRIT.

Quelle sorte d'ennuis fut jamais ressentie
Égale au déplaisir dont j'ai l'*esprit* (*l'âme*) touché? (I, 129, vers 6.)

D'où nous viennent tant de chatouillements des yeux, des oreilles et des *esprits?* (II, 94; voyez I, 147, vers 28.)

Ceux qui suivent les grands ont bien souvent plus d'affaires et les *esprits* plus traversés en la paix qu'en la guerre. (II, 564.)

Enfin ma patience, et les soins que j'ai pris
Ont selon mes souhaits adouci les *esprits*
Dont l'injuste rigueur si longtemps m'a fait plaindre. (I, 240, vers 2.)

[Achille soupira] neuf ans dans le fond d'une barque.
Je veux, du même *esprit* que ce miracle d'armes,
Chercher en quelque part un séjour écarté, etc. (I, 305, vers 21.)

    Vous m'étiez présent en l'*esprit*,
    En voulant tracer cet écrit. (I, 289, vers 97.)

Bel esprit. Voyez Beau, p. 64.

Esprit, en parlant d'un mort ou d'un habitant de l'autre monde. (I, 61, vers 82; 77, vers 51.)

ESSAI.

Quand il a fallu par les armes
Venir à l'*essai* glorieux
De réduire ces furieux, etc. (I, 122, vers 182.)

ESSE, essieu. (III, 442.)

ESSENCE.

.... Ses vices
Sont de l'*essence* du sujet (*font partie intégrante de la personne*). (I, 60, vers 66.)

Je vous veux faire trouver bon que j'use du mot d'*essence*;... car autrement comme voudriez-vous que je nommasse οὐσία une chose nécessaire, qui comprend la nature et est le fondement de toutes choses? (II, 474.)

ESSUYER.

Nulle heure de beau temps ses orages n'*essuie* (*n'essuie ses larmes*). (I, 179, vers 25.)

ESTAME, terme de tisserand, chaîne :

Il veut décrire comme le fil.... se tire de la canette, et comme la toile, par le moyen des contre-poids suspendus, tient l'*estame* droit. (II, 716.)

ESTEUF, balle du jeu de paume, proverbialement :

Les Flamands seront sages s'ils renvoyent l'*esteuf* à ceux de Milan (III, 150.)

ESTIMABLE.

.... De chercher aux sépultures
Des témoignages de valeur,
C'est à ceux qui n'ont rien du leur
Estimable aux races futures. (I, 111, vers 84.)

ESTIMATION.

Qui sera-ce qui en fera l'*estimation* (*qui évaluera de tels services*)? (II, 60.)

ESTIME (Mettre en) :

Par quels faits d'armes valeureux....
N'*as*-tu *mis* ta gloire *en estime*? (I, 114, vers 177.)

Faire (l') estime d'une chose, l'apprécier :

Que seroient-ils (*le Rhin, l'Euphrate*, etc.) si nous en *faisions l'estime* aux lieux où ils commencent à courir? (II, 78.)

.... Faire les choses sans art
Est l'art dont ils *font* plus d'*estime*. (I, 301, vers 20.)

ESTIMER.

Dois-je *estimer* l'ennui de me séparer d'elle
Autant que le plaisir de me donner à Dieu? (I, 193, vers 13.)

Il n'est pas possible qu'un autre nous *estime* ce que nous-mêmes nous *estimons*. (II, 41.)

C'est.... *estimer* beaucoup des choses qui ne sont pas beaucoup estimables. (II, 582.)

J'*estime* si peu le monde que je n'*estime* pas (*c'est-à-dire qu'il m'est indifférent*) en quel habit nous fassions le peu de chemin que nous avons à y faire. (IV, 45.)

Estimer, regarder comme, penser, croire :

Entre tant de malheurs *estimant* une grâce,

Qu'un monarque si grand les regarde courir. (I, 5, vers 35.)
Il *estime* déjà ses oreilles coupables
D'entendre ce qui sort de leurs bouches damnables. (I, 8, vers 106.)
.... Le malheur que j'ai chacun l'*estime* sien (I, 179, vers 14.)
[Son crime] C'est que je l'aime, et qu'on *estime*
Qu'elle en fait de même de moi. (I, 152, vers 17.)
Vous aurez bientôt M. Vaquette en Provence, pour vous rendre raison de ce que vous *estimez* qu'il ait acheté du Gascon. (III, 32.)
Les Mages.... lui sacrifièrent (*à Platon*), comme l'*estimant* avoir eu quelque chose au-dessus de la condition ordinaire de l'humanité. (II, 481.)
Soit qu'il *ait estimé* n'en avoir plus de besoin (*de prendre ces eaux*)..., il a rompu son voyage. (IV, 20.)
Voyez I, 13, v. 245; 53, v. 175 *var.*; 297, v. 12; 301, v. 29; 306, v. 1.
Estimer de revoir, pour *estimer revoir*, blâmé chez des Portes. (IV, 466.)

ESTOMAC, cœur :

Il (*le pauvre*) n'a point de sollicitudes au fond de l'*estomac*. (II, 619.)
Les autres joies relâchent bien le front, mais elles ne remplissent pas l'*estomac* (*en latin :* non implent pectus); ce ne sont que fumées. (II, 351; voyez II, 407, 486, 527.)

ET, emplois divers :

Ce qui nous vient de la libéralité de nos amis, or, argent *et* toute autre chose, ne sont pas proprement bienfaits. (II, 11.)
Je suis plus rocher que vous n'êtes
De le voir, *et* n'être pas mort (*sans en mourir*). (I, 153, vers 24.)
Où trouves-tu qu'il faille avoir semé son bien,
Et ne recueillir rien? (I, 29, vers 28.)
Si quelqu'un n'a point de maîtresse, *et* n'entreprend la recherche de quelque femme d'importance (*si quelqu'un, n'ayant pas de maîtresse, n'entreprend*....), ce sera un homme sans courage. (II, 15.)
Comme osez-vous appeler bienfait deux ou trois arpents..., *et* quand on vous a donné des campagnes..., vous faites difficulté d'avouer qu'on vous ait rien donné ? (II, 95.)
Il (*Dieu*) ne s'est point contenté de nous apprendre à dire avec un chalumeau quelque vaudeville, *et* (*et cela*) de mauvaise grâce. (II, 96.)
Quand ils payeront tous, *et* moi aussi (*je payerai aussi*). (II, 186.)
J'avais besoin de cette agitation : comme de fait je m'en suis fort bien trouvé, *et* pour ce je me suis fait promener plus longtemps. (II, 461.)
Je leur écrirai par la première voie, incontinent *et* après nos cérémonies. (III, 188.)
Il y faut aller, *et* dût-on (*quand on devroit*) mourir de faim. (II, 326.)
C'est par une façon de parler figurée, comme quand nous disons que la loi est une règle qui juge ce qui est juste et ce qui ne l'est pas, *et* toutefois une règle de soi n'est pas chose desirable. (II, 101 et 102.)
Votre intention n'a pas été de faire plaisir au père, mais au fils, *et* cependant vous ne saviez pas seulement que je fusse son père. (II, 160.)
Vous n'eussiez guère moins donné que votre vie, *et* qu'il eût (*pour qu'il eût*) perdu la sienne dans le berceau. (IV, 205.)
Voyez I, 16, vers 340; 218, vers 6; 302, vers 5; II, p. 24, l. 18 et dernière; 33, l. 12 et 15; 97, l. 19; 102, l. 4; 626, l. 26.

ET.... ET :

Ce n'est pas un grand témoignage d'une volonté bien disposée, qu'un méchant lit ou un mauvais habillement, sinon qu'il y paroisse.... *et de l'élection et du consentement à les avoir.* (II, 340.)

Et, où nous employons *eh!* (c'est l'orthographe constante de Malherbe et de son temps):
Et quoi donc? (II, 45, 111, etc.)

Et, pour *ni*, blâmé par Malherbe dans ce vers de des Portes :
Qu'il n'a pas moins d'attraits, ni de force *et* de grâce. (IV, 467.)

ÉTABLIR.
.... Mon âme qu'à vous ne peut être asservie,
Les destins n'*ayant* point *établi* pour ma vie
Hors de cet océan de naufrage ou de port. (I, 21, vers 11.)

ÉTABLI :
.... Les mieux *établis* au repos de la terre
N'y sont qu'hôtes et passagers. (I, 58, vers 11.)

ÉTABLISSEMENT, état :
Soit qu'il pensât qu'après une introduction de nouvelles mœurs les choses pussent retourner à leur premier *établissement*.... (II, 34.)

ÉTABLISSEMENT, affermissement de quelqu'un ou de quelque chose dans l'état qui lui convient :
Donner des règles à la société humaine et procurer son *établissement*. (II, 23.)
En votre *établissement*, votre opinion vous importe bien plus que celle des autres. (II, 377.)

ÉTAIE (Une), un étai :
La salle étoit toute tendue de tapisserie..., et ces grandes *étaies* de bois que vous y avez vues étoient couvertes de drap d'or. (III, 180.)
Je me doute qu'avec tout mon soin et toutes mes *étaies*, le bâtiment ne sauroit pas être longtemps sans aller par terre. (III, 439.)

ÉTALER.
.... Ta prestance et tes discours
Étalent un heureux concours
De toutes les grâces écloses. (I, 285, vers 5.)
Il faut résister aux occupations et les remettre aux armoires, plutôt que les *étaler*. (II, 559.)

S'ÉTALER, s'étendre, se répandre :
.... Telle dessus l'horizon
L'aurore au matin ne *s'étale*, etc. (I, 46, vers 38.)

ÉTALON, au figuré :
Si quelqu'un.... n'entreprend la recherche de quelque femme d'importance, ce sera un homme sans courage, un *étalon* de chambrières. (II, 15.)

ÉTANCHER.
.... Depuis le trépas qui lui ferma les yeux,
L'eau que versent les miens n'*est* jamais *étanchée*. (I, 223, vers 8.)

ÉTANÇONNER.
Mon champ n'a point d'obligation à celui qui l'a labouré, ni ma maison à celui qui l'*a étançonnée*, parce que l'un et l'autre sont insensibles. (II, 158.)

ÉTAT, emplois divers :

> Le soldat remis par son chef....
> En *état* de faire sa garde (*placé en sentinelle*)
> N'oseroit pas en déloger. (I, 287, vers 51.)

Votre malheureuse carcasse ne seroit plus en autre *état* que d'être (*ne seroit plus bonne qu'à être*) jetée à la voirie. (IV, 13.)

Je me tiens en *état* (*en bon état d'âme*), comme si la mort me devoit appeler. (II, 492.)

Un éternel *état* (*une éternelle stabilité*) l'Église se figure. (I, 5, vers 26.)

FAIRE ÉTAT :

Le [bien] passé seul est hors de la jurisdiction de la fortune, et s'en peut *faire état* (*tenir compte*) comme de chose qui.... sera nôtre tant que nous vivrons. (II, 54.)

Tout ce qui est bien dit, de quelque part qu'il vienne, je *fais état* qu'il est mien. (II, 323 ; voyez II, 106.)

ÉTATS, places, fonctions importantes :

[L'ambition] promet des *états*, du crédit. (II, 535 ; voy. II, 151, 489, 570.)

ÉTAT, chose publique, gouvernement :

Voici de ton *État* la plus grande merveille,
Ce fils où ta vertu reluit si vivement. (I, 105, vers 1.)

Vos philosophes d'*État* (*vos hommes d'État*) ont bon temps de vous donner les appréhensions qu'ils vous donnent. (IV, 54.)

ÉTAT, rôle, liste :

.... Au jardin de quelqu'un qui n'a pas seulement l'honneur d'être couché sur l'*état* de son maître (*sur le rôle des serviteurs ordinaires*). (II, 77.)

ÉTATS GÉNÉRAUX, traduisant le latin *consilium*. (I, 418.)

ÉTÉ, année :

.... Ce que sa valeur a fait en deux *étés*,
Alcide l'eût-il fait en deux siècles de vie? (I, 260, vers 7.)

ÉTEINDRE, au figuré :

Marche, va les détruire ; *éteins*-en la semence. (I, 278, vers 29.)
Quand le sommeil est profond, il *éteint* même les songes. (II, 457.)
Éteindre son flambeau (*se donner la mort*). (I, 14, vers 261.)

ÉTENDRE (S'), au propre :

Ces pièces de bois.... *s'étendent* au sentiment de la chaleur. (II, 444.)

S'ÉTENDRE SUR, s'attaquer à :

> Vous dont les censures *s'étendent*
> *Dessus* les ouvrages de tous,
> Ce livre se moque de vous. (I, 238, vers 1 et 2.)

ÉTERNEL.

Beaux et grands bâtiments d'*éternelle* structure. (I, 138, vers 1.)
.... L'*éternelle* fleur de lis (*la royauté de France faite pour durer toujours*). (I, 45, vers 20.)

ÉTERNELLEMENT.

.... Quand je l'ai promis, j'aime *éternellement*. (I, 136, vers 48.)

Je demeure en danger que l'âme, qui est née
Pour ne mourir jamais, meure *éternellement* (*pour l'éternité*). (I, 9, v. 138.)

ÉTERNITÉ, immortalité :
.... L'*éternité* que promet
La montagne au double sommet (*le Parnasse*). (I, 108, v. 35 ; voy.
Tout ce qu'à tes vertus il reste à desirer, I, 94, v. 202.)
C'est que les beaux esprits les veuillent honorer,
Et qu'en l'*éternité* la Muse les imprime. (I, 263, vers 11.)

ETNA, le mont Etna :
Vous êtes en Sicile, où vous avez près de vous *Etna*, cette montagne de qui on parle tant. (II, 446.)

ÉTOFFER, garnir :
Que sa façon est brave, et sa mine assurée!
Qu'elle (*la Victoire*) a fait richement son armure *étoffer!*
Et qu'il se connoît bien, à la voir si parée,
Que tu vas triompher ! (I, 280, vers 70.)

ÉTOILES, emplois divers en poésie :
.... Sa rage infidèle, aux *étoiles* montée,
Du plaisir de sa chute a fait rire nos yeux. (I, 27, v. 23 ; voy. I, 239, v. 8.)
Quand la faveur....
Vous feroit devant le trépas
Avoir le front dans les *étoiles* (*parvenir aux suprêmes honneurs*)
Et remplir de votre grandeur
Ce que la terre a de rondeur, etc. (I, 117, vers 254.)
Lors fuiront de vos yeux les soleils agréables,
Y laissant pour jamais des *étoiles* autour. (I, 3, vers 20.)

ÉTONNEMENT, stupéfaction, admiration, crainte :
O toute parfaite princesse,
L'*étonnement* de l'univers.... (I, 49, vers 82.)
Ceux qui portoient les enseignes furent contraints de lâcher le pied. Lui, qui reconnut l'*étonnement* de ses gens,... les envoya soutenir. (I, 444.)
La raison se fera passage parmi les *étonnements* et les dangers.(II, 575.)
Nul autre plus que moi n'a fait cas de sa perte,
Pour avoir vu ses mœurs,
Avec *étonnement* qu'une saison si verte
Portât des fruits si meurs. (I, 39, vers 15 *var.*)
Voyez tome I, p. 281, vers 93 ; tome II, p. 140 ; tome IV, p. 2.

ÉTONNER, le plus souvent avec une idée de stupéfaction, de consternation, parfois d'inquiétude, d'affliction :
Beauté, de qui la grâce *étonne* la nature. (I, 137, vers 1.)
.... Je ne m'*étonne* de rien. (I, 248, vers 41.)
.... Le front d'un guerrier aux combats *étonné*
Jamais n'est couronné. (I, 31, vers 55.)
La fâcheuse rigueur des lois de votre empire
Étonne mon courage et fait que je soupire. (I, 140, vers 3 *var.*)
De douze, deux fois cinq, *étonnés* de courage,
Par une lâche fuite évitèrent l'orage. (I, 16, vers 331.)
Je voudrois bien vous écrire des nouvelles, mais cette semaine peneuse (*la semaine sainte*) les a *étonnées* (*les a troublées et fait fuir*). (IV, 36.)
Voyez tome I, p. 62, vers 5 ; p. 100, vers 22 ; p. 216, vers 193 ; p. 230, vers 31 *var.*; p. 241, vers 27 ; p. 259, vers 13 ; p. 274, vers 15 ; tome II, p. 569.

ÉTOUFFER, embarrasser, boucher :

Que le bal *étouffe* les rues. (I, 44, vers 6 *var.*)
Une autre variante donne *empêche*.

ÉTOURDI.

Cet *étourdi*, qui durant ses leçons envoyoit son esprit à la picorée au delà de l'Océan.... (II, 731.)

Tout le monde ne sait pas reconnoître un bienfait. Un *étourdi* se pourra bien revancher..; mais pource qu'il ne sait pas le prix des choses, il ne peut pas aussi juger la grandeur de son obligation. (II, 623.)

ÉTOURDIMENT, pour *étourdissement*, blâmé chez des Portes. (IV, 406.)

ÉTOURDIR (S'), perdre le sentiment, la sensibilité :

Quand le mal est aux nerfs, aux jointures..., c'est là qu'il nous traite cruellement. Mais.... ce sont parties qui *s'étourdissent* bientôt. (II, 604.)

ÉTRANGE.

.... O de mon erreur l'*étrange* nouveauté ! (I, 137, vers 12.)

ÉTRANGER, adjectif :

    .... Le danger....
    Menace vos cendres
    D'un cercueil *étranger*. (I, 163, vers 24.)

ÉTRANGER, verbe, aliéner :

Une petite somme *étrange* celui qui l'emprunte ; une grande le rend ennemi. (II, 336.)

ÊTRE, servant, soit comme verbe substantif, soit comme verbe attributif, à lier des sujets à des adjectifs, des noms, des pronoms, des adverbes, des prépositions avec leurs compléments, des conjonctions :

    Telle n'*est* point la Cythérée (*Vénus ne l'égale point*). (I, 46, v. 31.)

Je ne trouve pas.... cette question si subtile comme il la fait : qui *a été* le premier en l'usage des tenailles ou du marteau. L'un et l'autre. (II, 713.)

Nous pouvons bien avoir assez crié contre Baies, mais jamais assez contre les vices. Je vous prie, Lucilius, *soyez*-leur irréconciliable. (II, 450.)

Voulez-vous savoir si je veux ? faites qu'il me *soit* libre de ne vouloir pas. (II, 33.)

Soit la fin de mes jours contrainte ou naturelle, etc. (I, 31, vers 57.)

Non qu'il ne me *soit* grief que la terre possède
    Ce qui me fut si cher. (I, 43, vers 69.)

Et *est* (et il *est*) si véritable que les serviteurs peuvent obliger leurs maîtres, que bien souvent, etc. (II, 69.)

Se croyant *être* aussi grands comme on leur dit qu'ils sont, ils s'attirent des guerres périlleuses sur les bras. (II, 199.)

    La Justice, le glaive en main,
    Est un pouvoir autre qu'humain
    Contre les révoltes civiles. (I, 271, vers 86.)

Une muraille *est* la sûreté de tout un peuple contre les incursions des ennemis. (II, 184.)

Le portrait de Pallas *fut* la force de Troie,
Le tien *sera* la peur de tous nos ennemis (I, 252, vers 5 et 6.)

Bien souvent les maîtres *ont été* le bienfait même de leurs serviteurs (*leur ont dû la vie*). (II, 69.)

.... Syrtes et Cyanées
   Seront havres pour toi. (I, 279, vers 60.)

Voyez I, 17, v. 372; 222, v. 19; 287, v. 36; 301, v. 40; 319, v. 5; etc.

Démocritus inventa la polissure de l'ivoire, et de convertir des cailloux de rivière en émeraudes, qui *est* une certaine façon de les cuire. (II, 720.)

S'il vous plaît lui fournir encore cinquante écus de quarts d'écu, qui *seront* cent soixante livres, vous me ferez un plaisir singulier. (III, 483.)

Je lui en veux demander six cents [écus], avec les intérêts depuis ce temps-là, qui *sont* vingt ou vingt-deux ans. (I, 334.)

Tant que nous avons été à Fontainebleau, qui *a été* cinq ou six semaines.... (III, 225.)

Les coches.... sont établis à quatre écus par jour; mais il faut payer le retour.... Ils font compte d'établir un bureau à Fontainebleau, de sorte que l'on ne payera que quatre écus en été, qui *est* une journée, et six en hiver pour une journée et demie. (III, 78.)

L'ajournement est du 9⁰ jour de janvier 1602, à comparoître le 17⁰ dudit mois de janvier, qui *est* huit jours après l'exploit. (I, 339.)

S'étant endormi, il lui *fut* avis qu'il voyoit soixante hommes armés de toutes pièces, qui se battoient auprès de lui. (III, 172.)

Voyez encore tome II, p. 439, 602. Voyez aussi Avis, ci-dessus, p. 54.

Votre vœu est superflu ou injurieux.... Ce que vous ne pouvez *est* une grâce de Dieu (*c'est par une grâce de Dieu que vous ne le pouvez pas*); ce que vous desirez *est* une injure. (II, 196; voyez Ce, p. 86.)

[Elle] Eut en perfection tous les rares trésors
Qui parent un esprit, et font aimer un corps.
Ce ne *furent* qu'attraits, ce ne *furent* que charmes. (I, 264, vers 11.)

De chacun.... il en sort sept : ce *sont* donc quarante-neuf. (IV, 261.)

Lequel *est*-ce de nous qui, s'il a baillé quelque chose, ne se l'est fait demander beaucoup de fois? (II, 3.)

Qui *sera*-ce qui en fera l'estimation? (II, 60.)

Jusques à quand *sera*-ce qu'une infinité de barques iront aux provinces étrangères chercher la provision d'une seule table? (II, 490.)

Il n'y a point d'occupation à qui je donne plus d'heures qu'à l'étude de la philosophie. Mais j'en *suis* comme du monde, que je regarde tous les jours avec autant d'ébahissement que si jamais je ne l'avois vu. (II, 500.)

Si vivre est la moindre partie de ce qui est requis pour bien vivre..., pourquoi me voudroit-il faire accroire que pource qu'il m'a fait être, je lui suis obligé de ce que je *suis* bien? (II, 80.)

Ils servent leurs voluptés, au lieu de les posséder, et.... ils ne pensent pas *être* bien, s'ils ne *sont* mal. (II, 405.)

Une âme tendre et qui n'est pas bien imprimée du caractère de la vertu n'*est* pas bien parmi la multitude. (II, 283.)

Je le tenois pour homme bien suffisant..., mais il m'a trompé.... Si vous vous en allez avec cette opinion de moi,.. je *suis* bien : j'aime mieux que mon repos soit excusé qu'envié. (II, 533.)

M. de Villeroy *a été* mal quelque quatre ou cinq jours, jusques à renvoyer les paquets à M. de Pizieux, et s'être retiré à Conflans. (III, 482.)

S'il n'y a rien qui fasse plus de honte à ma vieillesse que cela, je ne *suis* point mal (II, 585.)

On n'*est* pas mieux de faire bonne chère en un festin, que d'*être* parmi les gênes (II, 515.)

.... Ne pouvoit Rosette *être* mieux que les roses,
   Qui ne vivent qu'un jour. (I, 39, vers 15 *var.*)

De quelque façon qu'on se repose, il en *est* toujours mieux que d'être impliqué dans le tumulte des affaires. (II, 632.)

Quand je saurois exactement l'âge de Patrocle et d'Achille, de combien pensez-vous qu'il m'en *fût* mieux? (II, 688.)

Ces ambitions disproportionnées, à qui les royaumes entiers ne *sont* pas encore assez. (II, 341.)

L'infamie du mal *est* plus que toute la récompense qui nous est proposée de le faire. (II, 105.)

Il n'y a point d'apparence de dire une chose et penser le contraire : combien *est*-ce plus de honte de démentir ce qu'on a écrit! (II, 360; voyez II, 139.)

[Nymphe,] dont les messagers divers
En un moment *sont* aux oreilles
Des peuples de tout l'univers. (I, 182, vers 3.)

.... C'*est* à l'Espagne à produire des reines,
Comme c'*est* à la France à produire des rois. (I, 237, vers 19 et 20.)
[Marie] A pour vous combattu le sort....
C'*est* à vous à goûter les délices du port. (I, 237, vers 24.)

En quelque part que je sois, je *suis* à moi. (II, 493.)

Qui pouvois-je servir que ma condition n'eût été meilleure? Et quand je n'eusse voulu *être* qu'à moi-même, ma fortune pouvoit-elle être pire à ne bouger de ma maison? (II, 40.)

L'âme *est* à soi, et si bien à soi, que la prison même où elle est close n'est pas capable de la garder de suivre ses mouvements. (II, 70.)

Quiconque *est* à soi peut dire qu'il possède le plus précieux et le plus inestimable bien qui soit au monde. (II, 584.)

Ma femme...., eut pour le payement des arrérages qui lui étoient dus.... quelques assignations..., et *fut* plus de trois ans à l'exaction desdits arrérages. (I, 337; voyez ci-dessus, p. 36, ÊTRE APRÈS.)

L'importance n'*est* pas à donner ou peu ou beaucoup, mais à donner de bon cœur (II, 12.)

Résolvons-nous au travail et appelons quelqu'un à notre secours.... Adressez-vous à ces premiers qui *sont* de loisir. (II, 452; voy. II, 441, 493.)

Si vous êtes vertueux, ayez tous vos membres ou soyez estropié, vous *êtes* d'autant de mérite d'une façon que de l'autre. (II, 516.)

Ils furent épousés à Valery.... Le mariage *est* de deux cent mille francs (*la femme apporte deux cent mille francs en dot*). (III, 15.)

L'ajournement *est* du 15ᵉ de juillet 1599, et l'exploit du 10ᵉ. (I, 338.)

La vie des fols n'est que chagrin.... Mais quand nous disons la vie des fols, de quelle vie entendons-nous *être*? (II, 320.)

La sagesse est ample... : sa leçon *est* des choses divines et des humaines. (II, 696.)

Toute la question n'*est* que d'un cimetière :
Prononcez librement qui le doit posséder. (I, 57, vers 15.)

Les nœuds de ces grands hyménées
Sont-ils pas de la propre main (*ne sont-ils pas l'œuvre de la main*)
De ceux qui font les destinées? (I, 198, vers 23.)

Le mérite des bienfaits *est* de ne s'en proposer point de récompense. (II, 5; voyez I, 279, vers 42; 307, vers 26; II, 99, l. dernière.)

En quel inconvénient tomberai-je, ou qu'est-ce qu'il m'en *sera* de pis? (II, 435.)

Ce qui *est* de meilleur en un bienfait, c'est d'être donné avec jugement. (II, 24.)

Ce ne m'*est* plus de nouveauté,
Puisqu'elle est parfaitement sage,

Qu'elle soit parfaite en beauté. (I, 127, vers 12.)

Il *est* (*il en est*) des préceptes comme des graines. Si l'esprit qui les reçoit a de la disposition à bien apprendre, etc. (II, 402.)

Quand nous sommes gens de bien, nous avons du plaisir d'*être* avec nous. (II, 481.)

Il s'inhume, survit à soi-même, et ne s'afflige point de n'*être* plus avec soi (*en latin :* videtur... sapienter ferre discidium sui). (II, 379.)

Ce n'est plus à un homme de mon âge à chercher les plaisirs; quand il les chercheroit, il ne les trouveroit pas. Il lui doit suffire de n'*être* point dans les incommodités. (IV, 17.)

Le sage.... ne laisse pas de vouloir avoir un ami, non point pour avoir qui l'assiste de moyens, s'il *est* en nécessité; mais au contraire pour avoir quelqu'un qui reçoive ces offices de lui. (II, 290; voy. I, 174, v. 7.)

[Achille] *Fut* en la même peine, et ne put faire mieux
Que soupirer neuf ans dans le fond d'une barque. (I, 304, vers 19.)

Il est beaucoup de choses où le serviteur *est* en sa liberté (*est libre*). (II, 69.)

Tout ce que notre vie a pour se défendre.... *est* en la communication des bienfaits. (II, 108.)

Si les bienfaits *étoient* en la chose et non pas en la volonté, l'estimation s'en feroit par la valeur de la chose qu'on auroit donnée. (II, 13.)

Regardez quelle jurisdiction nous avons, et combien l'empire de l'homme *est* hors de l'homme. (II, 191.)

Nous n'estimons jamais ce qui *est* chez nous (*ce que nous avons*). (II, 53.)

Le monde ne *sera* jamais sans homicides, sans tyrans, etc. (II, 16.)

Si Monsieur le Connétable mouroit, il (*Sully*) seroit pour avoir sa charge. (III, 52.)

Sera-ce pour jamais que, etc.? (I, 268, vers 4.)

Vous *êtes* sur une délibération que quand vous l'aurez exécutée, vous n'aurez plus que faire de ce qu'on dira de vous. (II, 540.)

La gloire des bienfaits *est* qu'ils soient regardés. (II, 7 et 8.)

La question *est* si la chose a été faite ou non. (II, 58; voyez II, 83, 91.)

Les traits qui plus avant dans le sein l'atteignirent,
Ce *fut* quand du Sauveur il se vit regardé. (I, 6, vers 51.)

Être, employé, comme verbe attributif, dans le sens d'*exister*, *avoir lieu*, etc.

Quelques-uns des exemples qui suivent rentrent, considérés à un autre point de vue, dans la section qui précède.

Il n'est pas question de faire, mais de bienfaire; ce qui ne peut *être* si la raison ne préside à nos actions. (II, 32.)

Quand ces considérations ne *seroient* point, avoit-il oublié...? (II, 34.)

.... Quand ainsi *seroit*, que, etc. (I, 40, vers 17.)

Conservez au siècle où vous *êtes*
Ce que vous lui donnez de prix. (I, 35, vers 59.)

Bien sera-ce à jamais renoncer à la joie,
D'*être* sans la beauté dont l'objet m'est si doux. (I, 305, vers 26.)

La nature est toujours après à produire de nouveaux hommes, et fait *être* ceux qui quelque jour aimeroient mieux n'*avoir été*. (II, 5.)

Nous *sommes* sous un roi si vaillant et si sage, etc. (I, 69, vers 7.)

Alcandre, mon Alcandre, ôte-moi, je te prie,
Du malheur où je *suis*. (I, 160, vers 51; voyez I, 259, vers 7.)

Devoir est un mot qui ne peut avoir lieu qu'entre deux personnes. Comme *seroit*-il donc en un seul homme? (II, 144.)

.... Ces perles de prix sous l'Aurore pêchées....

Seront (*se trouveront, naîtront*) aux bords de Seine au milieu des graviers. (I, ... Quelle tragique pensée 233, vers 72 *var.*)
N'*est* point en ma pâle couleur? (I, 294, vers 16.)

L'on avance toujours fort le logement de la petite reine, ou, pour mieux dire, celui de la Reine mère qui *sera* (*de la future Reine mère*).(III, 423.)

Elle (*Mademoiselle de Montpensier*) est de nouveau promise à Monseigneur, qui *est* à cette heure (*à Gaston duc d'Orléans, qui héritait du titre de son frère*). (III, 253.)

Nous sommes bien souvent cause qu'il *est* des ingrats. (II, 31.)

Otez les racines, il ne *sera* plus de forêts. (II, 78; voy. I, 306, v. 2.)

.... Des guerres civiles, où toutes choses seront violées, et ne *sera* rien de si saint qu'on ne prenne la hardiesse de profaner. (II, 16.)

Il en *est* que (Il en est qui, *dans l'édition de* 1631) s'ils ont fait quelque plaisir (*bienfait*), ils ne se trouveront en compagnie où ils n'en fassent le conte. (II, 240.)

Par eux il commença la première mêlée,
Et *furent* eux aussi que la rage aveuglée
Du contraire parti les premiers offensa. (I, 12, vers 221.)

.... La mort de M. le maréchal d'Ornane, qui *fut* il y eut jeudi dernier huit jours. (III, 134.)

Lorsqu'*étoit* en juillet 1602, il disoit.... (I, 347.)

Il *avoit été* un bruit qu'il seroit secrétaire d'État. (III, 146.)

Les tigres et les lions ne dépouillent jamais la cruauté qui leur est naturelle : il *est* bien (*il arrive bien*) quelquefois qu'ils la resserrent. (II, 657.)

Il ne *sera* jamais que pour la considération de Socrate on ne fasse mention de Sophronicus. (II, 82.)

Nous ne faisons qu'une bourse tout ce que nous *sommes* (*tous tant que nous sommes*). (II, 390.)

La plupart de ce que nous *sommes*, nous attirons notre ruine, au lieu de l'empêcher. (II, 606.)

Ils sont stupides, malicieux, et timides, tout ce qu'ils *sont* (*tous tant qu'ils sont*). (II, 156.)

Voyez-moi ces délicats de qui le sommeil impose silence à toute une maison, pour qui tout ce qu'il *est* de serviteurs se ferment la bouche et suspendent les pas. (II, 467.)

Voyez tome I, p. 58, vers 8; tome II, p. 35, l. 24; p. 80, l. 30; p. 108, l. 11; p. 141, l. 18; p. 443, l. 21; p. 469, l. 17; p. 698, l. 25.

Être, après *si* ou *aussi* :

Tous les hommes sont ingrats généralement. Mais ne sont-ils autre chose? Si *sont*. Ils sont stupides, malicieux, et timides. (II, 156.)

Combien qu'il (*l'air*) soit plus luisant et plus sec, si *est*-ce qu'il ne laisse pas de s'amasser. (I, 477.)

Comme l'opinion du commun n'est point chose qu'on doive craindre, aussi n'*est* ce que vous ne craignez que pour vous ranger à l'opinion du commun. (II, 732.)

Voyez tome I, p. 251, vers 3; tome II, p. 34, 46, 91, 128, 190, 196, 226, etc.

Être, au passé défini, dans le sens d'*aller* :

.... Tu *fus* querir pour mon roi
Ce joyau d'honneur et de foi. (I, 112, vers 112.)

Qui devoit le fléchir (*Pluton*) avec plus de couleur
Que ce fameux joueur de lyre, 43, l. 13; 177, l. 13.)
Qui *fut* jusqu'aux enfers lui montrer sa douleur? (I, 270, v. 42; voy. III,

ÊTRE, substantivement :
Ce qui est le plus assuré en un bienfait, c'est l'*avoir été*. (II, 170.)
Le seoir est aussi naturel que l'*être* debout ou le marcher. (II, 520.)

ÊTRE, substantif, existence ; AVOIR ÊTRE, exister :
Comme si vous n'aviez desiré son *être*, que pour avoir le plaisir d'en voir la ruine. (IV, 158.)
Les choses que nous voyons et.... touchons ne sont pas au nombre de celles qui *ont être*, parce qu'elles finissent à chaque moment. (II, 473.)

ÉTRÉCIR (S') :
Quand vous ne sauriez point pourquoi.... regardant une galerie d'un bout à l'autre, il nous semble qu'elle aille en *s'étrécissant*. (II, 215.)

ÉTREINDRE, serrer, resserrer :
Qui doute que.... l'un (*le soleil*) ne.... relâche les terres.... et rompe ce que la rigueur de l'hiver a trop *étreint* ? (II, 114.)

ÉTRIVIÈRES.
Nous lui baillerons les *étrivières*. (II, 179.)
De quelque façon qu'ils interrompent le silence, ils sont assurés des *étrivières* (*en latin :* magno malo). (II, 428.)

ÉTROIT, au figuré :
Il se rangea sous une abstinence si *étroite*..., qu'avec toute son indisposition il ne laissa pas de bien envieillir. (II, 481.)

ÉTRURIE.
    La voici, la belle Marie (*de Médicis*),
    Belle merveille d'*Étrurie*. (I, 46, vers 26.)

ÉTUDE.
Étude, pour un lieu où l'on étudie, est féminin ; *étude*, pour le travail d'étudier, est masculin. Qui fait au contraire n'y entend rien. (IV, 345.)
    .... Tous ces visages pâlis,
    Dont le vain *étude* s'applique
    A chercher, etc. (I, 45, vers 18.)
    [Les Muses] Tiennent le flatter odieux....
    La vertu, qui de leur *étude*
    Est le fruit le plus précieux,...
    Leur fait haïr l'ingratitude. (I, 108, vers 21.)

ÉTUDIER, ÉTUDIER A, ÉTUDIER POUR, ÉTUDIER EN :
Je vous écrivis hier ce que je savois (*en fait de nouvelles*); mais, *ayant* aujourd'hui *étudié*, j'ai appris quelque chose de plus. (III, 416.)
J'ai *étudié aux* bonnes lettres pour me rendre capable de la vertu. (II, 81.)
La plupart n'*étudient* pas *aux* choses *pour* lesquelles il faut *étudier*. (II, 559.)
[Il] en est d'autres (*d'autres choses*).... qui s'oublient aussitôt qu'on discontinue d'*y étudier*, comme la géométrie, etc. (II, 55.)
Il prit un jour fantaisie au pauvre Alexandre de Macédoine d'*étudier en* géométrie. (II, 731 ; voyez II, 703.)

ÉTUVER (S'), prendre un bain de vapeur. (II, 597.)

EURYSTHÉE, allégoriquement :
    .... Cette valeur indomptée,

De qui l'honneur est l'*Eurysthée*. (I, 51, vers 126.)
Ce qu'Eurysthée fut pour Hercule, qu'il força à ses travaux.

EUX. Voyez IL, ILS.

ÉVANOUIR (S'), au propre et au figuré :

Nous-mêmes avons vu plus d'une fois paroître une flamme en forme d'une grande pile, puis.... *s'évanouir* au milieu de sa course. (I, 474.)

Il cherchera les moyens, non de faire *évanouir* (*pour* s'évanouir) son obligation, mais de rendre, etc. (II, 67.)

S'ÉVANOUIR EN RIEN, pour *s'évanouir*, en parlant d'un rêve, blâmé par Malherbe chez des Portes. (IV, 413.)

ÉVÉNEMENT, issue, effet :

.. Que l'audace est mal apprise
De ceux qui font une entreprise,
Sans douter de l'*événement !* (I, 84, vers 6.)

L'*événement* d'une bonne cause est toujours plus sûr entre les mains d'un juge qui est obligé aux formalités.... (II, 57.)

Voyez tome I, p. 231, vers 54 ; p. 302, vers 20 ; tome II, p. 87, 217.

ÉVENTER (S'), se purifier à l'air :

On avoit peur que lui étant mort une fille de la petite vérole, il n'apportât le mal au Louvre. Ainsi il s'en est allé, ou *s'éventer*, ou digérer sa douleur. (III, 338.)

ÉVENTÉ, écervelé :

Un jeune *éventé*, de qui toute la vertu n'étoit autre chose qu'une assistance extraordinaire que la vertu faisoit à ses témérités (*il s'agit d'Alexandre le Grand*). (II, 21.)

ÉVITABLE, qui doit être évité ; ÉVITABLE À, qui doit être évité par :

Il est temps.... de traiter de quelle façon il faut recevoir. L'arrogance y est *évitable* comme à donner. (II, 31.)

[Il est] des contrées *évitables au* sage. (II, 446 ; voy. II, 108, 633 ; IV, 312.)

EXACTEMENT, parfaitement, complétement :

Quand les premiers auroient si *exactement* travaillé qu'il n'y auroit moyen de rien inventer après eux, etc. (II, 500 ; voyez II, 725.)

EXACTION, action d'exiger ce qui est dû, de se faire payer :

Ma femme.... fut plus de trois ans à l'*exaction* desdits arrérages. (I, 337.)

EXCÉDER.

.... Miracles visibles
Excédant le penser humain. (I, 216, vers 172.)
.... La douceur qui tout *excède*
N'est point ce que sert Ganimède
A la table de Jupiter. (I, 52, vers 158.)

EXCELLEMMENT, éminemment :

Leurs Majestés se portent *excellemment* bien. (III, 258.)
Excellemment mauvais. (IV, 330.)

EXCELLENCE.

.... Ceux de qui la mémoire n'est vivante que pource que l'*excellence*

de leurs enfants a donné sujet à la postérité de connoître leur nom. (II, 82.)
.... Ses justes faveurs aux mérites données
Feront ressusciter l'*excellence* des arts. (I, 72, vers 72.)

EXCELLENT.

   .... Elle (*votre Histoire sainte*) aura l'aveu (I, 289, v. 111.)
  De tout *excellent* personnage (*de tout personnage éminent, distingué*).
Galimatias *excellent* (*sens ironique*). (IV, 295; voyez IV, 252.)

EXCELLENTISSIME.

Phrase *excellentissime* (*sens ironique*). (IV, 384.)

EXCEPTER.

  .... Les lois..., n'*exceptent* rien   vers 137.)
  De leur glaive et de leur balance (*tout leur est soumis*). (I, 214,
  O Roi, qui du rang des hommes
   T'*exceptes* (*qui t'élèves au-dessus*) par ta bonté. (I, 90, vers 92.)

EXCEPTION.

Qu'est-ce que la sagesse? Quand on a voulu quelque chose, être toujours ferme à la vouloir.... Je n'y ajoute point cette petite *exception* (*en latin :* exceptiuncula), que ce qu'on veut soit juste. (II, 338.)

EXCEPTION, dans le sens juridique, au propre et au figuré :

 Vous ne trouvez que des tricheries et des *exceptions* infâmes à ceux même qui sont au tableau du préteur. (II, 436.)
 Intriquez-vous le moins que vous pourrez en ces *exceptions* et positions de sophistes (*en latin :* exceptionibus philosophorum). (II, 437.)

EXCÈS.

   .... Tant de rares qualités
  Où brille un *excès* de lumière (*une excessive, une très-grande lumière*).
    (I, 110, v. 57; voy. I, 70, v. 21; 270, v. 38; 296, v. 22.)
 Le seul *excès* de boire fut assez fort pour envoyer [Alexandre] au tombeau. (II, 648.)

EXCESSIVEMENT.

.... Sa grâce divine endure en ce tourment
Ce qu'endure une fleur que la bise ou la pluie
  Bat *excessivement*. (I, 179, vers 28.)

EXCITER.

Les funestes éclats des plus grandes tempêtes
Qu'*excitèrent* jamais deux contraires partis. (I, 70, vers 15.)
[Mes larmes] *Excitent* sa rigueur à la faire partir. (I, 134, vers 6.)

EXCUSER.

   .... En de si calmes provinces...,
  Sauroit-on *excuser* le crime
   De ne régner pas comme il faut? (I, 211, vers 59.)
 Vous vous *excusez* que les affaires de votre maison vous retardent. (II, 324; voyez II, 108.)
 Le désordre où ce soin met toutes mes actions m'*excusera* de vous écrire plus au long, et avec cette même raison vous m'*excuserez*, s'il vous plaît, à Monsieur le premier président. (III, 69.)

EXÉCUTER.

Nous avons une infinité de choses à l'entour de nous qui nous regardent, et ne font qu'attendre l'occasion d'entreprendre sur nous. Si les unes faillent, les autres *exécutent*. (II, 632.)

EXÉCUTION.

Un printemps sacré, voué vingt et un ans auparavant, est mis en *exécution*. (I, 397.)

EXÉCUTORIAUX (Dépens), terme de procédure. (I, 338.)

EXEMPLAIRE, exemple, modèle :

.... Ce roi, des bons rois l'éternel *exemplaire*. (I, 73, vers 97.)
Idée est l'*exemplaire* éternel des choses qui se font naturellement. (II, 477; voyez II, 504.)

EXEMPLE.

.... Ce qu'on ne fait par devoir,
On le fera par leur *exemple*. (I, 300, vers 10.)
Henri, l'*exemple* (*le modèle*) des monarques. (I, 66, v. 31; voy. I, 49,
Le mérite d'un homme....   v. 85; 88, v. 32; 296, v. 42.)
Trouve sa récompense aux chapeaux de laurier,
Dont la vanité grecque a donné les *exemples*. (I, 272, vers 11.)
          Sa gloire qui n'a point d'*exemples* (*à laquelle on n'en peut comparer
               une autre*). (I, 76, vers 28; voyez I, 175, vers 23.)
.... Magnanimes *exemples* (*actions dignes de servir d'exemple*). (I,
                  113, vers 161.)

EXEMPT.

Je suis vaincu du temps; je cède à ses outrages;
Mon esprit seulement *exempt* de sa rigueur
A de quoi témoigner en ses derniers ouvrages
    Sa première vigueur. (I, 283, vers 138.)
Soyez *exempt* de souhait, et vous le serez de crainte. (II, 277.)
    Par les Muses seulement
    L'homme est *exempt* de la Parque. (I, 94, vers 208.)

EXEMPTER.

[Julie, fille d'Auguste,] n'*exemptoit* pas même de ses ordures (*de ses débauches*) la tribune où son père avoit fait l'édit contre les adultères. (II, 202.)

EXERCER.

.... Lui conseiller que quand jamais un de ses bienfaits ne lui devroit réussir, il ne laisse pas d'*exercer* l'inclination qu'il a de faire bien. (II, 5.)
Trois ans déjà passés, théâtre de la guerre,
J'*exerce* de deux chefs les funestes combats (*c'est la ville d'Ostende qui
                 parle*). (I, 56, v. 2.)

S'EXERCER, prendre de l'exercice :

C'est votre plaisir de.... vous engraisser..., et par indigestions empirer le mauvais teint que vous avez à faute de *vous exercer*. (II, 103.)
Il n'est pas question de *s'exercer* pour parler, mais de parler pour *s'exercer*. (II, 319.)

EXERCICE, sens physique et moral :

En l'*exercice* (*physique*) il se fait une dissipation d'esprit. (II, 318.)

Il y a de certaines questions qu'on ne met en avant que pour l'*exercice* de l'esprit. (II, 169.)

> Aussitôt que le coup tragique (*l'assassinat de Henri IV*)
> Dont nous fûmes presque abattus
> Eut fait la fortune publique

L'*exercice* de ses vertus (*des vertus de Marie de Médicis*). (I, 213, v. 94.)

Toutes ces choses qui faussement usurpent le nom de bienfait ne sont pas bienfaits proprement, mais ministères par lesquels ceux qui aiment donnent de l'*exercice* et du témoignage à leur bonne volonté. (II, 12.)

Ces subtilités.... ôtent l'assoupissement.... des esprits, que.... il faut.... mener dans des solitudes scabreuses et pénibles, pour avoir l'*exercice* de se faire passage en des lieux qui n'en ont point. (II, 149.)

La vicissitude des choses est l'*exercice* de la fortune. (II, 420.)

EXHALATION, exhalaison :

.... N'étant pas chose étrange qu'il sorte de la terre des *exhalations* en grand nombre et de toutes qualités. (I, 475.)

EXHORTER DE, EXHORTER QUE :

J'ai beau par la raison *exhorter* mon amour
De vouloir réserver à l'aise du retour
> Quelque reste de larmes.... (I, 256, vers 31 et 32.)

La.... raison nous *exhorte que* nous mourions sans douleur. (II, 545.)

EXPECTATION, attente :

J'ai l'esprit brouillé en l'*expectation* de mon état (*l'état des pensions*). (III, 255 ; voyez III, 104.)

EXPÉDIENT, adjectif, utile :

Il est *expédient* de savoir ces particularités. (I, 473.)
Il étoit *expédient* qu'on fît des enfants. (II, 61.)

Voyez tome I, p. 351, 432, 437 ; tome II, p. 62, 124, 161, 622.

EXPÉDIER.

Il vous plut me faire *expédier* un don de quelque nombre de places de maisons à bâtir. (IV, 128.)

EXPÉDITION.

Après que les députés d'Antiochus eurent eu leur congé, on se mit à dépêcher les communautés. L'*expédition* n'en fut pas longue. (I, 441.)

EXPÉRIENCES.

Je loue bien ce qui est bon et me conseille de le faire ; mais je n'en puis encore prendre la résolution ; et quand je l'aurois, il me faudroit d'autres *expériences* que je n'ai, devant que de m'en pouvoir servir. (II, 555.)

.... Quand ce que vous aurez appris vous sera tellement gravé dans l'âme qu'il ne s'en pourra jamais effacer, et que vous serez capable d'en faire voir les *expériences*. (II, 581.)

EXPERT, expérimenté, adroit :

> L'*experte* main de la nature. (I, 171, vers 5 *var.*)

EXPIABLE, qui doit être expié :

Il n'est guère de méchancetés si désespérées que celle de quoi nous parlons.... C'est un prodige non moins *expiable* qu'une ouverture de la terre ou que des flammes sorties de dessous les abîmes de la mer. (II, 239.)

EXPIRATION, action d'expirer, moment où l'on expire :

Il.... me disoit qu'il se persuadoit.... qu'en cette *expiration* dernière (*à l'article de la mort*) on ne sentoit point de mal. (II, 382.)

EXPIRER, rendre le dernier soupir :

Ce m'est tout un d'*expirer*; tout ce que je pense, c'est de ne soupirer point. (II, 460.)

Expiré, passé, en parlant du temps :

.... La rétention des intérêts desdits deux mois *expirés*.... (I, 340.)

EXPOSER à :

.... En un lieu que tant d'appas
Exposent à la jalousie. (I, 153, vers 34.)

Exposer à, offrir à, mettre à la disposition de :

Il n'y avoit pas moyen de défendre aux pluies les champs des sacrilèges.... Il y a des choses qu'on *expose à* qui les veut prendre. (II, 119.)

EXPRESSÉMENT, exprès, à dessein :

Les chaleurs de l'été.... sont.... incommodes.... Mais n'avons-nous pas une infinité de lieux secrets que l'injure du temps.... semble avoir *expressément* cavés, pour être le remède de cette incommodité? (II, 714.)

EXPRIMER, représenter, reproduire :

L'art, la nature *exprimant*,
En ce portrait me fait belle. (I, 251, vers 1.)

EXPUGNABLE à, qui peut être vaincu par :

Toutes difficultés sont *expugnables à* l'assiduité du soin et à la pertinacité du labeur. (II, 444.)

EXTRÊME, dernier, qui accompagne la mort, la fin d'une chose :

.... Comme le fils d'Alcmène en me brûlant moi-même;
Il suffit qu'en mourant dans cette flamme *extrême*,   vers 105.)
Une gloire éternelle accompagne mon nom. (I, 21, vers 17; voyez I, 213,

Extrême, qui est au dernier degré, au plus haut point :

[Un siècle effronté] Qui plein d'une *extrême* licence
Ne feroit que troubler son *extrême* bonté.... (I, 270, v. 53 et 54; voy. I, 157, v. 18.)

La rime d'*extreme* (*sic*) et de *mesme* (*sic*) est blâmée par Malherbe chez des Portes, par la raison que *mesme* est long et *extreme* bref. (IV, 396, note 2.)

EXTRÉMITÉ, dernière limite, point extrême, au propre et au figuré :

J'ai vaincu..., non les Perses, non les *extrémités* des Mèdes..., mais l'ambition, l'avarice.... (II, 557.)

L'*extrémité* de la douleur (*en latin* : summi doloris intentio) en est la fin. (II, 603.)

Quand il seroit question d'en venir à ces *extrémités* de faim qu'on a vues en beaucoup de siéges, il se faut résoudre à les supporter. (II, 326; voyez I, 160, vers 49; II, 523.)

À L'EXTRÉMITÉ, extrêmement :

.... L'hiver froid *à l'extrémité*. (I, 56, vers 6.)

F

FABLE, fausseté, chose controuvée :
> ... Si l'enfer est *fable* au centre de la terre,
>> Il est vrai dans mon sein. (I, 159, vers 23.)

JURER UNE FABLE, faire un serment que l'on ne tiendra pas :
Où sont tant de serments qui *juroient une fable?* (I, 7, vers 76.)

FABLE, histoire fabuleuse :
> Les pilotes du fils d'Éson....
> Ont gagné la première place
> En la *fable* de la toison. (I, 212, vers 80.)
> .... Qui voit l'aise où tu nous tiens,
> De ce vieux siècle aux *fables* récité
>> Voit la félicité. (I, 195, v. 23; voy. I, 67, v. 44; 253, v. 8.)

FABULEUX.
> Cesse, Pô, d'abuser le monde :
> Il est temps d'ôter à ton onde
> Sa *fabuleuse* royauté. (I, 198, vers 9.)

FACE, visage :
.... Si tous ses appas sont encore en sa *face*,
C'est que l'amour y loge.... (I, 59, v. 40; voy. I, 46, v. 43; 81, v. 149.)

FACE, apparence, ressemblance :
La Rochelle est en poudre et ses champs désertés
> N'ont *face* que de cimetières. (I, 284, v. 5; voy. I, 312, v. 20.)

FÂCHER, troubler, mécontenter, irriter, gêner, nuire à :
Que faites-vous pour eux, si vous les regrettez ?
Vous *fâchez* leur repos.... (I, 13, vers 244.)
.... Comme un criminel qui chemine au trépas,
Montrant que dans le cœur ce voyage le *fâche*,
Il (*le soleil*) marche lentement.... (I, 17, vers 370.)
> .... Les éclairs de ses yeux
> Étoient comme d'un tonnerre,
> Qui gronde contre la terre,
> Quand elle *a fâché* les cieux. (I, 89, vers 60.)
Être *fâché* (*mécontent*) de la vie. (II, 383.)
Ce peuple.... avoit.... toujours essayé de porter les guerres si loin, que le bruit ne lui pût *fâcher* ni les yeux ni les oreilles. (II, 154.)
Vous les voulez mettre (*les affaires de votre maison*) en tel état que vous en puissiez vivre sans rien faire, afin que la pauvreté ne puisse ni vous *fâcher*, ni vous donner sujet de *fâcher* personne. (II, 324.)
Nous avons trois choses qui nous *fâchent* principalement en nos maladies, etc. (II, 603.)
Voyez tome I, p. 9, v. 123; p. 116, v. 230; p. 309, v. 3; tome II, p. 196, 330.

SE FÂCHER, être fâché, s'affliger, s'inquiéter, regretter :
De quoi *nous fâchons-nous* tous les jours, que de la prospérité de ceux qui ne valent rien? (II, 42.)

Quand viendra le jour que je pourrai faire paroître mon affection à celui à qui je suis tant redevable? Ne *vous fâchez* point : le jour que vous cherchez est venu. (II, 49.)

Nous ne pouvons, sans *nous fâcher*, être privés de tant de commodités que nous avons (II, 636.)

Elle.... ne *se fâcha* point de devoir la vie à ceux sur qui elle avoit eu puissance de la vie et de la mort. (II, 73.)

Prenez-vous plaisir de vivre? vivez. *Vous* en *fâchez-vous?* vous êtes libre de vous en retourner d'où vous êtes venu. (II, 541.)

Ce sont les lois du monde où nous sommes. Vous y trouvez-vous bien? suivez-les. *Vous* y *fâchez-vous?* vous avez une infinité de portes ouvertes. (II, 730.)

Voyez tome II, p. 460, 481, 494, 730.

Il me fâche, impersonnel :

Avez-vous quelque autre chose qu'*il vous fâche* de perdre?... *Il vous fâche* de laisser la rôtisserie, où vous n'avez rien laissé. (II, 600.)

En disant deux ou trois mauvais mots avec peine, et comme s'*il lui fâchoit* de remuer les lèvres, etc. (II, 38.)

FÂCHEUX, malheureux, pénible, triste, désagréable :

Nous ne reverrons plus ces *fâcheuses* années
Qui pour les plus heureux n'ont produit que des pleurs. (I, 72, vers 80.)

    Que le *fâcheux* nom de cruelles
    Semble doux à beaucoup de belles,
    Cela se peut facilement. (I, 97, vers 13.)

La patience aux tourments et l'abstinence en une *fâcheuse* maladie. (II, 511.)

Nous ne donnerons pas sitôt à quelque *fâcheux* riche (*en latin* : diviti importuno), qu'à un pauvre que nous jugerons honnête homme. (II, 92.)

Voyez tome I, p. 140, vers 2 *var.*; tome II, p. 31, 312.

FACILE, libéral :

Marcellinus.... étoit *facile* et ne donnoit rien de si bon cœur que le sien. (II, 597.)

Facile à faire une chose, qui la fait facilement :

Nous sommes *faciles à* recevoir des impressions. (II, 308; voyez I, 17, vers 345 ; II, 321.)

FACILITÉ (d'une occasion) :

S'ils ne payent point, pour le moins ils savent bien qu'ils doivent..., et se peut faire qu'un jour..., par une occasion dont la *facilité* leur fera prendre courage, ils se rendront capables de revanche. (II, 52.)

FAÇON, manière d'être, tournure, maintien :

Que sa *façon* est brave, et sa mine assurée! (I, 280, vers 69.)

Vous connoîtrez un qui est hors de sens, au visage et à la *façon*. (II, 454.)

De façon, d'une façon, en façon :

    Je veux vous dire franchement,
    Et *de* ma *façon* librement
    Que votre Histoire est une école. (I, 289, vers 107.)

De cette *façon* (*si nous suivons ces conseils*), la fortune ne nous abattra jamais. (II, 286.)

Le monde est et sera toujours *d'une façon* (*toujours le même*). (II, 16.)

« Agité » est mis (*construit*) *d'une façon* qu'il semble se rapporter à l'Amour. (IV, 249; voyez II, 379.)

Ne se pouvoir contenter *en façon* quelconque. (II, 39.)

Voyez tome II, p. 139, 227, 270, 479, 592; tome IV, p. 287.

FACTEUR, agent :

De maître il devient son procureur et son *facteur* (*il n'y a dans le latin que* procurator). (II, 317.)

FAILLIR, manquer, dans le sens absolu, neutre et actif :

Je voudrois bien vous entretenir plus longtemps; mais au bout de l'aune *faut* le drap : je n'ai plus de matière. (III, 88.)

L'adultère.... lui tira un coup de pistolet, qui *faillit*. (III, 101.)

La belle Oranthe sera tienne :
C'est chose qui ne peut *faillir*. (I, 155, vers 75.)

Nous avons une infinité de choses à l'entour de nous qui nous regardent, et ne font qu'attendre l'occasion d'entreprendre sur nous. Si les unes *faillent*, les autres exécutent. (II, 632.)

Le papier me *faut*; je m'en vais finir. (III, 3.)

.... Son trop chaste penser....
Se moquera de mon martyre :
Supplice qui jamais ne *faut*
Aux desirs qui volent trop haut. (I, 131, vers 29.)

Socrate dit un jour tout haut en la présence de ses amis : « J'aurois un manteau, si j'avois de l'argent. ».... Après cela, quiconque se hâta le plus (*de lui en donner*), il tarda trop; il *avoit* déjà *failli* à Socrate. (II, 242.)

Je ne crois pas que.... en tout ce qu'on appelle adversités, il y ait autre mal, sinon que l'esprit se plie,... que les genoux lui *faillent*. (II, 554.)

Vous me direz que Socrate eut trente tyrans en tête, et que jamais ils ne lui purent faire *faillir* le cœur. (II, 373.)

Ceux qui prennent la chasse (*la fuite*) ne *faillent* jamais d'être abattus. (II, 606.)

Aussitôt que j'eus reconnu ce que vous étiez, je ne *faillis* pas de mettre la main sur vous. (II, 394.)

L'espérance seule m'a appelé. Quand elle m'a *failli*, on n'a point été en peine de me dire deux fois que je me sois retiré. (IV, 32.)

Il est des bêtes qui, de peur qu'on ne les trouve, brouillent leurs voies à l'entour de leurs gîtes. Il vous en faut faire de même : autrement vous ne *faudrez* pas d'être suivi. (II, 531.)

Je m'en suis venu vers son logis, estimant bien qu'il ne *faudroit* pas de s'y en revenir. (III, 276.)

Il n'y a si bon archer qui ne *faille* quelquefois le blanc. (II, 621.)

Le sujet pour lequel je vous demandois le chiffre *est failli*. Toutefois il en peut renaître d'autres. (III, 323.)

Je crois que dans quatre ou cinq jours le sujet du voyage de M. le marquis de Cœuvres à Bruxelles *sera* fait ou *failli* (*aura lieu ou aura manqué*). (III, 141.)

Voyez tome II, p. 308, 379, 558, 571.

FAILLI DE, qui manque de :

Vous ne verrez jamais un taureau lâche et *failli de* cœur marcher à la tête du troupeau. (II, 710.)

FAILLIR, faire une faute, avoir tort, se tromper :

Nous ne serons plus guère ici. Je *faux* de dire « guère, » parce que toutes les heures me seront des années. (IV, 179.)

Celui.... qui *faut* (*pèche*) quand il ne desire point.... (II, 661.)

Quand je lui vouai mon service,
Faillis-je en mon élection? (I, 175, vers 21.)

La mort est le seul ennemi contre lequel je ne puis *faillir* de me préparer, parce qu'indubitablement il me faudra venir aux mains avec elle. (II, 542.)

Voyez tome I, p. 16, vers 336; p. 71, vers 60; p. 191, vers 13; p. 249, vers 1; tome II, p. 126, 164.

FAIM de gloire. (I, 55, vers 208.)

FAIRE.

1° FAIRE, avec des régimes directs précédés ou non d'un article ou d'un autre déterminatif.

Pour faciliter les recherches, nous rangeons ces régimes dans l'ordre alphabétique.

Le président Richardot étoit venu ici *faire* une ambassade. (III, 106.)

.... Quelque assaut que te *fasse* [l'oubli],
[Ta louange] N'aura sa fin terminée
Qu'en celle de l'univers. (I, 95, vers 215.)

Un jeune éventé, de qui toute la vertu n'étoit autre chose qu'une assistance extraordinaire que la fortune *faisoit* à ses témérités.... (II, 21.)

L'association qu'il me *fait*, et le soin qu'il a de moi, me rendent coupable,... si, etc. (II, 180.)

.... Un autre perfide....
De pareilles armes s'apprête
A *faire* un pareil attentat. (I, 78, vers 60.)

Depuis que nous avons donné une chose à quelqu'un, il ne lui en faut jamais plus parler. Ainsi l'avertissement que nous n'osons *faire*, le présent le *fera*. (II, 20.)

J'ai promis à Mme de Pisieux le ballet de la reine Louise, *fait* aux noces de M. de Joyeuse. (III, 258.)

Chacun sait le mérite et la réputation de Marcus Agrippa, remarqué, entre autres choses, pour *avoir*.... *fait* des bâtiments.... victorieux de toutes les magnificences précédentes. (II, 82.)

Ce n'est pas chose qui me *fasse* besoin (*dont j'aie besoin*). (II, 38.)

Si elle (*la nature*) nous a contraints à quelque chose, elle nous a pourvus de ce qui nous y *fait* besoin. (II, 714; voyez II, 293, 330, 363, 475, 590, 697.)

La plupart du monde.... n'estiment pas comme ils doivent les biens que les Dieux nous *ont faits*. (II, 42; voyez II, 43.)

Étant le bienfait de cette nature qu'on y regarde principalement l'affection, il est à présumer que qui a été longtemps à le *faire* a été longtemps sans le vouloir. (II, 3.)

Tout cela sont bienfaits; car ils se *font* pour notre commodité. (II, 103; voyez II, 55, 64.)

Des bienfaits que les enfants reçoivent des pères, les plus grands sont ceux qui leur *sont faits* sans qu'ils en aient ou la connoissance, ou la volonté de les recevoir. (II, 193.)

Passant,... *fais* ton chemin; je ne t'appelle point. (I, 361.)

Faire cession. (Voyez, ci-dessus, p. 89, CESSION.)

Les combats qu'*avoit faits* Minutius en la Ligurie n'étoient que simples rencontres. (I, 427.)

M. de Rambure, qui a un régiment de deux mille hommes, a mandé à la Reine que s'il lui plaît lui *faire* le commandement, il taillera en pièces tout ce qu'ont ces Messieurs. (III, 413.)

Vous *aurez* bientôt *fait* votre commission (*vous sortirez bientôt de charge*). (II, 422.)

Aussi ne peut-on nier que les biens qui ont *fait* la clôture d'une vie bien heureuse.... ne puissent *faire* comparaison avec les biens qu'on met au premier degré. (II, 523.)

Faites comparaison de leur vie, vous en trouverez l'un chagrin.... l'autre, etc. (II, 67.)

D'où s'est coulée en moi cette lâche poison,
D'oser impudemment *faire* comparaison
    De mes épines à mes roses? (I, 296, vers 26.)

Qui se doit ressentir d'un bienfait se prépare à le reconnoître dès l'heure même qu'il le reçoit. Chrysippus en *fait* comparaison aux coureurs qui sont à l'entrée d'une barrière. (II, 39; voyez I, 88, vers 17.)

Mercure *fera* son couchant à la vue de Saturne. (II, 690.)

    [Les Dieux] Ont *fait* un coup de leur foudre. (I, 23, vers 6.)

    .... Toujours par semblable voie
Ne *font* les planètes leur cours. (I, 54, vers 184.)

    Chaque saison y *fait* son cours. (I, 247, v. 11; voy. I, 196, v. 34.)
[Ses chevaux] ignorants de la course qu'ils *font*. (I, 18, vers 375.)

Un autre m'*avoit fait* de la courtoisie...; mais depuis il m'a traité si outrageusement.... (II, 172.)

Qui est-ce qui voudroit.... bailler un dépôt à un qui *fait* coutume de les nier? (II, 117.)

Quelque cruauté que la fortune me *fasse*.... (II, 112.)

Tous les régiments entretenus *ont fait* crue (*se sont recrutés*) de deux mille hommes chacun. (III, 404.)

Tout ce qui peut tomber en dispute est compris dans quelques bornes, et n'est pas permis au juge d'en *faire* la décision à son plaisir. (II, 57.)

    J'ai su *faire* la délivrance
Du malheur de toute la France,
Je la saurai *faire* du mien. (I, 154, vers 46 et 48.)

Il *faisoit* la dépense de quelques jeux. (II, 36.)

C'est chose qu'on voit ordinairement, qu'un grand, pour *faire* dépit à ses serviteurs présents, magnifie ceux qu'il a perdus. (II, 203.)

Faire déplaisir. (Voyez ci-après, p. 255, l. 46.)

Pour ne *faire* point déshonneur à notre siècle, concluons, etc. (II, 16.)

Seroit-il raisonnable que la personne *fît*.... du déshonneur à l'action? (II, 76.)

.... Ayant *fait* dessein de ruiner ma foi,
Son humeur se dispose à, etc. (I, 135, vers 28.)

    Glycère *fait* mes destinées,
    Et comme il lui plaît mes années
    Sont ou près ou loin de la mort. (I, 101, vers 40.)

L'étonnement de voir une éclipse de soleil lui fit fermer son palais, et raser le poil à son fils, comme s'il eût *fait* le deuil, etc. (II, 141.)

Ils les envoient à l'école, avec menaces s'ils ne *font* leur devoir d'étudier. (II, 192.)

Quelle différence *faites*-vous d'être assommé de la chute d'une montagne, ou d'une tour? (II, 472.)

Il a fallu que j'*aie fait* ce discours (*que j'aie dit ce qui précède*), pour rabattre l'insolence de quelques-uns. (II, 77; voyez II, 44, 92.)

Bien que j'*eusse* déjà *fait* ce discours plus au long, etc. (II, 592.)

Il y en a.... qui.... veulent qu'on *fasse* distinction de bienfaits, de devoirs et de services. Ils appellent bienfait, etc. (II, 67.)

Ne se marier que pour *faire* divorce, ni *faire* divorce que pour se marier.... (II, 66.)

Pource qu'il ne se passe presque audience où il ne se publie quelque divorce, à force d'en ouïr parler elles ont appris à le *faire* (*à faire le divorce, à divorcer*). (II, 66.)

Ce furent de beaux lis, qui....
Devant que d'un hiver la tempête et l'orage
A leur teint délicat pussent *faire* dommage,   vers 212.)
S'en allèrent fleurir au printemps éternel. (I, 12, vers 203; voyez I, 12,
        Les doutes que les femmes *font*
        Et la conduite qu'elles ont
        Plus discrète et plus retenue.... (I, 123, vers 255.)

Il prit le pot de chambre pour *faire* de l'eau. (II, 75.)

Ce que l'on dit d'Orphée est bien peu véritable....
Certes, si les beaux vers *faisoient* ce bel effet,
Tu ferois mieux que lui ce qu'on dit qu'il a fait. (I, 299, vers 7.)

N'ayant pu ni mourir à leur fantaisie, ni *faire* élection des instruments pour se tuer, etc. (II, 542.)

Jamais ses passions (*les passions de l'Amour*), par qui chacun soupire,
    Ne nous ont *fait* d'ennui. (I, 150, vers 18.)

Tout ce qui est bien dit, de quelque part qu'il vienne, je *fais* état qu'il est mien. (II, 323.)

        C'est aux magnanimes exemples
        Qui sous la bannière de Mars
        Sont *faits* au milieu des hasards,
        Qu'il appartient d'avoir des temples. (I, 113, vers 163.)

Spinola l'entretient fort, et lui *a fait* un festin très-magnifique. (III, 135.)

Il y a une belle dame à qui on *a fait* fête de l'aigre de cèdre (*qu'on a régalée d'aigre de cèdre*). (III, 373.)

Vous me faites une question.... qui mérite bien d'être disputée, et où il sera temps de *faire* la fin de notre discours. (II, 243.)

Vous verrez combien a peu de grâce la légèreté des hommes, qui chaque jour *font* de nouveaux fondements de leur vie. (II, 310.)

C'est un Grec, de qui les pointes trop déliées se rebouchent le plus souvent, et sont si foibles, que même quand elles semblent *faire* quelque force, elles ne font autre chose qu'égratigner. (II, 9.)

Il n'y a jour qu'il ne faille employer comme si c'étoit celui de la retraite, et qui *fît* fourniture entière de la somme (*des jours à vivre*). (II, 304.)

        Qui n'eût cru que ses murailles (*de Sedan*),
        Que défendoit un lion,
        N'*eussent fait* des funérailles (*occasionné des morts*)
        Plus que n'en *fit* Ilion? (I, 88, vers 23 et 24.)

Je ne trouve la paix qu'à me *faire* la guerre. (I, 159, vers 22.)

Les vices.... se *font* guerre perpétuelle pour s'entre-chasser. (II, 16.)

.... Que vous.... teniez votre âme si ferme en la posture où vous l'avez mise, que vous *fassiez* habitude ce qui n'est qu'un mouvement. (II, 323.)

Après tous les soins que nous aurons apportés à en faire une bonne élection, nous y pouvons aussi tôt *faire* hasard que rencontre. (IV, 52.)

Toutes ces visibles merveilles....
N'ont-elles pas *fait* une histoire....
[Que] L'oubli ne sauroit effacer? (I, 80, vers 138.)

Mon père m'eût exposé quand je vins au monde, il m'*eût fait* injure de m'avoir engendré. (II, 81; voyez I, 135, vers 34; 302, vers 16.)

Il a une belle maison, mais il *fait* l'intérêt de l'argent qu'il en a baillé. (II, 675.)

Il vous faudroit bien une longue lettre pour vous remplacer cette longue intermission que j'*ai faite* de vous écrire (III, 488.)

Il est des choses qui ont une montre douteuse, et qu'on ne peut tenir pour honnêtes, que premièrement on n'en *fasse* l'interprétation. (II, 106.)

Quand la question est si la chose a été faite ou non, les témoins *font* le jugement de la cause. (II, 58; voyez II, 25.)

Si nous en *faisons* autre jugement.... (II, 86.)

Épicure, qui étoit si savant en volupté qu'il en *faisoit* leçon.... (II, 331; voyez II, 84.)

Ces premières leçons qu'on leur *fait* (*aux enfants*) de connoître leurs lettres, et de les assembler.... (II, 693.)

On étoit alors aux plus grandes chaleurs de l'été. Cela lui fut un prétexte de leur emprunter leurs voiles et leurs verges, pour *faire* un lieu où ils pussent manger à l'ombre. (I, 458.)

[La vertu ...] leur *fait* des lois, vers 25; 135, vers 33.)

Que Diane auroit peine à suivre. (I, 147, vers 40; voyez I, 33,

Quand un homme n'a rien qui l'excite, qui lui *fasse* noise, ni qui.... lui donne sujet d'éprouver comme il a le courage en bonne assiette..., ce n'est pas tranquillité. (II, 529.)

Si je le nourris (*mon père*), je lui rends plus que ce que j'ai de lui; car.... la nourriture que je lui *fais* ne lui donne pas tant de contentement comme le témoignage qu'en cette action il a de ma bonne volonté. (II, 82.)

Si j'ai jeté de la terre sur un mort que je ne connoissois point, c'est un office que j'*ai fait* à l'humanité. (II, 162; voyez II, 120, 161, 493.)

Que de leur feuillage sans nombre
A jamais ils puissent *faire* ombre
Aux peuples de tout l'univers. (I, 82, v. 199; voy. I, 50, v. 110.)

La Justice le glaive en main
Est un pouvoir autre qu'humain....
Elle seule *fait* l'ordre.... (I, 271, vers 88.)

La pointe d'un canivet vous *fera* l'ouverture d'une liberté perpétuelle. (II, 541; voyez II, 181, 501.)

Il ne s'en voit point qui *fassent* papier (*qui tiennent un compte en règle*) de ce qu'ils donnent. (II, 6.)

C'est à elle (*à la vertu*) de *faire* le pas devant, de conduire, de commander. (II, 91.)

La coutume de vivre, plus forte que loi du monde, nous *fait* bien passage à des choses qui n'ont point de loi. (II, 162.)

.... Mener dans des solitudes scabreuses et pénibles, pour avoir l'exercice de se *faire* passage en des lieux qui n'en ont point (*qui n'ont point de passage*). (II, 149.)

La plainte que nous *faisons* à cette heure,... qu'il n'est point de prud'homie..., nos pères l'*ont faite* devant nous. (II, 16.)

Si la revanche étoit indubitable, quelle gloire y auroit-il de *faire* plaisir? (II, 5; voyez II, 45.)

Il s'en offre un à (*un homme s'offre à*) me *faire* plaisir.... mais il ne le peut faire qu'il ne se *fasse* déplaisir. (II, 35.)

Cauvet,... beau-père de Piles et père de Bormes, qui sont les deux abominables assassins de mon pauvre fils,... parle de la poursuite que j'en *fais*.... avec la présomption d'un qui se tient assuré de triompher. (I, 349.)

Il est des deniers d'une nature que le créancier n'en peut *faire* de poursuite. (II, 172.)

A peine en leur grand nombre une seule (*femme*) se treuve
De qui la foi survive, et qui *fasse* la preuve
Que ta Carinice te *fait*. (I, 59, vers 29 et 30.)

Cette procédure si tranquille est une preuve qui ne se peut *faire* que par un esprit bien judicieux et bien rassis. (II, 382; voyez I, 211, vers 63.)
Le mépris effronté que ces bourreaux me crachent,
Les preuves que je *fais* de leur impiété. (I, 7, vers 81; voy. I, 147, v. 32 et 33.)
L'autre (*Judas*)....
Fit un prix de ta vie à l'injuste supplice. (I, 16, vers 335.)
.... La conversation, de laquelle nous nous bannissons, si nous *faisons* des professions différentes. (II, 276.)
L'un.... est luxurieux, l'autre est sujet à *faire* des querelles. (II, 117.)
La reconnoissance que nous *faisons* d'un plaisir est plus à notre avantage que de celui qui le (*la?*) reçoit. (II, 627.)
Quand par notre industrie nous nous sommes fait quelque bien, nous n'en devons point de reconnoissance, parce que nous n'avons à qui la *faire*. (II, 144; voyez II, 57, 112, 187.)
Il vous est demeuré assez de personnes, de qui, si vous les aviez perdues, je ne doute point que vous ne *fissiez* les mêmes regrets et ne tinssiez le même langage. (IV, 198.)
.... Le funeste remords
Que *fait* la peur des supplices. (I, 27, vers 32.)
Faire rencontre. (Voyez p. 254, l. 46 : *faire hasard.*)
L'ouvrage du monde ne se maintient pas pour être éternel, car il ne l'est pas; mais pour la résistance que le soin de son conducteur *fait* à sa corruption. (II, 480.)
La foudre, après *avoir fait* un grand éclair et quelque ruine notable, s'en retourne par un petit trou. (II, 473; voyez II, 74.)
Son épée.... n'*avoit* jamais *fait* de sang. (II, 356.)
Les [sciences] vulgaires sont celles que les artisans *font* avec la main. (II, 693.)
Faites le même scrupule que je *fais* : ne soyez ni prompt ni facile à présumer de vous. (II, 321.)
L'une des choses du monde que je fais le plus mal volontiers, c'est d'importuner ceux à qui je ne puis *faire* service. (IV, 140.)
Les services que nous sommes capables de leur *faire*, etc. (II, 138; voyez II, 223.)
[Ces beautés] de qui le cerveau léger,
Quelque service qu'on lui *fasse*,
Ne se peut jamais obliger. (I, 108, vers 19.)
Si je me tiens ce langage, si je le tiens à la postérité, ne trouvez-vous pas que je *fais* plus de service (*en latin :* plus prodesse) que de comparoître à une assignation...? (II, 286; voyez II, 41.)
Qui peut ignorer que.... Monsieur le président Janin [ne soit] un personnage, à qui ses longs services, toujours très-fidèlement *faits* et toujours très-heureusement réussis, ont fait avoir une approbation, etc.? (I, 394.)
Si j'ai cette bonne fortune de mourir premier que vous, qui est tout le souhait que je *fais* à Dieu, etc. (IV, 3, note 4.)
.... Achille, de qui la pique
Faisoit aux braves d'Ilion
La terreur que *fait* en Afrique
Aux troupeaux l'assaut d'un lion. (I, 53, vers 172 et 173.)
Il estime déjà ses oreilles coupables
D'entendre ce qui sort de leurs bouches damnables,
Et ses yeux d'assister aux tourments qu'on lui *fait*. (I, 8, vers 108.)
Une défluxion qui n'est pas encore ordinaire, *fait* (*produit*) la toux au commencement. (II, 582.)

N'est-ce pas le plus grand trait d'ingratitude que vous sauriez *faire?* (II, 52; voyez I, 33, vers 18.)

Il n'y a personne à qui plus raisonnablement vous deviez de la pitié, qu'à ceux qui en sont dignes par le mauvais traitement que leur *fait* votre froideur. (IV, 161.)

Pourquoi veut-il que les huguenots lui en *fassent* vengeance (*le vengent*)? (IV, 285, note 1.)

Ce fut sans mentir *faire* une vergogne à la mort (*en latin :* morti contumeliam facere). (II, 542.)

A quel propos me réserverai-je.... à toutes les vergognes que me voudra *faire* un insolent et cruel ennemi? (II, 541; voyez I, 12, vers 210.)

Osons-nous bien appeler quelqu'un serviteur, et *faire* la vie que nous *faisons?* (II, 77; voyez II, 330; IV, 370.)

Demandez à qui vous voudrez de ceux-ci qui vivent de brigandages.... s'ils ne seroient pas plus aises que l'argent leur vînt d'autre façon. Le plus enragé de tout ce qu'ils sont vous dira qu'il seroit bien content de n'en *faire* point la vie, pourvu qu'il en eût le revenu. (II, 108.)

    Je m'impose silence
      En la violence
    Que me *fait* le malheur. (I, 164, vers 27.)

.... Qui s'est nettoyé de vices
Ne lui *fait* point de vœux (*à Jupiter*) qui ne soient exaucés. (I, 269, vers 24; voyez II, 93.)

Voyez I, 29, v. 32 (*faire* pitié); 53, v. 178 *var.* (*faire* brèche); 67, v. 47 (*faire* foi); 92, v. 156 (*faire* le message de); 123, v. 240 (*faire* l'amour); 130, v. 13 (*faire* honte); 150, v. 13 (*faire* justice); 160, v. 42 (*faire* un songe); 187, v. 127 (*faire* signe de); 287, v. 51 (*faire* sa garde); 307, v. 30 (l'astre qui *fait* les jours); 317, v. 4 (*faire* quelques efforts). — Voyez en outre, dans le *Lexique*, ACTE, CAS, COMPTE, CONSULTATION, ESTIME, ÉTAT, ÊTRE, FÊTE, MÉPRIS, MINE, MONTRE, OMBRE, OUVERTURE, PAPIER, PIÈCES, PROFESSION, RAISON, SÉJOUR, etc.

2° FAIRE, rendre, faire devenir (voyez ci-après 5°, SE FAIRE) :
De vaillant *fait* couard, de fidèle *fait* traître. (I, 6, vers 40.)

Je vous *ferai* bien plus ébahi, quand je vous dirai qu'il fait bon être à la torture. (II, 552.)

    Louez leur magnanime orgueil,
    Que vous seul *avez fait* ployable. (I, 148, vers 57.)

Il n'y a point de doute que la philosophie n'ait reçu beaucoup d'altération.... depuis qu'on l'*a fait* (sic) si publique (*en latin :* postquam prostituta est) comme elle est aujourd'hui. (II, 454; voyez, à l'*Introduction grammaticale*, l'article du *Participe passé*.)

Il le recueillit,... le fit panser un mois à ses dépens.... Ce soldat en disant adieu devoit *faire* son hôte tout d'or, et ne lui demandoit point plus long terme que de se voir auprès de son prince. (II, 129.)

Comme ils n'ont plus de sceptre, ils n'ont plus de flatteurs;
Et tombent avec eux d'une chute commune
    Tous ceux que leur fortune
  Faisoit leurs serviteurs. (I, 274, vers 24.)

    Aussitôt que le coup tragique
    Dont nous fûmes presque abattus
    Eut fait la fortune publique
    L'exercice de ses vertus. (I, 213, vers 93.)

Voyez tome I, p. 84, vers 9; tome II, p. 39, 280, 553, 582.

3° FAIRE, suivi d'un infinitif :
.... L'acte le plus relevé

Que jamais l'histoire *ait fait* lire. (I, 206, vers 4.)
[Cet amant] La *faisoit* devenir sensible. (I, 123, vers 254.)
.... Que tu me *fais* bien apprendre
Quel tyran c'est que le devoir. (I, 141, vers 5.)
.... Combien de mortelles
Les *ont fait* (*ont fait les Dieux*) soupirer pour elles. (I, 153, v. 38.)
.... Si ton heur étoit pareil
A tes admirables mérites,
Tu *ferois* dedans ses limites (*les limites de cet empire*)
Lever et coucher le soleil. (I, 185, vers 69.)
L'ombre de vos lauriers admirés de l'envie
Fait l'Europe trembler. (I, 150, vers 34.)
Les autres pilotes me diminuent la peur ; cettui-ci me la *fait* ignorer. (IV, 20.)
[Il faut] *Faire* avoir à nos vœux leur accomplissement. (I, 237, vers 32.)
Quand la faveur à pleines voiles....
Vous *feroit* devant le trépas   II, 198.)
Avoir le front dans les étoiles, etc. (I, 117, v. 253 ; voy. I, 394 ;
.... Montrer à le *faire* (*à faire notre ami*) demeurer quitte la même affection que nous avons eue à l'obliger. (II, 31.)
Autrefois ceux (*les serviteurs*) à qui leurs maîtres permettoient de parler..., et ne leur *faisoient* point coudre la bouche..., présentoient librement leurs têtes pour celles de leurs maîtres. (II, 428.)
[La douleur] Lui *fait* encore un coup une plainte arracher. (I, 15, v. 312.)
Monsieur le Prince *fait* deviner tout le monde en quelle part il peut être. (III, 151.)
Comme on se le *faisoit* croire (*comme on s'y attendoit*). (III, 180.)
Ils se tournent tantôt sur un côté, tantôt sur l'autre, et ne dormant que des yeux se *font* croire d'ouïr ce qu'ils n'ont point ouï. (II, 468.)
Il y en a qui se *font* accroire que le Roi achètera leurs droits. (III, 85.)
Malherbe a écrit : « se font *à croire.* »
Les Dieux savent tout, et cependant nous ne laissons pas de leur faire des vœux.... pour leur *faire* souvenir de nous. (II, 167.)
Elle (*l'âme*) a beaucoup d'espèces, qui se *font* paroître suivant la diversité des sujets. (II, 512.)
Il s'avisa.... d'avoir des esclaves.... dont l'un sût Homère par cœur, et l'autre Hésiode.... Il les *fit* faire exprès. (II, 369.)
Je vous avois mandé que l'on *faisoit* courre ici un certain bruit, qu'un Frontin, banni d'Espagne..., *avoit été fait* mourir incontinent après son retour. (III, 301.)
Voyez tome I, p. 49, vers 94 ; tome II, p. 22, 23, 234 ; tome III, p. 133.

4° FAIRE, suivi d'infinitifs de verbes réfléchis et amenant la suppression du pronom :

Cela m'*a fait* ébahir (*m'ébahir*). (III, 115.)
La doute que j'ai.... me *fait* enhardir à vous envoyer un petit livret. (III, 255.)
Faire purger (*faire se purger*). (II, 678.)
Voyez I, 147, v. 30 ; 289, v. 96 ; 296, v. 37 ; II, 67 ; et, ci-dessus, CONSUMER.

5° SE FAIRE, activement et passivement (voyez, ci-dessus, p. 257, 2°) :

Un vicieux est aussi peu supportable quand il *se fait* soi-même la matière de son intempérance, que quand il se donne carrière en quelque autre sujet. (II, 143.)

Ce soir tout le monde contoit des nouvelles..., et une infinité se vantoient de l'avoir rencontré, mais plutôt pour *se faire* de fête (*se faire valoir*) que pour vérité qu'ils sussent de cette affaire. (III, 397.)

Les uns (*parmi les esprits*) ont une vivacité qui tout aussitôt les porte où ils se proposent d'aller, et les autres *se veulent faire* (*former, façonner*) comme avec la main. (II, 452.)

C'est au butin que *se fait* la noise (*c'est au partage du butin qu'on se querelle.*) (II, 570.)

L'extrême cruauté plus cruelle *se fait*. (I, 15, vers 294.)

Il ne faut croire que ces clartés.... *se fassent* auprès des astres. (I, 478.)
C'est alors que ses cris en tonnerre s'éclatent,
Ses soupirs *se font* vents qui les chênes combattent. (I, 15, vers 302.)

Il *se fit* deux effigies (*du Roi*) par commandement; du Pré en fit l'une, et Grenoble l'autre; il *s'en fit* une troisième par un Baudin, d'Orléans, qui *se voulut faire* de fête (*qui se mit de la partie, fit la besogne*), sans en être prié. (III, 178 et 179.)

La doute que j'ai.... me fait enhardir à vous envoyer un petit livret qui *s'est fait* par un docteur de Sorbonne. (III, 255.)

Il ne *se* pouvoit mieux *faire* que ce qu'il a fait, ni mieux résoudre que ce qu'il a résolu. (II, 126.)

.... S'y faisant (*comme il s'y fait*) toutes sortes de combats d'adresse, de force et de disposition, ce peuple.... treuve en ce lieu-là de quoi satisfaire à sa curiosité. (I, 438.)

Voyez I, 76, vers 14 et 18; 246, vers 27; II, 54, 282, 553.

6° FAIRE, impersonnellement :

Il ne pouvoit *faire* de pluie si longue ni si violente qui n'eût moyen de s'égoutter. (II, 712.)

.... Pour ce que la mer y avoit couru (*sur cette rive*) nouvellement, *il y faisoit* plus ferme (*le terrain était plus ferme*) que de coutume. (II, 462.)

Quand un esprit vertueux n'a pas encore atteint sa perfection..., il est des choses qu'*il fait* beaucoup pour lui (*qu'il est très-avantageux pour lui*) de n'approcher point. (II, 373.)

Vous savez combien de questions *il fait* (*il se fait, on fait*) ordinairement. (II, 696.)

Il ne faudra se mettre sur la mer; peut-être que si *fera* (*qu'il le faudra*). (II, 50; voyez II, 552.)

7° FAIRE, FAIRE DE, en parlant d'une division :

Nos stoïques.... *font* deux principes de toutes choses. (II, 503.)
Les stoïques *font de* deux sortes d'ingrats. (II, 116; voyez II, 18, 693.)

8° FAIRE QUE, faire en sorte que, avec le subjonctif et avec l'indicatif :

[Mon Dieu,] *Fais que* de ton appui je sois fortifié. (I, 276, vers 12.)

Le Roi a protesté.... que si le duc de Saxe pouvoit *faire* avec l'Empereur *qu'il* lui quittât la possession de cet État (*de Clèves*), il étoit prêt de sa part de laisser la protection de ses compétiteurs. (III, 133.)
Voyez tome I, p. 81, vers 152; tome II, p. 89.

Vous ne savez pas combien vous m'avez obligé; je *ferai*, si je puis, *que* vous le saurez. (II, 38; voyez I, 176, vers 44.)

9° FAIRE, tenant lieu d'un verbe précédent dont on veut éviter la répétition :

Le bien vivre est si facile que tout le monde le peut *faire*. (II, 350.)

M. le prince d'Orange.... ne dansa point, comme aussi ne *fit* Monsieur le Prince. (III, 295.)

Si le plaisir me fuit, aussi *fait* le sommeil. (I, 139, vers 7.)

Ce n'est point le sang qui fait épandre le sang : si quelques-uns le *font*, cela n'arrive pas bien souvent. (II, 314.)

Je ne sais point de gré à un qui tient hôtellerie de m'avoir logé. Aussi ne *fais*-je à un qui donnant à manger à toute une ville, m'a mis en un rang d'où il n'a excepté personne. (II, 22.)

J'oserai dire, avec votre congé, à M. de Cassagne que je suis bien glorieux de vivre en la mémoire d'une personne que j'estime comme je *fais* lui. (III, 450.)

Vous ne lui pouvez pas rendre la chose en l'état que vous l'avez prise; car vous l'avez prise d'un sage et vous la rendez à un fou. — Non *fais* (*ce n'est pas là ce que je fais*) ; je la lui rends telle qu'à cette heure il la peut recevoir. (II, 236.)

Voyez tome II, p. 143, 167, 439, 447, 670.

10° Faire, absolument, ou avec des adverbes ou des locutions adverbiales :

Ces pointilleux si déliés, qui oublient de *faire* (*d'agir*), tant ils sont empêchés à parler. (II, 426 ; voyez I, 17, vers 346 et 347.)

En tout office qui touche deux personnes, les obligations sont réciproques. Ils sont obligés de part et d'autre autant à *faire* qu'à recevoir. (II, 32.)

Je n'aurois jamais *fait* (*fini*) si je voulois vous raconter.... (II, 88 ; voyez II, 558.)

L'honnêteté est un point où il n'est pas bien aisé de donner; qui en approche *fait* beaucoup ; car il n'est pas question de *faire*, mais de bienfaire. (II, 32 ; voyez I, 104, vers 13.)

Voyez, je vous prie,... si nous *ferions* point plus pour la réputation de celui qui donne, de lui conseiller, etc. (II, 5.)

La viande qu'on rejette aussitôt qu'on l'a prise ne peut *faire* bien, d'autant qu'elle n'a pas le loisir de se joindre à la substance du corps. (II, 267.)

Une âme est vraiment généreuse, qui *fait* bien pour l'amour du bien même. (II, 5 ; voyez II, 100, 103, 108, etc.)

Non, non, elle a bien *fait* de m'être favorable. (I, 30, vers 37.)

Ce qu'il me demande lui *fera* mal, mais qu'y ferai-je? (II, 27; voy. II, 177.)

Un ingrat.... n'est pas même capable de se *faire* bien. (II, 106.)

Nous tenons ordinairement des gardes auprès de ceux.... qui ont quelque frayeur en l'âme, de peur qu'en la solitude il ne leur vienne quelque trouble qui les induise à se *faire* mal. (II, 296.)

Toutes choses ont du mérite, selon qu'elles *font* bien à l'usage pour lequel nous les avons. (II, 588.)

[Achille] Fut en la même peine, et ne put *faire* mieux
Que soupirer neuf ans dans le fond d'une barque. (I, 304, vers 19.)

Je vois les alarmes que l'on baille ici à ceux qui croyent de léger, et ne doute point que l'on ne vous *fasse* encore pire aux provinces. (III, 395.)

Combien *ferions*-nous plus honnêtement de lui donner moyen de s'acquitter ! (II, 31.)

Quand nous sommes suivis, le moyen de nous garantir, c'est de *faire* ferme (*de nous arrêter, d'attendre de pied ferme*). (II, 606 ; voyez II, 376.)

On ne *fait* jamais (*on ne se bat jamais*) à coups de poing avec ceux qui se retirent; on ne frappe point sur un qui s'en va. (II, 570.)

11° Faire, sens et emplois divers :

Je ne trouve pas.... cette question si subtile comme il la *fait* (*comme il prétend qu'elle l'est*). (II, 713.)

Où il y a de la crainte, il n'y peut avoir d'amour. Et vous-même, Épicure, ne vous *faites*-vous pas un Dieu sans armes? (II, 109.)

Ceux qui passent leur vie à voyager *font* beaucoup d'hôtes et point d'amis. (II, 267.)

  Un de ces pins de Silésie
  Qui *font* les mâts de nos vaisseaux.... (I, 124, vers 280.)

Il n'est pas de ceci comme des courses publiques, où la palme *fait* la déclaration de la victoire. (II, 136.)

Ni la vertu ni rien qui *soit fait* de sa main n'est sujet à corruption. (II, 575.)

Elle (*la Reine*) disoit hier au soir qu'elle *feroit* une fille, et que la chambre où elle devoit accoucher y étoit fatale; qu'elle y *avoit fait* Madame Chrestienne; que la reine Élisabeth y *avoit fait* sa fille. (III, 113.)

Il *a fait* cela pour moi, mais il *a* plus *fait* pour un autre. (II, 41.)

.... Si comme nos Dieux il n'a place en nos temples,
Tout ce qu'on lui peut *faire* est moins qu'il ne lui faut. (I, 272, vers 14.)

Il y a si longtemps que je n'ai donné de l'exercice à ma mémoire que je n'en *fais* pas bien ce que je veux. (II, 558.)

Pour le *faire* plus court (*pour parler plus brièvement*). (II, 520.)

Je crois que dans quatre ou cinq jours le sujet du voyage de M. le marquis de Cœuvres à Bruxelles *sera fait* (*aura lieu*) ou failli. (III, 141.)

Les Latins appellent ordinairement cette faute *copia affectata*, *faire* l'abondant où il n'en est point de besoin. (IV, 278.)

[La paix] *Faisoit* la sourde à nous ouïr. (I, 123, vers 232.)

....Sans *faire* le vain.... (I, 158, vers 10.)

Il *fait* lui-même de l'étonné (*se montre étonné*) quand il nous oit dire qu'il n'y a que le sage capable d'amour et d'amitié. (II, 624.)

C'est fait, belle Caliste, il n'y faut plus penser. (I, 140, v. 1; voy. I, 302, v. 9.)

  .... Il ne me voit rien *faire*
  Que plaindre et soupirer. (I, 159, vers 26.)

Sans le lait de ma nourrice, tout ce que j'ai fait seroit à *faire*, et.... ma réputation ne seroit pas telle qu'elle est. (II, 79.)

Qu'ai-je à *faire* de vous en nommer (*à quoi bon vous en nommer*) un monde d'autres? (II, 83.)

Ce ne lui est pas peu de volupté que de n'avoir qu'à *faire* de voluptés. (II, 303.)

Vous êtes mon ami, elle mon ennemie. Jugez auquel des deux j'aime mieux avoir à *faire*. (IV, 15.)

Celui qui presse, qui recharge et ne se lasse point, quand il auroit à *faire* à une âme de bois ou de pierre, il faut qu'il lui donne du sentiment. (II, 7.)

Le diable..., ayant à *faire* à des personnes qu'il n'estime pas,... les entretient de viandes dignes de leur goût. (III, 235.)

C'est à *faire* à un homme qui n'a doute de rien..., de rassembler jusques aux plus petites choses. (II, 440.)

Tous les beaux esprits *ont* presque *fait* à l'envi l'un de l'autre, à qui nous la dépeindra (*la mort*) plus hideuse. (II, 636.)

La vertu *fait* de ses ouvrages (*agit à l'égard de ses ouvrages*) comme un père de ses enfants. (II, 517.)

Il *fera* d'une chose louable, mais triste.... comme d'un homme de bien pauvre ou banni, et qui aura mauvais visage. (II, 516.)

Je reviens aux oliviers, de quoi j'ai vu *faire* en deux façons. (II, 672.)

  [Son crime,] C'est que je l'aime, et qu'on estime
  Qu'elle en *fait* de même de moi. (I, 152, vers 18.)

Si j'ai du pain, les figues me servent de viande; si je n'en ai point, j'en *fais* comme de pain. (II, 674.)

.... Un ouvrage qui ne *faisoit* que partir (*qui ne faisoit, ne venait que de sortir*) de la main des Dieux.... (II, 724.)

Que *faites*-vous pour eux, si vous les regrettez?
Vous fâchez leur repos.... (I, 13, vers 243.)

Il y a encore un autre point qui *fait* pour eux (*qui milite en leur faveur*). (II, 61; voyez III, 200.)

Hier au matin j'*étois* un peu mal *fait* (*mal portant*); toutefois après midi cela s'étant passé, je me mis à lire. (II, 502; voyez II, 539.)

Le père portugais, ayant convié ses amis.... pour venir ouïr l'oraison funèbre du feu Roi.... fit perdre la bonne opinion que jusque-là on avoit eue de lui. Il ne *fut*, au jugement de tout le monde, jamais si mal *fait* (*on ne fit jamais si mal*). (III, 183.)

FAIT, substantif:

Par elles (*par les Muses*) traçant l'histoire
De tes *faits* laborieux, etc. (I, 95, v. 212; voy. I, 148, v. 61.)
Par quels *faits* d'armes valeureux
N'as-tu mis ta gloire en estime? (I, 114, vers 175.)

Les *faits* de plus de marque et de plus de mérite
Dans la gloire des tiens seront ensevelis. (I, 253, vers 7.)

Le *fait* du lion et de celui qui vouloit tuer le tyran sont semblables. L'un et l'autre ont donné la vie, et ni l'un ni l'autre n'a fait plaisir. (II, 34.)

Il n'y a point.... de volupté sans vertu. Mais pourquoi faites-vous marcher la volupté la première?... En cet avantage consiste la décision de tout le *fait*. (II, 91.)

BEAUX FAITS. Voyez, ci-dessus, p. 63, à l'article BEAU.

AU FAIT DE, au sujet de, en ce qui concerne:

Nous attendons ici de voir sortir en lumière un discours de ce qui s'est passé *au fait de* messire Louis Gaufridi et de Madeleine de la Palud. (III, 241.)

DE FAIT, par le fait, en effet, réellement:

.... Non pas que chacun de ces vices en son dernier degré se trouve en un mauvais homme, mais parce qu'ils y peuvent tous être, et que *de fait* ils y sont, encore qu'ils ne paroissent pas. (II, 117.)

Et *de fait*, demandez à qui vous voudrez.... (II, 108.)

FAIX, au figuré:

La pauvreté n'a ni *faix* qui la presse, ni appréhension qui la trouble. (II, 325; voyez II, 591.)

FALLOIR, IL FAUT, IL A FALLU:

.... Qui veut m'affliger, *il faut* qu'il me conseille (*il n'a qu'à me conseiller*)
De ne m'affliger pas. (I, 161, vers 59.)

.... La peur d'oser plus qu'*il ne faut* (*d'avoir trop d'audace*)
Et les difficultés d'un ouvrage si haut
Vous ôtent le desir.... (I, 259, vers 9.)

.... Si comme nos Dieux il n'a place en nos temples,
Tout ce qu'on lui peut faire est moins qu'*il ne lui faut* (*est moins qu'il ne mérite*). (I, 272, vers 14.)

Je fonds en larmes en vous écrivant ces paroles; mais *il faut* que je les écrive, et *faut*.... que vous ayez l'amertume de les lire. (IV, 2.)

Enfin les tribuns gagnèrent leur cause, et *fallut* que les consuls fissent leur demande chacun à part. (I, 427.)

Il a fallu que j'aie fait ce discours (*j'ai dû dire ce qui précède*). (II, 77; voyez II, 92.)

Je ne donne que pour faire ce qu'*il faut* que je fasse (*ce qu'il est de mon devoir de faire*). (II, 100.)

Ceux qui voudront y danser n'ont point plus de temps qu'*il* leur *faut* pour apprendre. (III, 304.)

Ariston.... a soutenu que tant s'en *faut* qu'elles (*la partie naturelle et la rationnelle*) fussent membres de la philosophie, qu'elles lui étoient contraires. (II, 704.)

Tant s'en *faut* qu'en la tempête où je suis j'appréhende le naufrage, au contraire je pense avoir toutes les occasions du monde de le desirer. (IV, 183; voyez IV, 14.)

Il y en eut (*des Étoliens*) qui.... lui reprochèrent (*à Cornélius*) que sans eux les Romains n'eussent pas mis le pied dans la Grèce, tant s'en *faut* qu'ils fussent venus à bout de Philippe. (I, 443.)

A cette heure qu'il étoit passé en Europe..., que s'en *falloit*-il que ce ne fût leur déclarer la guerre ouvertement? (I, 448.)

FAMEUX.

[Ceux-ci,] Pour un *fameux* honneur qu'ils brûlent d'acquérir,
S'en vont au gré d'Amour tout le monde courir. (I, 300, vers 2.)

[La rébellion] Dont la *fameuse* folie
Fit voir à la Thessalie
Olympe sur Pélion. (I, 89, vers 68.)

FANGES, au pluriel, au propre et au figuré :

Je trouvai tant de *fanges* par le chemin, que presque je puis dire que je vins par eau. (II, 470.)

Elle (*la magnanimité*) ne se peut rehausser qu'en dédaignant comme *fanges* tout ce que le vulgaire desire comme trésors. (II, 572.)

FANTAISIE, imagination :

Ce traître, quelque frénésie
Qui travaillât sa *fantaisie*,
Eut encore assez de raison
Pour ne vouloir rien entreprendre. (I, 79, vers 86.)

FAON, petit d'un animal :

.... Un *faon* de lionne. (I, 217, vers 206.)

FAQUIN, homme de bois contre lequel on court dans les exercices de manége :

Le lendemain des noces on courra la bague et rompra-t-on au *faquin*. (III, 90; voyez III, 491.)

FARCE.

C'est appeler le monde (*les visites*), que de faire une *farce* de sa solitude (*en latin :* quisquis otio suo aliquam fabulam imposuit). (II, 531.)

FARCIR.

Couler éternellement du pain et du vin, et *farcir* ce misérable corps.... (I, 468.)

FARDEAU.

Il (*mon père*) m'a engendré dénué de connoissance et de jugement, et plutôt *fardeau* du ventre de ma mère qu'autre chose. (II, 81.)

FAROUCHE.

La main de cet esprit *farouche*
Qui sorti des ombres d'enfer
D'un coup sanglant frappa sa bouche.... (I, 77, v. 51; voy. I, 148, v. 63.)

FASTES.

.... Je me résous de vous bailler en garde
Aux *fastes* éternels de la postérité. (I, 244, vers 8.)

FATAL, conduit, voulu, marqué par le Destin, par la Providence, prédestiné (à) :

Nombre tous les succès où ta *fatale* main,
Sous l'appui du bon droit aux batailles conduite,
De tes peuples mutins la malice a détruite. (I, 26, vers 11.)

O bienheureuse intelligence,
Puissance, quiconque tu sois,
Dont la *fatale* diligence
Préside à l'empire françois. (I, 80, vers 133.)

De ce *fatal* accouplement (*de cette union voulue par le Destin*)
Célébrer l'heureuse journée.... (I, 112, vers 123.)

.... D'Ivri la *fatale* journée,
Où ta belle vertu parut si clairement.... (I, 309, vers 5.)

L'Afrique étoit *fatale* à la gloire des Scipions. (II, 357.)

Cet art de charmer les esprits, qui certainement est *fatal* (*donné par le Destin*) à votre maison. (IV, 210.)

La femme est une mer aux naufrages *fatale*. (I, 61, vers 78.)

Elle (*la Reine*) disoit hier au soir qu'elle feroit une fille, et que la chambre où elle devoit accoucher y étoit *fatale* ; qu'elle y avoit fait Madame Chrestienne. (III, 113.)

Voyez I, 43, vers 73 *var.* ; 74, vers 121 ; 110, vers 72 ; 154, vers 49 ; 163, vers 10 ; 215, vers 152 ; 229, vers 2 ; 262, vers 2 ; 282, vers 113 ; 314, vers 17.

FATAL, même sens, avec la nuance de *funeste* (à) :

.... La *fatale* barque. (I, 299, vers 2.)

.... Soissons *fatal aux* superbes. (I, 55, vers 228.)

FATALEMENT, par l'ordre du Destin, providentiellement :

Peuples *fatalement* sauvés,
Payez les vœux que vous devez
A la sagesse de Marie (*de Médicis*). (I, 203, vers 56.)

FAUBOURG, au figuré :

.... Ceux qui ne sont pas encore arrivés à la sagesse, mais sont logés aux *faubourgs*. (II, 581.)

FAUSSEMENT, à tort :

C'est *faussement* qu'on estime, etc. (I, 306, vers 1.)

FAUTE, culpabilité :

Comme il y a de la *faute* en ceux qui ne veulent pas même avouer qu'on leur ait fait plaisir, il y en a aussi de la nôtre. (II, 2.)

La faute *est de moi*, pour *la* faute *est à moi*, blâmé chez des Portes. (IV, 353.)

FAUTE, crime :

.... La *faute* d'Atrée. (I, 78, vers 68 ; voyez I, 89, vers 65.)

Faute, manque :

La *faute* de paroles a fait qu'à l'un et l'autre nous donnons le nom d'épargnant. (II, 48.)

Jamais les prospérités n'ont mis un homme en lieu si sûr, que n'avoir *faute* de rien ne lui fasse avoir *faute* d'un ami. (II, 198.)

Ceux qui ont *faute* en leur abondance (*qui sont indigents au milieu de leur abondance*).... (II, 569.)

Voyez tome II, p. 196, 292, 473, 540.

À FAUTE DE, À FAUTE QUE, PAR FAUTE DE, PAR FAUTE QUE, FAUTE QUE :

.... Par indigestions empirer le mauvais teint que vous avez *à faute de* vous exercer. (II, 103.)

A faute de m'être préparé de cette façon, la fortune m'a surpris. (II, 498 ; voyez IV, 5, 118, 318.)

A faute de mieux, je suis contrainte de les employer.... (IV, 235.)

Un brouillon autographe, que nous avons pu comparer à l'ancienne impression, porte, en cet endroit, *faute*, et non *à faute*. — Voyez tome II, p. 164, 200 ; tome III, p. 68 ; tome IV, p. 72.

Quoi qu'on lui donne (*au méchant*), il se corrompt tout aussitôt, *à faute* qu'il n'en sait pas bien user. (II, 150 ; voyez II, 462.)

Il y a une infinité de choses que, *par faute de* noms propres, il faut nommer de noms empruntés. (II, 47.)

Soit que le mauvais air les fasse quitter (*les villes*) aux peuples *par faute* d'être habitées.... (II, 729.)

Toutes ces choses qui nous semblent grandes, *par faute que* nous ne savons pas ce qui est grand.... (II, 701.)

Nous voulons passer plus outre ; et *faute que* nous ne nous représentons pas d'où nous sommes partis, mais où nous voudrions bien être, nous n'appréhendons jamais notre félicité. (II, 41.)

FAVEUR.

Grand roi, faites-leur bon accueil...,
Et vous acquerrez sagement
La *faveur* de leur jugement. (I, 148, vers 60.)

Elle ne doute point de sa bonne cause, mais elle craint la *faveur* (*le crédit*) de ses parties. (III, 80.)

En faveur de :

Châtier la rébellion des Rochelois, et chasser les Anglois, qui *en leur faveur* étoient descendus en l'île de Ré. (I, 277, au titre.)

FAVORABLE, disposé à favoriser :

[Les charges] Qu'espèrent avecque raison,
Sous des monarques *favorables*,
Ceux qui sont d'illustre maison. (I, 120, vers 129.)

Favorable, qui a la faveur, qu'on favorise :

Ceux de Plaisance et de Crémone le rendirent (*le consul Cornélius*) encore plus *favorable* (*en latin :* favorem addiderunt consuli) par l'obligation que publiquement ils déclarèrent lui avoir. (I, 427.)

Soit que d'un oppressé
Le droit bien reconnu soit toujours *favorable*,
Les Dieux m'ont exaucé. (I, 240, vers 11.)

Favorable à, disposé à (faire quelque chose) :

Magistrats.... *favorables à* défendre ceux qui sont opprimés. (I, 393.)

FAVORISER, emplois divers :

Misérable neuvaine (*des Muses*), où sera votre appui,
S'il (*Gaston d'Orléans*) ne vous tend les mains et ne vous *favorise?* (I, 259, vers 8.)

Je ne baillerai point d'argent à mon ami, que je sais qui me le demande pour débaucher une femme.... Je l'en divertirai si je puis; sinon, je ne *favoriserai* point un méchant acte. (II, 27.)

Il y a aussi peu de moyen de se bienfaire que de se *favoriser* ou d'être de son parti. (II, 147.)

.... Pour *favoriser* les hommes et les Dieux (*pour leur faire une faveur*). (I, 291, vers 12.)

FÉCOND, FÉCONDE :

.... Vous ne voudriez pas pour l'empire du monde
N'avoir eu dans le sein la racine *féconde*
D'où naquit entre nous ce miracle de fleurs. (I, 14, vers 257.)
.... La rébellion, plus qu'une hydre *féconde*. (I, 70, vers 34.)

FÉE.

Les Muses, les neuf belles *fées*. (I, 187, vers 121.)

FEINDRE.

Il a couru bruit.... qu'un catholique, *feignant* se convertir à la religion prétendue, avoit voulu tuer M. du Bouillon. (III, 511.)

FEINTE.

Ses ennuis sont des jeux, son angoisse une *feinte*. (I, 15, v. 296; voy. I,
L'Esprit du Tout-Puissant, qui ses grâces inspire   11, v. 182.)
A celui qui sans *feinte* en attend le secours.... (I, 204, vers 6.)
[Ces archers] Ne peuvent pas n'être surpris,
Ayant à combattre les *feintes*
De tant d'infidèles esprits. (I, 80, vers 143.)

FEINTISE, dissimulation :

Vous n'avez point de déguisement au visage, de flatterie en la bouche, ni de *feintise* au cœur. (I, 469.)

FÉLON.

Il (*le chrétien*) ne doit pas quitter le lieu
Ordonné par la loi de Dieu;
Car l'âme qui lui est commise,
Félonne ne doit pas fuir. (I, 288, vers 64.)

FÉLONIE.

[Les manies] D'un nombre infini de mutins
Ont assouvi leurs *félonies*. (I, 114, vers 174.)

FENDANT, matamore :

Celui qui fait le *fendant*.... (II, 620.)

FER, arme, poignard :

La main de cet esprit farouche

[Qui] D'un coup sanglant frappa sa bouche
A peine avoit laissé le *fer*, etc. (I, 77, v. 54; voy. I, 6, v. 60.)

Fers, au pluriel :
.... Lutter contre des murailles
D'où pleuvent les feux et les *fers*. (I, 52, vers 164 *var.*)

FÈRE, férocité, cruauté, blâmé par Malherbe chez des Portes. (IV, 266.)

FERME, substantif :
Annibal, après qu'il eut exactement appris ce que se montoient les *fermes* tant de la mer que de la terre, quelles étoient les causes des impositions..., fit voir.... que.... il y auroit de quoi payer les Romains. (I, 456.)

FERME, adjectif, au propre et au figuré :
Serre d'une étreinte si *ferme*
Le nœud de leurs chastes amours.... (I, 82, vers 191.)
Ayez le corps *ferme*, si vous voulez que l'esprit le soit. (II, 534.)
L'esprit sacré qui te conseille
Est *ferme* en ce qu'il a promis. (I, 200, vers 51.)
Les choses qui ne sont pas achevées ne sont jamais *fermes* (*solides*). (II, 557.)
Il se faut particulièrement attacher à certains esprits.... si vous en voulez tirer quelque chose qui vous demeure *ferme* en l'entendement. (II, 267.)
On ne force jamais personne de courre après la félicité ; c'est quelque chose de ne la rejeter point, et demeurer *ferme* quand la fortune vient, sans aller au-devant pour la faire marcher plus vitement. (II, 346.)
Les feux (*du ciel*) sont quelquefois portés, et ne demeurent pas *fermes* (*immobiles*; *en latin*: aliquando feruntur ignes, non sedent). (I, 477.)
Il y faisoit plus *ferme* (*sur cette rive, le terrain était plus ferme*) que de coutume. (II, 462.)

FERME, adverbe :
Pour la guerre de Flandres, elle continue fort et *ferme* avec une dépense extrême. (III, 161.)
Quand nous sommes suivis (*poursuivis*), le moyen de nous garantir, c'est de faire *ferme* (*de s'arrêter, d'attendre de pied ferme*). (II, 606 ; voyez II, 376.)

FERMER.
Il envoya ses soldats couper du bois, pour avoir de quoi *fermer* son camp. (I, 402.)
.... Depuis le trépas qui lui *ferma* les yeux,
L'eau que versent les miens n'est jamais étanchée. (I, 223, vers 7.)

FERRÉE (L'Âge), l'âge de fer. (I, 5, vers 14.)

FERREMENT, épieu :
Les bêtes sauvages..., pour l'amour de leurs petits, se jettent à corps perdu dans les *ferrements* (*en latin*: venabula) qu'on leur présente. (II, 574.)

FERTILE de, fertile en :
.... Ce plaisir est *fertile de* peines. (I, 301, v. 31 ; voy. II, 147, 205 ; IV, 115.)

FESTIER quelqu'un, lui faire fête :
Alexandre *festia* les ambassadeurs. (II, 21 ; dans l'éd. de 1650, *festina*.)
Mesdames les Princesses doivent être aujourd'hui à Cadillac, où M. d'Espernon les *festie*. (III, 249.)

FESTONS, ornements, guirlandes de fête :

Ce qui vient par le ministère des voluptés et du repos, et qui nous fait mettre les *festons* sur notre porte.... (II, 529.)

FÊTE (FAIRE) DE :

Il y a une belle dame à qui on *a fait fête de* l'aigre de cèdre (*qu'on a régalée d'aigre de cèdre*). (III, 373 ; voyez IV, 15.)

ÊTRE À LA FÊTE d'une chose, éprouver la joie de l'avoir faite :

[Qui n'eût cru] qu'avant qu'*être à la fête*
De si pénible conquête (*de Sedan*),
Les champs se fussent vêtus
Deux fois de robe nouvelle ? (I, 88, vers 25.)

SE FAIRE DE FÊTE :

Il s'en fit une troisième (*effigie*) par un Baudin, d'Orléans, qui *se voulut faire de fête* (*qui se mit de la partie, fit la besogne*), sans en être prié. (III, 179.)

FEU, défunt :

Madeleine de Carriolis, fille de *feu* sieur président Carriolis. (I, 344.)

FEU, FEUX, au propre et au figuré :

Sous les ruines de sa ville, qu'il voyoit tomber, et au travers des *feux* mêmes, il (*Énée*) porta ce bon homme. (II, 87.)

    .... Ces matières de pleurs,
Massacres, *feux* et rapines.... (I, 87, vers 8.)
[Toi, qui] ne veux pas, comme la lune,
Luire d'autre *feu* que du tien. (I, 111, vers 90.)
A qui ne donnez-vous une heureuse bonace,
    Loin de toute menace
Et de *feux* intestins, et de maux étrangers ? (I, 229, vers 18 *var.*)
.... Celui.... que sous une beauté
Les *feux* d'un œil humain ont rendu tributaire.... (I, 8, vers 94.)
Je n'ai point d'autre vœu que ce qu'elle souhaite ;
Je ne saurois brûler d'autre *feu* que du sien. (I, 136, vers 42.)
    .... Se mettre au visage
Sur le *feu* de sa honte une cendre d'ennui. (I, 6, vers 48.)
Qu'est le *feu* de ton zèle au besoin devenu ? (I, 7, vers 75.)
    .... Le *feu* de notre joie. (I, 45, vers 6.)
Que d'applaudissements, de rumeur et de presses,
Que de *feux* (*que d'ardeur*), que de jeux, que de traits de caresses,
Quand là-haut en ce point on les vit arriver ! (I, 13, vers 236.)

FEUX du firmament, étoiles, astres. (I, 211, vers 47.)

FEUILLÉES.

En jupe dessous les *feuillées*,
Dansant au silence des bois.... (I, 209, vers 13.)

FEUILLETS, au figuré :

Ma mémoire.... a les *feuillets* collés, comme ces livres qui n'ont été maniés depuis longtemps. (II, 558.)

FICHER, fixer :

Il y *fiche* ses yeux.... (I, 15, vers 307.)
Les yeux *fichés* en terre.... (II, 300.)

FIDÈLE, à qui on peut se fier :

Ce n'est pas en mes vers qu'une amante abusée....
Fait de tous les assauts que la rage peut faire
Une *fidèle* preuve à l'infidélité. (I, 4, vers 6.)
   .... Il n'a rien de *fidèle*
Que sa main, qui le guide où l'orage l'appelle :
Ses pieds comme ses yeux ont perdu la vigueur. (I, 8, vers 115.)
  .... De tes conseils la prudence *fidèle*. (I, 60, vers 67.)
Des oreilles *fidèles* aux délibérations, sûres et secrètes.... (II, 197.)

FIDÈLEMENT.

Ses longs services, toujours très-*fidèlement* faits.... (I, 394.)
Faites comparaison du visage d'un riche et d'un pauvre, vous trouverez que le pauvre rit plus souvent et plus *fidèlement (de meilleur cœur)*. (II, 619.)

FIEL, amertume, au figuré :

  Le ciel injuste m'a réservé
   Tout le *fiel* et tout l'absinthe
  Dont un amant fut jamais abreuvé. (I, 248, vers 39.)

FIER, confier :

  On peut *fier* un secret aux ivrognes. (II, 640.)

SE FIER, constructions diverses :

Je vous conseille de vivre d'une façon que vous ne fassiez rien de quoi vous craigniez de *vous fier*, même à votre ennemi (*en latin :* quod committere etiam inimico possis). (II, 270.)
Il la bailla (*la lettre*) à ce serviteur, comme à celui dont il croyoit (*à qui il croyait*) que son maître *se fioit* le plus. (I, 434.)
Une belle action ne lui sera non plus suspecte qu'un homme de bien. Il *se fiera* d'elle, comme il feroit de lui. (II, 516.)
Ils possèdent déjà leur bien, mais ils ne *s'en fient* pas. (II, 582.)
Il ne *se* faut ni *fier*, ni défier de tout le monde. (II, 270.)
Fiez-vous comme vous devez de votre mérite, et vous ne vous défierez point de ma constance. (IV, 168 ; voyez II, 269.)

FIÈRE BEAUTÉ, en parlant d'une femme. (I, 135, vers 19.)

FIGURE.

  .... La *figure* d'un ballet. (I, 311, vers 10.)
L'humeur, l'air, et toutes choses à qui le coup peut donner forme, étant poussées, prennent la *figure* même de ce qui les pousse. (I, 478.)
Cette raison éternelle qui, infuse à l'univers, donne vie et *figure* à toutes choses.... (II, 719.)

FIGURER, dépeindre, montrer, représenter :

  Avoir figuré son mérite
  Moindre que n'est la vérité.... (I, 48, vers 79.)
  .... Il a voulu *figurer* (*dans cette peinture*)
  Qu'aux tourments dont la cause est belle
  La gloire d'une âme fidèle
  Est de souffrir sans murmurer. (I, 242, vers 3.)
Qui trouverez-vous qui craigne la mort de sa femme..., et qui plutôt ne compte son âge, pour se *figurer* dans combien de temps il en pourra être délivré ? (II, 157 ; voyez I, 230, vers 34 *var.*; III, 135.)

De son nom de rocher, comme d'un bon augure,
Un éternel état l'Église se *figure* (*se figure qu'elle durera éternellement*). (I, 5, vers 26.)

FIL (de l'eau):

.... Comme ces choses que nous voyons flotter sur une rivière : les unes.... descendent tout bellement en bas; les autres par le *fil* impétueux sont traînées avec violence. (II, 352.)

FILET, fil:

Dévide aux ans de leur Dauphin,
A longs *filets* d'or et de soie,
Un bonheur qui n'ait point de fin. (I, 83, vers 203.)

FILET, pour *fil*, blâmé par Malherbe chez des Portes. (IV, 453.)

FILETS, rets, au figuré:

J'étois dans leurs *filets*; c'étoit fait de ma vie. (I, 207, vers 7.)

FILS (BEAU). Voyez, ci-dessus, p. 64, BEAU FILS.

FIN, résultat final, but:

De quelque véhémence que nos amis nous prient..., nous ne devons jamais.... faire pour eux chose qui leur puisse apporter du déplaisir. La *fin* du bienfait est plus considérable que le commencement. (II, 27.)

Si vos yeux sont toute sa braise,
Et vous la *fin* de tous ses vœux, etc. (I, 54, vers 202.)

FIN, mort, destruction:

Afin qu'en autre part ma dépouille ne tombe,
Puisque ma *fin* est près, ne la recule pas. (I, 17, vers 354.)
Marche, va les détruire (*ces enragés*); éteins-en la semence;
Et suis jusqu'à leur *fin* ton courroux généreux. (I, 278, vers 30.)

FIN, locutions diverses:

On me dit qu'à la *fin* toute chose se change. (I, 161, vers 61.)
A la *fin* c'est trop de silence
En si beau sujet de parler. (I, 107, vers 1; voyez I, 149, vers 1.)
.... Un déplaisir extrême
Est toujours à la *fin* d'un extrême plaisir. (I, 134, v. 12; voy. I, 239, v. 5.)
Je suis en une matière qui n'auroit jamais de *fin*, si je ne la lui mettois moi-même. (II, 677.)
En ces propos mourants ses complaintes se meurent,
Mais vivantes sans *fin* ses angoisses demeurent. (I, 17, vers 356.)

À FIN:

Il n'est rien de si malhonnête que de donner *à* autre *fin* que pour avoir donné. (II, 92; voyez AFIN, qui, dans les autographes de Malherbe et dans les éditions anciennes, est toujours ainsi coupé en deux mots.)

FINABLEMENT, pour *finalement*, blâmé par Malherbe chez des Portes. (IV, 313.)

FINESSE.

Mesdames les Princesses.... ont passé.... à Moret, et n'ont point envoyé à Fontainebleau.... Je crois qu'elles n'y ont point pensé à *finesse*. (III, 359.)
Vous y savez *finesse* (*vous êtes bien malin, bien habile*). (IV, 288.)

FINIR.

Ce miracle d'amour...,

Qui n'espéroit jamais une chose possible
Que rien *finît* sa foi que le même trépas.... (I, 6, vers 39.)
.... Vous êtes offensée
Que mon ardeur insensée
En trop haut lieu borne sa guérison,
Et voudriez bien, pour la *finir*,
M'ôter l'espérance de rien obtenir. (I, 248, vers 23.)
Mon mal commença le dimanche...; il *finit* et me *finit* (*me fit mourir*) le mercredi ensuivant. (I, 361.)

Finir, mourir :
Que mon fils ait perdu sa dépouille mortelle...,
Je ne l'impute point à l'injure du sort,
Puisque *finir* à l'homme est chose naturelle. (I, 276, vers 4.)

FLAMBEAU, emplois poétiques :
Vous aurez un mari sans être guère aimée,
Ayant de ses desirs amorti le *flambeau*. (I, 2, vers 10.)
.... Il ne faut soi-même éteindre son *flambeau* (*le flambeau de la vie*). (I, 14, vers 261.)
Ces voisins dont les pratiques
De nos rages domestiques
Ont allumé le *flambeau*. (I, 92, vers 150.)
.... D'elle (*de la Discorde*) prirent le *flambeau*
Dont ils désolèrent leur terre
Les deux frères de qui la guerre
Ne cessa point dans le tombeau. (I, 186, vers 97.)
Belle âme qui fus mon *flambeau*,
Reçois l'honneur qu'en ce tombeau
Je suis obligé de te rendre. (I, 224, vers 15.)

FLAMBOYANT.
[Le soleil] Quand même il est plus *flamboyant*,
Se cacheroit en la voyant (*la Reine*). (I, 148, vers 46.)

FLAMME, en parlant des astres :
.... Quelle *flamme* luit aux cieux
Claire et nette comme ses yeux? (I, 130, vers 17.)

Flamme de l'amour :
[Téthys] Pleine de *flamme* te suivit. (I, 124, vers 286.)
.... Cette beauté, dont ma *flamme* est le crime. (I, 160, vers 43.)

FLATTER.
.... Les tigres les plus sauvages
Enfin apprivoisent leurs rages,
Flattés par un doux traitement. (I, 176, vers 57.)
Qu'un amant *flatté* d'espérance
Obstine sa persévérance,
Cela se peut facilement. (I, 98, vers 25 *var.*)
.... Tous les pensers dont les âmes bien nées
Excitent leur valeur et *flattent* leur devoir. (I, 282, vers 130.)

FLEAU, pour *fléau*, en une syllabe en vers. (I, 74, vers 127.)

FLÉCHIR, au figuré, activement et neutralement :
Le temps, qui toujours vole, et sous qui tout succombe,
Fléchira cependant l'injustice du sort. (I, 305, vers 30.)

Tu vois quelle inconstance accompagne les hommes,
Faciles à *fléchir* (*à plier, à succomber*) quand il faut endurer. (I, 17, v. 345.)

SE FLÉCHIR, se courber, se dégrader :

On ne loue point la pauvreté, mais celui qui, pour être pauvre, ne se ravale et ne *se fléchit* point (*en latin :* non se incurvat). (II, 634.)

FLEGMES, pituite :

Soit que les *flegmes* (*en latin :* bilis) me bouchassent le gosier, soit que quelque autre cause m'empêchât de respirer à mon aise.... (II, 461.)

FLEUR, FLEURS, au propre et au figuré :

.... Ce miracle (*Oranthe*) où le soin de nature
A semé, comme *fleurs*, tant d'aimables appas. (I, 156, vers 10.)
.... Perdre ce que l'âge a de *fleur* et de fruit. (I, 30, vers 43.)
  Les *fleurs* naissent à sa rencontre
  Dans les cœurs et dans les esprits. (I, 48, vers 73.)
  Tout s'accorde à notre bonace;
  Les hivers nous donnent des *fleurs*. (I, 214, vers 124.)
Les *fleurs* de votre amour, dignes de leur racine,
  Montrent un grand commencement;
Mais il faut passer outre, et des fruits de Lucine
Faire avoir à nos vœux leur accomplissement. (I, 237, vers 29.)
Voyez tome I, p. 14, vers 258; p. 87, vers 10.

FLEURS DE LIS. Voyez LIS.

FLEURIR (voyez FLORIR) :

  .... Le temps a beau courir,
  Je la ferai toujours *fleurir* (*la Reine*)
  Au rang des choses éternelles. (I, 148, vers 50.)

FLEURISSANT, florissant :

La Sicile, alors *fleurissante*. (II, 711; voyez II, 727, et l'article FLORISSANT.)

FLEUVE, au figuré :

.... Écouler ma vie en un *fleuve* de larmes. (I, 14, vers 263.)

FLOCCONS, flocons. (IV, 415.)

FLORIR, fleurir, au figuré :

.... Vos jeunes beautés *floriront* comme l'herbe
Que l'on a trop foulée et qui ne fleurit plus. (I, 2, vers 15.)
Malherbe blâme l'emploi de ce même mot chez des Portes, et dit qu'il eût fallu le remplacer par *fleurir*, dans ce vers :

Comme un nouveau printemps sa jeunesse *florist*. (IV, 440.)

FLORISSANT.

  .... Tes honneurs *florissants*
  De jour en jour aillent croissants. (I, 116, vers 245.)
Qui sait si peut-être elle (*sa patrie*) n'a point été consommée, pour renaître plus belle et plus *florissante* que jamais? (II, 730; voy. FLEURISSANT.)

FLOT, au propre :

  Un fleuve par-dessous la mer,
  Sans que son *flot* devienne amer,

Passe de Grèce en la Sicile. (I, 120, vers 103.)

Je m'en soucie aussi peu, de tout ce frémissement, que si j'oyois le *flot* ou la tombée d'une eau. (II, 466.)

Flots, au figuré :

    Amour a cela de Neptune,
    Que toujours à quelque infortune
    Il se faut tenir préparé ;
Ses infidèles *flots* ne sont point sans orages. (I, 176, vers 70.)

Il faut.... vous résoudre de vieillir en cette inquiétude de commissions ou de charges publiques, parmi le tumulte, et toujours dans quelques nouveaux *flots*, d'où.... vous n'aurez moyen de vous garantir. (II, 335.)

FLOTTE, au figuré :

De ces jeunes guerriers (*les saints Innocents*) la *flotte* vagabonde
Alloit courre fortune aux orages du monde. (I, 11, vers 193.)

FLOTTER, naviguer :

    Quantes fois, lorsque sur les ondes
    Ce nouveau miracle (*la Reine*) *flottoit*,
[Neptune] Plaignit-il le feu qu'il sentoit! (I, 47, vers 52.)

FLOUET, fluet, mince :

Je ne pense pas que vous aimassiez mieux un homme de bien.... fort et nerveux, que grêle et *flouet*. (II, 516 ; voyez II, 289 ; III, 446.)

FLUCTUANT.

Les cogitations vagues et *fluctuantes* qui vous mettent l'âme en désordre. (II, 389.)

FLUIDE, au figuré :

L'homme.... est une matière *fluide* (*en latin :* fluida), caduque et sujette à toute sorte d'inconvénients. (II, 479 ; voyez II, 516.)

FLUX, au propre :

    O Reine, qui....
    As borné le *flux* de nos larmes
    En ces miracles évidents.... (I, 184, v. 53 ; voy. I, 297, v. 1.)

FLUX, opposé à *reflux*, au figuré :

.... Le *flux* de ma peine a trouvé son reflux. (I, 61, vers 74.)
Voyez tome I, p. 156, vers 6 ; p. 314, vers 19 ; tome II, p. 632.

FLUX DE BOUCHE, flux de paroles, facilité d'élocution :

Ce grand *flux de bouche* a plus du charlatan.... que de l'homme d'honneur qui traite quelque chose de grave. (II, 406 ; voyez II, 580.)

FOI, fidélité, amour, confiance, bonne foi, honnêteté, véracité :

Que je quitte ma dame, et démente la *foi*
Dont je lui promettois une amour éternelle. (I, 304, vers 3.)

De quelle âme pensez-vous que sortît cette volonté de mourir pour son maître..., avoir.... de la *foi* parmi tant de trahisons ? (II, 74.)

    Cette princesse, que la *foi*
    D'Amour ensemble et d'Hyménée
    Destine au lit de notre roi. (I, 45, vers 22.)

Avec quelle raison me puis-je figurer

.... qu'ayant fait dessein de ruiner ma *foi*,
Son humeur se dispose à vouloir que je croie
Qu'elle a compassion de s'éloigner de moi? (I, 135, vers 28.)
Toute ma peur est....
.... qu'étant, comme elle est, d'un sexe variable,
Ma *foi*, qu'en me voyant elle avoit agréable,
Ne lui soit contemptible en ne me voyant pas. (I, 176, vers 65.)

Voyez tome I, p. 9, vers 131; p. 30, vers 38; p. 59, vers 29; p. 98, vers 28; p. 142, vers 28; p. 168, vers 51; p. 176, vers 54; p. 177, vers 87; p. 255, vers 18; p. 296, vers 32; p. 297, vers 3.

Adieu donc, importune peste (*il parle à l'espérance*),
A qui j'ai trop donné de *foi*. (I, 303, vers 26.)

Je veux que la *foi* même de ceux d'Utique cède à la continuation des mauvais succès. (II, 549.)

Plût à Dieu qu'il ne fallût ni sceaux ni signes pour l'assurance de ces pactions, et que la conscience et la *foi* en fussent les seules dépositaires! (II, 64.)

Ce joyau d'honneur et de *foi*. (I, 112, vers 113.)
Nous devons des autels à la sincère *foi*
Dont ta dextérité nos affaires manie. (I, 263, vers 3.)
La *foi*, l'honneur et la raison. (I, 300, vers 15.)

Il y en a qui s'éveillent pour peu qu'on les pousse.... Aussi en est-il qui à reconnoître un bien qu'on leur a fait ont bien assez de *foi*, mais il y a de la rouille à leur ressort. (II, 165.)

[O Roi,] Si tes labeurs....
Sont écrits avecque *foi*, etc. (I, 90, vers 97.)

Comme si la reconnoissance d'un bienfait n'étoit pas un acte d'amour et d'amitié..., il s'émerveille tout de même quand nous disons que la *foi* ne se trouve qu'en l'homme sage.... Trouvez-vous que la *foi* puisse loger chez un ingrat? (II, 624.)

Voyez tome I, p. 148, vers 64; p. 279, vers 58; tome II, p. 10, 15, 233.

[Vos faits glorieux] Peuvent avoir des envieux;
Mais quelles âmes si farouches
Oseront douter de ma *foi*,
Quand on verra leurs belles bouches
Les raconter avecque moi? (I, 148, vers 64.)

De bonne foi, en vue du bien, avec désintéressement:

Tout ce qu'on apporte à cultiver ou un champ, ou quelque autre chose de qui le fruit n'est point en elle-même, ne peut avoir la gloire d'être fait *de bonne foi* (*en latin*: ex æquo et bono). (II, 104.)

Faire foi de quelque chose:

[Ces arrogants] Nous content qu'ils sont fils d'Hercule,
Sans toutefois *en faire foi*. (I, 67, vers 47.)

FOIBLE, au figuré:

Je ne ressemble point à ces *foibles* esprits
[Qui] En leur fidélité n'ont rien que du langage. (I, 136, vers 43.)

FOIE (Chaleurs de), ardeurs de la jeunesse:

Je ne saurois nier que lorsque j'étois jeune, je n'aie eu les *chaleurs de foie* qu'ont les jeunes gens. (IV, 31.)

FOIS, locutions diverses :

La pauvre République.... ne pourra pas tomber une seule *fois* (mais elle tombera à diverses reprises, en divers lieux). (II, 549.)

Tous les temps qui sont passés sont en un lieu : vous les voyez tout à la *fois*. (II, 439; voyez II, 512.)

Figurez-vous un barbier qui.... fait ouïr de *fois* à autre je ne sais quelle voix grêle et bruyante. (II, 466.)

Si Dieu permet qu'une autre *fois* nous voyions le soleil (*en latin :* crastinum si adjecerit Deus), à la bonne heure. (II, 304.)

J'ai ouï dire qu'une autre *fois* (*un jour, autrefois*) une ville fut portée par ses habitants du lieu où elle étoit en un autre. (II, 466; voy. II, 406.)

TOUTES ET QUANTES FOIS. Voyez QUANTES FOIS.

DEUX FOIS CINQ, pour *dix*. (I, 16, vers 331.)

FOL, mauvais, vicieux :

L'un est ingrat parce qu'il est *fol* (*en latin :* stultus). Le *fol* est mauvais aussi. Qui est mauvais a toute sorte de vices, et par conséquent l'ingratitude.... Un *fol* peut être appelé couard, suivant la règle des mauvais, qui universellement et sans distinction ont toute sorte de vices.... Le *fol* a bien tous les vices ensemble, mais il n'a pas à tous une naturelle inclination. (II, 117; voyez II, 118.)

    Loin des vaines impressions
    De toutes *folles* passions,
    La vertu leur apprend à vivre. (I, 147, vers 38.)

FOLIE.

    .... La rébellion
    Dont la fameuse *folie*
    Fit voir à la Thessalie
    Olympe sur Pélion. (I, 89, vers 68.)

Toute *folie* porte avec elle un dégoût de sa condition. (II, 295.)

La sagesse (*les sages*) a de l'amitié à l'endroit de tous les hommes. La *folie* (*les fous*) n'a pas même de l'humanité à l'endroit de ses amis. (II, 434; voyez II, 435.)

FOND (AU) :

Celui.... qui de crainte, comme quelque bête lâche et timide, se cache *au fond* dans une tanière. (II, 463.)

FONDEMENTS.

[Les] hommes.... chaque jour font de nouveaux *fondements* de leur vie, et commencent des desseins au monde, sur le point qu'ils sont prêts d'en partir. (II, 310 et 311.)

FONDER, au figuré :

Allez à la malheure, allez, âmes tragiques,
Qui *fondez* votre gloire aux misères publiques. (I, 219, vers 2.)

Le principal de la besogne est à les *fonder* (*à fonder ces esprits, à jeter les premiers fondements de leur éducation morale*). (II, 452.)

FONDRE, se consumer :

Mucius.... demeura ferme à regarder *fondre* sa main dans la flamme. (II, 355; voyez II, 524.)

SE FONDRE EN PLEURS :
Ainsi le grand Alcandre aux campagnes de Seine
Faisoit, loin de témoins, le récit de sa peine,
  Et *se fondoit en pleurs*. (I, 161, vers 75.)

FONDS, fortune, ce qu'on possède :
S'il est question de prêter de l'argent, nous ne sommes pas contents de nous informer du *fonds* de celui qui emprunte, mais fouillons jusque dans sa cuisine. (II, 2.)

FONTAINE, au figuré :
Les ondes que j'épands d'une éternelle veine
Dans un courage saint ont leur sainte *fontaine*. (I, 4, vers 8.)

Nous n'en trouverons pas un à qui le ciel n'ait fait quelque grâce, et qui ne puisse dire que de cette *fontaine* de biens universelle il ne vienne quelque goutte jusques à lui. (II, 94.)

Il ne faut donc pas qu'ils vous fassent croire qu'un homme soit heureux qui a sa basse-cour pleine de gens qui ont affaire à lui ; ce leur est une *fontaine :* ils l'épuisent et la troublent. (II, 397.)

FORCE, violence :
On me jette dehors, mais je fais si bonne mine, que la *force* qu'on me fait ne paroît point. (II, 460.)

C'est un Grec, de qui les pointes trop déliées.... sont si foibles, que même quand elles semblent faire quelque *force*, elles ne font autre chose qu'égratigner le cuir en sa superficie. (II, 9.)

FORCE, consistance :
.... Jusques à ce que le grain devienne farine, laquelle ils mêlent avec de l'eau ; puis à force de la manier, en font de la pâte et lui donnent *force* de pain. (II, 717.)

Dans l'édition qu'il a donnée de la traduction de Sénèque par Malherbe (voyez tome I, p. xcix), du Ryer a substitué *forme* à *force*.

FORCE, locutions diverses :
Il aime les femmes, mais il ne les prend pas à *force*. (II, 657.)

S'il lui est *force* de me faire du bien, j'en ai l'obligation à celui qui le contraint. (II, 188.)

.... Si ce n'étoit *force*, il ne le feroit pas. (I, 17, vers 372.)

Pour ingrat que soit un homme, c'est *force* que l'objet excite sa mémoire. (II, 20.)

Étant *force* qu'ils (*l'un et l'autre*) se rapportent à leur règle, la raison veut aussi qu'ils se trouvent conformes entre eux. (II, 552 ; voyez II, 57.)

Punissez vos beautés plutôt que mon courage,
Si trop haut s'élevant il adore un visage
Adorable par *force* à quiconque a des yeux. (I, 21, vers 6.)

 Il faut mêler pour un guerrier
 A peu de myrte et peu de roses
 Force palme et *force* laurier. (I, 113, vers 140.)

FORCENÉ.
   .... Des Cyanées
Tromper les vagues *forcenées*. (I, 212, vers 76.)

FORCÈNEMENT, état de forcené :
Quelque jugement que je fasse du *forcènement* des hommes, je ne veux pas que vous alliez vous mettre au fond d'une caverne. (II, 333.)

FORCER, faire violence à, vaincre :

Un camp venant pour te *forcer*,
Abattu sans se redresser.... (I, 122, vers 205.)

.... Toutes mes afflictions
Ne *forceront* point ma constance. (I, 288, vers 84.)

Elle (*la Reine*) a *forcé* les vents, et dompté leur furie. (I, 237, vers 23.)
Son chant (*d'Orphée*) n'a point *forcé* l'empire des esprits. (I, 299, vers 5.)
Quelqu'un.... m'a *forcé* ma femme. (II, 171.)

Forcer à, pour *forcer de*, blâmé par Malherbe chez des Portes. (IV, 463.)

FORÊTS, au figuré :

[La France] Aura jusqu'aux deux bouts du monde
Planté des *forêts* de lauriers. (I, 65, vers 4.)

FORGE, fabrique, au figuré :

Cet argument n'est pas avoué des stoïques : il est de la *forge* des péripatéticiens. (II, 684.)
Que sont-ce ces contrats, ces papiers de compte..., sinon des maux volontaires partis de notre *forge* ? (II, 227.)

FORME, figure, image :

La mer a dans le sein moins de vagues courantes
Qu'il n'a dans le cerveau de *formes* différentes. (I, 7, vers 68.)

Tant plus grande notre affliction aura été, tant plus serons-nous redevables à celui qui nous en aura démêlés; car à toute heure la *forme* effroyable du mal échappé nous repasse par la mémoire.... (II, 18.)

Nous-mêmes avons vu plus d'une fois paroître une flamme en *forme* d'une grande pile. (I, 474.)

M. de Termes et la Ferté,... en *forme* de femmes (*déguisés en femmes*) de grandeur colossale, suivoient après. (III, 138.)

Forme, façon, règle, manière d'être :

A quoi tendent vos interrogations..., sinon à surprendre un homme pour lui faire faire quelque faute en la *forme* de procéder ? (II, 437.)

Choisissons pour une fois une *forme* de vivre, et la suivons éternellement. (II, 338.)

Un vagabond qui ne donne point de *forme* à sa vie s'excuse sur sa jeunesse. (II, 443.)

Si nous étions aux premiers jours de son administration (*de la Reine*), la nouveauté nous en pourroit être suspecte, mais aujourd'hui qu'elle a vu les affaires aux *formes* les plus extravagantes qu'elles puissent être..., à quel propos cette appréhension ? (IV, 212.)

Deuil en forme :

Monsieur le grand écuyer, à cheval, vêtu de *deuil en forme* et sa queue portée. (III, 199.)

Forme idéale, blâmé par Malherbe chez des Portes, comme mot d'école qui ne se doit dire en choses d'amour. (IV, 334.)

FORMER.

Dieux, qui de vos arrêts *formez* nos destinées. (I, 233, vers 73.)

.... Cela n'advient qu'aux amours,
Où les désirs, comme vautours,
Se paissent de sales rapines ;
Ce qui les *forme* les détruit. (I, 301, vers 38.)

FORMIDABLE.

Les bêtes furieuses sont *formidables* pour leur force. (II, 22.)

Quelle opinion peut-on avoir d'un vœu de qui le succès n'est *formidable* à personne tant qu'à celui pour qui il est fait? (II, 196.)

FORS, blâmé chez des Portes, dans la locution : « je ne puis dire *fors* que.... » Malherbe veut qu'on dise : « je ne puis dire si non que.... » (IV, 333.)

FORT, adjectif :

Les sages résolutions sont plus *fortes* à garder qu'à prendre; il faut persévérer. (II, 321.)

FORT, adverbe :

Que mon fils ait perdu sa dépouille mortelle,
Ce fils qui fut si brave et que j'aimai si *fort*. (I, 276, vers 2.)

Spinola l'entretient *fort*, et lui a fait un festin très-magnifique. (III, 135.)

FORTIFICATION, au propre et au figuré :

.... La *fortification* que fait de Blavet le baron de Camorre. (III, 411.)

Il n'y a muraille inexpugnable à la fortune. Il faut donc que la *fortification* soit intérieure. (II, 574.)

FORTIFIER.

Le but de nos desirs *fortifie* entièrement les remèdes qui nous sont nécessaires contre la peur. Soyez exempt de souhait, et vous le serez de crainte. (II, 277.)

FORTUITEMENT, au hasard, sans discernement :

La philosophie est utile à l'homme, soit qu'une providence éternelle gouverne le monde, ou que les choses arrivent *fortuitement*. (II, 321.)

Je laisse les coudées franches aux bienfaits.... Tout ce que je veux, c'est qu'on y apporte du jugement. Il n'est point d'homme si sensible.... que ce qu'on lui donne *fortuitement* le touche au cœur. (II, 23.)

FORTUNE, sort, destinée, hasard, risque :

.... Comme un autre Alcide
Contre *fortune* instruit. (I, 42, vers 58.)

Comme ce ne seroit pas un bienfait, quand l'intention seroit la meilleure qu'on la sauroit desirer, s'il n'étoit accompagné de la *fortune*, aussi n'en est-ce pas un, quelque profit ou plaisir qu'il fasse, si une bonne intention ne l'a précédé. (II, 178.)

Que si quelqu'un a la *fortune* si bonne, que son éloquence.... ou quelque autre mérite lui acquière tant de gloire.... que son père y puisse avoir part, etc. (II, 82.)

Voyez tome I, p. 160, vers 47; p. 305, vers 33; tome II, p. 33, 34, 45.

Ceux qui ne sont point contents de leur *fortune*. (II, 19.)

Oh! que pour avoir part en si belle aventure
Je me souhaiterois la *fortune* d'Eson! (I, 282, vers 118.)

.... L'ire du ciel et sa fatale envie
Ont détruit ma *fortune*, et sans m'ôter la vie
M'ont mis entre les morts. (I, 178, vers 3.)

[O Reine,] Que peut la *fortune* publique
Te vouer d'assez magnifique? (I, 184, vers 55.)

Aussitôt que le coup tragique
Dont nous fûmes presque abattus (*l'assassinat de Henri IV*)
Eut fait la *fortune* publique

L'exercice de ses vertus (*de la Reine*), etc. (I, 213, vers 93.)

On n'a point vu de *fortunes* publiques où le craindre n'ait précédé le souffrir. (II, 726.)

Loin les vulgaires *fortunes*,
Où ce n'est qu'un jouir et desirer!
Mon goût cherche l'empêchement. (I, 248, vers 33.)

Le parfait chrétien...,
Créé pour obéir ici,
Y tient sa *fortune* asservie. (I, 287, vers 60.)

.... Cette sagesse profonde
Qui donne aux *fortunes* du monde
Leur fatale nécessité. (I, 314, vers 16.)

Il n'y a ni *fortune* ni matière quelconque qui ne lui puisse passer par les mains (*au sage*). (II, 666.)

.... Je ne sais quels Scythes,
Bas de *fortune* et de mérites,
Présument de nous égaler. (I, 66, vers 19.)

.... Le monde est ainsi composé
Qu'une bonne *fortune* en craint une mauvaise. (I, 73, vers 88.)

Vous deviez deviner toute autre chose que quelque prospérité pour moi. Vous savez bien que je ne suis pas homme à bonnes *fortunes*. (IV, 8.)

Tantôt une *fortune* de grêle, tantôt un ravage de pluies.... ne nous a laissés cueillir pour des fruits que des feuilles. (IV, 202.)

Qui voudroit bailler caution.... à celui qui se met sur la mer qu'il fera son voyage sans *fortune*? (II, 125.)

L'expérience des *fortunes* passées me fait trembler en la considération de l'avenir. (IV, 157.)

Ses voyages sur mer et les *fortunes* qu'il avoit courues avoient beaucoup diminué de sa vigueur. (II, 481.)

.... Des meubles de bois..., qui sont d'autant plus estimés que la mauvaise *fortune* des arbres les a produits avec plus de nœuds. (II, 225.)

Voyez tome I, p. 15, vers 290; p. 76, vers 11; p. 130, vers 4; p. 296, vers 28; p. 301, vers 33; tome II, p. 40, 158.

COURIR FORTUNE, COURRE FORTUNE. Voyez COURIR et COURRE, p. 129.

FORTUNÉ.

Que d'hommes *fortunés* en leur âge première....
Du depuis se sont vus en étrange langueur! (I, 10, vers 157.)

FORTUNER, pour *rendre heureux*, blâmé pas Malherbe chez des Portes. (IV, 461.)

FOSSE.

Laquelle est-ce de toutes celles qui s'attachent à leurs maris morts, et qui se veuillent jeter dans la *fosse* (*en latin* : vix a rogo detractis), de qui les larmes aient continué jusqu'au bout du premier mois? (II, 497.)

Ce langage.... de Bassus, qui a un pied dans la *fosse* (*en latin* : quum loqueretur de morte vicina), m'a touché d'une étrange façon. (II, 380.)

FOUDRE, au propre et au figuré :

Cet assaut, comparable à l'éclat d'une *foudre*. (I, 6, vers 55.)

.... Déjà deux fois d'une pareille *foudre*
Je me suis vu perclus. (I, 42, vers 65.)

.... [Il] vaut mieux se résoudre
En aspirant au ciel être frappé de *foudre*
Qu'aux desseins de la terre assuré se ranger. (I, 22, vers 32.)

Qui ne sait de quelles tempêtes
Leur fatale main autrefois,
Portant la *foudre* de nos rois,
Des Alpes a battu les têtes? (I, 110, vers 73.)

Malherbe détermine le sens des mots *foudre* et *tonnerre*, à propos de l'expression de des Portes : *darder un orage.* (IV, 445.)

FOUDRE, au masculin, au propre et au figuré :

Acte digne du *foudre*.... (I, 59, vers 23.)

Ils se sont trouvés frappés.... comme d'un *foudre* inopiné. (II, 569.)

Tu passes comme un *foudre* en la terre flamande. (I, 26, vers 3.)

Voyez tome I, p. 87, vers 15; p. 125, vers 325; p. 213, vers 103.

FOUET, en poésie, blâmé par Malherbe, à propos de ce vers de des Portes :

Le *fouet* ensanglanté des fières Euménides. (IV, 411.)

FOULER.

Elle a vu parmi la fange
Fouler ce qu'elle adoroit. (I, 25, vers 50.)

Diogène.... *fouloit* sur la tête à celui qui avoit le monde à ses pieds. (II, 138.)

FOULER AUX PIEDS, au figuré :

Quand ils *ont foulé* quelqu'un *aux pieds*, ils prennent plaisir qu'il les remercie. (II, 107.)

SE FOULER, se fouler le pied :

Les chevaux qui viennent d'un pays rude ont la corne dure, et ne se gâtent jamais le pied; ceux qui sont nourris parmi des marais et des herbages *se foulent* incontinent. (II, 449.)

FOURCHON, branche d'une fourche, d'un pieu :

Les pieux des Romains sont légers, et n'ont que deux ou trois *fourchons* (*en latin :* ramorum), ou quatre pour le plus. (I, 402.)

FOURMAGE, fromage :

Un rat est une syllabe; un rat mange le *fourmage*; il s'ensuit donc qu'une syllabe mange le *fourmage*. (II, 435.)

FOURMI, masculin :

S'il étoit possible que les *fourmis* eussent l'entendement tel que les hommes, ne feroient-*ils* pas la même division d'une aire en plusieurs provinces? (I, 470; voyez le *Dictionnaire* de Nicot.)

FOURMILLER.

Les blés ne sont point aux sillons
Si nombreux que les bataillons
Qui *fourmilloient* en cette armée. (I, 122, vers 214.)

FOURMILLER DE, comme infinitif de verbe impersonnel :

Quel besoin est-il de voir des ivrognes chanceler en une grève, *fourmiller* sur un étang *de* bateaux pleins de collations? (II, 447.)

FOURNIR.

Votre seule valeur,
Qui de son impudence a ressenti l'outrage,
Vous *fournit*-elle pas une juste douleur? (I, 150, vers 28.)

Fournir de :
> .... L'air, la mer et la terre
> N'entretiennent-ils pas
> Une secrète loi de se faire la guerre
> A qui *de* plus de mets *fournira* ses repas? (I, 63, vers 36.)

Ce vers de des Portes est critiqué par Malherbe, qui veut *des*, au lieu de *de* :
> Me *fournissent* encor *de* sanglots et *de* pleurs. (IV, 382.)

Fournir le payement d'une dette. (II, 47.)

Se fournir :
Voulez-vous que votre esprit *se fournisse* de belles conceptions ? soyez pauvre, ou vivez en pauvre. (II, 326.)

Fournir, suffire :
> Puisqu'en âge si bas leur nombre vous étonne,
> Comme y *fournirez*-vous quand il aura vingt ans? (I, 259, vers 14.)

Il sembloit qu'une voix seule ne pût pas *fournir* à la multitude des conceptions que son esprit lui fournissoit. (II, 406.)

Cinquante chevaux de la taille du mien ne *fourniroient* pas. (III, 1.)

FOURNITURE.

Il n'y a jour qu'il ne faille employer comme si c'étoit celui de la retraite, et qui fît *fourniture* entière de la somme (*qui achevât le compte de la vie*). (II, 304.)

FRAIS, substantif :

Il n'est rien de si peu de *frais* (*rien qui coûte si peu*), si vous craignez de dépendre (*de dépenser*). (II, 44.)

FRAIS, adjectif, récent :

> Le coup encore *frais* de ma chute passée
> Me doit avoir appris à me tenir debout. (I, 9, vers 140.)

FRAISE, espèce de collet :

Ces beaux fils qui ont leur *fraise* si bien dressée et qui sont si parfumés (*en latin :* ille unctus et nitidus). (II, 449.)

FRANCHEMENT, hautement :

Ces esclaves.... s'en allèrent droit en la maison de leur maîtresse, d'où l'ayant tirée, ils la firent marcher devant eux, et disant *franchement* (*en latin :* professos esse) que c'étoit leur maîtresse, etc. (II, 72.)

FRANCHISE, liberté :

> Cinq ans Marseille volée....
> Avoit langui désolée....
> Enfin le temps l'a remise
> En sa première *franchise*. (I, 25, vers 46.)

« Plein de *franchise*, » pour « tout à fait libre, » blâmé chez des Portes. (IV, 385.)

FRAPPER, au propre et au figuré :

Si nous avons affaire à un qui joue bien, nous serons plus hardis à *frapper* la pelote (*la balle*). (II, 30.)

Celui qui tire [est content], quand il a *frappé* le but où il visoit. (II, 45.)

.... Que vos effets répondent tellement à vos paroles, qu'ils semblent *avoir été frappés* en même coin. (II, 394.)
.... Sa voix de ses accents
Frappe les cœurs par les oreilles. (I, 131, vers 22.)
.... D'un sentiment humain
Frappé non moins que de charmes (*non moins qu'il eût pu l'être par*
Il fit la paix.... (I, 90, vers 78.)   *des charmes magiques*),
La vie où vous êtes, pource qu'elle *est frappée* d'un brillement extérieur, donne.... une ombre épaisse à ceux qui s'y arrêtent. (II, 342.)

FRAUDE, qualité de celui qui est trompeur :
Je n'ai point d'autre qualité
Que celle du siècle où nous sommes,
La *fraude* et l'infidélité. (I, 142, vers 24.)

FRAYER.
Il faut honorer ceux qui nous *ont frayé* le chemin à bien vivre. (II, 499.)

FRAYEUR.
Nous tenons ordinairement des gardes auprès de ceux.... qui ont quelque *frayeur* en l'âme (*en latin :* timentem). (II, 296.)

FRÉGATE, navire :
Annibal.... s'embarqua sur une *frégate* (*en latin :* navis) bien armée. (I, 457 ; voyez II, 116.)

FRÉNÉSIE, folie, fureur :
Quelle *frénésie* est-ce de mettre en dispute le bien que les Dieux donnent aux hommes? (II, 191 ; voyez I, 153, vers 35.)
D'elle (*de la Discorde*) naquit la *frénésie*
De la Grèce contre l'Asie. (I, 186, vers 95.)

FRÉQUENT, nombreux :
Les étuves, en ce temps-là, n'avoient garde d'être *fréquentes* comme elles sont. (II, 669.)

FRÉQUENTER chez quelqu'un, y aller habituellement :
.... Un qui *fréquente* chez Mme de Bressieu. (III, 28 ; voyez I, 458.)

FRIAND, au figuré :
Voici le livre des glanes.... Prenez en bonne part ce qui reste, puisque c'est pour vous qu'il est resté. Si j'eusse voulu me faire valoir, je devois aller par degrés, et mener ma besogne d'un ordre que le plus *friand* fût servi le dernier. (II, 214.)

FRIANDISE.
La superfluité des festins.... et la *friandise* des cuisines.... (II, 16.)

FRICHE (En), au figuré :
Le sage, encore qu'il se contente de soi-même, ne laisse pas de vouloir avoir un ami, sinon pour autre chose, au moins pour ne laisser point *en friche* une vertu si belle et si louable comme l'amitié. (II, 290.)

FRIPIER.
Ce n'est pas qu'il ne faille qu'on la voie (*la philosophie*); mais il faut que ce soit au cabinet, et par les mains d'un homme d'honneur, et non pas d'un *fripier* (*en latin :* institor). (II, 454.)

FRIPONNER, dérober :

Un qui sera surpris *friponnant* quelque chose. (II, 466.)

FRIPPER, piller :

Je *frippe* toujours quelque chose dans Épicure. Voici ce que j'ai pris aujourd'hui. (II, 287.)

FRISE, sorte d'étoffe de laine. (III, 61.)

FROIDEUR, froid, au propre :

Mon âge a de la *froideur* assez sans en chercher ailleurs. A grand'peine puis-je dégeler au mois de juillet. (II, 525.)

Fro deur, sang-froid :

C'est un péril où il faut une *froideur* et une assurance de qui peu d'hommes sont capables. (II, 380.)

FROIDURE, froid :

.... Le chaud et la *froidure*. (I, 25, vers 38.)

FROISSER, au figuré :

Ceux de qui la condition est enviée auront toujours quelques nouvelles atteintes. Les uns *seront froissés*, les autres donneront du nez à terre (*en latin :* alii elidentur, alii cadent). (II, 397.)

FRONT.

.... Son *front*, témoin assuré
Qu'au vice elle est inaccessible,
Ne peut que d'un cœur insensible
Être vu sans être adoré. (I, 47, vers 47.)
Qui plus heureusement a mis
La honte au *front* des ennemis? (I, 122, vers 186.)

Les *fronts* trop élevés de ces âmes d'enfer.... (I, 277, vers 6.)

Votre patience donnera sujet à l'ingrat de s'amender, et quand cela ne seroit pas, vos reproches ne pourroient de rien servir qu'à l'empirer. Ne lui endurcissez point le *front*. (II, 246.)

FRUGAL.

Prenons donc garde si.... vous n'êtes point *frugal* en dépense de table et trop somptueux en magnificence de bâtiments. (II, 338.)

FRUITS.

Combien seroit-ce mieux fait de se retourner à la contemplation de tant et de si grands biens qu'ils (*les Dieux*) nous ont faits...! Jette les yeux sur tant de *fruits*, tant de richesses, et tant de toutes sortes de biens. (II, 43.)

Fruit, fruits, au figuré :

.... Perdre ce que l'âge a de fleur et de *fruit*. (I, 30, vers 43.)

Quelques malheureux *fruits* que produise la guerre.... (I, 145, vers 13.)

Ayant été sauvée d'autre façon, elle eût joui du *fruit* d'une clémence vulgaire. (II, 73.)

Que sauroit enseigner aux princes
Le grand démon qui les instruit,
Dont la sagesse en nos provinces
Chaque jour n'épande le *fruit*? (I, 185, vers 64.)

Phidias fait une statue. Ce n'est pas tout un que le *fruit* de l'art et le *fruit* de la besogne. Le *fruit* de l'art est d'avoir fait ce qu'il a voulu faire; le *fruit* de la besogne est de l'avoir fait avec *fruit*. (II, 47.)

Tout ce qu'on apporte à cultiver ou un champ, ou quelque autre chose de qui le *fruit* n'est point en elle-même, ne peut avoir la gloire d'être fait de bonne foi. (II, 104.)

.... La beauté des *fruits* d'une palme si haute
Me fait par le désir oublier le danger. (I, 22, vers 35.)

Ce mépris qu'il fait de soi.... fait craindre à tous les gens de bien que sa vie ne soit pas assez longue pour voir le *fruit* de ce qu'il plante. (IV, 109.)

Je n'aime pas tant le travail que j'en veuille prendre pour une chose de si peu de *fruit*. (I, 462.)

FRUITAGE, pour *fruit*, blâmé par Malherbe chez des Portes. (IV, 436.)

FUGITIF, esclave fugitif :

En la confusion de cette ville prise, où chacun ne pensoit qu'à se sauver, elle fut fuie de tous (*la maîtresse de ces esclaves fut évitée, abandonnée de tous*), sinon de ses *fugitifs*. (II, 73.)

FUIR.

Fais que jamais rien ne l'ennuie (*la Reine*);
Que toute infortune la *fuie*. (I, 82, vers 186.)

Fuis (*évite*) tant que tu pourras les pluriers des mots en *euil*. (IV, 463.)

FUIR DE, éviter de :

Est-il courage si brave
Qui pût avecque raison
Fuir d'être son esclave
Et *de* vivre en sa prison? (I, 306, vers 11 et 12.)

Il n'est rien de si peu de frais, si vous craignez de dépendre, ni de si peu de peine, si vous *fuyez de* travailler. (II, 44.)

S'EN FUIR, en deux mots séparés l'un de l'autre par un ou plusieurs mots :

Un autre, qui *s'en étoit fui*.... (II, 273; voyez I, 458; II, 73.)
Un homme de courage.... ne *s'en* doit pas *fuir* de la vie. (II, 361.)

ÊTRE FUI :

Elle *fut fuie* de tous (*évitée, abandonnée de tous*). (II, 73.)
Ayant été par toutes les solitudes les plus égarées pour chercher ceux qui *sont fuis* de tout le monde, je suis arrivé, etc. (II, 231.)

FUITE.

La diligence du temps est infinie.... Ce qui est présent.... passe avec une *fuite* si précipitée que nous n'avons pas loisir de le considérer. (II, 439.)

FUITES, au pluriel :

Les *fuites* des méchants, tant soient-elles secrètes,
Quand il les poursuivra n'auront point de cachettes. (I, 71, vers 49.)

METTRE EN FUITE :

[Le matin] *Met* les étoiles *en fuite*. (I, 93, vers 168.)

FUMÉE, au propre et au figuré :

Il m'étoit survenu quelques amis, pour lesquels il falloit faire un peu plus de *fumée* que de coutume, non toutefois tant comme celle des grandes cuisines, qui met les sentinelles d'une ville en alarme, mais assez pour faire connoître que j'avois des hôtes. (II, 499.)

Il n'a point son espoir au nombre des armées,
Étant bien assuré que ces vaines *fumées*
N'ajoutent que de l'ombre à nos obscurités. (I, 71, vers 44.)
  La montagne au double sommet
  N'est que mensonge et que *fumée*. (I, 108, vers 37.)

FUMIER.

Ayant été si heureux que de faire garder la mule à Messieurs les cardinaux, et dans Rome, c'est-à-dire sur leur *fumier* (*chez eux*).... (III, 75.)

FUNÉRAILLES.

 [Que de mères] En pleurant diront la vaillance
 De son courage et de sa lance,
 Aux *funérailles* de leurs fils! (I, 50, vers 120.)
 Qui n'eût cru que ses murailles (*de Sedan*),
 Que défendoit un lion,
 N'eussent fait des *funérailles* (*occasionné des morts*)
 Plus que n'en fit Ilion? (I, 88, vers 23.)

FUNESTE.

Penses-tu que plus vieille....
.... elle eût moins senti la poussière *funeste*,
  Et les vers du cercueil? (I, 40, vers 23.)
 Oranthe, qui par les zéphyrs
 Reçut les *funestes* soupirs
 D'une passion si fidèle,
 Jura que s'il mouroit pour elle,
 Elle mourroit avecque lui. (I, 169, vers 62.)
 Assez de *funestes* batailles
 Et de carnages inhumains
 Ont fait en nos propres entrailles
 Rougir nos déloyales mains. (I, 185, vers 81.)
  .... Le *funeste* remords. (I, 27, vers 31.)

Voyez tome I, p. 35, vers 56; p. 56, vers 2; p. 129, vers 9; p. 135, vers 14; p. 145, vers 4; p. 159, vers 21, etc.

FUREUR, dans les divers sens du latin *furor* :

O Dieu, dont les bontés, de nos larmes touchées,
Ont aux vaines *fureurs* les armes arrachées. (I, 69, vers 2.)
  Cependant notre grand Alcide
  Perdra la *fureur* qui sans bride
  L'emporte a chercher le trépas. (I, 50, vers 123.)
.... Si.... il ne lui eût encore donné du pied par les dents, pour rendre l'injure accomplie au gré de son insolence et de sa *fureur*. (II, 25.)

Il ne faut point trouver étrange que leur *fureur* (*leur ardeur pour les voluptés*) leur donne de la peine. (II, 405.)

Cambyse,... de qui la *fureur* ne manqua point de succès.... (II, 667.)
L'ivresse n'est autre chose qu'une *fureur* volontaire. (II, 646.)
  Oh! *fureurs* dont même les Scythes
  N'useroient pas vers des mérites
  Qui n'ont rien de pareil à soi!
  Ma dame est captive.... (I, 152, vers 13.)

Se trouvera-t-il quelqu'un si lâche que pour se démêler des *fureurs* où le monde l'engage, il appréhende de supporter la pauvreté? (II, 326.)

FURIE.

  La mer en cette *furie*
  A peine a sauvé Dorie. (1, 27, vers 29.)
Que Bellone et Mars se détachent;...
La France est hors de leur *furie*. (I, 197, vers 4.)
  [Leur camp] eut peur de sa *furie*,
  Et demanda la paix. (I, 42, vers 63.)
.... S'il peut un jour égaler
Sa force avecque sa *furie*,
Les Nomades n'ont bergerie
Qu'il ne suffise à désoler. (I, 217, vers 208.)

FURIEUX, FURIEUSE :

Si les bêtes *furieuses* sont formidables pour leur force, celles qui n'ont du tout point de courage ne le sont pas moins pour leur poison. (II, 22.)

Furieux, fou :

Un homme de bon sens ne craint jamais les Dieux. C'est l'imagination d'un *furieux* de redouter ce qui est salutaire. (II, 109.)
.... Cet homme (*Xerxès*), déjà *furieux* de la bonne opinion qu'il avoit de soi-même. (II, 200.)
Cambyse.... fut un *furieux*. (II, 667.)
C'est être extrêmement sage que d'être parfaitement *furieux* pour une si digne passion. (IV, 172.)
L'amour est une maladie *furieuse*, et.... par conséquent la raison et lui sont incompatibles. (IV, 173.)

FUSÉE (Démêler une), résoudre une difficulté :

Dieu a bien d'autres *fusées* à *démêler*. (II, 93 ; voyez I, 462; IV, 129.)

FUTUR, adjectif :

.... C'est un témoignage à la race *future*. (I, 309, vers 13.)

Le futur, l'avenir :

.... Moi, que *du futur* Apollon avertit. (I, 106, vers 12.)

G

GABELLE, impôt, contribution, au figuré :

Il est temps de cesser; mais il faut premièrement acquitter la *gabelle* (*la dette que j'acquitte dans chacune de mes lettres*). (II, 373.)

GAGNER.

  Les pilotes du fils d'Éson
  Ont *gagné* la première place
  En la fable de la toison. (I, 212, vers 79.)
Un tel.... a eu autant que moi, mais je l'ai eu tout incontinent, et il a été longtemps à le *gagner*. (II, 23.)

> Quand les bienfaits sont jetés en commun,
> Il s'en perd bien devant qu'il s'en *gagne* un (*qu'il y en ait un de bien placé*). (II, 5.)

Après avoir longtemps heurté (*après qu'il eut longtemps heurté*) à la boutique, qui étoit fermée, quelqu'un lui dit : « Que *gagnez-vous*? Le cordonnier que vous demandez est mort et enterré. » (II, 239.)

> L'autre (*Judas*), qui fut *gagné* d'une sale avarice,
> Fit un prix de ta vie (*de la vie de Jésus*).... (I, 16, vers 334.)

GAGNER AU PIED, dans le sens d'*avancer*, blâmé comme « bas et populaire » par Malherbe chez des Portes. (IV, 403.)

GAILLARD, adjectif, vif, actif, dispos :

La nature.... en loge quelques-uns (*des esprits*) dans des corps si mal disposés, qu'il semble qu'il leur soit impossible de se produire. Et cependant ils ont l'action si vive et si *gaillarde* que malgré tout ce qui les empêche, ils ne laissent pas de se faire admirer par leurs effets. (II, 510.)

Comme ils (*les hommes des premiers temps*) avoient la disposition plus forte et plus *gaillarde* (*en latin :* indoles fortior et ad labores paratior), ils ne pouvoient pas avoir les esprits consommés comme ils sont aujourd'hui. (II, 724.)

GAILLARDISE, vivacité, heureuse disposition :

Épicure dit qu'il y en a qui, sans que personne leur aide, arrivent à la connoissance de la vérité, et donne le premier honneur à ceux qui ont cette *gaillardise* de se pouvoir produire d'eux-mêmes. (II, 451.)

GAIN.

Le second vers est admirable, qui veut que le *gain* d'un bienfait heureusement employé soit la consolation d'un grand nombre qui auront été perdus. (II, 5 ; voyez le 3ᵉ exemple de l'article GAGNER.)

GALANT, vaillant; GALANT HOMME, homme de cœur :

Chacun se laisse emporter : les sots et les poltrons, comme les *galants* et les braves; ceux-ci pour avoir trop de cœur, et ceux-là pour n'en avoir point. (II, 362; voyez I, 289, vers 100; II, 390.)

De là (*du Parlement, où je le veux mettre*), s'il est *galant homme*, il est de condition pour arriver aux premières charges de la profession. (IV, 104.)

GALIMATIAS.

Galimatias royal; *galimatias* pur; *galimatias* excellent. (IV, 262, 280, 295.)

GANTS, dans une locution proverbiale :

L'entreprise n'est point petite : il y faut aller d'autre façon que les *gants* en la main (*en latin :* nihil molliter esse faciendum). (II, 448.)

GARANTIR.

> .... Il peut assez connoître
> Quelle force a la main qui nous *a garantis*. (I, 70, vers 18.)

> [J'ai] de quoi te *garantir*
> Contre les menaces des Parques. (I, 112, vers 133.)

Le meilleur moyen que vous ayez de vous *garantir*, c'est de ne fréquenter point gens d'autre humeur que la vôtre (II, 387.)

On l'a mis à la Bastille, où il fait le fou, croyant que cette échappatoire le *garantisse*. (III, 231.)

Qui peut faire une chose sans peine, sans dépense et sans crainte d'un mauvais succes, s'il ne la fait, il n'y a point de prétexte qui le puisse *garantir* (*excuser*). (II, 53.)

GARCE, femme de mauvaise vie :

Je rendrai à mon créancier l'argent qu'il m'aura prêté.... S'il veut que je le baille à quelque *garce* (*en latin :* adulteram), je le veux bien aussi. (II, 235.)

GARÇON.

.... Quand après que vous aurez quitté cette âme de jeune *garçon*, la philosophie vous aura fait prendre place au nombre des hommes. (II, 272.)

BON GARÇON, (serviteur) digne d'éloge. (II, 179.)

MAUVAIS GARÇON, mauvais sujet. (II, 42.)

GARDE.

[Louis,] Délices des sujets à ta *garde* commis. (I, 252, vers 4.)
Dieu, qui de ceux qu'il aime est la *garde* éternelle. (I, 207, vers 13.)

FAIRE SA GARDE, être en sentinelle :

> Le soldat remis par son chef....
> En état de *faire sa garde*
> N'oseroit pas en déloger. (I, 287, vers 51.)

BAILLER EN GARDE :

> .... Je me résous de vous *bailler en garde*
> Aux fastes éternels de la postérité. (I, 244, vers 7.)

PRENDRE GARDE, PRENDRE GARDE À, considérer, examiner, regarder :

Quand vous voudrez essayer les progrès de votre suffisance, *prenez garde* si vous voulez aujourd'hui ce que vous vouliez hier. (II, 396; voyez II, 338.)
Ne *prenant* pas *garde* qui donnoit la bourgeoisie, mais qui étoient ceux à qui on la donnoit, il (*Alexandre*) la reçut fort volontiers. (II, 21.)
Prenez garde à ses mœurs, considérez-la toute;
Ne m'avoûrez-vous pas que vous êtes en doute
Ce qu'elle a plus parfait, ou l'esprit ou le corps? (I, 175, vers 40.)
Il arrive ordinairement que pour ne *prendre* pas *garde à* nos actions.... nous faisons une infinité de fautes. (II, 1.)

PRENDRE GARDE DE, avoir soin de :

Il faut *prendre garde d'*obliger plutôt que nul autre ceux que nous pensons qui en auront du ressentiment (*de la reconnaissance*). (II, 17.)

SE PRENDRE GARDE DE OU QUE, faire attention à ou que :

Paulus.... portoit une bague où le portrait de Tibère étoit gravé.... Il prit le pot de chambre pour faire de l'eau. Son serviteur.... vit que Maro, l'un des espions ordinaires d'alors, *s'en étoit pris garde*. (II, 75.)
Vous ne *vous prenez* pas *garde que* vous baillez un exemple qui peut tourner à votre préjudice. (II, 282.)

N'AVOIR GARDE DE, être loin de :

Les étuves, en ce temps-là, *n'avoient garde d*'être fréquentes comme elles sont. (II, 669.)

Gardes d'une épée :
Vous ne dites point qu'une épée soit bonne qui a des *gardes* dorées. (II, 588.)

GARDER, emplois divers :
Sa vie, auparavant si chèrement *gardée*,
Lui semble trop longtemps ici-bas retardée. (I, 9, vers 121.)

  Le Roi vit, et les destinées
  Lui *gardent* un nombre d'années
  Qui fera maudire le sort.... (I, 80, vers 126.)

Lui avoir donné un bon conseil,... l'avoir assisté malade, lui avoir fait *garder* le régime nécessaire à sa guérison.... (II, 60.)

Il est des choses.... qui ne se peuvent faire qu'en compagnie. On fait cas de la bonne foi..., et cependant on ne dit point qu'un homme se *soit gardé* la foi. (II, 147.)

Il n'y a point de loi qui défende de révéler le secret d'un ami, ni qui commande de *garder* la parole à un ennemi. (II, 163.)

Si [mon créancier] me dit que je mette [l'argent] dans sa poche, encore qu'elle soit percée, je l'y mettrai, parce que je n'ai qu'à le rendre, et non pas à le *garder* quand je l'aurai rendu. (II, 235.)

  [Le Destin] Est jaloux qu'on passe deux fois
  Au deçà du rivage blême;
Et les Dieux ont *gardé* ce don. (I, 33, vers 28.)

  .... L'aventure funeste
  Que leur *garde* notre courroux. (I, 67, vers 52.)

Cette belle bergère, à qui les destinées
Sembloient *avoir gardé* mes dernières années. (I, 264, vers 8.)

Se garder :
Il me survint quelques amis qui m'ôtèrent de dessus la besogne, et me tancèrent comme un malade qui ne *se garde* pas, et qui ne fait point de cas de sa santé. (II, 502.)

[La philosophie] est un rempart inexpugnable.... Une âme qui se résout à quitter la campagne, et ne se soucie que de *se garder* en ce château, peut défier l'escale. (II, 632.)

Garder (de ou que), empêcher, préserver :
Quelqu'un pour se revancher en votre endroit a fait ce qui lui est possible, mais votre bonne fortune l'en a *gardé* (*empêché*), vous n'avez point eu de sujet d'éprouver un ami. (II, 230.)

Voulez-vous savoir le vrai sujet qui *garda* Socrate d'aller trouver Archélaüs? [Il] ne voulut pas se donner un maître. (II, 142.)

Voyez I, 412; II, 70, 508, 515, 523; III, 65, 494; IV, 11, 210, 383.

Garder de, pour « empêcher de, » est blâmé par Malherbe chez des Portes. (IV, 430, note 3.)

Pourquoi faisons-nous ce tort à ceux qui donnent, sous couleur de les vouloir *garder de* perdre et de pourvoir à leur indemnité, de les mettre au rang de la plus basse.... canaille qui soit en une ville? (II, 65.)

  [Apollon] Laisse indifféremment cueillir
  Les belles feuilles toujours vertes
Qui *gardent* les noms *de* vieillir. (I, 188, v. 144; voy. II, 6, 60, 73, 158.)

  [Quelle puissance] *Garderoit* (*empêcheroit*) que jusqu'aux enfers
  Je n'allasse avecque les armes
  Rompre vos chaînes et vos fers? (I, 167, vers 22.)

Cette condition le *garde que* jamais il ne peut choir que sur ses pieds. (II, 127; voyez II, 164, 197.)

GARDER LA MULE, attendre pendant qu'un autre est occupé ou se divertit. (III, 75.)

GARDIAN, gardien :

Un qui se dit *gardian* des Cordeliers.... (IV, 47.)

GARGOUILLE, endroit du tuyau par où l'eau tombe :

L'eau.... y tomboit par des *gargouilles* d'argent. (II, 669.)

GASCON, GASCONNE, au sujet de certaines formes de mots ou façons de parler et de rimer, employées par des Portes. (IV, 275, 353, 382, 390.)

GÂTER, GÂTÉ :

.... Ces matières de pleurs
De leurs funestes épines
Ne *gâteront* plus nos fleurs. (I, 87, vers 10.)

Il y a trop peu de terre pour un si grand appareil (*l'armée de Xerxès*); mais c'est ce qui vous *gâtera* (*vous perdra*). La Grèce aura de quoi vous vaincre, pource qu'elle n'aura pas de quoi vous loger. (II, 201.)

Tout ce que vous faites, vous le faites contre vous. Vous vous *gâtez* de vous remuer (*vous vous faites du mal en vous remuant*) ; vous donnez des heurts à un malade. (II, 372.)

On a fait plusieurs discours...; mais cela seroit trop ennuyeux, et.... ne vaut pas la peine d'en *gâter* le papier. (III, 418.)

[Ces fontaines] Dont les conduites souterraines
Passent par un plomb si *gâté*,
Que toujours ayant quelque tare,
Au même temps qu'on les répare
L'eau s'enfuit d'un autre côté. (I, 214, vers 117.)

GAZE, sorte d'étoffe très-claire :

S'il eût vu les *gazes* et les crêpes d'aujourd'hui..., qu'auroit-il dit? (II, 716.)

GAZETTILLE, petite gazette :

Vous ferez part de cette *gazettille* [à Monsieur le premier président], si vous croyez qu'il y ait chose qu'il n'ait point sue d'ailleurs. (III, 507.)

GAZON, mottes de terre :

La défense victorieuse
D'un petit nombre de maisons,
Qu'à peine avoit clos de *gazons*
Une hâte peu curieuse.... (I, 122, vers 203.)

[Contentez-vous] d'une maison où le vent et la pluie ne vous puissent offenser : qu'elle soit ou de *gazon* ou de marbre, que vous importe? (II, 286.)

GEINDRE.

Quand les plus forts.... jettent leurs mains chargées de plomb, quand ils ahanent ou font semblant d'ahaner, je les oy *geindre*. (II, 465.)

GEINNE, pour *gêne*, blâmé par Malherbe chez des Portes. (IV, 370.)

GEL (DU), de la glace, blâmé par Malherbe chez des Portes. (IV, 409.)

GÉMEAUX, jumeaux. (II, 215.)

GÊNE, tourment; **Gênes**, tortures :

Quelle *gêne* pensez-vous qu'ait soufferte celui qui a eu faute (*qui a manqué des choses nécessaires*), encore qu'il ait trouvé du secours ! (II, 196.)

La volupté vraiment digne de l'homme.... n'est pas de se gorger de viandes,... mais de n'avoir en l'esprit ni ces *gênes* que fait naître l'ambition, ni, etc.... (II, 217.)

Non content d'une mort simple, il y ajoute des *gênes* et des tortures extraordinaires. (II, 237.)

Voyez tome II, p. 41, 207, et ci-dessus, p. 290, l'article Geinne.

GÊNER, tourmenter; **Gêné** :

Qui lasse une personne à le remettre d'un jour à l'autre, et le *gêne* à le faire attendre, il se trompe s'il en espère ni revanche ni ressentiment. (II, 3.)

.... En cet exil j'ai l'âme si *gênée*,
Qu'au tourment que je souffre il n'est rien de pareil. (I, 139, vers 1.)

L'un n'est plus *gêné* d'avarice, mais il se met encore en colère; l'autre ne court plus après les femmes, mais il est encore ambitieux. (II, 583.)

Se gêner :

Un homme est très-heureux, et se peut vraiment dire à soi, qui ne *se gêne* point de sollicitudes en l'attente du lendemain. (II, 304.)

L'ingrat *se gêne* et se consume de soi-même. (II, 627.)

GÉNÉRAL, adjectif :

Sa providence libérale
Est une source *générale*
Toujours prête à nous arroser. (I, 245, vers 8.)

Quand elle (*la vertu*) nous envoie en quelque part, il y faut marcher, et sans considération ni du bien ni de la vie, nous résoudre à l'obéissance *générale* de tout ce qu'il lui plaît nous commander. (II, 90.)

Le général, opposé au *particulier* :

Ces biens indivisibles, la paix et la liberté, tous entiers appartiennent à un particulier, aussi bien qu'*au général*. (II, 565.)

Cruauté qui.... se manifeste en la ruine *du général*.... (II, 237.)

GÉNÉRATION, au figuré :

Il est des préceptes comme des graines. Si l'esprit qui les reçoit a de la disposition à bien apprendre, il ne faut point douter que de sa part il ne contribue à la *génération*, et n'ajoute beaucoup à ce qu'il aura recueilli. (II, 403.)

GÉNIE, démon tutélaire :

[Mon roi] Accompagné d'un *Génie*
Qui les volontés manie. (I, 88, vers 35.)

L'homme de bien est toujours accompagné d'un bon *génie*.... Il n'est point d'homme de bien sans quelque dieu qui l'assiste à monter par-dessus la fortune. (II, 411.)

Génie, sens abstrait :

Un Alcide fils d'Alcide,
A qui la France a prêté
Son invincible *génie*.... (I, 24, vers 28.)
Assez de funestes batailles....
Ont fait en nos propres entrailles
Rougir nos déloyales mains;

Donne ordre (*il parle à la Reine*) que sous ton *génie*
Se termine cette manie. (I, 185, vers 85.)

GÉNITIF, en parlant d'un nom français précédé de *de*. (IV, 293.)

GENOUX, au propre et au figuré :
Nous passons près des rois tout le temps de nos vies
A souffrir des mépris et ployer les *genoux*. (I, 274, vers 9.)

En tout ce qu'ordinairement on appelle adversités, il [n'y a] autre mal, sinon que l'esprit se plie,... que les *genoux* lui faillent. (II, 554.)

GENS.
Nous demeurons d'accord qu'il est assez de fils.... qui sont plus *gens* de bien [que leurs pères]. (II, 78; voyez II, 156, 487.)
Il n'a point de régiments de *gens* de pied. (II, 219.)

Gens, au pluriel masculin, blâmé chez des Portes par Malherbe, qui veut que l'on dise : *Toutes mes gens*, et non : *Tous mes gens*. (IV, 397, note 1.)

GENT, nation, race :
La *gent* qui porte le turban.... (I, 50, vers 112.)

GENTILSHOMMES, en parlant d'anciens Romains. (III, 432.)

GENTILLESSE.
Votre bel esprit, qui vous a mis si avant au jour, la *gentillesse* de vos écrits, et la connoissance que les grands ont de votre mérite.... (II, 334.)

La philosophie et la *gentillesse* de l'esprit ne sont pas incompatibles, mais les paroles ne sont pas chose qui mérite d'y employer trop de temps. (II, 580.)

S'y faisant (*comme il s'y fait*) toutes sortes de combats d'adresse, de force et de disposition, ce peuple, qui naturellement est porté à telles *gentillesses*, treuve en ce lieu-là de quoi satisfaire à sa curiosité. (I, 438.)

Elle ne prit rien qu'un manchon et quelques gants, et autres telles *gentillesses*. (III, 126.)

GERMER.
L'an n'aura plus d'hiver, le jour n'aura plus d'ombre,
Et les perles sans nombre
Germeront dans la Seine au milieu des graviers. (I, 233, vers 72.)

GÉRONDIF, désignant certains emplois du participe présent. (IV, 315, 351, etc.)

GIBIER, au figuré :
Toute cette manière de fables est du *gibier* des poëtes, qui n'ont autre but que de dire quelque chose de bonne grâce. (II, 10; voyez III, 467.)

GIRON.
De quelque adresse qu'au *giron*
Ou de Phénix ou de Chiron
Il (*Achille*) eût fait son apprentissage.... (I, 113, vers 155.)

GLACE, froid, froideur :
A ces mots tombant sur la place,
Transi d'une mortelle *glace*,
Alcandre cessa de parler. (I, 154, vers 62.)

.... Ces beautés dont les appas vers 17; 101, vers 43.)
Ne sont que rigueur et que *glace*. (I, 108, vers 17; voyez I, 97,

GLACÉ, froid, insensible :
J'eus honte de brûler pour une âme *glacée*. (I, 265, vers 20.)

GLAÇONS.
.... Devant que le Sagittaire
Deux fois ramène les *glaçons*. (I, 55, vers 214.)

GLAIVE.
.... Un homme dolent que le *glaive* contraire
A privé de son fils et du titre de père. (I, 14, vers 283.)
[Un Alcide] A coupé sa tyrannie (*de la France*)
D'un *glaive* de liberté. (I, 24, vers 30.)
Lorsque l'été revient, il m'apporte la peste,
Et le *glaive* est le moins de ma calamité. (I, 56, vers 8.)

GLANES, au figuré :
Voici le livre des *glanes* (*en latin :* reliqua hic liber cogit). (II, 214.)

GLISSER, se glisser, se répandre :
Un malheur inconnu *glisse* parmi les hommes,
Qui les rend ennemis du repos où nous sommes :
La plupart de leurs vœux tendent au changement. (I, 70, vers 25.)

GLOBE, espèce de météore. (I, 475.)

GLOIRE.
Il n'est rien de si beau comme Caliste est belle,
Et notre âge est ingrat, qui voit tant de trésors,
S'il n'élève à sa *gloire* une marque éternelle. (I, 132, vers 4.)
N'attends, passant, que de ma *gloire*
Je te fasse une longue histoire. (I, 275, vers 1.)
Si l'on peut acquérir par la plume la *gloire*
D'un des plus beaux esprits qui soit en l'univers, etc. (I, 291, vers 1.)
Sa *gloire* à danser et chanter,
Tirer de l'arc, sauter, lutter,
A nulle autre n'étoit seconde. (I, 113, vers 145.)
Peut-on assez vanter l'ivoire
De son front, où sont en leur *gloire*
La douceur et la majesté? (I, 175, vers 32.)
Vos pénibles travaux, par qui nos pâturages
Sont encore en leur *gloire*, en dépit des orages, 317, v. 9.)
Qui les ont désolés.... (I, 229, v. 8 *var.*; voy. I, 253, v. 9;

GLORIEUX.
Quand je verrois Hélène au monde revenue,
En l'état *glorieux* où Pâris l'a connue, etc. (I, 264, vers 4.)

GONDOLE.
.... Voir sur une eau toute couverte de roses une infinité de *gondoles* peintes de toutes sortes de couleurs. (II, 449.)

GONFLÉ, épithète de *cœur*, blâmé par Malherbe chez des Portes, comme mot provençal. (IV, 401.)

GORGE.
>Quelle neige a tant de blancheur
>Que sa *gorge* ne la surmonte? (I, 130, v. 16; voy. I, 132, v. 9.)

COUPER LA GORGE, au figuré. Voyez, ci-dessus, p. 127 et 128, COUPER.

RENDRE SA GORGE, vomir :
>Il *rendoit sa gorge* quand le cœur lui faisoit mal. (II, 456; voyez II, 329, 455, 648.)

GORGE CHAUDE, terme de fauconnerie (la chair des animaux vivants qu'on donne aux oiseaux de proie), pris au figuré :
>Mettez les hommes chacun à part soi, que sera-ce qu'une *gorge chaude* au reste des animaux (*en latin :* animalium præda et victimæ)? (II, 108.)

GOURMANDER, dominer, faire sentir durement sa supériorité :
>Jamais une injure n'est pardonnée, les forts *gourmandent* les foibles, et ne penseroient pas leur faire connoître leur puissance, s'ils ne leur faisoient sentir leur oppression. (II, 15.)
>Après que la mer se sera laissé *gourmander* à votre arrogance, une petite sente se moquera de vous. (II, 200.)

GOURMANDER, se livrer à la gourmandise :
>Son intention n'est que de *gourmander*, dormir et paillarder. (II, 463; voyez II, 491.)

GOÛT, au propre et au figuré :
>Un fleuve au travers de la mer,
>Sans que son *goût* devienne amer,
>Passe d'Élide en la Sicile. (I, 114, vers 183.)

>L'amitié.... a je ne sais quelle douceur agréable à notre *goût*. (II, 293.)
>Je ne sais que trop bien l'inconstance du sort;
>Mais de m'ôter le *goût* d'une si chère joie,
>C'est me donner la mort. (I, 157, vers 35.)

>Quand j'étois jeune, le *goût* de la jeunesse m'y eût ramené (*à Paris*); mais à d'autres saisons d'autres pensées. (IV, 17.)

>Toute la cour fait cas du séjour où je suis,
>Et pour y prendre *goût* je fais ce que je puis. (I, 139, vers 10.)

>.... Nos sens corrompus n'ont *goût* qu'à des ordures. (I, 63, vers 21.)

>Après cette nouvelle de paix, il n'y auroit point de *goût* à en lire d'autres. (III, 418.)

>Je ne trouve pas grand *goût* à faire respirer les regards (*c'est une critique littéraire adressée à des Portes*). (IV, 259.)

>Il faut un *goût* aussi délicat à choisir à qui devoir, comme à qui prêter. (II, 32.)

>Voilà trop de choses sérieuses; il faut venir à quelque chose de plus de *goût*. (III, 34.)

>Quand ils l'appellent mélancolique,... qu'il les laisse dire, pourvu qu'il continue d'aimer la vertu, et de prendre comme il faut la teinture des bonnes lettres. Son austérité se trouvera de bon *goût* avec le temps : il est à cette heure en la vraie saison d'apprendre. (II, 397.)

>Cet excès de pouvoir.... rendoit leur gouvernement de si mauvais *goût* et si odieux, etc. (I, 455.)

GOÛTER, au figuré :
>Quel excès de frayeur m'a su faire *goûter*
>Cette abominable pensée

Que ce que je poursuis me peut assez coûter? (I, 296, vers 22.)
Si quelqu'un pense que ce langage tende à ramener la libéralité dans ses limites..., il ne *goûte (comprend)* pas bien ce que je dis. (II, 23.)

GOUTTE DE SANG, au figuré :

C'est un grand homme, et stoïque.... Bon Dieu! que je le trouve nerveux!... Les écrits des autres philosophes ne sont pas de même;... ouvrez-les, vous n'y trouverez pas une *goutte de sang*. (II, 499.)

NE VOIR GOUTTE, au figuré :

Sous Henri c'est *ne voir goutte*
Que de révoquer en doute
Le salut des fleurs de lis. (I, 90, vers 88.)

.... S'il eût ouvert les yeux à ce roi, qui *ne voyoit goutte* en plein midi. (II, 140; voyez II, 150.)

GOUTTES, au pluriel, maladie de la goutte :

C'est de cette façon que se passent les *gouttes* et les douleurs de vertèbres et de nerfs. (II, 604; voyez IV, 179.)

GOUVERNAIL.

Si notre vaisseau (*le vaisseau de l'État*) doit jamais vaincre les tempêtes, ce sera tandis que cette glorieuse main en tiendra le *gouvernail*. (IV, 20.)

GOUVERNAL, pour *gouvernail*, est blâmé par Malherbe chez des Portes. (IV, 344.)

GOUVERNEMENT.

Entre les rois à qui cet âge
Doit son principal ornement
Ceux de la Tamise et du Tage
Font louer leur *gouvernement*. (I, 211, vers 54.)

Sa continuation aux *gouvernements* (*en latin :* provincias continuet) et autres charges extraordinaires.... (II, 84.)

GOUVERNER.

Comme échapperons-nous en des nuits si profondes,
Parmi tant de rochers que lui cachent les ondes,
Si ton entendement ne *gouverne* le sien? (I, 70, vers 24.)

SE GOUVERNER, se soigner, se mettre à un bon régime :

Un malade qui s'est guéri par le soin qu'il a eu de *se gouverner*, ne s'en demande point de salaire. (II, 144.)

GOUVERNEUR, conducteur :

Voyez un lion que le commerce des hommes ait réduit à se laisser dorer le crin et recevoir les embellissements qu'il plaît à son *gouverneur* de lui donner. (II, 413.)

Cette pauvre femme a tout d'un coup perdu la vue,... elle ne sait pas qu'elle est aveugle, et ne cesse de dire à son *gouverneur* que la maison est obscure et qu'il la mène en une autre. (II, 443.)

GOUVERNEUSE, femme qui gouverne, qui règne :

Nous avons la Reine pour *gouverneuse*. (III, 261.)

GRÂCE, sens divers :

Commandez que sans *grâce* on lui fasse justice. (I, 150, vers 13.)

Revenez, mes plaisirs, ma dame est revenue ;
Et les vœux que j'ai faits pour revoir ses beaux yeux
   Ont eu *grâce* des cieux. (I, 156, vers 4.)

Que les choses données soient semblables, elles peuvent être données d'une *grâce* si contraire, que le poids en sera bien différent. (II, 59.)

L'impiété venue après le bienfait lui a fait perdre sa recommandation. Le bienfait ne s'en va pas, mais la *grâce* du bienfait. (II, 171.)

Les pères même, distribuant leurs richesses entre leurs enfants, en feront quelque *grâce* particulière à celui de qui le mauvais état méritera qu'on en ait compassion. (II, 517.)

Ce n'est pas qu'en ce qu'elle (*la fortune*) donne il n'y ait de quoi prendre plaisir, mais il y faut apporter le tempérament de la raison, et par son règlement donner *grâce* à des choses qui n'en ont point quand on les prend avec indiscrétion. (II, 560.)

Qu'il soit des hommes sages plus que du sable, ils seront tous égaux. Chacun aura bien quelque *grâce* particulière : l'un sera plus gracieux, l'autre plus vif...; mais en ce de quoi principalement il est question, qui est la félicité de l'homme, ils sont tous aussi grands l'un que l'autre. (II, 613.)

   Soit que tu donnes ton loisir
   A faire en quelque autre plaisir   157, v. 19.)
   Luire tes *grâces* nonpareilles, etc. (I, 121, v. 177; voy. I, 137, v. 1;
   Téthys ne suivit-elle pas
   Ta bonne *grâce* et tes appas? (I, 112, v. 116; voy. I, 124, v. 285.)

[Les poëtes] n'ont autre but que de dire quelque chose de bonne *grâce*. (II, 10.)

A jamais mon esprit ne pensera chose avec mon consentement, que je ne croie pouvoir faire avec votre bonne *grâce*. (IV, 156.)

Je vous conseille, pour n'être point sujet à la mauvaise *grâce* d'un grand, d'être de ceux qui ne s'embarrassent point aux affaires du monde. (II, 315.)

RENDRE GRÂCE, au singulier, blâmé chez des Portes par Malherbe, qui veut qu'on dise *rendre grâces*, au pluriel. (IV, 449.)

GRAIN, tourbillon, coup de vent :

Ils se sont trouvés frappés, comme [d'un] *grain* en temps calme, ou comme d'un foudre inopiné. (II, 569.)

GRAND, adjectif:

Casaux, ce *grand* Titan.... (I, 27, vers 21.)
   Quelle victime assez *grande*
   Donnerez-vous pour offrande? (I, 24, vers 15.)
Puisses-tu voir sous le bras de ton fils
Trébucher les murs de Memphis!
Les vœux sont *grands*, mais avecque raison
   Que ne peut l'ardente oraison? (I, 196, vers 41.)
   .... Ces deux *grands* hyménées
   Dont le fatal embrassement
   Doit aplanir les Pyrénées. (I, 215, vers 151.)
Votre gloire est si *grande* en la bouche de tous, etc. (I, 104, vers 12.)
   .... Quiconque fera l'histoire
   De ce *grand* chef-d'œuvre de gloire (*la Reine*),
   L'incrédule postérité
   Rejettera son témoignage. (I, 216, vers 186.)
Grand fils du *grand* Henri, *grand* chef-d'œuvre des cieux. (I, 252, v. 1.)

Pensez-vous.... que je voulusse devoir quelque chose à un homme à qui je ferois difficulté de dire *grand* merci s'il avoit bu à moi? (II, 36.)

Comme si Phidias perd une statue, il en peut incontinent faire une autre, lui tout de même, qui est *grand* maître en la science de faire des amitiés, aura bientôt recouvré ce qu'il aura perdu. (II, 289.)

Le jour est déjà *grand*.... (I, 18, vers 385.)

GRAND HOMME, homme de grande taille :

Un bon joueur la jette (*la pelote, la balle*) d'une façon à un *grand homme*, et d'une autre à un petit. (II, 30.)

GRAND PERSONNAGE :

Grécinus Julius, *grand personnage* certainement, et que Caïus César fit mourir.... (II, 36.)

Fabianus, *grand personnage* de vie et de science. (II, 409.)

Ce n'a pas été l'école, mais la compagnie d'Épicure, qui a fait *grands personnages* Métrodore, Hermachus et Polyénus. (II, 280.)

Suivant les règles des *grands personnages*, je suis d'avis que vous fassiez un essai d'être mal nourri et mal vêtu. (II, 329 ; voyez II, 341.)

MON GRAND AMI :

Ce sont paroles, *mon grand ami*, qu'il faut avoir gravées au fond de l'âme. (II, 284 ; voyez II, 292.)

GRAND' et parfois GRAND, sans apostrophe, devant un substantif féminin, pour *grande :*

Il n'y a pas *grand'*friandise à manger un peu de bouilli. (II, 331.)

Le festin se fera dans la *grand'*salle. (III, 136.)

La *grand'*écurie. (III, 275.)

Plus loin (p. 278), Malherbe a écrit par deux fois : *grande écurie*.

Monsieur le Prince entra par la même *grand* porte. (III, 473.)

Deux lignes plus haut et à la page 471, Malherbe a écrit : *grande porte*.

Est-il possible, Sire, que vous en ayez si *grand* envie que vous dites?... Oui, j'en ai si *grand* envie... (III, 502.)

Quelque chose qui n'est pas de *grand* importance. (III, 547.)

« *Grand's* chaleurs, » pour « *grandes* chaleurs, » blâmé chez des Portes. (IV, 252.)

GRAND, GRANDE, substantivement, personne d'un haut rang :

L'astre qui luit aux *grands*.... (I, 22, vers 28.)

J'étois allé.... au Louvre, où ayant rencontré un *grand* aux degrés, j'appris de lui, etc. (III, 72 ; voyez II, 203 ; III, 61.)

Tous ces *grands* de l'assistance desquels il (*Pompée*) se servoit pour un argument que sa cause étoit la cause de la République.... (II, 548.)

Les princesses, femmes d'officiers de la couronne, et autres *grandes*, entreront sur des chevaux d'Espagne. (III, 136.)

MONSIEUR LE GRAND, le grand écuyer. (III, 24, 37, 69, etc.)

MADAME LA GRAND, la femme de Monsieur le Grand, du grand écuyer. (III, 49, 63, 352, 478.)

GRANDEUR, au figuré :

Soit que de tes lauriers la *grandeur* poursuivant, etc. (I, 26, vers 1.)

Richelieu, ce prélat de qui toute l'envie
Est de voir ta *grandeur* aux Indes se borner, etc. I, 279, vers 42.)

Ce n'est qu'un point que toute cette *grandeur* où vous naviguez, où vous faites vos guerres et disposez vos royaumes. (I, 471.)

La seule *grandeur* est cause suffisante de ruiner ce qu'on estime le plus assuré. (II, 201.)

Il lui demanda de pouvoir entrer dans Sardis.... porté dans un chariot, et la tiare droite sur la tête, qui étoit une *grandeur* réservée à la seule personne du Roi. (II, 201.)

On voit.... tant de blondes jeunesses
Tant de riches *grandeurs*, tant d'heureuses vieillesses
En fuyant le trépas au trépas arriver. (I, 10, vers 152.)

GRANDIFIER (Se) :

Toute la cour le porte (*le deuil*), c'est-à-dire les grands, et avec eux grand nombre de petits qui *se* veulent *grandifier* par ce moyen. (III, 61.)

GRANDISSIME.

Un *grandissime* bruit. (III, 33.)

GRAPPAGE, possibilité de grappiller :

Fasse ses vendanges qui voudra, les miennes sont faites; et si bien faites, que le *grappage* même n'y est pas demeuré. (IV, 189.)

GRATIFICATION, faveur :

Ce qu'il m'a donné vaut beaucoup, mais.... il en a fait sa montre par les carrefours.... C'est une *gratification* qu'il a voulu faire, non à moi, mais à sa vanité. (II, 13.)

Luttez bien avec la maladie : si vous ne faites rien pour elle, si vous ne lui accordez rien, ni par obéissance, ni par *gratification*, vous aurez fait une preuve signalée de votre suffisance. (II, 608.)

La philosophie [est] une *gratification* qui vient de leur main (*de la main des Dieux*). (II, 709.)

La fortune vous devoit des *gratifications* extraordinaires. (IV, 86 ; voyez IV, 5, 107.)

GRATIFIER, favoriser, être agréable à :

Je devois bien recevoir plus que je n'ai reçu, mais il ne me pouvoit donner plus.... Il en avoit beaucoup à *gratifier*. (II, 41.)

Métellus en son bannissement eut patience; Rutilius prit plaisir au sien. L'un revint pour *gratifier* sa république, qui le rappeloit; l'autre, prié par Sylla de revenir, ne craignit point de le refuser. (II, 355.)

La terre même étoit plus fertile sans être labourée, comme si elle eût voulu *gratifier* les hommes de ce qu'ils ne la tourmentoient point. (II, 722.)

Ce que l'on croyoit qu'il fît pour *gratifier* le Roi, c'étoit pour attendre les troupes. (III, 119.)

M. de Valavez vous aura fait voir une traduction que j'ai faite.... Voilà pourquoi je *gratifierai* ma paresse en cette occasion, avec votre congé. (III, 419; voyez IV, 47, 121.)

GRAVER.

    .... Je veux trouver
De quoi si dignement *graver*
Les monuments de ta mémoire, etc. (I, 119, vers 86.)

GRAVITÉ.

La nature veut.... que les plus forts connoissent qu'ils ne le sont pas assez pour lui résister. Le rougir est du nombre de ces infirmités, et quelque *gravité* qu'ils aient, il n'y a moyen de s'en parer. (II, 299.)

GRÉ, gratitude, reconnaissance :

La justice veut qu'on rende à chacun ce qui est sien : le *gré* au bienfait, et la revanche à l'injure. (II, 623.)

Gré, locutions diverses :

Je n'en cherche point un qui me rende, j'en cherche un qui sache *gré* (*qui soit reconnaissant*). (II, 100.)

A qui saurons-nous *gré*, si nous n'en savons point aux Dieux? (II, 44.)

Le tribun.... pensoit que ce jeune homme d'un côté voulût mal à son père, et de l'autre lui dût savoir bon *gré*.... (II, 88.)

Ce qui est la vraie marque d'ingratitude est que vous ne voulez point savoir de *gré* des choses que vous êtes si passionnés à posséder. (II, 95.)

Le sage ne provoquera jamais le mauvais *gré* de ceux qui sont en autorité. (II, 313.)

En un lieu où l'on montre à se faire homme de bien, c'est une solitude.... Si quelques-uns y vont, on les appelle des niais. Or je prends bien en *gré* d'être moqué de cette façon. Il faut laisser parler les ignorants et mépriser leur mépris, quand il est question de se faire vertueux. (II, 586.)

.... Le plaisir la décevant (*ma barque*)   v. 209; 137, v. 4.)
Toujours l'emporte au *gré* de l'onde. (I, 116, v. 224; voy. I, 122,

GREC, grecque :

Les faits de plus de marque et de plus de mérite
Que la vanité *grecque* en ses fables récite. (I, 253, v. 8 ; voy. I, 272, v. 11.)

GREFFIER (Faire le), lire ce qui a été écrit par un autre :

A réciter les paroles d'un autre, et *faire le greffier*, je ne trouve pas qu'il y ait beaucoup d'honneur. (II, 392.)

GRÈVE.

Quel besoin est-il de voir des ivrognes chanceler en une *grève* (*en latin :* per littora)? (II, 447.)

GREVER, blâmé par Malherbe dans ce vers de des Portes :

Son trop ferme souci plus durement le *grève*. (IV, 402.)

GRIEF, adjectif, à charge, pénible :

    Il ne m'en souvient plus :
Non qu'il ne me soit *grief* (*en une syllabe*) que la terre possède
    Ce qui me fut si cher.... (I, 43, vers 69.)

GRIEF, substantif, sujet d'accusation :

Le point seul où nous ne pouvons proposer de *grief* contre la vie, c'est qu'elle ne tient personne. (II, 541.)

GRILLE, parafe en forme de grille, qu'on appelait *parafe du Roi* :

S'il (*le Roi*) trouve des vers qu'il m'a commandés de nouveau aussi bons que les précédents, je suis résolu de lui parler de *grille*, c'est-à-dire d'une pension. (III, 111.)

Le mot est très-douteux : on lirait plutôt *querelle* dans l'autographe. *Grille* est donné par le manuscrit Fortia et l'édition Blaise.

GRIMELIN, grimeline, adjectif tiré du nom d'une petite monnaie de Barbarie :

Vous m'excuserez de vous faire voir celle-ci (*cette pièce de monnaie*), quelque *grimeline* (*mesquine*) qu'elle soit. (III, 308.)

GRIMPER.

L'un marche à son aise en une campagne rase, l'autre avec peine *grimpe* contre un rocher. (II, 521.)

GRIVELÉE, profit injuste et secret qu'on fait dans un emploi :

Annibal, après qu'il eut exactement appris ce que se montoient les fermes..., il fit voir.... que quand les restes seroient exigés, il y auroit de quoi payer les Romains.... Là-dessus tout plein de gens, qui jusques alors avoient vécu de *grivelées*, estimant que les empêcher de les continuer, c'étoit leur ôter leur propre bien, etc. (I, 456 ; voyez I, 350.)

GROS, substantivement, opposé à *détail*, à *menu*, etc. :

Des choses fâcheuses, ce n'est que trop d'en savoir le *gros*, sans en demander le menu. (IV, 24.)

Il n'y a point de douleur qui n'ait.... des intervalles... ; car elles ont toutes.... quelques progrès, comme coureurs qui nous avertissent que nous allons avoir le *gros* sur les bras. (II, 605.)

Les Rhodiens à leur main droite mirent.... le secours que, etc.; à la gauche, leurs étrangers entretenus...; au milieu, un *gros* composé de toutes les nations qui les assistoient.... Les Achaïens furent les premiers qui passèrent le ruisseau et allèrent charger les Agriens. Après eux passa le *gros*. (I, 421.)

GROSSIER, traduisant le latin *rudis* :

[Mon père] en me donnant à moi (*quand il m'engendra*).... me donna lourd et *grossier*, et je lui ai donné un fils qu'il a de l'honneur.... d'avoir engendre. (II, 81.)

GROTESQUES, substantif pluriel, *étrangetés, bizarreries* :

Pour ce qui est de l'histoire, je l'ai suivie exactement...; mais je n'ai pas voulu faire les *grotesques* qu'il est impossible d'éviter quand on se restreint dans la servitude de traduire de mot à mot. (I, 465.)

Nous sommes en un temps où il est malaisé de vous rien écrire de certain.... Toute la fin que j'y vois, c'est le partement de Leurs Majestés ; car jusque-là chacun s'imaginera des *grotesques*. (III, 512.)

GUERDONNER, récompenser, critiqué comme vieux mot par Malherbe chez des Portes. (IV, 389, note 4.)

GUÈRE, emplois divers :

Il ne se passe *guère* jour qu'il ne vienne quelque courrier de sa part. (III, 132.)

Il ne reçut *guère* bon visage de lui, et ne l'a pas reçu *guère* meilleur du Roi à son retour. (III, 124.)

Cette façon de parler n'est pas *guère* délicate. (IV, 393, note 1 ; voyez IV, 302.)

Ils ne seront *guère* (*pas longtemps*) en cette conjonction. (II, 141.)

Je pense avoir dit, il n'y a *guère*, qu'il est des choses, etc. (II, 146.)

Son armée de mer avoit été perdue, il ne fut *guère* qu'il n'en eût une autre sur l'eau. (II, 202.)

GUÉRIR.
Un malade ne cherche point un médecin bien parlant, mais bien *guérissant*. (II, 580.)

GUÉRISON.
[Mon ardeur] En trop haut lieu borne sa *guérison*. (I, 248, vers 22.)
Celle dont mes ennuis avoient leur *guérison*.... (I, 134, vers 2; voyez I, 237,
vers 16; 261, vers 4; 276, vers 10.)

GUERRE, au figuré :
Je ne trouve la paix qu'à me faire la *guerre*. (I, 159, vers 22.)
.... L'air, la mer et la terre
N'entretiennent-ils pas
Une secrète loi de se faire la *guerre*
A qui de plus de mets fournira ses repas? (I, 63, vers 35.)
Les vices se font *guerre* perpétuelle. (II, 16.)
.... Le coutre aiguisé s'imprime sur la terre
Moins avant que leur *guerre* (*la guerre qu'ils me font*)
N'espéroit imprimer ses outrages sur moi. (I, 207, vers 11.)
.... [Le Sauveur] venant à la *guerre*
Pour combattre l'enfer et défendre la terre. (I, 12, vers 217.)

GUETTER (Se), prendre garde, se méfier :
Ils se treuveront accablés d'un côté d'où ils ne *se guettent* pas. (III, 578.)

Guetté, gardé, que les voleurs guettent :
Les chemins les plus *guettés* sont libres à ceux qui n'ont rien. (II, 314.)

GUIDE, au féminin :
La philosophie doit être la *guide* de l'homme. (II, 321, dans un sommaire qui peut bien n'être pas de Malherbe.)

Guide, au féminin, est blâmé par Malherbe dans ce vers de des Portes :
Avoir pour toute *guide* un desir téméraire. (IV, 312.)

GUILHEDIN. Voyez Quiledin.

H

HABILLER, au figuré :
C'est là.... le style dont il faut écrire les lettres. J'espère.... en faire imprimer un volume entier, où je mettrai celles que.... je vous écris tous les jours, que vous garderez, s'il vous plaît, pour y être mises quand je les *aurai* revues et *habillées* à la mode. (IV, 67.)

L'habiller, substantivement :
Ils viennent à *l'habiller* de la Reine. (III, 423.)

HABIT.
Jamais il (*le blond Hyménée*) ne fut si paré;
Jamais en son *habit* doré
Tant de richesses n'éclatèrent. (I, 112, vers 126.)
.... Déjà la Victoire
Est aux bords de Charente en son *habit* de gloire,

Pour te rendre content. (I, 279, vers 63.)

L'espérance est le dernier *habit* dont il se faut dépouiller. (IV, 139.)

HAGARD.

Il y en a qui le trouvent trop sauvage et trop *hagard* (*en latin :* nimis horridi animi et tetrici). (II, 397.)

HAINEUX (Ses), pour *ses ennemis*, blâmé chez des Portes. (IV, 394, note 2.)

HAÏR (Faire) de quelqu'un, critiqué chez des Portes par Malherbe, qui veut qu'on dise : *faire haïr à quelqu'un.* (IV, 347.)

HAIRE.

Que votre lit soit une paillasse, votre habit une *haire* (*en latin :* sagum), et votre viande du pain bis. (II, 330.)

HALEINE.

L'air est plein d'une *haleine* de roses. (I, 226, vers 5.)

Voyez un lion que le commerce des hommes ait réduit à se laisser dorer le crin...; et en voyez un autre qui ferme, nerveux, et d'une *haleine* entière (*en latin :* integri spiritus), n'a pour ornement que cette hideur effroyable.... (II, 413.)

Tout d'un coup ma maladie m'a repris. Vous demanderez laquelle... : c'est la courte *haleine.* (II, 459.)

Quelle vivacité d'esprit, quelle force de courage n'y ai-je point reconnue (*dans votre livre*)! Je dirois quelle saillie! si en quelque endroit il y eût des reprises d'*haleine* et des rehaussements par intervalles (*en latin :* dicerem quid impetus! si interquievisset, si intervallo surrexisset). (II, 427.)

HÂLER (Se) :

Si de toutes parts il n'y a de grandes ouvertures par où le soleil entre..., si on ne *se hâle* en se lavant (*en latin :* nisi et lavantur simul et colorantur)..., on dit : « Ce sont des cachots, et non pas des étuves. » (II, 669.)

HALLE.

Voici je ne sais quelle voix qui sort, non de l'école des philosophes, mais de dessous une *halle* (*en latin :* ex medio conventu), à la condemnation de la malice universelle du monde. (II, 153.)

HAMEÇON (Jeter l'), au figuré :

Quiconque ne part point d'auprès d'un malade qui veut faire son testament..., je l'appelle ingrat, puisqu'il se propose des espérances et qu'il *jette l'hameçon.* (II, 111 ; dans l'édition de 1630 : *le hameçon.*)

HANOUARD. Voyez, ci-dessus, p. 31, Anouart.

HANTER, neutralement, faire de fréquentes visites :

C'est une maison où je ne *hante* plus depuis la mort du pauvre comte (*de Sault*). (III, 114.)

HARANGUES, discours, ce que l'on dit :

Oyez un peu les *harangues* de ceux qui demandent quelque plaisir. Il n'y en a pas un qui ne jure que la mort même ne lui en ôtera pas la mémoire. (II, 55.)

HARDI.

Si nous avons affaire à un qui joue bien, nous serons plus *hardis* à frapper la pelote (*la balle*). (II, 30.)

HARGNEUX.

Il est impossible que l'envie et la reconnoissance puissent compatir ensemble. L'une tient du *hargneux* et du mélancolique ; l'autre ne s'accompagne ordinairement que d'une belle humeur. (II, 54.)

HASARD, risque, danger :

Plus j'y vois de *hasard*, plus j'y trouve d'amorce. (I, 31, vers 49.)
Loin des mœurs de son siècle il bannira les vices....
Qui nous avoient portés jusqu'aux derniers *hasards*. (I, 72, vers 69; voyez I, 113, vers 163.)

Courir le hasard :

Courrons-nous *le hasard* comme désespérés,
Ou nous résoudrons-nous à prendre patience? (I, 304, vers 7.)

Faire hasard :

C'est une douce chose que la compagnie d'une femme.... Mais après tous les soins que nous aurons apportés à en faire une bonne élection, nous y pourrons aussi tôt *faire hasard* que rencontre; et quoi qui en arrive, il le faut attribuer à la fortune, et non à notre jugement. (IV, 52.)

HASARDER (Se) :

La valeur est une vertu qui généreusement *se hasarde* où le péril est juste. (II, 48.)

HÂTE.

[La défense] D'un petit nombre de maisons,
Qu'à peine avoit clos de gazons
Une *hâte* peu curieuse.... (I, 122, vers 204.)
Je vous écris toujours en *hâte*, mais certainement elle ne fut jamais précipitée comme à cette heure. (III, 482.)

HÂTER.

J'ai su faire la délivrance
Du malheur de toute la France ;
Je la saurai faire du mien (*en mourant*).
Hâtons donc ce fatal ouvrage. (I, 154, vers 49.)

HAUSSER, au propre et au figuré; Se hausser :

Hausser les yeux. (II, 556.)
Bras *haussé* pour frapper. (II, 309.)
Hausser la voix. (II, 319.)
O vanité..., plus tu *te hausses*, plus tu demeures basse. (II, 26.)
Quand on voit un homme *se hausser* là où les autres s'abaissent.... (II, 554.)
Les choses qui ont la grandeur qu'elles doivent avoir ne *se haussent* point davantage. (II, 613.)

HAUT, adjectif, au propre et au figuré :

[Ses pleurs] Ressemblent un torrent qui des *hautes* montagnes
Ravageant et noyant les voisines campagnes,
Veut que tout l'univers ne soit qu'un élément. (I, 15, vers 304.)
Il n'y a point de doute que si la pelote (*la balle*) tombe, ce ne soit par la faute ou de celui qui la jette ou de celui qui la reçoit, et qu'elle ne demeure *haute* tant que d'une part et d'autre elle sera jetée et reçue comme il faut. (II, 30.)

Les ingénieurs.... par des ressorts font.... reculer des choses qui sont proches, ou approcher d'autres qui sont reculées, descendre petit à petit celles qui sont *hautes*. (II, 693.)

>Achille étoit *haut* de corsage. (I, 113, vers 141.)

.... La beauté des fruits d'une palme si *haute*
Me fait par le desir oublier le danger. (I, 22, vers 35.)

J'avois toujours fait compte, aimant chose si *haute*,
De ne m'en séparer qu'avecque le trépas. (I, 37, vers 17.)

>[Mon ardeur] En trop *haut* lieu borne sa guérison. (I, 248, vers 22.)

>.... En un miracle si *haut*,
>Il est meilleur de ne rien dire
>Que ne dire pas ce qu'il faut. (I, 206, vers 6.)

Ne mêlez rien de lâche à vos *hautes* pensées. (I, 150, vers 29.)

>.... Ames belles et *hautes*. (I, 301, vers 21.)

C'est à elle (*à la vertu*) de faire le pas devant.... et d'être au *haut* bout, et vous lui voulez faire demander le mot. (II, 91.)

Leur autorité démesurée les avoit rendus si *hauts* à la main et si présomptueux.... (I, 455.)

C'est alors qu'il se faut tenir la bride plus *haute*..., en un temps où l'on ne voit que des exemples d'insolence et dissolution de tous côtés. (II, 329.)

Voyez tome I, p. 259, vers 10; p. 272, vers 12; p. 295, vers 3; p. 304, vers 18.

Le HAUT, substantivement :

Nous arrivons lors à la perfection..., quand ayant mis toutes choses mauvaises sous le pied, nous prenons *le haut* (*le dessus*). (I, 469.)

Tout aussitôt que j'ouvrirai la bouche, il faudra que je crie *du haut de la tête*? (II, 319.)

HAUT, adverbe :

La vertu est toujours victorieuse, et *haut* élevée. (II, 611.)

EN HAUT :

Le dernier verre de vin semble toujours le meilleur aux ivrognes, parce que c'est celui qui les noie et qui les met les jambes *en haut*. (II, 303.)

HAUTAIN, élevé, fier :

>En cette *hautaine* entreprise (*celle de louer la Reine*)
>Je me ferai quitter le prix. (I, 187, v. 131 ; voy. I, 215, v. 161.)
>Les Muses *hautaines* et braves
>Tiennent le flatter odieux. (I, 108, vers 11.)

HAUTEUR, grandeur, élévation :

>Quelle sera la *hauteur*
>De l'hymne de ta victoire,
>Quand elle aura cette gloire,
>Que Malherbe en soit l'auteur ! (I, 317, vers 7.)

Toutes ces choses mondaines, qu'on estime si relevées, n'ont du tout point de *hauteur* qu'en les regardant auprès de celles qui sont les plus viles et les plus abjectes. (II, 654.)

HAVRE, port, au figuré :

.... N'est-ce pas la loi des fortunes humaines,
Qu'elles n'ont point de *havre* à l'abri de tout vent? (I, 301, vers 34 ; voyez I, 279, vers 60.)

HEAUME.

Après (*derrière le char où était Henri IV*) venoient les honneurs, à savoir les éperons..., l'écu..., le *heaume* timbré à la royale, etc. (III, 199.)

HÉBÉTER, rendre insensible :

C'est de cette façon que se passent les gouttes (*la goutte*)..., quand elles *ont hébété* la partie malade, à force de la tourmenter. (II, 604.)

HÉMÉROCALLES, beautés d'un jour :

.... Toutes les faveurs humaines
Sont *hémérocalles* d'un jour. (I, 286, vers 34.)

En grec, ἡμεροκαλλές est le nom d'une plante qui fleurit un jour.

HÉMISPHÈRE.

[Leur courage] Avoit assujetti l'un et l'autre *hémisphère*. (I, 104, vers 11.)
Depuis que le soleil est dessus l'*hémisphère* (*celui que nous habitons*),
Il ne me voit rien faire
Que plaindre et soupirer. (I, 159, vers 25.)

HERBAGE, pâturage :

[Des loups] Qu'un berger de cris et de coups
A repoussés de son *herbage*.... (I, 123, vers 224.)

HERBAGE, pour *herbe, pâturage*, est blâmé par Malherbe dans ce vers de des Portes :

Et sous leurs pas tout l'*herbage* trembler. (IV, 450.)

HERBES, plantes, fleurs :

Allons voir sur les *herbes* nouvelles
Luire un émail dont la vive peinture
Défend à l'art d'imiter la nature. (I, 226, vers 2.)
.... Multiplions dans les bois
Les *herbes* dont les feuilles peintes
Gardent les sanglantes empreintes
De la fin tragique des rois (*l'hyacinthe des poëtes, née du sang d'Hyacinthe et d'Ajax*). (I, 154, vers 52.)

LES HERBES, dans le sens où nous disons *l'herbe* :

[Soissons] Fera chercher parmi les *herbes*
En quelle place fut Turin. (I, 55, vers 229.)

HERBES, remèdes :

Mon mal ne m'étonneroit guères,
Et les *herbes* le plus vulgaires
M'en donneroient la guérison. (I, 100, vers 23.)

HERCULE.

Qui sera si ridicule
Qui ne confesse qu'*Hercule*
Fut moins *Hercule* que toi? (I, 90, vers 99 et 100.)

HÉRITAGE.

C'est un bienfait que le don d'un *héritage* (*en latin:* possessio) si ample et si fertile, que le blé en soit à meilleur marché. (II, 59.)
Il n'y a point d'usucapion d'*héritage*, mais seulement des choses qui sont en l'*héritage*. (II, 173.)

HÉSITER, avec *h* aspirée.
Il ne *hésitoit* jamais. (II, 409.)

HEUR, bonheur :
L'astre qui luit aux grands en vain à ma naissance
Épandit dessus moi tant d'*heur* et de puissance,
Si pour ce que je veux j'ai trop peu de pouvoir. (I, 22, vers 29.)
Reine, l'*heur* de la France, et de tout l'univers. (I, 204, vers 9.)

Voyez tome I, p. 26, vers 14; p. 46, vers 42; p. 70, vers 10; p. 74, vers 111; p. 159, vers 13; p. 180, vers 54; p. 185, vers 67; p. 197, vers 6; p. 199, vers 37; p. 232, vers 61; p. 281, vers 104; p. 314, vers 20.

HEURE, moment :
Nulle *heure* de beau temps ses orages n'essuie. (I, 179, v. 25; voy. I, 297, v. 6.)

Heure, locutions diverses :
.... Ce misérable corps, qui se ruineroit tout aussitôt s'il n'étoit rempli *d'une heure à l'autre*. (I, 468; voyez II, 38.)
Il faut *à cette heure* (*maintenant*) voir ce qui fait les hommes ingrats. (II, 39.)

Dans les autographes de Malherbe cette locution est d'ordinaire écrite en un seul mot.

L'on parle de faire le voyage de Bayonne au mois de juin; et certainement, pour être revenu devant l'hiver, il faut bien partir *à cette heure-là* (*en ce temps-là*). (III, 492.)
Les Corinthiens envoyèrent vers lui (*vers Alexandre*), pour.... lui dire qu'ils le faisoient bourgeois de leur ville. Lui.... s'étant mis à rire comme par moquerie du présent qu'on lui faisoit, un des ambassadeurs lui dit : « C'est chose que nous n'avons jamais donnée qu'à vous et à Hercule. » *A cette heure-là* (*alors*),... il la reçut fort volontiers. (II, 21.)
Si je passe en ce temps dedans votre province...,
Ayant un souvenir de ma peine fidèle,
Mais n'ayant point *à l'heure* (*alors*) autant que j'ai d'ennuis,
Je dirai, etc. (I, 3, vers 26.)
De quoi nous fâchons-nous tous les jours, que de la prospérité de ceux qui ne valent rien, et qu'*à toute heure* la grêle laisse les champs de tout ce qu'il y a de mauvais garçons en une contrée pour s'en venir fondre sur le blé d'un homme de bien? (II, 42.)
Je m'en réjouis *dès l'heure* (*sur-le-champ*), et dis en moi-même, etc. (II, 297.)
Qu'on vous menace d'un supplice d'ici à cinquante ans, vous n'avez de quoi vous mettre en peine, sinon que vous veuillez.... vous rendre présents *dès à cette heure* des ennuis qui ne vous sont promis qu'en un siècle futur. (II, 579.)
Qui se charge de cette façon fait *de bonne heure* paroître la volonté qu'il a de se décharger. (II, 38; voyez II, 59.)
[Le dieu de Seine] se resserra *tout à l'heure* (*sur-le-champ*)
Au plus bas lieu de sa demeure. (I, 79, vers 95.)

HEUREUX, heureuse :
S'il plaît à mes destins que je meure pour elle,
Amour en soit loué, je ne veux un tombeau
    Plus *heureux* ni plus beau. (I, 31, vers 60.)
.... Une *heureuse* bonace. (I, 229, vers 16.)

HIDEUR.
Un lion.... qui.... n'a pour ornement que cette *hideur* effroyable avec laquelle la nature l'a fait naître dans les déserts.... (II, 413.)

HIER.

Nous n'avons pas trouvé ce mot dans les poésies de Malherbe. — Il fait remarquer que des Portes l'emploie tantôt comme dissyllabe, tantôt comme monosyllabe. (IV, 338, 455.)

HISTOIRE.

N'attends, passant, que de ma gloire
Je te fasse une longue *histoire*. (I, 275, vers 2.)
Toutes ces visibles merveilles....
N'ont-elles pas fait une *histoire*
Qu'en la plus ingrate mémoire
L'oubli ne sauroit effacer? (I, 80, vers 138.)

Les histoires, au pluriel :

[La France] Aura jusqu'aux deux bouts du monde
Planté des forêts de lauriers...,
[Afin] D'ouïr.... nier ce que *les histoires*
Ont publié de sa valeur? (I, 65, vers 9.)

HIVER, hivers, au propre et au figuré :

Depuis que tu n'es plus, la campagne déserte
A dessous deux *hivers* perdu sa robe verte. (I, 59, vers 32.)
Ce furent de beaux lis (*les saints Innocents*) qui...,
Devant que d'un *hiver* la tempête et l'orage
A leur teint délicat pussent faire dommage,
S'en allèrent fleurir au printemps éternel. (I, 12, vers 202.)

La paix ne voit rien qui menace
De faire renaître nos pleurs ;
Tout s'accorde à notre bonace ;
Les *hivers* nous donnent des fleurs. (I, 214, vers 124.)
Astre par qui vont avoir cesse
Nos ténèbres et nos *hivers*. (I, 49, vers 84.)

HOCHER la bride, la faire sentir par de petites secousses :

Il faut doucement *hocher la bride* aux esprits, pour les faire tourner du côté qu'on veut. (II, 168.)

HOMICIDE, adjectif :

S'il (*Achille*) n'eût par un bras *homicide*
Sur Ilion vengé le tort
Qu'avoit reçu le jeune Atride, etc. (I, 113, vers 151.)

HOMME.

Si vous ne venez ici qu'au 15e de janvier, vous êtes *homme* pour ne baiser pas les mains à Madame. (IV, 11.)

L'homme, on, l'on :

.... En cueillant une guirlande,
L'homme est d'autant plus travaillé,
Que le parterre est émaillé
D'une diversité plus grande. (I, 109, vers 42.)

Homme de lettres, traduisant le latin *litteratus vir*. (II, 317.)

HONNÊTE.

Comment est-il possible qu'à toi le donner soit *honnête*, et à lui déshonnête le recevoir? (II, 29 ; voyez II, 91.)

Un maître est tenu de nourrir et d'habiller son serviteur. Quand il le fait, il ne l'oblige point ; mais s'il le caresse.... et le fait instruire aux bonnes lettres, comme s'il étoit de quelque *honnête* maison (*en latin* : ingenuus), il l'oblige. (II, 71.)

La philosophie veut bien qu'on soit sobre et content de peu, mais non pas qu'à force de l'être par trop, on réduise le corps à n'en pouvoir plus. Il faut qu'en la sobriété tout y soit *honnête* et qu'il n'y ait rien de mécanique. (II, 277.)

Honnête homme, homme de bonne conduite, bien élevé, poli :

Il fit là une très-grande perte, non-seulement.... de simples soldats, mais encore d'*honnêtes hommes* et de personnes dont il faisoit cas. (I, 450.)

Il y a trois ou quatre jours que chez Mme de Rambouillet..., il me fut montré par un *honnête homme* une pièce d'or. (III, 330.)

Vous êtes *honnête homme* de ne me demander qu'une lettre en quinze jours. (IV, 25.)

HONNÊTEMENT, raisonnablement :

Si la fortune t'a fait capable de donner des villes,... ce n'est pas à dire qu'il n'y ait quelque homme au monde si petit, qu'*honnêtement* tu ne lui puisses mettre une ville entière en la manche. (II, 29; voyez II, 30.)

HONNÊTETÉ.

Comme l'infamie du mal est plus que toute la récompense qui nous est proposée de le faire, aussi quand il est question de bienfaire, l'*honnêteté* de la chose même, sans autre considération, doit être assez forte pour nous en donner la volonté. (II, 105 ; voyez II, 32, 101.)

HONNEUR.

[Ceux-ci,] Pour un fameux *honneur* qu'ils brûlent d'acquérir,...
S'en vont au gré d'amour tout le monde courir. (I, 300, vers 2.)
    Soit que l'*honneur* de la carrière
    T'appelle à monter à cheval, etc. (I, 111, vers 101.)
Que l'*honneur* de mon prince est cher aux destinées ! (I, 172, vers 1.)
    Quantes fois.... Neptune...,
    Sans l'*honneur* de la royauté,
    Qui lui fit celer son martyre,
    Eût-il voulu de son empire
    Faire échange à cette beauté ! (I, 47, vers 57.)
    .... Déjà la Victoire,
Qui son plus grand *honneur* de tes palmes attend,
Est aux bords de Charente en son habit de gloire. (I, 279, vers 62.)
    .... Le peuple adore les princes,
    Et met au degré le plus haut
    L'*honneur* du sceptre légitime. (I, 211, vers 58.)

Épicure dit qu'il y en a qui, sans que personne leur aide, arrivent à la connoissance de la vérité, et donne le premier *honneur* à ceux qui ont cette gaillardise. (II, 451.)

Zénon ayant promis vingt-cinq ou trente écus à quelqu'un, que depuis il ne trouva pas tel qu'il pensoit, il s'opiniâtra.... à les lui prêter, pource qu'il les lui avoit promis.... C'étoit vingt-cinq ou trente écus.... C'est le moins que peut valoir l'*honneur* de tenir sa parole. (II, 131.)

    .... Tout l'or du Levant
N'a rien que je compare aux *honneurs* d'une vie
    Perdue en te servant. (I, 282, vers 123.)

Puis (*derrière le char funèbre où étoit le corps de Henri IV*) venoit le cheval d'*honneur*, tout couvert d'une housse de veloux violet semé de fleurs de lis d'or. (III, 199.)

Personnes d'honneur :

[Tes actions forcent] les *personnes d'honneur*
De te souhaiter tout bonheur
Pour tes qualités nonpareilles. (I, 286, vers 10.)

En l'honneur de :

Il faut regarder l'intention de celui qui donne. Il a donné à celui à qui il vouloit donner. Si la chose a été faite *en l'honneur du* père, c'est le père qui a reçu le bienfait. (II, 160.)

Honneurs, insignes :

Derrière le chariot (*où était le corps de Henri IV*) marchoient à pied les capitaines des gardes du corps.... Après venoient les *honneurs*, à savoir les éperons, les gantelets, l'écu, la cotte d'armes, le heaume timbré à la royale. (III, 199 ; voyez III, 201.)

HONORABLE.

.... Un destin favorable
M'offroit en ce danger un sujet *honorable*
D'acquérir par ma perte un triomphe à ma foi. (I, 11, vers 185.)
Vous.... vous rendez coupables, (I, 13, vers 245.)
.... de n'estimer pas leurs trépas *honorables* (*les trépas des saints Innocents*).

Charges honorables, qui procurent des honneurs :

[Ils] le blâment d'avoir.... préféré l'ombre d'une vie paisible à la splendeur des *charges honorables* où il étoit capable de parvenir. (II, 397.)

HONORER.

J'*honore* tant la palme acquise en cette guerre, etc. (I, 28, vers 5.)

HONTE.

Nice payant avecque *honte*
Un siége autrefois repoussé, etc. (I, 55, vers 221.)
.... Pressé de la *honte*
Dont me fait rougir mon devoir. (I, 110, vers 51.)

Si je donne à un homme de mauvaise vie, il y a de la *honte* et n'y a point de bienfait. (II, 99.)

Honte, pudeur, retenue :

L'ambition n'a pas les imaginations modérées : elle se trouve toujours au deçà de son mérite, quand même elle est au delà des honneurs que la *honte* lui avoit défendu de souhaiter. (II, 41.)

La *honte*, un des bons signes que puisse avoir un jeune homme, ne lui pouvoit encore sortir du visage, tant la rougeur s'y étoit ramassée de toutes parts. (II, 298.)

Honte, locutions diverses :

.... Leur piteux état (*de vos yeux*) aujourd'hui me fait *honte*
D'en avoir tenu compte. (I, 318, vers 3.)
A quelles roses ne fait *honte* 58 *var*.)
De son teint la vive fraîcheur? (I, 130, vers 13 ; voyez I, 47, vers

Quoi que d'Apelle on nous raconte,
Malherbe pouvoit à sa *honte*
Achever la mère d'Amour. (I, 187, vers 139 *var*.)

Ce ne lui est point de *honte* d'être vaincu de bienfaits. (II, 139; voyez II, 360.)

HONTEUSEMENT.

On ne sauroit perdre son bien plus *honteusement*, que de le donner mal à propos. (II, 99.)

HONTEUX.

Ce n'est point chose *honteuse* qu'un fils soit vaincu de bienfaits par son père. Mais pourquoi seroit-elle *honteuse* du père, puisqu'elle ne l'est d'homme du monde? (II, 139.)

HOQUETON.

Deux archers du *hoqueton* blanc. (III, 173.)

Les compagnies des archers étaient distinguées par la couleur de leur casaque ou hoqueton.

HORIZON.

[Une saison] où nulles funestes journées
Ne verront jamais l'*horizon*. (I, 201, vers 12.)

Bien est-elle (*Anne d'Autriche*) un soleil; et ses yeux adorables,
Déjà vus de tout l'*horizon*, etc. (I, 236, vers 14.)

Le dernier de mes jours est dessus l'*horizon*. (I, 134, vers 1.)

HORLOGE.

Il pouvoit vivre quatre-vingts ans.... Souvenez-vous de quelle *horloge* son heure a été sonnée. N'a-ce pas été de celle qui, faite quant et les siècles, etc.? (IV, 200.)

HORREUR.

.... L'*horreur* des cimetières. (I, 59, vers 37.)
Quelle *horreur* de flamme et de fer, etc.? (I, 270, vers 61.)

Voyez tome I, p. 78, vers 62; p. 167, vers 20.

HORS, HORS DE, sens et emplois divers :

Ils la menoient *hors* la ville pour l'assommer. (II, 72; voyez III, 369.)

Il n'y a point de contentement *hors* la jouissance du souverain bien. (II, 523; voyez II, 24, l. 2; 514, l. 16.)

A réciter les paroles d'un autre, et faire le greffier, je ne trouve pas qu'il y ait beaucoup d'honneur.... Cette manière de gens qui ne sortent jamais de *hors* page suivent les premiers en des opinions que tout le monde réprouve. (II, 392.)

Dans les éditions de 1645 et de 1648 : « hors de page. »

Ils la firent.... sortir *hors de* la porte (*de la ville*). (II, 73.)

Le sage se contente de soi. C'est une parole.... que beaucoup de gens interprètent mal : ils le séparent de la communauté de toutes choses, et ne veulent point qu'il sorte *hors de* sa peau. (II, 292.)

.... Si mon jugement n'est point *hors de* son lieu,
Dois-je estimer l'ennui de me séparer d'elle
Autant que le plaisir de me donner à Dieu? (I, 193, vers 12.)

N'est-ce pas le plus grand trait d'ingratitude que vous sauriez faire, qu'au lieu que vous devez mettre un bien que l'on vous a fait à l'entrée de votre âme..., vous.... le jetez si *hors de* votre vue, que.... vous veniez enfin à ne savoir plus qu'il soit chez vous? (II, 52.)

M. le comte de la Rochefoucauld.... a eu commandement de s'en aller chez lui : je crois qu'on ne lui a pas fait grand déplaisir ; car il est *hors d'année* (*il a fini son année de service comme maître de la garde-robe*), et étoit résolu de demander son congé. (III, 272.)

Nous nous représenterons tantôt ceux qui ont été envoyés en exil ou qui ont été mis *hors de* leurs biens..... (II, 569.)

Les destins n'ayant point établi pour ma vie
Hors de cet océan de naufrage ou de port, etc. (I, 21, vers 12.)

  Un froid *hors de* saison. (I, 164, vers 33.)
  Un crime *hors de* raison. (I, 248, vers 20.)

Pour les chartres, je vous ai promis d'y vaquer aussitôt que je serai *hors de* ma consolation (*de ma lettre de consolation*). (III, 546.)

Voyez donc si nous ferions point mieux de dire une âme invulnérable, ou une âme mise *hors de* toute souffrance. (II, 289.)

Ses méditations sont *hors de* trouble et *de* tumulte. (II, 563.)

Priam, qui vit ses fils abattus par Achille,
  Dénué de support,
Et *hors de* tout espoir du salut de sa ville,
  Reçut du réconfort. (I, 41, vers 51.)

.... M'entretenir longtemps avec vous, qui (*ce qui*), *hors d'*hypocrisie (*à parler sincèrement, sans feinte*), n'est point un des moindres contentements que je saurois recevoir. (III, 117.)

Il n'est point de grands bienfaits que ceux qui sont *hors de* revanche. (II, 31.)

Quand j'ai reçu de bon cœur un plaisir, je puis dire que la reconnoissance en est faite. Ce qui reste à faire, c'est la récompense. Le bienfait a été payé en le recevant ; ce qui est *hors du* bienfait est dû. (II, 47.)

Si le plaisir a été fait au fils, le père en peut bien tirer quelque fruit, mais il n'en est pas obligé.... *Hors de* sa volonté vous ne lui pouvez rien demander. (II, 160.)

Elle (*Marie de Médicis*) est *hors de* sa violence (*à l'abri de la violence de Neptune*),
Et la voici dans notre port. (I, 48, vers 69.)

Dieu.... est *hors de* toute sollicitude. (II, 93.)

Ayant Baies de l'autre côté de la muraille, elle (*cette maison*) est par ce moyen *hors de* ses incommodités. (II, 463.)

Vous connoîtrez un méchant au rire ; et un qui est *hors de* sens, au visage et à la façon. (II, 454.)

Qui n'aime point ceux qui l'ont mis au monde a de l'impiété ; qui les méconnoît est *hors du* sens. (II, 52.)

  Ce que je dis contre ma foi,
  N'est-ce pas un vrai témoignage
Que je suis déjà *hors de* moi (*que je suis insensé*)? (I, 142, vers 30.)

Pourquoi sommes-nous si *hors de* la connoissance de nous-mêmes, de ne vouloir pas recevoir un plaisir d'un serviteur? (II, 77.)

Voyez en quel état est aujourd'hui la France,
*Hors d'*humaine espérance (*au delà de ce que les hommes peuvent espérer*). (I, 218, vers 8.)

Ne serai-je jamais *hors d'*avec cet homme ? Quand je devrois remuer le ciel et la terre, il faut que j'en sorte. (II, 206.)

Vous aurez reçu une lettre de moi assez longue par Claudon. Il est vrai que je me doute que, selon sa coutume, elle sera *hors de* minorité quand vous la recevrez. (III, 15.)

Voyez tome I, p. 87, vers 4 ; p. 99, vers 2 ; p. 119, vers 97 ; p. 197, vers 4 ;

p. 203, vers 51 ; p. 214, vers, 142 ; p. 263, vers 6 ; tome II, p. 44, l. 21 ; p. 298, l. 2 ; tome III, p. 40, l. 2 ; p. 80, l. 8 ; tome IV, p. 2, l. 7 ; p. 14, l. 16 ; p. 152, l. 9 et 10.

« Jaloux » est là (*dans un vers de des Portes*) hors d'œuvre. (IV, 296 ; voyez IV, 271, 304, etc.)

HOSPITAL, hospitalier :

Je veux que la table *hospitale* soit sacrée. (II, 130.)

HÔTE.

.... Les mieux établis au repos de la terre
N'y sont qu'*hôtes* et passagers. (I, 58, vers 12.)

HÔTEL DE VILLE :

Barcylas revenoit d'un festin qui s'étoit fait en l'*hôtel de ville* (*en latin :* in publico epulatus). (I, 433.)

HOUSSE (SE PROMENER EN), à cheval. (II, 620.)

HUÉE, clameur :

Voici que j'oy une grande *huée* vers la place où ils jouent (*à la balle*). (II, 618.)

HUGUENOTERIE (LA), le protestantisme :

La huguenoterie court fortune par toute l'Europe d'être bien voisine de sa fin. (IV, 71.)

HUIS, porte, issue :

.... De cette prison de cent chaînes fermée
Vous n'en sortirez point que par l'*huis* du tombeau. (I, 2, vers 12.)

HUISSIER, traduisant le latin *viator*. (I, 455.)

HUMAINS (LES) :

Mon roi, le plus grand *des humains*.... (I, 115, vers 202.)

HUMEUR, au propre :

Redonner de l'*humeur* aux fontaines qui se dessèchent. (II, 116.)

L'*humeur* (*en latin :* humor), l'air, et toutes choses à qui le coup peut donner forme, étant poussées, prennent la figure même de ce qui les pousse. (I, 478.)

Voyez tome II, p. 462, 651.

HUMEUR, HUMEURS, au figuré :

Vous aurez de moi ce que vous desirez ; mais vous attendrez que je sois en *humeur*. (II, 403.)

Je ne suis pas de si mauvaise *humeur*, que je permette aux sujets de se bander contre les volontés du Prince. (IV, 87.)

Toute chose a ses marques,... et n'y a rien de si peu d'importance où vous ne reconnoissiez les *humeurs* d'une personne. (II, 453.)

Que si nous sommes si malheureux.... que nous ne puissions compatir avec le repos, et que nos mauvaises *humeurs* fassent renaître quelque désordre.... (IV, 213.)

Voyez tome I, p. 115, vers 198 ; p. 131, vers 33 ; p. 135, vers 29 ; p. 138, vers 11 ; p. 226, vers 14 ; p. 301, vers 22 ; tome II, p. 142 ; tome IV, p. 184.

HUMIDITÉ.

Pour l'intempérance du ciel toutes *humidités* sont épuisées. (II, 95.)

HUMILIER (S'), se soumettre :

Sedan *s'est humilié*. (I, 87, vers 14.)

J'ai obéi à mon père et à ma mère;... je *me suis humilié* à leurs volontés, raisonnables ou déraisonnables. (II, 89; voyez II, 322.)

HUPPÉ, haut placé, illustre :

.... Me sembloit vous voir paroître
Brave et galant en cette cour,
Où les plus *huppés* à leur tour
Tâchoient de vous voir et connoître. (I, 289, vers 101.)

HYDRE.

.... En sa dernière tête
L'*Hydre* civile t'arrête. (I, 26, vers 6.)

Hydre, au masculin, blâmé par Malherbe chez des Portes. (IV, 370.)

HYMEN.

Quelque soir en sa chambre apparois devant elle (*devant Marie de Médicis : il parle à Henri IV assassiné*)....
Viens-y tel que tu fus, quand aux monts de Savoie
Hymen en robe d'or te la vint amener. (I, 180, vers 46.)

HYMÉNÉE.

Ses filles sont encore en leurs tendres années,
Et déjà.... les rois les plus grands....   vers 35.)
Brûlent d'impatience après leurs *hyménées*. (I, 172, vers 8; voyez I, 202,

HYMNE.

Quelle sera la hauteur
De l'*hymne* de ta victoire,
Quand elle aura cette gloire
Que Malherbe en soit l'auteur! (I, 317, vers 8.)

HYPOCRISIE (Hors d'), sans feinte :

.... M'entretenir longtemps avec vous, qui (*ce qui*), hors *d'hypocrisie* (*à parler sans feinte*), n'est point un des moindres contentements que je saurois recevoir. (III, 117.)

HYSTERON PROTERON (ὕστερον πρότερον), figure qui consiste à renverser l'ordre naturel du discours, à mettre devant ce qui doit être après. (IV, 396, 434.)

I

ICELUI.

Il y avoit pour drap de pied un tapis velu..., et dessus un escabeau..., et sur *icelui* un bassin vermeil doré. (III, 434.)

ICI, ici-bas :

Le parfait chrétien...,
Créé pour obéir *ici*,
Y tient sa fortune asservie. (I, 287, vers 59.)

Ici, dans cette circonstance-ci :

Assez de preuves à la guerre

Ont fait paroître ma valeur;
Ici je renonce à la gloire. (I, 153, vers 28.)

Ici, après un substantif, pour *ci* :
Ce pays *ici*. (I, 334.)
Ce jour *ici*. (II, 295.)

Ici-bas :
.... Rien n'est *ici-bas* heureux parfaitement. (I, 145, vers 2.)

Ici dessous. Voyez Dessous.

IDÉAL, blâmé par Malherbe, comme *mot d'école*, dans les vers de des Portes. (IV, 334.)

IDÉE, idéal, modèle :
[Ma reine,] ternissant le souvenir
Des reines qui l'ont précédée,
Devient une éternelle *idée*
De celles qui sont à venir. (I, 213, vers 89.)

IDOLE, au masculin :
Je le fus (*je fus aise*) de voir tomber nos *idoles* d'un lieu où je ne les avois jamais *regardés* qu'avec abomination. (IV, 87 ; voyez I, 227, vers 37.)

Idole, au féminin :
.... Une plaintive *idole*. (I, 54, vers 193.)

Voyez le *Lexique de Corneille*, tome II, p. 3 et 4.

IGNOMINIE.
.... Ces combats, dont la manie
Est l'éternelle *ignominie*
De Jarnac et de Moncontour. (I, 213, vers 109.)

IGNORAMMENT, par ignorance :
Les uns.... s'allèrent jeter *ignoramment* dans les ennemis, qu'ils prenoient pour être de leurs gens; les autres, etc. (I, 417.)

IGNORANCE, erreur par ignorance :
.... Souffrez que la vérité
Vous témoigne votre *ignorance*,
Afin que perdant l'espérance,
Vous perdiez la témérité. (I, 100, vers 34.)

IGNORANT, participe et adjectif :
.... Pouvoit-il être *ignorant*
Qu'une fleur de tant de mérite
Auroit terni le demeurant? (I, 258, vers 12.)
[Ses chevaux] *ignorants* de la course qu'ils font. (I, 18, vers 375.)

IGNORER.
Quant à Caton, on l'*ignora* tellement dans Rome, que.... jamais il n'y fut connu pour juste, sinon qu'après qu'il fut perdu. (II, 615; voyez I, 74, vers 120.)
Ce dos chargé de pourpre....
A dépouillé sa gloire au milieu de la fange,
Les Dieux qu'il *ignoroit* ayant fait cet échange

Pour venger en un jour ses crimes de cinq ans. (I, 27, vers 27.)

Voyez ci-dessus IGNORANT, *participe et adjectif.*

IL, ILS, ELLE, ELLES, EUX, LE, LA, LES, LUI, LEUR.

1° Rapport vague, hardi, amphibologique, elliptique; rapport à l'idée plutôt qu'aux mots (voyez ci-après, p. 320 et 321, 5°) :

Le tribun, qui pensoit que ce jeune homme d'un côté voulût mal à son père, et de l'autre *lui* dût savoir bon gré (*à lui tribun*), etc. (II, 88.)

Le père a donné à son fils une vie qu'il eût aussitôt perdue sans les moyens qui furent apportés pour la lui conserver. Le fils, s'il a donné la vie à son père, il lui a donné une vie qui pour subsister n'avoit besoin que d'elle-même. Il faut donc avouer que si son fils lui a donné la vie, *il* (*le père*) a plus reçu qu'il ne lui avoit donné. (II, 86.)

C'est une obligation que je dois à tout autre qui m'aura sauvé la vie, aussi bien qu'à mon père ; car s'*il* (*celui qui m'a sauvé*) m'eût laissé mourir, je ne l'eusse su remercier. (II, 85.)

Rien ne mit si bien Furnius auprès d'Auguste, que ce qu'après qu'à son intercession *il* (*Auguste*) eut pardonné à son père, qui avoit tenu le parti d'Antoine, en le remerciant *il* (*Furnius*) lui dit, etc. (II, 38.)

Caïus César un jour *lui* voulut donner deux cents talents (*à Démétrius le cynique, dont le nom est mentionné trois pages plus haut*). (II, 227; voyez II, 138, l. 4, *il*, se rapportant à *Cléanthe*, nommé douze lignes plus haut.)

Cherchez à qui rendre ce que vous devez. Qu'*il* (*que celui à qui vous rendez*) soit homme de bien ou méchant, ce n'est pas à vous de vous en informer. (II, 240.)

La question est de savoir qui a reçu le plaisir. On ne s'informe point de ce qu'*il* (*celui qui a reçu le plaisir*) en a fait, ni avec qui *il* l'a partagé. (II, 159.)

Il ne s'en voit point qui fassent papier de ce qu'ils donnent, ni qui, comme rigoureux créanciers, en demandent les payements à point nommé. Un homme d'honneur n'y pense jamais, sinon quand en *le* lui rendant (*en lui rendant ce qu'on a reçu de lui*) on l'en fait ressouvenir. S'*il* (*si l'homme qui donne*) en fait autrement, c'est argent prêté que le plaisir qu'il a fait. (II, 6.)

Ce sont les préceptes que Démétrius veut qui ne nous partent jamais des mains.... C'est avec cette règle qu'il faut qu'*il* se représente (*que nous nous représentions, que l'homme se représente*) que la volupté est une chose fragile. (II, 217.)

Pourquoi est-ce que le monde fait son tour? A quelle fin est-ce que le soleil allonge tantôt les jours, et tantôt les accourcit? Tout cela sont bienfaits; car *ils* (*ces bienfaits, ces choses que je nomme bienfaits*) se font pour notre commodité. (II, 103.)

Au bienfait, nous y pouvons tout. Voilà pourquoi je *les* juge (*les bienfaits*) sans séparer ni diviser. (II, 174.)

Qui est-ce qui voudroit.... bailler un dépôt à un qui fait coutume de *les* nier? (II, 117.)

Quand tout ce qu'il y avoit de mains en son armée tireroient une flèche, l'air auroit trop peu d'espace pour *les* recevoir. (II, 200.)

Quand nous disons qu'un bien reçu de bon cœur est reconnu, nous ne *l'*exemptons pas pourtant (*celui qui le reçoit*) de rendre quelque chose de semblable à ce qu'*il* a reçu. (II, 48.)

Je ne tiens pas qu'un homme fasse plaisir s'il n'en a l'intention, encore qu'il fasse chose d'où il nous revienne quelque profit. Appelez-vous bienfait une chose qui *le* tourmente et qui *l*'afflige (*celui qui la donne*)? (II, 161.)

Aussi n'y a-t-il gens au monde.... de qui les injures soient plus outrageuses, que de ceux qui ont appris à *les* faire en *les* recevant. (II, 77.)

Les deux *les*, surtout le second, représentent *injures* dans un autre sens, un autre rapport au sujet, que ceux où il est pris après *de qui.*

C'est de ces choses-là, qui sont aussi bonnes à donner qu'à prendre, que le commerce est louable entre les amis.... Pour payer une dette, le marchand a besoin d'une heureuse navigation...; mais il ne *lui* faut (*à votre ami*) qu'une bonne volonté pour payer. (II, 398.)

Dieu.... ne veut pas prendre la peine de faire plaisir ou déplaisir. Quiconque tient ce langage n'oit pas les requêtes qui *leur* sont adressées journellement (*aux Dieux*). (II, 93.)

Quand l'opulence et la félicité de celui qui vous a fait du bien ne vous laisseroit avoir moyen quelconque de vous revancher, je vous vais dire une chose de quoi les plus contentes fortunes ont affaire... : un qui parle franchement, et qui trouvant un homme engagé parmi des conteurs de fables..., l'a tiré d'entre leurs mains et lui a ouvert les yeux pour connoître le mensonge.... Ne voyez-vous pas en quels précipices *les* jette (*jette ces hommes fortunés*) la liberté qu'*ils* suppriment et la fidélité qu'*ils* ravalent à des obéissances serviles? (II, 198.)

Comme seroit-il possible que je susse gré d'un plaisir qu'on m'auroit jeté d'une façon arrogante, comme par dépit, et pour se délivrer de mon importunité? Qui lasse une personne à *le* remettre (*à remettre cette personne, cet homme*) d'un jour à l'autre, et *le* gêne à *le* faire attendre, il se trompe s'il en espère ni revanche ni ressentiment. (II, 3.)

Vous ne savez point le prix de l'amitié, si vous ne jugez que *lui* donnant un ami vous *lui* donnez une chose rare (*que vous donnez une chose rare à celui à qui vous donnez un ami*). (II, 203.)

Ce bienfait qui est l'action de faire du bien, est reconnu quand nous le recevons avec l'affection qu'il faut. Cet autre qui consiste en la chose donnée, nous ne l'avons pas encore rendu, nous en avons la volonté. Le cœur a payé le cœur; la chose reste à payer, il *lui* en faut bailler une semblable (*à l'auteur du bienfait*). (II, 48.)

Il ne faut pas..., quand j'ai besoin d'un plaisir, m'adresser au premier venu. Je *le* dois élire (*je dois choisir celui à qui je demanderai ce plaisir*). (II, 32.)

Ils disent qu'en Inde il se trouve du miel aux feuilles des cannes...; et que nous avons des herbes qui ont la même vertu, mais non si apparente, et seulement connue de ces petites bêtes que la nature a députées à faire ce métier. Les autres ont opinion qu'elles ont une adresse de confire les tendrons des fleurs et des feuilles, et par leur disposition *lui* faire prendre cette qualité (*faire prendre à ce miel cette qualité de miel*). (II, 651.)

2° IL, ELLE, LE, LA, LES, se rapportant à des noms employés d'une manière indéterminée ou au pronom indéfini *quelqu'un* :

Ce qui est de meilleur en un bienfait, c'est d'être donné avec jugement. S'*il* y manque (*si le jugement y manque*), il n'y a plus de bienfait. (II, 24.)

Faites-moi grâce, et vous *l*'aurez. (I, 144, vers 4 de la pièce XXXIX.)

Il n'y a rien qui lui porte plus de préjudice (*à la philosophie*) que cette profusion de langage aussi violent et déréglé. Il est bon qu'*il* (*que le langage*) ait de la force, mais modérée, et qu'*elle* coure, mais comme un ruisseau. (II, 408.)

Je ne vous fais point de profession nouvelle de service. *Il (mon service)* vous est tellement acquis.... que vous devez vous en assurer. (III, 187.)

Tout est paisible, Dieu merci : je *le* prie (*je prie Dieu*) qu'*il* nous y conserve. (III, 234.)

Je vous écris toujours en hâte, mais certainement *elle* ne fut jamais précipitée comme à cette heure. (III, 482.)

Tel est ordinairement le visage de ceux qui font plaisir et de ceux qui *le* reçoivent. (II, 7 ; voyez II, 2, l. 3 ; 4, l. 14 ; 57, l. 7 et 8 ; 65, l. 20.)

Je ne sais..., si ce riche tomboit en pauvreté, comme il *la* supporteroit patiemment. (II, 340.)

Pour ce qu'il ne se passe presque audience où il ne se publie quelque divorce, à force d'en ouïr parler elles (*les femmes*) ont appris à *le* faire (*à faire le divorce, à divorcer*). (II, 66.)

Le sage ne change point d'avis, tant que les choses demeurent en l'état qu'elles étoient quand il *l*'a pris (*cet avis*). (II, 126.)

Les degrés du théâtre destinés aux chevaliers romains leur sont communs à tous ; et cependant, quand j'y ai pris place, je *la* puis appeler mienne. (II, 228.)

Ce sont bien souvent mêmes choses que les plaisirs des amis et les vœux des ennemis. L'envie des uns nous desire du mal ; l'indulgence inconsidérée des autres nous *le* procure. (II, 28.)

Celui qui fait mal est aussi foible que celui qui *le* reçoit. (II, 584.)

Je suis en une matière qui n'auroit jamais de fin, si je ne *la* lui mettois moi-même. (II, 677.)

Vous avez mis en terre un homme que vous aimiez ; le remède est d'en aimer un autre, vous aurez moins de peine à refaire un ami qu'à *le* pleurer (*qu'à pleurer celui que vous avez perdu*). (II, 497.)

Le contentement qu'il a de soi n'est pas tel qu'il ne veuille point avoir d'ami, mais que n'en ayant point il a moyen de s'en passer. S'il *le* perd, il ne se désespère point. (II, 289.)

Si quelqu'un les a gratifiés..., ils ne *le* voient plus si souvent que de coutume. (II, 37.)

Quand ils ont foulé quelqu'un aux pieds, ils prennent plaisir qu'*il* les remercie. (II, 107.)

3º IL, LE, dans le sens neutre de *cela* ; IL, LUI, LE, ILS, LES, se rapportant à des mots indéterminés, comme *rien, ce qui, ce que, cela, quoi que*, etc. ; ou seulement à l'idée contenue dans ce qui précède ou dans ce qui suit :

    Je *l*'accorde, il est véritable :
    Je devois bien moins desirer. (I, 131, vers 31.)

Les incommodités..., quand elles se rencontrent avec elle (*avec la vertu*), ne paroissent non plus que l'eau d'une nuée en la mer. Et pour montrer qu'*il* est comme je le vous dis, etc. (II, 515.)

Il se dit communément un propos qui est fort à votre goût : qu'il est vilain d'être vaincu de courtoisie. Et toutefois on doute s'*il* (*si ce propos ou si cela*) est véritable. (II, 135.)

Je ne tiens point que cela soit, et s'*il* est, j'avoue bien qu'un sage en a fait l'invention. (II, 720.)

.... Quand je *l*'ai promis, j'aime éternellement. (I, 136, vers 48.)

Ma maladie m'a repris... : c'est la courte haleine ; quand cela me prend il semble d'un coup de vague, mais *il* ne me tient pas plus d'une heure (II, 459.)

Rien n'est contemptible quand *il* est rare. (II, 20.)

Rien n'est vertueux si le jugement ne *l'*accompagne. (II, 99.)

Par leur présomption ils font rire le monde, et sont cause qu'on veut mal à ce qui seroit aimable s'*il* étoit manié d'autre façon. (II, 26.)

.... Ce qui s'offre à moi, s'*il* n'a de l'amertume,
    Je ne puis l'endurer. (I, 159, vers 29.)

Il n'y a.... point de bien que ce qui est honnête, car *il* est mesuré. (II, 591.)

Ce qui est honnête se fait suivre pour l'amour de *lui*-même. (II, 99.)

Ce n'est rien que ce qu'on donne plaise à l'heure qu'on le reçoit, s'*il* ne plaît encore après l'avoir reçu. (II, 27.)

Prenez.... garde à ce que je vous dis, et je m'assure que vous m'accorderez qu'*il* est véritable. (II, 48.)

Tout ce qu'un serviteur fait outre ce que sa condition veut qu'il fasse, et qu'il ne fait point parce qu'*il* lui est commandé, mais parce qu'il *le* veut faire, c'est bienfait. (II, 71.)

Je ne vis jamais homme.... qui fasse plus de cas de ce qu'on lui donne, pour petit et [peu] considérable qu'*il* soit. (II, 134.)

Ce qu'il a reçu n'étoit pas un bienfait, mais *il* en avoit le nom. (II, 152.)

Il n'y a point ni plaisir ni honneur à mander ce qui sera vieil et ridé devant qu'*il* arrive. (III, 417.)

Ce que nous défendons de redemander, c'est pour faire la leçon à ceux qui exigent avec trop de rigueur. Nous ne voulons pas qu'*il* ne se fasse jamais, mais qu'*il* se fasse peu. (II, 242.)

Il en est de même de ce qui est honnête, de ce qui est bienséant, de ce qui est juste et de ce qui est légitime. *Ils* (*à savoir l'honnête, le bienséant*, etc.) sont tous limités de certains termes. (II, 512.)

C'est à la vertu de juger, et non d'être jugée. S'il n'y a moyen de la faire plus droite qu'elle est, il s'ensuit aussi qu'en tout ce qui sera dressé sur elle, il ne peut y avoir rien qui soit plus ou moins droit l'un que l'autre; car étant force qu'*ils* (*tous ces actes dressés sur la vertu*) se rapportent à leur règle, la raison veut aussi qu'*ils* se trouvent conformes entre eux. (II, 552.)

Personne ne lui profite (*au méchant*), parce que, quoi qu'on lui donne, *il* (*cela*) se corrompt tout aussitôt, à faute qu'il n'en sait pas bien user. (II, 149.)

Quoi qu'un homme nous ait prêté..., pourvu qu'*il* soit de mise, n'importe. (II, 152.)

Quoi que l'on fasse pour nous, nous *le* prenons. (II, 39.)

La vertu.... donne la forme des objets où elle se veut travailler. Quoi qu'elle touche, elle *lui* donne (*à ce qu'elle touche*) sa ressemblance et sa teinture. (II, 512.)

Ne trouvez-vous point de différence entre celui qui fait un plaisir bien à son aise, et sans qu'*il* (*sans que cela*) lui coûte rien, et un autre qui s'engage pour remédier à l'incommodité de son ami ? (II, 58.)

Je voudrois bien lui rendre le plaisir qu'il m'a fait, mais *il* me coûtera trop. (II, 115.)

Celui qui se revanche, il faut qu'*il* lui coûte quelque chose, comme à un qui paye de l'argent qu'il doit. (II, 147.)

Ne faut point avoir honte de devoir des choses que nous ne pourrons pas rendre : parce que nous savons bien qu'*il* ne tiendra pas à nous. (II, 139.)

Je crois que ce soit une demeure bonne pour toutes les saisons de l'année. Elle est droit au ponant, et le reçoit tellement, qu'*il est cause* (*que cela est cause*) que Baies ne l'a point. (II, 464.)

L'édition de 1659 porte : *qu'elle est cause.*

C'est bien chose que je ne défends point à un homme sage, que l'aisance de parler : toutefois je ne *le* lui commande pas (*je ne lui commande pas cela*). (II, 410 ; l'édition de 1745 donne *la.*)

Ce n'est point le sang qui fait épandre le sang (*on ne tue pas pour tuer*) ; si quelques-uns *le* font, cela n'arrive pas bien souvent. (II, 314.)

Les biens du corps sont bons au corps, mais ils ne *le* sont pas généralement (*ils ne sont pas généralement bons*). (II, 556.)

Il ne voulut pas prendre une bonne somme de deniers que Fabius Persicus lui envoyoit.... Rébilus, qui ne valoit guère mieux..., lui en envoya davantage, et le pressa fort de *le* recevoir (*de recevoir ce qu'il envoyait*). (II, 36.)

Je devois bien recevoir plus que je n'ai reçu, mais il ne me pouvoit donner plus que ce qu'il m'a donné. Il en avoit beaucoup à gratifier. Ce qu'il en a fait n'est qu'un commencement. Si je *le* reçois (*ce qu'il donne*) de bonne grâce, cette démonstration de ma volonté lui donnera sujet de continuer la sienne. (II, 41.)

Je ne dis pas ceci pour ruiner la révérence que nous devons à ceux qui nous ont engendrés. Au contraire, si les enfants *le* goûtent (*goûtent ce que je dis*) comme ils doivent, ce leur est une instruction pour en devenir meilleurs. (II, 86.)

Puisque je suis si curieux de savoir à qui j'aurai bienfait, il semble que j'aie intention de *le* redemander (*ce que j'aurai fait de bien*).... Un mauvais homme, quoique vous *le* redemandiez, ne *le* vous rendra pas. (II, 162.)

Je n'ai de quoi remplir ma lettre si je ne me sers des compliments ordinaires.... Votre amitié toute solide n'aime point les cérémonies, ni moi aussi ; mais la nécessité me *le* fait faire (*fait que je me sers des compliments ordinaires*). (III, 76.)

Il avoit été fait capitaine de la porte, et *l'*avoit vendu (*et avait vendu cette charge*) ; depuis premier maître d'hôtel, qu'il avoit vendu aussi. (III, 502.)

Je crois que la dernière lettre que vous avez eue de moi *l'*a été (*vous a été portée*) par un nommé Étienne que vous aviez envoyé par deçà. (III, 156.)

Nous nous gâterions, si nous voulions ou toujours écrire, ou toujours lire.... La meilleure (*méthode*) est de *les* échanger (*d'échanger ces deux choses, le lire et l'écrire*) par vicissitudes, et tempérer l'un par l'autre. (II, 650.)

La mauvaise fortune a de la légèreté comme la bonne ; *il* (*cela, à savoir les accidents de la mauvaise fortune*) peut être, et aussi n'être pas : quoi que c'en soit, *il* n'est point ; proposez-vous quelque chose de meilleur. (II, 309.)

Cela ne se peut appeler bienfait, qui ne part point d'une bonne intention, et que celui même qui *le* fait ne connoit point. (II, 178.)

Un tel a eu autant que moi, mais je *l'*ai eu sans *l'*avoir recherché. Il a eu autant que moi, mais je *l'*ai eu tout incontinent, et il a été longtemps à *le* gagner.... On me *l'*a donné sans espérance de *le* retirer. (II, 23.)

Le meilleur est de donner sans se faire prier, et ne redemander jamais ce qu'on a donné ; si on nous *le* rend, s'en réjouir..., et *le* prendre.... pour un plaisir qu'on nous fait. (II, 31.)

Il faut un grand courage (*un grand cœur*) pour faire jugement des choses qui sont grandes ; autrement nous *l'*imputerons (*nous devons imputer le faux jugement que nous porterons de ces grandes choses*) à une faute qui vient de nous (*en latin :* magno animo de rebus magnis judicandum est; alioqui videbitur illarum vitium esse quod nostrum est). (II, 553.)

Il y a ordinairement une éponge aux privés...; il la prit avec le morceau de bois où elle est attachée, et se *le* fourra tout (*et se fourra tout cela*) dans la gorge. (II, 542.)

Je vous écris à bâtons rompus ; lisez-*le* de même. (IV, 26.)

Pensez de vous résoudre à soulager ma peine,
Ou je me vais résoudre à ne *le* souffrir plus (*à ne plus souffrir cela, ce que je souffre*). (I, 36, vers 4.)

Si c'étoient biens que ces choses qui nous servent par le ministère du corps, il faudroit croire qu'*il* seroit pire (*que cela, que leur condition serait pire*). (II, 591.)

Une des premières et principales leçons de la philosophie, c'est de connoître bien ce qu'on doit et le bien payer. Or quelquefois, pour être quitte, il suffit de *l*'avouer (*d'avouer que l'on doit*). (II, 565.)

Je vous ai assez entretenu de choses qui ne *le* valent pas (*qui ne méritent pas qu'on vous en entretienne*). (III, 246 ; voyez III, 42, l. 21 ; 415, l. dernière.)

Il n'est point de blancheur si nette qui ne se tache, quand on l'approche de quelque chose qui ne *l*'est point (*qui n'est point net*). (II, 283.)

Vous devez savoir comme cela se décide en vos écoles, mais au Palais nous *le* pratiquons (*nous pratiquons la chose*) de cette façon. (II, 173.)

Il, pour *cela,* blâmé, comme vague, par Malherbe chez des Portes. (IV, 435.)

Pour *le* faire plus court (*pour faire la chose plus courte, pour abréger; en latin :* ut, quod volo, exprimam breviter). (II, 520.)

Le (*Timon*) provençal a de quoi *l*'enchérir par-dessus (*de quoi renchérir sur*) le grec. (IV, 131.)

4° Il, devant des verbes employés impersonnellement :

Il n'est ennui si grand que celui que j'endure. (I, 137, v. 5 ; voy. I, 139, v. 2.)

Il ne se fit jamais un acte si cruel. (I, 309, vers 12.)

Il s'est demandé trois ou quatre combats ; mais tout a été appointé. (III, 95.)

Oh ! qu'*il* nous eût coûté de morts,
Avant que d'avoir par les armes
Tant de provinces qu'en un jour
Vous nous acquérez par amour ! (I, 202, vers 25 ; voyez I, 280, vers 71 ; et ci-dessus, 3°, p. 318, vers la fin.)

Quels langages ils eurent ensemble, *il* ne se dit point encore. (III, 119.)

Faites ce qu'*il* vous plaira. (I, 319, vers 6.)

Voyez ci-après, 8°, p. 321 et 322, de nombreuses ellipses d'*il* devant des verbes impersonnels.

5° Ils, les, leur, on, les hommes, les gens, etc. :

Vous appelez bienfait d'avoir donné à quelqu'un droit de bourgeoisie en une ville d'importance.... Mais de lui avoir donné un bon conseil, lui avoir rompu un mauvais dessein..., qui sera-ce qui en fera l'estimation ? qui sera-ce qui ordonnera qu'*ils* soient récompensés de semblables bienfaits ? (II, 60.)

Qui est celui.... qui, s'il a fait quelque injure, ne la fît volontiers passer pour obligation ? Ainsi quand *ils* ont foulé quelqu'un aux pieds, *ils* prennent plaisir qu'il les remercie ; et ne pouvant être ni bons ni libéraux, montrent toutefois qu'*ils* seroient bien aises qu'on les eût en cette opinion. (II, 107.)

Les trois mille écus de dot de ma femme furent.... prêtés à la communauté de Brignole. Au bout de l'an, *ils (les membres de la communauté)* furent sommés.... de rendre ladite somme. (I, 337.)

La procession.... alla du long du quai des Augustins au bout du pont Saint-Michel, où Madame Chrétienne et Madame Henriette étoient chez un tapissier à *les* voir passer *(les gens de la procession)*. (III, 468.)

Il faut.... que le bienfait aille à celui pour qui je le destine, et que je l'en juge digne; que je le donne de bon cœur, et que je m'en réjouisse après l'avoir donné. Or il n'y a rien de toutes ces considérations aux choses dont il est question; car nous ne les *leur* donnons pas *(nous ne les donnons pas aux gens)* comme à gens qui le méritent. (II, 121.)

Il n'est pas possible de souhaiter au genre humain une condition meilleure que celle qu'il avoit alors.... Toutes choses *leur* étoient communes *(étaient communes aux hommes)*. (II, 722.)

Pour le regard de ce qu'*ils* disent *(de ce que les gens disent)*, qu'on se doit aussi revancher d'un bienfait pour le profit, et non pour l'honneur, etc. (II, 106; voyez II, 116, l. 26; 221, l. 2; 299, l. 15; 585, l. 30; 723, l. 8.)

Dans ces sept exemples, et dans les cinq du tome II auxquels nous renvoyons, *ils* ne peut se rapporter à aucun mot précédemment exprimé.

6° IL, ILS, avec changement de tournure, après *qui* :

Il y en a encore une troisième sorte, de ceux qui ne tiennent pas la sagesse à pleine main, mais *ils* y vont *(mais qui y vont)* toucher du bout du doigt. (II, 561.)

7° IL, ILS, ELLE, ELLES, employé par pléonasme :

Le fils, s'il a donné la vie à son père, *il* lui a donné une vie qui pour subsister n'avoit besoin que d'elle-même. (II, 86.)

Les Dieux, s'ils font quelque chose, *ils* n'y apportent jamais autre considération que la raison qu'ils ont de la faire. (II, 116.)

Comme celui qui desire du bien à quelqu'un pour y avoir part, encore qu'il semble penser aux affaires d'autrui, toutefois *il* a soin des siennes; ainsi qui desire de voir son ami en quelque peine pour y survenir et l'en dégager, *il* montre son ingratitude. (II, 205.)

.... Qui veut m'affliger, il faut qu'*il* me conseille
De ne m'affliger pas. (I, 161, vers 59.)

Quiconque.... prêche contre l'ingratitude, *il* parle autant pour les Dieux que pour les hommes. (II, 44.)

Cela ne vient pas de foiblesse d'âme, mais de la nouveauté des choses, qui bien qu'elles n'étonnent pas, *elles* troublent toutefois. (II, 299.)

De murmurer contre elle, et perdre patience,
Il est mal à propos. (I, 43, vers 82.)

Voyez I, 21, vers 22; II, 37, l. 8; 46, l. 30; 115, l. 22; 131, l. 7; 222, l. 31; 232, l. 4; 314, l. 28; 487, l. 29; 561, l. 13; 570, l. 2 et 22.

8° IL, ELLE, LE, omis où nous les emploierions aujourd'hui :

Un valet peut être juste,... vaillant,... magnanime; il peut donc aussi faire plaisir; car ce dernier est une action vertueuse aussi bien que les autres. *Et est* si véritable que les serviteurs peuvent obliger leurs maîtres, que bien souvent les maîtres ont été le bienfait même de leurs serviteurs. (II, 69.)

Sans doute quelque vertu divine y est descendue, *et n'est* pas croyable qu'une âme si excellente.... puisse avoir son mouvement d'ailleurs que de quelque puissance du ciel. (II, 412.)

Il est de certaines choses que depuis que nous les avons une fois sues nous les savons toute notre vie, *et en est* d'autres aussi qui s'oublient aussitôt qu'on discontinue d'y étudier. (II, 55.)

On ne sauroit perdre son bien plus honteusement que de le donner mal à propos. *Et y a* plus de quoi se fâcher de n'avoir pas donné comme il faut, que de n'avoir pas été remercié. (II, 99.)

Encore qu'un homme ne vive pour personne, il ne s'ensuit pas qu'il vive pour soi ; *mais y a* tant de gloire à n'être point variable..., que même on porte quelque révérence à ceux qui s'opiniâtrent à se reposer. (II, 463.)

Cela a fait perdre l'envie de faire des ballets, *et y en avoit* tout plein de couvés qui n'écloront point. (III, 81.)

N'y aura-t-il point quelque différence de nous à eux? *Si aura* certes, il y en aura beaucoup. (II, 277.)

Ils (*les gladiateurs*) reçoivent des coups s'ils refusent d'aller aux plaies, *et faut* que tous nus ils cherchent l'épée l'un de l'autre. (II, 282.)

Nos affaires sont quelquefois d'une façon, que devant que de payer la première dette, il faut faire un second emprunt. *Et ne faut point* avoir honte de devoir des choses que nous ne pourrons pas rendre. (II, 139.)

Si leur conscience n'est bonne, les caractères du plaisir qu'on leur a fait ne laissent pas d'y être gravés, *et se peut* faire qu'un jour la honte les avertira de leur devoir. (II, 52.)

Le Roi fut hier à la chasse ; le cerf fut pris à une lieue de Marcoussy, où est Mme la marquise de Verneuil, *et n'y alla* point (*et le Roi n'alla point à Marcoussy*). (III, 24.)

La sixième (*place*), il la réserve pour lui, *et s'appellera* (*et elle s'appellera*) Bourbon. (III, 58.)

Oyez un peu les harangues de ceux qui demandent quelque plaisir.... La perte de la vie est trop peu de chose pour être le témoignage de leur affection ; *et sont* bien marris qu'il ne se trouve encore des submissions plus cérémonieuses. (II, 55.)

Que ce qu'elle est à cette heure,
Elle soit jusqu'à la mort. (I, 307, vers 28.)

.... Quand j'aurai, comme *j'espère*,
Fait ouïr du Gange à l'Ibère
Sa louange à tout l'univers, etc. (I, 210, vers 35.)

Voyez I, 22, v. 27 et 31; 79, v. 105; 124, v. 267; 134, v. 5; 166, v. 10; 289, v. 99; II, 2, l. 7; 18, l. 16; 24, l. 18; 54, l. 28; 57, l. 3; 85, l. 4; 99, l. 11 et 29; 170, l. 10; 194, l. 21; 445, l. 14; 463, l. 24; 590, l. 6; 702, l. 15; III, 437; etc.

9° LUI, sujet :

Ce peuple.... ne voulut point permettre de combats où le vaincu fût lui-même contraint de prononcer l'arrêt de sa honte.... Ce que *lui* (*ce peuple*) fait pour la police d'une république est généralement observé par tous ceux qui aiment l'honneur. (II, 136.)

10° LUI, LEUR, compléments indirects, emplois divers :

.... Tout l'univers *lui* sera trop petit. (I, 106, vers 14.)

Je ne me pique pas de ce que la volupté précède la vertu ; mais quelle apparence y a-t-il de l'associer avec une qui la méprise, qui *lui* est ennemie capitale, qui cherche le travail et la douleur pour se séparer d'avec elle. (II, 92.)

Après qu'il (*l'homme*) est parti du monde,
La nuit qui *lui* survient n'a jamais de matin. (I, 269, vers 18.)

Que se propose celui qui fait un plaisir, sinon du bien pour autrui, et du contentement pour soi? Si cette intention *lui* est réussie..., il a ce qu'il a demandé. (II, 45.)

Soit que le Rhône outre ses bords
Lui vît faire éclater sa gloire, etc. (I, 115, vers 214.)

Penser au change *leur* est crime. (I, 300, vers 17.)

Ne doit-on pas croire qu'ils honorent, comme leurs propres pères, ceux qui *leur* sont cause d'un si grand bien? (II, 562.)

Les voluptés *leur* sont aussitôt possédées que souhaitées. (II, 573.)

Je ne *leur* trouve point de comparaison plus propre que de ceux-ci qui jouent sur les échafauds (*je ne trouve point à les comparer plus proprement qu'à ceux qui*, etc.). (II, 619.)

11° D'ELLE, À ELLE, À EUX :

Je me rends donc sans résistance
A la merci *d'elle* et du sort. (I, 131, vers 38.)

Il parle *à elle* en tierce personne. (IV, 277; voyez III, 415.)

Voici.... comme il faut parler *à eux*. (II, 87.)

12° LE, LA, LES, construction :

Je *le* voulois voir au gibet. (I, 250, vers 4.)
Aime ton prince, et *le* délivre. (I, 271, vers 77.)
Il est comme je *le* vous dis. (II, 515; voyez II, 33, 128.)

Si ceux qui se chargent de mes lettres sont aussi diligents à *les* vous rendre que moi à *les* vous écrire, vous n'avez point de quoi vous plaindre. (III, 395.)

Voyez l'*Introduction grammaticale*.

ÎLE, modeste habitation, traduisant le latin *insula*. (II, 707.)

ILLÉGITIME.

.... L'espoir *illégitime*
De la rebelle ambition. (I, 114, vers 179.)

IMAGE.

O toute parfaite Princesse...,
Future *image* de nos temples. (I, 49, vers 86.)

Ils (*les édiles curules*) dédièrent.... de l'argent des amendes trois *images :* l'une à Cérès, l'autre à Bacchus, etc. (I, 429; voyez I, 432.)

IMAGINAIRE.

Cette imagination est *imaginaire*, s'il en fut jamais. (IV, 310.)

IMAGINATION (voyez l'exemple de l'article précédent) :

L'esprit.... n'est point abattu, qu'il n'ait des secousses auparavant. Il les prévient par *imagination*, et se laisse choir devant qu'il en soit temps. (II, 578.)

Le consul fait marcher devant lui ses éléphants, avec cette *imagination* que ceux qui en seroient renversés feroient vraisemblablement courir la même fortune au demeurant. (I, 408.)

Alexandre.... se persuada qu'à ce coup il étoit à l'effet de la vaine et présomptueuse *imagination* qu'il avoit toujours eue d'aller au ciel. (II, 21.)

Je vois des contrats, des cédules, des cautions, simulacres inutiles de richesses..., qui ne servent qu'à piper les esprits foibles par une *imagination* ridicule d'avoir des choses qui ne sont point. (II, 226.)

Il est des fois que sans aucun signe apparent qui présage rien de mal, l'esprit s'imprime de fausses *imaginations*. (II, 309.)

Alexandre, de qui la vaine gloire avoit porté l'esprit au delà de toutes *imaginations* ordinaires, fit un jour présent d'une ville à quelqu'un. (II, 29.)

L'ambition n'a pas les *imaginations* modérées. (II, 41.)

Jamais la mémoire ne laisse échapper ce qu'avec des *imaginations* continuelles nous sommes diligents à lui représenter. (II, 53.)

C'est l'*imagination* d'un furieux de redouter ce qui est salutaire. (II, 109.)

Cet esprit universel a pris la peine de.... régler toutes choses en sorte qu'il fît paroître que nous n'avons pas été le dernier objet de son *imagination*. (II, 191.)

Il confond deux *imaginations*. (IV, 276.)

IMAGINÉ, imaginaire :
Le cercle *imaginé*, qui de même intervalle
Du nord et du midi les distances égale, etc. (I, 103, vers 9.)

IMBÉCILE, faible :
Toutes choses qui sont sujettes aux accidents, comme l'argent, le corps et les honneurs, sont serviles, *imbéciles* (*imbecilla*), fluides. (II, 516.)

IMBÉCILLITÉ, faiblesse :
Ils tiennent que tout ce qu'ils ne peuvent faire est impossible, et jugent de la force des autres par leur *imbécillité* (*infirmitas*). (II, 553 ; voyez II, 727.)

IMITER, égaler :
Ta fidèle compagne, aspirant à la gloire
Que son affliction ne se puisse *imiter*,
Seule de cet ennui me débat la victoire. (I, 179, vers 18.)

IMMOBILE.
Un rocher n'est pas *immobile* comme elle (*cette âme*) est. (II, 554.)

IMMORTEL, éternel :
Si la nuit de la mort m'eût privé de lumière,
Je n'aurois pas la peur d'une *immortelle* nuit. (I, 12, vers 216.)

IMMUABLE À :
Immuable aux menaces comme aux caresses.... (II, 511.)

IMPARFAIT, incomplet :
Le livre que j'avois envoyé querir en Angleterre est venu, mais il est *imparfait*. (IV, 42.)

IMPATIENT À, ne pouvant souffrir :
Les Boïes, *impatients* selon leur coutume *aux* choses qui tirent en quelque longueur, s'en retournèrent chez eux. (I, 444.)

IMPÉNÉTRABLE À, qui ne peut être pénétré par :
Inétonnable aux frayeurs, *impénétrable aux* mouvements.... (II, 424.)

IMPERFECTION.
Ces enfants bienheureux (*les saints Innocents*), créatures parfaites,
Sans l'*imperfection* de leurs bouches muettes, etc. (I, 12, vers 206.)

IMPÉRIEUX.
Tel qu'à vagues épandues
Marche un fleuve *impérieux*, etc. (I, 88, vers 42.)

IMPERTINENCE, chose déplacée, inconvenante :
Si en quelques autres lieux j'ai ajouté ou retranché quelque chose...,

j'ai fait le premier pour éclaircir des obscurités..., et le second pour ne tomber en des répétitions, ou autres *impertinences*. (I, 464.)

IMPÉTRER, obtenir :
Puisque ce sont choses qui roulent encore entre les incertitudes du temps à venir, pourquoi veux-je plutôt *impétrer* de la fortune qu'elle me les donne, que de moi, que je ne les demande point? (II, 320.)

IMPIÉTÉ, manque de tendresse paternelle, etc. :
N'est-il pas quelquefois des pères si méchants et si malheureux que la loi même permet de se retirer d'avec eux et les renoncer? Est-ce qu'ils aient ôté à leurs enfants ce qu'ils leur avoient donné? Non; mais l'*impiété* venue après le bienfait lui a fait perdre sa recommandation. (II, 171.)

IMPLIQUER, envelopper, embarrasser, déguiser :
De quelque façon qu'on se repose, il en est toujours mieux que d'*être impliqué* dans le tumulte des affaires. (II, 632.)
La vérité parle sans artifice. Et pour ce, il ne la faut point *impliquer*. Le déguisement est la chose du monde la moins convenable aux mouvements d'une belle âme. (II, 442.)

S'IMPLIQUER, s'embarrasser :
Comme tous ceux qui courent dans un labyrinthe, nous *nous impliquons* toujours davantage. (II, 421.)
Une âme.... qui *s'implique* dans toutes les parties du monde, et remarque attentivement comme tout s'y passe, etc. (II, 511.)
Ils *s'impliquent*.... aux distinctions des syllabes. (II, 699.)
Nous *nous impliquons* de toutes sortes de sollicitudes. (II, 416.)

IMPORTANCE (L'), l'important :
L'*importance* n'est pas à (l'*important n'est pas de*) donner ou peu ou beaucoup, mais à donner de bon cœur. (II, 12.)
L'*importance* est de mourir honnêtement. (II, 597.)
Ce n'est pas là qu'est l'*importance* : il est question si j'ai voulu prendre ce qu'il m'a voulu donner. (II, 33.)

IMPORTER.
.... Qu'elle s'en aille à son contentement,
Ou dure ou pitoyable, il n'*importe* comment. (I, 135, vers 38.)
Quoi qu'un homme nous ait prêté..., pourvu qu'il soit de mise, n'*importe*. (II, 152.)

IMPORTUN.
Laisse-moi, raison *importune*. (I, 130, vers 1.)
L'âge de cette enfance se passe bien, mais, ce qui est le plus *importun*, les conditions d'enfance nous demeurent. (II, 272.)
Il en est que s'ils ont fait quelque plaisir, ils ne se trouveront en compagnie où ils n'en fassent le conte.... Afin de couper chemin à cette mémoire ainsi excessive et *importune* en reproches..., nous conseillons.... de n'en parler point. (II, 240.)

IMPORTUNER DE et QUE, prier avec instance :
N'*importunez* point les Dieux *de* vous accorder ce que vous leur aviez demandé par le passé. (II, 297.)
Que sais-je si vous *importunant de* m'écrire, je ne vous sollicite point de m'ôter ce peu qui me reste d'espérance ? (IV, 169.)

Sans les *importuner* de rien (*les Dieux*),
J'ai su faire la délivrance
Du malheur de toute la France. (I, 154, vers 45.)

Vous me donnerez la hardiesse de vous *importuner* que pour l'amour de moi vous montiez sur Etna. (II, 611.)

S'IMPORTUNER DE, être ennuyé, fatigué de :

Chrysippus.... *s'importunoit* tellement *d'*être salué, qu'il en étoit à la mort. (II, 466.)

Il y en a qui *s'importunent de* faire et voir toujours de mêmes choses. (II, 362.)

IMPOSER (S') SILENCE :

Je *m'impose silence*
En la violence
Que me fait le malheur. (I, 163, vers 25.)

IMPOSSIBILITÉ.

Il ne tient pas à lui que l'effet n'accompagne la volonté.... C'est pourquoi, puisque l'*impossibilité* lui résiste (*puisque l'impossibilité de la chose l'empêche de la faire*), payez-vous de la grandeur de son affection. (II, 232.)

IMPRESSION.

Prenez cette *impression*, que, où il y a de la vertu, il y a du bien. (II, 385.)

Ce sera d'elle (*de la philosophie*) que vous recevrez cette *impression* véritable, qu'il n'y a point d'autre bien au monde que l'honneur. (II, 552.)

Il se faut résoudre de ne leur permettre point (*aux passions*) de commencer, ou faire état qu'elles se conformeront à leurs causes, et croîtront selon l'*impression* qu'on leur donnera. (II, 658.)

Ces vieux contes d'honneur...,
Étoient-ce *impressions* qui pussent aveugler
Un jugement si clair ? (I, 30, vers 35.)

Loin des vaines *impressions*
De toutes folles passions,
La vertu leur apprend à vivre. (I, 147, v. 37; voy. I, 301, v. 25.)

IMPRIMER, au propre et au figuré :

.... Le coutre aiguisé *s'imprime* sur la terre
Moins avant que leur guerre
N'espéroit *imprimer* ses outrages sur moi. (I, 207, vers 10 et 12.)

Tout ce qu'à tes vertus il reste à desirer,
C'est que les beaux esprits les veuillent honorer,
Et qu'en l'éternité la Muse les *imprime*. (I, 263, vers 11.)

Souffre à ta juste douleur,
Qu'en leurs rives (*les rives du Tessin et du Pô*) elle *imprime*
Les marques de ta valeur. (I, 94, vers 183.)

.... Le mépris du sort
Que sait *imprimer* aux courages
Le soin de vivre après la mort. (I, 115, vers 219.)

Si je suis téméraire à *m'imprimer* des affections, je suis assez retenu quand il est question de les découvrir. (IV, 171.)

Il n'y a point d'autre bien que ce qui est honnête.... Si une fois vous vous *imprimez* cette opinion, et devenez amoureux de la vertu, etc. (II, 547.)

Il est des fois que sans aucun signe apparent qui présage rien de mal, l'esprit *s'imprime* de fausses imaginations. (II, 309.)

Une âme tendre et qui n'*est* pas bien *imprimée* du caractère de la vertu n'est pas bien parmi la multitude. (II, 283.)

IMPRUDENCE.

En ces harangues populaires,... où le but n'est que d'émouvoir un peuple et d'abuser de son *imprudence*, etc. (II, 407.)

IMPUDENCE.

Votre seule valeur,
Qui de son *impudence* (*de l'Amour*) a ressenti l'outrage,
Vous fournit-elle pas une juste douleur? (I, 150, vers 27.)

IMPUGNER, chicaner :

[J']ai aussi emporté ladite première déclaration..., afin que la vérité se connoisse en cas que quelqu'un voulût *impugner*. (I, 347.)

IMPUR, IMPURE :

.... L'*impure* licence
De leurs déloyales humeurs (*des rebelles*).... (I, 115, vers 197.)

IMPUTER.

On leur *impute* (*à ces beaux yeux*) cette honte
De ne m'avoir su retenir. (I, 141, vers 11.)
Certes c'est lâchement qu'un tas de médisans,
Imputant à l'amour qu'il abuse nos ans,
De frivoles soupçons nos courages étonnent. (I, 241, vers 26.)
Peuple qui me veux mal, et m'*imputes* à vice
D'avoir été payé d'un fidèle service, etc. (I, 29, vers 25.)

INCARNAT, INCARNATE, adjectif :

.... L'*incarnate* peinture (*le sang*)
Que tira de leur sein le couteau criminel. (I, 11, vers 200.)

INCERTAIN, INCERTAINE :

Beauté, mon beau souci, de qui l'âme *incertaine*
A, comme l'Océan, son flux et son reflux. (I, 36, vers 1.)

INCITER à :

Cette louange est une exhortation à ceux qui écoutent et un aiguillon pour les *inciter* à la vertu. (II, 454; voyez II, 61, 501.)

Il est plutôt question d'enseigner que d'*inciter* à vouloir apprendre. (II, 402; voyez II, 93.)

INCOMMODER.

De le méconnoître (*un plaisir reçu*), il y a de la vilenie extrême, quand ce ne seroit que cette considération, que sans nous *incommoder* autrement, la volonté seule suffit à nous acquitter. (II, 2.)

Je n'oserois vous solliciter d'y venir (*à l'entrée de la Reine*), pource que vous êtes en un lieu d'où l'on ne vous peut tirer sans *incommoder* votre repos. (III, 142.)

Le plus fort n'avoit point encore pris au collet le plus foible, ni l'avaricieux mis en trésor ce qui ne lui servoit qu'à laisser le nécessiteux *incommodé*. (II, 723.)

Vous dites que la maladie ne vous laisse rien faire, et que toutes vos actions en sont *incommodées*. (II, 608.)

INCOMMODITÉ.

Je ne reconnois que je suis pauvre qu'en cette *incommodité*, que je n'ai rien à vous offrir qui soit digne de vous. (II, 13.)

Ne trouvez-vous point de différence entre celui qui fait un plaisir bien à son aise, et sans qu'il lui coûte rien, et un autre qui s'engage pour remédier à l'*incommodité* de son ami ? (II, 59.)

Si quelque mauvais destin se prépare pour l'un de nous deux, et qu'il faille ou que l'*incommodité* de vos affaires vous fasse avoir besoin de ce que j'ai de vous, ou que ma misère, etc. (II, 211.)

Ce n'est plus à un homme de mon âge à chercher les plaisirs : quand il les chercheroit, il ne les trouveroit pas. Il lui doit suffire de n'être point dans les *incommodités*. (IV, 17.)

Il faut un goût aussi délicat à choisir à qui devoir, comme à qui prêter; car quand il n'y auroit point un nombre infini d'*incommodités* qu'il y a, nous sommes assez gênés de devoir à un à qui il nous déplaît d'être obligés. (II, 32.)

[La vertu] n'est pas moins en son naturel dans les *incommodités* de quelque action magnanime, que l'autre (*la volupté*) parmi les délices d'un repos efféminé. (II, 92 ; voyez II, 63, 139.)

INCOMPARABLE.

Quelles preuves *incomparables*
Peut donner un prince de soi,
Que les rois les plus adorables
N'en quittent l'honneur à mon roi ? (I, 76, vers 21.)

[Ma lyre,] se rendant favorable
Ton oreille *incomparable*, etc. (I, 94, vers 196.)

INCOMPATIBLE.

Je n'ose.... ni espérer ni promettre qu'en ma façon de vivre ordinaire il n'y ait encore je ne sais quoi qui a besoin de changement. Est-il *incompatible* (*répugne-t-il, est-il impossible*) aussi qu'en moi ne se rencontrent beaucoup de choses qu'il faut.... corriger? (II, 278.)

INCOMPLAISANT, qui manque de complaisance :

Je suis complaisant à l'accoutumée, c'est-à-dire *incomplaisant* tout à fait. (IV, 23.)

INCONGRU.

« Ces frayeurs martelants » est *incongru* (*est mal dit, contraire à la grammaire*); toutefois il (*des Portes*) le dit. (IV, 372.)

INCONNU.

A qui peut-il être *inconnu*
Que toujours les tiens ont tenu
Les charges les plus honorables? (I, 120, vers 125.)

Merveille inconnue, phénomène merveilleux, dont on ignore la cause :

Qui a fait cette *merveille inconnue*, qu'aux lieux où pour l'intempérance du ciel toutes humidités sont épuisées, il se fait aux plus chauds jours de l'année de certains accroissements d'eaux ? (II, 95.)

INCONSIDÉRÉ.

Ce ne sont point esprits qu'une vague licence

Porte *inconsidérés* à leurs contentements. (I, 300, vers 12.)

La couleur changée, le visage ému, les membres tremblants, ou quelque autre telle agitation *inconsidérée* (*irréfléchie, involontaire*) que fait la nature outre (*sans*) le commandement de la raison. (II, 578.)

INCONSTANCE.

Que d'hommes, fortunés en leur âge première,
Trompés de l'*inconstance* à nos ans coutumière,
Du depuis se sont vus en étrange langueur! (I, 10, vers 158.)

INCONTINENT, adverbe :

Je fus.... trouver Mme Choucart, à laquelle je baillai votre rabat pour vous en faire.... Sans la fête de sainte Anne..., ils eussent été dépêchés *incontinent*. (III, 43; voyez II, 169, 672.)

Il suffit d'une seule étincelle pour les consumer tout *incontinent*. (II, 332; voyez I, 208, vers 28; II, 23.)

Incontinent que j'ai eu dîné, je m'en suis allé. (III, 19.)

Je leur écrirai par la première voie, *incontinent* et après nos cérémonies. (III, 188.)

INCONVÉNIENT, adjectif, dans le sens étymologique du mot : discordant, inconséquent :

Comme il n'est pas *inconvénient* que (*comme il n'y a pas d'inconséquence à admettre que*) ce ne puisse quelquefois être notre bien d'avoir été vaincus, etc. (II, 86.)

INCONVÉNIENT, substantif, malheur, accident, désagrément :

Aux *inconvénients* qui arrivent par une violence extraordinaire, comme quelqu'un est accablé de malheur, les autres sont.... abattus de crainte. (II, 569.)

J'en ai sauvé du naufrage ou du feu, qui depuis sont morts ou de maladie ou de quelque autre *inconvénient*. (II, 11.)

L'étonnement de voir une éclipse de soleil lui fit fermer son palais, et raser le poil à son fils, comme s'il eût fait le deuil, ou qu'il lui fût survenu quelque grand *inconvénient*. (II, 141.)

Regardez M. Caton approchant ses mains pures de cette vénérable poitrine, et courageusement agrandissant la plaie, que le coup n'avoit pas fait assez profonde. Que lui direz-vous ? Que vous plaignez son *inconvénient*, ou que vous louez sa résolution ? (II, 529.)

La douleur générale qu'apporta ce pitoyable *inconvénient* (*l'assassinat de Henri IV*), etc. (III, 170.)

Si vous pratiquiez une accusation contre lui, et puis la fissiez cesser, si vous l'embrouilliez en quelque procès et l'en débrouilliez tout aussitôt, qui douteroit que vous ne fussiez un méchant homme ? Quelle différence y a-t-il de tenter ces *inconvénients* par fraude, ou de les procurer par vœu? (II, 196.)

Je ne dirai pas qu'un homme ne soit bon joueur, qui ayant bien reçu la pelote (*la balle*) et fait ce qu'il devoit faire pour la renvoyer, en a été empêché par quelque *inconvénient*. (II, 46.)

Un homme de bien qui par *inconvénient* de feu.... auroit perdu tout ce qu'il avoit. (II, 233.)

La civilité a aussi bien ses *inconvénients* que le reste des choses du monde ; et pour le moins.... elle attire les importunités. (IV, 98.)

Voyez tome II, p. 18, 67, 93, 183, 727; tome III, p. 145; tome IV, p. 194.

INCROYABLE.

Vous aurez des enfants des douleurs *incroyables*. (I, 3, vers 17 ; voyez I, 153, vers 32.)

INDE (L'), l'Indus. (I, 25, vers 56.)

INDIFFÉREMMENT, avec indifférence :

La gloire d'une inclination généreuse n'est point à chercher mal à propos ces incommodités, comme plus salutaires au repos de cette vie, mais de s'y préparer *indifféremment* comme à choses qui ne sont point si difficiles qu'il n'y ait moyen de les supporter. (II, 341 ; voy. I, 188, v. 142.)

INDIFFÉRENT, INDIFFÉRENTE, sans intérêt, sans importance :

Les choses.... méprisées.... par les sages sont *indifférentes*, et.... il n'y a point d'autre bien que la vertu. (II, 590 ; voyez II, 635.)

INDIQUE, indien :

.... Quel *Indique* séjour
Une perle fera naître
D'assez de lustre pour être
La marque d'un si beau jour ? (I, 24, vers 17.)

INDISCRET.

N'attends, passant, que de ma gloire
Je te fasse une longue histoire,
Pleine de langage *indiscret*. (I, 275, vers 3.)

Il y a bien du plaisir à recevoir un bienfait..., quand une élection judicieuse le présente à ceux qui en sont dignes, non pas quand une occasion fortuite, ou une passion *indiscrète* de celui qui donne nous le fait tomber entre les mains. (II, 24.)

Concluons donc que les choses quelquefois méprisées par les *indiscrets* (*en latin :* inconsultis), et toujours par les sages, sont indifférentes. (II, 590.)

INDISCRÈTEMENT.

La plupart du monde, voire même de ceux qui font profession de sagesse, n'estiment pas comme ils doivent les biens que les Dieux nous ont faits, et en parlent *indiscrètement* (*sans réflexion, sans bien apprécier les choses*). (II, 42.)

INDISCRÉTION.

Il y faut apporter le tempérament de la raison, et par son règlement donner grâce à des choses qui n'en ont point quand on les prend avec *indiscrétion* (*sans choix ni mesure*). (II, 560.)

INDISPOSÉ, malade :

C'est l'ordinaire d'une âme folle et *indisposée* de craindre ce qu'elle n'a point essayé. (II, 445.)

INDISPOSITION, maladie, mauvaise santé :

Toutes ces choses indifférentes, comme les richesses, l'embonpoint, la beauté..., et de l'autre côté, la mort, l'exil, l'*indisposition*, les douleurs..., ne se peuvent dire ni bonnes ni mauvaises que par l'application du vice ou de la vertu. (II, 635 ; voyez II, 481.)

INDOLENCE, absence de douleur :

Le corps n'a point de douleur : que se peut-il ajouter à cette *indolence?* (II, 522 ; voyez II, 679 ; IV, 96.)

INDOMPTÉ.
.... Valeur *indomptée*. (I, 51, vers 125.)

INDUBITABLE, assuré, certain :
L'occupation est une médecine *indubitable* aux maux de l'oisiveté. (II, 468 ; voyez I, 131, vers 34 ; II, 44.)

INDUCTION, action d'amener, d'exciter à quelque chose :
Après ces deux sortes, vous en trouverez encore une troisième : de ceux qui par *induction* sont capables de bien faire ; mais il leur faut un aide, ou par manière de dire, un chasse-derrière. (II, 451.)

INDUIRE à, amener à, exciter à :
Les esprits n'ont point besoin qu'on les *induise*.... aux plaintes et aux disputes : c'est chose où ils sont assez disposés d'eux-mêmes. (II, 64.)

Nous tenons ordinairement des gardes auprès de ceux.... qui ont quelque frayeur en l'âme, de peur qu'en la solitude il ne leur vienne quelque trouble qui les *induise à* se faire mal. (II, 296.)

Induire, absolument, persuader :
Ce sont tous gens qui, à juger par leurs pénitences, doivent avoir fait des méchancetés exécrables, et qui sont aisés à *induire* en leur proposant quoi que ce soit pour accourcir leur pénitence. (III, 172.)

Induire, introduire, établir (une doctrine) :
Tantôt ils le font péripatétique, *induisant* (en latin : inducentem) trois sortes de biens ; et tantôt académique, tenant ses opinions suspendues et se gardant de rien affirmer. (II, 688.)

INDULGENCE, désir d'être agréable à quelqu'un, faveur :
Ce sont bien souvent mêmes choses que les plaisirs des amis et les vœux des ennemis. L'envie des uns nous desire du mal ; l'*indulgence* inconsidérée des autres nous le procure. (II, 28.)

Ou tu n'es pas juge équitable, ou tu trouveras que vraiment la nature t'a fait pour être ses délices, et que tout le reste du monde n'a pas tant de marques de son *indulgence* comme toi seul. (II, 43.)

INDULGENT, INDULGENTE :
La vertu fait de ses ouvrages comme un père de ses enfants. Elle les regarde tous de mêmes yeux, leur est *indulgente* aux uns comme aux autres. (II, 517.)

Que toujours la fortune également *indulgente* l'accompagne d'une félicité.... continuelle. (II, 197.)

Ceux qui donnent des conseils *indulgents* à leurs amis, leur veulent plaire ; ceux qui en donnent de libres, ont envie de leur profiter. (IV, 33.)

INDUSTRIE.
Vanité, ton *industrie* [est] de ne faire jamais rien de bonne grâce. (II, 26.)

L'épargne est une *industrie* de ménager son bien. (II, 48.)

Je ne trouve pas que ce soit *industrie* d'aimer la rumeur et le tumulte. (II, 271.)

INÉBRANLÉ, non ébranlé :
Une sécurité solide et *inébranlée*.... (II, 197.)

INEFFRAYABLE à, qui ne peut être effrayé par :
Homme *ineffrayable aux* dangers. (II, 412.)

INÉGAL à, incapable de résister à :
François, quand la Castille, *inégale à* ses armes,
   Lui vola son Dauphin, etc. (I, 42, vers 53.)

INÉQUALITÉ, pour *inégalité*, blâmé par Malherbe chez des Portes. (IV, 372.)

INESTIMABLE.
   Quelle prudence *inestimable*
   Ne fis-tu remarquer alors ? (I, 124, vers 281.)

INÉTONNABLE à, qui ne peut être étonné, épouvanté par :
Inétonnable aux frayeurs, impénétrable aux mouvements. (II, 424.)

INÉVITABLE, certain, qui ne peut manquer de s'accomplir :
   Conduis-le....
   Promptement jusques au sommet
   De l'*inévitable* espérance
   Que son enfance leur promet. (I, 83, vers 213.)

INEXPUGNABLE.
Ils ont.... vérifié par raisons *inexpugnables* qu'il n'est point de félicité plus grande que de n'en desirer point. (II, 721.)
Une maladie peut bien être *inexpugnable*, mais non pas insupportable. (II, 608.)
Il n'y a muraille *inexpugnable* à la fortune. (II, 574.)
Notre santé n'est pas *inexpugnable* à toutes sortes de débauches. (II, 42.)
Voyez I, 361 et 362 ; II, 6, 472, 479.

INFAILLIBLE.
   .... J'aperçus l'*infaillible* danger
Où, si je poursuivois, je m'allois engager. (I, 265, vers 17.)

INFÂME.
Neptune importuné de ses voiles *infâmes*, etc. (I, 281, v. 105 ; il s'agit des vaisseaux du *lâche voisin*, de l'Anglais venant au secours des rebelles.)
Des tricheries et des exceptions *infâmes* à (*pour*) ceux mêmes qui sont au tableau du préteur. (II, 436.)

INFANTERIE, les enfants, ce qui concerne les enfants :
Il emmène toute l'*infanterie* (*tous les enfants*) de M. de Créquy. (III, 105.)
De tous les enfants du Roi, c'est celui.... qui a le plus grand horoscope.... Puisque nous sommes sur l'*infanterie*, je vous dirai.... (III, 144.)

INFÉLICITÉ, mauvais succès :
Quelque injure que vous receviez, gardez qu'il ne vous échappe de dire : « Je voudrois n'en avoir rien fait. » Aimez même l'*infélicité* de votre bienfait. (II, 243.)

INFIDÈLE, sans foi, perfide :
   Qui ne voit encore à cette heure
   Tous les *infidèles* cerveaux
   Ne chercher que troubles nouveaux? (I, 213, vers 112.)
Assez de leurs complots l'*infidèle* malice

A nourri le désordre et la sédition. (I, 277, vers 9; voyez I, 27, vers 23.)
.... Que de deux marauds la surprise *infidèle*
Ait terminé ses jours (*les jours de mon fils*) d'une tragique mort,
En cela ma douleur n'a point de réconfort. (I, 276, vers 5.)

  Est-ce à jamais, folle espérance,
  Que tes *infidèles* appas
  M'empêcheront la délivrance
  Que me propose le trépas? (I, 302, vers 2.)

INFIDÈLEMENT.

  .... Par vous la paix assurée
  N'aura pas la courte durée
  Qu'espèrent *infidèlement* (*en rebelles*)
  Ces François qui n'ont de la France
  Que la langue et l'habillement. (I, 49, vers 97.)

INFIDÉLITÉ.

  .... Conservant cet empire
  Où l'*infidélité* du sort,
  Jointe à la nôtre encore pire,
  Alloit faire un dernier effort,
  Ma reine acquiert à ses mérites
  Un nom qui n'a point de limites. (I, 212, vers 82.
  Leurs paroles n'ont point de fard....
Composez-vous sur eux, âmes belles et hautes;
Retirez votre humeur de l'*infidélité*;
Lassez-vous d'abuser les jeunesses peu cautes. (I, 301, vers 22.)

INFINI, INFINIE :

Ceux qui mesurent leur vie au compas des voluptés vaines, et par conséquent *infinies* (*sans fin*), ne sauroient qu'ils ne la treuvent courte, quand ils vivroient une douzaine de siècles. (II, 610.)
.... Étant son mérite *infini* comme il est,
Dois-je pas me résoudre à tout ce qui lui plaît? (I, 135, vers 31.)

INFINITÉ (UNE), une infinité de personnes :

Une infinité se vantoient de l'avoir rencontré. (III, 397.)

INFIRMITÉ.

Le rougir est du nombre de ces *infirmités*. (II, 299.)

INFLUENCE (des astres, du destin) :

  .... Son invincible épée
  Sous telle *influence* est trempée,
  Qu'elle met la frayeur partout. (I, 81, vers 166.)

INFORMATIONS, instruction judiciaire :

Je me viens.... jeter à vos pieds pour vous demander justice.... Les *informations* disent ce qui en est. (IV, 245; voyez, à la fin de l'article suivant, p. 334, ÊTRE INFORMÉ DE.)

INFORMER, demander, rechercher :

Il faut *informer*.... s'il est vrai qu'ils aient fait plaisir. (II, 61.)

S'INFORMER :

Je ne *m'informe* pas.... de ce que tu peux accepter selon ta fortune; je regarde à ce que je dois donner selon la mienne. (II, 29.)

Toute la question est si la vertu est cause du souverain bien.... Quand on ne *s'informeroit* d'autre chose (*quand on ne considérerait pas autre chose*), etc. (II, 91.)

ÊTRE INFORMÉ DE, impersonnellement :

Le jour que le Roi fut tué..., il dit tout haut... : « A cette heure même le Roi vient d'être tué ou fort blessé. » Il *en fut informé* (*on informa du fait*), et les informations apportées par deçà. (III, 175.)

INFORTUNE.

[Verdun,] Sera-ce pour jamais que ton cœur abattu
Laissera sous une *infortune* (*il s'agit de la mort de sa femme*)
Au mépris de ta gloire accabler ta vertu? (I, 268, vers 5.)

.... Vengeant de succès prospères
Les *infortunes* de nos pères
Que tient l'Égypte ensevelis, etc. (I, 215, vers 166.)

INFORTUNÉ.

Quelle vaine résistance
A son puissant appareil
N'eût.... vu sa faute bornée
D'une chute *infortunée?* (I, 89, vers 66.)

L'heure de partir est venue, heure véritablement *infortunée* en toutes ses circonstances. (IV, 187.)

INFUS À :

Que pensez-vous que ce soit que Nature, sinon Dieu même, et sa providence *infuse au* monde, et distribuée à toutes ses parties? (II, 97; voyez II, 719.)

INFUSION.

Par une *infusion* de nourriture invisible, ils (*les Dieux*) renouvellent toutes choses. (II, 116.)

INGRAT À :

Antoine fut *ingrat à* son dictateur.... Il fut *ingrat à* sa patrie. (II, 155.)
.... Son trop chaste penser,
Ingrat à me récompenser,
Se moquera de mon martyre. (I, 131, vers 27.)

INGRATEMENT, avec ingratitude :

.... Une amante abusée...,
Laissée *ingratement* en un bord solitaire. (I, 4, vers 4.)

Nous parlons *ingratement* des biens que Dieu nous fait. (II, 571.)

INHIBITION, défense, terme de palais :

J'ai donc envoyé querir un renvoi à un autre parlement; je l'attends au premier jour avec les *inhibitions* à celui-ci (*les défenses faites à ce parlement-ci de juger*). (III, 569; voyez I, 338; IV, 76.)

INHUMANITÉ.

.... L'*inhumanité* de ces cœurs de vipères. (I, 278, vers 19.)

INJURE.

Enfin après les tempêtes
Nous voici rendus au port;

Enfin nous voyons nos têtes
Hors de l'*injure* du sort. (I, 87, vers 4.)

Toutes ces vanités que nous voyons, que nous manions et recherchons si passionnément, sont autant de sujets où la fortune exerce sa tyrannie. Un malheur nous les ôte, une *injure* nous les fait perdre. (II, 11.)

Il n'y a point de doute qu'il ne le fallût priver de ce que par une *injure* (*une injustice*) si remarquable il s'étoit efforcé de posséder. (II, 130.)

Travaillé de crainte, inquiété de sollicitudes, et rendu le but de toutes les *injures* que le malheur nous voudra procurer.... (II, 312.)

Si mon père m'eût exposé quand je vins au monde, il m'eût fait *injure* (*tort*) de m'avoir engendré. (II, 81.)

Dois-je pas me résoudre à tout ce qui lui plaît,...
Sans faire cette *injure* à mon affection
D'appeler sa douleur au secours de la mienne? (I, 135, vers 34.)

Voyez I, 118, vers 34; 137, vers 2; 271, vers 64; 276, vers 3; 302, vers 16; II, 34, 38, 308.

INJURIEUX.

Je défendrai ta mémoire
Du trépas *injurieux*. (I, 95, vers 214.)

A cette heure qu'il (*Louis XIII*) s'est rendu maître d'une tempête qui nous faisoit craindre le naufrage..., ne lui serions-nous pas *injurieux* si nous pensions qu'il y eût monstre qui pût échapper à son épée? (I, 395; voyez I, 39, vers 11.)

INNOCENCE.

.... Blâmant l'impure licence
De leurs déloyales humeurs,
[Tu] As toujours aimé l'*innocence*
Et pris plaisir aux bonnes mœurs. (I, 115, vers 199.)

INNOCENT.

.... Quand Mausole fut mort,
Artémise.... dit aux astres *innocens*
Tout ce que fait dire la rage,
Quand elle est maîtresse des sens. (I, 32, vers 4.)

INQUIÉTÉ.

On ne le peut trop aimer (*le corps*), qu'à toute heure on ne soit travaillé de crainte, *inquiété* de sollicitudes, et rendu le but de toutes les injures que le malheur nous voudra procurer. (II, 311.)

INQUIÉTUDE.

Elle s'en va cette merveille,...
[Pour qui] Je brûle d'amour....
En quel effroi de solitude
Assez écarté,
Mettrai-je mon *inquiétude*
En sa liberté? (I, 222, vers 15.)

Rochers, où mes *inquiétudes*
Viennent chercher les solitudes, etc. (I, 153, vers 19.)

Il faut oser.... quelque chose pour votre repos, ou vous résoudre de vieillir en cette *inquiétude* de commissions ou de charges publiques. (II, 335.)

INSATIABLE.

Caïus César, homme *insatiable* de l'effusion du sang humain. (II, 122.)

INSENSIBLE.

[Le temps] d'un pas *insensible* avancera la mort, 142, vers 33.)
Qui bornera ma peine au repos de la tombe. (I, 305, vers 31 ; voyez I,

INSÉPARABLE d'avec :

Les maladies sont vices invétérés et endurcis, comme sont l'avarice et l'ambition trop grande, quand avec le temps elles ont pris tant de pouvoir sur un homme qu'elles semblent *inséparables d'avec* lui. (II, 582.)

INSOLENCE.

.... L'*insolence* des crimes. (I, 272, vers 4.)
On ne voit que des exemples d'*insolence* et dissolution de tous côtés. (II, 329.)

INSPIRER à :

L'Esprit du Tout-Puissant, qui ses grâces *inspire*
A celui qui sans feinte en attend le secours, etc. (I, 204, vers 5 et 6.)

INSTRUCTION de :

Les sciences libérales ne nous enseignent pas la vertu, mais nous rendent capables d'*en* recevoir l'*instruction*. (II, 693.)
L'expérience qu'elle a des choses du monde lui a donné, sinon plus de courage, au moins plus d'*instruction de* surmonter les adversités. (IV, 194.)

INSTRUIRE de :

Il faut.... *instruire* ceux qui reçoivent *de* le faire de bon cœur, rendre de même, et se proposer, etc. (II, 10.)

Instruit contre, prémuni contre :

Il les sécha pourtant (*ses larmes*), et comme un autre Alcide
  Contre fortune *instruit*,
Fit qu'à ses ennemis d'un acte si perfide
  La honte fut le fruit. (I, 42, vers 58.)

INSTRUMENT, au figuré :

S'il (*le tyran*) me demande des comédiens ou des femmes, je serai bien aise de lui bailler quelque chose qui l'apprivoise, et qui peut-être soit un *instrument* de l'adoucir. (II, 238.)
Le principal *instrument* de la félicité de l'homme, c'est de tenir pour indubitable qu'il n'y a point d'autre bien que ce qui est honnête. (II, 568.)

INSUSCEPTIBLE de :

Une âme *insusceptible de* toute appréhension. (II, 288 ; voyez II, 657.)
Seroit-il possible que celui voulût, qui peut dévouloir en un moment, et que celui ne semblât pas vouloir, de qui la nature est *insusceptible de* ne vouloir point ? (II, 189.)

INTELLIGENCE, sens divers :

  O bienheureuse *intelligence*,
  Puissance, quiconque tu sois,
  Dont la fatale diligence
  Préside à l'empire françois, etc. (I, 80, vers 131.)
Les Dieux, sans armes, conservent la paix en leur empire, et de leur citadelle, qui ne craint l'*intelligence* (*avec des ennemis*) ni la surprise, ont l'œil à la protection de ce qui leur appartient. (II, 219.)

INTEMPÉRANCE du ciel, sa chaleur, son ardeur :

.... Aux lieux où pour l'*intempérance du ciel* toutes humidités sont épuisées. (II, 95.)

INTENDANT, intendante sur, qui a la direction de :

La prudence..., comme *intendante sur* tout ce qui se délibère, conseille de se comporter généreusement en ce qu'il est impossible d'éviter. (II, 528.)

INTENTION.

Les passions nous donnent de mauvaises *intentions*. (II, 26.)

En intention de, en cette intention que :

En quoi seroit estimable celui qui fait plaisir, s'il ne le fait qu'*en intention de* le prêter ? (II, 57.)

Socrate pouvoit bien prévenir la ciguë par l'abstinence; et cependant il fut trente jours prisonnier, attendant la mort..., non pas *en cette intention que* tout étoit possible, et qu'en si long espace de temps il y avoit place pour beaucoup d'espérances, mais pour se conformer aux lois. (II, 538.)

INTÉRESSÉ, compromis, atteint (par la maladie) :

Nous avons dans l'âme des parties *intéressées* (*en latin* : quasi causariæ partes) qu'il est question de guérir. (II, 532.)

INTÉRÊT.

J'ai trouvé votre père mort en quelque lieu à l'écart, et l'ai inhumé. Je n'ai rien fait pour lui, parce qu'il n'avoit point d'*intérêt* de quelque façon qu'il lui fallût pourrir. (II, 161.)

Un de mes plus profonds ennuis..., c'étoit que vous n'étiez avec moi pour m'aider à pleurer à mon aise, sachant bien que vous seule, qui m'égaliez en *intérêt*, me pouviez égaler en affliction. (IV, 2.)

INTÉRIEUR (L'), l'intérieur de l'âme :

S'il vous semble trop roide, prenez.... quelque autre de qui.... la vie, et le visage, où se manifeste *l'intérieur*, vous seront plus agréables. (II, 301.)

INTERMETTRE, interrompre :

Je renouvellerai ma diligence à vous écrire, que votre éloignement m'avoit fait *intermettre*. (III, 492.)

Intermis, intermittent :

Un son *intermis*.... me fâche plus qu'un qui est continu. (II, 467.)

INTERMISSION, cesse, interruption :

Les Dieux.... jour et nuit sans *intermission* font sentir aux hommes tant d'effets de leur bonté, etc. (II, 92.)

Cette joie n'a jamais d'*intermission*. (II, 490.)

Cette longue *intermission* que j'ai faite de vous écrire, etc. (III, 488.)

INTERPRÉTATION (Faire l') de :

Il est des choses qui ont une montre douteuse, et qu'on ne peut tenir pour honnêtes, que premièrement on n'*en fasse l'interprétation*. (II, 106.)

INTERROGANT (Un), en terme de grammaire, une interrogation, une tournure interrogative. (IV, 273.)

INTERROGÉ.

Julius Grécinus..., *interrogé* quel jugement il en faisoit : « Je ne puis, dit-il, que vous en dire. » (II, 376)

Jeudi il vint un gueux au Louvre, qui ayant été *interrogé* ce qu'il cherchoit, répondit qu'il vouloit parler à quelqu'un des gardes. (III, 195.)

INTERROMPRE.

[Un séjour] Où ma douleur et moi soyons en liberté,
Sans que rien qui m'approche *interrompe* mes larmes. (I, 305, vers 24.)

INTERVALLE.

Quelle vivacité d'esprit, quelle force de courage n'y ai-je point reconnue (*dans votre livre*)! Je dirois, quelle saillie! si en quelque endroit il y eût des reprises d'haleine et des rehaussements par *intervalles* (*en latin :* dicerem quid impetus! si interquievisset, si intervallo surrexisset). (II, 427.)

INTESTIN, adjectif :

Loin de toute menace   v. 14 *var.*)
Et de maux *intestins*, et de maux étrangers. (I, 229, v. 18; voy. I, 45,

INTIMIDER, effrayer :

Un homme inconnu fut pris en la cour du Louvre.... Il dit qu'il cherchoit le Roi..., qu'il le vouloit tuer.... L'on n'a rien dit de tout ce que dessus au Roi, de peur de l'*intimider* sans sujet. (III, 428.)

INTRIQUER, embarrasser :

Obéissez à la raison.... Elle vous enseignera ce que vous devez entreprendre.... Vous ne vous *intriquerez* point. (II, 401.)

Intriquez-vous le moins que vous pourrez en ces exceptions et positions de sophistes. (II, 437.)

J'ai été, depuis quatre ou cinq mois, si *intriqué* de l'affaire de ma pension..., que je n'avois du sens ni du temps que ce qu'il m'en falloit en cette occasion. (III, 300.)

INTRODUCTION.

Soit qu'il pensât qu'après une *introduction* de nouvelles mœurs les choses pussent retourner à leur premier établissement, etc. (II, 34.)

INUTILE.

Je suis *inutile* aux actions (*je ne puis plus faire les actions*) pour lesquelles je suis au monde. (II, 483.)

INVENTER.

Démocritus *inventa* la polissure de l'ivoire. (II, 720.)

INVENTION.

A Rome, nous l'appelons (*Dieu*) le père Liber..., pour l'*invention* des semences et réparation de la nature avec plaisir. (II, 97.)

.... Une grenade d'une si étrange *invention*, qu'elle demeure trois semaines cachée en un lieu, sans manifester son effet. (III, 287.)

Ne pensez pas que pour ce qu'il se bailloit soi-même en payement de son apprentissage, il fît peu de compte de soi ; mais cette *invention* lui sembla bien à propos de se donner à son maître, afin de convier son maître à se donner à lui. (II, 14.)

Le luxe..., d'un siècle à l'autre, cherche quelque nouvelle *invention* de se surmonter. (II, 669.)

INVESTIR, cerner :
La mort nous *a* si bien *investis* qu'il n'y a plus de moyen d'en échapper. (II, 101.)

INVESTIR, ancien terme de mer, échouer, donner contre :
Donner dans Charybde, et *investir* les endroits où est le péril. (II, 313.)

INVINCIBLE (en amour) :
> Elle, auparavant *invincible*,
> Et plus dure qu'un diamant,
> S'apercevoit que cet amant
> La faisoit devenir sensible. (I, 123, vers 251.)

INVINCIBLE À :
Le temps, à qui rien n'est *invincible*.... (II, 729.)

INVIOLABLE À :
Les Dieux.... en leur nature seule.... ont un magasin de toutes choses, qui les rend.... assurés, et *inviolables à* tout effort extérieur. (II, 92.)

INVITER, attirer, engager, exciter :
> .... Aux bois la chasse l'*invite*. (I, 82, vers 176.)
> .... Ce miracle des rois,
> Qui du bruit de sa gloire et de ses justes lois
> *Invite* à l'adorer tous les yeux de la terre. (I, 145, 11 ; voy. I, 54, v. 195.)

Tant de gens d'honneur qui vous ont précédés en ce combat vous serviront de guides, vous *inviteront* par leur exemple. (II, 87.)

IONIQUE (L'), la mer ionique. (II, 707.)

IRE, colère :
> La pitié calme l'orage
> Que l'*ire* a fait émouvoir. (I, 89, vers 74.)
> [L'Espagne,] Réduite par tant de combats
> A ne l'oser voir en campagne,
> A mis l'*ire* et les armes bas. (I, 51, vers 144.)

Voyez I, 26, vers 2 ; 74, vers 126, note ; 125, vers 328 ; 178, vers 1 ; 185, vers 78 ; 209, vers 4 ; 247, vers 3.

IRRAISONNABLE, dépourvu de raison :
Il (*le sage*) est composé de deux pièces : l'une *irraisonnable*, sensible aux morsures... ; l'autre raisonnable, ferme, intrépide et inexpugnable en ses résolutions. (II, 554.)

IRRÉCONCILIABLE À :
Nous pouvons bien avoir assez crié contre Baies, mais jamais assez contre les vices. Je vous prie, Lucilius, soyez-*leur irréconciliable*. (II, 450.)

IRRÉGULIER, qui n'est pas conforme à ce qui se fait communément :
Trouvez-vous que Caton philosophât comme il faut de penser par son seul avis empêcher des guerres civiles... ; et tandis que les uns se bandoient contre Pompée, les autres contre César, par une opinion *irrégulière*, les vouloir avoir tous deux pour ennemis? (II, 315.)

IRRITER, exciter, soulever :
> Qui se loue *irrite* l'envie. (I, 275, vers 4.)

C'est alors qu'ils.... provoquent leur audace, *irritent* leur paillardise, et sollicitent leur colère. (II, 297.)

La mer a moins de vents qui ses vagues *irritent*,
Que je n'ai de pensers qui tous me sollicitent
 D'un funeste dessein. (I, 159, vers 19.)
Ma peine lui semble petite,
Si chaque jour il ne l'*irrite*
D'un nouveau sujet de pleurer. (I, 152, vers 5.)

ISNEL, léger, rapide, vieux mot blâmé par Malherbe chez des Portes. (IV, 399; voyez dans le *Corneille* de M. Marty-Laveaux, l'*Appendice* du tome XII, p. 457 et note 1.)

ISSU.

[L'Orient] Donne à leur sang un avantage,
Qu'on ne leur peut faire quitter,
Sans être *issu* du parentage
Ou de vous ou de Jupiter. (I, 147, vers 23.)

ISTRE (L'), l'Ister, le bas Danube. (I, 470.)

ITALIANISME, tournure de phrase italienne. (IV, 312.)

ITALIEN, ITALIENNE :

Cette phrase est provençale, gasconne, et d'autres telles dialectes éloignées, ou *italienne*. (IV, 390.)

IVOIRE, au féminin, blâmé par Malherbe chez des Portes. (IV, 279.)
IVOIRINE (Gorge), blâmé par Malherbe chez des Portes. (IV, 322.)
IVROGNER, s'enivrer :

Demeurer sec et sobre, au milieu d'un peuple qui ne fait qu'*ivrogner* et rendre sa gorge emmi les rues. (II, 329.)

J

JA, pour *déjà*, blâmé, comme vieux mot, chez des Portes. (IV, 305, 368, 399.)

JACOPINS, jacobins :

Je fus hier ouïr messe aux *Jacopins*. (III, 546.)

JAFFE, Jaffa. (I, 50, vers 115 *var.*)

JALOUSIE.

Mes vers mourront avecque moi,
Ou ton nom au nom de mon roi
Donnera de la *jalousie*. (I, 267, vers 7.)
.... En un lieu que tant d'appas
Exposent à la *jalousie*, etc. (I, 153, vers 34.)

Avoir JALOUSIE, sans article :

La Grèce *avoit jalousie* des rois de Macédoine. (I, 412.)

JALOUX.

.... Le destin qui fait nos lois,
Est *jaloux* qu'on passe deux fois
Au deçà du rivage blême. (I, 33, vers 26.)

JAMAIS.

Une infinité de villes..., renversées en la fleur de leurs prospérités, ont perdu par intempérance tout ce que *jamais* la vertu leur avoit acquis. (II, 574.)

JAMAIS, avec *pas :*

Jamais pas un de vous ne reverra mon onde. (I, 219, vers 5.)

À JAMAIS :

> Est-ce *à jamais*, folle espérance,
> Que tes infidèles appas
> M'empêcheront la délivrance
> Que me propose le trépas? (I, 302, vers 1.)

Je vous jure qu'*à jamais* mon esprit ne pensera chose avec mon consentement que je ne croie pouvoir faire avec votre bonne grâce. (IV, 156 ; dans l'édition de Rosset : « Je vous jure que jamais. »)

JAMBE.

Le dernier verre de vin semble toujours le meilleur aux ivrognes, parce que c'est celui qui les noie et qui les met les *jambes* en haut. (II, 303.)

JAQUE DE MAILLE, masculin :

.... Une épée.... qui tranche et perce si bien qu'il n'y a *jaque de maille* assez fort pour l'arrêter. (II, 588.)

JARDINS.

> Avecque sa beauté toutes beautés arrivent ;
> Ces deserts sont *jardins* de l'un à l'autre bout. (I, 157, vers 18.)

JAUNIR.

> Devons-nous douter qu'on ne voie....
> .... Sans l'usage des charrues
> Nos plaines *jaunir* de moissons? (I, 215, vers 160.)

JAVELLE.

> .... Le fer eût en *javelle*
> Deux fois les blés abattus. (I, 88, vers 29.)

JE, MOI, ME, NOUS.

1º À MOI, MOI, ME (comme compléments indirects) :

Pensez-vous.... que je voulusse devoir quelque chose à un homme à qui je ferois difficulté de dire grand merci s'il avoit bu *à moi?* (II, 36.)

Jetez-*moi* dehors tout ce qui vous déchire le cœur. (II, 450.)

Vous m'avez vu, ce me semble, quelques couplets d'une méchante chanson que j'avois commencé à faire. (III, 140.)

Je.... m'obligerai tout le monde (*je rendrai tout le monde mon obligé*). (II, 238.)

> .... Voilà ce que j'endure,
> Pour une affection que je veux qui *me* dure
>   Au delà du trépas ;
> Tout ce qui *me* la blâme offense mon oreille. (I, 161, vers 56-58.)

> .... La seule raison qui *m*'empêche la mort,
> C'est la doute que j'ai que ce dernier effort
> Ne fût mal employé pour une âme si dure. (I, 137, vers 6.)

La mort n'a point de vilenie si puante qui ne *me* sente mieux que tout le musc et tout l'ambre gris que la servitude sauroit avoir. (II, 543.)

Vous *m*'étiez un trésor aussi cher que la vie. (I, 140, vers 12.)
Les dangers *me* sont des appas. (I, 131, vers 35.)
Oh! qu'il *me* seroit desirable
Que je ne fusse misérable
Que pour être dans sa prison! (I, 100, vers 19.)
La dissimulation de ce qui s'est passé ne *me* peut être que malhonnête et mal assurée. (IV, 4.)
Le jugement et la mémoire *me* diminuent. (II, 482.)
Je fais ce que je puis, l'en pensant divertir ;
Mais tout *m*'est inutile.... (I, 134, vers 5.)
Cette solitude *m*'est bien propre pour me donner plus de moyen de penser à moi. (II, 617.)
Vous *m*'étiez présent en l'esprit. (I, 289, vers 97.)
Tout ce qu'ils disent, ou la plupart, *m*'est ridicule. (III, 372.)
Cette joie ne *m*'a pas été longue. (IV, 137.)
Cette élégance *m*'est barbare. (IV, 305.)

2° Nous (comme complément indirect) :

Ce sont bien souvent mêmes choses que les plaisirs des amis et les vœux des ennemis. L'envie des uns *nous* desire du mal; l'indulgence inconsidérée des autres *nous* le procure. (II, 28.)
Montrons-lui que ce *nous* est plaisir d'en avoir reçu de lui. (II, 37.)
Parlons des choses qui *nous* sont détestables, mais au deçà de l'horreur. (II, 239.)
Une bête sauvage nourrie parmi nous.... demeure aussi différente des autres qui n'ont jamais senti la main de l'homme, comme de celles qui *nous* sont privées et domestiques naturellement. (II, 236.)
Qui est celui qui au partir du monde ne soupire...? Combien seroit-ce plus sagement fait de *nous* repasser en la mémoire les plaisirs passés...! (II, 157.)
D'où nous viennent.... tant de choses que nous possédons...? Qui *nous* a fait naître toutes ces espèces d'animaux...? (II, 94.)

3° Nous, dans le sens de *on*, ou en tenant la place :

Ce n'est pas que la longue vie me semble chose qui doive être beaucoup desirée; mais aussi ne suis-je pas d'avis de la refuser. Quand *nous* sommes gens de bien, *nous* avons du plaisir d'être avec nous. (II, 481.)
J'accorde bien qu'on en ait du soin (*du corps*) tout ce qu'on en peut avoir; mais je veux que ce soit en sorte que sans regret on le jette au feu, quand la raison ou la foi *nous* obligeront à le faire, ou que *nous* y serons conviés par la conservation de notre honneur. (II, 312.)
Quelle démonstration plus évidente sauroit-on faire de la grandeur de notre âme, que de *nous* ranger (*que de se ranger*) volontairement à des choses que *nous* ne souffririons pas quand *nous* serions à la dernière extrémité? (II, 331.)
Il y a toujours de quoi se réjouir quand *nous* voyons notre ami joyeux. (II, 37.)
Le moyen de s'en apercevoir, c'est de regarder derrière *nous*. (II, 439.)
Quand *nous* sentons que la fainéantise.... *nous* donne de mauvaises intentions, il faut chercher de l'exercice, et s'occuper à quelque chose de louable. (II, 468.)
Malaisément il vous peut ressouvenir à cette heure de ceux (*des plaisirs*) qu'en votre jeunesse vous avez reçus. *Nous* en avons (*vous en avez, on en a*) perdu les uns, *nous* en avons jeté les autres. (II, 246.)

4° JE, MOI, ME, NOUS, omis où nous l'emploierions aujourd'hui :

M. de Villeroy a été mal quelque quatre ou cinq jours...; mais il est de retour, *et crois* que cette brouillerie est apaisée. (III, 482.)
Au tourment que je souffre il n'est rien de pareil;
Et ne saurois ouïr ni raison ni conseil. (I, 139, vers 3.)

Comme supporterois-je d'un homme, *qui* (*moi qui*) ne puis pas supporter le vin ? (II, 645.)

.... Déjà deux fois d'une pareille foudre
  Je me suis vu perclus,
Et deux fois la raison m'a si bien *fait résoudre* (*me résoudre*)
  Qu'il ne m'en souvient plus. (I, 43, vers 67.)

Une chose mal donnée ne sauroit être bien due ; *et ne venons* plus à temps de nous plaindre quand nous voyons qu'on ne nous la rend point. (II, 2.)

JETER.

Comme seroit-il possible que je susse gré d'un plaisir qu'on m'*auroit jeté* d'une façon arrogante? (II, 3.)
Cet assaut, comparable à l'éclat d'une foudre,
Pousse et *jette* d'un coup ses défenses en poudre. (I, 6, vers 56.)

N'est-ce pas le plus grand trait d'ingratitude que vous sauriez faire, qu'au lieu que vous devez mettre un bien que l'on vous a fait à l'entrée de votre âme, pour avoir sujet d'y penser à toutes heures, vous le serrez si mal, et le *jetez* si hors de votre vue, qu'après avoir été longtemps sans savoir où il est, vous veniez enfin à ne savoir plus qu'il soit chez vous? (II, 52 ; voyez ci-dessus le 2ᵉ exemple de JE, 3°.)

Si de deux morts qui s'offrent l'une est douce et l'autre cruelle, pourquoi ne *jetterai*-je la main sur celle qui aura moins d'incommodité? (II, 539.)

Les plus forts font leurs exercices et *jettent* leurs mains chargées de plomb. (II, 465.)

Quand je disputerois même, je me garderois de battre du pied, ni de *jeter* les mains. (II, 579.)

François, quand la Castille, inégale à ses armes,
  Lui vola son Dauphin,
Sembla d'un si grand coup devoir *jeter* des larmes
  Qui n'eussent point de fin. (I, 42, vers 55.)

Il ne faut pas que le tronc sorte plus de trois ou quatre pieds de terre; car de cette façon ils (*les oliviers*) *jetteront* incontinent dès le pied. (II, 672 ; voyez II, 673, et l'article BOUT.)

JEU, JEUX :

Ses ennuis sont des *jeux*, son angoisse une feinte. (I, 15, vers 296.)
Que d'applaudissements, de rumeur et de presses,
Que de feux, que de *jeux* (*de réjouissances*), que de traits de caresses,
Quand là-haut en ce point on les vit arriver (*les saints Innocents*) ! (I, 13, vers 236.)

Imaginez-vous que la fortune fait des *jeux*, et que sur cette compagnie universelle du genre humain, elle épand des biens, des faveurs. (II, 570.)

JEUDI ABSOLU. Voyez ABSOLU.

JEUNE.

  Quand le sang bouillant en mes veines
  Me donnoit de *jeunes* desirs, etc. (I, 210, v. 22 ; voy. I, 255, v. 19.)

JEUNESSE (Une), une action de jeune homme :

Je sais l'action par celui même qui l'a faite : ç'a été *une jeunesse*, sans autre dessein que de curiosité. (III, 368.)

JEUNESSES, jeunes gens :

On voit.... tant de blondes *jeunesses*,
Tant de riches grandeurs, tant d'heureuses vieillesses,
En fuyant le trépas au trépas arriver. (I, 10, v. 151; voy. I, 301, v. 23.)

JOIGNANT, adverbe, proche :

Mme de Nevers répondit; mais ce fut si bas que, encore que je fusse tout *joignant*,... je n'en pus rien ouïr. (III, 475 ; voyez JOINDRE.)

JOIE, bonheur :

.... Pour leur commune *joie* (*du Roi et de la Reine*),
Dévide aux ans de leur Dauphin,...
Un bonheur qui n'ait point de fin. (I, 83, vers 201.)
.... M'ôter le goût d'une si chère *joie* (*le retour de sa dame*),
C'est me donner la mort. (I, 157, vers 35.)
Bien sera-ce à jamais renoncer à la *joie*,
D'être sans la beauté dont l'objet m'est si doux. (I, 305, vers 25.)
Nos jours, filés de toutes soies,
Ont des ennuis comme des *joies*. (I, 313, vers 6.)

JOINDRE.

Taisez-vous, funestes langages,
Qui jamais ne faites présages
Où quelque malheur ne *soit joint*. (I, 199, vers 27.)

Vous n'écrivez rien qui ne *soit* bien *joint*, et qui ne se rapporte à votre sujet. (II, 484.)

JOINDRE, approcher de :

Les arcs qui de plus près sa poitrine *joignirent*,
Les traits qui plus avant dans le sein l'atteignirent,
Ce fut quand du Sauveur il se vit regardé. (I, 6, vers 49 ; voyez JOIGNANT.)

JOINT À :

.... L'infidélité du sort,
Jointe à la nôtre encore pire, etc. (I, 212, vers 83.)

JOINTURE.

Par entre deux ais de qui la *jointure* s'étoit lâchée, [il] laissa tomber son argent dans sa boutique. (II, 240.)

JONCHÉ, participe :

.... Toute la terre *jonchée*
De leurs blessés et de leurs morts. (I, 123, vers 229.)

JONCHÉE (FAIRE) DE, jeter, donner libéralement :

La fortune t'a fait capable de donner des villes, encore que tu pouvois acquérir plus de gloire à ne les prendre point, qu'à les prendre pour *en faire jonchée* (*en latin :* spargere) comme tu fais. (II, 29.)

JOUER, neutre et actif :

.... Une molle bonace
Nous laisse *jouer* sur les flots. (I, 313, vers 12.)

Le comte de Gramont..., ayant trouvé Marfizian, son écuyer,... en quelque action déshonnête avec sa femme, l'a envoyé *jouer* en l'autre monde. (III, 155.)

Vous savez quels traits il vous *a joués* depuis, et combien il vous a préparé de piéges, sans savoir que lui-même y devoit tomber. (II, 416.)

SE JOUER DE :

Vous résoudrez-vous point à borner ce mépris,
Qui *de* ma patience indignement *se joue?* (I, 137, vers 11.)

LE JOUER, substantivement :

Le bien *jouer* à la paume ne consiste pas en l'esprit. (II, 46.)

JOUEUR.

Vous n'êtes pas à mon avis si rude *joueur* que cet assommeur de monstres, qui en une nuit vit les cinquante filles de son hôte. (IV, 95.)

JOUIR, activement, pour *jouir de* :

A quoi doit-il penser qu'à vivre,
Vous jouir et se réjouir? (I, 51, vers 140 *var.*)

JOUR.

Il ne se passe *jour* que je ne fasse quelque chose, et que je ne donne encore quelque partie de la nuit à étudier. (II, 285.)

.... L'astre qui fait les *jours* (*le soleil*). (I, 307, vers 30.)

JOUR, espace de vingt-quatre heures :

Si le *jour* est un espace de vingt-quatre heures, il faut nécessairement que tous les *jours* soient égaux, pource que ce qui se perd au jour se trouve en la nuit. (II, 303 et 304.)

Le mot est pris ici successivement dans ses deux sens.

JOUR, JOURS, vie, le temps où l'on vit (voyez JOURNÉE) :

.... Ceux qui massacrés d'une main violente
Virent dès le matin leur beau *jour* accourci.(I, 11, v. 189; voy. I, 309, v. 8.)
Réservez le repos à ces vieilles années
Par qui le sang est refroidi ;
Tout le plaisir des *jours* est en leurs matinées ;
La nuit est déjà proche à qui passe midi. (I, 237, vers 35.)
    De combien de tragédies,
    Sans ton assuré secours,
    Étoient les trames ourdies
    Pour ensanglanter nos *jours!* (I, 91, vers 104; voyez I, 204, vers 2.)

DE JOUR EN JOUR :

    .... Tes honneurs florissants
De jour en jour aillent croissants. (I, 116, vers 246.)

UN JOUR, signifiant *autrefois*, blâmé par Malherbe chez des Portes. (IV, 353.)

À JOUR, transparent :

On les fait riantes (*les Grâces*)..., et les robes *à jour*, parce que la gloire des bienfaits est qu'ils soient regardés. (II, 7.)

AU JOUR, à la lumière, en vue :

Votre bel esprit, qui vous a mis si avant *au jour*.... (II, 334; voy. II, 615.)
La nature nous a certainement donné du sujet de nous plaindre d'elle, de n'avoir mis l'or et l'argent plus avant dans la terre, ou ne les avoir

couverts de quelque chose de si pesant, qu'il n'y eût moyen de jamais les faire sortir *au jour*. (II, 227.)

JOURNÉE.

.... D'Ivri la fatale *journée*. (I, 309, v. 5; voy. I, 112, v. 124.)

JOURNÉE, JOURNÉES, vie (voyez JOUR, JOURS) :
La nuit déjà prochaine à ta courte *journée*.... (I, 9, vers 136.)
    .... Pour achever leurs *journées*,
    Que les oracles ont bornées
    Dedans le trône impérial, etc. (I, 83, v. 215; voy. I, 13, v. 247.)

JOUVENCEAU, pour *jeune homme*, blâmé par Malherbe chez des Portes. (IV, 401.)

JOYAU.

    Quand tu passas en Italie,
    Où tu fus querir pour mon roi
    Ce *joyau* d'honneur et de foi (*Marie de Médicis*)
    Dont l'Arne à la Seine s'allie, etc. (I, 112, vers 113.)

JUGEMENT.

Qui témoigna jamais une si juste oreille
A remarquer des tons le divers changement;
Qui jamais à les suivre eut tant de *jugement*? (I, 105, vers 7.)
    Je voudrois savoir d'où te vient ce *jugement* perverti, de te vouloir faire voir en masque plutôt qu'en ton visage naturel. (II, 26.)
Qu'en dis-tu, ma raison? crois-tu qu'il soit possible
D'avoir du *jugement*, et ne l'adorer pas? (I, 133, vers 14.)
Contre mon *jugement* (*contrairement à mon opinion*) les orages cessés, etc.
    (I, 241, vers 19.)
    Ce qui est de meilleur en un bienfait, c'est d'être donné avec *jugement*. S'il y manque (*si le jugement y manque*), il n'y a plus de bienfait. (II, 24.)
    Quelle absurdité seroit-ce, qu'aux *jugements* que font les cours souveraines de nos biens et de nos vies les avis fussent libres, et qu'ils ne le fussent pas en des ouvrages dont, etc.? (IV, 91.)

JUGER DE ou QUE :
    N'attends, passant, que de ma gloire
    Je te fasse une longue histoire....
    Juge de moi par le regret
    Qu'eut la mort de m'ôter la vie. (I, 275, vers 5.)
Quiconque tu sois qui *juges* si mal à propos *de* la condition des hommes, considère combien tu as d'avantage sur le reste des animaux. (II, 43.)
Le succès *jugera de* la prudence de ce conseil. (III, 87.)
[Brutus] ne devoit-il pas *juger que* pour un qu'il auroit fait mourir, il s'en trouveroit une douzaine d'autres qui auroient la même volonté? (II, 34.)

JUPE.

    Venez donc (*il parle aux Muses*), non pas habillées
    Comme on vous trouve quelquefois,
    En *jupe* dessous les feuillées
    Dansant au silence des bois.
    Venez en robes, où l'on voie
    Dessus les ouvrages de soie
    Les rayons d'or étinceler. (I, 209, vers 13.)

JURER une fable, faire un serment que l'on ne tiendra pas :
Où sont tant de serments qui *juroient une fable?* (I, 7, vers 76.)

JURISDICTION, juridiction :
Ceux.... qui en ont la *jurisdiction* (*de nos biens et de nos vies*). (II, 49.)
L'homme.... sur qui la fortune aura le moins de *jurisdiction*. (II, 471.)
Voyez tome II, p. 54, 57, 119 (où on a imprimé par erreur *juridiction*), 316, 323 ; tome IV, p. 73; etc.

JUSQU'à :
Il est bien des choses que le temps peut faire grandes, mais non pas *jusqu'au* dernier degré (*au plus haut point*). (II, 59.)
[La colère] Me porte *jusqu'à* lui déplaire. (I, 99, vers 8.)
Rends à ton âme le repos,
Qu'elle s'ôte mal à propos,
Jusqu'à te dégoûter de vivre. (I, 271, vers 75.)

Jusques à, jusques où, jusques en :
[L'espoir] me consoleroit *jusques à* son retour. (I, 135, vers 24.)
Froid *jusques à* la glace. (IV, 255.)
Que tous ces corps lumineux, distingués par espaces et rangés pour être les sentinelles de l'univers, quittent leurs places ;... que cette contexture, de qui la vitesse n'est point imaginable, rompe à mi-chemin ses vicissitudes promises *jusques à* tant de siècles. (II, 189.)
M. de Villeroy a été mal quelque quatre ou cinq jours, *jusques à* renvoyer les paquets à M. de Pizieux, et s'être retiré à Conflans. (III, 482.)
Voyez tome I, p. 83, vers 212 ; p. 85, vers 14; tome II, p. 6, 14, 18, 32 ; etc.
Jamais on ne laisse le victorieux en repos, *jusques à* ce qu'un autre l'ait dépêché. (II, 282.)
Il n'a bougé de dessus ma table que *jusques à* ce que je l'ai mis dans ce paquet. (III, 110.)
Nous sommes arrivés *jusques où* nous devons croître. (II, 97.)
.... Ne tiens point ocieuses
Ces âmes ambitieuses,
Qui *jusques où* le matin
Met les étoiles en fuite,
Oseront sous ta conduite   II, 484, 488.)
Aller querir du butin. (I, 93, v. 167; voy. I, 117, v. 259 et 260;
En l'an 95..., je m'en revins en Provence, d'où je ne fus de retour que *jusques en* 98. (I, 336 ; voyez II, 352.)

JUSSION, ordre :
.... Les difficultés qu'avoient faites Messieurs des comptes de vérifier les lettres expédiées pour tirer cette somme : à quoi ils demeurèrent opiniâtres, nonobstant trois *jussions* qui leur furent envoyées. (III, 508.)

JUSTE.
On ne t'auroit su vaincre en un *juste* duel (*à armes égales*). (I, 309, vers 14.)
Cinq ans Marseille volée
A son *juste* possesseur, etc. (I, 25, vers 42.)
Ma Reine est un but à ma lyre,
Plus *juste* que nulles amours. (I, 219, vers 34.)
La valeur est une vertu qui généreusement se hasarde où le péril est *juste*. (II, 48.)

.... Puisque Malherbe le dit,
Cela sera sans contredit,
Car c'est un très-*juste* présage. (I, 289, vers 114.)

Voyez tome I, p. 5, vers 27; p. 41, vers 37; p. 77, vers 58.

JUSTEMENT, avec justice, avec justesse :

Beaux yeux, à qui le ciel, et mon consentement,
Pour me combler de gloire, ont donné *justement*
Dessus mes volontés un empire suprême. (I, 134, v. 8; voy. I, 271, v. 65.)

JUSTEMENT, exactement, juste :

Il véquit quatre-vingts et un an *justement*. (II, 481.)

JUSTICE.

Dieu garde les innocents d'oppression, et nous fait voir la *justice* des méchants (*leur juste punition*). (IV, 12.)

FAIRE JUSTICE À, punir justement :

Commandez que sans grâce on *lui fasse justice*. (I, 150, vers 13.)

JUSTIFIER, prouver :

On ne sera pas si prompt à le prendre (*un plaisir*), quand on pensera qu'en le prenant on courra fortune d'avoir des procès, et de se trouver en peine de *justifier* son innocence. (II, 63 ; voyez I, 350.)

L

LA. Voyez LE.

LÀ où, tandis que :

Celui qui vit a plus de besoin de la vie, *là où* celui qui n'est pas né se passe et de la vie et de toute autre chose. (II, 85.)

EN VENIR LÀ QUE DE, en venir à :

S'il *en vient là que de* mendier quelque chose, il est à la discrétion de la fortune. (II, 293; voyez II, 298.)

LÀ-BAS, aux enfers, chez les morts (voyez ICI-BAS) :

.... Laissons-nous vaincre après tant de combats ;
Allons épouvanter les ombres de *là-bas*   309, vers 3.)
        De mon visage blême. (I, 256, vers 38 ; voyez I, 295, vers 11 ;

LÀ-DESSUS, à cause de cela :

La peur qu'il (*le superintendant*) a de choir le fait aller si bellement, qu'il n'y a patience qui ne se lasse de le solliciter. Vous pouvez penser comme *là-dessus* feu M. le président Janin et M. de Castille, son gendre, sont regrettés. (IV, 16.)

LABEUR, LABEURS :

Je.... suis bien aise de ce que sans vous soucier d'aucune autre chose, vous employez tout votre *labeur* à vous réformer. (II, 275.)

.... Pour me continuer le desir que j'ai de publier votre gloire, et m'exciter à ce *labeur* par quelque sorte d'obligation. (IV, 170.)

Ce me seroit un *labeur* fort agréable, de pouvoir faire quelque chose pour votre consolation. (IV, 192.)

C'est notre plaisir de ne trouver rien de laborieux qui puisse soulager le *labeur* de ceux que nous voulons obliger. (II, 103.)

  Quelque jour ce jeune lion
  Choquera la rébellion....
  Mais.... pour l'empêcher de renaître,
Il faut que ton *labeur* accompagne le sien. (I, 271, vers 84.)
Donc un nouveau *labeur* à tes armes s'apprête;
Prends ta foudre, Louis, etc. (I, 277, vers 1.)
  .... Tes *labeurs*, d'où la France
  A tiré sa délivrance. (I, 90, vers 95.)

LABORIEUX.

Quand une chose est honnête, vous ne la devez pas moins desirer, *laborieuse* et difficile, que pleine de repos. (II, 516.)

  .... Traçant l'histoire
  De tes faits *laborieux*,
  Je défendrai ta mémoire
  Du trépas injurieux. (I, 95, vers 212.)

Esprit laborieux, qui conçoit avec peine :

Nous sommes de ceux qui ont l'*esprit* dur et *laborieux* : pour ce, résolvons-nous au travail. (II, 452.)

LABYRINTHE, au figuré :

[Grand Henri,] Que dis-tu de cette belle âme (*Marie de Médicis*),
  Quand tu la vois si dignement
  .... Se tirer des *labyrinthes*
Où la met ton éloignement? (I, 217, v. 199; voy. I, 248, v. 37.)

LÂCHE.

Ne mêlez rien de *lâche* à vos hautes pensées. (I, 150, vers 29.)
D'où s'est coulée en moi cette *lâche* poison,
D'oser impudemment faire comparaison
  De mes épines à mes roses? (I, 296, v. 25; voy. I, 143, v. 49.)

Lâche, mou, faible, en parlant du style. (IV, 297, 432.)

LÂCHEMENT, mollement, faiblement :

  Mon goût cherche l'empêchement :
Quand j'aime sans peine, j'aime *lâchement*. (I, 248, vers 36.)

LÂCHER, au propre et au figuré :

Qui a *lâché* la course à toutes ces rivières? (II, 94.)
Au repos où je suis tout ce qui me travaille,
C'est la doute que j'ai qu'un malheur ne m'assaille,
Qui me sépare d'elle, et me fasse *lâcher*
  Un bien que j'ai si cher. (I, 28, vers 11.)

Les choses extorquées par importunité, ou *lâchées* par nonchalance, quand ce seroient des sceptres et des diadèmes, donnent toujours quelque dégoût à ceux qui les reçoivent. (II, 13.)

La vertu que nous recherchons.... *lâche* l'esprit (*en latin :* animum laxat), le prépare à la connoissance des choses célestes, et rend l'homme digne de se trouver en la présence de Dieu. (I, 469.)

Les Insubriens.... l'attaquèrent sur le chemin si vertement, que ceux qui portoient les enseignes furent contraints de *lâcher* le pied. (I, 444.)

SE LÂCHER, au propre et au figuré, céder, se laisser aller :

Deux ais de qui la jointure *s'étoit lâchée*. (II, 240.)

Quelque spacieuse caverne, qui est peut-être sous elles (*sous les campagnes*), *se* venant *à lâcher*, les engloutira. (II, 550.)

Excitez ce que vous avez de languide, restreignez ce que vous sentez qui *se lâche*. (II, 706.)

C'est une bonté bien cruelle, que de *se lâcher* aux prières de ceux qui veulent que nous les assistions à se ruiner. (II, 27.)

Nous.... ne *nous lâchons* pas tant à la douleur pour la douleur même, comme pour donner opinion que nous en avons beaucoup. (II, 495.)

Il faut que je *me lâche* à quelque vanité. (IV, 4; voyez II, 551.)

LADRE, lépreux, dans cette phrase proverbiale :

Nous sommes ici sains comme *ladres*. (IV, 9.)

LAIDEUR, au figuré :

Qui est celui.... qui ne cherche quelque beau masque à la *laideur* de ses méchancetés? (II, 107.)

LAISSER.

Que si nos maux passés *ont laissé* quelques restes,
 Ils vont du tout finir. (I, 232, vers 56.)
 Les orages cessés
Ont des calmes si doux en leur place *laissés*,
Qu'aujourd'hui ma fortune a l'empire de l'onde. (I, 241, vers 20.)
 Laisse-moi, raison importune,
 Cesse d'affliger mon repos. (I, 130, vers 1.)
 La main de cet esprit farouche
 A peine *avoit laissé* le fer;
 Et voici qu'un autre perfide, etc. (I, 77, vers 54.)

Jules César.... fut ingrat d'*avoir laissé* la guerre de Gaule et d'Allemagne pour venir assiéger Rome. (II, 155.)

Il vous fâche de *laisser* (*de quitter*) la rôtisserie, où vous n'*avez* rien *laissé* (*à manger*). (II, 600.)

Si j'ai fait comme un homme en faisant une offense,
Tu feras comme Dieu d'en *laisser* (*d'en omettre, de n'en pas poursuivre*) la
 vengeance. (I, 17, vers 347.)

Il étoit prêt.... de *laisser* la protection de ses compétiteurs (*de cesser de les protéger*). (III, 133.)
 Qui pouvoit, sinon vos bontés,
 Faire à des peuples indomptés
 Laisser leurs haines obstinées? (I, 202, vers 33.)
 [O beaux yeux,] Puis-je souffrir assez,
Pour expier le crime et réparer la honte
 De vous *avoir laissés?* (I, 255, vers 12.)

A toute heure la grêle *laisse* (*épargne*) les champs de tout ce qu'il y a de mauvais garçons en une contrée, pour s'en venir fondre sur le blé d'un homme de bien? (II, 42.)

Vous me demandez des livres.... Je suis prêt de vous envoyer tout ce que j'en ai, et ne m'en *laisser* pas un. (II, 422.)

Voyez I, 13, vers 250; 16, vers 330; 27, vers 33; 85, vers 30; 93, vers 160; 109, vers 50; 129, vers 4.

En voici encore un de vous (*un vers*) que je ne veux pas *laisser* derrière (*en latin* : non præteribo). (II, 288.)

Le sage, encore qu'il se contente de soi-même, ne laisse pas de vouloir avoir un ami, sinon pour autre chose, au moins pour ne *laisser* point en friche une vertu si belle et si louable comme l'amitié. (II, 290.)

Une vertu qui *laisse* en doute si elle a été plus utile ou plus honorable à sa république, etc. (II, 84.)

  Veux-tu succomber à l'orage,
  Et *laisser* perdre à ton courage
  Le nom qu'il a pour sa vertu? (I, 155, vers 71.)

Comparez au sens de *laisser*, dans cet exemple et dans le suivant, celui du verbe allemand *lassen*, qui devant un infinitif signifie *faire*.

  Depuis que pour sauver sa terre,
  [Mon Roi] Eut *laissé* partir de ses mains
  Le premier trait de son tonnerre, etc. (I, 115, vers 203.)

Le Roi.... ne cessoit de lui *laisser* aller quelque petit présent, pour engager toujours davantage son affection. (II, 129.)

Voyez d'autres exemples de *laisser aller* et de *se laisser aller*, tome II, p. 6, 219, 283, 310.

NE POINT OU PAS LAISSER DE :

Entrez.... en ce combat, et pour avoir été battus, *ne laissez point* d'y retourner. (II, 89.)

Mon excuse est légitime, et.... pour cela vous *ne laisserez pas de* vous assurer de ma très-humble servitude. (IV, 142.)

Voyez ci-dessus, le 14ᵉ exemple de LAISSER, et tome I, p. 449, 477; tome II, p. 4, 5, 17, 110, 117, 131, 167, 290, 402, 481, 495, 592; tome III, p. 323; etc. — Dans tous ces exemples, Malherbe dit : *laisser de;* jamais : *laisser que de*.

LAIRRA, pour *laissera*, blâmé par Malherbe chez des Portes. (IV, 393, note 1.)

LAMBRISSURE, lambris :

On ne voyoit point un nombre infini de charrettes, chargées de pins et de sapins, pour faire des *lambrissures* dorées. (II, 712.)

LAME, arme tranchante :

  [Ceux] Que l'esprit d'enfer a déçus
  Pour acquérir la renommée
  De s'être affranchis de prison
  Par une *lame* ou par poison. (I, 288, vers 77.)

LAMENTABLE.

François mon père et Madeleine ma mère.... m'ont.... posé ce *lamentable* monument (*m'ont élevé ce tombeau*). (I, 360; voyez l'exemple de LAMENTER.)

LAMENTER, verbe neutre :

Vous me montrez qui sont les tons lamentables : montrez-moi plutôt comme aux adversités je ne *lamenterai* point. (II, 689.)

LANDIT, présent que les écoliers faisaient à leurs maîtres au temps de la foire du Landit. (II, 182.)

LANGAGE.

Je ne ressemble point à ces foibles esprits,
Qui bientôt délivrés, comme ils sont bientôt pris,
En leur fidélité n'ont rien que du *langage*. (I, 136, vers 45.)

La philosophie n'est pas une besogne vulgaire, ni faite pour servir de montre. Il y faut moins de *langage* que d'exécution. (II, 322.)

Voyez tome I, p. 275, vers 3; p. 306, vers 17; tome II, p. 8, 84.

LANGAGES, au pluriel :

Taisez-vous, funestes *langages*,
Qui jamais ne faites présages
Où quelque malheur ne soit joint. (I, 199, vers 25.)

M. de Praslin cependant continua son chemin vers Monsieur le Prince. Quels *langages* ils eurent ensemble, il ne se dit point encore. (III, 119.)

Votre amitié, qui se témoigne par les effets, doit être autrement reconnue que par des *langages*. (III, 203.)

N'étant pas en son bon sens, il avoit tenu quelques *langages* mal à propos. (II, 75 ; voyez I, 401 ; III, 71, 126, 323.)

LANGUEUR, malheur, chagrin :

Que d'hommes, fortunés en leur âge première,
Trompés de l'inconstance à nos ans coutumière,   v. 242 ; 135, v. 23.)
Du depuis se sont vus en étrange *langueur*! (I, 10, v. 159 ; voy. I, 123,

.... Les lois me défendent l'outrage
Qu'entre tant de *langueurs* me commande la rage. (I, 14, vers 260.)

TENIR EN LANGUEUR :

.... Ces lois (*des Dieux, du destin*) dont la rigueur
Tiennent mes souhaits *en langueur*, etc. (I, 167, vers 32.)

LANGUIDE, languissant :

.... Comme ces choses que nous voyons flotter sur une rivière.... Les unes par un branlement *languide* (*en latin* : cursu languescente) sont jetées à bord, et les autres rapidement emportées jusques en la mer. (II, 352.)

Voyez de régler vos mœurs ; excitez ce que vous avez de *languide*,... domptez ce qui se rebelle. (II, 706 ; voyez II, 612.)

LANGUIR.

A la fin tant d'amants dont les âmes blessées
Languissent nuit et jour, etc. (I, 149, vers 2.)

LANGUISSEMENT.

Je n'estime pas repos, de ne pouvoir supporter le moindre mouvement du monde, mais bien une dissolution et *languissement*. (II, 271.)

LANISTE, *lanista*, celui qui dressait les gladiateurs. (II, 180.)

LAQUAIS, esclave, en latin *puer* :

J'ai envoyé deux *laquais* chercher Platon à l'Académie. (II, 178.)

LARGES PLEURS, blâmé comme latinisme chez des Portes. (IV, 360, 389.)

LARGESSE.

Sitôt que le besoin excite son desir,
Qu'est-ce qu'en ta *largesse* il (*l'homme*) ne trouve à choisir? (I, 63, v. 32.)

LARMES.

Qui doute que si de ses armes
Ilion avoit eu l'appui,
Le jeune Atride avecque *larmes*
Ne s'en fût retourné chez lui? (I, 217, v. 213 ; voy. I, 305, v. 24.)

LARMOYABLE, déplorable, lamentable, blâmé, comme « mauvais mot », par Malherbe chez des Portes. (IV, 444.)

LAS! hélas!

Mais *las!* la perte de mon fils,

DE MALHERBE.

Ses assassins d'orgueil bouffis,
Ont toute ma vigueur ravie. (I, 286, vers 19.)

LAS, adjectif :
Beauté, par qui les Dieux, *las* de notre dommage,
Ont voulu réparer les défauts de notre âge, etc. (I, 21, vers 13.)

La marquise lui a fait des demandes qu'il n'a pas jugées être à propos de lui accorder, *las* de ce qu'elle demandoit cinq villes. (III, 582.)

LASSER, SE LASSER, LASSÉ :
La moisson de nos champs *lassera* les faucilles. (I, 73, vers 83.)
Sa parole *se lasse* (*il se fatigue de parler*), et le quitte au besoin. (I, 18, vers 387.)

Ces misérables.... *se sont lassés* de vin et de femmes. (II, 489.)
Les soldats *se lassent* à des labeurs superflus, pour se fortifier aux nécessaires. (II, 330.)
Lassez-vous d'abuser les jeunesses peu cautes. (I, 301, vers 23.)
Ne *te lasse* donc plus d'inutiles complaintes ;
  Mais sage à l'avenir,
Aime une ombre comme ombre.... (I, 40, vers 33.)
  [Bellonne,] *Lassée* d'un repos de douze ans. (I, 213, vers 102 ; voyez I, 49, vers 98.)

LATINERIE, latinisme. (IV, 278.)

LAURIER, emblème de la gloire guerrière :
  Il faut mêler pour un guerrier
  A peu de myrte et peu de roses
  Force palme et force *laurier*. (I, 113, vers 140.)
L'ombre de vos *lauriers* admirés de l'envie
  Fait l'Europe trembler. (I, 150, vers 33.)
Quel ordre merveilleux de belles aventures
Va combler de *lauriers* votre postérité ! (I, 104, vers 4.)
Voyez tome I, p. 26, vers 1 ; p. 28, vers 7 ; p. 283, vers 149.

LAVER, baigner, en parlant de fleuves :
  [Les plaines] Que l'Inde et l'Euphrate *lavent*. (I, 25, vers 56.)
  [Les fleuves] Qui *lavent* les pieds du Liban. (I, 50, vers 114.)

LE, LA, LES, article.

1° Emplois divers :

Les vœux (*ces vœux que je forme*) sont grands ; mais avecque raison
Que ne peut *l'*ardente oraison (*une ardente prière*)? (I, 196, v. 41 et 42.)

Les éléphants par *le* bon traitement se laissent aller jusques à la servitude. (II, 6.)

Tant de perfections qui vous rendent superbe,
Les restes du mari, sentiront le reclus. (I, 2, vers 14.)
  [Quelle puissance] Garderoit que jusqu'aux enfers
  Je n'allasse avecque *les* armes
  Rompre vos chaînes et vos fers ? (I, 167, vers 23.)
La rigueur de ses lois, après tant de licence,
Redonnera *le* cœur à la foible innocence. (I, 71, vers 56.)

Qu'il soit le premier de sa race et n'ait pas *le* liard en sa bourse..., je pense que vous ne laisserez pas de l'avoir en bonne opinion. (II, 588.)
L'édition de 1648 porte : « un liard. »

Il y a longtemps que nous sommes sales ; il est malaisé de nous nettoyer : ce ne sont point taches ordinaires que les nôtres ; elles sont à l'huile. (II, 486.)

Il n'y a guère de gens qui ne connoissent un visage où l'on a mis *le* blanc et *le* rouge (*du blanc et du rouge*). (II, 616.)

Comme si c'étoit la coutume de nommer les filles premier que les mères, ou que les poëtes aient donné des noms qui pussent rendre *la* signification véritable par ce qui puis après en arriveroit. (II, 9.)

Crispus Passiénus disoit ordinairement qu'il y avoit de certaines gens de qui il estimoit plus *le* jugement que *le* bienfait, et d'autres aussi de qui il aimoit mieux *le* bienfait que *le* jugement ; et en donnoit cet exemple : « J'aime mieux, disoit-il, *le* jugement d'Auguste que *le* bienfait de Claudius. » (II, 24.)

Ce seroit quelque consolation à notre imbécillité, si les réparations se faisoient aussitôt que les démolissements. Mais celles-là vont *le* pas (*vont au pas*), et ceux-ci *la* poste. (II, 727.)

Nous nous gâterions, si nous voulions ou toujours écrire ou toujours lire.... *La* meilleure (*manière ou méthode, ce qu'il y a de mieux à faire*) est de les échanger par vicissitudes, et tempérer l'un par l'autre. (II, 650.)

.... Soit que l'audace
Au meilleur avis ait fait place, etc. (I, 48, vers 66.)

.... Laisser promptement une basse demeure,
Qui n'a rien que *du* mal.... (I, 13, vers 251.)

2° Le, la, les, où le sens veut ou admet un pronom possessif :
Sans donner à ses pas une règle certaine,
Il erre vagabond où *le* pied le conduit. (I, 14, vers 276.)

Peuples, qu'on mette sur *la* tête
Tout ce que la terre a de fleurs. (I, 44, vers 1.)

L'avarice est comme la flamme.... En une richesse commune, *les* mouvements (*ses mouvements*) peuvent avoir quelques bornes ; mais en une fortune extraordinaire, il n'est rien d'assez fort pour l'arrêter. (II, 41.)

C'est la règle des bienfaits qu'on ne les puisse reconnoître qu'en vidant *la* bourse. (II, 45.)

Des bienfaits que les enfants reçoivent *des* pères. (II, 193 ; voyez II, 85.)

Son père fut si peu de chose que depuis la mort *du* fils on ne l'a pas seulement nommé. (II, 82.)

Il ne faut exhorter personne à se vouloir du bien, parce que c'est une affection qui sort avec l'homme du ventre de *la* mère. (II, 107.)

La principale beauté de l'enfance est en *la* sortie. (II, 302.)

Les pauvres serviteurs sont là, qui n'osent pas seulement mouvoir *les* lèvres. S'ils soufflent, aussitôt le bâton est sur *les* épaules. (II, 428.)

3° Le, article, devant un nom propre de personne :
Il avoit eu cette place *du* Gast (*de Michel de Gast*) par le prix de cent mille écus. (III, 417.)

Je n'ai jamais été que six mois en pension, chez *les* Philippes (*dans la famille Philippe*), à Caen. (I, 336.)

4° Le, la, les, commun à plusieurs substantifs ou adjectifs :
La justice, probité, prudence, valeur, et tempérance, sont toutes qualités qui se peuvent trouver en une seule âme. (II, 98 ; voyez III, 61, l. 18.)

5° Le, article, devant un adjectif ou une locution adjective :
En notre ville assiégée,... *les* capables de porter les armes sont avec l'épée à la main derrière la porte. (II, 440.)

Qui seroit si mauvais censeur contre ses enfants, qu'il aimât mieux *le* sain que *le* malade, *le* grand et de belle taille, que *le* court et *le* petit? (II, 517.)

Sa leçon (*l'enseignement de la sagesse*) est des choses divines et *des* humaines. (II, 696.)

6° Le, article, devant des infinitifs pris substantivement. Voyez Bienfaire, Craindre, Dire, Donner, Dormir, Être, Habiller, Jouer, Manger, Marcher, Mourir, Parler, Partir, Penser, Perdre, Prendre, Profiter, Recevoir, Refuser, Rendre, Rougir, Seoir, Souffrir, Vieillir, Vivre, etc.

7° Le, article, employé où nous l'omettons d'ordinaire aujourd'hui :

Les Insubriens.... l'attaquèrent.... si vertement, que ceux qui portoient les enseignes furent contraints de lâcher *le* pied. (I, 444.)

Jules César.... fut ingrat d'avoir laissé la guerre de Gaule et d'Allemagne pour venir assiéger Rome, et.... donner *le* rendez-vous à ses troupes dans le cirque de Flaminius. (II, 155.)

On députe à Carthage pour lui faire faire son procès (*à Annibal*). Il en a *le* vent (*il en a vent*), et s'enfuit vers Antiochus. (I, 398.)

Entre onze heures et *le* minuit. (III, 376.)

Le milord Rich est ici. (IV, 64 ; voyez IV, 61.)

Faire trois parts de la République, pour en retenir *les* deux en sa maison. (II, 155.)

Comme un des ornements *des* premiers de nos jours (*comme un des premiers ornements de nos jours*). (I, 204, vers 2.)

S'il se gouverne par ce conseil, il ne faut pas douter que tout n'aille *le* bien (*n'aille bien*). (III, 192.)

Là se perdent ces noms de maîtres de la terre,
D'arbitres de la paix, de foudres de *la* guerre. (I, 274, vers 20.)

8° Le, la, omis où nous l'employons aujourd'hui :

Si vous avez *patience* de m'écouter..., vous changerez d'opinion. (II, 47.)

Il disparut comme *flots* courroucés
Que Neptune a tancés. (I, 196, vers 31.)

Je fus hier ouïr *messe* aux Jacopins. (III, 546 ; voyez III, 8.)

Tu perds *temps* de me secourir (*tu perds le temps, ton temps à vouloir me secourir*). (I, 130, vers 5.)

Qui ne pensoit que les Furies
Viendroient des abîmes d'*enfer* ? (I, 183, v. 22 ; voy. I, 214, v. 127.)

.... Ces âmes d'*enfer* (*infernales*). (I, 277, vers 6.)

.... Tes doctes écrits
Montrent le soin que tu as pris
A savoir toutes *belles* choses. (I, 285, vers 3.)

Il est *seul* qui reconnoît des personnes qui ne le pensent point avoir obligé. (II, 563 ; voyez I, 269, vers 31 ; II, 152, 605.)

.... Dans *Seine* et *Marne* luira
Même sablon que dans *Pactole*. (I, 200, vers 59 et 60.)

Voyez tome I, p. 49, vers 104 ; p. 50, vers 108 ; p. 286, vers 22 ; p. 319, vers 5, etc. Voyez aussi Donner, Faire, etc.

L'autrui. Voyez Autrui.

L'on. Voyez On.

L'un.... l'autre... ; l'un et l'autre. Voyez Un.

Le, pronom. Voyez Il.

LEÇON.

La sagesse est ample... : sa *leçon* (*son enseignement*) est des choses divines et des humaines. (II, 696.)

Ces premières *leçons* qu'on leur fait (*aux enfants*) de connoître leurs lettres.... ne leur enseignent pas les sciences libérales. (II, 693.)

Épicure, qui étoit si savant en volupté qu'il en faisoit *leçon*.... (II, 331 ; voyez II, 84.)

LECTURE.

J'y trouve aussi des figures, desquelles ceux qui nous défendent l'usage .... ne sont pas savants en la *lecture* des anciens. (II, 485.)

LÉGAT, legs :

Quiconque ne part point d'auprès d'un malade.... avec dessein d'avoir ou la succession, ou quelque *légat*..., je l'appelle ingrat. (II, 111.)

LÉGER (De), légèrement :

Ne croyez point *de léger*, mon cousin. (IV, 70 ; voyez III, 395.)

LÉGITIME, régulier, en grammaire :

Cette phrase étant bien considérée n'est guère *légitime*. (IV, 300.)

LENDEMAIN (Le) que, le lendemain du jour où :

Le lendemain que leur délibération fut cessée. (I, 412.)

Lendemain, sans article :

Lendemain, de grand matin, ils montèrent en carrosse. (III, 118.)
L'endemain se fit l'enterrement. (III, 201.)

Ce second exemple est dans une lettre dont on n'a pas l'autographe, mais seulement une copie, à la Bibliothèque impériale : cette copie porte *l'endemain*, en deux mots. Malherbe a écrit lui-même *lendemain*, en un mot, dans l'exemple précédent.

LEQUEL, laquelle, lesquels, lesquelles, pronom relatif :

Monsieur le Prince étoit parti pour cinq ou six jours, durant *lesquels* il avoit laissé toute charge à MM. du Maine et du Bouillon. (III, 415.)

Nous avons besoin de quelqu'un sur *lequel* nous prenions les préceptes de notre vie. (II, 301.)

Quelle apparence y a-t-il de nommer bienfait une chose de *laquelle* on a honte de confesser l'auteur? (II, 24.)

Je.... suis allé donner le bonjour à Mme la princesse de Conty, de *laquelle* j'ai ouï la messe. (III, 276.)

Pour les traits communs *desquels* elle débelle (*par lesquels la fortune dompte*) ordinairement le reste des hommes, ils bondissent sur lui comme la grêle. (II, 424.)

Après cette cause d'ingratitude, il y en a d'autres, *desquelles* la première et la principale est, etc. (II, 53.)

Les sages honorent davantage les rois et les magistrats que ne font les courtisans, l'ambition *desquels* n'a point de mesures. (II, 562.)

Vous possédez un palais spacieux, où vous ne voyez point je ne sais quelles enjolivures..., mais des masses entières de pierre, distinguées de matière et de couleur, et de *laquelle* une seule petite pièce suffit à vous étonner. (II, 95.)

J'y trouve aussi des figures *desquelles* ceux qui nous défendent l'usage.... ne sont pas savants en la lecture des anciens. (II, 485.)

Il avoit eu la lieutenance de Metz et pays messin, dont depuis peu de jours elle (*la Reine*) lui avoit accordé la lieutenance pour son fils, *lequel* étant allé mettre en possession, il s'est servi de ce prétexte pour son voyage. (III, 503.)

Il avoit tenu quelques langages mal à propos, *lesquels* il desiroit qu'ils retombassent sur lui. (II, 75.)

A M. du Périer, il aura dent pour dent, ou œil pour œil, *lequel* qu'il voudra. (III, 55.)

LEQUEL, LAQUELLE, pronom interrogatif :

Avec cette fragilité des femmes, *laquelle* est-ce de toutes celles qui s'attachent à leurs maris morts, et qui se veuillent jeter dans la fosse, de qui les larmes aient continué jusqu'au bout du premier mois? (II, 497.)

Laquelle est de toutes ces choses qui se pourra faire? (II, 407.)

L'édition de 1645 porte : « laquelle est-ce. »

LÉTHARGIQUE, au figuré :

De (*par suite de*) leur mollesse *léthargique* (*des mignons*),
Le Discord sortant des enfers,
Des maux que nous avons soufferts
Nous ourdit la toile tragique. (I, 311, vers 11.)

LETTRES (AVOIR DES), être instruit :

Nous appelons un homme ignorant, non qui n'a du tout point *de lettres*, mais qui n'y a pas fait beaucoup de progrès. (II, 151.)

LES BONNES LETTRES, les belles lettres :

Il le fait instruire *aux bonnes lettres*. (II, 71; voyez II, 81, 182, 397.)

LETTRE DE CHANGE :

S'il abandonne la mer, comme fait-il croître ses eaux en pleurant, sinon qu'il lui renvoie ses larmes par *lettres de change?* (IV, 432.)

LEUR, pronom. Voyez IL.

LEUR, adjectif possessif. Voyez SON et SIEN.

LEVER (SE) :

Voyant Dieu devant eux en ses bras les attendre (*les saints Innocents*),
Et pour leur faire honneur les anges *se lever*.... (I, 13, vers 240.)

LIAISON.

.... Soit que la violence des flammes rompe la *liaison* du solage (*du terrain*), etc. (II, 729.)

LIARD.

Pour deux *liards* vous aurez mangé tout votre aise (*en latin :* dispondio satur). (II, 330.)

Qu'il soit le premier de sa race et n'ait pas le *liard* en sa bourse (*en latin :* deficiatur pecunia)..., je pense que vous ne laisserez pas de l'avoir en bonne opinion. (II, 588.)

Ni le maître ni les mules n'en valent pas un *liard* davantage. (II, 676.)

Les étuves en ce temps-là n'avoient garde d'être fréquentes comme elles sont, et ne les faisoit-on pas si magnifiques; car aussi quelle apparence y avoit-il de parer une chose d'un *liard* (*une chose sans valeur*), inventée pour le service et non pour la volupté? (II, 669.)

LIBÉRAL, généreux :

Qui est celui qui ne prenne plaisir qu'on l'estime *libéral?* (II, 107.)

Ne pouvant être ni bons ni *libéraux*, [ils] montrent toutefois qu'ils seroient bien aises qu'on les eût en cette opinion. (II, 107.)

SCIENCES LIBÉRALES :

Pourquoi donc faisons-nous apprendre les *sciences libérales* à nos enfants? (II, 692 ; voyez II, 693, 695, 699.)

LIBÉRALITÉ, présent :

Une *libéralité* n'est pas sitôt en leurs mains qu'ils n'en attendent une autre, comme si le manger leur faisoit venir la faim. (II, 562.)

LIBERTÉ.

En quel effroi de solitude
  Assez écarté,
Mettrai-je mon inquiétude
  En sa *liberté?* (I, 222, vers 16.)
Quelle funeste *liberté*
Ne prennent mes pleurs et mes plaintes? (I, 294, vers 25.)
Un enfant qui n'avoit point d'armes (*l'Amour*)
Nous a ravi nos *libertés*. (I, 85, vers 18.)

LIBERTIN.

Vous savez ma paresse, mon humeur *libertine* (*indépendante, vagabonde*). (III, 546.)

LIBITINAIRE, entrepreneur de funérailles. (II, 209.)

LIBRE.

Nous ne sommes pas toujours *libres* de ne recevoir pas, et.... quelquefois il faut prendre en dépit que nous en ayons. (II, 33.)

Les chemins les plus guettés sont *libres* à ceux qui n'ont rien. (II, 314.)

La vue d'une si belle maison leur étoit *libre*. (II, 723.)

Un grand, pour faire dépit à ses serviteurs présents, magnifie ceux qu'il a perdus ; et parce qu'il est hors de danger de les ouïr jamais, leur donne hardiment la gloire d'avoir été *libres* à lui dire la vérité. (II, 203.)

LICE.

Soit que l'honneur de la carrière
T'appelle à monter à cheval,
Soit qu'il se présente un rival
Pour la *lice* ou pour la barrière, etc. (I, 111, vers 104.)

LICENCE.

Toute ma peur est que l'absence
Ne lui donne quelque *licence*
De tourner ailleurs ses appas. (I, 176, vers 62.)
Quelque ennui donc qu'en cette absence,
Avec une injuste *licence*,
Le destin me fasse endurer, etc. (I, 152, vers 2.)
Bien est-il malaisé que l'injuste *licence*
Qu'ils (*les méchants*) prennent chaque jour d'affliger l'innocence
En quelqu'un de leurs vœux ne puisse prospérer. (I, 208, vers 25.)

LICENCIER (SE), se donner licence :

C'est depuis quelque temps la retraite des vices ; et comme si le lieu avoit quelque privilége, la débauche s'y *licencie* et s'y relâche extraordinairement. (II, 447.)

LICHEFRITE.

Comme je ne voudrois pas me loger parmi des gênes et des tortures, aussi ne ferois-je parmi des broches et des *lichefrites* (*en latin* : inter popinas). (II, 447.)

LIÉGE.

Elle (*la sagesse*).... fait juger quelle différence il y a d'être véritablement de belle taille, ou d'avoir du *liége* sous les pieds (*en latin* : inter magna quid intersit et tumida). (II, 719.)

LIEU, sens et emplois divers :

.... Les Nymphes du *lieu*,
Non sans apparence, doutèrent
Qui de vous deux étoit le Dieu. (I, 112, vers 128.)
Quelle horreur de flamme et de fer
N'est éparse comme en enfer
Aux plus beaux *lieux* de cet empire? (I, 271, vers 63.)

Il (*Antiochus*) disoit qu'il étoit passé en Europe avec des forces, pour recouvrer la Chersonèse, et les villes qu'il avoit en Thrace ; que ces *lieux*-là lui appartenoient. (I, 464.)

.... Lorsque la blessure est en *lieu* si sensible, etc. (I, 41, vers 41 *var.*)

Il y a quelques *lieux* en cette version (*de Tite Live*) où j'ai suppléé des choses qui défailloient au texte latin. (I, 460; voyez I, 464, l. 6 et 28.)

.... Fais du même *lieu* d'où sa peine est venue
Venir sa guérison. (I, 179, vers 35.)

.... Si mon jugement n'est point hors de son *lieu*,
Dois-je estimer l'ennui de me séparer d'elle
Autant que le plaisir de me donner à Dieu? (I, 193, vers 12.)

.... Vous êtes offensée
Que mon ardeur insensée
En trop haut *lieu* borne sa guérison,
Et voudriez bien, pour la finir,
M'ôter l'espérance de rien obtenir. (I, 248, vers 22.)

Quelquefois les Dieux pitoyables
Terminent des maux incroyables;
Mais en un *lieu* que tant d'appas
Exposent à la jalousie,
Ne seroit-ce pas frénésie
De ne les en soupçonner pas? (I, 153, vers 33.)

Ceux qui ont cherché leur péril pour le salut de leurs pères, ou qui, d'un *lieu* bas, où la fortune les avoit fait naître parmi le peuple, leur ont donné les premières places au théâtre de la gloire, etc. (II, 88.)

Quand nous voulons donner, il faut prendre garde que ce soit en *lieu* qui le mérite. (II, 98.)

Faites-moi cet honneur que quand vous compterez vos serviteurs, vous m'y donniez toujours le premier *lieu* d'affection. (III, 17; voyez I, 63, vers 24; 76, vers 30.)

Vous ne profiterez jamais tant de la lecture des livres que de la vive voix et de la conversation des honnêtes gens. Il faut que vous-même veniez sur les *lieux*. (II, 280.)

Les Épicuriens n'ont fait que deux parties de la philosophie : la naturelle et la morale.... Mais enfin.... ils ont été contraints d'introduire un *lieu* qu'ils appellent de jugement. (II, 704.)

Tenir lieu de :

    Comme si détruire l'État (I, 77, vers 58.)
    Tenoit lieu de juste conquête (*équivalait à une juste conquête*), etc.

Avoir lieu, n'avoir point ou plus de lieu :

Ce mot est bas et plébée ; il peut *avoir lieu* aux satires et comédies. (IV, 326.)

    Un lâche espoir de revenir
    Tâche en vain de m'entretenir ;
    Ce qu'il me propose m'irrite ;
    Et mes vœux *n'auront point de lieu*,
    Si par le trépas je n'évite
    La douleur de vous dire adieu. (I, 143, vers 52.)

Dites-moi dans combien de temps l'on déclare un homme ingrat. En tous les bienfaits d'importance, la preuve *ne peut avoir de lieu*. (II, 60.)

Si c'est sans regret que nous avons.... pris congé des vanités, les divertissements *n'auront plus de lieu*. (II, 469.)

Au lieu de :

Celui qui a rendu quelque chose *au lieu de* ce qu'il avoit reçu (*en échange, en retour de ce qu'il avait reçu*), etc. (II, 111.)

LIEUTENANT.

    Quelles marques d'honneur se peuvent ajouter
    A ce comble de gloire où tu l'as fait monter (*où Dieu a fait monter l'homme*),...
    [Lui que] Ton absolu pouvoir a fait son *lieutenant*? (I, 63, vers 30.)

LIGNE (Mettre en) de compte, au figuré :

En matière de revanche, qui ne passe n'atteint point. Il faut enseigner les uns à ne rien *mettre en ligne de compte* (*à ne se laisser arrêter par aucune considération*), les autres à penser devoir plus qu'ils ne doivent. (II, 10.)

LIGNÉE, race, famille :

On distingue un peuple en *lignées*, et une armée en compagnies. (II, 702.

LIMITE.

    Ma Reine acquiert à ses mérites
    Un nom qui n'a point de *limites*. (I, 213, vers 86.)

LIMITER, finir, fixer :

    .... Le trépas, qui tout *limite*. (I, 81, vers 156.)

C'est un ordre qui durera éternellement, et ne sera jamais siècle qui n'ait des jours *limités*, où par cette interposition de la lune nous serons empêchés de voir, ou tout le soleil, ou une partie de ses rayons. (II, 141.)

Il n'y a pas moyen de *limiter* si un plaisir fait au fils s'étend au père, à la mère..., aux parents, aux amis, aux serviteurs et à la patrie. (II, 160.)

[La mort] se *limite* en la fin de la vie. (II, 521.)

LION, par métaphore :

    Qui n'eût cru que ses murailles (*de Sedan*),
    Que défendoit un *lion*,
    N'eussent fait des funérailles
    Plus que n'en fit Ilion? (I, 88, vers 22.)

Que vos jeunes *lions* (*les fils de Henri IV*) vont amasser de proie ! (I, 104, v. 5.)

>   Quelque jour ce jeune *lion* (*Louis XIII*)
>   Choquera la rébellion. (I, 271, vers 79.)

LIRE.

>   .... De quelle dextérité
>   Se peut déguiser une audace,
>   Qu'en l'âme aussitôt qu'en la face
>   Tu n'en *lises* la vérité? (I, 81, vers 150.)
>   .... Quoi qu'on *lise* d'Hippolyte,
> Ce qu'une fois il (*Pluton*) tient, jamais il ne le rend. (I, 270, vers 35.)

LIS, FLEURS DE LIS, désignant la France ou la maison royale de France :

>   [Mopse] Avoit toujours fait espérer
> Qu'un soleil qui naîtroit sur les rives du Tage
> En la terre du *lis* nous viendroit éclairer. (I, 236, vers 4.)
>   Certes nos *lis*, quoique bien cultivés,
>   Ne s'étoient jamais élevés
>   Au point heureux où les destins amis
>   Sous ta main (*la main de Marie de Médicis*) les ont mis.(I,195,v.13.)
>   Donc après un si long séjour,
>   *Fleurs de lis*, voici le retour
>   De vos aventures prospères. (I, 201, vers 2.)
>   [Nos fastes] Furent-ils jamais embellis
>   Des miracles que fait Marie (*de Médicis*)
>   Pour le salut des *fleurs de lis*? (I, 203, vers 54.)

Voyez tome I, p. 90, vers 90; p. 110, vers 80; p. 183, vers 10; p. 216, vers 170; p. 253, vers 12; p. 311, vers 6.

LIVRE.

>   Lui, de qui la gloire semée
>   Par les voix de la renommée,
>   En tant de parts s'est fait ouïr,
>   Que tout le siècle en est un *livre*, etc. (I, 51, vers 138.)

LIVRE, monnaie d'argent. (I, 428, 431, 446.)

LODS (DROIT DE) ET VENTES, droit dû, pour la vente d'un héritage, au seigneur dont on relevait immédiatement. (IV, 128.)

LOGE, maison, maisonnette :

> Ces salles à festin.... étoient alors inconnues.... Deux pieux fourchus soutenoient les deux côtés de leurs *loges*. (II, 712.)
> Combien pensez-vous qu'il y eût d'hommes de bonne maison.... que.... la fortune fit descendre à des services indignes, et rendit les uns bergers et les autres gardiens de quelque *loge* au milieu des champs ! (II, 430.)

LOGEMENT, campement (voyez SE LOGER, à l'article LOGER) :

> Les Romains, craignant que l'ennemi ne se servît de cette occasion pour leur faire quelque surprise, ne bougèrent de leur *logement*. (I, 404.)

LOGER.

>   .... Si tous ses appas sont encore en sa face,
>   C'est que l'amour y *loge*, et que rien qu'elle fasse
>   N'est capable de l'en chasser. (I, 59, vers 41.)

Ceux qui ne sont pas encore arrivés à la sagesse, mais *sont logés* aux faubourgs (*de la sagesse*), etc. (II, 581.)

Les vertus, une fois *logées* en notre âme, n'en sortent point. (II, 445.)

SE LOGER, camper (voyez LOGEMENT) :

Les Romains *se logèrent* à Éréthrie.... Le lendemain, Philippe *s'étant logé* à Melambion, etc. (I, 404; voyez LOGEMENT.)

LOGIS.

Outre ces questions, celles qu'on fait de l'âme sont innombrables : d'où elle est..., si elle passe d'un lieu à l'autre, et change de *logis*. (II, 697.)

Qui me voudra nuire, qu'il se hâte; sinon il y a de l'apparence qu'il ne me trouvera pas au *logis* (*qu'il ne me trouvera plus vivant*). (IV, 15.)

J'eusse laissé ce « moi » au *logis* (*je n'aurais pas usé du mot « moi »*). (IV, 304; voyez IV, 464.)

Pour nous,... de qui la vue s'arrête au premier *logis* (*en latin :* quorum visus in proximo deficit), nous avons besoin qu'on nous montre les choses une à une. (II, 701.)

Afin que tant de belles et grandes méditations aient chez nous leurs coudées franches, il faut nécessairement en faire sortir celles qui ne servent de rien. La vertu ne se contente pas de si peu de place : son train est plus grand, il lui faut beaucoup de *logis;* il faut que tout vide, et qu'elle demeure seule. (II, 697.)

LOI.

.... Le destin qui fait nos *lois*
Est jaloux qu'on passe deux fois
Au deçà du rivage blême. (I, 33, vers 25.)

Je la vous dédie (*ma servitude*) avec la même dévotion et aux mêmes *lois* que les choses qui sont dédiées aux temples. (IV, 5.)

Je ne parle pas de ceux.... qui tiennent leurs volontés en leur puissance et prennent d'eux-mêmes une *loi* qu'ils ne violent point. (II, 32.)

La coutume de vivre, plus forte que *loi* du monde.... (II, 162.)

Voyez tome I, p. 124, vers 263; p. 135, vers 33; p. 147, vers 40; p. 301, vers 33.

LOIN.

En ce piteux état si j'ai du réconfort,
C'est, ô rare beauté, que vous êtes si dure,
Qu'autant près comme *loin* (*de vous*) je n'attends que la mort. (I, 139, v. 14.)

[Voyez] comme notre esprit agrée
De s'entretenir près et *loin*
Avec l'objet qui le récrée. (I, 288, vers 88.)

Loin de mon front soient ces palmes communes
Où tout le monde peut aspirer;
Loin les vulgaires fortunes,
Où ce n'est qu'un jouir et desirer. (I, 248, vers 31 et 33.)

LOIN DE (voyez le premier vers de l'exemple précédent) :

Loin des mœurs de son siècle il bannira les vices. (I, 72, vers 67.)

A qui ne donnez-vous une heureuse bonace,
Loin de toute menace
Et de maux intestins et de maux étrangers ? (I, 229, vers 17.)

LOIRE, sans article, la Loire. (I, 115, vers 211.)

LOISIR, temps, espace de temps :

Je n'ai pas le *loisir* à cette heure de rechercher les significations d'une parole ambiguë. (II, 440.)

Qu'est-ce que je n'en dois appréhender (*de la fortune*) au progrès de mon affection, si bien à peine elle a eu le *loisir* de la laisser naître pour commencer à la travailler? (IV, 157.)

La viande qu'on rejette aussitôt qu'on l'a prise ne peut faire bien, d'autant qu'elle n'a pas le *loisir* de se joindre à la substance du corps. (II, 267.)

Ceux qui ont tâche n'ont jamais *loisir* de faire les fols. (II, 468; voyez II, 439.)

 [Mon Roi] L'a su tellement presser (*Sedan*)
 D'obéir et de se rendre,
 Qu'il n'a pas eu pour le prendre
 Loisir de le menacer. (I, 88, vers 40.)

Si je vous montre un serviteur qui, l'épée en la main pour venger la vie de son maître,... s'est opiniâtré tellement au combat, qu'il a voulu mourir plutôt que ne lui donner le *loisir* de se sauver, direz-vous qu'il n'a point fait de plaisir à son maître? (II, 69.)

 Soit que l'honneur de la carrière
 T'appelle à monter à cheval...,
 Soit que tu donnes ton *loisir*
 A prendre quelque autre plaisir, etc. (I, 111, vers 105.)

Il ne tombe point de choses grandes que ce ne soit avec quelque *loisir*; mais en celle-ci le changement de tout en rien n'a point eu plus d'espace que du soir jusqu'au matin. (II, 726.)

Si en notre ville assiégée, où les femmes et les vieillards portent des pierres pour la défense de la muraille..., vous me voyez bien de *loisir* dans une chaire mettre en avant ces plaisantes questions..., ne diriez-vous pas que j'aurois perdu le sens? (II, 440.)

C'est une moquerie de dire que les occupations nous empêchent d'étudier.... Pour moi, Lucilius, je suis de *loisir*, et en quelque part que je sois, je suis à moi. (II, 493.)

Résolvons-nous au travail et appelons quelqu'un à notre secours. — Mais qui? — N'importe. Adressez-vous à ces premiers qui sont de *loisir*, autant des siècles passés que du présent. (II, 452.)

Je ne suis pas de *loisir* d'écouter vos niaiseries; j'ai bien autre chose à démêler. (II, 441.)

 Que ce coup m'est sensible, et que tout à *loisir*
 Je vais bien éprouver qu'un déplaisir extrême
 Est toujours à la fin d'un extrême plaisir! (I, 134, vers 10.)

LONG.

.... Qu'attend plus de nous ta *longue* patience? (I, 16, vers 340.)

 En ce *long* temps où les manies
 D'un nombre infini de mutins,
 Poussés de nos mauvais destins,
 Ont assouvi leurs félonies, etc. (I, 114, vers 171.)

Du LONG DE, TOUT DU LONG DE :

Elle alla *du long du* quai des Augustins au bout du pont Saint-Michel (*elle suivit, elle longea le quai jusqu'au pont*). (III, 468.)

Tout du long des prés coule un ruisseau. (II, 463.)

Nos pères, qui bailloient un an aux femmes pour pleurer, ne vouloient pas qu'elles pleurassent *tout du long de* l'année. (II, 497 ; voyez II, 15.)

Au LONG, longuement :

Bien que j'eusse déjà fait ces discours lus *au long* en ma précédente, etc. (II, 592.)

Être peint de son long, en pied :

Il y a.... au grand cabinet de la Reine un tableau où l'infante d'Espagne *est peinte de son long.* (III, 131.)

Aller de long, poursuivre, continuer ; passer de long, passer outre, s'éloigner (après avoir accompli sa tâche) ; voyez Longue (De) :

Je l'ai trouvé (*votre livre*) si bien à mon goût, qu'il a fallu que je *sois allé de long.* (II, 426 ; voyez II, 134.)

La mort vient à vous : s'il étoit possible qu'elle demeurât avec vous, ce seroit occasion de la craindre ; mais il faut par force ou qu'elle n'arrive pas ou qu'elle *passe de long.* (II, 272.)

De long et de travers, au figuré :

Cocu *de long et de travers.* (I, 308, vers 5.)

LONGTEMPS, ou plutôt, selon l'ancien usage, LONG TEMPS, en deux mots :

Vous me confirmez toujours l'opinion que j'ai il y a *long temps*, que vous m'aimez plus que je ne vaux. (IV, 35.)

Long temps, précédé de *durant*, blâmé chez des Portes par Malherbe, qui veut qu'on emploie *long temps*, seul. (IV, 378.)

LONGUE (De) ; voyez quinze lignes plus haut, Aller de long :

Puisque je me suis mis dans le chemin de l'impudence, il faut aller *de longue* (il faut avancer, poursuivre). (III, 402.)

LONGUEMENT, longtemps :

De tous ceux qui remportent quelque chose, il n'y en a pas un à qui le plaisir dure *longuement.* (II, 570.)

LONGUEUR.

Que d'hommes fortunés en leur âge première....
Qui fussent morts contents, si le ciel amiable
Au temps de leur repos eût coupé ta *longueur* (il s'adresse à la vie) ! (I, 10, vers 162.)

LORS.

Oh ! combien *lors* aura de veuves
La gent qui porte le turban ! (I, 50, vers 111.)

LOS, gloire :

.... Si gentilhomme fut onc
Digne d'éternelle mémoire,
Par vos vertus vous le serez,
Et votre *los* rehausserez
Par votre docte et sainte Histoire. (I, 290, vers 125.)

LOUANGES.

Aussi bien chanter d'autre chose,
Ayant chanté de sa grandeur,...
[Seroit-ce pas] des *louanges* de la lune
Descendre à la clarté commune, etc. ? (I, 211, vers 45.)

Voilà les *louanges* que j'en connois (*les avantages que je sais qu'offre cette maison*) ; pour les autres dont je ne puis parler que par opinion, je crois que ce soit une demeure bonne pour toutes les saisons de l'année. (II, 464.)

LOUANGE, LOUANGES, gloire :

Tant plus ils (*les bienfaits*) seront grands,... tant plus grande sera la *louange* de celui qui les fera. (II, 23.)

Quelques *louanges* nonpareilles
Qu'ait Apelle encore aujourd'hui, etc. (I, 257, vers 1.)

Voyez tome I, p. 66, vers 38; p. 69, vers 4; p. 95, vers 217; p. 150, vers 21 p. 188, vers 149; tome II, p. 140.

LOUP.

Ce mot est *au vieux loup*. (IV, 458.)

Cette locution proverbiale, que Malherbe applique au verbe *se virer*, employé par des Portes, signifie sans doute ici que c'est un vieux mot, passé d'usage. Antoine Oudin, dans ses *Curiositez françoises* (achevées d'imprimer le 30 janvier 1640), donne, à la page 240 (édition de 1656), l'exemple : « *Histoires au vieux loup*, sottes histoires, fables; » et à la page 437 : « *Discours au vieux loup*, (discours) impertinents (c'est-à-dire hors de propos). » Il répète ces deux façons de parler dans ses *Recherches italiennes et françoises* (1655), où il traduit « histoires au vieux loup » par *historie delle beffane* (*befane*), histoires des marionnettes, des loups-garous, et « discours au vieux loup » par *spropositi*, discours hors de propos.

LOURD, au figuré :

Quand je n'alléguerois autre chose, sinon que j'ai étudié aux bonnes lettres pour me rendre capable de la vertu, si je suis homme de bien, je rends à mon père en son bienfait même plus que je n'ai reçu de lui; car en me donnant à moi, il me donna *lourd* et grossier (*en latin* : rudem et imperitum), et je lui ai donné un fils qu'il a de l'honneur et du plaisir d'avoir engendré. (II, 81.)

LOYER, salaire, récompense :

L'exemple de leur race (*de la race des Titans*) à jamais abolie
Devoit sous ta merci tes rebelles ployer;
Mais seroit-ce raison qu'une même folie
   N'eût pas même *loyer*? (I, 281, vers 92.)

Pourquoi ne souffrirons-nous en l'acquisition d'une liberté perpétuelle.... ce que tant de fois on a souffert en des occasions où tout le *loyer* de la patience n'étoit que de ne tomber point à la discrétion du victorieux ? (II, 326.)

LUCINE (LES FRUITS DE), les enfants. (I, 237, vers 31.)

LUEUR. Différence entre la *lumière* et la *lueur*. Voyez LUMIÈRE.

LUI. Voyez IL.

LUIRE, briller, au propre et au figuré :

.... Le soleil semble sortir de l'onde
Pour quelque amour, plus que pour *luire* au monde. (I, 226, vers 8.)
Allons voir sur les herbes nouvelles
Luire un émail, dont la vive peinture
Défend à l'art d'imiter la nature. (I, 226, vers 3.)
.... Dans Seine et Marne *luira*
Même sablon que dans Pactole. (I, 200, vers 59.)

Je ne parle ni des marbres qui *luisent* et dans les temples et chez des particuliers, ni de ces arcades, etc. (II, 718.)

Je veux que vous ne puissiez aller en part où vous ne voyiez toujours *luire* l'ardoise de quelque pavillon qui soit à vous. (II, 707.)

Qu'on me brûle un membre après l'autre, et que goutte à goutte on me fasse fondre, je bénirai les feux qui feront *luire* mon innocence. (II, 112.)

Vous *luirez* du lustre de votre science : sa célébrité vous rendra célèbre. (II, 342.)

Nous ne prenons plus garde à ce qui nous a mis au-dessus des autres, mais à ce que nous voyons *luire* en la main de ceux qui sont au-dessus de nous. (II, 53.)

L'injustice qu'on fit à Rutilius donna réputation à sa prud'homie : en la pressant' on la fit *luire* (*en latin :* dum violatur, effulsit). (II, 615.)

.... Comme sa valeur (*la valeur du Roi*), maîtresse de l'orage,
A nous donner la paix a montré son courage,
Fais *luire* sa prudence à nous l'entretenir. (I, 71, vers 42.)
    Soit que l'honneur de la carrière
    T'appelle à monter à cheval...,
    Soit que tu donnes ton loisir
    A faire en quelque autre plaisir
    Luire tes grâces nonpareilles, etc. (I, 121, vers 177.)

Voyez tome I, p. 111, vers 90; p. 139, vers 6; p. 283, vers 147.

LUIRE. Différence entre *luire* et *reluire* (voyez la fin de l'article LUMIÈRE) :

Je trouve quelque différence entre *luire* et *reluire*. Les astres ne *reluisent* point, le feu, ni la chandelle. Il faut dire *luire* en ces lieux-là. L'or, l'argent, et autres telles choses, *luisent* et *reluisent :* l'un et l'autre se disent là indifféremment. (IV, 373.)

LUISANT, brillant, au propre et au figuré :

Il tonne quelquefois en temps serein, pour la même raison qu'il tonne en temps nubileux, quand l'air est battu l'un contre l'autre. Et combien qu'il soit plus *luisant* et plus sec, si est-ce qu'il ne laisse pas de s'amasser, etc. (I, 477.)

Le plaisir qu'apporte la contemplation d'une âme, quand elle est déjà pure, *luisante*, et sans aucune tache.... (II, 271.)

LUMIÈRE, au propre et au figuré :

.... La nuit s'en va, ses *lumières* s'éteignent. (I, 17, vers 358.)
    Tu me tiens les sens enchantés
    De tant de rares qualités,
    Où brille un excès de *lumière*, etc. (I, 110, vers 57.)
    Ma mère vient d'une race
    Si fertile en demi-dieux,
    Que son éclat radieux
    Toutes *lumières* efface. (I, 189, vers 8.)

Nous attendons ici de voir sortir en *lumière* (*de voir paraître*) un discours de ce qui s'est passé au fait de, etc. (III, 240 ; voyez III, 371.)

LUMIÈRE, vie :

    .... En cet âge penchant,
Où mon peu de *lumière* est si près du couchant. (I, 264, vers 2 ; voyez I, 12, vers 215.)

LUMIÈRES, yeux :

Le nombre est infini des paroles empreintes
Que regarde l'Apôtre en ces *lumières* saintes. (I, 8, v. 92 ; voy. I, 35, v. 69.)

LUMIÈRE. Différence entre la *lumière* et la *lueur* (voyez la fin de l'article LUIRE) :

.... La *lumière* et la *lueur :* l'une qui a son origine en elle-même, et l'autre qui n'éclaire que par autrui. (II, 342.)

LUMINAIRE.

O soleil, ô grand *luminaire*. (I, 78, vers 61.)

LUNE, marquant les mois par son cours :
>.... Depuis l'infortune
> De cet abominable jour,
> A peine la quatrième *lune*
> Achève de faire son tour. (I, 183, vers 34.)

LUSTRE, au propre et au figuré :
>.... Quel Indique séjour
> Une perle fera naître
> D'assez de *lustre* pour être
> La marque d'un si beau jour? (I, 24, vers 19.)
> Ces arrogants, qui se défient
> De n'avoir pas de *lustre* assez,
> Impudemment se glorifient
> Aux fables des siècles passés. (I, 67, vers 42.)
> Quel marbre à la postérité
> Fera paroître votre gloire
> Au *lustre* qu'elle a mérité? (I, 202, vers 42.)

LUTTER, au figuré :

Quand mes affaires seroient si décousues qu'il n'y auroit plus rien d'entier, je n'irai jamais chercher le remède vers un homme avec lequel il me faille *lutter*. (II, 163.)

>.... *Lutter* contre des murailles
> D'où pleuvent la flamme et le fer. (I, 52, vers 163.)

LUXURE, luxe, en latin *luxuria* :

Faites-moi venir premièrement les dépouilles de la *luxure*.... Je vois là des vases de cristal.... J'en vois de porcelaine, parce que la *luxure* ne seroit pas servie à souhait si quelque vaisseau qui ne fût de prix recevoit ce qui doit incontinent être vomi. (II, 225; voyez II, 283, 467.)

Il est assez de cruautés, d'ambitions et de *luxures*, capables d'aller du pair avec les plus signalés exemples qui s'en soient jamais vus. (II, 415.)

LUXURIEUX, qui vit dans le luxe, fastueux, en latin *luxuriosus* :

Si vous vous fâchez qu'il soit des ingrats, fâchez-vous qu'il soit des *luxurieux*, des avares, des impudiques, des malades difformes. (II, 245.)

LYMPHATIQUE, traduisant le latin *lymphaticus*, fou, délirant :

Ce ne sont que frayeurs *lymphatiques*. C'est à faire à ceux qui n'ont point de courage d'en avoir peur. (II, 663.)

M

MADAMOISELLE. Voyez Damoiselle.

MAGASIN, au figuré :

En leur nature seule ils (*les Dieux*) ont un *magasin* de toutes choses, qui les rend abondants, assurés, etc. (II, 92.)

MAGISTANT, grand seigneur :

Tous ces *magistants* (*en latin* : megistanas) et satrapes, etc. (II, 342.)
L'édition de 1648 porte *mégistants*.

MAGISTRAT, magistrature :

Prenez le cas que pour arriver à quelque *magistrat* il m'ait fallu racheter dix prisonniers. (II, 180.)

MAGNANIME.

A quoi sont employés tant de soins *magnanimes*
Où son esprit travaille, et fait veiller ses yeux ? (I, 272, vers 5 ; voyez I, 113, vers 161 ; 148, vers 56.)

MAGNIFIER, vanter :

Un grand, pour faire dépit à ses serviteurs présents, *magnifie* ceux qu'il a perdus. (II, 203 ; voyez I, 399 ; II, 28, 656.)

MAGNIFIQUE.

Je m'en vais finir ma lettre, après y avoir mis sa marque, c'est-à-dire après lui avoir baillé quelque parole *magnifique* à vous porter. (II, 310.)

MAGNIFIQUEMENT.

On menoit C. Vettius, préteur des Marses, prisonnier au général de l'armée des Romains. Son serviteur tira l'épée du soldat qui le traînoit, et en tua son maître.... Dites-m'en un qui plus *magnifiquement* ait sauvé la vie à son maître. (II, 73.)

MAIGRE, au figuré :

Il (*Dieu*) ne s'est point contenté de nous apprendre à dire avec un chalumeau quelque vaudeville, et de mauvaise grâce, pour en recevoir je ne sais quel *maigre* plaisir. (II, 96.)

MAIGREMENT, au figuré :

Les criminels font bien meilleure chère à la Conciergerie, et ceux mêmes qui sont mis à part afin d'être menés au supplice ne sont pas traités si *maigrement*. (II, 331.)

MAIN, au propre et au figuré :

Elles (*les trois Grâces*) se tiennent par les *mains*. (II, 7.)
Dieux, dont la providence et les *mains* souveraines,
Terminant sa langueur, ont mis fin à mes peines,
Vous saurois-je payer avec assez d'encens
    L'aise que je ressens ? (I, 298, vers 21.)
Certes nos lis, quoique bien cultivés,
    Ne s'étoient jamais élevés
Au point heureux où les destins amis
    Sous ta *main* les ont mis. (I, 195, vers 16.)

Les Rhodiens à leur *main* droite mirent.... le secours que la Candie et la Thrace leur avoient envoyé, à la gauche, etc. (I, 421.)

Un pilote malavisé..., au lieu de tenir la *main* gauche (*la gauche*), s'en va droit donner dans Charybde. (II, 313.)

La nécessité nous fait tomber des *mains* (*en latin :* excutit) ce que la paix et le repos nous avoient fait amasser. (II, 440.)

Je ne saurois sinon.... vous exhorter.... que devant qu'il (*ce que vous voulez publier*) parte de vos *mains*, il soit si bien censuré de vous-même, que ceux qui y voudront mordre y laissent leurs dents. (III, 241.)

Que sont-ce ces contrats.... et cette usure..., sinon des maux volontaires partis de notre forge, et chimères d'une vaine convoitise, où il n'y a rien qui puisse être objet ou de l'œil ou de la *main* ? (II, 227.)

Caton fut brave certainement de prendre son âme avec la *main* et la mettre dehors, quand il vit qu'elle ne sortoit pas assez tôt par l'ouverture que l'épée avoit faite. (II, 542.)

Les uns (*des esprits*) ont une vivacité qui tout aussitôt les porte où ils se proposent d'aller, et les autres se veulent faire comme avec la *main*, et le principal de la besogne est à les fonder. (II, 452.)

Faites la besogne que vous avez en la *main*, et pour bien faire, bouchez-vous les oreilles. (II, 384.)

Me trouvant assez en état de travailler, je voulus passer plus outre. J'avois en *main* un sujet assez difficile. (II, 502.)

Il y a bien du plaisir à recevoir un bienfait, voire de lui tendre les *mains*. (II, 24.)

Ce sont les préceptes que Démétrius veut qui ne nous partent jamais des *mains*, que nous portions en quelque part que nous allions. (II, 216.)

Ce n'est pas qu'il ne faille qu'on la voie (*la philosophie*); mais il faut que ce soit au cabinet, et par les *mains* d'un homme d'honneur, et non pas d'un fripier. (II, 454.)

L'un a fait vivre son maître, l'autre l'a fait mourir;... un autre a prêté la *main* à son maître, qui vouloit mourir (*en latin :* mortem domini adjuvit), et un autre l'a trompé pour l'en empêcher. (II, 72.)

Je ne sache personne de qui je vous permette la communication, et toutefois je vous ose bien laisser entre vos *mains* (*j'ose bien vous confier à vous-même*). (II, 296.)

Combien avons-nous aujourd'hui de noms illustres que la fortune n'a point mis entre les *mains* du peuple, mais qu'elle-même est allé (*sic*) querir sous terre, pour les mettre au jour et les publier ! (II, 615.)

Ni la vertu, ni rien qui soit fait de sa *main* n'est sujet à corruption. (II, 575.)

    .... Laisser leurs haines obstinées,
    Pour jurer solennellement,
    En la *main* de deux hyménées,
    D'être amis éternellement ? (I, 202, vers 35.)

.... Ceux qui ne tiennent pas la sagesse à pleine *main*, mais.... y vont toucher du bout du doigt. (II, 561.)

Il est temps de clore ma lettre. Il me semble que j'oi que vous demandez si elle vous doit aller treuver les *mains* vides. Ne vous souciez : elle portera quelque chose, et.... beaucoup ; car y a-t-il rien de plus estimable que cette parole que je lui baille pour vous porter? (II, 305.)

Aussitôt qu'il y en a un (*un gladiateur*) qui a tué son homme, on le met aux *mains* avec un autre qui le tue. (II, 282.)

La mort est le seul ennemi contre lequel je ne puis faillir de me préparer, parce qu'indubitablement il me faudra venir aux *mains* avec elle. (II, 542 ; voyez II, 305.)

Le desir des choses nouvelles nous dégoûtant de celles que nous avons de longue *main*, il nous dégoûte par conséquent de celui qui nous les a fait avoir. (II, 53 ; voyez IV, 4.)

Si je le vois malade..., tout d'une *main* (*tout d'une fois*) je me revancherai de ce que je lui dois. (II, 238.)

METTRE LA MAIN À. Voyez METTRE.

MAINE, pour *mène*, blâmé chez des Portes. (IV, 450 ; voyez RAMAINE.)

MAINTENIR (SE), durer, persister :

    .... Qu'une autre foi que la mienne
    N'espère rien et *se maintienne*,
    Cela ne se peut nullement. (I, 98, vers 29.)

MAIS, conjonction :

Mais quoi ? ma barque vagabonde
Est dans les Syrtes bien avant. (I, 116, vers 221.)

Nous disons un chien de terre, un chien de mer,.... pource que nous n'avons pas de noms assez pour en donner à toutes choses, *mais* en empruntons quand nous en avons besoin. (II, 48.)

Le nombre est petit de celles (*des étoiles*) de qui nous connoissons les mouvements, *mais* il en est une infinité qui, pour être loin de notre vue, sont hors de notre jugement. (II, 114.)

Aussi ne font-ils pas penser que ce que Mercure est peint en leur compagnie (*en la compagnie des Grâces*), ce soit pour signifier que la grâce d'un bienfait doit venir du langage qui l'accompagne, *mais* pource que ç'a été le caprice du peintre de les représenter de cette façon. (II, 8.)

Je.... parle.... de ceux-là seulement qui sont au chemin de cette perfection, et qui desirent de vivre en gens d'honneur; *mais* leurs passions leur donnent de la peine. (II, 32.)

Si quelqu'un, pour se revancher en votre endroit, a fait ce qui lui est possible, *mais* votre bonne fortune l'en a gardé, vous n'avez point eu de sujet d'éprouver un ami. (II, 230.)

Si je vous en montre un (*un serviteur*) à qui par.... menaces, ni tortures, on ne puisse faire déceler les secrets de son maître, *mais* au lieu de déposer quelque chose à son préjudice, a fait tout ce qu'il a pu pour le faire trouver innocent..., direz-vous qu'il n'a point obligé son maître? (II, 69.)

Comme un homme a tous les sentiments (*tous les sens*), *mais* ce n'est pas à dire que tous les hommes aient des yeux de Lyncée : aussi celui qui est fol n'a pas tous les vices en leur extrémité, comme quelques vices se voient en quelques-uns. (II, 118.)

.... Vous demander si en cas que votre pays et tout ce que vous avez de parents et d'amis fussent destinés à quelque ruine et n'en pussent échapper autrement que par votre mort, vous auriez du courage assez pour leur donner votre vie, et non-seulement avec patience, *mais* volontairement vous perdre pour les sauver. (II, 592.)

Je vous baillerai encore un autre avis, que vous avez mis en votre lettre Mme de Longueville après M. de Montbazon ; *mais* cela m'a empêché de montrer votre lettre à M. d'Estricy. (IV, 82.)

Mais, employé sans qu'il y ait contrariété, et dans le même sens que *car*, blâmé par Malherbe chez des Portes. (IV, 381.)

Mais que, ayant, devant un verbe au présent du subjonctif, le sens de *dès que* suivi du futur :

Vous pouvez penser comme il fera, *mais qu*'il soit doyen des cardinaux. (III, 419.)

Mais que les Muses ralliées soient imprimées, je me souviendrai de ce que je lui ai promis. (III, 15.)

L'affection avec laquelle j'embrasserai votre affaire, *mais que* je sache ce que c'est, vous témoignera, etc. (IV, 145.)

Voyez tome III, p. 5, 56, 263.

MAISON, emplois divers :

Ils appeloient le maître père de famille ; et quand ils vouloient signifier les serviteurs, ils disoient: ceux de la *maison* (*en latin :* familiares). (II, 431.)

Ce peuple maître du monde.... a les ennemis à sa porte, et de la peur que lui font ses propres armes n'ose sortir de sa *maison*. (II, 154.)

C'est une besogne où notre esprit a besoin de toute sa force : il ne faut point qu'il oublie rien à la *maison*. (II, 423.)

Le souverain bien trouve en la *maison* toute la provision qui lui fait besoin pour son service : il ne va rien emprunter dehors. (II, 293.)

N'avez-vous pas opinion.... qu'autant de fois qu'il (*le père d'Auguste*) eût jeté les yeux sur soi-même, il eût eu de la peine à croire qu'un si grand homme fût parti de sa *maison* ? (II, 83.)

Pompée.... fut ingrat.... de faire trois parts de la République, pour en retenir les deux en sa *maison*. (II, 155.)

Penses-tu que plus vieille en la *maison* céleste (*au ciel*)
    Elle eût eu plus d'accueil? (I, 40, vers 21.)

Certes l'autre soleil d'une erreur vagabonde
Court inutilement par ses douze *maisons;*
C'est elle (*Oranthe*), et non pas lui, qui fait sentir au monde
    Le change des saisons. (I, 157, vers 14.)

MAÎTRE.

Sous ta bonté s'en va renaître
Le siècle où Saturne fut *maître* (*l'âge d'or*). (I, 200, vers 56.)

Quelque jour ce jeune lion
Choquera la rébellion,
En sorte qu'il en sera *maître*. (I, 271, vers 81.)

Comme si Phidias perd une statue, il en peut incontinent faire une autre, lui tout de même, qui est grand *maître* en la science de faire des amitiés, aura bientôt recouvré ce qu'il aura perdu. (II, 289.)

Maître de camp, traduisant le latin *tribunus militum*. (I, 427, 443.)

MAÎTRESSE.

Tout ce que fait dire la rage,
Quand elle est *maîtresse* des sens.... (I, 32, v. 6 ; voy. 1, 71, v. 40.)

MAÎTRISE.

.... Certaines défenses.... de recevoir personne à *maîtrise* du métier. (III, 234.)

MAL, adverbe, employé avec un verbe, ou devant un adjectif, un participe, un adverbe, ou une locution adjective ou adverbiale :

Ils (*les Juifs*) sentent je ne sais quoi de relent. Pour moi, qu'ils sentent si *mal* qu'ils voudront, c'est chose dont je n'ai que faire : j'en serai quitte pour n'en approcher point. (IV, 74.)

Que direz-vous si.... vous vouliez *mal* au père de qui vous avez sauvé le fils ? (II, 160.)

Peuple qui me veux *mal* (*qui me veux du mal, qui m'en veux*).... (I, 29, vers 25 ; voyez I, 10, vers 148 ; II, 88, 139 ; et ci-après, quinze lignes plus loin : *mal voulu;* voyez aussi, p. 373, la remarque qui termine l'article Mal, substantif.)

Aristippus ayant.... pris plaisir à sentir quelque parfum : « *Mal* avienne, dit-il, à ces efféminés qui ont diffamé une chose si belle! » (II, 242.)

Ce n'est pas sans un déplaisir extrême que je vous tiens des discours si *mal* agréables. (IV, 186 ; voyez II, 13.)

Serois-je si dur et si *mal* gracieux de lui refuser cet office ? (IV, 140.)

Mal propre (*impropre*). (IV, 405.)

Le séjour de ce *mal* plaisant lieu. (III, 38 ; voyez II, 465.)

Le monde est *mal* disant et *mal* pensant. (III, 153.)

Il aura de l'ennui de les voir *mal* vivants et débauchés. (II, 568.)

L'ambition lui persuade des entreprises *mal* assurées. (II, 28.)

[Si] Je voulois t'empêcher de soupirer pour elle,
Je serois *mal* appris. (I, 39, vers 12 *var.*; voyez I, 84, vers 4.)

Hier au matin j'étois un peu *mal* fait (*malade*). (II, 502; voyez II, 539.)

Le Roi, qui le voit *mal* voulu de tous ceux qui aiment le désordre.... (IV, 109; voyez II, 55.)

L'une des choses du monde que je fais le plus *mal* volontiers, c'est d'importuner ceux à qui je ne puis faire service. (IV, 139 et 140.)

Je ne prends jamais tant de plaisir d'ouïr notre Démétrius, que quand je le rencontre couché sur la paille..., et si *mal* en ordre qu'il est plutôt nu qu'habillé. (II, 340.)

Socrate.... aima mieux se défaire d'Archélaüs par une excuse qu'il prît à son avantage, que de lui répondre quelque chose *mal* à son goût qui l'auroit offensé. (II, 142.)

Chrysippus, traitant cette matière, s'est servi de la similitude (*de la comparaison*) du jeu de paume, que je ne trouve pas *mal* à propos. (II, 30; voyez II, 46.)

Il se faut toujours imaginer quelque homme d'honneur pour témoin de nos actions, afin de ne faire rien *mal* à propos. (II, 298; voyez II, 300.)

  Laisse-moi, raison importune,
  Cesse d'affliger mon repos,
  En me faisant *mal* à propos
  Désespérer de ma fortune. (I, 130, vers 3.)

Quiconque tu sois, qui juges si *mal* à propos de la condition des hommes, considère combien tu as d'avantage sur le reste des animaux. (II, 43.)

Voyez MALAISÉ, MALAVISÉ, MALCONTENT, MALHABILE, MALSÉANT, etc.

ÊTRE MAL :

Ils servent leurs voluptés, au lieu de les posséder, et (ce qui est bien le comble de leur ruine) ils ne pensent pas être bien, s'ils ne *sont mal*. (II, 405.)

S'il n'y a rien qui fasse plus de honte à ma vieillesse que cela, je ne *suis* point *mal*. (II, 585.)

M. de Villeroy *a été mal* quelque quatre ou cinq jours, jusques à renvoyer les paquets à M. de Pizieux, et s'être retiré à Conflans; mais il est de retour, et crois que cette brouillerie est apaisée. (III, 482.)

Non qu'il ne me *soit mal* que la terre possède
  Ce qui me fut si cher, etc. (I, 43, vers 69 *var.*; voyez ÊTRE BIEN, à l'article BIEN.)

FAIRE MAL (voyez FAIRE) :

Nous tenons ordinairement des gardes auprès de ceux qui pleurent une personne morte..., de peur qu'en la solitude il ne leur vienne quelque trouble qui les induise à se *faire mal*. (II, 296.)

Il y en a (*des plaisirs qu'on nous a faits*) qui peu à peu se sont disparus de devant nous, et d'autres qui nous *ont fait mal* au cœur, et que nous avons mis à part, de peur de les regarder. (II, 246.)

Il s'est vu des armées réduites à la nécessité de toutes choses, qui ont.... mangé des ordures qui *feroient mal* au cœur à réciter. (II, 326.)

MAL DIRE, DIRE MAL. Voyez DIRE.

MAL, substantif :

Un bien sans *mal* ne me plaît pas. (I, 131, vers 36.)

Il y a du *mal* à refuser une reconnoissance, autant qu'à la demander. (II, 31.)

Si ces paroles y peuvent trouver place, il n'y aura point de *mal* de les y ajouter. (II, 38.)

Il y a aussi peu de bien à les savoir (*ces sophismes*), que de *mal* à ne les savoir point. (II, 424.)

Le *mal* qui me l'a ôtée (*ma fille*) ne m'ôtera point le contentement que j'ai de m'en affliger. (IV, 2.)

.... Que leur advint-il en ce vite départ,
Que laisser promptement une basse demeure,
Qui n'a rien que du *mal*, pour avoir de bonne heure
Aux plaisirs éternels une éternelle part? (I, 13, vers 251.)

Premier que d'avoir *mal* ils trouvent le remède. (I, 13, vers 233.)

Je suis accusé, il me veut défendre; mais s'il le fait, le Roi lui en voudra du *mal*. (II, 35.)

Voyez ci-dessus, p. 371, les exemples de *vouloir mal*, où le sens paraît flotter entre celui de nom et celui d'adverbe. *Mal voulu* (p. 372, exemple 3) paraît cependant décider pour le sens adverbial.

MALADIES, au figuré, maux :
.... Nos brutales perfidies
Feroient naître des *maladies*
Qui n'auroient jamais guérison. (I, 183, vers 19.)

MALAISE, douleur, peine, chagrin (voyez AISE) :
Quiconque de plaisir a son âme assouvie...,
Sans jamais en son aise un *malaise* éprouver.... (I, 10, vers 165.)

MALAISÉ.
[Amour,] qu'il est *malaisé* de vivre en ton empire,
Sans desirer la mort! (I, 158, v. 5; voy. I, 150, v. 14; 208, v. 25.)

MALAVISÉ.
Vous êtes donc si *malavisé* de croire que les Dieux prennent la peine de nous signifier quand il doit mourir quelqu'un. (I, 474.)

Nous tenons.... des gardes auprès de ceux qui pleurent une personne morte..., de peur qu'en la solitude il ne leur vienne quelque trouble qui les induise à se faire mal. Il faut en faire de même aux *malavisés* (en latin : imprudentibus); car comme ils n'ont personne qui divertisse leur dangereuse inclination, ils se proposent des choses pernicieuses. (II, 296.)

Un pilote *malavisé*..., au lieu de tenir la main gauche, s'en va droit donner dans Charybde. (II, 313; voyez I, 100, vers 31; II, 599.)

MALCONTENT, mécontent. (II, 320, 550; IV, 40.)

MALHABILE HOMME :
Si quelque mari ne permet point à sa femme de.... s'exposer aux yeux et aux desirs de toute une ville, tout le sexe le décriera pour un *malhabile homme*, qui ne sait que c'est d'honneur (*en latin* : rusticus, inurbanus, ac mali moris). (II, 15; voyez II, 469, 484.)

MALHEUR.
[Cette beauté] M'apparoît à l'autel, où comme une victime
On la veut égorger....
En ces extrémités la pauvrette s'écrie :
« Alcandre, mon Alcandre, ôte-moi, je te prie,
Du *malheur* où je suis. » (I, 160, vers 51.)

MALHEURE (À LA), à la perdition :
Allez *à la malheure*, allez, âmes tragiques. (I, 219, v. 1; voy. I, 239, v. 1.)

MALHEUREUX, misérable, criminel, infâme :

Il méritoit mieux que ces lettres lui fussent gravées dans les os que marquées simplement sur le front, pour avoir été si *malheureux* de vouloir réduire son hôte en la même ruine.... d'où il l'avoit tiré. (II, 130.)

N'est-il pas quelquefois des pères si méchants et si *malheureux* que la loi même permet de se retirer d'avec eux et les renoncer ? (II, 171.)

Malheureux, dans le sens de *méchant*, blâmé chez des Portes. (IV, 433.)

MALHONNÊTE, contraire à la vertu :

Faire plaisir.... est l'office de la vertu, et.... il n'est rien de si *malhonnête* que de donner à autre fin que pour avoir donné. (II, 92.)

MALICE, méchanceté, perversité, cruauté, fureur :

Il est bien dur à sa justice
De voir l'impudente *malice*
Dont nous l'offensons chaque jour. (I, 246, vers 20.)

O sale et vilaine confession de la *malice* publique (*en latin :* fraudis ac nequitiæ publicæ) ! (II, 65.)

Il (*Orphée*) s'en revint sans Eurydice ;
Et la vaine faveur dont il fut obligé
Fut une si noire *malice*
Qu'un absolu refus l'auroit moins affligé. (I, 270, vers 47.)

.... Quelles *malices* de flots,
Par des murmures effroyables,
A des vœux à peine payables
N'obligèrent les matelots? (I, 213, vers 97.)

Voyez tome I, p. 26, vers 13; p. 81, vers 163; p. 277, vers 9; tome II, p. 4.

MALLETTE, petite malle :

Je suis marri que je n'ai du loisir pour bouffonner avec vous de cet ambassadeur don Diégo, de son carrosse tiré par six mules, de leurs *mallettes* sur les arçons de devant. (III, 69.)

MALMENÉ.

Ce soldat, étant sur un navire qui se perdit, fut jeté sur les terres d'un homme du pays, qui.... courut au rivage, où le trouvant *malmené* comme il étoit, il le recueillit. (II, 129.)

Tout *malmené* que vous êtes de votre passion, etc. (IV, 30.)

MALOTRU, adjectif :

Je lui ai fait voir un *malotru* manifeste (*un manifeste, substantivement*), fait au nom d'un prince contre un grand. (III, 202.)

MALSÉANT à :

Un homme d'honneur ne prend pas de toute sorte de robes,.... parce qu'il en treuve quelques-unes *malséantes à* la profession qu'il fait de modestie. (II, 446.)

MALVEILLANCE, méchancetés, mauvaises intentions :

Assez de funestes batailles....
Ont fait en nos propres entrailles
Rougir nos déloyales mains ;
Donne ordre....
.... que las de perpétuer
Une si longue *malveillance*, etc. (I, 185, vers 88.)

MALVOISIE, vin muscat :

Vous savez bien quel goût ont le vin et la *malvoisie* (*en latin :* quis sit mulsi, quis vini sapor scis). (II, 600.)

MANCHE, féminin :

Tout joli qu'il est, avec ses *manches* pendantes (*en latin :* licet manuleatus sit), je trouve qu'il a du courage. (II, 390.)

Je vous dis que c'étoit un esprit volage, et que lui pensant tenir le bras, vous ne lui teniez que la *manche*.... Il a laissé la *manche* par où vous le teniez : il s'en est enfui. (II, 415.)

Ce n'est pas à dire qu'il n'y ait quelque homme au monde si petit, qu'honnêtement tu ne lui puisses mettre une ville entière en la *manche* (*tu ne lui puisses donner une ville*). (II, 29.)

MANCHE, masculin, dans une locution proverbiale :

Autant de fois que j'en rencontre quelques-uns bien équipés, il n'est pas possible que je me garde de rougir : c'est un témoignage que je branle encore au *manche*. (II, 675.)

MANGER.

.... Dans ces grands tombeaux, où leurs âmes hautaines
      Font encore les vaines,
    Ils *sont mangés* des vers. (I, 274, vers 18.)

La mémoire des amis nous est agréable, comme l'austérité du vin vieil, ou comme une douce aigreur en une pomme.... Nous *mangeons* du sucre et des confitures quand nous nous ramentevons nos amis qui se portent bien. (II, 496.)

L**E MANGER**, substantivement :

Une libéralité n'est pas sitôt en leurs mains qu'ils n'en attendent une autre, comme si *le manger* leur faisoit venir la faim. (II, 562.)

S**E MANGER**, s'élider, en parlant d'une voyelle suivie d'une autre voyelle :

« Si » ne *se mange* jamais, et faut dire « si elle » (*non* « s'elle »). (IV, 341.)

MANIE, folie, fureur :

Nous voyons les esprits nés à la tyrannie,
Ennuyés de couver leur cruelle *manie*,
Tourner tous leurs conseils à notre affliction. (I, 73, vers 104.)

[Tes soins] Ont mis fin aux malheurs qu'attiroit après soi
De nos profusions l'effroyable *manie*. (I, 263, vers 8.)

    En ce long temps où les *manies*
      D'un nombre infini de mutins,
      Poussés de nos mauvais destins,
    Ont assouvi leurs félonies, etc. (I, 114, vers 171.)

Voyez tome I, p. 80, vers 128 ; p. 185, vers 86 ; p. 213, vers 108 ; p. 278, vers 15.

MANIEMENT, administration :

La vertu quelquefois a beaucoup d'étendue. Elle a la police d'une province, le *maniement* d'un royaume. (II, 577.)

MANIER, au figuré :

    [Un Génie] Qui les volontés *manie*. (I, 88, v. 36 ; voy. I, 263, v. 4.)

Quand le gouvernement est populaire, il faut craindre le peuple ; quand il se *manie* par un conseil, ceux qui y ont du crédit. (II, 313.)

En ces harangues populaires..., on peut faire passer les paroles si promptement qu'on n'a pas le loisir de les *manier*. (II, 407.)

Les blessures de l'âme, aussi bien que celles du corps, se veulent *manier* tout bellement. (II, 247; voyez II, 524.)

Pour tout le bruit qu'ils font, ni eux ni leurs bienfaits n'en sont pas estimés davantage. Par leur présomption ils.... sont cause qu'on veut mal à ce qui seroit aimable s'il *étoit manié* d'autre façon. (II, 26.)

Aussi y a-t-il des bienfaits.... qui, pource qu'ils ne *sont* pas *maniés* à toute heure, et qu'on ne se soucie pas d'en faire la revue comme l'on devroit, s'écoulent facilement. (II, 55.)

Un bienfait ne se *manie* point, il n'est visible qu'aux yeux de l'esprit. (II, 11.)

Jamais le vice n'aura l'autorité si grande..., que le nom de philosophie ne demeure saint et vénérable éternellement; il est vrai qu'à la *manier*, il y faut.... apporter de la douceur et du jugement. (II, 315.)

MANIÈRE, sorte, espèce :

A cette *manière* d'ingrats, et qui rejettent les bienfaits..., ressemblent certains autres, qui, etc. (II, 193; voyez II, 15.)

Cette *manière* de gens.... (II, 392, 396, 408, 489; III, 17.)

Les Grecs ont donné le nom d'aire à telle *manière* de clartés (*à cette sorte de clarté*). (I, 478; voyez II, 51, 466.)

Toute cette *manière* de fables est du gibier des poëtes. (II, 10.)

S'il m'advient quelquefois de clore les paupières,
Aussitôt ma douleur en nouvelles *manières*
    Fait de nouveaux efforts. (I, 160, vers 38 *var.*)

MANQUEMENT.

Ce n'est pas que si leur propre force les retient (*les Dieux*) invariables en leurs résolutions, il y ait du *manquement* en leur puissance. (II, 190; voyez II, 46, 236.)

MANQUER.

Je ne dirai pas qu'un homme ne soit bon joueur, qui, etc. Mais combien.... qu'il ne *manque* rien en ce qui touche la science..., si est-ce que le jeu demeure toujours défectueux. (II, 46.)

MANQUER à, manquer de parole, de foi à :

Remettez-moi les choses comme quand je vous fis ma promesse, il est raisonnable que je la tienne. Si depuis il est survenu quelque chose, et que je *vous manque*, vous ne vous pouvez plaindre de moi. (II, 131.)

.... Il faut laisser nos amours,
Amours qui la plupart infidèles et feintes,
Font gloire de *manquer à* nos cendres éteintes. (I, 59, vers 20.)

MANTE, traduisant le latin *penula* :

Le matelas est contre terre, et moi sur le matelas. De deux *mantes*, j'en fais servir une dessous, et l'autre dessus. (II, 674.)

MANTEAU, proverbialement :

Quiconque pense qu'il y ait.... quelque autre bien au monde (*que la vertu*), c'est à lui de tendre le coin de son *manteau* pour recevoir ce que la fortune voudra jeter dedans. (II, 570.)

MAQUEREAU.

Un *maquereau* (*en latin :* leno), un bourreau, et tout autre homme de même étoffe, peut avoir des richesses. (II, 678.)

MARAUD, homme de rien :
Ces *marauds* destinés au combat des bêtes. (II, 543 ; voyez II, 17, 48.)

MARBRE.
Quel *marbre* à la postérité
Fera paroître votre gloire
Au lustre qu'elle a mérité? (I, 202, vers 40.)

MARC d'or ou d'argent. (I, 431, 432, 437.)

MARCHANDER, au figuré, faire des difficultés, hésiter :
Qu'un homme de bien voie une chose louable, il s'y en ira sans *marchander*. (II, 515.)
S'il (*le sage*) se trouve réduit à des nécessités irrémédiables, il ne *marchandera* point à quitter le monde. (II, 327 ; voyez II, 74.)

SE MARCHANDER, se ménager :
Ils *se marchandèrent* moins, et se battirent plus opiniâtrément. (I, 445.)

MARCHANDISE.
Que l'envie de produire votre bel esprit ne vous fasse point entretenir toute sorte de personnes. Cela seroit bon si votre *marchandise* étoit propre pour le peuple. (II, 283.)

MARCHANDOT, diminutif méprisant de marchand :
Un nombre infini de personnes vivent encore à Marseille, qui ont vu arriver le père et l'oncle de Cauvet, et là, petits *marchandots*, avec des balles de cannelle, poivre..., commencer leur trafic. (I, 350.)

MARCHÉ, convention avec un vendeur, un entrepreneur, etc. :
Il y a des choses qui valent plus que ce qu'on les vend, et pour ce, encore que vous les ayez achetées, vous m'en devez quelque chose qui n'est point au *marché*. (II, 183.)
Le *marché* d'enclore les faubourgs dans la ville est fait. (III, 58.)

AVOIR BON MARCHÉ DE, se tirer aisément de, arriver facilement à :
Je vous laisse à penser si un autre que lui *eût eu si bon marché de* faire un affront à un tribun. (II, 88.)
Vous *en aurez bon marché* (*de la santé*), si vous avez seulement la volonté de vous bien porter. (II, 317.)

AVOIR MEILLEUR MARCHÉ DE :
Après les choses de cette nature, il y en a d'autres sans qui nous pouvons bien vivre, mais nous ne le devons pas faire, parce que sans elles nous *aurions meilleur marché* (*il nous serait plus avantageux*) *de ne vivre point* : comme la liberté, l'honneur, et la santé de l'esprit. (II, 18.)
Vous n'en voyez guère à qui, devant que mourir, la vieillesse n'ait fait sentir quelque incommodité ; et pour le *meilleur marché* que nous *en ayons*, la vie nous est inutile (*et ce qui peut nous arriver de mieux, c'est que la vie nous soit inutile*). (II, 482.)

MARCHER (LE), substantivement :
Le seoir est aussi naturel que l'être debout ou *le marcher*. (II, 520.)

MARCHER LE PREMIER, MARCHER DEVANT, MARCHER APRÈS, au figuré :
Il n'y a point, disent-ils (*les épicuriens*), de volupté sans vertu. Mais pourquoi faites-vous *marcher* la volupté *la première?* Non que je dispute de leurs préséances par vanité simplement de *marcher devant*. (II, 91.)

Vous lui desirez un danger certain, sous espoir d'une assistance qui ne l'est pas. Mais prenons le cas que l'un et l'autre soit certain, si est-ce que toujours ce qui le fâche *marche devant.* (II, 196.)

Le sage a toujours deux succès devant les yeux.... Il *marche après* le sort avec un pas suspendu, comme en un chemin glissant. (II, 126.)

MARÉES, flux et reflux, au figuré :

S'il se trouve une fois embarqué dans les affaires du monde, il n'en voudra pas toujours souffrir les *marées.* (II, 347.)

MARI (DONNER) à quelqu'un :

Homère.... en a appelé une (*une des Grâces*) Pasithée, et lui *a donné mari*, afin que vous ne pensiez pas que ce soient religieuses. (II, 8.)

MARIER, au figuré :

.... Les bienfaits d'un grand prince
Marieront ma fortune avecque le bonheur. (I, 3, vers 24.)

MARIN, maritime :

Guise en ses murailles forcées (*les murailles de Nice*)
Remettra les bornes passées
Qu'avoit notre empire *marin*. (I, 55, vers 227.)

MARINIER, marin :

Il faut en la plaine salée
Avoir lutté contre Malée,
Pour être cru bon *marinier.* (I, 212, vers 70.)

Au delà du cap de Chélidoine, ses *mariniers* firent quelque rumeur. (I, 449; voyez I, 393, 450.)

MARQUE, MARQUES :

Beaux pas de ces seuls pieds que les astres connoissent,
Comme ores à mes yeux vos *marques* apparoissent! (I, 16, v. 320; voy. I, 49, v. 90 *var.*)

.... Quel Indique séjour
Une perle fera naître
D'assez de lustre pour être
La *marque* d'un si beau jour? (I, 24, vers 20.)

Qu'y a-t-il de beau en une prétexte, en des trousseaux de verges, en un tribunal, ni en un chariot? Ces choses-là sont bien *marques* d'honneur, mais elles ne sont pas l'honneur même. (II, 12.)

Assez souvent on a vu des villes gâtées par le feu, mais jamais sans qu'il en soit demeuré quelques *marques*. (II, 725.)

En chaque septième année l'âge de l'homme a sa *marque*. (II, 215.)

Il faut que chacun ait quelque *marque* particulière qui lui fasse penser qu'on a fait plus de cas de lui que de nul autre. (II, 22.)

Par les Muses seulement
L'homme est exempt de la Parque;
Et ce qui porte leur *marque*
Demeure éternellement. (I, 94, vers 209.)

[Qu'il] Ajoute chaque jour quelque nouvelle *marque*
Au nom qu'il s'est acquis du plus rare monarque. (I, 74, vers 112.)

Il n'est rien de si beau comme Caliste est belle...,
Et notre âge est ingrat qui voit tant de trésors,
S'il n'élève à sa gloire une *marque* éternelle. (I, 132, vers 4.)

[Henri,] Plein de mérites et de *marques*
Qui jamais ne furent ailleurs. (I, 66, vers 33.)

Plusieurs seigneurs de *marque* y furent menés (*à son triomphe*). (I, 428.
>Grand démon d'éternelle *marque*,
>Fais qu'il te souvienne toujours
>Que tous nos maux en ce monarque
>Ont leur refuge et leur secours. (I, 81, vers 151.)

Les faits de plus de *marque* et de plus de mérite,
Que la vanité grecque en ses fables récite
Dans la gloire des tiens seront ensevelis. (I, 253, vers 7.)

Toutes les autres morts n'ont mérite ni *marque*;
Celle-ci porte seule un éclat radieux,
Qui fait revivre l'homme, et le met de la barque
>   A la table des Dieux. (I, 282, vers 125.)

Il est des choses si petites, qu'un homme qui a quelque *marque* ne les sauroit ni donner ni prendre sans se faire tort. (II, 28.)

>De combien de pareilles *marques*,
>Dont on ne me peut démentir,
>Ai-je de quoi te garantir
>Contre les menaces des Parques! (I, 112, vers 131.)

Achille, à qui la Grèce a donné cette *marque*,
D'avoir eu le courage aussi haut que les cieux, etc. (I, 304, vers 17.)

J'ai toujours vu ma dame avoir toutes les *marques*
De n'être point sujette à l'outrage des Parques. (I, 297, vers 9.)

.... Qui n'ayant point de *marque* pour se faire connoître, voudroient avoir celle d'être nos ennemis. (IV, 93.)

MARQUER.

>   Quel astre d'ire et d'envie
>Quand vous naissiez *marquoit* votre ascendant? (I, 247, vers 4.)
>   .... C'est avecque ces couleurs
>   Que l'histoire de nos malheurs
>   *Marquera* si bien ta mémoire,
>   Que tous les siècles à venir
>   N'auront point de nuit assez noire
>   Pour en cacher le souvenir. (I, 114, vers 167.)

MARRI (ÊTRE) DE OU QUE :

Nous pouvons dire...., que nous ne valons rien, que jamais nous n'avons rien valu, et, ce que je *suis* bien *marri de* dire, que nous ne vaudrons jamais rien. (II, 16.)

Si un maraud est entre les mains des voleurs, et qu'en criant je leur puisse faire lâcher prise, je ne *serai* point *marri d'*ouvrir la bouche pour le salut d'un homme. (II, 17.)

>Je *suis marri que* la colère
>Me porte jusqu'à lui déplaire. (I, 99, vers 7; voyez II, 55.)

Je *suis marri que* je n'en puis avoir meilleure opinion. (IV, 94.)

MARRINE, marraine :

Monsieur le Comte fut baptisé dimanche dernier,... et nommé Louis par le Roi, qui fut parrin, et la Reine *marrine*. (III, 264; voyez III, 398.)

MARTYRE, souffrance, douleur :

>   .... Son trop chaste penser,
>   Ingrat à me récompenser,
>   Se moquera de mon *martyre*. (I, 131, vers 28.)

Voyez I, 47, vers 58; 98, vers 40; 154, vers 41; 164, vers 28; 179, vers 29.

MASQUE, au figuré :

Qui ne cherche quelque beau *masque* à la laideur de ses méchancetés? (II, 107.)

MASURE.

Par qui sont aujourd'hui tant de villes désertes,
Tant de grands bâtiments en *masures* changés? (I, 278, vers 22.)

MATELOTS.

Bellegarde, les *matelots*
Jamais ne méprisent les flots,
Quelque phare qui leur éclaire. (I, 116, vers 225.)

MATHÉMATIQUE (LA), au singulier :

La philosophie ne demande rien à personne.... *La mathématique* est superficielle; le fonds où elle bâtit n'est pas à elle; sans les principes qu'elle emprunte elle ne sauroit avoir fait un pas. (II, 694.)

MATIÈRE, au propre :

Beaux et grands bâtiments d'éternelle structure,
Superbes de *matière*, et d'ouvrages divers. (I, 138, vers 2.)

L'homme.... est une *matière* fluide, caduque, etc. (II, 479.)

MATIÈRE, dans diverses acceptions figurées :

Ainsi ne sais-je plus que vous dire. Le temps nous taillera de la *matière* (*des sujets d'entretien*). (III, 309.)

Il n'y a ni fortune ni *matière* (*ni objet*) quelconque qui ne lui puisse passer par les mains (*au sage*). (II, 666.)

S'il m'advient quelquefois de clore les paupières,
Aussitôt ma douleur en nouvelles *matières*
    Fait de nouveaux efforts. (I, 160, vers 38.)

Il se présente quelquefois des *matières* qu'un juge ignorant peut terminer. (II, 58.)

Il y en a que nos stoïques appellent premiers biens, comme la joie...; d'autres seconds, qui sont tirés d'une *matière* misérable, comme la patience aux tourments. (II, 511.)

Il fait bon être à la torture, et mauvais être en un festin,... quand à la torture on fait ce qui s'y doit faire, et qu'au festin on ne s'y comporte pas comme on doit. Ce n'est pas la *matière* qui fait les choses bonnes ou mauvaises : c'est la vertu, en quelque part qu'elle paroisse. (II, 553.)

Le silence des nuits, l'horreur des cimetières
De son contentement sont les seules *matières*. (I, 59, vers 38.)

Y a-t-il quelque chose plus honnête que le ressentiment d'un plaisir qu'on nous a fait? La vie n'a point plus d'étendue que la *matière* de cette vertu. (II, 110.)

Un bienfait.... n'est visible qu'aux yeux de l'esprit. Il y a bien de la différence entre la *matière* du bienfait et le bienfait. (II, 11.)

Un vicieux est aussi peu supportable quand il se fait soi-même la *matière* de son intempérance, que quand il se donne carrière en quelque autre sujet. (II, 143.)

Je lui désire si bonne fortune qu'il ait toujours moyen de faire plaisir et jamais besoin d'en recevoir; que la *matière* d'obliger les hommes lui afflue de toutes parts. (II, 197.)

Voyez I, 57, vers 13; 87, vers 7; 116, vers 244; 284, vers 3; II, 150, 650.

MATIN, au figuré :

Après qu'il (*l'homme*) est parti du monde,
La nuit qui lui survient n'a jamais de *matin*. (I, 269, vers 18.)

.... Ceux (*les saints Innocents*) qui massacrés d'une main violente
Virent dès le *matin* leur beau jour accourci. (I, 11, vers 189.)

On doute pourquoi les Destins
Au bout de quatorze *matins*
De ce monde l'ont appelée. (I, 171, vers 10 *var.*)

LE MATIN, le soleil levant, l'orient :

[O soleil,] jadis l'horreur d'un festin
Fit que de ta route ordinaire
Tu reculas vers *le matin*. (I, 78, vers 64 ; voyez I, 93, vers 167.)

MATINÉE, en parlant de la vie :

Réservez le repos à ces vieilles années
Par qui le sang est refroidi :
Tout le plaisir des jours est en leurs *matinées*;
La nuit est déjà proche à qui passe midi. (I, 237, vers 35.)

MAUGRÉ, malgré :

La gloire est l'ombre de la vertu : *maugré* que nous en ayons, elle nous accompagnera. (II, 614.)

MAUVAIS.

A toute heure la grêle laisse les champs de tout ce qu'il y a de *mauvais* garçons (*de vauriens*) en une contrée, pour s'en venir fondre sur le blé d'un homme de bien. (II, 42.)

Il (*l'homme de bien*).... fera d'une chose louable, mais triste et pénible, comme d'un homme de bien pauvre.... et qui aura *mauvais* visage. (II, 516.)

Lequel est-ce de nous qui..., s'il a été pris de court, n'a ou demandé terme, c'est-à-dire refusé timidement, ou promis avec tant de peine et de si *mauvaise* façon, qu'il a semblé qu'il eût de la peine à parler? (II, 3.)

.... Un *mauvais* succès l'accompagne souvent (*ce plaisir*). (I, 301, vers 32.)

Un autre, en disant deux ou trois *mauvais* mots avec peine, et comme s'il lui fâchoit de remuer les lèvres, fera mieux connoître son ingratitude que s'il n'avoit du tout point parlé. (II, 38.)

ME. Voyez JE.

MÉCANIQUE, adjectif, qui travaille des mains :

Après avoir fait ces inventions, ne les jugeant pas dignes de son occupation, il les remit à des personnes *mécaniques* pour les exercer. (II, 717.)

Ne soyons pas ni superbes, ni *mécaniques* en notre habillement (*ni vêtus comme de pauvres artisans*). (II, 276 ; voyez II, 277.)

MÉCHANT.

Je ne baillerai point d'argent à mon ami, que je sais qui me le demande pour débaucher une femme.... Je l'en divertirai si je puis ; sinon, je ne favoriserai point un *méchant* acte. (II, 27.)

MÉCHEF, mésaventure, malheur :

Le soldat remis par son chef,
Pour se garantir de *méchef*,
En état de faire sa garde,
N'oseroit pas en déloger. (I, 287, vers 50.)

MÉCOMPTER (Se), se tromper dans son compte :

Quand de deux hommes l'un vient et l'autre va, ils se trouvent en peu de temps bien éloignés. Il monte et je descends.... Toutefois je *me suis mécompté*; car en l'âge où je suis, on tombe plutôt qu'on ne descend. (II, 642.)

MÉCONNOÎTRE, ne pas reconnaître :

Octavius étoit père d'Auguste.... N'avez-vous pas opinion qu'il eût *méconnu* son bien propre, et qu'autant de fois qu'il eût jeté les yeux sur soi-même, il eût eu de la peine à croire qu'un si grand homme fût parti de sa maison? (II, 83.)

MÉCREDI, pour *mercredi*. (III, 10, 16, 508.)

MÉDECINE, remède :

L'occupation est une *médecine* indubitable aux maux de l'oisiveté. (II, 468.)

MÉDIOCRE, moyen, ordinaire :

Borner ses desirs aux choses *médiocres*. (II, 584 ; voyez II, 404.)

MÉDIOCRITÉ, qualité de ce qui est moyen, ordinaire :

La tempérance règne sur les voluptés ; elle en hait les unes, qu'elle chasse du tout ; elle règle [les autres] sous une *médiocrité* convenable. (II, 695.)

MÉDITER, activement :

Voulez-vous ne craindre jamais la mort? *méditez*-la perpétuellement. (II, 383.)

Ce que je *médite* le plus, c'est que.... (II, 618 ; voyez IV, 238.)

MÉFAIT.

Comme un homme dolent, que le glaive contraire
A privé de son fils et du titre de père...,
Sitôt qu'au dépourvu sa fortune lui montre
Le lieu qui fut témoin d'un si lâche *méfait*, etc. (I, 15, vers 291.)

MÉGISTANT. Voyez ci-dessus, p. 367, Magistant.

MEILLEUR, LE MEILLEUR :

Par combien de semblables marques
Ai-je de quoi te garantir
Contre les outrages des Parques?
Mais des sujets beaucoup *meilleurs*
Me font tourner ma route ailleurs. (I, 119, vers 65.)

Si la vieillesse me laisse l'usage de moi-même, c'est-à-dire de la partie que j'ai *meilleure* en moi, je ne lui romprai point compagnie. (II, 482.)

.... En un miracle si haut,
Il est *meilleur* de ne rien dire
Que ne dire pas ce qu'il faut. (I, 206, vers 6.)

.... De quelque souci qu'en veillant je me ronge,
Il ne me trouble point comme *le meilleur* songe
Que je fais quand je dors. (I, 160, vers 41.)

[Pourquoi] Passez-vous en cette amertume
Le meilleur de votre saison? (I, 34, vers 34.)

Il y a du mal à refuser une reconnoissance, autant qu'à la demander. *Le meilleur* est de donner sans se faire prier. (II, 31.)

Nous nous gâterions, si nous voulions ou toujours écrire, ou toujours lire. L'un nous importuneroit et nous épuiseroit de matière, l'autre nous affoibliroit l'esprit et le dissoudroit. *La meilleure (la meilleure méthode)* est de les échanger par vicissitudes, et tempérer l'un par l'autre. (II, 650.)

MÉLANCOLIQUE, triste, chagrin :
    L'esprit, enfermé dans ce logis triste et *mélancolique (le corps)*....(II, 507.)
    Il y a des voluptés *mélancoliques* (*en latin :* tristis voluptas). (II, 529.)
    Discours.... tristes et.... *mélancoliques.* (IV, 2.)
    Il est impossible que l'envie et la reconnoissance puissent compatir ensemble. L'une tient du hargneux et du *mélancolique*; l'autre ne s'accompagne ordinairement que d'une belle humeur. (II, 54.)

MÊLER, SE MÊLER :
    Ce sont deux points qu'il faut *mêler* ensemble, travailler en se reposant, et se reposer en travaillant. (II, 271.)
    La discorde ici n'*est mêlée* (*la discorde n'est point parmi nous*). (I, 199, v. 28.)
    Ceux qui ont du jugement s'accoutument de bonne heure à converser le plus souvent avec l'esprit..., et ne *se mêler* au commerce du corps que quand il leur est impossible de s'en passer. (II, 604.)

MEMBRE, partie :
    Ariston.... ne s'est pas contenté d'exclure la (*philosophie*) naturelle et la rationnelle, mais il a soutenu que tant s'en faut qu'elles fussent *membres* de la philosophie, qu'elles lui étoient contraires. (II, 704.)

MÊME, adjectif, LE MÊME, LA MÊME; MÊME, sans article; LE MÊME au sens neutre; MÊME avec *de, que, qui,* etc.; MÊME précédant ou suivant, d'une manière non conforme à l'usage actuel, le nom auquel il se rapporte (voyez l'article MÊME dans le *Lexique de Corneille*) :
    L'un et l'autre ont un *même* nom de bienfait, mais la signification en est bien différente. (II, 48.)
    Combien pensez-vous que.... en ce silence elles (*les étoiles*) préparent de sujets de parler? et combien par leur *même* sente il marche de destinées avec elles? (II, 114.)
    Puisque ce m'est si difficile (*de vous témoigner ma reconnaissance*)..., je me résoudrai pour le meilleur expédient de recourir à votre *même* bonté, qui n'ayant point usé de sa courtoisie selon la petitesse de mon mérite, n'en exigera point aussi le remerciement selon la grandeur du bienfait. (IV, 4; voyez II, 667, l. 2.)
    Vous dites que vous voulez acquérir de quoi vivre : apprenez par *même* moyen de quelle façon il le faut acquérir. (II, 326.)
    Ce sont bien souvent *mêmes* choses que les plaisirs des amis et les vœux des ennemis. (II, 28; voy. I, 33, v. 17; 200, v. 60; 281, v. 92; II, 23, l. 5.)
    Je fais le *même* (*la même chose*) que ceux qui nous survivront feront de nous. (I, 358; voyez II, 667, l. 19; III, 175, l. 23; etc.)
    .... Réduire son hôte en *la même* ruine.... d'où il l'avoit tiré. (II, 130.)
    Houlette de Louis, houlette de Marie...,
    Vous placer dans les cieux en *la même* contrée
        Des balances d'Astrée,   6, vers 57.)
    Est-ce un prix de vertu qui soit digne de vous? (I, 229, vers 4; voyez I,
    Il.... fit porter tout plein d'enseignes et de dépouilles sur *les mêmes* chariots qu'il avoit pris. (I, 428.)
    Où penserions-nous aller, que nous ne fussions accompagnés *des mêmes*

sollicitudes qui nous travaillent en notre maison? En quelle caverne si profonde nous saurions-nous mettre, où nous n'eussions *les mêmes* appréhensions de la mort que nous avons? Quelle retraite si forte et si remparée saurions-nous choisir, où nous ne fussions *aux mêmes* alarmes de la douleur? (II, 632 ; voyez II, 4, l. 8 et 9.)

Ce miracle d'amour, ce courage invincible,
Qui n'espéroit jamais une chose possible
Que rien finît sa foi que *le même* trépas. (I, 6, vers 39.)

Le temps passé jusques à hier est tout évanoui, et *le même* jour où nous sommes est moitié à nous, et moitié à la mort. (II, 360.)

Nous pouvons oublier nos défauts, non-seulement ceux de l'âme..., mais ceux *mêmes* du corps. (II, 456.)

Les bêtes *mêmes* qui n'ont point de raison ont sentiment du bien qu'on leur fait :... tant les choses *mêmes* qui ne savent que c'est d'obligation ne sont pas inexpugnables à la continuation de les obliger. Qui n'a reconnu le premier plaisir reconnoîtra le second. Si ni l'un ni l'autre n'ont réussi, le troisième fera quelque chose, et ramentevra ceux *mêmes* qui étoient oubliés. (II, 6.)

Quand nous faisons plaisir, nous avons la considération *même* que nous avons quand nous labourons et que nous semons. (II, 98.)

Mêmе, sans accord, en poésie :

[Thémis] Comme un rocher est affermie
En son redoutable pouvoir....
Nos champs *même* ont leur abondance
Hors de l'outrage des voleurs. (I, 214, vers 141.)
Les Immortels eux-*même* en sont persécutés. (I, 279, vers 26.)

MÊME, adverbe :

C'est bien, je le confesse, une juste coutume,
    Que le cœur affligé,
Par le canal des yeux vidant son amertume,
    Cherche d'être allégé.
Même quand il advient que la tombe sépare
    Ce que Nature a joint,
Celui qui ne s'émeut a l'âme d'un barbare. (I, 41, vers 41.)

Y a tant de gloire à n'être point variable..., que *même* on porte quelque révérence à ceux qui s'opiniâtrent à se reposer. (II, 463.)

Nous avons bien souvent sujet de vouloir mourir, que nous ne le voulons pas faire ; et quand nous mourons *même*, ce n'est qu'à regret. (II, 598.)

Si faut-il qu'il termine en soi tout son contentement, et qu'il die ce que dit *même* Stilpon (*justement ce Stilpon ; en latin :* Stilpon ille) à qui s'attaque Épicure. (II, 294.)

J'ai peur que mes lettres ne soient longues jusqu'à l'importunité, et *même* (*surtout*) n'étant pleines que de ces nigeries ; mais qui donne ce qu'il a fait ce qu'il doit. (III, 344 ; voyez III, 436.)

Mêmes, pour *même*, en poésie :

[La naïveté] Dont *mêmes* au berceau les enfants te confessent. (I, 62, v. 11.)

De même :

[Son crime,] C'est que je l'aime, et qu'on estime
    Qu'elle en fait *de même* de moi. (I, 152, vers 18.)

MÊMEMENT, surtout :

On donna des gardes aux ambassadeurs, et *mêmement* à celui d'Espagne, que le peuple vouloit tuer à l'heure même. (III, 170.)

MÉMOIRE, faculté de souvenir, souvenir :
.... D'être inconsolable, et dedans sa *mémoire*
    Enfermer un ennui,
N'est-ce pas se haïr...? (I, 41, vers 45.)
[Vous] savez bien.... que je ne vous demande,
Étant loin de ma dame, une grâce plus grande
Que d'aimer sa *mémoire*, et m'en entretenir. (I, 175, vers 18.)

Il ne faut jamais laisser enveillir la *mémoire* d'un bienfait. (II, 7.)

Il n'y a pas d'apparence que jamais ceux-là se ressentent d'un plaisir, qui ne se souviennent du tout point de l'avoir reçu. Où trouvez-vous donc plus de crime : en une reconnoissance suspendue, ou en une *mémoire* ensevelie ? (II, 52.)

Il n'y auroit point de raison de dire que je fusse plus obligé à des gens que je n'ai jamais connus, et que la longueur du temps a mis au delà de toute *mémoire*, qu'à mon père. (II, 79.)

On ne dit pas *souvenance* de quelqu'un, mais *mémoire*. (IV, 287.)

Voyez tome I, p. 114, vers 167 ; p. 119, vers 87 ; tome II, p. 317, 438.

MÉMORABLE.

Pour son âme, je crois certainement que comme céleste elle s'en soit retournée au ciel ; non pour avoir mené de grandes armées..., mais pour sa modération et piété *mémorable*. (II, 667.)

MENACE.

A qui ne donnez-vous une heureuse bonace,
    Loin de toute *menace*
Et de maux intestins, et de maux étrangers ? (I, 229, vers 17.)

MENACER de :
La paix ne voit rien qui *menace*
De faire renaître nos pleurs, (I, 214, vers 121 et 122.)

MÉNAGE, administration, économie :

Ægialus..., qui est un grand homme en matière de *ménage*, m'a appris qu'il n'y a si vieil arbre qui ne se puisse transplanter. (II, 671.)

Quand pour le *ménage* mon père et ma mère.... se retiroient aux champs, etc. (I, 335.)

Si les finances ont jamais été religieusement et judicieusement administrées, ç'a été entre les mains de ces deux grands personnages. Ils aimoient le bon *ménage* autant que nul autre. (IV, 16.)

Les deniers des recettes en partie se perdoient par mauvais *ménage*, et en partie étoient mangés par les principaux de la ville. (I, 456 ; voyez I, 332 ; II, 439.)

Ces deux troupes.... désolèrent tout par où elles passèrent. Il n'y eut lieu qui ne fût ruiné, homme ni femme qui n'abandonnât sa maison. Ce piteux *ménage* ayant donné de meilleures pensées aux Béotiens, ils envoyèrent vers Quintius. (I, 436.)

Mauvais ménage, mauvaises relations, mauvaise intelligence :

Antiochus étoit à Éphèse, non encore bien résolu à la guerre.... Sa venue (*la venue d'Annibal*) lui fit franchir le saut, et ce qui l'y confirma fut le *mauvais ménage* où il vit les Étoliens avec les Romains. (I, 459.)

MENDIÉ, emprunté :

Voyez comme.... il est grand, et si cette grandeur est sienne, ou *mendiée*. (II, 594.)

MENÉES.

.... Tous nos maux viennent de ces *menées* (*de nos discordes intérieures*). (I, 74, vers 131.)

MENER.

Le Roi.... *menoit* la mariée du côté droit; Monsieur le Grand.... la *menoit* du gauche. (III, 93.)

Quand tu passas en Italie...,
Tu *menois* le blond Hyménée,
Qui devoit solennellement
De ce fatal accouplement
Célébrer l'heureuse journée. (I, 112, vers 121.)

Plusieurs seigneurs de marque y *furent menés* (*à son triomphe*). (I, 428.)

Ils (*Cornélius et d'autres Romains*) se rendirent tous à Lysimachie, où peu de jours après Antiochus les vint trouver. Au premier abord, il fit grandement l'honneur de la maison.... Comme il fut question de parler de ce qui les *menoit* (*de ce qui amenait les Romains*), et particulièrement des affaires d'Asie, l'honnêteté fut mise à part. (I, 448.)

Pour son âme, je crois certainement que comme céleste elle s'en soit retournée au ciel : non pour *avoir mené* de grandes armées, etc. (II, 667.)

Je devois aller par degrés, et *mener* ma besogne d'un ordre que le plus friand fût servi le dernier. (II, 214.)

J'ai ce matin passé en la rue de la Heaumerie, où il ne *fut* jamais *mené* tant de bruit. (III, 97.)

Les Romains, comme s'ils eussent eu plus d'envie de tuer que de vaincre, *menèrent* les mains si basses (*en latin* : ita cædis avidi pugnarunt), qu'il demeura bien à peine un seul homme, etc. (I, 445.)

MENROIT, pour *mèneroit*. (III, 151.)

MAINE, pour *mène*, est blâmé par Malherbe chez des Portes. (IV, 450; voy. RAMAINE.)

MENSONGE, au féminin :

La *mensonge* n'est jamais bien épaisse. (II, 616.)

Vous oyez assez de *mensonges* d'ailleurs, sans que j'y ajoute les miennes. (III, 523; voyez III, 220, 270.)

MENSONGER, MENSONGÈRE, menteur, menteuse :

Sont-ce tes beaux desseins, *mensongère* et méchante (*il parle à la vie*),
Qu'une seconde fois ta malice m'enchante? (I, 9, vers 133.)

MENTEUR.

Sans être *menteur*, je puis dire
Que jamais vos prospérités
N'iront jusques où je desire. (I, 117, vers 257.)

MENTIR.

Trouvez-vous a cette heure que je vous *aie menti* de ce que je vous avois dit à l'entrée de ce discours? (II, 148.)

SANS MENTIR :

.... Celui seulement que sous une beauté
Les feux d'un œil humain ont rendu tributaire
Jugera *sans mentir* quel effet a pu faire
Des rayons immortels l'immortelle clarté. (I, 8, vers 95.)

MENTON.

[Le Pô,] Tenant baissé le *menton*,

S'apprête à voir en son onde
Choir un autre Phaéton. (I, 93, vers 177.)

MENU, adjectif; Par le menu, peu à peu :
Le temps, à qui rien n'est invincible, les mine *par le menu*. (II, 729.)

Menu, adverbialement :
On connoît mieux [la chose] quand on la considère par ses parties, pourvu.... qu'on ne les fasse point si petites que le nombre en soit infini.... Ce n'est que confusion que de les couper si *menu*. (II, 702.)

MÉPRIS.
Je sais de quels appas son enfance étoit pleine,
  Et n'ai pas entrepris,
Injurieux ami, de soulager ta peine
  Avecque son *mépris* (*en te la faisant mépriser*). (I, 39, vers 12.)

Faire mépris de :
.... Nous *ferons* parmi les violettes
Mépris de l'ambre et *de* ses cassolettes. (I, 227, vers 19 et 20.)

Au mépris de :
Sera-ce pour jamais que ton cœur abattu
  Laissera sous une infortune
Au mépris de ta gloire accabler ta vertu? (I, 268, vers 6.)
 Nous attendons ici de voir sortir en lumière un discours de ce qui s'est passé au fait de messire Louis Gaufridi et de Madeleine de la Palud; je crains bien que ce ne soit *au mépris de* l'auteur. (III, 241.)

MÉPRISER.
  [Les matelots] Jamais ne *méprisent* les flots,
  Quelque phare qui leur éclaire. (I, 116, vers 226.)
J'étois dans leurs filets : c'étoit fait de ma vie;
Leur funeste rigueur, qui l'avoit poursuivie,
Méprisoit le conseil de revenir à soi. (I, 207, vers 9.)

MER, au propre et au figuré :
[Le] safran que le jour (*naissant*) apporte de la *mer*. (I, 17, vers 360.)
 C'est elle (*la philosophie*) qui.... donne des règles à la vie,... et assise continuellement au timon de la barque, nous fait sans naufrage passer au milieu de tout ce que la *mer* a de périls. (II, 322.)
Une *mer* éternelle à mes yeux je demande,
Pour pleurer à jamais le péché que j'ai fait. (I, 14, vers 269.)

Mer, omis. Voyez Adriatique, Égée, Ionique.

MERCI.
  Quel astre d'ire et d'envie
Quand vous naissiez marquoit votre ascendant,
  Que votre courage endurci,
Plus je le supplie, moins ait de *merci*? (I, 247, vers 6.)
L'exemple de leur race (*de la race des Titans*) à jamais abolie
Devoit sous ta *merci* tes rebelles ployer. (I, 281, vers 90.)
  .... Par quelques appas
Qu'il (*l'Amour*) demande *merci* de ses fautes passées,
Imitez son exemple à ne pardonner pas. (I, 150, vers 31.)

Je vous crie *merci* de vous persécuter comme je fais. (IV, 33; voy. IV, 10.)
Henri, ce grand Henri...,
Comme un homme vulgaire est dans la sépulture
   A la *merci* des vers. (I, 178, v. 8; voy. I, 56, v. 5; 110, v. 80;
    131, v. 38; 149, v. 8; 158, v. 3; 313, v. 4.

MÉRITE.

 .... Je ne sais quels Scythes,
 Bas de fortune et de *mérites*. (I, 66, vers 19.)
 O fureurs, dont même les Scythes
 N'useroient pas vers des *mérites*
 Qui n'ont rien de pareil à soi. (I, 152, vers 14.)

Si nous voyons venir un consul ou un préteur, nous lui ferons toutes les démonstrations qu'on fait aux personnes de leur *mérite*. (II, 501.)

Si vous êtes vertueux, ayez tous vos membres ou soyez estropié, vous êtes d'autant de *mérite* d'une façon que de l'autre. (II, 516.)

Si nous voulons un exemple qui ait du *mérite*, prenons celui de Grécinus Julius. (II, 36; voyez I, 212, vers 85; 253, vers 7.)

MERVEILLE.

Adieu donc, ô beauté, des beautés la *merveille*. (I, 140, v. 9; voy. I, 226, v. 1.)
De ces faits non communs la *merveille* profonde, etc. (I, 11, vers 175.)
 Toutes ces visibles *merveilles*
 De soins, de peines et de veilles....
 N'ont-elles pas fait une histoire
 Qu'en la plus ingrate mémoire
 L'oubli ne sauroit effacer? (I, 80, vers 135.)
 .... De ses douces *merveilles*
 Sa parole enchante les sens. (I, 131, vers 19.)
Le rossignol, déployant ses *merveilles*,
Jusqu'aux rochers donnera des oreilles. (I, 227, vers 23.)
 En quelle école nonpareille
 Auroit-elle appris la *merveille*
 De si bien charmer ses appas,
 Que je pusse la trouver belle....
 Et ne m'en apercevoir pas? (I, 99, vers 14.)

Voyez tome I, p. 46, vers 26; p. 85, vers 19; p. 121, vers 179; p. 240, vers 17; p. 255, vers 23.

MERVEILLE, personne ou chose merveilleuse :

Je sers, je le confesse, une jeune *merveille*,
En rares qualités à nulle autre pareille. (I, 158, vers 7.)
 Une reine qui les conduit
 De tant de *merveilles* reluit,
 Que le soleil....
 Se cacheroit en la voyant. (I, 148, vers 44.)
L'aide qu'il veut avoir, c'est que tu le conseilles;
Si tu le fais, Seigneur, il fera des *merveilles*. (I, 71, vers 47.)

Voyez tome I, p. 163, vers 14; p. 166, vers 1; p. 209, vers 6; p. 221, vers 9; tome II, p. 95.

MERVEILLE, admiration :

(*Pas du Sauveur*,) Autrefois de vous la *merveille* me prit,
Quand déjà demi-clos sous la vague profonde,
Vous ayant appelés, vous affermîtes l'onde,
Et m'assurant les pieds m'étonnâtes l'esprit. (I, 16, vers 321.)

La fin de tant d'ennuis dont nous fûmes la proie
Nous ravira les sens de *merveille* et de joie. (I, 73, vers 86.)

Vous trouverez en ce paquet un petit écrit, que vous lirez avec plus de *merveille* que vous ne feriez cette poésie de carême. (IV, 62 ; voy. IV, 161.)

MESSAGE (Faire le) de, annoncer :

> Alors que *de* ton passage
> On leur *fera le message* (*aux Alpes*),
> Qui verront-elles venir, etc. ? (I, 92, vers 155 et 156.)

MESSIEURS. Voyez Monsieur.

MESURE.

Démaratus.... lui dit (*à Xerxès*) que cette grande multitude.... lui sembloit une masse pesante et indigeste ;... que jamais on ne peut conduire ce qui n'a point de *mesure*. (II, 200.)

Les meilleures actions de l'âme.... ont une certaine *mesure* hors laquelle il est impossible qu'elles acquièrent le titre de vertu. (II, 24.)

Je ne trouverois pas bon de faire monter la voix de degré en degré par certaines *mesures* (*en latin :* certos modos), et puis la rabaisser. (II, 319.)

MESURER.

C'est peu d'expérience à conduire sa vie,
De *mesurer* son aise au compas de l'envie. (I, 30, vers 42.)

Qui témoigna jamais une si juste oreille...,
Ou *mesura* ses pas d'une grâce pareille? (I, 105, vers 8.)

Ce n'est point à la richesse ou pauvreté des monuments qu'il nous faut *mesurer* : la cendre des uns est comme celle des autres. (II, 731.)

Il n'y a.... point de bien que ce qui est honnête, car il *est mesuré* (*il a une juste mesure*). (II, 591.)

MÉTIER.

Je ne saurois penser.... que cette philosophie fût en cet âge grossier que les *métiers* étoient encore inconnus et qu'on n'approuvoit l'utilité des choses que par leur usage. (II, 721.)

METTRE, au propre et au figuré :

> Que fais-tu, que d'une armée....
> Tu ne *mets* dans le tombeau
> Ces voisins, etc.? (I, 92, vers 147.)

> .... Nommer en son parentage
> Une longue suite d'aïeux
> Que la gloire *a mis* dans les cieux
> Est réputé grand avantage. (I, 110, vers 63.)

Toutes les autres morts n'ont mérite ni marque ;
Celle-ci porte seule un éclat radieux
Qui fait revivre l'homme, et le *met* de la barque
  A la table des Dieux. (I, 282, vers 127.)

> Elle (*la paix*) *met* les pompes aux villes,
> Donne aux champs les moissons fertiles. (I, 186, vers 105.)

« Agité » *est mis* (*construit dans la phrase*) d'une façon qu'il semble se rapporter à l'Amour. (IV, 249 ; voyez IV, 287.)

En matière de revanche, qui ne passe n'atteint point. Il faut enseigner les uns à ne rien mettre en ligne de compte, les autres à penser devoir plus qu'ils ne doivent. Les belles raisons que Chrysippus amène pour nous *mettre* en cet honorable duel, etc. (II, 10.)

Si Tityre a une si grande obligation à celui qui l'*a mis* en un repos où tout ce qu'il a de commodité, c'est que ses bœufs ont de l'herbe..., quelle devons-nous avoir à ceux qui, etc.? (II, 566.)

Ta douleur, du Périer, sera donc éternelle,
 Et les tristes discours
Que te *met* en l'esprit l'amitié paternelle
 L'augmenteront toujours? (I, 39, vers 3.)

 En quel effroi de solitude
  Assez écarté
 Mettrai-je mon inquiétude
  En sa liberté? (I, 222, vers 15.)

Vous devez *mettre* un bien que l'on vous a fait à l'entrée de votre âme, pour avoir sujet d'y penser à toutes heures. (II, 52.)

Il n'y auroit point de raison de dire que je fusse plus obligé à des gens que je n'ai jamais connus, et que la longueur du temps *a mis* au delà de toute mémoire, qu'à mon père. (II, 79.)

Mettez les hommes chacun à part soi, que sera-ce qu'une gorge chaude au reste des animaux? (II, 108.)

Le Roi *met* aux charges ceux qu'il en connoît dignes. (II, 119; voy. II, 80.)

Caton fut brave certainement, de prendre son âme avec la main et la *mettre* dehors, quand il vit qu'elle ne sortoit pas assez tôt par l'ouverture que l'épée avoit faite. (II, 542.)

En matière de bienfaits, il n'y a si bon archer qui ne faille quelquefois le blanc. Mais il n'importe combien *mettre* de coups dehors, pourvu qu'on en *mette* un dedans. (II, 621.)

Sous l'empereur Tibère, il ne se parloit que d'accuser.... Si quelqu'un après boire avoit laissé aller une parole un peu libre, si un autre en se riant avoit dit quelque chose de naïf, tout *étoit mis* aux tablettes. (II, 75.)

Cnéus Lentulus, augure, de qui la richesse *est mise* entre les exemples, s'étoit vu dix millions d'or. (II, 40.)

Les stoïques ne reconnoissent point d'autre cause que ce qui fait. Aristote en *met* de trois sortes. (II, 503; voyez II, 505.)

Son bien consiste en trois mille écus *mis* (*placés*) sur la communauté de Brignole. (I, 336; voyez I, 337, l. 24.)

Les trois cents Lacédémoniens, qui *furent mis* à garder le pas des Thermopyles. (II, 638.)

 .... Son invincible épée
 .... *Met* la frayeur partout. (I, 81, vers 167.)

 Quand il a fallu par les armes
 Venir à l'essai glorieux
 De réduire ces furieux...,
 Qui plus heureusement *a mis*
 La honte au front des ennemis? (I, 122, vers 185.)

Mars, qui *met* sa louange à déserter la terre
 Par des meurtres épais, etc. (I, 150, vers 21.)

Mettre, locutions diverses :

 J'*avois mis* ma plume à la main,
 Avec l'honorable dessein
 De louer votre sainte Histoire. (I, 289, vers 91.)

M. de Lus a voulu embrasser Monsieur le chevalier, qui l'a repoussé d'un coup dans l'estomac, et lui a dit qu'il *mît* la main à l'épée. (III, 268; voyez I, 160, vers 52.)

Je fis dessein de lui faire *mettre* l'épée à la main.... J'ai défendu aux deux gentilshommes de *mettre* la main à l'épée. (III, 275.)

Il est arrivé qu'un qui étoit allé pour tuer un tyran, lui a percé une apostume où les barbiers n'avoient osé *mettre* la main. (II, 33.)

Il y a [dans ce ruisseau] du poisson en telle quantité qu'il est impossible de l'en épuiser. Tant qu'il y a moyen de pêcher sur la mer, on n'y touche point ; mais quand il fait mauvais temps, on *met* la main à la provision. (II, 463.)

Celui qui s'est mis sur un chemin pour voler et pour tuer est voleur devant que de *mettre* la main au sang. (II, 151.)

Aussitôt qu'il y en a un (*un gladiateur*) qui a tué son homme, on le *met* aux mains avec un autre qui le tue. (II, 282.)

Il y en a (*des plaisirs qu'on nous a faits*) qui peu à peu se sont disparus de devant nous, et d'autres qui nous ont fait mal au cœur, et que nous *avons mis* à part, de peur de les regarder. (II, 246.)

Je suis en une matière qui n'auroit jamais de fin, si je ne la lui *mettois* moi-même. (II, 677.)

.... Mon Roi lassé de la guerre
Mit son temps à faire l'amour. (I, 123, vers 240.)

Si toutes ces raisons étoient assez fortes pour nous donner des espérances, elles étoient trop foibles pour *mettre* nos vœux en sûreté. (I, 395.)

Donnant, si on s'en revanche, vous avez autant gagné ; si on ne s'en revanche point, vous n'avez rien perdu.... Qui *met* les bienfaits en dépense, et en dresse des parties, fait l'acte d'un usurier. (II, 6.)

Nous ne *sommes* pas *mis* en amende toutes les fois que nous ne comparoissons pas à quelque assignation. (II, 132 ; voyez II, 49.)

Ce sont choses qui n'ont point eu d'autres inventeurs que ceux mêmes qui les *mettent* en besogne. (II, 713 ; voyez II, 168.)

Voulez-vous rendre une chose agréable ? Rendez-la rare. Qui est-ce qui voudroit qu'on lui *mît* en compte ce qu'il a recueilli d'une chose qu'on jetoit sur toute une multitude ? (II, 22 ; voyez I, 55, vers 223.)

Les bienfaits, s'ils *sont mis* en ligne de compte, n'ont point de grâce. (II, 28 ; voyez II, 10.)

Je vous ois plaindre qu'il est des hommes qui font une chose pour eux-mêmes, et la veulent *mettre* sur le compte de leurs amis. (II, 179.)

Par quels faits d'armes valeureux....
N'*as*-tu *mis* ta gloire en estime ? (I, 114, vers 177.)

Ces colosses d'orgueil *furent* tous *mis* en poudre. (I, 280, vers 85.)

Puisqu'ils n'ont rien à dire contre votre vie, ils treuvent en votre prospérité de quoi vous *mettre* sur le tapis (*de quoi médire de vous*). (I, 392.)

Il vint trouver un tribun du peuple, qui *avoit mis* son père en comparence personnelle (*qui l'avoit ajourné à comparaître*). (II, 88.)

Un vieux soldat.... avoit une cause qui se plaidoit devant Jules César.... César fit défense de le molester davantage, et lui donna les champs pour lesquels il *avoit été mis* en procès. (II, 166.)

Il y a de certaines questions qu'on ne *met* en avant que pour l'exercice de l'esprit. (II, 169.)

En ce que vous *avez mis* en avant (*dans les exemples que vous avez allégués*), nous ne pouvons rien. (II, 174.)

Ils repassent en leur esprit tout ce qu'ils ont de mauvaises intentions..., et sollicitent leur colère par les moyens qu'ils lui *mettent* en avant de se venger. (II, 297.)

Combien avons-nous aujourd'hui de noms illustres que la fortune n'*a* point *mis* entre les mains du peuple, mais qu'elle-même est allé (*sic*) querir sous terre, pour les *mettre* au jour et les publier ! (II, 615.)

Votre bel esprit, qui vous *a mis* si avant au jour, etc. (II, 334.)

Celui (*le bienfait*) du père, qu'est-ce autre chose qu'un bien simple, facile...? Il appelle une femme à son aide, il se propose les lois du pays..., et rien moins que celui qu'il va *mettre* au monde. (II, 84.)

Si les lettres de Cicéron ne l'*avoient mis* au monde (*Atticus*), on ne sauroit pas qu'il a vécu. (II, 343.)

Je vous veux faire trouver bon que j'use du mot d' « essence »....
Cicéron est celui qui l'*a mis* au monde. (II, 474.)

Il épluche curieusement toutes ces choses l'une après l'autre, et *me* peine de s'en informer. (I, 471 ; voyez II, 292 et 293.)

Je sais bien la réponse de la question que vous me faites, s'il m'en pouvoit ressouvenir.... Au premier séjour que je pourrai faire en quelque lieu, je ne faudrai pas d'y *mettre* la peine. (II, 558.)

Voyez donc si nous ferions point mieux de dire une âme invulnérable, ou une âme *mise* hors de toute souffrance. (II, 289.)

Ceux qui ont été envoyés en exil, ou qui *ont été mis* hors de leurs biens, etc. (II, 569.)

Il n'y avoit point de doute qu'un si grand nombre d'hommes (*l'armée de Xerxès*) ne fût suffisant à *mettre* toute la Grèce dans terre (*en latin :* obruere). (II, 199.)

Vous me mandez que les bravades de votre partie vous font douter que vous n'ayez quelque arrêt à votre préjudice : c'est peut-être afin que je vous *mette* l'oreille sous le coude (*que je vous rassure*). (II, 354.)

[Je] fais émerveiller tous les yeux de la terre,
De voir que le malheur ne m'ose *mettre* à bas. (I, 56, vers 4.)

.... Elle (*l'Église*) verra tombée
La troupe qui l'assaut, et la veut *mettre* bas. (I, 5, vers 30 ; voyez I, 104, vers 7 ; 284, vers 1 ; II, 656.)

Qu'il lui suffise que l'Espagne
A mis l'ire et les armes bas. (I, 51, v. 144 ; voy. I, 110, v. 76 ; II, 726.)

Sa relégation étoit un des principaux points qu'il lui *mettoit* sus (*qu'il lui reprochait*). (II, 88.)

Les impositions que les nécessités de la guerre font *mettre* sus. (II, 565.)

Rien ne *mit* si bien Furnius auprès d'Auguste, que ce qu'.... en le remerciant il lui dit, etc. (II, 38.)

SE METTRE :

Il ne faudra *se mettre* sur la mer (*s'embarquer*). (II, 50.)

.... Mars *s'est mis* lui-même au trône de la France,
Et s'est fait notre roi sous le nom de Louis. (I, 260, vers 13.)

Celui qui *s'est mis* sur un chemin pour voler et pour tuer, etc. (II, 151.)

Il *se mettra* tout aussitôt sur ses bouffonneries, qui feroient rire un mort. (II, 375.)

Personne ne se peut offenser que vous *vous mettiez* en repos. (II, 334.)

Soit que le temps, à qui rien n'est invincible, les mine (*les villes*) par le menu, soit que le mauvais air les fasse quitter aux peuples par faute d'être habitées, et que le relent et la chancissure *s'y mette*, il n'y en a pas une qui n'ait commencé pour finir. (II, 729.)

Tout le reste ne lui peut servir qu'à passer le temps..., ne lui étant pas défendu, depuis qu'il *s'est mis* en état d'assurance, de se laisser quelquefois échapper à des considérations, etc. (II, 216.)

[Les autres] Ont eu peur de la mort, et *se sont mis* en fuite. (I, 7, vers 86.)

Sedan s'est humilié....!
Pour éviter la contrainte
Il *s'est mis* à la raison. (I, 88, vers 20.)

MEUBLE.

La troisième sorte est des choses de qui proprement on peut dire qu'elles sont. Elles sont.... hors de notre vue; et celles-là sont proprement le *meuble* de Platon (*en latin :* propria Platonis supellex). (II, 477.)

MEURTRIR, pour *tuer*, blâmé par Malherbe chez des Portes. (IV, 472.)

MI, à demi :
Des os *mi*-mangés.... (II, 637.)

MIDI, au figuré :
Réservez le repos à ces vieilles années
  Par qui le sang est refroidi ;
Tout le plaisir des jours est en leurs matinées ;
La nuit est déjà proche à qui passe *midi*. (I, 237, vers 36.)

MIEN, MIENNE :
.... D'une âme semblable à la *mienne* parjure. (I, 16, vers 328; voyez I, 303, vers 22.)

MIEN, à moi :
Tout ce qui est bien dit, de quelque part qu'il vienne, je fais état qu'il est *mien*. (II, 323.)

LE MIEN, au sens neutre, ce qui est à moi :
Il faut.... contribuer quelque chose *du mien* à ce discours. (II, 85.)
Je suis en pourpoint, et vous armé de toutes pièces ; mais pour cela vous n'emporterez rien *du mien*. (II, 138.)
Je n'aurai pas moins de quoi faire un présent.... Puisque ce ne peut être du tien, ce sera *du mien*. (II, 14.)

MIETTES, au figuré :
Puisque.... vous avez été fait par la rencontre fortuite de vos atomes et de vos *miettes*, à quelle fin prenez-vous la peine de l'honorer (*Dieu*) ? (II, 110.)

MIEUX.
[Achille] Fut en la même peine (*que moi*), et ne put faire *mieux*
Que soupirer neuf ans dans le fond d'une barque. (I, 304, vers 19.)
On n'est pas *mieux* de faire bonne chère en un festin, que d'être parmi les gênes, quand on a le courage et la force de les endurer. (II, 515.)
Quand je saurois exactement l'âge de Patrocle et d'Achille, de combien pensez-vous qu'il m'en fût *mieux ?* (II, 688.)
De quelque façon qu'on se repose, il en est toujours *mieux* que d'être impliqué dans le tumulte des affaires. (II, 632.)
La mort n'a point de vilenie si puante qui ne me sente *mieux* que tout le musc et tout l'ambre gris que la servitude sauroit avoir. (II, 543.)
C'est l'objet le plus agréable qu'il vous est possible de voir, et la matière qui mérite *mieux* (*le mieux*) de vous entretenir. (II, 115.)

LE MIEUX :
.... *Le mieux* que je m'en propose,
C'est d'en sortir par le tombeau. (I, 100, vers 29.)

MIGNON, substantif :
Chélidon, qui fut un des *mignons* de Cléopatre, fut extrêmement riche. (II, 678; voyez II, 226, 302.)

MIL.
Quand la tiède saison met les plantes en séve,

On sème le sainfoin, et le *mil*, et la fève. (II, 672.)

MILLIASSE, grande quantité :

Nous avons ici une *milliasse* de petits livrets. (III, 483.)

MILLION, dans un sens indéterminé :

J'attends, avec un *million* de gentilshommes, un pardon général de tous les duels. (IV, 10.)

MILORD, précédé de l'article défini :

L'audience *du milord* Hay. (IV, 61 ; voyez IV, 64.)

MINE, BONNE MINE, MAUVAISE MINE :

Les peuples, pipés de leur *mine (de la mine des mignons de Henri III)*. (I, 311, vers 1.)

Il faut.... voir.... si le riche, quelque *bonne mine* qu'il fasse, ne se réjouit point d'avoir du bien. (II, 340.)

Les mers ne font point *meilleure mine* à la barque d'un marchand qu'à la frégate d'un écumeur. (II, 116.)

Pource que c'étoit une affaire faite,... ils se résolurent de tenir *bonne mine*. (I, 399.)

Il ne faut qu'une parole, qu'une irrésolution ou une *mauvaise mine*, pour ruiner la grâce d'un bienfait. (II, 59.)

MINIÈRE.

Ils (*les premiers hommes*) ne filoient point l'or, et ne le tiroient pas seulement de la *minière*. (II, 724.)

MINISTÈRE, moyen, instrument :

Toutes ces choses qui faussement usurpent le nom de bienfait, ne sont pas bienfaits proprement, mais *ministères* par lesquels ceux qui aiment donnent de l'exercice et du témoignage à leur bonne volonté. (II, 11.)

Ces choses qui nous servent par le *ministère* du corps, etc. (II, 591.)

MINISTRE, serviteur :

Sacré *ministre* de Thémis. (I, 268, vers 1.)

La raison et l'humanité veulent qu'au partir de la vie nous donnions quelque chose à ceux qui en ont été les *ministres*.... Marcellinus.... distribuoit quelque peu d'argent à ses serviteurs. (II, 597.)

La vertu, chez les Épicuriens, n'est que *ministre* des voluptés. (II, 91.)

MINUIT, précédé de l'article défini :

Entre onze heures et *le minuit*. (III, 376.)

MINUTE.

Il devoit décrire ici une longue passion, et il décrit un mouvement d'une *minute* d'heure. (IV, 416.)

MINUTER, faire le brouillon de, mettre par écrit :

Maro prenoit les conviés à témoin de l'injure faite à l'image de Tibère, et déjà *minutoit* sa dénonciation. (II, 75.)

MIRACLE, personne ou chose merveilleuse :

Quantes fois, lorsque sur les ondes
Ce nouveau *miracle* (*Marie de Médicis*) flottoit,
Neptune en ses caves profondes

Plaignit-il le feu qu'il sentoit! (I, 47, vers 52.)
La blancheur de sa gorge éblouit les regards ;
Amour est en ses yeux, il y trempe ses dards,
Et la fait reconnoître un *miracle* visible. (I, 133, vers 11.)
.... Ce *miracle* de guerre (*Henri IV*). (I, 102, vers 3.)
Je veux du même esprit que ce *miracle* d'armes (*Achille*)
Chercher en quelque part un séjour écarté. (I, 305, vers 21.)
[A ton fils] Sont réservés les *miracles*
De la prise de Memphis. (I, 92, vers 133.)

Vous verrez un *miracle* d'un crayon du feu Roi, fait par le sieur du Monstier. (III, 184.)

Voyez tome I, p. 5, vers 37; p. 14, vers 258; p. 60, vers 44; p. 62, vers 2; p. 120, vers 109; p. 138, vers 4; p. 145, vers 9; p. 146, vers 2; p. 156, vers 9; p. 175, vers 37; p. 178, vers 6; p. 236, vers 9.

MIRER (Se), au figuré :

Comme on n'approuve pas un cajoleur..., aussi ne fait-on un qui *se mire* soi-même, qui est content de sa suffisance. (II, 143.)

MISE (Être de), avoir cours, au propre et au figuré :

Quoi qu'un homme nous ait prêté, soit de l'or, ou du cuir marqué du coin de la ville,... pourvu qu'il *soit de mise*, n'importe. (II, 152.)

Ceux qui ont dit que la neige est noire ont laissé des successeurs, qui, s'ils ne disent la même impertinence, en diront d'autres qui ne *seront* pas *de* meilleure *mise*. (IV, 92.)

Être de mise, être saisi, mis aux enchères :

Si son bien *est de mise*, vous y entrez pour votre part. (II, 131.)

Mise, dépense, opposé à *recette* :

Ce n'est point chez moi qu'on fait papier de *mise* et de recette. (II, 124; voyez II, 137, 562.)

C'est ingratitude que rendre un bienfait sans usure; tellement que quand nous faisons nos comptes de recette et de *mise*, nous y devons avoir égard. (II, 626.)

MISÉRABLE, malheureux :

Revenez, mes plaisirs, ma dame est revenue....
Soucis, retirez-vous, cherchez les *misérables* :
        Je ne vous connois plus. (I, 156, vers 7.)
        Misérable qu'il est,
Contenter sa douleur, et lui donner des armes,
        C'est tout ce qui lui plaît. (I, 256, vers 34.)

Voyez tome I, p. 100, vers 20; p. 164, vers 47; tome II, p. 201.

MISÈRE, malheur :

Il n'y a point de *misère* à faire une chose par commandement : oui bien à la faire par contrainte. (II, 492.)

MISÉRICORDE.

        Tant que vous serez sans amour,...
        Vous n'aurez point *miséricorde*. (I, 144, vers 3.)

Je me suis aujourd'hui trouvé au spectacle du midi, pensant y voir quelque farce.... qui m'ôtât le goût des cruautés qui se font aux spectacles des gladiateurs. Au contraire, tout ce que j'avois jamais vu de combats n'étoit que *miséricorde*. On ne s'amuse plus à des bayes ; ce sont homicides et non autres choses. (II, 282.)

MODESTIE, tempérance, frugalité :

La *modestie* est une gêne aux voluptueux, et le travail un supplice au fainéant. (II, 553.)

MOELLON, lourde cheville, mauvais remplissage. (IV, 313, 373.)
<small>Malherbe écrit *mouellon*.</small>

MŒURS, conduite, caractère :

Nul autre plus que moi n'a fait cas de sa perte,
    Pour avoir vu ses *mœurs*,
Avec étonnement qu'une saison si verte
    Portât de fruits si meurs. (I, 39, vers 14 *var.*)
    La France devant ces orages,
    Pleine de *mœurs* et de courages
Qu'on ne pouvoit assez louer, etc. (I, 76, vers 16.)

BONNES MŒURS :

.... Blâmant l'impure licence
De leurs déloyales humeurs,
[Tu] As toujours aimé l'innocence,
Et pris plaisir aux *bonnes mœurs*. (I, 115, vers 200.)

MOI. Voyez JE.

MOINDRE.

.... Ce qu'ils souffrent tous,
Le souffré-je pas seul en la *moindre* des peines
    D'être éloigné de vous? (I, 256, vers 29.)

MOINS.

.... La France est *moins* qu'il ne mérite. (I, 106, vers 11.)

Ceux qui sont du monde et de la cour regardent toujours ceux qui sont plus, et jamais ceux qui sont *moins*. (II, 563.)

Je devois bien *moins* desirer (*aspirer moins haut*);
Mais mon humeur est d'aspirer
Où la gloire est indubitable. (I, 131, vers 32.)

Cette commodité.... ne me servira que pour vous adresser la consolation que j'ai faite pour Mme la princesse de Conty. Soyez-lui *moins* rigoureux, pource qu'elle est de votre très-humble.... serviteur. (III, 453 ; voyez I, 123, vers 259.)

Pource qu'il (*Platon*) avoit accompli le nombre le plus parfait de tous, qui est neuf fois neuf, les Mages.... lui sacrifièrent.... Mais je pense que quand il eût vécu quelques jours *moins*, et qu'ils ne lui eussent point fait de sacrifice, il ne s'en fût pas beaucoup soucié. (II, 481.)

Elle a *moins* été à se perdre que je ne suis à vous conter qu'elle est perdue. (II, 726.)

Je l'ois qui tient ce langage à la Fortune : « .... Tu m'as fait pauvre, mais qu'as-tu gagné? Je n'aurai pas *moins* de quoi faire un présent, etc. » (II, 14.)

Le chantre que le bruit empêche de se faire ouïr n'a pas *moins* bonne voix (*n'a pas moins bonne voix pour cela*). (II, 111.)

Tant plus je sentirai sa puissance (*la puissance de la fortune*), tant *moins* je la reconnoîtrai. (II, 448.)

Nous pouvons oublier nos défauts, non-seulement ceux de l'âme, qui se montrent *moins* tant plus ils sont grands, mais ceux mêmes du corps. (II, 456.)

NON MOINS QUE, PAS MOINS QUE, autant que :

.... D'un sentiment humain
Frappé *non moins que* de charmes,
Il fit la paix.... (I, 90, vers 78 ; voyez I, 148, vers 52.)

L'or de cet âge vieil où régnoit l'innocence
N'est *pas moins* en leurs mœurs *qu'*en leurs accoutrements. (I, 300, v. 14.)

À MOINS QUE, sans, avec un secours moindre que celui de ; À MOINS QUE DE, autrement que par :

.... Ces miracles visibles....
Ne sont point ouvrages possibles
*A moins qu'*une immortelle main. (I, 216, vers 174.)

A moins que du trépas
Puis-je expier le crime et réparer la honte
D'être où vous n'êtes pas? (I, 255, vers 10 *var.*)

LE MOINS, au sens neutre :

Lorsque l'été revient, il m'apporte la peste,
Et le glaive est *le moins* (*la moindre partie*) de ma calamité. (I, 56, vers 8.)

AU MOINS, POUR LE MOINS :

Au moins si je voyois cette fière beauté
Préparant son départ cacher sa cruauté, etc. (I, 135, vers 19.)

Je ne trouve pas qu'il y ait moyen de le défendre, sinon d'autre faute, *pour le moins* de n'avoir pas bien pratiqué ce que l'école des stoïques lui pouvoit avoir appris. (II, 34.)

Pour le moins, j'ai ce réconfort,
Que les derniers traits de la mort
Sont peints en mon visage blême. (I, 142, v. 43 ; voy. I, 154, v. 55.

MOIS, menstrues. (II, 122, l. 32.)

MOISIR, au figuré :

Il faut.... réputer les plus misérables hommes du monde.... ceux qui n'ayant soin que de leur ventre et de leur paillardise, laissent *moisir* leurs âmes en l'assoupissement d'une abominable oisiveté. (II, 216.)

MOISSON.

La *moisson* de nos champs lassera les faucilles. (I, 73, vers 83.)

MOISSONNER, au figuré :

La mort d'un coup fatal toute chose *moissonne*. (I, 43, vers 73 *var.*)

MOL, MOLLE :

.... Le *mol* Anaure (*l'Anaure au cours doux, paisible*).... (I, 212, v. 72.)
.... Une *molle* bonace
Nous laisse jouer sur les flots. (I, 313, vers 11.)
Éloigné des *molles* délices, etc. (I, 112, vers 107.)

MOLLEMENT, doucement :

.... Ses pleurs, qui tantôt descendoient *mollement*,
Ressemblent un torrent, etc. (I, 15, vers 303.)

MOMENT.

Combien qu'il n'eût autre envie que de différer sa mort de quelque *moment*, etc. (II, 635.)

MON, MA :

Aux deux fils de *mon* Roi se partage la terre. (I, 102, v. 2; voy. I, 104, v. 1; 112, v. 112; 115, v. 202; 123, v. 239.)
La santé de *mon* prince en la guerre étoit bonne. (I, 145, vers 5.)
J'avois mis *ma* plume à la main. (I, 289, vers 91.)
Je veux *mon* œuvre concevoir
Qui pour toi les âges surmonte. (I, 110, vers 53.)
Dans la variante, p. 119 : « une œuvre. »

MON, devant un nom propre :

Alcandre, *mon* Alcandre, ôte-moi, je te prie, 299, v. 1.)
Du malheur où je suis. (I, 160, v. 50; voy. I, 40, v. 25; 267, v. 1;
Mon Apollon (*Apollon, qui est mon dieu*) t'assure, etc. (I, 279, vers 58.)

MONARQUE.

Que fais-tu, *monarque* adorable (*Henri IV*)? (I, 155, vers 67.)

MONDE.

Vous.... ne laissez en paix animaux du *monde*, que ceux de qui la satiété vous a dégoûtés. (II, 708.)
Un miracle du ciel, une perle du *monde*, etc. (I, 60, vers 44.)
La plupart du *monde*, voire même de ceux qui font profession de sagesse, n'estiment pas comme ils doivent les biens que les Dieux nous ont faits. (II, 42.)
Celui (*le bienfait*) du père, qu'est-ce autre chose qu'un bien simple, facile...? Il se propose les lois du pays..., et rien moins que celui qu'il va mettre au *monde*. (II, 84.)
Ceux qui ne sont point venus au *monde* (*ne se sont point fait connoître*) sont libres de n'y venir point, et demeurer cachés en l'obscurité. (II, 334; voyez II, 615, et ci-dessus, p. 392, l. 1-6, METTRE, *locutions diverses*.)

UN MONDE DE, une grande quantité, une foule de :

Qu'ai-je à faire de vous en nommer *un monde* d'autres? (II, 83; voyez IV, 320.)

MONDE, Munda. (II, 166, l. 20.)

MONSEIGNEUR, le frère aîné du Roi :

La principale nouveauté que nous ayons.... est l'enterrement fait ce matin de feu *Monseigneur*.... Mademoiselle de Montpensier.... est de nouveau promise à *Monseigneur* qui est à cette heure. (III, 253.)

MONSIEUR, MESSIEURS :

Je suis allé après dîner à la Conciergerie pour le voir (*Ravaillac*), si d'aventure on le menoit devant *Messieurs* (*du Parlement*). (III, 165.)
Messieurs des comptes (*les conseillers de la cour des comptes*). (III, 508.)

MONSIEUR, MESSIEURS, appliqué aux anciens :

Nous baillons le titre de *Monsieur* à ceux que nous rencontrons. (II, 269.)
Monsieur est à table. (II, 428.)
Ces *Messieurs* mêmes, qui les premiers ôtèrent l'empire à la République,... Marius, Pompée, etc. (II, 449.)

MONSTRE.

.... Le *monstre* infâme d'envie. (I, 111, vers 91.)

Dans toutes les fureurs des siècles de tes pères,
Les *monstres* les plus noirs firent-ils jamais rien
Que l'inhumanité de ces cœurs de vipères
    Ne renouvelle au tien? (I, 278, vers 18.)

MONTAGNE (LA) AU DOUBLE SOMMET, le Parnasse. (I, 108, vers 36.)

MONTCAYAR, sorte d'étoffe de laine. (III, 61.)

MONTÉE, au figuré :

    Par la voie des armes on arrive à des dignités bien relevées ; mais la *montée* en est si pénible, etc. (IV, 103.)

MONTÉE, escalier :

    En cette chambre de M. de Vendôme il y avoit une antichambre, et tant la chambre que l'antichambre avoit porte sur une même *montée*. (III, 396.)

MONTER, au propre et au figuré :

    [Marie] fait confesser au soleil....
    Que du ciel, depuis qu'il y *monte*,
    Ne vint jamais rien de pareil. (I, 46, vers 29.)

    Il n'est point d'homme de bien sans quelque Dieu qui l'assiste à *monter* par-dessus la fortune, et le rend capable des hautes et magnanimes résolutions. (II, 411.)

    Toutes ces choses mondaines.... n'ont du tout point de hauteur..., et toutefois on n'y *monte* que par des avenues bien roides. (II, 654.)

    Faisons ce que nous pourrons pour y *monter* (*à la vertu*). (II, 614.)

    .... Sa rage infidèle, aux étoiles *montée*. (I, 27, vers 23.)

MONTER EN CHAIRE, au figuré :

    Faites qu'il y ait différence entre vous et un livre. Serez-vous toujours écolier? Ne *monterez*-vous jamais *en chaire?* Quel plaisir prenez-vous d'écouter, puisque vous pouvez lire?... A réciter les paroles d'un autre.... je ne trouve pas qu'il y ait beaucoup d'honneur. (II, 392.)

SE MONTER, SE MONTER À :

    Ledit principal (*capital*).... *se monte* deux cents treize écus..., et les intérêts.... *se montent* pareille somme. (I, 341.)

    Après qu'il eut exactement appris ce que *se montoient* les fermes tant de la mer que de la terre, etc. (I, 456 ; voyez I, 342.)

    [La dépense] de l'artillerie.... *se monte*.... *à* cinq mille écus par jour. (III, 161.)

MONTRE, emplois divers :

    Si nous avons quelque imperfection, l'ivresse la met en sa *montre* (*la fait paraître*). (II, 647.)

    Il est des choses qui ont une *montre* (*une apparence*) douteuse, et qu'on ne peut tenir pour honnêtes, que premièrement on n'en fasse l'interprétation. (II, 106.)

    Les faux [biens] ont plus de vide que de plein. La *montre* en est belle. (II, 518.)

    Il y a de certaines questions qu'on ne met en avant que pour l'exercice de l'esprit.... Il en est d'autres qui.... profitent.... Je m'en vais vous en faire voir de toutes les deux sortes. Vous me ferez tenir les premières sur la *montre*, ou replier incontinent, comme il vous plaira. (II, 169.)

Faire montre, faire sa montre :

[Elle] Étale ses beautés, *fait montre* de ses charmes,
Et met en ses filets quelque nouvel amant. (I, 177, vers 77.)

Il y a deux sortes d'hommes reconnoissants. L'un est celui qui a rendu quelque chose.... L'autre est celui qui de bon cœur a reçu quelque bienfait.... Le premier a peut-être de quoi *faire montre*. Le dernier est resserré dans sa conscience. (II, 111.)

La parole que vous avez donnée vous oblige d'être homme de bien. Vous *avez fait montre* et prêté le serment. (II, 400.)

Ce qu'il m'a donné vaut beaucoup; mais.... il me l'a baillé superbement, il en *a fait sa montre* par les carrefours. (II, 13.)

Montre de troupes, revue, pompe militaire :

Le gros de l'armée sera mené par M. des Diguières.... Le rendez-vous pour la *montre* des troupes est au 25ᵉ de ce mois. (III, 310; voyez III, 161.)

Ce qu'il y eut en cette *montre* (*en cette pompe du triomphe*) de plus regardé, fut une troupe, etc. (I, 428.)

MONTRER.

Les fleurs de votre amour, dignes de leur racine,
    Montrent un grand commencement. (I, 237, vers 30.)

Ne pouvant être ni bons ni libéraux, [ils] *montrent* toutefois qu'ils seroient bien aises qu'on les eût en cette opinion. (II, 107.)

Les bienfaits, s'ils sont mis en ligne de compte, n'ont point de grâce; s'ils *sont montrés*, ils sont reprochés. (II, 28.)

En un lieu où l'on *montre* (*où l'on enseigne*) à se faire homme de bien, c'est une solitude, plutôt qu'autre chose. (II, 586.)

MONUMENT.

.... C'est là que je veux trouver
De quoi si dignement graver
Les *monuments* de ta mémoire,
Que tous les siècles à venir
N'auront point de nuit assez noire
Pour en cacher le souvenir. (I, 119, vers 87.)

Les *monuments* des esprits (*les œuvres de l'intelligence*) sont mis en lumière pour tout le monde. (II, 119.)

François mon père et Madeleine ma mère.... m'ont, avec des larmes qui ne sécheront jamais, posé ce lamentable *monument* (*ce tombeau*). (I, 360.)

Ce n'est point à la richesse ou pauvreté des *monuments* qu'il nous faut mesurer : la cendre des uns est comme celle des autres. (II, 731.)

Moquer (Se), être moqué :

.... Son trop chaste penser,
Ingrat à me récompenser,
Se moquera de mon martyre. (I, 131, vers 28.)

.... S'il faut être sa victime,
En un si beau danger *moquons-nous* de la mort. (I, 296, vers 36; voyez I, 27, vers 21; 150, vers 11.)

Après que la mer se sera laissé gourmander à votre arrogance, une petite sente *se moquera* de vous; et quand vous aurez compté la perte que vous ferez au passage des Thermopyles, vous saurez dire combien vous pourra coûter le demeurant. (II, 200.)

Si quelques-uns y vont (*en ce lieu où l'on montre à se faire homme de bien*),... on les appelle des niais et des gens qui ne sont bons à rien. Or je prends bien en gré d'*être moqué* de cette façon. (II, 586.)

MORALITÉ, sorte de comédie :

Combien trouvez-vous de choses dans les poëtes, que les philosophes ont dites ou devoient dire! Je ne parle point des tragédies, ni de nos *moralités* (*en latin :* aut togatas nostras), de qui la matière a quelque chose de sévère. (II, 287.)

MORDICANT, piquant :

Les *choses* âcres et *mordicantes* excitent l'appétit. (II, 496.)

MORDRE, au figuré et proverbialement :

[Thémis] va d'un pas et d'un ordre
Où la censure n'a que *mordre*. (I, 214, vers 136; voyez III, 241.)
Je penserai qu'il faut retirer ma parole, et me *mordrai* le doigt pour me ressouvenir de n'y retourner pas. (II, 128.)

MORDRE LA POUSSIÈRE :

L'orgueil à qui tu fis *mordre*
La *poussière* de Coutras, etc. (I, 26 et 27, vers 19 et 20.)

MORGUE, outrage, malheur :

Depuis que j'ai vu la fausseté de la centurie (*de Nostradamus*) qui promettoit *morgues* à la France. (III, 532.)

MORION, casque :

Il m'en souvient bien, répondit César..., et que ce même soldat.... m'alla querir de l'eau dans son *morion*. (II, 166.)

MORNE.

Déjà le Tessin tout *morne*
Consulte de se cacher,
Voulant garantir sa corne,
Que tu lui dois arracher. (I, 93, vers 171.)

MORSURE D'ÂME, remords :

Personne ne se peut offenser que vous vous mettiez en repos : c'est chose que vous pouvez faire sans regret ni *morsure d'âme* quelconque. (II, 334.)

MORT (LA) :

Chrysippus.... s'importunoit tellement d'être salué, qu'il en étoit à *la mort*. (II, 466.)

MORTS, au pluriel :

[Ces beaux yeux] Entrent victorieux en son âme étonnée,
Et lui font recevoir plus de *morts* que de coups. (I, 7, vers 66.)

MORT (UN) :

Il se mettra tout aussitôt sur ses bouffonneries, qui feroient rire *un mort*. (II, 375.)

MORTEL.

Ces beaux yeux souverains (*de Jésus*), qui traversent la terre
Mieux que les yeux *mortels* ne traversent le verre, etc. (I, 6, vers 62.)

La clarté de son teint n'est pas chose *mortelle* (*est divine*). (I, 132, vers 5.)
Transi d'une *mortelle* glace. (I, 154, vers 62.) *me tue*)
Une résistance *mortelle* (*résistance de celle que j'aime, résistance qui
Ne m'empêche point son retour* (*le retour de l'espérance*). (I, 302, v. 13.)

MORTELLES, substantivement :

Qui ne sait combien de *mortelles*
Les ont fait soupirer (*les Dieux*) pour elles? (I, 153, vers 37.)

MOT.

J'aimerai mieux ne lui dire *mot* (*ne pas lui dire un seul mot*). (II, 163.)

MOT, mot d'ordre :

C'est à elle (*à la vertu*) de faire le pas devant, de conduire..., et vous lui voulez faire demander le *mot* (*en latin : signum petere*). (II, 91.)

MOU. Voyez MOL.

MOUCHE, proverbialement :

Tant y a que cela n'est rien ; je le vous ai voulu dire afin qu'à l'accoutumée on ne vous fasse pas d'une *mouche* un éléphant. (III, 254.)

MOUELLON. Voyez MOELLON.

MOULE, proverbialement :

S'il est pris, je crois qu'il fera un miracle des plus grands qui se soit jamais fait par homme de son métier, s'il n'y laisse le *moule* du bonnet ou du pourpoint (*s'il n'est mis à mort*). (III, 147.)

MOURIR, SE MOURIR, au propre et au figuré :

Je vous avois mandé que l'on faisoit courre ici un certain bruit, qu'un Frontin, banni d'Espagne..., avoit été fait *mourir* incontinent après son retour. (III, 301.)

Je *meure* si je saurois vous dire qui a le moins de jugement. (II, 634.)

Je *meure*, le silence n'est pas si nécessaire (*que je meure si le silence est aussi nécessaire*) pour étudier, comme on nous fait accroire. (II, 465.)

Un siècle renaîtra comblé d'heur et de joie... ;
Tous venins y *mourront*, comme au temps de nos pères ;
Et même les vipères
Y piqueront sans nuire, ou n'y piqueront pas. (I, 232, vers 64.)

.... Ce grand cardinal (*Richelieu*).... n'est ambitieux
Que de faire *mourir* l'insolence des crimes. (I, 272, vers 4.)

En ces propos *mourants* ses complaintes *se meurent;*
Mais vivantes sans fin ses angoisses demeurent. (I, 17, vers 355.)

LE MOURIR, substantivement :

Le *mourir* n'étant pas si fâcheux que l'appréhension de la mort, etc. (II, 81.)

MOURRE, nom d'un jeu. (IV, 7.)

MOÛTIER, monastère, proverbialement :

L'on a trouvé que les François ne se laissent pas volontiers ranger à ce qui n'est ni de la coutume ni de leur humeur, et a-t-on laissé le *moûtier* où il étoit (*on a laissé les choses en l'état où elles étaient*). (III, 368.)

MOUVEMENT.

Approche-toi, mon prince, et vois le *mouvement*
Qu'en ce jeune Dauphin la musique réveille. (I, 105, vers 3.)

Il (*l'homme*) a *mouvement* de lui-même. (II, 587.)

L'avarice est comme la flamme, qui s'élance d'autant plus haut qu'elle part d'un plus grand embrasement. En une richesse commune, les *mouvements* (*de l'avarice*) peuvent avoir quelques bornes ; mais en une fortune extraordinaire, il n'est rien d'assez fort pour l'arrêter. (II, 40.)

Votre courtoisie.... saura bien considérer le *mouvement* que j'ai en cette prière. (IV, 140.)

MOYEN, emplois divers :

En une chose de quoi nous avons *moyen* de nous passer, nous pouvons faire les dégoûtés. (II, 18.)

Si nous ne donnions qu'avec espérance de retirer, il ne faudroit pas donner à qui seroit le plus digne de recevoir, mais à qui auroit plus de *moyen* de rendre.... Et puis, s'il n'y avoit que l'utilité qui nous conviât à faire plaisir, ceux qui en ont le plus de *moyen*, comme les riches..., en auroient le moins d'occasion, parce qu'ils se peuvent passer du bien d'autrui. (II, 92.)

Vous dites que vous voulez acquérir de quoi vivre : apprenez par même *moyen* de quelle façon il le faut acquérir. (II, 326.)

Ajoutez-y qu'il défende son père..., que des *moyens* acquis en la guerre (*en latin* : raptas belli jure opes) il le secoure en sa pauvreté. (II, 83.)

Le sage, encore qu'il se contente de soi-même, ne laisse pas de vouloir avoir un ami,... non point.... pour avoir qui.... l'assiste de *moyens*, s'il est en nécessité ; mais au contraire pour avoir quelqu'un qui reçoive ces offices de lui. (II, 290.)

Il me prie de l'assister contre ses ennemis. Ce sont gens de beaucoup de *moyen* et de crédit. (II, 105.)

MOYENNEMENT, avec modération :

Desirer sans mesure des choses qu'il ne faut desirer que *moyennement*.... C'est une trop ardente convoitise des choses qui ne sont que *moyennement* desirables. (II, 582.)

MOYENNER, ménager :

Il a écrit à Madame sa mère qu'il la prioit d'apaiser l'aigreur du Roi, et *moyenner* son appointement (*sa réconciliation*), pourvu que ce fût à son honneur. (III, 120.)

MUGUET, critiqué par Malherbe, comme mot de satire ou de comédie, dans ce vers de des Portes :

Sur tant de vains *muguets* dont l'âme est si volage. (IV, 369.)

MULE (Garder la). Voyez Garder.

MULETIER. (II, 674.)

MULTIPLICATION.

Les saisons qui par leur *multiplication* accomplissent le cours de notre vie, etc. (II, 303.)

MULTIPLIER, verbe actif :

Trouvons le salut au naufrage (*mourons*);
Et *multiplions* dans les bois
Les herbes dont les feuilles peintes
Gardent les sanglantes empreintes
De la fin tragique des rois (*l'hyacinthe des poëtes ; c'est Henri IV qui parle*). (I, 154, vers 51.)

MULTITUDE (de choses) :

Quand en une *multitude* une chose paroît par-dessus l'autre, il y a de l'inégalité. Un arbre, quelque grand qu'il soit, n'est point admirable en une forêt qui est toute de même hauteur. (II, 389.)

MÛR, au figuré :

Votre courage *mûr* en sa verte saison, etc. (I, 262, vers 3.)

MURAILLE.

Il n'y a *muraille* inexpugnable à la fortune. (II, 574.)

MÛRIR, au figuré :

.... Le temps faisoit *mûrir*
Le dessein de l'aller querir (*Marie de Médicis*). (I, 124, vers 265.

MURMURER.

Crois-moi, ton deuil a trop duré ;
Tes plaintes *ont* trop *murmuré*. (I, 271, vers 68.)

MUSC.

On peut bien sentir le *musc* et l'ambre, et n'être ni moins galant ni moins brave que si on sentoit la poudre à canon. (II, 390; voyez II, 543.)

MUSES (Les) :

Par *les Muses* seulement
L'homme est exempt de la Parque. (I, 94, vers 207.)

MUSIQUE.

Ce ne sont que festins, ce ne sont que *musiques*
De peuples réjouis. (I, 230, vers 26.)

C'est pour lui (*pour le corps*) que se tiennent les écoles de bal et des *musiques* efféminées. (II, 716.)

Ne voyez-vous pas de combien de voix on compose une *musique*? Et toutefois elles n'ont toutes ensemble qu'un son. (II, 652.)

MUTATION, changement :

Pourquoi [Caton] se fût-il troublé de la *mutation* de la République ? (II, 549.)

Il (*le monde*) est sujet à *mutation*, et ne demeure pas en un état. (II, 479; voyez IV, 241.)

MUTIN, adjectif :

Nombre tous les succès ou ta fatale main....
De tes peuples *mutins* la malice a détruite. (I, 26, vers 13.)

MUTUEL, alternatif :

Les aventures du monde
Vont d'un ordre *mutuel*,
Comme on voit au bord de l'onde
Un reflux perpétuel. (I, 24, vers 32.)

MYRTE, sens allégorique :

Il faut mêler pour un guerrier
A peu de *myrte* et peu de roses
Force palme et force laurier. (I, 113, vers 139.)

N

NAGER, au figuré :
Les douceurs où je *nage* ont une violence
  Qui ne se peut celer. (I, 157, vers 27.)

NAGES, de l'espagnol *naguas, enaguas*, jupon, jupe de frise noire qui se portait dans les grands deuils. (III, 253.)

NAGUÈRE QUE, autrefois lorsque :
Naguère que j'oyois la tempête souffler...,
Eussé-je osé prétendre à l'heureuse merveille
  D'en être garanti? (I, 240, vers 13.)

NAÏF.
 Si quelqu'un après boire avoit laissé aller une parole un peu libre, si un autre en se riant avoit dit quelque chose de *naïf* (*en latin* : simplicitas jocantium), tout étoit mis aux tablettes. (II, 75.)

NAISSANCE (AVOIR) :
  Tes desseins n'*ont* pas *naissance*
  Qu'on en voit déjà le bout. (I, 91, vers 113.)

NAÎTRE.
  [Mopse] Avoit toujours fait espérer
Qu'un soleil qui *naîtroit* sur les rives du Tage
En la terre du lis nous viendroit éclairer. (I, 236, vers 3.)

FAIRE NAÎTRE :
  .... Quel Indique séjour
  Une perle *fera naître*
  D'assez de lustre pour être
  La marque d'un si beau jour? (I, 24, vers 18.)
 Il ne reste plus à parler que des choses que l'abondance *fait naître*, et qui servent plus aux délices qu'à la nécessité ni au profit. (II, 19.)

NÉ À, NÉ POUR, qui a du penchant pour, enclin à, destiné à :
Nous voyons les esprits *nés* à la tyrannie....
Tourner tous leurs conseils à notre affliction. (I, 73, vers 103.)
 Il n'est guère d'hommes si *nés* à la reconnoissance, qu'ils ne perdent la mémoire d'un présent aussitôt qu'ils en ont perdu la vue. (II, 20.)
 Pour juger qui est le bien d'une chose, il faut regarder à quoi elle est *née*, et pourquoi on en fait cas. (II, 587.)
 Étant *né* comme vous êtes à faire de bons offices, si ce n'est vous obliger de vous offrir des sujets d'exercer votre bonté, au moins est-ce en quelque chose satisfaire à votre desir. (III, 260.)
 Y a-t-il homme du monde.... si *né pour* avoir de l'affliction, qui en quelque chose ne se ressente de leur libéralité (*des Dieux*)? (II, 93.)
Voyez I, 391, l. 25; 459, l. 7; II, 318, l. 10; 325, l. 12; IV, 20, l. 6.

NAÏVEMENT.
 Il m'est avis que je vous vois boire vos larmes et résister *naïvement* (*en latin, dans les plus anciens textes* : satis resistentem) à ces agréables témoignages que la passion me produisoit de votre amitié. (II, 438.)

NARRER, pour *raconter*, blâmé par Malherbe chez des Portes. (IV, 371.)

NATIVITÉ, anniversaire de naissance :

Quand nous aurions leurs portraits et que nous célébrerions leurs *nativités*, je ne pense pas que ce ne nous fût un grand aiguillon pour nous inciter à la vertu. (II, 501.)

NATURE.

Beauté, de qui la grâce étonne la *nature*, etc. (I, 137, vers 1.
  Que ton respect fasse marcher
  Les astres contre leur *nature!* (I, 199, vers 36.)
 Combien qu'il (*l'homme*) soit né pour vivre en la terre, il ose entreprendre sur une autre *nature*, et rendre la mer une partie de sa domination. (II, 109.)

Nature, sans article :

Il n'est rien de si beau comme Caliste est belle ;
C'est une œuvre où *Nature* a fait tous ses efforts. (I, 132, vers 2.)
Choisissez les fleurs les plus belles... ;
En trouverez-vous une où le soin de *nature*
Ait avecque tant d'art employé sa peinture? (I, 175, vers 28.)
  Les Dieux tout-puissants de *nature*
  Cèdent à la nécessité. (I, 142, vers 41.)
 S'il s'en trouve quelqu'un qui d'acquisition ou de *nature* ait un flux de bouche si grand que le bien dire ne lui coûte rien, etc. (II, 580.)
 Il y a ici un homme qui a une eau tellement amie de *nature* qu'elle remet ceux qui en usent en leur première force. (IV, 49.)
 Vous direz que ce sont choses qui viennent de *Nature*. Ne voyez-vous pas qu'en disant cela vous ne faites que changer le nom à Dieu? (II, 97.)
Voyez tome I, p. 34, vers 37; p. 41, vers 42; p. 147, vers 26; p. 156, vers 9; p. 178, vers 5; p. 236, vers 7; tome II, p. 94, 145, 521.

Contre nature :

  .... [Éson] revint *contre nature*
 En sa jeune saison. (I, 282, vers 119.)

NATUREL, adjectif; Père naturel, par opposition à *père adoptif* :

Octavius étoit père d'Auguste ; mais outre que sa condition n'étoit pas des plus illustres, la splendeur du *père adoptif* aida bien à supprimer aucunement le *naturel*. (II, 82.)

NATUREL, substantif :

Vous trouverez partout des âmes grandes, et d'acquisition, et de *naturel*. (II, 355.)

NAUFRAGE, faire naufrage, au figuré :

  O beauté qui de mes amours
  Êtes le port et le *naufrage*. (I, 142, vers 27.)
  Trouvons le salut au *naufrage (en mourant)*. (I, 154, vers 50.)
Voyez ci-dessus, p. 168, Dernier, 4° exemple.
  .... Si de cette couronne....
  Les lois ne l'eussent revêtu,
  Nos peuples d'un juste suffrage
  Ne pouvoient sans *faire naufrage*
  Ne l'offrir point à sa vertu. (I, 77, vers 39.)

NAULIS, NOLE, prix du passage sur un navire ou une barque :
Quel payement assez grand sauriez-vous faire à un qui dans son vaisseau vous passe la mer d'un monde à l'autre...? Et toutefois vous êtes quitte à lui d'une chose de si grande importance quand vous lui avez payé son *naulis*. (II, 183.)
.... Avoir payé le *nole* à Caron (*être mort*). (I, 358.)
NAVE, pour *navire, bateau*, blâmé par Malherbe chez des Portes. (IV, 371.)
NAVIRE, au féminin :
[La Grèce] Traversa les mers de Scythie
En la *navire* qui parloit. (I, 212, vers 74; voyez I, 7, vers 70.)
NE pour *ni* :
.... Je ne veux un tombeau
Plus heureux *ne* plus beau. (I, 31, vers 60 *var*.)
Ne plus *ne* moins que le pontife.... (I, 450.)

NE, sans *pas* ou *point* :
Ils (*les Romains*) les entrelacent (*les pieux*) d'une façon qu'il *n*'y a moyen d'y passer la main. (I, 403.)
Je [l']ai fait.... pour *ne* tomber en des répétitions. (I, 464.)
Je ne dirai pas qu'un homme *ne* soit bon joueur, qui ayant bien reçu la pelote (*la balle*), et fait ce qu'il devoit faire pour la renvoyer, en a été empêché par quelque inconvénient. (II, 46.)
Le tribun se plaint qu'on *ne* l'a fait préteur, le préteur qu'on *ne* l'a fait consul. (II, 41.)
La nature est toujours après à produire de nouveaux hommes, et fait être ceux qui quelque jour aimeroient mieux *n*'avoir été. (II, 5.)
Il a voulu mourir plutôt que *ne* lui donner (*à son maître*) le loisir de se sauver. (II, 69.)
Voyez tome I, p. 1, vers 1; p. 7, vers 83; p. 11, vers 184; p. 14, vers 257 et 261; p. 15, vers 289; p. 31, vers 59; p. 32, vers 13; p. 80, vers 142; p. 108, vers 10; p. 121, vers 162; p. 124, vers 282 et 284; p. 126, vers 7; p. 130, vers 13; p. 134, vers 13; p. 137, vers 5; p. 141, vers 9; p. 159, vers 19 *var*.; p. 167, vers 16; p. 174, vers 16; p. 176, vers 58; p. 199, vers 28; p. 213, vers 96 et 100; p. 231, vers 54; p. 234, vers 3; p. 241, vers 30 et 33; p. 275, vers 1; p. 288, vers 65 et 66; p. 300, vers 9; p. 309, vers 14; p. 314, vers 18; tome II, p. 6, l. 30; p. 10, l. 1, 9 et 23; p. 13, l. 13 et 32; p. 20, l. 10 et 19; p. 27, l. 14; p. 40, l. 3; p. 45, l. 27; p. 85, l. 24; etc.

NE, après un comparatif :
La mer a moins de vents qui ses vagues irritent
Que je *n*'ai de pensers, etc. (I, 159, vers 20.)
Davantage de bien que nous *n*'avons (*que nous n'en avons*). (II, 39; voyez II, 533, l. 14.)

NE, omis après le comparatif :
Ils n'eurent non plus de nouvelles les uns des autres qu'ils en avoient eu le jour précédent. (I, 404; voyez I, 455, l. 6.)

NE, omis après *ni* et après *ou* (voyez POINT) :
[Je] *ne* puis *ni* veux l'éviter. (I, 288, vers 70.)
Toute la France sait fort bien
Que je *n*'estime *ou* reprends rien
Que par raison et par bon titre. (I, 289, vers 116.)

NE, emplois divers, la plupart dans des tournures où nous l'omettons d'ordinaire aujourd'hui :
Il n'est pas impossible qu'il *ne* survienne des accidents. (II, 309.)

Soit qu'étant le soleil dont je suis enflammé
Le plus aimable objet qui jamais fut aimé,
On ne m'ait pu nier qu'il *ne* fût adorable, etc. (I, 240, vers 9.)

Il n'y a pas d'apparence.... de douter qu'un maître *ne* puisse quelquefois être obligé par son serviteur. (II, 76.)

Il y en a qui ne désavouent pas qu'on *ne* leur ait fait plaisir. (II, 163.)

M. Desmarais.... s'étant enfermé dans une chambre à l'Arsenac.... défendit que l'on *n'*y laissât entrer homme du monde. (III, 379.)

Malherbe avait d'abord écrit : « entrer personne ; » puis il a effacé *personne*.

Vous n'ignorez pas que.... son affection *n'*aille devant la vôtre. (IV, 217.)

Nous faisons connoître que nous avons donné pour recevoir, et de cette façon colorons la malice des ingrats, qui semblent avoir dispensé de *ne* rien rendre. (II, 4.)

Il étoit libre de ne rien prendre s'il *ne* vouloit. (II, 140.)

Un bourbier où vous pouviez ne vous mettre point si vous *n'*eussiez voulu. (II, 148.)

Nous n'en trouverons pas un.... qui *ne* puisse dire que de cette fontaine de biens il *ne* vienne quelque goutte jusques à lui. (II, 94.)

Qui n'eût cru que ses murailles,
Que défendoit un lion,
*N'*eussent fait des funérailles
Plus que n'en fit Ilion? (I, 88, vers 23.)

Il a plus fait que celui qui sans sueur et sans peine n'a pas été sitôt obligé qu'il *n'*ait trouvé moyen de s'acquitter. (II, 232 ; voy. II, 562, l. 25.)

Encore s'en falloit-il beaucoup qu'elle *ne* fût telle qu'elle avoit été par le passé. (I, 406 ; voyez III, 348, l. 4.)

Je.... ne me puis imaginer qu'autre chose vous ait empêché de m'écrire que le regret de *ne* me donner (*la crainte de me donner*) quelque mauvaise nouvelle. (III, 320.)

Pource que je me doute (*je crains*) que vous et lui *ne* me veuilliez diminuer cette douleur, je me range aisément à croire, etc. (III, 188.)

Ne.... que :

Je *ne* sais *que* trop bien l'inconstance du sort. (I, 157, vers 33.)
Voyez ci-dessus, p. 262, l. 1, *ne faire que*.

NÉANT (DE), sans valeur :

Ces distinctions *de néant* qui vous arrêtent, etc. (II, 425.)

NÉCESSAIRE.

Ma mère vient d'une race
.... fertile en demi-dieux....
Je suis poudre toutefois :
Tant la Parque a fait ses lois
Égales et *nécessaires*. (I, 189, vers 11.)

En toutes les questions que jusques ici nous avons traitées, nous n'en avons point touché de si *nécessaire*, ni qu'il faille disputer avec plus de soin. (II, 90.)

NÉCESSITÉ, ce qui est nécessaire ; caractère de ce qui est inévitable :

Lequel est-ce de nous qui,... sentant venir quelqu'un pour le requérir, ne s'est ridé le front, n'a.... mis en avant des discours qui n'avoient point de fin, sans autre sujet que pour ôter l'occasion de faire la demande, et cependant laisser passer la *nécessité*? (II, 3.)

Nous avons commencé notre débauche par le desir des choses superflues.... La *nécessité* n'est plus notre mesure : nous sommes mesquins et misérables, si nous ne voulons plus rien quand nous avons ce qui nous suffit. (II, 716.)

  .... Cette sagesse profonde
  Qui donne aux fortunes du monde
  Leur fatale *nécessité*. (I, 314, vers 17.)

NÉCESSITÉ, NÉCESSITÉS, misère, pénurie :

Le sage, encore qu'il se contente de soi-même, ne laisse pas de vouloir avoir un ami,... non point, disoit Épicure, pour avoir qui.... l'assiste de moyens, s'il est en *nécessité;* mais au contraire pour, etc. (II, 290.)

C'est une chose très-fâcheuse de vivre en *nécessité;* mais il n'y a point de *nécessité* qui nous oblige d'y vivre. (II, 305.)

S'il (*le sage*) se trouve réduit à des *nécessités* irrémédiables, il ne marchandera point à quitter le monde. (II, 327.)

Des armées réduites à la *nécessité* (*au manque*) de toutes choses. (II, 326.)

Quelle risée ferez-vous de les voir.... empêchés après les *nécessités* d'un corps auquel ils n'ont pas sitôt baillé une chose qu'il leur en demande une autre ! (IV, 216.)

NÉCESSITEUX, indigent; NÉCESSITEUX DE :

Le plus fort n'avoit point encore pris au collet le plus foible, ni l'avaricieux mis en trésor ce qui ne lui servoit qu'à laisser le *nécessiteux* incommodé. (II, 723.)

Nécessiteux de toutes choses (*manquant de tout*). (II, 100.)

NÉGOCIATION, négoce, commerce :

La *négociation* consiste à vendre et acheter. (II, 208.)

Cette amitié.... n'est pas une amitié, mais une *négociation*, qui n'estime et ne regarde que le moyen qu'il y a de profiter. (II, 291.)

NÉGOCIER, traiter des affaires :

Ceux qui semblent n'avoir point d'occupations (*les philosophes*) sont ceux qui en ont de plus dignes : ils *négocient* au ciel et en la terre (*en latin :* humana divinaque simul tractant). (II, 287.)

NET, propre, dégagé de toute autre chose :

En tout le reste de son corps, il n'avoit rien de si *net*, ni de si digne d'être baisé. (II, 25.)

Quand un esprit pur et *net* a laissé le monde, la cour et les affaires, etc. (II, 563; voyez II, 105.)

  .... Quelle flamme luit aux cieux
  Claire et *nette* comme ses yeux? (I, 130, vers 18.)

NETTEMENT.

  Un fleuve par-dessous la mer,
  Sans que son flot devienne amer,
  Passe de Grèce en la Sicile;
  Il ne sait lui-même comment
  Il peut couler si *nettement* (*en gardant son eau si pure*). (I, 120, v. 106.)

NETTOYER un ouvrage, le corriger :

J'avois pensé de *nettoyer* tout à fait cet ouvrage. (IV, 124.)

SE NETTOYER DE, se corriger de :

  .... Qui *s'est nettoyé de* vices

Ne lui fait point de vœux (*à Jupiter*) qui ne soient exaucés. (I, 269, v. 23.)

NEUTRE, qui n'est ni bon ni mauvais par soi-même :

C'est l'affection qui.... donne du prix à ce qui n'en a point. Les choses que les hommes désirent sont d'une nature *neutre;* l'esprit de celui qui les possède.... leur donne la forme qu'il lui plaît. (II, 12.)

NEUVAINE, compagnie de neuf personnes :

Muses, quand finira cette longue remise
De contenter Gaston, et d'écrire de lui ?
Misérable *neuvaine*, où sera votre appui,
S'il ne vous tend les mains, et ne vous favorise? (I, 259, vers 7.)

NEVEUX, descendants, en latin *nepotes* :

[Un arbre] Qui réserve tardif son ombrage aux *neveux*. (II, 671.)

NEZ, locutions proverbiales :

Ceux de qui la condition est enviée auront toujours quelques nouvelles atteintes. Les uns seront froissés, les autres donneront du *nez* à terre. (II, 397.)

Il me mettra devant le *nez* (*il me montrera, il me fera passer en revue*) tous ces charlatans, qui pour leur honneur eussent mieux fait de ne se mêler point de la philosophie. (II, 376.)

Les femmes n'avoient pas encore bien mené leurs maris par le *nez*, s'ils ne leur eussent pendu aux oreilles le revenu de deux ou trois bonnes maisons. (II, 225.)

NI; NI.... NI .

Les Parques d'une même soie
Ne dévident pas tous nos jours;
Ni toujours par semblable voie
Ne font les planètes leur cours. (I, 54, vers 183.)

Il n'y a point de doute que ce qui peut croître n'est point parfait, *ni* ce qui peut décroître n'est point perpétuel. (II, 560.)

Cette affaire, à laquelle, *ni* à rien que vous me mandiez et commandiez, je ne manquerai ni de soin ni de diligence, etc. (III, 424.)

Nous ne voulons pas que ceux qui nous suivent se mettent de toutes républiques, *ni* continuellement, *ni* sans fin. (II, 530.)

S'ils (*les bienfaits*) ne sont accommodés autant à celui qui les prend qu'à celui qui les donne, il est impossible qu'ils soient *ni* bien pris *ni* bien donnés. (II, 30; voyez I, 278, vers 31.)

La table de souper étoit à cinq ou six pas de l'effigie, entre deux piliers; le service en fut fait *ni* plus *ni* moins que le Roi étoit servi lorsqu'il vivoit. (III, 180.)

Ni, avec *et*, blâmé par Malherbe dans ce vers de des Portes :

Qu'il n'a pas moins d'attraits, *ni* de force *et* de grâce. (IV, 467.)

NI, emplois divers, dans la plupart desquels nous y substituerions aujourd'hui *et* ou bien *ou* :

Il se trompoit manifestement s'il croyoit que les Romains se pussent assurer de la paix, *ni* les Grecs de leur liberté. (I, 411.)

Il fut.... arrêté que devant que les préteurs allassent à leurs charges, *ni* les consuls aux leurs, il seroit fait des sacrifices. (I, 431.)

Il ne reste plus à parler que des choses.... qui servent plus aux délices qu'à la nécessité *ni* au profit. (II, 19; voyez II, 282, l. 9.)

Si je ne dois faire bien qu'en espérance qu'on me le rende, il faut donc que je me prive d'en faire à un qui s'en va en quelque pays bien éloigné, à un que je ne verrai jamais, *ni* à un malade désespéré de guérison. (II, 100.)

Y a-t-il aujourd'hui une femme seule à qui le divorce fasse honte, depuis qu'on a vu celles des premières maisons.... ne se marier que pour faire divorce, *ni* faire divorce que pour se marier? (II, 66.)

Votre beau nom sera l'un des plus glorieux qui ait jamais été..., *ni* qui soit jamais à l'avenir en la mémoire des hommes. (IV, 176.)

Je suis trop pressé pour en faire plus d'une copie, *ni* pour vous écrire davantage. (III, 67.)

Ne lui serions-nous pas injurieux si nous pensions qu'il y eût monstre qui pût échapper à son épée, *ni* labyrinthe d'où sa prudence ne fût capable de nous développer? (I, 395.)

Qui sauroit que jamais Ariston *ni* Grillus eussent été au monde, si Xénophon et Platon n'eussent été leurs fils? (II, 82.)

Que vous en pouvoit-il réussir, *ni* pour votre soulagement, *ni* pour le sien? (IV, 210.)

Qu'est-ce à dire « furieux de soucis, » *ni* « transis pour renverser une police? » (IV, 287.)

Y a-t-il vertu que je révère *ni* que je prêche davantage? (II, 23.)

 A-t-il jamais défait armée,
 Pris ville, *ni* forcé rempart,
 Où ta valeur accoutumée
N'ait eu la principale part? (I, 115, vers 208.)

Qu'importe combien il a brigandé de royaumes, combien il en a donné, *ni* combien de terres lui sont tributaires, puisqu'il desire quelque chose qu'il n'a point? (II, 218.)

 .... Est-il *ni* crime *ni* blâme,
 Dont vous ne dispensiez une âme
 Qui dépend de votre beauté? (I, 85, vers 34.)

 [Ces arrogants] Nous content qu'ils sont fils d'Hercule...;
 Mais qu'importe-t-il qui puisse être
 Ni leur père *ni* leur ancêtre,
 Puisque vous êtes notre roi? (I, 67, vers 49.)

Que direz-vous de cette considération? Pouvoit-elle être *ni* plus scrupuleuse, *ni* plus exacte? (II, 36.)

En quoi seroit estimable celui qui fait plaisir, s'il ne le fait qu'en intention de le prêter; *ni* celui qui rend, s'il rend pource que c'est force qu'il le fasse? (II, 57.)

Il ne se parle ni de casque ni de bouclier; aussi de quoi servent-ils, *ni* toute cette dextérité qu'on apprend à l'escrime, sinon de dilayer la mort de quelque moment? (II, 282.)

Quel besoin auroit-il de persuasion *ni* d'accoutumance? (II, 399.)

Qu'y a-t-il de beau en une prétexte..., en un tribunal, *ni* en un chariot? (II, 12.)

Ni, avec une autre négation :

Qu'il soit le premier de sa race et n'ait pas le liard en sa bourse, *ni pas* un valet après lui, etc. (II, 588.)

Il faut qu'il n'y ait point de bien que la vertu, *ni point* de mal que le vice. (II, 590.)

Je me prête aux choses, mais je ne m'y attache pas, *ni ne* cherche *point* les occasions de perdre le temps. (II, 493.)

Les choses que l'on manie ordinairement *ne* sont *point* en danger de se couvrir *ni* de rouille *ni* de poussière. (II, 53.)

Il *n*'y a *point ni* plaisir *ni* honneur à mander ce qui sera vieil et ridé devant qu'il arrive. (III, 417.)

C'est chose desirable de soi que de rendre une chose baillée en garde; et toutefois je *ne* la rendrai *pas ni* en tout lieu, *ni* à toutes heures. (II, 99.)

[Fontainebleau,] Le Louvre, *ni* les Tuileries,
En leurs superbes galeries
N'ont *point* un si riche tableau. (I, 188, vers 138 et 140.)

NIC. Voyez NID.

NID.

Malherbe fait remarquer qu'au lieu de *nid*, quelques provinces, spécialement le Vendomois, et par suite Ronsard, disent *nic*, d'où vient *nicher*. (IV, 469.)

NIER, renier :

Pour rendre en me *niant* (*c'est Jésus-Christ qui parle à saint Pierre*) ton
offense plus grande,
Tu suis mes ennemis.... (I, 7, vers 88; voyez I, 16, vers 336.)

NIER, refuser :

Je ne la rendrai pas (*la chose baillée en garde*) ni en tout lieu, ni à toutes heures.... Je regarderai à l'utilité de celui à qui j'ai à la rendre, et la lui *nierai*, si, etc. (II, 99.)

[Il faut qu'il] ne se *nie* III, 2; IV, 141.)
Rien qu'imaginent ses desirs. (I, 52, vers 153 *var.*; voyez II, 197;

NIGERIES, niaiseries, bagatelles :

Je vous entretiens de ces *nigeries*, à faute de quelque chose de meilleur. (III, 68; voyez IV, 104.)

NOCHER.

.... On y voit toujours quelques nouveaux rochers,
Inconnus aux *nochers*. (I, 29, vers 20.)

NODOSITÉ.

Si nous avons quelque douleur aux pieds,... nous disons que nous ne savons que c'est. Mais quand les *nodosités* sont toutes formées, et les nerfs si roides et si tendus qu'il n'y a plus moyen de marcher, à cette heure-là, par force, nous confessons que ce sont gouttes. (II, 457.)

NOËL. Voyez NOUEL.

NŒUD, au figuré :

Vous ne laisserez pas de vous assurer de ma.... servitude. Vous y avez fait un *nœud* sur lequel j'aurai continuellement les yeux. (IV, 142.)

NOISE, dispute, querelle :

Impudents boute-feux de *noise* et de querelle. (I, 177, vers 82.)

On ne frappe point sur un qui s'en va. C'est au butin que se fait la *noise*. (II, 570.)

Il y a de la *noise* où il y a des compétiteurs. (II, 314.)

Ceux qui se treuvèrent assez loin pour n'être point obligés à se battre, n'estimèrent pas qu'il fût à propos de venir chercher *noise*. (I, 423.)

Quand un homme n'a rien qui l'excite, qui lui fasse *noise*, etc. (II, 529.)

NOLE. Voyez NAULIS.

NOM.

Soit qu'il eût en horreur le *nom* de roi, qui est une domination, quand elle est juste, préférable à toute autre sorte de gouvernement, etc. (II, 34.)

Son *nom* fut publié par tout le monde, et est ordinairement allégué pour exemple dans Rome et dans Adrumetum. (II, 73.)

Nom, renom :

> Veux-tu succomber à l'orage,
> Et laisser perdre à ton courage
> Le *nom* qu'il a pour sa vertu? (I, 155, vers 72.)
> Mon Roi par son rare mérite
> A fait que la terre est petite
> Pour un *nom* si grand que le sien. (I, 176, vers 45.)

Nous avons eu des ministres qui avoient du *nom* dans le monde. (IV, 105.)

Voyez tome I, p. 74, vers 113; p. 213, vers 86; p. 267, vers 6; p. 317, vers 5.

Nom, nom de baptême :

Monseigneur Henri d'Angoulême.... me fit cet honneur de me tenir sur les fonts et de me donner son *nom*. Mon surnom fut Malherbe. (I, 360.)

NOMBRE.

Il n'a point son espoir au *nombre* des armées. (I, 71, vers 43.)

.... Le *nombre* des ans sera la seule voie
D'arriver au trépas. (I, 232, vers 62.)

Androsthène avoit quelque *nombre* de vaisseaux. (I, 415; voy. IV, 128.)

En tout payement nous ne regardons pas de rendre les mêmes espèces, mais le même *nombre* d'argent. (II, 173.)

> .... Fais renaître de leur souche
> Des scions si beaux et si verts,
> Que de leur feuillage sans *nombre*
> A jamais ils puissent faire ombre
> Aux peuples de tout l'univers. (I, 82, vers 198.)

NOMBRER, compter :

Nombre tous les succès où ta fatale main
De tes peuples mutins la malice a détruite. (I, 26, vers 11.)

NOMBREUX.

> Sous la canicule enflammée
> Les blés ne sont point aux sillons
> Si *nombreux* que les bataillons
> Qui fourmilloient en cette armée. (I, 122, vers 213.)

NOMBRIL.

> Elle étoit jusqu'au *nombril*
> Sur les ondes paroissante. (I, 316, vers 1.)

NOMENCLATEUR (en latin *nomenclator*), celui qui était chargé de souffler à son maître les noms de ceux qui se présentaient devant lui. (II, 9, 204, 369.)

NOMINATIF, dans le sens de *sujet*. (IV, 264, 293, 334, 369.)

NOMINATION, action de nommer, de donner des noms :

Ce sont noms qu'il leur a donnés (*aux Grâces*) pour son plaisir. Aussi Homère, sans s'arrêter à cette *nomination*, etc. (II, 8.)

NOMMEMENT, en termes exprès :

Nommément il fut défendu à Philippe de faire la guerre à Eumène. (I, 437.)

NON.

Jamais tu n'as vu journée
De si douce destinée;
Non celle (*pas même celle*) où tu rencontras, etc. (I, 26, vers 17.)

Si un ami.... y a apporté (*à me secourir*), *non* de la volonté (*non-seulement de la volonté*), mais du desir, etc. (II, 13.)

Vous ne lui pouvez pas rendre la chose en l'état que vous l'avez prise ; car vous l'avez prise d'un sage, et vous la rendez à un fou. *Non* fais : je la lui rends telle qu'à cette heure il la peut recevoir. (II, 236.)

Vous m'avez oublié. J'en ferai de même si je puis. Mais *non* ferai ; car vous auriez des excuses, et moi non. (III, 55.) 135, v. 43.)
Non, non, je veux mourir; la raison m'y convie. (I, 161, v. 67 ; voy. I,

NON PAS :

C'est elle, et *non pas* lui (*le soleil*), qui fait sentir au monde
Le change des saisons. (I, 157, vers 15.)

Il n'y avoit point de doute qu'un si grand nombre d'hommes (*l'armée de Xerxès*) ne fût suffisant à mettre toute la Grèce dans terre, *non pas* à la conquérir. (II, 199.)

Je voudrois qu'ils m'apprissent plutôt ce que je suis obligé de faire, ou pour un ami, ou pour un homme, que *non pas* combien ces mots d'homme et d'ami ont de significations. (II, 434.)

Il n'y a rien au monde, *non pas* la terre, *non pas* le ciel, qui ne soit sujet à révolution. (II, 549.)

NON PAS QUE :

L'un et l'autre (*les tenailles et le marteau*).... sont de l'invention de quelque homme qui avoit l'esprit vif et remuant, mais *non pas qu*'il fût ni grand ni relevé. (II, 713.)

NON PLUS :

Donnez à deux personnes autant à l'un qu'à l'autre ; s'il y en a un de ces deux que vous n'ayez jamais connu auparavant, encore qu'il n'ait *non plus* reçu que l'autre, c'est lui qui vous est le plus obligé. (II, 62.)

Quant à l'autre, qui fait profession de tout prendre et ne se revancher de rien, je ne lui donnerai *non plus* qu'à un affronteur. (II, 117.)

N'estimerez-vous *non plus* celui qui a eu cette sollicitude.... que celui qui n'en a point eu du tout? (II, 231.)

Il ne se désespère *non plus* pour n'avoir pas eu la victoire, que pour n'avoir pas été préteur. (II, 549.)

Ce sonnet ne veut rien dire, et tous ceux qui seront composés.... comme cettui-ci, ne vaudront *non plus* que lui. (IV, 349 ; voyez IV, 252.)

Je ne crois *non plus* que tous ces bâtiments.... soient de son invention, comme ces réservoirs où les poissons sont enclos par troupes. (II, 711.)

On peut vaincre les bienfaits, et de ceux-ci (*des médecins*), et de tous autres qui.... nous auroient donné la vie. Il n'est donc *non plus* impossible que les bienfaits des pères puissent aussi être vaincus. (II, 86.)

NON MOINS QUE :

Je la ferai toujours fleurir
Au rang des choses éternelles ;

Et *non moins que* les Immortels,
Tant que mon dos aura des ailes,
Son image aura des autels. (I, 148, vers 52.)

NONCHALAMMENT.

Un autre fera le froid et le dédaigneux en prenant.... Un autre y procédera si *nonchalamment*, que celui qui lui fait plaisir doutera qu'il ne s'en soit pas aperçu. (II, 38.)

NONCHALANT, ante :

Le plaisir est dû comme il est fait; et pour ce, il ne faut pas faire le *nonchalant* quand on donne quelque chose. (II, 3.)

Auriez-vous été si *nonchalante* en la considération du cours du monde, que vous n'eussiez pas reconnu que l'instabilité des choses humaines y fait tous les jours quelque nouveau trouble? (IV, 197.)

NONOBSTANT que, quoique :

Le soldat remis par son chef....
En état de faire sa garde
N'oseroit pas en déloger
Sans congé, pour se soulager,
Nonobstant que trop il lui tarde. (I, 287, vers 54.)

NONPAREIL, sans égal :

Mon Roi, l'exemple des rois,
Dont la grandeur *nonpareille*
Fait qu'on adore ses lois. (I, 88, vers 33.)
Quelques louanges *nonpareilles*
Qu'ait Apelle encore aujourd'hui, etc. (I, 257, vers 1.)

Voyez tome I, p. 99, vers 13; p. 107, vers 8; p. 121, vers 177; p. 283, vers 153.

NORMAND, Normandie, en parlant des habitudes de langage de cette province :

« Elle a deuil que je sois encore en ces bas lieux, » phrase *normande*. (IV, 469.)

« Fier, » en cette signification de « joyeux, » est peu reçu hors de *Normandie*. (IV, 253.)

NOTA, note, mot de blâme souvent employé par Malherbe dans le commentaire sur des Portes. (IV, 250, 256, 257, 258, 259, etc.)

NOTABLE, important, extraordinaire :

Il n'étoit pas possible d'y faire un *notable* combat. (I, 403.)

L'ayant été (*sauvée*) par une voie si *notable*, son nom fut publié par tout le monde. (II, 73.)

NOTOIRE.

Vivant aux dépens de mon père, ce qui est *notoire* à tout le monde). (I, 335.)

L'emploi de ce mot est blâmé par Malherbe chez des Portes. (IV, 383, 415.)

NOTRE, nos :

Je ne prends jamais tant de plaisir d'ouïr *notre* (*notre ami*) Démétrius que quand je le rencontre couché sur la paille. (II, 340.)

Il y en a que *nos* stoïques appellent premiers biens. (II, 511.)

.... Le destin qui fait *nos* lois (*les lois auxquelles nous sommes soumis*). (I, 33, v. 25.)

NÔTRE (Le), ce qui est à nous :

C'est à *elle* (*à la fortune*) à choisir de nous et *du nôtre* ce que bon lui semble. (IV, 199.)

NOUEL, Noël :

Les fêtes de *Nouel*. (III, 126.)

NOURRIR, élever :

En l'heureux sein de la Toscane,
Diane aux ombres de ses bois
La *nourrissoit* (*Marie de Médicis*) dessous ses lois. (I, 124, vers 263.)

Se nourrir à, s'exercer à :

Les belles âmes *se nourrissent* au labeur. (II, 385.)

Nourri à, dressé à :

Un misérable *nourri*.... *aux* voleries. (II, 22.)

Malherbe distingue *se nourrir* de *se paître* : voyez Paître (Se).

NOURRISSONS (des Muses), poètes :

[Les Muses] Rempliront de nouveaux Orphées
La troupe de leurs *nourrissons*. (I, 187, vers 124.)
.... Les agréables chansons
Par qui les doctes *nourrissons*
Savent charmer les destinées. (I, 108, v. 26; comme *var.*, p. 118,
« leurs nourrissons. »)

NOURRITURE, au figuré, éducation :

La *nourriture* qu'il a prise dans les périls de la guerre, où Monsieur votre père le mena si jeune qu'il a presque aussitôt su combattre que marcher, etc. (IV, 213.)

NOUS. Voyez Je.

NOUVEAU, inconnu, inouï :

Quels feux, quels dragons, quels taureaux,
Quelle horreur de monstres *nouveaux*, etc. ? (I, 167, vers 20.)

NOUVEAUTÉ.

C'est une affaire qui.... fit un grand bruit à sa *nouveauté*. (IV, 8.)
[Fais] qu'aux roses de sa beauté
[L'âge] Redonne, contre sa coutume,
La grâce de la *nouveauté*. (I, 82, vers 190.)
C'est faussement qu'on estime
Qu'il ne soit point de beautés
Où ne se trouve le crime
De se plaire aux *nouveautés*. (I, 306, vers 4.)

Un étourdi se pourra bien revancher, et surtout à la *nouveauté* qu'on lui aura fait (*dans le premier moment qu'on lui aura fait*) plaisir. (II, 623.)

.... Ton docte écrit
M'ayant fait voir qu'un bel esprit
Est la cause d'un beau visage,
Ce ne m'est plus de *nouveauté*,
Puisqu'elle est parfaitement sage,
Qu'elle soit parfaite en beauté. (I, 127, vers 12.)

Nouveauté, chose étonnante, étrange :

.... O de mon erreur l'étrange *nouveauté!*
Je vous souhaite douce, et toutefois j'avoue
Que je dois mon salut à votre cruauté. (I, 137, vers 12.)

En quelle *nouveauté* d'orage
Ne fut éprouvé son courage? (I, 213, vers 95.)

NOYER, au figuré :

.... Quand Mausole fut mort,
[Artémise] De pleurs se *noya* le visage. (I, 32, vers 3.)

Le dernier verre de vin semble toujours le meilleur aux ivrognes, parce que c'est celui qui les *noie* et qui les met les jambes en haut. (II, 303.)

NU.

Il faut aller tout *nus* où le Destin commande. (I, 58, vers 16.)

Il ne faut point douter qu'elle (*la nature*) n'eût volontiers fait venir les esprits tout *nus* au monde (*sans corps*). (II, 510.)

Nu de, dénué de :

Un homme.... tout *nu de* glaive et *de* courage, etc. (I, 6, vers 58.)

NUAGE, au figuré :

De toutes parts sont éclaircis
Les *nuages* de nos soucis. (I, 202, vers 20.)

C'est avec ce langage, et autres qui le ressemblent, qu'il faut témoigner son affection, rompre les *nuages* que la fortune lui oppose, et lui faire trouver passage pour éclairer. (II, 39.)

NUBILEUX, nébuleux :

Il tonne quelquefois en temps serein, pour la même raison qu'il tonne en temps *nubileux*, quand l'air est battu l'un contre l'autre. (I, 477.)

NUE, au figuré, chagrin, douleur :

Quiconque approche d'elle (*de Marie de Médicis*) a part à son martyre....
Reviens la voir, grande âme (*âme de Henri IV*), ôte-lui cette *nue*
Dont la sombre épaisseur aveugle sa raison. (I, 179, vers 33.)

NUIRE.

Cruelle occasion du souci qui me *nuit* (*qui me fait du mal, qui me tourmente*)! (I, 12, vers 213.)

NUISANCE (Porter), pour *nuire*, blâmé, comme hors d'usage, par Malherbe chez des Portes. (IV, 429, note 1.)

NUIT, au figuré :

Ses pieds comme ses yeux ont perdu la vigueur ;
Il a de tout conseil son âme dépourvue,
Et dit en soupirant que la *nuit* de sa vue
Ne l'empêche pas tant que la *nuit* de son cœur. (I, 8 et 9, vers 119 et 120.)

A ces mots tombant sur la place,
Alcandre cessa de parler ;
La *nuit* assiégea ses prunelles, etc. (I, 154, vers 64.)

.... C'est avecque ces couleurs
Que l'histoire de nos malheurs
Marquera si bien ta mémoire,
Que tous les siècles à venir

N'auront point de *nuit* assez noire
  Pour en cacher le souvenir. (I, 114, vers 169.)
Réservez le repos à ces vieilles années
  Par qui le sang est refroidi ;
Tout le plaisir des jours est en leurs matinées ;
La *nuit* est déjà proche à qui passe midi. (I, 237, vers 36.)

Voyez tome I, p. 9, vers 136; p. 12, vers 215; p. 14, vers 277; p. 70, vers 22; p. 269, vers 18; p. 303, vers 22.

NUL, NULLE :

[Sa gloire] A *nulle* autre n'étoit seconde. (I, 113, v. 147; voy. I, 158, v. 8.)
  Elle savoit mieux que *nul* autre (*que nulle autre personne*), etc. (III, 449.)

NULS, NULLES, au pluriel :

Nuls divertissements ne l'appellent ailleurs. (I, 279, vers 46.)
  Ma Reine est un but à ma lyre,
  Plus juste que *nulles* amours (*qu'aucun amour*). (I, 210, vers 34;
                                                        voyez I, 201, vers 11.)

O

O, interjection, employé, sans article, au sens où aujourd'hui nous écrivons *oh :*

  O de tant de biens indigne récompense! (I, 16, vers 325.)

O, avec l'article :

  .... *O* de mon cœur l'étrange nouveauté! (I, 137, vers 12.)

O, suivi de *que :*

  O qu'il nous eût coûté de morts,
  O que la France eût fait d'efforts! (I, 202, vers 25 et 26.)
  O que bienheureux est l'homme qui a cette puissance! (II, 300.)

Voyez I, 76, vers 11 et 13; 199, v. 37; 227, v. 33; 282, v. 117; 293, v. 7; II, 170, etc.

OBÉIR, avec un complément direct :

  L'Infante.... lui dit.... que la plus grande beauté d'une femme étoit d'*obéir* son mari. (III, 125.)

OBÉISSANCE.

  Une âme ne peut éviter
  D'être sous ton *obéissance*. (I, 121, vers 169.)
  Rejetant son *obéissance* (*l'obéissance que nous lui devons*). (I, 77,
                                                vers 48; voyez I, 72, vers 77.)

OBJET (chose ou personne), ce qui s'offre à la vue, à l'esprit, etc. :

  Objet divin des âmes et des yeux. (I, 194, vers 1.)
  Que sont-ce ces contrats.... et cette usure..., sinon des maux volontaires partis de notre forge, et chimères d'une vaine convoitise, où il n'y a rien qui puisse être *objet* ou de l'œil ou de la main? (II, 227.)
  Ce qui n'est.... perceptible.... par aucun sentiment.... est seulement *objet* de l'esprit. (II, 477.)
  Tous ces *objets* de nos sentiments, qui.... nous irritent. (II, 480.)
  .... La beauté dont l'*objet* (*la vue*) m'est si doux. (I, 305, vers 26.)
  Réduit à ce point de misère par le seul *objet* (*la seule vue*) des choses présentes, etc. (II, 278.)

Les femmes, les enfants, les lieux de notre naissance, et autres *objets*. (II, 18.)
O beaux yeux, beaux *objets* de gloire et de grandeur. (I, 254, vers 7.)
Les esprits de la cour, s'attachant par les yeux
A voir en cet *objet (le Dauphin)* un chef-d'œuvre des cieux,
Disent tous que la France est moins qu'il ne mérite. (I, 106, vers 10.)

  Téthys ne suivit-elle pas
  Ta bonne grâce et tes appas,
 Comme un *objet* émerveillable? (I, 112, vers 117.)
A toute sorte d'*objets* vous recommencez vos plaintes. (IV, 196.)

OBJET, employé pour désigner une personne aimée :

 .... Du cher *objet* en mon âme adoré. (I, 297, vers 7.)
Sitôt que je la vis, je lui rendis les armes,
Un *objet* si puissant ébranla ma raison. (I, 265, vers 13.)
N'est-ce pas un *objet* digne d'avoir un temple? (I, 175, vers 22.)
Toute sorte d'*objets* les touche également. (I, 136, vers 46.)
Changeant de passion aussitôt que d'*objet*, etc. (I, 60, vers 63 ; voyez I, 295, vers 3 ; 306, vers 6.)

OBJET, sujet (de chant) :

 .... Tant de beaux *objets* tous les jours s'augmentant. (I, 259, vers 12.)

OBLIGER À quelqu'un, attacher à quelqu'un, imposer un devoir quelconque envers quelqu'un :

 Un autre *à* qui la seule humanité vous *oblige*.... (II, 434.)
 Je.... m'*obligerai* tout le monde (*je le rendrai mon obligé*). (II, 238.)

OBLIGER, lier par la reconnaissance, imposer de la reconnaissance à :

 Il n'y a point de bienfaits qui nous *obligent* davantage que ceux que nous recevons sans les avoir mérités. (IV, 137.)

  [Les Muses] de qui le cerveau léger,
  Quelque service qu'on lui fasse,
  Ne se peut jamais *obliger*. (I, 108, vers 20.)

OBLIGER, rendre service, faire plaisir :

 .... C'est le comble du soin
Que de vous *obliger* ont eu les destinées. (I, 262, v. 11 ; voy. I, 79, v. 109.)

OBLIGER DE quelque chose, rendre redevable de quelque chose, accorder quelque chose :

 La fortune ne m'*obligera* jamais *de* faveur qui me soit plus chère. (IV, 137.)

OBLIGER DE, rendre service en, faire plaisir en ·

 Vous me pouvez *obliger de* me guérir. (II, 194; voyez IV, 15.)

ÊTRE OBLIGÉ DE quelque chose, être redevable de, obtenir, avoir reçu :

 .... La vaine faveur *dont il fut obligé*, etc. (I, 270, vers 46.)
 Que direz-vous de ceux qui *sont obligés de* la vie, et *de* plus encore que de la vie? (II, 60.)

S'obliger à quelqu'un de quelque chose, se rendre le débiteur de quelqu'un pour quelque chose :

Il a fallu qu'il.... *se soit obligé* à eux comme d'un plaisir singulier qu'ils lui ont fait. (II, 58.)

S'obliger, s'engager :

J'ai reçu votre lettre de change, que j'ai baillée à M. Beys, après l'avoir fait *obliger (s'obliger, signer un engagement)*. (III, 59.)

Obligé de, ayant le devoir de :

[L'honneur que] Je suis *obligé de* te rendre. (I, 224, vers 17.)
[Le Ciel] Étoit bien *obligé de* vous donner *(aurait bien dû vous donner)* des jours
Qui fussent sans orage et qui n'eussent point d'ombre. (I, 191, vers 10.)

OBLIQUEMENT, au figuré :

Afin que *obliquement* le discours ne m'emporte à une autre dispute, etc. (II, 98.)

OBSCURITÉ, au figuré :

Votre esprit, de qui la beauté
Dans la plus sombre *obscurité*
Se fait une insensible voie, etc. (I, 142, vers 32.)

Obscurités, ténèbres de l'esprit :

.... Ces vaines fumées
N'ajoutent que de l'ombre à nos *obscurités*. (I, 71, vers 45.)

OBSÈQUE, au singulier. Après avoir dit : « *Obsèque* est même chose que *funérailles*, » Malherbe blâme la manière dont des Portes emploie ce mot. (IV, 420.)

OBSÉQUIEUX.

Ses paroles sont douces, ses actions courtoises, et ses volontés *obséquieuses*. (II, 695.)

OBSERVABLE, qui doit être observé, obligatoire :

Cette société *(des hommes entre eux)*.... est saintement et religieusement *observable (il en faut saintement remplir les obligations)*. (II, 434 ; voy. II, 210.)

OBSERVANCE, action d'observer, de surveiller :

Nous avons un esprit sacré, qui réside en nous pour la conservation de nos vies et l'*observance* de nos actions. (II, 411.)

Observance, attention, réserve :

Encore que cela soit, j'y apporterai cette *observance* que, etc.

OBSERVATION, ce qui est à observer, à faire :

Toute l'*observation* en ce fait, c'est de dire ce que nous pensons, et de penser ce que nous disons. (II, 580.)

Observation, attention :

Par l'*observation* que nous y apporterons, etc. (II, 10.)

Observation, chose qui s'observe, usage :

Cette *observation* est encore aujourd'hui gardée aux comédies. (II, 431.)

OBSTACLE.
C'est de la vertu seule que viennent les joies perpétuelles.... S'il y a de l'*obstacle*, il passe au-dessous d'elle, comme un nuage qui ne leur empêche point le jour. (II, 369.)

OBSTINER, activement :
    Qu'un amant flatté d'espérance
    Obstine sa persévérance (*persévère obstinément*). (I, 98, vers 26 *var.*)

Obstiné.
[Destinées] *obstinées* (*obstinément mauvaises*). (I, 164, vers 38.)

OBTESTATIONS, supplications :
On ne vient pas d'un plein saut aux prières et aux *obtestations*. (II, 319.)

OCCASION, ce qui donne lieu à, sujet, cause, raison, motif :
    Elles (*ces choses*) seroient *occasion* de leur ruine. (II, 26.)
    Pour nous ôter toute *occasion* d'en avoir peur, etc. (II, 110.)
    Celui qui.... appréhende toutes choses sans *occasion*, etc. (II, 117.)
    .... Encore que la tempérance soit l'*occasion* de la santé. (II, 316.)
Cruelle *occasion* du souci qui me nuit! (I, 12, vers 213.)
    S'il n'y avoit que l'utilité qui nous conviât à faire plaisir, ceux qui en ont le plus de moyen, comme les riches..., en auroient le moins d'*occasion*, parce qu'ils se peuvent passer du bien d'autrui. (II, 92.)
    Si nous donnons quelque pouvoir à la tristesse, à la crainte, aux désirs..., il ne faut plus parler de les retenir. L'*occasion* est que ce qui les irrite est hors de nous. (II, 658.)
    A quelle *occasion* (*à quel sujet, pourquoi*) me fussé-je réjoui d'avoir été mis au nombre des vivants? (I, 468.)
    Je vois le terme (*de mon retour auprès de vous*) si éloigné, que tant s'en faut qu'en la tempête où je suis j'appréhende le naufrage, au contraire je pense avoir toutes les *occasions* du monde de le desirer. (IV, 183.)
    Mucius se rôtit la main; c'est une chose bien cruelle que le feu, mais combien l'est-il davantage quand c'est vous-même qui vous êtes *occasion* de le sentir (*qui êtes la cause volontaire de cette souffrance*)! (II, 355.)
    Une chose honnête n'est estimée pour autre *occasion* que pource qu'elle est honnête. (II, 106.)
Voyez tome I, p. 12, vers 213; p. 362, 478; tome II, p. 93, 104, 462, 489, 586; tome IV, p. 18, 50, 51.

OCCIDENT, au figuré, chute, ruine :
Le chevalier de Guise, de qui on a vu précipiter le bel orient dans l'*occident* d'un déplorable désastre. (I, 357.)

OCCUPATION.
Les (*sciences*) vulgaires sont celles que les artisans font avec la main, et de qui l'*occupation* est de pourvoir aux nécessités de notre vie. (II, 693.)
    La souplesse des bras, la dilatation des épaules et l'affermissement des reins ne sont pas *occupations* d'une âme bien faite. (II, 317.)

OCCUPER.
Rien que ton intérêt n'*occupe* sa pensée. (I, 279, vers 45.)

S'occuper :
    En quelque fortune qu'il (*le sage*) s'*occupe*, il en fera (*de cette fortune*) quelque chose de signalé. (II, 666.)

Nos convoitises.... plus souvent *s'occupent* à souhaiter qu'à jouir. (II, 53.)

Occupé :

Il ne peut vaquer aux choses louables qu'autant que les vices ne le tiennent point *occupé*. (II, 486.)

OCCURRENCE, événement, ce qui se passe quelque part :

Pour les autres *occurrences* de cette cour, l'on est toujours après l'échange du gouvernement de Picardie à celui de Normandie. (III, 481.)

OCÉAN, emploi figuré :

.... Mon âme qu'à vous ne peut être asservie,
Les destins n'ayant point établi pour ma vie
Hors de cet *Océan* de naufrage ou de port. (I, 21, vers 12.)
Les voici de retour, ces astres adorables,
Où prend mon *Océan* son *flux* et son *reflux* (*d'où dépendent mon bonheur et mon malheur*). (I, 156, vers 6.)

OCIEUX, oisif :

.... Ne tiens point *ocieuses*
Ces âmes ambitieuses. (I, 93, vers 165.)

OCTROYER.

Louis, dont ce beau jour la présence m'*octroie* (*de la présence duquel ce beau jour me fait jouir*). (I, 252, vers 3; voyez I, 135, vers 27.)

ODEUR, au figuré :

Si ces gens (*du Parlement*) eussent rejeté le rétablissement de la paulette..., leur harangue (*leurs remontrances*) seroit de meilleure *odeur*. (IV, 39.)

Quelle terre n'est parfumée
Des *odeurs* de sa renommée? (I, 76, vers 26.)

OEIL, YEUX, au propre et au figuré :

Les Dieux sans armes conservent la paix en leur empire,... ont l'*œil* à la protection de ce qui leur appartient. (II, 219.)
Que sont-ce ces contrats.... et cette usure..., sinon des maux volontaires partis de notre forge, et chimères d'une vaine convoitise, où il n'y a rien qui puisse être objet ou de l'*œil* ou de la main ? (II, 227.)
Nous ne donnons jamais avec une diligence plus rigoureuse que quand, l'utilité mise à part, l'honnêteté seule nous demeure devant les *yeux*. (II, 101.)

.... Ce miracle des rois....   306, v. 8.)
Invite à l'adorer tous les *yeux* de la terre. (I, 145, v. 11; voy. I, 286, v. 9;
Grand fils du grand Henri, grand chef-d'œuvre des cieux,
Grand aise et grand amour des âmes et des *yeux*. (I, 252, vers 2.)
.... De quelques bons *yeux* qu'on ait vanté Lyncée,
Il en a de meilleurs. (I, 279, vers 47.)
.... Sa rage infidèle, aux étoiles montée,
Du plaisir de sa chute a fait rire nos *yeux*. (I, 27, vers 24.)
.... Ces beaux *yeux*,
Dont l'éclat fait pâlir d'envie   254, vers 6.)
Ceux même des cieux (*les astres*). (I, 221, vers 2 et 4; voyez I,

Aux yeux de, du temps de :

Fleurs de lis....
.... vous allez être *à nos yeux*

Fraîches comme *aux yeux de* nos pères. (I, 201, vers 4 et 5 ; voyez I, 183, vers 12.)

Œɪʟ, au singulier, emploi poétique :
.... Celui seulement que sous une beauté
Les feux d'un *œil* humain ont rendu tributaire. (I, 8, vers 94.)
Catherine, dont l'*œil* ne luit que pour les Dieux, etc. (I, 20, vers 3.)

ŒILLADE, regard :
Les yeux furent les arcs, les *œillades* les flèches. (I, 6, vers 52.)

ŒILLADER, pour *regarder*, blâmé par Malherbe dans cet hémistiche de des Portes :
« L'*œilladant* de travers. » (IV, 410.)

ŒUVRE.
Je veux mon *œuvre* concevoir
Qui pour toi les âges surmonte. (I, 110, vers 53.)

Eɴ ᴏᴇᴜᴠʀᴇ, travaillé :
Je donnerai plutôt de l'argent *en œuvre* qu'en monnoie. (II, 20.)

OFFENSE, faute, tort :
Mes sens qu'elle aveugloit ont connu leur *offense;*
Je les en ai purgés, et leur ai fait défense
De me la ramentevoir plus. (I, 61, vers 75.)

Fᴀɪʀᴇ ᴜɴᴇ ᴏꜰꜰᴇɴꜱᴇ, pécher :
Si j'ai fait comme un homme en *faisant une offense*,
Tu feras comme Dieu d'en laisser la vengeance. (I, 17, vers 346.)

OFFENSER, attaquer, blesser, troubler, incommoder :
[Ses ennemis] Qui le fer en la main le viennent *offenser*, etc. (I, 6, vers 60.)
[Ce] furent eux aussi que la rage aveuglée
Du contraire parti les premiers *offensa*. (I, 12, vers 222.)
Un lion.... le défendit des autres bêtes qui le vouloient *offenser*. (II, 34.)
Les funestes complots....
Ont d'un commun assaut mon repos *offensé*. (I, 207, vers 3.)
Tout ce qui me la blâme *offense* mon oreille. (I, 161, vers 58.)
Habillez-vous pour n'avoir point de froid, et vous contentez d'une maison où le vent et la pluie ne vous puissent *offenser*. (II, 286.)
Je conjure vos belles mains de ne s'*offenser* point de prendre cette peine. (IV, 176.)
Voyez I, 11, vers 180; 47, vers 56 *var.*; 246, vers 21 ; II, 6, 36, 574.

S'ᴏꜰꜰᴇɴꜱᴇʀ à, être blessé par, en vouloir à :
De quelle perverse inclination procède cette ingratitude, de ne vouloir rien devoir à quelqu'un, pource qu'il ne *s'offense à* ceux qui désavouent le plaisir qu'il leur a fait? (II, 192.)

OFFICE, tâche, ce qu'on a à faire :
Faire plaisir.... est l'*office* de la vertu. (II, 92.)
Des choses sans lesquelles le cours et l'*office* du monde auroient quelque défectuosité, etc. (II, 574.)

Oꜰꜰɪᴄᴇ, bon office, service, bienfait :
Quel autre moyen avons-nous de nous conserver, que par la vicissitude des *offices* que nous nous rendons l'un à l'autre réciproquement? (II, 108.)

Les *offices* réciproques entre les pères et les enfants. (II, 577; voyez II, 31, 136.)

FAIRE UN OFFICE, DES OFFICES :

J'ai trouvé votre père mort..., et l'ai inhumé.... J'ai *fait un office* qu'il falloit qu'il (*le fils*) fît. (II, 161.)

Si j'ai jeté de la terre sur un mort que je ne connoissois point, c'est un *office* que j'*ai fait* à l'humanité. (II, 162.)

Si.... un ingrat me consulte, ne lui dirai-je point mon avis? Ne lui laisserai-je point tirer de l'eau en mon puits?... Ou peut-être serai-je tenu de lui *faire* tous ces *offices*...? (II, 120; voyez II, 493.)

OFFICIER, ministre, serviteur, au propre et au figuré :

Il faut que vous preniez la compagnie telle qu'entre ceux qui vous viennent voir un *officier* (*en latin* : nomenclator) vous aura voulu choisir. (II, 336.)

Les arts sont *officiers* (*en latin* : artes ministræ sunt), c'est à eux de faire ce qui dépend de leur charge. (II, 664.)

OFFICIOSITÉ.

Vous n'obligerez point une personne courtoise et officieuse, mais la courtoisie et l'*officiosité* même, s'il m'est permis d'user de ce mot. (III, 132.)

OFFRANDE.

 L'unique but où mon attente
 Croit avoir raison d'aspirer,
 C'est que tu veuilles m'assurer
 Que mon *offrande* (*l'offrande de mes vers*) te contente. (I, 116, v. 234.)

OFFRE, au masculin :

Je vous ai vu si prompt et si franc à m'offrir cet *offre*, que je n'oserois être cérémonieux à vous en requérir. (IV, 139.)

OFFRIR (S') :

 Tous ces charmes de langage
 Dont on *s'offre* à la servir, etc. (I, 306, vers 18.)

Quand cela *s'offre* (*quand une telle occasion se présente*), etc. (II, 26; voyez I, 159, vers 29.)

OFFRIR QUE :

Je lui *ai offert que*.... je la ferois exécuter (*la prise de corps*). (III, 20.)

OFFUSQUER.

Le temps nous *offusque* la mémoire de nuages. (II, 51.)

OINDRE, blâmé, comme mot sale, par Malherbe chez des Portes. (IV, 283.)

OISON.

Vous parlez en *oison*. (IV, 358.)

Si les *oisons* nous pouvoient dire ce qu'ils pensent, ils imagineroient bien mieux. (IV, 321.)

OISONNERIE, bêtise :

Oisonnerie étrange. (IV, 331.)

OMBRAGE, OMBRAGES, au propre et au figuré :

Beau parc, et beaux jardins, qui dans votre clôture
Avez toujours des fleurs et des *ombrages* verts, etc. (I, 138, vers 6.)

.... La nuit qui le trouble
Par les eaux de ses pleurs son *ombrage* redouble. (I, 14, vers 278.)
Quelle nuit fut pareille aux funestes *ombrages*
    Où tu laisses mes jours? (I, 178, vers 11.)
.... Cet *ombrage* faux m'ôtoit la connoissance
    Du vrai bien où tu m'appelois. (I, 61, vers 71.)

OMBRAGE, au sens figuré de *défiance, crainte :*
    Cettui-ci est en *ombrage* pource qu'il voit que tout lui succède. (II, 435.)

OMBRE.
[Jours qui n'ont] point d'*ombre* (*jours brillants, heureux*). (I, 191, vers 11.)
L'*ombre* de vos lauriers admirés de l'envie
    Fait l'Europe trembler. (I, 150, vers 33.)
.... Fais renaître de leur souche
Des scions si beaux et si verts,
Que de leur feuillage sans nombre
A jamais ils puissent faire *ombre*   vers 199.)
Aux peuples de tout l'univers (*les couvrir de leur ombre*). (I, 82,
.... Ne tarderont ses conquêtes....
Qu'autant que le premier coton,
Qui de jeunesse est le message,
[Tardera] de faire *ombre* à son menton. (I, 50, vers 110.)

ON, emplois divers, constructions diverses :
    Qui seroit contraint d'y vivre, *on* trouveroit (*si l'on était contraint...,
on trouverait*) moyen d'y avoir du repos. (II, 373.)
    Un autre qui sert au buffet est paré comme une femme, et lui fait-*on*
disputer sa jeunesse contre les années. (II, 429.)
    Rochefontaine.... s'est sauvé, et n'a-t-*on* treuvé sur Montchrestien autre chose qu'un billet. (III, 557.)

L'ON, placé après le verbe :
    Le marché d'enclore les faubourgs dans la ville est fait, et y commencera-*l'on* à ce printemps. (III, 58.)
    On l'a ouvert aujourd'hui (*le comte de Sault*), et a *l'on* trouvé qu'il avoit les boyaux pourris. (III, 81.)

ONC, ONCQUES, jamais :
    .... Si gentilhomme fut *onc*
    Digne d'éternelle mémoire,
    Par vos vertus vous le serez. (I, 290, vers 122.)
    Bien que sa peau fût estimée
    Dans un fleuve si bien charmée,
    Que nulle sorte de péril
    Ne lui pût *oncques* faire brèche, etc. (I, 53, vers 178 *var.*)
Dans son commentaire sur des Portes, Malherbe traite *onc* et *oncques* de « vieux mot. » (IV, 392, note 2; 397, note 2.)

ONDE, ONDES :
        .... D'un même naufrage
Ils se virent sous l'*onde* et se virent au port. (I, 11, vers 198.)
    N'est-ce pas lui qui fait aux *ondes*
    Germer les semences fécondes
    D'un nombre infini de poissons? (I, 245, vers 13.)

ONDES, au figuré :
    Je ne suis pas de l'opinion de ceux qui à corps perdu se jettent au mi-

lieu des *ondes,* et.... ne sont pas bien aises s'ils ne sont toujours aheurtés contre quelque difficulté. (II, 373.)

Les *ondes (de poésie)* que j'épands d'une éternelle veine, etc. (I, 4, vers 7.)

ONGLES (Ronger ses), proverbialement :

Voici un scrupule qui vous donne de quoi *ronger vos ongles.* (II, 126.)

Coup d'ongle, au figuré :

Nous.... ne sommes pas renversés d'un seul effort. Nous avons tous les jours quelque *coup d'ongle,* et d'une heure à l'autre perdons quelque chose de notre vigueur. (II, 366.)

ONZIÈME (L'). (IV, 323.)

OPACITÉ. (II, 412.)

OPÉRATION, effet :

Il ne s'est pas contenté de m'enseigner les remèdes, mais les a.... appliqués, et s'est assis auprès de moi pour en attendre l'*opération.* (II, 185.)

Elle *(la raison)....* fait de l'*opération* assez *(produit assez d'effet).* (II, 402.)

La Reine mère a pris ses eaux. Son visage montre l'*opération* qu'elles ont faite. (IV, 19; voyez II, 45, 576.)

OPINER de, donner son avis sur, décider de :

.... Qui *opinent de* nos biens et *de* nos vies et qui en ont la jurisdiction. (II, 49.)

OPINIÂTRE.

[Nous] sommes si *opiniâtres* contre les expériences, que pour être battus nous ne nous dégoûtons point de la guerre, etc. (II, 4.)

Ces cérémonies y furent apportées pour les difficultés qu'avoient faites Messieurs des comptes de vérifier les lettres... : à quoi ils demeurèrent *opiniâtres,* nonobstant trois jussions qui leur furent envoyées. (III, 508.)

OPINIÂTRER, activement, pousser, poursuivre opiniâtrément, s'opiniâtrer dans :

Le meilleur que j'y voye pour le succès de cette affaire, c'est que le Roi l'*opiniâtre.* (III, 563.)

M. de Liancourt.... leur faisoit *opiniâtrer* cette dispute. (III, 455.)

S'opiniâtrer :

Zénon ayant promis vingt-cinq ou trente écus à quelqu'un,... il *s'opiniâtra,* contre l'avis de ses amis, à les lui prêter. (II, 131.)

OPINION.

La douleur n'en sera pas grande, pourvu que vous n'y ajoutiez rien par *opinion.* (II, 605.)

Une volupté sans compas ni mesure, que l'*opinion* d'un faux bien lui fait avoir. (II, 484.)

Voilà les louanges que j'en connois; pour les autres, dont je ne puis parler que par *opinion,* etc. (II, 464.)

Les amitiés que les *opinions* nous impriment commencent légèrement, et finissent de même.... Celles qui ont leur naissance dans les sentiments de la nature, s'attachent en nous. (IV, 220.)

Il y a longtemps que je ne puis plus ni perdre ni gagner. C'est une *opinion* que je devrois avoir, quand bien je ne serois pas vieil. (II, 596.)

Il eut *opinion (intention)* de les sauver. (I, 409.)

Tullius Marcellinus..., se trouvant saisi d'une maladie.... longue et fâcheuse..., prit *opinion* de se faire mourir. (II, 596.)

Avez-vous *opinion* que le rang soit toute l'occasion de cette dispute? (II, 91 ; voyez II, 651.)

Elle avoit été de quelque *opinion* qu'on le nommât prince de Navarre. (III, 66.)

Ne pouvant être ni bons ni libéraux, [ils] montrent toutefois qu'ils seroient bien aises qu'on les eût en cette *opinion*. (II, 107.)

Que dépourvu de toutes choses, il soit pourvu de prud'homie, je pense que vous ne laisserez pas de l'avoir en bonne *opinion*. (II, 588; voyez II, 270.)

Cette considération m'a tenu.... en *opinion* de me taire. (IV, 138.)

La bonne *opinion* (*la bonne réputation*) des courages françois. (I, 282, v. 114.)

OPPORTUN, OPPORTUNE.

« Ce mot n'est guère bon, » dit Malherbe, au sujet de ce vers de des Portes :

Puisque je ne vois plus de lumière *opportune*. (IV, 432.)

OPPOSÉ.

Le jeune demi-dieu qui pour elle soupire   son empire
Des mondes *opposés* (*des deux mondes, ou de l'orient et du couchant*) unit à
    L'un et l'autre séjour. (I, 231, vers 38 *var.*)

OPPOSITION, terme d'astronomie. (II, 141.)

OPPRESSE, substantif, blâmé par Malherbe dans ce vers de des Portes :

J'ai le cœur si comblé d'amertume et d'*oppresse*. (IV, 471.)]

OPPRESSER, au figuré, opprimer :

A ceux qui l'*oppressoient* (*l'innocence*) il ôtera l'audace. (I, 71, vers 58.)
    Soit que d'un *oppressé*
Le droit bien reconnu soit toujours favorable, etc. (I, 240, vers 10.)

OPPRESSION, violence, tyrannie :

[Des] douleurs de membres rompus, ou par maladie ou par *oppression* (*en latin :* per injuriam). (II, 663.)

OR, substantif, emplois poétiques et figurés :

    Achille étoit haut de corsage,   vers 142.
L'*or* éclatoit en ses cheveux (*ses cheveux étaient blonds*). (I, 113,
L'*or* de cet âge vieil où régnoit l'innocence, etc. (I, 300, v. 13; voy. I, 5, v. 14; 116, v. 241.)

Ce soldat, étant sur un navire qui se perdit, fut jeté sur les terres d'un homme du pays, qui.... le recueillit.... Ce soldat, en disant adieu, devoit faire son hôte tout d'*or* (*le combler de richesses*). (II, 129.)

OR, ORE, ORES, adverbe, maintenant :

    Ici dessous gît Monsieur d'Is.
    Plût *or* à Dieu qu'ils fussent dix ! (I, 19, vers 2.)

Or est-il que (*en latin :* atqui). (II, 526.)

Or sus. (I, 253, vers 1; II, 60.)

Or pour *maintenant* ne se dit point. Ce mot est la cheville ordinaire des vieux poëtes françois; surtout du Bellay s'en est fort escrimé. (IV, 463.)

Or' et *or'*, blâmé chez des Portes comme hors d'usage. (IV, 308.)

Comme *ores* à mes yeux vos marques apparoissent ! (I, 16, vers 320 ; voyez I, 289, vers 103.)

Au sujet de ces mots de des Portes : « se vire *ores* sur ce côté, *ores* dessus cet autre, » Malherbe dit : « *Vire* ne vaut rien, et *ores* guère mieux. » (IV, 402.)

ORACLE, oracles :

.... Ne tarderont ses conquêtes,
Dans les *oracles* déjà prêtes. (I, 50, vers 106.)
Sa bouche, de qui les *oracles*
Ont toujours de nouveaux trésors. (I, 175, vers 38.)
Si de ce grand *oracle* (*Richelieu*) il (*le Ciel*) ne t'eût assisté, etc. (I, 279, v. 54.)

ORAGE, orages, au figuré :

.... Devant ces *orages* (*avant ces troubles, ces malheurs publics*). (I, 76, vers 15.)
La pitié calme l'*orage*
Que l'ire a fait émouvoir. (I, 89, vers 73.)

Voyez tome I, p. 8, vers 116 ; p. 10, vers 168 ; p. 11, vers 194 ; p. 12, vers 202 ; p. 16, vers 332 ; p. 45, vers 8 ; p. 71, vers 40 ; p. 155, vers 70 ; p. 179, vers 25 ; p. 180, vers 53 ; p. 191, vers 11 ; p. 198, vers 15 ; p. 213, vers 95 ; p. 220, vers 11 ; p. 248, vers 27.

Malherbe critique dans des Portes la locution « darder un orage, » et ne veut pas qu'on emploie *orage* pour *foudre* ou *tonnerre*. (IV, 445.)

ORAGÉ de, troublé par :

Ma dernière saison *oragée de* tant d'afflictions, etc. (I, 356.)

ORAISON, prière :

Que ne peut l'ardente *oraison* ? (I, 196, vers 42.)

Oraison, discours :

Toute *oraison* est continue, ou coupée par interrogations et réponses. (II, 705.)

ORD, orde, sale, laid, hideux, *fœdus* :

Les hommes ne furent jamais si *ords* que depuis que les étuves ont été si nettes. (II, 671.)
Quelque impudicité plus *orde* et plus brutale, etc. (II, 647.)
Les bêtes.... les plus *ordes* et les plus vilaines, etc. (II, 80.)

ORDINAIRE, passé en habitude, invétéré :

Une défluxion qui n'est pas encore *ordinaire* fait la toux au commencement, etc. (II, 582.)

ORDINAIREMENT, habituellement, souvent :

C'est chose que nous voyons arriver *ordinairement*. (II, 28.)
Crispus Passiénus disoit *ordinairement*, etc. (II, 24 ; voyez II, 143, 414.)

ORDONNANCE, ordre :

[Des cieux] La fatale *ordonnance*, etc. (I, 163, vers 10.)

Ordonnance, loi décret :

Ordonnances politiques. (II, 56.)
.... S'il (*Dieu*) a l'autorité de faire chaque jour des *ordonnances*. (I, 468.)

ORDONNER, fixer, régler, assigner :

Il ne doit pas quitter le lieu

Ordonné par la loi de Dieu. (I, 287, vers 62.)
En un don qui se fait, on prend ce qui *est ordonné* par tête. (II, 565.)
Le peu que nature nous *a ordonné* pour notre entretien, etc. (II, 341.)
A Lecca *furent ordonnés* (*assignés*) deux cents hommes de pied. (I, 452.)
Quelle peine *ordonnerons*-nous aux ingrats? (II, 60; voyez I, 255, vers 26 *var.*; II, 63.)

En ordonner, en décider :
La chose a bien été trouvée d'assez d'importance pour être disputée devant un juge, mais on n'a pas pensé qu'il fût de juge qui eût de la suffisance et du mérite assez pour *en ordonner*. (II, 58.)

ORDRE.
Encore qu'il continue d'avoir toutes les choses qu'il a eues, il les a d'autre façon qu'il ne les avoit ; ou bien elles vont d'un autre *ordre*. (II, 479 ; voyez I, 24, vers 32 ; 214, vers 135.)
Je devois aller par degrés, et mener ma besogne d'un *ordre* que le plus friand fût servi le dernier. (II, 214.)
Je le rencontre (*notre Démétrius*) couché sur la paille..., et si mal en *ordre* qu'il est plutôt nu qu'habillé. (II, 340.)
Ceux même qui plaident gardent cet *ordre* de parler au commencement, et de ne crier que sur la fin. (II, 319.)
Quel *ordre* (*suite*) merveilleux de belles aventures ! (I, 104, vers 3.)

Ordre, moyen :
Monsieur le Grand me commanda de faire des vers.... Je fis ce que je pus pour m'en excuser, mais il n'y eut *ordre*. (III, 2.)
Il n'y avoit *ordre* de manier le pinceau. (III, 57.)
Le bruit du Cirque me vient aux oreilles, et lors il n'y a plus d'*ordre* de dormir : il faut que je me réveille. (II, 643 ; voyez II, 460, 645 ; III, 33, 306.)

ORDURE, ordures :
Il s'est vu des armées réduites à la nécessité de toutes choses, qui ont.... mangé des *ordures* qui feroient mal au cœur à réciter. (II, 326.)
Leurs pieds (*des saints Innocents*) qui n'ont jamais les *ordures* pressées
Un superbe plancher des étoiles se font. (I, 13, vers 230.)

Ordure, ordures, au figuré :
Un homme de qui tout le monde savoit l'*ordure* (*l'impudicité*) et la vilenie. (II, 123 ; voyez Ord.)
C'est à nous de la mettre (*la volonté*) en besogne, et non pas...., la laisser en son *ordure*. (II, 168.)
Les preuves que je fais de leur impiété,
Pleines également de fureur et d'*ordure*, etc. (I, 7, vers 82.)
Qu'auroit-il gagné de s'être démêlé de ses vices, s'il lui falloit toute sa vie avoir le balai en main pour nettoyer les *ordures* de son voisin? (II, 373.)
Elle (*la fille d'Auguste*) recevoit les hommes par troupes,... n'exemptoit pas même de ses *ordures* (*de ses débauches*) la tribune où son père avoit fait l'édit contre les adultères. (II, 202.)

ORE. Voyez Or, adverbe.

OREILLE.
[Tes actions] Captivent les affections
Des cœurs, des yeux et des *oreilles*. (I, 286, vers 9.)

[Je veux] dans les savantes *oreilles*
Verser de si douces merveilles, etc. (I, 209, vers 5.)
[Nymphe (*Renommée*),] dont les messagers divers
En un moment sont aux *oreilles*
Des peuples de tout l'univers. (I, 182, vers 3.)
[Je voyois] Neptune à mes cris faire la sourde *oreille*. (I, 240, vers 15.)
Le but n'est que d'émouvoir un peuple..., pour le traîner par les *oreilles* tantôt d'un côté, tantôt de l'autre. (II, 407.)
Vous me mandez que les bravades de votre partie vous font douter que vous n'ayez quelque arrêt à votre préjudice : c'est peut-être afin que je vous mette l'*oreille* sous le coude (*que je vous rassure*). (II, 354.)

ORES. Voyez Or, adverbe.

ORGUEIL, noble fierté :
Louez leur magnanime *orgueil*. (I, 148, vers 56.)

L'ORGUEIL, pour les orgueilleux, les superbes :
.... J'ai prédit en mes vers
Que *le* plus grand *orgueil* de tout cet univers   v. 19; 91, v. 127.)
Quelque jour à vos pieds doit abaisser la tête. (I, 173, v. 10; voy. I, 26,

ORGUEILLEUX.
.... Cette majesté si pompeuse et si fière
Dont l'éclat *orgueilleux* étonne l'univers. (I, 274, vers 15.)

ORIENT, au figuré, fortune naissante, éclat naissant :
Le chevalier de Guise, de qui on a vu précipiter le bel *orient* dans l'occident d'un déplorable désastre. (I, 357.)

ORIFLAMBE, oriflamme. (III, 201.)

ORIPEAUX (Les), nom d'une maladie des oreilles. (III, 213.)

ORNEMENT.
Quels *ornements* d'âme et de corps
Ne te firent trouver aimable? (I, 124, vers 283.)
.... Les rois à qui cet âge
Doit son principal *ornement*, etc. (I, 211, vers 52.)
La conservation nous en est plus chère que l'ornement. (II, 18; il s'agit de la vie.)

OSER.
Il faut *oser*.... quelque chose pour votre repos, ou vous résoudre de vieillir en cette inquiétude. (II, 335; voyez I, 167, vers 26.)

OSTENTATION.
Il se laisseroit emporter à l'*ostentation* de sa suffisance. (II, 408.)

ÔTER.
[Un fleuve qui] traînant comme buissons
Les chênes et les racines
Ote aux campagnes voisines
L'espérance des moissons. (I, 89, vers 49.)
[Alexandre] *ôta* les yeux de dessus les Corinthiens, pour les tourner sur, etc. (II, 21.)
[Le] funeste voyage où vous m'allez *ôter*....

Pour un terme si long tant d'aimables délices. (I, 135, vers 14.)

[Mon père] Aux rois les plus glorieux
Ota la première place (*les surpassa*). (I, 189, v. 4; voy. II, 26, 169.)

Du temps que nous avons, une partie nous *est ôtée* (*enlevée*), l'autre dérobée. (II, 265.)

.... Aussitôt que la Parque
Ote l'âme du corps, etc. (I, 40, vers 26.)

Elle (*la sagesse*) ôte la vanité des âmes. (II, 719.)

.... Les difficultés d'un ouvrage si haut 259, vers 11.)
Vous *ôtent* le desir que sa vertu (*de Gaston duc d'Orléans*) vous donne. (I,

L'on dit que M. le maréchal d'Ancre *ôte* le sieur de Riberpré de la citadelle d'Amiens, et y met un nommé Hocquincourt. (III, 436.)

ÔTER, supprimer :

Il y a des voluptés de deux sortes : pour celles du corps, la maladie les défend, et néanmoins ne les *ôte* pas. (II, 609.)

Ils amènent tout plein d'autres telles raisons, qui.... n'*ôtent* pas du tout les passions, mais les retranchent (*les diminuent*). (II, 655.)

ÔTER DE, délivrer de, arracher :

.... Ote-moi, je te prie,
Du malheur où je suis. (I, 160, vers 50 et 51.)

Vous m'*avez ôté d*'une grande peine. (IV, 12; voyez II, 84, 103.)

OU, conjonction, constructions diverses :

Des bienfaits que les enfants reçoivent des pères, les plus grands sont ceux qui leur sont faits sans qu'ils en aient *ou* la connoissance, *ou* la volonté de les recevoir. (II, 193.)

Il faut *ou* vous aimer, *ou* ne vous faut point voir. (I, 22, vers 27.)

Ne m'avouerez-vous pas que vous êtes en doute
Ce qu'elle a plus parfait, *ou* l'esprit, *ou* le corps? (I, 175, vers 42.)

De quoi l'accuserez-vous? *ou* d'avoir fait une chose.... *ou* de, etc.? (II, 106.)

Voyez tome I, p. 147, vers 24; p. 230, vers 28; p. 272, vers 9.

.... De peur qu'il n'y ait rien de défectueux *ou* superflu. (II, 29.)

Quelle différence faites-vous d'être assommé de la chute d'une montagne *ou* d'une tour? (II, 472.)

Et la raison ne se peut dire
De nous voir en notre navire
A si bon port acheminés,
Ou sans fard et sans flatterie,
C'est Pallas que cette Marie
Par qui nous sommes gouvernés (*on ne peut expliquer comment..., à moins que ce ne soit Pallas, etc*). (I, 216, vers 178.)

SOIT.... OU :

La philosophie est utile à l'homme, *soit* qu'une providence éternelle gouverne le monde, *ou* que les choses arrivent fortuitement. (II, 321.)

Quoi qu'un homme nous ait prêté, *soit* de l'or *ou* du cuir..., n'importe. (II, 152.)

Soit notre gloire *ou* notre honte (*que ce soit pour nous une gloire ou une honte*), etc. (I, 85, vers 28.)

Soit la fin de mes jours contrainte *ou* naturelle, etc. (I, 31, vers 57.)

A la fin égaré....
Soit un cas d'aventure, *ou* que Dieu l'ait permis, etc. (I, 14, vers 279.)

OÙ, adverbe relatif et interrogatif.

Où, au lieu d'un relatif précédé de *à, dans, en, chez, sur*, etc. :

[Ce beau teint] *Où* l'Aurore même n'atteint, etc. (I, 126, vers 7.)
[Un desir] *Où* la vanité me convie, etc. (I, 141, vers 15.)
.... Tant de soins magnanimes
Où son esprit travaille, et fait veiller ses yeux. (I, 272, vers 6.)
[Tristes pensées] *Où* nos misères passées
Nous avoient ensevelis. (I, 90, vers 86.)
.... Ces astres adorables (*ces yeux*)
Où prend mon Océan son flux et son reflux. (I, 156, vers 6.)
.... Des conditions *où* l'on vit ici-bas,
Certes celle d'aimer est la plus malheureuse. (I, 305, vers 35.)
Rochers *où* mes inquiétudes
Viennent chercher les solitudes. (I, 153, vers 19.)
.... Cela n'advient qu'aux amours,
Où les desirs, comme vautours,
Se paissent de sales rapines. (I, 301, vers 36.)
Toutes ces vanités.... sont autant de sujets *où* la fortune exerce sa tyrannie. (II, 11.)
C'est une œuvre *où* Nature a fait tous ses efforts. (I, 132, vers 2.)
[Le] funeste voyage *où* vous m'allez ôter
Pour un terme si long tant d'aimables délices. (I, 135, vers 14.)
.... Un autre perfide,
Où la même audace réside. (I, 77, vers 56.)
Ce fils *où* ta vertu reluit si vivement. (I, 105, vers 2.)
.... Un père *où* (*chez qui*) tant de gloire abonde. (I, 103, vers 12.)
J'ai touché les dernières actions de la vie de Caton, mais ses premières ne venoient pas plus à propos au désordre *où* déjà les affaires commençoient de s'embrouiller. (II, 315.)
A-t-il jamais défait armée,
Pris ville, ni forcé rempart,
Où ta valeur accoutumée
N'ait eu la principale part? (I, 115, vers 209.)
Les deux points *où* la chose consiste. (II, 134.)
Venez en robes, *où* l'on voie
Dessus les ouvrages de soie
Les rayons d'or étinceler. (I, 210, vers 15.)

Voyez I, 29, vers 30; 140, vers 7; 210, vers 20; 212, vers 82; 214, vers 136; 248, vers 32; 265, vers 18; II, 27, l. 22; 33, l. 30; 40, l. 27; 46, l. 22; 55, l. 7; 69, l. 21; 95, l. 1, 17 et 23; 416, l. 22; etc.

D'où :

.... Tes labeurs *d'où* la France
A tiré sa délivrance. (I, 90, vers 95; voyez I, 147, vers 29.)
.... Des qualités
D'où (*dont*) à peine un Dieu seroit digne. (I, 296, vers 39.)

Voyez tome IV, p. 413, la différence que Malherbe met entre *d'où* et *dont*.

Où, suivi de son antécédent :

Où Caliste n'est point, c'est là qu'est mon enfer. (I, 129, vers 14.)

Où, D'où, sans antécédent exprimé :

.... Mon humeur est d'aspirer
Où la gloire est indubitable. (I, 131, vers 34.)
Ce n'est pas bienfait, c'est usure, de regarder, non *où* ce que nous don-

nons sera plus dignement employé, mais *où* le profit en sera plus grand, et *d'où* nous aurons moins de peine à le ravoir. (II, 92.)

Celles *(les questions)* qu'on fait de l'âme sont innombrables : *d'où* elle est, quelle elle est, etc. (II, 697.)

.... La Grèce partie
D'où (du lieu où) le mol Anaure couloit. (I, 212, vers 72.)

Pensez-vous que votre empêchement vienne *d'où (du lieu d'où)* vous m'écrivez ? (II, 341.)

Voyez tome I, p. 161, vers 77 ; p. 253, vers 6 ; tome II, p. 391, l. 12.

Depuis où :

Lui que jusqu'au ponant,
Depuis où le soleil vient dessus l'hémisphère, vers 13 *var.*)
Ton absolu pouvoir a fait son lieutenant. (I, 63, vers 29 ; voyez I, 229,

Où que, en quelque lieu que :

Où que tes bannières aillent, etc. (I, 91, vers 125.)

Jusques où. Voyez ci-dessus, p. 347, à l'article Jusques.

Où, avec pléonasme :

De celles-là *(des choses)* où nous *y* sommes tous appelés sans différence, je n'en dispute point. (II, 120.)

Où ? à quoi ?

Caliste, *où* pensez-vous? *(à quoi pensez-vous?)*.... (I, 137, vers 9 ; voyez II, 159, l. 10 ; 436, l. 10.)

OUBLIANCE.

Que jamais discourtoisie, *oubliance* ni ingratitude ne vous offensent, etc. (II, 243.)

OUBLIER à :

J'*oublie à* vous remercier. (III, 18.)
J'*oubliois à* vous dire que nous avons ici le prince Thomas. (IV, 14.)

OUI.

En matière de choses futures, l'*oui* et le non trouvent des amis, qui parient les uns d'un côté et les autres de l'autre. (IV, 30.)

Ne lui verrez-vous jamais aucun de ces signes que les hommes ont quand ils se troublent... ? Je vous avoue qu'*oui*. (II, 578.)

Oui, monosyllabe ou dissyllabe :

Note ici *oui* d'une syllabe et ailleurs il *(des Portes)* le fait de deux *(voyez* IV, 472, *et note* 6). Je trouve plus raisonnable qu'il soit de deux, comme en *réjoui*, etc.... Toutefois l'usage doit être le maître. (IV, 269.)

Oui bien, mais bien, en latin *imo :*

Ce n'est pas un acte généreux que donner et perdre, *oui bien* perdre et donner. (II, 249 ; voyez II, 229, 492.)

OUÏR, entendre, apprendre, exaucer :

1° A l'infinitif. (I, 51, vers 137 ; 65, vers 8 ; 83, vers 219 ; 152, vers 10 ; II, 90, 93.)

Ouïr messe. (III, 546.)

2° Aux participes :

Les deux reines en *oyant* (*entendant parler de cela*) hier ensemble, etc. (III, 575 ; voyez II, 294.)

Nos prières sont *ouïes* (*entendues, exaucées*). (I, 87, vers 11; voyez II, 427.)

3° Au présent de l'indicatif :

J'*oi*, j'*oy*, j'*ois*. (II, 14, 173, 179, 195, 304.)
Il *oit*. (II, 93, 117, 147.)
Celui.... par qui il n'*oit* point d'alarmes (*à qui il doit sa sécurité*). (II, 565.)
Nous *oyons*. (II, 469.) — *Oyons*-nous. (II, 99, 105.)
Vous *oyez*. (II, 307.)

4° A l'imparfait de l'indicatif :

J'*oyois*. (I, 240, vers 13 ; II, 466.)
A la chapelle basse, où nous *oyions* messe. (III, 8.)
[Ils] *oyoient*.... (I, 48, vers 76.)

5° Au passé défini :

Qui n'*ouït* la voix de Bellonne? (I, 213, vers 102.)

6° Au futur :

J'*orrai*. (II, 340.)
[Il] *orra*. (I, 192, vers 8 ; II, 112, 242.)
On *oirra*. (II, 609.)
Vous *oirez*. (II, 515.)

Les formes *oirra*, *oirez* seraient-elles des fautes des anciennes éditions ?

7° Au conditionnel :

Jamais on n'en *orroit* plus parler. (III, 20.)

8° A l'impératif :

Oyez. (II, 55.)

9° Au présent du subjonctif :

Qu'il *oye*. (III, 157, etc.)

OURDIR, tisser, au figuré :

[Le Discord] Des maux que nous avons soufferts
Nous *ourdit* la toile tragique. (I, 311, vers 14.)

De combien de tragédies,
Sans ton assuré secours,
Étoient les trames *ourdies*
Pour ensanglanter nos jours! (I, 91, vers 103.)

[Son Dauphin] De faits si renommés *ourdira* son histoire. (I, 74, v. 118.)

OURSE.

.... Sous l'*Ourse* (*dans les pays du Nord*). (I, 245, v. 11.)

OUTRAGE.

.... Les *outrages* des Parques. (I, 119, vers 64.)
La place lui déplaît (*à saint Pierre*) où la troupe maudite
Son Seigneur attaché par *outrage* dépite. (I, 8, vers 104.)

Nos champs même ont leur abondance
Hors de l'*outrage* des voleurs. (I, 214, vers 142.)

.... Les lois me défendent l'*outrage*
Qu'entre tant de langueurs me commande la rage (*les lois me défendent de me tuer*). (I, 14, vers 259.)

Voyez tome I, p. 11, vers 178; p. 150, vers 27 ; p. 243, vers 8; p. 297, vers 10.

OUTRAGER, attaquer :

Paroles que permet la rage
A l'innocence qu'on *outrage*, etc. (I, 152, vers 8.)

L'ennui renouvelé plus rudement l'*outrage*. (I, 15, vers 287.)

OUTRAGEUSEMENT.

Depuis il m'a traité si *outrageusement*..., que je lui suis aussi peu obligé que si jamais il ne m'avoit fait plaisir. (II, 172.)

OUTRAGEUX.

Il sera mis en amende comme *outrageux* (*comme coupable d'outrage, de violence*). (II, 49.)

Un tyran *outrageux*. (II, 33.)

.... L'*outrageuse* licence. (I, 91, vers 106.)

OUTRE, au delà de, en transgressant :

.... Le Rhône *outre* ses bords
Lui vit faire éclater sa gloire. (I, 115, vers 213.)

Lui verrez-vous.... les membres tremblants, ou quelque autre telle agitation.... que fait la nature *outre* le commandement de la raison? (II, 578.)

Se revancher *outre* la volonté de ceux qui nous ont obligés, etc. (II, 132.)

PLUS OUTRE, au delà :

L'indiscrétion n'ira point *plus outre*. (III, 7.)

Quelque chemin que nous ayons fait, nous voulons passer *plus outre*. (II, 41; voyez II, 7, 76, 502.)

OUTRÉ, affligé à l'excès :

Le cœur *outré* de même ennui (*affligé de la même douleur*). (I, 169, vers 64.)

OUTRECUIDÉ, excessif, dans le sens moral :

Témérité *outrecuidée*. (IV, 151.)

[Les] courages les plus *outrecuidés*. (IV, 166.)

Vœux *outrecuidés*. (IV, 172; voyez *passim*.)

OUVERTEMENT.

[Ils] font à qui les voit *ouvertement* connoître
De leur peine secrète un regret apparent. (I, 18, vers 383.)

OUVERTURE (FAIRE), FAIRE L'OUVERTURE, UNE OUVERTURE :

Vous m'*avez fait ouverture* à recevoir votre bienfait. (II, 181.)

Elle (*la sagesse*) ôte la vanité des âmes..., leur donne la connoissance de la nature de toutes choses.... Avec ces entrées, elle nous *fait l'ouverture*.... du monde, temple général de tous les Dieux. (II, 719.)

La pointe d'un canivet vous *fera l'ouverture* d'une liberté perpétuelle. (II, 541.)

Ces précepteurs universels du genre humain, et qui nous *ont fait l'ouverture* à des choses si profitables. (II, 501.)

Il valoit mieux rejeter quelque petit nombre d'excuses légitimes, que, les recevant, *faire* une *ouverture* générale à tout le monde d'en inventer à son plaisir. (II, 233.)

OUVRAGE, œuvre, travail, entreprise :

Le Dieu de Seine étoit dehors
A regarder croître l'*ouvrage* 79, vers 93.)
Dont ce prince embellit ses bords (*la grande galerie du Louvre*). (I,

Les *ouvrages* communs vivent quelques années;
Ce que Malherbe écrit dure éternellement. (I, 262, vers 13.)

Tout notre âge (*toute notre vie*) est un *ouvrage* à pièces, qui a comme des cercles les uns dans les autres. (II, 303.)

Je ne veux pas dire qu'ils (*les premiers hommes*) n'eussent les âmes relevées, comme étant alors un *ouvrage* qui ne faisoit que partir de la main des Dieux. (II, 724.)

Hercule.... lassé des *ouvrages* (*des travaux*) du monde, etc. (II, 97.)

.... Quand j'aurai peint ton image,
Comme j'en prépare l'*ouvrage* (*comme je me prépare à le faire*).
(I, 187, vers 136 *var.*)

La vertu ne dément jamais une action par l'autre. Tous ses *ouvrages* ont une correspondance avec elle. (II, 577.)

Il n'est pas de l'instruction des esprits comme des autres *ouvrages*. (II, 394.)

Aussi vraiment est-ce un *ouvrage* louable,... de pouvoir dire : « J'ai obéi à mon père. » (II, 88.)

Voyez tome I, p. 69, vers 5; p. 115, vers 217; p. 138, vers 2; p. 154, vers 49; p. 178, vers 9; p. 210, vers 16; p. 216, vers 173; p. 244, vers 9; p. 259, vers 10.

OUVRIER, artiste. (II, 504; voyez l'article ART.)

OUVRIR.

Au lieu de parer les coups, [elle] s'*ouvre* l'estomac (*découvre sa poitrine*), et le dispose à les recevoir. (II, 527.)

OUVERT à, au figuré :

Il n'est point d'homme si sensible, et si *ouvert à* toute sorte de traits (*d'impressions*), que ce qu'on lui donne fortuitement le touche au cœur. (II, 23.)

OVALE, féminin :

Une *ovale* de diamants (*au milieu d'un bracelet*). (III, 359; voy. III, 360.

P

PACTION, pacte :

Plût à Dieu qu'il ne fallût ni sceaux ni signes pour l'assurance de ces *pactions*, et que la conscience et la foi en fussent les seules dépositaires! (II, 64.)

PAGE (SORTIR DE HORS), sortir de tutelle :

Cette manière de gens qui ne *sortent* jamais *de hors page* suivent les premiers en des opinions que tout le monde réprouve. (II, 392.)

Les éditions de 1645 et de 1648 portent : « qui ne *sortent* jamais *hors de page*. »

PAILLARDER.

Son intention n'est que de gourmander, dormir et *paillarder*. (II, 463.)

PAILLE.

.... Les fureurs de la terre

>   Ne sont que *paille* et que verre
>   A la colère des cieux. (I, 23, vers 9.)

PAIN (Le) du Roi, le pain que le Roi donnait aux prisonniers sur le fonds des amendes. (III, 25.)

PAIR (Aller du) avec, être mis du pair avec, égaler, être égal à :
>   Il iroit *du pair avec* les plus cruels. (I, 454; voyez II, 43, 420.)
>   Alexandre.... se voyant *mis du pair avec* Hercule, se persuada qu'à ce coup il étoit à l'effet de la vaine et présomptueuse imagination qu'il avoit toujours eue d'aller au ciel. (II, 21.)

PAÎTRE (Se) de :
>   Il.... *se paît de* sang humain. (II, 237.)
>   Ceux qui *se paissent de* vanités. (II, 518.)

Voyez tome I, p. 301, vers 37. — Suivant Malherbe, *se paître* exprime une action d'un moment; et *se nourrir*, une action longue, continue. (IV, 419.)

PAIX, au figuré :
>   Je ne trouve la *paix* qu'à me faire la guerre. (I, 159, vers 22.)
>   [Ce tumulte] N'aura *paix* qu'au tombeau. (I, 161, vers 72.)

PALAIS, traduisant le latin *forum* :
>   Il n'y a rien que je commençai de plaider; il n'y a rien que je quittai le *Palais* (*le barreau*). (II, 439.)

Voyez tome II, p. 120, 173, 371, 372, 600, etc.

PÂLI.
>   A ce coup.... mentiront les prophéties
>   De tous ces visages *pâlis*,
>   Dont le vain étude s'applique
>   A chercher l'an climatérique
>   De l'éternelle fleur de lis. (I, 45, vers 17.)

PALME, palmes, emblème de la gloire :
>   [La Victoire,] Qui son plus grand honneur de tes *palmes* attend. (I, 279, vers 62.)
>   Il faut mêler pour un guerrier
>   A peu de myrte et peu de roses
>   Force *palme* et force laurier. (I, 113, vers 140.)

Voyez tome I, p. 20, vers 2; p. 22, vers 35; p. 28, vers 5; p. 35, vers 71; p. 52, vers 149; p. 72, vers 70; p. 248, vers 31; etc.

PANON, pennon :
>   Devant le chariot (*qui portait le corps de Henri IV*) étoit M. de Rodes à cheval, portant une bannière qui s'appelle *panon*. (III, 198.)

PANTOUFLE, traduisant le latin *socculus*. (II, 25.)

PAPEGAY, perroquet, oiseau de bois servant de but aux tireurs :
>   Il est allé à Cray.... voir une fête célèbre qui s'y fait de tireurs au *papegay*. (III, 505.)

PAPIER, registre; **Faire papier**, tenir registre :
>   Que sont-ce ces contrats, ces *papiers* de compte, cette invention de vendre le temps, et cette usure...? Oh! qu'un homme est misérable qui se glorifie de tenir un gros *papier* de rentes...! (II, 227.)

Ce n'est point chez moi qu'on *fait papier* de mise et de recette. Je sais à qui je dois. (II, 124; voyez II, 6.)

Papier-journal, registre, livre de compte, en latin *calendarium* :
Que sont-ce que l'intérêt, le *papier-journal*, l'usure, sinon des noms sans substance, que les hommes ont recherchés pour donner quelque soubassement illusoire à leur insatiable cupidité? (II, 226.)

PAQUET.
M. de Villeroy a été mal quelque quatre ou cinq jours, jusques à renvoyer les *paquets* (*qu'il recevait en qualité de secrétaire d'État*) à M. de Pizieux. (III, 482.)

PAR, sens local, à travers, parmi, dans, etc. :
 .... Sa voix de ses accents
 Frappe les cœurs *par* les oreilles. (I, 131, vers 22.)
 .... L'autre soleil d'une erreur vagabonde
Court inutilement *par* ses douze maisons. (I, 157, vers 14.)
 Son nom, qui vole *par* le monde, etc. (I, 113, vers 149.)
 Louez Dieu *par* toute la terre. (I, 245, vers 1.)
Les victorieux se dispersoient *par* les maisons. (II, 72.)
On fait prier *par* toutes les églises pour le succès. (IV, 77.)
Je n'approuve pas que vous changiez souvent de lieu, sans faire autre chose que d'être toujours *par* le chemin. (II, 534.)
Je suis résolu, quand vous me ferez.... quelque faveur, de vous dire.... que je l'ai reçue, afin de vous ôter de la peine où vous seriez que la nonchalance des messagers.... ne l'eût fait demeurer *par* les chemins. (III, 89.)
Ceux qui alloient *par* pays avoient quelque trafic à faire. (I, 435.)
 .... Qu'on tournât la proue du côté de la mer, ou qu'on jetât l'ancre *par* proue. (II, 456.)
Quand il y a trop de vent, on baisse l'antenne, parce qu'il ne donne pas si fort quand il donne *par* bas. (II, 595.)
Il retourne à la même boutique..., et *par* entre deux ais de qui la jointure s'étoit lâchée laisse tomber son argent. (II, 240.)

Par, par l'action, le fait, l'effet, le moyen, l'entremise de, à cause de, par suite de :
 Un petit livret qui s'est fait *par* un docteur de Sorbonne. (III, 255.)
 Il s'en est proposé aussi un autre (*un autre avis a été proposé*) *par* M. de Lorsac, de faire venir tous les ans à Paris douze cent mille voies de bois de Norvège. (III, 281.)
 J'ai reçu la rescription que m'avoit faite M. de Vales, *par* M. de Vales lui-même. Il étoit ici depuis hier au soir. (IV, 59, note.)
 Par qui sont aujourd'hui tant de villes désertes....
 Que *par* ces enragés? (I, 278, vers 21 et 24.)
Si la douleur est incurable..., je délogerai..., pource que *par* elle je suis inutile aux actions pour lesquelles je suis au monde. (II, 482.)
 Qu'autres que moi soient misérables
 Par vos rigueurs inexorables,
 Cela se peut facilement. (I, 97, vers 20.)
Je ne sais ce que je fais, Madame,... tant mon âme est en désordre *par* ce malheureux éloignement (*par le malheur d'être éloigné de vous*). (IV, 184.)
 Un homme impudique offre de payer ma rançon. Que ferai-je?... Serai-je ou si sale que de vivre avec un homme qui n'a rien de pur, ou si ingrat que de ne vivre pas avec un homme *par* qui je vis? (II, 35.)

Oh! qu'un homme est misérable qui se glorifie.... de labourer de grandes campagnes *par* ses esclaves, etc.! (II, 227.)

.... Si la fureur des Titans
Par de semblables combattants
Eût présenté son escalade, etc. (I, 122, vers 216.)

Pour ne prendre pas garde à nos actions, et les remettre plutôt à la fortune que de les conduire *par* discours, nous faisons une infinité de fautes. (II, 1.)

Par sa fatale main, qui vengera nos pertes,
L'Espagne pleurera ses provinces désertes. (I, 74, vers 121.)

.... *Par* la raison
Le trouble de mon âme étant sans guérison (*le trouble de mon âme ne pouvant être guéri par la raison*), etc. (I, 276, vers 9.)

Jamais ses passions (*les passions de l'Amour*), *par* qui chacun soupire,
Ne nous ont fait d'ennui. (I, 150, vers 17.)

Les sages, ayant vu couler quelques veines de métaux fondus, en la superficie de la terre, *par* l'embrasement de quelque forêt, ont jugé que fouillant plus avant il s'en trouveroit davantage. (II, 713.)

Chrysippus même, qui *par* ses subtilités fait profession de trouver ce qui est en toutes choses, etc. (II, 8.)

C'est par ici qu'on monte dans les cieux. C'est *par* frugalité, c'est *par* tempérance, c'est *par* magnanimité. (II, 567.)

Je vous prie et vous conseille.... de mettre en pratique ce que vous avez appris, non avec du langage ou *par* des écrits, mais *par* assurance de courage et diminution de vos passions. (II, 337.)

Avoir reçu la mort *par* un glaive barbare. (I, 12, vers 224.)

.... Que jamais *par* le martyre
De vous servir je me retire,
Cela ne se peut nullement. (I, 98, vers 40.)

Je ferai mieux de relâcher,
Et borner le soin de te plaire,
Par la crainte de te fâcher. (I, 116, vers 230.)

Ses yeux (*les yeux du Soleil*) *par* un dépit en ce monde regardent. (I, 18, vers 373.)

.... Ils auront ce pouvoir,
Que ce qu'on ne fait *par* devoir,
On le fera *par* leur exemple. (I, 300, vers 9 et 10.)

Par le droit des gens on peut vendre ce qu'on a acheté. (II, 16.)

Si les bienfaits étoient en la chose, et non pas en la volonté, l'estimation s'en feroit *par* la valeur de la chose qu'on auroit donnée. (II, 13.)

L'ajournement est du 15ᵉ de juillet 1599, et l'exploit d'inhibition du 10ᵉ de juillet..., *par* Fossenque, notaire dudit Brignole. (I, 338.)

Partout il avoit parlé *par* « vous » (*employé le pronom* vous). (IV, 277.)

La pauvreté ne se dit point *par* position, mais *par* privation (*non dans un sens positif, mais dans un sens négatif*)..., c'est-à-dire, non pour avoir, mais pour n'avoir pas. (II, 684.)

Voyez tome I, p. 21, vers 6; p. 39, vers 6; p. 65, vers 12; p. 82, vers 188; p. 85, vers 23; p. 94, vers 207; p. 95, vers 211 et 216; p. 113, vers 151; p. 122, vers 198; p. 123, vers 236; p. 131, vers 39; p. 147, vers 32; p. 150, vers 30; p. 213, vers 106; p. 237, vers 34; p. 262, vers 6; p. 269, vers 29; p. 279, vers 55; p. 282, vers 113; p. 283, vers 157; p. 289, vers 117; p. 300, vers 7; tome II, p. 9, l. 4; p. 78, l. 22; p. 103, l. 20; p. 108, l. 25; p. 233, l. 11 et 12; p. 569, l. 19; tome III, p. 147, l. 14; p. 179, l. 1; etc.

PAR, moyennant (en parlant d'un prix, d'une somme d'argent):

Il avoit eu cette place du Gast (*de Michel de Gast*) *par* le prix de cent mille écus. (III, 417.)

Le marché en est fait *par* quatre cent soixante mille livres. (III, 320.)

L'on tient le mariage de M. le prince de Joinville assuré avec Mlle du Maine *par* quatre cent mille livres. (III, 134.)

Par, devant un infinitif équivalent à *en* devant un participe présent :

Fabius, qui *par* temporiser sagement releva les affaires de sa république, est-il téméraire? (II, 117.)

Par vous tenir quitte il vous rend davantage son obligé. (II, 233.)

Voyez tome II, p. 594, l. avant-dernière; p. 633, l. 26; p. 674, l. 24.

Par ainsi, par conséquent. Voyez Ainsi (Par).

Par ci-devant, précédemment :

[Le] sieur Fauconnier, dont il a été fait mention *par ci-devant*. (I, 335.)

Le temps que *par ci-devant* on vous a fait perdre..., ramassez-le, et le conservez curieusement à l'avenir. (II, 265 ; voyez II, 333, 492 ; III, 166.)

Par deçà, Par delà, Par dedans, Par-dessous, Par-dessus, Par-sus. Voyez Deçà, Delà, Dedans, Dessous, Dessus, Sus.

PARABIEN, mot espagnol, félicitation, compliment. (III, 303.)

PARABOLE, métaphore, figure :

J'y trouve aussi des figures, desquelles ceux qui nous défendent l'usage... ne sont pas savants en la lecture des anciens; car.... vous ne voyez que des *paraboles* en leurs écrits. (II, 485.)

PARCE que (voyez Pource que) :

Il peut bien y avoir du manquement en la chose donnée, *parce qu*'on lui doit une pareille, mais pour le regard de l'affection, il n'y en a point. (II, 46.)

Ce que vous voyez.... est la rencontre de deux astres, *parce que* la lune.... s'est trouvée entre lui (*le soleil*) et nous. (II, 141.)

Que vous sert de remanier vos douleurs et d'être misérable, non pour autre chose que *parce que* vous l'avez été? (II, 606 ; voyez II, 38, l. 19 ; etc.)

PARDONNER.

.... Étant fils d'un père où tant de gloire abonde,
Pardonnez-moi, Destins, quoi qu'ils puissent avoir,
Vous ne leur donnez rien s'ils n'ont chacun un monde. (I, 103, vers 13.)

Pardonner à, épargner :

Tant s'en faut que.... ils fissent mourir un homme, que même ils *pardonnoient aux* animaux. (II, 724.)

On ne voit jamais le tonnerre
Pardonner au dessein que vous entreprenez. (I, 295, vers 6.)

PAREIL.

Le cercle imaginé, qui de même intervalle
Du nord et du midi les distances égale,
De *pareille* grandeur bornera leur pouvoir. (I, 103, vers 11.)

[Des mérites] Qui n'ont rien de *pareil* à soi. (I, 152, vers 15.)

Aux plus beaux jours de juin et de juillet, il s'élève des tempêtes à qui décembre et janvier n'en ont point de *pareilles*. (II, 727.)

Pareille, substantivement :

.... Quel esprit que la raison conseille,

S'il est aimé, ne rend point de *pareille?* (I, 227, vers 40.)
Il peut bien y avoir du manquement en la chose donnée, parce qu'on lui doit une *pareille*; mais pour le regard de l'affection, il n'y en a point. (II, 46.)

PAREMENT, parure, ornement :

Autant de fois que nous voyons les portes de nos voisins tendues de noir, autant de fois sommes-nous avertis que les nôtres auront le même *parement* au premier jour. (IV, 221.)

PARENTAGE, parenté, famille, race :

.... Nommer en son *parentage*
Une longue suite d'aïeux. (I, 110, vers 61.)

Que si quelqu'un a la fortune si bonne, que son éloquence.... lui acquière tant de gloire.... que de sa lumière les ombres de son *parentage* puissent être éclairées, etc. (II, 82 ; voyez I, 147, vers 23 ; II, 68.)

PARENTE.

[Les Muses,] comme *parentes* des Dieux,
Ne parlent jamais en esclaves. (I, 108, vers 13.)

PARER, orner :

[On ne faisoit pas les étuves] si magnifiques; car aussi quelle apparence y avoit-il de *parer* une chose d'un liard, inventée pour le service, et non pour la volupté? (II, 669.)

Le Roi, extrêmement *paré* de pierreries et plus de bonne mine..., menoit la mariée du côté droit. (III, 93.)

PARER, garantir, préserver, excuser :

Faisons ce que le devoir nous commande pour le *parer* (*le corps*) des choses qui lui peuvent apporter du déplaisir. (II, 312.)

Se *parer* du froid. (II, 497.)

Que vous sert de vous enquérir si Pénélope a passé son temps avec ceux qui la recherchoient; si par discrétion elle *s'est parée* de scandale (*en latin :* an verba sæculo suo dederit)? (II, 689.)

Le Roi s'en va.... à Ennet, et y sera quinze jours; l'on croit que c'est pour se *parer* des étrennes. (III, 17.)

Sans une méchante affaire que j'ai, je me fusse *paré* de ce voyage. (III, 37; voyez I, 189, vers 12; II, 210, 299, 515, etc.)

Cette phrase étant bien considérée n'est guère légitime.... Ce qui le peut *parer*, c'est qu'il peut dire, etc. (IV, 300.)

PARER, terme de manége, arrêter :

Que me sert que je me sache bien aider d'un cheval, et qu'à point nommé je le *pare*, si je me laisse emporter à mes passions? (II, 692.)

PARFAIT.

Ce ne m'est plus de nouveauté,
Puisqu'elle est parfaitement sage,
Qu'elle soit *parfaite* en beauté. (I, 127, vers 14.)
Après nos malheurs abattus
D'une si *parfaite* victoire, etc. (I, 202, v. 39; voy. I, 121, v. 167.)

PARFAITEMENT, très, extrêmement :

C'est être extrêmement sage, que d'être *parfaitement* furieux pour une si digne passion. (IV, 172; voyez I, 7, vers 87; 127, vers 13.)

PARFUMÉ, au figuré :

Quelle terre n'est *parfumée*
Des odeurs de sa renommée ? (I, 76, vers 25.)

PARFUMEUR. (II, 716.)

PARLER, au propre et au figuré :

Un malade ne cherche point un médecin bien *parlant*, mais bien guérissant. (II, 580.)
Quand vous ferez votre retraite, pensez à *parler* avec vous (*pensez à vous entretenir avec vous-même*), et non à faire *parler* de vous. (II, 531 et 532.)
Que chacun *parle* à soi-même en particulier (*en latin :* se quisque interroget), il n'y en a pas un qui ne se plaigne de quelque ingrat. (II, 156.)
Il ne faut plus *parler* qu'il y ait rien d'honnête au monde. (II, 514.)
Soit que de tes lauriers ma lyre s'entretienne,
Soit que de tes bontés je la fasse *parler*, etc. (I, 283, vers 150.)
[Vois-je pas] *parler* dans vos yeux un signe qui me dit
Que c'est assez payer que de bien reconnaître ? (I, 244, vers 13.)
J'eusse dit : « vous m'étiez plus humaine, » puisque partout il *avoit parlé* par « vous » (*il avait employé le pronom* vous). (IV, 277.)
Voici.... comme il faut *parler* à eux. (II, 87.)
Il *parle* à elle en tierce personne (*à la troisième personne*). (IV, 277.)
Il ne se *parle* plus de la liberté. (II, 315 ; voyez II, 53.)
Sous l'empereur Tibère il ne se *parloit* que d'accuser. (II, 74.)

LE PARLER, substantivement :

Prenez.... quelque autre de qui *le parler*, la vie et le visage.... vous seront plus agréables. (II, 301.)
Je veux laisser juger aux filles de mémoire
La grâce et *le parler* de tes amoureux vers. (I, 291, vers 4.)

PARLERIE, bavardage :

Toute cette *parlerie* a plus de vanité que d'autre chose : c'est une pièce de beaucoup de son et de peu de valeur. (II, 407.)

PARMI.

.... Soissons, fatal aux superbes,
Fera chercher *parmi* les herbes
En quelle place fut Turin. (I, 55, vers 229.)
Qu'il (*Neptune*) s'en aille à ses Néréides,
Dedans ses cavernes humides,
Et vive misérablement
Confiné *parmi* ses tempêtes. (I, 86, vers 40.)
Cependant notre grand Alcide,
Amolli *parmi* vos appas,
Perdra la fureur qui sans bride
L'emporte à chercher le trépas. (I, 50, vers 122.)
Vous n'aurez que ces quatre ou cinq lignes de moi : ... c'est ce que je puis *parmi* le tumulte où nous sommes. (III, 69.)
L'un est *parmi* du sucre, l'autre *parmi* de l'absinthe ; l'un a conduit l'indulgence de la fortune, l'autre a dompté sa violence. (II, 521.)

Voyez tome I, p. 25, vers 49 ; p. 57, vers 11 ; p. 138, vers 10 ; p. 159, vers 13 ; p. 227, vers 19 ; p. 254, vers 5 ; p. 309, vers 2 ; tome II, p. 107, 469.

Parmi, blâmé dans ce vers de des Portes, où Malherbe voudrait *dessus* :
   Il va luire à son tour *parmi* l'autre hémisphère. (IV, 463.)

PARNASSE, le Parnasse:
Les puissantes faveurs dont *Parnasse* m'honore, etc. (I, 283, vers 141.)

PAROÎTRE:
Vois-je pas vos bontés à mon aide *paroître*? (I, 244, vers 12.)
[Neptune,] Comme tu *paroîtras* au passage des flots,
Voudra que ses Tritons.... soient tes matelots. (I, 281, vers 106.)
   Quand nous ne parlerions point, pourvu que dans l'âme nous ayons la volonté que nous devons avoir, la conscience nous *paroîtra* sur le visage. (II, 39.)
   C'est assez que votre repos *paroisse*, il n'est pas besoin qu'il soit éminent (*en latin* : non emineat, sed appareat). (II, 333 et 334.)
   Quelque charge qu'il ait sur le dos, il ne marche jamais que droit : sa taille *paroît* toujours. (II, 554.)
   De toutes ces voix qui *paroissent* ensemble, il n'y en a pas une qui se puisse remarquer à part. (II, 652; voyez I, 309, vers 6; II, 101, 553.)

Paroissant, paroissante :
   Quelque discord, murmurant bassement,
      Nous fit peur au commencement....
   Tu menaças l'orage *paroissant*;
      Et tout soudain obéissant,
   Il disparut.... (I, 195, vers 29.)
      Elle étoit jusqu'au nombril
      Sur les ondes *paroissante*,
      Telle que l'aube naissante
      Peint les roses en avril. (I, 316, vers 2.)

Faire paroître :
   Assez de preuves à la guerre,
   D'un bout à l'autre de la terre,
   Ont fait paroître ma valeur. (I, 153, vers 27.)
   Quel marbre à la postérité
   Fera paroître votre gloire
   Au lustre qu'elle a mérité? (I, 202, vers 41.)
   .... Son visage sans couleur
   Faisoit paroître que ses plaintes
   Étoient moindres que sa douleur. (I, 168, vers 59 *var.*)
   Elle (*l'âme*) a beaucoup d'espèces, qui se *font paroître* (*se montrent*) suivant la diversité des sujets. (II, 512.)

PAROLE.
   Dis les bonnes *paroles* (*les paroles de bon augure*) à mon ombre, asperge mes cendres, et t'en va. (I, 360.)

PARONOMASIE, paronomase, figure qui consiste à employer des mots qui se ressemblent par le son et diffèrent par le sens. (IV, 338.)

PARQUE, Parques :
      .... Aussitôt que la *Parque*
      Ote l'âme du corps. (I, 40, v. 25; voy. I, 256, v. 41; 299, v. 1.)
      Par les Muses seulement
      L'homme est exempt de la *Parque*. (I, 94, vers 208.)

De combien de pareilles marques,...
Ai-je de quoi te garantir
Contre les menaces des *Parques?* (I, 113, vers 134.)

PARRICIDE, criminel envers le Roi, l'État :

Il est bas, le *parricide* (*Casaux*). (I, 24, vers 25.)

Parricide, meurtre, crime d'État :

.... Si les pâles Euménides,
Pour réveiller nos *parricides*, vers 14 *var.*)
Toutes trois ne sortent d'enfer, etc. (I, 214, vers 126; voyez I, 45,

PARRIN, parrain :

Le baptême se doit faire le 26ᵉ du mois qui vient; la reine d'Angleterre est marrine et les États de Hollande *parrins*. (III, 398; voyez III, 264.)

PART, portion, lot :

Aux amitiés, comme en toute autre chose, il faut prendre ce qui tombe en notre *part* (*en latin* : sortem). (II, 42.)

Avoir part :

Si vous aimez votre louange,
Desirez-vous pas qu'on la venge
D'une injure où vous *avez part?* (I, 66, vers 40.)

De sa part, pour sa part :

Il est des préceptes comme des graines.... Si l'esprit qui les reçoit a de la disposition à bien apprendre, il ne faut point douter que *de sa part* il ne contribue à la génération. (II, 403; voyez III, 133.)

Part, côté, lieu, endroit :

Afin qu'en autre *part* ma dépouille ne tombe,
Puisque ma fin est près, ne la recule pas. (I, 17, vers 353.)

Toutes ces subtilités.... le resserrent (*le cœur*) aux occasions importantes, où, plus qu'en autre *part*, il auroit besoin de s'élargir. (II, 639.)

.... L'homme qui porte une âme belle et haute,
Quand seul en une *part* il a fait une faute,...
Il rougit de lui-même, et....
Pense qu'en se voyant tout le monde l'a vu. (I, 18, vers 392.)

Lui, de qui la gloire....
En tant de *parts* s'est fait ouïr,
Que tout le siècle en est un livre. (I, 51, vers 137.)

On doute en quelle *part* est le funeste lieu
Que réserve aux damnés la justice de Dieu. (I, 129, vers 9.)

En quelque *part* des cieux que luise le soleil,
Si le plaisir me fuit, aussi fait le sommeil. (I, 139, vers 6.)

Quand la vertu nous envoie en quelque *part*, il y faut marcher. (II, 90.)

Être partout, c'est n'être en nulle *part*. (II, 267.)

Il ne peut aller en *part* où sa maladie n'aille quant et lui. (II, 328.)

Ce n'est pas la matière qui fait les choses bonnes ou mauvaises : c'est la vertu, en quelque *part* qu'elle paroisse. (II, 553.)

Il ne me souvient pas en quelle autre *part* j'ai ouï faire mention de cette affaire. (III, 71.)

Voyez tome I, p. 305, vers 22; tome II, p. 7, 196, 216, 456, 493, 509, 707; tome IV, p. 5, 237.

Mettre à part, mettre de côté, laisser de côté, négliger :

Il y en a (*des plaisirs qu'on nous a faits*) qui peu à peu se sont disparus de devant nous, et d'autres.... que nous *avons mis à part*, de peur de les regarder. (II, 246.)

C'est chose desirable de soi que de faire plaisir. Toute l'utilité qu'il y faut considérer, c'est celle de celui qui reçoit; pour la nôtre, il la faut *mettre à part*. (II, 98.)

Prendre en bonne part, trouver bon, agréer :

Voici le livre des glanes.... Prenez en bonne *part* ce qui reste, puisque c'est pour vous qu'il est resté. (II, 214.)

PARTAGE, part :

Le droit de M. de Nevers.... est que Monsieur son grand-père.... fut assigné pour son *partage* de quarante-cinq mille écus par an, de quoi il n'a rien touché durant quatre-vingts ans. (III, 96.)

PARTAGEABLE, qui doit être partagé :

Nous ne devons rien avoir de séparé. Bien et mal, tout est *partageable* entre nous. (II, 434.)

PARTAGER (Se) à :

Qu'*aux* deux fils de mon roi *se partage* la terre. (I, 102, vers 2.)

Partager, répartir :

.... Ayant de vos fils les grands cœurs découverts,
N'a-t-il (*le Ciel*) pas moins failli d'en ôter un du nombre,
Que d'en *partager* trois en un seul univers ? (I, 191, vers 14.)

PARTEMENT, départ :

Que vous ai-je fait.... que vous souhaitiez que mon retour soit de pire condition que mon *partement* ? (II, 207 ; voyez I, 157, vers 31 ; III, 4, 89.)

Département, pour *partement*, blâmé par Malherbe chez des Portes. (IV, 339.)

PARTERRE, jardin :

.... En cueillant une guirlande,
L'homme est d'autant plus travaillé,
Que le *parterre* est émaillé
D'une diversité plus grande. (I, 109, vers 43.)

PARTI.

Ce fut en ce troupeau (*des saints Innocents*) que....
Le Sauveur inconnu sa grandeur abaissa ;...
Et furent eux aussi que la rage aveuglée
Du contraire *parti* les premiers offensa. (I, 12, vers 222.)

Pour le parti de, pour :

On les fait riantes (*les Grâces*),... jeunes,... sans ceinture..., et les robes à jour.... Je veux bien qu'il y en ait de si passionnés *pour le parti des Grecs*, que toutes ces imaginations leur semblent nécessaires. (II, 8.)

Prendre parti :

Marc-Antoine, voyant que la fortune *prenoit parti* ailleurs, et qu'il ne pouvoit plus disposer de rien que de sa vie, etc. (II, 170.)

Ce n'est pas assez d'une belle cuisse ou d'un beau bras, pour faire juger une femme belle : il faut qu'une grâce universelle de toutes ses parties tienne si douteux et si suspendus ceux qui la voient qu'ils ne sachent où *prendre parti* pour les considérer. (II, 391.)

PARTIALITÉS, divisions intérieures :

C'étoit chose contre la dignité du peuple romain de s'embarrasser dans les *partialités* de la ville de Carthage. (I, 456.)

PARTICIPER.

Je ne suis pas si déraisonnable, que je n'avoue que vous m'ayez fait plaisir ; mais je dis que vous y *avez participé* (*que vous avez eu votre part de ce plaisir*). (II, 181 ; voyez II, 118.)

Quant à l'avis dont vous voulez que je *participe* (*que j'aie ma part*), c'est une faveur que je ne saurois jamais reconnoître. (IV, 121.)

PARTICULARITÉ.

Quelques-uns.... prennent plaisir à vivre ou à s'habiller avec quelque *particularité* qui les fasse regarder. (II, 275.)

Pource que de tout ce qui est au monde, tu ne trouveras rien que tout ensemble tu aimasses mieux être que ce que tu es, choisis de chaque sujet quelque *particularité* que tu voudrois bien avoir. (II, 43.)

Oh! qu'un homme est misérable qui se glorifie.... de labourer de grandes campagnes..., d'avoir des troupeaux innombrables...! Quand il aura bien considéré toutes ces *particularités*, qui sont les sujets ordinaires de sa dépense..., il confessera qu'il est pauvre. (II, 227.)

PARTICULIER.

Comptez la séparation des nuits, les occupations diverses, les études *particulières* (*les études que chacun fait à part*)..., vous trouverez que vous n'êtes guère plus souvent avec votre ami que s'il étoit dehors. (II, 464.)

PHRASE AFFIRMATIVE PARTICULIÈRE, phrase affirmative dont le sujet est déterminé. (IV, 320.)

PARTICULIER, pris substantivement :

.... Les vœux qu'on leur fait (*aux Dieux*) à toute heure de tous les coins de la terre, et qui touchent ou le *particulier* ou le public (*en latin :* privata et publica). (II, 93.)

Je ne sais plus que vous dire, si je ne vous parle de mon *particulier* (*de ce qui me touche particulièrement*). (III, 258.)

PARTICULIÈREMENT, d'une façon non commune :

Vous trouverez en ce paquet un petit écrit.... L'histoire est assez *particulièrement* écrite. (IV, 62.)

PARTIE, portion d'un tout, attribut :

.... Qui n'estime l'homme que par cette seule *partie* qui le fait homme. (II, 424.)

Sa plus belle *partie* (*de la magnanimité*), c'est que tant s'en faut qu'elle craigne les feux et les fers, que, tout au contraire, etc. (II, 526.)

C'est une grande *partie* de bonté, que d'avoir envie d'être bon. (II, 394.)

La première *partie* d'équité, c'est l'égalité. (II, 381.)

PARTIE, en partie :

C'est en ce détroit qu'est assise la ville de Leucade, *partie* attachée contre le pendant d'une petite montagne. (I, 419.)

Partie casuelle, profit éventuel :

Si d'aventure il vous en vient (*de la vertu*) quelque commodité, recevez-la comme une *partie casuelle*. (II, 91.)

Parties, comptes :

Qui met les bienfaits en dépense, et en dresse des *parties*, fait l'acte d'un usurier. (II, 6.)

Partie, terme de jeu, pris au figuré :

Il dit que.... les Macédoniens étoient demeurés invincibles, et que toujours ils le seroient quand la *partie* seroit bien faite. (I, 460.)

Je pouvois.... regarder le combat sans être de la *partie*. (II, 102.)

Comme ils se trouvent au bout de leurs aïeuls,... ils mettent un dieu de la *partie* (*ils font intervenir un dieu*), et lui font aimer une femme, d'où.... le commencement de leur race est premièrement sorti. (II, 76.)

Partie, projet, complot :

La *partie* qui est aujourd'hui dressée contre eux leur va tailler de la besogne. (IV, 19.)

.... Que dans sa maison même il se fasse des *parties* contre lui, desquelles sans mon aide il n'ait moyen de se parer. (II, 210.)

Partie, adversaire, partie adverse :

Je prendrai la protection d'un criminel qui aura quelques grandes *parties*, et je m'attirerai ses ennemis sur les bras. (II, 102.)

L'avocat de qui la *partie* a perdu sa cause n'a pas moins de suffisance, pourvu qu'il ait bien plaidé. (II, 230.)

Quelle différence y a-t-il de tenter ces inconvénients par fraude, ou de les procurer par vœu, sinon que vous lui donnez plus forte *partie* (*en latin* : potentiores illi adversarios quæris)? (II, 196.)

Voyez tome II, p. 177, 354; tome III, p. 80; tome IV, p. 10, 119, etc.

PARTIR, partager :

Que me sert que je fasse exactement *partir* un champ, et que mon frère et moi, s'il faut que nous séparions un arpent de terre, soyons sur le point de nous couper la gorge? (II, 689.)

Au jugement d'un criminel, quand les opinions se trouvent *parties*, celles qui sont les plus miséricordieuses ont l'avantage. (II, 628.)

PARTIR de, sortir de, venir de, être produit par :

Octavius étoit père d'Auguste.... N'avez-vous pas opinion.... qu'autant de fois qu'il eût jeté les yeux sur soi-même, il eût eu de la peine à croire qu'un si grand homme *fût parti de* sa maison? (II, 83.)

Ne regardez pas tant ce qui vous *part des* mains, comme la personne qui le reçoit. (II, 337.)

Que sont-ce ces contrats, ces papiers de compte..., sinon des maux volontaires *partis de* notre forge? (II, 227.)

Je ne veux pas dire qu'ils n'eussent les âmes relevées, comme étant alors un ouvrage qui ne faisoit que *partir de* la main des Dieux. (II, 724.)

Ce sont les préceptes que Démétrius veut qui ne nous *partent* jamais *des* mains. (II, 216.)

L'inégalité de votre mérite et du mien ne *part* point *de* ma mémoire. (IV, 163.)

.... Si ta faveur tutélaire
Fait signe de les avouer (*les Muses*),

Jamais ne *partit de* leurs veilles
Rien qui se compare aux merveilles
Qu'elles feront pour te louer. (I, 187, vers 128.)

PARTI.

A peine il a vu le foudre   vers 203.)
Parti pour le mettre en poudre, etc. (I, 87, vers 16; voyez I, 115,

AU PARTIR DE :

Qui est celui qui *au partir du* monde ne soupire, et ne fasse connoître que s'il pouvoit il n'en partiroit point? (II, 157.)

Si selon l'opinion des sages il y a quelque vie qui nous reçoive *au partir de* celle-ci, celui que nous pensons être mort n'a fait que nous précéder. (II, 498; voyez II, 597.)

Ils proposent, ils disputent, ils cherchent des subtilités; mais *au partir de* là, vous en sortez avec si peu de résolution que vous en avez apporté. (II, 499; voyez II, 35, 575, 618.)

PARTISAN.

Qui n'ouït la voix de Bellonne,
Telle que d'un foudre qui tonne,
Appeler tous ses *partisans?* (I, 213, vers 104.)

PARVENIR à :

Puisqu'à si beau dessein mon desir me convie,
Son extrême rigueur me coûtera la vie,
Ou mon extrême foi m'y fera *parvenir*. (I, 176, vers 54.)

PARVITÉ, exiguïté :

Le sieur de Malherbe le pria que, vu la *parvité* de la somme, il ne s'en parlât point en ladite transaction. (I, 340; voyez I, 344.)

PAS, substantif, sens divers :

Voyez-moi ces délicats de qui le sommeil impose silence à toute une maison, pour qui tout ce qu'il est de serviteurs se ferment la bouche et suspendent les *pas*. (II, 467.)

Pas adorés de moi,...
Vous avez une odeur des parfums d'Assyrie. (I, 16, vers 313; voyez I, 16,
                                                         vers 319; 17, vers 351.)

Que dis-tu (*il s'adresse à Henri IV mort*) lorsque tu remarques
Après ses *pas* (*de Marie de Médicis*) ton héritier
De la sagesse des monarques
Monter le pénible sentier? (I, 217, vers 202.)

Toutes ces âmes relevées,...
[Que] La faim de gloire persuade
D'aller sur les *pas* d'Encelade
Porter des échelles aux cieux, etc. (I, 55, vers 209.)

C'est à elle (*à la vertu*) de faire le *pas* devant, de conduire, de commander, et d'être au haut bout; et vous lui voulez faire demander le mot. (II, 91.)

Ce seroit quelque consolation à notre imbécillité, si les réparations se faisoient aussitôt que les démolissements; mais celles-là vont le *pas*, et ceux-ci la poste. (II, 727.)

.... Les trois cents Lacédémoniens, qui furent mis à garder le *pas* des Thermopyles. (II, 638; voyez II, 200, l. 23.)

Pas à pas, tranquillement, doucement, au figuré :

Quand vous avez quitté cette besogne (*l'étude de la vertu*) et que vous y voulez retourner *pas à pas*, il ne faut pas penser de la reprendre à l'endroit où vous l'avez laissée. (II, 557.)

PAS, négation. Voyez ci-après, p. 474 et 475, l'article Point, où nous avons réuni ce qui concerne *pas* et *point*.

PASQUIN, pour *pasquinade*, écrit satirique :

Je vous ai envoyé.... un certain *pasquin* qui a couru en cette cour. (III, 325.)

PASSABLE.

Il n'y a bienfait si grand où la malice ne trouve à redire; ni si petit qui ne soit *passable*, pourvu qu'on le veuille bien interpréter. (II, 42.)

PASSAGE.

[Neptune,] Comme tu paroîtras au *passage* des flots,
Voudra que ses Tritons.... soient tes matelots. (I, 281, vers 106.)

J'ai moyen de m'ouvrir le *passage* et me faire faire place, s'il se présente quelque chose devant moi pour m'empêcher. (II, 541.)

Faire passage à, amener à :

La coutume de vivre, plus forte que loi du monde, nous *fait* bien *passage à* des choses qui n'ont point de loi. Il n'y a point de loi qui défende de révéler le secret d'un ami. (II, 162.)

PASSEMENTIER. (II, 716.)

PASSE-PORT, au figuré :

J'y trouve des translations (*des métaphores*), ni trop hardies, ni de mauvaise grâce comme celles à qui l'usage a déjà baillé leur *passe-port*. (II, 485.)

Tout ce qui a *passe-port* de la raison est solide. (II, 518.)

PASSER, activement, sens divers :

Si vous voulez monter à ce sommet..., vous n'avez à *passer* qu'une campagne rase et le chemin le plus aisé que vous sauriez desirer. (III, 654.)

Je ne suis point tenu à un batelier qui m'*aura passé* l'eau, et n'aura rien pris de moi. (II, 186; voyez II, 183.)

Si je veux *passer* mon temps de quelque fol, je ne suis point en peine de le chercher bien loin : je me donne du plaisir de moi-même. (II, 443.)

Un autre est mort en mangeant, un autre en dormant, un autre en *passant* son temps avec une femme. (II, 521; voyez II, 597, 688.)

C'est un sujet (*la description de l'Etna*) où il faut que tous les poëtes *passent* leur caprice. (II, 612.)

M. d'Espernon.... s'adressa à Monsieur le Chancelier, et lui dit : « Monsieur, vous *avez passé* la grâce de Miramont? » Monsieur le Chancelier lui répondit : « Oui, Monsieur; elle étoit juste. » (III, 387.)

Passer, dépasser, surpasser :

En matière de revanche, qui ne *passe* n'atteint point. (II, 10.)

La vertu, de son naturel, aime la gloire, et se plaît de *passer* ce qui va devant. (II, 86; voyez I, 73, vers 84.)

Se passer, disparaître :

Le temps à mes douleurs promet une allégeance,
Et de voir vos beautés *se passer* quelque jour. (I, 2, vers 6.)

Se passer de, se passer avec, se contenter de :

Ceux qui savent *se* peuvent *passer* d'un simple recueil. (II, 403.)
Se passer avec un cheval (*en latin :* uno caballo esse contentum). (II, 676.)

Passer, neutralement :

Quand le serviteur.... *est passé* au delà de ce qu'on devoit espérer de lui, le maître a trouvé un bienfait sans sortir de sa maison. (II, 71.)

Passer, absolument :

Si quelqu'un est entre les mains des voleurs, je ferai ce que je pourrai pour l'en délivrer, et le faire *passer* sûrement. (II, 102.)

Passer, construit avec diverses locutions adverbiales et prépositionnelles :

La question que je vais proposer est vidée.... Aussi ne ferai-je que *passer par-dessus* (*que l'effleurer*). (II, 229.)
Je *passerai par-dessus* (*je laisserai de côté, j'omettrai*) ce qui ne sert de rien. (II, 11; voyez II, 77, 90, 100.)
C'est un Grec, de qui les pointes.... ne font autre chose qu'égratigner bien le cuir en sa superficie, et ne *passent* point plus avant. (II, 9.)
Le bien que m'a fait ma nourrice ne m'étoit pas moins nécessaire que celui que m'a fait mon père, puisque sans l'un aussi bien que sans l'autre il m'étoit impossible de *passer* plus avant (*de continuer de vivre*). (II, 79.)
Titus Manlius.... vint trouver un tribun du peuple, qui avoit mis son père en comparence personnelle,... et lui dit que s'il ne lui juroit de quitter cette poursuite, il lui alloit faire perdre la vie.... Le tribun lui promit qu'il ne *passeroit* pas plus avant, et ne le trompa point. (II, 88.)
Rendre, c'est avec le gré de celui à qui vous devez lui rebailler ce qu'il vous a prêté. Je ne suis obligé à autre chose. De le faire jouir de ce qu'il aura reçu de moi, c'est un soin qui *passe* déjà plus avant. (II, 235.)
Vous en viendrez là, que vous aimeriez mieux celui qui seroit bien sain et entier de tous ses membres que celui qui seroit borgne ou boiteux; et enfin, de degré en degré, votre dégoût *passeroit* si avant, que de deux aussi justes et aussi sages l'un que l'autre, vous préféreriez sans doute celui qui auroit les cheveux plus longs et plus frisés que son compagnon. (II, 517.)
A cette heure on *passe* bien plus outre (*on va bien plus loin*) : les bienfaits sont méchancetés exécrables. (II, 153.)
La mort vient à vous : s'il étoit possible qu'elle demeurât avec vous, ce seroit occasion de la craindre; mais il faut par force ou qu'elle n'arrive pas, ou qu'elle *passe de long* (*qu'elle passe outre, qu'elle s'éloigne*). (II, 272.)

Passé, qui était autrefois :

Guise en ses murailles forcées (*les murailles de Nice*)
Remettra les bornes *passées*
Qu'avoit notre empire marin (*qu'il avait autrefois*). (I, 55, v. 226.)

PASSIBLE, capable d'éprouver une sensation :

.... Lorsque la blessure est en lieu si sensible,
   Il faut que de tout point
L'homme cesse d'être homme et n'ait rien de *passible*
   S'il ne s'en émeut point. (I, 41, vers 43 *var.*)

PASSION, ardeur :

Par quels faits d'armes valeureux....

> N'as-tu mis ta gloire en estime?
> Et déclaré ta *passion*,
> Contre l'espoir illégitime
> De la rebelle ambition? (I, 114, vers 178.)

Étant allée à Rouen, plus avec *passion* d'avoir le bien de vous y voir, que pour nécessité d'aucune affaire qui m'y appelât, etc. (IV, 234; voyez II, 438.)

Passion, passions, en parlant de l'amour :

> N'ayez jamais impression
> Que d'une seule *passion*. (I, 301, vers 26.)
> Celle de qui les *passions*
> Firent voir à la mer Égée
> Le premier nid des Alcyons, etc. (I, 32, vers 10.)

Jamais ses *passions* (*de l'Amour*), par qui chacun soupire,
 Ne nous ont fait d'ennui. (I, 150, vers 17.)

PASSIONNÉ À :

[Les] choses que vous êtes si *passionnés à* posséder, etc. (II, 95 et 96.)

PASTORELLE, jeune bergère, blâmé chez des Portes par Malherbe, qui veut que l'on dise *patourelle*. (IV, 402.)

PÂTÉ, au figuré :

Ce sonnet ne vaut rien; c'est un *pâté* de chevilles. (IV, 251.)

PATENT, ouvert, connu de tout le monde :

J'ai reçu votre chiffre nouveau, dont je me servirai quand il en sera temps : nous n'avons rien pour cette heure qui ne se puisse écrire en lettres *patentes*. (III, 367.)

PÂTEUX.

Une terre molle et *pâteuse*, où il a fallu fouiller bien avant premier que de trouver un fond assez ferme pour porter les fondements. (II, 452.)

PATIENCE.

Vous auriez du courage assez pour leur d   ‑‑er v‥ evie, et non-seulement avec *patience*, mais volontairement   pour les sauver. (II, 592.)

Si vous avez *patience* de m'écouter, etc. (II, 4/.)

Par une longue et fréquente *patience* de beaucoup de choses. (II, 534.)

Jugerez-vous.... que par le bien qu'il m'a fait il m'ait obligé à la *patience* de tout le mal qu'il me voudra faire? (II, 63.)

Avec des efforts et des *patiences* extraordinaires. (IV, 172.)

PATOURELLE. Voyez Pastorelle.

PATRON, modèle :

Belle âme, beau *patron* des célestes ouvrages. (I, 178, vers 9.)

Vous avez un frère, que.... toutes les cours.... prennent pour un *patron* de vertu. (IV, 222.)

PAU (Le), le Pô, fleuve. (I, 427.)

PAUPIÈRES.

> S'il m'advient quelquefois de clore les *paupières*,
> Aussitôt ma douleur.... fait de nouveaux efforts. (I, 160, vers 37.)

PAUVRE.

C'est au *pauvre* homme (*à l'homme pauvre*) à compter son troupeau. (II, 390.)

Cnéus Lentulus, augure,... s'étoit vu dix millions d'or.... Ce *pauvre* homme.... étoit avare et mesquin s'il en fut jamais; et toutefois on en tiroit plutôt de l'argent que des paroles, tant il étoit *pauvre* de langage. (II, 40.)

PAUVRETTE, pauvre petite, expression de pitié :

En ces extrémités la *pauvrette* s'écrie, etc. (I, 160, vers 49.)

PAVER, au figuré :

Tu passes comme un foudre en la terre flamande,
D'Espagnols abattus la campagne *pavant*. (I, 26, v. 4; voy. I, 115, v. 212.)

PAVILLON, sens divers :

Je veux que vous ne puissiez aller en part où vous ne voyiez toujours luire l'ardoise de quelque *pavillon* qui soit à vous. (II, 707.)

Son *pavillon*, pour la mettre quand elle aura accouché, est déjà pendu et dressé en sa ruelle. (III, 113.)

PAVOTS.

[Je vois] Les *pavots* qu'elle (*la Nuit*) sème assoupir tout le monde. (I, 160, vers 35.)

PAYABLE, qu'on peut payer, dont on peut s'acquitter :

.... Quelles malices de flots,
Par des murmures effroyables,
A des vœux à peine *payables*
N'obligèrent les matelots? (I, 213, vers 99.)

PAYEMENTS, au pluriel :

Il ne s'en voit point qui fassent papier de ce qu'ils donnent, ni qui, comme rigoureux créanciers, en demandent les *payements* à point nommé. (II, 6.)

PAYER, s'acquitter de, reconnaître, expier :

Peuples fatalement sauvés,
Payez les vœux que vous devez
A la sagesse de Marie. (I, 203, vers 57.)

Le bienfait *a été payé* en le recevant; ce qui est hors du bienfait est dû. (II, 47.)

Nice *payant* avecque honte
Un siége autrefois repoussé,
Cessera de nous mettre en compte
Barberousse qu'elle a chassé. (I, 55, vers 221.)

Voyez tome I, p. 29, vers 26; tome II, p. 47, 154.

SE PAYER DE, se contenter de :

De combien de jeunes maris....
Tomba la vie entre les armes,
Qui fussent retournés un jour,
Si la mort *se payoit de* larmes, etc.! (I, 33, vers 23.)

PAYS (ALLER PAR) :

La plupart de ceux qui *alloient par pays* avoient quelque trafic à faire. (I, 435.)

PEAU, proverbialement :

Le sage se contente de soi. C'est une parole.... que beaucoup de gens interprètent mal : ils le séparent de la communauté de toutes choses, et ne veulent point qu'il sorte hors de sa *peau*. (II, 292.)

PÉCHÉ, faute :

Qui jamais vit coupable expier son *péché*
D'une douleur si forte, et si peu divertie? (I, 129, vers 7.)

PÉDANTERIE, œuvre pédante, affectée, affectation :

Toutes ces trois stances sont une pure *pédanterie* prise de Bembo. (IV, 270; voyez IV, 260, 261, 397.)

PEINDRE, SE PEINDRE, PEINT, ÊTRE PEINT :

.... Les soleils d'avril *peignant* une prairie
En leurs tapis de fleurs n'ont jamais égalé
  Son teint renouvelé. (I, 297, vers 14.)
  Elle étoit jusqu'au nombril
  Sur les ondes paroissante,
  Telle que l'aube naissante
  Peint les roses en avril. (I, 316, vers 4.)
Le centième décembre a les plaines ternies,
Et le centième avril les *a peintes* de fleurs. (I, 278, vers 14.)
  Choisissez les fleurs les plus belles
  De qui la campagne *se peint*. (I, 175, vers 27.)
  .... Les campagnes *se peignent*
Du safran que le jour apporte de la mer. (I, 17, vers 359.)
  .... Archers aux casaques *peintes* (*de diverses couleurs*). (I, 80, v. 141.)
  .... Multiplions dans les bois
Les herbes dont les feuilles *peintes* (*l'hyacinthe des poëtes*)
  Gardent les sanglantes empreintes
  De la fin tragique des rois. (I, 154, vers 52.)
  .... Il n'a rien qu'une tristesse *peinte* (*simulée*),
Ses ennuis sont des jeux, son angoisse une feinte. (I, 15, vers 295.)
  .... Les derniers traits de la mort
  Sont peints en mon visage blême. (I, 142, vers 45.)
  Mercure *est peint* (*est dépeint, représenté*) en leur compagnie (*en la compagnie des Grâces*). (II, 8.)

PEINE.

Pendant que le chétif en ce point se lamente...,
Il chemine toujours, mais rêvant à sa *peine*, etc. (I, 14, vers 274.)
[Tant d'amants] Verront sur leur auteur leurs *peines* renversées,
Et seront consolés aux dépens de l'Amour. (I, 149, vers 3.)
 Sous Auguste les paroles n'étoient pas encore capitales; mais elles donnoient déjà de la *peine* (*en latin :* erant.... molesta). (II, 75.)
  Mon goût cherche l'empêchement;
Quand j'aime sans *peine* j'aime lâchement. (I, 248, vers 36.)
 Les vertus, une fois logées en notre âme, n'en sortent point, et n'est rien de si peu de *peine* que de les y retenir. (II, 445.)
 Bien à *peine* par le sacrifice propre de ma vie je serai satisfait au desir que j'ai de lui faire paroître, etc. (IV, 144.)

ÊTRE EN UNE PEINE ; ÊTRE, SE TROUVER EN PEINE DE :

[Achille] *Fut en* la même *peine* (*d'amour que moi*), et ne put faire mieux

Que soupirer neuf ans dans le fond d'une barque. (I, 304, vers 19.)
On doute en quelle part est le funeste lieu
Que réserve aux damnés la justice de Dieu....
.... Je n'*en suis* point *en peine :*
Où Caliste n'est point, c'est là qu'est mon enfer. (I, 129, vers 13 ; voyez II,
[Ses nymphes] Pour se cacher *furent en peine* 681.)
De trouver assez de roseaux. (I, 79, vers 99 et 100.)
Que peut-on louer en cette action? est-ce qu'il n'a pas voulu prendre une chose dérobée? ou bien qu'il a mieux aimé ne prendre point que d'*être en peine de* rendre? (II, 36.)
L'espérance seule m'a appelé. Quand elle m'a failli, on n'*a* point *été en peine de* me dire deux fois que je me sois retiré. (IV, 32.)

 Je veux croire que la Seine
 Aura des cygnes alors,
 Qui pour toi *seront en peine*
 De faire quelques efforts. (I, 317, vers 3 et 4.)

On courra fortune d'avoir des procès, et de *se trouver en peine de* justifier son innocence. (II, 63.)

AVOIR DE LA PEINE À, AVOIR PEINE DE, METTRE PEINE DE, METTRE LA PEINE À, PRENDRE PEINE DE :

 .... Le monstre infâme d'envie....
 .... *a* lui-même *de la peine*
 A s'empêcher de te louer. (I, 111, vers 99 et 100.)

La condition des derniers est toujours la meilleure, parce qu'ils trouvent les paroles toutes prêtes, et n'*ont peine que de* les déguiser. (II, 613.)

Bien qu'il (*le sage*) soit content de soi-même, il ne laisse pas d'avoir besoin d'amis, et *met peine d*'en acquérir le plus qu'il peut. (II, 292 et 293.)

Notre esprit a besoin d'être souvent déplié.... Au premier séjour que je pourrai faire en quelque lieu, je ne faudrai pas d'*y mettre la peine.* (II, 558.)

Quand nous sommes prêts à mourir,... nous *prenons peine de* laisser tout le monde content. (II, 113.)

À PEINE DE, au risque de :

Monsieur est à table, qui se remplit, et, *à peine de* crever, se met des viandes au ventre. (II, 428.)

PEINTURE.

 Choisissez les fleurs les plus belles... :
En trouverez-vous une où le soin de nature
Ait avecque tant d'art employé sa *peinture,*
Qu'elle soit comparable aux roses de son teint? (I, 175, vers 29.)
 Allons voir sur les herbes nouvelles
 Luire un émail dont la vive *peinture*
 Défend à l'art d'imiter la nature. (I, 226, v. 3 ; voy. I, 109, v. 49;
  .... L'incarnate *peinture* (*le sang*) 138, v. 8.)
Que tira de leur sein le couteau criminel. (I, 11, vers 200.)

Qu'en nos actions tout soit d'une *peinture,* sans qu'il y ait rien de bigarré. (II, 338.)

PÊLE-MÊLE, confusément :

Tout ce dont la Fortune afflige cette vie
Pêle-mêle assemblé me presse tellement, etc. (I, 57, vers 10.)

PELOTE, balle :

Il n'y a point de doute que si la *pelote* tombe, ce ne soit par la faute ou de celui qui la jette ou de celui qui la reçoit. (II, 30.)

En jouant c'est bien quelque chose d'aller bien à la *pelote* et la recevoir comme il faut. (II, 46; voyez II, 234, 466, etc.)

PENCHER à :

Celui s'appelle proprement ingrat, qui *penche* plus *à* ce vice qu'*à* nul autre. (II, 118.)

Se PENCHER, se porter :

Ces feux procèdent d'un air broyé avec véhémence, quand *s'étant penché* d'une part il (*cet air*) ne se retire point, mais vient au combat contre soi-même. (I, 475.)

PENCHANT, participe :

.... En cet âge *penchant*,
Où mon peu de lumière est si près du couchant. (I, 264, vers 1.)

PENDANT, participe :

Robes à queue *pendantes* à terre. (III, 199.)

PENDANT, substantif, pente :

C'est en ce détroit qu'est assise la ville de Leucade, partie attachée contre le *pendant* d'une petite montagne. (I, 419.)

PENDERIE, action de pendre :

Il s'est fait ici une *penderie* d'un prêtre sorcier. (III, 90.)

PÉNÉTRABLE à, pouvant être pénétré par :

Vos beaux yeux, *à* qui tout est *pénétrable*, etc. (IV, 174.)

PÉNÉTRER.

Ces déserts sont jardins de l'un à l'autre bout :
Tant l'extrême pouvoir des grâces qui la suivent (*qui suivent ma dame*)
    Les *pénètre* partout. (I, 157, vers 20.)

PENEUSE (SEMAINE), semaine sainte :

Je voudrois bien vous écrire des nouvelles, mais cette *semaine peneuse* les a étonnées. (IV, 36.)

PÉNITENCE, punition :

   Quelle vaine résistance
   A son puissant appareil,
   N'eût porté la *pénitence*
   Qui suit un mauvais conseil? (I, 89, vers 63.)
   .... Par la seule mort
   Se doit faire la *pénitence*
   D'avoir osé délibérer
   Si je la devois adorer. (I, 131, vers 40.)

PENSÉE, PENSÉES :

Rien que ton intérêt n'occupe sa *pensée*. (I, 279, v. 45; voy. I, 47, v. 55.)
   La terreur des choses passées....
   Faisoit prévoir à leurs *pensées*
   Plus de malheurs qu'auparavant. (I, 79, vers 103.)

PENSER, verbe :

.... Servons Chrysanthe, et sans *penser* à moi,
Pensons à l'adorer d'une aussi ferme foi
    Que son empire est légitime. (I, 296, vers 31 et 32.)
Pensez à vous, Dauphin : j'ai prédit en mes vers
Que le plus grand orgueil de tout cet univers
Quelque jour à vos pieds doit abaisser la tête, etc. (I, 172, vers 6.)

Un *pense* mal à ses affaires, qui en baille la conduite à quelqu'un qui a fait cession. (II, 118.)

Quand nous voulons donner quelque chose de cette qualité, voyons de le faire en sorte que l'opportunité la rende agréable.... *Pensons* ce qui sera le mieux reçu, ce qui plus souvent se représentera devant les yeux, afin que celui à qui nous donnons *pense* être aussi souvent avec nous comme il sera avec notre présent. (II, 19; voyez I, 110, vers 58.)

Puisque ton contentement est de changer les bienfaits en injures..., combien *penses*-tu que tu fais de plaisir à ceux à qui tu n'en fais point (*point de bienfaits*)! (II, 26.)

Celle dont mes ennuis avoient leur guérison
S'en va porter ailleurs ses appas et ses charmes;
Je fais ce que je puis, l'en *pensant* divertir;
Mais tout m'est inutile.... (I, 134, vers 4; voyez I, 267, vers 3.)

Quelquefois nous sommes de si mauvaise nature, et avons tant de peur de démordre ce peu que nous *pensons* avoir d'avantage sur un ami, que nous aimons mieux perdre le bien que nous lui avons fait, que de lui donner sujet de se *penser* décharger de l'obligation qu'il nous a. (II, 31.)

Je *pensois* vous donner quelque chose, pour l'opinion que j'avois que vous eussiez du mérite; mais je vous la refuserai, pource que je vois bien que vous n'en avez point. (II, 127.)

Je ne me repens.... point; et quelque cruauté que la fortune me fasse, elle ne m'orra jamais dire : « Qu'est-ce que je *pensois* faire? de quoi me sert à cette heure ma bonne volonté? » (II, 112.)

Ce m'est tout un d'expirer; tout ce que je *pense*, c'est de ne soupirer point. (II, 460.)

Caliste, où *pensez*-vous? qu'avez-vous entrepris?
Vous résoudrez-vous point à borner ce mépris? (I, 137, vers 9; voyez II, 159, 436.)
Beauté, mon beau souci...,
Pensez de vous résoudre à soulager ma peine,
Ou je me vais résoudre à ne le souffrir plus. (I, 36, vers 3.)

Quand vous avez quitté cette besogne et que vous y voulez retourner pas à pas, il ne faut pas *penser* de la reprendre à l'endroit où vous l'avez laissée. C'est à recommencer. (II, 557.)

[Déjà] Memphis se *pense* captive,
    Voyant si près de sa rive
Un neveu de Godefroi. (I, 25, vers 58.)

Ceux qui jouent malicieusement (*à la balle*) ne *pensent* pas un bon coup (*ne pensent pas qu'un coup soit bon*), s'ils ne le couchent en sorte qu'on ne le puisse relever. (II, 31.)

Mesdames les princesses.... n'ont point envoyé à Fontainebleau.... Les contemplatifs en discourent à leur fantaisie; pour moi, je crois qu'elles n'y ont point *pensé* à finesse. (III, 359.)

Une âme est vraiment généreuse, qui fait bien pour l'amour du bien même, sans *penser* ailleurs. (II, 5; voyez II, 163, 570, l. 16.)

En l'élection d'une demeure, il faut *penser* de l'esprit (*avoir égard à l'esprit*) aussi bien que du corps. (II, 447.)

Penser, substantivement, pour *pensée :*
.... Un heur éloigné de tout *penser* humain. (I, 26, vers 14.)
.... Qui m'empêchera qu'en dépit des jaloux
Avecque le *penser* mon âme ne la voie? (I, 305, vers 28.)
.... Tous les *pensers* qui travaillent son âme. (I, 15, vers 293.)
Tout ce qui plaît déplaît à son triste *penser*. (I, 59, vers 39.)

Voyez tome I, p. 4, vers 10; p. 6, vers 57; p. 58, vers 2; p. 59, vers 39; p. 131, vers 26; p. 157, vers 33; p. 159, vers 20; p. 174, vers 2; p. 177, vers 79; p. 216, vers 172; p. 282, vers 129; p. 295, vers 1; p. 297, vers 5; etc.

PERCÉ, éclairé par des jours, par des ouvertures :

Il y a des étuves, mais fort petites et fort peu *percées*, comme on les faisoit au temps passé. Nos pères ne pensoient pas qu'elles pussent être chaudes, si elles n'étoient obscures. (II, 668.)

PERCEVOIR.

D'un bienfait, le premier fruit c'est celui de la conscience, qui *est perçu* quand le plaisir est arrivé où nous avions envie de le porter. (II, 47.)

PERCLUS.
De moi, déjà deux fois d'une pareille foudre
    Je me suis vu *perclus*,
Et deux fois la raison m'a si bien fait résoudre,
    Qu'il ne m'en souvient plus. (I, 42, vers 66.)

PERDRE.
.... Souffrez que la vérité
Vous témoigne votre ignorance,
Afin que *perdant* l'espérance,
Vous *perdiez* la témérité. (I, 100, vers 35 et 36.)
Que mon fils *ait perdu* sa dépouille mortelle,...
Je ne l'impute point à l'injure du sort. (I, 276, vers 1.)

Une chose mal donnée ne sauroit être bien due; et ne venons plus à temps de nous plaindre quand nous voyons qu'on ne nous la rend point, parce qu'à l'heure même que nous la donnons, nous la *perdons*. (II, 2.)

Celui vraiment les *a perdus* (les plaisirs qu'il a faits), qui les a estimés *perdus* incontinent après les avoir donnés. (II, 7; voyez II, 5, 6, 31, 246, etc.)

Jamais la mémoire ne laisse échapper ce qu'avec des imaginations continuelles nous sommes diligents à lui représenter. Si elle *perd* quelque chose, c'est pour n'avoir pas été souvent curieuse de la regarder. (II, 53.)

N'y en a-t-il pas eu.... qui pour avoir eu le fouet *ont perdu* la fièvre quarte? (II, 176.)

Je ne puis.... me ressouvenir que je n'ai plus ma très-chère fille, que je ne *perde* toutes les considérations qui me devroient donner quelque patience. (IV, 2.)

Ceux-ci (*les fossoyeurs*) desirent la mort aux personnes sans savoir à qui, et ne *perdent* rien à leur vie, etc. (II, 209.)

Quant à Caton, on l'ignora tellement dans Rome, que.... jamais il n'y fut connu pour juste, sinon qu'après qu'il *fut perdu*. (II, 615.)

Voyez, ci-après, p. 458, le premier exemple de l'article SE PERDRE.

LE PERDRE, substantivement :

Ce n'est point *le perdre* qui nous afflige, mais l'opinion seule d'avoir perdu. (II, 417.)

Se perdre :

Elle (*la ville de Lyon, détruite par un incendie*) a moins été à *se perdre*, que je ne suis à vous conter qu'elle est perdue. (II, 726.)

Ce soldat, étant sur un navire qui *se perdit*, fut jeté sur les terres d'un homme du pays. (II, 129.)

Si quelqu'un d'aventure en délices abonde,
Il *se perd* aussitôt et déloge du monde. (I, 9, vers 146.)

Cette bonace ne *se perdit* que je ne fusse à la moitié du chemin. (II, 455.)

Nous ne remercions point les rivières, encore que.... elles réjouissent la terre et nous fassent des paysages où *se perd* la gloire de tous les pinceaux. (II, 175.)

Perdre, locutions diverses :

Tu *perds* temps de me secourir,
Puisque je ne veux point guérir. (I, 130, vers 5.)

Je ne crois point qu'il y ait.... une demoiselle en France de qui l'esprit ne *perdît* sa cause, s'il étoit mis en comparaison avec le sien. (IV, 61.)

Le même jugement qui nous rend modérés en la bonne fortune, nous garde en la mauvaise de *perdre* le cœur. (II, 523.)

Je ne suis pas de l'opinion de ceux qui à corps *perdu* se jettent au milieu des ondes. (II, 373; voyez II, 574.)

PERDURABLE À JAMAIS, blâmé par Malherbe chez des Portes. (IV, 439.)

PÈRE.

Tous venins y mourront (*dans ce siècle*) comme au temps de nos *pères*. (I, 232; vers 64; voyez I, 278, vers 17.)

A Rome nous l'appelons (*nous appelons Dieu*) le *père* Liber, Hercule et Mercure : *père* Liber, pour l'invention des semences;... Hercule, pource qu'il n'y a rien de plus fort que lui, etc. (II, 97.)

PERFECTION, perfections :

Ce qu'Épicure trouve être la *perfection* de félicité, etc. (II, 93.)
Pas adorés de moi, quand par accoutumance
Je n'aurois comme j'ai de vous la connoissance,
Tant de *perfections* vous découvrent assez. (I, 16, vers 315.)

En perfection :

Cette belle bergère....
Eut *en perfection* tous les rares trésors
Qui parent un esprit, et font aimer un corps. (I, 264, vers 9.)
Méchant *en perfection*, etc. (II, 236.)

PÉRIODE, (le) plus haut point, point d'accomplissement :

Combien pensez-vous que.... par leur même sente (*sentier, chemin*) il marche de destinées avec elles (*avec les étoiles*), pour être portées à leur *période* par la certitude infaillible de leur mouvement? (II, 114.)

Période, phrase, passage d'un livre, d'une lettre :

Je suis bien en peine de cette *période* (*de ma lettre*) que vous n'avez su lire. (IV, 8.)

PÉRISSABLE.

Toutes choses qui sont sujettes aux accidents, comme l'argent, le corps et les honneurs, sont.... *périssables* d'un moment à l'autre. (II, 516.)

PERMANENT, éternel, immortel :

.... Rien que Dieu n'est *permanent*. (I, 225, vers 4.)

PERMETTRE.

Paroles que *permet* la rage
A l'innocence qu'on outrage,
C'est aujourd'hui votre saison. (I, 152, vers 7.)

[Ixion,] Cloué là-bas sur une roue,
Pour *avoir* trop *permis* à son affection, etc. (I, 295, vers 12.)

Quelle gloire plus grande peut avoir un jeune homme, que s'il se peut dire à soi-même (car à un autre il n'*est* pas *permis*) : « J'ai vaincu mon père de bienfaits »? (II, 89.)

PERRON.

Laissez-moi tous ces escaliers, et ces *perrons* (*en latin :* vestibula) si magnifiquement suspendus. (II, 653 ; voyez la note 1 de cette page.)

PERS, employé au féminin pluriel (*perses*), comme épithète des vagues, est blâmé par Malherbe chez des Portes. (IV, 376.)

PERSÉCUTER, attaquer, s'attaquer à :

Par qui sont aujourd'hui tant de villes désertes,
Que par ces enragés ?
Les Immortels eux-mêmes en *sont persécutés*;
Et c'est aux plus saints lieux que leurs mains sacriléges
Font plus d'impiétés. (I, 278, vers 26.)

PERSÉCUTION, poursuite juridique :

La *persécution* des financiers continue. (III, 39.)

PERSONNAGE, personne considérable :

Il en avoit l'exemple de plusieurs grands *personnages*, qui en semblable refus avoient usé de semblable remède. (I, 428.)

.... Votre Histoire est une école....
J'assure qu'elle aura l'aveu
De tout excellent *personnage*. (I, 289, v. 111; voyez, ci-dessus, p. 297, GRAND PERSONNAGE.)

PERSONNAGE, rôle :

Vous avez déclaré la guerre aux biens du monde, vous en faites profession ; que ne jouez-vous le *personnage* que vous avez pris? (II, 30.)

PERSONNE, substantif :

Forçant les *personnes* d'honneur
De te souhaiter tout bonheur, etc. (I, 286, vers 10.)

PERSONNE, suivi d'un pronom au masculin :

Qui lasse une *personne* à *le* remettre d'un jour à l'autre, et *le* gêne à *le* faire attendre, il se trompe s'il en espère ni revanche ni ressentiment. (II, 3.)

Donnez à deux *personnes* autant à *l'un* qu'à l'autre. (II, 62.)

Un jour viendra que nous serons remis au monde : ce qu'assez de *personnes* refuseroient, si ce n'est qu'*ils* ne se souviendroient pas d'y avoir été. (II, 399.)

PERSONNE, emploi pronominal, qui que ce soit :

Si je parle, c'est à regret...;

Tant j'ai peu d'assurance en la foi de *personne*;
Mais à vous je suis libre, et n'ai rien de secret. (I, 174, vers 11.)

PERSUADER.

L'ambition lui *persuade* des entreprises mal assurées. (II, 28.)

Ne nous *persuadons* pas que si dès aujourd'hui nous pouvons sauver un homme, nous le devions laisser languir jusques à demain. (II, 18.)

Les Dieux savent tout, et cependant nous ne laissons pas de leur faire des vœux et des prières, non tant pour les *persuader* à nous bienfaire, que pour leur faire souvenir de nous. (II, 167.)

PERTE.

.... Un destin favorable
M'offroit en ce danger un sujet honorable,
D'acquérir par ma *perte* (*par ma mort*) un triomphe à ma foi. (I, 11, v. 186.)

[Nos navires,] riches de la *perte*
De Tunis et de Biserte. (I, 315, vers 5.)

J'ai perdu le bien que j'avois fait.... La *perte* (*de notre bienfait*) que nous plaignons à cette heure est faite il y a longtemps. (II, 247; voyez, ci-dessus, p. 457, Perdre.)

PESANTEUR, au figuré :

Les maladies du corps ont toujours quelque *pesanteur* de nerfs, quelque lassitude sans travail. (II, 578.)

Je sais bien quel effort cet ouvrage demande;
Mais si la *pesanteur* d'une charge si grande
Résiste à mon audace, et me la refroidit,
Vois-je pas vos bontés à mon aide paroître? (I, 244, vers 10.)

On ne dit point que les.... Fabies furent vaincus, mais bien qu'ils furent tués...; et ainsi de tout homme à qui la fortune n'a point abattu le courage, de quelque *pesanteur* qu'elle se laisse tomber sur lui. (II, 137.)

La nouveauté donne de la *pesanteur* aux infortunes. (II, 726.)

PESER, au figuré :

Ne nous persuadons pas que si dès aujourd'hui nous pouvons sauver un homme, nous le devions laisser languir jusques à demain, pour en faire *peser* davantage l'obligation (*pour la rendre plus pesante, plus grande*) qu'il nous en aura. (II, 18.)

Il leur demeure toujours quelque douleur qui *pèse* bien autant que le plaisir. (II, 404.)

PESTE, au figuré, fléau :

La pauvreté, la mort et les autres *pestes* de la vie. (II, 268.)

Ce public ennemi (*l'Amour*), cette *peste* du monde. (I, 149, vers 5.)

La discorde aux crins de couleuvres,
Peste fatale aux potentats. (I, 186, vers 92; voyez I, 219, vers 4; 303, vers 25.)

PETIT, au sens physique :

[L'Amour] Se trouve à la merci de nos *petites* mains (*ce sont de petites nymphes qui parlent*). (I, 149, vers 8.)

Je dis que sa grandeur n'aura point de limite,
Et que tout l'univers lui sera trop *petit*. (I, 106, vers 14.)

Petit, au sens moral, de peu d'importance, humble :

Si la fortune t'a fait capable de donner des villes..., ce n'est pas à dire qu'il n'y ait quelque homme au monde si *petit*, qu'honnêtement tu ne lui puisses mettre une ville entière en la manche. (II, 29.)

.... Si tu la trouves *petite* (*mon offrande*),
Ressouviens-toi qu'une action
Ne peut avoir peu de mérite,
Ayant beaucoup d'affection. (I, 116, vers 237.)

Sont-ce serviteurs? ce sont hommes, ce sont domestiques, ce sont *petits* amis (*en latin* : humiles amici). (II, 428.)

UN PETIT, adverbialement, un peu :
Elle se ressuscite *un petit*. (III, 307.)

J'en envoie un (*un exemplaire des vers de M. Critton*) à Monsieur le premier président, qui est *un petit* plus entier. (III, 4.)

RÉDUIRE AU PETIT PIED, réduire à une situation infime :
La vertu quelquefois a beaucoup d'étendue. Elle a la police d'une ville, le gouvernement d'une province, le maniement d'un royaume.... Quelquefois la pauvreté, l'exil et la solitude la *réduisent au petit pied*. (II, 577.)

PEU, UN PEU :
Il faut mêler pour un guerrier
A *peu* de myrte et *peu* de roses
Force palme et force laurier. (I, 113, vers 139.)

Étoit-il pas aussi *peu* digne de servir, comme Maro de manger en compagnie (*ne méritait-il pas mieux, de même que Maro méritait moins*)? (II, 75.)

Peu de ventres sont aisés à paître, quand ils sont réglés (*il est aisé de nourrir peu de ventres, quand*, etc.). (II, 325.)

Peu d'arpents de terre fournissent de la pâture pour un bœuf (*peu d'arpents suffisent à fournir*, etc.). (II, 490.)

Si je parle, c'est à regret,...
Tant j'ai *peu* d'assurance en la foi de personne. (I, 174, vers 11.)

L'ingratitude et *peu* de soin
Que montrent les grands au besoin
De douleur accablent ma vie. (I, 286, vers 22.)

.... Les vœux que j'ai faits pourront si *peu* sur moi,
Que je quitte ma dame, etc. (I, 304, vers 2.)

La vie est *un peu* de chose. (II, 597; dans l'édit. de 1645 : « est *peu* de chose. »)

PEUPLE.
.... Les *peuples* du Nil....
Donneront de l'encens, comme ceux de la Seine
Aux autels de Louis. (I, 283, vers 158 et 159.)

.... Dans nos maisons, en nos places publiques,
Ce ne sont que festins, ce ne sont que musiques
De *peuples* réjouis. (I, 230, vers 27.)

Tous ces milliers de *peuple* (*l'armée de Xerxès*) s'arrêteront devant trois cents hommes. (II, 200.)

Vivons mieux que le *peuple*, non pas au contraire du *peuple*; autrement nous éloignerons de notre compagnie ceux de qui nous desirons l'instruction. (II, 276.)

Pour aviser donc à nous garantir du *peuple*,... ne lui demandons rien : il y a de la noise où il y a des compétiteurs. (II, 314.)

Vous irez où toutes choses vont.... Combien pensez-vous qu'il mourra de *peuple* (*de gens*) après vous! (II, 599; voyez I, 29, vers 25, et comparez l'anglais *people*.)

PEUR.
Le portrait de Pallas fut la force de Troie,
Le tien sera la *peur* de tous nos ennemis. (I, 252, vers 6.)
Une *peur*, ô Seigneur! m'a séparé de toi *(c'est saint Pierre qui parle)*. (I, 16, vers 327.)
Je crois bien que la *peur* d'oser plus qu'il ne faut,
Et les difficultés d'un ouvrage si haut,
Vous ôtent le desir que sa vertu vous donne. (I, 259, vers 9.)

PEUT-ÊTRE, par hasard :
Que direz-vous si *peut-être* la fortune a fait réussir à mon avantage ce qu'ils avoient entrepris pour ma ruine? (II, 176.)

PHARE.
.... Les matelots
Jamais ne méprisent les flots,
Quelque *phare* qui leur éclaire. (I, 116, vers 227.)

PHILÈTE, mot traduisant une leçon douteuse du texte de Sénèque. (II, 450.)

PHILOSOPHER, être philosophe, raisonner :
Nous ne naissons pas philosophes, mais nous naissons capables de *philosopher*. (II, 709.)

Nous avons.... ici des gens qui *philosophent* sur toutes choses, et veulent être estimés plus fins que le commun. (III, 448.)
Voyez tome I, p. 129, vers 12; tome II, p. 322, 326.

PIAFFEUR, petit-maître, jeune élégant :
Je voudrois bien lui avoir vu rencontrer quelqu'un de nos *piaffeurs* d'aujourd'hui, qui ne savent marcher s'ils n'ont une compagnie de chevau-légers devant eux pour leur émouvoir de la poussière! (II, 676.)

PICORÉE, maraude, au propre. (I, 423.)

Picorée, au figuré :
Ce qu'on lui vouloit montrer étoit.... digne d'une attention plus diligente que celle de cet étourdi qui durant ses leçons envoyoit son esprit à la *picorée* au delà de l'Océan (*en latin :* trans Oceanum cogitationes suas mittens). (II, 731.)

PIÈCE, emplois divers :
Il *(le sage)* est composé de deux *pièces*, l'une irraisonnable..., l'autre raisonnable. (II, 554.)

Vous disiez que nous ne tombions pas tout d'un coup en la mort, mais que nous y descendions par degrés, et une *pièce* après l'autre. (II, 360; voyez II, 381.)

Qu'est-ce que j'en puis attendre, sinon que toutes ces passions me démembrent, pour en avoir (*pour avoir de moi*) chacune sa *pièce*? (II, 448.)

Les esprits des grands hommes ne se goûtent point superficiellement et par une seule *pièce* : il y faut tout voir et tout manier. (II, 391.)

Ceux que la fortune produit à la vue du monde, et que les rois font les *pièces* principales de leur État, sont honorés.... tandis qu'ils vivent; mais ils n'ont pas sitôt fermé les yeux qu'on n'en parle plus. (II, 343.)

Je publie sa vertu, pource que véritablement elle est une des plus fortes et plus nécessaires *pièces* dont Votre Majesté puisse composer la félicité de l'État. (I, 352.)

Vous verrez d'avoir aussi la sagesse : ce sera la dernière *pièce* de la vie, et.... la bonne mesure. (II, 327.)

Ces considérations lui en donnent le moyen (*le moyen d'arriver à son but*); mais l'importance est de n'en faire pas les *pièces* si petites (*les pièces, les sujets divers de ces considérations*), et d'y chercher autre chose que ces vaines subtilités. (II, 507.)

Vous ne verrez jamais un taureau lâche et failli de cœur marcher à la tête du troupeau. S'il y en a quelqu'un qui soit plus grand et de plus grosses *pièces* que les autres (*en latin* : qui magnitudine ac toris cæteros mares vicit), ce sera lui qui aura cette prérogative. (II, 710.)

Un jour est un degré de notre vie : tout notre âge est un ouvrage à *pièces* qui a comme des cercles les uns dans les autres. (II, 303.)

Ce sont choses qu'il faut avoir auprès de nous, mais non pas les y coller, afin que quand la fortune les voudra prendre..., elles s'en aillent sans emporter la *pièce*. (II, 573.)

PIED.

Sans donner à ses pas une règle certaine,
Il erre vagabond où le *pied* le conduit. (I, 14, vers 276.)

Il y a une infinité de choses que par faute de noms propres il faut nommer de noms empruntés. Nous disons le *pied* d'un homme, d'un lit, d'un voile, d'un vers. (II, 47 et 48.)

Pied, locutions diverses :

Il.... donna à chaque homme de *pied* trente-cinq sols, à chaque homme de cheval soixante et dix. (I, 428.)

Il y a longtemps que je sais votre soin à obliger vos amis. Tout le monde n'y va pas de même *pied* que vous. (III, 533.)

Les Insubriens.... l'attaquèrent sur le chemin si vertement, que ceux qui portoient les enseignes furent contraints de lâcher le *pied*. (I, 444.)

Après avoir mis toutes mes passions sous le *pied*, je pourrai dire cette parole glorieuse : « J'ai vaincu. » (II, 557; voyez I, 469.)

O Dieu, dont les bontés de nos larmes touchées
Ont.... rangé l'insolence aux *pieds* de la raison. (I, 69, vers 3.)

C'est une hardiesse (*de mépriser la mort*) qui n'est pas bien commune à toutes gens : les impressions que nous en avons de longue main ont trop pris de *pied*. (II, 636.)

Il n'y a simple soldat qui avec plus d'assiduité ait tenu *pied* aux armées romaines (*en latin* : assiduus in castris) que lui et ses frères. (I, 462.)

Donner à quelqu'un du *pied* par les dents. (II, 25.)

Réduire au petit *pied*. Voyez, ci-dessus, p. 461, à l'article Petit.

Gagner au pied, dans le sens d'*avancer*, est blâmé comme « bas et populaire » par Malherbe chez des Portes. (IV, 403.)

Pied, mesure :

Prendre les *pieds* d'un arpent (*en latin* : colligere... pedes jugeri). (II, 689.)

PIERRE.

Vous auriez raison de tenir ce langage à un paresseux..., mais non pas à un qui.... ne voit *pierre* qu'il ne remue pour s'acquitter. (II, 232.)

Voyez l'exemple donné à l'article Pierrerie.

PIERRERIE, au singulier, sens collectif :

Ce manteau ducal (*de l'épousée*) étoit.... attaché sur les épaules avec des nœuds de *pierrerie*.... La couronne ducale étoit toute de *pierrerie*, c'est-à-dire diamants; car d'autres pierres il ne s'en parle du tout plus.... Le devant [de sa robe] étoit tout couvert de grandes enseignes de *pierrerie*. (III, 92.)

PIÉTÉ.

Coriolanus fut ingrat. S'il eut de la *piété*, ce ne fut que bien tard, et après avoir déjà fait la moitié du parricide qu'il avoit entrepris. (II, 154.)

A cette manière d'ingrats.... ressemblent certains autres, qui, au contraire de ceux-ci, sont trop ardents et trop précipités à reconnoître.... La question est s'ils font bien, et si leur zèle a de la *piété*. (II, 193.)

PILE, balle à jouer, en latin *pila*. (I, 474.)

PILLERIE, pillage :

Antoine.... fut ingrat à sa patrie, de la déchirer comme il fit de guerres, proscriptions et *pilleries*. (II, 155.)

PILLEUR, ravageur, conquérant :

Que pouvoit avoir de semblable l'ennemi juré des méchants (*Hercule*).... avec un misérable (*Alexandre*) nourri dès son enfance aux voleries, *pilleur* de peuples, autant ruineux à ses amis qu'à ses ennemis? (II, 22.)

PILOTE, au figuré :

Si notre vaisseau (*le vaisseau de l'État*) doit jamais vaincre les tempêtes, ce sera tandis que cette glorieuse main en tiendra le gouvernail. Les autres *pilotes* me diminuent la peur ; cettui-ci me la fait ignorer. (IV, 20.)

PINCEAU (TIRER AU), peindre :

Il ne faut qu'avec le visage
L'on *tire* tes mains *au pinceau*. (I, 1, vers 2.)

PINCER, au figuré :

Il faut *pincer* notre esprit, afin qu'il se réveille. (II, 341.)

PIPER, tromper :

Je vois des contrats, des cédules, des cautions,... qui ne servent qu'à *piper* les esprits foibles par une imagination ridicule d'avoir des choses qui ne sont point. (II, 226.)

Depuis que cet autre maraud nous *pipa*, toute cette manière de gens m'est suspecte. (III, 17.)

Les peuples *pipés* de leur mine....
Jugeoient qu'ils parloient de s'armer
Pour conquérir la Palestine. (I, 311, vers 1.)

PIQUE, lance :

Cet Achille, de qui la *pique*
Faisoit aux braves d'Ilion
La terreur que fait en Afrique
Aux troupeaux l'assaut d'un lion, etc. (I, 53, v. 171 ; voy. III, 248.)

PIQUER (de l'éperon), activement et absolument, au propre et au figuré :

S'il eût été du temps de nos pères, il eût su *piquer* un cheval aussitôt que le monter. (II, 398.)

Pensez quelle diligence vous feriez, si vous aviez un ennemi à dos, qui vous suivît l'épée en la main. Vous en êtes là : vous êtes couru, *piquez* et vous sauvez. (II, 388.)

Faisons comme ceux qui sont partis tard et veulent regagner le temps : *piquons*. (II, 533.)

PIQUER, exciter, irriter, offenser :

Par quelque résistance elles (*les femmes*) *piquent* un desir, qui sans doute se relâcheroit si.... elles se rendoient avec une trop prompte et trop complaisante facilité. (IV, 32.)

Il y en a un duquel il suffit de redresser les imperfections ; mais de l'autre, il les faudra rompre tout à fait.... Si je ne *pique* le premier (*en latin :* nisi offendero), je ne suis point son ami. (II, 363.)

SE PIQUER, s'animer (par suite d'un défi, etc.) :

La vertu n'est jamais si forte qu'après qu'on lui a donné quelque sujet de *se piquer* (*en latin :* virtus lacessita). (II, 306.)

SE PIQUER, s'indigner, s'irriter ; PIQUÉ, irrité :

Je ne *me pique* pas (*en latin :* non indignor) de ce que la volupté précède la vertu. (II, 92.)

Quand on ne *se pique* point trop contre les vices, ils perdent cette véhémence que l'aigreur auroit irritée. (II, 135.)

Les Béotiens, *piqués* du meurtre de.... leur capitaine général, etc. (I, 397.)

PIQUEUR.

Il n'y a si chétive ni si souillon qui se contente d'un couple de *piqueurs* (*en latin :* unum adulterorum par). (II, 66.)

PIRATE. (I, 160, vers 46.)

PIRE, adjectif :

.... Votre cruauté.... toujours devient *pire*. (I, 140, vers 6.)

.... Il n'est *pire* aventure
Que de ne la voir pas. (I, 157, vers 11.)

PIS, adjectif et adverbe :

Prenez le cas que je ne sache me défaire de cette surprise : en quel inconvénient tomberai-je, ou qu'est-ce qu'il m'en sera de *pis?* (II, 435.)

Je dois appréhender que mes lettres ne vous semblent si longues, que vous les haïssiez *pis* que la mort. (II, 383.)

PISTOLE, pistolet :

Dans la forêt on avoit vu cinq hommes avec des *pistoles*. (III, 135.)

PITEUX.

En ce *piteux* état si j'ai du réconfort,
C'est.... que.... je n'attends que la mort. (I, 139, v. 12 ; voy. I, 318, v. 3.)

PITIÉ.

O qu'un jour mon âme auroit de gloire
D'obtenir cette heureuse victoire,
Si la *pitié* de mes peines passées   vers 37.)
Vous disposoit à semblables pensées! (I, 227, vers 35 ; voyez I, 270,
Mettons fin à des jours que la Parque elle-même
A *pitié* de filer. (I, 256, vers 42.)

PITOYABLE, qui éprouve de la pitié :

.... Les Dieux *pitoyables*. (I, 153, vers 31.)   vers 38.)
A la fin mes ennuis la rendront *pitoyable*. (I, 176, vers 59 ; voyez I, 135,

PLACE, emplois divers :

Il n'est *place* où l'ombre soit bonne,
Qui soir et matin ne résonne
Ou de voix ou de chalumeaux. (I, 215, vers 148.)

A ces mots tombant sur la *place*,
Transi d'une mortelle glace,
Alcandre cessa de parler. (I, 154, vers 61.)

Les pilotes du fils d'Éson....
Ont gagné la première *place*
En la fable de la toison. (I, 212, vers 79.)

Les degrés du théâtre destinés aux chevaliers romains leur sont communs à tous ; et cependant quand j'y ai pris *place*, je la puis appeler mienne.... Si j'ai *place* aux siéges des chevaliers, etc. (II, 228.)

.... Celle qu'en sa *place* (*pour la remplacer*) il (*le Tage*) nous doit envoyer. (I,
.... Si, comme nos Dieux il n'a *place* en nos temples,   231, v. 48.)
Tout ce qu'on lui peut faire est moins qu'il ne lui faut. (I, 272, vers 13.)

C'est bien un courage de glace,
Où la pitié n'a point de *place*. (I, 101, vers 44.)

.... Qu'en leur âme (*dans l'âme des cruelles*) trouve *place*
Rien de si froid que votre glace,
Cela ne se peut nullement. (I, 97, vers 16.)

J'ai moyen de m'ouvrir le passage et me faire faire *place*, s'il se présente quelque chose devant moi pour m'empêcher. (II, 541.)

Enfin cette beauté m'a la *place* rendue
Que d'un siége si long elle avoit défendue. (I, 28, vers 1.)

LA PLACE, le Forum :

De quoi lui servit jamais (*à Caton*) tout ce qu'il sut crier et tempêter, que d'irriter une populace qui tantôt l'enlevoit tout couvert de crachat hors de *la place*, et tantôt du sénat le traînoit en la prison ? (II, 315.)

PLAIE, au figuré, blessure morale, douleur :

Qu'à la fin la raison essaie
Quelque guérison à ma *plaie*,
Cela se peut facilement. (I, 98, vers 32.)   *Henri IV*),

C'est bien à tout le monde une commune *plaie* (*il s'agit de la mort de*
Et le malheur que j'ai chacun l'estime sien. (I, 179, vers 13.)

ALLER AUX PLAIES, se battre, chercher des blessures :

Ils (*les gladiateurs*) reçoivent des coups s'ils refusent d'*aller aux plaies*, et faut que tous nus ils cherchent l'épée l'un de l'autre, etc. (II, 282.)

PLAINDRE, se plaindre ; PLAINDRE quelque chose, se plaindre de quelque chose, le déplorer ; PLAINDRE quelqu'un, le regretter :

[Pourquoi] Passez-vous en cette amertume
Le meilleur de votre saison,
Aimant mieux *plaindre* par coutume
Que vous consoler par raison ? (I, 34, vers 35.)

Les bienfaits et les injures, je les renvoie à un même juge. Autrement il faudroit aimer et haïr, *plaindre* et remercier en même temps. (II, 174.)

Enfin ma patience, et les soins que j'ai pris,
Ont selon mes souhaits adouci les esprits
Dont l'injuste rigueur si longtemps m'a fait *plaindre* :

Cessons de soupirer. (I, 240, v. 3 ; voy. I, 159, v. 27 ; 302, v. 10.)

Il serait possible aussi que *plaindre* ne fût pas pris ici dans le sens neutre, et que « m'a fait *plaindre* » fût pour « m'a fait *me plaindre.* »

Comme un homme dolent, que le glaive contraire
A privé de son fils et du titre de père,
Plaignant deçà delà son malheur advenu, etc. (I, 14, vers 285.)

  Quantes fois, lorsque sur les ondes
  Ce nouveau miracle flottoit,
  Neptune en ses caves profondes
Plaignit-il le feu qu'il sentoit! (I, 47, vers 54.)

J'ai perdu le bien que j'avois fait.... La perte que nous *plaignons* à cette heure est faite il y a longtemps. (II, 247.)

Alcandre *plaint* la captivité de sa maîtresse. (I, 158, au titre.)

De tous les troubles de l'âme, le plus excusable..., c'est le déplaisir que nous avons d'être privés des personnes qui nous sont chères ; mais.... si nous n'apportions du choix à discerner celles que nous devons *plaindre*, ce seroit nous exposer tellement aux injures de la fortune, etc. (IV, 160.)

PLAINDRE quelque chose, s'apitoyer dessus :

  L'art aussi bien que la nature
  Eût fait *plaindre* cette peinture (*eût fait de cette peinture l'objet d'une plainte, l'eût fait regarder avec pitié*). (I, 242, vers 2.)

SE PLAINDRE QUE, se plaindre de ce que :

Le tribun *se plaint qu*'on ne l'a fait préteur, le préteur *qu*'on ne l'a fait consul. (II, 41.)

La plupart du monde.... n'estiment pas comme ils doivent les biens que les Dieux nous ont faits, et en parlent indiscrètement. Ils *se plaignent que* les éléphants sont plus grands, les cerfs plus vites, les oiseaux plus légers. (II, 42 ; voyez II, 43, 241.)

PLAINE (LA) SALÉE, la mer :

  Il faut en *la plaine salée*
  Avoir lutté contre Malée....
  Pour être cru bon marinier. (I, 211, vers 65.)

PLAINT, pour *plainte*, blâmé par Malherbe chez des Portes. (IV, 371, 443.)

PLAINTE.

La *plainte* que nous faisons à cette heure, que tout est en désordre..., nos pères l'ont faite devant nous. (II, 16.)

PLAIRE.

J'ai beau par la raison exhorter mon amour... :
Contenter sa douleur, et lui donner des armes,
  C'est tout ce qui lui *plaît*. (I, 256, v. 36 ; voy. I, 135, v. 32.)
  Faites ce qu'il vous plaira. (I, 319, vers 6.)

Tibère s'en allant en la Campanie, et laissant les affaires de Rome pleines de soupçon et en un état qui ne lui *plaisoit* point, etc. (II, 645.)

  Toute la gloire où mon attente
  Croit avoir raison d'aspirer,
  C'est qu'il te *plaise* m'assurer
  Que mon offrande te contente. (I, 125, vers 313.)

PLÛT À DIEU! (II, 64, trois exemples.)

SE PLAIRE À ; SE PLAIRE DE :

[On estime] Qu'il ne soit point de beautés
Où ne se trouve le crime
De *se plaire aux* nouveautés. (I, 306, vers 4.)

Ceux que l'opinion fait plaire (*se plaire*) *aux* vanités
Font dessus leurs tombeaux graver des qualités
D'où à peine un dieu seroit digne. (I, 296, vers 37.)

Ce sonnet a été fait pour une scarpoulette sur qui sa maîtresse *se plaisoit* d'aller. (IV, 304, note 2; voyez II, 507.)

PLAISANT, agréable, gai :

Elles (*les incommodités*) sont supportables, voire *plaisantes*, quand on y vient averti de longue main. (II, 341.)

Si vous en venez à la vertu, vous trouverez qu'aux matières tristes, comme aux *plaisantes*, sa procédure est toujours semblable. (II, 515.)

Toute cette manière de gens se laissent tromper à l'apparence de leurs passe-temps fugitifs et périssables, comme les ivrognes au vin, qui pour une *plaisante* humeur qui ne dure qu'une heure, leur donne des douleurs qui les accompagnent toute leur vie. (II, 489; voyez II, 553, etc.)

PLAISANT, pour *agréable*, blâmé chez des Portes. (IV, 394, note 1.)

PLAISIR, récréation ; PLAISIR, PLAISIRS, bonheur, joie :

Soit que l'honneur de la carrière
T'appelle à monter à cheval,
Soit que tu donnes ton loisir
A faire en quelque autre *plaisir*
Luire tes grâces nonpareilles, etc. (I, 121, vers 176.)

Que ce coup m'est sensible, et que tout à loisir
Je vais bien éprouver qu'un déplaisir extrême
Est toujours à la fin d'un extrême *plaisir*! (I, 134, vers 12.)

Nous l'appelons (*nous appelons Dieu*).... père Liber, pour l'invention des semences et réparation de la nature avec *plaisir*. (II, 97.)

Revenez, mes *plaisirs*, ma dame est revenue. (I, 156, vers 1.)

Bois, fontaines, canaux,... parmi vos *plaisirs*
Mon humeur est chagrine, et mon visage triste. (I, 138, vers 10.)

PLAISIR, bienfait, service :

Si la revanche étoit indubitable, quelle gloire y auroit-il de faire *plaisir*?... Si je pensois ne rencontrer jamais une revanche, j'aimerois mieux y renoncer, que de me priver du contentement de faire *plaisir*.... Qui ne rend point un *plaisir* pèche davantage ; qui n'en fait point pèche le premier. (II, 5.)

Ceux qui font *plaisir* et.... ceux qui le reçoivent. (II, 7.)

Si nous faisons du *plaisir*, donnons-le, ne le prêtons point. (II, 4.)

Voyez tome II, p. 2, 3, 6, 10, 11, 17, 22, 32, 37, 45, 57, 65, 197, etc.

PLAISIR, locutions diverses :

Qui est celui qui ne prenne *plaisir* qu'on l'estime libéral? (II, 107.)

Montrons-lui que ce nous est *plaisir* d'en avoir reçu de lui. (II, 37.)

Tout ce qui peut tomber en dispute est compris dans quelques bornes, et n'est pas permis au juge d'en faire la décision à son *plaisir*. (II, 57.)

PLAN, plaine :

Craignant qu'elle ne lui fît saisir sa récolte de ses bastides du *plan* Péricard et du Puy, etc. (I, 339.)

PLANCHER.
[Leurs pieds] Un superbe *plancher* des étoiles se font. (I, 13, vers 231.)

PLANCHER, plafond :
C'est.... sous les *planchers* dorés qu'habite la servitude. (II, 712.)

PLANER, verbe actif, pour *aplanir*, blâmé par Malherbe chez des Portes. (IV, 410.)

PLANÈTE, astre quelconque :
O soleil, ô grand luminaire....
.... ô *planète*, belle et claire. (I, 78, vers 81.)

PLANTER.
A quel front orgueilleux n'a l'audace ravie
Le nombre des lauriers qu'il *a* déjà *plantés?* (I, 260, vers 6.)

Ce mépris qu'il (*Richelieu*) fait de soi.... fait craindre.... que sa vie ne soit pas assez longue pour voir le fruit de ce qu'il *plante*. (IV, 109.)

PLAQUE, pièce de métal, de monnaie :
Où en es-tu, avarice?... Je ne touche point à ces *plaques* d'or et d'argent que tu mets en réserve. (II, 226.)

PLAT (À) :
La Reine les leur refuse (*les arrérages*) tout *à plat* (*tout net*). (III, 239.)

PLÉBÉ, adjectif, plébéien, vulgaire :
Façon de parler *plébée*. (IV, 260.)
Voyez tome IV, p. 272, 280, 283, 326, 356, 362, 381, 425, 433.

PLÉGER. Voyez PLEIGER.

PLÉIADES, constellation. (I, 212, vers 68.)

PLEIGE, garantie, caution, au propre et au figuré :
L'un, par l'entremise de courtiers, se fait bailler *pleige* et *contre-pleige*. L'autre, plus défiant encore, veut avoir des gages entre ses mains. (II, 65.)

Je commence à n'être plus en peine de vous. Voulez-vous savoir qui m'en a répondu? un *pleige* qui ne trompe jamais personne : votre esprit, que je reconnois amateur de la vertu. (II, 631.)

PLEIGER, ou PLÉGER, cautionner :
Mon cousin.... m'a *pleigé* envers ledit Fauconnier de ladite somme de trois cents livres. (I, 334; voyez IV, 112.)

PLEIN DE :
Tu vainquis en cette dispute,
Aussi *plein d'*aise dans le cœur
Qu'à Pise jadis un vainqueur
Ou de la course ou de la lutte. (I, 124, vers 272.

O Reine, qui *pleine de* charmes
Pour toute sorte d'accidents,
As borné le flux de nos larmes
En ces miracles évidents, etc. (I, 184, vers 51.)

[Un siècle effronté] *plein d'*une extrême licence. (I, 270, vers 53.)

Téthys, que ta grâce ravit,
Pleine de flamme te suivit
Autant que dura ton passage,

Et l'Arno cessa de couler,
Plein de honte qu'en son rivage
Il n'avoit de quoi t'égaler. (I, 124, vers 286 et 289.)

On doute en quelle part est le funeste lieu
Que réserve aux damnés la justice de Dieu,
Et *de* beaucoup d'avis la dispute en est *pleine*. (I, 129, vers 11.)

[La France,] *Pleine de* mœurs et *de* courages. (I, 76, vers 16.)
(*La Renommée*) *Pleine de* langues et *de* voix. (I, 146, vers 1.)

.... Une longue histoire,
Pleine de langage indiscret. (I, 275, vers 3.)

Par eux (*par mes vers*) *de* tes beaux faits la terre sera *pleine*. (I, 283, v. 157.)

.... Ces grands criminels
Dont les fables sont *pleines*. (I, 255, vers 27.)

Plein de franchise, pour *tout à fait libre*, blâmé chez des Portes. (IV, 385.)

PLEIN, accompli, parfait, ne manquant de rien :

Quand il (*le souverain bien*) est *plein* (*en latin :* perfectum), un rocher n'est pas immobile comme elle (*l'âme qui le possède*) est. (II, 554; voyez II, 522.)

Le sage n'en fait point de même (*il ne soupire pas après les faveurs de la fortune*), parce qu'il est *plein* (*parce qu'il a tout ce qu'il lui faut*). (II, 561.)

À PLEINES VOILES, au figuré :

.... La faveur *à pleines voiles*,
Toujours compagne de vos pas. (I, 117, vers 251.)

TOUT PLEIN DE :

Antiochus s'empare de *tout plein de* places en la côte de Cilicie. (I, 397.)
Quel besoin est-il de voir des ivrognes chanceler en une grève,... faire *tout plein de* telles folies, etc.? (II, 447; voyez I, 413, 428; IV, 110.)

PLÉNITUDE, perfection :

Comme la vérité ne croît point, aussi ne fait la vertu. Elle est en sa *plénitude*, il n'y a rien de vide (*en latin :* habet numeros suos, plena est). (II, 551.)

PLEURER DE, pleurer à cause de :

Il *pleurera de* ses enfants qui seront morts. (II, 568.)

PLEURER, verbe actif :

Par sa fatale main, qui vengera nos pertes,
L'Espagne *pleurera* ses provinces désertes. (I, 74, vers 122.)

PLEUVOIR, au figuré :

Certes quiconque a vu *pleuvoir* dessus nos têtes
Les funestes éclats des plus grandes tempêtes
Qu'excitèrent jamais deux contraires partis, etc. (I, 70, vers 13.)

PLIER (SE), au figuré :

Je ne crois pas que ni aux tourments, ni en tout ce qu'ordinairement on appelle adversités, il y ait autre mal, sinon que l'esprit *se plie*, qu'il se courbe, que les genoux lui faillent. (II, 554.)

PLONGÉ DANS :

La raison.... est.... une partie de l'esprit divin, *plongée dans* le corps humain. (II, 513.)

PLOYABLE, capable d'être ployé, de se soumettre :
> Louez leur magnanime orgueil,
> Que vous seul avez fait *ployable*. (I, 148, vers 57.)

PLOYER, faire plier, soumettre :
> L'exemple de leur race (*de la race des Titans*) à jamais abolie
> Devoit sous ta merci tes rebelles *ployer*. (I, 281, vers 90.)

PLOYER LES GENOUX, au figuré :
> Nous passons près des rois tout le temps de nos vies
> A souffrir des mépris et *ployer les genoux*. (I, 274, vers 9.)

PLUME.
> Je ne sais comme ce discours est venu au bout de ma *plume*. (III, 166; voyez I, 204, vers 3.)

PLUPART (LA) DE :
> *La plupart des* Tartares n'est-elle pas vêtue de fourrures de renards? (II, 714.)
> *La plupart des* hommes ne se veut presque pas imaginer qu'il soit autre temps que celui qui passe à l'heure même. (II, 54.)
> Pour la guerre de Clèves, *la plupart de* notre monde se fait accroire que nous l'aurons. (III, 133.)
> *La plupart de* ce que nous sommes, nous attirons notre ruine, au lieu de l'empêcher. (II, 606.)
> *La plupart du* monde, voire même *de* ceux qui font profession de sagesse, n'estiment pas comme ils doivent les biens que les Dieux nous ont faits. (II, 42.)

PLURALITÉ, majorité :
> La *pluralité* des voix est pour nous. (IV, 92 et 93; voyez IV, 30.)

PLURIER, pluriel ; EN PLURIER, au pluriel :
> Ces deux substantifs vouloient un participe *plurier*. (IV, 273.)
> Cela ne vaut rien, même *en plurier*. (IV, 254.)

PLUS, avec un adjectif ou un adverbe auxquels il donne la valeur du comparatif :
> Par quels faits d'armes valeureux,
> *Plus* que nul autre aventureux,
> As-tu mis ta gloire en estime? (I, 114, vers 176.)
> La plupart du monde.... n'estiment pas comme ils doivent les biens que les Dieux nous ont faits.... Ils se plaignent que les éléphants sont *plus* grands, les cerfs *plus* vites, les oiseaux *plus* légers. (II, 42.)
> Les doutes que les femmes font
> Et la conduite qu'elles ont   vers 257.)
> *Plus* discrète et *plus* retenue (*que celle des hommes*), etc. (I, 123,
> Vous n'écrivez rien qui ne soit bien joint, et qui ne se rapporte à votre sujet. C'est un témoignage de quelque suffisance *plus* grande, et qu'en votre âme il n'y a rien de superflu, ni de bouffi. (II, 484.)
> Le Roi, extrêmement paré de pierreries, et *plus* de bonne mine..., menoit la mariée du côté droit. (III, 93.)
> Il est si maigre que rien *plus*. (III, 475.)
> Une vertu qui laisse en doute si elle a été *plus* utile ou *plus* honorable à sa république. (II, 84; voyez PLUTÔT.)

Plus, employé seul comme comparatif :

J'ai *plus* eu que lui, encore qu'il ait eu autant que moi, parce qu'on me l'a donné sans espérance de le retirer. (II, 23.)

Une journée est bien *plus* à un homme docte qu'à un ignorant la plus longue vie qu'il sauroit avoir. (II, 610.)

Ceux qui sont du monde et de la cour regardent toujours ceux qui sont *plus*, et jamais ceux qui sont moins. (II, 563.)

.... Le soleil semble sortir de l'onde
Pour quelque amour *plus* que pour luire au monde. (I, 226, vers 8.)

L'abondance du sujet m'a fait continuer ce discours *plus* que je ne devois. (II, 16.)

.... Qu'attend *plus* de nous ta longue patience ? (I, 16, vers 340.)

Celui qui vit a *plus* de besoin de la vie, là où celui qui n'est pas né se passe et de la vie et de toute autre chose fort à son aise. (II, 85.)

Quelque chose plus, quelque peu plus :

Chacun.... se fait croire qu'on a fait *quelque chose* pour lui *plus* que pour son compagnon. (II, 23.)

Qu'en cette occasion.... la mer se soit humiliée devant vous..., c'est.... une affaire où il y a *quelque chose plus* que de l'homme. (I, 353; voy. II, 71.)

Qu'importe qu'il ait reçu *quelque peu plus* qu'il n'a donné ? (II, 137.)

Rien plus :

Un serviteur ne peut rien refuser; s'il fait quelque chose, il obéit, et *rien plus*. (II, 69; voyez au 6ᵉ exemple de Plus, *rien plus* dans un autre sens.)

Plus, où nous mettrions *le plus* :

Ce n'est pas bienfait, c'est usure, de regarder, non où ce que nous donnons sera *plus* dignement employé, mais où le profit en sera *plus* grand. (II, 92; voyez même page, ligne 14.)

.... Le soleil, qui tout surmonte,
Quand même il est *plus* flamboyant,
S'il étoit sensible à la honte,
Se cacheroit en la voyant. (I, 148, vers 46.)

.... C'est aux plus saints lieux que leurs mains sacriléges
Font *plus* d'impiétés. (I, 278, vers 28.)

Qui dirons-nous.... qui a *plus* reçu de bien, ou le fils du père, ou le père du fils ? (II, 82.)

Aussi est-il raisonnable.... que ceux de qui la conscience est bonne aient l'esprit *plus* en repos. (II, 113.)

Voyez tome I, p. 253, vers 7; p. 301, vers 20; tome II, p. 2, l. 2; p. 19, l. 20 p. 37, l. 30 et 31; p. 99, l. dernière; etc.

Plus.... plus; plus.... moins; tant plus.... tant plus; tant plus.... tant moins; moins, tant plus :

Toute la cour fait cas du séjour où je suis,
Et pour y prendre goût je fais ce que je puis;
Mais j'y deviens *plus* sec, *plus* j'y vois de verdure. (I, 139, vers 11.)

De tant de rares qualités,
.... *plus* je m'arrête à penser
Laquelle sera la première,
Moins je sais par où commencer. (I, 110, vers 58 et 60.)

Tant plus nous avons de besoin d'une chose, *tant plus* nous avons d'obligation à celui qui nous la donne. (II, 85.)

Tant plus je sentirai sa puissance (*la puissance de la fortune*), *tant moins* je la reconnoîtrai. (II, 448.)

Nous pouvons oublier nos défauts, non-seulement ceux de l'âme, qui se montrent *moins*, *tant plus* ils sont grands, mais ceux mêmes du corps. (II, 456.)

Voyez tome I, p. 140, vers 5 et 6; tome II, p. 18, 23, 281, 372, 604.

Plus, sens temporel, désormais, encore :

Depuis que nous avons donné une chose à quelqu'un, il ne lui en faut jamais *plus* parler. (II, 20.)

Mais d'aller *plus* à ces batailles...,
N'est-ce pas nous rendre au naufrage
Après nous avoir mis à bord? (I, 52, vers 161.)

Je suis extrêmement aise de l'avoir vu (*le ballet de la Reine*), pource que le désespoir de voir jamais rien de si beau ni de si magnifique me dégoûtera de me travailler *plus* en semblables occasions. (III, 81.)

Mes sens qu'elle (*cette femme*) aveugloit ont connu leur offense,
Je les en ai purgés, et leur ai fait défense
De me la ramentevoir *plus*. (I, 61, vers 76.)

Ils me voient en un âge où il est malaisé que ma vie soit *plus* guère longue. (I, 351.)

Pour le plus, au plus :

Les pieux des Romains sont légers, et n'ont que deux ou trois fourchons, ou quatre *pour le plus*. (I, 402.)

Plus, de plus, en style d'affaires :

Étant *plus* (*de plus, étant*) en Normandie, nous empruntâmes trois cents écus. (I, 343.)

Plus outre. Voyez Outre.

Plus tôt que :

Admire cet esprit vraiment admirable, qui se trouve au bout du monde *plus tôt* qu'il n'a fait dessein de partir pour y aller. (II, 43.)

PLUTÔT que :

L'homme.... est né sans armes. S'il a des dents et des ongles, c'est à tout autre usage *plutôt* qu'à le faire redouter. (II, 109.)

Il a voulu mourir *plutôt* que ne lui donner (*à son maître*) le loisir de se sauver. (II, 69.)

POIDS, au figuré :

La justice n'eut plus de *poids*;
L'impunité chassa les lois. (I, 311, vers 15.)

Encore que les choses données soient semblables, elles peuvent être données d'une grâce si contraire, que le *poids* en sera bien différent. (II, 59.)

POIL (de bête) :

Ces mules si grasses et toutes d'un *poil* (*en latin :* unius omnes coloris). (II, 676.)

Poil, barbe, cheveux :

L'étonnement de voir une éclipse de soleil lui fit fermer son palais, et raser le *poil* à son fils, comme s'il eût fait le deuil. (II, 140.)

POINT, substantif :

L'honnêteté est un *point* où il n'est pas bien aisé de donner ; qui en approche fait beaucoup. (II, 32.)
.... Lorsque la blessure est en lieu si sensible,
Il faut que de tout *point*
L'homme cesse d'être homme, et n'ait rien de passible
S'il ne s'en émeut point. (I, 41, vers 42 *var.*)
Je.... me contenterois de vous faire voir mes conceptions ni trop bien en *point* ni trop déchirées. (II, 579.)
Que d'applaudissements..., que de traits de caresses,
Quand là-haut (*dans le ciel*) en ce *point* (*en cet état*) on les vit arriver (*les saints Innocents*)! (I, 13, vers 237.)
Pendant que le chétif en ce *point* (*à ce point*?) se lamente, etc. (I, 14, vers 271.)

POINT, moment, heure :

Au *point* accoutumé les oiseaux qui sommeillent,
Apprêtés à chanter dans les bois se réveillent. (I, 18, vers 379.)
Au seul *point* que Dieu prescrira,
Mon âme du corps partira. (I, 288, vers 79.)
La mort, à laquelle nous sommes tous destinés dès le *point* de notre naissance. (I, 469.)
.... Lui être allé querir le médecin en un *point* où s'il ne fût venu c'étoit fait de sa vie. (II, 60.)
La plus grande obligation que nous ayons à la nature, c'est qu'aussitôt que nous sommes sur le *point* de quelque action, la vertu nous fait passer dans l'âme quelque rayon de sa lumière. (II, 108.)
L'épée a quelquefois été retenue sur le *point* que le bras étoit haussé pour frapper. (II, 309 ; voyez II, 311, 635.)
Votre.... lettre me fut rendue au *point* qu'un petit frisson de fièvre me faisoit retirer en mon logis. (I, 355 ; voyez I, 79, vers 91.)

POINT COUPÉ, sorte de dentelle à jour. (I, 311, vers 9.)

POINT et PAS, dans le sens négatif.

PAS et POINT, surabondants :

Vous ne connoissez *pas* ni la nature ni la force du bien où vous prétendez. (II, 324.)
Il y a du plaisir à écrire par la poste ; mais par les messagers, il n'y a *point* ni plaisir ni honneur à mander ce qui sera vieil et ridé devant qu'il arrive. (III, 417.)
De l'enfer les tentations,
Ni toutes mes afflictions
Ne forceront *point* ma constance. (I, 288, vers 84 ; voyez NI.)
Le venin de la malice.... ne déploie *point* bien sa force que contre ceux qui le portent. (II, 627.)
Je serois bien aise que l'on n'usât *point* de ce mot de « poitrine » que rarement. (IV, 386.)
Cette diversité de remuements se faisoit sans *point* de bruit. (II, 723.)
Les premiers mois ont le soleil presque sans *point* de nuages ; et les derniers, des nuages presque sans *point* de soleil. (IV, 205.)

PAS ou POINT, après un infinitif :

.... Crois-tu qu'il soit possible
D'avoir du jugement, et ne l'adorer *pas* ? (I, 133, vers 14.)

Pour être innocent il suffit de n'oublier *point*. (II, 55.)

Voyez tome I, p. 142, vers 37; p. 150, vers 32; p. 153, vers 36; p. 157, vers 11; p. 161, vers 60; tome II, p. 4, l. 32; p. 50, l. 9; p. 69, l. 15 et 18; etc.

Pas ou Point, omis : voyez Ne, pour *ne pas* ou *ne point*.

Pas ou point, pour *ne pas* ou *ne point* :
Voilà *pas* (*ne voilà-t-il pas*) qui est galant! (IV, 342.)
.... Ce qu'ils souffrent tous,
Le souffré-je *pas* seul...? (I, 256, vers 29.)
Vos pénibles travaux...,
Sont-ce *pas* des effets que même en Arcadie....
Les plus fameux pasteurs n'ont jamais égalés? (I, 229, vers 10.)
Étoit-il *pas* aussi peu digne de servir, comme Maro de manger en compagnie? (II, 75.)
Regardons s'il y aura *point* plus d'apparence de dire, etc. (II, 80.)
Si une patience magnanime aux adversités n'est point desirable, je demande si la magnanimité l'est *point*. (II, 526.)

Voyez tome I, p. 19, vers 6; p. 54, vers 203; p. 66, vers 39; p. 111, vers 98; p. 113, vers 150; p. 121, vers 178; p. 135, vers 32; p. 137, vers 10; p. 150, vers 28; p. 198, vers 23; p. 210, vers 43; p. 244, vers 12; p. 271, vers 65; p. 306, vers 7; tome II, p. 5, l. 29; p. 55, l. 32; p. 338, l. 11; p. 382, l. 10; etc.

Du tout point, pas du tout :
Ils ne se souviennent *du tout point* qu'on leur ait fait aucun plaisir. (II, 55; voyez I, 41, vers 44; II, 22, 307.)

POINTE, au figuré :
Toutes les cruautés de ces mains qui m'attachent....
Ne me sont une *pointe* aux entrailles si dure,
Comme le souvenir de ta déloyauté. (I, 7, vers 83.)
Quelles *pointes* de rage
Ne sent mon courage? (I, 163, vers 19.)
D'où avez-vous eu ce vent que vous respirez? d'où cette lumière...? d'où toutes ces *pointes* qui vous rendent le goût du plaisir après en être lassés? (II, 96.)
[Ces choses] donnent du plaisir, parce que leur difficulté tente la *pointe* du jugement. (II, 149.)
Ce que vous dites a *pointe* (*en latin : acuta sunt quæ dicis*). (II, 640.)

POINTILLEUX, substantivement :
Je me réserverai pour une autre fois à disputer contre ces *pointilleux* si déliés, qui oublient de faire, tant ils sont empêchés à parler. (II, 426.)

POINTURE, piqûre :
L'aiguillon de la gloire a la *pointure* douce. (IV, 4.)

POIS PILÉS, bavardages, inutilités :
Il faut finir mes fâcheux discours, qui sont plutôt *pois pilés* qu'une lettre. (III, 31; voyez IV, 94.)

POISON.
Que l'hydre de la France, en révoltes féconde,
Par vous soit du tout morte, ou n'ait plus de *poison*,
Certes c'est un bonheur.... (I, 262, vers 6.)

Poison, au féminin :
Domitius.... commanda à un qui étoit son serviteur et son médecin tout ensemble de lui donner de la *poison*. (II, 74.)

D'où s'est coulée en moi cette lâche *poison*,
D'oser impudemment faire comparaison
De mes épines à mes roses? (I, 296, vers 25 ; voyez II, 151, 649 ; IV, 226.)

POITRINE.

Je serois bien aise que l'on n'usât point de ce mot de *poitrine* que rarement. (IV, 386 ; c'est une critique d'un vers de des Portes.)

POLISSURE, au propre et au figuré, l'action de polir, le fait d'être poli :

Démocritus inventa la *polissure* de l'ivoire. (II, 720.)

Nous achetons.... d'un précepteur la *polissure* de notre esprit. (II, 182.)

POLTRONNEMENT, lâchement :

Tuer un homme de bien, et le tuer *poltronnement* et traîtrement, c'est mettre le crime si haut qu'il ne puisse aller plus avant. (I, 353.)

POLTRONNERIE, paresse :

Voulant envoyer deux sonnets à Monsieur le premier président et à vous, je n'en ai fait qu'une copie.... Excusez ma *poltronnerie*. (III, 42 ; voyez II, 179 ; III, 87.)

POMPES, éclat, luxe, fêtes :

.... Les sceptres des rois
N'ont que des *pompes* inutiles,
S'ils ne sont appuyés de la force des lois. (I, 271, vers 89.)
En la paix naissent les plaisirs ;
Elle met les *pompes* aux villes,
Donne aux champs les moissons fertiles. (I, 186, vers 105.)

POMPÉES, la ville de Pompéïes :

Je suis allé visiter vos *Pompées*. (II, 536.)

POMPEUX, pompeuse :

[Vénus] sort *pompeuse* et parée
Pour la conquête d'un amant. (I, 46, vers 33.)

PONANT (Le), l'occident, le couchant :

Lui (*l'homme*) que jusqu'au *ponant*,
Depuis où le soleil vient dessus l'hémisphère,
Ton absolu pouvoir a fait son lieutenant. (I, 63, vers 28.)
Du levant au *ponant*. (I, 477 ; voyez I, 172, vers 7 ; II, 464 ; III, 292.

POPULAIRE.

En ces harangues *populaires* (*faites pour le peuple*), où le but n'est que d'émouvoir un peuple, etc. (II, 407.)

PORCHE, au féminin :

Ces arcades sous qui nous faisons des *porches* assez spacieuses pour mettre le peuple de toute une ville à couvert. (II, 718.)

PORT, havre, au propre :

Quand elle (*Alcyone*) eut trouvé dans le *port*
La perte qu'elle avoit songée, etc. (I, 32, vers 8.)

Port, au figuré, lieu de refuge, refuge :

Beauté, de qui la grâce étonne la nature,
Il faut donc que je cède à l'injure du sort,
Que je vous abandonne, et loin de votre *port*
M'en aille au gré du vent suivre mon aventure. (I, 137, vers 3.)

  Bellegarde, unique support
  Où mes vœux ont trouvé leur *port*. (I, 107, v. 6; voy. I, 142, v. 27.)

PORT, prix du port, au figuré :

Les vrais biens sont de même *port* (*en latin :* idem pendunt) et ont même étendue les uns que les autres. (II, 518.)

PORTABLE, qui peut être porté :

L'action n'a point de corps.... Quant à la chose, elle est *portable* d'un lieu à l'autre, et peut à toute heure changer de main. (II, 169.)

PORTE, au sens propre :

La *porte* de Saint-Honoré. (III, 276.)
Monsieur le Prince entra par la même grand'*porte*. (III, 473.)

Porte, portes, au figuré :

L'Aurore..., en sortant de ses *portes*, etc. (I, 17, vers 361.)
Je ne dis pas qu'il ne les faille voir (*les dialecticiens*), mais il les faut voir seulement, et leur donner le bonjour de la *porte*. (II, 440.)
.... La *porte* est close aux tempêtes civiles. (I, 253, vers 1.)
Les Numantins [sont] braves, qui savent qu'ils ne sont point enfermés, puisqu'ils ont la *porte* de la mort ouverte. (II, 513.)
.... L'amour de la terre, et le soin de la chair
Aux fragiles pensers ayant ouvert la *porte*, etc. (I, 4, vers 10.)
Ce miracle d'amour, ce courage invincible (*saint Pierre*)....
Aux *portes* de la peur abandonne son maître,
Et jure impudemment qu'il ne le connoît pas. (I, 6, vers 41.)

  Apollon à *portes* ouvertes
  Laisse indifféremment cueillir
  Les belles feuilles toujours vertes
  Qui gardent les noms de vieillir. (I, 188, vers 141.)

PORTEMENT, manière dont on se porte :

Elle m'a.... réjoui de m'avoir assuré de votre bon *portement*. (III, 36.)

PORTER, au propre et au figuré, emplois divers :

Une ville *fut portée* (*transportée*) par ses habitants du lieu où elle étoit en un autre. (II, 466.)

  Aller sur les pas d'Encelade
  Porter des échelles aux cieux. (I, 55, vers 210.)

Si nous jouons avec un qui soit encore écolier, nous.... frapperons si bellement que nous lui *porterons* la pelote jusque dans la main. (II, 30.)
Lutteur que trois fois on *a porté* par terre. (II, 136; voyez II, 306.)
Celle dont mes ennuis avoient leur guérison
S'en va *porter* ailleurs ses appas et ses charmes. (I, 134, vers 3.)
[Les vices] Qui nous *avoient portés* jusqu'aux derniers hasards. (I, 72, v. 69.)
Que vos jeunes lions vont amasser de proie,
Soit qu'aux rives du Tage ils *portent* leurs combats, etc. ! (I, 104, vers 6.)

  .... Mégère le regarde,
Et lui *porte* l'esprit à ce vrai sentiment,

Que d'une injuste offense il aura, quoiqu'il tarde,
  Le juste châtiment. (I, 281, vers 98.)
Ceux.... que la fortune *a portés* au haut de sa gloire. (II, 203.)
Le plaisir est arrivé où nous avions envie de le *porter*. (II, 47.)
.... Pour obliger l'affection du Roi, que l'on croit *portée* à aimer ce jeune prince. (III, 488.)
  Je suis marri que la colère
  Me *porte* jusqu'à lui déplaire. (I, 99, vers 8.)
La vertu.... ne demande point que nous lui *portions* des œillets et des roses, mais que nous la servions avec le sang et la sueur. (II, 529.)
.... Quelque excès d'amour qu'il (*Henri IV*) *porte* à notre bien,
Comme échapperons-nous en des nuits si profondes? (I, 70, vers 21.)
  Nous savons quelle obéissance
  Nous oblige notre naissance
  De *porter* à sa royauté. (I, 85, vers 33.)
Vous voulez qu'on croie que vous lui *portez* honneur comme à votre père? (II, 110.)
[Il] y a tant de gloire à n'être point variable..., que même on *porte* quelque révérence à ceux qui s'opiniâtrent à se reposer. (II, 463.)
Je le tenois pour homme bien suffisant; j'*avois porté* les oreilles ouvertes (*en latin* : erexeram aures), mais il m'a trompé. (II, 532.)
.... L'homme qui *porte* une âme belle et haute. (I, 18, vers 391.)
Il est bien assuré que l'angoisse qu'il *porte*
Ne s'emprisonne pas sous les clefs d'une porte,
Et que de tous côtés elle suivra ses pas. (I, 8, vers 97.)
  .... C'est aux foibles courages,
  Qui toujours *portent* la peur au sein,
  De succomber aux orages. (I, 248, vers 26.)

PORTER, produire, avoir pour suite, avoir :

La gloire des méchants est pareille à cette herbe
Qui, sans *porter* jamais ni javelle ni gerbe,
Croît sur le toit pourri d'une vieille maison. (I, 208, vers 20.)
Le venin de la malice.... ne déploie point bien sa force que contre ceux qui le *portent*. (II, 627.)
  Quelle vaine résistance
  A son puissant appareil,
  N'*eût porté* la pénitence
  Qui suit un mauvais conseil? (I, 89, vers 63.)
Toutes les autres morts n'ont mérite ni marque;
Celle-ci *porte* seule un éclat radieux,
Qui fait revivre l'homme, etc. (I, 282, vers 126.)

PORTER, supporter :

Il *porteroit* sa fin et celle des siens avec plus de patience qu'il ne fait. (II, 550.)

PORTER LA QUEUE, au figuré, suivre comme inférieur, comme serviteur :

La vertu ne s'abaisse jamais à *porter la queue* (*en latin* : sequi). (II, 91.)

ÊTRE PORTÉ, être en mouvement, être mû :

Les feux (*les astres*) sont quelquefois *portés* (*sont en mouvement, changent de place*), et ne demeurent pas fermes (*en latin* : aliquando feruntur ignes, non sedent). (I, 477.)

C'est grand cas qu'il soit des hommes si présomptueux, qu'ils.... estiment que cet univers.... n'ait point de conseil, et *soit porté* (*en latin :* ferri) casuellement, ou par une témérité sans dessein et sans ordre, ou par la nature qui ignore elle-même ce qu'elle fait. (I, 472.)

SE PORTER, sens divers :

Si l'esprit *s'est* fortifié contre les choses casuelles, et *porté* au delà de l'appréhension..., il n'ignore rien de ce qu'il est utile.... de savoir. (II, 215.)

Un autre m'avoit fait de la courtoisie...; mais depuis il m'a traité si outrageusement est *s'est porté* (*comporté*) si indignement en mon endroit, etc. (II, 172.)

Un laboureur prend plaisir de voir fructifier ses arbres..., un nourricier de voir bien *porter* (*se bien porter*) son nourrisson. (II, 393.)

PORTRAIRE, dépeindre, blâmé chez des Portes par Malherbe, qui veut que l'on dise *pourtraire*. (IV, 442; voyez POURTRAIRE.)

PORTRAIT.

Le *portrait* de Pallas (*le Palladium*) fut la force de Troie. (I, 252, vers 5.)

POSER, construire, élever :

Mon père et.... ma mère.... m'ont... *posé* ce lamentable monument (*ce monument funéraire*). (I, 360.)

POSITION, terme juridique, proposition, établissement d'un principe. (II, 437.)

POSITION, sens positif, opposé à privation, sens négatif :

La pauvreté ne se dit point par *position*, mais par privation..., c'est-à-dire, non pour avoir, mais pour n'avoir pas. (II, 684.)

POSSÉDER.

Je *possédois* cette fille (*sa fille Jourdaine, qui venait de mourir*) avec une perpétuelle crainte. (IV, 2.)

Ceux qui pleurent désespérément leurs amis, après les *avoir possédés* nonchalamment. (II, 496.)

Non qu'il ne me soit grief que la terre *possède*
Ce qui me fut si cher, etc. (I, 43, vers 69.)

Ils servent leurs voluptés, au lieu de les *posséder* (*au lieu d'en être maîtres*). (II, 405.)

C'est de Glycère que procèdent   vers 69.)
Tous les ennuis qui me *possèdent*. (I, 100, vers 38; voyez I, 271,

Que tant de diversités ne soient plus qu'une chose; que le feu *possède* tout; qu'une obscurité relente lui succède, etc. (II, 189.)

POSSESSION.

Si quelque Dieu lui vouloit bailler la *possession* propriétaire du monde à cette condition de n'en rien donner, je jurerois bien qu'il ne la voudroit pas prendre. (II, 224.)

ÊTRE EN POSSESSION DE, être habitué à :

Vous *êtes en possession de* souffrir des rebuts. (IV, 30; voyez IV, 75.)

POSSIBLE, POSSIBLE PEUT ÊTRE, dans le sens de *peut-être* :

Peut-être vous voulez savoir ce qu'en tiennent les stoïques.... Vous attendez *possible* qu'ils vous disent que, etc. (II, 347.)

S'il savoit que c'est d'un homme de bien, il ne le penseroit encore être, et *possible* perdroit l'espérance de pouvoir jamais le devenir. (II, 415.)

Les particularités, que *possible* vous n'avez pas sues d'ailleurs, vous pourront être agréables. (III, 92.)

Il ne faudra point prendre les armes, et *possible peut être* que si. (II, 50.)

POSTE, féminin, au figuré, proverbialement :

Ceux qui ne prennent conversation particulière avec pas un esprit, mais passent en *poste* par-dessus toutes choses. (II, 267.)

Ce seroit quelque consolation à notre imbécillité, si les réparations se faisoient aussitôt que les démolissements ; mais celles-là vont le pas, et ceux-ci la *poste*. (II, 727.)

Il faut régler ma débauche, et corriger mon avarice. Laquelle est de toutes ces choses qui se pourra faire en courant la *poste?* (II, 407.)

À POSTE, à dessein, pour quelque convenance particulière :

Pour ôter le soupçon.... que ce fût chose faite *à poste*, etc. (IV, 45.)

POSTÉRITÉ.

Cette princesse (*Marie de Médicis*) est si bonne que les vœux de tous les gens de bien sont que sa *postérité* soit en la race de nos rois tant que la France sera France. (IV, 27.)

POSTURE, état, situation morale :

Ne lui bouchez-vous pas les yeux et les oreilles (*à Dieu*), pour ne savoir rien de ce qui se passe au monde... ? En quelle plus mauvaise *posture*, en quel équipage plus contemptible le sauriez-vous mettre, pour nous ôter toute occasion d'en avoir peur ? (II, 110.)

Je suis bien souvent tout exprès allé trouver ce bonhomme, à qui je porte beaucoup d'amitié, pour voir s'il seroit toujours en même *posture* (*en même état*), et si j'y reconnoîtrois point quelque affoiblissement de l'esprit comme du corps. (II, 382.)

En quelque *posture* que soit mon âme, je n'ai pas sitôt commencé de le lire (*Sextius*), qu'il ne me prenne envie de provoquer tout ce qu'il y a de malheur au monde. (II, 499 ; voyez II, 323.)

Il ne se rend jamais..., mais immuable jusques au dernier soupir, il demeure sur sa *posture*. (II, 136.)

POT DE CHAMBRE. (II, 75.)

POTENTAT, roi, souverain :

La Discorde aux crins de couleuvres,
Peste fatale aux *potentats*, etc. (I, 186, vers 92.)

POTENTIEL. Voyez ACTUEL.

POTIRON, proverbialement :

Tout ce sonnet ne vaut pas un *potiron*. (IV, 339 ; voyez IV, 286.)

POUCE, mesure. (II, 689.)

POUDRE.

Ces colosses d'orgueil furent tous mis en *poudre*. (I, 280, vers 85.)

La Rochelle est en *poudre*, et ses champs désertés
    N'ont face que de cimetières. (I, 284, v. 4 ; voy. I, 6, v. 56 ; 87, v. 16.)

Ma mère vient d'une race....
    Si fertile en demi-dieux....

Je suis *poudre* (*je suis mort*) toutefois :
Tant la Parque a fait ses lois
Égales et nécessaires. (I, 189, vers 9.)

M'embarrasserai-je tellement en la *poudre* de géométrie que je ne m'en tire jamais? (II, 698.)

Mettre la poudre aux yeux, devancer dans une course, au figuré :

Pour le commun, il y a longtemps que vous lui *avez mis la poudre aux yeux* (*en latin :* turbam olim reliqueras). (II, 393.)

Poudre à canon; poudres, au pluriel :

On peut bien sentir le musc et l'ambre, et n'être ni moins galant, ni moins brave, que si on sentoit la *poudre à canon* (*en latin :* ... ad bellum prompta mens tam in Persas quam in alte cinctos cadit). (II, 390.)

On lui a aussi laissé du canon, des balles et des *poudres*. (III, 518.)

POULS, proverbialement :

Antiochus.... s'en alla terre à terre le long des côtes de Cilicie et de Carie,... pour tâter le *pouls* aux villes que Ptolomée y avoit. (I, 423.)

POULTRON, poltron :

Les meilleurs soldats viennent des montagnes; ceux des villes ne sont que *poultrons*. (II, 449.)

POUMONS, au pluriel, blâmé par Malherbe chez des Portes. (IV, 267, 359, 422.)

POUR, préposition.

1° Pour, à cause de (voyez ci-après, p. 486, 10°, Pour ce), vu, en vue de, en raison de, par suite de, par :

Le nom (*renom*) qu'il a *pour* sa vertu. (I, 155, vers 72.)
Forçant les personnes d'honneur
De te souhaiter tout bonheur
Pour tes qualités nonpareilles. (I, 286, vers 12.)

Tous ces gens-là ne servent aux autres que *pour* leur profit. (II, 104.)

Nous l'appelons (*nous appelons Dieu*).... père Liber, *pour* l'invention des semences et réparation de la nature avec plaisir. (II, 97.)

Voilà comme je vis, voilà ce que j'endure,
Pour une affection que je veux qui me dure
Au delà du trépas. (I, 161, vers 56.)

Le nom de sa chaste Marie
Le travailloit d'une langueur
Qu'il pensoit que *pour* sa longueur
Jamais il ne verroit finie. (I, 123, vers 243.)

Louez Dieu par toute la terre,
Non *pour* la crainte du tonnerre
Dont il menace les humains, etc. (I, 245, vers 2.)

Il avoit tout plein de parents qui, *pour* le soin qu'ils avoient de sa conservation, ne le vouloient jamais abandonner. (IV, 110.)

Quand *pour* le ménage (*par économie*) mon père et ma mère.... se retiroient aux champs. (I, 335.)

Recevez cependant ma contribution de si bon cœur que je la vous donne...; mon affliction la rend de moindre estime *pour* la perte que j'ai faite.... Voilà l'ennui qui tyrannise mes esprits et mon âme *pour* le peu de justice qui m'en est faite. (I, 356.)

Si les bêtes furieuses sont formidables *pour* leur force, celles qui n'ont du tout point de courage ne le sont pas moins *pour* leur poison. (II, 22.)

Ce ne fut point par outrecuidance, mais *pour* envie qu'il avoit qu'on vit sa pantoufle. (II, 25.)

Voici la seule injure que je puis dire avoir reçue de vous, que *pour* la grandeur du bien que vous me faites, il faille que je vive et meure avec regret de ne m'en pouvoir jamais acquitter. (II, 39.)

Je ne prendrai rien de lui, quand ce ne seroit que *pour* cette volonté seule qu'il a de me faire du bien à son préjudice. (II, 35.)

Pour la diversité et dissimilitude des autres (*obligations*), les lois n'y ont pu donner de règlement. (II, 62.)

Les Dieux ne peuvent rien recevoir de nous.... Celui qui m'a fait plaisir, *pour* la félicité de sa condition en est de même. (II, 232.)

Rien ne nous est difficile que *pour* le dégoût que nous avons de la facilité. (II, 715.)

Le Roi s'en va à Fontainebleau.... pour voir le canal, duquel la chaussée est crevée, *pour* la grande pente des eaux. (III, 101.)

Il est difficile que *pour* la mauvaise opinion que j'ai de moi je puisse rien interpréter à mon avantage. (IV, 162.)

Je recommencerai *pour* le désir de vous complaire ce que j'avois discontinué *pour* la crainte de vous importuner. (IV, 172.)

C'est être extrêmement sage que d'être parfaitement furieux *pour* une si digne passion. (IV, 172.)

Le mauvais état où je vous ai vue partir, *pour* la nouvelle que vous veniez de recevoir, etc. (IV, 195.)

On ne peut dire qu'un homme n'ait beaucoup de courage, qui après avoir longtemps amoureusement regardé les richesses, se prend à rire de ce qu'elles le sont venues trouver, et les reconnoît siennes plutôt par ouï-dire, que *pour* sentiment qu'il en ait. (II, 340.)

Les choses qu'ils (*les Dieux*) leur donnent (*aux ingrats*) sont envoyées *pour* les gens de bien.... Il est plus raisonnable d'assister les méchants *pour* les bons, que d'abandonner les bons *pour* les méchants. (II, 118 et 119.)

Quiconque.... prêche contre l'ingratitude, il parle autant *pour* les Dieux que *pour* les hommes. (II, 44.)

M. le comte de Gramont est parti avec ordre, *pour* ce qui est de sa charge (*en raison de sa charge*). (III, 501.)

Voyez tome II, 55, l. 7; 95, l. 1; 127, l. 27; 150, l. 8; 166, l. 25; 299, l. 31; 447, l. 1 et 2; 480, l. 13 et 16; 574, l. 32; tome III, 126, l. 13; tome IV, 354, l. 31.

2° Pour, à cause de, etc., dans des tours où nous mettrions *malgré* (voyez plus loin, 7°, Pour, devant l'infinitif, équivalent à *quoique*) :

Les Dieux, . *pour* l'impiété d'un nombre infini de sacrilèges,... ne laissent pas.... d'aimer les hommes. (II, 4.)

Pour tout le bruit qu'ils font, ni eux ni leurs bienfaits n'en sont pas estimés davantage. (II, 26.)

L'autre *pour* les douleurs de la torture n'a point cessé de rire. (II, 590.)

3° Pour, en faveur de :

Je vœux mon œuvre concevoir
Qui *pour* toi les âges surmonte. (I, 110, vers 54.)

.... La France a les destinées
Pour elle tellement tournées
Contre les vents séditieux, etc. (I, 184, vers 36.)

[O beaux yeux,] Puis-je souffrir assez,
Pour expier le crime, et réparer la honte
  De vous avoir laisses?

Quelqu'un dira *pour* moi que je fais mon devoir, etc. (I, 255, vers 13.)

Tout ce que j'ai fait *pour* mon père.... ne peut valoir ce qu'il a fait *pour* moi. (II, 79.)

Voyez.... si nous dirions point encore mieux, et si nous ferions point plus *pour* la réputation de celui qui donne, etc. (II, 5.)

Devant que de mourir, faites *pour* vous une chose : que les vices meurent premier que vous. (II, 368.)

La souplesse des bras, la dilatation des épaules et l'affermissement des reins ne sont pas occupations d'une âme bien faite ; et un homme de lettres ne fait rien *pour* lui de s'y arrêter. (II, 317.)

4° Pour, à la place (au nom) de, au lieu de, en retour de, comme :

Aux dames, *pour* les demi-dieux marins conduits par Neptune. (I, 84, au titre.)

.... Tellement que *pour* le blé qu'on pensoit avoir, la récolte ne sera que d'aubifoin et de pavot. (II, 567 ; voyez IV, 202, l. 10 et 11.)

De combien penses-tu qu'elle (*ma mère*) eût racheté la certitude de se perdre *pour* l'incertitude de me sauver ! (I, 362.)

Pompée fut ingrat, qui *pour* trois consulats, trois triomphes..., ne put mieux faire connoître le gré qu'il en savoit à sa patrie qu'en prenant des compagnons pour lui aider à l'assujettir. (II, 154.)

Si quelque mari ne permet point à sa femme de).... s'exposer aux yeux et aux desirs de toute une ville, tout le sexe le décriera *pour* un malhabile homme. (II, 15.)

Si on nous le rend, [le meilleur est de] s'en réjouir comme d'une chose qu'on avoit du tout oubliée, et le prendre, non *pour* une dette qu'on nous paye, mais *pour* un plaisir qu'on nous fait. (II, 31.)

Ajoutez à cela, *pour* une règle qui n'a point d'exception, que, etc. (II, 563.)

Il (*Énée*) porta ce bon homme (*Anchise*) appesanti d'années, et qui *pour* une surcharge avoit ses dieux domestiques. (II, 87.)

Voici *pour* une seconde injure,... la perte que.... j'ai faite de Monsieur le garde des sceaux. (IV, 89.)

Je me résoudrai, *pour* le meilleur expédient, de recourir à votre même bonté. (IV, 4.)

Ce paradoxe est prêché dans l'école des stoïques *pour* une maxime indubitable. (II, 44.)

Ces grands, de l'assistance desquels il (*Pompée*) se servoit *pour* un argument que sa cause étoit la cause de la République, etc. (II, 548.)

.... Les maux qu'elle (*Marseille*) enduroit
Ont eu ce bien *pour* échange,
Qu'elle a vu parmi la fange
Fouler ce qu'elle adoroit. (I, 25, vers 48.)

Moi, *pour* un monument et plus grand et plus beau,
Je ne veux rien que cette ligne :
« L'exemple des amants est clos dans ce tombeau. » (I, 296, vers 40.)

Il (*Brutus*) fit bien.... de prendre la vie de lui (*de César*), et pour cela ne fut pas obligé de le tenir *pour* père (*de le regarder comme son père*), puisque, etc. (II, 35.)

Ayant donné une chose du nombre de celles que les ignorants appellent biens, on est obligé.... de lui faire une revanche de même qualité que son bienfait, et.... lui rendre *pour* bon ce qu'il a baillé *pour* bon. (II, 152.)

5° Pour, devant l'infinitif, afin de, de manière à, etc. :

Il s'est vu des armées réduites à la nécessité de toutes choses, qui ont vécu de racines, etc. : et tout sans autre sujet que *pour* régner. (II, 326 ; voyez II, 3, l. 9.)

Il me suffit que vous connoissiez que je desire que vous me conserviez en vos bonnes grâces ; et certainement ce mot n'est à autre fin que *pour* vous en prier. (III, 496.)

Vous me pouvez obliger de me guérir si je suis blessé, mais non pas de me blesser *pour* être guéri. (II, 194.)

.... Ceux qu'elle (*la France*) a fait naître
Tournent tout leur conseil *pour* lui donner la mort. (I, 218, vers 12.)

Je la vous dédie (*ma servitude*) avec la même dévotion et aux mêmes lois que les choses qui sont dédiées aux temples, c'est-à-dire *pour* ne l'en pouvoir jamais retirer qu'avec sacrilége. (IV, 5.)

S'il est galant homme, il est de condition *pour* arriver aux premières charges de la profession. (IV, 104.)

Les exemples suivants sont remarquables par la liberté du tour, l'emploi plus ou moins absolu de l'infinitif précédé de *pour* :

Choses que nous laissons à la justice des Dieux *pour* les punir (*pour qu'ils les punissent*). (II, 56.)

Ayant été sauvée d'autre façon, elle eût joui du fruit d'une clémence vulgaire, et qui n'eût rien eu de rare *pour* la signaler. (II, 73.)

Ne lui bouchez-vous pas (*à Dieu*) les yeux et les oreilles, *pour* ne savoir rien (*pour qu'il ne sache rien*) ? (II, 110.)

Démétrius.... ne vit pas comme les méprisant (*les biens*), mais comme les ayant baillés aux autres *pour* en user (*pour qu'ils en usent*). (II, 494.)

On demande si celui qui a fait tout ce qu'il a pu pour se revancher est quitte ; car *pour* montrer qu'il n'est point quitte (*comme preuve qu'il n'est point quitte*), il a fait ce qu'il a pu pour s'acquitter. (II, 229 ; voyez II, 100, l. 28.)

6° Pour, devant l'infinitif, équivalent à *parce que*, avec un verbe à l'indicatif ou au conditionnel :

Hercule.... ne cherchoit autre fruit de ses victoires que le repos du monde, et l'avoit couru d'un bout à l'autre, non *pour* en desirer le conquêt, mais pour en procurer la délivrance. (II, 22.)

Ceux qui nous ont détruits *pour* nous avoir gratifiés, etc. (II, 26.)

La pauvreté ne se dit point par position, mais par privation..., c'est-à-dire, non *pour* avoir, mais *pour* n'avoir pas. (II, 685.)

On ne loue point la pauvreté, mais celui qui, *pour* être pauvre, ne se ravale et ne se fléchit point. On ne loue point le bannissement, mais celui qui ne s'afflige point *pour* être banni. (II, 634.)

On ne dit point qu'un vaisseau soit bon *pour* être peint de riches couleurs, *pour* avoir l'éperon d'or..., ni *pour* avoir une charge qui se compare du prix aux richesses d'un roi ; mais *pour* être fort,... et bien aisé à gouverner. (II, 588.)

Voulez-vous rendre un bienfait ? Soyez gracieux en le prenant, vous l'avez rendu, non *pour* en penser être quitte, mais *pour* ne vous étonner point d'être obligé. (II, 50.)

Ne méprisez point un homme *pour* avoir des parents que la fortune n'a pas beaucoup favorisés. (II, 77.)

Le dernier vient de la faute d'autrui, le premier de la nôtre, *pour* n'avoir pas bien su choisir. (II, 99.)

On a vu de mauvais payeurs à qui la sagesse et la patience du créancier a donné moyen d'acquitter leurs dettes, *pour* les avoir attendus et supportés. (II, 247.)

Une ville fut portée par ses habitants du lieu où elle étoit en un autre *pour* ne pouvoir endurer les cataractes du Nil. (II, 466.)

L'ouvrage du monde ne se maintient pas *pour* être éternel, car il ne l'est pas. (II, 480.)

Quand nous nous résolvons à souffrir un mal, ou *pour* en craindre un pire ou pour jouir de quelque bien qui nous semble digne que pour y parvenir on passe par cette incommodité, cela ne se fait point que notre jugement ne se divise. (II, 637.)

Je ne veux pas examiner l'affaire *pour* y penser comprendre quelque chose. (IV, 7.)

Pour être juste elle (*ma prière*) est bien reçue de vous. (IV, 85.)

Pour être fraîchement arrivée, vous êtes encore occupée aux compliments de ceux qui vous viennent visiter. (IV, 165.)

Voyez I, 39, vers 14 *var.*; 100, vers 21; 212, vers 75; 356, l. 5; II, 1, l. 1; 12, l. 31; 40, l. 23; 46, l. 9; 60, l. 16; 485, l. 33; 569, l. 29; etc.

7° Pour, devant l'infinitif, pouvant se remplacer soit par *quoique*, soit par *que*, avec le subjonctif.

Quoiqu'on puisse ainsi changer la tournure, *pour*, dans les exemples qui suivent, n'a pas réellement d'autre sens que dans ceux de 6°; voyez aussi plus haut, 2°.

Ils appellent bienfait ce qui vient d'une personne étrangère, c'est-à-dire d'un qui *pour* ne faire point de plaisir ne peut être blâmé. (II, 68.)

Les Destins *pour* prier (*quoiqu'on les prie*) ne se fléchissent point. (II, 598.)

Une chose droite ne s'estime ni par la grandeur, ni par le nombre, ni par le temps. *Pour* être (*qu'elle soit*) plus courte ou plus longue, cela n'importe. (II, 576.)

Voyez tome II, p. 4, l. 22; p. 5, l. 5; p. 100, l. 3; etc.

8° Pour, constructions et emplois divers :

La mathématique est superficielle.... Si d'elle-même elle pouvoit comprendre la nature de l'univers..., nous ferions bien de nous en approcher, *pour* avec le commerce des choses célestes donner moyen à notre esprit de s'étendre. (II, 695.)

Êtes-vous si malavisé de ne penser jamais arriver en un lieu *pour* lequel (*vers lequel*) vous ne cessez de cheminer? (II, 599.)

Il faut.... que le bienfait aille à celui *pour* qui je le destine. (II, 121.)

La condition est échue, et par conséquent lesdites deux cents livres *pour* fille (*par fille*) sont dues. (I, 341.)

Regardez tout ce qu'il y a d'hommes au monde, et les considérez un *pour* un, ou tous à la fois, etc. (II, 425; dans l'édition de 1659 : « un *par* un. »)

Il peut bien y avoir du manquement en la chose donnée, parce qu'on lui doit une pareille; mais *pour* le regard de l'affection (*quant à l'affection*), il n'y en a point. (II, 46; voyez II, 58, l. 2; 106, l. 3; etc.)

Un homme m'ayant fait un plaisir, et depuis une injure..., je dois être quitte du bienfait *pour* l'amour de l'injure (*en considération de l'injure*), et lui de l'injure *pour* l'amour du bienfait. (II, 173 ; voy. II, 482, l. dernière.)

Je ne trouve pas qu'il y ait moyen de le défendre, sinon d'autre faute, *pour* le moins de n'avoir pas bien pratiqué ce que l'école des stoïques lui pouvoit avoir appris. (II, 34; voyez I, 142, vers 43; 154, vers 55.)

C'est la coutume de la plupart des hommes d'être en une anxiété perpétuelle, encore qu'ils n'aient point de mal et que *pour* certain il ne leur en doive point arriver. (II, 310.)

Pour réponse, il faut (*nous répondrons, on peut répondre qu'il faut*) premièrement considérer, etc. (II, 78.)

Choisissons *pour* une fois (*une fois pour toutes*) une forme de vivre, et la suivons éternellement. (II, 338.)

Pour le faire plus court (*bref*). (II, 520.)

Si vous ne venez ici qu'au quinzième de janvier, vous êtes homme *pour* ne baiser pas (*il peut arriver que vous ne baisiez pas*) les mains à Madame. (IV, 11.)

Vous n'en voyez guère à qui devant que mourir la vieillesse n'ait fait sentir quelque incommodité; et *pour* le meilleur marché que nous en ayons, la vie nous est inutile. (II, 482.)

9° Pour.... que, pour si.... que, avec un adjectif, quelque.... que :

Pour ingrat *que* soit un homme, c'est force que l'objet excite sa mémoire. (II, 20; voyez II, 79, l. 29 et 30; 134, l. 19 et 20; etc.)

Aussi ne pensai-je pas qu'aucune chose, *pour si* utile et *si* excellente qu'elle fût, me pût jamais plaire, ou si je ne la savois que pour moi-même. (II, 279.)

10° Pour ce, pour cela :

Le plaisir est dû comme il est fait; et *pour ce* il ne faut pas faire le nonchalant quand on donne quelque chose. (II, 3.)

Le bien jouer à la paume ne consiste pas en l'esprit, mais au mouvement et en la disposition du corps; et *pour ce*, quand les yeux doivent juger d'une chose, il ne faut point qu'il y demeure de pli. (II, 46.)

Voyez tome II, p. 43, l. 13; p. 48, l. 32; p. 112, l. 31; p. 160, l. 4; p. 183, l. 1; p. 318, l. 3; p. 532, l. 8; etc.

11° Pour ce qui est de. Voyez ci-dessus, p. 482, le dernier exemple de Pour, 1°.

12° Pource que, parce que (voyez ci-dessus, p. 440, Parce que) :

Louez Dieu par toute la terre,
Non pour la crainte du tonnerre
Dont il menace les humains;
Mais *pource que* sa gloire en merveilles abonde. (I, 245, vers 4.)

Voyez tome I, p. 8, vers 100; p. 68, vers 10; p. 166, vers 2; tome II, p. 2, l. 30 et 31; p. 3, l. 25; p. 7, l. 25; p. 8, l. 18; p. 10, l. 14; p. 16, l. 2; p. 23, l. dernière; p. 36, l. 12; p. 48, l. 3; p. 54, l. 14; etc.

Ne laisse rien que tu ne voies. Et *pource que* de tout ce qui est au monde, tu ne trouveras rien que tout ensemble tu aimasses mieux être que ce que tu es, choisis de chaque sujet quelque particularité que tu voudrois bien avoir. (II, 43.)

Pource qu'il n'est point de bien sans elle (*sans la vertu*), c'est pourquoi nous faisons cette maxime si générale qu'il n'est point d'autre bien que la vertu. (II, 589.)

Les Dieux font du bien aux ingrats comme aux autres. Il est vrai; mais les choses qu'ils leur donnent sont envoyées pour les gens de bien, et ce que les méchants y participent, c'est *pource qu*'ils ne peuvent être séparés. (II, 118.)

Il rend raison pourquoi il n'y peut venir par armes, *pource*, dit-il, qu'ils ont trop de pouvoir. (IV, 268.)

POURMENER (Se), se promener :

C'est là qu'il est en sa liberté; c'est là qu'il se plaît de *se pourmener*. (II, 507; voyez *ibid.*, l. 15; III, 396; IV, 303, 312.)

POURPRES, traduisant le latin *sigillaria*. (II, 302.)

POURPRETTE, adjectif, diminutif de *pourpre*, blâmé chez des Portes. (IV, 387.)

POURQUOI.

Qu'y a-t-il *pourquoi* je leur fais tant de pitié. (II, 307.)
Il ne doit pas rendre raison *pourquoi* le temps ne le peut alléger (*ne peut alléger son mal*). (IV, 262; voyez I, 474; IV, 268.)

POURSUITE, réclamation, revendication :

Il est des deniers d'une nature que le creancier n'en peut faire de *poursuite*. Ils sont dus, mais on ne les exige pas. (II, 172.)

POURSUIVANT, prétendant, amant :

Tu.... parus sur les *poursuivants* (*au-dessus de ceux qui aspiraient à*
Comme dessus des arbrisseaux *la main de Marie de Médicis*)....
Un de ces pins de Silésie
Qui font les mâts de nos vaisseaux. (I, 124, vers 275.)
Une courtisane se divise à ses *poursuivants*. (II, 23.)

POURSUIVRE.

.... De tes lauriers la grandeur *poursuivant*,....
Tu passes comme un foudre en la terre flamande. (I, 26, vers 1.)

Poursuivre, employé absolument, persévérer dans la recherche d'une chose à laquelle on aspire :

Encore qu'il y ait grande inégalité entre sa dame et lui, il est résolu de *poursuivre* et de mourir en la recherche. (IV, 300.)

Poursuivir, pour *poursuivre*, blâmé comme mot normand chez des Portes. (IV, 307.)

POURTANT, pour cela, par suite :

Un plaisir m'est agréable,... quand celui qui me le fait, s'il est plus grand que moi, ne me met pas *pourtant* (*ne met pas pour cela*) le pied sur la gorge. (II, 26; voyez II, 85.)
Ne recevant point, il n'est point obligé de rendre; et *pourtant* (*et par suite*) il est impossible qu'il soit ingrat. (II, 149.)

POURTRAIRE, peindre, dépeindre, décrire (voyez Portraire) :

Je me suis tantôt servi de la similitude du peintre. Voulant *pourtraire* Virgile, il le regardoit. (II, 478.)
Tu faux, de Pré, de nous *pourtraire*
Ce que l'éloquence a d'appas....
Qui te voit ne la voit-il pas? (I, 249, vers 1.)

Pourtraitte, participe féminin de *pourtraire*, blâmé chez des Portes. (IV, 447.)

POURTRAIT, portrait (voyez Portrait) :

Le peuple.... décosit le drap où il (*le chevalier de Guise*) étoit enseveli, et ne trouvant aucun changement en son visage, en fit faire un *pourtrait*. (IV, 211.)
La mort ne le tue point, pource qu'elle lui voit le *pourtrait* de sa dame au cœur. (IV, 310; voyez III, 45; IV, 69, etc.)

POURVOIR à :

Ce fut alors aux Insubriens à *pourvoir* à leurs affaires, et s'enfuir sans regarder derrière soi. (I, 444.)
La première loi d'amitié, c'est l'égalité des amis. Quand on *pourvoit* à l'un, il ne faut pas abandonner l'autre. (II, 28.)

Se pourvoir de :

La guerre me bruit aux oreilles; il *me* faut *pourvoir d*'une âme généreuse, et qui ne s'étonne de rien ouïr. (II, 440.)

POUSSER, au propre et au figuré :

Les Romains *furent* si rudement *poussés*, qu'ils ne s'arrêtèrent qu'au fond de la vallée. (I, 406.)

[Tes guerriers] d'une telle ardeur *pousseront* leurs efforts,
Que le sang étranger fera monter nos fleuves
    Au-dessus de leurs bords. (I, 281, vers 110.)
   O que l'heur de tes destinées
Poussera tes jeunes années
   A de magnanimes soucis! (I, 199, vers 38.)

La fortune *pousse* et tourne en désordre les choses du monde. (II, 322.)
[Les manies] D'un nombre infini de mutins,
Poussés de nos mauvais destins,
   Ont assouvi leurs félonies. (I, 114, vers 173.)

POUSSIÈRE, au figuré :

Je.... serois d'avis que ces subtilités demeurassent en la *poussière* de l'école. (II, 638.)

Mordre la poussière :

L'orgueil à qui tu fis *mordre*
La poussière de Coutras. (I, 26 et 27, vers 19 et 20.)

POUVOIR, verbe :

.... Leur souhaiter plus d'appas,
C'est vouloir avec injustice
Ce que les cieux ne *peuvent* pas. (I, 147, vers 18.)
   Les vœux sont grands; mais avecque raison
Que ne *peut* l'ardente oraison? (I, 196, vers 42.)

En ce que vous avez mis en avant nous ne *pouvons* rien; on nous mène, il faut suivre. Au bienfait, nous y *pouvons* tout. (II, 174.)

Vous n'aurez que ces quatre ou cinq lignes de moi :... c'est ce que je *puis* parmi le tumulte où nous sommes. (III, 69; voyez I, 160, vers 54.)

[Ce monstre,] Qui n'avoit jamais éprouvé
Que *peut* un visage d'Alcide (*quelle puissance il a*),
A commencé le parricide,
Mais il ne l'a pas achevé. (I, 80, vers 118.)   274, vers 10.)
Ce qu'ils *peuvent* (*les rois*) n'est rien; ils sont comme nous sommes, etc. (I,
Quoi donc?... les vœux que j'ai faits *pourront* si peu sur moi,
Que je quitte ma dame...? (I, 304, vers 2.)

Il sait ce que l'erreur *peut* sur toutes les choses du monde. (II, 126.)
Vos yeux.... *peuvent* beaucoup dessus ma liberté. (I, 36, vers 6.)
La philosophie veut bien qu'on soit sobre,... mais non pas qu'à force de l'être par trop, on réduise le corps à n'en *pouvoir* plus. (II, 277.)

Que *peut*-ce être.... que voulant aller d'un côté, nous sommes emportés de l'autre? (II, 450.)

Il me fut avis que je reçus quelque coup en l'âme; et quoique je n'eusse point de peur, si ne *pus*-je faire que l'ordure et la nouveauté d'une chose inaccoutumée ne m'apportassent de l'altération. (II, 471.)

Ne pouvoir que..., avec l'infinitif, *ne pouvoir rien...*; ne pouvoir que.... ne..., avec le subjonctif, ne pouvoir s'empêcher de... :

Je *ne puis.... que* vous en dire. (II, 376.)

Après avoir tout examiné, je *ne puis que* deviner, si ce n'est que, etc. (IV, 90.)

Aujourd'hui que de l'amour d'un frère vous semblez passer à la haine de vous-même..., je *ne puis que* pour l'intérêt de la vertu.... je *ne* vous supplie très-humblement de trouver bon que je quitte la complaisance, pour me courroucer à votre douleur. (IV, 196.)

POUVOIR, substantif :

    Dure contrainte de partir...,
    Que ta rigueur a de *pouvoir!*
    Et que tu me fais bien apprendre
    Quel tyran c'est que le devoir! (I, 141, vers 4.)
.... Tous les pensers dont les âmes bien nées
Excitent leur valeur, et flattent leur devoir,
Que sont-ce que regrets quand le nombre d'années
    Leur ôte le *pouvoir?* (I, 282, vers 132.)
Houlette de Louis, houlette de Marie,
Dont le fatal appui met notre bergerie
    Hors du *pouvoir* des loups, etc. (I, 229, vers 3.)

PRATIQUES, menées, manœuvres :

    Ces voisins dont les *pratiques*
    De nos rages domestiques
    Ont allumé le flambeau. (I, 92, vers 148.)
    .... Ces esprits tragiques,...
    Qui de nos dommages passés   218, v. 5.)
    Tramoient les funestes *pratiques*. (I, 115, v. 194; voy. I, 70, v. 29;

PRATIQUER.

De cette ingratitude si notable, comme d'une première source, dérivent indubitablement celles de qui nous voyons si souvent *pratiquer* les exemples parmi nous. (II, 44.)

Si vous *pratiquiez* une accusation contre lui, et puis la fissiez cesser..., qui douteroit que vous ne fussiez un méchant homme? (II, 196.)

Combien pensez-vous que les philosophes mêmes ont de choses superflues, et qui ne se *pratiquent* point (*en latin :* quantum ab usu recedentis)! (II, 699.)

PRÉCÉDENT, ENTE. (II, 520, 683.)

PRÉCÉDER.

Je n'étois capable de rien faire, si le bien que m'ont fait mon père et ma mère n'*eût précédé*. (II, 79.)

Leur salaire payé les services *précède*. (I, 13, vers 232.)

Toute la race des hommes, nés et à naître, est condamnée à la mort.... Quelle raison ai-je donc de me plaindre..., si de quelque espace de jours je *précède* un destin où sera compris tout l'univers? (II, 551.)

Tant de gens d'honneur qui vous *ont précédés* en ce combat vous serviront de guides. (II, 87.)

Ceux qui sont du monde et de la cour regardent toujours ceux qui sont plus, et jamais ceux qui sont moins. Un qui les *précède* les gêne plus qu'un nombre infini qu'ils *précèdent* ne les réjouit. (II, 563.)

Je ne me pique pas de ce que la volupté *précède* la vertu (*l'emporte sur elle*). (II, 92.)

PRÉCEPTEUR.

Un nommé Sallière, *précepteur* d'enfants en l'université de Caen. (I, 346.)

PRÊCHER, prêcher que :

Quiconque.... *prêche* contre l'ingratitude, il parle autant pour les Dieux que pour les hommes. (II, 44.)

Résolvons-nous au travail et appelons quelqu'un à notre secours.... de ceux de qui la vie *prêche*, à qui vous voyez faire ce qu'ils vous enseignent de faire. (II, 452.)

Ce paradoxe *est prêché* dans l'école des stoïques pour une maxime indubitable. (II, 44.)

Dites-moi qu'elle est sans reproche...;
Prêchez-moi ses vertus, contez-m'en des merveilles. (I, 177, vers 88.)

Je ne veux point que vous me donniez de louanges et que vous me *prêchiez que* je suis un grand homme. (II, 532.)

PRÉCIPICE, au figuré :

Les voluptés qu'il (*le corps*) donne sont vaines.... Elles sont en un *précipice* (*sur une pente rapide*); et qui n'y garde mesure, il en sort ordinairement de la douleur (*en latin :* in præcipiti est voluptas, ad dolorem vergit). (II, 352.)

PRÉCIPITER, au figuré :

Désolé je tiens ce propos,
Voyant approcher Atropos
Pour couper le nœud de ma trame ;
Et ne puis ni vœux l'éviter,
Moins aussi la *précipiter*. (I, 288, vers 71.)

Le désordre *précipite* les richesses et n'en pense jamais voir le bout. (II, 574.)

Se précipiter, se hâter, s'empresser; Se précipiter de ou à :

Vous souhaitez qu'il ait besoin de votre aide.... Qui *se précipite* de cette façon cherche d'être quitte, et non pas de s'acquitter. (II, 195.)

Si vous avez fait plaisir à un homme d'honneur, ne *vous précipitez* point *de* le lui ramentevoir. (II, 162.)

Ceux qui n'auront imaginé entre vous et M. de Termes autre amitié que celle que met ordinairement la nature entre deux frères, *se seront précipités à* vous consoler de la perte que vous en avez faite. (IV, 224.)

PRÉFÉRER.

[La cour] A vos rares vertus ne peut rien *préférer*. (I, 68, vers 6.)

PRÉFIXION, fixation faite d'avance :

Il n'y a point de *préfixion* de jour à la reconnoissance d'un bienfait comme au payement de l'argent prêté. (II, 60.)

PRÉJUDICE.

Vous me mandez que les bravades de votre partie vous font douter que vous n'ayez quelque arrêt à votre *préjudice*. (II, 354.)

PRÉJUGÉ, présage :

Il lui fut avis qu'il voyoit soixante hommes armés de toutes pièces, qui se battoient auprès de lui, et qu'ayant discouru quelque temps là-dessus en lui-même, il jugea que c'étoit un *préjugé* de guerre. (III, 172.)

De ces méditations faites un *préjugé* à votre belle âme, qu'ayant eu son origine du ciel, elle est de celles qui auront quelque jour la grâce d'y retourner. (IV, 216.)

PRÉLATURE, traduisant le latin *sacerdotium* (sacerdoce païen) :

L'un dit qu'il doit de l'argent, un autre un consulat, l'autre une *prélature*, l'autre un gouvernement. (II, 11.)

PREMIER.

Je ne trouve pas.... cette question si subtile comme il la fait : qui a été le *premier* en l'usage des tenailles ou du marteau. (II, 713.)

En la lie même des hommes, il s'en est trouvé qui.... n'ayant pu.... faire élection des instruments pour se tuer, ont pris le *premier* ce qui leur est venu à la main. (II, 542.)

Si.... j'ai ajouté ou retranché quelque chose..., j'ai fait le *premier* pour éclaircir des obscurités..., et le second pour, etc. (I, 464 ; voyez II, 99.)

Si quelqu'un m'a fait plaisir sans le savoir, je ne lui dois rien. S'il m'a fait plaisir en me voulant nuire, je verrai de faire comme lui. Revenons au *premier* (*au premier de ces bienfaiteurs*). Vous voulez, etc. (II, 178.)

Je vous écrirai plus au long par le *premier* (*par le premier courrier, la première occasion*). (III, 80 ; voyez III, 141.)

J'estime la Ceppède, et l'honore, et l'admire,
Comme un des ornements des *premiers* de nos jours. (I, 204, vers 2.)

Au PREMIER, signifiant *pour la première fois*, blâmé chez des Portes. (IV, 314.)

PREMIER QUE, locution conjonctive, avant :

L'idée fut *premier que* la matière. (I, 473.)
Nommer les filles *premier que* les mères. (II, 9.)
Premier que d'avoir mal ils trouvent le remède. (I, 13, vers 233.)

Il se faut préparer à mourir *premier qu*'à vivre (*avant de se préparer à vivre*). (II, 492.)

Voyez II, 368, 396, 452, 498 ; III, 153 et 154 ; IV, 3, note 4, 221.

PREMIÈREMENT.

Ils mettent un dieu de la partie, et lui font aimer une femme, d'où.... le commencement de leur race est *premièrement* sorti. (II, 76.)

PRENDRE, au propre et au figuré ; compléments divers ; locutions diverses :

Formes anciennes : *je prins* (IV, 47, 91) ; *il print* (IV, 10, 22, 79, 355) ; *que vous ne prinssiez* (IV, 138).

Que vous servent.... tant.... de venaisons *prises* avec tant de péril ? (II, 708.)

Je le fis *prendre* prisonnier en vertu de ladite sentence. (I, 344 ; voyez IV, 430.)

Les voici de retour, ces astres adorables,
Où *prend* mon Océan son flux et son reflux. (I, 156, vers 6.)

.... D'elle (*de la Discorde*) *prirent* le flambeau
Dont ils désolèrent leur terre,
Les deux frères de qui la guerre
Ne cessa point dans le tombeau. (I, 186, vers 97.)

Beaux pas de ces seuls pieds que les astres connoissent,
Comme ores à mes yeux vos marques apparoissent !
Telle autrefois de vous la merveille me *prit* (*l'admiration s'empara de moi*), etc. (I, 16, vers 321.)

Je ne ressemble point à ces foibles esprits,
Qui bientôt délivrés, comme ils *sont* bientôt *pris (qui cessant d'aimer aussi vite qu'ils ont commencé*),
En leur fidélité n'ont rien que du langage. (I, 136, vers 44.)

Caton fut brave certainement de *prendre* son âme avec la main et la mettre dehors, quand il vit qu'elle ne sortoit pas assez tôt par l'ouverture que l'épée avoit faite. (II, 542.)

Les voluptés leur sont aussitôt possédées que souhaitées, sans que la honte ni la crainte les empêchent de les *prendre*. (II, 573; voyez II, 609.)

Que me sert d'être un suffisant homme à *prendre* les pieds d'un arpent, et savoir que c'est.... que doigt et que pouce, si le voisinage d'un grand, qui empiète quelque chose sur moi, me rend mélancolique? (II, 689.)

[O beaux yeux,] Vives sources de flamme, où j'*ai pris* une ardeur
  Qui toute autre surmonte. (I, 255, vers 8.)

  Que cette peur s'évanouisse;
  Vous la *prenez* mal à propos. (I, 80, vers 124.)

Il faut par la raison adoucir le malheur,
Et telle qu'elle vient *prendre* son aventure. (I, 309, vers 11.)

Où est la folie, la peur y est perpétuelle.... Elle.... *prend* l'alarme de ceux mêmes qui viennent à sa défense. (II, 485.)

Celui est obligé chez qui le plaisir *prend* sa première assiette (*en latin:* ubi beneficium incipit). (II, 160.)

Quand nous sommes suivis, le moyen de nous garantir c'est de faire ferme. Ceux qui *prennent* la chasse (*qui fuient*) ne faillent jamais d'être abattus. (II, 606.)

L'un, qui étoit un peu poltron, lui donnoit le conseil qu'il *auroit pris* pour soi. (II, 596.)

Ceux qui ne *prennent* conversation particulière avec pas un esprit, mais passent en poste par-dessus toutes choses, etc. (II, 267.)

  Ajoutez à tous ces miracles
  Sa bouche, etc.;
Prenez garde à ses mœurs, considérez-la toute. (I, 175, vers 40.)

Quand vous voudrez essayer les progrès de votre suffisance, *prenez* garde si (*en latin :* observa an) vous voulez aujourd'hui ce que vous vouliez hier. (II, 396.)

Prenons.... garde si nous nous habillons point d'une façon, et gouvernons notre maison de l'autre. (II, 338.)

Il faut *prendre* garde d'obliger plutôt que nul autre ceux que nous pensons qui en auront du ressentiment. (II, 17.)

Ne *prenant* pas garde qui donnoit la bourgeoisie, mais qui étoient ceux à qui on la donnoit, il la reçut fort volontiers. (II, 21.)

Il arrive ordinairement que pour ne *prendre* pas garde à nos actions, et les remettre plutôt à la fortune que de les conduire par discours, nous faisons une infinité de fautes. (II, 1.)

Vous ne vous *prenez* pas garde que vous baillez un exemple qui peut tourner à votre préjudice. (II, 282.)

Son serviteur.... vit que Maro.... s'en *étoit pris* garde. (II, 75.)

Bien est-il malaisé que l'injuste licence
Qu'ils *prennent* chaque jour d'affliger l'innocence
En quelqu'un de leurs vœux ne puisse prospérer. (I, 208, vers 26.)

Je ne parle pas de ceux.... qui tiennent leurs volontés en leur puissance, et *prennent* d'eux-mêmes une loi qu'ils ne violent point. (II, 32.)

Tullius Marcellinus.... *prit* opinion (*résolut*) de se faire mourir. (II, 596.)

Marc Antoine, voyant que la fortune *prenoit* parti ailleurs, et qu'il ne pouvoit plus disposer de rien que de sa vie, etc. (II, 170.)

Quand nous sommes prêts à mourir,... nous *prenons* peine (*nous tâchons*) de laisser tout le monde content. (II, 113.)

Que ne jouez-vous le personnage que vous *avez pris?* (II, 30.)

Qui est celui qui ne *prenne* plaisir qu'on l'estime libéral? (II, 107.)

[Tu] *As* toujours aimé l'innocence,
Et *pris* plaisir aux bonnes mœurs. (I, 115, vers 200.)

Celles (*les choses*).... sans qui nous ne *prendrions* point de plaisir de vivre, etc. (II, 18.)

Combien *prend* un homme plus de plaisir quand on lui donne ce qu'il n'a point, que ce qu'il a en abondance! (II, 20; voy. I, 112, v. 106; II, 82.)

Nous avons besoin de quelqu'un sur lequel nous *prenions* les préceptes de notre vie. (II, 301.)

Prenant la protection de telle manière de gens, vous accusiez leur mémoire pour excuser leur volonté. (II, 51.)

[Carmagnole] Va son courroux sollicitant,
Et l'invite à *prendre* pour elle
Une légitime querelle. (I, 54, vers 195.)

Enfin ma patience, et les soins que j'*ai pris*
Ont selon mes souhaits adouci les esprits
Dont l'injuste rigueur si longtemps m'a fait plaindre. (I, 240, vers 1.)

Je n'aime pas tant le travail, que j'en veuille *prendre* pour une chose de si peu de fruit. (I, 462.)

Quelquefois un homme est tenu pour ingrat, et ne l'est pas.... Le remède, c'est sa bonne conscience, qui.... *prend* sur soi l'événement de toutes choses (*en latin :* omnia in se reponit). (II, 112.)

Ceux qui passent leur vie à voyager font beaucoup d'hôtes et point d'amis. Il en *prend* de même (*il en arrive de même*) à ceux qui, etc. (II, 267; voyez II, 193.)

Les esprits les plus nets se brouillent de boire trop, et gâtent leur bonne disposition. Il leur en *prend* comme aux yeux, que les longues maladies, pour les avoir tenus longtemps à l'ombre, ont tellement débilités, qu'ils ne peuvent supporter de voir luire le soleil. (II, 649.)

Qui, s'il *a été pris* de court, n'a.... demandé terme? (II, 3.)

PRENDRE, recevoir, opposé à *donner* ou à *bailler :*

La manière de donner, *prendre* et rendre un bienfait. (II, 8.)

S'ils (*les bienfaits*) ne sont accommodés autant à celui qui les *prend* qu'à celui qui les donne, il est impossible qu'ils *soient* ni bien *pris* ni bien donnés. (II, 30.)

Il (*Brutus*) fit bien toutefois de *prendre* la vie de lui (*de César*), et pour cela ne fut pas obligé de le tenir pour père, puisque, etc. (II, 35.)

Vous me direz que.... vous serez cause qu'une autre fois on ne sera pas si prompt à faire plaisir. Mais dites au contraire qu'on ne sera pas si prompt à le *prendre*. (II, 63.)

Bien que tout réconfort lui soit une amertume...,
Elle *prendra* le tien (*celui qui viendra de toi*), et selon sa coutume
Suivra ta volonté. (I, 180, vers 39.)

Si un ami m'a fait un petit présent avec beaucoup d'affection..., s'il m'a baillé comme s'il *eût pris*, etc. (II, 13.)

Falloit-il donc refuser ce que donnoit Claudius? Non; mais il falloit *prendre* de lui comme de la fortune, que l'on s'assure d'avoir pour ennemie au premier jour. (II, 24; voyez II, 45.)

PRENDRE, substantivement :

Vous voulez que je vous doive? laissez en ma liberté le *prendre* et le refuser. (II, 34.)

PRÉOCCUPER, prendre d'avance, d'abord :

Besoin est-il d'aller au-devant des maux, *préoccuper* (*en latin :* præsumere) une douleur que nous sentirons assez tôt quand l'occasion en sera venue ? (II, 354.)

Ne désespérons point de nous parce que nous sommes de longtemps accoutumés au vice. Il n'est point de sage qui n'ait été fol. Nous *avons été* tous *préoccupés* (*en latin :* præoccupati). Il faut apprendre les vertus, et désapprendre les vices. (II, 445 ; voyez II, 583.)

PRÉPARER.

Au moins si je voyois cette fière beauté
Préparant son départ cacher sa cruauté
Dessous quelque tristesse...,
L'espoir.... me consoleroit.... (I, 135, vers 20.)

Vous savez.... combien il vous *a préparé* de pièges, sans savoir que lui-même y devoit tomber. (II, 416.)

Préparé, prêt ; Préparé à, préparé pour, prêt à, sur le point de :

Plier les voiles, abattre le mât, et tenir toutes choses *préparées* pour l'inconvénient ou d'un coup de vague ou d'un tourbillon. (II, 183.)

.... Les dernières dents qui nous viennent quand nous sommes arrivés jusques où nous devons croître, pour nous avertir *d'être préparés à* nous en retourner. (II, 97.)

Ils nous secourent si à propos qu'ils rompent le coup à de grands inconvénients qui *étoient préparés pour* nous arriver. (II, 93.)

PRÈS, adverbe, proche :

Puisque ma fin est *près*, ne la recule pas. (I, 17, vers 354.)

.... Vous êtes si dure,
Qu'autant *près* comme loin je n'attends que la mort. (I, 139, vers 14 ; voyez I, 288, vers 88.)

Près de, locution prépositive :

[Il faut,] *près du* naufrage dernier,
[S'être vu] Éloigné de ports et de rades
Pour être cru bon marinier. (I, 211, v. 67 ; voy. I, 274, v. 8.)

À quelque chose près de :

Veillons continuellement en une chose, et y tenons toujours l'esprit bandé : tout ce que nous pourrons faire, ce sera de la mettre *à quelque chose près de* sa perfection (*en latin :* vix ad perfectum). (II, 535.)

PRÉSAGE, prédiction :

.... Puisque Malherbe le dit,
Cela sera sans contredit,
Car c'est un très-juste *présage*. (I, 289, vers 114.)

PRESCRIRE, fixer d'avance :

Il seroit besoin de *prescrire* jusques où l'enfilure de ce parentage doit aller. (II, 158.)

.... Arrivant l'heure *prescrite*
Que le trépas, qui tout limite,
Nous privera de sa valeur. (I, 81, vers 155.)

PRÉSENCE.

.... La *présence* des merveilles
Qu'en oyoient dire nos oreilles

> Accuse la témérité
> De ceux qui nous l'avoient décrite,
> D'avoir figuré son mérite
> Moindre que n'est la vérité. (I, 48, vers 75.)

Tous ceux qui furent tiens, s'ils ne t'ont fait injure,
Ont laissé ta *présence* (*t'ont abandonné*), et t'ont manqué de foi.(I, 16, v. 330.)

En présence :

Il fut bien parlé de vous, qu'elle témoigna desirer de connoître *en présence*, comme en votre bonne réputation. (I, 355.)

En présence même nous sommes le plus souvent absents. (II, 464.)

Présent, ente :

> Vous m'étiez *présent* en l'esprit,
> En voulant (*quand j'ai voulu*) tracer cet écrit. (I, 289, vers 97.)

Il rougit de lui-même, et combien qu'il ne sente
Rien que le ciel *présent* et la terre *présente*,
Pense qu'en se voyant tout le monde l'a vu. (I, 18, vers 395.)

Présent, actuel :

Un grand, pour faire dépit à ses serviteurs *présents*, magnifie ceux qu'il a perdus. (II, 203.)

PRÉSENTER, emplois divers :

> .... Si la fureur des Titans
> Par de semblables combattants
> *Eût présenté* son escalade, etc. (I, 122, vers 217.)
> .... Tant d'hommages divers,
> Que *présente* la Muse aux pieds de votre image. (I, 204, vers 11.)

[Les serviteurs] *présentoient* librement leurs têtes pour celles de leurs maîtres, et s'ils les voyoient près de tomber en quelque péril, s'y exposoient volontairement, pour les en garantir. (II, 428.)

Se présenter :

Sur un discours qui *se présenta*, vous prîtes occasion de me nommer à Sa Majesté. (IV, 3.)

PRÉSIDER À, présider sur :

> O bienheureuse intelligence,
> Dont la fatale diligence
> *Préside à* l'empire françois. (I, 80, vers 134.)

Dieu *préside sur* l'univers. (II, 322.)

S'ils voyoient quelqu'un qui eût l'esprit bien fait, ils le faisoient *présider sur* eux. (II, 710.)

PRESSE, foule :

Les médiocres, et qui naissent parmi la *presse*, etc. (II, 414.)

Il y a là aussi un joueur de flûte grec et un trompette, qui ont une *presse* infinie. (II, 586.)

Que d'applaudissements, de rumeur et de *presses*! (I, 13, vers 235.)

PRESSER, au propre et au figuré :

> .... Les endroits où la terre *pressée*
> A des pieds du Sauveur les vestiges écrits. (I, 15, vers 299.)

Leurs pieds.... n'*ont* jamais les ordures *pressées*. (I, 13, vers 230.)

Tirez-vous le col hors du joug : vous aurez meilleur marché de l'*avoir* coupé une fois, que *pressé* perpétuellement. (II, 335.)

L'esprit, qui porte un si pesant corps, est écorché de sa charge, et perd beaucoup de sa disposition ; et pour ce, *pressez-vous* (*en latin :* circumscribe) le plus que vous pourrez le corps, et vous lâchez l'esprit. (II, 318.)

On ne doit jamais de bon cœur ce qu'on n'a pas reçu, mais fait sortir à force de *presser*. (II, 3.)

L'injustice qu'on fit à Rutilius donna réputation à sa prud'homie : en la *pressant* on la fit luire. (II, 615.)

Tout ce dont la fortune afflige cette vie
Pêle-mêle assemblé me *presse* tellement, etc. (I, 57, vers 10.)

Il y a un juge établi pour.... leur faire raison (*aux serviteurs*) quand ils se plaignent ou que leurs maîtres les battent trop cruellement, ou les *pressent* de quelque vilenie. (II, 71.)

....*Pressé* de la honte
Dont me fait rougir mon devoir,
Je veux mon œuvre concevoir
Qui pour toi les âges surmonte. (I, 110, vers 51.)

[Mon Roi] L'a su tellement *presser* (Sedan)
D'obéir et de se rendre,
Qu'il n'a pas eu pour le prendre
Loisir de le menacer. (I, 88, vers 37.)

Cléanthe *presse* bien davantage (*serre bien plus encore son argumentation*). (II, 151.)

Il n'y a rien qui fasse aller un vaisseau si roide que le haut de la voile: il *est* plus *pressé* (*en latin :* urgetur) par là que par nulle autre part. (II, 595.)

PRESSER, se presser :

C'est à recommencer tout de nouveau. *Pressons* donc et persévérons : il y a plus à faire qu'il n'y a de fait. (II, 557.)

PRESTANCE.

.... Ta *prestance* et tes discours
Étalent un heureux concours
De toutes les grâces écloses. (I, 285, vers 4.)

PRÉSUMER DE, prétendre à :

.... Tant de fois nos destinées
Des Alpes et des Pyrénées
Les sommets auront fait branler,
Afin que je ne sais quels Scythes....
Présument de nous égaler. (I, 66, vers 20.)

La vertu ne veut point qu'une âme lâche et basse *présume de* lui faire l'amour. (II, 115.)

PRÉSUPPOSER.

Encore que je ne vous écrive point que je suis très-humble serviteur de Monsieur le premier président, je *présuppose* que vous le vous teniez toujours pour écrit, et que vous l'en assuriez. (III, 416.)

PRÊT, adjectif :

[Ses conquêtes,] Dans les oracles déjà *prêtes*. (I, 50, vers 106.)

PRÊT DE, prêt à :

Je me tiens en état, comme si la mort me devoit appeler. Je suis toujours *prêt de* partir. (II, 492 ; voyez II, 140; III, 133.)

Prêt à, près de :

D'où nous vient, quand nous sommes *prêts à* mourir, le soin de reconnoître ceux qui nous ont fait plaisir? (II, 113 ; voyez II, 100.)

  La nuit assiégea ses prunelles ;
  Et son âme étendant les ailes
  Fut toute *prête à* s'envoler. (I, 155, vers 66.)

PRÉTENDRE, emplois divers :

Vous ne connoissez pas ni la nature ni la force du bien où vous *prétendez*. (II, 324.)

Les prêtres *prétendent* exemption des frais de la guerre. (I, 397.)

M. de Candale s'en étoit aussi allé..., vue la dispute qu'il *prétendoit* contre M. le duc de Montbazon pour le rang. (III, 456.)

Je *prétends* en finesse moins qu'homme du monde. (IV, 32.)

.... Sauf à moi de me pourvoir contre Me Loup, notre procureur, pour les dommages et intérêts par nous *prétendus*. (I, 338.)

La religion prétendue, prétendue réformée :

Il a couru bruit.... qu'un catholique, feignant se convertir à *la religion prétendue*, avoit voulu tuer M. du Bouillon. (III, 511.)

PRÉTENTION.

Puisqu'il n'y a ni espérance qui vous y convie, ni *prétention* de récompense qui vous en sollicite, il y a donc quelque chose desirable de soi-même. (II, 110.)

PRÊTER, donner :

Il faut un goût aussi délicat à choisir à qui devoir, comme à qui *prêter* (*en latin :* quam cui præstemus). (II, 32.)

  Un Alcide fils d'Alcide,
  A qui la France *a prêté*
  Son invincible génie, etc. (I, 24, vers 27.)

Prêter la main à, aider :

Un autre *a prêté la main à* son maître, qui vouloit mourir (*en latin :* mortem domini adjuvit). (II, 72.)

PRÊTEUR (Être au tableau du), s'occuper de chicane ; en latin : *ad album sedere*. (II, 436 et 437.)

PRÉTEXTE, raison :

  On doute pour quelle raison....
  [Les destins] De ce monde l'ont appelée ;
  Mais leur *prétexte* le plus beau,
  C'est que la terre étoit brûlée
  S'ils n'eussent tué ce flambeau. (I, 171, vers 12.)

Je m'en voudrois plaindre, et penserois le pouvoir faire avec quelque *prétexte*. (IV, 169.)

PREUVE, 1° ce qui établit la vérité d'une chose ; 2° épreuve ; parfois le mot flotte entre les deux sens :

  Assez de *preuves* à la guerre
  Ont fait paroître ma valeur. (I, 153, vers 25.)
  Quelles *preuves* incomparables
  Peut donner un prince de soi,

> Que les rois les plus adorables
> N'en quittent l'honneur à mon Roi? (I, 76, vers 21.)

A peine en leur grand nombre une seule se treuve
De qui la foi survive, et qui fasse la *preuve*
> Que ta Carinice te fait. (I, 59, vers 29.)
> Ce n'est point aux rives d'un fleuve,
> Où dorment les vents et les eaux,
> Que fait sa véritable *preuve*
> L'art de conduire les vaisseaux. (I, 211, vers 63.)

Je trouve bien autant de courage à ceux qui de pied ferme la regardent venir (*la mort*) sans s'émouvoir.... Cette procédure si tranquille est une *preuve* qui ne se peut faire que par un esprit.... bien rassis. (II, 382.)
Le mépris effronté que ces bourreaux me crachent,
Les *preuves* que je fais de leur impiété....
Ne me sont une pointe aux entrailles si dure, v. 33.)
Comme le souvenir de ta déloyauté. (I, 7, v. 81; voy. I, 55, v. 217; 147,
Là rendront tes guerriers tant de sortes de *preuves*, etc. (I, 281, vers 109.)

PRÉVALOIR (Se) de :

Lassez-vous d'abuser les jeunesses peu cautes,
Et de *vous prévaloir de* leur crédulité. (I, 301, vers 24.)

PRÉVENIR.

Il (*l'esprit*) n'est point abattu, qu'il n'ait des secousses auparavant. Il les *prévient* par imagination, et se laisse choir devant qu'il en soit temps. (II, 578.)

PRIER.

[O mon Dieu,] Fais que de ton appui je sois fortifié.
Ta justice t'en *prie*.... (I, 276, vers 13.)
> Entrez, je vous *prie* (*je vous y exhorte*), en ce combat. (II, 89.)
> Je vous *prie* assurer (*d'assurer*) M. de Valavez que, etc. (III, 166.)

Prier à :

Que diriez-vous.... de quelque général d'armée qui *prieroit aux* Dieux que l'ennemi avec un grand nombre d'hommes le vînt attaquer? (II, 193; voyez II, 207.)

Prier de quelque chose :

> Prier Dieu qu'il vous soit propice,...
> C'est le *prier d*'une injustice. (I, 144, xxxix, vers 3.)

Prier une chose, la demander, blâmé chez des Portes par Malherbe, qui veut que l'on dise *prier d'une chose*. (IV, 373; voyez l'exemple précédent.)

PRIME, pour *premier*, blâmé par Malherbe chez des Portes. (IV, 470.)

PRINCE.

Voici de ton État la plus grande merveille,
Ce fils où ta vertu reluit si vivement;
Approche-toi, mon *prince*, et vois le mouvement
Qu'en ce jeune Dauphin la musique réveille. (I, 105, vers 3.)
Ce soldat, en disant adieu, devoit faire son hôte tout d'or, et ne lui demandoit point plus long terme que de se voir auprès de son *prince* (*de son roi, Philippe de Macédoine*). (II, 129.)

PRINTANIÈRES (Fleurs), blâmé par Malherbe chez des Portes. (IV, 450.)

PRINTEMPS, au figuré :
Ce furent de beaux lis (*les saints Innocents*), qui....
S'en allèrent fleurir au *printemps* éternel. (I, 12, vers 204.)

PRISE, au propre, action de prendre, arrestation :
Vous savez aussi la *prise* d'un fils du lieutenant criminel, etc. (III, 308.)

Prise de corps :
Il est en *prise de corps*. (III, 569.)

Être en prise, être exposé à être pris, à être volé :
Il n'y a rien qui sollicite plus un larron que ce qui est sous la clef....
Ce qui *est en prise* n'arrête jamais les curieux. (II, 531.)

Prise, au figuré :
Vos yeux.... peuvent beaucoup dessus ma liberté ;
Mais pour me retenir, s'ils font cas de ma *prise*,
Il leur faut de l'amour autant que de beauté. (I, 36, vers 7.)

PRISER, estimer, admirer :
La réponse de Socrate (*à Eschine*) fut qu'il.... espéroit le rendre tel qu'il auroit occasion de se *priser* davantage à l'avenir. (II, 14.)

    Avoir bien vécu dans le monde,...
    Prisé, quoique vieil abattu,
    Des gens de bien et de vertu. (I, 286, vers 28.)

Vos yeux ont des appas que j'aime et que je *prise*. (I, 36, vers 5 ; voyez I, 28, vers 8.)

PRISON, au figuré :
    .... Malherbe n'est pas de ceux
    Que l'esprit d'enfer a déceus
    Pour acquérir la renommée
    De s'être affranchis de *prison*
    Par une lame ou par poison. (I, 288, vers 76.)
    Si vos yeux sont toute sa braise,...
    Peut-il pas languir à son aise
    En la *prison* de vos cheveux? (I, 54, vers 204.)
Jamais de si bon cœur je ne brûlai pour elle ;
Et ne pense jamais avoir tant de raison
    De bénir ma *prison*. (I, 298, vers 20.)

Voyez I, 30, v. 40; 85, v. 24; 100, v. 21 ; 265, v. 14; 300, v. 16; 306, v. 12.

PRISONNIER (Prendre). Voyez Prendre, p. 491, l. 39.

PRIVAUTÉ, familiarité, liberté, sans-façon :
Voyez de quelle *privauté* je veux procéder avec vous. (II, 584.)
Je vous entretiens de mes nigeries avec beaucoup de *privauté*. (IV, 104; voyez III, 38.)

PRIVÉ, particulier :
Considérez.... quelles méchancetés se commettent en public comme en *privé*. (II, 583.)

PRIVER.
Il (*saint Pierre*) arrive au jardin où la bouche du traître (*de Judas*),
Profanant d'un baiser la bouche de son maître,
Pour en *priver* les bons aux méchants l'a remis. (I, 14, vers 282.)

SE PRIVER DE, s'empêcher de, prendre sur soi de ne point faire une chose :

Leur méchanceté.... leur déplait,... quoiqu'ils ne *se* puissent *priver* d'en tirer le fruit. (II, 108.)

PRIVILÉGE.

Par qui sont aujourd'hui tant de villes désertes....
 Que par ces enragés ?
Les sceptres devant eux n'ont point de *priviléges;*
Les Immortels eux-même en sont persécutés. (I, 278, vers 25.)

Les lois ont donné des *priviléges* aux pères et aux mères contre l'ingratitude de leurs enfants. (II, 61.)

PRIX.

On ne dit point qu'un vaisseau soit bon.... pour avoir une charge qui se compare du *prix* (*quant à la valeur*) aux richesses d'un roi. (II, 588.)
Vous placer dans les cieux en la même contrée
 Des balances d'Astrée,
Est-ce un *prix* de vertu qui soit digne de vous? (I, 229, vers 6.)

Soit qu'il espérât que la liberté se pût remettre en une ville où le *prix* (*en latin :* præmium) étoit si grand de commander et de servir (*où l'on trouvait tant d'avantage à commander et à servir*), etc. (II, 34.)

AU PRIX DE, en comparaison de :

Mon Dieu,... que le ciel est bas *au prix de* ta hauteur! (I, 62, vers 6, et 64, vers 42.)

Il [*Lentulus*].... disoit que tout ce qu'il avoit eu de lui (*d'Auguste*) n'étoit rien *au prix de* ce qu'il lui avoit fait perdre. (II, 40; voyez I, 15, vers 298; III, 56.)

EMPORTER, QUITTER LE PRIX, gagner, céder le premier rang :

Quand le monstre infâme d'envie
.... te voit *emporter le prix*
Des grands cœurs et des beaux esprits, etc. (I, 111, vers 95.)

. .... L'Amour en tout son empire....
N'a rien qui ne *quitte le prix*
A celle pour qui je soupire. (I, 130, vers 9.)

En cette hautaine entreprise...,
Plus ardent qu'un athlète à Pise,
Je me ferai *quitter le prix*. (I, 187, vers 134.)

PROCÉDER, agir :

Voyez de quelle privauté je veux *procéder* avec vous. (II, 584.)

Nous avons à cette heure à discourir des plaisirs que nous devons faire, et de quelle façon il y faut *procéder*. (II, 17; voyez I, 287, vers 55; II, 38.)

PROCÉDER DE, venir de :

 .... Si je veux un remède, v. 37.)
C'est *de* moi qu'il faut qu'il *procède*. (I, 154, v. 44; voy. I, 100,

PROCÉDER, faire un acte de procédure :

A quoi tendent vos interrogations captieuses, sinon à surprendre un homme pour lui faire faire quelque faute en la forme de *procéder*? (II, 437.)

PROCÉDURE, procédé, conduite, manière d'agir :

Je me réjouis que ma *procédure* vous plaise, de ne me charger plus de ménage en l'âge où je suis. (IV, 49.)

La fortune a des *procédures* bizarres. (II, 730.)

Quand le malheur veut venir à nous, il trouve toujours quelque nouvelle *procédure*. (II, 727; voyez II, 382, 515; IV, 193, 247, etc.)

PROCÈS (Mettre en) :

Un vieux soldat avoit une cause qui se plaidoit devant Jules César, et étoit sur le point de la perdre.... César fit défense de le molester davantage et lui donna les champs pour lesquels il *avoit été mis en procès*. (II, 166.)

PROCHAIN.

On le défia au dimanche *prochain* à rompre en lice. (III, 29.)

Prochain à, voisin de :

La nuit déjà *prochaine à* ta courte journée. (I, 9, vers 136.)

Être prochain à, pour *être voisin de*, blâmé par Malherbe chez des Portes. (IV, 441.)

PROCHE de :

Moi, de qui la fortune est si *proche des* cieux. (I, 296, vers 28.)

PROCURER, causer, faire naître :

Toutes les injures que le malheur nous voudra *procurer*. (II, 312.)
En la perte des autres il *procuroit* la sienne. (II, 416.)
C'est chose que par force il faut faire que de *procurer* notre utilité. (II, 145; voyez II, 22, 23, 196; IV, 159.)

Procurer de, faire en sorte de :

Nous nous marions, et *procurons d'*avoir des enfants. (II, 125.)
Il *procura*, par l'intercession de Madame, *d'*avoir sa grâce. (III, 299.)

PROCUREUR, exécuteur :

Voici venir celui qui vous doit tuer.... Pourquoi le prévenez-vous, et pourquoi vous faites-vous *procureur* de la cruauté d'autrui? (II, 538.)

Par procureur, par le moyen ou l'entremise d'autrui :

La vertu.... ne s'acquiert pas *par procureur*, comme beaucoup d'autres sciences. (II, 368; voyez II, 369.)

PRODUCTION, terme de procédure. (III, 319.)

PRODUIRE, faire naître :

Nous ne reverrons plus ces fâcheuses années
Qui pour les plus heureux n'*ont produit* que des pleurs. (I, 73, vers 81.)

  Celles *(les amours)* que la vertu *produit*
   Sont roses qui n'ont point d'épines. (I, 301, vers 39.)

Si vous trouvez que ces discours soient trop mélancoliques, pensez que c'est la maison où je suis qui les *produit*. (II, 671.)

Un jugement ferme et véritable, qui nous *produira* la promptitude de l'esprit. (II, 556.)

Produire, faire voir :

Les puissantes faveurs dont Parnasse m'honore
Non loin de mon berceau commencèrent leur cours....

Ce que j'en ai reçu, je veux te le *produire*. (I, 283, vers 145.)

Aux maladies.... c'est signe de guérison quand elles *produisent* leur malice en l'extérieur. (II, 469.)

PROFANE.

Ce grand démon (*l'Amour*).... se déplaît
D'être *profane* comme il est. (I, 300, vers 6.)
[Diane] La nourrissoit dessous ses lois,
Qui n'enseignent rien de *profane*. (I, 124, vers 264.)
.... O *profanes* discours,
Tenus indignement des plus dignes amours
Dont jamais âme fut blessée ! (I, 295, vers 19.)

PROFANÉ, souillé :

.... Le monde aujourd'hui ne m'étant plus que boue,
Je me tiens *profané* d'en parler seulement. (I, 192, vers 4.)

PROFANEMENT, d'une façon profane :

Dessillez-vous les yeux, vous qui de cet échange,
Où se prend et se baille un ange pour un ange,
Parlez *profanement*. (I, 231, vers 51 *var.*)

PROFESSION, état, rôle (dans la vie privée ou publique) :

Profession de cynique. (II, 30.)

Marius, Pompée et César bâtirent.... sur les coupeaux de montagnes, estimant que faisant la *profession* qu'ils faisoient, ils ne pouvoient mieux être qu'en des lieux d'où ils pussent voir.... tout à l'entour. (II, 449.)

FAIRE PROFESSION DE :

Un homme d'honneur ne prend pas de toute sorte de robes,... parce qu'il en treuve quelques-unes malséantes à la *profession* qu'il *fait de* modestie. (II, 446.)

Je ne vous *fais* point de *profession* nouvelle *de* service. (III, 187.)

[La grammaire, la médecine, etc.,] ne sont pas sciences qui *fassent profession* d'avoir le courage grand. (II, 678.)

Chrysippus même, qui par ses subtilités *fait profession de* trouver ce qui est en toutes choses, etc. (II, 8.)

Vous avez déclaré la guerre aux biens du monde, vous *en faites profession* : que ne jouez-vous le personnage que vous avez pris ? (II, 30.)

PROFIT.

Pource que tous ces gens-là ne servent aux autres que pour leur *profit* (*qu'en vue de leur propre avantage*), ils profitent (*font du bien à autrui*) sans qu'on leur en sache gré. (II, 104.)

PROFITER (voyez l'exemple précédent), être utile ; PROFITER à, faire du bien à :

Un de ces feux du firmament
Qui sans *profiter* et sans nuire,
N'ont reçu l'usage de luire
Que par le nombre seulement. (I, 211, vers 48.)

C'est une action magnifique et généreuse que de *profiter* (*en latin :* juvare *et* prodesse). (II, 65 ; voyez II, 665.)

La volonté n'est rien, qui ne *profite* (*quand on n'est pas utile aux gens*) ; le *profiter* n'est rien, qui n'en a la volonté (*quand on n'a pas la volonté d'être utile*). (II, 179.)

Un bienfait est chose qui *profite*. Or.... on ne sauroit *profiter* à un méchant. (II, 149.)

La meilleure part du bienfait retourne vers lui-même : nous ne *profitons* jamais à personne, que nous ne *nous profitions*. (II, 626.)

Celui qui ne pense qu'à soi, *nous profite*, pource qu'autrement il ne *se* pourroit *profiter*, etc. (II, 180; voyez II, 103, 147, 160; IV, 33.)

PROFITER QUELQUE CHOSE, trouver quelque profit :

Vous n'avez que faire de venir à moi pour y *profiter quelque chose*. (II, 532.)

LE PROFITER, substantivement. (II, 179.)

PROFOND, au propre et au figuré :

.... Demi-clos sous la vague *profonde*. (I, 16, vers 322.)
Les fuites des méchants, tant soient-elles secrètes,
Quand il les poursuivra n'auront point de cachettes :
Aux lieux les plus *profonds* ils seront éclairés. (I, 71, vers 51.)
De ces faits non communs la merveille *profonde*. (I, 11, vers 175.)
  Les soins (*les soucis*) profonds d'où les rides nous viennent. (I, 226, vers 15.)

PROIE.

[Mon Roi,] Quel ordre merveilleux de belles aventures
Va combler de lauriers votre postérité!
Que vos jeunes lions vont amasser de *proie!* (I, 104, vers 5.)
Misérable douleur, dont nous sommes la *proie*. (I, 220, vers 8.)

PROMESSE, ce qu'un mot promet, signifie. (II, 292.)

PROMETTRE, suivi d'un verbe à l'infinitif, sans *de* :

.... Vingt et cinq écus, moyennant lesquels je *promettois* relâcher ledit Sauvecanne. (I, 344.)

SE PROMETTRE quelque chose, l'espérer, compter y réussir :

C'est chose qu'il y a plus sujet de desirer que d'apparence de *se promettre*. (II, 583.)

Ce que les pères ne peuvent faire, il ne faut pas que les mères ni les parents *se le promettent*. (IV, 79.)

PRONONCER, décider :

Que tardez-vous, Destins?...
Toute la question n'est que d'un cimetière,
Prononcez librement qui le doit posséder. (I, 57, vers 16.)

PROPICE, emplois de ce mot blâmés chez des Portes. (IV, 383, l. 13 et 31.)

PROPOS, sujet, discours :

Retournons à notre *propos* (à notre sujet principal). (II, 22.)
Nous sommes tombés en *propos* de Platon. (II, 473.)

ÊTRE EN PROPOS DE, se proposer, avoir l'intention de :

J'avois été *en propos de* ne vous rien écrire des états. (III, 471.)

À PROPOS, MAL À PROPOS, À QUEL PROPOS :

Une barque avec le vent *à propos*. (I, 471.)
Ne voyant pas, que ni de *terra* ni de *territa* il se puisse rien faire de

bon, j'ai tâché, sans employer ni l'un ni l'autre, d'interpréter le reste le plus *à propos*. (I, 460.)

Démétrius.... dit.... une chose que je trouve fort *à propos*. (II, 214.)

De la maison, je ne vous en puis rien dire de certain.... Ce que j'y trouvai de plus *à propos*, c'est qu'ayant Baies de l'autre côté de la muraille, elle est par ce moyen hors de ses incommodités. (II, 463.)

J'ai touché les dernières actions de la vie de Caton, mais ses premières ne venoient pas plus *à propos* au désordre où déjà les affaires commençoient de s'embrouiller. (II, 315.)

De murmurer contre elle (*contre la mort*), et perdre patience,
Il est *mal à propos*. (I, 43, vers 82; voyez I, 130, vers 3.)

Si nous étions aux premiers jours de son administration (*de Marie de Médicis*), la nouveauté nous en pourroit être suspecte; mais aujourd'hui..., *à quel propos* cette appréhension? (IV, 212; voyez II, 540.)

PROPOSER, mettre en avant, emplois divers :

Les avis que l'on donnoit contre lui *ayant été proposés* au sénat, l'affaire fut mise en délibération. (I, 456.)

Il s'en *est proposé* un autre (*avis*) par M. de Lorsac. (III, 281.)

Le propre jour que les consuls entrèrent en exercice, ils *proposèrent* le département des provinces. (I, 451.)

Le point seul où nous ne pouvons *proposer* de grief contre la vie (*en latin :* de vitæ non possumus queri), c'est qu'elle ne tient personne. (II, 541.)

Dicéarque *proposa* qu'il se falloit ranger au parti des Romains. (I, 399.)

.... Quoique l'on me *propose*
Que l'espérance m'en est close...,
Son extrême rigueur me coûtera la vie,
Ou mon extrême foi m'y fera parvenir. (I, 176, vers 49.)

Je suis trop long à vous *proposer* (*en latin :* cohortor), vous n'en avez pas de besoin. (II, 310.)

Proposer, citer, mettre sous les yeux :

Sommes-nous cruels? nous voulons qu'on *propose* notre humanité. (II, 487.)

Je vous mets en tête un grand monstre, quand je vous *propose* ma mauvaise fortune. (IV, 118.)

Proposer, faire espérer, offrir :

Un lâche espoir de revenir
Tâche en vain de m'entretenir;
Ce qu'il me *propose* m'irrite. (I, 143, vers 51.)

L'infamie du mal est plus que toute la récompense qui nous *est proposée* de le faire. (II, 105; voyez I, 302, vers 4; IV, 17.)

Proposer, projeter :

Il n'y a jamais que de la certitude en son âme; et cette condition, qu'il n'oublie en rien qu'il fasse ou qu'il *propose*, le garde que jamais il ne peut choir que sur ses pieds. (II, 127.)

Se proposer quelque chose; se proposer de ou que :

Je.... trouve bon qu'en un beau sujet il emploie de belles paroles, pourvu qu'il *se propose* plutôt l'utilité de ceux qui l'écoutent que la vanité de sa réputation. (II, 580.)

Le mérite des bienfaits est de ne s'en *proposer* point de récompense. (II, 5.)

Qui le servira (*qui servira son corps*),... il faudra qu'il *se propose d*'avoir beaucoup de maîtres. (II, 311.)

Proposez-vous que c'est une compagnie où vous ne devez pas toujours être. (II, 541; voyez I, 100, vers 29; II, 10, 84.)

PROPRE, propre à, propre pour :

Il eût méconnu son bien *propre* (*en latin :* bonum suum). (II, 83.)

Bien à peine par le sacrifice *propre* de ma vie je serai satisfait au desir que j'ai de lui faire paroître combien, etc. (IV, 144.)

Le *propre* jour (*le jour même*) que les consuls entrèrent en exercice, ils proposèrent le département des provinces. (I, 451.)

C'est à lui (*à Dieu*) qu'il faut recourir, et de lui qu'il faut attendre ce qui nous est *propre* (*ce qui convient à chacun de nous*). (IV, 36.)

Toutes offrandes ne sont pas *propres à* un autel de la grandeur du sien. (IV, 21.)

.... Toutes les vertus *propres à* commander. (I, 70, vers 9.)

Toute vertu.... a bien avec soi beaucoup de choses *propres pour* la vie. (II, 115.)

Nom propre, nom s'appliquant proprement à une chose :

Il y a une infinité de choses que par faute de *noms propres* il faut nommer de noms empruntés. Nous disons le pied d'un homme, d'un lit, d'un voile, d'un vers. (II, 47.)

PROPRIÉTAIRE, adjectif :

Si quelque Dieu lui vouloit bailler la possession *propriétaire* du monde à cette condition de n'en rien donner, je jurerois bien qu'il ne la voudroit pas prendre. (II, 224.)

PROPRIÉTAIREMENT, comme propriétaire :

Tout est à l'Empereur; mais il n'y a que ce qui est sien particulièrement qui soit de son domaine. Son empire comprend tout, son patrimoine ne s'entend que de ce qui est à lui *propriétairement*. (II, 222.)

PROSPÉRER, réussir :

Bien est-il malaisé que l'injuste licence
Qu'ils prennent chaque jour d'affliger l'innocence
En quelqu'un de leurs vœux ne puisse *prospérer*. (I, 208, vers 27.)

PROSPÉRITÉS.

Que d'épines, Amour, accompagnent tes roses!...
Qu'en tes *prospérités* à bon droit on soupire ! (I, 158, vers 4.)

PROTECOLE, protocole, souffleur; en latin : *monitor*. (II, 370.)

PROTECTION.

Prenant la *protection* de telle manière de gens, vous accusiez leur mémoire pour excuser leur volonté. (II, 51.)

PROTESTER de ou que :

Les tribuns du peuple *protestèrent de* n'y consentir jamais qu'ils n'en eussent parlé au peuple. (I, 430.)

Le Roi *a protesté* au comte de Mansfeld,... que si le duc de Saxe pouvoit faire avec l'Empereur qu'il lui quittât la possession de cet État, il étoit prêt de sa part de laisser la protection de ses compétiteurs. (III, 133.)

PROUESSE, vaillance, blâmé comme vieux mot chez des Portes. (IV, 392, note 3.)

PROVENÇALES (Locutions), relevées chez des Portes. (IV, 382, 390, 401, 425.)

PROVINCIALISMES, relevés chez des Portes. (IV, 253, 382, 390, 401, 419, 425, 451, 469.)

PROVISION.

Le sage n'a faute d'aucune chose.... Le souverain bien trouve en la maison toute la *provision* qui lui fait besoin pour son service. (II, 293.)

PROVOQUER, au figuré :

D'où avez-vous eu.... tant de saveurs exquises, qui vous *provoquent* le palais en la fin même de vos repas? (II, 96.)

Une remontrance.... a quelquefois servi au père à corriger le fils..., et à l'ami de *provoquer* (*à réchauffer, réveiller*) la froideur et la paresse de son ami. (II, 165.)

Provoquer quelque chose à quelqu'un :

Il vous dira quand vous pourrez boire du vin, pour ne vous laisser tomber trop bas, et quand il le vous faudra quitter, de peur qu'il ne vous *provoque* la toux. (II, 603.)

PRUDENCE, sagesse :

.... Comme sa valeur, maîtresse de l'orage,
A nous donner la paix a montré son courage,
Fais luire sa *prudence* à nous l'entretenir. (I, 71, v. 42 ; voy. I, 124, v. 281.)

PRUD'HOMIE, honnêteté, droiture :

Je ne pense point que Dieu l'ait fait si plein de *prud'homie* et de suffisance, que pour être un exemple que notre siècle eût la gloire de suivre ou la reproche de n'avoir point suivi. (II, 224.)

La plainte que nous faisons à cette heure, que tout est en désordre, qu'il n'est point de *prud'homie*, que tout s'en va perdu, nos pères l'ont faite devant nous. (II, 16 ; voyez II, 36, 64, 74, 236, 433, 615, etc.)

PRUNELLES, yeux, en poésie :

A ces mots tombant sur la place,...
Alcandre cessa de parler ;
La nuit assiégea ses *prunelles*. (I, 154, vers 64.)

PTISANNE, tisane. (II, 609.)

PUANT, puante :

La mort n'a point de vilenie si *puante* qui ne me sente mieux que tout le musc et tout l'ambre gris que la servitude sauroit avoir. (II, 543.)

PUBLIC, publique :

Ce *public* ennemi (*l'Amour*), cette peste du monde. (I, 149, vers 5.)

Vous êtes injuste de vous aigrir contre une offense *publique* (*que tout le monde commet généralement*). (II, 246.)

Sous l'empereur Tibère, il ne se parloit que d'accuser. Cette rage si fréquente et quasi *publique* fit plus de ruine à la ville.... que, etc. (II, 74.)

Il n'y a point de doute que la philosophie n'ait reçu beaucoup d'altération..., depuis qu'on l'a fait (*sic*) si *publique* (*en latin* : postquam prostituta est) comme elle est aujourd'hui. (II, 454.)

Public, substantivement, dans le sens neutre :

.... Les vœux qu'on leur fait (*aux Dieux*) à toute heure..., et [qui] touchent ou le particulier ou *le public* (*en latin* : privata et publica). (II, 93.)

PUBLIER, rendre public, célébrer, dévoiler :

La revanche (*de ce bienfait*) m'est impossible, mais au moins en confesserai-je la dette, et en *publierai* le ressentiment. (II, 38.)

Les tiennes (*tes louanges*) par moi *publiées*....
Ne seront jamais oubliées. (I, 108, vers 31.)

Quand nous *publions* un ingrat, nous avons part à sa honte, parce que la plainte d'un plaisir perdu montre qu'il n'a pas été fait comme il devoit. (II, 247.)

PUBLIQUEMENT, généralement :

Nous sommes ingrats *publiquement*. Que chacun parle à soi-même en particulier, il n'y en a pas un qui ne se plaigne de quelque ingrat. (II, 156.)

PUCELLE, jeune fille, vierge :

Pucelles (*Muses*), qu'on se réjouisse. (I, 80, vers 121.)
[Nos navires] riches de la perte
De Tunis et de Biserte,
Sur nos bords étaleront
Le coton pris en leurs rives,
Que leurs *pucelles* captives
En nos maisons fileront. (I, 315, vers 9.)

L'eau *pucelle* (*en latin :* Virgo, *nom d'un aqueduc de Rome*). (II, 642.)

PUER, au figuré :

A deux jours de là, ils commencent à tenir un autre langage ; ces premières paroles leur *puent*, comme indignes d'un homme d'honneur (*en latin :* quasi sordida et parum libera evitant). (II, 55.)

Pût, 3ᵉ personne du singulier du présent de l'indicatif de l'ancienne forme *puir*. (I, 281, vers 87.)

PUÉRIL (Âge), traduisant le latin *pueritia*. (II, 439.)

PUIS, de plus, en outre :

Puis étant son mérite infini comme il est,
Dois-je pas me résoudre à tout ce qui lui plaît? (I, 135, vers 31.)

Et puis, après cela, cela étant :

Il faut qu'ils (*le soleil et la lune*) se meuvent, et ne leur est pas possible de s'en dispenser ; *et puis* qu'ils s'arrêtent (*qu'ils essayent donc de s'arrêter*) s'ils peuvent, et laissent leur besogne, etc. (II, 188.)

Puis après, ensuite :

Nous disons beaucoup de choses éloignées de la coutume, qui *puis après* y reviennent par un autre chemin. (II, 49.)

Quelqu'un à qui vous avez prêté de l'argent m'en a *puis après* baillé une partie. (II, 159 ; voyez II, 9, 78, 173 ; IV, 281, etc.)

PUISQUE.

Je suis son ennemi, si, *puisqu'*il veut courre fortune pour moi, je ne prends la voie la plus aisée, qui est de la courre sans lui. (II, 35.)

Par ces exemples.... on peut résoudre notre question : comme il est possible, *puisque* tout est sien (*tout étant à lui, au sage*), qu'il reste de quoi lui donner. (II, 220 ; voyez I, 17, vers 368 ; 299, vers 6.)

Puisqu' ainsi est (*puisqu'il en est ainsi*). (II, 65, 336.)

PUISSANCE.

    .... Qu'il soit des beautés pareilles
    A vous, merveille des merveilles,
    Cela ne se peut nullement.
    Que chacun sous telle *puissance*
    Captive son obéissance,
    Cela se peut facilement. (I, 97, vers 7; voyez PUISSANT.)

Un autre.... se garde bien d'approcher de ces tournoiements si décriés par les naufrages qui s'y font. Un homme sage en fait de même. Il évite le plus qu'il peut une *puissance* qui lui peut nuire. (II, 313.)

    Quels feux, quels dragons, quels taureaux,
    Et quelle *puissance* de charmes, etc.? (I, 167, vers 21.)

Si ce qui est à mon ami est à moi, je dois avoir *puissance* de le vendre. (II, 229.)

Après qu'un bien que nous avons possédé n'est plus en notre *puissance*..., nous en fuyons la mémoire. (II, 54.)

Tant qu'elle (*la mort*) est en notre *puissance*, nous pouvons dire que nous ne sommes en la *puissance* de personne. (II, 733.)

Aussi ne se peut-il donner de gloire d'avoir fait ce qu'il n'a pas été en sa *puissance* de ne faire point. (II, 69.)

Je ne parle pas de ceux.... qui tiennent leurs volontés en leur *puissance*, et prennent d'eux-mêmes une loi qu'ils ne violent point. (II, 32.)

PUISSANT.

Sitôt que je la vis, je lui rendis les armes ;
Un objet si *puissant* ébranla ma raison. (I, 265, vers 13.)

Les *puissantes* faveurs dont Parnasse m'honore. (I, 283, vers 141.)

PUNIR.

[Catherine,] *Punissez* vos beautés plutôt que mon courage,
Si trop haut s'élevant il adore un visage
Adorable par force à quiconque a des yeux. (I, 21, vers 4.)

PUR, au figuré :

Quand l'intention de faire plaisir est *pure* et nette (*sans arrière-pensée*), toutes ces imaginations ne viennent jamais en l'esprit. (II, 105.)

PURGER, au propre. (II, 678.)

PURGER, au figuré :

Le ciel éclairé d'un beau soleil et de tous côtés *purgé* de nuées n'est point susceptible de plus grande lumière. (II, 522.)

Mes sens qu'elle (*cette femme*) aveugloit ont connu leur offense ;
Je les en *ai purgés*, et leur ai fait défense
    De me la ramentevoir plus. (I, 61, vers 76.)

PUTAIN, courtisane. (II, 77.)

PYTHAGORIQUE (PHILOSOPHE), pythagoricien. (II, 239.)

Q

QUADRUPLATEUR, *quadruplator*. (II, 242.)

QUALITÉ.

Il ne reste plus à parler que des choses.... qui servent plus aux délices qu'à la nécessité ni au profit. Quand nous voulons donner quelque chose de cette *qualité*, voyons de le faire en sorte que l'opportunité la rende agréable. (II, 19.)

Telle que notre siècle aujourd'hui vous regarde,
Merveille incomparable en toute *qualité*,
Telle je me résous de vous bailler en garde
Aux fastes éternels de la postérité. (I, 244, v. 6; voy. I, 147, v. 14; 158, v. 8.)

J'ai donné la vie à mon père ;... je lui ai donné une vie parfaite et accompagnée de toutes ses *qualités*; il m'a engendré dénué de connoissance et de jugement. (II, 81.)

Une pauvreté bien empêchée à conserver la *qualité* de noblesse. (II, 40.)

Je n'ai point d'autre *qualité*
Que celle du siècle où nous sommes :
La fraude et l'infidélité. (I, 142, vers 22.)

QUAND.

Ce n'est pas signe que nous avons encore l'esprit.... bien fermé,... *quand* nous dressons l'oreille au cri que nous oyons emmi la rue. (II, 469.)

Quand la mort nous a si bien investis qu'il n'y a plus de moyen d'en échapper..., c'est alors que nous pensons de mettre notre bien en mains de personnes qui le méritent. (II, 101; voyez II, 597, l. 15.)

Un usurier est aussi fâcheux s'il est long et difficile à recevoir son intérêt, comme *quand* il est rigoureux à l'exiger. (II, 31.)

Je passerai par-dessus un riche qui ne vaudra rien, et donnerai au pauvre qui sera honnête homme; car avec son indigence il ne laissera pas d'avoir du ressentiment, et *quand* il sera (*et fût-il*) nécessiteux de toutes choses, il sera toujours riche d'affection. (II, 100; voyez II, 125, l. 32; 186, l. 12.)

... Le soleil qui tout surmonte,   *boyant*),
Quand même il est plus flamboyant (*même quand il est le plus flam-*
Se cacheroit en la voyant. (I, 148, vers 46; voyez II, 41.)

« C'étoit un jour d'été *quand* le ciel nous lia, » tournure blâmée chez des Portes; Malherbe veut que l'on dise : « Ce fut un jour d'été que le ciel nous lia. » (IV, 424.)

QUAND, QUAND BIEN, quand bien même :

Tant s'en faut que je croie qu'elle (*la gratitude*) ait besoin de promettre quelque chose pour être suivie, qu'au contraire *quand*, au lieu que le chemin y est sans péril et sans peine, il faudroit traverser des rochers et des montagnes..., je serois d'avis de passer, et de l'aller trouver. (II, 113.)

Cicéron.... a souffert en sa maison et en ses biens des outrages que peut-être son ennemi même eût eu honte de lui faire *quand* il fût demeuré victorieux. (II, 156; voyez I, 40, vers 17; 135, vers 40; 448, l. 12.)

Il y a longtemps que je ne puis plus ni perdre ni gagner. C'est une opinion que je devrois avoir, *quand bien* je ne serois pas vieil. (II, 596.)

QUAND ET, avec, en même temps que :

Les âmes ne meurent point *quand et* les corps. (II, 591.)

Ils s'en revenoient menant leur butin *quand et* eux. (I, 445.)

Souvenez-vous de quelle horloge son heure a été sonnée. N'a-ce pas été de celle qui, faite *quand et* les siècles par l'auteur des siècles mêmes, gouverne le soleil? (IV, 200; voy. II, 179, 309, 328; III, 63; IV, 62, etc.)

QUAND ET QUAND, en même temps, aussitôt :

L'on envoya *quand et quand* deux compagnies des gardes. (III, 170.)

Votre Gascon est sorti...; il me vint *quand et quand* trouver. (III, 31; voyez I, 347, 449, 455; II, 172, 194, 355, 411, etc.)

QUANT à :

Je ne ressemble point à ces foibles esprits... :
Toute sorte d'objets les touche également ;
Quant à moi, je dispute avant que je m'engage ;
Mais quand je l'ai promis, j'aime éternellement. (I, 136, vers 47.)

QUANTES fois, combien de fois; Toutes et quantes fois que, toutes fois et quantes que, toutes les fois que, autant de fois que :

> *Quantes fois*, lorsque sur les ondes
> Ce nouveau miracle flottoit,
> Neptune en ses caves profondes
> Plaignit-il le feu qu'il sentoit!
> Et *quantes fois* en sa pensée....
> Eût-il voulu de son empire
> Faire échange à cette beauté! (I, 47, vers 51 et 55.)

Elles étoient demeurées en état de se révolter *toutes et quantes fois que* bon leur sembleroit. (I, 427.)

Don Jouan.... promit au Roi que *toutes fois et quantes qu'*il auroit besoin de son service, il le viendroit trouver. (III, 64.)

QUART, mesure :

Que me sert d'être un suffisant homme à prendre les pieds d'un arpent, et savoir que c'est que *quart*, que doigt et que pouce? (II, 689.)

Quart d'écu. Voyez Écu.

QUARTIER.

Ne l'ayant point trouvé au *quartier* de Saint-Antoine, je m'en suis venu au Louvre. (III, 276.)

Quartiers :

En allant en Sicile vous traversez le détroit ; un pilote malavisé ne se soucie pas des menaces du vent de midi, qui est celui de tous ces *quartiers* que les mariniers craignent le plus. (II, 313.)

La ruine d'un si grand empire envoiera ses éclats en tous les *quartiers* du monde. (II, 549.)

Sérapion.... se trouvant en ces *quartiers* où vous êtes, etc. (II, 406.)

M. Ribier et M. Aleaume, que je crois qui sont à cette heure en vos *quartiers*. (III, 339 ; voyez II, 387, 427 ; IV, 5, 136.)

Demeurer à quartier, demeurer à part, à l'écart :

Je pouvois *demeurer à quartier*, et regarder le combat sans être de la partie. (II, 102.)

QUE, relatif, voyez Qui, que, quoi, relatif, p. 521 et suivantes.

Que, interrogatif ou exclamatif, voyez Qui, que, quoi, interrogatif, et Que, exclamatif, p. 526-528.

QUE, conjonction.

1° Que, liant des verbes ou des noms à la proposition qui leur sert de régime :

Bion argumente *que* tous les hommes sont sacrilèges. (II, 222.)

Voyez.... si nous ferions point plus pour la réputation de celui qui donne, de lui conseiller *que* quand jamais un de ses bienfaits ne lui devroit réussir, il ne laisse pas d'exercer l'inclination qu'il a de faire bien. (II, 5.)

Imputant à l'amour *qu'*il abuse nos ans. (I, 241, vers 26.)

Alexandre se glorifioit ordinairement *que* jamais personne ne l'avoit vaincu de bienfaits. (II, 140.)

Le tribun se plaint *qu'*on ne l'a fait préteur, le préteur *qu'*on ne l'a fait consul. (II, 41; voyez II, 42, l. 21 à 26; 43, l. 2; 241, l. 24.)

  Passants, vous trouvez à redire
  *Qu'*on ne voit ici rien gravé. (I, 206, vers 2.)

Dieu soit loué *que* nous n'avons point de nouvelles de plus d'importance! (III, 221.)

Que peut-on louer en cette action? Est-ce *qu'*il n'a pas voulu prendre une chose dérobée? ou bien *qu'*il a mieux aimé ne prendre point que d'être en peine de rendre? (II, 36.)

[Je soupire] *Que* ce qui s'est passé n'est à recommencer. (I, 140, vers 4.)

Je suis marri *que* je n'ai du loisir. (III, 69.)

[Otez] Ce trouble de votre esprit : autrement vous serez ébahi *que* vous le trouverez lâche quand il sera question de l'employer, etc. (II, 359.)

Rendons grâces à Dieu *que* nul qui s'en veuille aller du monde n'y peut être retenu. (II, 305; voyez ci-après, 2°, 6ᵉ exemple.)

Qui est celui qui ne prenne plaisir *qu'*on l'estime libéral? (II, 107.)

  .... L'Arno cessa de couler,
  Plein de honte *qu'*en son rivage
  Il n'avoit de quoi t'égaler. (I, 124, vers 289.)

Pourquoi ne desirez-vous du bien à un qui vous en a fait? Avez-vous peur *que* vous ne trouviez de quoi vous revancher? (II, 198.)

La plainte que nous faisons à cette heure, *que* tout est en désordre..., nos pères l'ont faite devant nous. (II, 16; voyez 2°, 7ᵉ exemple.)

  Arrière ces plaintes communes,
  Que les plus durables fortunes
  Passent du jour au lendemain! (I, 198, vers 20.)

Si parmi tant de gloire et de contentement
Rien te fâche là-bas, c'est l'ennui seulement
*Qu'*un indigne trépas ait clos ta destinée. (I, 309, vers 4.)

Ta fidèle compagne, aspirant à la gloire
Que son affliction ne se puisse imiter, etc. (I, 179, vers 18.)

Je suis résolu, quand vous me ferez quelque faveur, de vous dire simplement que je l'ai reçue, afin de vous ôter de la peine où vous seriez *que* la nonchalance des messagers ne l'eût fait demeurer par les chemins. (III, 89.)

C'est seulement pour vous ôter de peine *que* ce ne fût chose de plus grande conséquence. (III, 355.)

Il n'y a jamais eu nation que celle des Mèdes, qui ait donné action contre les ingrats : qui est un grand argument *que* ce n'est point chose qui se doive faire. (II, 56.)

Ces grands, de l'assistance desquels il (*Caton*) se servoit pour un argument *que* sa cause étoit la cause de la République, etc. (II, 548.)

Ils sont comme ces esprits passionnés pour une femme, qui font des souhaits *qu'*elle soit contrainte par quelque accident de quitter le pays, afin de lui faire compagnie en son bannissement. (II, 193.)

Il faut faire des vœux *qu'*elle (*cette occasion*) n'arrive point. (II, 198.)

.... De la continuation et entresuite de ses bienfaits l'un après l'autre tirer une conséquence *qu'*il faut qu'il donne par nécessité. (II, 192.)

Quel excès de frayeur m'a su faire goûter
  Cette abominable pensée,
Que ce que je poursuis me peut assez coûter? (I, 296, vers 24.)

Nous.... leur aidons à l'être (*ingrats*) par une fausse opinion que nous avons *qu'*il n'est point de grands bienfaits que ceux qui sont hors de revanche. (II, 31.)

> .... Vous m'en croirez donc,
> *Que* si gentilhomme fut onc
> Digne d'éternelle mémoire,
> Par vos vertus vous le serez. (I, 290, vers 122.)

Que vous rendra celui qui vous doit sa vie, son honneur...? Qu'il rende, direz-vous, quelque chose qui les vaille. C'est ce que je disois, *que* nous ferons perdre la réputation d'une chose si magnifique et si brave, si nous la traitons comme une marchandise. (II, 64.)

Ce n'est rien aujourd'hui de prendre du parfum.... Mais que direz-vous *qu*'ils s'en glorifient? (II, 671.)

Scipion y fit (*au sénat*) de grandes remontrances, *que* c'étoit chose contre la dignité du peuple romain..., et *qu*'il leur devoit suffire d'avoir vaincu Annibal. (I, 456.)

Le Roi a protesté au comte de Mansfeld.... *que* si le duc de Saxe pouvoit faire avec l'Empereur *qu*'il lui quittât la possession de cet État, il étoit prêt de sa part de laisser la protection de ses compétiteurs. (III, 133.)

2° Que, avec changement de tournure :

Considère combien tu as d'avantage sur le reste des animaux..., et.... *qu*'il n'y a rien de mortel que tu ne sois capable de faire mourir. (II, 43.)

Ne voyez-vous pas en Homère ce prêtre, qui pour obtenir sa demande, comme il fit, leur allègue (*aux Dieux*) sa dévotion, et *que* toute sa vie il les a religieusement servis et adorés? (II, 167; voyez II, 84, 1. 2.)

De là viennent les fausses impressions qu'ils prennent de leurs forces, et *que* se croyant être aussi grands comme on leur dit qu'ils sont, ils s'attirent des guerres périlleuses sur les bras. (II, 199.)

La philosophie enseigne à connoître Dieu, et *que* les choses fortuites arrivent par son commandement. (II, 708.)

Votre discours a encore plus de substance que de paroles. C'est un témoignage de quelque suffisance plus grande, et *qu*'en votre âme il n'y a rien de superflu ni de bouffi. (II, 484.)

De quoi nous fâchons-nous tous les jours, que de la prospérité de ceux qui ne valent rien, et *qu*'à toute heure la grêle laisse les champs de tout ce qu'il y a de mauvais garçons en une contrée, pour, etc.? (II, 42.)

Quelles plaintes fait-on plus ordinaires que de l'ingratitude, et *qu*'il n'en est guère à qui le bien qu'on leur fait ne semble une occasion légitime de rendre du mal? (II, 152.)

3° Que, répété par pléonasme :

Me voudriez-vous bien faire croire *que* si je ne sais faire des interrogations captieuses, et des propositions véritables tirer une conclusion fausse pour l'approbation d'un mensonge, *que* je ne pourrai connoître ce que je dois fuir ou desirer? (II, 435.)

Je lui dis *que* quand il vous voudroit écrire, *qu*'il m'envoyât ses lettres et que je les ferois tenir. (III, 56; voyez III, 342, 388, 443.)

4° Que, explicatif, précédé ou non d'un démonstratif (voyez 7°) :

Il est des choses de cette nature, *que* qui les bailleroit à ceux qui les demandent, elles seroient occasion de leur ruine. (II, 26.)

Qui a fait cette merveille inconnue, *qu*'aux lieux où pour l'intempérance du ciel toutes humidités sont épuisées, il se fait aux plus chauds jours de l'année de certains accroissements d'eaux? (II, 95.)

Une chose sais-je bien, *que* les mortels ne sauroient rien faire d'immortel. (II, 729.)

Voici la seule injure que je puisse dire avoir reçue de vous, *que* pour la grandeur du bien que vous me faites, il faille que je vive et meure avec regret de ne m'en pouvoir jamais acquitter. (II, 39.)

Pourquoi le font-ils? Par une coutume vaine et fastueuse, qui s'est introduite, *qu*'un maître ne mangeroit pas à son aise, s'il n'avoit une douzaine de valets debout à ses côtés. (II, 428.)

Il.... fait faire un édit, *que* leurs charges, qui étoient à vie, ne seroient plus qu'annuelles. (I, 397; voyez I, 456, l. 2.)

Il y en a beaucoup d'occasions (*d'ingratitude*). La première, *que* nous faisons plaisir sans élection. (II, 2.)

L'aide qu'il veut avoir, c'est *que* tu le conseilles. (I, 71, vers 46.)

.... Sans atteindre au but où l'on ne peut atteindre,
Ce m'est assez d'honneur *que* j'y voulois monter. (I, 21, vers 24.)

C'est Pallas *que* cette Marie. (I, 216, vers 179.)

Que peut-ce être, Lucilius, *que* voulant aller d'un côté, nous sommes emportés de l'autre? (II, 450.)

Quelle honte est-ce *que* par faute de nous savoir conduire il n'y a point de différence entre faire du bien et vouloir du mal? (II, 28.)

Voyez tome I, p. 141, vers 6 et 14; p. 142, vers 36; p. 165, vers 59; p. 281, vers 99; p. 300, vers 9; p. 317, vers 10; tome II, p. 13, l. dernière; p. 52, l. 24; etc. — Voyez aussi au tome I, p. 262, vers 1, 5, 9, et p. 276, vers 1 et 5, des exemples où l'ordre est interverti et où le *que* précède le démonstratif.

> Ce n'est plus comme auparavant,
> *Que* si l'Aurore en se levant
> D'aventure nous voyoit rire,
> On se pouvoit bien assurer....
> Que le soir nous verroit pleurer. (I, 201, vers 14.)

Avec ce *qu*'ils en font le bout fort pointu (*le bout des pieux*), ils les entrelacent d'une façon qu'il n'y a moyen d'y passer la main. (I, 403.)

Pour ce je me suis fait promener plus longtemps, avec ce *que* d'ailleurs j'y étois convié par le plaisir que je prenois de voir cette rive. (II, 461; voyez I, 402, l. 19; II, 644, l. 30.)

Ce *que* (*ceci, à savoir que*) les Canniens, Myndiens.... demeurèrent libres, il est très-certain que ce fut aux Rhodiens.... qu'ils en eurent l'obligation. (I, 425; voyez ci-dessus, p. 86, CE QUE.)

[Toi qui] Connois que c'est *que* du vrai bien. (I, 111, vers 88.)

Je ne saurois croire qu'Érasme sût que c'est de civilité, non plus que Lipse sait que c'est *que* de police. (III, 343.)

Je vois bien que c'est *que* de votre bouillon. (III, 345.)

5° QUE, après des noms ou après des adverbes de temps, de lieu, d'état, etc., après la plupart desquels nous emploierions aujourd'hui *où*, *dont*, ou un relatif précédé d'une préposition :

Au même temps *que* vous recevez, vous êtes quittes si vous voulez. (II, 44.)
En ce pitoyable moment *que* je fus séparé de vous, etc. (IV, 186.)
L'année *que* la monnoie a été battue. (III, 311.)
En l'âge où nous les trouvons sévères (*nos parents*) et *que* nous n'avons pas le jugement de comprendre le bien que nous en recevons, nous leur voulons mal. (II, 139.)
Cet âge grossier *que* les métiers étoient encore inconnus, etc. (II, 721.)
Le lendemain *que* leur délibération fut cessée, etc. (I, 412.)

> Naguère *que* j'oyois la tempête souffler,
> *Que* je voyois la vague en montagne s'enfler,...
> Eussé-je osé prétendre à l'heureuse merveille
>   D'en être garanti? (I, 240, vers 13 et 14.)

Un étourdi se pourra bien revancher, et surtout à la nouveauté *qu'*on lui aura fait plaisir. (II, 623.)

Ce « d'aimer » est en lieu *que* (*cet infinitif d'aimer est dans un endroit où*) l'on ne sait s'il se rapporte à « la peur » ou à « ne retire. » (IV, 326.)

Votre.... lettre me fut rendue au point *qu'*un petit frisson de fièvre me faisoit retirer en mon logis. (I, 355.)

Le sage ne change point d'avis tant que les choses demeurent en l'état *qu'*elles étoient quand il l'a pris. (II, 126.)

Prenez le cas *que* pour arriver à quelque magistrat il m'ait fallu racheter dix prisonniers. (II, 180 ; voyez II, 80.)

Plût à Dieu que la fortune vous eût laissé vivre en la condition *qu'*elle vous avoit fait naître ! (II, 334.)

Les denrées seront à la halle au prix *qu'*elles ont accoutumé. (IV, 53.)

Au train *qu'*ils vont, un terme de cinq ou six siècles ne leur fera point de mal. (IV, 18.)

Il s'acquitte par l'action même *qu'*il s'est obligé. (II, 144.)

Acquittons-nous en mêmes espèces *que* nous sommes obligés. (II, 152.)

Elles (*les paraboles*) ne nous sont pas nécessaires pour le sujet *que* les poëtes en usent. (II, 485.)

Elle a vu les affaires aux formes les plus extravagantes *qu'*elles puissent être. (IV, 212.)

.... De la même ardeur *que* je brûle pour elle,
   Elle brûle pour moi. (I, 159, vers 11.)

Jusqu'à la fin de ses exploits,
   Que tout eut reconnu ses lois, etc. (I, 115, vers 206.)

S'il en vient là *que* de mendier quelque chose, il est à la discrétion de la fortune. (II, 293; voyez II, 298, l. 3.)

Voyez tome I, p. 36, vers 9; p. 79, vers 91; p. 81, v. 156; p. 177, v. 74; p. 214, v. 119; p. 468, l. 8; tome II, p. 2, l. 6; p. 3, l. 3; p. 27, l. 10; p. 39, l. 14; p. 49, l. 22; p. 67, l. 13; p. 224, l. 9; p. 481, l. 10; p. 492, l. 6; tome III, p. 156, l. 26; etc.

6° Que, après des mots comparatifs, souvent avec ellipse :

La guerre précédente, dont il n'avoit pas moins excité le commencement *qu'*il en avoit conduit le progrès. (I, 455.)

Ils n'eurent non plus de nouvelles les uns des autres *qu'*ils en avoient eu le jour précédent. (I, 404.)

On ne sauroit mieux faire connoître le peu de volonté que l'on a de se ressentir de quelque obligation, *que* de s'en détourner les yeux. (II, 53.)

J'aime mieux que vous ne me blessiez point, *que* de me guérir. (II, 194.)

    .... [Achille] ne put faire mieux
Que soupirer neuf ans dans le fond d'une barque. (I, 305, vers 20.)

Il n'y a point de crève-cœur plus grand à un homme d'honneur, *que* s'il faut qu'il aime ce qu'il ne prend point plaisir d'aimer. (II, 32.)

L'événement d'une bonne cause est toujours plus sûr entre les mains d'un juge.... *que* d'un arbitre. (II, 57.)

C'est.... une affaire où il y a quelque chose plus *que* de l'homme. (I, 353.)

La calamité de celui qui souffre n'est pas plus grande *que* de ceux qui considèrent qu'ils sont capables de souffrir. (II, 569.)

La reconnoissance que nous faisons d'un plaisir est plus à notre avantage *que* de celui qui le reçoit. (II, 627.)

Quelle condition sauroit être plus misérable *que* de ceux qui perdent les bienfaits ? (II, 628.)

Nous estimons plus le bien de demeurer au monde quand nous y sommes, *que* d'y venir quand nous n'y sommes point. (II, 81.)

Combien prend un homme plus de plaisir quand on lui donne ce qu'il n'a point *que* ce qu'il a en abondance ; ce qu'il cherche il y a longtemps, *que* ce que la plus chétive boutique de la ville lui peut fournir ! (II, 20.)

Il y en a plus qui demandent la bourse *que* la vie (*qu'il n'y en a qui demandent la vie*). (II, 314.)

Je le préfère à de bien plus honnêtes gens *qu'*à ses compétiteurs. (III, 72.)

Les hommes étoient épars..., sans autre couvert *que* du creux d'un rocher ou d'un arbre. (II, 711.)

7° QUE, dans le sens de *tel que*; QUE, après *si*, *tellement*; QUE, avec ellipse de *si* (*tellement*); QUE, pour *de telle façon que* :

Je devois.... mener ma besogne d'un ordre *que* le plus friand fût servi le dernier. (II, 214; voyez UN.)

Il est des deniers d'une nature *que* le créancier n'en peut faire de poursuite. (II, 172.)

Si bien vous faites quelque chose pour quelqu'un, vous la faites d'une sorte *qu'*elle a plutôt apparence de revanche que de bienfait. (II, 135.)

« Agité » est mis d'une façon *qu'*il semble se rapporter à l'Amour. (IV, 249 ; voyez I, 403, l. 5 ; IV, 287, l. 3.)

Le repos où nous sommes nous tient en un état *que* si l'on ne mande des choses de peu de conséquence, l'on n'a de quoi s'entretenir. (III, 214.)

Il est des choses d'une certaine forme, *que* toute leur signification s'en va hors de nous. Je suis frère, mais c'est d'un autre. (II, 146.)

Serai-je ou si sale *que* de vivre avec un homme qui n'a rien de pur, ou si ingrat *que* de ne vivre pas avec un homme par qui je vis ? (II, 35.)

Quoi donc, ma lâcheté sera si criminelle,
Et les vœux que j'ai faits pourront si peu sur moi,
Que je quitte ma dame...? (I, 304, vers 3.)

Après avoir tellement désestimé la vie d'un sénateur *que* d'en faire le jugement capital en pantoufles, etc. (II, 25.)

Il est si malappris, et puis il est si maigre *que* rien plus (*que rien ne l'est davantage*), comme venant de faire deux cents lieues. (III, 475.)

Beau, réglé, ferme et constant en ses résolutions, *que* rien ne le peut être davantage. (I, 472.)

Voyez ci-dessus, p. 414, NON PAS QUE.

8° QUE, si ce n'est, autre que, autrement que :

Qui voyez-vous qui parle artificieusement, *que* quelqu'un qui veut donner du sujet qu'on se moque de lui ? (II, 579.)

De quoi nous fâchons-nous tous les jours, *que* de la prospérité de ceux qui ne valent rien ? (II, 42.)

Qui bailla le consulat au fils de Cicéron, *que* la mémoire de son père ? (II, 121.)

Il n'est point de grands bienfaits, *que* ceux qui sont hors de revanche. (II, 31.)

Je ne pense pas qu'elle (*la nature*) ait donné cette mauvaise taille à Claranus, *que* pour être un exemple que par la laideur du corps un esprit ne s'enlaidit point. (II, 510.)

Les soldats n'y sont pas reçus, *qu'*avec élection. (II, 419.)

Elle ne pourroit pas sortir, *qu'*à la fin de janvier. (III, 121.)

Toute espérance d'avoir secours *que* de vous est perdue pour eux. (II, 436.)

Je ne crois point que ces tumultes aboutissent *qu'*à la paix. (III, 406.)

Voyez tome I, p. 6, vers 39; p. 198, vers 18; p. 270, vers 55; p. 272, vers 7;

p. 278, vers 24; p. 282, vers 131; p. 352, 1. 33; tome II, p. 224, 1. 25; p. 528, l. 10; p. 577, l. 19; p. 634, l. 21; p. 654, l. 6; tome IV, p. 142, l. 2; p. 190, l. 11, etc.

9° QUE NE, suivi d'un verbe à un mode personnel, pour *sans*, suivi d'un infinitif, ou pour *sans que*, suivi d'un subjonctif :

Philippe demeura quelque temps *qu*'il *ne* savoit à quoi se résoudre. (I, 405.)

On peut bien donner à plusieurs une même chose, *que* ce *ne* sera pas avec mêmes paroles, ni avec démonstration d'une même volonté. (II, 23.)

Je n'y pense jamais *que* je *ne* remercie la nature de les avoir faites (*les femmes*). (IV, 29.)

Nous n'avons pas été longtemps malades, *que* nos cupidités *ne* s'émoussent. (II, 605.)

Il s'en offre un à me faire plaisir, qui mérite bien que je lui sois obligé, mais il ne le peut faire *qu*'il *ne* se fasse déplaisir. (II, 35.)

Ce n'est pas signe que nous avons encore l'esprit ni bien ferme ni bien réduit à soi quand nous dressons l'oreille au cri que nous oyons emmi la rue. Cette curiosité n'est point *qu*'il *n*'y ait de la sollicitude et de l'appréhension en l'intérieur. (II, 469.)

De combien de travaux ai-je acheté le peu qu'il m'a fait de bien? Qui pouvois-je servir *que* (*sans que par ce service rendu à un autre*) ma condition *n*'eût été meilleure? (II, 40.)

Voyez tome I, p. 76, vers 23 et 24; p. 94, vers 188 et 189; p. 295, vers 15; p. 304, vers 11 et 12; tome II, p. 153, l. 16; p. 191, l. 3; p. 304, l. 18; p. 332, l. 6 et 7; p. 557, l. 6; p. 578, l. 23; p. 732, l. 5; tome IV, p. 2, l. 14, etc.

10° QUE, précédé et suivi de *ne*, pour signifier *ne pas.... avant que* :

Ceux de la ville.... *ne* s'en aperçurent *que* l'on *ne* fût au logis du général. (I, 399.)

Je.... le prie (*Dieu*) que Leurs Majestés *ne* soient jamais lasses de vous continuer les effets de leur bienveillance, *que* je *ne* le sois de vous les souhaiter. (IV, 146.)

Je *ne* pensois répondre à votre première lettre, *que* le gentilhomme qui me l'avoit rendue *ne* s'en retournât en vos quartiers. (IV, 136; voyez II, p. 106, l. 28 et 29; p. 455, l. 10 et 11; etc.)

11° QUE, employé après un *que* relatif et devant un pronom de la troisième personne, pour remplacer la tournure latine du pronom relatif suivi d'un infinitif :

Je ne prendrois pas ce que vous m'offrez, quand ce seroit pour le redonner aussitôt, parce qu'entre tant de choses, il y en a beaucoup que j'aurois honte *qu*'elles vinssent de ma main. (II, 225.)

L'un d'eux.... fut pendu en effigie;... il y a un certain commis que l'on croit *qu*'il le sera en propre personne. (III, 46.)

Voyez ci-après, p. 524, QUI, QUE, relatif, 8°.

12° QUE, suivi d'un subjonctif devant lequel nous l'omettrions :

Que puisses-tu, grand soleil de nos jours,
   Faire sans fin le même cours! (I, 196, vers 33.)

Que vive et meure qui voudra! (I, 287, vers 46.)

13° QUE, omis devant le subjonctif :

Bien aimer soit votre vrai bien. (I, 301, vers 28.)

Chacun en fasse l'interprétation comme il lui plaira. (II, 8.)

Soit la fin de mes jours contrainte ou naturelle,
S'il plaît à mes destins que je meure pour elle,
Amour en soit loué, je ne veux un tombeau
    Plus heureux ni plus beau. (I, 31, vers 57 et 59.)
Qui n'eût cru.... qu'avant qu'être à la fête
    De si pénible conquête,
    Les champs se fussent vêtus
    Deux fois de robe nouvelle,
    Et le fer eût en javelle
    Deux fois les blés abattus? (I, 88, vers 29.)

Voyez tome I, p. 12, vers 223; p. 30, vers 46; p. 116 et 117, vers 242, 246 et 250; p. 210, vers 38; p. 224, vers 14.

14° Que, emplois et tours divers :

Depuis que le soleil est dessus l'hémisphère,
Qu'il monte (*soit qu'il monte*), ou *qu'il* descende, il ne me voit rien faire
    Que plaindre et soupirer. (I, 159, vers 26.)
Comme la nuit arrive, et *que* par le silence....
    L'esprit est relâché, etc. (I, 160, vers 31.)
.... Quand les Romains ne voudroient rien dire de son entrée en Asie..., à cette heure qu'il étoit passé en Europe avec ses armées de mer et de terre, que s'en falloit-il *que* ce ne fût leur déclarer la guerre ouvertement? (I, 448.)
A quelles dures lois m'a le ciel attaché,
Que l'extrême regret ne m'ait point empêché
De me laisser résoudre à cette départie? (I, 129, vers 3.)
.... Socrate, Chrysippus, Zénon, et tous ces autres qui sans mentir ont été grands personnages, mais que peut-être on estimeroit moins, si ce n'est *que* l'envie ne s'oppose pas à la gloire de ceux qui sont morts. (II, 224.)
    Que fais-tu, *que* d'une armée....
    Tu ne mets (*pourquoi avec une armée ne mets-tu pas*) dans le tombeau
    Ces voisins, etc.? (I, 92, vers 145.)
    Quel astre d'ire et d'envie
Quand vous naissiez marquoit votre ascendant,
    Que votre courage endurci,
Plus je le supplie, moins ait de merci? (I, 247, vers 5.)
Mais que direz-vous *qu'il* y a (*que direz-vous de ce qu'il y a, si je vous dis qu'il y a*) des choses qui, pource qu'elles sont fort désirées, sont appelées bienfaits, et d'autres qui ne le semblent pas être, etc.? (II, 59; voyez II, 671, l. 17.)
Un présent sera quelquefois petit, *que* la conséquence en sera grande. (II, 625.)
Ceux qui mesurent leur vie au compas des voluptés vaines.... ne sauroient *qu'*ils ne la treuvent courte. (II, 610.)
M. de Vendôme a écrit au Roi et à la Reine de la fortification que fait de Blavet le baron de Camorre, et leur mande que ce qu'en fait ledit baron est *que* (*parce que*) le sieur de Fouquerolles.... lui avoit dit qu'il eût à prendre garde. (III, 411.)

Malherbe avait mis d'abord : « est suivant ce que lui avait dit, » au lieu de : « est que. »

    Que tarde ma paresse ingrate,
    Que déjà ton bruit nonpareil
    Aux bords du Tage et de l'Euphrate
    N'a vu l'un et l'autre soleil? (I, 107, vers 8.)

Il en est *que* s'ils ont fait quelque plaisir, ils ne se trouveront en compagnie où ils n'en fassent le conte. (II, 240; voyez II, 132, l. dernière.)

Cette cérémonie se fera aux Tuileries, pour empêcher que tout le monde ne vienne au Louvre, et aussi *qu*'il sera (*parce qu'il sera*) plus à propos que cela se fasse hors du lieu où est le nouveau roi. (III, 173.)

Je ne me courroucerai jamais *que* je puisse (*pour peu que je le puisse*) avec vous pour mon occasion. (II, 76.)

L'importance n'est pas à donner ou peu ou beaucoup, mais à donner de bon cœur.... Et *que* cela soit, on le reconnoît en ce que toujours le bienfait est bon, et la chose faite ou donnée est indifférente. (II, 12.)

Autant *qu*'il y a d'écrivains, autant chaque chose peut avoir de noms, si bon leur semble. Et *qu*'il ne soit ainsi (*et pour que vous ne doutiez pas qu'il en soit ainsi, je vous dirai que*), Thalie plus souvent que nulle autre est mise au nombre des Grâces par Hésiode, et Homère la fait passer pour une Muse. (II, 9.)

Je ne saurois penser qu'autres les aient inventées que ceux mêmes qui en font encore.... profession. Et *qu*'il ne soit vrai, n'avons-nous pas vu sortir beaucoup de choses nouvelles en l'âge où nous sommes? (II, 718.)

Lisez.... toujours [les livres] les plus approuvés, et si parfois il vous vient en fantaisie de vous divertir à la lecture des autres, vous le pouvez faire, mais *que* (*mais à condition que*) vous reveniez toujours aux premiers. (II, 268; voyez ci-dessus, p. 370, Mais que.)

Je vous envoie l'écrit tel que je l'ai reçu.... Il n'a bougé de dessus ma table *que* jusques à ce que je l'ai mis dans ce paquet. (III, 110.)

Il n'y a donc point de doute que la plus belle.... chose du monde ne soit *que* de mourir en quelque entreprise vertueuse. (II, 528.)

Les éditions de 1645 et de 1648 portent : « ne soit de mourir. »

QUEL, QUELLE, interrogatif et exclamatif :

Octavius étoit père d'Auguste.... *Quel* plaisir pensez-vous qu'eût pris ce bon homme de voir son fils.... présider.... à la paix universelle? (II, 82.)

Quelle honte est-ce que par faute de nous savoir conduire, il n'y a point de différence entre faire du bien et vouloir du mal! (II, 28.)

Si Tityre a une si grande obligation à celui qui l'a mis en un repos où tout ce qu'il a de commodité c'est que ses bœufs ont de l'herbe..., *quelle* devons-nous avoir à ceux qui nous en donnent un où, etc.! (II, 566.)

Dans l'édition de 1645 : « quelle la devons-nous avoir...! »

QUEL QUE.

Qui qu'il soit est préféré par Malherbe à *quel qu'il soit*. (IV, 401.)

QUELCONQUE.

L'événement d'une bonne cause est plus sûr entre les mains d'un juge que d'un arbitre, qui n'étant retenu d'aucune considération, ni pressé de scrupule *quelconque*, est libre de suivre ce que bon lui semble. (II, 57.)

QUELQUE, au singulier :

Il fait chaud, mais un feuillage sombre
Loin du bruit nous fournira *quelque* ombre. (I, 227, vers 18.)

[Par la justice,] Il fait demeurer la malice
Aux bornes de *quelque* devoir. (I, 81, vers 164.)

Il s'est fait *quelque* léger combat. (IV, 24.)

Comme j'ai eu fait *quelque* chemin dans la rue de Saint-Honoré, je suis retourné sur mes pas. (III, 276.)

Toute la race des hommes, nés et à naître, est condamnée à la mort....

Quelle raison ai-je donc de me plaindre..., si de *quelque* espace de jours je précède un destin où sera compris tout l'univers? (II, 550 et 551.)

Il y a environ trois ans qu'il vous plut me faire expédier un don de *quelque* nombre (*d'un certain nombre*) de places de maisons à bâtir dans l'enceinte du port de Toulon. (IV, 128.)

Il ne vous a point donné *quelque* petit nombre de bœufs. (II, 96.)

Différer sa mort de *quelque* moment. (II, 635.)

Je me ressouviens de *quelque* langage que je vous ai ouï tenir. (II, 297.)

Je vous avois écrit *quelque* lettre sur la mort de M. du Vair. (IV, 24.)

Quelque.... que :

Qu'il vous trouve en *quelque* part *qu'*il vous fuie; assiégez-le d'obligations. (II, 7.)

De *quelques* belles paroles *que* vous ayez accompagné l'excuse de votre silence, je ne la saurois prendre que pour une accusation du mien. (IV, 146.)

Quelques, quelques.... que, dans des façons de parler où nous employons *quelque*, sans accord :

Le Roi a été ici *quelques* trois ou quatre jours. (III, 37.)

Les melons dont vous me faites fête, *quelques* bons *qu'*ils soient, ne valent pas ceux de l'Épargne. (IV, 15; voyez IV, 157, 184.)

Quelqu'un, quelques-uns :

Quelqu'un dira pour moi que je fais mon devoir. (I, 255, vers 13.)

Quand en une assemblée nous suivons tous l'opinion de *quelqu'un* qui a parlé le premier, on ne peut pas dire : Cettui-ci s'y accorde plus que cettui-là. (II, 521.)

Nous avons besoin de *quelqu'un* sur lequel nous prenions les préceptes de notre vie. (II, 301.)

Si *quelqu'un* les a gratifiés en chose qui touche leur vie ou leur honneur, ils ne le voient plus si souvent que de coutume. (II, 37.)

Il a fallu que j'aie fait ce discours, pour rabattre l'insolence de *quelques-uns* qui s'attachent à la fortune. (II, 77.)

Quelque chose :

Mais il est temps de clore ma lettre. Il me semble que j'oi que vous demandez si elle vous doit aller trouver les mains vides. Ne vous souciez : elle portera *quelque chose*, et non *quelque chose*, mais beaucoup. (II, 305.)

C'est.... une affaire où il y a *quelque chose* plus que de l'homme. (I, 353.)

Si pour être juste elle (*ma prière*) est bien reçue de vous, elle le sera encore de *quelque chose* davantage pour la considération que, etc. (IV, 85 et 86.)

Quelque chose, suivi d'un adjectif, d'un participe ou d'un pronom se rapportant au mot *chose* :

Il est des choses qui n'ont point d'âme, comme les pierres. Il faut donc trouver *quelque chose* plus générale que les animées, qui sera le corps. (II, 475.)

.... Pour apprendre *quelque chose* digne de vous être écrite. (IV, 70.)

L'édition de 1630 porte : « digne de vous écrire. »

Il y a donc *quelque chose* desirable de soi-même..., qui est l'honnêteté dont il est question. Or y a-t-il *quelque chose* plus honnête que le ressentiment d'un plaisir qu'on nous a fait? (II, 110.)

Il y eut doute de quelque brouillerie.... pour *quelque chose* qui s'étoit passée chez Mlle Choisy. (III, 511.)

Quand on vous dira *quelque chose*, considérez l'intérêt de celui qui la vous dit. (IV, 70.)

Tout ce qu'on apporte à cultiver, ou un champ ou *quelque* autre *chose* de qui le fruit n'est point en elle-même, ne peut avoir, etc. (II, 104.)

Voyez tome II, p. 33, 38, 53, 62, l. 27; 116, 223, l. 1, 20 et 25; 395.

QUELQUEFOIS, quelque jour :

  Que direz-vous, races futures,
  Si *quelquefois* un vrai discours
  Vous récite les aventures
  De nos abominables jours? (I, 75, vers 2.)

Quelquefois dans ce sens est blâmé par Malherbe chez des Portes. (IV, 434.)

QUERELLE, lutte, guerre :

  De combien de jeunes maris,
  En la *querelle* de Pâris,
  Tomba la vie entre les armes! (I, 33, vers 20.)
  [Sa Carmagnole] l'invite à prendre pour elle
  Une légitime *querelle*. (I, 54, vers 196.)

Un homme de bien n'est point sujet à cette vergogne.... d'être vaincu; car il ne se rend jamais, jamais il ne renonce à la *querelle*. (II, 136.)

Voyez ci-dessus, p. 299, la fin de l'article GRILLE.

QUERELLEUX.

Tous ceux qui sont mauvais, nous les appelons intempérants, avares, paillards et *querelleux*. (II, 117.)

Le *querelleux* [dit] qu'il n'aime rien tant que la paix. (II, 443.)

Quand un homme est ivre,... s'il est *querelleux*, sa langue et ses mains perdent la discrétion. (II, 647.)

QUERIR, chercher :

  .... Tu passas en Italie,
  Où tu fus *querir* pour mon roi
  Ce joyau d'honneur et de foi
  Dont l'Arne à la Seine s'allie. (I, 112, vers 112.)

Combien avons-nous aujourd'hui de noms illustres que la fortune n'a point mis entre les mains du peuple, mais qu'elle-même est allée *querir* sous terre pour les mettre au jour et les publier! (II, 615.)

L'avoir assisté malade..., lui être allé *querir* le médecin, etc. (II, 60.)

Voyez tome I, p. 124, vers 266; p. 235, vers 12; p. 281, vers 94; etc.

  Ces âmes ambitieuses,
  Qui jusques où le matin
  Met les étoiles en fuite,
  Oseront sous ta conduite
  Aller *querir* du butin. (I, 93, vers 170.)

Dans ce dernier exemple, *querir* se rapproche, pour le sens, de *conquérir*.

QUESTION.

Il faut du choix et de la diligence quand il est *question* de faire des amis. (II, 33.)

Pour chasser la faim et la soif, il n'est point *question* de courtiser les portes des grands. (II, 274.)

Il n'est point *question* quel il est. (II, 580.)

Il n'est pas à cette heure *question* si ce que tu as fait m'a profité. (II, 159; voyez II, 33.)

Toute la *question* n'est que d'un cimetière :
Prononcez librement qui le doit posséder. (I, 57, vers 15.)

La *question* est si la chose a été faite ou non. (II, 58; voyez II, 83, 91.)

Vous retrancherez, s'il vous plaît, aux deux dernières (*lettres*) que je vous ai envoyées, ce que vous jugez qui peut choquer les personnages de *question* (*en question, dont il s'agit*). (IV, 97.)

QUÊTER, terme de chasse, chercher, flairer :
On fait cas d'un chien, s'il a bon nez pour *quêter*. (II, 587.)

QUEUE, au figuré et proverbialement :

L'un la cherche (*la joie*) en la dissolution des festins et en la superfluité des dépenses; l'autre en la vanité des états, et d'avoir tout le peuple d'une ville à sa *queue*. (II, 489.)

Il n'y a point, disent-ils, de volupté sans vertu. Mais pourquoi faites-vous marcher la volupté la première?... La vertu ne s'abaisse jamais à porter la *queue*. (II, 91.)

On ne voyoit point un nombre infini de charrettes.... se suivre *queue* à *queue* dans les rues. (II, 712.)

QUI, QUE, QUOI, pronoms relatifs, interrogatifs, exclamatifs.

I. QUI, QUE, QUOI, relatif.

1° QUI, QUE, séparé plus ou moins de son antécédent :

Une âme est vraiment généreuse, *qui* fait bien pour l'amour du bien même. (II, 5.)

Aussi faut-il qu'un homme soit étrangement révolté contre les maximes naturelles, et dépouillé de tout sentiment d'humanité, *qui* fait mal avec cette intention de se donner du contentement. (II, 108.)

Vous aurez des enfants des douleurs incroyables,
Qui seront près de vous et crieront à l'entour. (I, 3, vers 18.)

Mme la marquise de Verneuil est en cette ville, *qui* (*laquelle marquise*), depuis peu de jours, a reçu de notables gratifications du Roi. (III, 52.)

Vous avez bonne opinion de moi, *qui* pensez (*vous qui pensez*) que je ne sais rien que je ne veuille bien que vous sachiez. (II, 641 ; voyez III, 100.)

Je me trouvai hier devant la Reine auprès de lui, où je m'informai de toute cette affaire, *qui* (*se rapportant à lui*) me la conta comme Monsieur le Prince la conte. (III, 440.)

Qui est blâmé par Malherbe, comme mal placé, dans ces vers de des Portes :

Voyez-moi tout en pleurs sur votre sépulture,
Qui plains, non votre mal, mais ma triste aventure. (IV, 468.)

Voyez tome I, p. 25, vers 56; p. 110, vers 54; p. 132, vers 3; tome II, p. 5, l. 4; p. 46, l. 15; p. 110, l. 29; p. 118, l. 15; p. 429, l. 31; p. 513, l. 23.

2° QUI, continuant une qualification commencée par un adjectif, un participe, un nom :

Ayant été sauvée d'autre façon, elle eût joui du fruit d'une clémence vulgaire, et *qui* n'eût rien eu de rare pour la signaler. (II, 73.)

Ces précepteurs universels du genre humain, et *qui* nous ont fait l'ouverture à des choses si profitables. (II, 501.)

Encore qu'un malhabile homme se puisse bien réjouir pour un juste sujet, toutefois, pource que son affection est déréglée, et *qui* en un moment est capable de mutation, je l'appelle une volupté sans compas ni mesure. (II, 484.)

Il a l'esprit vert et vigoureux, et *qui* donne encore de l'exercice à son corps atténué. (II, 510.)

Vous le tiendrez pour un méchant homme, et *qui* a plutôt besoin de punition que de curateur. (II, 106.)

Vous en trouverez l'un chagrin et mélancolique, comme sont ordinairement renieurs de dettes et trompeurs, et *qui* ne tiendra compte ni de ceux qui l'ont mis au monde, ni de ceux, etc. (II, 67.)

J'étois pauvre, misérable, chassé de mon pays, *qui* ne savois où m'adresser. (II, 243.)

Une pièce d'argent n'est pas mauvaise, pource qu'un étranger, et *qui* n'en connoît point le coin, la refuse. (II, 161.)

A cette manière d'ingrats, et *qui* rejettent les bienfaits..., ressemblent certains autres, etc. (II, 193.)

3° Qui, après des noms de choses, là où d'ordinaire aujourd'hui on emploierait plutôt *lequel, laquelle, dont* :

Aux plus beaux jours de juin et de juillet, il s'élève des tempêtes à *qui* décembre et janvier n'en ont point de pareilles. (II, 727.)

Je n'ai autre désir que de vous témoigner une fidélité à *qui* nulle autre ne puisse faire comparaison. (IV, 183.)

Objets à *qui* notre esprit se colle et s'attache avec.... passion. (II, 18.)

Deux beaux yeux sont l'empire
Pour *qui* je soupire. (I, 165, vers 56.)

.... Aux roses de sa beauté....
L'âge, par *qui* tout se consume,
Redonne, contre sa coutume, 27, l. 29.)
La grâce de la nouveauté. (I, 82, v. 188; voy. I, 108, v. 26; II,

Ce sonnet a été fait pour une scarpoulette sur *qui* sa maîtresse se plaisoit d'aller. (IV, 304, note 2.)

Des choses nécessaires, j'en fais encore de trois sortes. Les unes sont celles sans *qui* nous ne pouvons vivre.... Après les choses de cette nature, il y en a d'autres sans *qui* nous pouvons bien vivre, mais nous ne le devons pas.... A celles-ci succèdent les dernières du nombre des nécessaires, qui sont celles sans *qui* nous ne prendrions point de plaisir de vivre. (II, 18 ; voyez I, 229, vers 7.)

Beauté, de *qui* la grâce étonne la nature. (I, 137, vers 1.)

Moi de *qui* la fortune est si proche des cieux. (I, 296, vers 28.)

L'envie est la troisième cause qui fait les hommes ingrats : maladie.... plus fâcheuse que nulle autre, et de *qui* les comparaisons sont les plus cruelles gênes qui nous puissent tourmenter l'esprit. (II, 41.)

C'est un péril où il faut une froideur et une assurance de *qui* peu d'hommes sont capables. (II, 380.)

Voyez I, 51, v. 126 et 135; 55, v. 216; 59, v. 29; 68, v. 14; 88, v. 43; 91, v. 107; 108, v. 18; 142, v. 31 et 38; 167, v. 14; 175, v. 27 et 38; 183, v. 11; 186, v. 99; II, 9, l. 7; 12, l. avant-dernière; 15, l. 16; 21, l. 30; 378, l. 23.

4° Qui, que, quoi, se rapportant à un nom indéterminé, ou à l'idée plutôt qu'à un mot en particulier :

Soit qu'il eût en horreur le nom de roi, *qui* est une domination.... préférable à toute autre sorte de gouvernement, etc. (II, 34.)

[Les sages,] à force de la manier (*la farine*), en font de la pâte et lui donnent force de pain, *qu*'ils cuisirent au commencement dans les cendres chaudes. (II, 717; voyez I, 145, vers 4.)

Il ôte à l'action tout ce qu'elle a de grâce, *qui* est de prendre plaisir en ce qu'on fait. (II, 514.)

Ces cérémonies y furent apportées pour les difficultés qu'avoient faites Messieurs des comptes de vérifier les lettres... : à *quoi* ils demeurèrent opiniâtres, nonobstant trois jussions qui leur furent envoyées. (III, 508.)

5° Qui, pour *celui qui* ou *ce qui*, *(une) chose qui;* Que, pour *ce que* (voyez ci-après, p. 527, 2°); Qui, ayant pour corrélatif *il*, placé après :

[Leur courage] Tous les forts orgueilleux brisera comme verre;
Et *qui* de leurs combats attendra le tonnerre,
Aura le châtiment de sa témérité. (I, 102, vers 7.)

Celui qui se règle par les lois de la nature est riche; *qui* par celles de l'opinion, est pauvre. (II, 321.)

La nuit est déjà proche de *qui* passe midi. (I, 237, vers 36.)

Voilà pas *qui* est galant (*ne voilà-t-il pas une chose galante*)? (IV, 342.)

Ils se sont réservé la première place et nous ont donné la seconde, *qui* est l'honneur le plus grand qu'il nous est possible de recevoir. (II, 44.)

Il n'y a jamais eu nation que celle des Mèdes, qui ait donné action contre les ingrats : *qui* est un grand argument que ce n'est point chose qui se doive faire. (II, 56.)

Qu'est-ce autre chose que de céder à soi-même? *qui* est le comble de toute la félicité qu'on sauroit desirer. (II, 89.)

Il est des personnes à qui nous sommes.... égaux en affection, *qui* est la seule chose qu'ils nous demandent... ; inégaux en fortune, *qui* peut bien empêcher la volonté que nous avons de reconnoître. (II, 139.)

C'est me donner moyen de m'entretenir longtemps avec vous, *qui*.... n'est point un des moindres contentements que je saurois recevoir. (III, 117.)

Au dernier couplet, il parle à elle en tierce personne, *qui* ne me plaît pas. (IV, 277.)

Les coches.... sont établis à quatre écus par jour, mais il faut payer le retour.... Il est vrai qu'ils font compte d'établir un bureau à Fontainebleau, de sorte que l'on ne payera que quatre écus en été, *qui* est une journée, et six en hiver pour une journée et demie. (III, 78.)

Tant que nous avons été à Fontainebleau, *qui* a été cinq ou six semaines, je n'ai point trouvé, etc. (III, 225.)

L'ajournement est du neuvième jour de janvier 1602, à comparoître le dix-septième dudit mois..., *qui* est huit jours après l'exploit. (I, 339.)

Ce monstre.... n'avoit jamais éprouvé
Que peut un visage d'Alcide. (I, 80, vers 118.)

Voyez tome I, p. 21, vers 22; p. 123, vers 221; p. 233, vers 77; p. 249, vers 4; p. 269, vers 23; p. 287, vers 46; p. 293, vers 5; tome II, p. 3, l. 19; 81, l. 16; 104, l. 12; 115, l. 21; 569, l. 9; 575, l. 32; 720, l. 26; tome III, p. 203, l. 21.

Tout ce qui me la blâme offense mon oreille,
Et *qui* veut m'affliger, il faut qu'il me conseille
De ne m'affliger pas. (I, 161, vers 59.)

Qui fait une chose lentement, *qui* se plaint, *qui* recule, *qui* appréhende, il ôte à l'action tout ce qu'elle a de grâce. (II, 514.)

6° Qui, équivalent à *quand on, si l'on* :

Ce n'est rien aujourd'hui de prendre du parfum, *qui* ne le renouvelle deux ou trois fois le jour, de peur que l'air ne le fasse évanouir. (II, 671.)

Ce n'est rien que d'être présent pour la voir (*l'occasion*), *qui* n'est vigilant pour l'employer. (II, 346.)

Les voluptés.... sont en un précipice, et *qui* n'y garde mesure, il en sort ordinairement de la douleur. (II, 352.)

Il est des choses de cette nature, que *qui* les bailleroit à ceux qui les demandent, elles seroient occasion de leur ruine. (II, 26.)

En quelle part du monde sauroit-on ouïr plus de tempête qu'en un Palais? Et cependant *qui* seroit contraint d'y vivre, on trouveroit moyen d'y avoir du repos. (II, 373.)

La volonté n'est rien, *qui* ne profite (*quand on n'est pas utile aux gens*); le profiter n'est rien, *qui* n'en a la volonté. (II, 179.)

7° Qui.... qui, l'un.... l'autre :

Du commencement,... les hommes étoient épars, *qui* d'un côté, *qui* de l'autre. (II, 711.)

Le couronnement de la Reine est remis, *qui* dit en juin, *qui* dit en octobre. (III, 148.)

Qui croit qu'elle repassera par ici, *qui* croit que non. (IV, 24.)

8° Que.... qui, employés ensemble, soit l'un comme régime et l'autre comme sujet d'un même verbe, soit l'un comme régime d'un premier verbe et l'autre comme sujet d'un second :

Ce sont choses *que qui* ignore ne gagne rien de savoir tout le demeurant. (II, 687.)

Ils (*mes vers*) lui seront présentés (*au Roi*) par M. le cardinal de Richelieu, *que* vous croyez bien *qui* n'y sera pas oublié. (IV, 68.)

[Une adversité] *Que* tu sais bien *qui* n'a remède
Autre que d'obéir à la nécessité. (I, 271, vers 71.)

Nous ne laisserons guère de marques de notre vie, si nous n'entreprenons que ce *que* nous serons assurés *qui* nous doive réussir. (II, 125.)

J'aime mieux vous croire, *que* je sais *qui* écrivez avec poids, que les autres. (III, 100.)

Ce *que* vous appréhendez *qui* vous doive accabler n'arrivera peut-être jamais. (II, 307.)

Voyez I, 161, vers 56; II, 27, l. 23, 24 et 31; 101, l. 8; 216, l. 18.

9° Qui, que, substitut d'un nom qui est en outre remplacé par un autre pronom :

La volupté est une chose fragile, peu durable..., *qui* plus on la prend avidement, plus *elle* est sujette à se changer en son contraire. (II, 217.)

Pourquoi lui serois-je tenu d'une chose *que* quand il *l'*a faite je n'étois point en son imagination ? (II, 187.)

Il est de certaines choses *que* depuis que nous les avons une fois sues nous *les* savons toute notre vie. (II, 55.)

Entre tant de choses, il y en a beaucoup *que* j'aurois honte qu'*elles* vinssent de ma main. (II, 225.)

.... S'il faut appeler robes ce qui ne défend ni le corps ni la honte, et *que* celles qui *les* portent se peuvent dire nues. (II, 226.)

Voyez tome II, p. 538, l. 15; p. 540, l. 17; tome III, p. 46, l. 25.

10° Qui, que, dans une construction interrompue :

J'ai aujourd'hui eu l'honneur de dîner avec Mme de Longueville, *qu*i ayant envoyé chez M. Mangot savoir s'il étoit au logis..., on lui a rapporté qu'il étoit à la Bastille. (III, 369.)

Autrefois ceux à *qui* leurs maîtres permettoient de parler, non devant eux seulement, mais avec eux, et ne leur faisoient point coudre la bouche, etc. (II, 428.)

11° Qui, substitué à *qu'il*, dans l'écriture, comme il l'était dans la prononciation (voyez plus loin, 13°, exemple 12, *ce qui me semble*) :

Je serois relevé de cette peine de vous écrire de si déplorables nouvelles, et vous hors de ce premier étonnement *qui* faut que les âmes.... sentent au premier assaut que leur donne cette douleur. (IV, 2, exemple tiré d'une lettre autographe.)

12° Qui que, quoi qui, quoi que :

Je dirois *quoi qui arrive*, et *quoi qui avienne;* non *quoi qui m'en prie*, *quoi qui m'en parle*, mais *qui que m'en prie*, ou *qui que m'en parle*, ou quiconque *m'en parle*, etc., ou *qui que ce soit qui m'en parle*. (IV, 281.)

Qui qu'il soit préféré par Malherbe à *quel qu'il soit*. (IV, 401.)

Une grande âme, *quoi qui* arrive à son désavantage, ne voit jamais rien au-dessus de soi. (II, 137.)

Quoi qui en arrive, il le faut attribuer à la fortune. (IV, 52.)

Quoi qu'elle soit, nymphe ou déesse, etc. (I, 216, vers 181.)

.... *Quoi que* vous ayez.... (I, 138, vers 13.)

Quoi que c'en soit (*quoi qu'il en soit*), et *quoi qu*'en disent les mauvaises langues, c'est une douce chose que, etc. (IV, 52; voyez II, 115.)

A *quoi que* l'espoir vous convie, etc. (I, 301, vers 27.)

Il veut mal à son frère, mais il lui est expédient de l'avoir. Je l'ai tué. *Quoi qu*'il die et qu'il s'en réjouisse (*et quoiqu'il s'en réjouisse*), je ne lui ai point fait de plaisir. (II, 161.)

Pour s'expliquer cette ellipse de *quoi* devant le second *que*, il faut considérer que la conjonction *quoique* s'écrivait autrefois en deux mots.

13° Qui, que, quoi, emplois et tours divers :

Il m'est avis que je l'oi *qui* tient ce langage à la fortune. (II, 14.)

Un peu après entrèrent MM. de Guise, de Joinville et de Raiz, *qui* se saluèrent avec bonne mine de côté et d'autre. (III, 460.)

Nous ne sommes pas seuls *qui* en murmurons. (II, 152.)

Il est seul *qui* reconnoît des personnes qui ne le pensent point avoir obligé. (II, 563.)

L'opinion tient toutes choses suspendues : l'ambition, la luxure et l'avarice ne sont pas seules *qui* la regardent. (II, 605.)

Qui a lâché la course à toutes ces rivières, les unes *qui* arrosent les campagnes et les embellissent, et les autres *qui*, etc. ? (II, 94.)

Le nom de sa chaste Marie
Le travailloit d'une langueur
Qu'il pensoit que pour sa longueur
Jamais il ne verroit guérie. (I, 123, vers 243.)

Ceux qui ont du jugement s'accoutument.... à converser le plus souvent avec l'esprit, comme avec la partie *qu*'ils ont la meilleure. (II, 604.)

La principale nouveauté que nous ayons.... est l'enterrement fait ce matin de feu Monseigneur (*le frère aîné du Roi*).... Mademoiselle de Montpensier.... est de nouveau promise à Monseigneur *qui* est à cette heure. (III, 253.)

Je lui en veux demander six cents (*écus*) avec les intérêts depuis ce temps-là, *qui* sont vingt ou vingt-deux ans. (I, 334.)

Qui sera si ridicule
Qui ne confesse qu'Hercule
Fut moins Hercule que toi? (I, 90, vers 99.)

Je vous dirai ce *qui* m'en semble. (II, 35; voy. II, 30, et plus haut, 11°.)

C'est aux choses superflues qu'on a de la peine et qu'il faut suer pour les acquérir, *qui* (*ce sont elles qui*) nous font user nos habits, vieillir sous les tentes, et courir aux rivages étrangers. (II, 275.)

Désolé *que* je suis ! que ne dois-je pas craindre? (I, 161, vers 65.)

Misérable *qu*'il est. (I, 256, vers 34, et 281, vers 95.)

Je me suis adressé à l'homme *que* vous m'avez commandé. (III, 45.)

Voyez ci-dessus, p. 513, QUE, conjonction, 5°.

Quand il n'y auroit point un nombre infini d'incommodités *qu'*il y a. (II, 32.)

C'est un accident assez étrange pour émouvoir toute personne. Je vous laisse à penser ce *que* peut être d'un homme affectionné comme il est à sa patrie. (II, 725.)

L'on n'a rien dit de tout ce *que* dessus au Roi. (III, 428; voyez III, 180.)

Tous ces biens.... *que* ravis par l'effusion du sang d'autrui vous défendez (*en latin :* quæ ex alieno sanguine rapta defenditis), etc. (II, 170.)

A M. du Périer, il aura dent pour dent, ou œil pour œil, lequel *qu'*il voudra. (III, 55.)

.... Après lui notre discord
N'aura plus *qui* dompte sa rage. (I, 53, vers 168.)

Ne laisse rien *que* tu ne voies. (II, 43.)

Je n'ai plus *que* vous dire (*rien à vous dire*). (III, 295.)

Thémis.... va d'un pas et d'un ordre
Où la censure n'a *que* mordre. (I, 214, vers 136.)

[Il] ne sait en cette peinture
Ni *que* laisser, ni *que* choisir. (II, 109, vers 50.)

Voyez ci-après, p. 527, 2°.

Qui verra cette fête
Pour mourir satisfait n'aura *que* desirer. (I, 233, vers 78.)

Si je vous en montre un à *qui* par promesses, menaces, ni tortures, on ne puisse faire déceler les secrets de son maître, mais (*mais qui*) au lieu de déposer quelque chose à son préjudice, a fait tout ce qu'il a pu pour le faire trouver innocent, etc. (II, 69.)

Il ne s'ensuit pas que tout ce que depuis j'ai acquis soit moindre que la chose sans *quoi* je ne pouvois rien acquérir. (II, 79.)

Dure contrainte de partir,
A *quoi* je ne puis consentir,
Et dont je ne m'ose défendre. (I, 141, v. 2; voy. I, 255, v. 23.)

En une chose de *quoi* nous avons moyen de nous passer, nous pouvons faire les dégoûtés. (II, 18.)

[Il faut] qu'il ait de *quoi* se vanter que, etc. (I, 52, vers 157.)

Dieu.... me pouvoit donner plus de jours; toutefois j'ai de *quoi* le remercier. (II, 157.)

M. de Valavez me vient d'avertir de cette commodité de vous écrire; je n'ai de *quoi* (*je n'ai pas de nouvelles à vous donner*). (III, 66.)

Voyez d'autres emplois de *de quoi*, ci-dessus, p. 152 et 153. — Voyez encore tome I, p. 112, vers 133; p. 119, vers 86; p. 122, vers 218; p. 124, vers 290; p. 294, vers 34.

Que, neutre, pour *qui*, est blâmé par Malherbe dans ces vers de des Portes :

L'outrage du malheur se peut-il endurer
Que si cruellement nous arrache d'ensemble ? (IV, 350.)

II. QUI (masculin ou neutre), QUE, QUOI, interrogatif.

1° Emplois divers :

Qui sera si ridicule
Qui ne confesse qu'Hercule
Fut moins Hercule que toi? (I, 90, vers 98.)

De combien de travaux ai-je acheté le peu qu'il m'a fait de bien? *Qui* pouvois-je servir que ma condition n'eût été meilleure? (II, 39 et 40.)

> Quoique les Alpes chenues
> Les couvrent de toutes parts...,
> *Qui* verront-elles venir,
> Envoyé sous tes auspices,
> Qu'aussitôt leurs précipices
> Ne se laissent aplanir? (I, 92, vers 157.)

Qui bailla le consulat au fils de Cicéron, que la mémoire de son père? (II, 121.)

A *qui* se réfère « entretenu » (*à quoi se rapporte, dans ce vers de des Portes, le mot* entretenu)? (IV, 270.)

Que lui sert cette bonne affection qui ne paroît point? (II, 111; voyez II, 688.)

Que peut-ce être, Lucilius, que voulant aller d'un côté, nous sommes emportés de l'autre? (II, 450.)

Que pleurez-vous? que demandez-vous (*en latin :* quid fles? quid optas)? (II, 598.)

Que direz-vous qu'il y a des choses qui pour ce qu'elles sont fort desirées sont appelées bienfaits, et d'autres qui ne le semblent pas être..., combien qu'elles soient plus grandes en effet? (II, 59.)

Ce n'est rien aujourd'hui de prendre du parfum.... Mais *que* direz-vous qu'ils s'en glorifient? (II, 671.)

> *Que* tarde ma paresse ingrate? (I, 107, vers 7.)
> *Que* n'êtes-vous lassées,
> Mes tristes pensées,
> De troubler ma raison? (I, 163, vers 1.)
> *Que* ne cessent mes larmes?...
> Et *que* n'ôte des cieux
> La fatale ordonnance
> A ma souvenance
> Ce qu'elle ôte à mes yeux? (I, 163, vers 7 et 9.)

Que faut-il (*à quoi bon*) tant de langage? (II, 84.)

*Qu'*est-il de faire (*qu'y a-t-il à faire, que dois-je faire*)? (II, 243.)

Quoi donc? c'est un arrêt qui n'épargne personne! (I, 145, vers 1.)

> Mais *quoi?* ma barque vagabonde
> Est dans les Syrtes bien avant. (I, 116, vers 221.)

A *quoi* (*pourquoi*) cette transposition? (IV, 354.)

A *quoi* regardez-vous votre buffet? Il ne vous faut point d'argent. (II, 619.)

2° QUI, QUE, QUOI, employés entre deux verbes, et flottant parfois entre le sens relatif (de *celui qui, ce que*), et le sens interrogatif (rendu en latin par *quis, quid*, etc.) :

C'est à moi de faire l'estimation du bien et du mal que j'ai reçu, et làdessus déclarer *qui* fera du retour à son compagnon. (II, 174.)

Pour juger *qui* est le bien d'une chose, il faut regarder à *quoi* elle est née, et pourquoi on en fait cas. (II, 587.)

Pour *quoi*, voyez ci-dessus, p. 526, 13°, l. 36-38 ; et pour *qui*, équivalent à *quel*, voyez d'autres exemples ci-après, p. 528, 3°.

Aussi ne faut-il pas avoir moins d'égard *qui* sont ceux à qui nous donnons. Tout ne convient pas à toutes personnes. (II, 28.)

Vous vous ébahissez comme je suis informé.... et *qui* me peut avoir découvert, etc. (II, 417.)

Mettez-vous en la conduite de quelque homme d'autorité, soit Caton, Scipion ou Lélius, c'est tout un *qui*, pourvu que, etc. (II, 364.)

.... L'air, la mer et la terre
N'entretiennent-ils pas
Une secrète loi de se faire la guerre
A *qui* de plus de mets fournira ses repas? (I, 63, vers 36.)

Il faut un goût aussi délicat à choisir à *qui* devoir, comme à *qui* prêter. (II, 32.)

Voyez ci-dessus, 13°, divers exemples de *que* et de *quoi* devant l'infinitif.

On lui demandoit *que* lui servoit d'employer tant de temps, etc. (II, 284.)

Je sais *que* c'est.... (I, 248, vers 19.)

Je vois bien *que* c'est. (IV, 95, 145; voyez IV, 8.)

.... Vider ce point le premier : *que* c'est que nous devons quand on nous a fait plaisir. (II, 11.)

Il ne falloit point demander *que* deviendroient ceux qui étoient déférés (II, 75.)

J'ignorois *que* ce pouvoit être
Qui lui coloroit ce beau teint. (I, 126, vers 5.)

Vous n'avez que faire de vous informer *que* c'est que bienfait. (II, 152.)

Tout le monde n'est pas bien d'accord *que* c'est que bienfait.... Il n'y a point de loi qui nous apprenne *que* c'est qu'ingratitude. (II, 58.)

Le repos du siècle où nous sommes
Va faire à la moitié des hommes
Ignorer *que* c'est que le fer. (I, 214, vers 130.)

Ils ne savent *que* c'est de malice, ni de fraude. (II, 573.)

Soit que pour être trop jeune, elle ne sache encore *que* c'est que d'amour. (IV, 337.)

Je ne sais *que* c'est d'une seule des incommodités dont les hommes sont ordinairement assaillis en la vieillesse. (IV, 95.)

Je ne saurois croire qu'Érasme sût *que* c'est de civilité, non plus que Lipse sait *que* c'est que de police. (III, 343.)

Je vois bien *que* c'est que de votre bouillon. (III, 345.)

Ne savoir *que* c'est d'inquiétude. (IV, 166; voyez la note 5.)

Voyez tome I, p. 111, vers 88; p. 353, l. 32; tome II, 6, l. 30; 15, l. 15; 66, l. avant-dernière; 140, l. 27; 355, l. 26; 415, l. 1; 577, l. 32; tome IV, 133, l. 13.

3° Qui, interrogatif direct ou indirect, pour *quel, quelle* :

Quand.... ce nombre infini d'étoiles se lève au soir..., *qui* est le stupide que la beauté d'un tel spectacle n'élève à la contemplation? (II, 114.)

Ne m'informerai-je point *qui* sont les principes des choses? (II, 507.)

.... Une syllabe qu'il est impossible de traduire. Demandez-vous *qui* elle est ? (II, 474.)

Pour juger *qui* est le bien d'une chose, il faut regarder à quoi elle est née. (II, 587; voyez II, 350, l. 18; 633, l. 7; IV, 51, l. 4.)

Vous me montrez *qui* sont les tons lamentables. (II, 689.)

4° Que, exclamatif :

O Sagesse éternelle,...
Que ta magnificence étonne tout le monde! (I, 62, vers 5 et 64, vers 41.)
Que d'une aveugle erreur tu laisses toutes choses
       A la merci du sort! (I, 158, v. 2; voy. I, 280, v. 69 et suiv.)

QUICONQUE.

Puissance, *quiconque* tu sois,
Dont la fatale diligence
Préside à l'empire françois, etc. (I, 80, vers 132.)

Quiconque tu sois qui juges si mal à propos de la condition des hommes, considère combien tu as d'avantage sur le reste des animaux. (II, 43.)

Un autre aussi, *quiconque* il soit, car on ne sait qui ce fut,... répondit fort pertinemment, etc. (II, 284.)

L'on est fort en peine d'en savoir l'auteur.... *Quiconque* il soit, s'il n'est du pays où l'on appelle le pain pain, et les figues figues, il en est de l'humeur. (III, 485; voyez I, 364.)

Quiconque se hâta le plus, il tarda trop. (II, 242; voyez II, 44.)

Voyez tome I, p. 154, v. 60; p. 216, v. 185; p. 259, v. 6; p. 271, v. 82.

QUILEDIN.

Caton le censeur.... ne montoit jamais qu'un méchant *quiledin* (*en latin* : canterio vehebatur). (II, 676.)

Nicot écrit ce mot *guilhedin*, l'explique par *haquenée*, et le traduit par *asturco*.

QUINCAILLEUR, quincaillier :

Les boutiques de *quincailleurs* qui sont du côté de Saint-Innocent. (III, 168.)

QUINTAINE, poteau où l'on attachait un bouclier, pour jeter des flèches ou rompre la lance :

Course à la *quintaine*. (III, 29.)

Exerçons-nous à la *quintaine* (*au figuré*). (II, 330.)

QUITTE (ÊTRE) :

L'acheteur *est quitte* au vendeur quand il a bien payé ce qu'il a pris. (II, 183.)

Vous *êtes quitte* à lui d'une chose de si grande importance quand vous lui avez payé son naulis. (II, 183.)

Vous *êtes quitte* à moi du mal que vous m'avez fait, et moi *quitte* à vous du bien que j'en avois reçu. (II, 173.)

[Le ciel] Par un autre présent n'*eût* jamais été *quitte*
  Envers ta piété. (I, 279, vers 55.)

Quand il trouve qu'on lui a fait autant de bien que de mal, il sait bien que son obligation *est quitte*. (II, 628.)

QUITTER, abandonner, laisser, céder :

Rochers, où mes inquiétudes
Viennent chercher les solitudes...,
Quittez la demeure où vous êtes :
Je suis plus rocher que vous n'êtes. (I, 153, vers 22.)

Je me suis résolu d'attendre le trépas,
  Et ne la *quitter* pas (*celle que j'aime*). (I, 30, vers 48.)

A peine la parole *avoit quitté* sa bouche, etc. (I, 6, vers 43.)

Sa parole se lasse, et le *quitte* au besoin. (I, 18, vers 387.)

Pensez que vous n'avez jamais plus de besoin de vous retirer en vous-même, que quand vous êtes contraint d'être en compagnie. Gardez-vous de ressembler au grand nombre que vous voyez. Vous ne feriez pas bien alors de vous *quitter*.... Il n'y en a pas un qui ne se trouve mieux en toute autre compagnie que la sienne. (II, 364; voyez II, 365.)

Quittez votre bonté, moquez-vous de ses larmes,
Et lui faites sentir la rigueur de vos lois. (I, 150, vers 11.)

Titus Manlius.... vint trouver un tribun du peuple, qui avoit mis son père en comparence personnelle..., et lui dit que s'il ne lui juroit de *quitter* cette poursuite il lui alloit faire perdre la vie. (II, 88.)

Il le recueillit, le fit apporter en sa maison, lui *quitta* son lit, le fit panser. (II, 129.)

Nous nous découvrirons et leur *quitterons* le chemin. (II, 501.)

Le Roi a protesté au comte de Mansfeld.... que si le duc de Saxe pouvoit faire avec l'Empereur qu'il lui *quittât* la possession de cet État, il étoit prêt de sa part de laisser la protection de ses compétiteurs. (III, 133.)

Elle *quittera* son appartement d'en haut à la petite reine. (III, 423.)

.... L'Amour en tout son empire....
N'a rien qui ne *quitte* le prix
A celle pour qui je soupire. (I, 130, v. 9; voy. I, 76, v. 24; 187, v. 134.)

La joie de voir que je suis conservé en votre mémoire, vaut bien que je vous *quitte* l'appréhension que vous m'avez donnée d'en être effacé. (IV, 135.)

Ta fidèle compagne, aspirant à la gloire
Que son affliction ne se puisse imiter,
Seule de cet ennui me débat la victoire,
    Et me la fait *quitter*. (I, 179, vers 20.)
    L'Orient, qui de leurs aïeux
    Sait les titres ambitieux,
    Donne à leur sang un avantage,
    Qu'on ne leur peut faire *quitter*
    Sans être issu du parentage
    Ou de vous ou de Jupiter. (I, 147, vers 22.)

QUITTER, tenir quitte :

S'il ne fait autre métier que de tuer..., quand je ne lui rendrai point un plaisir qu'il m'aura fait, ne le *quitterai*-je pas à un bon marché? (II, 237.)

N'importunez point les Dieux de vous accorder ce que vous leur aviez demandé par le passé ; *quittez*-les de vos vœux précédents ; faites-en de nouveaux. (II, 297.)

Je suis d'avis que l'un fasse compte d'avoir reçu la revanche, et que l'autre se souvienne qu'il n'en a point fait. Que l'un *quitte*, et que l'autre ne pense pas moins à payer. (II, 232.)

Il le *quittera* (*il tiendra quitte celui qui lui aura fait du tort, lui pardonnera*), s'il le peut faire en bonne conscience, c'est-à-dire si l'injure ne touche à autre qu'à lui. (II, 625.)

QUOI. Voyez ci-dessus, p. 521 et suivantes, QUI, QUE, QUOI.

R

RABROUER, rebuter rudement :

Une manière de présomptueux qui avec un langage superbe et une mine pesante *rabrouent* si dédaigneusement les personnes, etc. (II, 15.)

RACCOUTREMENT, réparation, guérison :

[Le] *raccoutrement* de notre âme. (II, 444.)

RACCOUTRER, réparer :

Il *raccoutra* tout ce qu'il avoit gâté. (II, 524.)

Depuis qu'il (*un navire*) commence à s'ouvrir de tous côtés, c'est perdre sa peine que de le vouloir *raccoutrer*. (II, 378.)

RACE.

Race de mille rois, adorable princesse. (I, 244, vers 1.)
.... C'est un témoignage à la *race* future,
Qu'on ne t'auroit su vaincre en un juste duel. (I, 309, vers 13.)
   Estimable aux *races* futures. (I, 111, vers 84.)

RACHET, rachat :

Si je vous.... tire de servitude, ne m'aurez-vous point d'obligation?...
Le *rachet* est pour l'amour de vous, car.... il vous suffisoit de racheter les premiers venus; l'élection pour l'amour de moi. (II, 181.)

RACHETER.

De combien penses-tu qu'elle (*ma mère*) eût racheté la certitude de se perdre pour l'incertitude de me sauver? (*c'est-à-dire que n'eût-elle pas donné pour obtenir, en sacrifiant sa vie, la simple chance de sauver la mienne?*) (I, 362.)

RACINE, au figuré :

Les fleurs de votre amour, dignes de leur *racine*,
  Montrent un grand commencement. (I, 237, vers 29.)
  Ce sera vous qui.... de nos haines civiles
  Ferez la *racine* mourir. (I, 49, vers 94.)
.... Vous ne voudriez pas (*il parle aux mères des saints Innocents*) pour l'empire du monde
N'avoir eu dans le sein la *racine* féconde
D'où naquit entre nous ce miracle de fleurs. (I, 14, vers 257.)

RACONTER.

Ce seroit une chose infinie de vouloir *raconter* (*en latin :* enumerare) tous ceux de qui la mémoire n'est vivante que pource que l'excellence de leurs enfants a donné sujet à la postérité de connoître leur nom. (II, 82; voyez II, 88.)

RADRESSE, redressement :

Nos pères ont vu des coupeaux de rocher de qui la hauteur étoit la *radresse* des mariniers (*servoit à les remettre dans le bon chemin*). (II, 729.)

RAFRAÎCHIR, remettre à neuf. (IV, 45.)

RAGE.

  Paroles que permet la *rage*
  A l'innocence qu'on outrage. (I, 152, vers 7.)
[Casaux] A vu par le trépas son audace arrêtée,
Et sa *rage* infidèle, aux étoiles montée,
Du plaisir de sa chute a fait rire nos yeux. (I, 27, vers 23.)
  Non, Malherbe n'est pas de ceux
  Que l'esprit d'enfer a déceus
  Pour acquérir la renommée
  De s'être affranchis de prison (*en se donnant la mort*)
  Par une lame, ou par poison,
  Ou par une *rage* animée. (I, 288, vers 78.)
  Ces voisins dont les pratiques
  De nos *rages* domestiques
  Ont allumé le flambeau, etc. (I, 92, vers 149.)

Voyez tome I, p. 272, vers 8; p. 280, vers 74.

RAISON, sens divers, locutions diverses :

  Jamais l'âme n'est bien atteinte
  Quand on parle avecque *raison*. (I, 152, vers 12.)
  Les charges les plus honorables,
  Dont le mérite et la *raison*....
  Parent une illustre maison. (I, 110, vers 68.)
  [Ces miracles] Ne sont point ouvrages possibles
  A moins qu'une immortelle main ;
  Et la *raison* ne se peut dire
  De nous voir en notre navire
  A si bon port acheminés. (I, 216, vers 175.)

Je trouve beaucoup de *raison* (*en latin :* rationes multæ) de n'en faire point de loi (*contre les ingrats*). (II, 56.)

Avec quelle *raison* me puis-je figurer
Que cette âme de roche une grâce m'octroie? (I, 135, vers 26.)

  Que l'hydre de la France en révoltes féconde
  Par vous soit du tout morte ou n'ait plus de poison,
  Certes c'est un bonheur dont la juste *raison*
  Promet (*qui est une juste raison pour promettre*) à votre front la couronne
             du monde. (I, 262, vers 7.)

A ce coup nos frayeurs n'auront plus de raison (*de raison d'être*). (I, 261,
  L'unique but où mon attente   vers 1.)
  Croit avoir *raison* d'aspirer,
  C'est que tu veuilles m'assurer
  Que mon offrande te contente. (I, 116, vers 232.)

   .... Vous êtes offensée,
  Comme d'un crime hors de *raison*,
   Que mon ardeur insensée
  En trop haut lieu borne sa guérison. (I, 248, vers 20.)

Chacun en fasse l'interprétation comme il lui plaira, et tâche d'en rendre quelque *raison;* de moi, je suis content de croire simplement, etc. (II, 8 ; voyez I, 475.)

A peine m'en saurez-vous nommer un qui veuille quelque chose, et qui sache rendre *raison* d'où lui est venue cette volonté. (II, 401.)

Il ne doit pas rendre *raison* pourquoi le temps ne le peut alléger, mais répondre à ce qu'il a dit. (IV, 262 ; voyez I, 474 ; IV, 268.)

Je ne mentirai pas au terme que je vous demande pour le pourtrait. Je suis bien près de la mort, mais je pense que trois ou quatre mois m'en feront la *raison*. (IV, 69 et 70.)

Le moyen de n'avoir jamais de procès pour un bienfait, ni la peine même de le demander, c'est de regarder plus d'une fois à qui on le doit faire. Vous vous trompez si vous pensez que le juge vous en fasse *raison*. Il n'y a point de loi pour vous restituer en votre entier. (II, 64.)

Ne faisant point faire de *raison* des bienfaits (*en latin :* non vindicando data) qui ne sont point reconnus, et n'ordonnant point de châtiment à ceux qui les désavouent, vous serez cause qu'une autre fois on ne sera pas si prompt à faire plaisir. (II, 63.)

  Sedan s'est humilié....
  Pour éviter la contrainte
  Il s'est mis à la *raison*. (I, 88, vers 20.)

RAMAINE, pour *ramène*, blâmé chez des Portes. (IV, 451 ; voyez MAINE.)

RAMASSER, SE RAMASSER :

Faites *ramasser* à votre mémoire tous ces exemples de patience que vous avez autrefois admirés. (II, 607.)

La honte.... ne lui pouvoit encore sortir du visage, tant la rougeur s'y étoit *ramassée* de toutes parts. (II, 298.)

RAMASSER, amasser de nouveau :
Après avoir bien amassé, on épand; après avoir épandu, on *ramasse* avec la même avarice qu'auparavant. (II, 15.)
Le temps que par ci-devant on vous a fait perdre..., *ramassez*-le. (II, 265.)

RAMENER.
Ramener la libéralité dans ses limites (*fixer des limites à la libéralité*). (II, 23.)
Ramaine, pour *ramène*, blâmé chez des Portes. (IV, 451.)

RAMENTEVOIR, SE RAMENTEVOIR, rappeler, se rappeler :

Mes sens qu'elle aveugloit ont connu leur offense;
Je les en ai purgés, et leur ai fait défense
  De me la *ramentevoir* plus. (I, 61, vers 77.)

Si vous écrivez à M. Camden, en Angleterre, souvenez-vous de lui *ramentevoir* ce qu'il vous a promis touchant notre généalogie. (III, 5.)
Qui n'a reconnu le premier plaisir reconnoîtra le second. Si ni l'un ni l'autre n'ont réussi, le troisième fera quelque chose, et *ramentevra* ceux mêmes qui étoient oubliés. (II, 6.)
Après la mort d'une personne qui nous étoit chère, un valet, une robe, une maison nous *ramentoivent* sa perte. (II, 438.)
Il n'y a chose qui se doive conserver avec plus de soin que la mémoire d'un bienfait. Il *se* la faut *ramentevoir* d'une heure à l'autre. (II, 38.)
Nous *nous ramentevons* plus volontiers le mérite de celui qui nous oblige, que la valeur du plaisir qui nous est fait. (II, 24.)

  La terreur des choses passées,
  A leurs yeux *se ramentevant*,
  Faisoit prévoir à leurs pensées
  Plus de malheurs qu'auparavant. (I, 79, vers 102.)

Nous pouvons oublier nos défauts, non-seulement ceux de l'âme..., mais ceux mêmes du corps, qui de fois à autre *se ramentoivent* et nous font penser à eux. (II, 456.)
Voyez tome II, p. 18, 54, 123, 496; tome IV, p. 72, 83, 99, 183, etc.

RANCUEUR, rancune :

  Arrière, vaines chimères
  De haines et de *rancueurs*;
  Soupçons de choses amères,
  Éloignez-vous de nos cœurs. (I, 90, vers 82.)

RANG, place, catégorie :
Je ne sais point de gré à un qui tient hôtellerie de m'avoir logé. Aussi ne fais-je à un qui donnant à manger à toute une ville, m'a mis en un *rang* d'où il n'a excepté personne. (II, 22.)

  O Roi, qui du *rang* des hommes
  T'exceptes par ta bonté. (I, 90, vers 91.)

Nous ne sommes pas seuls.... qui mettons au *rang* du vice tout ce qui n'est point conforme aux règles de la vertu. (II, 152.)
Quant aux choses profitables, qui tiennent le second *rang* après les nécessaires, la diversité en est grande.... L'argent est de ce *rang*-là. (II, 19.)
Mesurez votre âge (*votre vie*) : vous n'en avez pas pour donner *rang* (*place*) à tant d'occupations. (II, 699.)

Le jour qu'on lui refusa la préture, il ne fit que jouer; la nuit qu'il devoit mourir, il ne fit que lire : il mit la vie et la préture tout en un *rang* (*en tint même compte*). (II, 549.)

Au rang de, parmi :

.... Le temps a beau courir,
Je la ferai toujours fleurir
Au rang des choses éternelles. (I, 148, vers 51.)

RANGER.

O Dieu, dont les bontés....
Ont aux vaines fureurs les armes arrachées,
Et *rangé* l'insolence aux pieds de la raison, etc. (I, 69, vers 3.)

[Les assiégés,] En péril extrême *rangés*,
Tenoient déjà leur perte sûre. (I, 122, vers 196.)

Toutes ces considérations.... ne nous *rangent*-elles pas à quelque chose de meilleur que la condition ordinaire des hommes? (I, 473.)

Rangé, blâmé par Malherbe dans ce vers de des Portes :

Un peuple qui naguère étoit si bien *rangé*.

On appelle *rangé*, dit Malherbe, « un qui a été fou et est devenu sage. » (IV, 363.)

Se ranger à :

.... Il.... vaut mieux se résoudre
En aspirant au ciel être frappé de foudre,
Qu'aux desseins de la terre assuré *se ranger*. (I, 22, vers 33.)

Voyez comme en son courage,
Quand on *se range au* devoir,
La pitié calme l'orage
Que l'ire a fait émouvoir. (I, 89, vers 72.)

[Les] appâts qu'ont toutes choses honnêtes pour gagner les âmes, et par l'admiration d'une splendeur à qui rien n'est comparable, les assujettir à *se ranger à* leur amour, etc. (II, 113.)

Quelle démonstration plus évidente sauroit-on faire de la grandeur de notre âme, que de *nous ranger* volontairement *à* des choses que nous ne souffririons pas quand nous serions à la dernière extrémité? (II, 331.)

Tâchez de ressembler à ceux qui les premiers ont inventé la philosophie.... *Rangez-vous à* ces premiers maîtres. (II, 548.)

Ne *se ranger à* la puissance d'autre que de soi-même. (II, 584.)

Accusant celle qu'il quitte d'inconstance, il fait croire à celle *à* qui il *se range* que si la première eût voulu, elle avoit le moyen de l'arrêter. (IV, 293.)

Pource que je me doute que vous et lui ne me veuilliez diminuer cette douleur, je *me range* aisément *à* croire ce que je crains. (III, 188.)

Se ranger sous :

Il *se rangea sous* une abstinence si étroite..., qu'avec toute son indisposition il ne laissa pas de bien envieillir. (II, 481.)

RAPETASSER, raccommoder, au figuré :

Il fait ce qu'il peut pour se défendre de la vieillesse.... Il *s'est* entretenu longtemps, ou pour mieux dire, *rapetassé* (*en latin :* concinnavit) le mieux qu'il a pu; mais la force lui a failli d'un coup. (II, 378.)

RAPINE, action de ravir par violence, ce qui est ainsi ravi :

.... Ces matières de pleurs,

>   Massacres, feux et *rapines*,
>   De leurs funestes épines
>   Ne gâteront plus nos fleurs. (I, 87, vers 8.)
>   .... Les desirs, comme vautours,
>   Se paissent de sales *rapines*. (I, 301, vers 37.)

RAPPELER.

>   .... Je ne puis faire en ce ravissement,
>   Que *rappeler* mon âme (*la recueillir en moi*), et dire bassement :
> O Sagesse éternelle.... (I, 63, vers 38.)

Il y en a qui content indifféremment à toutes personnes ce qui ne se doit dire qu'à leurs amis...; d'autres, au contraire, vont retenus à l'endroit de ceux mêmes qu'ils aiment le plus, et *rappellent* (*recueillent et renferment*) tout ce qu'ils ont de secret au plus intérieur de leur âme. (II, 270.)

RAPPORTER, rendre (convenablement, avec égard) :

Ou il ne rendra pas autant qu'il doit, ou bien il ne le rendra ni au temps ni au lieu qu'il le doit, et peut-être le jettera dédaigneusement, au lieu de le *rapporter*. (II, 623.)

Rapporter, retirer :

Ce fut certainement un trait magnanime de pardonner...; mais quelque gloire qu'en *rapporte* Auguste, il faut que, etc. (II, 76.)

Se rapporter à, avoir rapport à, ressembler à :

Pensez comme nos beaux exercices d'aujourd'hui *se rapportent à* ceux que nos ancêtres faisoient faire à leurs enfants. (II, 692.)

S'en rapporter à, s'en fier à, en laisser la responsabilité à :

J'en parle selon nos cartes (*de géographie*). Si elles sont fausses, je *m'en rapporte à* ceux qui les ont faites. (I, 463.)

RARE.

>   [Le Destin] Est jaloux qu'on passe deux fois
>   Au deçà du rivage blême;
>   Et les Dieux ont gardé ce don
>   Si *rare*, que Jupiter même
>   Ne le sut faire à Sarpédon. (I, 33, vers 29.)
>   [Le] nom qu'il s'est acquis du plus *rare* monarque
> Que ta bonté propice ait jamais couronné. (I, 74, vers 113.)
>   Ce sont douze *rares* beautés (*les Muses*). (I, 147, vers 13.)

RASER, abattre et soumettre :

>   L'astre dont la course ronde
>   Tous les jours voit tout le monde
>   N'aura point achevé l'an,
>   Que tes conquêtes ne *rasent*
>   Tout le Piémont.... (I, 94, vers 188.)

RASSEMBLER (Se) à, se réunir à :

Un bel esprit ne doit ni contester contre Dieu, ni se vouloir excepter d'une loi générale (*celle de la mort*), mais se résoudre ou qu'il s'en va recevoir une meilleure vie..., ou pour le moins que.... il retournera *se rassembler à* sa nature, et à ce tout duquel autrefois il étoit venu. (II, 551.)

RÂTELÉE (Dire sa), dire, écrire librement ce qu'on pense :

Pour les vers, vous avez reçu.... tout ce qui s'en est vu par deçà; j'en *dirai ma râtelée* après les autres. (III, 202.)

RATIOCINATION, raisonnement :

Voici une *ratiocination* étrange. (IV, 315; voyez IV, 368, etc.)

RATIOCINER, raisonner :

Voilà bien *ratiociné*. (IV, 285, note 1.)

RAVALER, abaisser, rabaisser :

En moi.... se rencontrent beaucoup de choses qu'il faut nécessairement ou corriger, ou *ravaler*, ou porter plus haut. (II, 279.)

RAVIR, sens divers :

.... La perte de mon fils,
Ses assassins d'orgueil bouffis,
Ont toute ma vigueur *ravie*. (I, 286, vers 21.)
Philis, qui me voit le teint blême,
Les sens *ravis* hors de moi-même,
Et les yeux trempés tout le jour, etc. (I, 99, vers 2.)
Téthys, que ta grâce *ravit*,
Pleine de flamme te suivit. (I, 124, vers 285.)

Se ravir de, être ravi de :

Quand je verrai quelqu'un s'acheminer à quelque entreprise louable, tant plus il se bandera sans vouloir faire de reposées, tant plus je *me ravirai de* le regarder. (II, 385.)

RAVISSEMENT.

.... Je ne puis faire en ce *ravissement*,
Que rappeler mon âme, et dire bassement :
O Sagesse éternelle.... (I, 63, vers 37.)

RAYÉ.

Ce dos chargé de pourpre, et *rayé* de clinquants. (I, 27, vers 25.)

RAYONS, au figuré :

[Ton front] Sera ceint de *rayons* (*de gloire*) qu'on ne vit jamais luire
Sur la tête des rois. (I, 283, vers 147.)
Venez en robes où l'on voie
Dessus les ouvrages de soie
Les *rayons* d'or étinceler. (I, 210, vers 17.)
.... Celui seulement que sous une beauté
Les feux d'un œil humain ont rendu tributaire,
Jugera sans mentir quel effet a pu faire
Des *rayons* (*des regards*) immortels l'immortelle clarté. (I, 8, vers 96.)

REBAILLER, rendre :

Rebailler aux muets la parole perdue. (I, 10, vers 173.)
Rendre, c'est, avec le gré de celui à qui vous devez, lui *rebailler* ce qu'il vous a prêté. (II, 235.)

REBELLE, adjectivement et substantivement :

Les soucis de tous ces orages,
Que pour nos *rebelles* courages

Les Dieux nous avoient envoyés. (I, 45, vers 9.)
L'exemple de leur race (*de la race des Titans*) à jamais abolie v. 90.)
Devoit sous ta merci tes *rebelles* (*ceux qui t'étaient rebelles*) ployer. (I, 281,

REBELLER, se rebeller, révolter, se révolter :

La Thrace *rebellée*. (II, 645.)

>   Que n'êtes-vous lassées,
>   Mes tristes pensées,
>   De.... faire avecque blâme
>   *Rebeller* mon âme
>   Contre ma guérison ? (I, 163, vers 5.)

Tandis que j'étois jeune..., l'âge *se rebelloit* contre les maladies. (II, 602.)

Rebeller, activement, pour *faire rebeller*, blâmé chez des Portes. (IV, 310.)

REBOUCHER (Se), s'émousser, au propre et au figuré :

>   .... Il n'a point d'armes
>   Qu'elles ne fassent *reboucher* (*se reboucher*). (I, 147, vers 36.)

C'est un Grec, de qui les pointes trop déliées *se rebouchent* le plus souvent. (II, 9.)

REBUT, mauvais succès, revers :

Caton.... a été vaincu. Que voulez-vous faire ? c'est un *rebut* (*en latin :* repulsa) qu'il faut compter parmi les autres. (II, 549.)

Receler, blâmé par Malherbe chez des Portes. (IV, 397, note 1.)

RECETTE, ce qu'on reçoit (d'argent) :

Comptes de *recette* et de mise. (II, 626 ; voyez II, 137.)

Recette, caisse publique :

L'un pille la maison d'un particulier, l'autre ouvre les coffres d'une *recette* (*en latin :* hic ex privato, hic ex publico.... rapit). (II, 245.)

RECEVABLE à, pouvant participer à :

Il y a des biens de l'âme, des biens du corps, et des biens de fortune. Quant aux biens de l'âme, le méchant n'y a point de part ; pour les deux autres, il *y* est *recevable*. (II, 150.)

RECEVOIR, emplois divers :

Recevez son bienfait, embrassez-le, et vous réjouissez, non de le prendre, mais de ce que vous le rendez pour le devoir encore. (II, 49.)

Le plus petit bienfait que nous *recevons*..., nous nous en estimons.... redevables ; et si nous *avons reçu* du temps, nous ne faisons pas compte de rien devoir, combien que ce soit la seule faveur de laquelle l'homme du monde le plus officieux ne sauroit jamais se revancher. (II, 266.)

Faisons voir des marques si visibles de notre contentement, que celui qui nous donne s'en aperçoive, et que dès l'heure même il commence de *recevoir* quelque fruit d'avoir donné. (II, 36.)

>   S'il (*Achille*) n'eût par un bras homicide....
>   Sur Ilion vengé le tort
>   Qu'*avoit reçu* le jeune Atride, etc. (I, 113, vers 154.)

De quoi l'accuserez-vous ?... d'avoir fait une chose qui lui fera *recevoir* de la honte ? (II, 106.)

>   C'est bien un courage de glace,
>   Où la pitié n'a point de place....
>   Mais quelque défaut que j'y blâme,

Je ne puis l'ôter de mon âme,
Non plus que vous y *recevoir*. (I, 101, vers 48.)

Il faut.... vous imaginer tout ce qui peut arriver même aux plus grands, et vous fortifier à l'encontre. La tête de Pompéius *reçut* jugement d'un pupille et d'un châtré. Celle de Crassus, etc. (II, 273.)

Celui qui ne dort que légèrement *reçoit* des images (*en latin :* species capit) en ce repos, et quelquefois en dormant songe qu'il dort. (II, 457.)

Il s'en trouveroit même qui seroient plus hardis à *recevoir* une épée (*dans le corps*) qu'à la regarder. (II, 472.)

Il est des choses si dures et si solides, que quelque feu que ce soit, elles ne le *reçoivent* pas; et au contraire il en est qui en sont si susceptibles, qu'il suffit d'une seule étincelle pour les consumer. (II, 332.)

J'ai.... trouvé que les placards qui sont effacés sont certaines défenses à un de Brade et de Pron, gantier de la cour du Palais, de *recevoir* personne à maîtrise du métier. (III, 234.)

M. le marquis de Rosny, qui *est*.... *reçu* à la survivance de M. de Sully en l'état de grand maître de l'artillerie, etc. (III, 158.)

Y a-t-il chose au monde de qui l'approbation *soit* si universellement *reçue* aux esprits des hommes, comme de reconnoître un plaisir quand on nous l'a fait? (II, 107.)

Votre bonté vous a fait venir à ce point, qu'il vous est avis qu'on vous oblige quand on fait plaisir au premier venu. Si vous *étiez reçu* à payer pour les ingrats, ce seroit votre ambition de les acquitter. (II, 134.)

Le recevoir, substantivement :
Comment est-il possible qu'à toi le donner soit honnête, et à lui déshonnête *le recevoir ?* (II, 29.)

RECHARGER, revenir à la charge :
Celui qui presse, qui *recharge* et ne se lasse point, quand il auroit affaire à une âme de bois..., il faut qu'il lui donne du sentiment. (II, 7.)

RECHERCHE, action de courtiser (une femme) :
Encore qu'il y ait grande inégalité entre sa dame et lui, il est résolu de poursuivre et de mourir en la *recherche*. (IV, 300.)

Recherche, action, poursuite judiciaire :
Il ne se fait point de *recherche* contre les ingrats. (II, 65.)
Pour les petits sacriléges, il s'en fait bien quelque *recherche*, mais les grands acquièrent des triomphes à ceux qui les font. (II, 680.)
De.... nouvelles, il n'y en a point que la *recherche* des financiers. (III, 33.)

RECHERCHER, chercher :
Prenons garde que les choses mêmes par lesquelles nous *recherchons* à nous faire admirer ne soient celles qui nous rendent odieux. (II, 276.)
Les peuples les plus fiers du couchant et du nord
Ou sont alliés d'elle, ou *recherchent* de l'être. (I, 218, vers 10.)
Que vous servent tant de viandes apprêtées par tant de mains,... tant de poissons *recherchés* de l'autre bout du monde? (II, 708.)

Rechercher une question, en chercher la solution :
Il y a de certaines questions qu'on ne met en avant que pour l'exercice de l'esprit.... Il en est d'autres qui plaisent quand on les *recherche*, et profitent quand on les a trouvées. (II, 169.)

Rechercher, demander, prier :
Un tel a eu autant que moi, mais je l'ai eu sans l'*avoir recherché*. (II, 23.)

[Les Dieux] Ne veulent plus que je la voie;
Et semble que les *rechercher*
De me permettre cette joie
Les invite à me l'empêcher. (I, 166, vers 10.)

Les *Délices de la poésie françoise* (1615 et 1620) donnent cette variante :
Et semble que de rechercher
Qu'ils me permettent cette joie.

C'est le trait d'un corrompu, quand il *est recherché* de quelque chose (*quand on le prie de quelque chose*)..., de faire bonne mine, etc. (II, 14.)

Toute.... vertu a sa perfection en soi-même, sans *rechercher* aucune opération extérieure (*sans la demander, sans en avoir besoin*). (II, 45.)

RECHERCHER, intenter une action, poursuivre :

Il peut être ingrat sans en *être recherché*. (II, 248; voyez II, 109.)
Qu'y a-t-il qui vous ôte le sujet de le *rechercher?* (II, 177.)

RECHIGNÉ, morne, morose :

Vous êtes bien triste et bien *rechigné*. (II, 495.)

RÉCIPROCATION, réciprocité :

Le bienfait et la revanche ont une *réciprocation* qui n'est point en un homme seul. (II, 147.)

RÉCIPROQUE, alternatif :

.... [Le] flux *réciproque*
De l'heur et de l'adversité. (I, 314, vers 19.)

RÉCIPROQUEMENT.

Quel autre moyen avons-nous de nous conserver, que par la vicissitude des offices que nous nous rendons l'un à l'autre *réciproquement?* (II, 108.)
Qu'appelez-vous donc bienfait? Une action de bienveillance, faisant réjouir et se réjouissant *réciproquement*. (II, 12.)

RÉCIT.

Il n'y a pas d'apparence, après le *récit* de tant d'exemples, de douter qu'un maître ne puisse quelquefois être obligé par son serviteur. (II, 76.)
Ainsi le grand Alcandre aux campagnes de Seine
Faisoit, loin de témoins, le *récit* de sa peine. (I, 161, vers 74.)

RÉCITER, raconter, rapporter, répéter :

.... L'espoir qu'aux bouches des hommes
Nos beaux faits *seront récités*
Est l'aiguillon par qui nous sommes
Dans les hasards précipités. (I, 51, vers 132.)
Que direz-vous, races futures,
Si quelquefois un vrai discours
Vous *récite* les aventures
De nos abominables jours? (I, 75, vers 3.)
Les faits de plus de marque et de plus de mérite
Que la vanité grecque en ses fables *récite*
Dans la gloire des tiens seront ensevelis. (I, 253, vers 8.)
Je m'en vais vous *réciter* des exemples de bienfaits. (II, 72.)
Il s'est vu des armées.... qui ont.... mangé des ordures qui feroient mal au cœur *à réciter*. (II, 326.)
Polybe *récite* la même chose de cette façon. (I, 464.)

>   N'égalons point cette petite
>   Aux déesses que nous *récite*
>   L'histoire du temps passé. (I, 170, vers 2.)
>
>   .... Qui voit l'aise où tu nous tiens,
>   De ce vieux siècle aux fables *récité*
>   Voit la félicité. (I, 195, vers 23.)

Le lendemain,... son homme qui l'avoit servi durant le souper lui *récite* ce que le vin lui avoit fait dire. (II, 75.)

Voyez tome II, p. 122 et 123, 156, 207, 228; tome III, p. 33; etc.

RÉCLAMER, implorer :

>   A peine *fut réclamée*
>   Sa douceur accoutumée,
>   [Qu'] Il fit la paix.... (I, 90, vers 75.)
>
>   .... Ce pouvoir si grand dont il est renommé
>   N'est connu que par les naufrages
>   Dont il a garanti ceux qui l'*ont réclamé*. (I, 269, vers 30.)

RECLUS (Sentir le), sentir le renfermé. (I, 2, vers 14.)

RECOING, pour *recoin*, blâmé par Malherbe chez des Portes. (IV, 465.)

RECOMMANDATION, ce qui recommande et fait valoir :

Voici.... toutes mes affections.... et toutes mes pensées que j'apporte à vos pieds.... La condition de celui qui les offre n'est pas telle qu'elle leur puisse donner beaucoup de relief; mais ce leur sera un sujet de chercher avec plus de soin leur *recommandation* en elles-mêmes. (IV, 191.)

Que diriez-vous d'un pilote qui souhaiteroit le mauvais temps..., pour donner à sa suffisance plus de *recommandation* par le péril ? (II, 193.)

Encore qu'ils (*les anciens*) ne cherchassent pas tant de *recommandation* par une élégance plausible comme par un simple récit des choses..., si est-ce que vous ne voyez que des paraboles en leurs écrits. (II, 485.)

Trouver de la *recommandation* aux effets, c'est chose que malaisément je puis espérer de ma fortune. (IV, 153.)

L'impiété venue après le bienfait lui a fait perdre sa *recommandation*. (II, 171.)

Voyez-moi dénué de toutes les qualités dont le nôtre (*notre sexe*) peut tirer quelque *recommandation*. (IV, 171.)

Recommandations, compliments, devoirs de politesse :

Faites-moi cet honneur, Monsieur, de faire mes humbles *recommandations* à M. du Périer. (III, 31.)

RECOMMANDER.

Une main libérale *recommande* plus un présent, qu'une main pleine. (II, 13.)

Je vois les compartiments élaborés d'une voûte, et des coquilles des plus vilains.... animaux que produise la nature, qui ont coûté beaucoup d'argent, et où le peintre a si vivement contrefait cette bigarrure qui les *recommande*, que l'artifice ne diffère point du naturel. (II, 225.)

La sagesse.... se plaît d'embellir les plaisirs qu'elle a reçus, se les *recommande* et prend plaisir à les avoir.... devant les yeux. (II, 628.)

RECOMMENCER.

A cettui-ci je suis quitte, quand je lui ai rendu ce qu'il m'a prêté; mais à l'autre, il faut que je lui rende davantage, et qu'après cela je me répute encore son obligé. Je *recommence* à lui devoir (*je lui dois tout de nouveau, continue à lui devoir*) quand je l'ai payé. (II, 33.)

RÉCOMPENSE, compensation, dédommagement :

Il.... lui donna encore assignation, à la sortie, au logis de Madame sa mère; ce fut la *récompense* de ne l'avoir point vue depuis dix mois. (III, 153.)

Quand le mal est aux nerfs..., c'est là qu'il nous traite cruellement. Mais en *récompense*, ce sont parties qui s'étourdissent bientôt. (II, 604.)

M. le maréchal d'Ancre ôte le sieur de Riberpré de la citadelle d'Amiens.... On baille à M. de Riberpré, pour *récompense*, le gouvernement de Corbie. (III, 436.)

Pour être vertueux, il faut travailler à bon escient. Il est vrai qu'il n'y a pas occasion de plaindre sa peine en une chose où tout ce qu'il y a de bien au monde ne vaut pas la *récompense* (*le dédommagement qu'on aura de sa peine, le fruit qu'on en retirera*); car il n'y a point d'autre bien que ce qui est honnête. (II, 586.)

RÉCOMPENSER, donner une récompense ; RÉCOMPENSER DE :

.... Son trop chaste penser,
Ingrat à me *récompenser*,
Se moquera de mon martyre. (I, 131, vers 27.)
.... Les agréables chansons
Par qui les doctes nourrissons
Savent charmer les destinées
Récompensent un bon accueil
De louanges.... (I, 108, vers 28 et 29.)

RÉCOMPENSER, compenser, payer l'équivalent de, dédommager :

Quelqu'un qui m'avoit prêté de l'argent m'a brûlé ma maison. Le dommage *a récompensé* le plaisir. (II, 172.)

Il vient à la fin une bonne année qui *récompense* les mauvaises. (II, 621.)

Voici.... toutes mes affections.... que j'apporte à vos pieds.... Je sais bien que la condition de celui qui les offre n'est pas telle qu'elle leur puisse donner beaucoup de relief; mais ce leur sera un sujet de.... *récompenser* par la fidélité le défaut qu'on leur peut imputer d'ailleurs. (IV, 191.)

Dieu, qui vous a envoyé cette affliction, vous la *récompensera*, s'il lui plaît, par la conservation de ce qui vous reste. (IV, 51.)

Il se parle de bailler le gouvernement de Poitou à M. le maréchal de Brissac, et *récompenser* M. de Sully. (III, 448.)

Quelle si mauvaise estimation sauriez-vous faire de la moindre de ces obligations, que vous n'y soyez plus que *récompensée*.... de la perte que vous avez faite de Monsieur votre frère? (IV, 214.)

Il étoit nécessaire que le gouvernement du Havre fût entre ses mains.... Il n'a jamais été possible de le lui faire prendre qu'en lui permettant de le *récompenser* (*d'en payer le prix*) de son propre argent. (IV, 108.)

RÉCONCILIABLE À, pouvant être fléchi par :

Qu'il soit *réconciliable à* ceux qui le rechercheront, et ne soit point en peine de se réconcilier à personne (*en latin :* ipse nulli implacabilis sit, ipsi nemo placandus). (II, 197.)

RÉCONCILIER, concilier de nouveau, apaiser :

Jusques ici elle (*la fortune*) nous a tellement abandonnés, qu'il y aura bien de la peine à nous la *réconcilier*. (IV, 36.)

Nos prières sont ouïes, (I, 87, vers 12.)
Tout *est réconcilié* (*la réconciliation, la paix est établie partout*).

RÉCONFORT, consolation, assistance (voyez CONFORT) :

Priam, qui vit ses fils abattus par Achille....
  Reçut du *réconfort*. (I, 41, vers 52.)
  Autre sorte de *réconfort*
  Ne me satisfait le courage,
  Que de me résoudre à la mort. (I, 168, vers 46.)

Voyez I, 32, v. 7; 101, v. 39; 139, v. 12; 142, v. 43; 179, v. 37; 276, v. 7; IV; 394.

RÉCONFORTER, consoler :

En ce fâcheux état ce qui nous *réconforte*,
C'est que la bonne cause est toujours la plus forte. (I, 70, vers 31.)

RECONNOISSANCE, action de reconnoître, ce qu'on fait pour reconnoître quelque chose :

Que lui sert cette bonne affection qui ne paroît point? Si fait. Quand il ne feroit autre chose, cela seul est une *reconnoissance :* il aime son bienfacteur, confesse qu'il doit, et desire de s'acquitter. (II, 111.)

Il y a du mal à refuser une *reconnoissance*, autant qu'à la demander. (II, 31.)

La *reconnoissance* que nous faisons d'un plaisir est plus à notre avantage que de celui qui le reçoit (*qui reçoit la chose, le témoignage de reconnaissance*). (II, 627.)

RECONNOÎTRE, parvenir à connaître, apercevoir, remarquer, avouer, etc. :

Nous *reconnoissons* bien du profit en des choses de quoi nous ne pouvons faire cas, pource qu'on les a pour de l'argent. (II, 103.)

La gratitude.... n'*est* pas assez *reconnue* par celui qui la met au nombre des choses profitables. (II, 115; voyez II, 122.)

Combien ont eu les siècles passés de grands et suffisants personnages, qui n'*ont été reconnus* qu'après qu'ils n'ont plus été! (II, 615.)

Il n'est pas bon que tout le monde *reconnoisse* combien est grande la multitude des ingrats. (II, 65.)

Le Roi..., le *reconnoissant* d'une âme vénale, ne cessoit de lui laisser aller quelque petit présent. (II, 128 et 129.)

Il eut égard à la qualité consulaire de ce bon homme, de lui bailler de l'or et des perles à baiser, parce qu'il *reconnoissoit* qu'en tout le reste de son corps il n'avoit rien de si net. (II, 25.)

[Il] est de certains plaisirs que nous ne devons pas laisser de faire, encore que ceux qui en ont besoin nous soient suspects d'ingratitude, et que même ils nous l'aient déjà fait *reconnoître* en quelque autre occasion. (II, 17.)

S'il (*Marius*) n'eût fait mourir autant de Romains que de Cimbres..., il n'*eût* point *reconnu* de changement en sa fortune, et eût pensé être toujours aussi petit compagnon qu'il avoit été. (II, 154.)

Si quelque chose vous manque, vous serez le seul qui *reconnoîtrez* votre défaut. (II, 339.)

Je suis transporté de joie, quand par ce que vous faites et ce que vous m'écrivez, je *reconnois* quelque avantage sur vous-même (*en latin :* intelligo quantum te ipse supergrederis). (II, 393; voyez IV, 236.)

La blancheur de sa gorge éblouit les regards;
Amour est en ses yeux, il y trempe ses dards,
Et la fait *reconnoître* un miracle visible. (I, 133, vers 11.)

.... Les vœux que j'ai faits pour revoir ses beaux yeux,
Rendant par mes soupirs ma douleur *reconnue*,
    Ont eu grâce des cieux. (I, 156, vers 3.)
    Nos forces, partout *reconnues*,
    Faisoient monter jusques aux nues
    Les desseins de nos vanités. (I, 85, vers 13.)

RECONNOÎTRE, avoir ou montrer de la reconnoissance (à, pour) :

On le *reconnoît* assez, de lui pardonner le plaisir qu'il a fait. (II, 3 et 4.)
Où prendrai-je de quoi les *reconnoître* (*les Dieux*)? (II, 44.)
Que la fortune ne lui donne point de moyen de me *reconnoître*, je ne m'en soucie pas. (II, 100.)
Ceux qui ont obligé plus d'un siècle, il est raisonnable que plus d'un siècle les *reconnoisse*. (II, 122.)
Nous gâtons les deux plus belles actions qui soient en la vie humaine, faire plaisir et le *reconnoître*. (II, 57.)
.... C'est assez payer que de bien *reconnoître*. (I, 244, vers 14.)
Voyez tome II, p. 60, 193, 563; tome IV, p. 377.

RECORDER.

Il vit *recorder* (*répéter*) le ballet de la Reine (*il assista à sa répétition*). (IV, 60.)

RECOURS (Avoir) à, devant un verbe à l'infinitif :

    Les affligés *ont* en leurs peines
        Recours à pleurer. (I, 222, vers 17 et 18.)

RECOUVERT, employé comme participe passé de *recouvrer* :

N'y en a-t-il pas eu qui, pour être tombés au cœur de l'hiver dans une rivière, ont *recouvert* leur santé? (II, 176.)
Voici la première commodité que j'ai *recouverte*. (III, 91; voy. II, 520.)

RECOUVRER, acquérir, se procurer (voyez RECOUVERT) :

Ce qui suffit se *recouvre* sans beaucoup de difficulté. (II, 275.)
C'est autant de folie de fuir les choses qui sont en usage, et qui se *recouvrent* avec peu de peine, comme c'est de luxe de rechercher les délicates. (II, 276.)
Je vous envoie les vers de M. Critton, bien gâtés et bien frippés; mais nous sommes à Fontainebleau, où nous ne pouvons pas en *recouvrer* comme à Paris. (III, 4.)
Vous vous plaignez qu'il se *recouvre* peu de livres en vos quartiers (*en latin :* librorum istic inopiam esse quereris). (II, 421.)

RÉCRÉER, plaire à, charmer :

        .... Notre esprit agrée
    De s'entretenir près et loin....
    Avec l'objet qui le *récrée*. (I, 288, vers 90.)

RECUEIL (de notes), résumé :

Ceux qui savent se peuvent passer (*contenter*) d'un simple *recueil* (*en latin :* breviarium et summarium). (II, 403.)

RECUEILLIR, réunir et serrer quelque part :

Le plus louable soin que nous pouvons avoir, c'est de contribuer ce qui dépend de nous à la conservation d'un si précieux trésor. *Recueil-*

lons-y nos vœux, rassemblons-y nos affections, et oublions tout pour son service. (IV, 217.)

RECUEILLIR, récolter :
Où trouves-tu qu'il faille avoir semé son bien,
  Et ne *recueillir* rien? (I, 29, vers 28.)

RECUEILLIR, accueillir :
 Toutes les fois que je me suis trouvé devant vous, j'en ai été *recueilli* avec un visage et des caresses, etc. (I, 396.)
 Elle *fut*.... très-bien *recueillie* de la Reine. (III, 477.)

RECULEMENT, retard, remise :
 Lundi.... se doivent faire les noces de M. de Vendôme. Il est vrai que l'on parle déjà d'un *reculement* jusques au huitième de juillet. (III, 89.)

RECULER, retarder :
Puisque ma fin est près, ne la *recule* pas. (I, 17, vers 354.)
 « *Reculé*, dit Malherbe critiquant des Portes, se doit entendre de la distance des lieux, et non de la longueur de l'absence. » (IV, 454.)

SE RECULER, se retirer, s'éloigner, se tenir éloigné (de) :
Reculez-vous en des solitudes. (II, 371.)
 Il n'est guère de méchancetés si désespérées que celle de quoi nous parlons.... Et pour ce *reculons-nous*-en. (II, 239.)
 Pour nous en garantir (*des coups de la fortune*), il suffit de *nous* en *reculer*. Pour *nous* en *reculer*, il ne faut autre chose que connoître nous et notre nature. (II, 633.)

REDDITION, apodose, reprise, second membre (de phrase) :
 Mauvaise *reddition* de similitude (*phrase mal reprise après la comparaison*). (IV, 406.)

REDEVABLE, substantivement, débiteur :
 Si un ami m'a fait un petit présent avec beaucoup d'affection..., je suis ingrat à la vérité, si je ne m'estime plus son *redevable* que d'un roi qui auroit vidé les coffres de son épargne pour m'enrichir. (II, 13.)

REDONNER, rendre :
Vous m'avez tout donné, *redonnant* à mes yeux
  Ce chef-d'œuvre des cieux. (I, 298, vers 27.)

REDRESSABLE, qui peut être redressé, au propre :
 Un chêne même est *redressable*, quelque tortu qu'il soit. (II, 444.)

REDRESSER, au figuré :
 Nous formons notre âme de bonne heure, et la *redressons* tandis que le mauvais pli qu'elle a pris ne fait que commencer. (II, 444.)

SE REDRESSER, au figuré :
Pour moi, dont la foiblesse à l'orage succombe,
 Quand mon heur abattu pourroit *se redresser*,
 J'ai mis avecque toi mes desseins en la tombe,
  Je les y veux laisser. (I, 180, vers 54.)
 Un camp venant pour te forcer,
 Abattu sans *se redresser*. (I, 122, vers 206.)

RÉDUIRE, SE RÉDUIRE, emplois divers :
>.... Il a fallu par les armes
>Venir à l'essai glorieux
>De *réduire* ces furieux. (I, 122, vers 183.)

Le profit est la mesure des choses nécessaires; mais les superflues, à quelle aune les *réduisez*-vous? (II, 405.)

.... Pour avoir été si malheureux de vouloir *réduire* son hôte en la même ruine et en la même misère d'où il l'avoit tiré. (II, 130; voyez I, 14, vers 273.)

L'effort de tout le genre humain *réduit* en corps d'armée sera soutenu par une poignée de gens. (II, 200.)

Voici.... toutes mes affections.... que j'apporte à vos pieds, avec autant de regret de les avoir jamais engagées ailleurs, comme de satisfaction et de gloire de les *avoir* aujourd'hui *réduites* en un lieu où je n'ai différé de prétendre qu'autant que j'ai désespéré d'y parvenir. (IV, 190.)

Un ancien texte donne la variante : « de les *voir* aujourd'hui *réduites*. »

Ce n'est pas signe que nous avons encore l'esprit ni bien ferme ni bien *réduit* à soi (*en latin:* nec se adhuc reduxit introrsus), quand nous dressons l'oreille au cri que nous oyons emmi la rue. (II, 469.)

Je vous conseille.... d'être de ceux qui ne s'embarrassent point aux affaires du monde, et faisant les *réduits* (*vivant dans la retraite*), n'ont soin que des lois qui enseignent aux hommes à faire bien. (II, 315.)

>Que fais-tu, monarque adorable ?...
>En quels termes *te réduis*-tu ?
>Veux-tu succomber à l'orage ? (I, 155, vers 69.)

Il ne faut ni ressembler au nombre, pource qu'il est grand, ni haïr le grand nombre, pource qu'il ne nous ressemble pas. *Réduisez-vous* en vous-même (*en latin* : recede in te ipse) tant que vous pourrez. (II, 283.)

RÉFÉRER (SE) À, se rapporter à, dans le sens grammatical :

« Sa » est mis d'une façon qu'il semble *se référer* à « la raison ». (IV, 287.)

A qui *se réfère* « entretenu » (*à quel terme de la phrase se rapporte le mot* entretenu) ? (IV, 270.)

REFLUX, au propre et au figuré (voyez FLUX) :
>Les aventures du monde
>Vont d'un ordre mutuel,
>Comme on voit au bord de l'onde
>Un *reflux* perpétuel. (I, 24, vers 34.)

.... Le flux de ma peine a trouvé son *reflux*. (I, 61, vers 74.)

De quelque façon qu'on se repose, il en est toujours mieux que d'être impliqué dans le tumulte des affaires, et bricolé de leur flux et *reflux* perpétuel. (II, 632.)

>Les voici de retour, ces astres adorables
>Où prend mon Océan son flux et son *reflux*. (I, 156, vers 6.)

RÉFORMER, corriger, retoucher :

Pour le pourtrait que vous daignez desirer, il m'a dit qu'il faut que je lui donne une après-dînée pour le *réformer*. (III, 45.)

REFOURNIR, recruter, remplacer, réparer :

Philippe ... se mit à faire de nouvelles levées par tous les lieux de son royaume.... *Ayant* ainsi *refourni* son armée, il la mena à Dion. (I, 400.)

Si vos amis sont morts ou vos enfants, qui étoient tels que vous les aviez desirés, c'est une perte que vous avez moyen de *refournir* : la vertu, qui les avoit fait (*sic*) gens de bien, tiendra leur place. (II, 576.)

RÉFRACTAIRE, indocile :

C'est une opinion mal fondée, de penser que la philosophie rende ceux qui la suivent *réfractaires*, et contempteurs des rois. (II, 562.)

REFRAÎCHIR, au figuré, rafraîchir, renouveler, raviver :

Après la mort d'une personne qui nous étoit chère, un valet, une robe, une maison nous ramentoivent sa perte, et *refraîchissent* une amertume qui déjà par le temps avoit commencé de s'adoucir. (II, 438.)

L'emploi de ce même mot *refraîchir* est blâmé chez des Portes par Malherbe, qui veut que l'on écrive « *rafreschir*. » (IV, 431.)

REFROGNER (Se), prendre un air chagrin :

Il y a des choses.... où toute la vertu perdra sa force et cédera, quelque résistance qu'il (*l'homme le plus assuré du monde*) fasse, à l'avertissement que nature lui donne de sa mortalité : pour ce, vous le verrez incontinent *se refrogner* et frémir aux choses subites. (II, 471.)

REFROIDIR, au figuré :

.... La pesanteur d'une charge si grande
Résiste à mon audace, et me la *refroidit*. (I, 244, vers 11.)

Nous donnons dispense aux enfants, et les *refroidissons* de la reconnoissance qu'ils doivent à leurs pères. (II, 86.)

REFUSER.

Voudrois-tu que ma dame, étant si bien servie,
Refusât le plaisir où l'âge la convie? (I, 29, vers 30.)

Caton *fut* une fois *refusé* de la préture, et ne put jamais avoir le consulat. (II, 156.)

Le refuser, substantivement :

Vous voulez que je vous doive? laissez en ma liberté le prendre et *le refuser*. (II, 34.)

REGAGNER.

Un athlète.... qui porté par terre d'un croc-en-jambe, *a regagné* le dessus de son ennemi, etc. (II, 306.)

REGARD (Pour le) de, au regard de, quant à, pour, en ce qui concerne :

Il peut bien y avoir du manquement en la chose donnée..., mais *pour le regard de* l'affection, il n'y en a point. (II, 46.)

La peine se peut appeler immortelle *pour le regard de* l'avenir, mais non pour le passé. (IV, 316.)

Les Étoliens, qui prétendoient que.... Pharsale et Leucade leur devoient être rendues, furent *pour ce regard* renvoyés au sénat. (I, 441.)

Je trouvai cette lettre de Barclay, qui me fut présentée comme nouvelle; elle l'est à la vérité *pour mon regard*, je ne sais si elle le sera *pour le vôtre*. (III, 248; voyez I, 414; II, 58, 68, 106, 289 et 299.)

Celui qui est prudent et tempérant est en repos *au regard de* l'habitude de son âme, mais non touchant l'événement. (II, 659.)

REGARDER, au propre et au figuré, sens et emplois divers :

L'Aigle même leur a fait place,

Et les *regardant* approcher
Comme lions à qui tout cède,
N'a point eu de meilleur remède,
Que de fuir et se cacher. (I, 184, vers 47.)

On les fait riantes (*les Grâces*), pource que tel est ordinairement le visage de ceux qui font plaisir...; et les robes à jour, parce que la gloire des bienfaits est qu'ils *soient regardés*. (II, 8.)

Telle que notre siècle aujourd'hui vous *regarde*,...
Telle je me résous de vous bailler en garde
Aux fastes éternels de la postérité. (I, 244, vers 5.)

Le nombre est infini des paroles empreintes
Que *regarde* l'Apôtre en ces lumières saintes (*c'est-à-dire des paroles qu'il lit dans les yeux du Sauveur*). (I, 8, vers 92.)

Regarder, employé pour *voir*, est blâmé par Malherbe chez des Portes. (IV, 440.)

On ne sauroit mieux faire connoître le peu de volonté que l'on a de se ressentir de quelque obligation, que de s'en détourner les yeux et ne la vouloir pas seulement *regarder*.... Si elle (*la mémoire*) perd quelque chose, c'est pour n'avoir pas été souvent curieuse de la *regarder*. (II, 53.)

Nous avons une infinité de choses à l'entour de nous qui nous *regardent*, et ne font qu'attendre l'occasion d'entreprendre sur nous. (II, 632.)

Le bienfait *regarde* l'utilité de celui à qui il est fait, et non la nôtre : autrement c'est à nous, et non à lui, que nous le faisons. (II, 103.)

Nous ne croyons pas.... aux préceptes que nous ont donnés les hommes sages...; mais.... pensons avoir assez fait quand nous les *avons regardés* par-dessus (*en latin :* leviterque tam magnæ rei insistimus). (II, 486.)

Toutes ces choses mondaines qu'on estime si relevées n'ont du tout point de hauteur, qu'en les *regardant* auprès de celles qui sont les plus viles. (II, 654.)

Un cynique demanda un talent à Antigonus; il lui répondit que c'étoit plus qu'un cynique ne devoit demander. Et là-dessus le cynique lui demandant un denier, il lui répliqua que c'étoit moins qu'un roi ne devoit donner.... Au denier, il *regarda* la magnificence d'un roi; au talent, la profession d'un cynique. (II, 30.)

L'opinion tient toutes choses suspendues : l'ambition, la luxure et l'avarice ne sont pas seules qui la *regardent* (*qui y ont égard*). (II, 605.)

En tout payement, nous ne *regardons* pas de rendre les mêmes espèces, mais le même nombre d'argent. (II, 173.)

Quand je *regarde* (*en latin :* eligo) à qui je donnerai, mon intention est que ce que je donne soit un bienfait.... C'est chose desirable de soi que de rendre une chose baillée en garde; et toutefois.... je *regarderai* à l'utilité de celui à qui j'ai à la rendre. (II, 99.)

RÉGENT, précepteur, pédagogue :

Ariston.... dit que c'est un exercice de *régent* plutôt que de philosophe, comme si le philosophe étoit autre qu'un *régent* universel du genre humain (*en latin :* humani generis pædagogus). (II, 704.)

RÉGIMENT, traduisant le latin *legio*. (II, 218 et 219.)

RÈGLE.

Sans donner à ses pas une *règle* certaine,
Il erre vagabond où le pied le conduit. (I, 14, vers 275.)

  La raison veut et la nature
  Qu'après le mal vienne le bien;
  Mais en ma funeste aventure,

Leurs *règles* ne servent de rien. (I, 302, vers 8.)

RÈGLEMENT, action de régler, dispensation, ordre :

Il y faut apporter le tempérament de la raison, et par son *règlement* donner grâce à des choses qui n'en ont point quand on les prend avec indiscrétion. (II, 560.)

.... Par ton *règlement* (*par ton ordre*) l'air, la mer et la terre
   N'entretiennent-ils pas
Une secrète loi de se faire la guerre
A qui de plus de mets fournira ses repas? (I, 63, vers 33.)

La vertu.... est l'ornement.... des maisons.... qui prennent son *règlement* (*qui se règlent sur elle*). (II, 512.)

RÉGLER.

  De quelle adresse incomparable
  Ce que tu fais n'*est*-il *réglé?* (I, 121, vers 162.)

La tempérance règne sur les voluptés : elle en hait les unes, qu'elle chasse du tout ; elle dispense les autres, et les *règle* sous une médiocrité convenable. (II, 695.)

RÉGNER, au propre et au figuré :

Il s'est vu des armées réduites à la nécessité de toutes choses,... sans autre sujet que pour *régner*, et ce qui vous semblera plus étrange pour *régner* au royaume d'autrui. (II, 326.)

Si les mers ne sont bridées de vos possessions, si votre fermier ne *règne* au delà de l'Adriatique..., vous ne pensez pas être bien accommodés. (II, 707.)

La tempérance *règne* sur les voluptés. (II, 695.)

REGORGER DE :

  .... Le Rhin et la Meuse....
  Auront vu leur onde écumeuse
  Regorger de sang et *de* morts. (I, 65, vers 14.)

REGRET.

  Juge de moi par le *regret*
  Qu'eut la mort de m'ôter la vie (*il s'agit d'un gentilhomme mort à
                 cent ans*). (I, 275, vers 5.)

Voici la seule injure que je puis dire avoir reçue de vous, que pour la grandeur du bien que vous me faites, il faille que je vive et meure avec *regret* de ne m'en pouvoir jamais acquitter. (II, 39.)

[Je] ne me puis imaginer qu'autre chose vous ait empêché de m'écrire que le *regret* de ne me donner quelque mauvaise nouvelle. (III, 320.)

REGRETTER.

L'ambassadeur d'Espagne.... *regrettoit* que tout cela ne se faisoit en la présence du prince d'Espagne. (III, 489.)

REHAUSSEMENT, action de rehausser, au figuré :

La joie est le *rehaussement* d'une âme assurée en sa vertu propre et en son propre bien. (II, 483.)

J'ai reçu votre livre.... Quelle vivacité d'esprit, quelle force de courage n'y ai-je point reconnue! Je dirois, quelle saillie! si en quelque endroit il y eût des reprises d'haleine et des *rehaussements* par intervalles. (II, 427.)

REHAUSSER, relever, au figuré :

.... Si gentilhomme fut onc
Digne d'éternelle mémoire,
Par vos vertus vous le serez,
Et votre los *rehausserez*
Par votre docte et sainte Histoire. (I, 290, vers 125.)

Ce ne sont pas sciences qui fassent profession d'avoir le courage grand, de se *rehausser* et de dédaigner ce qui est fortuit. (II, 678.)

REJALLIR, rejaillir :

Ce qu'il y a de plus léger en la malice et de plus délié *rejallit* contre les autres. (II, 627.)

REJETABLE, qui doit être rejeté :

[Les] choses desirables et *rejetables*. (II, 704.)

RÉJOUIR, SE RÉJOUIR :

Ce ne sont que festins, ce ne sont que musiques
De peuples *réjouis*. (I, 230, vers 27.)

Qu'appelez-vous donc bienfait? — Une action de bienveillance, faisant *réjouir* et *se réjouissant* réciproquement. (II, 12.)

Il *se réjouit* et se paît de sang humain. (II, 237.)

RELÂCHEMENT, au figuré :

Il est de certaines choses qu'il estime desirables, comme un repos de corps avec exemption de toutes incommodités, et un *relâchement* d'esprit qui prend plaisir en la considération de son propre bien. (II, 522.)

RELÂCHER, SE RELÂCHER, au figuré :

Si nous jouons avec un qui soit encore écolier, nous *relâcherons* quelque chose de notre science. (II, 30.)

Au lieu que tout d'une venue il peut achever le peu qui lui reste, il *relâchera* quelque chose de sa diligence. (II, 555.)

Je ne veux pas que jamais vous soyez sans contentement.... Les autres joies *relâchent* bien le front, mais elles ne remplissent pas l'estomac; ce ne sont que fumées. (II, 351.)

[Par le silence,] Qui fait des bruits du jour cesser la violence,
L'esprit *est relâché*. (I, 160, vers 33.)

La joie et la patience inflexible aux douleurs ne diffèrent point?... En l'un l'esprit se dilate et *se relâche* naturellement, et en l'autre il sent de la douleur. (II, 514.)

A leur odeur (*à l'odeur de nos lis*) l'Anglois *se relâchant*,
Notre amitié va recherchant;
Et l'Espagnol (prodige merveilleux!)
Cesse d'être orgueilleux. (I, 195, vers 17.)

Par quelque résistance elles (*les femmes*) piquent un desir, qui sans doute *se relâcheroit* si à notre première semonce elles se rendoient avec une trop prompte et trop complaisante facilité. (IV, 32.)

C'est depuis quelque temps la retraite des vices; et comme si le lieu avoit quelque privilége, la débauche s'y licencie et s'y *relâche* extraordinairement. (II, 447.)

RELÂCHER, prendre terre, au figuré :

Bellegarde, les matelots
Jamais ne méprisent les flots,

Quelque phare qui leur éclaire :
Je ferai mieux de *relâcher*,
Et borner le soin de te plaire,
Par la crainte de te fâcher. (I, 116, vers 228.)

RELAXATION, ouverture, cavité :
Si vous voyez un antre qui avec ses pierres toutes mangées, et sur une *relaxation* faite, non de main d'homme, mais par la nature même (*en latin :* specus.... non manu factus, sed naturalibus causis in tantam laxitatem excavatus), porte le faix d'une montagne, etc. (II, 411 et 412.)

RELAXER (Se), se relâcher, au sens physique :
Vous savez que le battement du flot aplanit une grève, et que quand elle est quelque temps sans être mouillée, elle *se relaxe* (*se desserre, se décompose*), à faute que le sable n'a point d'humeur qui le lie et qui le fasse entretenir. (II, 462.)

RELÉGATION, action de reléguer, de bannir. (II, 88.)

RELENT, relente, moisi, ayant une odeur de renfermé :
Ceux qui les approchent (*les Juifs*) de plus près ajoutent à leurs louanges qu'ils sentent je ne sais quoi de *relent*. (IV, 74.)

C'est comme si vous disiez.... que le feu possède tout, qu'une obscurité *relente* lui succède, et que les Dieux mêmes, tombés au fond d'un abîme, soient compris en cette universelle calamité. (II, 189.)

Relent, substantivement :
Soit que le temps.... les mine (*nos villes*) par le menu, soit que le mauvais air les fasse quitter aux peuples..., et que le *relent* et la chancissure s'y mette, il n'y en a pas une qui n'ait commencé pour finir. (II, 729.)

RELEVER, relevé, élever, élevé, au propre et au figuré :
[Pavillons] en campagne rase aussi *relevés* que les montagnes. (II, 707.)

Je ne veux pas dire qu'ils (*les premiers hommes*) n'eussent les âmes *relevées*, comme étant alors un ouvrage qui ne faisoit que partir de la main des Dieux. (II, 724.)

.... L'acte le plus *relevé*
Que jamais l'histoire ait fait lire. (I, 206, vers 3.)

Tout ce qui a passe-port de la raison.... fortifie l'esprit, et le *relève* en une hauteur d'où jamais il ne descend. (II, 518.)

Paulus.... portoit une bague où le portrait de Tibère étoit gravé sur une pierre fort *relevée* (*en latin :* eminente gemma). (II, 75.)

Peut-il pas languir à son aise
En la prison de vos cheveux,
Et commettre aux dures corvées
Toutes ces âmes *relevées*, etc. ? (I, 54, vers 206.)

C'est une âme.... *relevée* par-dessus tout ce qui arrive. (II, 511.)

Cette résolution est d'un homme plus ferme, et plus *relevé* sur la fortune que vous n'êtes. (II, 494.)

Relever (d'une peine); remettre dans son ancien état :
A la nouveauté de cet accident, un de mes plus profonds ennuis..., c'étoit que vous n'étiez avec moi.... Plût à Dieu, mon cher cœur, que cela eût été! je *serois relevé* de cette peine de vous écrire de si déplorables nouvelles. (IV, 2.)

A quoi tendent vos interrogations captieuses, sinon à surprendre un homme pour lui faire faire quelque faute en la forme de procéder? Mais comme le préteur *relève* (*en latin :* in integrum restituit) ceux-ci, la philosophie tout de même *relève* les autres. (II, 437.)

RELIGIEUX, adjectif :

Je.... le prie (*Dieu*), avec les vœux les plus *religieux* que je fis et que je ferai jamais, qu'il me fasse naître quelque sujet, etc. (IV, 138.)

Il ne me souvient pas que j'aie reçu une seule de vos lettres sans y avoir fait réponse à l'heure même.... Je suis assez *religieux* en ces choses-là. (IV, 62.)

Religieuse, substantif :

Homère.... en a appelé une (*une des Grâces*) Pasithée, et lui a donné mari, afin que vous ne pensiez pas que ce soient *religieuses* (*en latin :* vestales). (II, 8.)

RELIGION, sentiment religieux du bien, du devoir :

Quand la mort nous a si bien investis qu'il n'y a plus de moyen d'en échapper..., c'est alors que nous.... commençons de faire les choses avec *religion* (*en latin :* cura sanctiore), quand nous les faisons sans intérêt. (II, 101.)

Religion, ordre religieux :

Votre frère pouvoit, comme chevalier de Malte, désoler toute la côte de Barbarie..., et donner la souveraineté des mers du Levant à l'étendard de sa *religion*. (IV, 202.)

RELIQUES, restes, débris .

Tous ces chefs-d'œuvres antiques   vers 206.)
Ont à peine leurs *reliques* (*il en reste à peine quelque chose*). (I, 94,

RELUIRE, au propre et au figuré :

.... Son invincible épée....
.... met la frayeur partout,
Aussitôt qu'on la voit *reluire*. (I, 81, vers 168.)
Voici de ton État la plus grande merveille,
Ce fils où ta vertu *reluit* si vivement. (I, 105, vers 2.)
Une reine qui les conduit
De tant de merveilles *reluit*,
Que le soleil, qui tout surmonte,...
Se cacheroit en la voyant. (I, 148, vers 44.)
.... Tant de beautés qui *reluisent* au monde
Sont des ouvrages de ses mains (*des mains de Dieu*). (I, 245, v. 5.)

C'est votre coutume de faire *reluire* votre jugement et votre courtoisie en toutes choses. (III, 20.)

Différence entre *luire* et *reluire*. Voyez Luire, ci-dessus, p. 366.

REMANIER, au figuré :

N'en êtes-vous pas dehors (*hors du mal que vous avez souffert*)? Que vous sert de *remanier* vos douleurs et d'être misérable, non pour autre chose que parce que vous l'avez été? (II, 606.)

REMARQUER.

Quelle prudence inestimable
Ne fis-tu *remarquer* alors? (I, 124, vers 282.)
Que dis-tu lorsque tu *remarques*

.... ton héritier
De la sagesse des monarques
Monter le pénible sentier? (I, 217, vers 201.)

Pourriez-vous point.... reconnoître ou l'homme ou le morion? — Pour le morion,... je ne le saurois *remarquer*, mais l'homme fort bien. (II, 166.)

Chacun sait.... la réputation de Marcus Agrippa, *remarqué* (*en latin :* insignis), entre autres choses, pour avoir eu la couronne navale. (II, 82.)

REMÈDE, au propre et au figuré :

Les poisons ont quelquefois été *remèdes*, mais pourtant on ne les compte pas entre les médicaments salutaires. (II, 33.)
Le temps est médecin d'heureuse expérience :
Son *remède* est tardif, mais il est bien certain. (I, 2, vers 4.)

Quelquefois un homme est tenu pour ingrat, et ne l'est pas; mais le peuple.... lui en donne la réputation. Le *remède*, c'est sa bonne conscience, qui le réjouit au milieu des calomnies. (II, 112.)

L'Allemagne a vu nos guerriers...;
L'Aigle même leur a fait place,
[Et] N'a point eu de meilleur *remède*
Que de fuir et se cacher. (I, 184, vers 49.)

Je ne crois pas que je puisse trop tôt commencer à vous écrire. Les douceurs de votre divine conversation sont perdues; il faut voir.... de trouver en quelque *remède* la consolation d'en être privé. (IV, 152.)

Minutius.... s'en alla triompher au mont Alban. Il disoit.... qu'il en avoit l'exemple de plusieurs grands personnages, qui en semblable refus avoient usé de semblable *remède*. (I, 428.)

Ainsi trompé de mon attente,
Je me consume vainement,
Et les *remèdes* que je tente
Demeurent sans événement. (I, 302, vers 19.)

S'il ne la possède,
Il s'en va mourir;
Donnons-y *remède*,
Allons la querir. (I, 235, vers 11.)

Il me prie de l'assister contre ses ennemis. Ce sont gens de beaucoup de moyen et de crédit. Je voudrois bien n'en rien faire; mais le *remède*? Je l'ai déjà assisté une et deux fois. (II, 105.)

REMÉDIABLE, à quoi on peut porter remède :

A cette heure que la maladie n'est pas encore envieillie et qu'elle seroit plus *remédiable*, nous ne cherchons pas seulement le médecin. (II, 444.)

REMENER, ramener :

Ma misère me *remène* à votre porte. (II, 211.)

Un esclave.... qui s'en étoit fui a mieux aimé se mettre une dague dans le sein que de se laisser *remener*. (II, 273.)

Comme il fut à mi-chemin, il se mit à se plaindre de sentir des tranchées de colique; et s'étant fait *remener* chez lui, il se mit au lit. (III, 389.)

REMETTRE, sens et emplois divers :

.... Quand tu pourrois obtenir
Que la mort laissât revenir
Celle dont tu pleures l'absence,
La voudrois-tu *remettre* en un siècle effronté? (I, 270, vers 52.)

Guise en ses murailles forcées (*de Nice*)

Remettra les bornes passées. (I, 55, vers 226.)
Neptune, en la fureur des flots
Invoqué par les matelots,
Remet l'espoir en leurs courages. (I, 269, vers 27.)
Le soldat *remis* par son chef....
En état de faire sa garde
N'oseroit pas en déloger....
Le parfait chrétien tout ainsi....
.... ne doit pas quitter le lieu
Ordonné par la loi de Dieu ;
Car l'âme qui lui est commise,
Félonne ne doit pas fuir
Pour.... n'*être* en l'Érèbe *remise*. (I, 287 et 288, vers 49 et 66.)

Il faut résister aux occupations et les *remettre* aux armoires (*les écarter; en latin* : summovendæ sunt) plutôt que de les étaler. (II, 559.)

Il (*saint Pierre*) arrive au jardin où la bouche du traître,
Profanant d'un baiser la bouche de son maître,
Pour en priver les bons aux méchants l'*a remis*. (I, 14, vers 282.)

Il arrive ordinairement que pour ne prendre pas garde à nos actions, et les *remettre* plutôt à la fortune que de les conduire par discours, nous faisons une infinité de fautes. (II, 1.)

Si vous permettez la demande d'un bienfait, comme d'une somme due..., vous ôtez ce qu'il y a de plus beau et plus spécieux au bienfaire, qui est de.... *remettre* la chose que l'on donne entièrement à la volonté de celui qui la reçoit. (II, 56.)

Quand un homme d'honneur.... se *remet* devant les yeux que s'il meurt il ressuscitera sa patrie, etc. (II, 592.)

Tant s'en faut que par espérances et par promesses elle (*la vertu*) débauche les personnes pour les attirer à soi; qu'au contraire elle veut que tout *soit remis* sur elle (*qu'on lui sacrifie tout*). (II, 90.)

Vous n'en trouverez pas un qui ne *remette* sa vie au lendemain (*en latin* : nullius non vita spectat in crastinum). (II, 425 et 426.)

Qui lasse une personne à le *remettre* d'un jour à l'autre, et le gêne à le faire attendre, il se trompe s'il en espère ni revanche ni ressentiment. (II, 3.)

Vous êtes bien triste et bien rechigné; mais vous ne laisserez pas de rire au premier sujet qui s'en présentera. Je ne vous *remets* point à cette longueur du temps, qui cicatrise toutes plaies. (II, 495.)

Ayant devant vous l'exemple de Madame la Comtesse.... C'est là que je vous *remets*, et à l'assistance de Dieu. (IV, 194.)

Remettez à Dieu tous les autres vœux que vous lui pouvez avoir faits, et qu'il vous accorde cettui-ci. (II, 339.)

Se remettre :

Soit qu'il (*Brutus*) espérât que la liberté *se* pût *remettre* en une ville où le prix étoit si grand de commander et de servir, etc. (II, 34.)

Comme le soldat, lassé de piller, *se fut remis* dans la discipline ordinaire, etc. (II, 73.)

Puisque sur ce point je ne vous ai pas contenté par ma précédente..., je *me remettrai* sur le même discours. (II, 586.)

Ils y feroient quelque séjour, tant pour laisser reposer les soldats du régiment et autres, que pour laisser *remettre* (*se remettre*) les chevaux..., qui étoient merveilleusement travaillés. (III, 524.)

Remis, calme :

La joie et la patience aux tourments sont choses pareilles ; car en toutes deux il y a du courage; mais en l'un il est plus *remis* et plus lâche, en l'autre plus ardent et plus tendu. (II, 513.)

REMISE (à plus tard), retard :
Muses, quand finira cette longue *remise*
De contenter Gaston, et d'écrire de lui? (I, 259, vers 1.)

Parler à remises, parler en faisant des pauses. (II, 409.)

RÉMISSION, pardon, grâce :
On m'écrit de Provence que mes parties (*les meurtriers de mon fils*) se vantent d'avoir eu leur *rémission*. (IV, 119.)

REMONTRANCE, avertissement, représentation :
    Qu'à la fin la raison essaie
    Quelque guérison à ma plaie,
    Cela se peut facilement;
    Mais que d'un si digne servage
    La *remontrance* me dégage,
    Cela ne se peut nullement. (I, 98, vers 35.)
Ariston.... n'a laissé que la morale seule, qu'encore il a retranchée de cette partie qui contient les *remontrances*, parce qu'il dit que c'est un exercice de régent plutôt que de philosophe. (II, 704.)

REMORDRE, donner, causer des remords :
Sa faute le *remord*.... (I, 281, vers 97.)

REMORDS, tourment, crainte :
Il voit de tous côtés qu'il n'est vu de personne;
Toutefois le *remords* que son âme lui donne
Témoigne assez le mal qui n'a point de témoin. (I, 18, vers 389.)
    .... Le funeste *remords*
    Que fait la peur des supplices
    A laissé tous ses complices
    Plus morts que s'ils étoient morts. (I, 27, vers 31.)

REMPARER, réparer, munir.
Ceux de dedans opposoient tant d'assiduité à *remparer* les brèches, et tant de courage à repousser les assauts, que, etc. (I, 419.)
Quelle retraite si forte et si *remparée* (*en latin :* tam munita) saurions-nous choisir, où nous ne fussions aux mêmes alarmes? (II, 632.)

REMPART, au propre et au figuré :
    A-t-il jamais défait armée,
    Pris ville, ni forcé *rempart*,
    Où ta valeur accoutumée
    N'ait eu la principale part? (I, 115, vers 208.)
    Bel astre, vraiment adorable,
    De qui l'ascendant favorable
    En tous lieux nous sert de *rempart*. (I, 66, vers 37.)

REMPLIR, emplois divers :
De peur de faire un livre plutôt qu'une lettre, et vous *remplir* les mains de papier, je me réserverai pour une autre fois à disputer contre ces pointilleux si déliés. (II, 426.)
    [Les Muses] *Rempliront* de nouveaux Orphées

    La troupe de leurs nourrissons. (I, 187, vers 123.)
    Quand la faveur à pleines voiles....
    Vous feroit.... *remplir* de votre grandeur
    Ce que la terre a de rondeur,
    ...., jamais vos prospérités
    N'iront jusques où je desire. (I, 117, vers 255.)
Les yeux furent les arcs, les œillades les flèches,
Qui percèrent son âme et *remplirent* de brèches
Le rempart qu'il avoit si lâchement gardé. (I, 6, vers 53.)
    Votre honneur, le plus vain des idoles,
    Vous *remplit* de mensonges frivoles. (I, 227, vers 38.)
  Je.... ne *remplirai* ce reste de papier que de vous prier de baiser les mains pour moi à Monsieur le premier président. (III, 78.)

REMPORTER, au propre et au figuré :
    .... Demi-mort, par le défaut
    Du sang versé d'une blessure,
    Tu *fus remporté* de l'assaut. (I, 122, vers 200.)
  Vous me demanderez à quoi cela sera bon ; et je vous répondrai que si je n'en *remporte* autre chose, pour le moins en aurai-je ce point, que, etc. (I, 473.)

REMUEMENT, mouvement, au propre et au figuré :
  Ils voyoient marcher les astres, monter et descendre le ciel ; et cette diversité de *remuements* se faisoit sans point de bruit. (II, 723.)
  Les armes étant mises bas par toute la terre, et ne se parlant de trouble ni *remuement* en lieu du monde, etc. (II, 726 ; voyez II, 329.)
  Quant à l'éloquence, et aux autres choses capables de faire quelques *remuements* en un peuple, quiconque s'en veut prévaloir, il a aussitôt un adversaire en tête. (II, 314.)

REMUER, au figuré, mettre en mouvement, éveiller :
  De cette ignorance d'être malades vient la difficulté principale de nous guérir. Si une fois nous entreprenons cette cure, que de douleurs et d'indispositions il faudra *remuer!* (II, 444.)

REMUEUR, mutin :
  Les *remueurs* (*il s'agit des réformés*) demandent quelques conditions que la Reine ne veut aucunement accorder. (III, 265.)

RENAÎTRE.
    Bénis les plaisirs de leur couche,
    Et fais *renaître* de leur souche
    Des scions si beaux et si verts, etc. (I, 82, vers 196.)

RENCONTRE (d'un lieu), rencontre de ce qu'on cherche :
Le vieillard, qui n'attend une telle *rencontre*,
Sitôt qu'au dépourvu sa fortune lui montre
Le lieu qui fut témoin d'un si lâche méfait (*commis par lui*),
De nouvelles fureurs se déchire et s'entame. (I, 15, vers 289.)
  C'est une douce chose que la compagnie d'une femme.... Mais après tous les soins que nous aurons apportés à en faire une bonne élection, nous y pourrons aussi tôt faire hasard que *rencontre*. (IV, 52.)

Rencontre, bon mot, plaisanterie :
  Son babil (*le babil de Cimber*) étoit insupportable quand il avoit bu. Sur

quoi lui-même il fit cette *rencontre* : « Comme supporterois-je d'un homme, qui ne puis pas supporter le vin? » (II, 645 ; voyez II, 123, et la fin de l'article RENCONTRER.)

RENCONTRER, sens et emplois divers ; SE RENCONTRER :

Jamais tu n'as vu journée
De si douce destinée ;
Non celle où tu *rencontras*
L'orgueil à qui tu fis mordre
La poussière de Coutras. (I, 26, vers 17.)

Pour ce que vous m'écrivez.... touchant l'histoire d'Aubigné, vous avez en ce volume que je vous ai envoyé tout ce qu'il a fait imprimer. Je crois bien qu'il sera suivi d'un troisième. Mais il *a* si mal *rencontré* (*si mal trouvé, si mal su ce qu'il y avait à dire*) en ce commencement, que je crois qu'il y pensera de plus près à l'avenir. Vous pouvez juger comme il doit parler véritablement des affaires du Levant et du Midi, puisqu'en ce qui s'est fait auprès de lui.... il *rencontre* si mal. (IV, 53.)

Je vous écrivis il y a deux jours une lettre que vous trouverez en ce paquet ; mais puisque la fortune m'a fait *rencontrer* (*survenir*) sur le point que M. de Valavez l'alloit fermer, je vous y ajouterai ce que, etc. (III, 504.)

En cette multitude infinie d'attendants, il n'y en a pas un qui ne pense être de ce petit nombre sur qui le sort doit *rencontrer* (*sur qui le sort doit tomber, qu'il doit désigner, favoriser*). (II, 571.)

Vous avez fait quelque chose pour moi de m'avoir fait ballotter. Ce que mon nom *a rencontré* (*ce fait, que mon nom a eu la chance de sortir de l'urne*), je le dois au sort ; ce qu'il a pu *rencontrer*, je le vous dois (*en latin :* quod nomen meum exiit... ; quod exire potuit). (II, 181.)

Le baron de Benac, qui *avoit été rencontré*.... par M. de Balagny (*qui avait eu une rencontre avec lui*), blessé et poursuivi, etc. (III, 137.)

Une des principales marques de la benédiction de Dieu sur le Roi et sur le royaume, c'est que la faveur *se rencontre* en des personnes qui de même soin que le pilote travaillent au salut du navire, et n'aient point de plus grand intérêt que celui de sa prospérité. (IV, 87.)

RENCONTRER, trouver un bon mot, plaisanter (voyez la fin de l'article RENCONTRE) :

Celui *rencontra* fort bien, qui dit que décembre, qui ne souloit être qu'un mois, étoit à cette heure un an entier. (II, 328.)

Quelqu'un lui dit : « .... Le cordonnier que vous demandez est mort et enterré. Mais peut-être que ce qui nous afflige.... ne vous semble rien à vous..., » *rencontrant* sur ce pauvre homme, qui étoit pythagorique. (II, 239.)

RENDEUR, celui qui rend ce qu'il doit :

Qui seroit.... le *rendeur* si volontaire qui devant que de rendre ne donnât la peine de plaider? (II, 57.)

RENDEZ-VOUS.

Jules César.... fut ingrat d'avoir laissé la guerre de Gaule et d'Allemagne pour venir assiéger Rome, et.... donner le *rendez-vous* à ses troupes dans le cirque de Flaminius. (II, 155.)

RENDRE, redonner, remettre, donner, s'acquitter de ce qu'on doit, etc. :

Qui ne *rend* point un plaisir pèche davantage ; qui n'en fait point pèche le premier. (II, 5.)

Nous ne demandons pas s'il y a eu quelque fils qui *ait* plus *rendu* de bien à son père qu'il n'en a reçu. (II, 83.)

Ce que j'ai pris, si je l'ai pris de la même affection qu'on me l'a donné, je l'*ai rendu*. (II, 45.)

Rendre l'âme (*à un mort, le ressusciter*). (I, 269, vers 12.)

Je vous apporte l'offrande d'un chétif sonnet.... Il vous *sera* peut-être *rendu* trop tard. (IV, 6.)

On me vient de *rendre* votre lettre. (IV, 15.)

 Enfin après les tempêtes
 Nous voici *rendus* au port. (I, 87, vers 2.)

Là *rendront* tes guerriers tant de sortes de preuves,
Et d'une telle ardeur pousseront leurs efforts,
Que le sang étranger fera monter nos fleuves
 Au-dessus de leurs bords. (I, 281, vers 109; voyez IV, 5.)

Vous lui *rendez* une assiduité si grande.... que, etc. (IV, 197.)

Je n'ôte rien.... aux profusions excessives qu'il fait de son bien pour votre service, ni aux assiduités infatigables qu'il y *rend*. (I, 353.)

RENDRE, avec un adjectif, un participe ou un nom, faire, faire devenir :

Sans bailler ni or ni argent, par.... quelques assurances que nous baillerons à notre créancier, nous le *rendrons* content. (II, 173.)

Ce sont des finesses.... *Rendez*-moi plutôt content d'une chose (*satisfaites-moi sur un point*) qui sera bien plus à propos, etc. (II, 173.)

Par une occasion dont la facilité leur fera prendre courage, ils se *rendront* capables de revanche, et par quelque effet témoigneront qu'ils ont volonté de s'acquitter. (II, 52.)

.... Comme si c'étoit la coutume de nommer les filles premier que les mères, ou que les poëtes aient donné des noms qui pussent *rendre* la signification véritable par ce qui puis après en arriveroit. (II, 9.)

Il *a rendu* nos troubles calmes (*il a calmé nos troubles*). (I, 52, vers 148.)

[Il] *rendra* les desseins qu'ils feront pour lui nuire
Aussitôt confondus comme délibérés. (I, 71, vers 53.)

L'Orne comme autrefois nous reverroit encore....
Rendre en si doux ébat les heures consumées,
 Que les soleils nous seroient courts. (I, 58, vers 5.)

Qu'il vive donc, Seigneur... ;
Et *rendant* l'univers de son heur étonné,
Ajoute chaque jour quelque nouvelle marque
Au nom qu'il s'est acquis.... (I, 74, vers 111.)

.... Les vœux que j'ai faits pour revoir ses beaux yeux,
Rendant par mes soupirs ma douleur reconnue,
 Ont eu grâce des cieux. (I, 156, vers 3 ; voyez II, 25.)

Par la société, combien qu'il (*l'homme*) soit né pour vivre en la terre, il ose entreprendre sur une autre nature, et *rendre* la mer une partie de sa domination. (II, 109.)

On ne le peut trop aimer (*le corps*), qu'à toute heure on ne *soit* travaillé de crainte, inquiété de sollicitudes, et *rendu* le but de toutes les injures que le malheur nous voudra procurer. (II, 311.)

RENDRE, locutions diverses :

Ce seroit bien, à n'en mentir point, un trait plus courageux de demeurer sec et sobre, au milieu d'un peuple qui ne fait qu'ivrogner et *rendre* sa gorge (*vomir*) emmi les rues. (II, 329 ; voyez II, 455, 456.)

Chacun en fasse l'interprétation comme il lui plaira, et tâche d'en *rendre* quelque raison; de moi, je suis content de croire simplement, etc. (II, 8; voyez I, 475.)

A peine m'en saurez-vous nommer un qui veuille quelque chose, et qui sache *rendre* raison d'où lui est venue cette volonté. (II, 401.)

Il ne doit pas *rendre* raison pourquoy le temps ne le peut alléger, mais répondre à ce qu'il a dit. (IV, 262; voyez I, 474; IV, 268.)

Vous voulez savoir ce que je fais tous les jours, et desirez que je vous *rende* compte comme je les passe depuis le matin jusques au soir. (II, 640.)

Rendre le change (*la pareille*) à, etc. (II, 430.)

Se rendre, sens divers :

Consolez-vous, Madame, apaisez votre plainte ;
Rendez-vous à vous-même, assurez votre crainte. (I, 191, vers 5.)

Je *me rends* donc sans résistance
A la merci d'elle et du sort. (I, 131, vers 37.)

Après que ces misérables toute la nuit se sont lassés de vin et de femmes, et *se sont rendus* aux voluptés par impuissance d'y fournir, etc. (II, 489.)

Autant fait celui qui est bien à son aise, que celui.... qui par sa patience fait *rendre* (*fait se rendre, lasse*) ceux qui ont charge de le tourmenter (*en latin:* tortorem suum lasset). (II, 515.)

.... La douleur, *se rendant* la plus forte,
Lui fait encore un coup une plainte arracher. (I, 15, v. 311; voy. I, 4, v. 11.)

Le rendre, substantivement :

L'un est diverti par une vilaine honte qu'il a que *le rendre* ne lui soit une confession d'avoir reçu. (II, 243.)

RENFERMER (Se) :

Les peuples pipés de leur mine,
Les voyant ainsi *renfermer* (*se renfermer, s'enfermer*),
Jugeoient qu'ils parloient de s'armer
Pour conquérir la Palestine (*il s'agit des mignons de Henri III*). (I, 311, vers 2.)

RENGRÉGER, s'aggraver.

Le déplaisir du médecin qui voit *rengréger* une maladie dont il a trop hardiment espéré la guérison, etc. (IV, 225.)

RENOM.

Par ce bruit je vous ai donné
Un *renom* qui n'est terminé
Ni de fleuve ni de montagne. (I, 146, vers 8; voyez I, 84, vers 7.)

RENOMMÉ.

.... Ce pouvoir si grand dont il est *renommé*. (I, 269, vers 28.)

[La France] Aura.... fait gagner à ses armées
Des batailles si *renommées*,
Afin d'avoir cette douleur
D'ouïr démentir ses victoires? (I, 65, vers 6.)

RENOMMÉE.

Non, Malherbe n'est pas de ceux
Que l'esprit d'enfer a déceus
Pour acquérir la *renommée*
De s'être affranchis de prison
Par une lame, ou par poison. (I, 288, vers 73.)

RENOUVEAU, printemps :

Le roi d'Espagne presse fort les mariages pour ce mois de septembre; toutefois la Reine dit, il y a deux jours, qu'elle avoit fait remettre la partie à ce *renouveau*. (III, 304 ; voyez III, 307.)

RENOUVELER.

Dans toutes les fureurs des siècles de tes pères,
Les monstres les plus noirs firent-ils jamais rien
Que l'inhumanité de ces cœurs de vipères
      Ne *renouvelle* au tien? (I, 278, vers 20.)
Comme un homme dolent que le glaive contraire
A privé de son fils et du titre de père,...
S'il arrive en la place où s'est fait le dommage,
L'ennui *renouvelé* plus rudement l'outrage. (I, 15, vers 287.)
Puisque vous êtes de retour..., je *renouvellerai* ma diligence à vous écrire. (III, 491.)
Aujourd'hui c'en est fait, elle est toute guérie,
Et les soleils d'avril peignant une prairie
En leurs tapis de fleurs n'ont jamais égalé
      Son teint *renouvelé*. (I, 298, vers 16.)

RENTE, fruit, produit, au figuré :

Pource que je vous dois, selon ma coutume, la *rente* de ma journée, je veux vous faire part d'une chose qui m'a aujourd'hui grandement plu dans Hécaton. (II, 280.)

RENVERSÉ, au figuré, retourné, retombé :

A la fin tant d'amants dont les âmes blessées
    Languissent nuit et jour   *leur auteur*),
Verront sur leur auteur leurs peines *renversées* (*leurs peines retomber sur*
Et seront consolés aux dépens de l'Amour. (I, 149, vers 3.)

RENVOYER.

Quand la mort nous a si bien investis qu'il n'y a plus de moyen d'en échapper, et que nous *sommes renvoyés* à la conscience, comme à un juge incorruptible, c'est alors que, etc. (II, 101.)

RENVOYER, au futur :

Je les vous *renvoyerai*. (III, 5, etc. ; voyez l'article ENVOYER.)

RÉPARATION.

A Rome nous l'appelons (*nous appelons Dieu*) le père Liber..., pour l'invention des semences et *réparation* de la nature avec plaisir. (II, 97.)

ÉPARER.

Que pouvez-vous faire autre chose que travailler journellement à *réparer* (*corriger, améliorer*) votre vie, dépouiller quelqu'une de vos erreurs, etc.? (II, 443 ; voyez I, 21, vers 14.)
Il *répare* en la contemplation des choses divines ce qu'il a accueilli de vicieux et de sale au commerce de l'humanité. (II, 507.)

REPASSER, au propre et au figuré :

En vain, mon Colletet, tu conjures la Parque
De *repasser* ta sœur dans la fatale barque. (I, 299, vers 2.)
Je vous en dirai davantage de votre livre quand je l'*aurai repassé* encore une fois. (II, 427.)

Me conseilleriez-vous de feuilleter autant d'annales qu'il y a de peuples sur la terre, de.... *repasser* mon jugement sur les censures d'Aristarque, et user toute ma vie après des syllabes? (II, 698.)

REPEINDRE (Se) :
Depuis que tu n'es plus, la campagne déserte
A dessous deux hivers perdu sa robe verte,
Et deux fois le printemps l'*a repeinte* de fleurs. (I, 59, vers 33.)

REPENTANCE, repentir, regret :
La volupté.... tire infailliblement la honte et la *repentance* après elle. (II, 217 ; voyez II, 172, 212.)

REPENTIR (Se) :
Une plus belle amour se rendit la plus forte,
Et le fit *repentir* (*se repentir*) aussitôt que pécher. (I, 5, vers 12.)

RÉPÉTER, réclamer; Répétition, réclamation :
Quand nous disons qu'il ne faut point *répéter* un plaisir qu'on a fait, nous n'en condamnons pas toute *répétition;* car assez souvent les méchants ont besoin d'être pressés de rendre, et les gens de bien d'en être avertis. (II, 241.)

RÉPIT, délai, retard (d'un mal, de la fin) :
Si Dieu par sa providence fait vivre le monde, qui n'est non plus immortel que l'homme, et le soutient parmi tant de choses qui l'ébranlent, nous avons de notre côté quelque moyen de donner du *répit* à notre vie, si nous nous rendons maîtres de nos voluptés. (II, 480.)

REPLIER, au figuré :
Il y a de certaines questions qu'on ne met en avant que pour l'exercice de l'esprit.... Il en est d'autres qui plaisent quand on les recherche.... Vous me ferez tenir les premières sur la montre, ou *replier* incontinent, comme il vous plaira. (II, 169.)

RÉPONDRE (Se) de :
C'est une assurance de fous de *se répondre de* la fortune. (II, 126.)

RÉPONSE.
Je sais bien la *réponse* de la question que vous me faites, s'il m'en pouvoit ressouvenir. (II, 558.)

REPORTER, remporter, ramener :
Si quelqu'un a fait bris (*a fait naufrage*), nous lui équipons une autre barque pour le *reporter*. (II, 101.)

REPOS.
Que d'hommes fortunés en leur âge première....
Du depuis se sont vus en étrange langueur,
Qui fussent morts contents si le ciel amiable....
Au temps de leur *repos* (*au temps où ils étaient paisibles et heureux*) eût coupé
   ta longueur (*c'est une apostrophe à la vie*)! (I, 10, vers 162.)
Si Tityre a une si grande obligation à celui qui l'a mis en un *repos* où tout ce qu'il a de commodité, c'est que ses bœufs ont de l'herbe, etc., quelle devons-nous avoir à ceux qui nous en donnent *un* (*un repos*) où nous ne sommes pas tant compagnons des Dieux comme Dieux mêmes? (II, 566.)

Le *repos* du siècle où nous sommes
  Va faire à la moitié des hommes
  Ignorer que c'est que le fer. (I, 214, vers 128.)
Quel penser agréable a soulagé mes plaintes,
Quelle heure de *repos* a diverti mes craintes,
Tant que du cher objet en mon âme adoré
  Le péril a duré? (I, 297, vers 6.)

REPOSÉE, pause :

Quand je verrai quelqu'un s'acheminer à quelque entreprise louable, tant plus il se bandera, sans vouloir faire de *reposées*, tant plus je me ravirai de le regarder. (II, 385.)

REPOSER, neutralement; SE REPOSER :

Notre esprit.... peut aussi peu descendre que *reposer*. (II, 404.)

Reposer, pour *se reposer*, blâmé par Malherbe chez des Portes. (IV, 447.)

.... Ceux qui desirent des inconvénients à leurs amis, afin de les en délivrer.... au lieu qu'ils feroient mieux de *se reposer* que par une méchanceté chercher l'occasion de faire bien. (II, 193.)

Je ne pense pas que nous soyons trompés quand nous dormirons sur leur vigilance, et que nous *nous reposerons* sur leur travail. (I, 393.)

REPOUSSER.

  .... Un bras homicide,
Dont rien ne *repoussoit* l'effort. (I, 113, vers 152.)

RÉPRÉHENSION, reproche, blâme :

Vous me demandez mon avis de la *répréhension* que fait Épicure.... de ceux qui disent que le sage est content de soi-même, etc. (II, 288.)

REPRENDRE, ÊTRE REPRIS :

Ils en plantent aussi d'une autre sorte. Ils prennent des scions d'olivier.... Ceux-ci ne viennent pas sitôt; mais quand ils *sont repris* une fois, ils jettent du plus beau bout qu'il est possible. (II, 673.)

La cicatrice ne donne jamais de contentement, que quand on se souvient de la plaie; et si nous prenons plaisir de la voir *reprise*, c'est en sorte que nous aimerions encore mieux qu'elle n'eût du tout point été. (II, 194.)

REPRÉSENTER (SE), avec *se* régime direct, se présenter, paraître (plusieurs fois) :

Pensons ce qui sera le mieux reçu, ce qui plus souvent *se représentera* devant les yeux, afin que celui à qui nous donnons pense être aussi souvent avec nous comme il sera avec notre présent. (II, 19.)

FAIRE REPRÉSENTER, en style de procédure :

Il (*mon fils*) est en prise de corps. Je crois bien que si je l'eusse voulu *faire représenter* (*faire qu'il se représentât, se présentât devant la justice*), il en seroit quitte. (III, 569.)

REPRÉSENTER, figurer :

Vous ne sauriez voir notre vie mieux *représentée* qu'au sac d'une ville. (II, 244.)

SE REPRÉSENTER, avec *se* régime indirect, se mettre dans l'esprit, se figurer, penser à quelque chose, examiner :

Il faut quelquefois *se représenter* une pauvreté imaginaire, pour s'accoutumer à la véritable. (II, 337.)

Il *nous* faut *représenter* un témoin en toutes nos actions. (II, 362.)

Nous ne *nous représentons* pas d'où nous sommes partis, mais où nous voudrions bien être. (II, 41.)

Qui est le jeune homme si simple qui ne souhaite la mort de son père ;... et si consciencieux, qu'il ne *se* la *représente* (en latin : cogitat)? (II, 157.)

Représentez-vous si l'ingratitude.... n'est pas évitable. (II, 108.)

REPRISE D'HALEINE, au figuré. (II, 427.)

REPROCHE, au féminin :

C'est *une reproche* que fait Épicure à Stilpon. (II, 288; voyez II, 65, 224, 359.)

REPROCHER, REPROCHER QUE :

Si pour m'avoir donné une vie...., sans force..., il (*mon père*) me pense avoir fait un si grand présent, qu'il se souvienne qu'il me *reproche* une chose que les vers et les mouches ont aussi bien que moi. (II, 81.)

Je vous *reprocherai*.... que vous l'avez fait naître (*mon affection*), pour, etc. (IV, 164.)

RÉPUBLIQUE, État, cité :

Ils (*les Dieux*) font ceux-ci rois, pource.... qu'au lieu de vouloir être servis par la *République*, ils n'ont point imaginé de plus glorieuse domination que de se dédier à la servir. (II, 123.)

Nous ne voulons pas que ceux qui nous suivent se mettent de toutes *républiques*...; et puis, quand nous avons mis le sage aux affaires d'une *république* digne de lui, qui est le monde, en quelque part qu'il fasse sa retraite, il est toujours en sa *république*. (II, 530.)

RÉPUGNER, éprouver de la répugnance à faire quelque chose :

La nécessité n'est que pour celui qui *répugne;* il n'y en a point pour celui qui consent. (II, 492; voyez II, 192.)

REPURGER, purger, purifier :

Ce grand démon (*l'Amour*), qui se déplaît
D'être profane comme il est,
Par eux veut *repurger* son temple. (I, 300, vers 7.)

RÉPUTATION.

Regardons le Rhin, l'Euphrate... : que seroient-ils si nous en faisions l'estime aux lieux où ils commencent à courir? Tout ce qui.... leur donne *réputation*, ils ne l'ont que pour avoir fait du chemin. (II, 78.)

Nous ferons perdre la *réputation* d'une chose si magnifique et si brave, si nous la traitons comme une marchandise. (II, 64.)

Ce n'est point le trait d'une âme servile d'avoir acheté la gloire d'un acte louable par la *réputation* de vouloir faire une méchanceté. (II, 73.)

Après souper, il s'en fera un (*un ballet*) de *réputation* (*un ballet renommé, fameux*). (III, 371.)

RÉPUTER, estimer, tenir pour :

.... Nommer en son parentage
Une longue suite d'aïeux....

Est réputé grand avantage. (I, 110, vers 64.)
.... Vivre une journée
Est réputé pour elle une longue saison. (I, 208, vers 24 ; voyez II, 32.)

RÉPUTER À, tenir pour :
Nous ne voulons pas avouer que notre serviteur nous puisse obliger, et cependant nous *réputons à* beaucoup de faveur si celui d'un autre a seulement fait signe de nous voir quand nous l'avons salué. (II, 77.)

REQUÉRIR, prier de quelque chose, réclamer (un service, etc.) :
Lequel est-ce de nous qui,... sentant venir quelqu'un pour le *requérir*, ne s'est ridé le front, n'a tourné la vue d'autre côté? (II, 3.)
Je vous ai vu si prompt et si franc à m'offrir cet offre que je n'oserois être cérémonieux à vous en *requérir*. (IV, 139.)

ÊTRE REQUIS, être exigé, nécessaire :
Vivre est la moindre partie de ce qui *est requis* pour bien vivre. (II, 80.)

REQUÊTES, prières :
Quiconque tient ce langage n'oit pas les *requêtes* qui leur sont adressées journellement (*aux Dieux*). (II, 93 ; voy. I, 164, v. 41 ; 269, v. 21.)

RESCISION, annulation :
Il peut y avoir de l'interruption en ses bienfaits (*de la nature*), mais de *rescision* il n'y en a point. (II, 169.)

RESCRIPTION, ordre de payement. (IV, 56, 59, note 6.)

RÉSERVER, SE RÉSERVER, sens et emplois divers :
Qui donne beaucoup à l'espérance ne *réserve* guère à la mémoire. (II, 55.)
Réservez le repos à ces vieilles années
 Par qui le sang est refroidi (*il sera assez temps de vous reposer quand vous serez vieux*). (I, 237, vers 33.)
C'est.... un sujet sur lequel je serois bien aise de m'étendre ; mais.... il vaut mieux que je le *réserve* à une autre fois. (I, 395 ; voyez IV, 80.)
Ceux qui te veulent mal sont ceux que tu conserves ;
Tu vas à qui te fuit, et toujours le *réserves*
A souffrir en vivant davantage d'ennuis. (I, 10, vers 149 ; voyez IV, 118.)
 .... Il sait qu'en ses destinées
 Les nôtres seront terminées,
 Et qu'en lui seul *est réservé*
 Notre bien et notre dommage. (I, 53, vers 167 *var*.)
A quel propos *me réserverai*-je aux rigueurs d'une maladie qui n'a point d'espérance.... si parmi les tourments mêmes j'ai moyen de m'ouvrir le passage? (II, 540 ; voyez II, 578.)
De peur de faire un livre plutôt qu'une lettre..., je *me réserverai* pour une autre fois à disputer contre ces pointilleux si déliés. (II, 426.)

RÉSIDER.
 La main de cet esprit farouche....
 A peine avoit laissé le fer ;
 Et voici qu'un autre perfide,
 Où la même audace *réside*,...
 De pareilles armes s'apprête
 A faire un pareil attentat. (I, 77, vers 56.)

RÉSINE, résigné, remis :

.... Cette princesse (*Marie de Médicis*) en vos mains *résinée* (*remise en vos mains; il parle à Richelieu*)
Vaincra de ses destins la rigueur obstinée. (I, 261, vers 6.)

RÉSISTANCE.

Une *résistance* mortelle (*venant d'un mortel*)
Ne m'empêche point son retour ;
Quelque Dieu qui brûle pour elle
Fait cette injure à mon amour. (I, 302, vers 13.)

RÉSISTER à, emplois divers :

Je sais bien quel effort cet ouvrage demande ;
Mais si la pesanteur d'une charge si grande
Résiste à mon audace, et me la refroidit,
Vois-je pas vos bontés à mon aide paroître? (I, 244, vers 11.)

Il faut *résister aux* occupations et les remettre aux armoires (*les écarter*), plutôt que les étaler. (II, 559.)

Puisque l'impossibilité *lui résiste* (*puisque l'impossibilité est ce qui l'empêche de s'acquitter*), payez-vous de la grandeur de son affection. (II, 232.)

Je sais qu'il n'est pas raisonnable de vouloir venir à compte avec lui. Sa qualité d'arbitre souverain de.... nos vies *y résiste*. (IV, 214.)

.... De trouver de la recommandation aux effets, c'est chose que malaisément je puis espérer de ma fortune. Voilà pourquoi je la cherche aux paroles. La discrétion *m'y résiste*, et par la considération de vos mérites me retient le plus qu'elle peut de vous importuner. (IV, 153.)

RÉSOLUTION, dissolution, annulation :

Après la *résolution* universelle du monde (*en latin :* resoluto mundo), toutes choses étoient retournées en leur confusion première. (II, 293.)

Ce qui est ne sera plus, et ne périra pas pourtant, mais se résoudra. Cette *résolution* nous semble une mort, parce que nous ne regardons qu'aux choses qui sont près de nous. (II, 550.)

RÉSOLUTION, décision, action de se résoudre, de se résigner :

Je vous supplie de.... m'envoyer la *résolution* du billet (*la réponse au billet, votre décision au sujet du billet*) que je laissai hier au soir à votre homme pour vous bailler. (III, 582.)

Vous différer davantage cette lamentable histoire, c'est différer votre *résolution* (*votre résignation*). (IV, 3.)

RÉSONNER DE :

.... Sous l'épaisseur des rameaux
Il n'est place où l'ombre soit bonne
Qui soir et matin ne *résonne*
Ou *de* voix ou *de* chalumeaux. (I, 215, vers 149 et 150.)

RÉSOUDRE, au sens physique, dissoudre, fondre :

La grêle.... fait bien quelque bruit sur les tuiles de nos maisons, mais se *résout* tout aussitôt. (II, 424.)

Qu'avons-nous à faire de *résoudre* ce que nous avons de vigueur en un bain chaud? (II, 448.)

Ce qui est ne sera plus, et ne périra pas pourtant, mais se *résoudra*. Cette résolution nous semble une mort, etc. (II, 550.)

Résoudre, au sens moral, décider, instruire d'une décision, convaincre, donner de la résolution :

Quoi donc? grande princesse, en la terre adorée,
Vous *avez résolu* de nous voir demeurer
En une obscurité d'éternelle durée? (I, 68, vers 3.)
   Je *suis résolu* de l'ignorer, etc. (IV, 142.)
   Dites-lui que je lui permettrai de me voir devant que je parte, et que pour ce qu'il me demande, j'y aviserai et l'en *résoudrai*. (III, 396.)
   Jupiter.... *fut si peu résolu* du parti qu'il devoit prendre, que sans vouloir rien prononcer de lui-même, il se fit apporter des balances. (IV, 93.)
   Entre ci et mardi nous *serons résolus* de la paix ou de la guerre. (III, 98.)
   Depuis blâmant en soi cette volonté secrète qu'il avoit eue de ne payer point..., il retourne à la même boutique, *résolu* que le cordonnier n'étoit point mort pour lui, et qu'il falloit payer ce qu'il devoit. (II, 239.)
   Si la mort vient et nous appelle quand nous n'aurons pas vécu la moitié d'une vie ordinaire, nous.... nous en irons *résolus* que pour avoir eu plus d'âge nous n'eussions pas acquis plus de vertu. (II, 610.)
   Cette coutume lui vient de l'étude qu'il a faite en philosophie, qui *résout* tellement les âmes, que de quelque petite complexion que soit un homme, il a toujours assez de force. (II, 378.)
   Un homme *résolu* parmi les douleurs. (II, 552.)
      La constance nous *résoudra*
      Contre l'effort de tout désastre. (I, 287, vers 47.)
   Il ne doute point de la bonté des Dieux, et *est résolu* contre la malice des hommes. (II, 215.)

Se résoudre, se décider, se convaincre; Se résoudre avec.... de, se concerter avec.... au sujet de :

      Les Dieux longs à *se résoudre*
      Ont fait un coup de leur foudre. (I, 23, vers 5.)
   A quelles dures lois m'a le ciel attaché,
   Que l'extrême regret ne m'ait point empêché
   De *me* laisser *résoudre* à cette départie? (I, 129, vers 4.)
   Beauté, mon beau souci,...
   Pensez de *vous résoudre* à soulager ma peine,
   Ou je *me* vais *résoudre* à ne le souffrir plus. (I, 36, vers 3 et 4.)
   Telle que notre siècle aujourd'hui vous regarde,...
   Telle je *me résous* de vous bailler en garde   v. 32; IV, 142.)
   Aux fastes éternels de la postérité. (I, 244, v. 7; voy. I, 30, v. 47; 303,
   .... Et parce que l'on pourroit dire que ce pouvoit être de l'autre race des Malherbes..., cela *se résout* pour nous par ce que le duc Guillaume, etc. (*cela est décidé en notre faveur par ce fait que....*). (I, 332.)
   [Ce qui] est généralement observé par tous ceux qui aiment l'honneur, c'est de *se résoudre* de n'être jamais vaincus. (II, 137.)
   Puisque ce m'est chose si difficile (*de trouver des paroles de reconnaissance*)..., je *me résoudrai* pour le meilleur expédient de recourir à votre même bonté. (IV, 4.)
   Un bel esprit ne doit.... se vouloir excepter d'une loi générale, mais *se résoudre*, ou qu'il s'en va recevoir une meilleure vie..., ou pour le moins que.... il retournera se rassembler à sa nature. (II, 551.)
   Résolvons-nous qu'il n'est point de hardiesse dont la fortune ne soit capable. (II, 730; voyez IV, 199.)
   Le président Janin est fort bien avec le Roi, et tous les soirs le Roi,

l'envoie querir pour lui communiquer ce qui s'est proposé au conseil, et *s'en résoudre avec* lui. (III, 109; voyez III, 74.)

Se résoudre, se soumettre (à), se résigner (à) :

Dois-je pas *me résoudre* à tout ce qui lui plaît? (I, 135, vers 32.)

.... Il.... vaut mieux *se résoudre*
En aspirant au ciel être frappé de foudre,
Qu'aux desseins de la terre assuré se ranger. (I, 22, vers 31.)

Tant que vos larmes couleront, il est impossible que les siennes s'arrêtent.... Donnez-lui l'exemple de *se résoudre*. (IV, 217.)

Il faut oser.... quelque chose pour votre repos, ou *vous résoudre* de vieillir en cette inquiétude, etc. (II, 335; voyez II, 569.)

Résoudre, pour *se résoudre* :

Je lui ai offert que s'il me bailloit la prise de corps, je la ferois exécuter sans aucune considération; cela l'a fait *résoudre*, et m'a assuré que sans faute demain il le feroit faire. (III, 20; voyez I, 43, vers 67.)

Résoudre, pour *se résoudre*, est blâmé par Malherbe dans ce vers de des Portes :
Me força de *résoudre* à quitter furieux. (IV, 382.)

RESPECT, point de vue, considération, égard, dignité :

Un plaisir m'est agréable,... quand celui qui me le fait.... n'a pas seulement égard à me secourir en ma nécessité, mais y ajoute encore le *respect* de considérer de quelle façon je veux être secouru. (II, 26.)

Roi que tout bonheur accompagne,
Vois partir du côté d'Espagne
Un soleil (*Anne d'Autriche*) qui te vient chercher :
O vraiment divine aventure,
Que ton *respect* fasse marcher
Les astres contre leur nature! (I, 199, vers 35.)

.... Quelques vains *respects* qu'allègue mon devoir,
Je ne céderai point.... (I, 304, vers 10.)

.... Moi, que les *respects* obligent au silence,
J'ai beau me contrefaire, et beau dissimuler :
Les douceurs où je nage ont une violence
Qui ne se peut celer. (I, 157, vers 24.)

Certes où l'on peut m'écouter
J'ai des *respects* qui me font taire;
Mais en un réduit solitaire
Quels regrets ne fais-je éclater? (I, 294, vers 20.)

Le sceptre que porte sa race
Lui met le *respect* en la face,
Mais il ne l'enorgueillit point. (I, 46, vers 43.)

Pour ce respect, pour ce motif, à cause de cela :

Celui qui leur a donné cet avis est fort brouillé, et *pour ce respect*, et encore pour avoir dit, etc. (III, 130.)

RESPIRATION, souffle :

Les Dieux amollissent les hivers et les étés avec une plus douce *respiration*. (II, 249; voyez II, 96.)

RESPIRER, activement :

Je défendis.... à ma bouche de *respirer* autre chose que la gloire de votre nom. (IV, 154.)

RESSEMBLER, activement :

[Ses pleurs] *Ressemblent* un torrent.... (I, 15, vers 304.)
Ce langage et autres qui le *ressemblent*. (II, 39; voyez II, 175, 246.)

RESSENTIMENT, sentiment laissé ou causé par quelque chose :

Si vous voyez un homme aussi haut que les Dieux, ne serez-vous pas touché de quelque *ressentiment* qui vous induise à le vénérer ? (II, 412.)

Non-seulement un esprit déjà parfait en sagesse, mais tout autre qui aura quelque chose de généreux, est capable d'avoir ce *ressentiment* (*il s'agit du sentiment qui pousse l'homme de cœur à sacrifier sa vie pour sa patrie*). (II, 593.)

Pour condamner vos larmes, il faudroit ignorer le plus juste *ressentiment* qui soit en la nature (*il parle à une personne qui vient de perdre un frère*). (IV 196.)

Les *ressentiments* de douleur que me cause votre éloignement. (IV, 154.)

Bien est-il malaisé de recevoir de si pesants coups, sans donner quelque signe de *ressentiment*. (IV, 39.)

RESSENTIMENT, souvenir d'un bien, reconnaissance :

Si vous aviez quelque *ressentiment*, ne diriez-vous pas :
C'est de la main de Dieu que tout ce bien me vient? (II, 96.)

Continuez de m'aimer sans espérance quelconque de *ressentiment*. Aussi ferai-je beaucoup si je puis aller jusques à la reconnoissance. (III, 257.)

On ne sauroit trop montrer de *ressentiment*, quand on a reçu quelque plaisir. (II, 626; voyez II, 17, 38, 54, 197; IV, 83.)

RESSENTIR, sentir :

Vous ne me trouverez plus tel que vous m'avez vu ; car ma dernière saison, oragée de tant d'afflictions qui ont désolé ma Calliope, *ressent* aussi mes enthousiasmes grandement refroidis. (I, 356.)

SE RESSENTIR DE, se souvenir d'un bien ou d'un mal, être reconnaissant de, éprouver du ressentiment de :

Qui *se* doit *ressentir d'*un bienfait se prépare à le reconnoître dès l'heure même qu'il le reçoit. (II, 39.)

Celui qui est déjà disposé à bien faire.... le fera encore de meilleure volonté, quand il saura que ceux qu'il oblige ne seront tenus à *s'en ressentir* qu'autant qu'il leur plaira. (II, 63 ; voyez II, 52, 53, 67; IV, 47, etc.)

Le baron de Lus.... se faisant auteur de la mort de feu M. de Guise, Monsieur le chevalier a cru avoir juste occasion de *s'en ressentir*. (III, 270.)

RESSERRER, rétrécir :

Montrez-moi un homme à qui toutes ces subtilités aient jamais fait faire un pas vers le péril. Elles rompent le cœur tout au contraire et le *resserrent* aux occasions importantes, où, plus qu'en autre part, il auroit besoin de s'élargir. (II, 639.)

Nous disons d'un homme qui épargne beaucoup que c'est une âme basse et *resserrée*. (II, 48.)

RESSERRER, cacher, retirer :

Montrons-lui (*à notre ami*) que ce nous est plaisir d'en avoir reçu de lui. Ne *resserrons* point notre affection ; faisons-la paroître. (II, 37.)

Les tigres et les lions ne dépouillent jamais la cruauté qui leur est naturelle : il est bien quelquefois qu'ils la *resserrent*. (II, 657.)

La peine, la douleur, et tout ce qu'il y a d'incommodités ne servent de rien; la vertu les gardera de paroître. Les douleurs, les ennuis, les injures se *resserreront (se dissimuleront)* aussitôt. (II, 515.)

Il y a deux sortes d'hommes reconnoissants. L'un est celui qui a rendu quelque chose au lieu de ce qu'il avoit reçu. L'autre est celui qui de bon cœur a reçu quelque bienfait, et de bon cœur s'en reconnoît obligé. Le premier a peut-être de quoi faire montre. Le dernier *est resserré (retiré, renfermé)* dans sa conscience. (II, 111.)

Le dieu de Seine....
.... se *resserra* tout à l'heure
Au plus bas lieu de sa demeure. (I, 79, vers 95.)

RESSORT, au figuré :

Le gain n'est point un *ressort* qui fasse mouvoir la vertu, comme aussi le dommage ne la divertit point de ses résolutions. (II, 90.)

« Je porte, dit Stilpon, tout mon bien sur moi; » parole certainement qui témoigna la force du *ressort* de son âme. (II, 294.)

RESSOUVENANCE, souvenir :

La crainte du mal à venir et la *ressouvenance* du passé. (II, 606; voyez II, 241.)

RESSOUVENIR, impersonnel, IL ME RESSOUVIENT, IL VOUS RESSOUVIENT :

Je sais bien la réponse de la question que vous me faites, *s'il m'en pouvoit ressouvenir;* mais il y a si longtemps que je n'ai donné de l'exercice à ma mémoire, que je n'en fais pas bien ce que je veux. (II, 558.)

S'il vous ressouvient du pouvoir
Que ses traits vous ont fait avoir, etc. (I, 35, vers 67.)

SE RESSOUVENIR, se souvenir :

Ne devois-je être sage, et *me ressouvenir*
D'avoir vu la lumière aux aveugles rendue? (I, 10, vers 171.)
Je *me ressouviens* de quelque langage que je vous ai ouï tenir. (II, 297.)
Quittez cette poursuite, et *vous ressouvenez*
Qu'on ne voit jamais le tonnerre
Pardonner au dessein que vous entreprenez. (I, 295, vers 4.)
Voyez tome I, p. 116, vers 238; tome II, p. 20, 54, 128.

RESSUSCITER, activement :

Il n'est rien de si beau comme Caliste est belle :...
Sa parole et sa voix *ressuscitent* les morts. (I, 132, vers 7.)

D'où avez-vous eu.... tant de saveurs exquises qui vous provoquent le palais en la fin même de vos repas et vous *ressuscitent* l'appétit? (II, 96.)

RESTE.

J'ai beau par la raison exhorter mon amour
De vouloir réserver à l'aise du retour
  Quelque *reste* de larmes;
  Misérable qu'il est,
Contenter sa douleur, et lui donner des armes,
  C'est tout ce qui lui plaît. (I, 256, vers 33.)

C'est l'étude de la sagesse qui mérite l'honneur.... Tout le *reste* ne sont que jouets à petits enfants. (II, 686.)

RESTER, avec l'auxiliaire *avoir*, blâmé par Malherbe chez des Portes. (IV, 397.)

RESTITUER quelqu'un EN SON ENTIER, le rétablir dans l'état où il était (en latin : *restituere in integrum*). (II, 64; voyez RÉTABLIR.)

RESTIVER, s'arrêter, refuser d'avancer, résister, blâmé par Malherbe chez des Portes dans le sens d'*échapper*, de *garder sa liberté*. (IV, 442.)

RESTREINDRE (SE) DANS, s'assujettir à, se renfermer dans :
Pour ce qui est de l'histoire, je l'ai suivie exactement...; mais je n'ai pas voulu faire les grotesques qu'il est impossible d'éviter quand on *se restreint dans* la servitude de traduire de mot à mot. (I, 465.)

Pour ce qui est de l'intérêt, il (*Richelieu*) n'en connoît point d'autre que celui du public.... Il *s'y restreint* comme *dans* une ligne écliptique, et ses pas ne savent point d'autre chemin. (IV, 105; voyez RÉTRAINDRE.)

RÉTABLIR EN SON ENTIER. (II, 437; voyez RESTITUER.)

RETARDEMENT, retard :
Tantôt nous reprochons un plaisir avec impatience,... tantôt nous murmurons pour peu qu'il y ait de *retardement* à nous le rendre. (II, 2.)

Comme tous ceux qui courent dans un labyrinthe, nous nous impliquons toujours davantage, et pour faire trop de diligence, sommes cause de notre *retardement*. (II, 421.)

RETARDER.
Sa vie, auparavant si chèrement gardée,
Lui semble trop longtemps ici-bas *retardée*. (I, 9, vers 122.)

SE RETARDER, se ralentir :
Ses chevaux tantôt vont, et tantôt *se retardent*. (I, 18, vers 374.)

RETENIR, emplois divers :
Va, laisse-moi, dit-il, va, déloyale vie;
Si de te *retenir* autrefois j'eus envie, etc. (I, 9, vers 128.)

Qu'ai-je à faire de vous en nommer un monde d'autres, qui fussent demeurés aux ténèbres de l'oubli, si la gloire de leur fils ne les eût déterrés, et ne les *retenoit* encore en la mémoire du siècle présent? (II, 83.)

.... Si les regrets de ma faute avenue
M'*ont* de ton amitié quelque part *retenue*,
Puisque ma fin est près, ne la recule pas. (I, 17, vers 350.)

Si vous voulez guérir les âmes, *retenir* la foi au commerce des hommes, et graver dans les cœurs la mémoire des bienfaits, tenez-nous un autre langage. (II, 10.)

La résolution fut que Corinthe seroit rendue aux Achaïens, mais qu'on laisseroit une garnison dans la forteresse, et *retiendroit*-on Chalcis. (I, 438.)

Ils n'avoient point d'autres rois que les sages, sous l'autorité desquels les violences *étoient retenues* en bride et les foibles garantis de l'oppression des plus forts. (II, 710.)

RETENIR QUE, avec le subjonctif, pour *empêcher de*, avec l'infinitif:
Pource que les jeunes gens sont en un âge qui a besoin de conduite, ils (*les pères*) leur ont été baillés comme magistrats domestiques, pour les *retenir qu*'ils ne fassent rien de mal à propos. (II, 61.)

RETENU, discret :
Quand je serois *retenu* à prier tous les hommes du monde, il seroit impossible que je le fusse en votre endroit. Je connois votre courtoisie. (IV, 101.)

RÉTENTION, action de retenir :
Voulant que la *rétention* des intérêts desdits deux mois expirés fût

opposée dans la transaction, etc. (I, 340; *il s'agit des intérêts d'un capital.*)

RETIRER, emplois divers :

Composez-vous sur eux, âmes belles et hautes;
Retirez votre humeur de l'infidélité. (I, 300, vers 22.)

Il (*Philippe*) diminua le nombre des rangs (*de soldats*), et *retira* dans les files ce qu'il en ôta, pour faire son bataillon plus long que large.... Quintius, après *avoir retiré* dans les rangs ceux qui étoient venus du combat, fit sonner la charge. (I, 407.)

Cela ne se fait point que notre jugement ne se divise. Nous *sommes poussés* d'une part, et *retirés* de l'autre. (II, 638.)

La paix, qui neuf ans *retirée,*
Faisoit la sourde à nous ouïr,
A la fin nous laissa jouir
De sa présence desirée. (I, 123, vers 231.)

Tant s'en faut que cela nous doive frustrer, et nous *retirer* d'une action la plus belle du monde, que si je pensois ne rencontrer jamais une revanche, j'aimerois mieux y renoncer, que de me priver du contentement de faire plaisir (II, 5.)

La nature de ce prêt est telle, qu'il n'en faut *retirer* que ce qui nous en est rendu volontairement. (II, 2.)

Si nous ne donnions qu'avec espérance de *retirer*, il ne faudroit pas donner à qui seroit le plus digne de recevoir, mais à qui auroit plus de moyen de rendre. (II, 92.)

Qu'ai-je à faire de *retirer* un bien que j'aurai fait (*en latin :* an recipiam beneficia)? Après qu'on m'aura rendu, n'est-ce pas mon intention de continuer à donner? (II, 103.)

Se retirer; se retirer de :

Ne prenez pas tant garde à ce que vous mangez comme avec qui vous mangez.... Pour avoir cette élection, *retirez-vous* (*en latin :* secesseris); autrement, il faut, etc. (II, 336.)

.... Tout incontinent leur bonheur *se retire* (*s'en va, cesse*). (I, 208, v. 28.)

.... Celui qui.... veut mourir avec ce contentement, que l'ennemi ait pu avoir sa vie, mais non pas l'avantage de le faire *retirer* (*se retirer*). (II, 136.)

.... Je *me retire*
De tous ces frivoles discours :
Ma Reine est un but à ma lyre
Plus juste que nulles amours. (I, 210, vers 31 et 32.)
Qu'en ma seule mort soient finies
Mes peines et vos tyrannies,
Cela se peut facilement;
Mais que jamais par le martyre
De vous servir je *me retire,*
Cela ne se peut nullement. (I, 98, vers 41.)

RETORDRE (Se), se tordre, au propre :

Quand.... il veut décrire comme le fil *se retord*, comme il se tire de la canette, etc. (II, 716.)

RETOURNER.

Entrez, je vous prie, en ce combat, et pour avoir été battus une fois, ne laissez point d'y *retourner*. (II, 89.)

Retournons à notre propos. (II, 22.)

C'est chose que nous avons si souvent prouvée, que je ne pense point qu'il soit plus de besoin d'y *retourner*. (II, 91.)

.... Soit qu'il pensât qu'après une introduction de nouvelles mœurs les choses pussent *retourner* à leur premier établissement, etc. (II, 34; voyez II, 128.)

SE RETOURNER, se tourner :

Ils se plaignent que les Dieux sont au-dessus de l'homme.... Combien seroit-ce mieux fait de *se retourner* à la contemplation de tant et de grands biens qu'ils nous ont faits? (II, 43.)

S'EN RETOURNER, s'en aller, quitter ce monde :

Les dernières dents qui nous viennent.... pour nous avertir d'être préparés à *nous en retourner*. (II, 97.)

RÉTRAINDRE (SE), devenir plus étroit, plus serré :

[On me dit] qu'avecque le temps les beaux yeux de mon ange
    Reviendront m'éclairer;
Mais voyant tous les jours ses chaînes *se rétraindre*,
.... que puis-je espérer? (I, 161, vers 64; voyez RESTREINDRE.)

RETRAIT, lieu retiré, lieux d'aisances :

Il est des hommes à qui les biens tombent entre les mains comme un denier au fond d'un *retrait* (*en latin :* in cloacam). (II, 678.)

RETRAIT, pour *retiré*, blâmé par Malherbe chez des Portes. (IV, 456.)

RETRANCHER, diminuer, diminuer les émoluments de :

Ils amènent tout plein d'autres telles raisons, qui.... n'ôtent pas du tout les passions, mais les *retranchent*. (II, 655.)

Celui que vous appelez le moins heureux ne l'est du tout point. On ne *retranche* point la béatitude (*en latin :* non potest.... imminui). (II, 661.)

Ariston.... n'a laissé que la morale seule, qu'encore il *a retranchée* de cette partie qui contient les remontrances, parce que, etc. (II, 704.)

L'année que le feu Roi *retrancha* tout le monde, il *retrancha* aussi les ministres, et leur ôta le tiers de ce qu'il leur avoit accordé. (III, 239.)

RETREUVER, retrouver (voyez TREUVER) :

L'ambition.... nous vient *retreuver* en la solitude, et nous tourmente en notre maison comme à la cour. (II, 468.)

RÉTRIBUTION, salaire, récompense, châtiment :

Que savez-vous si pour la *rétribution* de ses dévotions..., cette Providence éternelle.... ne lui a point voulu ôter le loisir de faire chose qui pût gâter la réputation que son intégrité lui avoit acquise? (IV, 200.)

Les Dieux.... pour *rétribution* de cette arrogance, leur donnent bien souvent des maîtres du nombre de ceux qu'ils ont ainsi méprisés. (II, 429.)

RÉUSSIR.

Qui n'a reconnu le premier plaisir reconnoîtra le second. Si ni l'un ni l'autre n'*ont réussi*, le troisième fera quelque chose. (II, 6; voyez II, 5.)

Nous.... sommes portés aussi naturellement à l'indulgence d'un bienfait mal *réussi*, que d'un enfant qui nous déplaît. (II, 106.)

Quand en cela vous eussiez été servie selon votre souhait, que vous en pouvoit-il *réussir*, ni pour votre soulagement, ni pour le sien? (IV, 210.)

Que se propose celui qui fait un plaisir, sinon du bien pour autrui, et du contentement pour soi? Si cette intention lui *est réussie...*, il a ce qu'il a demandé. (II, 45.)

Le président Jeannin, personnage à qui ses longs services, toujours très-fidèlement faits et toujours très-heureusement *réussis*, etc. (I, 394.)

REVA, forme réduplicative, composée de *re* et de *va* (du verbe *aller*) :

C'est chose qui vient sans qu'on l'appelle, et qui s'en *reva* sans qu'on la chasse (*qui s'en va d'elle-même après être venue*). (II, 300.)

REVANCHE (d'un bienfait, d'un service) :

Si la *revanche* étoit indubitable, quelle gloire y auroit-il de faire plaisir?... Si je pensois ne rencontrer jamais une *revanche*, j'aimerois mieux y renoncer, que de me priver du contentement de faire plaisir. (II, 5.)

S'il m'a fait plaisir sans en penser jamais rien avoir, s'il a fait cas de la *revanche* que j'en ai prise, comme s'il n'eût jamais rien fait pour moi, etc. (II, 13 ; voyez II, 10, 31 (deux exemples), 38, 56, 158, etc.)

REVANCHER (SE) DE, payer de retour, s'acquitter de :

Je suis bien marri que je n'ai de quoi *me revancher des* nouvelles que vous avez pris la peine de m'écrire. (IV, 123.)

Il n'y a qu'un point en matière de bienfaits. Donnant, si on *s'en revanche*, vous avez autant gagné ; si on ne *s'en revanche* point, vous n'avez rien perdu : vous aviez donné pour donner. (II, 6.)

Il a eu autant que moi, mais on savoit bien qu'il avoit de quoi rendre. Il *s'en revanchera* quand il fera son testament. (II, 23 ; voyez III, 26, etc.)

REVÊCHE, au figuré :

Qu'en cette occasion de l'Ile de Ré, la mer se soit humiliée devant vous ; que, de si *revêche* qu'elle est, elle soit devenue si complaisante, etc. (I, 353.)

RÉVEILLER, au figuré :

.... Si les pâles Euménides,
Pour *réveiller* nos parricides,
Toutes trois ne sortent d'enfer, etc. (I, 214, vers 126.)

.... Vois le mouvement (*de danse*)
Qu'en ce jeune Dauphin la musique *réveille*. (I, 105, vers 4.)

REVENIR ; REVENIR DE, être le fruit de ; S'EN REVENIR :

Revenez, mes plaisirs ; ma dame *est revenue*. (I, 156, vers 1.)
Rebailler aux muets la parole perdue,
Et faire dans les corps les âmes *revenir*. (I, 11, vers 174.)

.... [Éson] *revint* contre nature
En sa jeune saison. (I, 282, vers 119.)

.... Les morts *reviennent* en vie. (I, 269, vers 11.)
L'ennui renouvelé plus rudement l'outrage,
En voyant le sujet à ses yeux *revenu*. (I, 15, vers 288.)
J'étois dans leurs filets ; c'étoit fait de ma vie ;
Leur funeste rigueur, qui l'avoit poursuivie,
Méprisoit le conseil de *revenir* à soi. (I, 207, vers 9.)

Vous êtes beaucoup de fois tombé ;... mais toujours *revenu* sur vos pieds, avez recommencé la lutte. (II, 306.)

J'en dirai de même du serviteur, parce qu'étant à moi, ce qui est fait pour lui m'oblige, comme chose qui *revient* à mon profit. (II, 158.)

Autant vaut-il aller vers elle (*vers la mort*), comme attendre qu'elle vienne vers nous : tout *revient* à un (*cela revient au même*). (II, 535.)

Il en est de même quand il est question de bienfaits ; car si vous me demandez ce qui *en revient*, je vous répondrai : une bonne conscience. Qu'est-ce qui *revient de* faire plaisir? Mais vous-même, dites-moi, qu'est-ce qui *revient d'*être juste? (II, 102 et 103.)

   Il a vu ces désespérés
  S'en revenir en leur tranchée. (I, 123, vers 227.)

Je m'en suis venu vers son logis, estimant bien qu'il ne faudroit pas de *s'y en revenir*. (III, 276.)

REVENU, substantif :

Le plus enragé.... vous dira qu'il seroit bien content de n'en faire point la vie (*la vie de brigand*), pourvu qu'il en eût le *revenu*. (II, 108.)

RÉVÉRENCE, respect :

La *révérence* que nous devons à ceux qui nous ont engendrés. (II, 86.)

Le séjour qu'il a fait en Avignon vous donna l'honneur de le connoitre; sa vertu vous en imprima la *révérence*. (IV, 111.)

FAIRE LA RÉVÉRENCE À, saluer :

Le Roi en étoit parti (*d'Antioche*).... Il s'en alla donc *faire la révérence à* son fils. (I, 459.)

REVÊTIR.

  .... Si de cette couronne,
  Que sa tige illustre lui donne,
  Les lois ne *l'eussent revêtu*, etc. (I, 77, vers 37.)
   .... Toi, qui *revêtu*
  De tous les dons que la vertu
  Peut recevoir de la fortune. (I, 111, vers 85.)

RÉVOLTER.

Aussi faut-il qu'un homme *soit* étrangement *révolté* contre les maximes naturelles..., qui fait mal avec cette intention de se donner du contentement. (II, 108.)

RÉVOQUER (SE), sens réfléchi et sens passif :

La raison ne *se révoque* jamais, quand.... elle a fait un jugement. (II, 518.)

  .... Cette sagesse profonde....
  N'a fait loi qui moins *se révoque*,
  Que celle du flux réciproque
  De l'heur et de l'adversité. (I, 314, vers 18.)

REVUE (FAIRE), examiner :

Je *ferai* tous les soirs *revue* comme j'aurai passé le jour. (II, 641.)

RHABILLER, au figuré :

Il n'y a doute quelconque que ce qui est imparfait dans le texte de Tite Live, ne *soit rhabillé* en ma traduction selon la vérité du fait. (I, 464.)
Sa brouillerie se *rhabillera* ou est *rhabillée*. (III, 361.)

RHODIOT, Rhodien. (II, 538.)

RICHE.

  [Nos navires,] *riches* de la perte
  De Tunis et de Biserte. (I, 315, vers 5.)

RICHESSES.

  Jamais en son habit doré

Tant de *richesses* n'éclatèrent. (I, 112, vers 127.)

RIDER (Se), au figuré, paraître mécontent :

Je vous ai dit que je vous regarderois toujours au visage, et me conduirois par la mine que je vous verrois faire. Il me semble que *vous vous ridiez*, comme si je me laissois emporter trop loin. (II, 174.)

Ridé, au figuré, passé, usé :

Il n'y a point ni plaisir ni honneur à mander ce qui sera vieil et *ridé* devant qu'il arrive. (III, 417.)

RIEN, emplois divers, locutions diverses :

.... C'est un arrêt qui n'épargne personne,
Que *rien* n'est ici-bas heureux parfaitement. (I, 145, vers 2.)

    Les festins, les jeux et la danse
En bannissent (*bannissent de nos champs*) toutes douleurs.
Rien n'y gémit, *rien* n'y soupire ;
Chaque Amarille a son Tityre. (I, 215, vers 145.)

[En vain] Nous passons près des rois tout le temps de nos vies... :
Ce qu'ils peuvent n'est *rien*.... (I, 274, vers 10.)

.... Quand de mes souhaits je n'aurois jamais *rien*,
Je ne saurois brûler d'autre feu que du sien. (I, 135, vers 40.)

    Il croyoit en sa royauté
    N'avoir *rien*, s'il n'avoit la gloire
    De posséder cette beauté. (I, 123, vers 249.)

Il n'y a point de bienfait où il n'y a point de jugement, pource que *rien* n'est vertueux si le jugement ne l'accompagne. (II, 99.)

.... Quoi que vous ayez, vous n'avez point Caliste,
Et moi je ne vois *rien* quand je ne la vois pas. (I, 138, vers 14.)

J'estime une infinité de choses nécessaires, desquelles une grande partie est superflue, et celles qui ne le sont point ne peuvent *rien* contribuer à ma félicité. (II, 425.)

    .... Pour la paix ni pour la guerre
Il n'est *rien* de pareil à vous. (I, 146, vers 6.)

C'est notre plaisir de ne trouver *rien* de laborieux qui puisse soulager le labeur de ceux que nous voulons obliger. (II, 103.)

    .... N'estimez *rien*
Si doux qu'une si douce vie. (I, 301, vers 29.)

    On ne voit ici *rien* gravé
    De l'acte le plus relevé
    Que jamais l'histoire ait fait lire. (I, 206, vers 2.)

Elle (*la vertu*) ne s'approchera de *rien* si triste et si misérable, quelque opinion que les autres en aient, qu'elle ne vous fasse trouver du repos et du plaisir (*c'est-à-dire, si triste, etc., que soit cet objet dont elle s'approche, ... elle vous fera trouver, etc.*) (II, 547.)

    .... *Rien* que Dieu n'est permanent. (I, 225, vers 4.)

Rien ne peut bienfaire que ce qui en a la volonté. (II, 160.)

Rien que ton intérêt n'occupe sa pensée. (I, 279, vers 45.)

Les timides conseils n'ont *rien* que de la honte. (I, 31, vers 54.)

    [Cette belle âme] Ne hait *rien* tant que le blâme
    D'aimer un autre que moi. (I, 306, vers 15.)

[Les] ingrats.... semblent avoir dispense de ne *rien* rendre. (II, 4.)

Votre estomac est un abîme : *rien* que vous y jetiez ne le contente. (II, 335.)

Rien qu'on lui propose ne le divertit (*ne le distrait*). (IV, 105.)

En tous les bienfaits d'importance, la preuve ne peut avoir de lieu ; car il n'y a bien souvent que deux qui en sachent *rien* (*qui en sachent quelque chose*). (II, 60.)

Comparons.... les bienfaits et les personnes, de peur qu'il n'y ait *rien* (*quelque chose*) de défectueux ou superflu. (II, 28.)

Si parmi tant de gloire et de contentement
Rien te fâche là-bas, c'est l'ennui seulement
Qu'un indigne trépas ait clos ta destinée. (I, 309, vers 3.)

Lorsque nous estimions que la fortune fût toute nôtre, elle a fait voir qu'elle ne l'étoit pas tant qu'elle voulût *rien* changer aux règles ordinaires de son instabilité. (IV, 233.)

Où il y a un coadjuteur, il n'y a point de lieu de *rien* espérer. (III, 531.)

Je passerai par-dessus ce qui ne sert de *rien*. (II, 11.)

Il me semble qu'il n'y a *rien* (*qu'il y a un rien de temps*) que je vous perdis ;... il n'y a *rien* que j'étois à l'école du philosophe Sotion ; il n'y a *rien* que je commençai de plaider ; il n'y a *rien* que je quittai le Palais ; il n'y a *rien* que je cessai d'y pouvoir aller. (II, 438 et 439.)

Tout cela, qui s'appelleroit bienfait venant de la part d'un autre, n'est que service parce qu'il est fait par un serviteur. Il obéit, et *rien* plus. (II, 69.)

Il est si maigre que *rien* plus. (III, 475.)

Celui (*le bienfait*) du père, qu'est-ce autre chose qu'un bien simple, facile.... Il se propose.... la perpétuité de sa maison, et *rien* moins que celui qu'il va mettre au monde. (II, 84.)

Vous pensez que l'élection que je veux qu'on y fasse soit de regarder qui aura plus de moyen de se revancher. *Rien* moins. (II, 100 ; voy. II, 555.)

RIGOUREUX.

.... O *rigoureuse* (*cruelle*) aventure ! (I, 100, vers 25.)

Nous ne donnons jamais avec une diligence plus *rigoureuse* (*plus exacte, plus parfaite*) que quand, l'utilité mise à part, l'honnêteté seule nous demeure devant les yeux. (II, 101.)

RIGUEUR.

.... Ces beautés dont les appas
Ne sont que *rigueur* et que glace. (I, 108, vers 17.)
Dure contrainte de partir..., v. 3 ; 240, v. 3.)
Que ta *rigueur* a de pouvoir ! (I, 141, v. 4 ; voy. I, 134, v. 6 ; 140,

RIRE, au figuré :

.... Sa rage infidèle, aux étoiles montée,
Du plaisir de sa chute a fait *rire* nos yeux. (I, 27, vers 24.)

C'est un lieu où toutes choses me *rient* : mon quartier, ma rue, ma chambre, mon voisinage m'y appellent. (IV, 17.)

Se RIRE, plaisanter ; Se RIRE DE, se moquer de :

Si quelqu'un après boire avoit laissé aller une parole un peu libre, si un autre en *se riant* avoit dit quelque chose de naïf, etc. (II, 74.)

Il ne faut point douter que tout ce que nous sommes, nous ne fassions ce que nous *nous rions de* lui voir faire. (II, 443.)

Riez-vous-en tant qu'il vous plaira. (II, 219.)

RIS, au singulier, rire :
Ses ennuis sont des jeux..., et ses larmes un *ris*. (I, 15, vers 297.)

RISÉE.

Quelle *risée* ferez-vous de les voir.... empêchés, etc ! (IV, 216.)

RISQUE, au féminin :

Nous nous soumettons à toutes *risques*. (II, 416; voyez II, 681.)

RIVAGE.

.... L'Arno cessa de couler,
Plein de honte qu'en son *rivage*
Il n'avoit de quoi t'égaler. (I, 124, vers 289.)
[Le destin] Est jaloux qu'on passe deux fois
Au deçà du *rivage* blême. (I, 33, vers 27.)

RIVAL.

Soit qu'il se présente un *rival*
Pour la lice ou pour la barrière, etc. (I, 111, vers 103.)

RIVE, rives :

Memphis se pense captive,
Voyant si près de sa *rive*
Un neveu de Godefroi. (I, 25, vers 59.)
Ce n'est point aux *rives* d'un fleuve....
Que fait sa véritable preuve
L'art de conduire les vaisseaux. (I, 211, vers 61.)

ROBE, au propre et au figuré :

Venez donc (*il parle aux Muses*), non pas habillées
Comme on vous trouve quelquefois,
En jupe dessous les feuillées
Dansant au silence des bois :
Venez en *robes*, où l'on voie
Dessus les ouvrages de soie
Les rayons d'or étinceler. (I, 210, vers 15.)
Depuis que tu n'es plus, la campagne déserte
A dessous deux hivers perdu sa *robe* verte. (I, 59, v. 32; voy. I, 88, v. 28.)

ROBINETTE, nom propre, pour *servante* en général. (IV, 350.)

ROCHE, au figuré :

.... Où maintenant est ce brave langage,
Cette *roche* de foi, cet acier de courage? (I, 7, vers 74.)
Ame de *roche*. (I, 72, vers 81 *var.*; 135, vers 27.).
.... Sa constance est une *roche*. (I, 177, vers 86.)

ROCHER, au figuré :

[Rochers,] Quittez la demeure où vous êtes,
Je suis plus *rocher* que vous n'êtes. (I, 153, vers 23.)
De son nom de *rocher* (*du nom de* Pierre), comme d'un bon augure,
Un éternel état l'Église se figure. (I, 5, vers 25.)
Comme échapperons-nous en des nuits si profondes,
Parmi tant de *rochers* que lui cachent les ondes,
Si ton entendement ne gouverne le sien? (I, 70, vers 23.)

ROGNERIE, action de rogner :

Les autres (*pièces de monnaie*) avoient des dents comme une faucille pour empêcher la *rognerie*. (III, 67.)

ROI, au figuré :

Ils s'en vont, ces *rois* de ma vie,
Ces yeux, ces beaux yeux. (I, 221, vers 1.)

ROIDE, au sens physique, rapide, rapidement :

Roide comme un torrent, ferme comme un rocher. (II, 241.)

Il n'y a rien qui fasse aller un vaisseau si *roide* que le haut de la voile. (II, 595.)

ROIDE, au sens moral :

.... Ce premier étonnement qu'il faut que les âmes les plus *roides* et les plus dures sentent au premier assaut que leur donne cette douleur. (IV, 3.)

La justice [n'a jamais eu] de magistrats qui fussent ou plus *roides* à châtier ceux qui oppriment, ou plus favorables à défendre ceux qui sont opprimés. (I, 393.)

ROIDIR (SE), au figuré, s'opiniâtrer :

Nous roidir en la volonté de faire plaisir. (II, 4.)

RÔLE (Malherbe écrit *rolle*), liste, registre. (II, 507.)

RÔLET, diminutif de *rôle* (Malherbe écrit *rollet*) :

Je suis au bout de mon *rôlet* (*de nouvelles*), aussi est-il temps de finir cet ennuyeux discours. (III, 164.)

ROMPRE, SE ROMPRE, au propre et au figuré :

Qui doute que le.... soleil.... ne.... relâche les terres,... et *rompe* ce que la rigueur de l'hiver a trop étreint? (II, 114; voyez II, 729.)

[Dieu] *a rompu* leur piége, et....
Ses mains qui peuvent tout m'ont dégagé des leurs. (I, 208, vers 16.)

De lui avoir donné un bon conseil, lui *avoir rompu* un mauvais dessein..., qui sera-ce qui en fera l'estimation? (II, 60.)

Il n'y aura point de menaces qui lui *rompent* une bonne entreprise. (II, 589.)

Il *a rompu* son voyage (*il y a renoncé*). (IV, 20.)

Il n'y a chose.... qui tant restaure un malade que cette assistance, ni qui lui *rompe* tant les imaginations et la crainte de la mort. (II, 602.)

Il n'y a rien qui *rompe* et débilite un bel esprit comme font ces subtilités. (II, 436.)

Elles (*ces subtilités*) *rompent* le cœur.... et le resserrent aux occasions importantes, où, plus qu'en autre part, il auroit besoin de s'élargir. (II, 639.)

Quand on parle de vieillesse, on n'entend pas un âge *rompu* (*en latin :* fractæ ætatis), mais seulement lassé. (II, 365.)

On voit déjà la tempête commencer à *se rompre*. (I, 477.)

ROMPRE, interrompre :

Il (*ce grand diseur*) ne hésitoit jamais, ne *rompoit* jamais son train, et du commencement alloit d'une traite jusqu'à la fin. (II, 409.)

Vous n'aimez pas à courir, et ne *rompez* pas votre repos en changeant à toute heure de place. (II, 267.)

Je n'ai point *été rompu* de tout aujourd'hui. J'ai toujours été ou sur le lit ou sur le livre. (II, 641.)

Je médite à mon aise, et d'autant plus sûrement que je n'ai point peur d'*être rompu*. (II, 617; dans l'édition de 1645 : *interrompu*.)

ROMPRE, locutions diverses :

Si la vieillesse me laisse l'usage de moi-même,... je ne lui *romprai* point compagnie; mais si mon entendement se trouble..., je me dépêcherai de sortir d'un bâtiment qui s'en va choir. (II, 482.)

Le plus souvent ils (*les Dieux*) nous secourent si à propos qu'ils *rompent* le coup à de grands inconvénients (*les empêchent de se produire*). (II, 93.)

On le défia au dimanche prochain à *rompre* en lice, armé. (III, 29.)

Le lendemain.... on courra la bague, et *rompra*-t-on au faquin. (III, 90.)

ROND, adjectif, circulaire :

    L'astre dont la course *ronde*
    Tous les jours voit tout le monde (*le soleil*). (I, 94, vers 185.)

RONDACHE, bouclier. (I, 414 ; voyez I, 416.)

RONDEUR.

    .... Remplir de votre grandeur
    Ce que la terre a de *rondeur*. (I, 117, vers 256.)

Tout notre âge est un ouvrage à pièces qui a comme des cercles les uns dans les autres, les moindres enfermés dans les plus grands.... Le mois n'a pas tant de *rondeur* (*que l'année*), et le jour encore moins. (II, 303.)

RONGER (Se) DE, au figuré :

.... *De* quelque souci qu'en veillant je *me ronge*, etc. (I, 160, vers 40.)

RONGER SES ONGLES, proverbialement :

Voici un scrupule qui vous donne de quoi *ronger vos ongles* (*en latin* : constantia vestra hoc loco titubat). (II, 126.)

ROSE, ROSES, au figuré :

    Quelles aimables qualités
    En celui que vous regrettez
    Ont pu mériter qu'à vos *roses*
    Vous ôtiez leur vive couleur? (I, 34, vers 51.)
    Le temps adoucira les choses,
    Et tous deux vous aurez des *roses*
    Plus que vous n'en saurez cueillir. (I, 155, vers 77.)
    Il faut mêler pour un guerrier
    A peu de myrte et peu de *roses*
    Force palme et force laurier. (I, 113, vers 139.)
D'où s'est coulée en moi cette lâche poison,
D'oser impudemment faire comparaison   132, v. 6 ; 158, v. 1.)
    De mes épines à mes *roses*? (I, 296, v. 27 ; voy. I, 82, v. 187 ;
Les *roses* de son âme n'ont point d'épines. (II, 217.)

Étant de si longue main accoutumé de vivre parmi les épines que je ne pouvois tenir une *rose* que pour un songe ou pour un prodige, etc. (IV, 4.)

RÔTISSERIE, traduisant le latin *macellum*. (II, 600.)

ROUGIR.

    .... Pressé de la honte
    Dont me fait *rougir* mon devoir, etc. (I, 110, vers 52.)

LE ROUGIR, substantivement :

La nature veut.... que les plus forts connoissent qu'ils ne le sont pas assez pour lui résister. *Le rougir* est du nombre de ces infirmités. (II, 299.)

ROUTE, au figuré :

    .... Des sujets (*de vers*) beaucoup meilleurs
    Me font tourner ma *route* ailleurs. (I, 119, vers 66.)

Route, déroute :
Pompée sera mis en *route*. (II, 548.)

ROYAL, ironiquement, du plus haut degré :
Galimatias *royal*. (IV, 262.)

À LA ROYALE :
Les éperons, les gantelets,... le heaume timbré *à la royale*. (III, 199.)

ROYAUTÉ.
Il (*Henri IV*) croyoit en sa *royauté*
N'avoir rien, s'il n'avoit la gloire
De posséder cette beauté. (I, 123, vers 248.)

RUDE, fort :
Vous n'êtes pas à mon avis si *rude* joueur que cet assommeur de monstres (*Hercule*), qui, etc. (IV, 95.)

RUDEMENT.
S'il arrive en la place où s'est fait le dommage,
L'ennui renouvelé plus *rudement* l'outrage. (I, 15, vers 287.)

RUE.
La *rue* de Saint-Honoré. (III, 276; voyez PORTE et QUARTIER.)

RUER, activement, lancer, précipiter :
Elle (*la Victoire*).... *rua* le tonnerre,
    Dont Briare mourut. (I, 280, vers 75.)

RUINE.
La superfluité des dépenses.... est la *ruine* la plus certaine que les grands États puissent avoir. (II, 550.)
Sous l'empereur Tibère il ne se parloit que d'accuser. Cette rage.... fit plus de *ruine* à la ville.... que, etc. (II, 74.)
La foudre, après avoir fait un grand éclair et quelque *ruine* notable, s'en retourne par un petit trou. (II, 473.)

RUINE, de deux syllabes, blâmé chez des Portes. (IV, 407.)

RUINER, détruire, anéantir, faire échouer :
Ne les pouvant vaincre, il les fait *ruiner* par leurs mains propres. (II, 513.)
.... Exciter les Romains à une chose à quoi d'eux-mêmes ils avoient assez de disposition, qui étoit de *ruiner* Annibal. (I, 456.)
A faute de toute autre chose qui nous *ruine*, [nous] sommes toujours en peur par l'excès de notre félicité. (II, 727.)
.... Ayant fait dessein de *ruiner* ma foi,
Son humeur se dispose à vouloir que je croie
Qu'elle a compassion de s'éloigner de moi? (I, 135, vers 28.)
Cela se peut dire vraiment bienfait, qui est fait en sorte que rien ne le puisse *ruiner*. (II, 11; voyez II, 59.)
Qu'eût-ce été autre chose que donner loisir aux intéressés dedans et dehors le royaume de *ruiner* l'affaire? (IV, 107.)

SE RUINER, s'épuiser, se mettre à sec :
Ce misérable corps.... *se ruineroit* tout aussitôt, s'il n'étoit rempli d'une heure à l'autre. (I, 468.)

Je *me suis ruiné* sur vous de toutes nouvelles. (III, 128.)

RUINEUX, qui menace ruine :

Un qui nous étançonne une maison *ruineuse*, etc. (II, 184.)
Bâtiment *ruineux*. (III, 444.)

RUINEUX À, qui cause la ruine de :

Un misérable.... autant *ruineux à* ses amis qu'à ses ennemis. (II, 22.)

RUMEUR, bruit :

Que d'applaudissements, de *rumeur* et de presses! (I, 13, vers 235.)
Au delà du cap de Chélidoine, ses mariniers (*les mariniers d'Antiochus*) firent quelque *rumeur*, qui l'obligea de séjourner en Pamphylie. (I, 449.)
M. de Longueville.... a eu, comme vous avez su, quelques brouilleries avec M. le comte de Saint-Pol.... Quand il revint de Fontainebleau,... après avoir fait appeler M. le comte de Saint-Pol, et qu'en vertu de cette petite *rumeur* il eut fait son serment, il s'en revint, etc. (III, 309.)

S

SA. Voyez SON, SA, SES.

SABLE.

Qu'il soit des hommes sages plus que du *sable* (*plus nombreux que des grains de sable*), s'il est possible, ils seront tous égaux. (II, 613.)

SABLON, SABLONS, sable :

.... Dans Seine et Marne luira
Même *sablon* que dans Pactole. (I, 200, vers 60; voyez II, 95.)
Campagne pleine de *sablons* et de solitudes. (I, 470.)
.... O de tant de biens indigne récompense!
O dessus les *sablons* inutile semence! (I, 16, vers 326; voyez II, 618.)

SACCAGER, mettre au pillage, piller :

Tout mon bien est avec moi : ma justice, ma vertu.... ne m'*ont* point été *saccagées*. (II, 294.)

SACRÉ.

Courage, Reine sans pareille :
L'esprit *sacré* qui te conseille (*Concini?*)
Est ferme en ce qu'il a promis. (I, 200, vers 50.)
Sacré ministre de Thémis,
Verdun, en qui le ciel a mis
Une sagesse non commune, etc. (I, 268, vers 1.)
Pource qu'il étoit expédient qu'on fît des enfants, on a voulu que la condition de ceux qui en engendreroient fût *sacrée*. (II, 61.)

SACRIFIER À, au figuré :

Un (*serviteur*).... qui.... a *sacrifié* son âme (*sa vie*) à la fidélité (*c'est-à-dire qui s'est dévoué pour son maître*). (II, 69.)

LE SACRIFIANT, celui qui offre un sacrifice. (II, 12.)

SACRISTAIN, traduisant le latin *ædituus*. (II, 411.)

SAFRAN, au figuré :

.... La nuit s'en va, ses lumières s'éteignent,

Et déjà.... les campagnes se peignent
Du *safran* que le jour apporte de la mer. (I, 17, vers 360.)

SAGE.
>Ce ne m'est plus de nouveauté,
>Puisqu'elle est parfaitement *sage*,
>Qu'elle soit parfaite en beauté. (I, 127, vers 13.)

Le premier est *sage*, qui parmi les flèches qui sifflent de toutes parts.... dans les ruines mêmes de sa ville..., demeure sans s'effrayer, etc. (II, 469.)

SAGESSE (La), les sages :
La *sagesse* a de l'amitié à l'endroit de tous les hommes ; la folie n'a pas même de l'humanité à l'endroit de ses amis. La *sagesse* se prépare pour l'utilité de ses amis ; la folie, etc. (II, 434 et 435.)

SAGITTAIRE (Le), constellation. (I, 55, vers 213.)

SAIE. Voyez Saye.

SAILLIE d'une rivière, sa source, sa naissance :
Nous donnons des autels à la *saillie* subite de quelque large rivière qui sort de dessous terre. (II, 412.)

Saillie, au figuré, mouvement subit ou impétueux :
Les passions bien souvent éblouissent la partie raisonnable de l'âme, et nous donnent de mauvaises intentions. Mais quand cette première *saillie* est passée, etc. (II, 26.)

Par quelque *saillie* vertueuse, qui naîtra sans y penser en leur âme..., ils se rendront capables de revanche. (II, 52.)

Quelle vivacité d'esprit, quelle force de courage n'y ai-je point reconnue (*dans votre livre*)! je dirois, quelle *saillie!* si en quelque endroit il y eût des reprises d'haleine et des rehaussements par intervalles. (II, 427.)

SAISIR, sens divers :
Tullius Marcellinus.... se trouvant *saisi* d'une maladie non incurable, mais longue et fâcheuse.... prit opinion de se faire mourir. (II, 596.)

Il *avoit été saisi* (*trouvé muni*) d'une longue alêne dont il vouloit tuer le Roi. (III, 428.)

SAISON, temps, époque de la vie, âge :
>On alloit voir une *saison*
>Où nos brutales perfidies
>Feroient naître des maladies
>Qui n'auroient jamais guérison. (I, 183, vers 17.)

La *saison* est si stérile de toute sorte d'accidents, que je ne sais de quoi vous entretenir. (III, 26.)

>Paroles que permet la rage
>A l'innocence qu'on outrage,
>C'est aujourd'hui votre *saison :*
>Faites-vous ouïr en ma plainte. (I, 152, vers 9.)

>[Pourquoi] Passez-vous en cette amertume
>Le meilleur de votre *saison?* (I, 34, vers 34.)

>Jeanne, tandis que tu fus belle,
>Tu le fus sans comparaison ;
>Anne à cette heure est de *saison*,
>Et ne voit rien si beau comme elle. (I, 243, vers 3.)

Quand j'étois jeune, le goût de la jeunesse m'y eût ramené (*à Paris*);
mais à d'autres *saisons* d'autres pensées. (IV, 17.)
>Nul autre plus que moi n'a fait cas de sa perte,
>>Pour avoir vu ses mœurs,
>Avec étonnement qu'une *saison* si verte
>>Portât des fruits si meurs. (I, 39, vers 15 *var.*)

Ma dernière *saison*, oragée de tant d'afflictions qui ont désolé ma Calliope, ressent aussi mes enthousiasmes grandement refroidis. (I, 356.)

Voyez tome I, p. 23, vers 2; p. 201, vers 10; p. 261, vers 8; p. 262, vers 3; p. 282, vers 120; tome II, p. 383.

Hors de saison, prématurément :
>>On doute pour quelle raison
>>Les Destins si *hors de saison*
>De ce monde l'ont appelée (*il s'agit de Marie de Bourbon, morte à
>>l'âge de quatorze jours*). (I, 171, vers 10.)

SALAIRE, récompense ou punition :
Leur *salaire* payé les services précède. (I, 13, vers 232.)
Desirer la mort pour *salaire* de sa fidélité. (II, 74; *il s'agit d'un esclave qui veut mourir pour son maître.*)
.... De tout mon pouvoir [j'] essayai de lui plaire,
Tant que ma servitude espéra du *salaire*. (I, 265, vers 16.)
>>Recevoir l'injuste *salaire*
>>D'un crime qu'ils n'ont point commis. (I, 34, vers 47.)

SALE, malpropre, vil, au figuré :
Fabius Persicus, homme si *sale* et si abominable que les plus *sales* et les plus abominables ne s'en approchoient qu'avec horreur. (II, 121 et 122.)
>.... Cela n'advient qu'aux amours,
>>Où les desirs, comme vautours,
>Se paissent de *sales* rapines. (I, 301, vers 37.)

Ne craindre ni les hommes ni les Dieux; n'avoir point de volontés *sales*; borner ses desirs aux choses médiocres. (II, 584.)

Voyez tome I, p. 16, vers 334; tome II, p. 35, 507.

L'épithète *sale* est appliquée par Malherbe, dans son *Commentaire sur des Portes*, à l'emploi en vers du mot *ulcère* (IV, 372); du verbe *oignez* (IV, 283); d'*onguents* (IV, 432); d'une *saignée* par un barbier (IV, 336). Voyez aussi tome IV, p. 467.

SALÉE (La plaine), la mer. (I, 211, vers 65.)

SALIEN (Le saut), terme de gymnastique (ancienne). (II, 318.)

SALLE, salon :
Il y eut hier un ballet au Louvre en la *salle* de Mme de Guercheville. (III, 370; dans l'autographe, Malherbe a substitué *salle* à *chambre*.)

SALUT, conservation ou rétablissement dans un état heureux :
[Priam,] hors de tout espoir du *salut* de sa ville,
>>Reçut du réconfort. (I, 41, vers 51.)
>>Sous Henri, c'est ne voir goutte,
>>Que de révoquer en doute
>>Le *salut* des fleurs de lis. (I, 90, vers 90.)

SALVE, au masculin, décharge en guise de salut :
Une bande de femmes équipées et armées en amazones lui firent, de braverie, un *salve* de mousquetades. (I, 357.)

SANG (Mettre la main au), verser le sang :

Celui qui s'est mis sur un chemin pour voler et pour tuer est voleur devant que de *mettre la main au sang*. (II, 151.)

SANGLANT.

Faire à nos Géryons détester l'infamie
　　　De leurs actes *sanglants*. (I, 230, vers 21.)

Sanglant, au figuré :

Que sont-ce ces contrats..., et cette usure vraiment *sanglante* de bailler l'argent à douze pour cent? (II, 227.)

SANS, préposition :

Caius César fit mourir [Grécinus Julius] *sans* autre sujet que pource qu'.... une prud'homie comme la sienne lui étoit suspecte. (II, 36.)
Comme les maladies du corps ont toujours quelque pesanteur de nerfs, quelque lassitude *sans* travail, quelque bâillement ou quelque frisson.... qui les précède, l'esprit en est tout de même. (II, 578.)
Beau parc et beaux jardins, qui dans votre clôture
Avez toujours des fleurs et des ombrages verts,
Non *sans* quelque démon qui défend aux hivers
D'en effacer jamais l'agréable peinture, etc. (I, 138, vers 7.)
　　.... Les remèdes que je tente
　　　Demeurent *sans* événement (*sans effet*). (I, 302, vers 20.)
　　Quand j'aurai clos mon dernier jour,
　　　Oranthe sera *sans* alarmes. (I, 154, vers 58.)
Le monde ne sera jamais *sans* homicides, *sans* tyrans, *sans* larrons, *sans* adultères, *sans* voleurs, *sans* sacriléges et *sans* traîtres. (II, 16 et 17.)
Bien sera-ce à jamais renoncer à la joie,
D'être *sans* la beauté dont l'objet m'est si doux. (I, 305, vers 26.)
　　　De moi, c'est chose *sans* doute,
　　　Que l'astre qui fait les jours
　　　Luira dans une autre voûte
　　　Quand j'aurai d'autres amours. (I, 307, vers 29.)
　　Les premiers mois ont le soleil presque *sans* point de nuages, et les derniers des nuages presque *sans* point de soleil. (IV, 205; voyez II, 723, l. 13.)
Vos pénibles travaux, *sans* qui nos pâturages
　　　S'en alloient désolés. (I, 229, vers 7.)
　　[L'Orient] Donne à leur sang un avantage
　　　Qu'on ne leur peut faire quitter
　　　Sans être issu du parentage
　　　Ou de vous ou de Jupiter. (I, 147, vers 23.)
Chrysippus.... a pris tant de goût en ces niaiseries, qu'il en a rempli son livre, et *sans* parler, que fort peu, de la manière de donner,... a plutôt mêlé son discours à ces fables que ces fables à son discours. (II, 8.)
　　　Un camp, venant pour te forcer,
　　　Abattu *sans* se redresser, etc. (I, 122, vers 206.)
Assez souvent il peut y avoir de la gratitude *sans* rendre, et de l'ingratitude après avoir rendu. (II, 112.)
Du temps que nous avons, une partie s'écoule *sans* s'en apercevoir. (II, 265.)
Je ne dois rien d'une grâce octroyée à ma nation, parce qu'elle m'a bien été faite, mais *sans* me la penser faire. (II, 187; voyez III, 144.)

Par quelque saillie vertueuse, qui naîtra *sans* y penser en leur âme..., ils se rendront capables de revanche. (II, 52.)

SANTÉ (En bonne), au figuré, en bon état :
Je vous supplie que j'en aye une pinte ou deux (*d'aigre de cèdre*) par votre moyen, et qu'elles soient si bien empaquetées qu'elles arrivent *en bonne santé*. (III, 373.)

SAPHON, Sapho. (II, 698.)

SARDIS, Sardes. (II, 201.)

SARGE, serge. (III, 177, 178, 201, etc.)

SAS, tamis, proverbialement :
Vous savez qu'il eût fallu et faudroit encore faire tourner le *sas* (*faire une espèce de sortilége avec un sas*) pour avoir de vos nouvelles. (IV, 135.)

SATIÉTÉ.
[Vous] ne laissez en paix animaux du monde, que ceux de qui la *satiété* vous a dégoûtés. (II, 708.)

SATISFACTION.
Je.... vous prie d'accepter cette reconnoissance, pour la *satisfaction* de vos honnêtetés. (III, 16.)
Celle (*la miséricorde*) de Dieu.... veut que sa justice soit satisfaite. J'en veux croire le semblable de la vôtre, et pour *satisfaction*,... je vous apporte l'offrande d'un chétif sonnet. (IV, 6.)

SATISFAIRE à; être satisfait (de) :
.... Pour *satisfaire à* nos lâches envies,
Nous passons près des rois tout le temps de nos vies. (I, 274, vers 7.)
Il faut.... qu'ils *satisfassent à* leur malice, et que..., puisqu'ils n'ont rien à dire contre votre vie, ils treuvent en votre prospérité de quoi vous mettre sur le tapis. (I, 392.)
Il avertit.... ceux des villes voisines de se trouver à certain jour à Apélaure.... Sitôt qu'ils *y eurent satisfait*, il part à l'heure même. (I, 415.)
Quelle plus claire marque peut donner un homme de sa disposition à la reconnoissance, que de.... renoncer à toute espérance de pouvoir jamais *satisfaire au* plaisir qu'il a reçu? (II, 39.)
[Anne] Au sein de notre Mars *satisfait à* l'oracle,
Et dégage envers nous la promesse des cieux. (I, 236, vers 11.)
J'ai *satisfait à* la somme que vous aviez prêtée par delà à ma femme (*je l'ai renduc*). (III, 224.)
[La miséricorde] de Dieu veut que sa justice *soit satisfaite*. (IV, 6.)
Celui qui a l'âme reconnoissante.... *est satisfait de* sa bonne intention, et fait une chose vertueuse pour le seul amour de la vertu. (II, 111.)
Le peuple [*fut*] *satisfait de* ce qu'il avoit desiré. (I, 352.)
Les obligations qu'elle (*ma parente*) vous aura.... me rendront *satisfait des* offres qu'il vous a plu me faire de votre amitié. (IV, 140.)
Bien à peine par le sacrifice propre de ma vie je *serai satisfait* au desir que j'ai de lui faire paroître combien je suis, etc. (IV, 144.)

SATURNE.
Le siècle où *Saturne* fut maître (*l'âge d'or*). (I, 200, vers 56.)

SAUGRENU, absurde, ridicule :
Cette imagination est *saugrenue*, si jamais il en fut. (IV, 338.)

SAUT (D'un plein), de prime abord :

Ceux.... qui plaident gardent cet ordre, de parler au commencement, et de ne crier que sur la fin : on ne vient pas *d'un plein saut* aux prières et aux obtestations. (II, 319.)

SAUTER, exercice de gymnastique. (I, 113, vers 146.)

SAUTER PAR-DESSUS, au figuré :

Comme seroit-il.... possible que nous pussions nous arrêter au ressentiment des plaisirs qu'on nous a faits, puisque nous négligeons ainsi notre vie, et ne faisons que *sauter par-dessus* (*en latin:* transilit)? (II, 54.)

SAUVETÉ, sûreté :

Ils sont en lieu de *sauveté*. (II, 582.)

SAVANT, SAVANTE :

Ceux qui.... ne les permettent (*ces figures*) qu'en vers, ne sont pas *savants* en la lecture des anciens. (II, 485.)

[Je veux] dans les *savantes* oreilles
Verser de si douces merveilles, etc. (I, 209, vers 5.)

SAVEUR.

D'où avez-vous eu.... tant de *saveurs* exquises, qui vous provoquent le palais en la fin même de vos repas? (II, 96.)

SAVOIR, connaître :

L'Orient.... de leurs aïeux
Sait les titres ambitieux. (I, 147, vers 20.)

[Il] *savoit* si peu des secrets de nature, que l'étonnement de voir une éclipse de soleil lui fit fermer son palais. (II, 140; voyez I, 232, vers 60.)

Il y avoit un certain homme qui se vantoit de *savoir* cet artifice (*la composition d'une grenade lente à éclater*). (III, 287.)

Je ne *sais* que trop bien l'inconstance du sort. (I, 157, vers 34.)

Pour les chartres, je vous ai promis d'y vaquer...; mais vous *savez* ma paresse..., je tiens que assez tôt si assez bien. (III, 546.)

SAVOIR, devant un infinitif :

Son présent fut trouvé plus riche que tout ce qu'ils avoient *su* donner. (II, 14.)

S'il m'eût laissé mourir, je ne l'eusse *su* remercier. (II, 85.)

.... Rien n'a *su* l'obliger
A ne nous donner plus d'alarmes. (I, 51, vers 127.)

.... Les Dieux ont gardé ce don (*l'immortalité*)
Si rare, que Jupiter même
Ne le *sut* faire à Sarpédon. (I, 33, vers 30; variante : *put*.)

.... Le mépris du sort
Que *sait* imprimer aux courages
Le soin de vivre après la mort. (I, 115, vers 219.)

De quoi lui servit jamais tout ce qu'il *sut* crier et tempêter, que d'irriter une populace, etc.? (II, 315.)

Voyez I, 154, v. 46 et 48; 155, v. 78; 255, v. 22; 296, v. 22; II, 27, 105, 543.

SAVOIR, locutions diverses :

A qui *saurons*-nous gré, si nous n'en *savons* point aux Dieux? (II, 44.)

Je n'en cherche point un qui me rende, j'en cherche un qui *sache* gré. (II, 100.)

Appelez-vous les peines des damnés des traverses? vous y *savez* finesse. (IV, 288.)

Ils disoient.... que les combats qu'avoit faits Minutius.... n'étoient que simples rencontres; que si je ne *sais* combien de villettes et de bourgades s'étoient rendues à lui, il n'en avoit tiré ni otages ni, etc. (I, 427.)

Je *sais* que c'est (*ce que c'est*).... (I, 248, vers 19.)

Je ne *saurois* sinon vous en louer. (III, 241.)

Ceux qui mesurent leur vie au compas des voluptés vaines...., ne *sauroient* qu'ils ne la treuvent courte (*ne sauraient s'empêcher de la trouver courte*), quand ils vivroient une douzaine de siècles. (II, 610.)

Je ne *sache* personne de qui je vous permette la communication. (II, 296.)

SAYE, casaque de guerre. (III, 200.)

SCANDALE.

Pénélope.... s'est parée (*gardée*) de *scandale*. (II, 689.)

SCARPOULETTE, escarpolette :

Une *scarpoulette* sur qui sa maîtresse se plaisoit d'aller. (IV, 304, note 2.)

SCÈNE, au figuré :

.... La *scène* de Mars (*les combats*). (I, 119, vers 82.)

SCEPTRE, au figuré :

.... Le peuple adore les princes,
Et met au degré le plus haut
L'honneur du *sceptre* légitime. (I, 211, v. 58; voy. I, 21, v. 19.)

.... Les *sceptres* des rois
N'ont que des pompes inutiles
S'ils ne sont appuyés de la force des lois. (I, 271, v. 88; voy. I, 278, v. 25.)

SCIEMMENT.

Si vous avez promis à quelqu'un de lui faire plaisir, et qu'après vous trouviez que c'est un ingrat, le lui ferez-vous, ou non? Si vous le faites *sciemment*, vous faillez. (II, 126.)

SCIENCE.

Vouloir ce que Dieu veut est la seule *science*
Qui nous met en repos. (I, 43, vers 83.)

Sciences, traduisant le latin *artes* :

Posidonius fait de quatre sortes de *sciences* :... les vulgaires sont celles que les artisans font avec la main, etc. (II, 693.)

Les *sciences* de qui la fin n'est que de donner du plaisir. (II, 454.)

Il n'est pas possible que je mette ni les peintres, ni les sculpteurs.... au rang des *sciences* libérales. (II, 692.)

SCILICET, employé ironiquement, au sens de *certes*. (IV, 333.)

SCION, branche, rejeton, au propre et au figuré :

Des *scions* d'olivier. (II, 672.)

Bénis les plaisirs de leur couche,
Et fait renaître de leur souche
Des *scions* si beaux et si verts, etc. (I, 82, vers 197.)

SCRUPULE.

Faites le même *scrupule* que je fais : ne soyez ni prompt ni facile à présumer de vous. (II, 321.)

SCRUPULE, embarras, difficulté, souci :

Il se forme une peur de ce qui n'étoit que *scrupule* seulement. (II, 310.)
Qu'il contente bien exactement tous les *scrupules* que le lecteur pourra faire. (III, 235.)
J'ai trop reconnu votre humeur et votre diligence à la conservation des amitiés pour avoir quelque *scrupule* de ce côté-là. (III, 28.)

SCYTHES, barbares :

.... Je ne sais quels *Scythes*,
Bas de fortune et de mérites,
Présument de nous égaler. (I, 66, vers 18; voyez I, 152, vers 13.)

SCYTHIE (LES MERS DE), le Pont-Euxin. (I, 212, vers 73.)

SE, SOI.

SE, régime soit direct soit indirect :

Il y a.... de quoi *se* réjouir, quand nous voyons notre ami joyeux. (II, 37.)
Le moyen de *s'*en apercevoir, c'est de regarder derrière nous. (II, 439.)
Qu'appelez-vous donc bienfait? Une action de bienveillance, faisant réjouir et *se* réjouissant réciproquement, qui de son inclination et de son mouvement propre *se* dispose à faire ce qu'elle fait. (II, 12.)
C'est un contentement extrême que notre créancier ait des qualités capables de *se* faire aimer. (II, 32.)
.... Notre affection pour autre que pour elle
Ne peut mieux *s'*employer. (I, 231, vers 45.)
Que ce misérable corbeau....
S'aille cacher dans le tombeau. (I, 209, vers 10.)
On ne sauroit mieux faire connoître le peu de volonté que l'on a de *se* ressentir de quelque obligation, que de *s'*en détourner les yeux, et ne la vouloir pas seulement regarder. (II, 53.)
C'est une assurance de fous, de *se* répondre de la fortune. (II, 126.)

SE, formant des verbes pronominaux à sens passif :

Un petit livret qui *s'*est fait par un docteur de Sorbonne. (III, 255.)
Les plus curieuses [nouvelles] ne *se* peuvent écrire sans se brouiller avec ceux qui peuvent proscrire. (III, 144.)
Il *s'*en est proposé un autre (*avis*) par un docteur de Sorbonne. (III, 281.)

SE, employé à la manière latine, comme une sorte de sujet de l'infinitif :

Ce même avis m'ayant été confirmé par une infinité de personnes d'honneur, qui *se* disoient y avoir été présents, il faut que je le tienne pour véritable. (IV, 4.)
La vertu.... *se* pourra dire avoir la cause précédente de l'envie; car il en est beaucoup qui sont enviés pour leur sagesse. (II, 683.)

SE, omis :

Ceux que l'opinion fait *plaire* (*se plaire*) aux vanités. (I, 296, vers 37.)
.... Celui qui n'ouvre point la bouche en la torture, et qui par sa patience fait *rendre* (*se rendre, céder*) ceux qui ont charge de le tourmenter. (II, 515.)
Les voyant ainsi *renfermer* (*se renfermer*). (I, 311, vers 2.)
Voyez l'*Introduction grammaticale*.

Soi.

Quelles preuves incomparables

>   Peut donner un prince de *soi*,
>   Que les rois les plus adorables
>   N'en quittent l'honneur à mon Roi? (I, 76, vers 22.)
>
> Je sers, je le confesse, une jeune merveille,
> En rares qualités à nulle autre pareille,
>   Seule semblable à *soi*. (I, 158, vers 9.)

Ne pensez pas que pour ce qu'il se bailloit soi-même en payement de son apprentissage, il fît peu de compte de *soi*. (II, 14.)

Une grande âme, quoi qui arrive à son désavantage, ne voit jamais rien au-dessus de *soi*. (II, 137.)

Ce fut alors aux Insubriens à.... s'enfuir sans regarder derrière *soi*. (I, 444.)

La vertu ne veut rien avoir d'inégal entre les choses qu'elle avoue à *soi* (*qu'elle reconnaît pour siennes*). (II, 522.)

Jamais l'envieux ne défend la cause de personne : il est toujours pour *soi* contre tout le monde. (II, 41.)

Que se propose celui qui fait un plaisir, sinon du bien pour autrui et du contentement pour *soi*? (II, 45.)

>   [Des mérites] Qui n'ont rien de pareil à *soi*. (I, 152, vers 15.)
>
> J'étois dans leurs filets ; c'étoit fait de ma vie ;
> Leur funeste rigueur, qui l'avoit poursuivie,
> Méprisoit le conseil de revenir à *soi*. (I, 207, vers 9.)

Soi-même :

> Qui reçoit de cette façon n'est obligé qu'à *soi-même*. (II, 3.)
> Toute vertu a sa perfection en *soi-même*. (II, 45 ; voy. I, 12, v. 225 ;
>   II, 14, 27, 75, etc.)

SÉANCE, rang, préséance :

> Il cuida y avoir du bruit pour les *séances*. (III, 63.)

SÉANT à, qui convient à, conforme à :

De tous les troubles de l'âme, le plus excusable et le mieux *séant à* la nature, c'est le déplaisir que nous avons d'être privés des personnes qui nous sont chères. (IV, 160.)

SEC, au figuré :

Caliste, en cet exil j'ai l'âme si gênée
Qu'au tourment que je souffre il n'est rien de pareil....
Toute la cour fait cas du séjour où je suis,
Mais j'y deviens plus *sec*, plus j'y vois de verdure. (I, 139, vers 11.)

Demeurer *sec* et sobre au milieu d'un peuple qui ne fait qu'ivrogner. (II, 329.)

SÉCHÉ, desséché :

>   [La violette] Qu'un froid hors de saison,
>   Ou le soc a touchée,
>   De ma peau *séchée*
>   Est la comparaison. (I, 164, vers 35.)

SECOND (voyez Segond) :

Si j'ai ajouté ou retranché quelque chose, j'ai fait le premier pour éclaircir des obscurités, et le *second* pour ne tomber en des répétitions. (I, 464.)

C'est la *seconde* vertu, de vouloir être averti et le pouvoir être (*la première est de reconnaître le bienfait sans avoir besoin d'avertissement*). (II, 168.)

> [Sa gloire] A nulle autre n'étoit *seconde*. (I, 113, vers 147.)

SECOURIR.

Un ami, pour *secourir* ma nécessité, a fermé les yeux à la sienne. (II, 13.)

Il faisoit la dépense de quelques jeux, et.... à ce faire il *étoit secouru* par la contribution de ses amis. (II, 36.)

SECRET, discret (voyez SEGRET) :

Des oreilles fidèles aux délibérations, sûres et *secrètes*. (II, 197.)

SECRÉTAIRE, confident :

[Pensers,] Mes fidèles amis et mes vrais *secrétaires*. (I, 174, vers 4.)

SÉDITION, au figuré :

Le bruit est dans leur âme. C'est là qu'il faut mettre la paix, et faire cesser la *sédition*. (II, 468.)

SEGOND, pour *second*. (IV, 334, 350, etc.)

SEGOND, second service :

Je venois.... du dîner de la Reine, et l'avois laissée au *segond*. (III, 269.)

SEGRET, pour *secret*. (III, 196, 419, 505; IV, 350, etc.)

SEIGNEUR.

Encore qu'on ne puisse rien ôter au sage de ce qu'il possède comme *seigneur* universel, toutefois on lui peut dérober. (II, 223.)

Plusieurs *seigneurs* de marque furent menés (*en triomphe*), entre lesquels il y en a qui nomment Amilcar, capitaine de Carthage. (I, 428.)

SEIGNEURIE.

Par la constitution du droit civil tout est au Roi, et toutefois il n'y a rien de tout ce dont il s'attribue la *seigneurie* universelle qui n'ait son possesseur particulier. (II, 219; voyez II, 222.)

Toutes ces grandes villes, à qui la fortune a donné quelque part de la *seigneurie* du monde. (II, 550.)

Ils (*les Romains*) n'avoient point passé la mer pour ôter à Philippe la *seigneurie* de la Grèce, avec intention de la prendre pour eux. (I, 438.)

SEIN, au propre et au figuré :

Anne (*Anne d'Autriche*), qui de Madrid fut l'unique miracle,
    Maintenant l'aise de nos yeux,
Au *sein* de notre Mars (*de Louis XIII*) satisfait à l'oracle. (I, 236, v. 11.)

Notre mal ne vient point de dehors, il est dans nous; nous l'avons au *sein* (*dans notre sein*). (II, 444.)

[Foibles courages] Qui toujours portent la peur au *sein*. (I, 248, vers 26.)

.... Si l'enfer est fable au centre de la terre,
Il est vrai dans mon *sein*. (I, 159, vers 24.)

En l'heureux *sein* de la Toscane,   *de Marie de Médicis*.)

[Diane] La nourrissoit dessous ses lois. (I, 124, vers 261; *il s'agit*

Que d'hommes fortunés en leur âge première...,
Qui fussent morts contents, si le ciel amiable,
Ne les abusant pas en son *sein* variable,   *s'adresse à la vie*.)
Au temps de leur repos eût coupé ta longueur! (I, 10, vers 161; *le poëte*

Voyez tome 1, p. 6, vers 50; p. 12, vers 201; p. 14, vers 257; p. 52, vers 150.

SEIN, sorte de filet. (II, 235.)

SEINE, sans article, pour *la Seine*. (I, 115, v. 211; 161, v. 73.)

SÉJOUR, acceptions diverses :

Le jeune demi-dieu qui pour elle soupire
Des mondes opposés unit à son empire
   L'un et l'autre *séjour*. (I, 231, vers 39 *var.*)

Ils y feroient quelque *séjour* (*à Poitiers*), ... pour laisser reposer les soldats. (III, 524.)

Si vous me rendez un plaisir en une occasion où je ne le desire point, vous êtes ingrat.... Pourquoi ne voulez-vous point que mon bienfait fasse quelque *séjour* avec vous? (II, 210.)

  Donc après un si long *séjour* (*un si long retard*),
  Fleurs de lis, voici le retour
  De vos aventures prospères. (I, 201, vers 1.)

SEL (Aller au), acheter des vivres :

Ce que ces gens ici promettent n'est pas argent pour *aller au sel*. (III, 222.)

SELLE (Jeter hors de la), agiter, troubler :

Toutes ces considérations *jettent* Libéralis *hors de la selle*, bien que d'ailleurs il ait la tenue assez bonne. (II, 726.)

SELLETTE (Être sur la) :

Quelle gêne pensez-vous qu'ait soufferte.... celui qui *a été* en prison et *sur la sellette*, encore qu'il ait eu arrêt d'absolution! (II, 197.)

SELON, selon que :

La vertu est *selon* nature; les vices sont ses ennemis déclarés. (II, 445.)
Le ciel, qui doit le bien *selon* qu'on le mérite. (I, 279, vers 53.)

SEMBLABLE.

  .... Toujours par *semblable* voie
  Ne font les planètes leur cours. (I, 54, vers 183.)
Je sers, je le confesse, une jeune merveille,
En rares qualités à nulle autre pareille,
  Seule *semblable* à soi. (I, 158, vers 9.)

Que pouvo itavoir de *semblable* l'ennemi juré des méchants.... avec un misérable? (II, 22.)

Qui sera-ce qui ordonnera qu'ils soient récompensés de *semblables* bienfaits (*de bienfaits de ce genre*)? (II, 60.)

Celle (*la miséricorde*) de Dieu.... veut que sa justice soit satisfaite. J'en veux croire le *semblable* de la vôtre. (IV, 6; voyez IV, 177.)

SEMBLANCE, ressemblance, imitation :

Cette considération leur fit, à la *semblance* des dents, mettre deux pierres ensemble (*pour moudre le blé*). (II, 717.)

SEMBLER, impersonnel, sans *il* :

  .... Tout m'est inutile, et *semble* que mes larmes
  Excitent sa rigueur à la faire partir. (I, 134, vers 5.)

Sembler de :

J'en ai une (*une maladie*) à qui il semble que je sois particulièrement assigné : c'est la courte haleine; quand cela me prend, il *semble d*'un coup de vague. (II, 459.)

SEMENCE, grain que l'on sème, semaille, germe (au propre et au figuré) :

A Rome, nous l'appelons (*nous appelons Dieu*) le père Liber,... pour l'invention des *semences* (*des fruits de la terre*). (II, 97.)

Il dit comme on fait les *semences*, et comme on sarcle les mauvaises herbes, de peur qu'elles ne suffoquent les blés. (II, 716.)

    N'est-ce pas lui (*Dieu*) qui fait aux ondes
    Germer les *semences* fécondes
    D'un nombre infini de poissons ? (I, 245, vers 14.)

Marche, va les détruire ; éteins-en la *semence*,...
Sans jamais écouter ni pitié ni clémence
    Qui te parle pour eux. (I, 278, vers 29.)

SEMER, au propre et au figuré :

Semer les champs de toute une contrée. (II, 490.)

Le mérite des bienfaits est de ne s'en proposer point de récompense, et dès qu'on les *a semés* faire compte que le fruit en est recueilli. (II, 5 ; voyez I, 29, vers 27.)

Peut-on voir ce miracle, où le soin de nature,
A semé comme fleurs tant d'aimables appas, etc.? (I, 156, vers 10.)

.... Fleurs comme étoiles *semées*. (I, 58, vers 4.)

.... Métaux de toutes sortes *semés* dans les entrailles de la terre. (II, 95.)

    Lui, de qui la gloire *semée*
    Par les voix de la renommée,
    En tant de parts s'est fait ouïr, etc. (I, 51, vers 135.)

SÉMINAIRE, pépinière :

Vous les gâterez (*les bienfaits*) si vous en faites un *séminaire* de procès (*en latin :* materia litium). (II, 64.)

SEMONCE, sommation, mise en demeure :

Par quelque résistance elles (*les femmes*) piquent un desir qui sans doute se relâcheroit si à notre première *semonce* elles se rendoient avec une trop prompte et trop complaisante facilité. (IV, 32.)

Le plaisir que je lui demande est une *semonce* que je lui fais de se revancher. (II, 164.)

SENS, organe des sens ; faculté de sentir, de juger ; sens commun :

Sa parole enchante les *sens*. (I, 131, vers 20.)

Le *sens* n'est pas juge de ce qui est bon ou mauvais.... S'il ne voit ou s'il ne touche l'objet, il n'en sauroit que dire. (II, 519.)

Qui n'aime point ceux qui l'ont mis au monde a de l'impiété ; qui les méconnoît est hors du *sens*. (II, 52 ; voyez I, 11, vers 183.)

Cette prédiction sembloit une aventure
    Contre le *sens* et le discours. (I, 236, vers 6.)

SENSIBLE à ; sensible, absolument :

    [Le soleil,] S'il étoit *sensible* à la honte,
    Se cacheroit en la voyant. (I, 148, vers 47.)
    Elle, auparavant invincible...,
    S'apercevoit que cet amant
    La faisoit devenir *sensible*. (I, 123, vers 264.)

SENTE, sentier :

Les feux s'ouvrirent en deux, et se retirant de part et d'autre, laissèrent une *sente* à ces jeunes hommes. (II, 87.)

Après que la mer se sera laissé gourmander à votre arrogance, une petite *sente* (*le passage des Thermopyles*) se moquera de vous. (II, 200.)

Combien pensez-vous que.... par leur même *sente* (*par la route des étoiles dans le ciel*) il marche de destinées avec elles? (II, 114.)

SENTIMENT, faculté de sentir, organe des sens :

Les chiens ont le *sentiment* du nez plus aigu. (II, 42.)

Ni visible, ni touchable, ni perceptible par aucun *sentiment*. (II, 477.)

Un homme a tous les *sentiments*, mais ce n'est pas à dire que tous les hommes aient des yeux de Lyncée. (II, 118.)

Ceux qui les aiment (*les voluptés de l'esprit*)...., n'estiment point les autres. Ils se moquent de toutes ces ordures qui chatouillent nos *sentiments*. (II, 609.)

[Un doux songe] Qui tous nos *sentiments* cajole. (I, 289, vers 105.)

SENTIMENT, impression (physique ou morale), perception, mouvement de l'âme, manière de sentir, ressentiment (d'un bienfait), reconnaissance :

Ces pièces de bois dont nous faisons nos chevrons,... s'étendent au *sentiment* de la chaleur. (II, 444; voyez I, 476.)

 Vous n'êtes seule en ce tourment (*la mort de son mari*)
 Qui témoignez du *sentiment* (*de la douleur*),
 O trop fidèle Caritée. (I, 33, vers 14.)

[Sa faute] lui porte l'esprit à ce vrai *sentiment*,
Que d'une injuste offense il aura, quoiqu'il tarde,
 Le juste châtiment. (I, 281, vers 98.)

Il y a des hommes qui succombent à la vue des choses dont ils eussent peut-être supporté le *sentiment*. (II, 312.)

J'ai le courage d'un philosophe pour les choses superflues; pour les nécessaires, je n'ai autre *sentiment* que d'un crocheteur. (IV, 15; voyez II, 340.)

Les *sentiments* des faveurs doivent être proportionnés au lieu d'où elles viennent. (IV, 138; une ancienne copie a la variante *ressentiments*.)

Si vous jugez misérables ceux qui ont perdu l'usage des yeux ou des oreilles par quelque inconvénient, comme appellerez-vous celui à qui le goût des bienfaits ne donne point de *sentiment*? (II, 67.)

SENTIR, activement, au physique et au moral :

Penses-tu que plus vieille....
.... elle *eût* moins *senti* la poussière funeste
 Et les vers du cercueil? (I, 40, vers 23.)

.... Parmi tout cet heur, ô dure Destinée,
Que de tragiques soins, comme oiseaux de Phinée,
 Sens-je me dévorer! (I, 159, vers 15.)

Il rougit de lui-même, et combien qu'il ne *sente*
Rien que le ciel présent et la terre présente,
Pense qu'en se voyant tout le monde l'a vu. (I, 18, vers 394.)

Il y en a peu qui vivent si longtemps, qu'ils goûtent le vrai contentement qu'il y a d'avoir des enfants. La plupart ne les *sentent* que par la charge qu'ils en reçoivent. (II, 139.)

SENTIR, pressentir, tâter :

Rich est ici depuis le soir du ballet.... On croit qu'il vient pour *sentir* les volontés sur le mariage de Madame et du prince de Galles. (IV, 64.)

Se sentir de quelque chose :

Quelqu'un a donné beaucoup, mais il est riche; il ne *se sent* point *de* si peu de chose. (II, 58.)

Sentir, neutralement, avoir de l'odeur :

La mort n'a point de vilenie si puante qui ne me *sente* mieux que tout le musc et tout l'ambre gris que la servitude sauroit avoir. (II, 543.)

Seoir (Se), s'asseoir :

J'y ai place (*aux sièges des chevaliers*) parce qu'il m'est permis de *m'y seoir*. (II, 229.)

Je m'assure qu'elle (*la philosophie*) ne vous conseillera pas de *vous* aller *seoir* en un comptoir. (II, 325.)

Je ferai *seoir* (*se seoir*) tous mes serviteurs à ma table? (II, 431.)

Le Thermodon a vu *seoir* (*se seoir*) autrefois
Des reines au trône des rois. (I, 195, vers 9.)

Seoir, substantivement :

Le *seoir* est aussi naturel que l'être debout ou le marcher. (II, 520.)

Sied, siéroit, dans le sens du latin *decet, deceret* :

Rien ne *sied* bien de soi-même; l'observation seule des circonstances fait l'approbation de nos actions. (II, 29.)

Siéroit-il bien à mes écrits
D'ennuyer les races futures, etc.? (I, 210, vers 27.)

SÉPARATION.

Nous jouissons mieux absents que présents de ce qu'il y a de plus doux en la communication.... Comptez la *séparation* des nuits, les occupations diverses,... vous trouverez que vous n'êtes guère plus souvent avec votre ami que s'il étoit dehors. (II, 464.)

SÉPARER, se séparer :

Ce ne sont plus bienfaits, et ne les peut-on plus ainsi nommer quand le jugement en *est séparé*. (II, 5.)

Adieu donc, importune peste (*il parle à l'espérance*) :
Le meilleur avis qui me reste,
C'est de *me séparer* de toi. (I, 303, vers 28.)

Nous commençons à *nous séparer* de la fréquentation du reste des hommes. (II, 275.)

Le sage se contente de soi. C'est une parole.... que beaucoup de gens interprètent mal : ils le *séparent* de la communauté de toutes choses, et ne veulent point qu'il sorte hors de sa peau. (II, 292.)

Après qu'elle (*ma femme*) fut partie, je me tins toujours *séparé* (*je vécus à part*), et n'allois que fort rarement manger chez mon père. (I, 336.)

Séparer, partager :

Que me sert que je fasse exactement partir (*partager*) un champ, et que mon frère et moi, s'il faut que nous *séparions* un arpent de terre, soyons sur le point de nous couper la gorge? (II, 689.)

SÉPULTURE, action d'ensevelir, sépulcre :

Si mes amis ont quelque soin
De ma pitoyable aventure,
Qu'ils pensent à ma *sépulture* :

C'est tout ce de quoi j'ai besoin. (I, 294, vers 33.)
Je connois Charigène, et n'ose desirer
Qu'elle ait un sentiment qui la fasse pleurer
  Dessus ma *sépulture*. (I, 256, vers 45.)
Henri, ce grand Henri,...
Comme un homme vulgaire est dans la *sépulture*
  A la merci des vers. (I, 178, vers 7.)
 .... De chercher aux *sépultures*
Des témoignages de valeur,
C'est à ceux qui n'ont rien du leur
Estimable aux races futures. (I, 111, vers 81.)

SÉQUESTRE, dépôt :

Une chose que nous n'avons qu'en *séquestre*, et qui ne nous doit pas demeurer. (II, 573.)

SERF, esclave :

Est-il *serf*? oui; mais peut-être il a l'âme libre. Est-il *serf*? Quel mal lui fait cela? Montrez-m'en un qui ne le soit point. (II, 432.)

Serf, pour *serviteur*, *esclave*, est blâmé par Malherbe chez des Portes. (IV, 413.)

SERPE, proverbialement :

Nos stoïques sont quelquefois plus longs qu'il ne seroit besoin. Je vous y montrerois beaucoup de choses où le coup de la *serpe* seroit nécessaire. (II, 698.)

SERRER, presser; SERRER LE BOUTON, proverbialement :

La seconde (*lettre*) me *serre* le bouton de trop près (*est trop pressante*) pour me dispenser de prendre un si long délai (*pour me permettre de tant tarder à vous répondre*). (IV, 136.)

Serrer ses paupières, pour *les fermer*, est blâmé par Malherbe chez des Portes, comme une locution non française, mais provençale. (IV, 382.)

SERRER, enfermer, mettre en lieu sûr :

La Parque également sous la tombe nous *serre*. (I, 58, vers 10.)

Au lieu que vous devez mettre un bien que l'on vous a fait à l'entrée de votre âme, pour avoir sujet d'y penser à toutes heures, vous le *serrez* si mal, et le jetez si hors de votre vue, que, etc. (II, 52.)

SERVAGE, en amour :

 .... Que d'un si digne *servage* (*celui de ma dame*)
 La remontrance me dégage,
 Cela ne se peut nullement. (I, 98, vers 34.)

SERVICE (de l'État); SERVICE, terme de civilité :

Qui peut ignorer que.... M. le président Janin [ne soit] un personnage à qui ses longs *services*, toujours très-fidèlement faits et toujours très-heureusement réussis, ont fait avoir une approbation, etc.? (I, 394.)

Je ne vous fais point de profession nouvelle de *service*. Il vous est tellement acquis par toute sorte d'obligations que vous devez vous en assurer. (III, 187.)

SERVICE, SERVICES, en amour :

 Quand je lui vouai mon *service* (*à ma dame*),
 Faillis-je en mon élection?
N'est-ce pas un objet digne d'avoir un temple? (I, 175, vers 20.)

>   [Ces beautés] de qui le cerveau léger,
>   Quelque *service* qu'on lui fasse,
>   Ne se peut jamais obliger. (I, 108, vers 19.)
>   Ce sont douze rares beautés,
>   Qui de si dignes qualités
>   Tirent un cœur à leur *service*,
>   Que leur souhaiter plus d'appas,
>   C'est, etc. (I, 147, vers 15 ; voyez I, 29, vers 26.)

L'âme de cette ingrate est une âme de cire... ;
Et de la vouloir vaincre avecque des *services*, etc. (I, 60, vers 64.)

SERVIR, être esclave ; Servir, activement, servir à, être esclave de, asservi à ; Servir Dieu, s'acquitter de ses devoirs envers lui :

> Étoit-il pas aussi peu digne de *servir*, comme Maro de manger en compagnie? (II, 75.)

> Ils *servent* leurs voluptés, au lieu de les posséder. (II, 405.)

> L'amitié que nous portons à notre corps est naturelle.... Mais je dis qu'il ne se faut pas abaisser à le *servir*. (II, 311.)

> Que pensez-vous faire, Caton? Il ne se parle plus de la liberté ; c'en est fait il y a longtemps ; la question est à qui *servira* la République. Vous n'y avez que voir : on élit un maître. (II, 315.)

> Ce que Dieu est au monde, l'âme l'est en l'homme. Le corps est en lui ce que la matière est en l'autre. Il est donc raisonnable que le pire *serve au* meilleur. (II, 509.)

> Vous *servez aux* hommes, *aux* affaires et *à* la vie. (II, 600 ; voyez II, 432.)
>   Il (*Henri IV*) étendra ta gloire autant que sa puissance ;
>   Et n'ayant rien si cher que ton obéissance,
>   Où tu le fais régner il te fera *servir*. (I, 72, v. 78 ; *le poëte parle à Dieu*.)

Servir, en amour, absolument et activement :

>   .... Les destinées
>   Par qui nos âmes enchaînées
>   *Servent* en si belle prison. (I, 85, vers 24.)
>   Qu'on *serve* bien lorsque l'on pense
>   En recevoir la récompense,
>   Cela se peut facilement. (I, 98, vers 25.)

Je *sers*.... une jeune merveille
En rares qualités à nulle autre pareille. (I, 158, vers 7.)

Voyez tome I, p. 29, vers 29 ; p. 98, vers 41 ; p. 130, ver 12 ; p. 140, vers 8 ; p. 176, vers 60 ; p. 296, vers 31 ; p. 306, vers 18.

Servir, activement, servir à, rendre service à :

> Ne chercherai-je point quelque occasion de pouvoir *servir* mon bienfacteur ? (II, 45.)

> Comme nous sommes hors d'enfance, nous ne nous soucions plus ni de nos précepteurs ni de ce qu'ils ont fait pour nous. Nous en faisons de même de ceux qui nous *ont servis* en notre jeunesse. (II, 54.)

> Pource que tous ces gens-là ne *servent aux* autres que pour leur profit, ils profitent (*font du bien*) sans qu'on leur en sache gré. (II, 104.)

Servir, être utile (pour), aider (à), être bon ou propre (à), etc. :

> .... Depuis le trépas qui lui ferma les yeux,
> L'eau que versent les miens n'est jamais étanchée.
> Ni prières ni vœux ne m'y purent *servir* :
> La rigueur de la mort se voulut assouvir. (I, 223, vers 9.)

Le plus fort n'avoit point encore pris au collet le plus foible, ni l'avaricieux mis en trésor ce qui ne lui *servoit* qu'à laisser le nécessiteux incommodé. (II, 723.)

Une remontrance, qui *a* quelquefois *servi* au père à corriger le fils, à la femme à retirer son mari de la débauche, et à l'ami de provoquer la froideur et la paresse de son ami. (II, 164 et 165.)

De quoi lui *servit* jamais tout ce qu'il sut crier et tempêter, que d'irriter une populace ? (II, 315.)

La nécessité est forte, mais elle ne l'est pas assez pour me faire faire une seconde prière à un homme à qui la première n'*a* de rien *servi*. (IV, 100.)

Il ne *sert* rien de dire qu'il y a fait des frais. (I, 341.)

Vous voyez ce que *sert* une chose continuée. (II, 642.)

Que me *servira*.... d'avoir fait un acte magnanime ?... Il vous *servira* que vous l'aurez fait. (II, 90 et 91.)

Que l'honneur de mon prince est cher aux destinées !
Que le démon est grand qui lui *sert* de support ! (I, 172, vers 2.)

SE SERVIR DE, faire usage de :

Vous pensez, quand un homme résiste courageusement à la douleur, qu'il ne *se serve* que *d*'une vertu. (II, 528.)

SERVITEUR, traduisant *servus*, esclave. (II, 68, 69, 70, 71, etc.)

SERVITUDE, au figuré :

Oyez un peu les harangues de ceux qui demandent quelque plaisir.... L'éternité est trop courte pour limiter la *servitude* qu'ils promettent. (II, 55.)

J'ai toujours tenu ma *servitude* une offrande.... contemptible.... Telle qu'elle est, je la vous dédie. (IV, 4.)

Quand vous partîtes, je n'eus point l'honneur de vous baiser les mains et vous confirmer le vœu de ma *servitude*. (IV, 5 ; voyez IV, 138, 142.)

Je suis de trop bon lieu pour être valet de mon corps : ... s'il a des *servitudes*, elles ne m'assujettissent point. (II, 508.)

SERVITUDE, en amour :

.... De tout mon pouvoir [j'] essayai de lui plaire,
Tant que ma *servitude* espéra du salaire. (I, 265, v. 16 ; voy. I, 174, v. 1.)

SEUL, emplois divers, constructions remarquables :

Serre d'une étreinte si ferme
Le nœud de leurs chastes amours,
Que la *seule* mort soit le terme
Qui puisse en arrêter le cours. (I, 82, v. 193 ; voy. I, 131, v. 39.)

Y a-t-il aujourd'hui une femme *seule* (*une seule femme*) à qui le divorce fasse honte ? (II, 65.)

Le point *seul* (*le seul point*) où nous ne pouvons proposer de grief contre la vie, c'est qu'elle ne tient personne (*c'est-à-dire la peut quitter qui veut*). (II, 541.)

La pauvre République, de peur de n'être pas assez longtemps misérable, ne pourra pas tomber une *seule* fois (*mais périra en quelque sorte plusieurs fois*). (II, 549.)

Qu'avec une valeur à nulle autre seconde,
Et qui *seule* est fatale à notre guérison (*est prédestinée à nous guérir*),
[Votre courage] Nous ait acquis la paix sur la terre et sur l'onde, etc.
(I, 262, vers 2.)

Nous ne sommes pas *seuls* qui en murmurons. (II, 152; voyez ci-dessus, p. 525, 13°.)

Seul, avec *ne que*, pléonasme :
Nous.... *ne* nous attachons *qu*'à la *seule* considération de l'avenir. (II, 54; voyez I, 301, vers 26; II, 704.)

SEULEMENT.
Quelle occasion auroit Ladas de magnifier ses bonnes jambes, si *seulement* il étoit plus vite que les boiteux et les estropiés (*s'il n'avait d'autre avantage*)? (II, 656.)

.... Celui *seulement* que sous une beauté
Les feux d'un œil humain ont rendu tributaire,
Jugera sans mentir quel effet a pu faire
Des rayons immortels l'immortelle clarté. (I, 8, vers 93.)

Il ne lui fallut épée, ni dague; *seulement* il demeura (*il se contenta de demeurer*) trois jours sans manger. (II, 597.)

Seulement, même :
Je ne [me] suis jamais mêlé de ladite bastide, et *seulement* n'y suis jamais allé. (I, 347.)
Il vaut mieux que je laisse tout ce discours, qui est tellement hors de la chose qu'il n'en approche pas *seulement*. (II, 9.)
Des peuples qui n'étoient pas *seulement* connus de leurs voisins. (II, 487; voyez II, 227, 430.)

Seulement, avec *ne que*, pléonasme :
Il se forme une peur de ce qui *n*'étoit *que* scrupule *seulement*. (II, 310.)

SEXE (Le), le sexe féminin, les femmes :
Si quelque mari ne permet point à sa femme de se promener tout du long du jour emmi les rues,... tout *le sexe* le décriera pour un malhabile homme. (II, 15.)

SI, conjonction conditionnelle :
En ce piteux état, *si* j'ai du réconfort,
C'est, ô rare beauté, que vous êtes si dure
Qu'autant près comme loin je n'attends que la mort. (I, 139, vers 12.)
Ils seront malheureux seulement en un point;
C'est que *si* leur courage à leur fortune joint
Avoit assujetti (*quand bien même leur courage aurait assujetti*) l'un et l'autre hémisphère,
.... toujours on dira qu'ils ne pouvoient moins faire,
Puisqu'ils avoient l'honneur d'être sortis de vous. (I, 104, vers 10.)
Un usurier est aussi fâcheux *s*'il est long et difficile à recevoir son intérêt, comme quand il est rigoureux à l'exiger. (II, 31.)
Si quelqu'un, pour se revancher en votre endroit, a fait ce qui lui est possible, mais votre bonne fortune l'en a gardé, vous n'avez point eu de sujet d'éprouver un ami. (II, 230; voyez II, 86, l. 8; 587, l. 22.)
Il y a bien de la différence *si* quelqu'un nous fait plaisir pour l'amour de soi, ou pour l'amour de nous. (II, 179.)
Il n'y a point de crève-cœur plus grand à un homme d'honneur que *s*'il faut qu'il aime ce qu'il ne prend point plaisir d'aimer. (II, 32.)
Nous ne voulons pas avouer que notre serviteur nous puisse obliger, et cependant nous réputons à beaucoup de faveur *si* celui d'un autre a seulement fait signe de nous voir quand nous l'avons salué. (II, 77.)
Mon Roi, *s*'il est ainsi que des choses futures

L'école d'Apollon apprend la vérité,
Quel ordre merveilleux de belles aventures
Va combler de lauriers votre postérité ! (I, 104, vers 1.)

Je ne trouve pas étrange que la fortune me traverse.... Mais *si* ainsi est qu'elle me veuille continuer les témoignages de sa haine, pourquoi ne le peut-elle faire en quelque autre occasion qu'en celle-ci ? (IV, 156.)

Pour les chartres, je vous ai promis d'y vaquer...; mais vous savez ma paresse..., je tiens que assez tôt *si* assez bien. (III, 546 ; voyez III, 202.)

Je meure *si* je saurois vous dire qui a le moins de jugement ! (II, 634.)

Les Dieux, s'ils font quelque chose, ils n'y apportent jamais autre considération que la raison qu'ils ont de la faire : *si* peut-être vous ne pensez (*à moins que peut-être vous ne pensiez*) qu'aux encensements et aux sacrifices soit la récompense de cette infinité de biens qu'ils nous font. (II, 116.)

SI BIEN, lors même que, bien que :

Vous cherchez si peu de gloire au bien que vous faites.... que *si bien* vous faites quelque chose pour quelqu'un, vous la faites d'une sorte qu'elle a plutôt apparence de revanche que de bienfait. (II, 135.)

Pour le moins est-il malaisé que nous n'en sachions plus que ceux qui nous ont appris à connoître nos lettres, et que *si bien* ces commencements nous ont été nécessaires (*bien que ces commencements nous aient été nécessaires*), ils ne demeurent pourtant au-dessous de la suffisance que nous acquérons par la continuation d'étudier. (II, 84.)

SI CE N'EST, SI CE N'EST QUE :

Le fer mieux employé cultivera la terre,
Et le peuple qui tremble aux frayeurs de la guerre,
Si ce n'est pour danser, n'aura plus de tambours. (I, 73, vers 66.)

    De combien de pareilles marques
    Ai-je de quoi te garantir
    Contre les menaces des Parques,
    Si ce n'est qu'un si long discours
    A de trop pénibles détours? (I, 113, vers 135.)

Je ne vous irai point querir Socrate, Chrysippus, Zénon, et tous ces autres qui sans mentir ont été grands personnages, mais que peut-être on estimeroit moins, *si ce n'est que* l'envie ne s'oppose pas à la gloire de ceux qui sont morts. (II, 224.)

Je me réjouis que vous soyez de retour..., et desire que vous en oyez bientôt autant de M. de Valavez. Je l'espère bien comme cela, *si ce n'est* qu'en cette guerre de Clèves il lui prit envie d'être soudard. (III, 97.)

Je ferai bien tout ce que je pourrai pour voir leur première arrivée; et *si ce n'est* qu'ils viennent à l'habiller de la Reine, je crois que ce plaisir-là ne m'échappera pas. (III, 423.)

Aussi n'eussé-je pas tant différé de les rechercher (*vos nouvelles*).... *si ce n'est que* l'on nous faisoit espérer que le lendemain des fêtes nous nous en retournerions à Paris. (IV, 179.)

SI, conjonction interrogative :

Monsieur le Prince avoit convié plusieurs gentilshommes à son ballet, mais ils s'en excusèrent; *si* par faute d'argent, ou pour autre considération, c'est à vous à le deviner. (III, 487.)

Nous en parlerons.... en la dispute que nous ferons *si* (*en discutant la question de savoir si*) toutes choses marchent avec une certaine ordonnance. (I, 475 ; voyez II, 87, l. 5.)

Ce sera bien le plus expédient d'éclaircir une question que je ne trouve point avoir été jamais bien décidée, *si* recevant quelque offense..., je suis quitte de l'obligation. (II, 622.)

Sɪ, adverbe de quantité :

Y a-t-il homme du monde *si* misérable, et *si* né pour avoir de l'affliction, qui en quelque chose ne se ressente de leur libéralité (*de la libéralité des Dieux*)? (II, 93; voyez I, 90, vers 98; 148, vers 63.)

Pourquoi sommes-nous *si* hors de la connoissance de nous-mêmes, de ne vouloir pas recevoir un plaisir d'un serviteur? (II, 77.)

Ne vous imaginez pas qu'il y en ait un *si* hardi de faire semblant d'y penser. (IV, 71; voyez IV, 140; et Dᴇ, 23°, ci-dessus, p. 151.)

Il n'est point d'homme *si* sensible, et *si* ouvert à toute sorte de traits, que ce qu'on lui donne fortuitement le touche au cœur. (II, 23; voyez I, 307, vers 21 et 22; II, 227, l. 8.)

Serai-je ou *si* sale que de vivre avec un homme qui n'a rien de pur, ou *si* ingrat que de ne vivre pas avec un homme par qui je vis? (II, 35.)

Voulez-vous que je vous fasse voir que ce n'est pas *si* grand'chose de donner la vie de cette façon? (II, 81.)

Il est *si* maigre que rien plus. (III, 475.)

Si que, pour *si bien que*, est blâmé comme hors d'usage par Malherbe chez des Portes. (IV, 395, 403.)

Sɪ, au sens d'*aussi* :

Un ami qu'on a fait pour la commodité plaira *si* longtemps qu'il en apportera. (II, 291.)

.... Qu'il soit une amour *si* forte
Que celle-là que je vous porte,
Cela ne se peut nullement. (I, 97, vers 10.)

.... Bien aimés, n'estimez rien
Si doux qu'une si douce vie. (I, 301, v. 30; voy. I, 97, 17; 122, v. 213.)

Je trouve bon qu'elle (*la libéralité*) aille *si* avant qu'il lui plaira, mais je ne veux pas qu'elle aille en désordre. (II, 22.)

Sɪ.... ᴄᴏᴍᴍᴇ, aussi.... que. Voyez Cᴏᴍᴍᴇ, ci-dessus, p. 104.

Sɪ, pourtant, avec cela :

Encore qu'il y en ait assez pour vous ennuyer, *si* vous y ajouterai-je que, etc. (III, 73.)

Le muletier est nu-pieds; et *si*, ce n'est point qu'il ait trop de chaud. (II, 674.)

Cette pièce (*de vers*) est des meilleures; et *si*, il y a des impertinences. (IV, 276.)

Voilà un « car » aussi hors de propos qu'il en fut jamais; et *si*, la comparaison ne vaut pas un potiron. (IV, 286.)

.... Adorable princesse,
Dont le puissant appui de faveurs m'a comblé,
Si faut-il qu'à la fin j'acquitte ma promesse. (I, 244, vers 3.)

Combien qu'il (*l'air*) soit.... plus sec, *si* est-ce qu'il ne laisse pas de s'amasser, et de faire des corps qui ressemblent aux nuées. (I, 477.)

Voyez I, 251, vers 3; II, 34, l. 17 et 28; 46, l. 8 et 20; 91, l. 27; 128, l. 3; 190, l. 5; 196, l. 26; 226, l. 15; 276, l. 2; 485, l. 8; III, 100, l. 11; 174, l. 11; IV, 175, l. 22.

Sɪ, particule affirmative; Sɪ ꜰᴀɪᴛ :

Tous les hommes sont ingrats généralement. Mais ne sont-ils autre chose? *Si* sont. Ils sont stupides, malicieux, et timides, tout ce qu'ils sont. (II, 156.)

N'ai-je jamais vu personne qui se soit tué soi-même? *Si* ai. (II, 383.)

Il n'y a point de gloire à sortir quand on est jeté dehors. Et toutefois *si* a. (II, 460.)

N'y aura-t-il point quelque différence de nous à eux? *Si* aura certes, il y en aura beaucoup. (II, 277.)

Ne chercherai-je point quelque occasion de pouvoir servir mon bienfacteur...? *Si* ferai. (II, 45.)

Il ne faudra point prendre les armes, et possible peut-être que *si*. Il ne faudra se mettre sur la mer; peut-être que *si* fera. (II, 50.)

Ne me penseriez-vous rien devoir? *Si* ferois, mais peu de chose. (II, 181.)

Que lui sert cette bonne affection qui ne paroît point? *Si* fait. Quand il ne feroit autre chose, cela seul est une reconnoissance. (II, 111.)

L'homme en général ne se voit point, *si* fait bien en particulier. (II, 477.)

Voyez tome II, p. 336, l. 28; tome III, p. 174, l. 28; p. 490, l. 3.

SIÈCLE, au sens propre :

Le soir fut avancé de leurs belles journées;
Mais qu'eussent-ils gagné par un *siècle* d'années? (I, 13, vers 248.)

SIÈCLE, temps, époque, âge :

Telle que notre *siècle* aujourd'hui vous regarde,...
Telle je me résous de vous bailler en garde   v. 5.)
Aux fastes éternels de la postérité. (I, 244, v. 5; voy. I, 253, v. 5 et 6; 259,

Qu'on vous menace d'un supplice d'ici à cinquante ans, vous n'avez de quoi vous mettre en peine, sinon que vous veuillez.... vous rendre présents dès à cette heure des ennuis qui ne vous sont promis qu'en un *siècle* futur. (II, 579.)

Le *siècle* doré (*l'âge d'or*). (I, 235, vers 18.)

Vous ne serez point, vous n'avez point été, c'est une même chose. Ce sont deux temps où nous n'avons point de part. Le point où vous êtes est votre *siècle* : faites ce que vous pourrez pour l'étendre. (II, 598.)

SIÉGE, au figuré :

Enfin cette beauté m'a la place rendue
Que d'un *siége* si long elle avoit défendue. (I, 28, vers 2.)

SIEN, LE SIEN, LA SIENNE, adjectivement :

Je suis à Rodanthe, je veux mourir *sien*. (I, 248, v. 42; voy. I, 265, v. 14.)

Toutes les autres tempêtes ne sont rien auprès de *la sienne* (*de celle qu'il essuie*). (II, 466.)

LE SIEN, LE LEUR, substantivement, au sens neutre :

Marcellinus, qui.... ne donnoit rien de si bon cœur que *le sien*, distribuoit quelque peu d'argent à ses serviteurs. (II, 597.)

[Les lois] Font tout perdre à la violence
Qui veut avoir plus que *le sien*. (I, 214, vers 140.)

Si vous desiriez de vous acquitter *du sien* (*au moyen du sien, c'est-à-dire en payant avec ce qui est à lui*), vous confesseriez que ce seroit un payement où il n'y auroit point d'apparence. (II, 206.)

Tout ce qu'il avoit, ou *du sien* ou de l'autrui. (II, 233; voyez II, 129.)

Nos prédécesseurs, de qui les déportements ont été si braves, n'ont jamais redemandé *le leur* qu'à leurs ennemis. (II, 56.)

    .... De chercher aux sépultures
    Des témoignages de valeur,
    C'est à ceux qui n'ont rien *du leur*
    Estimable aux races futures. (I, 111, vers 83.)

SIGNALÉ, remarquable :

Le sage.... fera toujours paroître sa vertu; en quelque fortune qu'il s'occupe, il en fera quelque chose de *signalé*. (II, 666.)

SIGNE, au sens latin, marque distinctive, cachet. (II, 64.)

FAIRE SIGNE DE OU QUE :

Chrysippus en fait comparaison aux coureurs qui sont à l'entrée d'une barrière, qui n'attendent sinon qu'on leur *fasse signe de* partir. (II, 39.)

    .... Si ta faveur tutélaire
    Fait signe de les avouer (*d'avouer les Muses*),
    Jamais ne partit de leurs veilles
    Rien qui se compare aux merveilles
    Qu'elles feront pour te louer. (I, 187, vers 127.)

Ce n'est pas à la liberté à parler; les étendards lui *font signe qu'*elle se taise. (II, 153.)

SIGNER (SE), mettre sa signature; ÊTRE SIGNÉ, l'avoir mise :

Si vous voulez que je vous die ce qui m'en semble, et que je *me signe* (*en latin* : signare responsum), etc. (II, 232.)

Je *suis signé* au mariage de mon frère.... Je *me signai* audit mariage. (I, 334 et 335.)

SIGNIFIER, désigner :

Ils appeloient le maître père de famille; et quand ils vouloient *signifier* les serviteurs, ils disoient : ceux de la maison. (II, 431.)

SILENCE.

    [Des lois] Que Diane auroit peine à suivre
    Au plus grand *silence* des bois. (I, 148, v. 42; voy. I, 168, v. 56.)

SIMILITUDE, comparaison :

Similitude mal rendue. (IV, 318.)

Voyez tome II, p. 30, 306, 478, 560; tome IV, p. 406, etc.

SIMPLESSE, simplicité :

Quelle *simplesse* et quelle folie est-ce à un homme de se glorifier de la beauté d'un ouvrage qu'il n'a point fait! (II, 573.)

Simplesse, blâmé par Malherbe dans un passage de des Portes. (IV, 422.)

SIMULATION, feinte :

Quand elle (*la douleur*) est vieille, le monde s'en moque, et justement; car il y a de la *simulation* ou de la folie. (II, 497; voy. II, 469, 616; III, 43.)

SINCÈRE.

    Il est vrai, la Vieuville,...
    Nous devons des autels à la *sincère* foi
    Dont ta dextérité nos affaires manie. (I, 263, vers 3.)

SINGERIES DES MAINS, gestes d'approbation malins ou ridicules :
Quand vous voyez des auditeurs s'oublier à des *singeries des mains* devant un philosophe, et faire les ravis et les transportés à le regarder, si vous pensez qu'ils le tiennent pour un habile homme, vous vous abusez : ils le tiennent pour un homme perdu. (II, 454.)

SINISTRE.
> Que ce misérable corbeau,
> Comme oiseau d'augure *sinistre*,...
> S'aille cacher dans le tombeau. (I, 209, vers 8.)

SINON, SINON QUE, si ce n'est :
Je ne puis obliger *sinon* celui qui reçoit. (II, 235.)
Elle fut fuie de tous *sinon* de ses (*esclaves*) fugitifs. (II, 73.)
Un homme d'honneur n'y pense jamais (*au bien qu'il a fait à quelqu'un*), *sinon* quand en le lui rendant on l'en fait ressouvenir. (II, 6.)
Il ne se parle (*aux spectacles des gladiateurs*) ni de casque ni de bouclier; aussi de quoi servent-ils, ni toute cette dextérité qu'on apprend à l'escrime, *sinon* de dilayer la mort de quelque moment? (II, 282.)
Je ne saurois *sinon* vous en louer. (III, 241; voyez III, 13.)
Je n'ai *sinon* à vous remercier de vos honnêtetés accoutumées. (III, 423.)
Si ma conscience ne m'assuroit, je douterois de quelque tache à mon innocence, de m'être imaginé que mes actions pussent être justes, *sinon* en tant qu'elles seroient conformes à votre volonté. (IV, 155.)
Pour nouvelles, je ne vous puis dire *sinon* que les Reines sont ici depuis hier. (IV, 9.)
S'il y a eu quelque contestation entre nous, ce n'a été *sinon* que j'ai fait tout ce qu'il m'a été possible pour faire qu'ils reçussent plus de bien de moi qu'ils ne m'en avoient donné. (II, 89.)
Je ne trouve pas qu'il y ait moyen de le défendre, *sinon* d'autre faute, pour le moins de n'avoir pas bien pratiqué ce que l'école des stoïques lui pouvoit avoir appris. (II, 34.)
Pour ce premier ingrat, qui n'est ingrat *sinon qu'*en tant qu'il est mauvais, et qui n'a ce vice que tout ainsi qu'il a tous les autres, etc. (II, 117.)
Jamais il (*Caton*) n'y fut connu pour juste (*à Rome*), *sinon qu'*après qu'il fut perdu. (II, 615.)
Voyez tome II, p. 39, 199, 554; tome IV, p. 17.
Malherbe préférerait *sinon* à *fors* dans ce tour de des Portes :
> .... Je ne puis dire en chantant vos beautés
> *Fors* que je vis des feux, etc. (IV, 333.)

SINON QUE, à moins que :
La réponse de Socrate fut qu'il ne devoit point douter qu'il ne fît cas de son présent, *sinon que*.... lui-même il en eût mauvaise opinion. (II, 14.)
Il y a de la cacophonie, *sinon que* vous prononciez en gascon. (IV, 416.)
Je me garderai de m'y mettre (*de me mettre en peine pour lui*), *sinon que* l'affaire ou l'homme fussent de quelque mérite extraordinaire. (II, 28.)
Voyez I, 16, vers 341; II, p. 10, 44, 60, 340, 578; III, 242; IV, 7.

SIRE, traduisant le latin *Cæsar*, au vocatif. (II, 38.)

SITÔT QUE :
Sitôt que je la vis, je lui rendis les armes. (I, 265, vers 12.)
Laquelle est-ce de toutes celles qui s'attachent à leurs maris morts.... de qui les larmes aient continué jusqu'au bout du premier mois? Il n'y a rien qui nous attriste *sitôt que* la douleur. (II, 497.)

Ordinairement nous ne donnerons pas *sitôt* à quelque fâcheux [riche] *qu'*à un pauvre que nous jugerons honnête homme. (II, 92.)

SIX VINGTS, cent vingt :

[Il] partit, accompagné d'environ cent ou *six vingts* chevaux. (III, 249.)

SOCIÉTÉ du genre humain; société, absolument :

Représentez-vous si l'ingratitude.... n'est pas évitable, comme la chose.... qui.... ruine le plus la *société du genre humain*. (II, 108.)

L'homme.... est né sans armes.... La *société* seule est le rempart de sa foiblesse. (II, 109.)

SOI, soi-même. Voyez Se, soi.

SOIE.
>Les Parques d'une même *soie*
>Ne dévident pas tous nos jours. (I, 53, vers 181.)
>Nos jours, filés de toutes *soies*,   vers 241.)
>Ont des ennuis comme des joies. (I, 313, vers 5; voyez I, 116,

Soye sur soye, locution proverbiale par laquelle Malherbe critique la consonnance qui l'a choqué dans ce vers de des Portes :
>Caron tout étonné le *voyant s'effroya*. (IV, 404.)

SOIN, soins, sens divers :

.... Ce miracle, où le *soin* de nature
A semé comme fleurs tant d'aimables appas. (I, 156, vers 9.)

Il suffit que ta cause est la cause de Dieu,
Et qu'avecque ton bras elle a pour la défendre
>Les *soins* de Richelieu. (I, 279, vers 40.)

Continuez, grands Dieux, et ne faites pas dire
.... qu'aux occasions les plus dignes de *soins*
>Vous en avez le moins. (I, 298, vers 35.)

L'ingratitude et peu de *soin*
>Que montrent les grands au besoin
De douleur accablent ma vie. (I, 286, vers 22.)

Enfin ma patience, et les *soins* que j'ai pris,
Ont selon mes souhaits adouci les esprits. (I, 240, vers 1.)

Il est malaisé que sans des regrets incomparables il vous ressouvienne des *soins* dont.... votre frère a continuellement obligé votre affection. (IV, 215.)

Je ne vaux pas le *soin* que vous avez de moi; mais je ne me plaindrai pas de vous pour cela. Je ne saurois trop souvent recevoir des témoignages d'une chose qui m'est si chère comme la continuation de votre amitié. (IV, 37.)

Je n'en perdrai jamais une (*une commodité*) de vous témoigner le *soin* que j'ai que vous me continuiez votre amitié. (III, 92.)

.... L'amour de la terre, et le *soin* de la chair
Aux fragiles pensers ayant ouvert les portes. (I, 4, vers 9.)

Ceux à qui la chaleur ne bout plus dans les veines
En vain dans les combats ont des *soins* diligents. (I, 282, vers 134.)

Je suis toujours prêt de partir; et le peu de *soin* (*le peu de souci*) que j'ai combien je dois vivre est occasion que je vis content. (II, 492.)

>Si mes amis ont quelque *soin*
>De ma pitoyable aventure,
>Qu'ils pensent à ma sépulture. (I, 294, vers 31.)
>Au lieu du *soin* et des ennuis

> Par qui nos jours sembloient des nuits,
> L'âge d'or revint sur la terre. (I, 123, vers 235.)

Voyez tome I, p. 26, vers 9; p. 70, vers 19; p. 115, vers 220; p. 116, vers 229; p. 159, vers 14; p. 165, vers 49; p. 171, vers 6 *var.*; p. 175, vers 28; p. 185, vers 71; p. 196, vers 35; p. 226, vers 15; p. 259, vers 3; p. 262, vers 10; p. 272, vers 5; p. 278, vers 34; p. 307, vers 25; tome II, p. 113; etc.

AVOIR SOIN DE, s'occuper, s'inquiéter de :

> Ceux qui ne s'embarrassent point aux affaires du monde, et.... n'*ont soin* que *des* lois qui enseignent aux hommes à faire bien. (II, 315.)

SOIR, au figuré :

> Le *soir* fut avancé de leurs belles journées (*ils moururent jeunes*). (I, 13, vers 247.)

SOIT.... OU, SOIT.... OU QUE, SOIT QUE.... OU QUE :

> *Soit* notre gloire *ou* notre honte. (I, 85, vers 28.)
> Quoi qu'un homme nous ait prêté, *soit* de l'or *ou* du cuir,... n'importe. (II, 152.)
> *Soit* un cas d'aventure, *ou que* Dieu l'ait permis. (I, 14, vers 279.)
> La philosophie est utile à l'homme, *soit qu'*une providence éternelle gouverne le monde, *ou que* les choses arrivent fortuitement. (II, 321.)

SOL, sou (voyez SOUL) :

> Un million de boisseaux de blé, à un *sol* le boisseau. (I, 451.)
> Cornélius.... mit à l'épargne trente-quatre mille cinq cents quatre-vingt-seize livres quinze *sols*, etc. (I, 428; voyez I, 431.)

ÉCUS D'OR SOL, écus d'or en espèces. (I, 342.)

SOLAGE, sol, terrain :

> .... Que la violence des flammes rompe la liaison du *solage*. (II, 729.)

SOLDARS, soldats, rimant avec *Mars*, noté par Malherbe chez des Portes. (IV, 464.)

SOLDE, au figuré :

> Le sage.... faisant compte qu'il est au rôle d'une compagnie..., pense que ce qu'il vit est sa *solde*. (II, 507.)

SOLEIL, au singulier et au pluriel, au propre et au figuré :

> Que tarde ma paresse ingrate,
> Que déjà ton bruit nonpareil
> Aux bords du Tage et de l'Euphrate
> N'a vu l'un et l'autre *soleil*? (I, 108, vers 10.
> .... Les *soleils* d'avril peignant une prairie,
> En leurs tapis de fleurs n'ont jamais égalé
> Son teint renouvelé. (I, 297, vers 14.)
> Rendre en si doux ébat les heures consumées,
> Que les *soleils* nous seroient courts. (I, 58, vers 6.)
> Vous aurez des enfants des douleurs incroyables,
> Qui seront près de vous et crieront à l'entour;
> Lors fuiront de vos yeux les *soleils* agréables,
> Y laissant pour jamais des étoiles autour. (I, 3, vers 19.)
> Si vous venez, vous reculerez mon *soleil* (*vous allongerez mes jours, ma vie*) pour dix ans. (I, 357.)
> Que puisses-tu, grand *soleil* de nos jours (*il parle à Marie de Médicis*),
> Faire sans fin le même cours! (I, 196, vers 33.)
> .... Étant le *soleil* dont je suis enflammé

Le plus aimable objet qui jamais fut aimé, etc. (I, 240, vers 7.)

SOLENNELLEMENT. (I, 112, vers 122.)

SOLITUDES.
>Rochers, où mes inquiétudes
>Viennent chercher les *solitudes*, etc. (I, 153, vers 20.)

SOLLICITER, solliciter de :
>[La ville de Carmagnole] Va son courroux *sollicitant*,
>Et l'invite à prendre pour elle
>Une légitime querelle. (I, 54, vers 194.)
>.... Quand j'aurai, comme j'espère,
>[Fait ouïr] Sa louange à tout l'univers,
>Permesse me soit un Cocyte,
>Si jamais je vous *sollicite*
>*De* m'aider à faire des vers (*il parle aux Muses*). (I, 210, v. 39 et 40; voy. I, 60, v. 68.)

A quelle fin prenez-vous la peine de l'honorer (*Dieu*)? Puisqu'il n'y a ni espérance qui vous y convie, ni prétention de récompense qui vous *en sollicite*, il y a donc quelque chose desirable de soi-même. (II, 110 ; voy. I, 121, v. 170.)

>La mer a moins de vents qui ses vagues irritent,
>Que je n'ai de pensers qui tous me *sollicitent*
>*D*'un funeste dessein. (I, 159, vers 20 et 21.)
>.... Le mépris du sort,
>Dont *sollicite* les courages
>Le soin de vivre après la mort. (I, 122, vers 189.)

SOLLICITUDE, soin :
Ne soyez guère avec le corps, que vous ne reveniez incontinent à l'esprit. Passez le jour et la nuit à l'exercer.... La *sollicitude* ne peut être infructueuse, et est un bien qui amende de vieillir. (II, 318.)

Sollicitudes, inquiétudes, soucis :
C'est lui seul (*le sage*) qui n'a point de *sollicitudes*. (II, 463.)
Voyez-moi ces délicats de qui le sommeil impose silence à toute une maison,... de peur qu'en entendant quelque chose qui les trouble, ils soient parmi les *sollicitudes* dans leur lit. (II, 468.)
Le pauvre rit plus souvent et plus fidèlement (*que le riche*). Il n'a point de *sollicitudes* au fond de l'estomac. (II, 619; voyez II, 233, 488.)

SOMMATION.
Cherchez à qui rendre ce que vous devez. Si personne ne vous le demande, faites-en de vous-même la *sommation* (*en latin* : ipse te appella). (II, 240.)

SOMME (d'argent). (II, 76.)

La somme des sommes, le point le plus essentiel :
La modestie est aussi requise au langage d'un homme d'honneur comme en son allure. La *somme des sommes* (*en latin* : summa summarum), c'est que je veux que tu sois lent à parler. (II, 410.)

Somme, en somme :
Somme, ou nous n'avons rien, ou si nous avons, c'est quelque chose de néant. (II, 571; voyez I, 467.)

SOMME. Voyez Sommeil.

SOMMEIL.

Sommeil est desir de dormir, et *somme* est le dormir même. (IV, 425; voyez IV, 271, 282.)

SOMMEILLER, pour *dormir*, blâmé par Malherbe chez des Portes. (IV, 257, 449.)

SOMMET.

[Conduis-le (*le Dauphin*)] Promptement jusques au *sommet*
De l'inévitable espérance
Que son enfance leur promet. (I, 83, vers 212.)

SOMPTUEUX.

Prenons donc garde si nous nous habillons point d'une façon, et gouvernons notre maison de l'autre;... si vous n'êtes point frugal en dépense de table et trop *somptueux* en magnificence de bâtiments. (II, 338.)

SON, SA, LEUR, emplois divers, rapports divers (voyez SIEN) :
Le temps est médecin d'heureuse expérience;
Son remède est tardif, mais il est bien certain. (I, 2, vers 4.)

Pourquoi donc refuserez-vous sa compagnie (*la compagnie de la pauvreté*), depuis que les riches mêmes.... la prennent pour exemple, et de *sa* vie empruntent le régime de la leur? (II, 325.)

En quel effroi de solitude
    Assez écarté,
Mettrai-je mon inquiétude
    En *sa* liberté? (I, 222, vers 16.)

.... Ces canaux ont *leur* course plus belle
Depuis qu'elle (*Oranthe*) est ici. (I, 157, vers 23.)

Je pense être aux enfers, et souffrir *leurs* supplices. (I, 135, vers 17.)

Tous ces chefs-d'œuvres antiques
Ont à peine *leurs* reliques. (I, 94, vers 206.)

Combien pensez-vous que.... en ce silence elles (*les etoiles*) préparent de sujets de parler, et combien par *leur* même sente il marche de destinées avec elles! (II, 114.)

.... [L'âme] ne doit pas fuir,
Pour *sa* damnation n'encourir. (I, 288, vers 65.)

C'est à vous qu'il s'en prendra. *Sa* raison sera que vous lui aurez aidé à se perdre. (II, 27.)

J'étois dans leurs filets; c'étoit fait de ma vie;...
Et le coutre aiguisé s'imprime sur la terre
    Moins avant que *leur* guerre
N'espéroit imprimer ses outrages sur moi. (I, 207, vers 11.)

Il y en a qui ne désavouent pas qu'on ne leur ait fait plaisir, mais ils ne savent comme le rendre.... *Leurs* effets sont longs à se produire; mais quoi qu'il en soit, ils ont de la volonté. (II, 163.)

Aussitôt qu'il y en a un (*un gladiateur*) qui a tué *son* homme, on le met aux mains avec un autre qui le tue. (II, 282; voyez II, 75, l. 27.)

Demeurer sec et sobre au milieu d'un peuple qui ne fait qu'ivrogner et rendre *sa* gorge emmi les rues. (II, 329; voyez II, 456.)

Ils s'attirent des guerres périlleuses sur les bras..., et bien souvent se font tomber leurs États sur *leurs* têtes. (II, 199.)

Ce sont parties (*du corps*) qui.... par la douleur même se font insensibles à la douleur,... soit que l'humeur corrompue ne trouvant plus où se rendre, elle-même se détruise, et ôte la faculté de sentir à ce qu'elle a rempli de *sa* trop grande quantité (*d'une trop grande quantité d'elle-même*), etc. (II, 604.)

Il faut entrer au fond de *leur* âme de l'un et de l'autre. (II, 340.)

Il est des hommes à qui leurs voluptés font ce que *leur* plus cruel ennemi qu'ils sauroient avoir n'auroit pas le courage de leur faire. (II, 404.)

Dans l'édition de 1645 : « le plus cruel ennemi qu'ils sauroient avoir. »

Je sais de quels appas son enfance (*l'enfance de ta fille*) étoit pleine,
  Et n'ai pas entrepris,
Injurieux ami, de soulager ta peine
  Avecque *son* mépris. (I, 39, vers 12.)

Voyez, aux articles Amour, Crainte, Obéissance, des exemples analogues, où un pronom possessif se rapporte, non à la personne qui éprouve le sentiment ou est dans la disposition dont on parle, mais à celle qui en est l'objet.

Si nous voyons venir un consul ou un préteur, nous lui ferons toutes les démonstrations qu'on fait aux personnes de *leur* mérite. (II, 501.)

Leur au pluriel, comme s'accordant avec « consul ou préteur, » et non avec le pronom *lui*, quoique ce dernier soit plus proche.

Il n'y a que le sage capable de se plaire; toute folie porte avec elle un dégoût de *sa* condition. (II, 295.)

Sa tient ici la place du pronom indéfini *on* : « de la condition où l'on est. » — Dans les trois exemples suivants, le rapport est grammaticalement douteux ou vague et déterminé plutôt par l'idée que par les mots.

Quiconque.... prêche contre l'ingratitude, il parle autant pour les Dieux que pour les hommes : sinon que peut-être, pource que *leur* condition (*la condition des Dieux*) les a exemptés de toute nécessité..., il semble qu'il soit impossible de s'acquitter en *leur* endroit. (II, 44.)

C'est mal vivre que de commencer toujours à vivre.... pource que *leur* vie (*la vie de ceux qui commencent toujours à vivre*) est toujours imparfaite. (II, 353.)

Ces salles à festin, qu'on fait aujourd'hui si grandes..., étoient alors inconnues.... Deux pieux fourchus soutenoient les deux côtés de *leurs* loges (*leurs, c'est-à-dire des hommes des premiers siècles*). (II, 712.)

Sur *leur* construit, sans prendre l'*s*, avec un nom pluriel, conformément à sa nature primitive de génitif pluriel (*illorum*), voyez l'*Introduction grammaticale*, aux Adjectifs pronominaux possessifs.

SONGE, au propre :

.... De quelque souci qu'en veillant je me ronge,
Il ne me trouble point comme le meilleur *songe*
  Que je fais quand je dors. (I, 160, vers 41.)

SONGER, activement :

  Quand elle eut trouvé dans le port
  La perte qu'elle *avoit songée*, etc. (I, 32, vers 9.)

SONNER, résonner :

Je lui entends *sonner* les épaules, tantôt d'une façon, tantôt de l'autre, selon que la main qui le frappe est plus ou moins ouverte. (II, 465.)

Sonner, activement :

  .... Vu le nom que me donne
  Tout ce que ma lyre *sonne*, etc. (I, 317, vers 6.)
C'est lui (*c'est Dieu*).... par qui j'entonne
Dessus mon chalumeau tous les vers que je *sonne*. (II, 96.)

SOPHISTERIE, subtilité de sophiste :

Fuir la *sophisterie*. (II, 433.)

Plût à Dieu que toutes ces *sophisteries* ne fussent qu'inutiles! (II, 436.)

SOPHISTIQUÉ, frelaté, falsifié :

Huile de fleur d'orange.... excellente et non *sophistiquée*. (III, 31.)

SOPORATIF, qui a la vertu d'assoupir, d'endormir :

Au lieu de poison, [il] lui fit prendre un médicament *soporatif*. (II, 74.)

SORDIDE, sale, vilain, au figuré :

Il ne se faut rien proposer d'avare ni de *sordide* quand il est question de faire plaisir. (II, 104.)

Il y en a qui sont mesquins et *sordides* en leur maison, et qui dehors font les grands et les magnifiques. (II, 338.)

SORT, proverbialement :

Le *sort* en est jeté, l'entreprise en est faite. (I, 135, vers 41.)

SORTE, espèce, genre :

Il y a deux *sortes* d'hommes reconnoissants. L'un est celui qui a rendu quelque chose au lieu de ce qu'il avoit reçu. L'autre, etc. (II, 111.)

 Nos affections passagères....
 Se font vieilles en un moment;
La sienne (*celle de Dieu*), toujours ferme et toujours d'une *sorte*,
 Se conserve éternellement. (I, 246, vers 29 ; voyez II, 246.)

TOUTE SORTE DE, TOUTES SORTES DE :

 Nos fastes sont pleins de lauriers
 De *toute sorte de* guerriers. (I, 203, vers 50.)

Toute sorte d'objets les touche également. (I, 136, vers 46.)

Jette les yeux sur.... tant de *toutes sortes de* biens. (II, 43.)

EN SORTE QUE :

 Quelque jour ce jeune lion
 Choquera la rébellion,
 En sorte qu'il en sera maître. (I, 271, vers 81.)

Quand nous voulons donner quelque chose de cette qualité, voyons de le faire *en sorte que* l'opportunité la rende agréable. (II, 19.)

Il y a des choses que pour jouer et passer le temps nous lions *en sorte* qu'il n'est pas bien aisé de les délier. (II, 148.)

SORTIE.

La principale beauté de l'enfance est en la *sortie*. (II,

SORTIR DE, HORS DE; SORTIR, absolument :

 Un chef-d'œuvre de la nature
 Au lieu du monde le plus beau
 Tient ma liberté si bien close,
 Que le mieux que je m'en propose,
 C'est d'*en sortir* par le tombeau. (I, 100, vers 30.)

Vous ne fûtes pas sitôt en colère que vous *en sortîtes*. (IV, 174.)

Il y avoit déjà quelque temps qu'il étoit revenu à soi, que la honte.... ne lui pouvoit encore *sortir du* visage, tant la rougeur s'y étoit ramassée de toutes parts. (II, 298.)

.... Toujours on dira qu'ils (*vos fils*) ne pouvoient moins faire, Puisqu'ils avoient l'honneur d'*être sortis de* vous. (I, 104, vers 14.)

.... *Sortant* promptement *de* mon sens et *de* moi, etc. (I, 11, vers 183.)

Le sage se contente de soi. C'est une parole.... que beaucoup de gens interprètent mal : ils le séparent de la communauté de toutes choses, et ne veulent point qu'il *sorte hors de* sa peau. (II, 292.)

Mon précepteur.... a fait *sortir* mon esprit dehors, en dépit qu'il en eût, et par manière de dire l'est allé querir avec la main aux ténèbres où il étoit, pour le produire au jour. (II, 185.)

C'est une maxime, qu'on ne doit jamais de bon cœur ce qu'on n'a pas reçu, mais fait *sortir* à force de presser. (II, 3.)

Jetez-moi dehors tout ce qui vous déchire le cœur.... Surtout faites *sortir* les voluptés, et les tenez pour ennemies capitales. (II, 450.)

Le livre de M. le cardinal du Perron avoit été imprimé pour le corriger plus facilement ; mais à ce coup on l'imprime pour *sortir* en lumière. (III, 371 ; voyez III, 240.)

Il échappa du supplice par la charrette même qui l'y portoit. Quand un homme a volonté de *sortir* (*de sortir de la vie, de mourir*), il n'est rien d'assez fort pour l'en empêcher. (II, 544.)

Si vous n'êtes content, vous ne pouvez contenter personne. Mais comme *sortirai-je* (*comment sortirai-je de là*)? Faites comme vous voudrez ; mais de quelle façon que ce soit, il faut *sortir*. (II, 335.)

N'avons-nous pas vu *sortir* (*se produire*) beaucoup de choses nouvelles en l'âge où nous sommes, comme les vitres aux fenêtres, les cuves branlantes...? (II, 718.)

Sortir, employé activement, blâmé par Malherbe chez des Portes. (IV, 318, 411.)

SOUCI.

Revenez, mes plaisirs, ma dame est revenue ;...
Soucis, retirez-vous, cherchez les misérables. (I, 156, vers 7.)

    O que l'heur de tes destinées
    Poussera tes jeunes années
    A de magnanimes *soucis!* (I, 199, vers 39.)

Beauté, mon beau *souci*, de qui l'âme incertaine
A, comme l'Océan, son flux et son reflux. (I, 36, v. 1 ; voy. I, 12, v. 213.)

SOUCIER (Se) :

Il est temps de clore ma lettre. Il me semble que j'oi que vous demandez si elle vous doit aller treuver les mains vides. Ne *vous souciez* : elle portera quelque chose. (II, 305.)

Je ferai ce que le droit d'amitié me permet, et ne *me soucierai* point de redemander (*je redemanderai sans scrupule*) un plaisir à ceux à qui je ne ferois point difficulté de le demander. (II, 242.)

SOUCIEUX, blâmé comme mauvais mot par Malherbe dans ce vers de des Portes :
    Quand avec un penser plaisant et *soucieux*. (IV, 390, note 1.)

SOUDAIN, dans le sens de *léger, volage*, blâmé chez des Portes. (IV, 436.)

SOUDAIN (Tout), adverbialement :

    Tu menaças l'orage paroissant,
      Et *tout soudain* obéissant,
    Il disparut comme flots courroucés
      Que Neptune a tancés. (I, 196, vers 30.)

SOUDAINEMENT, pour *soudain*, adverbe, blâmé chez des Portes. (IV, 366.)

SOUFFRANCE, tolérance :

Six deniers pour livre, exigés par les receveurs,... plutôt par *souffrance* et coutume que pour aucun droit ni titre qu'ils en eussent. (III, 417.)

Souffrance, constance dans la douleur :

La patience, la *souffrance* (*en latin* : perpessio) et la tolérance ne sont que ses branches (*les branches de la magnanimité*). (II, 528.)

SOUFFRIR, sens et emplois divers :

Le mérite qu'on veut celer
Souffre une injuste violence. (I, 107, vers 4.)
Comme te plains-tu de mes vers,
Toi qui *souffres* si bien les cornes? (I, 308, vers 8.)

Beauté, mon beau souci, de qui l'âme incertaine
A, comme l'Océan, son flux et son reflux,
Pensez de vous résoudre à soulager ma peine,
Ou je me vais résoudre à ne le *souffrir* plus. (I, 36, vers 4.)

Elles (*les Muses*) *souffrent* bien que l'Amour
Par elles fasse chaque jour
Nouvelle preuve de ses charmes. (I, 147, vers 31.)

Va, monarque magnanime,
Souffre à ta juste douleur
Qu'en leurs rives (*du Tessin et du Pô*) elle imprime
Les marques de ta valeur. (I, 93, vers 182.)

Le souffrir, substantivement :

On n'a point vu de fortunes publiques où le craindre n'ait précédé *le souffrir*. (II, 726.)

SOUHAIT.

.... Quand de mes *souhaits* je n'aurois jamais rien,...
Je ne saurois brûler d'autre feu que du sien. (I, 135, vers 40.)

Si j'ai cette bonne fortune de mourir premier que vous, qui est tout le *souhait* que je fais à Dieu, je sais bien que je ne pleurerai jamais beaucoup. (IV, 3, note 4.)

SOUHAITER.

O que pour avoir part en si belle aventure,
Je me *souhaiterois* la fortune d'Éson! (I, 282, vers 118.)

SOUL, sou (voyez Sol) :

Il ne dépendoit pas un *soul* à chaque repas. (II, 331.)

SOÛL, soûle; soûl de, rassasié de :

Vous verrez que pour deux liards vous aurez mangé tout votre aise, et connoîtrez que pour être *soûl* vous n'avez que faire d'être en la bonne grâce de la fortune. (II, 330.)

Lequel est-ce que vous aimez mieux, d'être pauvre et *soûl*, où riche et affamé? (II, 335.)

Jules César.... ne tua personne qui n'eût l'épée à la main. Et quoi donc? Les autres à la vérité furent plus sanguinaires, mais au moins, comme ils furent *soûls*, ils mirent les armes bas. (II, 155.)

Que pensez-vous qu'il faille pour contenter Nature? Elle est *soûle de* peu de chose. (II, 491.)

S'il y a quelque autre bien que ce qui est honnête, nous ne serons jamais *soûls* ni *de* la vie, ni *des* provisions qu'il faut pour la vie. (II, 591.)

Manger son soûl :

Épicure avoit de certains jours où il ne *mangeoit* pas *son soûl*. (II, 331.)

SOULAGER.
Quel penser agréable *a soulagé* mes plaintes ? (I, 297, vers 5.)

Se soulager. (I, 287, vers 53.)

SOÛLER (de), rassasier (de) ; **se soûler (de)** :
Comme seroit-il possible de *soûler* tant d'hommes perpétuellement affamés ? (II, 129.)
 Tous ceux à qui la fortune a fait venir l'appétit en les *soûlant*. (II, 218.)
 Je ne parle d'autres fols que de nous-mêmes, qui par nos concupiscences furieuses nous laissons emporter à des choses nuisibles, ou pour le moins incapables de nous *soûler* jamais. (II, 320.)
 J'étois affamé de vos lettres : je ne dirai pas que vous m'*en ayez soûlé*, car cela ne sauroit jamais être ; mais, etc. (III, 55.)
 Vous ne croyez pas qu'il y eût de quoi *se soûler* à faire de si mauvais repas ? (II, 331.)
 Si nous l'avons eue longtemps (*si nous avons eu longtemps quelque chose*), nous dirons que nous avons eu loisir de *nous en soûler*. (II, 417.)

SOULOIR, avoir coutume, employé à l'imparfait :
 Comme *souloit* dire Attalus, la mémoire des amis nous est agréable, comme l'austérité du vin vieil. (II, 495 ; voyez II, 53, 328, 726.)

SOUMETTRE À :
A quoi sont employés tant de soins magnanimes... ;
Qu'à tromper les complots de nos séditieux,
Et *soumettre* leur rage *aux* pouvoirs légitimes ? (I, 272, vers 8.)

Se soumettre de, se soumettre à, consentir à :
 Ce sont tous gens qui.... *se soumettent de* faire tout ce qui leur est commandé par un confesseur. (III, 172.)

SOUPÇON, soupçons, défiance, crainte, sujets de crainte :
 Tibère s'en allant en la Campanie, et laissant les affaires de Rome pleines de *soupçon* (*de sujets de défiance et de crainte*), etc. (II, 645.)
 .... La Discorde sans flambeau
  Laisse mettre avecque nos plaintes
 Tous nos *soupçons* dans le tombeau. (I, 102, vers 24.)
  Soupçons de choses amères,
  Éloignez-vous de nos cœurs. (I, 90, vers 83.)

SOUPER, verbe :
 « Dînons (*dit Léonidas*),... comme gens qui *souperont* en l'autre monde. »
 .... Ils dînèrent courageusement et *soupèrent* de même. (II, 639.)

SOUPIRER, au figuré, sens divers :
Le jeune demi-dieu qui pour elle *soupire*, etc. (I, 230, vers 37.)
  Achille étoit haut de corsage ... ;
  Et les dames avecque vœux
  Soupiroient après son visage. (I, 113, vers 144.)
Jamais ses passions (*les passions de l'amour*), par qui chacun *soupire*,
 Ne nous ont fait d'ennui. (I, 150, vers 17.)
Que d'épines, Amour, accompagnent tes roses !...
Qu'en tes prospérités à bon droit on *soupire!* (I, 158, vers 4.)
  .... Leur honte (*la honte des méchants*) fait rire
Ceux que leur insolence avoit fait *soupirer*. (I, 208, vers 30.)

Les festins, les jeux et la danse
En bannissent (*bannissent de nos champs*) toutes douleurs :
Rien n'y gémit, rien n'y *soupire*. (I, 215, vers 145.)

Ressouvenez-vous.... de celui qui.... en la torture.... lassa toutes les sortes de gênes que la cruauté des bourreaux, provoquée par sa patience, inutilement essaya pour le faire *soupirer*. (II, 607.)

Ce m'est tout un d'expirer : tout ce que je pense, c'est de ne *soupirer* point. (II, 460.)

La Discorde ici n'est mêlée,
Et Thétis n'y *soupire* point
Pour avoir épousé Pélée. (I, 199, vers 29.)

Leur rigueur (*la rigueur de vos lois*).... fait que je *soupire* (*que je regrette*) Que ce qui s'est passé n'est à recommencer. (I, 140, vers 3.)

Soupirer, activement :
Tantôt vous *soupiriez* mes peines,
Tantôt vous chantiez mes plaisirs. (I, 210, vers 23.)

SOUPLESSE, action d'assouplir :
La *souplesse* des bras, la dilatation des épaules et l'affermissement des reins ne sont pas occupations d'une âme bien faite. (II, 317.)

SOURCE, au figuré :
Le jeune demi-dieu qui pour elle soupire
De la fin du couchant termine son empire
En la *source* du jour. (I, 231, vers 39.)

SOURD, au figuré :
[La paix, qui] Faisoit la *sourde* à nous ouïr,
À la fin nous laissa jouir
De sa présence desirée. (I, 123, vers 232.)
Sourde au réconfort (*insensible aux consolations*). (I, 32, vers 7.)

SOURDRE, sortir (de terre) :
Des eaux chaudes qui *sourdent* aux rives de la mer. (II, 95.)
L'eau n'y étoit pas versée (*aux étuves*) comme elle est, et n'y *sourdoit* pas chaude, comme elle fait. (II, 670.)

SOURIS DU BRAS, partie charnue du bras :
Il [lui] donna.... un grand coup d'épée dans la *souris du bras*. (III, 380.)

SOUS, préposition :
Au milieu des ennemis victorieux..., *sous* les ruines de sa ville qu'il voyoit tomber..., il (*Énée*) porta ce bon homme appesanti d'années. (II, 87.)

Puisses-tu voir *sous* le bras de ton fils
Trébucher les murs de Memphis ! (I, 196, vers 37.)
Nous sommes *sous* un roi si vaillant et si sage, etc. (I, 69, vers 7.)

Une âme ne peut éviter
D'être *sous* ton obéissance,
Quand tu l'en veux solliciter. (I, 121, vers 169.)

Moi de qui la fortune est si proche des cieux,
Que je vois *sous* moi toutes choses, etc. (I, 296, vers 29.)

Il leur a plu (*aux Dieux*) que *sous* eux nous soyons maîtres de tout ce qu'ils ont mis sur la terre. (II, 43.)

Par leur prudence ils (*les rois*) pourvoyoient aux nécessités de ceux qui étoient *sous* leur charge. (II, 710.)

Assez de funestes batailles....
[Ont fait] Rougir nos déloyales mains :
Donne ordre que *sous* ton génie
Se termine cette manie. (I, 185, vers 85.)
Sous ta bonté s'en va renaître
Le siècle où Saturne fut maître. (I, 200, vers 55.)
.... Celui.... que *sous* une beauté
Les feux d'un œil humain ont rendu tributaire, etc. (I, 8, vers 93.)

Après avoir mis toutes mes passions *sous* le pied, je pourrai dire cette parole glorieuse : « J'ai vaincu. » (II, 557.)

.... Le sang en la bouche, et le visage blanc,
Comme tu demeuras *sous* l'atteinte mortelle
Qui te perça le flanc. (I, 180, vers 43.)

J'aurai bien meilleur marché de ne rien prendre que de devoir *sous* une si dure obligation. (II, 46.)

Nombre tous les succès où ta fatale main,
Sous l'appui du bon droit aux batailles conduite,
De tes peuples mutins la malice a détruite. (I, 26, vers 12.)

Il se rangea *sous* une abstinence si étroite..., qu'avec toute son indisposition il ne laissa pas de bien envieillir. (II, 481.)

La tempérance règne sur les voluptés : elle en hait les unes...; elle dispense les autres, et les règle *sous* une médiocrité convenable. (II, 695.)

A qui est-ce que les magistrats font plus de bien qu'à ceux [à] qui, par leur administration, ils donnent moyen de vivre en repos et, *sous* la tranquillité publique, continuer la résolution de s'employer à la vertu ? (II, 562.)

Voyez-les (*les étoiles*) couler doucement,... et *sous* une contenance de ne bouger d'une place, faire une diligence incroyable. (II, 114.)

SOUVENANCE.

.... Que n'ôte des cieux
La fatale ordonnance
A ma *souvenance*
Ce qu'elle ôte à mes yeux ? (I, 163, vers 11.)

La *souvenance* (*d'un bienfait*) prend fin ordinairement comme l'usage. (II, 20.)

On ne dit pas : « *souvenance* de quelqu'un, » mais « mémoire. » (IV, 287.)

SOUVENIR, verbe, tours divers :

Que pas un qui nous ait obligés n'ait occasion de se plaindre qu'il ne nous *soit* pas *souvenu* de lui. (II, 113.)

Les Dieux savent tout, et cependant nous ne laissons pas de leur faire des vœux et des prières, non tant pour les persuader à nous bienfaire que pour leur faire *souvenir* de nous. (II, 167.)

Le prince ne savoit qui j'étois, et faisant cette gratification générale, tant s'en faut qu'il pensât à me faire bourgeois, qu'il ne se *souvenoit* point que je fusse au monde. (II, 187.)

SOUVENIR, substantif :

[Ma Reine,] ternissant le *souvenir*
Des reines qui l'ont précédée,
Devient une éternelle idée
De celles qui sont à venir. (I, 213, vers 87.)

Réglons notre âme d'une façon.... que.... le *souvenir* de sortir du monde (*que l'idée qu'il faudra sortir du monde*) ne nous afflige point. (II, 492.)

SPACIEUX, au figuré :
La sagesse est ample et *spacieuse*; il ne lui faut point bailler une place occupée. (II, 696.)

SPASME, pour *évanouissement*, blâmé comme vieux mot par Malherbe chez des Portes. (IV, 395, note 4.)

SPÉCIEUX, distingué, illustre :
Si vous permettez la demande d'un bienfait..., vous ôtez ce qu'il y a de plus beau et plus *spécieux* (*en latin* : pars optima) au bienfaire. (II, 56.)
Vous n'avez que faire de vous informer que c'est que bienfait, et si un nom si grand et si *spécieux* (*en latin* : magnitudo nominis clari) se doit ravaler à une matière si vile et si contemptible. (II, 152.)

SPECTACLES.
Voit-on pas que toute la cour
Aux *spectacles* de tes merveilles (*de tes prouesses dans les exercices*)
Comme à des théâtres accourt? (I, 121, vers 179.)

STABLEMENT, d'une façon stable :
Nous ne voulons rien franchement,... rien *stablement*. (II, 451.)

STECADE, estacade :
[Avant Pâques] la Rochelle sera en l'obéissance du Roi.... On y travaille par deux voies : l'une par la *stecade* prétendue de.... Targon, etc. (IV, 66.)

STOÏQUES, stoïciens :
L'école des *stoïques*. (II, 34; voyez II, 44, 116, 142.)

STRUCTURE, construction, arrangement (des parties entre elles) :
Beaux et grands bâtiments d'éternelle *structure*. (I, 138, vers 1.)
Nous mourons de peur pour le moindre bruit que nous oyons, ou d'un ais de qui la *structure* se lâche, ou de quelque tableau qu'on n'aura pas bien attaché. (II, 723.)

SUADER, conseiller :
N'étant pas chose sûre de leur *suader* ou dissuader ce qu'on estime le meilleur, ceux qui sont auprès d'eux tournent leurs imaginations à la flatterie. (II, 199.)

SUBMISSION, soumission :
Il s'en remettoit à ce qui en seroit ordonné par le sénat. Il sembloit bien qu'une *submission* si grande devoit fermer la bouche à ceux même qui, etc. (I, 413; voyez II, 3; III, 16, 236; IV, 153, etc.; dans les deux derniers exemples, les autographes portent *sumission*.)
De quelque véhémence que nos amis nous prient, quelques *submissions* qu'ils nous fassent,... nous ne devons jamais nous laisser aller à faire pour eux chose qui leur puisse apporter du déplaisir. (II, 27.)
J'ai recours à votre miséricorde, et l'implore avec toute sorte de très-humbles *submissions*. (IV, 6; voyez II, 55; IV, 175, etc.)

SUBSTANCE, essence, importance, fond, idées :
Cette dispute de la *substance* (*de l'essence*) des richesses et de la pauvreté sera pour quelque jour que nous aurons plus de loisir. (II, 685.)
Je ne pense pas qu'il s'en trouve un qui cherche quelque *substance* (*quelque importance; en latin*: ad rem judicet pertinere) aux noms qu'Hésiode leur a donnés (*aux Grâces*). (II, 8.)

Vous dites autant qu'il vous plaît, et toutefois votre discours a encore plus de *substance* que de paroles. (II, 484.)

SUBVENIR, venir en aide :
Nous ne pouvons avoir d'affaires de si grande importance que son pouvoir (*le pouvoir de la philosophie*) ne s'y étende; ni si petites, qu'elle ne s'y abaisse pour nous y *subvenir*. (II, 325.)

SUCCÉDER À, venir après :
Qui nous a donné cette diversité de viandes, qui *succèdent* l'une à l'autre selon les saisons? (II, 94.)

SUCCÉDER, arriver, avoir tel ou tel succès, réussir :
Les choses ne nous *succèdent* pas comme nous le desirons. (II, 4.)
Les grands ne trouvent rien bon, si les choses ne *succèdent* à leur gré, et ne louent rien que par l'événement. (III, 124.)
Demain, Dieu aidant, je présenterai au Roi ce que je vous envoie, et vous avertirai aussitôt de ce qui en *sera succédé*. (IV, 181.)
.... Deux combats, qui lui *étoient* aussi glorieusement *succédés* que généreusement il les avoit entrepris. (IV, 203; voy. I, 186, v. 102; II, 6, 249.)
Les choses les plus desirées sont celles qui *succèdent* le moins. (IV, 234.)
Celui qui fait un plaisir veut qu'on le reçoive de bon cœur. Si cela lui *succède*, que doit-il desirer davantage? (II, 45; voyez II, 435.)
Si vos vœux *eussent succédé* à le mettre en peine, ils *eussent* aussi *succédé* à l'en tirer. (II, 196.)

SUCCER, sucer. (IV, 268.)

SUCCÈS, résultat, issue, suite :
C'est une assurance de fous de se répondre de la fortune. Le sage a toujours deux *succès* devant les yeux. (II, 126.)
Il (*le sage*) s'accommode à tous ses *succès* (*à tout ce qui lui arrive*) : il conduit les bons (*succès*) et surmonte les mauvais. (II, 666.)
Recommandez.... à Dieu notre ami (*qui se marie*), comme l'on fait un homme qui se met sur la mer. Les *succès* de l'un et de l'autre ont mêmes espérances et mêmes craintes. (IV, 52.)
Quoi que pour m'obliger fasse la destinée,
Et quelque heureux *succès* qui me puisse arriver, etc. (I, 180, vers 58.)
Je les tiens pour gens sans conscience, et à qui le *succès* de vos affaires, bon ou mauvais, est indifférent. (I, 353.)
Quel tragique *succès* ne dois-je redouter
Du funeste voyage où, etc.! (I, 134, vers 13.)
Voyez tome I, p. 55, vers 215; p. 123, vers 245; p. 182, au titre; p. 215, vers 165; p. 295, vers 15; p. 301, vers 32; tome III, p. 380; tome IV, p. 6, 60, 254.

SUCCOMBER sous; succomber à :
Le temps, qui toujours vole, et *sous* qui tout *succombe*, etc. (I, 305, vers 29.)
Veux-tu *succomber* à l'orage? (I, 155, vers 70.)

SUCER, au figuré (voyez SUCCER) :
Comme leur ôterez-vous des opinions.... qu'avec le lait ils *ont sucées* aux tetins de leurs nourrices? (II, 639.)

SUCRE, au figuré, proverbialement, plaisir, bonheur :
L'un est parmi du *sucre*, l'autre parmi de l'absinthe; l'un a conduit l'indulgence de la fortune, l'autre a dompté sa violence. (II, 521.)

Nous mangeons du *sucre* et des confitures (*nous sommes charmés*), quand nous nous ramentevons nos amis qui se portent bien. (II, 496.)

SUER à (faire quelque chose) :

...., Là *suoit* Euryte *à* détacher les roches
   Qu'Encelade jetoit. (I, 280, vers 79.)

SUEUR, au figuré, fatigue :

Il a plus fait que celui qui sans *sueur* et sans peine n'a pas été sitôt obligé qu'il n'ait trouvé moyen de s'acquitter. (II, 232.)

SUFFIRE.

  Les Nomades n'ont bergerie
   Qu'il (*ce lion*) ne *suffise* à désoler. (I, 217, vers 210.)

Nous sommes comme ces oiseaux qui s'enfuient pour ouïr siffler une fronde : il ne *suffit* pas de craindre le coup, le bruit même nous épouvante. (II, 569.)

SUFFISANCE, quantité suffisante :

L'argent est de ce rang-là (*du rang des choses profitables*), toutefois jusqu'à la *suffisance* seulement, et au deçà de la superfluité. (II, 19.)

Suffisance, aptitude, capacité, mérite :

S'ils avoient de la probité, ils n'avoient.... point de *suffisance*. (IV, 105.)

Votre discours a encore plus de substance que de paroles. C'est un témoignage de quelque *suffisance* plus grande. (II, 484.)

L'avocat de qui la partie a perdu sa cause n'a pas moins de *suffisance*, pourvu qu'il ait bien plaidé. (II, 230; voyez II, 58, 85, 143, 193, 298; III, 51.)

SUFFISANT (à), qui suffit (à), capable (de), habile :

Un autre [disoit] qu'il n'y avoit point de doute qu'un si grand nombre d'hommes ne fût *suffisant* à mettre toute la Grèce dans terre. (II, 199.)

Que me sert d'être un *suffisant* homme *à* prendre les pieds d'un arpent? (II, 689.)

Il y a deux sortes de bienfaits. L'un.... ne peut être ni donné ni reçu que par un sage. L'autre descend parmi le peuple, et tombe au commerce de ceux qui ne sont pas tant *suffisants*. (II, 234.)

SUFFOQUER, étouffer, activement :

Les mauvaises herbes.... *suffoquent* les blés. (II, 716.)

SUIVANT, préposition :

L'événement d'une bonne cause est toujours plus sûr entre les mains d'un juge, qui est obligé aux.... règles portées par les ordonnances, *suivant* lesquelles il faut qu'il se contienne, que d'un arbitre, etc. (II, 57.)

SUIVRE, sens divers :

.... [Les] grâces qui la *suivent* (*ma dame*). (I, 157, vers 19.)

L'épine *suit* la rose, et ceux qui sont contents
   Ne le sont pas longtemps. (I, 29, vers 15.)
   Use de sa bienveillance (*de la bienveillance de la fortune*),
   Et lui donne ce plaisir,
   Qu'elle *suive* ta vaillance
   A quelque nouveau desir. (I, 91, vers 123.)

[Son Dauphin,] *suivant* de l'honneur les aimables appas,

De faits si renommés ourdira son histoire, etc. (I, 74, 117.)
.... La pénitence
Qui *suit* un mauvais conseil? (I, 89, vers 64.)
De quel péril extrême *est* la guerre *suivie*, etc.? (I, 282, vers 121.)
[Beauté, il faut] Que je vous abandonne, et loin de votre port
M'en aille au gré du vent *suivre* mon aventure. (I, 137, vers 4.)
Marche, va les détruire; éteins-en la semence,
Et *suis* jusqu'à leur fin ton courroux généreux. (I, 278, vers 30.)
   C'est un homme.... d'une éloquence.... non empêchée à l'élection des paroles, mais qui *suit* où l'affection du sujet l'emporte. (II, 224.)
   Nous ne voulons pas que ceux qui nous *suivent* (*qui suivent nos préceptes*) se mettent de toutes républiques. (II, 530.)
   Cettui-ci a plus de réputation au Palais;... cet autre *est* mieux *suivi*; je ne puis avoir tant de train que l'un, ni tant de faveur que l'autre. (II, 533.)
   .... Si vous voyez un homme vicieux, qui *soit*.... bien riche, bien *suivi*, bien noble,... vous direz que, etc. (II, 588.)
   Ce qui est honnête se fait *suivre* pour l'amour de lui-même. (II, 99; voyez II, 113.)
Quittons ces vanités, lassons-nous de les *suivre*. (I, 273, vers 4.)
   En ce qui est des brouilleries du temps, quelque.... multitude qui les *suive*, je n'ai point d'autre sentiment que, etc. (I, 395.)
   Un Sabellius..., qui ne faisoit autre métier que de *suivre* les tables des riches qu'il voyoit n'avoir pas beaucoup d'entendement, etc. (II, 370.)

SUIVRE, poursuivre:

   [On diroit] Qu'il (*Apollon*) s'en va *suivre* en si belle journée
      Encore un coup la fille de Pénée. (I, 226, vers 11.)
   Pourvu qu'on *suive*, il n'y a point de déshonneur à n'atteindre pas. (II, 139; voyez II, 275, 606.)

SUJET, occasion, motif, matière:

   .... Les ingrats, qui semblent alors avoir dispense de ne rien rendre, quand ils peuvent dire qu'on leur a donné *sujet* de ne rendre point. (II, 4.)
   Dans quatre ou cinq jours le *sujet* du voyage de M. le marquis de Cœuvres à Bruxelles sera fait ou failli. (III, 141.)
   Les armées et bataillons sont les *sujets* ordinaires où les belles âmes font paroître une assurance; mais, etc. (II, 608.)
   Je lui écrivis dernièrement; cela et le peu de *sujet* que j'ai m'en dispensera pour cette fois. (III, 141.)
Voyez I, 11, v. 185; 15, v. 288; 31, v. 51; 107, v. 2; 152, v. 6.

SUJET, en parlant d'une femme aimée:

   .... Un si beau *sujet* pour qui j'ai tant d'amour. (I, 2, v. 8; voy. I, 60, v. 66; 161, v. 68; 175, v. 22 *var*.)

SUJETS d'un prince, d'un seigneur:

   .... Le repos d'une province
      Par un même effet rétabli,
      Au gré des *sujets* et du Prince, etc. (I, 122, vers 209.)
   Il (*l'abbé de Saint-Michel*) nous dit qu'un paysan de ses *sujets* (*de ses vassaux*).... en avoit treuvé environ une trentaine (*de médailles*). (III, 331.)

ÊTRE SUJET À, SE RENDRE SUJET À :

J'ai toujours vu ma dame avoir toutes les marques
De n'*être* point *sujette* à l'outrage des Parques. (I, 297, v. 10; voy. I, 43, v. 78.)

Nous ferons que de peur d'*être sujets* à nous imiter en toutes nos actions, ils ne nous voudront imiter en pas une. (II, 276.)

Je vous conseille, pour n'*être* point *sujet à* la mauvaise grâce d'un grand, d'être de ceux qui, etc. (II, 315.)

Pour chasser la faim et la soif, il n'est point question de courtiser les portes des grands et *se rendre sujet à* leurs froides mines. (II, 274.)

SUMISSION. Voyez Submission.

SUPERBE.

Beaux et grands bâtiments d'éternelle structure,
Superbes de matière, et d'ouvrages divers, etc. (I, 138, vers 2.)

Les superbes, substantivement :

....Soissons (*le comte de Soissons*), fatal *aux superbes.* (I, 55, v. 228.)

SUPERBEMENT, avec arrogance :

Ce qu'il m'a donné vaut beaucoup, mais.... il me l'a baillé *superbement*. (II, 13.)

SUPERÉROGATION, surérogation :

Vous avez fait une œuvre de *superérogation* de me parler de ceux de votre compagnie. (IV, 189.)

SUPERÉROGATOIRE, surérogatoire :

Je ne baillerai point votre lettre à M. de Saint-Clair.... Étant les choses comme elles sont, je pense que ce soit une œuvre *superérogatoire*. (IV, 61.)

SUPERFICIAIREMENT, superficiellement :

.... A la volée et sans s'informer des choses que *superficiairement*. (III, 100.)

SUPERFLUITÉ, excès, surabondance :

Un grand cœur.... fuit les choses excessives, et s'arrête aux médiocres. Celles-ci sont utiles, et les autres nuisent par leur *superfluité*. (II, 404.)

J'endure de vos belles paroles, parce qu'elles viennent de vous...; mais je ne les approuve pas, pource qu'elles s'adressent à moi, qui suis trop à vous pour être traité avec cette *superfluité*. (IV, 80 ; voy. IV, 136, 150.)

SUPERINTENDANT, surintendant. (I, 263; III, 551; IV, 15, 240.)

SUPPORT.

[Priam] Dénué de *support*,
Et hors de tout espoir du salut de sa ville, etc. (I, 41, vers 50.)

Bellegarde, unique *support*,
Où mes vœux ont trouvé leur port. (I, 107, vers 5.)

Que l'honneur de mon prince est cher aux destinées !
Que le démon est grand qui lui sert de *support!* (I, 172, vers 2.)

Support, pour *secours*, est blâmé par Malherbe chez des Portes. (IV, 460.)

SUPPORTER.

On a vu de mauvais payeurs à qui la sagesse et la patience du créancier a donné moyen d'acquitter leurs dettes, pour les *avoir* attendus et *supportés* (*et toléré leur retard*). (II, 247.)

Supporter de quelqu'un :

C'est une patience qui ne se trouve qu'en un homme de bien.... de *supporter d'*un ingrat si longtemps, que, etc. (II, 135.)

Il est raisonnable de lui aider, et *supporter de* lui. (II, 234.)

Il fit cette rencontre (*cette plaisanterie*) : « Comme *supporterois*-je *d'*un homme (*endurerois-je quelque chose d'un homme, moi*) qui ne puis pas supporter le vin ? » (II, 645.)

Que veut dire qu'un homme qui vous avoit tant d'obligations n'ait pu *supporter de* vous ? (II, 247.)

SUPPOSITION, substitution :

La *supposition* du mensonge en la place de la vérité. (II, 703.)

SUPPRIMER, passer sous silence, faire qu'on ignore :

Il est venu nouvelles d'un duel.... Je ne l'ai ouï conter que par-dessous, pource que l'on fait ce que l'on peut pour le *supprimer*. (III, 298.)

SUR, préposition, sens et rapports divers :

Qui est-ce qui voudroit qu'on lui mît en compte ce qu'il a recueilli d'une chose qu'on jetoit *sur* toute une multitude indifféremment ? (II, 22.)

.... Ton audace effrontée,
Sur des ailes de cire aux étoiles montée, etc. (I, 239, vers 8.)

Alexandre.... ôta les yeux de dessus les Corinthiens pour les tourner *sur* le compagnon qu'ils lui bailloient. (II, 21.)

Dieu préside *sur* l'univers. (II, 322; voyez II, 710.)

Quelques particuliers *sur* qui le peuple s'est démis de sa puissance. (II, 313.)

Tu.... parus *sur* les poursuivants (*au-dessus d'eux, supérieur à eux*)
Comme dessus des arbrisseaux
Un de ces pins de Silésie
Qui font les mâts de nos vaisseaux. (I, 124, vers 275.)

[La vertu] *Sur* (*par-dessus*) tous les actes vicieux
Leur fait haïr l'ingratitude. (I, 108, vers 23.)

Nous avons besoin de quelqu'un *sur* lequel nous prenions les préceptes de notre vie. (II, 301.)

Un homme de bien.... ne se rend jamais...; mais immuable jusques au dernier soupir, il demeure *sur* sa posture. (II, 136.)

Vous êtes *sur* une délibération que quand vous l'aurez exécutée, vous n'aurez plus que faire de ce qu'on dira de vous. (II, 540.)

Je.... lui dirai librement mon avis de ce que je lui verrai faire mal à propos. Je sais bien qu'il se mettra tout aussitôt *sur* ses bouffonneries, qui feroient rire un mort, etc. (II, 375.)

Faites voir ceci à M. le président de la Ceppède ; car je me suis ruiné *sur* vous de toutes nouvelles. (III, 128.)

Qui trouverez-vous qui de soi-même ait borné sa domination, et n'ait perdu la vie *sur* quelque dessein de l'étendre plus avant ? (II, 218.)

Sur un discours qui se présenta vous prîtes occasion de me nommer à Sa Majesté. (IV, 3.)

Quoi donc ?... les vœux que j'ai faits pourront si peu *sur* moi,
Que je quitte ma dame, etc. (I, 304, vers 2.)

Ils (*les philosophes*) ont eu envie *sur* les grammairiens et *sur* les géomètres, et ont pris toutes les superfluités de leurs sciences, pour les apporter en la leur. (II, 699.)

Les sceaux ont été *sur* le point de changer de main. (III, 109.)

L'épée a quelquefois été retenue *sur* le point que le bras étoit haussé pour frapper. (II, 309 ; voyez II, 311, 635.)

Quelqu'un est *sur* les termes d'acheter une maison. (II, 102.)

SÛR, qui est en sûreté :

Tel qu'à vagues épandues
Marche un fleuve impérieux... ;
Rien n'est *sûr* en son rivage ;
Ce qu'il trouve il le ravage.... (I, 89, vers 45.)

SÛREMENT, avec sécurité :

Dormez, mon cher cousin, *sûrement*, et sur ma parole. (IV, 54.)

SURMONTER, surpasser, vaincre :

.... *Surmontant* leur espérance (*faisant plus qu'ils n'espèrent*), etc. (I, 186, v. 115.)
L'art y *surmonte* la nature. (I, 258, vers 5.)
.... Le soleil, qui tout *surmonte*,...
Se cacheroit en la voyant. (I, 148, vers 45.)
.... Ce jeune prince, qui en la beauté du corps n'*étoit surmonté* de personne. (IV, 199.)
.... Le luxe, qui d'un siècle à l'autre cherche quelque nouvelle invention de se *surmonter*. (II, 669.)

Roi, qui de l'âge où nous sommes
Tout le mal *as surmonté*. (I, 90, vers 94.)
Je veux mon œuvre concevoir
Qui pour toi les âges *surmonte*. (I, 110, vers 54.)

Son ivrognerie seule étoit insupportable. Vous pouvez juger comme le devoit être ce qu'il faisoit quand le vin l'*avoit surmonté*. (II, 649.)

Voyez tome I, p. 76, vers 6 ; p. 82, vers 184 ; p. 130, vers 16 ; p. 254, vers 9.

SURNOM, titre de noblesse :

Monseigneur Henri d'Angoulême.... me fit cet honneur de me tenir sur les fonts et de me donner son nom. Mon *surnom* fut Malherbe, de ceux de Saint-Agnan. (I, 360.)

SURPASSER, être au-dessus de :

Cela seul ici-bas *surpassoit* mon effort. (I, 21, vers 9.)

SURPRENDRE, être surpris :

Comme la flamme ne peut être accablée, pource qu'elle échappe autour de ce qui la presse..., ainsi l'âme, qui est d'une substance plus simple et plus déliée que nulle autre, ne peut *être* ni *surprise* (*en latin :* deprehendi non potest) ni écrasée dans le corps. (II, 473.)

SURPRISE.

.... Que de deux marauds la *surprise* infidèle
Ait terminé ses jours (*les jours de mon fils*) d'une tragique mort,
En cela ma douleur n'a point de réconfort. (I, 276, vers 5.)

Voulez-vous voir la *surprise* (*ce qu'il y a de captieux, de propre à surprendre dans ce raisonnement*) ? (II, 634.)

SURSOY, sursis :

Obtenir un *sursoy* de la fin du monde. (IV, 18.)

SURVENIR.

Après qu'il (*l'homme*) est parti du monde,
La nuit qui lui *survient* n'a jamais de matin. (I, 269, vers 18.)

SURVIVRE, absolument :

A peine en leur grand nombre (*de veuves*) une seule se treuve

De qui la foi *survive* (*à la mort de son mari*).... (I, 59, vers 29.)

SURVIVRE, activement :
S'il fût mort, vous ne l'eussiez pas voulu *survivre*. (II, 159.)
Ayant survécu longtemps Métrodorus. (II, 615.)
Sa femme le *survéquit*. (I, 425, 462.)

SUS, interjection; OR SUS :
Sus debout, la merveille des belles! (I, 226, vers 1.)
Or sus, la porte est close aux tempêtes civiles. (I, 253, vers 1.)

METTRE SUS :
Sa relégation étoit un des principaux points qu'il lui *mettoit sus* (*qu'il lui imputait, lui reprochait*). (II, 88.)
Les impositions que les nécessités de la guerre font *mettre sus*. (II, 565.)

PAR-SUS, par-dessus :
Par-sus tout admire cet esprit vraiment admirable, etc.... (II, 43.)

SUSCEPTIBLE, au physique et au moral :
Les uns (*il s'agit de certains météores ignés*) se font en temps d'orage, les autres au plus beau jour du monde, selon que la disposition de l'air est *susceptible* de feu. (I, 477; voyez II, 332.)
Pourquoi faisons-nous apprendre les sciences.... à nos enfants? Afin qu'elles leur préparent les âmes et les rendent *susceptibles* de la vertu. (II, 692.)

SUSPECT.
Ils appréhendent sans occasion, et sont plus assurés au chemin qui leur est le plus *suspect* (*le plus à craindre*). (II, 485.)
N'y en a-t-il pas eu.... auxquels une subite appréhension a tellement diverti l'esprit, que l'heure *suspecte* (*critique*) s'est passée, et l'accès (*de fièvre*) qu'ils attendoient ne leur est point venu? (II, 176.)

SUSPENDRE; SUSPENDU, incertain, hésitant :
Il tient *suspendu* son desir,
[Et ne sait] Ni que laisser ni que choisir, (I, 109, vers 48.)
Ce n'est pas assez d'une belle cuisse ou d'un beau bras pour faire juger une femme belle : il faut qu'une grâce universelle.... tienne si douteux et si *suspendus* ceux qui la voient, qu'ils ne sachent, etc. (II, 391.)
L'opinion tient toutes choses *suspendues* : l'ambition, la luxure et l'avarice ne sont pas seules qui la regardent. Nos douleurs mêmes se forment à l'opinion. (II, 605.)
Où trouvez-vous donc plus de crime : en une reconnoissance *suspendue* (*dont l'effet tarde à se produire*), ou en une mémoire ensevelie? (II, 52.)
Voyez-moi ces délicats de qui le sommeil impose silence à toute une maison, pour qui tout ce qu'il est de serviteurs se ferment la bouche et *suspendent* les pas, s'ils approchent d'eux. (II, 467.)
Il marche après le sort avec un pas *suspendu*, comme en un chemin glissant. (II, 126.)
Comme seroit-il possible que ceux qui ne font que sauter d'un dessein à l'autre, ou qui même n'y sautent pas, mais se laissent aller au gré de la fortune, étant vagues et *suspendus*, eussent quelque chose de certain et d'arrêté? (II, 352.)

SYRTES (LES), au figuré. (I, 116, vers 222.)

T

T, servant de liaison entre un verbe et un pronom :

Celui qui avoit ses mémoires.... s'est sauvé, et n'a-*t*-on treuvé sur Montchrestien autre chose qu'un billet. (III, 557; voyez III, 90, 428, etc.)

TABIDE, affecté de langueur :

Que trouvez-vous de libéral en ces vomisseurs de matin, qui ont le corps aussi gras et potelé comme l'esprit *tabide* et léthargique? (II, 692.)

TABLATURE (Donner de la) à quelqu'un :

Ne m'en faites plus (*de remercîments*), si vous ne voulez que je les prenne pour de la *tablature* que vous *me donnez* de faire le semblable en votre endroit. (III, 350.)

TABLE.

[Cette mort] Qui fait revivre l'homme, et le met de la barque (*de Charon*)
    A la *table* des Dieux. (I, 282, vers 128.)

Si j'eusse voulu me faire valoir, je devois aller par degrés, et mener ma besogne d'un ordre que le plus friand fût servi le dernier. Mais sans y apporter tant de façon, j'ai tout d'un coup mis sur la *table* (*servi au lecteur*) ce qui m'a semblé le plus nécessaire. (II, 214.)

TABLEAU (Être au) du préteur. Voyez Préteur.

TABLETTES.

Sous l'empereur Tibère, il ne se parloit que d'accuser.... Si quelqu'un après boire avoit laissé aller une parole un peu libre, si un autre en se riant avoit dit quelque chose de naïf, tout étoit mis aux *tablettes* (*on en prenait note pour en faire un sujet d'accusation*). (II, 75.)

TÂCHE (Avoir), être occupé :

Ceux qui *ont tâche* n'ont jamais loisir de faire les fols. (II, 468.)

TÂCHER de :

    .... C'est m'arracher à moi-même
    Que de me séparer de vous.
    Un lâche espoir de revenir
    Tâche en vain *de* m'entretenir :
    Ce qu'il me propose m'irrite. (I, 143, vers 50.)

TAGE (Le roi du), le roi d'Espagne. (I, 211, vers 53.)

TAILLE (À la), mis à prix :

Un valet cacha son maître, de qui la vie étoit *à la taille*. (II, 74.)

Pour sauver un homme qui aura sa tête *à la taille*, je me mettrai en danger d'y mettre la mienne. (II, 102.)

TAILLER de la besogne, de la matière, proverbialement :

Quiconque se passionne pour les choses fortuites, il se *taille* plus *de besogne* qu'il n'en sauroit coudre. (II, 570.)

Ainsi ne sais-je plus que vous dire. Le temps nous *taillera de la matière* : Dieu veuille qu'elle soit bonne! (III, 309.)

TAMBOURS.

.... Le peuple, qui tremble aux frayeurs de la guerre,

Si ce n'est pour danser, n'aura plus de *tambours*. (I, 72, vers 66.)

TAMISE (LE ROI DE LA), le roi d'Angleterre. (I, 211, vers 53.)

TANCER (DE), réprimander (au sujet de) :
    Il disparut comme flots courroucés
        Que Neptune *a tancés*. (I, 196, vers 32.)
Je me garderai bien.... de faire chose *de* quoi je *sois tancé* plus d'une fois. (II, 128.)

TANDIS, cependant :
En ces propos mourants ses complaintes se meurent....   v. 265.)
Tandis la nuit s'en va, ses lumières s'éteignent. (I, 17, v. 358; voy. I, 124,

TANDIS QUE, pendant que, tant que :
    Si notre vaisseau doit jamais vaincre les tempêtes, ce sera *tandis que* cette glorieuse main en tiendra le gouvernail. (IV, 20.)
        Jeanne, *tandis que* tu fus belle,
        Tu le fus sans comparaison;
        Anne à cette heure est de saison. (I, 243, vers 1.)
    Ce qui est honnête ne trouve point de place chez le méchant.... *Tandis qu*'il est méchant (*en latin* : quamdiu malus est), on ne lui peut faire de bien, parce que le bien et le mal sont deux contraires. (II, 149.)
    Tant que nous ignorons, il faut apprendre, ou pour dire encore mieux, *tandis que* nous vivons. (II, 585; voyez II, 162, 236, 602.)

TANT DE, TANT QUE, adverbe de quantité; TANT, exclamatif :
        Nous avons *tant* perdu *d*'amis,
        Et *de* biens, etc. (I, 287, vers 37 et 38; voyez I, 16, vers 315.)
    Jette les yeux sur.... *tant de* toutes sortes de biens. (II, 43.)
    Combien seroit-ce mieux fait de se retourner à la contemplation de *tant* et de si grands biens qu'ils (*les Dieux*) nous ont faits? (II, 43.)
        Quelle neige a *tant* de blancheur
        Que sa gorge ne la surmonte? (I, 130, vers 15 et 16.)
Ces déserts sont jardins de l'un à l'autre bout ;
Tant l'extrême pouvoir des grâces qui la suivent
        Les pénètre partout. (I, 157, vers 19.)

TANT QUE, aussi longtemps que :
    Tant que nous ignorons, il faut apprendre. (II, 585.)

TANT (QUE), autant (que); TANT, si, si.... que, quelque.... que :
    Que je fasse *tant* de plaintes *que* je voudrai, etc. (II, 42.)
    Il n'y a chose, Lucilius, qui *tant* restaure un malade *que* cette assistance, ni qui lui rompe *tant* les imaginations et la crainte de la mort. (II, 602.)
    [Cette belle âme] Ne hait rien *tant que* le blâme
        D'aimer un autre que moi. (I, 306, vers 15.)
    Quand viendra le jour que je pourrai faire paroître mon affection à celui à qui je suis *tant* redevable? (II, 49.)
    .... Même ses courroux (*les courroux de Dieu*), *tant* soient-ils légitimes,
        Sont des marques de son amour. (I, 246, v. 23; voy. I, 71, v. 49; 248; v. 18; II, 157.)

TANT.... COMME. Voyez COMME.

TANT, locutions diverses :
    Tant plus grande notre affliction aura été, *tant plus* serons-nous redevables à celui qui nous en aura démêlés. (II, 18; voyez II, 385.)

Je laisse les coudées franches aux bienfaits. *Tant plus* ils seront grands, et *tant plus* il y en aura, *tant plus* grande sera la louange de celui qui les fera. (II, 23.)

Les métaux.... qui sont de prix se cachent au fond de la terre; mais aussi *tant plus* qu'on y fouille, *tant plus* on y trouve de quoi fouiller. (II, 351 ; voyez II, 85, 372.)

Tant plus je sentirai sa puissance, *tant moins* je la reconnoîtrai. (II, 448.)

Tant plus les compagnies sont grandes, et *plus* nous sommes en danger. (II, 281.)

Nous pouvons oublier nos défauts, non-seulement ceux de l'âme, qui se montrent *moins tant plus* ils sont grands, mais ceux mêmes du corps. (II, 456.)

Tant plus elles (*les douleurs*) sont violentes, elles s'amortissent aussi *plus* tôt. (II, 604.)

S'il voit que *tant s'en faut* qu'il lui en revienne quelque chose, au contraire une partie de ce qu'il a déjà court fortune de se perdre, faudra-t-il qu'il se dispose volontairement à sa ruine? (II, 111 ; voy. II, 148 ; IV, 183.)

Je ne dois rien d'une grâce octroyée à ma nation, parce qu'elle m'a bien été faite, mais sans me la penser faire, *tant s'en faut qu'*on me la fît pour l'amour de moi. (II, 187.)

Vous aurez su comme depuis huit ou dix jours les sceaux ont été sur le point de changer de main.... *Tant y a que* les choses ne sont point passées plus avant. (III, 109; voyez III, 476.)

Si.... le sacrilége (*en latin :* sacrilegium) n'est mauvais qu'*en tant qu'*il apporte beaucoup de mal, etc. (II, 680 et 681.)

TANTÔT, il y a peu de temps :

.... Ses pleurs, qui *tantôt* descendoient mollement,
Ressemblent un torrent, etc. (I, 15, vers 303.)

Tantôt.... tantôt. (I, 315, vers 1 et 5.)

TAON, au figuré :

.... Le *taon* des guerres civiles
Piqua les âmes des méchants. (I, 312, vers 17.)

TAPIS (Mettre sur le), proverbialement, gloser sur :

Il faut.... qu'ils satisfassent à leur malice, et que..., puisqu'ils n'ont rien à dire contre votre vie, ils treuvent en votre prospérité de quoi vous *mettre sur le tapis*. (I, 392.)

Tenir le tapis, être le sujet de l'entretien :

Mme la marquise de Verneuil *a tenu le tapis* quelque temps; à cette heure il est à Madamoiselle sa sœur. (III, 224.)

TAPISSERIE.

Je n'ai point peur d'être rompu (*interrompu*). Je n'oy point craquer la porte de ma chambre ; je ne vois point lever le coin de la *tapisserie* (*en latin :* velum). (II, 617.)

TARDER, neutralement, emplois divers :

.... Ne *tarderont* ses conquêtes....
Qu'autant que le premier coton....
Tardera d'être en son visage,
Et de faire ombre à son menton. (I, 50, vers 105 et 109.)

.... D'une injuste offense il aura, quoiqu'il *tarde*,

> Le juste châtiment. (I, 281, vers 99.)
> Que *tarde* ma paresse ingrate
> Que déjà ton bruit nonpareil....
> N'a vu l'un et l'autre soleil? (I, 107, vers 7.)
> Le soldat remis par son chef....
> En état de faire sa garde
> N'oseroit pas en déloger
> Sans congé, pour se soulager,
> Nonobstant que trop il lui *tarde*. (I, 287, vers 54.)

TARDER, activement, retarder :
> A des cœurs bien touchés *tarder* la jouissance,
> C'est infailliblement leur croître le desir. (I, 237, vers 27.)

TARDITÉ, lenteur :
> Mon précepteur.... a accommodé sa patience à ma *tardité*. (II, 185.)

TARE, défaut, défectuosité. (I, 214, vers 118.)

TAS, au figuré (voyez le *Lexique de Corneille*) :
> Certes c'est lâchement qu'un *tas* de médisants,
> Imputant à l'amour qu'il abuse nos ans,
> De frivoles soupçons nos courages étonnent. (I, 241, vers 25.)

TASSETTE, pièces de l'armure qui étaient au bas et au défaut de la cuirasse. (IV, 403.)

TÂTER LE POULS, au figuré :
> Il prit celle (*l'armée*) de mer..., et s'en alla.... le long des côtes de Cilicie et de Carie,... pour *tâter le pouls* aux villes que Ptolomée y avoit. (I, 423.)

TAVAÏOLE, linge ou autre étoffe, dont on se sert dans diverses cérémonies religieuses. (III, 302, 434.)

TAXER, au figuré, régler :
> Le moyen de n'appréhender point les maux à venir est d'en prendre la mesure à part soi et *taxer* sa crainte. (II, 354.)

TAXER DE, accuser de :
> La Reine.... lui faisoit la guerre de ce qu'il lui avoit apporté des bas de soie incarnats, jaunes et bleus, le voulant *taxer* d'avoir mal choisi les couleurs propres à sa condition présente. (III, 220.)

TE. Voyez TU.

TEINT, substantif :
> .... Doit-il vouloir que pour lui
> Nous ayons toujours le *teint* blême (*nous soyons inquiets*)? (I, 54, vers 198.)
> Ce furent de beaux lis (*les saints Innocents*), qui...,
> Devant que d'un hiver la tempête et l'orage
> A leur *teint* délicat pussent faire dommage,
> S'en allèrent fleurir au printemps éternel. (I, 12, vers 203.)

TEL, TELLE, emplois divers :
> Quoi qu'elle soit, nymphe ou déesse,...
> Il faut que le monde confesse

Qu'il ne vit jamais rien de *tel*. (I, 216, vers 184.)
La voici, la belle Marie (*de Médicis*)....
Telle n'est point la Cythérée (*Vénus ne l'égale point*)....
Telle ne luit en sa carrière
Des mois l'inégale courrière ;
Et *telle* dessus l'horizon
L'Aurore au matin ne s'étale. (I, 46, vers 31, 35 et 37.)

Les membres tremblants, ou quelque autre *telle* agitation. (II, 578.)

Les richesses, les états, les grandeurs, et toutes *telles* choses, qui ne sont précieuses que par le cas que nous en faisons, etc. (II, 629.)

Il (*des Portes*) devoit dire simplement « s'efface, » ou quelque autre *telle* chose. (IV, 262 ; voyez IV, 287.)

Elle ne prit rien qu'un manchon et quelques gants, et autres *telles* gentillesses. (III, 126.)

Que chacun sous *telle* puissance (*sous une telle, sous une pareille*
Captive son obéissance, *puissance*)
Cela se peut facilement. (I, 97, vers 7.)

Pour ce premier ingrat..., l'homme de bien ne laissera pas de lui faire plaisir ; car s'il en refusoit à *telles* gens, il n'en feroit à personne. (II, 117 ; voyez II, 37.)

Telles gens que cela ne nous font point de honte de nous surmonter en bienfaits. (II, 138.)

Les Grecs ont donné le nom d'aire à *telle* manière de clartés (*à cette sorte de clartés*). (I, 478.)

Prenant la protection de *telle* manière de gens (*des ingrats*), vous accusiez leur mémoire pour excuser leur volonté. (II, 51 ; voyez II, 466.)

Quel besoin est-il de voir des ivrognes chanceler en une grève,... faire tout plein de *telles* folies ? (II, 447.)

Un *tel* a eu autant que moi ; mais je l'ai eu sans l'avoir recherché. (II, 23.)

Je me rends grâces de ce que je ne me suis point marié avec une *telle*, et de ce que je n'ai point contracté d'amitié avec un *tel*. (II, 147 et 148.)

Il y en a *tel* à qui la première fois nous pouvions nous excuser ; mais pource que nous lui avons déjà fait plaisir, nous pensons qu'avoir commencé nous oblige à continuer. (II, 105.)

TEL QUE, TELLE QUE :

.... Son invincible épée
Sous *telle* influence est trempée,
Qu'elle met la frayeur partout. (I, 81, vers 166 et 167.)

Ils.... ne treuvoient pas à propos que des villes qui étoient si fort à sa bienséance demeurassent en *tel* état, *qu*'aussitôt qu'il en auroit envie il eût moyen de s'en emparer. (I, 438.)

Marcellinus.... vint tout bellement à défaillir, non.... sans quelque sentiment de plaisir, comme il advient quand il se fait une douce dissolution, *telles que* peuvent avoir éprouvé ceux qui se sont quelquefois évanouis. (II, 597 ; voyez II, 336.)

Qui n'ouït la voix de Bellonne,...
Telle que d'un foudre qui tonne,
Appeler tous ses partisans? (I, 213, vers 103.)

Son front avoit une audace
Telle que Mars (*égale à celle de Mars*) en la Thrace. (I, 89, v. 56.)

TEL, TELLE QUE.... TEL, TELLE :

Telle que notre siècle aujourd'hui vous regarde,
Merveille incomparable en toute qualité,

Telle je me résous de vous bailler en garde
Aux fastes éternels de la postérité. (I, 244, vers 5 et 7; voyez I, 269,
Tel que fut rajeuni le vieil âge d'Éson, vers 13 et 15.)
Telle cette princesse, en vos mains résinée,
.... reprendra le teint de sa verte saison. (I, 261, vers 5 et 6.)

Tel quel, telle quelle :

Cette constance se trouve parfaite en celui qui est parfait en sagesse; et *telle quelle* (*en latin* : aliquatenus) en celui qui tellement quellement y a profité. (II, 396.)

Tellement que :

Celui qui oublie est *tellement* coupable d'ingratitude, *que* pour être innocent il suffit de n'oublier point (*il est si vrai qu'il est coupable, que,* etc.). (II, 55.)

Tellement quellement :

Cela ayant fait faire quelque place,... le ballet fut donné *tellement quellement* (*tant bien que mal*), et non comme il est décrit dans le discours qui s'en est imprimé. (III, 379; voyez le dernier exemple de l'article Tel.)

TÉMÉRITÉ; au pluriel actes téméraires :

Muses, je suis confus : mon devoir me convie
A louer de mon Roi les rares qualités;
Mais le mauvais destin qu'ont les *témérités*
Fait peur à ma foiblesse et m'en ôte l'envie. (I, 260, vers 3.)

Témérité, confiance trop hardie, présomptueuse :

.... Souffrez que la vérité
Vous témoigne votre ignorance,
Afin que perdant l'espérance,
Vous perdiez la *témérité*. (I, 100, vers 36.)

TÉMOIGNAGE, sens divers :

[Le renom] Du prince qui tient cet empire
Nous avoit fait ambitieux
De.... donner à notre vaillance
Le *témoignage* de ses yeux. (I, 84, vers 12.)

Ce n'est pas un grand *témoignage* d'une volonté bien disposée, qu'un méchant lit ou un mauvais habillement, sinon qu'il y paroisse, non de la nécessité, mais et de l'élection et du consentement à les avoir. (II, 340.)

Ce que je dis contre ma foi,
N'est-ce pas un vrai *témoignage*
Que je suis déjà hors de moi? (I, 142, v. 29; voy. I, 309, v. 13.)

La sagesse est la félicité parfaite de l'esprit de l'homme, la philosophie est l'amour et l'affection de l'acquérir : c'est elle qui montre le chemin d'aller à l'autre, et ne lui faut point d'autre *témoignage*. (II, 702.)

Il en est qu'il vaut mieux offenser qu'obliger. Ils cherchent en la haine un *témoignage* de ne devoir rien. (II, 37.)

Comme il (*Scipion*) vit le peuple en cette opinion, qu'il falloit que Scipion ou la liberté sortissent de Rome... : « Usez sans moi (*dit-il*), ma patrie, du bien que vous avez par moi. J'ai été la cause de votre liberté; je suis content d'en être le *témoignage*. » (II, 668.)

Toutes ces choses qui faussement usurpent le nom de bienfait ne sont pas bienfaits proprement, mais ministères par lesquels ceux qui aiment donnent de l'exercice et du *témoignage* à leur bonne volonté. (II, 12.)

TÉMOIGNER, verbe actif :

Je ne prends jamais tant de plaisir d'ouïr notre Démétrius, que quand je le rencontre couché sur la paille...; car il ne professe pas la vérité, il la *témoigne*. (II, 340.)

Il voit de tous côtés qu'il n'est vu de personne;
Toutefois le remords que son âme lui donne
Témoigne assez le mal qui n'a point de témoin. (I, 18, vers 390.)

Ne l'*as*-tu pas toujours servi (*le Roi*),
Et toujours par dignes ouvrages
Témoigné le mépris du sort
Que sait imprimer aux courages
Le soin de vivre après la mort? (I, 115, vers 218.)

.... Sa modération et piété mémorable que plus glorieusement il (*Scipion*) *témoigna* quand il quitta sa patrie que quand il la défendit. (II, 667.)

Qui *témoigna* jamais une si juste oreille
A remarquer des tons le divers changement? (I, 105, vers 5.)

Ainsi d'une mourante voix
Alcandre au silence des bois
Témoignoit ses vives atteintes. (I, 168, vers 57.)

Vous n'êtes seule en ce tourment (*la mort de votre mari*)
Qui *témoignez* du sentiment. (I, 33, v. 14; voy. I, 100, v. 34; 205, v. 3; 283, v. 139; II, 294.)

TÉMOIN, se rapportant à des noms soit de personnes soit de choses :

.... Qu'en de si beaux faits vous m'ayez pour *témoin*,
Connoissez-le, mon Roi, c'est le comble du soin
Que de vous obliger ont eu les destinées. (I, 262, vers 9.)

.... Le grand Alcandre aux campagnes de Seine
Faisoit, loin de *témoins*, le récit de sa peine. (I, 161, vers 74.)

J'honore tant la palme acquise en cette guerre,
Que si victorieux des deux bouts de la terre
J'avois mille lauriers de ma gloire *témoins*,
Je les priserois moins. (I, 28, vers 7.)

.... Son front, *témoin* assuré
Qu'au vice elle est inaccessible. (I, 47, vers 47.)

Ces enfants bienheureux (*les saints Innocents*)....
Ayant Dieu dans le cœur ne le purent louer,
Mais leur sang leur en fut un *témoin* véritable. (I, 12, vers 208.)

TEMPÉRAMENT, ordonnance, règle, mesure :

Qui doute que le *tempérament* de tout cet univers ne se fasse par les révolutions et vicissitudes du soleil et de la lune? (II, 114.)

Fortune ne nous baille rien à jouir en propriété. Ce n'est pas qu'en ce qu'elle donne il n'y ait de quoi prendre plaisir; mais il y faut apporter le *tempérament* de la raison. (II, 560.)

C'est à la vertu seule que le *tempérament* appartient; les vices ne savent que c'est : il ne faut point penser de leur donner de règle. (II, 658.)

Une vieille leçon de nos pères.... nous enseigne de nous garder de trois choses : de la haine, de l'envie et du mépris. Le moyen de le faire, la sagesse nous l'apprendra ; le *tempérament* en est bien chatouilleux, parce qu'il est à craindre que la fuite de l'envie ne nous mène au mépris. (II, 314.)

Je n'aime que cette sorte de vie. Treuvons un *tempérament* à la nôtre entre les bonnes mœurs et les mœurs vulgaires. (II, 277.)

TEMPÉRATURE, tempérament physique, constitution, santé :

Bassus Aufidius.... a été toujours malsain et d'une *température* fort sèche. (II, 378.)

Le cardinal de Lorraine.... fut d'une *température* où il n'y avoit rien à desirer. (IV, 204.)

TEMPÉRER, régler, gouverner :

Dieu *tempère* le monde, et.... toutes choses le suivent comme leur guide et comme leur gouverneur. (II, 509.)

TEMPÊTE, TEMPÊTES, au figuré :

Ce furent de beaux lis (*les saints Innocents*), qui...,
Devant que d'un hiver la *tempête* et l'orage
A leur teint délicat pussent faire dommage,
S'en allèrent fleurir au printemps éternel. (I, 12, vers 202.)

  Qui ne sait de quelles *tempêtes*
  Leur fatale main (*la main des ancêtres de M. de Bellegarde*) autrefois,
  Portant la foudre de nos rois,
  Des Alpes a battu les têtes? (I, 110, vers 71.)

Comme la nuit arrive, et que par le silence,
Les *tempêtes* du jour cessant leur violence,
  L'esprit est relâché, etc. (I, 160, vers 32 *var.*)
  Toujours nous assaillons sa tête (*la tête de Henri IV*)
  De quelque nouvelle *tempête*. (I, 77, vers 46.)
.... La porte est close aux *tempêtes* civiles. (I, 253, vers 1.)
En quelle part du monde sauroit-on ouïr plus de *tempête* qu'en un Palais? (II, 372; voy. I, 35, v. 57; 164, v. 40; 168, v. 39; II, 466.)

TEMPÊTER.

De quoi lui servit jamais (*à Caton*) tout ce qu'il sut crier et *tempêter*, que d'irriter une populace, etc.? (II, 315.)

TEMPLE.

Celle à qui dans mes vers, sous le nom de Nérée,
J'allois bâtir un *temple* éternel en durée, etc. (I, 60, vers 56.)
  C'est aux magnanimes exemples
  Qui sous la bannière de Mars
  Sont faits au milieu des hasards,
  Qu'il appartient d'avoir des *temples*. (I, 113, vers 164.)

TEMPS, emplois divers, locutions diverses :

Que d'hommes fortunés en leur âge première...,
Qui fussent morts contents,... si le ciel amiable
Au *temps* de leur repos eût coupé ta longueur (*il parle à la vie*). (I, 10, v. 162.)
  [Ces fontaines] Dont les conduites souterraines
  Passent par un plomb si gâté,
  [Qu'] Au même *temps* qu'on les répare
  L'eau s'enfuit d'un autre côté. (I, 214, vers 119.)
.... Mon Roi, lassé de la guerre,
Mit son *temps* à faire l'amour. (I, 123, vers 240.)
  Laisse-moi, raison importune :
  Tu perds *temps* de me secourir,
  Puisque je ne veux point guérir. (I, 130, vers 5.)
  Je passe en ce devoir mon *temps*. (I, 286, vers 17.)

Un,.... est mort en mangeant,... un autre en passant son *temps* avec une femme (*en latin :* aliquem concubitus extinxit). (II, 521; voyez II, 81, 597.)

Que vous sert de vous enquérir si Pénélope a passé son *temps* avec ceux qui la recherchoient? (II, 688.)

Une chose mal donnée ne sauroit être bien due, et ne venons plus à *temps* de nous plaindre quand nous voyons qu'on ne nous la rend point. (II, 2.)

Ceux qui ne sont point venus au monde sont libres de n'y venir point, et demeurer cachés en l'obscurité; mais à vous, le *temps* n'est plus de le faire (*en latin :* tibi liberum non est). (II, 334.)

Vos philosophes d'État ont bon *temps* de (*prennent plaisir à*) vous donner les appréhensions qu'ils vous donnent. Dormez, mon cher cousin, sûrement, et sur ma parole. (IV, 54.) voy. I, 10, v. 168.)

Nulle heure de beau *temps* (*de bonheur*) ses orages n'essuie (I, 179, v. 25;

TENAILLES, au figuré :

S'il s'en peut tirer quelque chose avec des paroles, je prendrai; mais je n'en viendrai point jusques aux *tenailles*. (II, 163.)

TENDRE, verbe; TENDRE LES MAINS À, au figuré :

Muses,... où sera votre appui, 259, vers 8.)
S'il (*Gaston, duc d'Orléans*) ne *vous tend les mains*, et ne vous favorise? (I,

Tous ces biens.... ne sont pas à vous. Vous n'en êtes que le dépositaire. Ils *tendent* déjà *les mains à* un nouveau maître. (II, 171.)

TENDRE, adjectif :

.... Quel plaisir encore à leur courage *tendre* (*des saints Innocents*),
Voyant Dieu devant eux en ses bras les attendre! (I, 13, vers 238.)

TENDRON, bouton, bourgeon :

Elles (*les abeilles*) ont une adresse de confire les *tendrons* des fleurs et des feuilles. (II, 651.)

TÉNÈBRES, au figuré :

O toute parfaite Princesse,...
Astre par qui vont avoir cesse
Nos *ténèbres* et nos hivers. (I, 49, vers 84.)

TENIR, dans son acception la plus simple, au physique et au moral :

Le renom que chacun admire
Du prince qui *tient* cet empire
Nous avoit fait ambitieux
De mériter sa bienveillance. (I, 84, vers 8.)

Les Romains donnèrent,... aux Rhodiens Stratonicée de Carie, avec quelques autres villes que Philippe *avoit tenues*. (I, 437.)

.... Toujours les tiens *ont tenu*
Les charges les plus honorables. (I, 110, vers 66.)

Qu'il m'ait fallu racheter dix prisonniers d'un plus grand nombre que *tenoient* les ennemis. (II, 180.)

Le point seul où nous ne pouvons proposer de grief contre la vie, c'est qu'elle ne *tient* personne.... La pointe d'un canivet vous fera l'ouverture d'une liberté perpétuelle. (II, 541.)

Les choses que l'on manie ordinairement ne sont point en danger de se couvrir ni de rouille ni de poussière, mais bien celles que nous *tenons* en quelque coin, hors des lieux de notre conversation. (II, 53.)

Soit que l'ardeur de la prière
Le *tienne* (*Henri IV*) devant un autel, etc. (I, 81, vers 172.)

Nous *tenons* ordinairement des gardes auprès de ceux qui pleurent une personne morte..., de peur qu'en la solitude il ne leur vienne quelque trouble qui les induise à se faire mal. (II, 296.)

Je ne parle pas de ceux.... qui *tiennent* leurs volontés en leur puissance, et prennent d'eux-mêmes une loi qu'ils ne violent point. (II, 32.)

Le repos universel où nous sommes...., nous *tient* en un état que si l'on ne mande des choses de peu de conséquence, l'on n'a de quoi s'entretenir. (III, 214.)

.... Ces lois dont la rigueur
Tiennent mes souhaits en langueur. (I, 167, vers 32.)

De tous côtés nous regorgeons de biens;
Et qui voit l'aise où tu nous *tiens*,
De ce vieux siècle aux fables récité
Voit la félicité. (I, 195, vers 22.)

Tu me *tiens* les sens enchantés
De tant de rares qualités, etc. (I, 110, vers 55.)

Il ne peut vaquer aux choses louables qu'autant que les vices ne le *tiennent* point occupé. (II, 486.)

.... Vengeant de succès prospères
Les infortunes de nos pères,
Que *tient* l'Égypte ensevelis, etc. (I, 216, vers 167.)

Ce n'est pas assez d'une belle cuisse ou d'un beau bras pour faire juger une femme belle : il faut qu'une grâce universelle de toutes ses parties *tienne* si douteux et si suspendus ceux qui la voient, qu'ils ne sachent où prendre parti pour les considérer. (II, 391.)

Toutes autres choses bonnes.... sont égales entre elles; car elles procèdent toutes d'une vertu qui *tient* l'âme droite, et l'empêche de se fourvoyer. (II, 513.)

.... Ne *tiens* point ocieuses
Ces âmes ambitieuses. (I, 93, vers 165.)

Rien ne mit si bien Furnius auprès d'Auguste, que ce qu'après qu'à son intercession il eut pardonné à son père, qui *avoit tenu* le parti d'Antoine, en le remerciant il lui dit, etc. (II, 38.)

Oh! qu'un homme est misérable qui se glorifie de *tenir* un gros papier de rentes (voyez PAPIER)! (II, 227.)

Un pilote malavisé..., au lieu de *tenir* la main gauche (*de naviguer à gauche*), s'en va droit donner dans Charybde. (II, 313.)

La fortune en tous lieux à l'homme est dangereuse :
Quelque chemin qu'il *tienne*, il trouve des combats. (I, 305, vers 34.)

Ne *tiendrai*-je point le chemin de ceux qui sont passés devant moi? (II, 393.)

Quoi que je vous aye dit, je ne laisserai pas de faire *tenir* votre lettre. (IV, 33; voyez IV, 188.)

L'emploi du verbe *tenir* est blâmé par Malherbe dans ce vers de des Portes :
Je ne puis toutefois, quelque ébat qui me *tienne*. (IV, 451.)

TENIR, penser, soutenir, garder, observer, regarder comme :

Les académiques *tiennent* que certainement un homme résolu parmi les douleurs est heureux. (II, 552.)

Vous savez ma paresse et mon humeur libertine : je *tiens* que assez tôt si assez bien. (III, 546.)

La besogne est bien avancée. L'on *tient* qu'elle sera achevée pour tout le mois de janvier. (IV, 66.)

Je ne *tiens* pas que ce qui est dur ne puisse avoir quelque remède. (II, 444.)

[Puget et] Placin [furent] mis en prison,... et *tient*-on que l'un et l'autre courent fortune de la vie. (III, 39.)

Pour les choses de moindre importance, nous *tenons* ici que, etc. (III, 155.)

Il n'y a rien si difficile qui ne puisse avoir une bonne fin. Peut-être vous voulez savoir ce qu'en *tiennent* les stoïques. (II, 347.)

.... Je.... *tiens* cette maxime,
Qu'il ne faut point aimer quand on n'est point aimé. (I, 263, vers 13.)

Il n'y a point de meilleur moyen de l'ôter (*la société du monde*), que de *tenir* cette opinion, que l'ingratitude de soi n'est point évitable. (II, 109.)

Tenez cette règle de vivre..., de ne traiter votre corps qu'autant qu'il en a besoin pour s'entretenir en santé. (II, 286.)

[Les assiégés,] En péril extrême rangés,
Tenoient déjà leur perte sûre. (I, 122, vers 197.)

Vous êtes celui dont je *tiens* les bonnes grâces plus chères. (III, 21.)

Quoiqu'il (*Vatia*) fût extrêmement riche et qu'il eût été préteur, on ne le *tenoit* heureux pour autre occasion que pour son repos. (II, 462.)

Il (*Brutus*) fit bien.... de prendre la vie de lui (*de César*), et pour cela ne fut pas obligé de le *tenir* pour père, puisque par injustes moyens il avoit acquis le droit de la lui donner. (II, 35.)

Voyez I, 108, v. 12; 192, v. 4; 301, v. 31; II, 8, 97, 126, 543.

TENIR, locutions diverses :

Je ne *suis* point *tenu* à un batelier (*je ne lui dois point de reconnaissance*) qui m'aura passé l'eau, et n'aura rien pris de moi. (II, 186.)

.... S'ils *tiennent la bride à* leur impatience,
Nous n'en *sommes tenus* qu'à sa protection (*nous ne devons de reconnaissance pour cela qu'à sa protection*). (I, 73 et 74, vers 107 et 108.)

Je crois que nous n'en aurons autre chose : tant y a qu'*il n'a pas tenu à* l'en solliciter (*ce n'a pas été faute de l'en solliciter*). (III, 476.)

J'espère être savant devant que je parte; pour le moins *il ne tiendra pas à* bien étudier. (IV, 181.)

Je ne sais pas comme il se porte, mais *il n'a pas tenu à* bien boire à sa santé s'il n'est bien gaillard. (III, 373.)

Soyez homme de bien à son exemple, et qu'*il ne tienne pas à* aller dévotement à la messe, que vous ne soyez appelé Monsieur par ceux de votre village. (IV, 11.)

Je ne vis jamais homme.... si disposé (*que vous*) à faire plaisir.... Quelque ingratitude et dissimulation qu'il y ait eue aux plaisirs qu'on a reçus de vous, si vous n'en faites d'autres, *il ne tient qu'à* vous en demander. (II, 135.)

La paix a été conclue ce matin.... *Il ne tenoit qu'à* Amboise, que la Reine avoit fait quelque difficulté de bailler. (III, 417.)

Il est impossible que l'envie et la reconnoissance puissent compatir ensemble. L'une *tient du* hargneux et *du* mélancolique ; l'autre ne s'accompagne ordinairement que d'une belle humeur. (II, 54.)

Le sage et celui qui est après à l'être *tiennent* bien *avec* leurs corps, mais ce qu'ils ont de meilleur s'en éloigne pour vaquer à la méditation des choses célestes. (II, 507.)

Comme si détruire l'État
Tenoit lieu de juste conquête. (I, 77, vers 58.)

Je tâche de faire en sorte que le jour où je suis me *tienne lieu de* toute ma vie. Je ne le prends pas pourtant comme le dernier, mais comme le pouvant être. (II, 492.)

Vos yeux, pauvre Caliste, ont perdu leur crédit,
Et leur piteux état aujourd'hui me fait honte
  D'*en avoir tenu compte*. (I, 318, vers 4.)

Il y a du péril à reculer, et de la besogne à *tenir bon*. (II, 448.)

Il n'y a simple soldat qui avec plus d'assiduité *ait tenu pied* aux armées romaines que lui et ses frères. (I, 462.)

Pource que c'étoit une affaire faite,... ils se résolurent de *tenir bonne mine*. (I, 399.)

Le sage doit *tenir* de tous côtés les vertus *en bataille*, afin qu'il ne lui puisse venir aucun effort sur les bras, qu'elles ne se trouvent prêtes. (II, 485.)

Cette considération m'*a tenu* quelques jours *en opinion* de me taire. (IV, 138.)

Il y a de certaines questions qu'on ne met en avant que pour l'exercice de l'esprit.... Il en est d'autres, etc. Vous me ferez *tenir* les premières *sur la montre*, ou replier incontinent, comme il vous plaira. (II, 169.)

Tenir le tapis : voyez Tapis; *Tenir en cervelle* : voyez Cervelle.

Se tenir :

Le feu Roi m'envoya querir par M. des Yveteaux, me commanda de *me tenir* près de lui, et m'assura qu'il me feroit du bien. (IV, 16.)

L'ayant hier rencontré, il lui demanda où il *se tenoit*, et.... il lui avoit répondu qu'il demeuroit.... près de la Croix-du-Tiroir. (III, 19.)

Le bal *se tient* trois fois la semaine chez lui. (III, 135.)

C'est pour lui (*pour le corps*) que travaillent.... les orfévres et les parfumeurs; c'est pour lui que *se tiennent* les écoles de bal et des musiques efféminées. (II, 716.)

Quelle raison avons-nous de nous fier à ces biens...? S'ils *se tiennent* avec nous, ne sommes-nous pas en un trouble d'esprit perpétuel? (II, 574.)

Je *me tiens* en état, comme si la mort me devoit appeler. (II, 492.)

Le coup encore frais de ma chute passée (*au figuré; c'est saint Pierre qui*
Me doit avoir appris à *me tenir* debout. (I, 9, vers 141.)   *parle*)

TENTER, sens et emplois divers :

  .... Il *tente* lui-même
Ce qu'il peut faire par autrui. (I, 54, vers 199.)

  .... Les remèdes que je *tente*
Demeurent sans événement. (I, 302, vers 19.)

L'homme par qui j'avois accoutumé de vous faire tenir mes lettres n'étant pas en vos quartiers,... je ne pouvois *tenter* une autre commodité. (IV, 188; voyez II, 196.)

Elles (*certaines complications*) donnent du plaisir, parce que leur difficulté *tente* la pointe du jugement, et l'excitent à se bander. (II, 149.)

TENUE, manière de se tenir :

Toutes ces considérations jettent Libéralis hors de la selle, bien que d'ailleurs il ait la *tenue* assez bonne. (II, 726.)

TERME, termes, sens divers :

Il en est de même de ce qui est honnête, de ce qui est bienséant, de ce qui est juste et de ce qui est légitime. Ils sont tous limités de certains *termes* (*en latin* : certis terminis). C'est une marque d'imperfection que de pouvoir croître. (II, 512.)

Lequel est-ce de nous qui..., s'il a été pris de court, n'a.... demandé *terme* (*n'a demandé un délai*)? (II, 3.)

Il demande à ses jours davantage de *terme* (*de délai, de durée*). (I, 10, v. 166.)

Donnez un dernier *terme* à ces grands hyménées (*achevez ces grands hyménées*). (I, 233, v. 74.)
Quel tragique succès ne dois-je redouter
Du funeste voyage où vous m'allez ôter
Pour un *terme* si long tant d'aimables délices! (I, 135, vers 15.)

Il n'y a point de préfixion de jour à la reconnoissance d'un bienfait, comme au payement de l'argent prêté;... celui qui ne l'a point encore reconnu est toujours dans le *terme* de le pouvoir faire. (II, 60.)

Toute la grâce.... que.... je desire obtenir de vous, c'est que, puisque.... sans doute il vous faut perdre cinq ou six jours en ces importunités, vous me donniez le même *terme* de vous aller trouver. (IV, 165.)

Si quelqu'un est sur les *termes* d'acheter une maison..., il ne dispute point en quelle saison il l'achètera. (II, 102.)

J'eus honte de brûler pour une âme glacée,
Et sans me travailler à lui faire pitié,
Restreignis mon amour aux *termes* d'amitié. (I, 265, vers 22.)

Les affaires des Macédoniens étant.... en ces mauvais *termes*, il y avoit encore un autre inconvénient pour eux, etc. (I, 408.)

Il (*Antoine*) fut ingrat à sa patrie, de.... la réduire en si mauvais *termes*, qu'elle.... devint tributaire.... de je ne sais quels étrangers. (II, 155; voyez I, 155, v. 69; I, 350; II, 207; IV, 205.)

Jugez.... à quels *termes* est réduit un homme, quand pour avoir de la gloire il est renvoyé à la mémoire des années passées, et que tout vivant qu'il est, il oit parler de lui de même façon que s'il étoit mort. (IV, 206.)

L'édition de 1614 porte : *à quel point*.

Nous disons : « Je me rends grâces.... de ce que je n'ai point contracté d'amitié avec un tel. » En disant cela, nous.... abusons des *termes* de remercier, pour donner du mérite à notre action. (II, 148.)

TERMINER, emplois et tours divers :

.... Je vous ai donné
Un renom qui n'*est terminé*
Ni de fleuve ni de montagne. (I, 146, vers 8.)

Le jeune demi-dieu qui pour elle soupire
De la fin du couchant *termine* son empire
En la source du jour. (I, 231, vers 38; voyez I, 95, vers 219.)

Si le plaisir me fuit, aussi fait le sommeil,
Et la douleur que j'ai n'*est* jamais *terminée*. (I, 139, vers 8.)

.... Que de deux marauds la surprise infidèle
Ait terminé ses jours d'une tragique mort,
En cela ma douleur n'a point de réconfort. (I, 276, vers 6.)

Il se présente quelquefois des matières qu'un juge ignorant peut *terminer*. (II, 58; voyez I, 153, vers 32.)

TERNIR, au physique et au moral :

Le centième décembre *a* les plaines *ternies*,
Et le centième avril les a peintes de fleurs. (I, 278, vers 13.)

[Ma Reine,] *ternissant* le souvenir
Des reines qui l'ont précédée,
Devient une éternelle idée
De celles qui sont à venir. (I, 213, vers 87; voyez I, 258, vers 14.)

TERRE, acceptions diverses :

Combien qu'il (*l'homme*) soit né pour vivre en la *terre*, il ose.... rendre la mer une partie de sa domination. (II, 109.)

Depuis que pour sauver sa *terre (son pays)*,...
[Mon Roi] Eut laissé partir de ses mains   186, vers 98.)
Le premier trait de son tonnerre, etc. (I, 115, vers 201 ; voyez I,
Il se faut résoudre de vivre en alarme perpétuelle, et, comme ceux qui sont en *terre* d'ennemi, ne faire autre chose que regarder à l'entour de nous, etc. (II, 569.)
Prenez le cas qu'on eût fait deux bâtiments..., l'un sur une roche..., l'autre sur une *terre* molle et pâteuse.... En l'un, tout ce qu'il y a d'ouvrage paroît; en l'autre, la meilleure partie.... est cachée dans *terre*. (II, 452.)
Il n'y avoit point de doute qu'un si grand nombre d'hommes ne fût suffisant à mettre toute la Grèce dans *terre* (*en latin :* obruere). (II, 199.)
La magnanimité, qui méprise ce qui est formidable, dédaigne ces épouvantements qui rendent notre liberté captive, les appelle en duel et les abat par *terre*. (II, 695.)

TERRE À TERRE, près de terre, sans s'éloigner de la terre :
Il prit celle (*l'armée*) de mer, qui étoit de trois cents vaisseaux,... et s'en alla *terre à terre* le long des côtes. (I, 423.)

TERREUR.
La *terreur* de son nom rendra nos villes fortes. (I, 72, v. 61 ; voy. I, 79, v. 101.)

TERRIBLE.
Terrible ne se prend pas en françois comme en latin. (IV, 399.)
Malherbe fait cette observation à propos de ce vers de des Portes :
Le rendoit en tous lieux terrible et redoutable.
On lit cependant dans le *Dictionnaire* de Robert Estienne (1573), et dans celui de Nicot (1606) : « Terrible et donnant effroy, *terribilis, terrificus, turbidus, ferox.* »

TERROIR, territoire :
Les Romains se logèrent à Érétrie, au *terroir* de Phtie. (I, 404.)
Voyez tome I, p. 444; tome II, p. 102, 458.

TESTON, pièce de monnaie de peu de valeur :
On nous aura prêté des *testons*, et nous rendrons des écus. (II, 173.)
J'apprends cette fois pour toutes à n'espérer jamais secours d'un *teston* du côté de Normandie. (IV, 78.)

TÊTE.
Les uns ont perdu leurs biens..., les autres ont arrêt de mort, et déjà le glaive est tiré pour leur frapper la *tête*. (II, 436.)
Le ciel à tous ses traits fasse un but de ma *tête*. (I, 30, vers 46.)
Toujours nous assaillons sa *tête* (*la tête du Roi*)
De quelque nouvelle tempête. (I, 77, vers 45.)
Un homme de courage, et qui a la *tête* bien faite, ne s'en doit pas fuir de la vie. (II, 361.)
On diroit, à lui voir sur la *tête*
Ses rayons comme un chapeau de fête,
Qu'il (*le soleil*) s'en va suivre en si belle journée
Encore un coup la fille de Pénée. (I, 226, vers 9.)
Prends ta foudre, Louis, et va comme un lion
Donner le dernier coup à la dernière *tête*
De la rébellion. (I, 277, vers 3.)
Qui ne sait de quelles tempêtes
Leur fatale main autrefois,

Portant la foudre de nos rois,
Des Alpes a battu les *têtes*. (I, 110, vers 74.)

En tête, (avoir, donner, etc.) pour adversaire :

Qu'il ait *en tête* un puissant ennemi résolu de le ruiner. (II, 210; voyez II, 314, 373, 665.)

Comme ils s'en revenoient menant leur butin quand et eux, ils treuvèrent les Romains *en tête* sur les derniers confins de la Ligurie. (I, 445.)

Au matin on fait combattre les hommes avec des lions et des ours; mais à midi on leur met leurs spectateurs *en tête* (*en latin* : spectatoribus suis objiciuntur). (II, 282 ; voyez IV, 118.)

Si vous laissez les passions au sage, la raison se trouvera la plus foible..., attendu même que vous ne lui en baillez pas une seule *en tête*, mais généralement voulez qu'elle ait à combattre tout ce qu'il y en a. (II, 656.)

TETINS, mamelles :

Comme leur ôterez-vous des opinions.... qu'avec le lait ils ont sucées aux *tetins* de leurs nourrices ? (II, 639.)

THÉÂTRE, au propre :

[Toute la cour] A regarder tes exercices
Comme à des *théâtres* accourt ? (I, 112, vers 110.)

Théâtre, au figuré :

Comme ils voient apporter toutes ces bagatelles, ils sortent du *théâtre* (*ils quittent la vie*), et ne veulent pas attendre le hasard d'une chose qui ne vaut guère et qui leur pourroit coûter beaucoup. (II, 570.)

THÈBES, les thèbes, nom de ville. (I, 413, deux exemples; 461.)

THRACIENS, Thraces. (I, 401.)

TIEN, tienne; le tien, la tienne, adjectivement :

Tous ceux qui furent *tiens*, s'ils ne t'ont fait injure,
Ont laissé ta présence, et t'ont manqué de foi. (I, 16, vers 329.)

N'en doute point, quoi qu'il advienne,
La belle Oranthe sera *tienne*. (I, 155, vers 74.)

Bien que tout réconfort lui soit une amertume,...
Elle prendra *le tien*, etc. (I, 180, vers 39.)

Le tien, substantivement :

Tu m'as fait pauvre, mais qu'as-tu gagné ? Je n'aurai pas moins de quoi faire un présent. Puisque ce ne peut être *du tien*, ce sera du mien. (II, 14.)

TIERCE (En) personne, à la troisième personne :

Au dernier couplet, il parle à elle *en tierce personne*, qui ne me plaît pas. (IV, 277.)

TIERCEMENT, troisièmement :

Premièrement, j'aime fort à ne rien faire; secondement, je n'ai que faire de me travailler pour, etc.; et *tiercement*, c'est une affaire où l'auteur ne peut gratifier personne. (IV, 47 ; voyez II, 705.)

TIGE, famille, race :

.... Si de cette couronne,
Que sa *tige* illustre lui donne,

Les lois ne l'eussent revêtu,
Nos peuples, etc. (I, 77, vers 36.)

TIMBRE, en termes de blason, le casque qui est au-dessus de l'écu. (II, 76.)

TIMBRÉ, en termes de blason. (III, 199; voyez l'article précédent.)

TIMON, barre du gouvernail :
C'est elle (*la philosophie*) qui.... assise continuellement au *timon* de la barque, nous fait sans naufrage passer au milieu de tout ce que la mer a de périls. (II, 322.)

TINTAMARRE, blâmé par Malherbe chez des Portes. (IV, 404.)

TIPHYS, le pilote des Argonautes, au figuré. (I, 279, vers 59.)

TIRER, SE TIRER, emplois divers, au physique et au moral :
.... Tes labeurs, d'où la France
A tiré sa délivrance. (I, 90, vers 96.)

Il y en a (*des biens*).... qui *sont tirés* d'une matière misérable, comme la patience aux tourments. (II, 511.)

Il n'avoit point de plus grande obligation à Auguste.... que de l'*avoir tiré* d'un métier où il ne connoissoit rien. (II, 40.)

.... Hommes si adroits à dompter les bêtes, que vous ne leur en sauriez donner de si farouches..., que non-seulement ils ne les *tirent* de leur fierté naturelle, mais qu'ils ne les amènent jusqu'à la familiarité. (II, 666.)

Leur méchanceté.... leur déplaît,... quoiqu'ils ne se puissent priver d'en *tirer* le fruit. (II, 108.)

Ce sont douze rares beautés,
Qui de si dignes qualités
Tirent un cœur à leur service,
Que, etc. (I, 147, vers 15.)

La volupté.... *tire* infailliblement.... la repentance après elle. (II, 217.)

C'est à ceux qui n'ont point de jugement, de.... se faire *tirer* entre deux contraires mouvements. (II, 578.)

Suivant cela nous *avons* toujours *tiré* (*touché*) ladite pension. (I, 340.)

.... L'envie, qui est le plus dangereux trait que la fortune *tire* contre les gens de bien. (II, 569.)

La hauteur [de cette âme] est si grande, et les approches si difficiles, que tout ce qu'on y *tire* n'arrive pas au pied du mur. (II, 633.)

De ces présents, les uns sont mis en pièces entre les mains de ceux qui *tirent* les uns contre les autres; les autres, etc. (II, 570.)

Ils *tirent* au jour tout ce que la honte.... leur faisoit tenir caché. (II, 296.)

Tirez-vous le col hors du joug. (II, 335.)

.... Décrire comme le fil.... *se tire* de la canette (voyez CANETTE). (II, 716.)

L'esprit enfermé dans ce logis obscur et mélancolique (*le corps*), autant de fois qu'il peut échapper, *se tire* en lieu découvert, et se réjouit en la considération des merveilles de l'univers. (II, 507.)

S'étant tiré à l'écart, comme pour aller à ses affaires (*en latin :* ad exonerandum ventrem secessit), etc. (II, 635.)

Il y a bien plus de discrétion à *se tirer* hors de la multitude, sans montrer qu'on soit irrégulier, et faire ce que font les autres, pourvu qu'on le fasse d'autre façon qu'ils ne le font. (II, 329.)

TIRER, terme d'escrime :
Une touche reçue aux habits n'ôte pas à un homme la réputation de bien *tirer*. (II, 316.)

Tirer, portraire, représenter :
>Il ne faut qu'avec le visage
>L'on *tire* tes mains au pinceau, etc. (I, 1, vers 2.)

TISANE, voyez Ptisanne.

TISSU, participe :
>.... Un voile *tissu* de vapeur et d'orage. (I, 17, vers 364.)

TITAN, au figuré, rebelle. (I, 27, v. 21; 260, v. 10; 270, v. 55; 284, v. 6.)

TITRE.
>Les meilleures actions de l'âme.... ont une certaine mesure hors laquelle il est impossible qu'elles acquièrent le *titre* de vertu. (II, 24.)
>
>>[Dieux,] Avez-vous eu les *titres*
>>D'absolus arbitres
>>De l'état des mortels,
>>Pour être inexorables
>>Quand les misérables
>>Implorent vos autels? (I, 164, vers 43.)
>
>.... Un misérable.... qui ne pouvoit trouver de *titre* plus convenable à son humeur que d'être la terreur de l'univers. (II, 22.)
>
>>L'Orient, qui de leurs aïeux
>>Sait les *titres* ambitieux, etc. (I, 147, vers 20.)
>>Toute la France sait fort bien
>>Que je n'estime ou reprends rien
>>Que par raison et par bon *titre* (*à bon droit*). (I, 289, vers 117.)

TOILE, sens divers :
>>Le Discord, sortant des enfers,
>>Des maux que nous avons soufferts
>>Nous ourdit la *toile* tragique. (I, 311, vers 14.)
>
>Leurs Majestés se portent excellemment bien ; elles furent hier aux *toiles* (*elles allèrent chasser aux toiles*), où il y eut un sanglier tué. (III, 258.)

TOLÉRANCE, courage pour souffrir. (II, 528.)

TOMBE, au propre :
>Pendant que je me trouve au milieu de tes pas,
>Desireux de l'honneur d'une si belle *tombe*, etc. (I, 17, vers 352.)
>J'ai mis avecque toi (*avec Henri IV, qui venait d'être assassiné*) mes desseins en la *tombe*;
>>Je les y veux laisser. (I, 180, vers 55.)

TOMBEAU, au propre et au figuré :
>S'il plaît à mes destins que je meure pour elle,
>Amour en soit loué, je ne veux un *tombeau*
>>Plus heureux ni plus beau. (I, 71, vers 59.)
>.... Écouler ma vie en un fleuve de larmes,
>Et la chassant de moi l'envoyer au *tombeau*. (I, 14, v. 264; voy. I, 100, v. 30.)
>>Que fais-tu, que d'une armée
>>Tu ne mets dans le *tombeau*
>>Ces voisins, etc.? (I, 92, vers 147.)
>>.... Mettre avecque nos plaintes
>>Tous nos soupçons dans le *tombeau*. (I, 202, vers 24.)
>.... S'il (*Achille*) n'eût rien eu de plus beau,

Son nom, qui vole par le monde,
Seroit-il pas dans le *tombeau?* (I, 113, vers 150.)

TOMBÉE, chute :

Je m'en soucie aussi peu, de tout ce frémissement, que si j'oyois le flot ou la *tombée* d'une eau. (II, 466.)

TOMBER, emplois divers :

Il (*le Roi*) fit la paix, et les armes
Lui *tombèrent* de la main. (I, 90, vers 80.)

Nous *tombons* l'un sur l'autre dans les vices (*en latin :* in vitia alter alterum trudimus). (II, 414.)

De combien de jeunes maris....
Tomba la vie entre les armes! (I, 33, vers 21.)

Tomber en un forfait (*en commettre un*). (I, 8, vers 105.)

Il faut avoir une stupidité fort approchante de celle des bêtes pour ne craindre pas de *tomber* en leur indignation (*des rois*). (I, 391.)

Encore qu'on ne puisse rien ôter au sage de ce qu'il possède comme seigneur universel, toutefois on lui peut dérober quelque chose de celles qui au partage du monde *sont tombées* en sa propriété. (II, 223.)

Nous *sommes tombés* en propos de Platon (*notre conversation est tombée sur Platon*). (II, 473.)

Tout ce qui peut *tomber* en dispute est compris dans quelques bornes, et n'est pas permis au juge d'en faire la décision à son plaisir. (II, 57.)

.... Des occasions où tout le loyer de la patience n'étoit que de ne *tomber* point à la discrétion du victorieux. (II, 326.)

Une bonne âme ne *tombe* point au commerce; et quand il s'en trouveroit à vendre, je ne pense pas qu'il se trouvât personne qui en voulût acheter. (II, 370.)

Tomber, activement, pour *faire tomber*, blâmé chez des Portes. (IV, 314.)

TON, substantif :

Qui témoigna jamais une si juste oreille
A remarquer des *tons* le divers changement (*en musique*). (I, 105, vers 6.)

TON, TA, TES, adjectif pronominal possessif :

L'exemple de leur race à jamais abolie
Devoit sous ta merci *tes* rebelles ployer. (I, 281, vers 90.)

Voyez Amour, Crainte, Obéissance.

TONNERRE, au propre et au figuré :

.... Notre impiété surmonte
Les faits les plus audacieux
Et les plus dignes du *tonnerre*. (I, 76, vers 8.)

On ne voit jamais le *tonnerre*
Pardonner au dessein que vous entreprenez. (I, 295, vers 5.)

..... Les éclairs de ses yeux
Étoient comme d'un *tonnerre*
Qui gronde contre la terre. (I, 89, vers 58.)

Depuis que pour sauver sa terre,
[mon Roi] Eût laissé partir de ses mains
Le premier trait de son *tonnerre*.... (I, 115, vers 204.)

.... Qui de leurs combats attendra le *tonnerre*
Aura le châtiment de sa témérité. (I, 102, vers 7.)

Quelle distinction il faut faire entre *tonnerre, foudre* et *orage*. (IV, 445.)

TORCHE, sorte de météore. (I, 475.)

TORDRE; participe passé TORD :

.... Jusques à ce que la roue.... lui eût tord et rompu le col. (II, 544.)

TORT, injure :

S'il (*Achille*) n'eût par un bras homicide....
Sur Ilion vengé le *tort*
Qu'avoit reçu le jeune Atride, etc. (I, 113, vers 153.)

TÔT, PLUS TÔT, AUSSI TÔT :

Admire cet esprit vraiment admirable, qui se trouve au bout du monde *plus tôt* qu'il n'a fait dessein de partir pour y aller. (II, 43.)

On ne loue point la mort, mais celui de qui l'esprit est *plus tôt* sorti (*du corps*) que troublé. (II, 635; voyez I, 195, vers 28.)

Après tous les soins que nous aurons apportés à en faire une bonne élection, nous y pourrons *aussi tôt* faire hasard que rencontre. (IV, 52.)

TOUCHABLE, qui peut être touché :

Il y a ce qui n'est ni visible, ni *touchable*, etc. (II, 477.)

TOUCHANT, préposition :

Celui qui est prudent et tempérant est en repos au regard de l'habitude de son âme, mais non *touchant* l'événement. (II, 659.)

TOUCHE, terme d'escrime. (II, 316; voyez TIRER.)

TOUCHER, emplois divers, au propre et au figuré :

.... Je le jure
  Touchant de la main à l'autel. (I, 118, vers 32.)
.... L'herbe du rivage où ses larmes *touchèrent*
  Perdit toutes ses fleurs. (I, 161, vers 77.)
  Phlègre.... pût (*pue*) encore la foudre
  Dont ils (*les Titans*) *furent touchés*. (I, 281, vers 88.)
Quand elle (*la lune*) ne fait que le *toucher* (*toucher le soleil*) en passant, elle n'en cache qu'une partie. (II, 141.)
Je vois de tous côtés sur la terre et sur l'onde
Les pavots qu'elle (*la nuit*) sème assoupir tout le monde,
  Et n'en *suis* point *touché* (*et je ne dors point*). (I, 160, vers 36.)
Je suis paresseux, et par conséquent je m'imagine aisément que les autres *sont touchés* de la même maladie. (III, 28.)
[Le sceptre] ne l'enorgueillit point :
  Nulle vanité ne la *touche*. (I, 46, vers 45.)
Quelle sorte d'ennuis fut jamais ressentie
Égale au déplaisir dont j'ai l'esprit *touché*? (I, 129, vers 6.)
Il n'est point d'homme si sensible, et si ouvert à toute sorte de traits, que ce qu'on lui donne fortuitement le *touche* au cœur. (II, 23; voy. II, 242.)
A des cœurs bien *touchés* (*bien épris*) tarder la jouissance,
C'est infailliblement leur croître le desir. (I, 237, vers 27.)
En toutes les questions que nous avons traitées jusques ici, nous n'en avons point *touché* de si nécessaire. (II, 90.)
J'ai *touché* les dernières actions de la vie de Caton, mais ses premières ne venoient pas plus à propos, etc. (II, 315.)
.... Les vœux qu'on leur fait (*aux Dieux*) à toute heure..., et [qui] *touchent* ou le particulier ou le public. (II, 93.)

En tout office qui *touche* deux personnes, les obligations sont réciproques. (II, 31.)

Il fut résolu qu'après que la création des préteurs seroit faite, celui à qui *toucheroit* l'Espagne dresseroit incontinent un état de ce qu'il estimeroit nécessaire pour y faire la guerre. (I, 426.)

TOUJOURS.

Je ne veux pas nier qu'il ne soit un grand personnage, mais *toujours* c'est un Grec. (II, 9.)

TOUR (Avoir son) :

Les délices *eurent leur tour*,
Et mon Roi, lassé de la guerre,
Mit son temps à faire l'amour. (I, 123, vers 238.)

TOURBILLONNER (Se) en soi-même, tourbillonner :

La poussière.... est chose importune.... en lieu découvert : jugez ce que ce peut être sous cette caverne, où la poudre *se tourbillonne en soi-même*, et n'ayant par où sortir, retourne contre ceux qui la font émouvoir. (II, 471.)

TOURMENTER (Se) :

Pendant que le chétif en ce point se lamente,
S'arrache les cheveux, se bat et *se tourmente*, etc. (I, 14, vers 272.)

TOURMENTS.

Il (*saint Pierre*) estime déjà ses oreilles coupables
D'entendre ce qui sort de leurs bouches damnables,
Et ses yeux d'assister aux *tourments* qu'on lui fait (*à Jésus*). (I, 8, v. 108.)

TOURNER, se tourner, emplois divers :

Dieux, qui les destinées
Les plus obstinées
Tournez de mal en bien, etc. (I, 164, vers 39.)

De quoi se peut vanter un homme qui s'aime soi-même, et qui *tourne* à son utilité particulière tout ce qu'il épargne et qu'il acquiert? (II, 104.)

.... Des sujets (*de vers*) beaucoup meilleurs
Me font *tourner* ma route ailleurs. (I, 119, vers 66.)

Soit que le Danube t'arrête,
Soit que l'Euphrate à sa conquête
Te fasse *tourner* ton desir, etc. (I, 200, vers 45.)

Toute ma peur est que l'absence
Ne lui donne quelque licence
De *tourner* ailleurs ses appas. (I, 176, vers 63.)

.... Ceux qu'elle (*la France*) a fait naître
Tournent tout leur conseil pour lui donner la mort. (I, 218, v. 12 ; voy. I, 73, v. 105.)

Le théâtre des Napolitains.... est si plein de monde, qu'il n'y a moyen de *s'y tourner*. (II, 585.)

Je défendis à mes yeux de *se tourner* jamais ailleurs qu'à l'admiration de vos beautés. (IV, 154.)

TOURNOIEMENT.

La félicité n'est que tumulte : elle se donne des agitations et des *tournoiements* de tête de toutes sortes. (II, 397.)

[Il] se garde bien d'approcher de ces *tournoiements* (*de ces tourbillons*) si décriés par les naufrages qui s'y font. (II, 313.)

TOURNOYER, pour *tourner*, blâmé par Malherbe chez des Portes. (IV, 411.)

TOUSSAINTS (La), la Toussaint. (III, 336.)

TOUT, toute, tous, toutes :

Qu'on ne fasse donc autre interprétation de *tout* mon discours, sinon que.... (II, 23 ; voyez II, 173, l. 8.)
.... Considérez-la *toute* :
Ne m'avoûrez-vous pas que vous êtes en doute
Ce qu'elle a plus parfait, ou l'esprit, ou le corps? (I, 175, vers 40.)
Telle est la vertu de l'âme ; tel est son visage, s'il étoit possible de le voir *tout*, et tout à la fois. (II, 512.)
L'étude de la sagesse veut *tout* un homme. (II, 455.)
Je m'étois trop avancé de me promettre que je pusse demeurer *tout* aujourd'hui sans bruit. (II, 617.)
La besogne est bien avancée. L'on tient qu'elle sera achevée pour *tout* le mois de janvier. (IV, 66.)
C'est l'étude de la sagesse qui mérite l'honneur, comme seule relevée, généreuse et magnanime. *Tout* le reste ne sont que jouets à petits enfants. (II, 686.)
Tout son desir est de vous contenter en cette occasion et vous servir en *toutes* où il en aura le moyen. (III, 54.)
Vous les nommé-je pas *tous* dix? (I, 19, vers 6.)
.... *Tous* deux vous aurez des roses,
Plus que vous n'en saurez cueillir. (I, 155, vers 77.)
Je m'en vais vous en faire voir de *toutes* les deux sortes. (II, 169.)
Je le vis (*M. de Nevers*) à la messe de la Reine, où étoient *tous* MM. de Guise et M. du Maine. (III, 463.)
Parlons.... des crieurs de pâtés,... et *toute* telle manière de gens, qui vendent leurs marchandises chacun avec sa musique particulière. (II, 466.)
Tout est blâmé par Malherbe dans ce vers de des Portes :
Tout remède (*aucun remède*) en ce temps ne l'eût pu secourir. (IV, 461.)

Tout, devant un nom sans article :

.... N'est-ce pas la loi des fortunes humaines,
Qu'elles n'ont point de havre à l'abri de *tout* vent? (I, 301, vers 34.)
Fais que jamais rien ne l'ennuie ;
Que *toute* infortune la fuie. (I, 82, vers 186.)
Roi que *tout* bonheur accompagne. (I, 199, vers 31.)
Toute félicité comblera nos familles. (I, 72, vers 82 *var.*)
L'ennemi, *tous* droits violant,...
Témoigne son âme perfide. (I, 205, vers 1.)
Avecque sa beauté *toutes* beautés arrivent. (I, 157, vers 17.)
Il n'y a point de mort plus grande ni plus petite ; car en *tous* hommes généralement, elle se limite en la fin de la vie. (II, 521.)
Quand le sommeil est profond, il.... prive tellement l'esprit de *toutes* actions, qu'il n'est pas capable de pouvoir rien imaginer. (II, 457.)
Nos jours, filés de *toutes* soies,
Ont des ennuis comme des joies. (I, 313, vers 5.)
Les flatteries, les menaces et *toutes* confusions de voix vous bruiront aux oreilles sans que pour cela vous soyez distrait d'avec vous. (II, 470.)
La misère ne [le] peut tellement abattre que, dénué de *toutes* choses, il ne trouve de quoi fournir à sa libéralité. (II, 14 ; voyez II, 8, 16.)
Ce que vous vous proposez d'acquérir après que vous aurez *toute* autre chose, c'est ce que vous devez avoir avant que rien acquérir. (II, 326.)
Voyez tome I, p. 215, vers 144; p. 285, vers 3; p. 286, vers 11; p. 295, vers 9.

Tout, pris dans le sens neutre :

De quoi lui servit jamais (à *Caton*) *tout* ce qu'il sut crier et tempêter, que d'irriter une populace...? (II, 315.)

Pourquoi est-ce que le monde fait son tour? A quelle fin est-ce que le soleil allonge tantôt les jours, et tantôt les accourcit ? *Tout* cela sont bienfaits ; car ils se font pour notre commodité. (II, 103; voyez plus haut, p. 642, ligne 15.)

C'est un point arrêté, que *tout* ce que nous sommes (*tous tant que nous*
Issus de pères rois et de pères bergers,   *sommes*),
La Parque également sous la tombe nous serre. (I, 58, vers 8; voyez II, 390, 443.)

Ils y ont, sans mentir, heureusement travaillé *tout* ce qu'ils sont (*tou tant qu'ils sont*). (II, 612 ; voyez II, 108, 156.)

Voyez-moi ces délicats de qui le sommeil impose silence à toute une maison, pour qui *tout* ce qu'il est de serviteurs se ferment la bouche et suspendent les pas. (II, 467.)

Tout ce que dessus (*tout ce que nous venons de dire, d'énumérer*) étoit séparé du reste de la salle par des barrières. (III, 180; voyez III, 428.)

Tout, pris dans un sens adverbial, mais néanmoins variable :

Ces biens.... ne se partagent pas... ; ils sont possédés *tous* entiers. (II, 565; voyez même page, l. 8.)
Il semble en les voyant (*les vers de la Morelle*) que l'on lise une histoire
Traversée en amour d'accidents *tous* divers. (I, 291, vers 6.)

Il n'y peut avoir de longs intervalles en une chose qui est *toute* courte : ce que nous vivons n'est autre chose qu'un point, etc. (II, 439.)

.... Son âme, étendant les ailes,
Fut *toute* prête à s'envoler. (I, 155, vers 66.)
Son âme *toute* grande est une âme hardie. (I, 279, vers 49.)
.... Elle (*Chrysanthe, qui était malade*) est *toute* guérie. (I, 297, vers 13.)

Il s'est vu des armées réduites à la nécessité de toutes choses... : et *tout* sans autre sujet que pour régner. (II, 326.)

Voyez ci-après Tout, *locutions diverses.*

Tout, locutions diverses :

    Le soldat remis par son chef....
    En état de faire sa garde
    N'oseroit pas en déloger....
    Le parfait chrétien *tout ainsi*,
    Créé pour obéir ici,
    Y tient sa fortune asservie. (I, 287, vers 58.)

Pour ce premier ingrat,... qui n'a ce vice que *tout ainsi* qu'il a tous les autres, l'homme de bien ne laissera pas de lui faire plaisir. (II, 117 ; voyez I, 468; IV, 202.)

Pour deux liards vous aurez mangé *tout votre aise*. (II, 330.)

Tout beau, tout bellement : voyez Beau, Bellement, ci-dessus, p. 64 et 65.

Le couronnement de la Reine est renoué à ce coup, et crois que ce sera *tout à bon* (*tout de bon*). (III, 155.)
Il semble.... que l'on lise une histoire...,
Dont le discours parfait à *tout chacun* fait croire
Que la prose n'est rien au prix de tes beaux vers. (I, 291, vers 7.)

J'avois été quelque temps assez bien disposé, mais *tout d'un coup* ma maladie m'a repris. (II, 459, voyez II, 595.)

De tout ce qui est au monde, tu ne trouveras rien que *tout ensemble* tu aimasses mieux être que ce que tu es. (II, 43 ; voyez II, 324.)

Toutes et quantes fois : voyez Quantes fois, ci-dessus, p. 510.

J'ai reçu deux de vos lettres *tout en un jour*. (III, 25.)

Mon précepteur.... ne m'a point avarement dispensé ce qu'il savoit,... mais a désiré me le pouvoir verser *tout à une fois*. (II, 185.)

Tous les temps qui sont passés sont en un lieu ; vous les voyez *tout à la fois :* ils sont tous en un monceau. (II, 439.)

Un bienfait se perd *tout à la fois*, et *tout à l'heure* (*en latin :* et totum perit, et statim). (II, 131.)

Le dieu de Seine étoit dehors... ;
Il se resserra *tout à l'heure*
Au plus bas lieu de sa demeure. (I, 79, vers 95 ; voyez II, 10.)

Vous devez mettre un bien que l'on vous a fait à l'entrée de votre âme, pour avoir sujet d'y penser *à toutes heures*. (II, 52.)

Ce misérable corps.... se ruineroit *tout aussitôt* s'il n'étoit rempli d'une heure à l'autre. (I, 468.)

Il a eu autant que moi, mais je l'ai eu *tout incontinent*, et il a été longtemps à le gagner. (II, 23 ; voyez I, 208, vers 28 ; II, 332.)

Tu menaças l'orage paroissant ;
Et *tout soudain* obéissant,
Il disparut.... (I, 196, vers 30.)

Nos pères, qui bailloient un an aux femmes pour pleurer, ne vouloient pas qu'elles pleurassent *tout du long* de l'année, mais leur défendoient de pleurer plus d'un an. (II, 497.)

Si je le vois malade sans apparence de guérison, *tout d'une main* je me revancherai de ce que je lui dois, et m'obligerai tout le monde. (II, 238.)

Je ne pense point faire de tort à celle qui est femme de bien par crainte, de la mettre au rang de celles qui ne valent rien. *Tout de même*, qui a donné pour recevoir n'a point donné. (II, 104 ; voyez II, 10, 85, 301.)

Il en est qui ne veulent employer courtiers, notaires, ni témoins en leurs affaires, et même ne veulent pas faire de cédules. Ceux qui s'efforcent de celer un plaisir qu'on leur a fait en font *tout de même*. (II, 37.)

Je vous écris *tout de même* que si je devisois avec vous. (II, 579 ; voyez II, 616.)

Pour les arrérages, la Reine les leur refuse *tout à plat*. (III, 239.)

Antiochus s'empare de *tout plein* de places en la côte de Cilicie et de Carie. (I, 397 ; voyez I, 413, 428 ; II, 447 ; IV, 110.)

Le jour qu'on lui refusa la préture, il ne fit que jouer ; la nuit qu'il devoit mourir, il ne fit que lire. Il mit la vie et la préture *tout en un rang*. (II, 549.)

Autant vaut-il aller vers elle (*vers la mort*), comme attendre qu'elle vienne vers nous : *tout revient à un* (cela revient au même). (II, 535.)

Ce m'est tout un (il m'est indifférent) d'expirer : tout ce que je pense, c'est de ne soupirer point. (II, 460.)

Mettez-vous en la conduite de quelque homme d'autorité, soit Caton, Scipion ou Lélius, *c'est tout un qui* (n'importe lequel). (II, 364 ; voy. IV, 90.)

Au lieu de : « c'est tout un, » on lit : « il n'importe, » dans l'édition de 1659.

Ce soldat.... fut jeté sur les terres d'un homme du pays, qui.... le fit panser un mois à ses dépens.... Ce soldat, en disant adieu, devoit *faire son hôte tout d'or*. (II, 129.)

Du tout, tout à fait, absolument :

Que si nos maux passés ont laissé quelques restes,

Ils vont *du tout* finir. (I, 232, vers 57.)

Je n'eusse rien plus desiré que de sortir *du tout* de sa mémoire. (II, 167.)

Il n'y a personne *du tout* ferme. (II, 339.)

.... Des misères que pour le moins il doit différer, s'il n'a moyen de s'en garantir *du tout* (*absolument*). (II, 578.)

Elle mourut deux jours après, encore non pas *du tout* (*pas tout à fait deux jours*). (III, 159.)

Si nous avons quelque douleur aux pieds..., nous disons que c'est une entorse..., ou *du tout* disons que nous ne savons que c'est. (II, 456.)

Métrodorus n'étoit point encore *du tout* si philosophe. (II, 331.)

Il est des choses.... où nous nous affligeons sans qu'il y ait *du tout* point de sujet de nous affliger. (II, 307.)

Comparons donc les bienfaits et les personnes, de peur.... que nous ne donnions quelque chose que l'on dédaigne et que *du tout* on ne veuille pas recevoir. (II, 29.)

Voyez tome I, p. 231, vers 43 *var.*; p. 262, vers 6; tome II, p. 22, 31, 38, 40, 43, 52, 55, 109, 194, 345, 478, 479, 695; tome IV, p. 3, 79, 172, etc.

TOUTEFOIS, pourtant, néanmoins :

Il y a beaucoup de choses qu'il faut recevoir, et *toutefois* ne penser pas (*sans penser*) en être obligé. (II, 24.)

TRACE, cours :

.... La source (*de l'inspiration poétique*) déjà commençant à s'ouvrir,
A lâché les ruisseaux qui font bruire leur *trace*. (I, 5, vers 34.)

TRACER (un écrit) :

Vous m'étiez présent en l'esprit,
En voulant (*quand j'ai voulu*) *tracer* cet écrit. (I, 289, vers 98.)

TRADITION (d'une doctrine, d'une étude). (II, 186, 655.)

TRAGÉDIE, au figuré, scène sanglante :

De combien de *tragédies*,
Sans ton assuré secours,
Étoient les trames ourdies
Pour ensanglanter nos jours! (I, 90, vers 101.)

TRAGIQUE, au figuré, acceptions diverses :

[Mars] N'a rien de si *tragique* aux fureurs de la guerre
Comme ce déloyal aux douceurs de la paix. (I, 150, vers 23.)

.... Entre ces esprits *tragiques*....
Qui de nos dommages passés
Tramoient les funestes pratiques, etc. (I, 114, vers 191.)

Quel *tragique* succès ne dois-je redouter
Du funeste voyage où vous m'allez ôter
Pour un terme si long tant d'aimables délices! (I, 134, vers 13.)

.... Parmi tout cet heur, ô dure destinée,
Que de *tragiques* soins, comme oiseaux de Phinée,
Sens-je me dévorer! (I, 159, vers 14.)

[La France] S'est faite aujourd'hui si *tragique*,
Qu'elle produit ce que l'Afrique
Auroit vergogne d'avouer. (I, 76, vers 18.)

Voyez tome I, p. 154, vers 54; p. 177, vers 80; p. 186, vers 93; p. 213, vers 91; p. 218, vers 4; p. 219, vers 1; p. 284, vers 3; p. 294, vers 15; p. 311, vers 14.

TRAIN, allure, marche ; suite :

Cet homme en son temps étoit estimé grand diseur ; il ne hésitoit jamais, ne rompoit (*n'interrompait*) jamais son *train*, et du commencement alloit d'une traite jusqu'à la fin. (II, 409.)

Puisque nous sommes sur l'infanterie, je vous dirai d'un *train* que Mlle de Conty est décédée. (III, 144.)

Le pauvre n'est point en peine de son bagage. S'il se faut mettre sur mer,... les quais ne sont point couverts de ceux de son *train*; il n'est point suivi d'une troupe de valets. (II, 325.)

La vertu ne se contente pas de si peu de place : son *train* est plus grand, il lui faut beaucoup de logis. (II, 697 ; voyez III, 396.)

TRAÎNER, au propre et au figuré :

On menoit Vettius.... prisonnier au général.... des Romains. Son servileur tira l'épée du soldat qui le *traînoit*, et en tua son maître. (II, 73.)

.... Un fleuve impérieux....
.... *traînant* comme buissons
Les chênes et les racines. (I, 89, vers 47.)

Ces choses que nous voyons flotter sur une rivière.... par le fil impétueux *sont traînées* avec violence. (II, 352.)

Il n'y a point de preuve qui fasse mieux connoître que l'esprit est ferme, que quand il n'y a rien assez attrayant pour le convier au désordre, ni rien d'assez fort pour l'y *traîner*. (II, 329.)

Il n'est pas temps de disputer.... si nous *sommes traînés* par la chaîne des destins, ou si sans ordre toutes choses arrivent casuellement. (II, 323.)

O qu'en ce triste éloignement,
Où la nécessité me *traîne*,
Les Dieux me témoignent de haine ! (I, 293, vers 8.)

En ces harangues populaires, qui ne sont ordinairement que mensonges, et où le but n'est que d'émouvoir un peuple et d'abuser de son imprudence, pour le *traîner* par les oreilles, etc. (II, 407.)

TRAIT, TRAITS, acceptions diverses :

.... L'envie, qui est le plus dangereux *trait* que la fortune tire contre les gens de bien. (II, 569.)

Il n'est point d'homme si sensible, et si ouvert à toute sorte de *traits*, que ce qu'on lui donne fortuitement le touche au cœur. (II, 23.)

C'est le *trait* d'un corrompu,... de.... tâcher de gratifier en paroles ceux qu'il ne peut contenter en effet. (II, 14.)

Envoyez vos yeux où vous voudrez (*parmi les sentences des stoïciens*), vous rencontrerez toujours quelque *trait* qui vous semblera triable. (II, 390.)

C'est l'opinion d'Épicure, de qui je vous vais dire un beau *trait* : « Faites, dit-il, toutes choses comme si quelqu'un vous regardoit. » (II, 364.)

Que d'applaudissements, de rumeur et de presses,
Que de feux, que de jeux, que de *traits* de caresses,
Quand là-haut (*au ciel*) en ce point on les vit arriver (*les saints Innocents*) !
Vous n'êtes seule en ce tourment (I, 13, vers 236.)
Qui témoignez du sentiment... :
En toutes âmes l'amitié,
De mêmes ennuis agitée,
Fait les mêmes *traits* de pitié. (I, 33, vers 18.)

Vous savez quels *traits* il vous a joués depuis, et combien il vous a préparé de piéges. (II, 415.)

.... Les derniers *traits* de la mort
Sont peints en mon visage blême. (I, 142, vers 44.)

TRAITE, étendue de chemin parcourue sans s'arrêter :
Ces beaux fils qui ont leur fraise si bien dressée, et qui sont si parfumés, sont sur les dents au bout de la première *traite*. (II, 449.)

TRAITEMENT (Mauvais) :
.... Ceux qui sont dignes [de pitié] par le *mauvais traitement* que leur fait votre froideur. (IV, 161.)

TRAITER, sens divers :
Chrysippus, *traitant* cette matière, s'est servi de la similitude du jeu de paume. (II, 30; voyez II, 11.)
Tout est attribué à Épicure. S'il se *traite* quelque chose chez nous, c'est sous son nom et sous ses auspices. (II, 390.)
Tenez cette règle de vivre..., de ne *traiter* votre corps (*de n'en avoir soin*) qu'autant qu'il en a besoin pour s'entretenir en santé. (II, 286.)

TRAÎTREMENT, en trahison :
Tuer un homme de bien, et le tuer poltronnement et *traîtrement*, c'est mettre le crime si haut qu'il ne puisse aller plus avant. (I, 353.)

TRAME, au figuré :
De combien de tragédies,
Sans ton assuré secours,
Étoient les *trames* ourdies
Pour ensanglanter nos jours! (I, 91, vers 103.)

TRAMER, au figuré :
.... Ces esprits tragiques....
Qui de nos dommages passés
Tramoient les funestes pratiques. (I, 115, vers 194.)

TRANCHÉE, en termes de guerre. (I, 123, vers 227.)

Tranchées de colique. (III, 389.)

TRANSI de :
A ces mots tombant sur la place,
Transi d'une mortelle glace,
Alcandre cessa de parler. (I, 154, vers 62.)

TRANSLATION, métaphore :
Vous n'écrivez rien qui ne soit bien joint.... J'y trouve des *translations* ni trop hardies, ni de mauvaise grâce. (II, 485.)

TRANSMETTRE.
Nous avons tant perdu d'amis,
Et de biens, par le sort *transmis*
Au pouvoir de nos adversaires, etc. (I, 287, vers 38.)

TRANSPIRATION, exhalation (contagieuse) :
Comme si j'étois quelque archétype de poltronnerie, il croit que par une *transpiration* imperceptible, je la vous aye communiquée. (III, 87.)

TRANSPORTER (Se), se mettre hors de soi :
Quelque discrétion que je vous aie promise, si faut-il, ma Reine, que vous me permettiez de *me transporter* en la joie que m'ont donnée vos lettres. (IV, 175.)

Je *me transporte* tellement que je pense plutôt parler à vous que vous écrire. (II, 525.)

TRAQUENARD, traduisant le latin *asturco* (cheval d'Asturie). (II, 677.)

TRAVAIL, peine, souffrance, fatigue :

Je n'aime pas tant le *travail*, que j'en veuille prendre pour une chose de si peu de fruit. (I, 462; voyez IV, 26.)

Il m'a donné cela; mais combien l'ai-je attendu? De combien de *travaux* ai-je acheté le peu qu'il m'a fait de bien? (II, 39; voyez I, 135, vers 40.)

Ce sont les considérations qu'il nous faut avoir, si nous voulons attendre en repos cette heure dernière, de laquelle la crainte nous rend toutes les autres pleines de *travail* et d'inquiétude. (II, 274.)

Si en la mort nous avons du *travail* ou de la crainte, nous en sommes cause. (II, 379.)

Le moyen d'y parvenir (*à la félicité*), c'est de ne se soucier point du *travail*, et de le tenir pour indifférent.... Ce n'est pas bien que le *travail*. Qu'est-ce donc qui est bien? Le mépris du *travail*. (II, 384 et 385.)

TRAVAILLER à quelque chose :

Devant qu'il soit Pâques, la Rochelle sera en l'obéissance du Roi.... On y *travaille* par deux voies. (IV, 66; voyez II, 521.)

Travailler, tourmenter, inquiéter, fatiguer, etc. :

.... De tous les pensers qui *travaillent* son âme
L'extrême cruauté plus cruelle se fait. (I, 15, v. 293; voy. I, 28, v. 9.)
.... Quelque frénésie
Qui *travaillât* sa fantaisie, etc. (I, 79, vers 86.)
Puisque par vos conseils la France est gouvernée,
Tout ce qui la *travaille* aura sa guérison. (I, 261, vers 4.)

Il laisse mon pays en repos, mais *travaille* le sien. (II, 237.)

Le nom de sa chaste Marie
Le *travailloit* d'une langueur
Qu'il pensoit que pour sa longueur
Jamais il ne verroit guérie. (I, 123, vers 242.)

Quelle incommodité recevront les misérables qui journellement *sont travaillés* par sa cruauté? (II, 238; voyez IV, 138.)

On ne le peut trop aimer (*le corps*), qu'à toute heure on ne *soit travaillé* de crainte, inquiété de sollicitudes. (II, 311.)

.... Les moins *travaillés* des injures du sort
Peuvent-ils pas justement dire
Qu'un homme dans la tombe est un navire au port? (I, 271, vers 64.)

La vertu fait de ses ouvrages comme un père de ses enfants. Elle les regarde tous de mêmes yeux,... fait encore quelque chose de plus pour ceux qu'elle voit les plus *travaillés*. (II, 517; voyez I, 109, vers 42.)

Dans les coittes des lits il y avoit des pelotons de plume que les sorciers y avoient mis pour *travailler* ceux qui couchoient dessus. (III, 74.)

Tout ce qui me *travaille* et qui me trouble, c'est l'envie que j'avois de trouver des paroles de reconnoissance, etc. (IV, 4; voyez II, 382, 416.)

Bien à peine elle (*la fortune*) a eu le loisir de la laisser naître (*mon affection pour vous*) pour commencer à la *travailler*. (IV, 157.)

Leurs Majestés.... y feroient quelque séjour,... pour laisser remettre les chevaux..., qui *étoient* merveilleusement *travaillés*. (III, 524 et 525.)

Se travailler, s'exercer, se donner du mal, se tourmenter, etc. :
La vertu donne la forme des objets où elle *se* veut *travailler* (*exercer*). (II, 512.)
J'eus honte de brûler pour une âme glacée ;
Et sans *me travailler* à lui faire pitié,
Restreignis mon amour aux termes d'amitié. (I, 265, vers 21.)
Épicure avoit de certains jours où il ne mangeoit pas son soûl, pour voir.... si c'étoit chose qui méritât de *s'en travailler* beaucoup. (II, 331.)
Je suis extrêmement aise de l'avoir vu (*le ballet de la Reine*), pource que le désespoir de voir jamais rien de si beau.... me dégoûtera de *me travailler* plus en semblables occasions. (III, 81.)
Vous craignez qu'on ne parle de vous mal à propos. Mais en quoi pourroit mieux montrer un homme qu'il n'a point de jugement, qu'en *se travaillant* pour des paroles? (II, 732.)
Je n'ai que faire de *me travailler* pour une noblesse reconnue partout comme la nôtre. (IV, 47.)
C'est le crime des grands seigneurs et des belles dames, de ne *se travailler* guère pour la conservation des amitiés. (IV, 135.)
J'ai beau *me travailler*.... pour trouver quelque soulagement en mes ennuis, je ne vois rien qui ne les aigrisse au lieu de les adoucir. (IV, 183.)

TRAVERS (Du) de :
Une digue.... que l'on tire *du travers du* port, depuis le fort Louis jusques au fort de Coreilles. (IV, 66.)

De long et de travers, en tous sens, au figuré. (I, 308, vers 5.)

TRAVERSE (Aller à la) :
Les coches pour *aller à la traverse* (*pour faire la traversée, le voyage*) sont établis à quatre écus par jour. (III, 78.)

Traverse, au figuré, obstacle, revers :
Le bien présent n'est pas encore solide, pource qu'il peut toujours recevoir quelque *traverse*. (II, 54.)

TRAVERSER, au propre et au figuré :
Ces beaux yeux souverains, qui *traversent* la terre
Mieux que les yeux mortels ne *traversent* le verre. (I, 6, vers 61 et 62.)
Traverser quelqu'un, c'est l'empêcher de faire quelque affaire. (IV, 288.)
Pensez-vous que votre empêchement vienne d'où vous m'écrivez? vous n'avez rien qui vous *traverse* tant que vous-même. (II, 341.)
Je ne trouve pas étrange que la fortune me *traverse*. (IV, 156.)

TRÉBUCHER, tomber :
Puisses-tu voir sous le bras de ton fils
Trébucher les murs de Memphis ! (I, 196, v. 38 ; voy. I, 116, v. 248.)

TRÉMOUSSER, blâmé chez des Portes. (IV, 450.)

TREMPÉS (Yeux), mouillés de larmes :
Philis, qui me voit le teint blême,....
Et les *yeux trempés* tout le jour, etc. (I, 99, vers 3.)

Épées bien trempées, épées vaillantes. (I, 67, vers 55 et 56.)

TRÉSOR (Mettre en), amasser. (II, 723.)

Trésors, au figuré :

> Tout ce qu'à façonner un corps
> Nature assemble de *trésors*. (I, 147, vers 26.)
> Ajoutez à tous ces miracles
> Sa bouche, de qui les oracles
> Ont toujours de nouveaux *trésors*. (I, 175, vers 39.)

TRÉSORIER, traduisant le latin *quæstor*. (I, 455.)

TRESSAILLIR.

> Qu'est-ce à dire : « l'œil lui *tressaut* de clairté ? » (IV, 415.)

TREUVER. Voyez Trouver.

TRIABLE, bon à trier :

Vous rencontrerez toujours (*parmi les sentences des stoïciens*) quelque trait qui vous semblera *triable*; si ce n'étoit que vous les voyez en une troupe, tout vous plairoit également. (II, 390.)

TRIAGE, choix :

Ne me demandez.... point de *triage* : ce qui se trouve par endroits chez les autres est partout chez les stoïques. (II, 390.)

TRIBUNAL, siége élevé d'un magistrat. (II, 12.)

TRIBUTAIRE, au figuré :

> .... Celui.... que sous une beauté
> Les feux d'un œil humain ont rendu *tributaire*, etc. (I, 8, vers 94.)

TRIOMPHER, au propre et au figuré :

Minutius.... s'en alla *triompher* au mont Alban. (I, 428.)

N'est-ce pas *triomphé* (*n'est-ce pas un langage triomphant; il s'agit d'un passage de des Portes*)? (IV, 358.)

TRISTESSE, chagrin, douleur :

Ne délibérons plus; allons droit à la mort :
La *tristesse* m'appelle à ce dernier effort. (I, 254, vers 2.)

TROMPER, décevoir :

> Ainsi *trompé* de mon attente (*dans mon attente*),
> Je me consume vainement. (I, 302, vers 17.)

Je n'ai point été *trompé* de l'affaire (*quant à l'affaire*) de la pension. (III, 531.)

Tromper, déjouer :

A quoi sont employés tant de soins magnanimes...,
Qu'à *tromper* les complots de nos séditieux? (I, 272, vers 7.)

TRONÇONNÉ, mutilé :

A quelle main entière du plus vaillant homme du monde ne préférerois-je celle de Mucius, toute *tronçonnée* et rôtie comme elle fut?(II, 524.)

TRÔNE (voyez le *Lexique de Corneille*) :

> .... Jupiter en son *trône* remis. (I, 280, vers 82.)
> .... Pour achever leurs journées,
> Que les oracles ont bornées

Dedans le *trône* impérial.... (I, 83, vers 217.)
.... Mars s'est mis lui-même au *trône* de la France. (I, 260, vers 13.)

TROP, adverbe de quantité :

 A la fin c'est *trop* de silence
 En si beau sujet de parler. (I, 107, vers 1.)
Le muletier est nu-pieds, et si ce n'est point qu'il ait *trop* de chaud. (II, 674.)
Je m'étois *trop* avancé de me promettre que je pusse demeurer tout aujourd'hui sans bruit. (II, 617.)
On ne le peut *trop* aimer (*le corps*), qu'à toute heure on ne soit travaillé de crainte. (II, 311.)
Je ne sais que *trop* bien l'inconstance du sort. (I, 157, vers 33.)

Trop (Le), substantivement :

Le peu qu'ils ont vécu leur fut grand avantage,
Et *le trop* que je vis ne me fait que dommage. (I, 12, vers 212.)

TROUBLE (d'esprit) :

 Nous tenons ordinairement des gardes auprès de ceux qui pleurent une personne morte..., de peur qu'en la solitude il ne leur vienne quelque *trouble* qui les induise à se faire mal. (II, 296.)

TROUBLER, rendre trouble, causer du trouble, affliger

  .... Les yeux *troublés* de plaisir....
 [Ne savent] Ni que laisser ni que choisir. (I, 118, vers 48.)
Attachez bien ce monstre (*l'Amour*), ou le privez de vie,
Vous n'aurez jamais rien qui vous puisse *troubler*. (I, 150, vers 36.)
La voudrois-tu remettre en un siècle effronté,
 Qui plein d'une extrême licence,
Ne feroit que *troubler* son extrême bonté? (I, 270, v. 54 ; voy. I, 160, v. 41.)

TROUPE, troupeau :

 Poussière émue par la course de quelque *troupe* de moutons. (II, 308.)

Troupe, en parlant de choses inanimées :

 Vous rencontrerez toujours (*parmi les sentences des stoïciens*) quelque trait qui vous semblera triable ; si ce n'étoit que vous les voyez en une *troupe*, tout vous plairoit également. (II, 390.)

TROUPEAU, au propre :

  N'est-ce pas lui (*Dieu*)....
Qui peuple de *troupeaux* les bois et les montagnes ? (I, 245, vers 16.)

TROUSSE (Cheval de), cheval qui porte les bagages. (III, 118.)

TROUSSEAU, faisceau :

 Qu'y a-t-il de beau en une prétexte, en des *trousseaux* de verges, en un tribunal, ni en un chariot? (II, 12.)

TROUSSER, replier, relever :

 Son pavillon.... est pendu au haut du plancher, *troussé* dans une enveloppe d'écarlate, comme l'on pend une lanterne. (III, 113.)

TROUVER, TREUVER, emplois divers :

  Rien n'est sûr en son rivage ;

Ce qu'il *trouve*, il le ravage. (I, 89, vers 46.)
La fortune en tous lieux à l'homme est dangereuse :
Quelque chemin qu'il tienne, il *trouve* des combats. (I, 305, vers 34.)
.... Qu'en leur âme *trouve* place
Rien de si froid que votre glace,
Cela ne se peut nullement. (I, 97, vers 16.)
J'ai mis avecque toi mes desseins en la tombe ;
Je les y veux laisser....
Je n'attends mon repos qu'en l'heureuse journée
Où je t'irai *trouver* (*retrouver*). (I, 180, vers 60.)
Peuple, qui me veux mal, et m'imputes à vice
D'avoir été payé d'un fidèle service,
Où *trouves*-tu qu'il faille avoir semé son bien
Et ne recueillir rien? (I, 29, vers 27.)
Ne craignez point que je ne vous en die librement (*de votre livre*) ce que j'en *trouverai* (*ce que j'en penserai*). (II, 427.)
Dites-moi, je vous prie, qui *trouvez*-vous avoir été plus le sage, ou de Dédalus..., ou de ce Diogène ? (II, 713.)
J'espère que vous ne me *trouverez* pas mentir en ce que je vous ai témoigné. (IV, 149, note 6.)
Que la fortune.... vous *treuve* mieux préparée à l'avenir. (IV, 194.)
Je m'en vais vous faire part de ce que j'*ai treuvé* de bon aujourd'hui. (II, 274.)
Je n'aime que cette sorte de vie. *Treuvons* un tempérament à la nôtre....
Quelqu'un veut-il *treuver* à redire en nous? (II, 277 ; voy. II, 368 ; IV, 153.)

SE TROUVER, SE TREUVER :

C'est faussement qu'on estime
Qu'il ne soit point de beautés
Où ne *se trouve* le crime
De se plaire aux nouveantés. (I, 306, vers 3.)
Les sages, ayant vu couler quelques veines de métaux fondus, en la superficie de la terre, par l'embrasement de quelque forêt, ont jugé que fouillant plus avant il *s'en trouveroit* davantage. (II, 713.)
Le sage s'est toujours contenté de peu de chose ; et encore au siècle où nous sommes, il n'est jamais plus à son aise que quand il ne *se trouve* pas beaucoup chargé. (II, 713.)
Épicure.... avoit de certains jours où il ne mangeoit pas son soûl.... Cela *se trouve* ainsi dans les lettres qu'il écrivoit. (II, 331.)
Il *se trouve* assez de vaillants hommes être prêts à toutes occasions d'épandre leur sang. (II, 472.)
Ceux qui sont les plus gorgés de contentements et de richesses ont le plus de trouble et d'agitation, et.... ils entrent en une confusion si grande qu'ils sont quelquefois bien empêchés de *se trouver* (*de manière à s'appartenir et à jouir d'eux-mêmes*). (II, 150.)
A peine en leur grand nombre une seule *se treuve*
De qui la foi survive, et qui fasse la preuve
Que ta Carinice te fait. (I, 59, vers 28.)

TU, TE, VOUS, construction :

Sors de mon âme et *t*'en va suivre
Ceux qui desirent de guérir. (I, 303, vers 29.)
Tous *vous* savent louer.... (I, 262, vers 12.)
Quittez cette poursuite, et *vous* ressouvenez que, etc. (I, 295, vers 4.)
Connoissez le péril, et *vous* en retirez. (I, 295, vers 18.)

Te, vous, pour *à toi*, *à vous* :
>Ainsi toujours d'or et de soie
>Ton âge dévide son cours ;
>Ainsi *te* naissent tous les jours
>Nouvelles matières de joie! (I, 125, vers 323.)

Je *vous* serai caution, puisque je vous l'ai promis. (II, 131.)

Tout ce que je *vous* desire, c'est que vous soyez vôtre. (II, 388 ; voyez II, 490, l. 12.)

D'où avez-vous eu.... le sang qui *vous* coule dans les veines...? d'où tant de saveurs exquises, qui *vous* provoquent le palais! (II, 96.)

C'est tout ce que je sais ; car du supplice de Magnac, cela *vous* est vieil. (III, 308 ; voyez III, 78, l. 19.)

Mucius se rôtit la main ; c'est une chose bien cruelle que le feu, mais combien l'est-il davantage quand c'est vous-même qui *vous* êtes occasion de le sentir? (II, 355.)

Il *vous* est avis qu'on vous oblige quand on fait plaisir au premier venu. (II, 134.)

À vous :
>Ceux qui ne sont point venus au monde sont libres de n'y venir point, et demeurer cachés en l'obscurité ; mais *à vous*, le temps n'est plus de le faire. (II, 334.)

Elle n'en voudra pas *à vous* (ne vous en voudra pas) si facilement. (IV, 194.)

Vous, pour *on*, après *nous* :
>Il y a des choses que.... nous lions en sorte qu'il n'est pas bien aisé de les délier si *vous* n'en savez le secret. (II, 148.)

Vous, dans un tour où nous l'omettons :
>La Reine.... lui dit : « Monsieur de Sully, *vous* soyez le bienvenu ; je suis bien aise de vous voir. » (III, 466 ; voyez III, 474, 475.)

Tu et vous, successivement, en parlant à la même personne :
>Je *vous* suis obligé de ce que *vous* avez fait pour mon fils.... Il n'est pas à cette heure question si ce que *tu* as fait m'a profité. (II, 159.)

Tu, vous, sujets de plusieurs verbes :
>Verras-*tu* concerter à ces âmes tragiques
>>Leurs funestes pratiques,
>
>Et ne tonneras point sur leur impiété? (I, 218, vers 6.)

>*Vous* lisez bien en mon visage
>Ce que je souffre en ce voyage,
>Et savez bien aussi, etc. (I, 174, vers 16 ; voyez I, 248, vers 23.)

TUER, au figuré :
>On doute pour quelle raison
>Les Destins si hors de saison
>De ce monde l'ont appelée.
>Mais leur prétexte le plus beau,
>C'est que la terre étoit brûlée
>S'ils n'eussent *tué* ce flambeau. (I, 171, vers 14.)

TUILE, proverbialement. (II, 303.)

TUMULTE, agitation, trouble, désordre :
>Quand un esprit pur et net a laissé le monde, la cour et les affaires,

pour s'adonner à de plus dignes occupations, il ne faut point douter que de bon cœur il n'aime ceux par qui ses méditations sont hors de trouble et de *tumulte*. (II, 563 ; voyez II, 488, 512, 514 ; III, 69.)

.... Le sort, qui détruit tout ce que je consulte,
Me fait voir assez clair que jamais ce *tumulte*
          N'aura paix qu'au tombeau. (I, 161, vers 71.)
     Cette vie est assez fertile de *tumultes* et de misères. (II, 205.)
     Le vin fait les mêmes *tumultes* au cerveau qu'il fait en sa nouveauté dans les tonneaux. (II, 646.)

TUMULTUAIRE, fait avec précipitation :

L'homme n'est point une besogne *tumultuaire* et faite sans y penser. (II, 191.)

TURBAN (La gent qui porte le), les Turcs. (I, 50, vers 112.)

TYRAN, au figuré :

          .... Que tu me fais bien apprendre
     Quel *tyran* c'est que le devoir! (I, 141, vers 6.)

TYRANNICIDE, meurtrier d'un tyran. (II, 231.)

TYRANNIE, au figuré :

          Qu'en ma seule mort soient finies
          Mes peines et vos *tyrannies* (*il parle à sa dame*),
          Cela se peut facilement. (I, 98, vers 38 ; voyez I, 119, vers 94.)

U

UN, une, emplois et tours divers :

On peut bien donner à plusieurs *une* même chose, que ce ne sera pas.... avec démonstration d'*une* même volonté. (II, 23 ; voyez II, 48, l. 23.)
     L'élection m'étant défendue, je vous donne *une* seule chose que j'ai, qui est moi-même. (II, 14.)
     La pauvre République.... ne pourra pas tomber *une* seule fois (*en une seule fois, tout entière du même coup*). (II, 549.)
     Il y a du mal à refuser *une* reconnoissance, autant qu'à la demander. (II, 31.)
Une peur, ô Seigneur (*Jésus*), m'a séparé de toi. (I, 16, vers 327.)
Ses yeux (*les yeux du soleil*) par *un* dépit en ce monde regardent. (I, 18, v. 373.)
     L'épargne est *une* science de ne rien dépendre mal à propos, ou *une* industrie de ménager son bien. (II, 48.)
     En tous les bienfaits d'importance, la preuve ne peut avoir de lieu..., sinon que nous voulions introduire *une* coutume de ne faire plus de plaisir sans y appeler des témoins. (II, 60.)
     .... Piper les esprits foibles par *une* imagination ridicule d'avoir des choses qui ne sont point. (II, 226 ; voyez II, 34, l. 22.)
     Nous.... leur aidons à l'être (*ingrats*) par *une* fausse opinion que nous avons, qu'il n'est point de grands bienfaits que ceux qui sont hors de revanche. (II, 31.)
     .... De la continuation.... de ses bienfaits.... tirer *une* conséquence, qu'il faut qu'il donne par nécessité. (II, 192 ; voyez I, 230, vers 31.)

Une chose sais-je bien, que les mortels ne sauroient rien faire d'immortel. (II, 729.)

Si bien vous faites quelque chose pour quelqu'un, vous la faites d'*une* sorte qu'elle a plutôt apparence de revanche que de bienfait. (II, 135.)

Ils les entrelacent d'*une* façon qu'il n'y a moyen d'y passer la main. (I, 403 ; voyez IV, 249, 287.)

Si j'eusse voulu me faire valoir, je devois.... mener ma besogne d'*un* ordre que le plus friand fût servi le dernier. (II, 214.)

La vie est *un* peu de chose. (II, 597 ; *variante :* « est peu de chose. »)

Il s'en fit une troisième (*effigie du feu Roi*) par *un* Baudin (*un certain Baudin*), d'Orléans. (III, 179.)

Un, une, quelqu'un, quelqu'une :

Si je puis sauver la vie à *un* qui le mérite, je le ferai aux dépens de la mienne. (II, 17.)

Je ne sais point de gré à *un* qui tient hôtellerie de m'avoir logé. Aussi ne fais-je à *un* qui donnant à manger à toute une ville, m'a mis en un rang d'où il n'a excepté personne. (II, 22.)

Voyez deux autres exemples à la même page 22 ; voyez encore tome I, p. 349 ; tome II, p. 17, 30, 32, 33, 62, 117, 118 ; tome III, p. 28 ; tome IV, p. 47, etc.

Je n'en cherche point *un* qui me rende, j'en cherche *un* qui sache gré. (II, 100 ; voyez II, 8.)

.... Afin que pas *un* qui nous ait obligés n'ait occasion de se plaindre qu'il ne nous soit pas souvenu de lui. (II, 113.)

Un vicieux en une chose est vicieux en toutes. (II, 152.)

Je ne me pique pas de ce que la volupté précède la vertu ; mais quelle apparence y a-t-il de l'associer avec *une* qui la méprise? (II, 92.)

Un, une, un seul, un même, etc. :

Celui qui l'a reçu (*un plaisir*) n'est pas tel que nous nous l'étions promis. Soyons toujours d'*une* sorte, et nous gardons de le ressembler. (II, 246.)

Le monde est et sera toujours d'*une* façon. (II, 16.)

Le souverain bien n'est susceptible ni d'accroissement, ni de diminution ; il demeure en *un* état. (II, 576.)

Les vices ne sont pas toujours en *une* place ; ils sont mobiles, et se font guerre perpétuelle pour s'entre-chasser. (II, 16.)

Tous les temps qui sont passés sont en *un* lieu (*en latin :* eodem loco) ; vous les voyez tout à la fois ; ils sont tous en un monceau. (II, 439.)

Les chemins par où elle (*la mort*) vient sont divers, mais ils se viennent tous rendre en *un* carrefour. (II, 521.)

Par quelque chemin différent que la mort vienne, elle ne vient jamais que par *un* effort. (II, 545.)

[La vertu] est toujours d'*une* taille. (II, 548.)

Le jour qu'on lui refusa la préture, il (*Caton*) ne fit que jouer ; la nuit qu'il devoit mourir, il ne fit que lire : il mit la vie et la préture tout en *un* rang. (II, 549 ; voyez I, 246, vers 29 ; II, 479, l. 12 ; 613, l. 21.)

Un.... autre; un.... l'autre; l'un l'autre; l'un et l'autre; un autre.... un autre :

Chacun, d'*une* part et d'*autre*, a fait ce qu'il a voulu. (II, 45.)

Notre mémoire est foible, et ne suffit pas à si grand nombre de choses. Comme il y en entre *une*, il faut que *l'autre* sorte. (II, 246.)

Il y a deux sortes d'hommes reconnoissants. *L'un* est celui qui a rendu quelque chose au lieu de ce qu'il avoit reçu; *l'autre* est celui qui de bon cœur a reçu quelque bienfait, et.... s'en reconnoît obligé. (II, 111.)

Aidons *l'un* de nos moyens, répondons pour *l'autre*, assistons *l'autre* de notre faveur, donnons du conseil à *l'autre*, et faisons des remontrances à *l'autre*, qui le gardent de se précipiter en quelque malheur. (II, 6.)

La tempérance règne sur les voluptés; elle en hait *les unes*, qu'elle chasse du tout; elle dispense *les autres*. (II, 695.)

Qui a lâché la course à toutes ces rivières, *les unes* qui (*dont les unes*).... arrosent les campagnes et les embellissent, et *les autres* qui (*et dont les autres*) .... donnent moyen de communiquer les commerces de la mer à la terre et de la terre à la mer? (II, 94.)

Tous ceux qui reçoivent [ces bienfaits] étant obligés *l'un* comme *l'autre* (*les uns comme les autres*), chacun néanmoins se fait croire qu'on a fait quelque chose pour lui plus que pour son compagnon. (II, 23.)

Quel autre moyen avons-nous de nous conserver (*nous autres hommes*), que par la vicissitude des offices que nous nous rendons *l'un* à *l'autre* (*les uns aux autres*) réciproquement? (II, 108.)

Que tarde ma paresse ingrate,
Que déjà ton bruit nonpareil
Aux bords du Tage et de l'Euphrate
N'a vu *l'un et l'autre* soleil? (I, 108, v. 10; voy. I, 104, v. 11.)

Ceux qui jouent malicieusement (*à la balle*) ne pensent pas un bon coup, s'ils ne le couchent en sorte qu'on ne le puisse relever, et de cette façon se privent du plaisir que le jeu donne quand *l'un et l'autre* (*les deux joueurs*) apporte du consentement à le faire durer. (II, 31.)

Il faut entrer au fond de leur âme de *l'un et de l'autre* (*du riche et du pauvre*). (II, 340.)

Donnez à deux personnes autant à *l'un* qu'à *l'autre*. (II, 62.)

Les couvertures (*de leurs maisons*).... étoient de ramée, qu'ils entrelaçoient *l'une l'autre*. (II, 712; variante : « l'une dans l'autre. »)

Il tonne quelquefois en temps serein, pour la même raison qu'il tonne en temps nubileux, quand l'air est battu *l'un* contre *l'autre*. (I, 477.)

Un autre est mort en mangeant, *un autre* en dormant (*en latin : alius.... alter....*). (II, 521.)

Il faut bien se garder, quand on nous donne quelque chose, de faire les délicats en la prenant.... *Un autre* (*l'un*) fera le froid et le dédaigneux.... *Un autre* y procédera si nonchalamment.... *Un autre*, etc. (II, 38.)

UN, TOUT UN, L'UN.... L'AUTRE, L'UN ET L'AUTRE, neutralement :

.... Ce n'est qu'*un* jouir et desirer. (I, 248, vers 34.)

Autant vaut-il aller vers elle (*vers la mort*), comme attendre qu'elle vienne vers nous : tout revient à *un*. (II, 535.)

Ce m'est *tout un* d'expirer : tout ce que je pense, c'est de ne soupirer point. (II, 460.)

C'est *tout un* (*c'est indifférent*). (IV, 90.)

Mettez-vous en la conduite de quelque homme d'autorité, soit Caton, Scipion ou Lélius, c'est *tout un* qui, pourvu que, etc. (II, 364.)

La joie et la patience aux tourments sont choses pareilles; car en toutes deux il y a du courage; mais en *l'un* il est plus remis et plus lâche, en *l'autre* plus ardent et plus tendu. (II, 513.)

Il ne peut y avoir rien qui soit plus ou moins droit *l'un* que *l'autre*. (II, 552; voyez II, 48, 128, 514, 706.)

Nous nous gâterions, si nous voulions ou toujours écrire, ou toujours lire. *L'un* nous importuneroit et nous épuiseroit de matière, *l'autre* nous affoibliroit l'esprit et le dissoudroit. (II, 650.)

Je ne trouve pas.... cette question si subtile comme il la fait : qui a été le premier en l'usage, des tenailles ou du marteau. *L'un et l'autre*. (II, 713.)

UN, omis, là où nous le mettons d'ordinaire aujourd'hui :
Les vices.... se font *guerre* perpétuelle. (II, 16.)
Ceci d'abord est *paradoxe;* mais si vous avez patience de m'écouter..., vous changerez d'opinion. (II, 47.)
C'est avec ce langage.... qu'il faut témoigner son affection.... et lui faire trouver *passage* pour éclairer. (II, 39.)
Homère.... en a appelé une (*une des Grâces*) Pasithée, et lui a donné *mari*. (II, 8.)
Toutes choses descendent en *abîme* d'oubli. (II, 439.)

Voyez I, 2, vers 3; 12, vers 211; 26, vers 15; 30, vers 40; 57, vers 13; 88, vers 26 et 28; 97, vers 7; 107, vers 2; 110, vers 64; 112, vers 119; 122, vers 196; 129, vers 7; 136, vers 42; 176, vers 52; 209, vers 8; II, 679, l. 14, etc.

UNITÉ.
Otez la société du monde, vous divisez l'*unité* du genre humain, sans laquelle la vie ne peut subsister. (II, 109.)

UNIVERSEL.
Seigneur *universel* (*seigneur de toutes choses*). (II, 223.)

USAGE, emplois divers :
Devons-nous douter qu'on ne voie,
.... sans l'*usage* des charrues,
Nos plaines jaunir de moissons? (I, 215, vers 159.)
Où ne voit-on.... Cérès.... ôter à tout le monde
La peur de retourner à l'*usage* des glands? (I, 230, vers 24.)
Je ne trouve pas.... cette question si subtile comme il la fait : qui a été le premier en l'*usage*, des tenailles ou du marteau. L'un et l'autre. (II, 713.)
Un de ces feux du firmament,
Qui sans profiter et sans nuire,
N'ont reçu l'*usage* de luire
Que par le nombre seulement. (I, 211, vers 49.)
Encore que le premier *usage* de notre vie soit en ces corps lumineux, et qu'ils ne nous soient pas seulement utiles, mais nécessaires, toutefois leur majesté seule nous occupe tout l'esprit. (II, 115.)
Pacuvius, que le bon *usage* rendit propriétaire de la Syrie (*en latin :* qui Syriam usu suam fecit). (II, 304.)

USER DE :
O fureurs *dont* même les Scythes
N'*useroient* pas vers des mérites
Qui n'ont rien de pareil à soi! (I, 152, vers 13 et 14.)

S'USER, être employé :
«Jà» est un mot vieil et qui ne *s'use* qu'entre les paysans. (IV, 305.)

Ὕστερον πρότερον (IV, 396, voyez HYSTERON PROTERON).

USUCAPION, manière d'acquérir par l'usage. (II, 173.)

USURPER, s'emparer de, s'approprier sans droit :
Trois consulats, trois triomphes, et un nombre infini d'autres honneurs, *usurpés* (*par Pompée*) avant que l'âge l'en eût rendu capable, etc. (II, 155.)

UTILITÉ, intérêt :
Il n'est point corruptible à l'*utilité*. (II, 111.)

V

VAGABOND.

Il erre *vagabond* où le pied le conduit. (I, 14, vers 276.)
De ces jeunes guerriers la flotte *vagabonde*   v. 221; 157, v. 13.)
Alloit courre fortune aux orages du monde. (I, 11, v. 193; voy. I, 116,

VAGUE, substantif, flot :

.... Déjà demi-clos sous la *vague* profonde,
Vous ayant appelés, vous affermites l'onde. (I, 16, vers 322.)
Ma maladie m'a repris. Vous demanderez laquelle... : c'est la courte haleine. Quand cela me prend, il semble d'un coup de *vague*. (II, 459.)

VAGUE, adjectif, incertain, sans fixité, qui va au hasard :

Comme seroit-il possible que ceux qui.... se laissent aller au gré de la fortune, étant *vagues* et suspendus, eussent quelque chose de certain et d'arrêté ? (II, 352.)
Ce ne sont point esprits qu'une *vague* licence
Porte inconsidérés à leurs contentements. (I, 300, vers 11.)

VAILLANCE.

.... Que de mères..., diront la *vaillance*
De son courage et de sa lance,
Aux funérailles de leurs fils! (I, 50, vers 118.)

VAIN, chimérique, erroné; orgueilleux :

.... Si mon jugement n'est *vain*,
Flore lui conduisoit la main
Quand il faisoit cette peinture. (I, 258, vers 6.)
.... Sans faire le *vain* (*sans vanité*), mon aventure est telle,
Que de la même ardeur que je brûle pour elle
     Elle brûle pour moi. (I, 158, vers 10; voyez I, 274, vers 17.)

VAINCRE, emplois divers :

     Tu *vainquis* en cette dispute. (I, 124, vers 271.)
L'âme de cette ingrate est une âme de cire... ;
Et de la vouloir *vaincre* avecque des services, etc. (I, 60, vers 64.)
Il ne m'en chaut que tout le monde me *vainque* (*l'emporte sur moi*), pourvu que je *vainque* la fortune. (II, 533.)
.... Laissons-nous *vaincre* (*cédons*) après tant de combats :
Allons épouvanter les ombres de là-bas
     De mon visage blême. (I, 256, vers 37.)
          .... Avec quelle science
Vaincrons-nous les malheurs qui nous sont préparés? (I, 304, vers 6.)
Je suis *vaincu* du temps; je cède à ses outrages. (I, 283, vers 137.)
Si notre vaisseau doit jamais *vaincre* les tempêtes, ce sera tandis que cette glorieuse main en tiendra le gouvernail. (IV, 20.)
Il (*le Roi*).... *vaincra* nos souhaits par nos prospérités. (I, 71, vers 48.)
Si l'injure et le bienfait mis en balance, l'injure se trouve la plus pesante,... le bienfait.... *n'est* point ôté, mais *vaincu*. (II, 171.)
Il seroit donc impossible.... de *vaincre* le bienfait d'un médecin qui nous auroit guéris de quelque maladie mortelle. (II, 86.)
S'il y a moyen de *vaincre* la chose donnée, il y a moyen aussi de *vaincre* celui qui la donne. (II, 85.).

Jamais celui ne peut *être vaincu* par un bienfait, qui est auteur du bienfait par lequel il semble *être vaincu*. (II, 78.)

VAINQUEUR.
>Tu vainquis en cette dispute,
>Aussi plein d'aise dans le cœur
>Qu'à Pise jadis un *vainqueur*
>Ou de la course ou de la lutte. (I, 124, vers 273.)

VAISSEAU, navire, au figuré :
Si notre *vaisseau* (*le vaisseau de l'État*) doit jamais vaincre les tempêtes, ce sera tandis que cette glorieuse main en tiendra le gouvernail. (IV, 20.)

Vaisseau, canal, conduit :
L'image de ses pleurs, dont la source féconde
Jamais depuis ta mort ses *vaisseaux* n'a taris,
C'est la Seine en fureur qui déborde son onde, etc. (I, 179, vers 22.)

VALET, esclave, au propre et au figuré :
Quand il se trouve quelque maraud de *valet* d'étuve qui ne frotte pas comme il faut, etc. (II, 465 ; voyez II, 48, 67, 68, 74, 332.)

Comme avons-nous l'impudence d'appeler quelqu'un serviteur, et être nous-mêmes *valets* de nos vilenies? (II, 77; voyez II, 508.)

VALEUR, vaillance :
La *valeur* est une vertu qui.... se hasarde où le péril est juste, ou bien une adresse de repousser les dangers.... et les rechercher. (II, 48.)

.... Comme sa *valeur*, maîtresse de l'orage,
A nous donner la paix a montré son courage,
Fais luire sa prudence à nous l'entretenir. (I, 71, v. 40; voy. I, 262, v. 1.)

VALEUREUX.
>Par quels faits d'armes *valeureux*,...
>N'as-tu mis ta gloire en estime? (I, 114, vers 175.)

VALLÉE (Courir à la), courir en descendant :
Leur discours est si peu ferme que quand ils lui ont une fois donné le branle, il leur est impossible de l'arrêter. Ils ressemblent à ceux qui *courent à la vallée* : leur pesanteur les emporte. (II, 408.)

VALOIR, emplois et tours divers :
Ce qu'il m'a donné *vaut* beaucoup (*a beaucoup de valeur*), mais il a délibéré s'il me le devoit donner ou non. (II, 13.)

Les plus avisés.... ne veulent pas attendre le hasard d'une chose qui ne *vaut* guère et qui leur pourroit coûter beaucoup. (II, 570.)

>Assemblons, Marie,
>Ses yeux à vos yeux;
>Notre bergerie
>N'en *vaudra* que mieux. (I, 235, vers 16.)

Zénon, ayant promis vingt-cinq ou trente écus à quelqu'un que depuis il ne trouva pas tel qu'il pensoit, il s'opiniâtra.... à les lui prêter, pource qu'il les lui avoit promis.... C'étoit vingt-cinq ou trente écus.... C'est le moins que peut *valoir* l'honneur de tenir sa parole. (II, 131.)

Il en est qui rient quand on les fouette, et d'autres qui pleurent pour une chiconnaude; une autre fois nous en mettrons la dispute sur le tapis, et verrons si c'est leur force ou notre foiblesse qui les fait *valoir*. (II, 307.)

Mon âge ne *vaut* plus rien pour les courvées. (III, 337.)

Bourre (*cheville*) excellente, prise de l'italien, où elle ne *vaut* non plus qu'en françois. (IV, 252; voyez IV, 349.)

Cettui-ci.... reçoit du respect de toute sorte de gens, et ceux mêmes qui ne *valent* rien (*en latin* : etiam apud pessimos) ne dédaignent pas de lui faire honneur. (II, 314; voyez II, 42, 100, 104, 234.)

S'il est en peine, je tâcherai de l'en tirer, mais je me garderai de m'y mettre, sinon que l'affaire ou l'homme fussent de quelque mérite extraordinaire qui *valût* de me résoudre à courre fortune. (II, 28.)

Nous.... fouillons jusque dans sa cuisine et dans sa garde-robe, pour savoir s'il y a quelque meuble qui *vaille* de nous répondre de notre prêt. (II, 2.)

Ce n'est pas chose qui *vaille* être écrite. (III, 135.)

Je vous envoie ce peu de nouvelles;... elles ne *valoient* pas être écrites ni lues. (III, 425; Malherbe avait d'abord écrit : « elles ne le *valoient* pas. »)

Je vous envoyerois.... ceux (*les vers*) des ballets du Roi et de la Reine; mais.... vous n'y trouveriez rien, à mon avis, qui *vaille* les desirer. (IV, 62.)

Vous.... en ferez faire une (*une copie de deux sonnets*) pour vous, si vous jugez qu'ils le *vaillent*. (III, 42.)

Je vous ai assez entretenu de choses qui ne le *valent* pas. (III, 246.)

Le prévôt des marchands demanda.... si l'on garderoit les portes de la ville. La Reine lui répondit.... que la chose ne le *valoit* pas. (III, 416.)

VANITÉ, chimère; VANITÉ, VANITÉS, orgueil :

La tyrannie.... le menaceroit, ou de prison,... ou de quelqu'une de ces autres *vanités* que l'esprit n'imagine qu'avec frayeur. (II, 594.)

O *vanité* (*en latin* : superbia), compagne d'une grande fortune! (II, 26.)

Nos forces, partout reconnues,
Faisoient monter jusques aux nues
Les desseins de nos *vanités*. (I, 85, vers 15.)

VANTER quelqu'un de quelque chose :

.... De quelques bons yeux qu'on ait *vanté* Lyncée,
Il (*Richelieu*) en a de meilleurs. (I, 279, vers 47.)

VAQUER À :

Notre âme doit continuellement *vaquer* à la méditation de Dieu. (II, 473.)

Il ne peut *vaquer aux* choses louables qu'autant que les vices ne le tiennent point occupé. (II, 486.)

Pour les chartres, je vous ai promis d'y *vaquer* (*de m'en occuper*). (III, 546.)

VARIABLE.

Que d'hommes fortunés en leur âge première,...
Qui fussent morts contents, si le ciel amiable,
Ne les abusant pas en son sein *variable*,   vers 161.)
Au temps de leur repos eût coupé ta longueur (*il parle à la vie*)! (I, 10,

VAU-DE-ROUTE (À), en déroute :

Budare étoit prisonnier et le reste de leurs gens *à vau-de-route*. (I, 453.)

VÉHÉMENCE, au physique :

Abreuver ce que la *véhémence* de la chaleur a desséché. (II, 95.)

VÉHÉMENT.

L'envie est la troisième cause qui fait les hommes ingrats, maladie certainement plus *véhémente* et plus fâcheuse que nulle autre. (II, 41.)

VEILLE, action de veiller, de monter la garde :

La terreur de son nom rendra nos villes fortes....
Les *veilles* cesseront au sommet de nos tours. (I, 72, vers 63.)

VEILLER, emplois divers :

.... De quelque souci qu'en *veillant* je me ronge,
Il ne me trouble point comme le meilleur songe
   Que je fais quand je dors. (I, 160, vers 40.)
A quoi sont employés tant de soins magnanimes
Où son esprit travaille, et fait *veiller* ses yeux? (I, 272, vers 6.)
.... La garde qui *veille* aux barrières du Louvre. (I, 43, vers 79.)

VEINE, acceptions diverses :

  J'ai beau m'épuiser les *veines*,
 Et tout mon sang en larmes convertir, etc. (I, 247, vers 15.)
Les ondes que j'épands d'une éternelle *veine*
Dans un courage saint ont leur sainte fontaine. (I, 4, vers 7.)
 Les sages ayant vu couler quelques *veines* de métaux fondus, en la superficie de la terre, par l'embrasement de quelque forêt, ont jugé que fouillant plus avant il s'en trouveroit davantage. (II, 713.)

VELOURS. (III, 198.) — **VELOUX**, même sens. (III, 92, 157, 199.)

VELU.

 Il y avoit pour drap de pied un tapis *velu*. (III, 434.)

VENAISON, gibier :

 Que vous servent tant de viandes apprêtées par tant de mains, tant de sortes de *venaisons* prises avec tant de péril ? (II, 708.)

VENDITION, vente. (II, 146.)

VENGEANCE (Faire) de quelque chose à quelqu'un :

 Pourquoi veut-il que les huguenots lui en *fassent vengeance?* (IV, 285.)

VENGER, punir ; défendre :

[Les Dieux] Pour *venger* en un jour ses crimes de cinq ans, etc. (I, 27, v. 28.)
 Un serviteur qui, pour *venger* la vie de son maître (*en latin :* pro salute domini sui), s'est fait blesser en toutes les parties de son corps. (II, 69.)

VENINS, au figuré :

Un siècle renaîtra comblé d'heur et de joie :
Tous *venins* y mourront comme au temps de nos pères. (I, 232, vers 64.)

VENIR, sens et emplois divers :

 Quand de deux hommes l'un *vient* et l'autre va, ils se trouvent en peu de temps bien éloignés. (II, 642.)
 Ce fut en ce troupeau (*des saints Innocents*) que *venant* à la guerre
Pour combattre l'enfer et défendre la terre,
Le Sauveur inconnu sa grandeur abaissa. (I, 12, vers 217.)
   .... Lui (*l'homme*) que jusqu'au ponant,
Depuis où le soleil *vient* dessus l'hémisphère,
Ton absolu pouvoir a fait son lieutenant. (I, 63, vers 29.)
 Tout ce qu'il avoit de fortune, il le devoit à Auguste ; car au commencement qu'il *vint* à lui, c'est chose assez connue qu'il n'y apporta qu'une pauvreté bien empêchée à conserver la qualité de noblesse. (II, 40.)

Le livre que j'avois envoyé querir en Angleterre *est venu*. (IV, 42.)
Le bienfait est une chose, et ce qui *vient* à nous par le moyen du bienfait en est une autre. (II, 169.)

>Quand il a fallu par les armes
>*Venir* à l'essai glorieux
>De réduire ces furieux, etc. (I, 122, vers 182.)

S'il a fallu qu'une chose ait commencé d'être devant que de *venir* à la grandeur où elle est, ce n'est pas à dire qu'elle ne soit plus grande que celle par qui elle a commencé. (II, 78.)

Un présent.... de pommes communes.... peut avoir de la grâce quand.... elles *sont venues* longtemps avant leur saison. (II, 21.)

VENIR, locutions diverses :

Ne l'ayant point trouvé au quartier de Saint-Antoine, je *m'en suis venu* au Louvre. (III, 276.)

>*D'où vient que* tu me veux (*pourquoi me veux-tu*) ravir
>L'aise que j'ai de la servir (*ma dame*)? (I, 130, vers 11.)

N'est-ce pas le plus grand trait d'ingratitude que vous sauriez faire,... que vous serrez [ce bien] si mal.... qu'après avoir été longtemps sans savoir où il est, vous *veniez* enfin *à* ne savoir plus qu'il soit chez vous? (II, 52.)

Les uns s'évanouissent s'ils voient une plaie qui *vienne d'*être faite; les autres auront mal au cœur d'une qui sera déjà vieille. (II, 472.)

Il est si maigre que rien plus, comme *venant de* faire deux cents lieues. (III, 475.)

Il.... s'en alla au Bourget, qui est sur le chemin de Soissons.... Je ne sais pas comme il y sera *bien venu* (*bien reçu*). (III, 397.)

Vous ne profiterez jamais tant de la lecture des livres que de la vive voix et de la conversation des honnêtes gens. Il faut que vous-même *veniez sur les lieux*. (II, 280.)

Au moindre bruit qu'il oit, il est en alarme : si quelqu'un parle, il pense que c'est l'ennemi qui lui *vienne sur les bras*. (II, 470.)

Une chose mal donnée ne sauroit être bien due ; et ne *venons* plus *à temps* de nous plaindre quand nous voyons qu'on ne nous la rend point. (II, 2.)

Lisez.... toujours les plus approuvés, et si parfois il vous *vient en fantaisie* de vous divertir à la lecture des autres, vous le pouvez faire, mais que vous reveniez toujours aux premiers. (II, 268.)

J'ai touché les dernières actions de la vie de Caton, mais ses premières ne *venoient* pas plus *à propos* au désordre où déjà les affaires commenoient de s'embrouiller. (II, 315.)

Je parle de ceux que la fortune a fait *venir au monde* en les en chassant (*en latin* : quos illustravit fortuna, dum vexat). (II, 615 ; voyez II, 334.)

A cette heure que vous *êtes venu aux mains avec* elle (*avec la fortune*),... vous avez bien plus de résolution. (II, 305 ; voyez II, 542.)

Il n'est pas raisonnable de vouloir *venir à compte* avec lui (*avec Dieu*). Sa qualité d'arbitre souverain.... de nos vies y résiste. (IV, 214.)

Nous ne pouvons pas deviner ce qui nous est *à venir*. (II, 43.)

Aux siècles *à venir*. (II, 82 ; voy. I, 114, v. 168 ; 213, v. 90 ; 232, v. 60.)

Voici venir le temps que je vous avois dit :
Vos yeux, pauvre Caliste, ont perdu leur crédit. (I, 318, vers 1.)

VENT, au propre et au figuré :

D'où avez-vous eu ce *vent* (*cet air*) que vous respirez? (II, 96.)

>Ames pleines de *vent*, que la rage a blessées,
>Connoissez votre faute, et bornez vos pensées

En un juste compas. (I, 220, vers 1.)
Les vertus de la Reine, et les bontés célestes
Ont fait évanouir ces orages funestes,
Et dissipé les *vents* qui nous ont menacés. (I, 220, vers 12.)
Ils (*ces beaux yeux*) auront donc ce déplaisir,...
[Que] Mes serments s'en aillent au *vent*? (I, 141, vers 18.)
Encore que de quelque côté que lui et ses lieutenants se tournassent ils eussent toujours le *vent* au visage (*la fortune contraire*), etc. (I, 422 *var*.)
On députe à Carthage pour lui faire faire son procès. Il en a le *vent*, et s'enfuit. (I, 398.)

Vent, mots vains et vides. (IV, 443, 446, 453, 454.)

VENTES (Le droit de lods et). Voyez Lods.

VENTEUX, au figuré :
Laissez l'ambition, comme une chose bouffie, vaine, *venteuse*. (II, 653.)

VENUE.
Ceux-ci, de qui vos yeux admirent la *venue* (*l'arrivée*)....
S'en vont au gré d'amour tout le monde courir. (I, 300, vers 1.)
Les aquilons, dont sa *venue* (*la naissance du Dauphin*)
A garanti les fleurs de lis. (I, 83, vers 209.)
Au lieu que tout d'une *venue* il peut achever le peu qu'il lui reste, il relâchera quelque chose de sa diligence. (II, 555.)

VERGE, vergue. (I, 458.)
Nicot, dans son *Dictionnaire* (1606), donne les deux formes : *verges* et *vergues*.

VERGOGNE, honte :
Quand un roi fainéant, la *vergogne* des princes,...
Entre les voluptés indignement s'endort, etc. (I, 73, vers 91.)
Auguste relégua sa fille, débordée en impudicité..., et fit savoir à tout le monde la *vergogne* de sa maison. (II, 202.)
[La France] S'est faite aujourd'hui si tragique,
Qu'elle produit ce que l'Afrique
Auroit *vergogne* d'avouer. (I, 76, vers 20.)
Il y a de la *vergogne* à ne pouvoir rendre autant qu'on a reçu. (II, 138.)
C'est une *vergogne*, que la raison ne nous puisse donner cette assurance que la faute du jugement nous fait avoir. (II, 400.)
Un homme de bien n'est point sujet à cette *vergogne* que vous dites, d'être vaincu, car il ne se rend jamais. (II, 136.)
C'est la plus infâme *vergogne* (*en latin* : gravissima infamia) que sauroit avoir un médecin, que de chercher de la besogne. (II, 207.)
Je viens d'apprendre.... le don que le Roi vous a fait de l'évêché de Marseille. Voilà.... un grand démenti et une grande *vergogne* tout ensemble au galant homme qui disoit que l'on tenoit à la cour que vous en aviez assez. (IV, 88.)

Faire (une) vergogne, faire des vergognes, faire honte, narguer :
.... J'ai parlé (*moi, saint Pierre*), misérable,
Pour lui *faire vergogne* (*à Jésus*), et le désavouer. (I, 12, vers 210.)
Il y a ordinairement une éponge aux privés...; il la prit avec le morceau de bois où elle est attachée, et se le fourra tout dans la gorge.... Ce fut sans mentir *faire une vergogne* à la mort. (II, 542.)
A quel propos me réserverai-je.... à toutes les *vergognes* que me voudra *faire* un insolent et cruel ennemi? (II, 540 et 541.)

VERGOGNEUX, honteux, vil :

La volupté..., basse et contemptible, comme faite par le ministère des plus sales et plus *vergogneuses* parties de notre corps, ne peut être que sale et *vergogneuse* en son événement. (II, 217.)

VÉRIFIER, prouver :

Ils *(les Dieux)* nous ont.... *vérifié* par raisons inexpugnables qu'il n'est point de félicité plus grande que de n'en desirer point. (II, 721.)

Je ferai encore cet essai de ma fortune, quand ce ne seroit que pour vous *vérifier* ce qui se dit communément, que l'espérance est le dernier habit dont il se faut dépouiller. (IV, 139; voyez II, 337.)

VÉRITABLE, vrai; véridique :

Elle *(la Parque)* ne rend jamais un trésor qu'elle a pris :
Ce que l'on dit d'Orphée est bien peu *véritable*. (I, 299, vers 4.)

 Ce n'est point aux rives d'un fleuve,
 Où dorment les vents et les eaux,
 Que fait sa *véritable* preuve
L'art de conduire les vaisseaux. (I, 211, vers 63.)

Ces enfants bienheureux *(les saints Innocents)*...,
Ayant Dieu dans le cœur, ne le purent louer,
Mais leur sang leur en fut un témoin *véritable*. (I, 12, vers 208.)

Véritable, qui fait ce qu'il a dit :

Il ne s'est jamais parlé de composition *(pour les financiers)*, et si le Roi est *véritable*, de quoi ni vous ni moi ne devons pas douter, il ne s'en parlera jamais. (IV, 12.)

VÉRITABLEMENT.

Ce qu'ils *(les rois)* peuvent n'est rien; ils sont comme nous sommes,
 Véritablement hommes,
  Et meurent comme nous. (I, 274, vers 11.)

VÉRITÉ (suprême) :

Déclarez laquelle de ces opinions vous trouvez la plus vraisemblable; je ne dis pas la plus vraie, parce que le vrai est autant par-dessus nous que la *vérité* même. (II, 505.)

Vérité, réalité :

 .... De quelle dextérité
 Se peut déguiser une audace,
 Qu'en l'âme aussitôt qu'en la face
 Tu n'en lises la *vérité*? (I, 81, vers 150.)
 Avoir figuré son mérite
 Moindre que n'est la *vérité*. (I, 48, vers 80.)
 L'incrédule postérité
 Rejettera son témoignage,
 S'il ne la dépeint belle et sage
 Au deçà de la *vérité*. (I, 216, vers 190.)

VERMEIL doré, adjectivement, fait de vermeil :

Un bassin *vermeil doré*. (III, 435.)

VERRE, au propre :

[Orgueil] brisé comme du *verre*. (I, 91, vers 128.)

Le dernier *verre* de vin *(en latin :* potio extrema) semble toujours le meilleur aux ivrognes, parce que c'est celui qui les noie et qui les met les jambes en haut. (II, 302.)

VERRE, au figuré :
N'espérons plus, mon âme, aux promesses du monde ;
Sa lumière est un *verre*, et sa faveur une onde
Que toujours quelque vent empêche de calmer. (I, 273, v. 2 ; voy. I, 23, v. 9.)

VERS, préposition :
Ils repassèrent du parti victorieux *vers* une captive. (II, 73.)
Quand mes affaires seroient si décousues, etc., je n'irai jamais chercher le remède *vers* un homme avec lequel il me faille lutter. (II, 163.)
  Oh ! fureurs dont même les Scythes
  N'useroient pas *vers* des mérites
  Qui n'ont rien de pareil à soi ! (I, 152, vers 14.)

VERSER, au propre et au figuré :
  .... Demi-mort par le défaut
  Du sang *versé* d'une blessure, etc. (I, 115, vers 199.)
  .... Le cœur affligé
Par le canal des yeux *versant* son amertume,
  Cherche d'être allégé. (I, 41, vers 39 *var.*)

Les Dieux,... pour l'impiété d'un nombre infini de sacriléges..., ne laissent pas de continuer d'aimer les hommes et de leur *verser* du bien avec le même soin et la même profusion qu'ils ont accoutumé. (II, 4.)

  Je veux.... dans les savantes oreilles
Verser de si douces merveilles, etc. (I, 209, vers 6.)

Mon précepteur.... ne m'a point avarement dispensé ce qu'il savoit..., mais a desiré me le pouvoir *verser* tout à une fois, si j'eusse été capable de le recevoir. (II, 185.)

C'est bien chose que je ne défends point à un homme sage, que l'aisance de parler : toutefois je ne le lui commande pas, et trouve encore qu'il fera mieux de prononcer les paroles que de les *verser (en latin :* quam profluat). (II, 410.)

VERT, VERTE :
Cette princesse.... reprendra le teint de sa *verte* saison. (I, 261, vers 8 ;
    voyez I, 39, vers 15 *var.* ; 262, vers 3.)

VERTEMENT, vigoureusement :
Les Insubriens.... vinrent au-devant de lui, et l'attaquèrent sur le chemin si *vertement (en latin :* acriter), que, etc. (I, 444.)

VERTU.
  .... La fortune, amoureuse
  De la *vertu* généreuse, etc. (I, 91, vers 116.)
  Veux-tu succomber à l'orage,
  Et laisser perdre à ton courage
  Le nom qu'il a pour sa *vertu?* (I, 155, vers 72.)

Il viendra peut-être un temps où l'ivrognerie aura du crédit : ce sera *vertu* que de bien boire. (II, 16.)

.... Un jeune éventé, de qui toute la *vertu* n'étoit autre chose qu'une assistance extraordinaire que la fortune faisoit à ses témérités. (II, 21.)

Le sage, encore qu'il se contente de soi-même, ne laisse pas de vouloir avoir un ami, sinon pour autre chose, au moins pour ne laisser point en friche une *vertu* si belle et si louable comme l'amitié. (II, 290.)

Voyez tome I, p. 77, vers 40; p. 105, vers 2; p. 147, vers 39; p. 248, vers 30; p. 259, vers 11; p. 268, vers 6; p. 281, vers 104; p. 309, vers 6.

VESTIGES, au sens propre :

.... Les endroits où la terre pressée
A des pieds du Sauveur les *vestiges* écrits. (I, 15, vers 300.)

VÊTIR (Se) :

Les champs *se fussent vêtus*
Deux fois de robe nouvelle. (I, 88, vers 27.)

Vêtit, pour *vêt* (au présent de l'indicatif), blâmé chez des Portes. (IV, 402.)

VIANDE, nourriture, au propre et au figuré :

La *viande* (*en latin* : cibus) qu'on rejette aussitôt qu'on l'a prise ne peut faire bien. (II, 267.)

Des *viandes* que nous avons autrefois avidement recherchées nous font à cette heure mal au cœur à regarder. (II, 605.)

Que votre lit soit une paillasse, votre habit une haire, et votre *viande* du pain bis. (II, 330; voyez I, 362; II, 94, 276, 325, 674.)

Le diable.... ayant à faire à des personnes qu'il n'estime pas,... les entretient de *viandes* dignes de leur goût. (III, 235.)

VICE.

L'excès est aussi bien *vice* que le défaut. (II, 29.)

Nous ne sommes pas seuls.... qui mettons au rang du *vice* tout ce qui n'est point conforme aux règles de la vertu. (II, 153; voy. I, 147, v. 29.)

Le remède des (*craintes*) absentes, c'est la prévoyance; et des présentes, la résolution. Sinon, servez-vous d'un *vice* contre l'autre; mêlez de l'espoir à votre peur. (II, 309.)

Les vieillards sont blâmables, qui aiment les plaisirs des jeunes gens et qui ne font mourir leur *vice* devant qu'eux. (II, 368.)

Le *vice* et le mauvais gouvernement des rois ont rendu les lois nécessaires. (II, 708.)

Rime au milieu du vers est *vice*. (IV, 293.)

Peuple, qui me veux mal, et m'imputes à *vice*
D'avoir été payé d'un fidèle service,
Où trouves-tu qu'il faille avoir semé son bien,
Et ne recueillir rien ? (I, 29, vers 25.)

VICIEUX.

[La vertu] Sur tous les actes *vicieux*
Leur fait haïr (*aux Muses*) l'ingratitude. (I, 108, vers 23.)

VICISSITUDE, changement par succession :

Le bienfait doit aller aux mains de celui qui le reçoit, et revenir à celui qui l'a donné, et.... cet ordre, qui a de la grâce tant qu'il garde sa liaison et sa *vicissitude*, n'en a plus sitôt qu'il est interrompu. (II, 7; voy. II, 108.)

Le jeu (*de balle*) demeure.... défectueux, n'ayant point eu cette *vicissitude* d'envoyer et de renvoyer, où consiste sa perfection. (II, 46.)

Comme la mort a sa *vicissitude* après la vie, la vie aura sa *vicissitude* après la mort, et.... alternativement les choses ne cesseront jamais d'être faites, défaites et refaites par l'éternelle bonté de Dieu. (II, 550.)

Nous nous gâterions, si nous voulions ou toujours écrire, ou toujours lire.... La meilleure (*méthode*) est de les échanger par *vicissitudes* et tempérer l'un par l'autre. (II, 650.)

VICTOIRE.

Il y a des biens qu'elle (*la raison*) met au premier rang, comme la *victoire*, des enfants qui soient gens de bien, le salut du pays. (II, 519.)

Ta fidèle compagne, aspirant à la gloire
Que son affliction ne se puisse imiter,
Seule de cet ennui (*que me cause ta mort*) me débat la *victoire*,
  Et me la fait quitter. (I, 179, vers 19.)

VICTORIEUX.

.... Marcus Agrippa, remarqué, entre autres choses, pour avoir.... fait des bâtiments aussi *victorieux* de toutes les magnificences précédentes, comme invincibles à celles qui seront aux siècles à venir. (II, 82.)

.... Ne tomber point à la discrétion du *victorieux*. (II, 326.)

VIDE DE, au figuré :

Le sage est celui qui.... *vide de* toute appréhension et *de* tumulte, est aussi content de sa condition comme les Dieux sont de la leur. (II, 488; voyez II, 511 et 512.)

VIDER, acceptions diverses :

   .... Le cœur affligé,
Par le canal des yeux *vidant* son amertume,
   Cherche d'être allégé. (I, 41, vers 39.)

Les conditions (*de la paix*) furent :... que s'il y en avoit (*des villes*) où Philippe eût des garnisons, il les en feroit *vider* présentement. (I, 436.)

Comme je passerai par-dessus ce qui ne sert de rien, aussi veux-je.... *vider* ce point le premier : que c'est que nous devons quand on nous a fait plaisir. (II, 11.)

Bassompierre.... a été appointé au conseil.... Dans huit ou dix jours ils *seront vidés* (*leur affaire sera vidée, terminée*). (III, 319.)

VIDER, se vider :

Ce qui est mortel monte, descend, croît, décroît, *vide* et se remplit. (II, 513; *variante* : « se vide. »)

La vertu ne se contente pas de si peu de place : ... il faut que tout *vide*, et qu'elle demeure seule. (II, 697.)

VIE, acceptions diverses :

Que m'est-il demeuré pour conseil et pour armes,
Que d'écouler ma *vie* en un fleuve de larmes,
Et la chassant de moi l'envoyer au tombeau? (I, 14, vers 263.)

Nous passons près des rois tout le temps de nos *vies*. (I, 274, vers 8.)

Si mon entendement se trouble,... et enfin si elle (*la vieillesse*) m'ôte la *vie* et ne me laisse rien que l'âme, je me dépêcherai de sortir d'un bâtiment qui s'en va choir. (II, 482.)

Prenons le cas que je lui aie rendu (*à mon père*) *vie* pour *vie*; encore en cela même il a plus de moi que moi de lui. (II, 80.)

Tout ce que notre *vie* a pour se défendre, tout ce qu'elle peut opposer aux violences extérieures, est en la communication des bienfaits. (II, 108.)

   Cette beauté qui m'est ravie
   Fut seule ma vue et ma *vie*. (I, 293, vers 3.)

   Bien aimer soit votre vrai bien;
   Et, bien aimés, n'estimez rien

Si doux qu'une si douce *vie*. (I, 301, vers 30.)

Cette affection que naturellement on porte à ce qui est honnête leur fait desirer (*fait désirer aux méchants*) une réputation contraire à leur *vie* et cacher leur méchanceté. (II, 108.)

Ils (*les Béotiens*) se mirent à assassiner les soldats romains.... La haine leur avoit fait commencer cette *vie*; le gain la leur fit continuer. (I, 435.)

Les riches.... la prennent (*la pauvreté*) pour exemple, et de sa *vie* empruntent le régime de la leur. (II, 325.)

Un valet qui a un quart d'écu par mois et sa *vie* (*sa nourriture*). (II, 620.)

Demandez à qui vous voudrez de ceux-ci qui vivent de brigandages.... Le plus enragé.... vous dira qu'il seroit bien content de n'en faire point la *vie*, pourvu qu'il en eût le revenu. (II, 108.)

VIEIL, VIEUX :

.... Le *vieil* âge d'Éson. (I, 261, vers 5.)

Prisé, quoique *vieil* abattu,
Des gens de bien et de vertu. (I, 286, vers 28.)

Je me souhaiterois la fortune d'Éson,
Qui, *vieil* comme je suis, revint contre nature
En sa jeune saison. (I, 282, vers 119.)

.... Cet âge *vieil* où régnoit l'innocence. (I, 300, vers 13.)

Un *vieil* sénateur. (II, 25.)

Il est *vieil* et n'a point d'enfants. (II, 23.)

Il faut.... que ce qui est *vieil* fasse place au dernier venu. (II, 246.)

Vous verrez ce que j'écris à Monsieur le premier président, où vous ne trouverez rien qui ne vous soit déjà *vieil*. (III, 78.)

« Jà » est un mot *vieil*. (IV, 305.)

Voyez tome II, p. 301, 392, 495, 596; tome III, p. 308; tome IV, p. 300, 336, etc.

Ces arbres étoient *vieux*. (II, 302; voyez IV, 392, note 1 ; 397, note 2.)

VIEILLE, substantivement, vieille femme :

Contes de *vieille*. (II, 10.)

VIEILLESSES, vieillards :

On voit par ta rigueur tant de blondes jeunesses,
Tant de riches grandeurs, tant d'heureuses *vieillesses*,
En fuyant le trépas au trépas arriver. (I, 10, vers 152.)

VIEILLIR, avec l'auxiliaire *être* :

Nous avons eu ici force nouvelles;... mais,... elles *sont vieillies* entre mes mains. (III, 105.)

LE VIEILLIR, substantivement :

Le vivre et *le vieillir* sont choses.... conjointes. (IV, 206.)

VIEUX, VIEILLE. Voyez VIEIL.

VIF, VIVE, au physique et au moral :

A quelles roses ne fait honte
De son teint la *vive* fraîcheur? (I, 130, vers 14.)

Faites-moi voir un jeune homme qui n'ait point encore eu de part à la corruption du siècle et qui ait l'esprit *vif*. (II, 554.)

VIVE VOIX :

Vous ne profiterez jamais tant de la lecture des livres que de la *vive voix* et de la conversation des honnêtes gens. (II, 280.)

VILAIN, laid, honteux, vil :

Il est *vilain* (*en latin :* turpe est) d'être vaincu de courtoisie. (II, 135.)
Qu'y a-t-il de plus *vilain* qu'un philosophe qui cherche des applaudissements? (II, 453 ; voyez II, 80.)

VILAINEMENT.

A votre compte, un qui sera *vilainement* riche (*en latin :* turpiter dives) …. sera bienheureux? (II, 295.)

VILENIE, chose honteuse :

C'est une *vilenie* (*en latin :* turpe est) de n'aller point, mais se laisser porter. (II, 401.)
Depuis qu'un homme est vieil…, ce lui est une *vilenie* de n'être habile homme que par son livre. (II, 392.)
La mort n'a point de *vilenie* si puante qui ne me sente mieux que tout le musc et tout l'ambre gris que la servitude sauroit avoir. (II, 543.)
Comme avons-nous l'impudence d'appeler quelqu'un serviteur, et être nous-mêmes valets de nos *vilenies* (*en latin :* libido) ? (II, 77.)
Il y a un juge établi pour…. leur faire raison (*aux serviteurs*), quand ils se plaignent ou que leurs maîtres les battent trop cruellement, ou les pressent de quelque *vilenie*. (II, 71 ; voyez II, 143.)

VILLE.

César sortoit pour s'en aller à la *ville* (*en latin :* descendenti Cæsari). (II, 75.)

VILLETTE, petite ville :

Je ne sais combien de *villettes* et de bourgades s'étoient rendues à lui (I, 427.)

VIOLENCE, emplois divers :

…. C'est trop de silence
En si beau sujet de parler :
Le mérite qu'on veut celer
Souffre une injuste *violence*. (I, 107, vers 4.)

Je m'impose silence
En la *violence*
Que me fait le malheur. (I, 163, vers 26.)

Les douceurs où je nage ont une *violence*
Qui ne se peut celer. (I, 157, vers 27.)

VIPÈRE, au propre et au figuré :

Un siècle renaîtra comblé d'heur et de joie….
Tous venins y mourront comme au temps de nos pères ;
  Et même les *vipères*
Y piqueront sans nuire, ou n'y piqueront pas. (I, 232, vers 65.)
Dans toutes les fureurs des siècles de tes pères,
Les monstres les plus noirs firent-ils jamais rien
Que l'inhumanité de ces cœurs de *vipères*
  Ne renouvelle au tien? (I, 278, vers 19.)

VIRER (Se), se tourner, blâmé chez des Portes. (IV, 402.)

VISAGE, au propre (voyez Vent) :

Achille étoit haut de corsage ;…
Et les dames avecque vœux

Soupiroient après son *visage*. (I, 113, vers 144.)

Visage, apparence, aspect :

Il (*l'homme de bien*) fera d'une chose louable, mais triste et pénible, comme d'un homme de bien pauvre..., et qui aura mauvais *visage*. (II, 516.)

Henri, de qui les yeux et l'image sacrée
Font un *visage* d'or à cette âge ferrée. (I, 5, vers 14.)

Telle est la vertu de l'âme, tel est son *visage*, s'il étoit possible de le voir tout et tout à la fois. (II, 512.)

La sagesse nous fait l'ouverture.... du monde,... découvre ses vrais simulacres et ses *visages* au naturel. (II, 719; voyez II, 512.)

VISER À :

.... Un qui *visant à* moi, a frappé mon ennemi. (II, 176.)

VISIBLE.

Amour est en ses yeux, il y trempe ses dards,
Et la fait reconnoître un miracle *visible*. (I, 133, vers 11.)

VISIBLEMENT, évidemment :

Richelieu.... *visiblement* ne fait cas de sa vie
Que pour te la donner. (I, 279, vers 43.)

VITE, adjectif, prompt, rapide :

.... Que leur advint-il (*aux saints Innocents*) en ce *vite* départ,
Que laisser promptement une basse demeure? (I, 13, vers 249.)

Est-il *vite*, aussi sont les chevaux. (II, 587; voyez II, 42, 43, 587.)

VITEMENT, vite, rapidement :

C'est quelque chose de.... demeurer ferme quand la fortune vient, sans aller au-devant pour la faire marcher plus *vitement*. (II, 346.)

Si nous voyons venir un consul ou un préteur,... nous mettrons *vitement* pied à terre,... et leur quitterons le chemin. (II, 501; voyez I, 445.)

VITESSE, célérité :

Cependant son Dauphin, d'une *vitesse* prompte,
Des ans de sa jeunesse accomplira le compte. (I, 74, vers 115.)

VITUPÈRE, chose blâmable, crime :

.... Si de nos discords l'infâme *vitupère*
A pu la dérober (*l'Espagne*) aux victoires du père,
Nous la verrons captive aux triomphes du fils. (I, 74, vers 124.)

VIVEMENT.

Ce fils où ta vertu reluit si *vivement*. (I, 105, vers 2.)

VIVRE, emplois divers :

.... Le mépris du sort
Que sait imprimer aux courages
Le soin de *vivre* après la mort. (I, 115, vers 220.)

C'est une chose très-fâcheuse de *vivre* en nécessité; mais il n'y a point de nécessité qui nous oblige d'y *vivre*. (II, 305.)

.... Comme s'ils *vivoient* des misères publiques,
Pour les renouveler ils font tant de pratiques, etc. (I, 70, vers 28.)

De quelque façon que la fortune *vive* avec lui, qu'elle lui continue ses jours ou les lui retranche..., l'âge pourra bien être divers, mais la vertu ne sera toujours qu'une. (II, 576.)

Les ouvrages communs *vivent* quelques années ;
Ce que Malherbe écrit dure éternellement. (I, 262, vers 13.)
Il *véquit* quatre-vingts et un an. (II, 481.)

VIVRE, avec un régime direct :
Quand nous sommes près de mourir, il ne nous est rien demeuré de ce que nous *avons vécu*. (II, 349.)
Ce que nous *vivons* (*le temps de notre vie*) n'est autre chose qu'un point. (II, 439.)

LE VIVRE, substantivement :
Je tiens que *le vivre* parmi toutes les délices du monde n'est pas grand' chose. (III, 60.)
Le vivre et le vieillir sont choses.... conjointes. (IV, 206.)

VIVANT, VIVANTE :
En ces propos mourants ses complaintes se meurent,
Mais *vivantes* sans fin ses angoisses demeurent. (I, 17, vers 356.)

VŒU.
Le *vœu* de la vengeance est un *vœu* légitime. (I, 276, v. 11 ; voy. I, 135, v. 39.)
 Tu vainquis en cette dispute (*tu obtins la main de Marie de Médicis*),
 Et parus sur les poursuivants
 Dont les *vœux* trop haut s'élevants
 Te donnoient de la jalousie, etc. (I, 124, vers 276.)
 Achille étoit haut de corsage ;...
 Et les dames avecque *vœux*
 Soupiroient après son visage. (I, 113, vers 143.)
Quand vous partîtes, je n'eus point l'honneur de vous baiser les mains, et vous confirmer le *vœu* de ma servitude. (IV, 5 ; voyez I, 60, vers 50.)

VOGUER, au figuré :
De ces jeunes guerriers la flotte vagabonde
Alloit courre fortune aux orages du monde,
Et déjà pour *voguer* abandonnoit le bord. (I, 11, vers 195.)

VOGUER, ramer. (II, 467.)

VOICI.
Voici de ton État la plus grande merveille :
Ce fils où ta vertu reluit si vivement. (I, 105, vers 1.)
Voici venir le temps que je vous avois dit. (I, 318, vers 1.)

VOIE, chemin, moyen :
 Votre esprit, de qui la beauté
 Dans la plus sombre obscurité
 Se fait une insensible *voie*, etc. (I, 142, vers 33.)
.... Le nombre des ans sera la seule *voie*
 D'arriver au trépas. (I, 232, vers 62.)
Je suis son ennemi si, puisqu'il veut courre fortune pour moi, je ne prends la *voie* la plus aisée, qui est de la courre sans lui. (II, 35.)
[Ils] vous montreront que vous avez moyen de vaincre vos pères par les mêmes *voies* que les leurs ont été vaincus. (II, 87.)
Il n'y a qu'une *voie* pour se mettre en sûreté : c'est de mépriser ce qui est extérieur. (II, 570.)
La Rochelle sera [bientôt] en l'obéissance du Roi.... On y travaille par deux *voies* : l'une par la stecade...; l'autre par une digue, etc. (IV, 66.)

Voie de bois. (III, 281.)

VOILÀ.

Voilà comme je vis, *voilà* ce que j'endure. (I, 160, vers 55.)
Voilà pas qui est galant? (IV, 342.)

VOILES, vaisseaux. (I, 281, vers 105.)

À pleines voiles, au figuré :

> Quand la faveur *à pleines voiles*....
> Vous feroit devant le trépas
> Avoir le front dans les étoiles, etc. (I, 117, vers 251.)

VOIR, emplois divers, locutions diverses :

Celle qu'avoit Hymen à mon cœur attachée....   v. 100 et 102.)
Au marbre que tu *vois* sa dépouille a cachée. (I, 223, v. 4; voy. I, 8,
> [Il] ne restoit plus que d'élire
> Celui qui seroit le Jason
> Digne de faire à cet empire
> *Voir* une si belle toison. (I, 124, vers 270.)
> Le nom de sa chaste Marie
> Le travailloit d'une langueur
> Qu'il pensoit que pour sa longueur
> Jamais il ne *verroit* guérie. (I, 123, vers 244.)

[Reine,] Qui *voyez* chaque jour tant d'hommages divers
Que présente la Muse aux pieds de votre image, etc. (I, 204, vers 10.)
Je veux laisser juger aux filles de Mémoire
La grâce et le parler de tes amoureux vers :
Il semble en les *voyant* que l'on lise une histoire, etc. (I, 291, vers 5.)

Il n'y a point de doute que la philosophie n'ait.... bien diminué de sa splendeur.... depuis qu'on l'a faite si publique.... Ce n'est pas qu'il ne faille qu'on la *voie* ; mais il faut que ce soit au cabinet, etc. (II, 454.)

Une grande âme, quoi qui arrive à son désavantage, ne *voit* jamais rien au-dessus de soi. (II, 137.)

Ne serions-nous pas plus sages de *voir* mettre quelque fin à nos erreurs que de nous informer de celles d'Ulysse? (II, 688.)

Vous n'êtes pas, à mon avis, si rude joueur que cet assommeur de monstres, qui une nuit *vit* les cinquante filles de son hôte. (IV, 95.)

> Quelque jour ce jeune lion
> Choquera la rébellion ;...

Mais quiconque *voit* clair ne connoît-il pas bien
> Que pour l'empêcher de renaître
Il faut que ton labeur accompagne le sien? (I, 271, vers 82.)

Il eût ouvert les yeux à ce roi, qui ne *voyoit* goutte en plein midi. (II, 140.)

Être vu, pour *sembler* (*videri*), blâmé dans ce vers de des Portes :

> J'aime trop mieux *être vu* téméraire. (IV, 313.)

Voir de, chercher le moyen de, faire en sorte de :

Je *verrai*, si je puis, *de* ne donner point à un ingrat. (II, 120.)
Pensez à vos affaires, et *voyez de* vous en rendre la possession plus.... assurée. (II, 171; voyez II, 19, 178, 233, 327, 706; IV, 18, 152, 194.)

Voyez Vu, Vu que.

VOIRE, voire même, même :

> En tous climats, *voire* au fond de la Thrace,

Après les neiges et les glaçons
　　Le beau temps reprend sa place. (I, 247, vers 7.)
Il y a bien du plaisir à recevoir un bienfait, *voire* de lui tendre les mains. (II, 24.)
Je ne tiens de mon père qu'une chose que.... les plus petites bêtes, *voire* celles qui sont.... les plus vilaines, ont aussi bien que moi. (II, 80.)
La plupart du monde, *voire même* de ceux qui font profession de sagesse, n'estiment pas comme ils doivent les biens que les Dieux nous ont faits. (II, 42.)

VOIREMENT, vraiment, en effet :
Vous dites donc que je ne suis point tenu à un batelier qui m'aura passé l'eau et n'aura rien pris de moi. Je le dis *voirement*. (II, 186.)
Tout est bien aux Dieux *voirement*; mais.... tout ne leur est pas dédié. (II, 223.)
J'ai perdu le bien que j'avois fait. Pauvre homme, vous ne savez pas bien le temps de votre perte. Vous l'avez perdu *voirement*, mais ce fut quand vous le fîtes; à cette heure vous vous en êtes aperçu. (II, 247.)

VOIS, pour *vais*. Voyez ALLER, ci-dessus, p, 27.

VOISIN.
Le mont Etna ayant.... embrasé les lieux *voisins* (*de proche en proche*) jusques à la plus grande partie de l'île, etc. (II, 87.)

VOIX.
[Nous sommes] Issus de ces nobles aïeux
Que la *voix* commune des hommes
A fait asseoir entre les Dieux. (I, 66, vers 23.)
C'est la preuve d'un courage extrêmement brave..., quand l'esprit a.... considéré cette abondance diversifiée d'animaux et de toutes choses, que la nature produit si libéralement, de pouvoir comme Dieu laisser aller cette *voix* (*parole*) : « Tout cela est à moi. » (II, 219.)
M. le cardinal de Richelieu a été si mal que j'ai été huit ou dix jours que je n'entrois jamais au château qu'avec appréhension d'ouïr cette funeste *voix* (*parole*) : « Le grand Pan est mort. » (IV, 19.)

VIVE VOIX. Voyez VIF.

VOLER à, prendre à :
　　Cinq ans Marseille *volée*
　　A son juste possesseur, etc. (I, 25, vers 41 et 42.)
François, quand la Castille, inégale à ses armes,
　　Lui *vola* son Dauphin, etc. (I, 42, vers 54.)

VOLER (avec des ailes), au figuré :
Le temps, qui toujours *vole*, et sous qui tout succombe. (I, 305, vers 29.)
Son nom.... *vole* par le monde. (I, 113, vers 149.)
Desirs qui *volent* trop haut. (I, 131, vers 30.)

VOLERIE, vol, acte de brigandage :
Si quelqu'un a fait une *volerie*, on le pend. (II, 282.)
.... Un misérable nourri dès son enfance aux *voleries*, pilleur de peuples. (II, 22; voyez I, 435.)

VOLERIE, vol, chasse avec des oiseaux de proie :
La Reine, qui avoit été l'après-dînée à la *volerie*, dit qu'elle avoit pris un corbeau. (III, 405.)

VOLONTAIRE, qui agit volontairement, volontiers :

Qui seroit.... le rendeur si *volontaire* qui devant que de rendre ne donnât la peine de plaider ? (II, 57.)

VOLONTAIREMENT, sans contrainte, volontiers :

Autrefois on a cru que les anges avoient désiré la compagnie des femmes, et vous pouvez penser que les femmes n'auroient pas refusé aux anges ce qu'elles accordent assez *volontairement* aux hommes. (IV, 7.)

VOLONTÉ, intention, disposition ; volontés, sentiments :

Si un ami m'a fait un petit présent avec beaucoup d'affection; s'il m'a donné peu, mais librement.... et y a apporté, non de la *volonté*, mais du desir (*en latin* : non voluntatem tantum..., sed cupiditatem), etc. (II, 13.)

On peut bien donner à plusieurs une même chose, que ce ne sera pas avec mêmes paroles, ni avec démonstration d'une même *volonté*. (II, 23.)

Il ne me pouvoit donner plus que ce qu'il m'a donné.... Si je le reçois de bonne grâce, cette démonstration de ma *volonté* lui donnera sujet de continuer la sienne. (II, 41.)

Je suis quitte, puisque j'ai *volonté* de m'acquitter. (II, 45.)

Celui qui en donnant a trouvé une *volonté* semblable à la sienne, en ce qui est de son pouvoir il a fait ce qu'il s'étoit proposé. (II, 46.)

Je ne parle pas de ceux.... qui tiennent leurs *volontés* en leur puissance (*en latin* : qui animum in potestate habent), et prennent d'eux-mêmes une loi qu'ils ne violent point. (II, 32.)

Bonne volonté :

Les meilleures actions de l'âme, de quelque *bonne volonté* qu'elles partent, ont une certaine mesure hors laquelle il est impossible qu'elles acquièrent le titre de vertu. (II, 24.)

Pour payer une dette, le marchand a besoin d'une heureuse navigation...; mais il ne lui faut (à *votre ami*) qu'une *bonne volonté* pour payer. (II, 398.)

Il.... festia les ambassadeurs, et leur fit toutes les démonstrations de *bonne volonté* dont il se put aviser. (II, 21.)

VOLONTIERS, ordinairement :

L'espoir, qui *volontiers* accompagne l'amour, etc. (I, 135, vers 22.)

VOLUPTÉ, plaisir, satisfaction (de cœur ou d'esprit) :

La vue, la présence et la conversation (*de nos amis*) font la *volupté* plus vive et plus sensible, surtout quand ceux que nous voulons voir sont en l'état que nous les desirons. (II, 395.)

Votre lettre m'a donné bien de la *volupté*. (II, 484.)

VOTRE, vos, adjectif pronominal possessif :

Votre Zénon. (II, 131 ; *il parle à un stoïcien*.)

Je suis allé visiter *vos* Pompées (*votre ville de Pompéies*), qu'il y avoit longtemps que je n'avois vus. (II, 536.)

Toutes vos actions sont regardées, et jusques à *votre* manger et *votre* dormir, vous ne faites rien qui ne soit su. (II, 418.)

VÔTRE, vous appartenant ; LE VÔTRE, ce qui vous appartient :

Tout ce que je vous desire, c'est que vous soyez *vôtre*, et que délivré de toutes les cogitations vagues et fluctuantes, etc. (II, 388; voyez II, 337.)

Regardez ce que vous aimez mieux perdre, ou vous, ou quelque chose du *vôtre*. (II, 334.)

VOUER, promettre par vœu :
Un printemps sacré, *voué* vingt et un ans auparavant, est mis en exécution. (I, 397.)

VOULOIR, emplois divers :
Qu'est-ce que la sagesse? quand on *a voulu* quelque chose, être toujours ferme à la *vouloir*, et ne *vouloir* jamais ce qu'une fois on *n'a* point *voulu*. (II, 338.)
Étant le bienfait de cette nature qu'on y regarde principalement l'affection, il est à présumer que qui a été longtemps à le faire a été longtemps sans le *vouloir*. (II, 3.)
J'ai beau par la raison exhorter mon amour
De *vouloir* réserver à l'aise du retour
   Quelque reste de larmes, etc. (I, 256, vers 32.)
Vous m'avez sauvé la vie, je le *veux :* ce n'est pas à dire que je la vous doive. (II, 33.)
Qui est-ce qui *voudroit* dire que ce ne fût chose honnête de reconnoître un plaisir qu'on a reçu? (II, 106.)
Toute vertu.... a bien avec soi beaucoup de choses propres pour la vie, mais elle ne *veut* pas qu'en cela soit le fondement de l'amitié que nous lui portons. (II, 115.)
Mars est comme l'Amour : ses travaux et ses peines
  Veulent de jeunes gens. (I, 282, vers 136.)
Il est des choses qui se peuvent écrire en coche, et d'autres qui *veulent* le lit, le repos et le cabinet. (II, 558.)
Ces arbres se *veulent* arroser d'eau de citerne. (II, 673 ; voyez II, 452.)
Je vous veux faire trouver bon que j'use du mot d'« essence » : aussi bien, *veuillez*-vous ou non, je suis résolu d'en user. (II, 474.)
Il ne peut ne le faire point, parce que, *veuille* ou non, il est contraint de le faire. (II, 188.)
Je commençai de prier le pilote de me descendre en quelque lieu de la côte.... J'étois si tourmenté d'un mal de cœur extrême.... que, *voulût* ou non, il fallut qu'il me contentât. (II, 455.)
Comme je passerai par-dessus ce qui ne sert de rien, aussi *veux*-je bien particulièrement traiter ce qui me semblera nécessaire. (II, 11.)
Voulons tout ce que Dieu *voudra*. (II, 574.)
Vous pensez.... que je *veuille* dire que, etc. (II, 151, 472.)
Laquelle est-ce de toutes celles qui s'attachent à leurs maris morts, et qui se *veuillent* jeter dans la fosse, de qui les larmes, etc.? (II, 497.)
Quelle subtile distinction peut-il alléguer entre le sort et le destin? Les poëtes n'y en font point, s'ils ne *veuillent* cheviller. (IV, 385.)
Qu'on vous menace d'un supplice d'ici à cinquante ans, vous n'avez de quoi vous mettre en peine, sinon que vous *veuilliez* enjamber par-dessus tout cet espace d'entre-deux. (II, 578.)
Pource que je me doute que vous et lui ne me *veuilliez* diminuer cette douleur, je me range aisément à croire ce que je crains. (III, 188.)

VOULOIR MAL À, vouloir du mal à; **MAL VOULU DE**, qui est l'objet du mauvais vouloir de :
Peuple, qui *me veux mal*, et m'imputes à vice
D'avoir été payé d'un fidèle service, etc. (I, 29, vers 25.)
Que direz-vous si, comme quelquefois il peut arriver, vous *vouliez mal au* père de qui vous avez sauvé le fils? (II, 160.)
Ils.... sont cause qu'on *veut mal à* ce qui seroit aimable s'il étoit manié d'autre façon. (II, 26; voyez I, 10, vers 148; II, 88, 139.)

Il y en a qui demandent pourquoi une action si *mal voulue de* tout le monde (*l'ingratitude*) ne reçoit point de punition. (II, 55.)

Le Roi, qui le voit (*le cardinal de Richelieu*) mal voulu de tous ceux qui aiment le désordre, etc. (IV, 109.)

VOUS. Voyez Tu.

VOÛTE (céleste) :

.... L'astre qui fait les jours
Luira dans une autre *voûte*
Quand j'aurai d'autres amours. (I, 307, vers 31.)

VRAI.

.... Si l'enfer est fable au centre de la terre,
Il est *vrai* dans mon sein. (I, 159, vers 24.)
Que direz-vous, races futures,
Si quelquefois un *vrai* discours
Vous récite les aventures
De nos abominables jours? (I, 75, vers 2.)
Sa faute le remord ; Mégère le regarde,
Et lui porte l'esprit à ce *vrai* sentiment,
Que d'une injuste offense il aura, quoiqu'il tarde,
Le juste châtiment. (I, 281, vers 98.)

Le vrai, substantivement :

Déclarez laquelle de ces opinions vous trouvez la plus vraisemblable : je ne dis pas la plus vraie, parce que *le vrai* est autant par-dessus nous que la vérité même. (II, 505.)

VRAIMENT.

Vraiment je puis bien avouer
Que j'avois tort de me louer. (I, 142, vers 19.)

VU, avec ou sans accord, attendu, eu égard à :

Le sieur de Malherbe le pria que, *vu* la parvité de la somme, il ne s'en parlât point en ladite transaction. (I, 340.)

M. de Candale s'en étoit aussi allé..., *vue* la dispute qu'il prétendoit contre M. le duc de Montbazon pour le rang. (III, 456.)

Vu que :

Vous demandez.... comme vous devez donner, de quoi il ne seroit point de besoin, si le donner étoit chose desirable de soi, *vu que...*, en quelque façon qu'on donnât, ce seroit toujours un bienfait. (II, 99.)

Comme pourroit un homme apprendre à faire la guerre aux vices, *vu qu'*il ne peut vaquer aux choses louables qu'autant que les vices ne le tiennent point occupé? (II, 486 ; voyez II, 59, 285.)

VUE, acceptions diverses :

.... Sa *vue* abaissée
Remarque les endroits où la terre pressée
A des pieds du Sauveur les vestiges écrits. (I, 15, vers 298.)
Mes yeux, vous m'êtes superflus :
Cette beauté qui m'est ravie
Fut seule ma *vue* et ma vie ;
Je ne vois plus, ni ne vis plus. (I, 293, vers 3.)

.... Au lieu que vous devez mettre un bien que l'on vous a fait à l'entrée de votre âme, pour avoir sujet d'y penser à toutes heures, vous le serrez si mal, et le jetez si hors de votre *vue*, qu'après avoir été longtemps sans savoir où il est, vous veniez enfin à ne savoir plus qu'il soit chez vous. (II, 52.)

Il me reste trop peu de papier pour en parler selon la dignité du fait : ce sera, s'il plaît à Dieu, pour notre première *vue*. (III, 75.)

Il est logé en une maison sombre, et qui n'a que des *vues* empruntées. (II, 507.)

Vue, en style juridique :

Je devois me trouver à une *vue* avec vous (*en latin :* in rem præsentem venire); mais mon fils est malade. (II, 127.)

Se trouver à une vue, c'est, dit Furetière, « se transporter sur un héritage contentieux pour le montrer à sa partie, et l'assurer de ce qui lui est demandé. »

VULGAIRE, commun :

Mon mal ne m'étonneroit guères,
Et les herbes les plus *vulgaires*
M'en donneroient la guérison. (I, 100, vers 23.)

Y

Y, adverbe pronominal, équivalent à *là*, ou à un pronom précédé de *dans*, *en*, *à*, etc., et qui tient la place d'un nom de chose et parfois se rapporte à l'idée plutôt qu'à un des mots précédents :

Je.... m'étonne bien qu'il ait pris cette résolution. Si j'*y* eusse été, je n'eusse pas donné ce conseil-là. (III, 117.)

Tout cela (*un logis, un couvert, etc.*) se trouve en une hôtellerie, et cependant nous savons combien il nous *y* doit coûter. (II, 184.)

Nous appelons un homme ignorant, non qui n'a du tout point de lettres, mais qui n'*y* a pas fait beaucoup de progrès. (II, 151.)

Qu'on die ce qu'on voudra de la prudence humaine,... pour ce qui est des événements, il faudroit d'autres exemples que ceux que j'ai vus.... pour me faire croire qu'elle *y* ait aucune jurisdiction. (IV, 73.)

.... Tant de beaux objets (*de sujets d'éloge*) tous les jours s'augmentants,
Puisque en âge si bas leur nombre vous étonne (*il parle aux Muses*),
Comme *y* fournirez-vous quand il (*Gaston duc d'Orléans*) aura vingt ans?
(I, 259, vers 14.)

Le parfait chrétien...,
Créé pour obéir ici,
Y tient (*tient ici, en ce monde*) sa fortune asservie. (I, 287, vers 60.)

Vous pourrez encore dire que certainement il se fera moins de plaisirs, mais que ceux qu'on fera seront plus véritables ; et qu'aussi bien il n'y a point de mal de régler cette confusion qui *y* est. (II, 63.)

Vous avez envie d'en écrire quelque chose de grand, et qui ne vaudra pas moins que ce que les premiers *y* ont fait (*ont fait à ce sujet*). (II, 613.)

Il y a environ trois ans qu'il vous plut me faire expédier un don de quelque nombre de places de maisons à bâtir dans l'enceinte du port de Toulon. Il fut oublié d'*y* employer le droit de lods et ventes. (IV, 128.)

Malherbe avait d'abord écrit : « d'*y* employer *dans les lettres.* »

Celle qu'avoit Hymen à mon cœur attachée....
Au marbre que tu vois sa dépouille a cachée....
Ni prières ni vœux ne m'*y* purent servir :
La rigueur de la mort se voulut assouvir. (I, 223, vers 9.)

Il est temps.... de traiter de quelle façon il faut recevoir. L'arrogance *y* est évitable comme à donner. (II, 31.)

[Il] confesse qu'il doit, et desire de s'acquitter. Si vous *y* demandez quelque chose de plus, le défaut ne vient pas de lui. (II, 111.)

Quelle subtile distinction peut-il alléguer entre le sort et le destin? Les poëtes n'*y* en font point. (IV, 385.)

Les princesses.... n'ont point envoyé à Fontainebleau.... Je crois qu'elles n'*y* ont point pensé à finesse. (III, 359.)

Si un père qui a ses fils en danger les peut recouvrer par mon moyen..., je serai bien aise d'*y* faire ce qui me sera possible. (II, 17.)

Il avertit.... ceux des villes voisines de se trouver.... à Apélaure.... Sitôt qu'ils *y* eurent satisfait, il part à l'heure même. (I, 415.)

Un plaisir m'est agréable, quand.... celui qui me le fait.... n'a pas seulement égard à me secourir en ma nécessité, mais *y* ajoute encore le respect de considérer de quelle façon je veux être secouru. (II, 26; voyez II, 38, l. 21 et 22.)

Vous voulez qu'on croie que vous lui portez honneur (*à Dieu*) comme à votre père?... Mais aussi faut-il que vous m'accordiez que, puisqu'il n'*y* a ni espérance qui vous *y* convie, ni prétention de récompense qui vous en sollicite, il y a donc quelque chose desirable de soi-même, de qui l'excellence vous *y* attire, qui est l'honnêteté. (II, 110.)

Il ne s'en voit point qui fassent papier de ce qu'ils donnent, ni qui en demandent les payements à point nommé. Un homme d'honneur n'*y* pense jamais, sinon quand en le lui rendant on l'en fait ressouvenir. (II, 6.)

Quand il est en vous de vouloir ou ne vouloir pas, avisez-*y*. (II, 33.)

    S'il ne la possède,
Il s'en va mourir :
Donnons-*y* remède,
Allons la querir. (I, 235, vers 11.)

Celui-là sait très-mal comme la libéralité doit être exercée, qui choisit un méchant pour lui bienfaire, et ne considère pas qu'il *y* perd ce qu'il *y* met. (II, 118.)

Combien feriez-vous plus honnêtement de lui devoir avec une bonne affection, que de chercher un mauvais moyen de le payer! Il y auroit moins de mal à lui nier la dette : il n'*y* perdroit que ce qu'il *y* auroit mis. (II, 195.)

Je ne crois pas qu'elle (*la Rochelle*) soit si longtemps sans se rendre. On *y* travaille par deux voies. (IV, 66.)

Nous avons à cette heure à discourir des plaisirs que nous devons faire, et de quelle façon il *y* faut procéder. (II, 17.)

Un autre fera le froid et le dédaigneux en prenant.... Un autre *y* procédera si nonchalamment, que celui qui lui fait plaisir doutera qu'il ne s'en soit pas aperçu. (II, 38.)

Un siècle renaîtra comblé d'heur et de joie...;
Tous venins *y* mourront comme au temps de nos pères,
    Et même les vipères
Y piqueront sans nuire, ou n'*y* piqueront pas. (I, 232, vers 64 et 66.)

Je n'ôte rien.... aux profusions excessives qu'il (*Richelieu*) fait de son bien pour votre service, ni aux assiduités infatigables qu'il *y* rend avec un péril extrême de sa santé. (I, 353.)

J'avois commencé des vers.... Je suis après de les achever, et les vous envoyerai tout aussitôt, avec le plus bel air du monde, qui *y* est déjà fait. (IV, 176.)

Il est de certaines choses.... qui s'oublient aussitôt qu'on discontinue d'*y* étudier. (II, 55.)

Qu'un homme de bien voie une chose louable, il s'*y* en ira sans marchander. (II, 515.)

Tout est paisible, Dieu merci : je le prie qu'il nous *y* conserve. (III, 234.)

Tout ce qu'il avoit de fortune, il le devoit à Auguste ; car au commencement qu'il vint à lui, c'est chose assez connue qu'il n'*y* apporta qu'une pauvreté bien empêchée à conserver la qualité de noblesse. (II, 40.)

Quand on dit qu'un homme est sans tristesse, ce n'est pas qu'il ne se puisse quelquefois attrister ; mais il n'*y* est ni fréquent ni excessif. (II, 655.)

J'avois donné charge à quelques relieurs de me trouver quelque gentil garçon qui reliât bien. Hier Provence me fit parler à un qui me promit d'*y* aller.... Hormis le défaut d'âge, je crois qu'il vous contentera. (III, 115.)

C'est fait, belle Caliste, il n'*y* faut plus penser ;
Il se faut affranchir des lois de votre empire. (I, 140, vers 1.)

Y, équivalent à un pronom précédé d'une préposition et qui tient la place d'un nom de personne :

Quoi que l'esprit *y* cherche (*dans elle, dans Anne d'Autriche*), il n'*y* voit
Qui le captivent à ses lois. (I, 237, vers 17.) que des chaînes
Voyant ma Caliste si belle
Que l'on n'*y* peut rien desirer, etc. (I, 126, vers 2.)

M'obligerai-je à un méchant? Si je m'*y* oblige, que ferai-je pour m'en acquitter? (II, 35.)

On peut demander ce qui est à lui ou ce qui n'*y* est pas sans diminuer rien de sa grandeur. (II, 222.)

C'est bien un courage de glace (*que celui de Glycère*),
Où la pitié n'a point de place,
Et que rien ne peut émouvoir ;
Mais quelque défaut que j'*y* blâme,
Je ne puis l'ôter de mon âme. (I, 101, vers 46.)

Ce sont choses qu'il faut avoir auprès de nous, mais non pas les *y* coller. (II, 573.)

.... Lequel portrait je porterai à mon père, Dieu aidant, au voyage que j'*y* vais faire. (I, 345.)

Y AVOIR, avec un certain rapport d'*y*, à ce qui précède :

Tous les objets.... sont fantômes.... Il n'*y* a rien de stable... ; et cependant nous ne laissons pas de les desirer. (II, 480.)

Je sais d'où vient ce que vous m'écrivez : il n'*y* a ni fard ni déguisement. (II, 321.)

La durée de ces biens insidieux n'est pas éternelle, et bien souvent l'espérance en est meilleure que la possession. S'il *y avoit* quelque chose de solide, il *y auroit* de quoi se rassasier. (II, 320.)

Je trouve que la question vaut bien d'être débattue, et qu'il n'*y a* pas si peu de difficulté que vous pensez. (II, 135.)

J'ai trouvé votre père mort,... et l'ai inhumé. Je n'ai rien fait pour lui..., et n'ai rien fait aussi pour son fils.... Voulez-vous que je vous die ce qu'il *y a* de gagné? J'ai fait un office qu'il falloit qu'il fît. (II, 161.)

Quand mes affaires seroient si décousues qu'il n'*y auroit* plus rien d'entier, je n'irai jamais chercher le remède vers un homme avec lequel il me faille lutter. (II, 163.)

Y AVOIR, dans le sens d'*être, exister*, sans rapport à ce qui précède ·

S'il est vrai que la raison soit divine, et qu'il n'*y ait* rien de bon s'il n'*y a* de la raison, il s'ensuit que tout ce qui est bon soit divin. (II, 513.)

Il n'*y* peut *avoir* de longs intervalles en une chose qui est toute courte (II, 439.)

Il *y* va du soin et de la diligence à garder ce qu'on vous donne, et n'*y* en *a* point à donner. (II, 212.)

Y ALLER, y procéder, s'y prendre, se montrer :

A quoi tient-il donc que nous *y* allions si lentement (*en latin :* quid ergo est quod nos facit pigros inertesque?)? (II, 541.)

La vertu va tout d'un branle.... Nous ne nous y banderons jamais, tant que nous penserons qu'il y ait du mal. Il faut que cette persuasion nous sorte de l'esprit : autrement nous n'*y* irons point comme il *y* faut *aller*. (II, 638.)

Il ne se faut rien proposer d'avare ni de sordide quand il est question de faire plaisir. Il *y* faut *aller* d'une humeur libérale. (II, 104.)

Antias.... dit que Philippe y perdit quarante mille hommes. Quant aux prisonniers, il *y va* plus retenu. (I, 409.)

Y ALLER, impersonnellement; IL Y VA, il s'y emploie, s'y dépense; IL Y VA DU MIEN, DU VÔTRE, etc., il est de mon, de votre intérêt :

Il y va du soin et de la diligence à garder ce qu'on vous donne, et n'*y* en a point à donner. (II, 212.)

A attendre *il y va* du temps. A n'attendre point il y a du hasard. (II, 124.)

La prière que je vous fis n'est pas toute pour votre profit; *il y va du mien*. (II, 395 ; voyez ALLER, ci-dessus, p. 26.)

Y, employé par pléonasme :

Au bienfait, nous *y* pouvons tout. (II, 174.)

Il fait bon être à la torture, et mauvais être en un festin. Mais c'est quand à la torture on fait ce qui s'y doit faire, et qu'au festin on ne s'*y* comporte pas comme on doit. (II, 553.)

Il est vrai qu'à la manier (*la philosophie*), il *y* faut.... apporter de la douceur et du jugement. (II, 315.)

Il faut qu'en la sobriété tout *y* soit honnête. (II, 77.)

Avec moi, vous *y* êtes perpétuellement. (II, 499.)

Où est la folie, la peur *y* est perpétuelle. (II, 485.)

Il y a eu des maisons brûlées, où ceux qui étoient dedans n'*y* sont pas demeurés. (II, 309.)

Il est de beaucoup de choses qu'il n'y avoit moyen de donner à certaines gens sans les donner à tous. De celles-là, où nous *y* sommes tous appelés sans différence, je n'en dispute point. (II, 120.)

Parez vos maisons de marbre, afin que ce ne soit pas assez d'avoir des richesses, si vous n'*y* marchez dessus. (II, 323.)

YEUX. Voyez ŒIL.

9915. — Imprimerie générale de Ch. Lahure, rue de Fleurus, 9, à Paris.

www.ingramcontent.com/pod-product-compliance
Lightning Source LLC
Chambersburg PA
CBHW071658300426
44115CB00010B/1242